Der Grüne Reiseführer

Spanien

Chefredakteur	David Brabis
Redaktion	Matilde Miñón (Leitung: Manuela Magni)
Praktische Informationen	Lucía Fernández
Deutsche Textfassung und Überarbeitung	Hilde Hecker-Maori (Leitung: Michael Brammer)
Übersetzung	Ute Pfudel, Isabelle Kern
Kartografische Dokumentation	José Luis Martín, Isabelle du Gardin
Kartografie	Alain Baldet, Geneviève Corbic, Jean-Daniel Spies, Thierry Lemasson
Bildredaktion	Catherine Guegan
Verlagsassistenz	Brigitte Barduhn, Mathilde Vergnault
Korrekturlesung	Markus Driesch, Andrea Unseld, Dorothea Krenn-Garioud
Layout	Marie-Pierre Renier, Michel Moulin, Alain Fossé
Umschlaggestaltung	Agence Carré Noir
Herstellung	Pierre Ballochard, Renaud Leblanc
Marketing	Cécile Petiau, Hervé Binétruy
Vertrieb	Eric Meyer (Deutschland, Schweiz, Österreich)
Öffentlichkeitsarbeit	Jan Christian Hennen
Danksagung an	Michael Hertlein von unserem Team in Karlsruhe
Leserzuschriften	Michelin Reifenwerke KgaA, Reise-Verlag, Redaktion Der Grüne Reiseführer, Postfach 21 09 51, D-76159 Karlsruhe, www.ViaMichelin.de, DerGrueneReisefuehrer@de.michelin.com,

Alle in diesem Reiseführer enthaltenen Angaben wurden mit größter Sorgfalt recherchiert und überprüft. Da Irrtümer nie ganz auszuschließen sind und außerdem Angaben über Preise, Adressen, Telefonnummern, Öffnungszeiten etc. auch nach Redaktionsschluss ständigem Wandel unterliegen, können wir hierfür leider keinerlei Haftung übernehmen und bitten bei eventuellen Unstimmigkeiten um Ihr Verständnis.

Mit Michelin unterwegs in SPANIEN

Liebe Leserinnen und Leser,

stolz und feurig – diese Attribute fallen spontan ein, geht es darum, die spanische Bevölkerung zu charakterisieren. Sie stehen als Synonyme für den Stolz auf die großartige Geschichte des Landes, das nach der Entdeckung der Neuen Welt in nie da gewesenem Reichtum aufblühte, und die Lebensfreude der Spanier, die nach dem Ende der Franco-Diktatur wieder ungezügelt auflodern konnte.

Das reiche Erbe der Araber in Andalusien oder die Pracht der königlichen Bauten in und um Madrid, Höhepunkte der modernen und zeitgenössischen Architektur wie die phantasievollen Schöpfungen Gaudís in Barcelona oder Gehrys Guggenheim-Museum in Bilbao paaren sich hier mit einem schier unendlichen Angebot von Stränden auf dem Festland und den spanischen Inseln. Ganz gleich, was man sucht – in Spanien wird man es finden!

Für die deutsche Ausgabe zeichnete Hilde Hecker-Maori unter der Leitung von Michael Brammer verantwortlich. Die Recherchen von Informationen und Bildmaterial und die Auswahl von Hotels und Restaurants übernahm ein Team von Redakteuren unter der Leitung von Manuela Magni.

Wir bieten Ihnen Rundfahrten an, die Sie zu den wichtigsten Sehenswürdigkeiten Spaniens führen und haben umfangreiche Adressverzeichnisse für Sie zusammengestellt. Wir begleiten Sie bei der Entdeckung des Landes und helfen Ihnen auch mit Tipps für die Freizeitgestaltung weiter.

Ganz gleich, was das Motiv Ihrer Reise nach Spanien ist, wir sind für Sie da: Interessieren Sie sich für Kunst und Architektur? Wollen Sie auf den Spuren der Geschichte wandeln? Suchen Sie Entspannung in der Natur oder gehen Sie lieber shoppen? Wollen Sie gar all das miteinander kombinieren? Bei uns finden Sie alle nötigen Informationen.

Ich wünsche Ihnen jedenfalls eine erlebnisreiche Reise mit vielen unvergesslichen Eindrücken!

David Brabis
Chefredakteur der Kollektion DER GRÜNE REISEFÜHRER
Chefredaktion.DerGrueneReisefuehrer@de.michelin.com

Inhalt

Zeichenerklärung	8
Karte der Hauptsehenswürdigkeiten	10
Karte der Streckenvorschläge	13

Praktische Hinweise

Reisevorbereitung	18
Verkehrsmittel	20
Unterkunft, Gastronomie	22
Alles, was für Sie wichtig ist	24
Ideen für den Kurzurlaub	26
Nationalparks	26
Streckenvorschläge	28
Ein Sprung über die Grenze	35
Sport und Freizeit	36
Mitbringsel	38
Buchtipps	39
Veranstaltungskalender	41

Einführung in das Reiseland

Spanische Lebensart	46
Ein Land der Gegensätze	48
Geschichte	54
Architektur und Kunst	62
Kleines Kunstglossar	70
Kunstgeschichtlicher Überblick	72
Spanische Gartenkunst	84
Literatur	86
Film und Musik	90
Tradition und Folklore	92
Gastronomie	96

Der hl. Jakobus

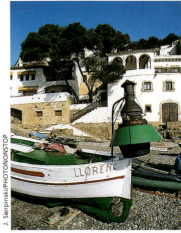

Fischerboote in Begur

Sehenswürdigkeiten

Aguilar de Campoo 100 – Parc Nacional d'Aigüestortes i Estany de Sant Maurici 101 – Alacant/Alicante 102 – Albacete 107 – La Alberca 109 – Alcalá de Henares 111 – Alcañiz 112 – Almagro 113 – Almería 116 – Principat d'Andorra 118 – Antequera 119 – Aracena 121 – Aranjuez 123 – Ávila 126 – Badajoz 129 – Baeza 131 – Barbastro 133 – Barcelona 136 – Belmonte 160 – Bilbo/Bilbao 161 – El Burgo de Osma 165 – Burgos 166 – Cáceres 173 – Cádiz 176 – Camino de Santiago 182 – Parque National de las Sierras de Cazorla, Segura y la Villas 187 – Ceuta 190 – Ciudad Rodrigo 191 – Córdoba 193 – A Coruña/La Coruña 202 – Costa Blanca 205 – Costa Brava 208 – Costa de Cantabria 214 – Costa de la Luz 216 – Costa del Azahar 221 – Costa del Sol 225 – Costa Vasca 230 – Costa Verde 236 – Covarrubias 240 – Cuenca 243 – Daroca 247 – Donostia-San Sebastián 248 – Monasterio de El Escorial 252 – Estella/Lizarra 256 – Figueres 258 – Estrecho de Gibraltar 261 – Girona/Gerona 262 – Granada 268 – Sierra de Gredos 281 – Guadalajara 282 – Guadalupe 283 – Sierra de Guadarrama 286 – Guadix 289 – Huesca 290 – Jaca 292 – Jaén 296 – Jerez de la Frontera 298 – León 302 – Monasterio de Leyre 306 – Lleida/Lérida 308 – Lugo 310 – Madrid 312 – Málaga 344 – Melilla 348 – Mérida 348 – Montblanc 351 – Morella 356 – Murcia 357 – Olite 360 – Oñati/Oñate 362 – Parque Nacional de Ordesa y Monte Perdido 363 – Osuna 365 – Ourense/Orense 367 – Oviedo 369 – Palencia 373 – Pamplona/Iruña 374 – Pedraza de la Sierra 379 – Picos de Europa 380 – Monasterio de Piedra 385 – Pirineos Aragoneses 385 – Pirineos Catalanes 389 – Plasencia 398 – Pontevedra 399 – Priego de Córdoba 402 – Puebla de Sanabria 402 – Rías Altas 403 – Rías Bajas 406 – La Rioja 410 – Ronda 415 – Salamanca 421 – Sangüesa/Zangoza 427 – Monasterio de Santa María de Huerta 429 – Santander 430 – Santiago de Compostela 434 – Santillana del Mar 441 – Segovia 444 – Sevilla 450 – Sigüenza 464 – Sitges 465 – Solsona 467 – Soria 469 – Talavera de la Reina 472 – Tarragona 473 – Teruel 478 – Toledo 481 – Tortosa 494 – Trujillo 496 – Tudela 498 – Úbeda 499 – Uclés 502 – València 502 – Valladolid 513 – Vic/Vich 518 – Vitoria-Gasteiz 520 – Zafra 524 – Zamora 525 – Zaragoza 528

Die Inseln

BALEAREN: Mallorca 535 – Menorca 546 – Ibiza 551 – Formentera 555
KANARISCHE INSELN: Tenerife 558 – Gran Canaria 569 – Lanzarote 578 – Fuerteventura 582 – La Palma 585 – La Gomera 588 – El Hierro 590

Register 591

Löwenhof der Alhambra, Granada

Plaza de la Maestranza, Sevilla

Karten und Pläne

Zu diesem Reiseführer empfehlen wir:

Michelin-Straßenatlas Spanien-Portugal
- Praktischer Straßenatlas, Spiralbindung, 1:400 000, mit vollständigem Ortsverzeichnis und vielen Stadtplänen

Michelin-Karte Nr. 734 Spanien-Portugal
- Die ganze Iberische Halbinsel auf einem Kartenblatt 1:1 000 000

Michelin-Karten Nr. 571-579
- Regionalkarten 1:400 000 mit Ortsverzeichnis

Michelin-Karten Nr. 121-124
- Karten für die Umgebung von Madrid, Costa Brava, Costa Blanca und Costa del Sol

... UND UM NACH SPANIEN ZU GELANGEN

ATLAS EUROPA
- Praktischer Straßenatlas, Spiralbindung Westeuropa im Maßstab 1:1 000 000, Osteuropa im Maßstab 1:3 000 000. Vollständiges Ortsverzeichnis und 74 Stadtpläne.

WWW.VIAMICHELIN.DE

Auf der Website ViaMichelin.de finden Sie ein umfangreiches Serviceangebot für Reisende mit reichhaltigen praktischen Informationen für 43 europäische Länder: Entfernungen, Karten und Pläne (von Karten einzelner Länder bis zu Stadtplänen), Hotel- und Restaurantadressen des Roten Michelin-Führers usw.

Thematische Karten

Die interessantesten Sehenswürdigkeiten
 10-12
Streckenvorschläge 13-15
Regionen und Autonome Gemeinschaften 48
Das Relief der Iberischen Halbinsel 50
Die Etappen der Reconquista 55
Das Reich Karls V. 57
Der Jakobsweg in Spanien 182
Schiffsverbindungen zwischen
 den Kanarischen Inseln 558

Stadtpläne

Alacant/Alicante 104
Ávila 128
Baeza 132
Barcelona: Übersichtsplan 146, 147
 Zentrum 148, 149
Bilbo/Bilbao 164
Burgos 170
Cáceres 175
Cádiz 178, 179
Córdoba 198
A Coruña/La Coruña 204
Cuenca 244
Donostia San Sebastián 250
Girona/Gerona 264
Granada 270, 271
Jerez de la Frontera 301
León 304
Lugo 310
Madrid: Übersichtsplan 318-321
 Zentrum 336-337
 Altstadt 320-321, 330-331
 U-Bahn-Plan 313
Málaga 344, 345
Murcia 358
Oviedo 371
Palma de Mallorca 538
Las Palmas de Gran Canaria:
 Übersichtsplan 571
 Vegueta und Triana 573
Pamplona/Iruña 376
Pontevedra 401
Ronda 417
Salamanca 424
Santa Cruz de Tenerife 563
Santiago de Compostela 440
Segovia 446
Sevilla 458, 459
Soria 470
Tarragona 474
Toledo 486, 487
Úbeda 501
València 506, 507
Valladolid 514
Vitoria-Gasteiz 521
Zamora 526
Zaragoza 530

Grundrisse

Kathedrale von Burgos 169
Mezquita von Córdoba 196
Alhambra von Granada 275
Kloster von Guadalupe 285
Kloster von Poblet 353
Kathedrale von Santiago de Compostela 438
Kreuzgang des Klosters Santo Domingo
 de Silos 241
Kathedrale von Sevilla 452
Kathedrale von Toledo 485

Karten mit Streckenvorschlägen

Costa Brava 211
Costa Vasca 234, 235
Costa Verde 238, 239
Fuerteventura 583
La Gomera 589
Gran Canaria 574, 575
Sierra de Guadarrama 287
El Hierro 590
Ibiza 551
Jaca (Ausflüge) 293
Lanzarote 579
Mallorca 534, 535
Menorca 547
Parque Nacional de Ordesa
 y Monte Perdido 364
La Palma 586
Picos de Europa 382, 383
Pirineos Aragoneses 386, 387
Pirineos Catalanes 394, 395
Rías Bajas 408
La Rioja 412
Tenerife 560, 561

Zeichenerklärung

Kunst- und Naturdenkmäler

⬤━▷	Beschriebene Strecke Ausgangspunkt der Besichtigung
	Katholische Kirche
	Protestantische Kirche
	Synagoge - Moschee
	Gebäude
■	Statue, kleines Gebäude
	Bildstock
◎	Brunnen
●━━	Befestigungsmauer - Turm - Tor
	Schloss, Burg
	Ruine(n)
	Staudamm
✿	Fabrik, Kraftwerk
☆	Festung
⌒	Grotte, Höhle
	Höhlenwohnungen
	Megalith-Steindenkmal
▼	Orientierungstafel
	Aussichtspunkt
▲	Sonstige Sehenswürdigkeit

Sport und Freizeit

	Pferderennbahn
	Eisbahn
	Freibad - Hallenbad
	Multiplex-Kino
	Jachthafen
	Schutzhütte
	Seilschwebebahn, Kabinenbahn
	Standseilbahn, Zahnradbahn
	Museumseisenbahn, touristisch interessante Eisenbahnlinie
◆	Freizeiteinrichtungen
	Vergnügungspark
	Tierpark, Zoo
	Blumenpark, Arboretum
	Vogelpark, Vogelschutzgebiet
	Wanderweg
	Für Kinder besonders interessant

Besondere Zeichen

	Guardia Civil
Ⓟ	Parador (Staatlich geleitetes Hotel)
	Stierkampfarena
	Olivenhain
	Orangenhain

Abkürzungen

D	Provinzverwaltung (Diputación)
G	Vertretung der Zentralregierung (Delegación del Gobierno)
H	Rathaus (Ayuntamiento)
J	Justizgebäude (Palacio de Justicia)
M	Museum (Museo)
POL.	Polizei (Policía)
T	Theater (Teatro)
U	Universität (Universidad)

Ist eine Reise wert		★★★
Verdient einen Umweg		★★
Besonders sehenswert		★

Sonstige Zeichen

🛈	Informationsstelle
▬ ▬	Autobahn oder Schnellstraße
❶ ❶	Autobahneinfahrt und/oder -ausfahrt
⊨⊨⊨	Fußgängerzone
⌶=====⌶	Gesperrte oder zeitweise gesperrte Straße
⊐⊐⊐⊐ ----	Treppenstraße - Weg
🚆 🚆	Bahnhof - Autoreisezug
🚌 S.N.C.F.	Omnibusbahnhof
—•—	Straßenbahn
Ⓜ	U-Bahnstation
🅿️R	Park-and-Ride-Plätze
♿	Behindertengerechter Zugang
✉	Hauptpostamt
☏	Telefon
▭	Markthalle
⚔	Kaserne
⚠	Bewegliche Brücke
∪	Steinbruch
✕	Bergwerk
B F	Fähre
🚤	Auto- und Personenfähre
⛴	Personenfähre
③	Kennzeichnung der Ausfallstraßen auf den MICHELIN-Stadtplänen und -Karten
Bert (R.)...	Auf den Stadtplänen vermerkte Einkaufsstraße
AZ B	Lage auf dem Plan
▶▶	Ebenfalls sehenswert
Ⓥ	Besichtigungsbedingungen am Ende des Bandes

Tipps und Adressen

20 Z.:	Anzahl der Zimmer:
120/	Preis für ein Einzelzimmer/
180€ ⊐	Preis für ein Doppelzimmer, Frühstück inkl.
„DZ"	nur Doppelzimmer
⊐ 5,50€	Preis des Frühstücks (wenn nicht im Zimmerpreis inbegriffen)
Halb- oder Vollpension 79€	Preis pro Person auf Doppelzimmerbasis (wenn nur Halb- oder Vollpension möglich)
100 FeWo/ Z. pro Woche 200/300€	Anzahl der Ferienwohnungen oder Zimmer und deren Mindest- bzw. Höchstpreis pro Woche (nur für „Agriturismo" und für Unterkünfte mit obligatorischem Wochentarif im Sommer)
100 Betten 15€	Anzahl der Betten/Preis pro Person in Jugendherbergen, Schutzhütten und ähnlichen Unterkünften
150 Plätze: 20€	Anzahl der Stellplätze: Preis für 2 Personen und 1 Auto auf Campingplätzen
10/26€	Mindest- bzw. Höchstpreis für Tagesmenü oder Essen à la carte in Hotels, Pensionen etc.
Reserv.	Nur mit Reservierung möglich
Reserv. empf.	Reservierung empfohlen
⌷̸	Keine Kreditkarten
🅿	Für Gäste reservierter Parkplatz
🏊	Freibad
▭	Klimaanlage
♿	behindertengerechte Zimmer vorhanden

Die genannten Preise beziehen sich jeweils auf die Hochsaison.

Wegen der Umstellung auf den Euro können wir für Preisangaben keine Haftung übernehmen.

Hauptsehenswürdigkeiten

Streckenvorschläge

Siehe gleichnamiges Kapitel in den PRAKTISCHEN HINWEISEN.

Keramikkacheln an der Casa de Pilatos, Sevilla

Praktische Hinweise

Reisevorbereitung

Nützliche Adressen

Internet
Turespaña (www.tourspain.es) bietet umfassende Auskünfte über Verkehrsmittel, Unterkunft, Sportmöglichkeiten und andere touristische Aktivitäten.

Tourismusverbände
Auskünfte über alle Fragen, die das Reisen nach und in Spanien betreffen, erteilt das **Spanische Fremdenverkehrsamt** in:
10707 **Berlin**, Kurfürstendamm 63,
☎ (0 30) 8 82 65 43,
berlin@tourspain.es
40237 **Düsseldorf**, Grafenberger Allee 100, „Kutscherhaus",
☎ (02 11) 6 80 39 80 oder 6 80 39 81,
dusseldorf@tourspain.es
60323 **Frankfurt/Main**, Myliusstraße 14, ☎ (0 69) 72 50 33 oder 72 50 55,
frankfurt@tourspain.es
80336 **München**, Schubertstraße 10,
☎ (0 89) 5 30 74 60,
munich@tourspain.es
1010 **Wien**, Walfischgasse 8,
☎ (01) 5 12 95 80,
viena@tourspain.es
8008 **Zürich**, Seefeldstrasse 19,
☎ (01) 2 52 79 30,
zurich@tourspain.es
1201 **Genf**, rue Ami-Lévrier 5-2°,
☎ (0 22) 3 71 11 33,
ginebra@tourspain.es
Fremdenverkehrsbüros – Auf den Stadtplänen dieses Reiseführers sind die Fremdenverkehrsbüros *(Oficina de Turismo)* mit 🛈 gekennzeichnet. Bei den Ortsbeschreibungen im **Abschnitt Steckbrief** sind die Adressen und Telefonnummern der Fremdenverkehrsbüros zu finden.
Secretaría General de Turismo – Calle José Lázaro Galdeano 6, 28036 Madrid, ☎ 913 43 35 00,
sgturismo@tourspain.es

Diplomatische und konsularische Vertretungen in Spanien

Deutschland
Botschaft – Calle de Fortuny 8, 28010 Madrid, ☎ 915 57 90 00,
www.embajada-alemania.es
Generalkonsulate
– Passeig de Gràcia 111, 08008 Barcelona, ☎ 932 92 10 00,
consalem-bcn@inicia.es
– Paseo de la Palmera 19 C 2, Edificio Winthertur, 41013 Sevilla,
☎ 954 23 02 04,
consugerma.sevilla@telefonica.net
– Calle Mauricio Moro Pareto 2-5, Edificio Eurocom, Bloque Sur, 29008 Málaga, ☎ 952 36 35 91,
consugerma.mala@terra.es

Konsulate
– Calle Albareda 3-2, 35007 Las Palmas de Gran Canaria,
☎ 928 49 18 80 oder 928 49 18 70
– Calle Porto Pi 8-3 D, Edificio Reina Constanza, 07015 Palma de Mallorca,
☎ 971 70 77 37,
consu.palma@terra.es
– Calle O'Daly 39 (Oficina Inm. PALMASOL), 38700 Santa Cruz de La Palma, ☎ 922 41 33 44 oder
922 42 06 89

Österreich
Botschaft – Paseo de la Castellana 91-9°, 28046 Madrid, ☎ 915 56 53 15,
madrid-ob@bmaa.gv.at
Generalkonsulat – Calle Mallorca 214 atico 1, 08008 Barcelona,
☎ 934 53 72 94
Konsulate
– Calle Club, 8-bajo, Apartado Correos 14, 48930 Las Arenas (Bilbao),
☎ 944 64 07 63
– Hotel Eugenia Victoria, Avenida de Gran Canaria 26, 35100 Las Palmas de Gran Canaria, ☎ 928 76 25 00
– Alameda de Colón 26, Piso 2, esc. izda., 29001 Málaga, ☎ 952 60 02 67
– Despacho Jaime Lamas & Asociados, Calle Sindicato 69-10, 07002 Palma de Mallorca, ☎ 971 72 80 99
– Calle Villalba Hervás 9-5°, Of. 2, 38002 Santa Cruz de Tenerife,
☎ 922 24 37 99
– Calle Alcalde Isacio Contreras 1, Portal 4/2a, 41003 Sevilla,
☎ 954 98 74 76
– Calle Convento Santa Clara 10-2°-3, 46002 Valencia, ☎ 963 52 22 12

Schweiz
Botschaft – Calle Nuñez de Balboa 35-7°, Edificio Goya, 28001 Madrid,
☎ 914 36 39 60,
www.eda.admin.ch/repadd/g/home/emb/land156.html
Generalkonsulat – Gran Vía de Carlos III 94, 7°, Edificios Trade, 08028 Barcelona, ☎ 934 09 06 50
Konsulate
– Calle Estornell 1, Urbanización Arabella Parc, 07011 Palma de Mallorca, ☎ 971 60 64 21 oder
971 60 67 51
– Calle Domingo Rivero, Esquina Juan XXIII, 35004 Las Palmas de Gran Canaria, ☎ 928 29 34 50 oder
928 29 33 80

Reiseformalitäten

Papiere
Für Reisende aus den Mitgliedsstaaten der EU und aus der Schweiz genügt der gültige

Personalausweis oder Reisepass. Kinder unter 16 Jahren müssen einen Kinderausweis besitzen oder im Elternpass eingetragen sein. Reisende aus anderen Ländern benötigen einen gültigen Reisepass und gegebenenfalls ein Visum (Auskunft beim spanischen Konsulat).

Fahrzeugpapiere – Der deutsche, österreichische, schweizerische und internationale Führerschein sind in Spanien gültig. Außerdem benötigt man den Fahrzeugschein, die grüne Versicherungskarte und die Genehmigung des Wagenbesitzers, falls man nicht mit dem eigenen Wagen fährt. Kraftfahrzeuge müssen das ovale Nationalitätskennzeichen tragen.

Gesundheit

Vor Reiseantritt ist es empfehlenswert, sich bei seiner **Krankenkasse** nach den neuesten Bestimmungen zu erkundigen. Versicherte der deutschen oder österreichischen Krankenkasse können auch in Spanien direkt ärztliche Hilfe in Anspruch nehmen. Dazu benötigen sie das an ihrem Wohnort ausgestellte Formular **E 111**. Man geht mit diesem Formular zur Dirección Provincial del Instituto Nacional de la Seguridad Social, wo man dafür ein Heft mit Krankenscheinen erhält. Schweizer Staatsbürger und Privatversicherte lassen sich die Kosten unter Vorlage der spanischen Papiere den Bestimmungen entsprechend zurückerstatten.

Haustiere

Es werden ein vom Amtstierarzt des Heimatlandes ausgestelltes Internationales Gesundheitszeugnis und die Bestätigung der vor weniger als einem Jahr erfolgten Tollwutimpfung in deutscher und spanischer Sprache verlangt.

Reiseversicherung

Es ist ratsam, spätestens auf dem Flughafen oder an der spanischen Grenze eine Versicherung gegen Unfall, Krankheit (evtl. mit Rücktransport), Diebstahl usw. abzuschließen, falls man gegen diese Risiken nicht schon versichert ist.

Günstige Reisezeiten

Empfohlene Reisezeit

Frühling und Herbst können als die schönsten Jahreszeiten für eine Reise nach Spanien angesehen werden, denn dann ist das Klima am angenehmsten. Je nach Reiseziel sind jedoch auch die anderen Jahreszeiten – möglicherweise sogar noch besser – geeignet, um eine schöne Zeit zu verleben.

Frühling: Besonders schön zu dieser Jahreszeit ist es in der Extremadura, in Kastilien-La Mancha und in Andalusien, den heißesten Regionen, aber auch an den Küsten des Mittelmeers und auf den Balearen, wenn man nicht unbedingt im Meer baden möchte.

Sommer: An den Küsten Nordspaniens kann man Besichtigungen und Ausflüge mit Badefreuden verbinden und einen angenehmen Urlaub genießen, ohne unter der Hitze leiden zu müssen, die zu dieser Zeit in anderen Landesteilen herrscht. Diese Jahreszeit bietet sich außerdem an, um die herrlichen Berglandschaften der Pyrenäen, der Picos de Europa sowie der Sierra de Gredos, der Sierra Guadarrama und der Sierra Nevada zu durchstreifen.

Herbst: Der Herbst ist für nahezu sämtliche Gebiete Spaniens eine beliebte Reisezeit.

Winter: Wintersportfans kommen in den Pyrenäen und in der Sierra Nevada auf ihre Kosten, während diejenigen, die der Kälte entfliehen und den langen Winter etwas verkürzen wollen, auf den Kanarischen Inseln am besten aufgehoben sind.

Wettervorhersage: ☎ 906 36 53 65 oder www.inm.es

Temperaturen

Monat	1	2	3	4	5	6	7	8	9	10	11	12
Barcelona	13 / 6	14 / 7	16 / 9	18 / 11	21 / 14	25 / 18	28 / 21	28 / 21	25 / 19	21 / 15	16 / 11	13 / 7
Madrid	9 / 1	11 / 2	15 / 5	18 / 7	21 / 10	27 / 14	31 / 17	30 / 17	26 / 14	19 / 9	13 / 5	9 / 2
Santander	12 / 7	12 / 6	15 / 8	15 / 9	17 / 11	20 / 14	22 / 16	22 / 16	21 / 15	18 / 12	15 / 9	12 / 7
Sevilla	15 / 6	17 / 9	20 / 11	23 / 13	26 / 17	32 / 20	36 / 20	36 / 18	32 / 14	26 / 10	20 / 7	16 / 6
Valencia	15 / 5	16 / 6	18 / 8	20 / 10	23 / 13	26 / 16	29 / 19	29 / 20	27 / 17	23 / 13	19 / 9	16 / 6

Maxima in Schwarz, Minima in Rot.

Gesetzliche Feiertage

Da die Feiertage in jeder Autonomen Gemeinschaft und von Ort zu Ort unterschiedlich sind, ist es schwer, einen Kalender der Feiertage aufzustellen.

Die folgenden Feiertage gelten für ganz Spanien:
1. Januar (Neujahr), 6. Januar (Hl. Drei Könige), Karfreitag, 1. Mai (Tag der Arbeit), 15. August (Mariä Himmelfahrt), 12. Oktober (Virgen del Pilar: Jahrestag der Entdeckung Amerikas – Tag der *Hispanidad*), 1. November (Allerheiligen), 6. Dezember (Tag der Verfassung), 8. Dezember (Mariä Empfängnis) und 25. Dezember (Weihnachten).

Reisekasse

Um Ihnen bei den Reisevorbereitungen behilflich zu sein, geben wir Ihnen nachfolgend eine Vorstellung davon, welches Budget man pro Person und Tag einplanen sollte. Je nachdem, wo man übernachtet und einkehrt, haben wir drei Kategorien aufgestellt. Im aufgeführten Betrag ist die Übernachtung im Doppelzimmer, ein Mittag- sowie ein Abendessen enthalten. Kosten für Ausflüge, Verkehrsmittel, Eintritt zu Sehenswürdigkeiten etc. sind nicht darin enthalten.

Kleines Budget
Ca. 46 €: Eine Übernachtung in einem Hotel unserer Kategorie „Gut und preiswert", eine einfache Mahlzeit (*tapas* oder einfaches Gericht) sowie eine komplette Mahlzeit in einem einfachen Restaurant.

Mittleres Budget
Ca. 81 €: Eine Übernachtung in einem Hotel unserer Kategorie „Unsere Empfehlung", eine einfache Mahlzeit (*tapas* oder Menü) sowie eine weitere Mahlzeit in einem Restaurant der mittleren Kategorie.

Etwas grösseres Budget
Ca. 120 €: Eine Übernachtung in einem (relativ günstigen) Hotel unserer Kategorie „Fürstlich logieren" bzw. „Spitzenkategorie", *tapas* oder eine Mahlzeit in einem einfachen Restaurant sowie eine weitere Mahlzeit in einem teuren Restaurant.

Verkehrsmittel

Anreise

Mit dem Flugzeug
Die Deutsche Lufthansa, Austrian Airlines, Swissair, Iberia und andere Fluggesellschaften wie beispielsweise TAT bieten von Frankfurt/Main, Wien, Zürich und anderen Großstädten Linienflüge in viele spanische Orte an. Erkundigen Sie sich danach bei den Fluggesellschaften oder in den Reisebüros.

Mit dem Zug
Wegen der unterschiedlichen Spurweiten der Bahn muss man (abgesehen von einigen Zügen mit verstellbarem Fahrgestell) an der französisch-spanischen Grenze den Zug wechseln.
Aus dem Norden über Paris kommend erreicht man die Grenze in Hendaye/Irún. Der Hochgeschwindigkeitszug **TGV** ist eine komfortable Reisemöglichkeit und geht inzwischen bis Irún (frühzeitige Platzreservierung ist angeraten).
Bei der Anfahrt über Genf und Südfrankreich ist Cerbère/Portbou der Grenzbahnhof.
Erkundigen Sie sich nach Preismäßigungen, die der spanischen Staatsbahn **RENFE** sind im Folgenden aufgeführt. Von Deutschland aus verkehren einige Autoreisezüge in Richtung Spanien, ihre Benutzung kann sich als vorteilhaft erweisen.

Mit dem Auto oder Motorrad
Reisende aus Nord- oder Mitteldeutschland fahren über Paris nach Biarritz zum französisch-spanischen Grenzübergang Hendaye/Irún.
Aus Süddeutschland und Österreich bietet sich die Anreise über Kehl/Straßburg, Mulhouse, Besançon und durch das Rhonetal bis südlich von Orange und dort in südwestlicher Richtung weiter bis Cerbère/Portbou an.
Aus der Nordschweiz empfiehlt sich die oben erwähnte Route ab Mulhouse durch Frankreich. Aus der Südschweiz wählt man am besten die Strecke über Genf, Grenoble, Valence, dann durch das Rhonetal und weiter wie bei der Anfahrt aus Süddeutschland.
Die **Hauptgrenzübergänge** liegen am nordwestlichen und am südöstlichen Rand der Pyrenäen bei Irún (Internationale Brücke von Behobia) oder beim Col du Perthus (Zollstation La Jonquera). Kleinere Grenzübergänge sind: Vera de Bidasoa, Etxalar, Dantarinea, Erratzu u. a. Die Anreise über Andorra ist ebenfalls möglich.

Mit dem Bus
Es bestehen regelmäßige Busverbindungen zwischen mehreren Städten der Bundesrepublik und Barcelona, Granada, Madrid, Murcia, Málaga, Orense, Sevilla u. a. m. Informationen und Buchungen bei **Deutsche Touring Gesellschaft**, Am Römerhof 17, 60486 Frankfurt/Main, ☎ (0 69) 79 03 50, www.deutsche-touring.com; weitere Buchungsstellen sind die Schalter der Deutschen Bundesbahn.
Auch von den großen Städten der Schweiz fahren regelmäßig Busse zu den wichtigen spanischen Reisezielen.

Michelin hat neben Regionalkarten auch einen praktischen **Straßenatlas Spanien-Portugal** im Maßstab 1:400 000 (Legende auch in Deutsch) herausgegeben.

REISEPLANUNG

Im Internet können Sie sich Ihre Routenplanung mit Michelin wesentlich erleichtern und nach Belieben die schnellste, kürzeste oder schönste Strecke abfragen; dabei erfahren Sie auch, wie hoch die Autobahn- oder sonstigen Gebühren sein werden, die Entfernungen zwischen den Etappen u. v. m.: www.ViaMichelin.de

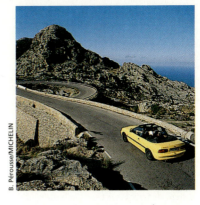

In Spanien unterwegs

WENN MAN SELBST HINTER DEM STEUER SITZT

VERKEHRSREGELN

Spanien verfügt über ein umfassendes Straßennetz von über 340 000 km, davon entfallen 7 000 km auf Schnellstraßen und Autobahnen. Die Höchstgeschwindigkeit beträgt in geschlossenen Ortschaften 50 km/h, außerhalb 90 km/h, auf Nationalstraßen 100 km/h, auf Schnellstraßen und Autobahnen 120 km/h.

Straßenzustandsbericht – Informationen über den Straßenzustand sind unter ☎ 900 12 35 05 oder über die Internetseite des Verkehrsministeriums www.dgt.es erhältlich.

MAUTSTRASSEN

Ein Teil der spanischen Autobahnen ist gebührenpflichtig. In den Michelin-Karten sind die gebührenpflichtigen Autobahnabschnitte innerhalb der Kennzeichen, die die Entfernung in Kilometern angeben, rot markiert, die kostenfreien Abschnitte dagegen blau.

KARTEN UND PLÄNE

Zur Vorbereitung der Reise per Pkw oder Motorrad und zum Ausarbeiten der Strecke sind der **Atlas** sowie die **Michelin-Straßenkarten** (s. Übersicht „Karten und Pläne", S. 6) besonders hilfreich.

PANNENDIENST

RACE ☎ 900 11 22 22 oder 915 93 33 33, www.race.es

MIETWAGEN

An den Flughäfen, großen Bahnhöfen und in den großen Hotels können Autos gemietet werden. Außerdem haben alle bekannten Autovermietungen in den großen Städten Zweigstellen.

Avis ☎ 902 18 08 54, www.avis.es

Europcar ☎ 902 40 50 20, www.europcar.es

Hertz ☎ 917 49 90 69, www.hertz.es
Beachten Sie bitte, dass man 21 Jahre alt sein muss, um ein Auto mieten zu können, obwohl auch in Spanien der Führerschein ab 18 erworben werden kann.

MIT DEM ZUG

RENFE – ☎ 902 24 02 02 (der Informationsdienst ist rund um die Uhr geöffnet, die Reservierungsstelle von 5.15-23.40 Uhr), www.renfe.es
In Madrid, Barcelona, Sevilla und Valencia bietet RENFE einen Lieferservice für Fahrkarten an.

AVE: Der Hochgeschwindigkeitszug braucht für die Strecke Madrid (Atocha)–Córdoba 1 3/4 Std., für die Strecke Madrid–Sevilla 2 1/4 Std., ☎ 902 24 02 02.

Estaciones verdes (Grüne Bahnstationen) – Diese Bahnstationen liegen in der Nähe von landschaftlich schönen Gebieten und sind für Naturfreunde, Wanderer und Mountainbike-Fahrer günstige Ausgangspunkte für Touren. Informationen über die Orte und Linien finden Sie im Internet: www.renfe.es/medio_ambiente.

SONDERZÜGE FÜR TOURISTEN

El Expreso Al Andalus – Dieser Luxuszug mit Wagen aus den 20er und 30er Jahren fährt eine Woche lang durch Andalusien. Die Stadtbesichtigungen, mehrere Mahlzeiten sowie verschiedene Veranstaltungen sind im Preis inbegriffen. Der Zug verkehrt ab Madrid und Sevilla von April bis November, jedoch nicht im Juli und August. ☎ 915 70 16 21 (9-13 Uhr), www.alandalusexpreso.com

El Transcantábrico – Diese Schmalspurbahn (FEVE) fährt in einer Woche an der kantabrischen Küste entlang von San Sebastián nach Santiago de Compostela. Manche Strecken werden auch im Bus zurückgelegt. Der Zug ist von Juni bis Oktober in Betrieb. ☎ 914 53 38 06 (9-13.30 Uhr und 16-19.30 Uhr), www.transcantabrico.feve.es

El Tren de la Fresa – Historischer Zug auf der Linie Madrid–Aranjuez. Er fährt von April bis Oktober.
☏ 902 24 02 02

Mit dem Bus

Der Bus ist ein bequemes, zeitgemäßes und relativ preisgünstiges Verkehrsmittel, mit dem man in ganz Spanien herumkommen kann. Verschiedene Busgesellschaften bedienen längere oder kürzere Strecken. In den Busstationen jedes Ortes erhält man Informationen über Verbindungen, Fahrpläne und Preise.
Einige der größten Gesellschaften, die auch über das umfangreichste Streckennetz verfügen, sind:

Alsa – Diese Gesellschaft bietet zahlreiche Inlandsverbindungen an, insbesondere im Nordwesten, in Mittelspanien und an der Mittelmeerküste. Auskunft:
☏ 902 42 22 42, www.alsa.es

Auto Res – Diese Gesellschaft versorgt u. a. Strecken in der Autonomen Gemeinschaft Valencia, in Kastilien und León sowie der Extremadura. Auskunft:
☏ 902 02 09 99, www.auto-res.net

Mit dem Flugzeug

Spanien hat über 40 Flughäfen, 12 davon auf Inseln.
Nachstehend die Telefonnummern der größten Flughäfen:
Madrid-Barajas ☏ 902 35 35 70
Barcelona ☏ 932 98 38 38
Bilbao ☏ 944 86 96 64
Sevilla ☏ 954 44 90 00
Málaga ☏ 952 04 84 84
Valencia ☏ 961 59 85 00
Palma ☏ 971 78 90 00
Die größten spanischen Luftfahrtgesellschaften sind:
Iberia und **Aviaco** – Auskunft Inforiberia: ☏ 902 400 500 (Auskunft und Reservierung), www.iberia.com

Air Europa – ☏ 902 401 501, www.aireuropa.com
Spanair – ☏ 902 13 14 15, www.spanair.com

Mit dem Schiff

Mehrere Gesellschaften unterhalten Schifffahrtslinien zwischen dem spanischen Festland und den Balearen, den Kanarischen Inseln, Nordafrika und England.

Trasmediterránea – Es gibt ab Barcelona und Valencia täglich Abfahrten zu den Balearen. Zu den Kanarischen Inseln gehen wöchentlich einmal Schiffe ab Cádiz. Melilla und Ceuta kann man täglich ab Almería, Málaga und Algeciras erreichen.
Allgemeine Auskünfte und Reservierung: ☏ 902 45 46 45, www.trasmediterranea.es.
Büros: Madrid: Alcalá 61, 28014 Madrid, ☏ 914 23 85 00 oder 902 45 46 45; Barcelona: Estació Marítima, Muelle San Beltrán, 08039 Barcelona, ☏ 902 45 46 45; Cádiz: Estación Marítima, Muelle Alfonso XIII s/n, 11006 Cádiz,
☏ 902 45 46 45.

Baleària – Diese Schifffahrtsgesellschaft bietet Überfahrten zu den Balearen an und versieht auch die Verbindungen zwischen den Inseln dieser Inselgruppe. Auskunft:
☏ 902 16 01 80; 28009 Madrid, Calle O'Donnell 38, ☏ 914 09 14 42; 03700 Denia (Alicante), Estación Marítima, Puerto de Denia s/n,
☏ 966 42 86 00; www.balearia.net

Brittany Ferries España – Diese Gesellschaft unterhält die Linien Santander–Portsmouth und Santander–Plymouth. ☏ 942 36 06 11, www.brittany-ferries.com

Unterkunft, Gastronomie

Tipps und Adressen in diesem Reiseführer

Damit Sie nach Ihrem Urlaub auch einen angenehmen Aufenthalt in Erinnerung behalten, hat die Redaktion der Kollektion Der Grüne Reiseführer eine Auswahl an interessanten Tipps und Adressen für Sie getroffen. Unsere Redakteure sind kreuz und quer durch das Land gereist, um für Sie Hotels, Appartement-Hotels, Restaurants, Cafés, Bars, Landgasthäuser, Ferienwohnungen, Feriendörfer, Zimmervermittlungen, Campingplätze, Zimmer in Privatunterkünften usw. ausfindig zu machen. Berücksichtigt haben wir hierbei bevorzugt Adressen im Herzen besonders sehenswerter Städte, in Städten, die sich gut als Ausgangspunkt für Fahrten in die Umgebung eignen, Adressen, die auf einer der beschriebenen Rundfahrten liegen oder die sich in schöner Lage mitten auf dem Lande oder am Meer befinden, aber auch einfachere Häuser und solche, die sich durch ihren besonderen Charme etc. auszeichnen. Auch bei den Restaurants sind die Adressen breit gestreut. Zwar soll etwas für jeden Geldbeutel dabei sein, es muss jedoch darauf hingewiesen werden, dass bestimmte Regionen wie etwa die Costa Brava, die Costa del Sol oder die Balearen teurer sind und auch die Preise in Städten wie Madrid und Barcelona höher liegen als in kleinen Ortschaften. Aus Platzgründen haben wir eine Reihe von Symbolen (s. Zeichenerklärung S. 8-9) verwendet.

UNTERKUNFT

Diese Rubrik enthält Adressen ausgewählter Hotels, Pensionen und dergleichen mit Preisangaben für ein Doppelzimmer in der Hochsaison ohne MwSt. (IVA), die in drei Kategorien eingeteilt sind. Sollte die MwSt. oder das Frühstück im Preis enthalten sein, so ist dies angegeben. Wir empfehlen Ihnen, sich die Preise bestätigen zu lassen, da der Unterschied zwischen Hochsaison und der übrigen Zeit sehr groß sein kann. Dies trifft insbesondere für die beliebtesten Touristenregionen (Küsten, Inseln) zu.
In der Regel werden bei Hotels die Preise für Einzel- und Doppelzimmer angegeben.

KATEGORIEN:

Die Kategorie **Gut und preiswert** entspricht Zimmerpreisen unter 40 €. Die Hotels sind einfach, aber komfortabel.
Unsere Empfehlung verdienen komfortable Hotels, deren Zimmerpreise zwischen 40 € und 70 € liegen.
Unter **Spitzenkategorie** bzw. **Fürstlich logieren** finden Sie besonders schöne Hotels, die einen unvergesslichen Aufenthalt versprechen. Natürlich sind die Zimmerpreise dem Niveau entsprechend hoch und liegen über 70 €.

RESTAURANTS

Hier finden Sie eine Auswahl an Restaurants, die aufgrund ihrer Lage, ihres Ambientes oder ihres ungewöhnlichen Charakters empfohlen werden. Die angegebenen Preise entsprechen dem Preis für eine günstige Mahlzeit bzw. ein teureres Gericht à la carte und sollen lediglich einen Anhaltspunkt geben. Auch diese Adressen sind entsprechend den Preisen in drei Kategorien eingeteilt: **Gut und preiswert** (Gerichte unter 15 €), **Unsere Empfehlung** (zwischen 15 € und 30 €) sowie **Spitzenkategorie** (über 30 €).

TAPAS

Um der in Spanien üblichen Tradition des *tapeo* gerecht zu werden, finden Sie auch Adressen von empfehlenswerten Tapas-Lokalen. Für diese Lokale sind normalerweise keine Preise angegeben. Die *tapas* oder *raciones* sind von Lokal zu Lokal unterschiedlich, in der Regel handelt es sich jedoch um ein preiswertes Gericht, das nicht über 12 € liegen dürfte.

FÜR ZWISCHENDURCH, CAFÉS, KNEIPEN UND BARS, SHOPPING UND AUSGEHTIPPS

Unter einigen Tipps und Adressen finden Sie diese zusätzlichen Rubriken. Hierunter sind zahlreiche verschiedene Adressen von Cafés und Bars über Geschäfte bis hin zu Theatern, Diskotheken oder Konzertsälen aufgeführt. Einige davon sind tagsüber ruhige Cafés oder Tapas-Bars, bei Anbruch der Nacht jedoch verwandeln sie sich in gut besuchte Lokale, in denen man sich zum Wein oder Bier trifft.

Außerdem ...

HOTELS

Der **Rote Michelin-Hotel- und Restaurantführer Spanien-Portugal** wird jedes Jahr neu herausgegeben und enthält eine Auswahl an Hotels und Restaurants mit Angaben über Kategorie und Komfort, landschaftliche Lage und Preise. Auch die Secretaría General de Turismo bringt jährlich einen Hotelführer heraus.

PARADORES DE TURISMO

Diese Hotels sind es wert, besonders erwähnt zu werden. Die meisten befinden sich in restaurierten, unter Denkmalschutz stehenden Gebäuden (Burgen, Schlösser, Adelshöfe, Klöster) und zeichnen sich durch ihre herrliche Lage und besonders großen Komfort aus. Nähere Auskunft und Buchung bei Paradores de Turismo, Calle Requena 3, 28013 Madrid, ☎ 915 61 66 66, www.parador.es. Es gibt **Wochenendangebote** und eine **Kundenkarte** für fünf Übernachtungen. *Die Paradores sind auf den Michelin-Straßenkarten mit dem Zeichen* 🅿 *gekennzeichnet.*

Parador in Pontevedra

Ferien auf dem Lande

Immer mehr Urlauber wollen ihre Ferien auf dem Lande verbringen. Die meisten Autonomen Gemeinschaften geben entsprechende Führer heraus *(Guías de Alojamiento de Turismo Rural)*, Auskünfte dazu erteilen die Fremdenverkehrsämter.

Camping, Caravaning

Spanien verfügt über ein umfangreiches Netz an Campingplätzen. Die Secretaría General de Turismo gibt jährlich einen Campingführer heraus. Informationen über Camping gibt es auch bei der Federación Española de Camping-Caravaning, Calle San Bernardo 97-99, Piso 3°Ofic. B.C., 28015 Madrid, ☏ 914 48 12 34. www.guiacampingfecc.com

Jugendherbergen (Albergues Juveniles)

Die Jugendherbergen sind Inhabern eines Internationalen Jugendherbergsausweises *(tarjeta de alberguista)* vorbehalten. Der spanische Ausweis ist erhältlich in den Herbergen selbst oder bei TIVE, Calle Fernando el Católico 88, 28006 Madrid, ☏ 915 43 74 12 (Mo-Fr 9-14 Uhr), das auch eine Karte mit allen spanischen Jugendherbergen bereithält.
www.madrid.org/juventud/tive.htm

Sparen Sie Geld

Viele große Hotels und Hotelketten haben Wochenendangebote. Manchmal kann man auch Gutscheine *(talones)* für eine Nacht bzw. mehrere Nächte zu günstigen Preisen erwerben. Fragen Sie in Ihrem Reisebüro danach.

NH Hoteles – ☏ 902 11 51 16 (rund um die Uhr) und ☏ 913 98 44 00 (rund um die Uhr) und www.nh-hoteles.es Wochenendangebote ab 82 € pro Doppelzimmer in über 75 Hotels in 36 Städten.

Bancotel – ☏ 915 09 61 22 und www.bancotel.com. Diese Hotelkette bietet einen in Reisebüros und auf der Webseite käuflichen Voucher mit 5 Gutscheinen an. Der Preisnachlass in den 3-, 4- und 5-Sterne-Hotels der Kette ist beträchtlich.

Halcón Viajes – ☏ 902 43 30 00 (Auskunft und Reservierung) und www.halcon-viajes.es. Gutscheine (eine Übernachtung für eine oder zwei Personen), mit denen man Rabatte auf den offiziellen Preis erhält.

Hoteles Meliá – ☏ 902 14 44 40 und www.solmelia.com. Kundenkarte *(tarjeta de fidelización)* „MAS" und Wochenendangebote in den Hotels dieser Kette.

Alles, was für Sie wichtig ist

Billiger reisen

Junge Leute

Auskunft erteilt das **Instituto de la Juventud**, Calle Marqués de Riscal 16, 28010 Madrid, ☏ 913 63 78 56, oder dessen Webseite www.mtas.es/injuve/ bzw. das **Oficina Nacional de Turismo e Intercambio de Jóvenes y Estudiantes (TIVE)**, Calle Fernando e Católico 88, 28006 Madrid, ☏ 915 43 74 12,
www.madrid.org/juventud/tive.htm
Mit dem **Carnet Joven EURO<26**, das beim Instituto de la Juventud in Spanien bzw. den entsprechenden Einrichtungen in weiteren 27 Ländern erhältlich ist, bekommen Jugendliche von 14 bis 25 Jahren eine Reihe von Ermäßigungen für Verkehrsmittel, kulturelle Einrichtungen, Unterkünfte usw.
Auch mit dem **Carnet de estudiante** bekommt man verschiedene Rabatte.

Hier beträgt das Mindestalter 12 Jahre.

Senioren

Personen über 65 Jahren werden interessante Ermäßigungen für Verkehrsmittel, bei Eintrittskarten zu Sehenswürdigkeiten und Veranstaltungen gewährt. In vielen Museen beträgt dieser Nachlass 50 %, der Eintritt zu Kultur- und Naturdenkmälern Spaniens ist frei. In den Zügen der RENFE erhalten Senioren über 60 Jahren mit der **Tarjeta dorada** verschiedene Ermäßigungen, die je nach Jahreszeit und Fahrtziel unterschiedlich sind.

Hinweise für Behinderte

Auskunft erteilt das Real Patronato de Prevención y de Atención a Personas con Minusvalías, Calle Serrano 140, 28006 Madrid, ☏ 917 45 24 44.

Gut zu wissen

Notrufnummern
Notruf: ☎ 112
Ärztlicher Notdienst: ☎ 061

Banken
Sie sind Montag bis Samstag (im Sommer jedoch nur Montag bis Freitag) von 8.30-14 Uhr geöffnet.

Kreditkarten
Wenden Sie sich bei Diebstahl oder Verlust der Kreditkarte schnellstmöglich an die Notrufnummer der ausgebenden Bank in Deutschland oder: **Visa**, ☎ 902 19 21 00; **American Express**, ☎ 902 37 56 37; **Eurocard/Mastercard** ☎ 900 97 12 31; **Diners Club**, ☎ 901 10 10 11.

Post
Die Postämter sind an der Aufschrift **Correos** zu erkennen. Sie sind Montag bis Freitag von 8.30-14.30 Uhr und Samstag von 9.30-13 Uhr geöffnet. Will man innerhalb Spaniens eine Sendung postlagernd verschicken, muss man als Adresse den Namen des Empfängers, „Apartado de Correos", die Postleitzahl und den Namen der Stadt angeben. Briefmarken *(sellos)* sind auch in Tabakläden *(estancos)* erhältlich.

Telefon
Inlandsauskunft: ☎ 11811, 11818, 11850, 11888

Auslandsauskunft: ☎ 11825
Um von Spanien nach **Deutschland** zu telefonieren, muss man 00 + 49 + die Ortsnetzkennzahl (ohne die erste Null) und die Nummer des Fernsprechteilnehmers wählen. Für **Österreich** gilt die Vorwahl 00 + 43, für die **Schweiz** 00 + 41.
Im innerspanischen Telefonnetz sind die Nummern neunstellig und beginnen mit 9.
Es gibt öffentliche Münz- oder Kartenfernsprecher (Telefon- oder Kreditkarte). Die Telefonkarten *(tarjetas telefónicas)* sind in den Tabakläden *(estancos)* oder Postämtern erhältlich.

Medien
In Spanien werden über hundert Tageszeitungen herausgegeben, darunter die wichtigsten: *El País*, *ABC*, *El Mundo* und *Diario 16* sowie in Katalonien *La Vanguardia* und *El Periódico*.

Es gibt sowohl staatliche als auch private Fernsehsender. Televisión Española mit zwei Kanälen sowie die Sender der Autonomen Gemeinschaften (Telemadrid, TV3 in Katalonien, TVG in Galicien, ETB im Baskenland, Canal 9 in der Gemeinschaft Valencia und Canal Sur in Andalusien) sind staatlich.
Antena 3, Tele 5 sowie das Pay-TV Canal + sind Privatsender, die landesweit ausstrahlen.

Shopping
Die Geschäfte sind in der Regel von 10-14 Uhr und von 17-20.30 Uhr geöffnet, immer mehr Geschäfte (insbesondere große Kaufhäuser oder Ladenketten) bleiben jedoch auch über die Mittagszeit geöffnet. Sonntags ist geschlossen, und einige Geschäfte schließen schon am Samstagnachmittag ihre Pforten.

Öffnungszeiten und Eintrittspreise

Die Öffnungszeiten und Eintrittspreise sind im Hauptteil in Kursivschrift hinter den entsprechenden Sehenswürdigkeiten angegeben.
Die Angaben entsprechen dem Stand zur Zeit der Redaktion. Preise und Öffnungszeiten ändern sich jedoch häufig – für evtl. Unstimmigkeiten bitten wir daher um Ihr Verständnis. Die Angaben gelten für Einzelbesucher (ohne Ermäßigung). Für Gruppen können auf vorherige Anfrage im Allgemeinen besondere Bedingungen hinsichtlich der Öffnungszeiten oder Preise vereinbart werden.
Es ist ratsam, sich vor Antritt eines Besichtigungsausflugs telefonisch zu erkundigen, denn aufgrund ihrer Bedeutung werden die Sehenswürdigkeiten von Zeit zu Zeit für Restaurierungsarbeiten geschlossen.
Für Kirchen sind die Öffnungszeiten nur angegeben, wenn das Innere interessant genug erscheint, wenn die Kirche nur zu bestimmten Zeiten geöffnet ist oder der Eintritt kostenpflichtig ist. Normalerweise kann während der Messe nicht besichtigt werden, es gibt jedoch einige Kirchen, die nur während der Messe geöffnet sind. Wir bitten Sie in diesem Falle um äußerste Diskretion.

Ideen für den Kurzurlaub

Die Küsten des Mittelmeers

Spanien kann zahlreiche Touristenzentren und im Sommer stark besuchte Orte aufweisen, von denen einige bedeutende nicht nur auf dem Kontinent, sondern auch auf Inseln liegen. Im Sommer werden die Küsten des Mittelmeers zum Anziehungspunkt für zahlreiche Urlauber aus dem In- und Ausland.

Die zerklüftete und klippenreiche **Costa Brava** ist mit ihren malerischen Buchten und vielen lebhaften Orten ein beliebtes Reiseziel. Aufgrund ihrer Nähe zur französischen Grenze ist sie für viele Touristen aus dem Ausland problemlos zu erreichen.

Die von weitläufigen Sandstränden gesäumte **Levante** zieht große Mengen von Feriengästen an. In dieser dicht besiedelten Region liegen große Touristenzentren wie Benidorm, Cullera oder Gandía. Viele spanische Familien verbringen hier – häufig in Zweitwohnungen – ihre Ferien.

Die **Costa del Sol** ist vor allem zwischen Málaga und Estepona – ihrem bekanntesten Abschnitt – eine Aneinanderreihung von luxuriösen Feriensiedlungen und Golfplätzen. Marbella ist der Star unter den Küstenorten, es ist der wichtigste Treffpunkt des internationalen Jetsets.

In den Orten an der **Costa de la Luz** und im restlichen Andalusien geht es ruhiger zu, hier verbringen größtenteils Spanier ihren Urlaub. Auch die **Balearen** sind ein Touristenmagnet schlechthin. Nach Menorca kommt man, um Ruhe und Entspannung zu suchen, Mallorca und Ibiza dagegen ziehen den Massentourismus aus dem In- und Ausland – darunter viele Deutsche – an, die tagsüber die Schönheit der Inseln genießen und nachts auf die *marcha* – auf die „Piste" – gehen.

Die Küste Kantabriens

An der kantabrischen Küste, vom Baskenland bis nach Galicien, liegen ebenfalls zahlreiche Touristenzentren. Hierher kommen jedoch in erster Linie Spanier, die zwar auch Sonne und Meer genießen, ihre Ferien aber abwechslungsreicher gestalten wollen. Das etwas kühlere Klima eignet sich hervorragend für Ausflüge und kulturelle Aktivitäten. San Sebastián und Santander etwa sind nicht nur schöne Städte, sondern auch vornehme „Sommerfrischen" mit langer Tradition.

Bis auf wenige Ausnahmen konnten die Küsten Nordspaniens der Immobilienspekulation, unter der die Mittelmeerküsten zu leiden haben, entgehen und sich ihre Schönheit bis heute bewahren.

Die Kanarischen Inseln

Sie sind ein weiteres wichtiges Reiseziel, jedoch nicht so sehr im Sommer, sondern eher im Winter, wenn der Rest Europas friert. Die Hochsaison auf den Kanaren dauert vom 1. November bis zum 30. April. Touristische Schwerpunkte der Kanaren sind der Süden von Gran Canaria (Maspalomas, Playa del Inglés und Playa de San Agustín) und Teneriffa (Playa de las Américas). Im Norden Teneriffas liegt Puerto de la Cruz, ein weiteres wichtiges Urlauberzentrum.

Nationalparks

Auf der Iberischen Halbinsel, die sozusagen eine Brücke zwischen Europa und Afrika bildet, gibt es im Vergleich zu anderen europäischen Ländern vielfältigere Landschafts- und Vegetationsformen. So findet man hier noch ursprünglich gebliebene Sümpfe, ausgedehnte Nadelwälder, Hochgebirge, steppen- und wüstenartige Gebiete und typisch mediterrane Flora und Fauna.

Die ökologisch wichtigsten Regionen wurden zu Nationalparks erklärt und stehen unter Naturschutz. Spanien verfügt über zwölf Nationalparks, von denen fünf auf zu Spanien gehörenden Inseln liegen.

Nationalparks im Gebirge

Die drei Nationalparks Picos de Europa, Ordesa y Monte Perdido und Aigüestortes i Estany de Sant Maurici sind Gebirgsgegenden im Norden der Halbinsel, in der noch viele nordeuropäische Tier- und Pflanzenarten zu finden sind, die weiter südlich nicht mehr vorkommen.

Die Gründung des ersten Nationalparks **Montaña de Covadonga** geht auf das Jahr 1918 zurück. 1995 wurde das Gebiet von 16 925 ha auf 64 600 ha vergrößert und in **Parque Nacional de los Picos de Europa** (s. S. 380) umbenannt. Hier liegen viele wunderschöne Naturlandschaften, darunter die beiden Gletscherseen Lago de Enol und Lago de Ercina. Herrliche Buchenwälder in Höhenlagen zwischen 800 m und 1 500 m sowie Kastanien- und Kermeseichenbestände machen den besonderen Reiz des Parks aus. Das Gebiet ist von fischreichen (Forellen, Lachse) Wasserläufen durchzogen und ausgesprochen grün. An seltenen Tierarten findet man Gemsen, Wildkatzen, Iltisse, ja sogar Braunbären. Unter den Vögeln ist der Kaiseradler besonders bemerkenswert, daneben gibt es Füchse, Otter, Eichhörnchen und Rebhühner in großer Zahl.

Der tief in den Aragonischen Pyrenäen gelegene Nationalpark **Ordesa y Monte Perdido** (s. S. 363) wurde ebenfalls schon 1918 gegründet. Er umfasst vier herrliche Täler mit überwältigend steilen Hängen, Wasserfällen und Wildbächen. Auf seinem 15 608 ha großen Gebiet gedeihen Fichten, Edeltannen, Buchen und Weißtannen, zu den besonders häufig vorkommenden Tierarten zählen Iltis, Wildschwein, Fuchs, Marder und Otter.

Der 14 119 ha große Nationalpark **Aigüestortes i Estany de Sant Maurici** (s. S. 101) befindet sich in den Katalonischen Pyrenäen (Provinz Lleida). Sein Relief wurde im Quartär von den Gletschern geformt, die Landschaft und Vegetation hat alpinen Charakter. Auch er ist mit seinen Hochwäldern aus Fichten, Weiß- und Edeltannen und den Almen sehr eindrucksvoll. Wildschweine, Hermeline, Marder, Murmeltiere, Eichhörnchen, Kaiseradler und Schneehühner sind seine charakteristischsten Tierarten.

In der **Sierra Nevada** finden sich auf einer Fläche von 90 000 ha Berggipfel von über 3 000 m Höhe wie etwa der Mulhacén, der höchste Berg der Iberischen Halbinsel. Aufgrund der Verschiedenartigkeit der Topographie und des Klimas sind auch Flora und Fauna dieses Parks von beeindruckender Vielfalt.

Parque Nacional de Cabañeros

Er bedeckt eine 40 000 ha große Ebene, die von zwei Ketten der Montes de Toledo eingefasst wird. Hier findet man die für den Mittelmeerraum typische Macchia-Vegetation. An Wild trifft man Hirsche, Damwild, Wildschweine und Raubvögel, insbesondere den Schwarzgeier.

Parks in Feuchtgebieten

Las Tablas de Daimiel und Doñana – Die in der Mancha und in der Provinz Huelva gelegenen Naturparks sind der Lebensraum der Wasservögel (Reihervögel und Entenarten), darunter auch im Aussterben begriffene Arten. Den Zugvögeln dienen sie als Winterquartiere und Brutstätte. Der **Tablas-de-Daimiel-Park** (s. S. 114) ist mit 1 928 ha der kleinste Nationalpark Spaniens. Da die beiden Flüsse Cigüela und Guadiana häufig über ihre Ufer treten, entstehen weite Überschwemmungsgebiete (tablas), die durch Auen und Ried gekennzeichnet sind. Vögel sind die wichtigsten Bewohner dieses Parks, einige kommen nur zum Überwintern oder zum Nisten, so etwa Seiden- und Graureiher oder Kolbenenten.

Der **Doñana-Nationalpark** (s. S. 218) ist der größte und bekannteste spanische Nationalpark. Er weist auf seinen 50 720 ha Fläche Stranddünen, gefestigte Sandflächen und Sümpfe auf. Durch seine Lage am Südrand der Halbinsel, unweit von Afrika, bildet er für die Zugvögel eine wichtige Etappe. Unter den vielen hier lebenden Arten seien besonders die im Aussterben begriffenen Spezies wie Luchs, Manguste und Kaiseradler erwähnt.

Parks auf den Inseln

Der zu den Balearen gehörende **Nationalpark Cabrera** ist 10 000 ha groß. Zu den Kanarischen Inseln gehören die Nationalparks **Teide** (Teneriffa), **Caldera de Taburiente** (La Palma), **Timanfaya** (Lanzarote) und **Garajonay** (La Gomera).

Streckenvorschläge

Für diejenigen, die Spanien mit dem Pkw bereisen wollen, haben wir folgende Streckenvorschläge zusammengestellt, die auf der **Karte der Streckenvorschläge** zusammengefasst sind *(s. S. 13)*. Daneben werden auch die auf der **Karte der Hauptsehenswürdigkeiten** aufgeführten Strecken empfohlen. Die zugehörige Beschreibung finden Sie im Kapitel **Sehenswürdigkeiten**.

1 GALICIEN
Rundfahrt von 1 030 km ab La Coruña – Diese Strecke gibt Ihnen Gelegenheit, die Autonome Gemeinschaft Galicien kennen zu lernen, in der man einst „finis terra", das Ende der Welt, vermutete: ihre schönen Städte, ihre grünen Landschaften, ihre von unzähligen *rías* – fjordähnlichen Flussmündungen – durchschnittene Küste und ihre reizvollen Dörfer. Natürlich dürfen bei einer Reise nach Galicien die köstlichen Meeresfrüchte nicht vergessen werden. Nach einer Besichtigung von La Coruña mit seiner Altstadt und der Avenida de la Marina geht es weiter nach **Santiago de Compostela**, einer der schönsten Städte Spaniens. Beim Betreten der Plaza del Obradoiro, auf der sich die beeindruckende Kathedrale erhebt, wird der Besucher wie ein Pilger unweigerlich von einem bewegenden Gefühl ergriffen. Wir fahren weiter durch die **Rías Bajas** bis zur Mündung des Miño, der eine natürliche Grenze zu Portugal bildet. Hier schneidet das Meer tief ins Land ein, und an der durch malerische Landschaften geprägten Küste findet man vereinzelte Dörfer und Ferienorte. Nachdem wir am Miño flussaufwärts bis nach **Tui**, einem Ort mit langer Geschichte, gefahren sind, erreichen wir über die Autobahn **Ourense**. Nach einer Besichtigung der Stadt setzen wir unseren Weg entlang der spektakulären Garganta del Sil fort, einer Schlucht, die der Río Sil im Laufe der Zeit gegraben hat. Die Straße macht einen Schlenker durch die Provinz León und führt nach Ponferrada, von wo aus wir **Las Médulas**, eine wie verzaubert wirkende Hügellandschaft erreichen. Wieder in Galicien erwartet uns **Lugo** mit seiner intakten Stadtmauer aus der Zeit der Römer. Zurück an der Küste beschließen wir die Reise mit einer Fahrt durch die Landschaft der **Rías Altas**.

2 RUND UM DAS KANTABRISCHE GEBIRGE
Rundfahrt von 764 km ab Santander – Das Kantabrische Gebirge bildet eine natürliche Grenze zwischen den Gemeinschaften Kastilien und León sowie Kantabrien und Asturien. Im Norden erheben die Picos de Europa ihre eindrucksvollen Gipfel in unmittelbarer Nähe des Meeres, während im Süden verschiedene Orte auf dem Jakobsweg, dem Camino de Santiago, sowie zwei Schmuckstücke der gotischen Baukunst, die Kathedralen von León und Burgos, locken.
Nach einem Aufenthalt im eleganten **Santander**, das wunderschön an einer tiefen Bucht gelegen ist, erreichen wir das sehenswerte mittelalterliche Dorf **Santillana del Mar**. Nur wenige Kilometer entfernt befindet sich eine Replik der **Höhlen von Altamira** (Cuevas de Altamira), ein Meisterwerk der Höhlenmalerei, das man sich nicht entgehen lassen sollte. Der Weg führt uns weiter in die malerische Stadt **Comillas** und von dort in den Ferienort **San Vicente de la Barquera**. Ab hier führt die Strecke in die Berge und in den nördlichen Bereich des **Parque Nacional de los Picos de Europa**.

Picos de Europa

Von dort aus kehren wir wieder zur Küste zurück und fahren nach **Gijón** mit seinem ausgedehnten Stadtstrand. Nicht weit von Gijón liegt **Oviedo**, das mit einer gut erhaltenen Altstadt und schönen Gebäuden im asturischen Baustil auf uns wartet. Über die Autobahn gelangen wir nach **León** und besichtigen diese historische Stadt. Weiter geht es in Richtung Burgos, dabei dürfen wir jedoch die Orte Villalcázar de Sirga, Carrión de los Condes und **Frómista** – wichtige Etappen auf dem Jakobsweg – nicht links liegen lassen. Frómista glänzt mit der Kirche San Martín, einem Wunderwerk romanischer Baukunst. Nach einer Besichtigung von **Burgos** und seinen beeindruckenden Sakralbauten führt uns unser Weg nach **Aguilar de Campoo**, das von einer Burg bewacht wird, und in die am Fuß des Kantabrischen Gebirges gelegene Stadt Reinosa. Von hier aus bietet sich ein Ausflug zum **Pico de Tres Mares** an, wir können jedoch auch nach Santander zurückkehren, wobei wir in **Puente Viesgo** Halt machen, um uns die Höhlenmalereien der Cueva del Castillo anzuschauen.

3 BASKENLAND, LA RIOJA UND NAVARRA

Rundfahrt von 696 km ab Bilbao – Auf dieser Strecke lernen wir reizvolle Küsten mit hier und da hingetupften malerischen Dörfern, Landschaften im Landesinneren mit Stationen des Jakobsweges und schöne Städte kennen. Auch für die Liebhaber gastronomischer Köstlichkeiten gibt es hier vieles zu entdecken.

Nach einem unbedingt zu empfehlenden Besuch des **Guggenheim-Museums in Bilbao** verläuft die Route an der zerklüfteten **Costa Vasca**, der Küste des Baskenlandes, entlang, an der sich kleine pittoreske Häfen erstrecken. Wir erreichen das in eine herrliche Bucht eingebettete **San Sebastián**, dessen Lage mit zu den schönsten Spaniens zählt. Von hier aus geht es nach **Hondarribia**, ein netter Ferienort und Fischerhafen mit einer gut erhaltenen, schönen Altstadt. Durch das wunderhübsche Valle del Bidasoa fahren wir nach **Pamplona**, das sich um die Kathedrale herum sein mittelalterliches Bild bewahren konnte. Wir setzen unsere Fahrt fort und durchqueren die Landschaften Navarras. Hier erwarten uns Klöster, wichtige Etappen des **Camino de Santiago**, des Jakobsweges, (Leyre, La Oliva, Sangüesa oder Puente la Reina) und historische Dörfer (Sos del Rey Católico, Olite). Unser nächster Halt ist **Estella**, eine der wichtigsten Etappen des Jakobswegs. Nach einem Besuch im nahe gelegenen Kloster Irache setzten die Pilger ihre Reise bis nach **Logroño**, der Hauptstadt der heutigen Autonomen Gemeinschaft La Rioja, fort. Nach einer Besichtigung der Kathedrale und der netten Straßen der Altstadt bewegen auch wir uns auf dem Jakobsweg weiter, der sich durch ausgedehnte Weinberge zieht, von denen der berühmte Rioja stammt. **Nájera** und **Santo Domingo de la Calzada** waren einst die wichtigsten Etappen auf diesem Abschnitt des Pilgerpfades. In ein schönes Tal eingebettet liegt **San Millán de la Cogolla**, das als Wiege des *castellano* gilt, denn hier wurden die ersten Schriftstücke in kastilischer Sprache verfasst. Unser letzter Aufenthalt ist Haro, wo wir das Museo del Vino de La Rioja, das Weinmuseum, besuchen. Danach geht es zurück in die Hauptstadt der Provinz Álava: **Vitoria-Gasteiz** kann mit einer einzigartigen Altstadt und verschiedenen sehenswerten Museen aufwarten. Über die Autobahn kehren wir nach Bilbao zurück und durchqueren auf unserer Fahrt eine reizvolle Berglandschaft.

4 KATALONIEN

Rundfahrt von 1 020 km ab Barcelona – Hohe Berggipfel, steile, zerklüftete Küsten mit abgeschiedenen Buchten, ausgedehnte Strände, malerische Dörfer, beeindruckende romanische Kirchen, große Klöster und geschichtsträchtige Städte säumen diese Strecke durch die schönen Landschaften Kataloniens.

Nach einem Besuch **Barcelonas**, wo Moderne und Geschichte miteinander verschmelzen, beginnt unsere Fahrt entlang der Costa del Maresme und der wunderschönen **Costa Brava** mit ihren reizvollen Gegenden, kleinen Dörfern und bedeutenden Ferienzentren. Wir besichtigen die antike römische Kolonie **Empúries**, den Golf von Roses, das Örtchen **Cadaqués** und das **Monestir de Sant Pere de Rodes**. Nach einem Aufenthalt in **Figueres** fahren wir weiter nach **Girona**, in deren gut erhaltenem historischen Stadtkern jahrhundertealte Zeugnisse der Römer, Juden, Araber und Christen zu sehen sind. Von Girona aus fahren wir in Richtung der **Pyrenäen**, wo uns spektakuläre Bergstraßen, herrliche Täler und pittoreske Dörfer mit kleinen romanischen Kirchen erwarten, die durch ihre Nüchternheit und Einfachheit bewegen. Wir verlassen die Pyrenäen durch das Tal des Río Noguera Ribagorzana und erreichen die Stadt **Lleida**, die von den Ruinen der Maurenburg und von La Seu Vella, der Alten Kathedrale, überragt wird. Auf unserer Fahrt zurück zur Küste besuchen wir **Poblet**, das berühmteste Zisterzienserkloster Spaniens, und das von einer Stadtmauer umgebene Dorf **Montblanc**. Von hier aus geht es weiter nach **Tarragona**, dem einstigen Tarraco, Hauptstützpunkt des römischen Hispaniens. Nach einem vergnüglichen Tag im Themenpark **Port Aventura** führt uns der Rückweg nach Barcelona das letzte Stück entlang der **Costa Dorada**, wo der malerische Ferienort **Sitges** zum Besuch einlädt.

5 KASTILIEN UND LEÓN

Rundfahrt ab 756 km ab Salamanca – Altehrwürdige Städte und stolze Burgen säumen diese Strecke durch die Landschaften Kastiliens. Falls Sie Ihre Reise während der *Semana Santa*, der Karwoche, durchführen wollen, ist ein Besuch einer der feierlichen Prozessionen, die in Zamora und Valladolid stattfinden, zu empfehlen. Nach einem Besuch von **Salamanca**, einer eindrucksvollen und lebendigen Universitätsstadt, fahren wir in Richtung **Zamora**, wo besonders die Kathedrale mit ihrer schuppenartig gedeckten Kuppel auffällt. Auf unserem Weg nach Valladolid können wir in **Toro** Halt machen und die Stiftskirche besichtigen, deren Kuppel der der Kathedrale in Zamora ähnelt. In **Tordesillas** wurde der berühmte Vertrag unterzeichnet, in dem Spanien und Portugal die damals bekannte Neue Welt und die noch zu entdeckenden Länder aufteilten. In **Valladolid** findet sich neben schönen Kunstwerken des Isabellinischen Stils das Museo Nacional de Escultura, das Staatliche Skulpturenmuseum. Die Reise führt durch ausgedehnte Getreidefelder nach Medina de Rioseco, einem Städtchen mit langer Geschichte, und weiter nach **Palencia** mit seiner beeindruckenden Kathedrale. Wir befinden uns nun bereits in der Provinz Burgos und kommen durch reizvolle Dörfer wie **Lerma** und **Covarrubias**. Ein Muss auf dieser Strecke ist eine Besichtigung des **Monasterio de Santo Domingo de Silos**, dessen Kreuzgang ein Meisterwerk der romanischen Kunst darstellt. Nun geht es hinab zum Río Duero. Auf dieser Strecke reihen sich zahlreiche **Burgen** aneinander, die während der Reconquista zur Verteidigung der von den Spaniern zurückeroberten Gebiete gegen die Mauren dienten: die nur noch als Ruinen erhaltene Burg Peñaranda de Duero, die beeindruckende Burg von **Peñafiel**, weiter **Cuéllar** und schließlich **Coca**, die aufgrund ihres Mudéjar-Stils von den genannten Burgen stark unterscheidet. Wir setzen unsere Fahrt fort und kommen nach **Segovia**, berühmt wegen seines Aquäduktes und seiner Kirchen, und von dort aus nach **Ávila**, eine Stadt der Kirchen und Klöster, die durch eine eindrucksvolle Stadtmauer geschützt werden. Als letzter Halt auf der Reise empfiehlt sich die Stadt Alba de Tormes.

6 ZARAGOZA, SORIA, GUADALAJARA UND TERUEL

Rundfahrt von 869 km ab Zaragoza – Die Strecke führt durch mehrere Provinzen im Landesinneren mit Dörfern, die von Burgen überragt werden, Örtchen, die in hügelige Landschaften eingebettet liegen, und Städten, die eine zauberhafte Atmosphäre ausstrahlen.

Die Reise beginnt mit einem Abstecher nach Navarra, wo wir **Tudela** besichtigen. In der Stadt sind interessante Beispiele der Mudéjar-Architektur und eine schöne Kathedrale erhalten. Zurück in der Provinz Zaragoza machen wir Halt in **Tarazona** mit seiner Altstadt und seiner Kathedrale sowie dem **Monasterio de Veruela**, die einen Besuch wert sind. Von Tarazona aus setzen wir unseren Weg fort und erreichen **Soria**, eine reizvolle Stadt mit sehenswerten Kirchen am Ufer des Duero. Auf der weiteren Strecke passieren wir **Calatañazor**, ein malerisches Dorf mit einer mittelalterlichen Burg, und erreichen **El Burgo de Osma**, ein anderes Örtchen, in dem noch die Atmosphäre des alten Kastiliens herrscht und dessen herrliche Kathedrale besonders sehenswert ist. Über Landstraßen geht es nach **Berlanga de Duero** mit einer weiteren Burg, die zur Verteidigungslinie am Duero gehörte, und nach **San Baudelio de Berlanga**, einer mozarabischen Einsiedelei mit einer bemerkenswerten Kapelle. Nach einem Aufenthalt in **Atienza**, das von den Ruinen seiner Burg geschützt wird, setzen wir unseren Weg fort ins geschichtsträchtige **Sigüenza**, dessen befestigte Kathedrale mit herrlichen Skulpturen im Inneren und dessen Burg (in der heute ein Parador untergebracht ist) eine Besichtigung wert sind. Auf der Schnellstraße fahren wir weiter in Richtung Zaragoza durch die reizvolle Gegend am Ufer des Río Jalón und machen einen kleinen Abstecher, um das beeindruckende **Monasterio de Santa María de Huerta** zu besuchen, das im Zisterzienserstil errichtet wurde und bedeutende Umbauten im Renaissancestil erfuhr. Auf der Höhe von Ateca biegen wir in eine Straße ein, die oberhalb des Embalse de la Tranquera, eines Stausees, entlangführt. Das **Monasterio de Piedra** lädt zu einem Spaziergang in seinem üppig grünen Park ein. Die Fahrt geht weiter über Molina de Aragón (mit einer weiteren Burg), hinein in die Sierra de **Albarracín** und bis zum eindrucksvollen Örtchen gleichen Namens. Die Stadt **Teruel**, unser nächster Halt, genießt eine herrliche Lage und weist interessante architektonische Beispiele im Mudéjar-Stil auf. Wir verlassen die hügelige Gegend in Richtung Norden und können **Daroca** mit den Ruinen einer 4 km langen Stadtmauer besichtigen, bevor wir über die Autobahn nach Zaragoza zurückkehren.

Im Schlosspark von La Granja de San Ildefonso

7 UMGEBUNG VON MADRID

Rundfahrt von 689 km ab Madrid – In der Umgebung der spanischen Hauptstadt liegen einige Städte von großer touristischer Bedeutung sowie eindrucksvolle Palastkomplexe der spanischen Krone, aber auch die reizvollen Landschaften der Sierra de Gredos und der Sierra de Guadarrama. Nicht weit von Madrid liegt **Alcalá de Henares**, die Geburtsstadt von Miguel de Cervantes. Das Colegio de San Ildefonso bzw. die Antigua Universidad, die Alte Universität, darf auf keinem Besichtigungsprogramm fehlen. Von hier führt der Weg nach **Chinchón** mit seiner herrlichen Plaza Mayor und weiter nach **Aranjuez**, das eingebettet in Parks, Gemüsefelder und Obstgärten an den Ufern des Tajo liegt. Nach einer Besichtigung des Königspalastes und der Pavillons machen wir einen Spaziergang durch die herrlichen Gärten dieser königlichen Residenz und setzen danach unsere Reise nach **Toledo** fort. Seine einmalige Lage in einer Schleife des Tajo gibt nur einen Vorgeschmack auf die unzähligen Schönheiten, die die Straßen dieser altehrwürdigen Stadt für den Besucher bereithalten. Die weitere Strecke führt uns durch **Talavera de la Reina**, das berühmt ist für seine Keramik, und überquert auf einer Bergstraße die **Sierra de Gredos** bis nach **Ávila**. Unterwegs können wir einen Abstecher zur Cueva del Águila machen, einer Höhle, die etwa 4 km von der Straße entfernt über einen Weg zu erreichen ist. In **Ávila**, einer Stadt der Kirchen und Klöster und Geburtsstadt der hl. Theresia, sind die beeindruckenden Stadtmauern aus dem 11. Jh. unversehrt erhalten geblieben. Nach einer Besichtigung fahren wir weiter zum **Monasterio de El Escorial**, dem prächtigen Klosterpalast, dessen Bau von Philipp II. in Auftrag gegeben wurde. Auf dem Weg in Richtung Segovia können wir einen Abstecher ins **Valle de los Caídos** machen, ein zum Gedenken an die Gefallenen des Spanischen Bürgerkrieges errichtetes riesiges Denkmal, das inmitten der schönen Landschaft der Sierra de Guadarrama hoch aufragt. In **Segovia** können das besonders gut erhaltene römische Aquädukt, die romanischen Kirchen und der prachtvolle Alcázar bewundert werden. Nicht weit von der Stadt, am Fuße der Sierra de Guadarrama, liegen eingebettet in die Landschaft das Schloss und die herrlichen Gärten von **La Granja de San Ildefonso**. Philipp V., Enkel von Ludwig XIV., ließ es in Erinnerung an das Versailles seiner Kindheit errichten. Der Weg führt uns weiter in die Sierra de Guadarrama hinein über den Pass **Puerto de Navacerrada** und wieder hinab in ein Tal, in dem das **Monasterio de El Paular** liegt. Über den Puerto de Navafría, einen weiteren Pass, gelangen wir nach **Pedraza de la Sierra**, einem altehrwürdigen Städtchen, das durch seine noch immer mittelalterliche Atmosphäre besticht. Bevor wir über die Autobahn in Richtung Madrid fahren und mit dem Puerto de Somosierra den letzten Pass überqueren, können wir zum Abschluss **Sepúlveda** besuchen, das hoch über einer Schleife des Río Duratón thront.

8 EXTREMADURA UND PEÑA DE FRANCIA

Rundfahrt von 780 km ab Plasencia – Diese Strecke durch die Extremadura ist stark durch die Ereignisse der Geschichte geprägt: Römer, die großen Konquistadoren und Kaiser Karl V., sie alle haben hier ihre Spuren hinterlassen. Das Bergmassiv Peña de Francia, das sich in der Provinz Salamanca befindet, bildet den Abschluss dieser Strecke. Nach einer Besichtigung der Kathedrale und der Altstadt von **Plasencia** beginnen wir unsere Fahrt mit einem Besuch des **Monasterio de Yuste** im grünen **Valle de La Vera**, in das sich Karl V. nach seinem Verzicht auf den Thron zurückzog. Ebenfalls sehenswert ist die Burg von **Jarandilla de la Vera** aus dem 15. Jh., die heute einen Parador beherbergt. Wir verlassen das Tal über eine Landstraße, überqueren den Stausee von Valdecañas und erreichen den Ort **Guadalupe**, der sich um das herrliche Kloster drängt. Nach einem Besuch dieses zu Ehren der Jungfrau von Guadalupe, der Nationalheiligen Spaniens und Schutzpatronin der *Hispanidad* errichteten Heiligtums setzen wir unseren Weg fort und gelangen nach **Trujillo**. Das trutzige Städtchen gilt als „Wiege der Konquistadoren", und seine Plaza Mayor zählt zu einem der beeindruckendsten und originellsten

Plätze in ganz Spanien. Über die Autobahn fahren wir nach **Mérida**, dessen Ruinen aus römischer Zeit – Theater, Amphitheater usw. – von der einstigen Bedeutung dieser Stadt zeugen. Auch das Museo Nacional de Arte Romano, das Staatliche Museum für römische Kunst, darf bei einer Besichtigung nicht vergessen werden. Nächster Halt auf der Strecke ist **Cáceres**, eine prachtvolle Stadt mit einer herrlichen, sehr gut erhaltenen Altstadt, in der die Zeit im 16. und 17. Jh. stehen geblieben zu sein scheint. Der Weg führt uns weiter ins Städtchen **Alcántara** mit seinem gut erhaltenen Kloster, dem Sitz des für die Reconquista bedeutsamen Ordens gleichen Namens, und seiner eindrucksvollen Brücke über den Tajo, der Puente Romano. Von hier aus geht es nach **Coria** mit seiner Kathedrale und weiter durch die Landschaften der Provinz Salamanca nach **Ciudad Rodrigo**. Dieser interessante Ort beherbergt innerhalb seiner Stadtmauern gleich mehrere bedeutende Sehenswürdigkeiten. Abschluss der Reise bildet die Fahrt über das Bergmassiv **Peña de Francia** und die Sierra de Béjar mit ihren hie und da hingestreuten Bergdörfern, die sich ihren Charakter und ihre Traditionen bewahrt haben.

9 LANDSCHAFTEN DER MANCHA

Rundfahrt, 849 km ab Cuenca – La Mancha ist das Land unendlicher Getreidefelder und Weinberge, die sich am Horizont verlieren und in denen der Blick einzig durch abgeschiedene Dörfer oder die Silhouette einer Mühle oder einer Burg abgelenkt wird, hinter der im nächsten Moment Don Quijote auf seiner Rosinante hervorzureiten scheint. La Mancha hat jedoch auch Sierras und Landschaften zu bieten, die mit diesem Bild nicht viel zu tun haben.

Das sich spektakulär über den Schluchten der Flüsse Júcar und Huécar erhebende **Cuenca** ist Ausgangspunkt dieser Route, die zunächst über die **Serranía de Cuenca** führt und in der sich Naturschönheiten wie die Ciudad Encantada mit ihren phantastischen Felsformationen, die Quelle des Río Cuervo oder die Schlucht von Beteta entdecken lassen. Wir kommen nochmals nach Cuenca und fahren über eine Ebene nach **Belmonte**, das von einer Burg beherrscht wird und wo eine sehenswerte Stiftskirche steht. Weiter geht es nach **Campo de Criptana**, einem typischen Dorf der Mancha, aus dessen Stadtbild die Silhouetten der Windmühlen herausragen. Über **Alcázar de San Juan**, den wichtigsten Ort des Landkreises, gelangen wir nach **Consuegra**, das mit seinen Windmühlen und der Burg ein beliebtes Fotomotiv darstellt. Von hier aus führt uns der Weg nach Daimiel und zum **Parque Nacional de las Tablas de Daimiel**, ein Feuchtgebiet am Zusammenfluss der Flüsse Guadiana und Cigüela. Nächster Halt auf unserer Reise ist **Almagro**, ein historisches Dorf mit einer gut erhaltenen, schönen Altstadt, in der insbesondere die Plaza Mayor und der Corral de Comedias, ein Theater aus dem 16. Jh., sehenswert sind. Nicht weit von hier liegt **Valdepeñas**, die Weinhauptstadt der Mancha. Nach einem Aufenthalt in **Villanueva de los Infantes**, wo interessante Bauwerke aus Renaissance und Barock zu besichtigen sind, fahren wir weiter ins Dorf **Alcaraz**. Geborgen im Schutz der gleichnamigen Sierra, in der der Río Mundo entspringt, wartet es mit einer beeindruckenden Plaza Mayor auf, die von eleganten Gebäuden umrahmt wird. Nächster Zwischenstopp ist die Stadt **Albacete**, in deren Museum sich eine hervorragende archäologische Abteilung befindet. Von hier aus geht es weiter nach **Alarcón**, einem malerisch auf einem Hügel über einer Schleife des Río Júcar gelegenen Ort, der von einer trutzigen mittelalterlichen Burg beherrscht wird, die heute einen Parador beherbergt. Von Alarcón aus treten wir unsere Rückfahrt nach Cuenca an.

10 DIE LEVANTE

Rundfahrt von 715 km ab Valencia – Bedeutende Ferienorte an weitläufigen Sandstränden, pittoreske Dörfer und Städte mit einem sehenswerten Kulturerbe kennzeichnen diese Strecke, die an der Küste entlang und durch das Landesinnere der Provinzen Valencia, Alicante und Murcia führt.

Nach einer ausgiebigen Besichtigung von **Valencia** geht es zunächst an der Küste entlang. **El Saler** lädt mit einem langen Sandstrand ein. Der Ort liegt am Rand des **Parque Natural de la Albufera**, einer großen Süßwasserlagune, in der Reis angebaut wird. Danach führt uns der Weg durch einige große Ferienzentren wie **Cullera**, **Gandía**, wo sich der Herzogspalast der Borgias befindet, und Denia, das von einer Burg überragt wird. Von **Jávea** mit seiner malerischen Altstadt aus gelangt man leicht zum Cabo de la Nao, von wo sich eine schöne Aussicht genießen lässt. Man kann auch direkt nach **Calpe** weiterfahren, vor dessen Küste das Wahrzeichen des Ortes, der Felsen Peñón de Ifach, über 300 m hoch aus dem Meer herausragt. **Altea**, unser nächster

Halt, ist dank seiner engen und steilen Straßen einer der schönsten Orte in dieser Gegend. An der Küste entlang führt unser Weg nach **Benidorm**, dessen direkt am Strand gelegene Skyline ein ungewöhnliches Bild ergibt. Nicht weit von diesem Ferien-Manhattan liegt der Themenpark **Terra Mítica**. Wir setzen unsere Fahrt fort und machen einen Abstecher durch die Bergwelt der Sierra de Aitana und besichtigen **Guadalest**, das in beeindruckender Lage auf einem Felskamm errichtet wurde. Weiter geht es nach **Alcoi**, das in einer fruchtbaren Tiefebene liegt, und über den Pass Puerto de la Carrasqueta nach **Jijona**, das für seinen *turrón*, eine Art türkischer Honig, bekannt ist. Zurück an der Küste erreichen wir **Alicante**, die freundliche Stadt am Mittelmeer, über der die Festung Santa Bárbara thront. Die Weiterfahrt führt uns durch verschiedene Ferienorte wie Guardamar del Segura oder Torrevieja ans **Mar Menor**, eine Lagune mit seichtem Wasser, an deren Ufer sich der Badeort **La Manga del Mar Menor** entlangzieht. Nach einer Besichtigung von **Cartagena**, das in einer geschützten Bucht liegt, verlassen wir die Küste und fahren nach **Murcia**, wo insbesondere die schöne Kathedrale und das Museo Salzillo, in dem Meisterwerke dieses berühmten Bildhauers gezeigt werden, sehenswert sind. Von hier aus geht es nach **Orihuela**, einem Ort mit zahlreichen interessanten Baudenkmälern und Gebäuden, und weiter nach **Elche**, der Stadt der Palmen. Die Autobahn führt uns an **Villena** vorbei, das von einer Burg überragt wird. Letzter Halt unserer Reise ist das in einer fruchtbaren Ebene gelegene **Játiva**, die Stadt der tausend Brunnen, in der es zahlreiche gut erhaltene Gebäude zu besichtigen gibt.

11 CÓRDOBA, SEVILLA, CÁDIZ UND MÁLAGA

Rundfahrt von 890 km ab Córdoba – Diese Strecke führt uns durch schöne Ortschaften im Landesinneren und an der Küste, durch die „Weißen Dörfer" der Sierras in den Provinzen Cádiz und Málaga und durch einige der bekanntesten Ferienorte an der Costa del Sol.
Córdoba, eine der drei für Andalusien typischsten Städte, verdient eine eingehende Besichtigung. Danach brechen wir zu unserer Fahrt durch Felder und Weiden nach **Écija** auf, einer Stadt der Kirchen, Klöster und Paläste, deren zahlreiche in den Himmel ragende Türme das Stadtbild prägen. Nächster Aufenthalt ist **Sevilla** – schon allein der Name dieser Stadt ruft unzählige Bilder und Sinneseindrücke wach, die sich in einem so kurzen Zeitraum gar nicht alle aufnehmen lassen. Auf unserer Weiterfahrt ans Meer besuchen wir **Jerez de la Frontera**, die Stadt des Sherry und der Pferde, die ein bedeutendes architektonisches Erbe zu bieten hat. Der Himmel über **Cádiz**, die am Meer gelegene schöne Stadt mit ihren in lebhaften Farben gestrichenen Häusern, malerischen Plätzen und interessanten Baudenkmälern, erstrahlt in einem ganz besonderen Licht. Über **Chiclana de la Frontera**, das direkt an der unendlich langen Playa de la Barrosa liegt, führt die Fahrt nach **Medina Sidonia**, das auf einem Hügel ausgestreckt zu einem weiten Ausblick einlädt und dessen Altstadt noch gut erhalten ist. Das „Weiße Dorf" **Arcos de la Frontera**, unser nächster Halt, thront in herrlicher Lage auf einem Felsrücken über dem Río Guadalete. Hier beginnt die Strecke der **Pueblos Blancos**, der „Weißen Dörfer", die bis nach **Ronda** verläuft, dessen Lage ebenso spektakulär ist. Auf unserem Weg hinunter zum Meer kommen wir durch hübsche Bergdörfer, bis wir die Küste erreichen, die vom beeindruckenden **Felsen von Gibraltar** beherrscht wird. Die Küstenstraße bis nach Málaga führt durch die bekanntesten Touristenzentren der Costa del Sol (Estepona, **Marbella**, Fuengirola, Benalmádena usw.) mit ihren zahllosen Luxusresidenzen, Hotels und Appartementanlagen. Ab **Málaga** geht es über die Autobahn ins Landesinnere nach **Antequera,** das als Ausgangspunkt für schöne Ausflüge in die Natur genutzt werden kann. Von hier aus führt die Strecke durch flaches Land nach **Estepa**, das von den Ruinen einer Burg gekrönt wird. In **Osuna**, dem letzten Halt auf unserer Rundreise, finden sich noch zahlreiche gut erhaltene Baudenkmäler in einem alten Viertel auf einem Hügel sowie zahlreiche Paläste und Herrenhäuser in der weißen Altstadt. Von Osuna geht es wieder zurück nach Córdoba.

Blendbögen, Mezquita von Córdoba

12 GRANADA, ALMERÍA UND JAÉN

Rundfahrt von 835 km ab Granada – Städte der Kunst und Geschichte, schöne menschenleere Strände, herrliche Berge und unendlich weite, von unzähligen Olivenbäumen wie ein Teppich gemusterte Landschaften sind die Höhepunkte dieser Fahrt durchs östliche Andalusien.

Die Alhambra alleine ist schon einen Besuch **Granadas** wert, wo wir unsere Rundreise beginnen. Unser Streckenvorschlag führt durch **Las Alpujarras**, eine durch schroffe Berge (die in der Provinz Granada höher sind als in der Provinz Almería), üppig-grüne Täler und malerische Dörfchen mit verschachtelten weißen Häusern geprägte Gegend. Auf **Almería**, unseren nächsten Halt, blickt vom Gipfel eines Hügels die arabische Festung La Alcazaba herab. Unsere Fahrt geht weiter zum **Parque Natural de Cabo de Gata** und die Küste der Provinz Almería, wo wir unter einem strahlenden Himmel ausgedehnte Sanddünen, wildromantische Strände und überraschend wüstenartige Landschaften finden, in denen man sich ins nahe gelegene Afrika versetzt fühlt. Das sich auf einem Berggipfel erhebende **Mojácar** kann als der malerischste Ort in dieser Gegend bezeichnet werden. Von hier aus nehmen wir die Autobahn, die teils durch den Landkreis Los Vélez an den Ausläufern der Sierra de María verläuft, nach **Vélez Blanco**, einem kleinen Ort, der von einem hübschen Renaissanceschloss überragt wird. Über eine Landstraße durchqueren wir die Sierra de María und gelangen nach **Pontones**, das sich schon in der Provinz Jaén befindet, in der auch der **Parque Natural de las Sierras de Cazorla, Segura y las Villas** liegt. Die Strecke durch den Park bis nach **Cazorla** führt durch wilde Berglandschaften mit tiefen Schluchten, durch die Flüsse und Bäche strömen. Nach einem ausgiebigen Ausflug in die Natur sind unsere nächsten Etappen **Úbeda** und **Baeza**, zwei städtebauliche Juwelen und wahre Freilichtmuseen der Renaissance. Durch unendliche Olivenhaine kommen wir nach **Jaén**, letzte Etappe unserer Reise. Die Stadt erstreckt sich am Fuße des Bergrückens Santa Catalina, auf dem sich die beeindruckende ehemalige arabische Festung erhebt. Die herrliche Kathedrale im Renaissancestil und die *Baños Árabes*, die arabischen Bäder im Palacio de Villardompardo, gehören zu den sehenswertesten Baudenkmälern.

Mit Kindern

Auch für mitreisende Kinder gibt es in Spanien viel zu sehen und zu erleben. Die folgenden Beispiele geben nur einen Überblick über all die interessanten Dinge, die die Ferien für unsere Kleinen zu einem Erlebnis werden lassen.

Kinder und Jugendliche werden einen unvergesslichen und vergnüglichen Tag in einem der spanischen **Themenparks** verbringen: Port Aventura (nahe Tarragona), Terra Mítica (Benidorm) und Isla Mágica (Sevilla). Demnächst wird in der Nähe von Madrid der Warner Bros. Park eröffnet. Ebenfalls in Madrid befindet sich einer der besten Vergnügungsparks Spaniens.

Spanien verfügt über ein reichhaltiges Angebot an **Tierparks**, wie den Parque de la Naturaleza de Cabárceno (bei Santander), sehenswerte Zoos (Madrid) und Aquarien (Barcelona, Madrid, San Sebastián oder im Seebad O Grove in den Rías Bajas), in denen die Kinder Abwechslung finden.

Auf den Kanarischen Inseln gibt es verschiedene Parks, in denen Vögel und andere Tiere zu sehen sind: Parque Ecológico de Las Águilas del Teide, Loro Parque, Cactus & Animal Park (Teneriffa); Palmitos Park (Gran Canaria); Tropical Park (Lanzarote). Entlang der spanischen Küsten gibt es vor allem am Mittelmeer eine große Anzahl an **Wasserparks**, die im Sommer Spaß und Abkühlung bieten. Die **interaktiven wissenschaftlichen Museen** (Valencia, Granada, La Coruña usw.) sind eine weitere Möglichkeit, die Ferien für die Kinder unterhaltsam zu gestalten.

Den **Parque Minero** in Minas de Riotinto (Huelva) „erfahren" die Besucher in einem ehemaligen Grubenbähnchen auf alten Gleisen und erhalten so einen Einblick in die faszinierende Welt des Bergbaus.

Die ehemaligen Filmkulissen im **Mini-Hollywood** (bei Almería), in denen einige der bekanntesten „Italo-Western" gedreht wurden, sind ein Muss, wenn man sich in dieser Gegend aufhält.

Ein Sprung über die Grenze

Verbringt man seinen Urlaub in einer Provinz an der Grenze zu Frankreich oder Portugal, lohnt sich durchaus ein Abstecher ins Nachbarland, denn auch nur wenig abseits des eigentlichen Urlaubsziels Spanien gibt es viel Sehenswertes.
Der Michelin Reise-Verlag empfiehlt dazu den Grünen Reiseführer Frankreich und den Grünen Reiseführer Portugal sowie die Roten Reiseführer für beide Länder und die entsprechenden Straßenkarten, damit Sie Ihre Ausflüge optimal planen und genießen können.

Reisedokumente

Für einen Abstecher nach Frankreich oder Portugal benötigen Staatsbürger der EU und der Schweiz keinen Reisepass, es genügt der Personalausweis *(s. unter Reiseformalitäten S. 18)*.
Empfohlen wird jedoch, das europäische Formular E 111 mit sich zu führen, das Sie bei Ihrer Krankenkasse bzw. -versicherung erhalten und mit dem Sie medizinische Hilfe in Anspruch nehmen können.
Fahrzeugführer müssen einen gültigen Führerschein, die Fahrzeugpapiere und die grüne Versicherungskarte mit sich führen. In beiden Ländern müssen Kraftfahrzeuge das europäische Nummernschild mit dem ovalen Nationalitätskennzeichen tragen.

Sehenswertes kurz hinter der Grenze
FRANKREICH

Von **Guipúzcoa** aus ist es nur ein Katzensprung über die Grenze, und schon ist man in den schönsten und bekanntesten Orten an der Küste des französischen Baskenlandes (St-Jean-de-Luz, Biarritz, Bayonne).
Von **Roncesvalles** (Navarra) sind es knapp 30 km bis nach St-Jean-Pied-de-Port, eine Etappe auf dem Jakobsweg.
Über mehrere Pässe der **Pirineos Aragoneses**, wie den Puerto de Somport oder den Puerto del Portalet, gelangt man in den Parc National des Pyrénées, der dem Schutz dieses Teils der französischen Pyrenäen dient. Über die Pässe der **Pirineos Catalanes** kann man Ausflüge in die herrliche Berglandschaft auf der französischen Seite machen.

Bayonne

Ab **Cerbère**, das über Girona zu erreichen ist, führt die Küstenstraße ins nahe gelegene Fischerörtchen Collioure, wo der Dichter Antonio Machado starb. Wer noch weiter ins Nachbarland vordringen möchte, kann Perpignan, die Hauptstadt des französischen Kataloniens, besichtigen.

PORTUGAL

Direkt gegenüber von **Tui** (Pontevedra) liegt Valença do Minho. Beide Orte verbindet die von Gustave Eiffel erbaute Brücke über den Miño. Von hier aus kann man den Monte do Faro ersteigen, von dem sich ein herrliches Panorama bietet.
Südlich von **Puebla de Sanabria** (Zamora) liegt die historische Stadt Braganza.
Von **Ciudad Rodrigo** (Salamanca) aus kann man die von Festungsmauern umgebene Stadt Almeida besuchen.
Überquert man die Grenze über die Nationalstraße N 521 aus Richtung **Cáceres**, bietet sich ein Ausflug in die hübschen Dörfer der Sierra de Sao Mamede an: Marvao, ein befestigtes Dorf, und Castelo de Vide.
Nur unweit von **Badajoz** liegt die von einer Stadtmauer umgebene Stadt Elvas und etwa 50 km entfernt Estremoz mit seiner Altstadt.
Ayamonte, das letzte Dorf in der Provinz Huelva, ist ein idealer Ausgangspunkt für Ausflüge an die Algarve, die mit ihren Stränden, Dörfern und Städten im Sommer das beliebteste Urlaubsziel der Portugiesen ist.

Sport und Freizeit

Aufgrund seines Klimas und seiner vielfältigen Landschaften ist Spanien ein Reiseziel, das sich ideal für Ausflüge in die Natur und für den Sport im Freien eignet.

Wintersport

In den verschiedenen Gebirgen Spaniens gibt es über 30 Wintersportorte.
Auskünfte erhalten Sie bei der Federación Española de Deportes de Invierno, Arroyofresno 3 A, 28035 Madrid, ☎ 913 76 99 30, www.rfedi.es, oder bei ATUDEM (Asociación Turística de Estaciones de Esquí y Montaña), Calle Padre Damián 43, 1, Off. 11, 28036 Madrid, ☎ 913 59 15 57, www.atudem.org
Information über die Schneeverhältnisse: ☎ 913 50 20 20.
Karten und Broschüren der Wintersportorte sind bei den Fremdenverkehrsämtern erhältlich.

Golf

Freunde des Golfsports haben die Auswahl unter 180 Golfplätzen, um ihrem Lieblingssport nachzugehen.
Auskünfte erteilt die Federación Española de Golf, Calle Capitán Haya 9, 5°, 28020 Madrid, ☎ 915 55 26 82, www.golfspainfederacion.com
Eine Karte der Golfplätze erhalten Sie beim Spanischen Fremdenverkehrsamt und bei den Fremdenverkehrsämtern vor Ort.
Im **Roten Michelin-Führer España-Portugal** sind die Golfplätze mit Angabe von Lochzahl, Lage und Telefonnummer unter der nächstgelegenen Ortschaft vermerkt.

Golfplatz in Jávea

Jagd

Aus Gründen des Artenschutzes ist die Jagd auf bestimmte Perioden und Gebiete beschränkt, im Allgemeinen dauert die Saison von September bis Februar. Die Schonzeiten werden von den Autonomen Gemeinschaften festgelegt und sind regional verschieden. Der Jagdkalender wird im August ausgearbeitet und enthält die Jagdzeiten und -gebiete für alle Tierarten.
Um in Spanien jagen zu dürfen, muss man einen Waffenschein besitzen. Dieser wird von der Grenzpolizei gegen Vorlage des Reisepasses, des gültigen Jagdscheins und der vom spanischen Konsulat beglaubigten Übersetzungen beider Dokumente ausgestellt. Außerdem braucht man einen von der jeweiligen regionalen Behörde (in der Regel bei „Medio Ambiente" oder „Agricultura") ausgestellten Jagdschein (den man ebenfalls gegen Vorlage des Reisepasses erhält) und muss den Abschluss einer Haftpflichtversicherung nachweisen. Nähere Auskünfte erteilt die Federación Española de Caza, Calle Francos Rodríguez 70, 2°, 28039 Madrid, ☎ 913 11 14 11, www.fedecaza.com

Angeln

Für den in Spanien sehr populären Angelsport bieten sich Wasserläufe mit einer Gesamtlänge von etwa 76 000 km Länge an. Der Angelschein *(licencia)* muss bei den Dienststellen der Autonomen Gemeinschaften, meist „Agencia de Medio Ambiente de la Comunidad Autónoma" genannt, erworben werden. Nähere Auskünfte erhalten Sie bei der Federación Española de Pesca y de Casting, Calle Navas de Tolosa 3, 1°, 28013 Madrid, ☎ 915 32 83 53, www.fepyc.es

Segeln

In Spanien gibt es über 100 Jachthäfen und Wassersportklubs. Letztere gehören zumeist dem spanischen Segelverband an (Federación Española de Vela, Calle Luis Salazar 12, 28002 Madrid, ☎ 915 19 50 08, www.RFEV.es). Will man an einer der von diesem Verband organisierten internationalen Veranstaltungen teilnehmen, muss man eine Lizenz besitzen und einem Klub beitreten.

Tarifa, die windige südlichste Stadt der Halbinsel, ist ein empfehlenswerter Standort für Freunde des Windsurfens *(windsurfing)*.

Tiefseetauchen, Unterwasserjagd

Zur Ausübung dieses Sports benötigen Ausländer eine von der Generaldirektion der spanischen Handelsmarine ausgestellte Genehmigung oder ein gleichwertiges ausländisches Dokument mit dem Zertifikat eines zum Unterwassersportverband (Federación Española de Actividades Subacuáticas, Calle Santaló 15, 3º 1ª, 08021 Barcelona, ☎ 932 00 67 69, www.fedas.es) gehörenden Klubs. Des Weiteren muss man im Besitz eines speziellen, zeitlich begrenzten Erlaubnisscheins sein, ausgestellt von den Zivilbehörden der Provinz oder der örtlichen Marinekommandantur, je nachdem, ob es sich um Tauchen im Meer oder in Flüssen und Seen handelt.

Besonders schöne Stellen zum Tauchen gibt es beim Cabo de Gata, auf der Inselgruppe Islas Medes an der Costa Brava sowie an den Küsten der Balearen und der Kanarischen Inseln.

Wandern

In mehreren spanischen Gebirgsmassiven sind ausgeschilderte Wanderwege angelegt, die durch nahezu unberührte Natur und alte Dörfer führen. An dieser Stelle sei der Fernwanderweg GR 11 (Senda Pirenaica) genannt, der von einem Ende der Pyrenäen zum anderen führt; die auf der Trasse einer Römerstraße verlaufende Senda real verbindet die Provinzen León und Asturien; einen Teil der Sierra de Gredos erschließt der GR 24; der GR 88 führt durch die Provinz Segovia.
In den Fremdenverkehrsämtern oder bei der Federación Española Deportes de Montaña y Escalada, Calle Floridablanca 84, 08015 Barcelona, ☎ 934 26 42 67, www.fedme.es, sind Informationen und evtl. eine Broschüre mit einer Auswahl an Wanderwegen und Fernwanderwegen *(rutas de grandes recorridos, GR)* erhältlich.

Reiten

Dieser Sport erfreut sich immer größerer Beliebtheit. Eine zum Reiten inzwischen besonders gut geeignete

Region sind die Pyrenäen. Dort wurden lange Reitwege (GRH) geschaffen, die durch Dörfer führen, wo Unterkünfte für Pferd und Reiter zur Verfügung stehen. Erwähnt seien auch der durch die höchsten Regionen der Pyrenäen führende Reitweg vom Golf de Gascogne zum Mittelmeer (Ruta de los Altos Pirineos), der Katalonien und Navarra verbindende Weg (Ruta de los Bajos Pirineos) und der Jakobsweg (Camino de Santiago).

Landstraßen, Saumpfade und Wanderwege bilden ein dichtes Netz zum gemächlichen Entdecken der herrlichen Natur, und es gibt überall Reitclubs, Reitervereine oder Reitschulen.

Nähere Auskünfte bei der Federación Hípica Española, Calle Ayala 6, 6º derecha, 28001 Madrid,
☎ 914 36 42 00, www.rfhe.com, oder im Spanischen Fremdenverkehrsamt.

Andere Sportarten

Freunde des Gleitfliegens *(parapente)*, des Deltafliegens *(ala delta)*, des Fliegens mit Ultraleichtflugzeugen *(ultraligeros)* oder des Raftings usw. erhalten die erforderlichen Informationen in den Fremdenverkehrsämtern, die die Adressen der jeweiligen Klubs vorliegen haben.

Wellness

Unser modernes Leben ist geprägt von Hektik und Stress, denen immer mehr Menschen für ein paar Tage in einem Kurort zu entrinnen versuchen. Die Thermalbäder sind nicht nur dazu da, Erkrankungen zu lindern oder vorzubeugen, sondern sie sind auch ein idealer Ort, um neue Energie zu tanken, die wir im Laufe des Jahres verloren haben.
Ein Kur- oder Badeort verfügt über mineralhaltiges Wasser mit

medizinischer Wirkung, das offiziell für die öffentliche Nutzung geeignet ist, sowie über medizinische Einrichtungen und die erforderlichen Anlagen für die jeweiligen Therapien. In der Regel liegen diese Orte in landschaftlich schönen Gebieten inmitten der Natur und sind daher eine interessante Alternative für diejenigen, die einen ruhigen, ungestörten Urlaub verbringen, die Natur und ihre Freizeit genießen und neue Kraft schöpfen wollen.

In ganz Spanien gibt es zahlreiche Kurorte, die von einer Tradition zeugen, der schon die Griechen, Römer und Araber frönten.
Auskünfte über Kuren und Therapien sowie die verschiedenen Kureinrichtungen erteilt die Asociación Nacional de Estaciones Termales (Anet), Calle Rodríguez San Pedro 56 3º, 28015 Madrid, ☎ 915 49 03 00, oder die Webseite www.balnearios.org

Mitbringsel

Spanien verfügt über eine sehr reiche Handwerkstradition, in der der Einfluss der verschiedenen Kulturen (Iberer, Römer, Westgoten, Mauren) zum Ausdruck kommt. Im ganzen Land findet man Töpferei, Korbmacherei, Weberei. Mit jedem dieser kunsthandwerklichen Stücke nimmt man eine schöne Erinnerung an den Urlaub mit nach Hause.

KERAMIK UND TÖPFERWAREN

Töpferwaren unterscheiden sich von der Keramik, denn im Gegensatz zu dieser werden sie nur ein einziges Mal gebrannt. In Kastilien wird die Töpferei besonders von den Frauen ausgeübt. Diese stellen in einer einfachen Technik Geschirr, Küchengerät und Wasserkrüge her. Auf allen Märkten und in den Dörfern findet man lasierte Teller, Suppenschüsseln und andere Gegenstände aus gebranntem Ton *(barro cocido)*, wie sie auf den Bauernhöfen als Geschirr benutzt werden.
Viele der Techniken (etwa Metallschimmer oder *cuerda seca*, mosaikartige Schmelzarbeiten), dekorativen Motive und Keramikfarben entstammen der islamischen Tradition. In der Gegend von Toledo befinden sich die beiden großen Herstellungszentren **Talavera de la Reina** mit seiner berühmten blauen, grünen, gelben, orangefarbenen und schwarzen Keramik und **Puente del Arzobispo**, in dessen Produktion Grüntöne vorherrschen.
In **La Bisbal** (Katalonien) wird gelbe Keramik mit grünen Motiven hergestellt.
In Aragonien und der Levante kommt der Einfluss der Mudéjar-Tradition in der weißblauen Keramik von **Muel** (Zaragoza), der in Grün und Violett von **Teruel** und dem metallischen Schimmer der Keramik von **Manises** (Valencia) zum Ausdruck; in **Murcia** wird der Großteil der spanischen Krippenfiguren hergestellt.

Andalusien ist das Hauptgebiet der Keramikherstellung. Es gibt Werkstätten in **Granada** (lasierte Keramik mit grüner und blauer Glasur), in **Guadix** (rotes Geschirr), in **Sevillas Ortsteil Triana** (lasierte und mit Tiermotiven verzierte Keramik), **Úbeda** und **Andújar** (mit kobaltblauen Motiven verzierte Krüge) und **Vera** (weiße Keramik mit welligen Formen).
In Galicien gibt es in **Sargadelos** (Provinz La Coruña) keramische Industrie, die Fayence und Porzellan mit modernen Formen und Motiven herstellt. In **Niñodaguia** (Orense) kann man noch handwerklich gefertigte, nur zum Teil mit gelber Glasur überzogene Töpferware finden, ebenso in **Bruño** (gelbe Motive auf dunkelbraunem Grund).
Die **Balearen** sind für die rot und grün bemalten Tonpfeifen *xiurells* berühmt.

TEPPICHWEBEREI, SPITZEN UND STICKEREI

Unter der maurischen Herrschaft blühte das Textilgewerbe. Heute gibt es noch einige Werkstätten, in denen auf traditionelle Art farbenfrohe Decken und Teppiche gewebt werden. Man findet sie vor allem im Bergland der Alpujarras, in La Rioja, in der Gegend um Cádiz (**Grazalema**) und in **Nijar** bei Almería (*tela de trapo* = Flickenteppich). Die Städte Zamora, Palencia und Salamanca sind für ihre Decken berühmt. Der Ort **El Paso** auf der Kanareninsel La Palma ist heute der einzige Ort, in dem noch Seidengewebe hergestellt und verarbeitet wird.
In einigen Dörfern der Provinz Ciudad Real, vor allem in **Almagro**, kann man noch die Klöpplerinnen mit ihren Klöppeln und Nadeln bei der Arbeit sehen. **Camariñas** in Galicien ist ebenfalls für seine Klöppelspitzen bekannt. Die beliebteste Handarbeit ist jedoch das Sticken, das oftmals im Kreis der Familie ausgeübt wird. Die typischsten Stickereien kommen aus

der Gegend von Toledo (**Lagartera, Oropesa**) und zeichnen sich durch geometrische Motive aus. Im Ornat der *pasos* der *Semana Santa* (Karwoche) und den Anzügen der Toreros wird die Stickerei zu einer wahren Kunst.

KUNSTSCHMIEDEARBEITEN

Die an vielen Kirchen zu beobachtenden Eisengitter sind wahre Meisterwerke dieses alten Handwerks. Auch heute noch stellen die Kunstschmiede Tor- und Fenstergitter her, die besonders in der Architektur Südspaniens (La Mancha, Extremadura, Andalusien) beliebt sind.

Guadalupe (Extremadura) ist ein bedeutendes Zentrum der Kupferverarbeitung (Kessel, Töpfe, Öfen, Destillierapparate).

In Eibar (Baskenland) und vor allem in **Toledo** werden heute noch damaszierte, mit Gold und Silber eingelegte Waffen nach islamischer Tradition hergestellt.

Die hochwertigsten Schneidwaren und Messer werden in **Albacete**, Las Palmas auf Gran Canaria und Taramundi (Asturien) hergestellt.

Die Gold- und Silberschmiedekunst **Córdobas** und **Toledos**, die schon in der Antike und unter westgotischer Herrschaft einen hohen Grad der Perfektion erreicht hatte, hat traditionelle Techniken wie z. B. die Filigranarbeit (gezwirnte, oft aufgelötete Gold- und Silberfäden) beibehalten. Salamanca, Cáceres und Ciudad Rodrigo sind mehr auf die Herstellung von Goldschmuck spezialisiert. **Santiago de Compostela** ist das weltweit wichtigste Zentrum für die Verarbeitung von Jett.

LEDERVERARBEITUNG

Das Lederhandwerk spielte schon immer, vor allem in Andalusien, eine wichtige Rolle und wurde dort vielerorts zu einer regelrechten Industrie – der Landkreis Ubrique (Cádiz) ist Spaniens wichtigstes Zentrum für Saffianlederverarbeitung –, aber auch Alicante und die Balearen spielen eine wichtige Rolle in der Lederbranche. Rein handwerklich wird Leder in **Córdoba** bearbeitet, wo man noch heute die bemalten und durch Treibarbeit reliefierten Gegenstände aus Korduanleder und weichem, gepunztem Leder herstellt, die schon früher sehr begehrt und in ganz Europa berühmt waren.

Sattlereien und Geschirrmachereien, die Ausrüstung für Pferdesport und Jagd herstellen, findet man hauptsächlich in Andalusien (Jerez de la Frontera, Alcalá de los Gazules, Villamartín, Almodóvar del Río und Zalamea la Real).

In der Umgebung von Bilbao, Pamplona und Burgos sowie in anderen Weinbaugebieten Spaniens werden die typischen ledernen Feldflaschen und Schläuche hergestellt.

Die kleinen Weinschläuche aus Valverde del Camino (Huelva) sind in ganz Spanien berühmt.

KORBMACHEREI

Sie ist nach wie vor eines der charakteristischsten Handwerke Spaniens. Zwar findet man die Korbmacherei im ganzen Land, doch zeichnen sich die Korbwaren der Mittelmeerküste und der Balearen durch besondere Originalität aus. Die Produkte und die verwendeten Materialien sind regional sehr verschieden. Man findet Körbe, Hüte und Teppiche aus Schilf, Weidenruten, Espartogras, aus Zweigen des Olivenbaums und Birken- oder Kastanienrinde, Möbel aus spanischem Rohr oder Weidenruten. In der Levante und in Andalusien werden vor allem Weidenruten verwendet, in Galicien und Asturien zieht man Nussbaum- oder Kastanienzweige vor, auf Ibiza verarbeitet man vor allem Stroh und Espartogras.

Buchtipps

Land und Leute

Ingendaay, P.: **Gebrauchsanweisung für Spanien**, Piper
Drouve, A.: **Kulturschock Spanien**, Reise Know-How
Der Almanach Spanien, Junior & Pressler
Haensch, G., Haberkamp de Anton, G.: **Kleines Spanien-Lexikon**, Beck'sche Reihe

Andalusien; Spaniens Norden; Barcelona; Kanaren; Madrid; Mallorca, Merians Monatshefte.

Geschichte

Spanien-Ploetz, Die Geschichte Spaniens und Portugals zum Nachschlagen, Ploetz
Schmidt, P.: **Kleine Geschichte Spaniens**, Reclam

Bernecker, W. L., Pietschmann, H.: **Geschichte Spaniens**, Kohlhammer
Bernecker, W. L.: **Spaniens Geschichte. Vom 15. Jahrhundert bis zur Gegenwart**, C.H. Beck
Dohrn, V.: **Reise nach Galicien**, Philo
Enzensberger, H. M.: **Der kurze Sommer der Anarchie**, Roman. Suhrkamp
Kesten, H.: **König Philipp II.**, Roman. Ullstein.

Kunstführer, Reiseberichte

Noehles-Doerk, G.: Reclams Kunstführer Spanien, Bd. 1, **Madrid und Zentralspanien**; Bd. 2, **Andalusien**, Reclam
Mehrere Kunstreiseführer, Landschaftsführer, Städte- und Museumsführer sowie Wanderführer sind bei DuMont erschienen.
Domke, H.: **Spaniens Norden**, Prestel
Lowe, A.: **Andalusien**, Prestel
Faber, G.: **Madrid und Kastilien**, Prestel
Blanch, S. A.: **Der Prado**, DuMont Reiseverlag

Kunst, Künstler, Architektur

Borngässer, B., Bassler, M.: **Spanien. Kunst, Architektur und Landschaft**, Könemann
Rudloff, D.: **Romanisches Katalonien. Kunst, Kultur, Geschichte**, Urachhaus
Wolf, N.: **Diego Velázquez**, Taschen
Licht, F.: **Goya. Die Geburt der Moderne**, Hirmer
Feuchtwanger, L.: **Goya oder Der arge Weg der Erkenntnis**, Roman. Fischer
Marchán Fiz, S.: **Fundación César Manrique, Lanzarote**, Ed. Axel Menges

Spanische Autoren

Cervantes Saavedra, M. de: **Don Quijote**, verschiedene Ausgaben
Calderón de la Barca, P.: **Dame Kobold**; **Das große Welttheater**; **Das Leben ist ein Traum**, Reclam u. a.
Pérez Galdós, B.: **Tristana**, Roman. Suhrkamp
Blasco Ibáñez, V.: **Sumpffieber**, Roman. Rowohlt
García Lorca, F.: **Bernarda Albas Haus**, Reclam; **Die dramatischen Dichtungen**, Insel
Sender, R. J.: **Der König und die Königin**, Suhrkamp
Cela, C. J.: **Pascual Duartes Familie**, Roman. Serie Piper
Bröhan, M. (Hg.): **Spanische Augenblicke**, Fischer
Maass, A. (Hg.): **Und lass als Pfand, mein Liebling, dir das Meer**. Katalanisches Lesebuch, Serie Piper
Theile, A.; Peiser, W.: **Spanische Erzähler vom 14. bis 20. Jahrhundert**, Manesse
Siebenmann, G., López, J. M.: **Spanische Lyrik des 20. Jahrhunderts**, Reclam
Werke der spanischen Klassiker und zeitgenössischen Autoren sind in Übersetzungen (u. a. bei Suhrkamp) oder als zweisprachige Ausgabe (bei dtv und Reclam) erschienen.

Verschiedenes

Collins, L., Lapierre, D.: **... Oder du wirst Trauer tragen**. Das phantastische Leben des El Cordobés, Goldmann Taschenbuch
Hensel, G., Lander, H.: **Stierkampf in Wort und Bild**, Toeche-Mittler
Hemingway, E.: **Wem die Stunde schlägt**, Roman. Fischer
Maugham, W. S.: **Don Fernando. Eine Reise in die spanische Kulturgeschichte**, detebe Diogenes
Trutter, M. (Hg): **Culinaria España**, Könemann; erschienen auch unter: Trutter, M. (Hg.): **Spanien, Spezialitätenküche**, Tandem.

Wanderbücher

Peager, J.: **Wandern in Andalusien**, DuMont Reiseverlag
Höllhuber, D.: **Wandern auf dem Spanischen Jakobsweg**, DuMont Reiseverlag.

Bildbände

Gabler, P., Schmid, G. M.: **Andalusien**, Schroll
Richter, J., Drouve A.: **Spanien**, Stürtz
Hernández Ferrero, J. A.: **Spanische Königspaläste**, Könemann
Oehrlein, S.: **Traumstraßen Spanien und Portugal**, Econ Ullstein
Wrba, E., Schulz, P. O.: **Die Kanarischen Inseln**, Bruckmann

Veranstaltungskalender

Im nachstehenden Abschnitt sind nur die wichtigsten Feste aufgeführt, wobei sich die Termine verschieben können. Vollständige Veranstaltungskalender mit allen regionalen Festen sind bei den Fremdenverkehrsämtern erhältlich. Im Sommer findet in nahezu jedem Dorf ein Fest zu Ehren des Schutzheiligen statt.

Feste

Woche vor Aschermittwoch
Karneval — Cádiz, Santa Cruz de Tenerife

1. Sonntag im März
Internationales Oldtimer-Rennen *(Rallye Internacional de coches de época)* — Sitges (Barcelona)

3. Sonntag der Fastenzeit
Magdalenenfest: Stierkampf, Trachtenumzug zu Pferd — Castellón de la Plana

12.-19. März
Las Fallas de San José — Valencia

Karwoche *(Semana Santa)*
Prozessionen — Cartagena, Cuenca, Málaga, Murcia, Sevilla, Valladolid, Zamora

Osterwoche
Frühlingsfest *(Fiestas de la Primavera)* — Murcia

April
Feria — Sevilla

22.-24. oder 24.-26. April
St.-Georgs-Fest *(Fiesta de San Jorge)*: Moros y Cristianos — Alcoi

Letzter Sonntag im April
Romería zur Virgen de la Cabeza — Andújar (Jaén)

April oder Mai
Pferdemarkt — Jerez de la Frontera

1. Maihälfte
Wettbewerb der blumengeschmückten Patios *(Las Cruces)* — Córdoba

15. Mai
San Isidro: über mehrere Tage Stierkämpfe — Madrid

Pfingsten
Wallfahrt der Zigeuner zur Virgen del Rocío — El Rocío (Huelva)
La Caballada — Atienza (Guadalajara)

2. Sonntag nach Pfingsten: Corpus Christi (Fronleichnamsfest)
Blumenteppiche — Puenteareas
Wahl des schönsten Blütenteppichs — Sitges (Barcelona)
Prozessionen — Toledo

24. Juni
Johannisfeuer *(Festas del foc)* — Alacant/Alicante
Johannisfest *(Fiestas de San Juan)* — Ciutadella (Menorca)

4.-6. Juli
A Rapa das Bestas — A Estrada (Pontevedra)

6.-14. Juli
Sanfermines — Pamplona

1. oder 2. Samstag im August
Kajakrennen auf dem Sella — Arriondas – Ribadesella (Asturias)

11.-15. August
Mysterienspiel *(El Misteri)* — Elche (Alacant/Alicante)

7.-17. September
Feria — Albacete

19. September
In Asturien „Tag Amerikas" *(Día de América)* — Oviedo

21. September
St.-Matthäus-Fest *(Fiestas patronales de San Mateo)* — Oviedo

20.-26. September
Rioja-Weinlesefest *(Fiesta de la Vendimia riojana)* — Logroño

24. September
Fest der Madre Déu de la Merced — Barcelona

8. Oktober
Prozessionen — Guadalupe (Cáceres)

Woche vom 12. Oktober
Pilar-Fest — Zaragoza

Ninots (Puppen) bei den Fallas von Valencia

Festivals

Karwoche *(Semana Santa)*
Festival der religiösen Musik — **Cuenca**

Juni und Juli
Internationales Festival für Musik und Tanz, www.granadafestival.org, ☏ 958 27 62 00 — **Granada**

Juli
Internationales Festival des klassischen Theaters in Almagro, www.festivaldealmagro.com, ☏ 915 21 07 20 — **Almagro (Ciudad Real)**

3. Juliwoche
Jazz-Festival, www.jazzvitoria.com, ☏ 945 14 19 19 — **Vitoria**

Letzte Juliwoche
Jazz-Festival, www.jazzaldia.com, ☏ 943 44 00 34 — **Donostia-San Sebastián**

Juli bis August
Festival des klassischen Theaters, www.festivaldemerida.com, ☏ 902 40 02 00 — **Mérida (Cáceres)**
Festival Castell de Perelada, www.festivalperalada.com, ☏ 935 03 86 46 — **Perelada (Girona)**

2. Septemberwoche
Internationales Filmfestival von San Sebastián, www.sansebastianfestival.ya.com, ☏ 943 48 12 12 — **Donostia-San Sebastián**

1. Oktoberwoche
Internationales katalanisches Filmfestival, www.sitges.com/cinema/, ☏ 934 19 36 35 — **Sitges (Barcelona)**

Letzte Oktoberwoche
Seminci (*Semana Internacional de Cine*, internationale Kinowoche), www.seminci.com, ☏ 983 42 64 60 — **Valladolid**

Ende November
Festival des iberoamerikanischen Kinos — **Huelva**

Plakat des 46. Seminci-Festivals

Reiterstandbild Philipps III., Plaza Mayor, Madrid

Einführung in das Reiseland

Plaza Mayor, Madrid

Spanische Lebensart

Denkt der Nicht-Spanier an Spanien, so fallen ihm Urlaub, Sonne und Meer, laute und belebte Städte und schließlich freundliche und fröhliche Menschen ein, deren Tagesablauf er nur schwer nachvollziehen kann.
Der Spanier will – obwohl heutzutage alles schnell gehen muss – das Leben so gut es geht genießen. Seine Einstellung richtet sich nach der Devise „Der Mensch arbeitet, um zu leben" und nicht „Der Mensch lebt, um zu arbeiten".

Zwar gibt es Unterschiede zwischen Nord und Süd, zwischen den Küsten und dem Landesinneren, den Dörfern und den Städten, aber es gibt eine ganz besondere, charakteristische Art und Weise, das Leben zu sehen, die allen Spaniern gemeinsam ist.

Die Straße
Zweifellos dürfte das angenehme Klima, das im Großteil des Landes herrscht und das zum Aufenthalt im Freien einlädt, mit dazu beitragen, dass sich die Spanier gerne auf der Straße aufhalten. Daneben gibt es jedoch auch noch andere Gründe, die zwar weniger offensichtlich, aber dennoch ebenso wichtig sind. Spanien ist ein Land, in dem man gerne mit anderen Menschen zusammenkommt – in einer Bar, einem Café oder Restaurant, bei der Arbeit oder auch einem zufälligen Treffen mit Freunden. Jede Gelegenheit wird genutzt, um eine lockere Plauderei oder eine leidenschaftliche Diskussion zu beginnen. Man geht gerne mit einer Gruppe von Leuten aus, trifft sich mit Freunden zum Essen, zum Aperitif oder auf ein Glas Wein – das gehört zur spanischen Identität, und darin sind sich alle Spanier gleich, egal welchen Alters oder aus welcher Gesellschaftsschicht.

Der Tagesablauf
Der Tagesablauf, nach dem sich der Alltag richtet, ist wohl eine der Gewohnheiten, die die Spanier besonders vom Rest Europas unterscheidet. In Spanien wird normalerweise erst nach 14 oder 14.30 Uhr zu Mittag und erst nach 21.30 Uhr zu Abend gegessen. Dies hat zur Folge, dass die Vormittage und Nachmittage lang sind, sodass für vieles Zeit bleibt: für einen *paseo*, einen kleinen Spaziergang, für Einkäufe oder für ein Mittagessen mit Kollegen.

Aperitif und *tapeo*
Zweifellos handelt es sich hierbei um eine der am stärksten im spanischen Alltag verwurzelten Sitten: Junge Leute, Ehepaare und ganze Familien strömen am Wochenende in die Bars, drängen sich am Tresen oder machen es sich auf der Terrasse eines Restaurants bequem, wenn es das Wetter erlaubt. Der Aperitif kann frugal sein, kann aber auch aus verschiedenen *tapas* oder *raciones* – einer doppelten Tapa-Portion – bestehen und so eine Alternative zu einer vollständigen Mahlzeit sein.
Ein frisch gezapftes Bier *(caña)* oder Sherry vom Fass zu den *tapas* und *raciones*: Aus diesem einzigartigen Angebot kann man von einem Schälchen Oliven bis hin zum raffiniertesten *pincho*, von einer *ración* eines Käses aus der Region oder des köstlichen *jamón de jabugo* bis hin zu üppigen Mengen an warmen *tapas* auswählen. Wurst, Fleisch, Fisch, Meeresfrüchte, viele Bars bieten die unterschiedlichsten Leckereien an. Jede Region hat ihre eigenen Spezialitäten und Zubereitungsarten.

Die Bars
In den spanischen Städten gibt es zahlreiche Bars, selbst in jedem noch so kleinen Dorf. Hier trifft man sich am Abend und am Wochenende. Vor allem in den Dörfern kommen abends die Stammgäste zum Kartenspiel oder Domino und zu einem Kaffee, Wein, Bier oder etwas Stärkerem zusammen. Auch das Frühstück nehmen viele Spanier jeden Morgen in derselben Bar ein.

Die Straßencafés
Sobald das Wetter schöner wird, erwachen die Straßencafés zu neuem Leben: Restaurants, Cafés, Bars, Eiscafés und Kioske stellen ihre Tische und Stühle ins Freie. Straßencafés finden sich an Straßen und Promenaden, in Innenhöfen und Gärten. Zu jeder Tageszeit macht man gerne eine kleine Pause, setzt sich hin und schaut sich das Geschehen um einen herum an.

Die *Chiringuitos* am Strand
An keinem Strand dürfen die *chiringuitos* genannten kleinen Strandbars fehlen. Ganz gleich, ob es einfache Hütten oder richtige Lokale sind, ob sie billig oder teuer sind, sie sind äußerst beliebt, da man hier seine Mahlzeit im Badeanzug einnehmen oder im kühlen Schatten an einem Erfrischungsgetränk nippen kann. Sie sind ein attraktiver Treffpunkt, und in vielen kann man beim Essen den Meerblick genießen.

Madrid

Das Nachtleben
Viele Leute, die nach Spanien kommen, sind vom turbulenten Nachtleben in den Städten und Touristenorten überwältigt. Das Angebot ist vielfältig, und für jeden Geschmack ist etwas dabei: ruhige Lokale, in denen man beim gemütlichen Plaudern seinen Wein genießen kann, Kneipen, die aus allen Nähten platzen und in denen man zu lauter Musik sein Bier trinkt oder manchmal auch tanzen kann, Lokale, in denen die verschiedensten Veranstaltungen stattfinden, kleine Discotheken oder auch Megadiscos und After-Hour-Clubs, in denen man sich bis zum Anbruch des nächsten Tages amüsieren kann.

Die Siesta
Leider erlaubt es das moderne Leben meist nicht mehr, dieser der Gesundheit zuträglichen Gewohnheit zu frönen. Dennoch ist sie bei den Spaniern nach wie vor äußerst beliebt, und sobald sich etwa im Urlaub oder an den Wochenenden eine Gelegenheit ergibt, nutzt man sie für ein entspannendes Nickerchen nach dem Essen. Der Teil der arbeitenden Bevölkerung, bei dem die Mittagspause noch lang genug ist (in der Regel von 14-17 Uhr), geht zum Mittagessen nach Hause. Es bleibt dann noch ausreichend Zeit, sich der Siesta hinzugeben.

Die Familie
Wie in anderen romanischen Ländern ist die Familie nach wie vor ein Grundpfeiler der Gesellschaft. Aufgrund ihrer Bedeutung prägt sie viele Gewohnheiten und Verhaltensweisen im spanischen Leben. Ohne einen äußerst starken familiären Rückhalt könnte die spanische Gesellschaft die hohen Arbeitslosenzahlen nur schwer ertragen, und die jungen Leute würden nicht erst so spät das elterliche Heim verlassen. Zudem geben die engen Familienbande Anlass für zahlreiche Feierlichkeiten und Feste.

Ein Land der Gegensätze

Spanien, das zwei Kontinente wie eine Brücke verbindet, kann mit unzähligen Naturschönheiten aufwarten: Küsten mit langen, feinsandigen Stränden, geschützte Buchten und Steilküsten, eine abwechslungsreiche Topographie mit hohen Berggipfeln und idyllischen, darin versteckten Tälern und in der Mitte des Landes Ebenen mit einem unendlichen Horizont.

Mallorca

Politik und Verwaltung

Gemäß der durch das Referendum vom 6. Dezember 1978 angenommenen Verfassung ist der spanische Staat eine parlamentarische Erbmonarchie mit dem König als **Staatsoberhaupt**; Volksvertretung und gesetzgebende Gewalt ist das Parlament, **Cortes Generales** genannt. Die Cortes werden in allgemeiner Wahl für vier Jahre gewählt und setzen sich aus dem Abgeordnetenhaus **(Congreso de los Diputados)** und dem Senat **(Senado)** zusammen. Die Regierung (Exekutivgewalt) wird aus dem Ministerpräsidenten, dem Vizepräsidenten und den Ministern gebildet. Die bei Richtern und Beamten liegende Rechtsprechung ist unabhängig, höchste Instanz ist das Oberste Gericht **(Tribunal Supremo)**.
Territorial ist Spanien in Autonome Gemeinschaften, Provinzen, Städte und Dörfer unterteilt.

Kontinentalspanien teilt sich mit Portugal die Iberische Halbinsel, die vom restlichen europäischen Kontinent durch die Pyrenäen getrennt ist. Spanien ist mit einer Fläche von 504 782 km² (Balearen und Kanarische Inseln inbegriffen) der viertgrößte europäische Staat nach dem europäischen Teil Russlands, der Ukraine und Frankreich. Spanien wird von drei Meeren eingefasst, und seine Küsten erstrecken sich über eine Länge von insgesamt mehr als 4 000 km. Die Einwohnerzahl beläuft sich auf derzeit 39 852 651.

– **Gemeinschaften (Comunidades)**: Spanien ist in 17 Autonome Gemeinschaften und zwei Autonome Städte (Ceuta und Melilla) gegliedert. Die Gemeinschaften können aus einer oder mehreren Provinzen bestehen. Die höchste Autorität liegt beim Präsidenten der Gemeinschaft; er wird für vier Jahre gewählt. Obwohl die Übertragung von Hoheitsrechten auf autonome Organe noch nicht abgeschlossen ist, gilt das spanische Autonomieverwaltungssystem als eines der fortschrittlichsten in Europa.
– **Provinzen (Provincias)**: Die erste Aufteilung Spaniens in Provinzen geht auf das 19. Jh. zurück und wurde von den Ministern der Königin Isabella II. eingeführt, um das große Land besser verwalten zu können. Heute hat Spanien 50 Provinzen.
– **Gemeinden (Municipios)**: Die Gemeinden sind die älteste und kleinste territoriale Verwaltungseinheit. An ihrer Spitze steht der Bürgermeister *(alcalde)*.

Reisegebiete und Landschaften

Die Gebirge – Die spanische Landschaft zeichnet sich vor allem durch die riesige, im Zentrum der Halbinsel liegende Hochebene **Meseta** (600 m bis 1 000 m) aus. Dieser hohe, leicht nach Westen abfallende Sockel ist von einem Kranz hoher Gebirge eingefasst und somit von den Küstengebieten abgeschnitten. Diese Bergketten – das die Pyrenäen verlängernde **Kantabrische Gebirge** im Nordwesten, das **Iberische Randgebirge** im Nordosten und die **Sierra Morena** im Süden – entstanden bei der Auffaltung der Alpen. Andere Gebirge der Meseta, wie **Sierra de Somosierra**, **Sierra de Guadarrama**, **Sierra de Gredos**, **Peña de Francia** und **Montes de Toledo**, stammen aus dem Erdaltertum. In den Randgebieten der Halbinsel liegen die höchsten Gebirge (die **Pyrenäen** im Norden, die **Betische Kordillere** mit der **Sierra Nevada** im Süden) sowie die beiden ausgedehnten Beckenlandschaften der Flüsse Ebro und Guadalquivir.

Die Klimazonen – Auf der Meseta herrscht ein **kontinentales** Klima mit eisigen Wintern und glühend heißen Sommern. **Gemäßigt und sehr feucht** ist das Klima im Norden, wo sich der Nebel oft in Nieselregen verwandelt, während an der Mittelmeerküste im Osten und Süden typisches **Mittelmeerklima** herrscht. In der Provinz Almeria kann man schon fast von einem Wüstenklima sprechen.

Atlantikküste

Baskenland, Kantabrien, Fürstentum Asturien: Berge und Meer – Die Provinzen der Atlantikküste sind durch eine Gebirgskette, die sich im Tertiär am Nordrand der Meseta aufgefaltet hat, miteinander verbunden.
Die direkt an die Pyrenäenausläufer anschließenden **Berge des Baskenlandes** sind aus Kalkstein aufgebaut und erreichen nur eine Höhe von 1 500 m, wohingegen das im Westen liegende **Kantabrische Gebirge** eine sehr eindrucksvolle Bergkette darstellt, die der Provinz Kantabrien die Bezeichnung „Montaña" (Gebirge) eingebracht hat. Die **Picos de Europa** sind weniger als 50 km vom Meer entfernt und erreichen eine Höhe von über 2 500 m.

Das **Baskenland** erfreut durch seine Täler, in denen malerische Dörfer und einsame Bauernhöfe mit weiß gekalkten Fachwerkfassaden liegen.

In den Regionen **Kantabrien** und **Asturien** ist der Landstreifen zwischen Meer und Gebirge ausgesprochen hügelig. Die Straßen führen kurvenreich durch Wiesentäler mit Apfelbäumen, Mais- und Bohnenfeldern. Die Viehzucht hat große Bedeutung, und besonders in Kantabrien werden Butter und Milcherzeugnisse produziert. Die häufig anzutreffende gedrungene Silhouette der Speicher *(hórreos)* verdeutlicht die Vorrangstellung, die der im 18. Jh. aus Amerika eingeführte Mais in der Landwirtschaft des Gebiets einnimmt. Die durch fjordartige Einschnitte *(rías)* stark zerklüftete Küste fällt steil zum Meer ab. In Kantabrien findet man die weitläufigsten Strände des Küstenstreifens.

Galicien – Diese etwas abgelegene, zum Meer hin geöffnete Region erinnert an die Bretagne (Frankreich). Sie besteht aus einem sehr alten, erodierten Granitmassiv, das durch die Auffaltung der Alpen verschoben und verjüngt wurde. Obwohl es an einigen Stellen rund 2 000 m Höhe erreicht (Peña Trevinca: 2 124 m an der Grenze zu León), liegt die mittlere Höhe der Gemeinschaft unter 500 m.

Die von fjordartigen **rías** durchschnittene Küste ist stärker bevölkert als das Landesinnere. Galicien ist die bedeutendste Fischfangregion Spaniens (Kabeljau, Sardinen, Seelachs, Tunfisch, Meeresfrüchte), die einen Großteil der Konservenfabriken beliefert. Im auf Landwirtschaft ausgerichteten Landesinneren herrscht die Mischkultur vor, man sieht Mais- und Roggenfelder, Kartoffeläcker, Weinberge und Wiesen. Die Provinz Orense exportiert Rindfleisch. Es herrscht ein mildes, ausgesprochen maritimes Klima mit gleichbleibenden Temperaturen (Jahresmittel um 13 °C) und reichlichen Niederschlägen.

Pyrenäen und Ebro

Die Autonomen Gemeinschaften Aragón, Navarra und La Rioja sind durch abwechslungsreiche Landschaften in einer reichhaltigen Palette an Farben gekennzeichnet.

Die Pyrenäen – Ober-Aragonien (Huesca) liegt mitten in den Pyrenäen; seine Landschaft ist atemberaubend mit tief eingeschnittenen Tälern und darin eingebetteten kleinen Dörfern mit schiefergedeckten Häusern aus Naturstein. Um

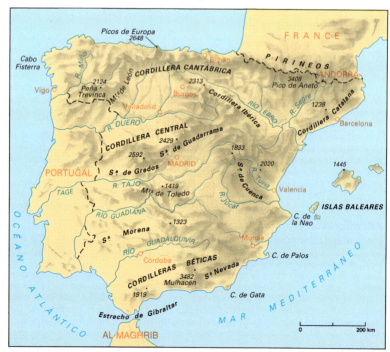

Picos de Europa — J. Malburet/MICHELIN

Huesca herum lebt man vom Ackerbau, in den Tälern von der Viehzucht. Industrie gibt es hauptsächlich in Zaragoza.

Die sehr regenreichen **Navarresischen Pyrenäen** kulminieren im 2 504 m hohen Pico de Anie und fallen stetig bis auf 900 m ab. Südöstlich von Roncesvalles hat die Landschaft Gebirgscharakter. Westlich von Roncesvalles ähnelt die Landschaft sehr stark der der baskischen Provinzen. Die kleinen Wiesen und Felder (Mais) und die mit Ziegeln gedeckten Fachwerkhäuser bieten ein abwechslungsreiches Bild. Im Süden erheben sich zwischen Gebirge und Ebrotal die Kalksteinsierren Andía, Urbasa, Navascués und Leyre.

Die Ebroniederung – Sie war ehemals eine Meeresbucht, die mit Schwemmland aufgefüllt wurde und Lehmboden besitzt. Die Terrassen sind auf beiden Talseiten von der Verwitterung gezeichnet, was noch stärker in den salzhaltigen Böden des versteppten Gebiets Monegros in Aragonien hervortritt. Durch die künstliche Bewässerung wurde der Talboden in eine riesige grüne Gartenlandschaft verwandelt.

In **Navarra** wird im fruchtbaren Becken von Pamplona vor allem Getreide angebaut. Die westliche **Ribera** grenzt an das berühmte Weinbaugebiet **Rioja**, während die östliche Tallandschaft um Tudela dank der Bewässerung zu einem regelrechten Gemüsegarten wurde, dessen Erzeugnisse (Spargel, Bohnen, Artischocken und Paprika) an Ort und Stelle zu Konserven verarbeitet werden. Die Architektur ist durch hohe Backsteinhäuser gekennzeichnet.

Iberisches Randgebirge – In **Nieder-Aragonien** sind die tonigen Hügel am Rand des Ebrotals in Höhe von Daroca und Alcañiz mit Weinbergen und Olivenhainen bedeckt. Die Dörfer mit ihren Häusern aus Klinker oder ockergelbem Stein heben sich kaum von den ausgewaschenen Hängen ab. Die Hochebenen bei Teruel gehören zu den **Montes Universales**, einer der Wasserscheiden der Halbinsel, wo die Flüsse Turia, Júcar, Tajo und Cabriel entspringen. Es herrscht Kontinentalklima, da die Berge ein Einströmen des Meeresklimas verhindern.

Die Meseta

Die zentralspanische Hochebene nimmt 40 % der Fläche der Iberischen Halbinsel ein. Hier liegen die Gemeinschaften Kastilien und León, Kastilien-La Mancha, Madrid und Extremadura. Die Meseta zeichnet sich durch einen unendlich weiten Horizont aus.

Die Nord-Meseta – Die im Norden liegende Autonome Gemeinschaft Kastilien und León (Altkastilien) entspricht fast ausschließlich dem etwa 1 000 m über dem Meeresspiegel liegenden Duerobecken. Dieses ist von Gebirgszügen umschlossen (Montes de León im Nordwesten, Kantabrisches Gebirge im Norden, Iberisches Randgebirge im Osten und Kastilisches Scheidegebirge im Südosten).

Fast überall wird Getreide angebaut. Auf den fruchtbarsten Böden ist es Weizen, ansonsten Hafer und Roggen. Nur im leicht hügeligen Gebiet, das sich im Südwesten in Richtung Salamanca erstreckt, wird Viehzucht betrieben, auf bescheideneren Höfen Schafzucht, auf den großen Gütern Kampfstierzucht.

Die Süd-Meseta – Madrid, Kastilien-La Mancha (Neukastilien) und Extremadura liegen in einer Halbebene, die leicht nach Westen abfällt und vom Tajo, der sich tief in das Kalkgestein der Alcarria gegraben hat, und dem Guadiana durchflossen wird. Die Oberfläche der Hochebene ist hier gleichförmiger als in Kastilien und León. Die mittlere Höhe liegt unter 700 m, während sie im Norden 800 m bis 1 000 m beträgt. Im Sommer herrscht hier – insbesondere in den Höhenlagen – große Trockenheit (der Name **La Mancha** stammt vom arabischen Wort *manxa*, was „trockene Erde" bedeutet). Typisch für die Süd-Meseta sind im Wind wogende Kornfelder, violett blühender Safran, Olivenhaine und Weinberge. Auch der berühmte Mancha-Käse *(queso manchego)* kommt von hier.

Das von der Erosion abgetragene und praktisch unbewohnte **Bergland von Toledo** erhebt sich zwischen den Flüssen Tajo und Guadiana, die anderen Gebirgszüge liegen am Rand der Hochebene: im Norden das **Kastilische Scheidegebirge** mit der Sierra de Gredos und der Sierra de Guadarrama, südlich die **Sierra Morena**, im Nordosten die **Serranía de Cuenca**, ein mit Dolinen *(torcas)* und Schluchten *(hoces)* durchsetztes Kalksteinmassiv; weiter nördlich die **Alcarria**, in die sich der Tajo und seine Nebenflüsse gegraben haben und in deren tiefen Tälern die Dörfer angesiedelt sind. In den oberen Zonen der Berghänge gedeihen Gewürzkräuter wie Thymian, Rosmarin, Lavendel, Majoran, die dem dort erzeugten Honig ein köstliches Aroma verleihen.

Im Südwesten, in der **Extremadura**, treten die kristallinen Schichten des Erdaltertums (Schiefer und Granit) zutage. Hier erreicht die Meseta eine Höhe von ungefähr 400 m. Auf den weiten Plateaus werden Schafe gezüchtet, die im Sommer in die höheren Weidegebiete der Meseta getrieben werden. Die Korkeichenwälder sowie die traditionelle Schweinezucht sind weitere Einnahmequellen. Die Siedlungen liegen meist an den Flüssen, wo die Bewässerung den Anbau von Oliven, Tabak, Baumwolle, Weizen und Gemüse ermöglicht.

Gebiete am Mittelmeer

Hierzu gehören die Autonomen Gemeinschaften Katalonien, Valencia, Murcia und die Balearen.

Katalonien – Dieses von Frankreich, Aragonien und dem Mittelmeer begrenzte Gebiet hat viele Gesichter. Im feuchten, dicht bewaldeten Norden erstrecken sich von Andorra bis zum Cap Creus die Ostpyrenäen mit mehreren über 3 000 m hohen Bergen.

Die klippenreiche, zerklüftete **Costa Brava** zwischen Frankreich und Barcelona und die langen Sandstrände der südlicher gelegenen **Costa Dorada** profitieren von einem typischen Mittelmeerklima. Im trockeneren Landesinneren, das durch das Katalonische Randgebirge von der Küste getrennt ist, herrschen kalte Winter.

Den Unterlauf und das Delta des Ebro im Süden des Dreiecks säumen Felder und grüne Hügel. Obwohl die Böden sehr fruchtbar sind (Getreide, Wein, Oliven, Obst und Gemüse), ist Katalonien wesentlich von Industrie geprägt, die sich um Barcelona konzentriert.

Levante – Diese schmale Schwemmlandebene zwischen der Mittelmeerküste und den letzten Ausläufern der Meseta-Bergketten (Iberisches Randgebirge im Norden und Betische Kordillere im Süden) umfasst die Regionen Valencia und Murcia.

Die Küste, **Costa del Azahar** bei Valencia und **Costa Blanca** um Alicante und Murcia, ist eine Abfolge von Dünen, Stränden, haffartigen Lagunen, Strandseen und schroffen Felsklippen wie dem Cabo de la Nao.

Das Klima ist typisch für den Mittelmeerraum, es herrscht jedoch größere Trockenheit als anderswo. Die ursprünglichen Kulturpflanzen (Oliven-, Johannisbrot- und Mandelbäume sowie Wein) wurden nach und nach durch ein seit der Antike entwickeltes Bewässerungssystem mit Kanälen *(acequias)* in den Hintergrund gedrängt zugunsten von Zitrusplantagen (Orangen zwischen Castellón und Denia, Zitronen bei Murcia) und Gemüseanbau. Im Süden findet man Palmenhaine (in Elche, Orihuela), in den sumpfigen Gebieten wird Reis angebaut. Aufgrund der Fruchtbarkeit der Böden zählen die bewässerten Landbaugebiete *(huertas)* zu den am dichtesten besiedelten Gegenden Spaniens. Bodenschätze sowie zahlreiche Häfen haben die Ansiedlung von Industrie begünstigt. Der

Olivenanbau bei Jaén

Tourismus hat sich in Gestalt von Badeorten wie Benidorm u. a. ebenfalls sehr stark entwickelt.

Die Balearen – Dieser Archipel besteht aus drei größeren Inseln – Mallorca, Menorca und Ibiza – und zwei kleineren – Formentera und Cabrera – sowie mehreren Inselchen.

Die Kalksteingebirge sind verschiedenen geologischen Ursprungs und erreichen nicht ganz 1 500 m. Ibiza und Mallorca stellen die Fortsetzung der Betischen Kordillere dar, während der Sockel Menorcas einem teilweise versunkenen Gebirgsmassiv angehört, von dem noch das Katalonische Randgebirge sowie Korsika und Sardinien aufragen.

Die durch die starken Herbstregenfälle bedingte üppige Vegetation ist einer der Reize dieser Sonneninseln. Längs der zerklüfteten Küsten wachsen Kiefernwälder und in den oberen Zonen der Berghänge Wacholder und Eichen. In den Ebenen bilden Mandel-, Feigen- und Olivenbäume ein abwechslungsreiches Blätterdach.

Andalusien

Die Autonome Gemeinschaft Andalusien besticht durch ihre typische Architektur, die alten Dörfer bzw. Stadtviertel mit weißen Häusern, schmiedeeisernen Gittern und blumenreichen Innenhöfen.

Sierra Morena – Diese mit Zistrosen, Ginster, Steineichen- und Mastixwäldern dicht bewachsene Bergkette ist reich an Bodenschätzen und grenzt Andalusien von der Meseta ab. Der Bergpass Puerto de Despeñaperros stellt eine natürliche Pforte nach Andalusien dar. Die Gegend um Jaén beeindruckt besonders durch ihre endlos scheinenden Olivenhaine.

Guadalquivirbecken – Diese zum Atlantik hin geöffnete frühere Meeresbucht ist eines der reichsten Landbaugebiete Spaniens. Im Landesinneren werden Getreide, Baumwolle, Oliven und Zitrusfrüchte, an der Küste Reis und Wein (aus dem Landkreis Jerez kommt der berühmte Sherry) angebaut. Dort betreibt man auch die Aufzucht von Kampfstieren. Sevilla, die viertgrößte Stadt Spaniens, ist die Metropole Andalusiens. Die riesigen Felder der Großgrundbesitzer und ihre Landgüter *(fincas)* prägen die Landschaft.

Betische Kordillere – Die **Sierra Nevada**, deren höchster Gipfel (Mulhacén, 3 478 m) auch der höchste Berg des spanischen Festlandes ist, wird im Westen durch die **Serranía de Ronda** und die **Sierra de Ubrique** verlängert. Ihre verschneiten Höhen erheben sich über fruchtbaren Beckenlandschaften wie der *vega* von Granada.

An der Küste **(Costa del Sol)**, die trotz ihres trockenheißen Klimas viele Touristen anzieht, werden in der Provinz Almería dank der Bewässerungsanlagen Zitrusfrüchte, Obst und Gemüse angebaut.

Die Kanarischen Inseln

Die Kanaren sind vulkanischen Ursprungs, man geht davon aus, dass sie infolge der Kontinantaldrift entstanden sind. Auf Teneriffa befindet sich der **Teide**, der mit einer Höhe von 3 718 m höchste Berg Spaniens.

Der Einfluss der Passatwinde und des kalten Kanarenstroms sorgt für sehr angenehme Temperaturen während des ganzen Jahres. Das herrliche Klima hat zusammen mit ihren überwältigenden Landschaften dazu geführt, dass die Inseln, die auch „Inseln des ewigen Frühlings" genannt werden, zu einem der beliebtesten Reiseziele geworden sind.

Geschichte

Vielgestaltige, komplexe Mythen und Legenden, bedeutende historische Ereignisse und kulturelle Errungenschaften, aber auch Vermischung von Kulturen sowie Vertreibungen und Brüche haben das Bild des heutigen Spaniens geprägt.

Antike und Völkerwanderung

Vor Chr.
- **11.-5. Jh.** – An der spanischen Ost- und Südküste, wo zuvor **Iberer** und die **Tartessier** gelebt haben, gründen die **Phönizier** und **Griechen** aus Kleinasien Handelsniederlassungen. Die zentraleuropäischen **Kelten** dringen ab dem 9. Jh. in Spanien ein und vermischen sich mit der Urbevölkerung zu den **Keltiberern**.
- **3.-2. Jh.** – Die **Karthager** unterwerfen den Südosten der Halbinsel *(s. Cartagena unter MURCIA, Umgebung)*. Die Zerstörung von **Sagunto** führt zum 2. Punischen Krieg (218-201). Die Römer besiegen die Karthager und beginnen mit der Eroberung der Iberischen Halbinsel (Widerstand von **Numantia**); ihre Herrschaft dauert bis zum 5. Jh. n. Chr.
- **1. Jh.** – In den zuletzt unterworfenen Provinzen Asturien und Kantabrien tritt erst im Jahre 19 Frieden ein. Zu dieser Zeit wird Spanien *Iberia* oder *Hispania* genannt.

Nach Chr.
- **1. Jh.** – Beginn der Ausbreitung des Christentums.
- **5.-6. Jh.** – Die eingefallenen Sweben, Wandalen und Alanen werden 411 von den Westgoten verdrängt, die ein mächtiges Königreich mit der Hauptstadt Toledo errichten und die Halbinsel 584 unter Leowigild einen.

Maurenherrschaft und Reconquista

- **8. Jh.** – Nach der **Schlacht am Guadalete** im Jahre 711 erobern die Mauren die Halbinsel und zerstören das westgotische Königreich. Doch schon ab 722 beginnt mit dem Sieg Pelayos bei **Covadonga** die Rückeroberung **(Reconquista)**, die sieben Jahrhunderte dauern sollte. Während die ersten maurischen Eroberer noch dem Kalifat von Damaskus unterstanden hatten, gründet **Abd ar-Rahman I.** 756 das unabhängige Emirat von Córdoba.
- **10. Jh.** – Blütezeit des Emirats von Córdoba. **Abd ar-Rahman III.** erhebt sein Reich zum Kalifat (929-1021). Die Stadt erlebt eine Glanzzeit; ihre Macht verhindert die Ausbreitung der christlichen Reiche. Im Norden werden Festungen am Ufer des Duero errichtet.
- **11. Jh.** – Spanien umfasst die Königreiche León, Kastilien, Navarra, Aragonien und die Grafschaft Barcelona. Nach dem Tod Al Mansurs (1002) zerfällt das Kalifat Córdoba in rund 20 **Taifa-Fürstentümer** (arab. *taifa* = Partei) (1031). Alfons VI. erobert 1085 Toledo und Gebiete südlich des Tajos. Die Taifa-Könige rufen daraufhin den nordafrikanischen Stamm der **Almoraviden** zu Hilfe. Die Wallfahrten nach Santiago de Compostela nehmen ihren Anfang. **El Cid** erobert Valencia (1094).
- **12. Jh.** – Die Zersplitterung in weitere Taifa-Königreiche begünstigt die christliche Ausdehnung, besonders im Ebrotal (Zaragoza 1118, Tortosa 1148, Lleida 1149). Der Sieg Jacub al Mansurs bei Alarcos (1195) gibt jedoch den **Almohaden** (die die Almoraviden verdrängt hatten) die Extremadura zurück und hemmt damit

Die Katholischen Könige

das Vordringen der christlichen Reiche in Richtung Guadiana und Guadalquivir.
Aufstieg Sevillas, das sich Córdoba einverleibt und dessen Rolle übernimmt. Gründung der Ritterorden (Calatrava, Alcántara, Santiago).
Personalunion von Aragonien und Katalonien (1150).
• **13. Jh.** – Mit der **Schlacht bei Las Navas de Tolosa** (1212) beginnt der endgültige Niedergang der Maurenherrschaft. Granada (die heutigen Provinzen Málaga, Granada und Almería) kann sich als einziges maurisches Reich bis 1492 halten.
Vereinigung von Kastilien und León unter Ferdinand III., dem Heiligen (1230).

Die Katholischen Könige (1474-1516) und die Einigung Spaniens

• **1474** – Isabella I., seit 1469 Gemahlin Ferdinands, des Thronerben von Aragonien, folgt ihrem Bruder Heinrich IV. auf den Thron von Kastilien.
• **1478-1479** – Einrichtung der **Inquisition** mit **Torquemada** als Großinquisitor (ab 1483). Diese kirchliche und politische Einrichtung, die als Kampfmittel gegen die Ketzerei geschaffen worden war, besteht bis ins 19. Jh. 1479 wird Ferdinand König von Aragonien.
• **1492** – Ende der Reconquista mit dem **Fall Granadas**. Vertreibung der glaubenstreuen Juden.
Am **12. Oktober** entdeckt **Christoph Kolumbus** Amerika.

- **1494** – Im **Vertrag von Tordesillas** wird die Neue Welt zwischen Spanien und Portugal aufgeteilt.
- **1496** – Johanna die Wahnsinnige, Tochter der Katholischen Könige, heiratet den Habsburger Philipp den Schönen, Sohn Kaiser Maximilians I.
- **1504** – Tod Isabellas. Sie vererbt ihrer Tochter Johanna den Thron, aber Ferdinand übernimmt die Regentschaft bis zur Volljährigkeit ihres 1500 geborenen Sohnes Karl, des späteren Karl V.

16. Jh. – Das Haus Habsburg (1516-1700) und die Entdeckung der Neuen Welt

- **1516** – Unter der Herrschaft **Karls I.** (1516-1556) und **Philipps II.** (1556-1598) werden die amerikanischen Kolonien erobert. Nach dem Tod Ferdinands besteigt sein Enkel Karl als Carlos I. den spanischen Thron. Von Seiten der Mutter erbt er neben Spanien auch Neapel, Sizilien, Sardinien und die überseeischen Gebiete.

1492
Zweifellos ist dies eines der bedeutendsten Jahre in der Geschichte Spaniens. Die Reconquista endet mit dem Fall Granadas und beschließt die 781 Jahre dauernde Herrschaft der Mauren, die Juden werden vertrieben, und am 12. Oktober entdeckt Christoph Kolumbus Amerika.

Christoph Kolumbus (um 1451-1506) und die Entdeckung Amerikas – Man nimmt an, dass Kolumbus als Sohn eines Webers in Genua geboren wurde. Schon in jungen Jahren fuhr er zur See. 1476 ließ er sich in Lissabon nieder. Die Entdeckung der „Geographie" von Ptolemäus und des „Imago Mundi" von Pierre d'Ailly weckten seine Leidenschaft für die Kartographie. Es gelang ihm nach anfänglichen Schwierigkeiten, die Königin von Kastilien von seinem Vorhaben einer Fahrt nach Indien von Westen her zu überzeugen, so dass sich die Katholischen Könige schließlich bereit erklärten, eine Erkundungsfahrt zu finanzieren und Kolumbus den Titel eines Admirals und des Vizekönigs der zu entdeckenden Länder verliehen.

Am 3. August 1492 stach Kolumbus mit drei Schiffen (den Karavellen Pinta", Niña und Santa María) von Palos de la Frontera aus in See. Nach einer äußerst schwierigen Überfahrt und einer Zwischenlandung auf der Bahamas-Insel Guanahani am 12. Oktober, der er den Namen San Salvador gab und die heute Watling heißt, wurden am 27. Oktober Kuba und am 5. Dezember die Insel Hispaniola (heute Haiti) entdeckt. Nach seiner Rückkehr am 15. März 1493 wurde Kolumbus mit allen Ehren empfangen, er starb jedoch in Armut. Seine Reisen leiteten das Zeitalter der Entdeckungen ein.

- **1519** – Nach dem Tod Maximilians I. wird Karl als **Karl V.** zum Kaiser des Heiligen Römischen Reichs Deutscher Nation gewählt. Er erhält Deutschland, Österreich, die Freigrafschaft Burgund und die Niederlande. Die Regierung der österreichischen Erblande überlässt Karl 1521 seinem Bruder Ferdinand.
- **1520-1522** – Der Unwille über die vor allem flandrischen Höflinge und die immer höheren Steuern führen zu Aufständen der Spanier. Der Kaiser schlägt die Erhebungen der **Comuneros** (Anhänger der aufrührerischen Comunidades de Castilla) und der **Germanías** (Zunftbruderschaften) in Valencia und auf Mallorca nieder.
- **1521-1556** – Karl V. führt fünf Kriege gegen Frankreich, um seine Vormachtstellung in Europa zu behaupten. Viermal besiegt er Franz I. und nimmt ihn 1525 bei Pavia gefangen. Im fünften Krieg schlägt er auch den neuen König Frankreichs, Heinrich II., in die Flucht und nimmt Mailand ein.

Zur gleichen Zeit ziehen die **Konquistadoren** durch den amerikanischen Kontinent. 1513 entdeckt **Vasco Núñez de Balboa** den Pazifik, **Juan Sebastián Elcano** gelingt 1521 die erste Weltumsegelung, 1521 nimmt **Hernán Cortés** Mexiko ein, 1535 unterwerfen **Francisco Pizarro** und **Diego de Almagro** Peru, 1535 erforscht **Francisco Coronado** das Gebiet des heutigen amerikanischen Bundesstaats Colorado, 1539 nimmt **Hernando de Soto** Florida in Besitz, 1541 gründet **Pedro de Valdivia** Santiago de Chile.

In Deutschland machen die auf Unabhängigkeit bedachten Reichsfürsten sowie der Protestantismus besondere Schwierigkeiten.

- **1555** – Durch den so genannten Augsburger Religionsfrieden ist Karl V. genötigt, den Protestanten Glaubensfreiheit zuzugestehen.
- **1556** – Karl V. dankt zugunsten seines Sohns Philipp ab und zieht sich ins Kloster Yuste zurück. **Philipp II.** erhält Spanien und die Kolonien, das Königreich Neapel, Mailand, die Niederlande und die Freigrafschaft Burgund. Die deutsche Kaiserkrone geht jedoch 1558 an den Bruder Karls V., Ferdinand I.

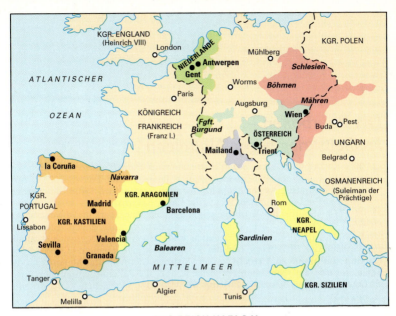

DAS REICH KARLS V.

- Burgundisches Erbe
- Spanisches Erbe
- Habsburg. Erbe
- Eroberungen Karls V.
- Andere Besitzungen
- – – – Hl. Röm. Reich deutscher Nation

Die Politik Philipps konzentriert sich vor allem auf Spanien und die Verteidigung des Katholizismus. 1561 wählt er Madrid zur Hauptstadt. Spanien macht zu dieser Zeit eine schwere wirtschaftliche Krise durch.
- **1568** – Erhebungen in den Spanischen Niederlanden.
- **1568-1570** – Aufstand der Morisken (zum christlichen Glauben übergetretene Mauren) in Granada.
- **1571** – Die Türken werden im Golf von **Lepanto** von einer aus päpstlichen, venezianischen und spanischen Schiffen bestehenden Flotte unter Führung von Don Juan de Austria, dem außerehelichen Bruder des Königs, in die Flucht geschlagen. Spanien besiegelt mit diesem Sieg seine Vorherrschaft im Mittelmeer.
- **1580** – Nach dem Tod des kinderlosen Königs von Portugal erhebt Philipp II. Anspruch auf den Thron, fällt in Portugal ein und wird 1581 zum König proklamiert.
- **1588** – Der König schickt die **Unbesiegbare Armada** in den Krieg gegen das protestantische England, das die Niederlande unterstützt. Ihr Untergang bedeutet das Ende der spanischen Seemacht.
- **1598** – Nach seinem Tod hinterlässt Philipp II. ein riesiges Reich, das trotz der Reichtümer aus der Neuen Welt aufgrund der 70 Jahre langen ununterbrochenen Kriegsführung und der Errichtung von kostspieligen Repräsentationsbauten (Escorial) mit Schulden überhäuft ist.

Der Niedergang: Die letzten Habsburger **Philipp III.** (1598-1621), **Philipp IV.** (1621-1665) und **Karl II.** (1665-1700) haben nicht die Größe ihrer Vorgänger. Dennoch wird diese Zeit vom kulturellen und künstlerischen Standpunkt aus als das **Goldene Zeitalter** *(Siglo de Oro)* bezeichnet.
- **1598-1621** – Philipp III. überträgt dem Grafen von Lerma alle Verantwortung. Dieser rät ihm **1609** zur **Vertreibung der Morisken**, woraufhin 275 000 Mauren Spanien verlassen, was katastrophale Auswirkungen auf die Landwirtschaft hat.
- **1640** – Unter der Herrschaft Philipps IV. führt die Dezentralisierungspolitik des Herzogs von Olivares zu Aufständen in Katalonien und Portugal. Die Portugiesen wählen Johann IV., den Herzog von Bragança, zum König, die Unabhängigkeit Portugals wird jedoch erst 1668 anerkannt.
- **1618-1648** – Nach dem **Dreißigjährigen Krieg** muss Spanien im **Westfälischen Frieden** die Unabhängigkeit der Niederlande endgültig anerkennen.
- **1659** – Der **Pyrenäenfrieden** beendet den Krieg gegen Frankreich. Philipp IV. handelt den Heiratsvertrag zwischen seiner Tochter Maria Theresia und dem französischen König Ludwig XIV. aus.
- **1667-1697** – Im **Devolutionskrieg** (1667-1668) verliert Spanien einige flandrische Gebiete an Frankreich. Der Holländische Krieg (1672-1678) wird mit dem **Frieden von Nimwegen** beendet (Verlust der Freigrafschaft Burgund). Mit dem **Frieden von Rijswijk** endet der dritte Eroberungskrieg (1688-1697).

Die Bourbonen – Freiheitskrieg gegen Napoleon

- **1700** – Karl II. stirbt ohne Erben, hatte aber in seinem Testament Philipp von Anjou, den Enkel seiner Schwester Maria Theresia und Ludwigs XIV., zum Nachfolger bestimmt. Kaiser Leopold, der zugunsten seines Sohns, des Erzherzogs Karl, auf seine Ansprüche verzichtet hatte, ist empört.
- **1701-1714** – **Spanischer Erbfolgekrieg.** England, Dänemark und die deutschen Fürsten unterstützen den Habsburger Erzherzog Karl gegen Frankreich (Philipp von Anjou). Katalonien, Valencia und Aragonien schlagen sich ebenfalls auf die Seite des Erzherzogs, und der Krieg erfasst ganz Spanien (1705). In den **Friedensschlüssen zu Utrecht** verliert Spanien Gibraltar und Menorca an die Engländer und die spanischen Niederlande und alle italienischen Fürstentümer an Österreich. Der Bourbone **Philipp V.** wird zum spanischen König ernannt (1714-1745).
- **1759-1788** – **Karl III.** regiert als aufgeklärter Despot. Seine Minister führen bedeutende Wirtschaftsreformen durch. Er gilt daher als der glanzvollste spanische Bourbone. Unter seiner Regierung werden die Jesuiten ausgewiesen (1767).
- **1788** – **Karl IV.** besteigt den Thron. Er hat einen schwachen Charakter und lässt sich von seiner Gemahlin Maria Luise von Parma und deren Günstling Godoy leiten.
- **1793** – Nach dem Tod Ludwigs XVI. von Frankreich auf dem Schafott erklärt Spanien dem revolutionären Frankreich den Krieg.
- **1796-1805** – Spanien verbündet sich mit dem französischen Direktorium gegen England (Vertrag von San Ildefonso, 1796) und Portugal.
Unter dem Vorwand, Portugal angreifen zu wollen, führt **Napoleon** seine Truppen nach Spanien. Im Dritten Koalitionskrieg kommt es 1804 in der **Seeschlacht von Trafalgar** zu einem entscheidenden Sieg Englands.
- **1808** – Nach der **Revolte von Aranjuez** im März 1808 *(s. S. 123)* sieht sich Karl IV. zur Abdankung gezwungen. Napoleon ernennt seinen Bruder Joseph zum König von Spanien.
- **2. Mai 1808** – Die Bevölkerung von Madrid erhebt sich gegen die französischen Truppen. Dies ist der Beginn des **Freiheitskriegs**, der viele französische Truppen in Spanien bindet. Wichtigste Schauplätze sind Bailén (1808), Madrid, Zaragoza und Girona.
- **1812** – König Joseph flieht aus Spanien. Die Abgeordneten der *Cortes* bilden eine gesetzgebende Versammlung und proklamieren die liberale **Verfassung von Cádiz**.
- **1813-1814** – Dank mehrerer Siege gelingt es der englisch-spanischen Armee, Napoleon aus Spanien zu vertreiben. **Ferdinand VII.** kann nach Spanien zurückkehren, verweigert aber die Verfassung von Cádiz und regiert bis 1820 als absoluter Monarch. Gleichzeitig kämpfen die Kolonien Argentinien, Uruguay, Chile und Kolumbien erfolgreich für ihre Unabhängigkeit.

Die revolutionären Wirren des 19. Jh.s

- **1820-1823** – Die Liberalen erheben sich gegen den Absolutismus des Königs, aber ihre Aufstände werden allesamt niedergeschlagen. 1820 wird die Verfassung von 1812 dank einer **Revolte der Liberalen** unter der Führung **Riegos** wieder in Kraft gesetzt – jedoch nur für drei Jahre, denn schon 1823 kann Ferdinand VII. mit Hilfe einer von der Heiligen Allianz beauftragten französischen Interventionstruppe den Absolutismus wieder herstellen (bis 1833).
- **1833-1839** – Nach dem Tod Ferdinands VII. macht dessen Bruder Don Carlos seiner Nichte Isabella, der Tochter Ferdinands und María Cristinas, den Thron streitig. Seine Anhänger, die Karlisten, sind Traditionalisten, und deshalb sucht Isabella Unterstützung bei den Liberalen. Es kommt zum **1. Karlistenkrieg**, den die Liberalen nach sechs Jahren gewinnen (**Vertrag von Vergara**). 1835 lässt der Minister Mendizábal die Klöster auflösen und das Kirchengut beschlagnahmen.
- **1840** – Staatsstreich General Esparteros. Flucht der Regentin María Cristina.

• **1843-1868** – 1843 wird Königin Isabella II. für mündig erklärt. Die **Revolte des Generals Narváez** zwingt Espartero zur Flucht aus Spanien. Neue Verfassung 1845. Der **2. Karlistenkrieg** (1847-1849) endet mit dem Sieg Isabellas II., doch ist ihre Herrschaft eine Folge von Aufständen der *Progresistas* (Liberale, Republikaner, Sozialisten) und der *Moderatos* (Monarchisten und Katholiken).

Die **Revolution von 1868** unter der Führung von General Prim beendet die Herrschaft Isabellas. Sie geht nach Frankreich ins Exil, und General Serrano wird zum vorläufigen Regierungschef bestimmt.

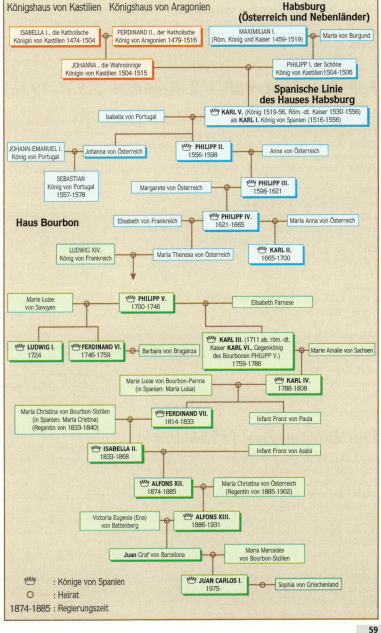

- **1869** – Die *Cortes* verabschieden eine neue liberale Verfassung, die eine konstitutionelle Monarchie vorsieht. Amadeus, ein Sohn des Königs Victor Emanuel II. von Italien, wird zum König proklamiert.
- **1872-1876** – **3. Karlistenkrieg.** Der König ist unfähig, die Ordnung wieder herzustellen und dankt ab. Ausrufung der **1. Republik**.
- **1874** – Erhebung des Generals Martínez Campos und Thronbesteigung Alfons XII., Sohn Isabellas II. Die **Restauration** der Bourbonen erweist sich als Friedenszeit.
- **1885** – **Alfons XII.** stirbt mit 28 Jahren. Seine Witwe María Cristina von Österreich, die ein Kind erwartet, übernimmt die Regentschaft.
- **1898** – **Aufstände in Kuba und auf den Philippinen.** Die USA unterstützen die Rebellen und besetzen Puerto Rico und die Philippinen. Spanien verliert nach dem spanisch-amerikanischen Krieg seine letzten Kolonien.
- **1902** – Der Sohn Alfons' XII. besteigt als **Alfons XIII.** mit 16 Jahren den Thron.

Fall der Monarchie – 2. Republik (1931-1936)

- **1914-1918** – Im Ersten Weltkrieg wahrt Spanien Neutralität. Die sozialen Gegensätze führen zu Unruhen und Streiks. Besonders der Generalstreik von 1917 wird mit Waffengewalt niedergeschlagen.
- **1921** – Aufstand in Marokko. 1927 besetzt General Sanjurjo den Norden dieses Protektorats.
- **1923** – Mit Zustimmung des Königs errichtet **General Miguel Primo de Rivera** eine Diktatur.
- **1930** – Revolutionäre Unruhen zwingen Primo de Rivera zum Rücktritt, sein Nachfolger wird General Berenguer.
- **1931** – Bei Kommunalwahlen im April triumphieren die Republikaner in Katalonien, im Baskenland und in den Provinzen Huesca und La Rioja. Der König verlässt, ohne auf die Thronrechte zu verzichten, das Land, und die **2. Republik** wird ausgerufen.
- **Juni 1931** – Bei der Neuwahl von verfassungsgebenden *Cortes* ergibt sich eine republikanisch-sozialistische Mehrheit, die Verfassung wird im Dezember verabschiedet.
- **1933** – **José Antonio Primo de Rivera**, Sohn des erwähnten Diktators, gründet die **Falange**. Diese Bewegung setzt sich für die nationale Einheit sowie Wirtschafts- und Bodenreformen ein.
- **Oktober 1934** – Katalonien erklärt seine Unabhängigkeit. In Asturien erheben sich die Bergarbeiter. Die rechtsgerichtete Regierung schlägt den Aufstand mit Härte nieder.
- **Februar 1936** – Der Wahlsieg der Volksfront (Republikaner, Sozialisten, Kommunisten, Gewerkschaftler) beschleunigt die Ereignisse. Terrorakte vergrößern die Spaltung des Landes in zwei Lager.

Der Bürgerkrieg (1936-1939)

- **17. Juli 1936** – Der Aufstand einer Gruppe von Generälen des „Movimiento Nacional" in Melilla (Spanisch-Marokko) löst den Bürgerkrieg aus. Die in Marokko stationierten Truppen unter der Führung **Francos** (die so genannten Nationalen) überqueren die Straße von Gibraltar und erreichen Toledo. Die Stadt wird Ende September eingenommen. In Burgos wird Franco zum Chef der nationalspanischen Regierung und Oberkommandierenden der spanischen Armee (Generalísimo) ausgerufen. Erfolgloser Angriff auf Madrid. Während Madrid, Katalonien und Valencia den Republikanern treu bleiben, kontrollieren die Nationalen bald die konservativen ländlichen Gebiete Andalusien, Kastilien und Galicien.
- **1937** – Im Sommer werden die Industriestädte des Nordens (Bombardierung von Guernica durch die deutsche Luftwaffe) eingenommen. Im November verlegt die republikanische Regierung ihren Sitz nach Barcelona. Im Dezember kommt es zur Schlacht von Teruel, bei der die aragonische Front von den

anderen Fronten der Nationalen abgeschnitten werden soll. Die Republikaner nehmen Teruel ein, das jedoch bald darauf von den Nationalen zurückerobert wird.
- **1938** – Die nationalspanischen Truppen stoßen bis zum Mittelmeer vor und teilen somit das Gebiet der Republikaner in zwei Hälften. Von Juli bis November dauert die **Schlacht am Ebro**. Flucht der republikanischen Ostarmee und Offensive Francos gegen Katalonien, das im Februar 1939 von den Nationalen besetzt wird.
- **1. April 1939** – Mit der Einnahme Madrids (28. März) ist der Krieg beendet.

Das Franco-Regime

- **1939-1949** – Franco übernimmt die Regierung Spaniens, das sich als Monarchie definiert. Im Zweiten Weltkrieg wahrt Spanien Neutralität. Auf diplomatischer Ebene befindet sich das Land in der Isolation.
- **1952** – Spanien wird Mitglied der UNESCO.
- **1955** – Spanien wird Mitglied der Vereinten Nationen.
- **1969** – Prinz Juan Carlos wird zum Nachfolger Francos ernannt.
- **20. Dez. 1973** – Der Ministerpräsident Carrero Blanco fällt einem Attentat zum Opfer.
- **20. Nov. 1975** – Tod Francos. **Juan Carlos I.** wird König von Spanien.

Die Demokratie

- **15. Juni 1977** – Allgemeine Wahlen. **Adolfo Suárez** (Christdemokratische Union) wird zum Ministerpräsidenten gewählt.
- **6. Dez. 1978** – Die neue Verfassung wird durch Volksabstimmung gebilligt.
- **1979** – Autonomiestatus für Katalonien, das Baskenland und Galicien.
- **1981** – Suárez tritt zurück. Erfolgloser Putsch am 23. Februar.
- **28. Oktober 1982** – Wahlen mit Sieg der Sozialisten. **Felipe González** wird Ministerpräsident.
- **1. Jan. 1986** – Spanien wird Mitglied der **Europäischen Gemeinschaft**.
- **1992** – Weltausstellung in Sevilla. Olympische Spiele in Barcelona.
- **3. März 1996** – Wahlen. **José María Aznar** (Partido Popular) wird Minister-

Eröffnungsfeier der Olympischen Spiele von Barcelona

Architektur und Kunst

Grundriss einer Kirche

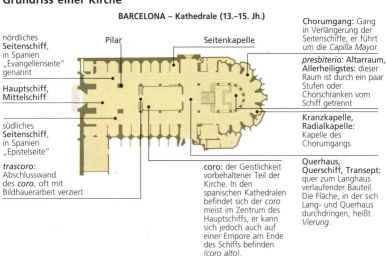

BARCELONA – Kathedrale (13.–15. Jh.)

- **nördliches Seitenschiff**, in Spanien „Evangelienseite" genannt
- **Pilar**
- **Seitenkapelle**
- **Hauptschiff, Mittelschiff**
- **südliches Seitenschiff**, in Spanien „Epistelseite"
- **trascoro:** Abschlusswand des *coro*, oft mit Bildhauerarbeit verziert
- **coro:** der Geistlichkeit vorbehaltener Teil der Kirche. In den spanischen Kathedralen befindet sich der *coro* meist im Zentrum des Hauptschiffs, er kann sich jedoch auch auf einer Empore am Ende des Schiffs befinden *(coro alto)*.
- **Chorumgang:** Gang in Verlängerung der Seitenschiffe; er führt um die *Capilla Mayor*
- **presbiterio:** Altarraum, Allerheiligstes: dieser Raum ist durch ein paar Stufen oder Chorschranken vom Schiff getrennt
- **Kranzkapelle, Radialkapelle:** Kapelle des Chorumgangs
- **Querhaus, Querschiff, Transept:** quer zum Langhaus verlaufender Bauteil. Die Fläche, in der sich Lang- und Querhaus durchdringen, heißt *Vierung*.

Schnitt einer romanischen und einer gotischen Kirche

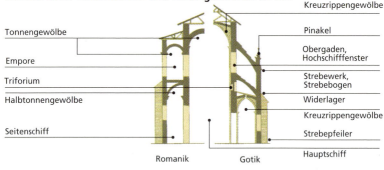

- Tonnengewölbe
- Empore
- Triforium
- Halbtonnengewölbe
- Seitenschiff
- Romanik
- Gotik
- Kreuzrippengewölbe
- Pinakel
- Obergaden, Hochschifffenster
- Strebewerk, Strebebogen
- Widerlager
- Kreuzrippengewölbe
- Strebepfeiler
- Hauptschiff

Altarretabel

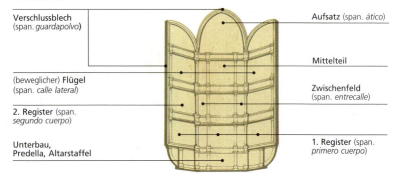

- **Verschlussblech** (span. *guardapolvo*)
- **(beweglicher) Flügel** (span. *calle lateral*)
- **2. Register** (span. *segundo cuerpo*)
- **Unterbau, Predella, Altarstaffel**
- **Aufsatz** (span. *ático*)
- **Mittelteil**
- **Zwischenfeld** (span. *entrecalle*)
- **1. Register** (span. *primero cuerpo*)

Altarretabel, Altaraufsatz (span. *retablo mayor*): ein auf dem rückwärtigen Teil des Altartischs ruhender Aufsatz; in Spanien ist das Retabel meist ein hinter dem Altar befindlicher, auf einem Unterbau stehender Aufsatz aus Stein oder Holz, der mit Reliefs und/oder Malerei verziert und oft auch vergoldet ist. Er kann bis zum Gewölbescheitel reichen. Als Sonderform findet man den Flügelaltar, dessen Mittelteil durch die beiden seitlichen Flügel geschlossen werden kann.

Bogenformen

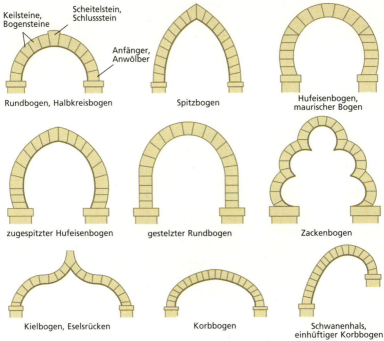

Gewölbeformen

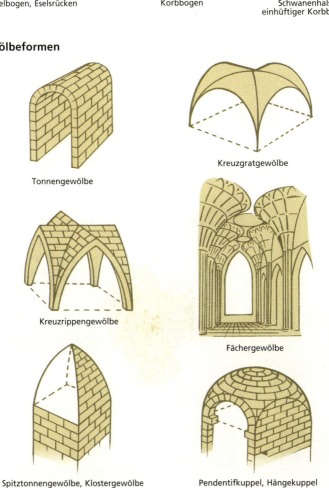

Spanisch-maurische Kunst

CÓRDOBA – Mezquita: Puerta de Alhakem II (10. Jh.)

Die Araber beherrschten Spanien acht Jahrhunderte lang und haben die Architektur und Kunst der Iberischen Halbinsel wesentlich geprägt. Ihr Einfluss hat sich in typischen Bauformen, Schmuckelementen und Materialien wie Stuck und Keramik bis heute erhalten.

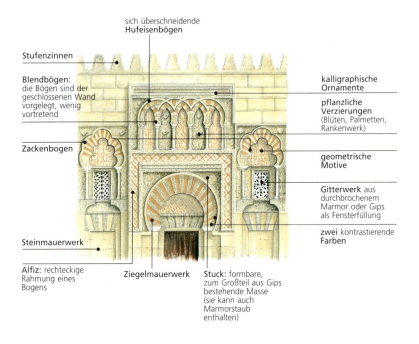

- sich überschneidende **Hufeisenbögen**
- **Stufenzinnen**
- **Blendbögen:** die Bögen sind der geschlossenen Wand vorgelegt, wenig vortretend
- **Zackenbogen**
- **Steinmauerwerk**
- **Alfiz:** rechteckige Rahmung eines Bogens
- **Ziegelmauerwerk**
- **kalligraphische Ornamente**
- **pflanzliche Verzierungen** (Blüten, Palmetten, Rankenwerk)
- **geometrische Motive**
- **Gitterwerk** aus durchbrochenem Marmor oder Gips als Fensterfüllung
- **zwei kontrastierende Farben**
- **Stuck:** formbare, zum Großteil aus Gips bestehende Masse (sie kann auch Marmorstaub enthalten)

GRANADA – Alhambra (14. Jh.)

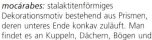

mocárabes: stalaktitenförmiges Dekorationsmotiv bestehend aus Prismen, deren unteres Ende konkav zuläuft. Man findet es an Kuppeln, Dächern, Bögen und Gesimsen.

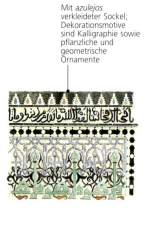

Mit *azulejos* verkleideter Sockel; Dekorationsmotive sind Kalligraphie sowie pflanzliche und geometrische Ornamente

Romanik

SANTIAGO DE COMPOSTELA – Innenraum der Kathedrale (11.–13. Jh.)

Die Kathedrale von Santiago ist die typischste spanische Wallfahrtskirche. Sie zeigt deutlich französische Stileinflüsse.

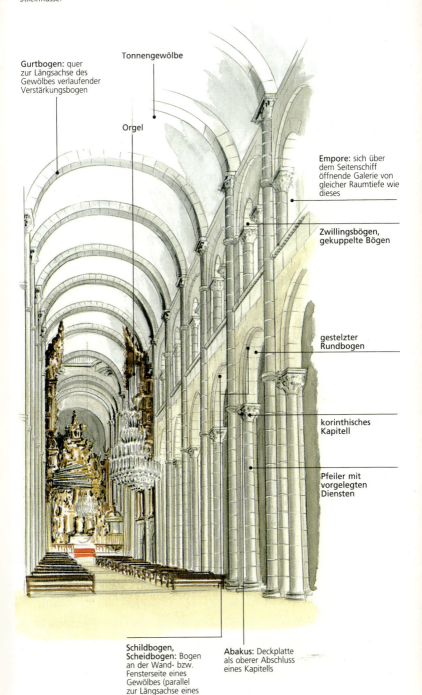

Gotik

LEÓN – Seitenfassade der Kathedrale (13. und 14. Jh.)

In der Gotik gilt das Licht als Symbol der Wahrheit und als Inbegriff der Schönheit. In Spanien verkörpert die Kathedrale von León dieses Prinzip am schönsten. Sie ist ein relativ leichter Bau und hat herrliche Glasgemälde, die den Innenraum mit Licht durchfluten. Der Grundriss erinnert an die Kathedrale von Reims, der Figurenschmuck ist von Chartres beeinflusst.

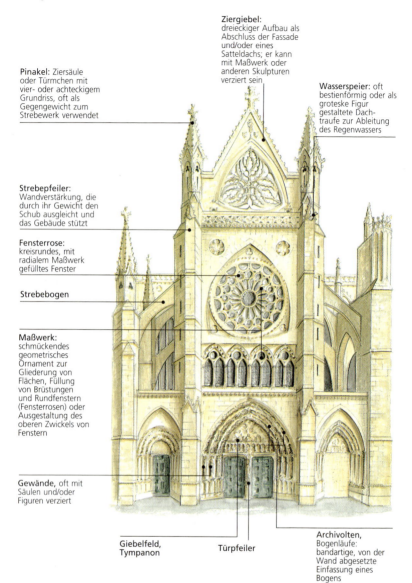

Ziergiebel: dreieckiger Aufbau als Abschluss der Fassade und/oder eines Satteldachs; er kann mit Maßwerk oder anderen Skulpturen verziert sein

Pinakel: Ziersäule oder Türmchen mit vier- oder achteckigem Grundriss, oft als Gegengewicht zum Strebewerk verwendet

Wasserspeier: oft bestienförmig oder als groteske Figur gestaltete Dachtraufe zur Ableitung des Regenwassers

Strebepfeiler: Wandverstärkung, die durch ihr Gewicht den Schub ausgleicht und das Gebäude stützt

Fensterrose: kreisrundes, mit radialem Maßwerk gefülltes Fenster

Strebebogen

Maßwerk: schmückendes geometrisches Ornament zur Gliederung von Flächen, Füllung von Brüstungen und Rundfenstern (Fensterrosen) oder Ausgestaltung des oberen Zwickels von Fenstern

Gewände, oft mit Säulen und/oder Figuren verziert

Giebelfeld, Tympanon

Türpfeiler

Archivolten, Bogenläufe: bandartige, von der Wand abgesetzte Einfassung eines Bogens

Platereskstil

SALAMANCA – Fassade der Universität (16. Jh.)

In ihrem Reichtum ist die fassadenfüllende Dekoration noch dem Geist der Gotik verhaftet, die einzelnen Motive sind jedoch deutlich der Renaissance entlehnt.

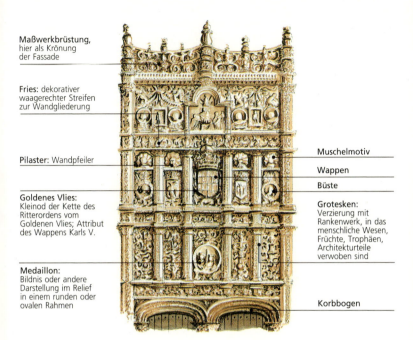

- **Maßwerkbrüstung**, hier als Krönung der Fassade
- **Fries**: dekorativer waagerechter Streifen zur Wandgliederung
- **Pilaster**: Wandpfeiler
- **Goldenes Vlies**: Kleinod der Kette des Ritterordens vom Goldenen Vlies; Attribut des Wappens Karls V.
- **Medaillon**: Bildnis oder andere Darstellung im Relief in einem runden oder ovalen Rahmen
- **Muschelmotiv**
- **Wappen**
- **Büste**
- **Grotesken**: Verzierung mit Rankenwerk, in das menschliche Wesen, Früchte, Trophäen, Architekturteile verwoben sind
- **Korbbogen**

Renaissance

TOLEDO – Hospital de Tavera: Patio (16. Jh.)

Der Aufbau und die Proportionen dieses von zweigeschossigen Arkadengängen umgebenen Innenhofs sind typisch für die Renaissance.

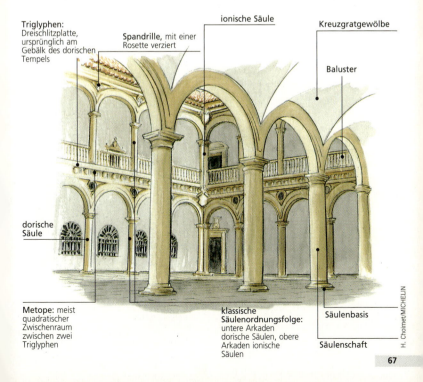

- **Triglyphen**: Dreischlitzplatte, ursprünglich am Gebälk des dorischen Tempels
- **Spandrille**, mit einer Rosette verziert
- **ionische Säule**
- **Kreuzgratgewölbe**
- **Baluster**
- **dorische Säule**
- **Metope**: meist quadratischer Zwischenraum zwischen zwei Triglyphen
- **klassische Säulenordnungsfolge**: untere Arkaden dorische Säulen, obere Arkaden ionische Säulen
- **Säulenbasis**
- **Säulenschaft**

Barock

MADRID – Portal des Antiguo Hospicio, heute Museo Municipal (18. Jh.)

Das Retabel erreichte im spanischen Barock höchste Vollendung; es war so beliebt, dass man sein Schema auch an Kirchenfassaden jener Zeit finden kann.

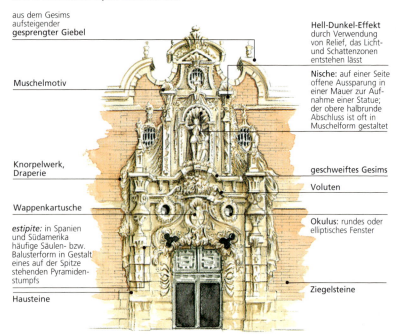

aus dem Gesims aufsteigender **gesprengter Giebel**

Hell-Dunkel-Effekt durch Verwendung von Relief, das Licht- und Schattenzonen entstehen lässt

Muschelmotiv

Nische: auf einer Seite offene Aussparung in einer Mauer zur Aufnahme einer Statue; der obere halbrunde Abschluss ist oft in Muschelform gestaltet

Knorpelwerk, Draperie

geschweiftes Gesims

Voluten

Wappenkartusche

Okulus: rundes oder elliptisches Fenster

estipite: in Spanien und Südamerika häufige Säulen- bzw. Balusterform in Gestalt eines auf der Spitze stehenden Pyramidenstumpfs

Ziegelsteine

Haussteine

Klassizismus

MADRID – Observatorium (18. Jh.)

Der Plan (Zentralbau mit kreuzförmigem Grundriss) und die Maßverhältnisse des kleinen, schlichten Gebäudes von Villanueva verraten deutlich den Einfluss Palladios.

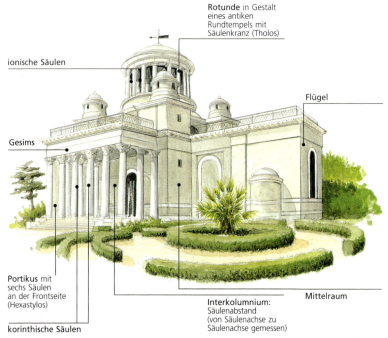

Rotunde in Gestalt eines antiken Rundtempels mit Säulenkranz (Tholos)

ionische Säulen

Flügel

Gesims

Portikus mit sechs Säulen an der Frontseite (Hexastylos)

Mittelraum

Interkolumnium: Säulenabstand (von Säulenachse zu Säulenachse gemessen)

korinthische Säulen

Modernismo

BARCELONA – Casa Batlló (A. Gaudí: 1905–07)

Die sinnliche und farbenfrohe spanische Version des Jugendstils greift auf organische Formen zurück und liebt geschweifte Linien.

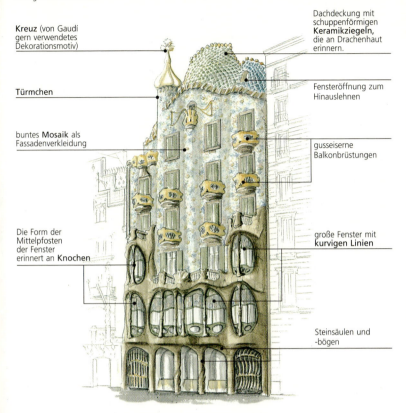

Kreuz (von Gaudí gern verwendetes Dekorationsmotiv)

Türmchen

buntes Mosaik als Fassadenverkleidung

Die Form der Mittelpfosten der Fenster erinnert an Knochen

Dachdeckung mit schuppenförmigen Keramikziegeln, die an Drachenhaut erinnern.

Fensteröffnung zum Hinauslehnen

gusseiserne Balkonbrüstungen

große Fenster mit kurvigen Linien

Steinsäulen und -bögen

Internationaler Stil

BARCELONA – Fondació Joan Miró (J.L. Sert: 1972–75)

Komplex aus mehreren Gebäuden und offenen Räumen, die locker ineinander übergehen und in denen das Licht eine große Rolle spielt.

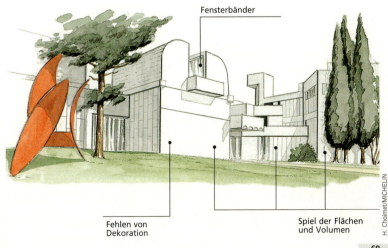

Fensterbänder

Fehlen von Dekoration

Spiel der Flächen und Volumen

präsident.

Kleines Kunstglossar

Ajimez: durch eine Mittelsäule getrenntes Zwillingsfenster.
Alfiz: rechteckige Rahmung eines Hufeisenbogens
Alicatado: in geometrischen Mustern gekachelte Fläche. Der Kachelschmuck war besonders im Mudéjar-Stil als Sockelverkleidung üblich.
Aljibe: arabisches Wort für Zisterne.
Apsis: Raum mit halbkreisförmigem oder polygonalem Grundriss am Kirchenende. Sie ist an den Hauptraum angebaut und liegt hinter dem Altar.
Arabesken: Blatt- und Rankenwerk, das die Natur zum Vorbild hat, man findet es oft in Friesform.
Archivolte, Bogenlauf: an der Wand abgesetzte, bandartige einfache Verzierung eines Bogens, oft mit geometrischen Motiven oder Figuren.
Artesonado: Kassettendecke in Sternmuster. Dieser von den Almohaden stammende Dekor verbreitete sich auch im christlichen Spanien bis ins 15. und 16. Jh.
Ataurique: Pflanzendekor der Kalifenzeit in Gips oder Ziegel, der in den Mudéjar-Stil aufgenommen wurde.
Azulejos: glasierte, ursprünglich blau *(azul)* bemalte Kacheln.
Beatus: eine der zahlreichen Kopien des Kommentars des Beatus von Liébana zur Apokalypse.
Blendarkaden, Blendbögen: Schmuckmotiv der romanischen Architektur. Die Bögen sind der geschlossenen Wand vorgelegt, wenig vortretend und oft durch vertikale Bänder (Lisenen) verbunden.
Camarín: kleine, im 1. Stock gelegene Kapelle hinter dem Altar, meist mit einer kostbar gekleideten Marienstatue darin.
Chor: den Geistlichen vorbehaltener Teil der Kirche. In den spanischen Kathedralen befindet er sich in der Regel in der Mitte des Hauptschiffs, er kann jedoch auch am Fuß der Kirche in einem höher gelegenen Stockwerk errichtet sein.
Churriguera-Stil: Stil der Architektenfamilie Churriguera (18. Jh.), gleichbedeutend mit überladenem Barock.
Estípites: sich nach unten verjüngende Pilaster.
Flachrelief: Skulptur, die sich nur schwach von einem Hintergrund abhebt.
Flamboyant: spätgotischer Baustil (15. Jh.), der besonders häufig die Fischblase oder Flamme als Maßwerkmotiv verwendet.

H. Choimet/MICHELIN

Fresko: Wandmalerei auf feuchtem Putz.
Gewände: meist verzierte Wandsäulen, auf die sich die Archivolten (Bogenläufe) stützen.
Groteske: in der Renaissance verwendetes Dekorationsmotiv in Form von Laub- und Rankenwerk mit eingefügten Masken, Köpfen und Figuren.
Hochrelief: mit dem Hintergrund verbundene, aber fast vollplastische Skulptur.
Kapitell: Kopf von Säulen, Pfeilern, Pilastern am Zusammentreffen von Stütze und Last. Das Kapitell trägt manchmal einen Architrav oder einen Bogen und kann als Aufsatz einen Kämpfer (vorspringende Trag- oder Deckplatte) haben.
Kassette: vertieftes Feld einer in viele Felder aufgeteilten Decke, der Kassettendecke.
Konsolen: vorspringende Tragelemente; Kragsteine, auf denen Balken, Balkone, Erker, Wehrgänge ruhen.
Kranzkapelle: Kapelle des Chorumgangs.
Kreuzschiff: Querschiff, das quer zum Hauptschiff liegt, auch

Raum, an dem sich beide Schiffe kreuzen.

Kugelfries: mit Halbkugeln ornamentierter Streifen zur Abgrenzung von Flächen.

Lisene: senkrechter, leicht aus der Mauer vortretender Mauerstreifen ohne Basis und Kapitell, oft durch Rundbogenfriese mit den benachbarten Lisenen verbunden.

Lonja: Handelsbörse.

Maschikulis: vorkragende Pechnasen oder Gusserker zwischen den Konsolen des Wehrgangs zum Ausgießen von Pech oder kochend heißem Öl über den Angreifer.

Maßwerk: geometrisches Bauornament der Gotik zur Gliederung von Wandflächen, Fenstern (insbesondere Fensterrosen) bzw. des oberen Teils von Bogenfenstern, Brüstungen u. a.

Mihrâb: reich dekorierte Gebetsnische in der nach Mekka gerichteten heiligen Wand (Quibla) der Moscheen.

Miserikordie: zur Gesäßstütze verbreiterte Unterseite eines Klappsitzes des Chorgestühls.

Mittelpfosten (eines Fensters): Pfosten oder Säule, der bzw. die den Durchbruch oder die Öffnung eines Portals oder Fensters in der Hälfte teilt.

Mozárabes: stalaktitenförmiges Dekorationsmotiv der maurischen Architektur am Gewölbe und Gesims, bestehend aus Prismen, deren unteres Ende konkav zuläuft; ihre Form erinnert an Stalaktiten und hängende Schlusssteine. Man findet *mozárabes* an Kuppeln und Gesimsen.

Mozarabischer Stil: Kunst der nach 711 unter maurischer Herrschaft lebenden Christen.

Plateresktil: erste Stilrichtung der Renaissance, die sich durch fein gearbeitete Dekors auszeichnet (von *platero* = Silberschmied).

Predella: Altarstaffel; Sockel eines Retabels.

Quibla: die nach Mekka gerichtete Mauer einer Moschee; der Mihrâb ist eine Öffnung in dieser Mauer.

Schlussstein: Stein im Scheitelpunkt eines Bogens oder der Rippen eines Gewölbes.

Sebka: Rautendekor im Ziegelbau des Almohaden-Stils.

Seo oder Seu: Kathedrale (Kirche, in der der Bischofsstuhl – die Kathedra – steht).

Soportales: Säulengang aus Holz- oder Steinsäulen, der als Stütze des 1. Stocks der Häuser einen Laubengang um die Plaza Mayor bildet.

Sterngewölbe: im Grundriss quadratische oder polygonale Gewölbeform aus Dreistrahlgewölben.

Stuck: formbare, zum Großteil aus Gips bestehende Masse. In der spanisch-maurischen Kunst spielt der Stuck eine wesentliche Rolle im Wandschmuck.

Tambour: zylinderförmiger Unterbau einer Kuppel.

Trascoro: Platz hinter dem Chor bzw. Umfassungswand des Chors.

Triforium: Blendbogenstellungen bzw. in der Mauer ausgesparter Laufgang unter den Hochfenstern von Mittelschiff, Querschiff und Chor einer romanischen oder gotischen Kirche.

Triptychon: dreiteiliges Altarbild (Flügelaltar), bestehend aus einem Mittelteil und zwei Seitenflügeln, die sich schließen lassen.

Tympanon: Giebelfeld des antiken Tempels, Bogenfeld über einem Portal.

Wimperg: gotischer Ziergiebel über Portalen und Fenstern.

Yesería: skulptierter oder gemalter Gipsdekor in Stalaktitform.

Kunstgeschichtlicher Überblick

Die Alhambra, Granada

Im Laufe der Jahrhunderte wurden in Spanien herrliche Kunstschätze geschaffen – in allen Ecken des Landes finden sich alte romanische Kirchen, Ehrfurcht gebietende gotische Kathedralen, prunkvolle Barockkirchen, einzigartige spanisch-maurische Bauwerke, prächtige Schlösser, kostbare Gemälde und Skulpturen und vieles mehr.

Vorgeschichte bis zur Eroberung durch die Mauren

Seit der vorgeschichtlichen Zeit haben die Bewohner der Iberischen Halbinsel Zeugnisse von großem kunsthistorischem Wert hinterlassen.

Altsteinzeit (40 000-10 000 v. Chr.)

Die ältesten Funde aus dieser Zeit sind die altsteinzeitlichen Felsmalereien (40 000-10 000 v. Chr.), die in Höhlen Kantabriens (Altamira und El Castillo), Asturiens (El Pindal, Ribadesella und San Román) und der Levante (Cogull, Alpera) entdeckt wurden. Im **Neolithikum** (7500-2500 v. Chr.) errichtete man riesige Steindenkmäler (Megalithen), wie z. B. die berühmten Dolmen von Antequera; auf den Balearen bestand eine bronzezeitliche Kultur (2500-1000 v. Chr.) mit Gang- und Hügelgräbern (*talayots* und *navetas*).

Dama de Elche

1. Jahrtausend v. Chr.

Die Kulturen der Iberischen Halbinsel zeichnen sich durch Gold- und Silberschmiedearbeiten (Schatz von El Carambolo, zu besichtigen im Archäologischen Museum von Sevilla) und vor allem Skulpturen aus, von denen einige eine außergewöhnliche Perfektion erreichen. Erwähnt seien die Löwen von Córdoba, die Stiere von Guisando, die **Dama de Baza** und die **Dama de Elche**, letztere im Museo Arqueológico in Madrid. Zur gleichen Zeit bringen Phönizier und Griechen ihre traditionellen Kunstformen ins Land. Man findet phönizische anthropoide Sarkophage in Cádiz, punische Kunst auf Ibiza, griechische Kunst in Empúries.

Römer (1. Jh. v. Chr.-5. Jh. n. Chr.)
Wie in allen Gebieten unter römischer Herrschaft wurde auch hier das Land durch Straßen, Brücken und Aquädukte (Segovia) erschlossen. Die Römer gründeten Städte und errichteten Monumente (Ruinen von Itálica und Empúries, Theater von Mérida, Triumphbogen von Tarragona).

Westgoten (6.-8. Jh.)
Die zum Christentum bekehrten Westgoten errichteten kleine Kirchen (Quintanilla de las Viñas, San Pedro de la Nave), die mit Skulpturenfriesen in geometrischen Mustern oder Rankenwerk geschmückt waren. Der Grundriss der Apsiden ist quadratisch, die Bögen sind oft hufeisenförmig.
Die Westgoten waren sehr geschickte Goldschmiede und stellten herrliche Schmuckstücke her, in denen byzantinische und germanische Formen gemischt vorkommen. Die Geschmeide wurden den Kirchen gestiftet oder in die Gräber hoher Persönlichkeiten gelegt. Wunderschöne Beispiele ihrer Kunst sind die goldenen Weihekronen aus dem Schatz von Guarrazar (Toledo), der im Archäologischen Museum von Madrid zu besichtigen ist.

Spanisch-maurische Kunst (8.-15. Jh.)
Die maurische Kunst kann in Spanien in drei Perioden eingeteilt werden, die den drei aufeinander folgenden Dynastien entsprechen, welche die maurischen Gebiete der Halbinsel beherrschten.

Die Omaijaden – Córdoba (8. bis 11. Jh.)
Die Moschee, der Alcázar und die Alcazaba stellen die drei für diese Epoche typischen Bauwerke dar. Die **Moschee** ist in drei einfache Grundelemente gegliedert, nämlich das Minarett, den Innenhof mit dem Becken, an dem die rituellen Waschungen vollzogen wurden, und den quadratischen Gebetssaal mit der Gebetsnische *(Mihrâb)*. Der **Alcázar** (Palast) umgibt reizvolle Innenhöfe und liegt in schönen, mit Wasserbecken und Springbrunnen geschmückten Gärten. Die **Alcazaba** (Festung) steht auf einer Anhöhe und ist von mehreren zinnengekrönten Schutzmauern umgeben.
Ein gutes Beispiel einer solchen Anlage ist die Festung von Málaga. Die berühmtesten Bauwerke dieser Epoche befinden sich jedoch in Córdoba (Mezquita und Medina Azahara) und in Toledo (Cristo de la Luz und Puerto de Bisagra).
Die Kunst dieser Epoche ist durch den Hufeisenbogen gekennzeichnet, der zum Attribut der maurischen Kunst schlechthin geworden ist. Weitere Besonderheiten, die später in der Romanik und im Mudéjar-Stil eine große Verbreitung fanden, sind das ornamentale Ziegelrelief, die Rippenkuppel, die geschnitzten Sparrenköpfe, Bögen mit abwechselnd weißen und roten Keilsteinen, Fächerbögen und die Rahmung der Tore mit Blendarkaden.
Die Omaijaden brachten aus Syrien die Liebe für überschwängliche Dekoration mit. Da der Koran die Darstellung von Menschen und Tieren untersagt, schmückte man die Moscheen und Paläste mit Inschriften in kufischer Schrift, geometrischen Motiven (Ziegel- und Marmordekors in Form von Sternen und Vielecken) sowie mit pflanzlichen Verzierungen (Blüten, Palmetten, Rankenwerk).

Die Almohaden – Sevilla (12. und 13. Jh.)
Der Puritanismus der Almohaden-Dynastie, deren Hauptstadt Sevilla war, drückt sich in der Kunst durch eine manchmal fast streng anmutende Einfachheit aus. Ihr Stil ist durch den Ziegelbau gekennzeichnet, dessen einziger Schmuck breite Bänder geometrischer Reliefs sind (Giralda von Sevilla). Diese Bauweise wurde später in der Mudéjar-Architektur Aragoniens wieder aufgenommen. Zur

Zeit der Almohaden treten erstmalig die Artesonado-Decken und die *Azulejos*-Kacheln auf. Die abwechselnde Verwendung von Stein und Ziegel kommt nun aus der Mode, der Hufeisenbogen spitzt sich zu, der Zackenbogen wird mit einer Girlande umzogen (Aljafería in Zaragoza).

In der Kalligraphie wird neben der vorherrschenden kufischen Schrift auch die Kursivschrift verwendet, oder ein Pflanzenornament füllt den freien Raum zwischen den Schriftzeichen aus.

KUNSTHANDWERK
Das Kunsthandwerk genoss in der spanisch-maurischen Kunst eine große Bedeutung, und dekorative Elemente aus dieser Zeit haben in großer Zahl und Vielfalt die Jahrhunderte überdauert. Die Vielgestaltigkeit der Zeugnisse reicht von Holztäfelungen mit geometrischen Flechtmustern oder bestickten Geweben über Waffen und Keramik mit metallischem Schimmer bis hin zu Schatullen aus Elfenbein.

Die Nasriden – Granada (14. und 15. Jh.)

Das Meisterwerk der äußerst verfeinerten nasridischen Kunst ist die **Alhambra** in Granada. Die typischen Neuerungen betreffen weniger die Architektur als vor allem die Dekoration. Stuckarbeiten und Keramik überziehen nun ganze Wände. Der Bogen nimmt einfachere Formen an (gestelzter Rundbogen), während seine Kontur mit zarten Ornamenten nachgezeichnet wird.

Mudéjar-Stil

Es ist der Stil der getauften Mauren, die in ihrer eigenen Tradition für die christlichen Herrscher arbeiten. Er tritt in den verschiedenen Gebieten Spaniens zwischen dem 11. und dem 15. Jh. auf, je nach dem Zeitpunkt, zu dem die Gebiete christlich wurden. Einige Elemente, wie z. B. die Artesonado-Decken, blieben noch jahrhundertelang Bestandteil des spanischen Baustils.

Der höfische Mudéjar-Stil, für den man Künstler der maurischen Fürsten kommen ließ, führt den Stil der Almohaden weiter und ist vom zeitgenössischen Nasridenstil (Synagogen von Toledo, Bauten für Peter den Grausamen in Tordesillas und Sevilla, darunter der bemerkenswerte Alcázar) inspiriert. Die volkstümliche Mudéjar-Tradition, die von den einheimischen Künstlern und Handwerkern fortgeführt wird, zeichnet sich durch regionale Eigenheiten aus. Man findet z. B. in Kastilien (Arévalo, Sahagún, Toledo) häufig Blendarkaden als Wandschmuck oder in Aragonien geometrische Muster und *Azulejos* (Kacheln) als Wandverkleidung der Glockentürme.

Vorromanik und Romanik (8.-13. Jh.)

Asturische Baukunst

Zwischen dem 8. und dem 10. Jh. entwickelte sich im kleinen Königreich Asturien eine Architektur, die durch höhere Bauwerke und aufstrebende Linien gekennzeichnet war. Die Kirchen (Naranco, Santa Cristina de Lena) übernahmen die Bauweise der römischen Basiliken mit rechteckig-dreischiffigem Grundriss und Vorhalle. Rundbogenarkaden trennen Haupt- und Seitenschiffe, ein weiteres Querhaus ist dem dreigeteilten Chorhaupt vorgelagert. Fresken schmücken die Innenwände, in den Kapitellmotiven (Rankenwerk, Rosetten, Fabeltiere) und den Durchbruchmustern der steinernen Fensterfüllungen wird der Einfluss des Orients deutlich.

Die Gold- und Silberschmiedekunst brachte im 9. und 10. Jh. mehrere Schmuckstücke hervor, die heute in der Cámara Santa von Oviedo ausgestellt sind.

Mozarabische Kunst

Mit mozarabisch wird die Kunst der Christen bezeichnet, die nach 711 unter maurischer Herrschaft lebten. So zeigen die Kirchen besonders in Kastilien (San Miguel de Escalada, San Millán de Cogolla) neben westgotischen Elementen (Hufeisenbögen) maurische Bauformen wie Rippenkuppel und bogige, mit Rosetten geschmückte Konsolen.

Mit Miniaturen verzierte Manuskripte sind die ersten Zeugnisse der spanischen Malerei des Mittelalters. Sie wurden im 10. und 11. Jh. von mozarabischen Mönchen angefertigt und beinhalten die Auslegung der apokalyptischen Vision des

Frómista: San Martín

Johannes durch den Mönch Beatus von Liébana *(s. S. 86)*, was den Manuskripten den Namen **Beatus** einbrachte *(s. Abbildung S. 86)*. Ihre Ikonographie ist reich an arabischen Elementen (Hufeisenbogen, Kleidung).

Frühromanik in Katalonien
In Katalonien, das Beziehungen zu Frankreich und Italien unterhielt, entwickelte sich vom 11. Jh. an eine an die lombardische Tradition anschließende Architektur, die sich bis ins 13. Jh. hinein in den abgelegenen Pyrenäentälern hielt. Die einfachen, kleinen Kirchen haben oft einen frei stehenden Kirchturm, Blendarkaden und Lisenen; die Innenwände sind mit Fresken aus dem 11. und 12. Jh. geschmückt. Trotz der merklichen Nachahmung der byzantinischen Mosaiken (schwarz umrandete Motive, strenge Haltung, Christusdarstellung in der Mandorla) sind sie wegen der realistischen Details typisch spanische Schöpfungen. Auf den bunt bemalten Altarvorsätzen aus Holz sind die gleichen Motive dargestellt.

„Europäische" Romanik an den Pilgerstraßen nach Santiago
Unter der Regierung Sanchos des Großen von Navarra öffnete sich der Nordwesten Spaniens schon im frühen 11. Jh. ausländischen Einflüssen. Zisterzienserklöster wurden gegründet, und in den Städten (Estella, Sangüesa, Pamplona) gab es sogenannte Frankenviertel, in denen sich hauptsächlich aus Frankreich kommende freie Bürger niederließen. Zur gleichen Zeit kam es an den Pilgerstraßen nach Santiago de Compostela zu einem regelrechten Baufieber und zur Errichtung zahlreicher Sakralbauten, in denen sich vor allem der französische Einfluss durchsetzte (Stil des Poitou in Soria und Sangüesa, Toulouser Stil in Aragonien und Santiago de Compostela). Die Kathedrale von Santiago de Compostela ist das unbestrittene Meisterwerk dieses Stils.

In Aragonien sind die romanischen Kunstformen besonders schön in der Bildhauerei ausgeprägt. Die Bildhauer der Kapitelle eiferten hier dem Meister von San Juan de la Peña nach, dessen Symbolismus auf keinen Fall mit Ungeschicklichkeit verwechselt werden darf. Die disproportionierten Köpfe und riesigen Augen sind als Darstellungen des Seelischen, die ausgestreckten Hände als religiöse Geste zu interpretieren. Die im frühen 12. Jh. erfolgte Reform des auf Armut und Einfachheit gegründeten **Zisterzienserordens** hatte auch bedeutende Auswirkungen auf die Architektur, in der sich ein die Gotik ankündigender **Übergangsstil** entwickelte (Kreuzgewölbe, quadratische Apsis). Dieser neue, strenge Stil kommt bei den großen Klosteranlagen von Poblet, Santes Creus, La Oliva und Santa María de Huerta zum Tragen.

Gotik (ab 13. Jh.)

Die Anfänge der Gotik
Im 13. Jh. entstanden die ersten wirklich gotischen Bauten (Kirche von Roncesvalles, Kathedralen von Cuenca und Sigüenza). Die Bischöfe einiger Städte Kastiliens (León, Burgos, Toledo) ließen zur Errichtung ihrer Kathedralen Künstler

Gotisches Altarbild von Pedro Serra (Ausschnitt)

und Baumeister aus dem Ausland kommen. In **Valencia**, **Katalonien** und auf den **Balearen** entstand als neuer Kirchentyp die Hallenkirche, die nur ein einziges Kirchenschiff oder mehrere Schiffe gleicher Höhe aufweist. Sie ist entweder mit einem Kreuzgewölbe oder einer auf Transversalbögen ruhenden Holzdecke abgeschlossen. Schmucklose Wände umgeben den einheitlichen Kirchenraum, der vor allem durch seine Klarheit und Weite so außerordentlich harmonisch wirkt.

In **Navarra** entwickelte sich die Gotik später und war deutlich von Frankreich beeinflusst, da das Land ab 1234 von französischen Herrschern regiert wurde.

Die Profanbauten folgten den gleichen Prinzipien und erreichten besonders in Gestalt der Handelsbörsen *(lonjas)* eine außerordentliche Perfektion und Harmonie der Raumverhältnisse (Barcelona, Palma de Mallorca, Valencia und Zaragoza).

Entwicklung der Gotik

Im 14. und 15. Jh. entstand unter dem Einfluss deutscher und flämischer Künstler (**Hans von Köln** bzw. **Juan de Colonia**, **Hanequin de Bruselas**) im Königreich Kastilien ein der Hochgotik sehr ähnlicher Stil. Dieser entwickelte zwei Varianten: einerseits den schmuckreichen Isabellinischen Stil und andererseits einen auf das Wesentliche beschränkten monumentalen gotischen Stil, der sich bis ins späte 16. Jh. hinein im Kirchenbau hielt (Kathedralen von Segovia und Salamanca).

Die letzten gotischen Kathedralen

Nach dem Vorbild der Kathedrale von Sevilla wurden die Kirchenräume dann weiter, und der Grundriss änderte sich: Man baute die Seitenschiffe nun fast ebenso breit wie das Mittelschiff, während mächtige Pfeiler die Vertikale betonen. Im Gegensatz zur Strenge des Bauschemas stehen der überreiche, typisch gotische Schmuck der Portale, die Pinakel und die kunstvollen Gewölbe. Mehrere andalusische Kathedralen weisen diesen Baustil auf.

Die Malerei

Sie entfaltete sich auf Flügelaltären und Aufsätzen (Retabel), die bis zu 15 m Höhe erreichen können. Traditionsgemäß malte man auf Goldgrund. Die älteren Gemälde weisen auf italienischen (weiche Modellierung), französischen und flämischen (prächtige, faltenreiche Gewänder, detaillierte realistische Darstellung) Einfluss hin. Sie zeigen jedoch oft auch einen ausdrucksstarken Naturalismus und die Freude am pikanten Detail, beides typisch für die spanische Malerei.

Katalonien und das Königreich Aragonien waren besonders kreative Kunstzentren. In den Museen von Vic, Barcelona und Valencia sind die Werke des von Duccio aus Siena beeinflussten **Ferrer Bassá** (1285-1348) besonders interessant. Auch die von **Ramón Destorrents** (1346-1391), der in der Nachfolge Bassás stand, und die der Brüder **Serra**, Schüler des Letztgenannten, verdienen besondere Beachtung. Voller liebenswürdiger Details sind die Werke von **Lluis Borrassá** (1380-um 1425). **Bernat Martorell** (gest. 1452) räumte der Landschaft einen großen Platz ein. Der sensible **Jaume Huguet** (1415-1492) gilt als unbestrittener Meister der katalanischen Malerschule. **Luis Dalmau** und **Bartolomé Bermejo** standen unter dem Einfluss von Jan van Eyck, der mit der Gesandtschaft des Herzogs von Burgund nach Spanien gekommen war.

Im 14. Jh. stand die kastilische Malerei unter französischem, im 15. Jh. unter italienischem, ab 1450 unter flämischem Einfluss **(Rogier van der Weyden)**. Ende des 15. Jh.s wurde **Fernando Gallego** zum berühmtesten Vertreter des flämisch-spanischen Stils. **Juan de Flandes** besticht durch seine nuancierten, zarten Farben.

Bildhauerei

Wie die Architektur folgte auch die Bildhauerkunst der Tendenz zur Verfeinerung. Die Reliefs sind stärker ausgearbeitet als in der Romanik, die Haltung der Dargestellten wird natürlicher, die Details genauer. Mit dem fortschreitenden 15. Jh. vermehrten sich die dekorativen Details, die Gesichter erhielten mehr Ausdruckskraft, sodass die Liegefiguren der Gräber wirkliche Abbilder der Verstorbenen sind. Zu dieser Zeit war es üblich, die Figuren unter Baldachinen darzustellen und die Türen, Kapitelle und Gesimse mit feinen Blattfriesen zu umgeben. Während im 13. und 14. Jh. französischer, im 15. Jh. flämischer Einfluss die spanische Bildhauerei prägten, fand diese im Isabellinischen Stil zu einem ganz eigenen, typischen Ausdruck. Die Portale folgen im Wesentlichen französischen Vorbildern. Die Grabmäler haben anfänglich die Form von wappengeschmückten Sarkophagen und tragen manchmal eine Liegefigur in klassischer Haltung (gefaltete Hände, ruhige Gesichtszüge). Mit zunehmender Kunstfertigkeit der Bildhauer werden dabei vor allem die prachtvollen Brokate und feinen Leder immer naturgetreuer in Marmor wiedergegeben. Im 15. Jh. nahmen sich die Künstler die Freiheit, die Verstorbenen wie lebend darzustellen, kniend oder sogar in einer unkonventionellen, entspannten Haltung, wie der unvergleichliche Doncel in der Kathedrale von Sigüenza. Die **Altaraufsätze** erheben sich in mehreren Etagen auf einem Sockel und werden von einem Baldachin in Durchbruchsarbeit abgeschlossen. Das **Chorgestühl** ist mit biblischen und historischen Szenen und zartem Rankenwerk geschmückt.

Der Isabellinische Stil

Die Herrschaft der auf Repräsentation bedachten Isabella von Kastilien (1474-1504) schuf einen idealen Nährboden für die Entstehung eines neuen Stils. Dieser ist gekennzeichnet durch eine überschwängliche Dekoration der Fassaden aller religiösen und profanen Gebäude, die mit freien Bogenformen, Zackenornamenten, heraldischen Motiven und phantasievollen Mustern überzogen wurden *(s. S. 513)*. Die Vielfalt der Ausdrucksformen dieses Stils ist vor allem auf die Anwesenheit vieler ausländischer Künstler zurückzuführen: **Simon von Köln**, Sohn des bereits genannten Hans von Köln, **Juan Guas**, Sohn des Franzosen Pierre Guas, **Enrique Egas**, Neffe des Hanequin de Bruselas.

Renaissance (16. Jh.)

An der Schwelle zum Goldenen Zeitalter entstand ein typisch spanischer Kunststil, in dem die italienischen Einflüsse assimiliert und von den spanischen Meistern in ganz eigenständiger Weise interpretiert wurden.

Architektur

Der Stil der spanischen Frührenaissance wird **Platereskstil** genannt und erinnert mit seinem feinen und dichten Dekor an die Gold- und Silberschmiedekunst (*platero* = Silberschmied). Durch seine Skulpturenfülle, die oft die ganze Fassade bedeckt, ist er dem Isabellinischen Stil sehr ähnlich, er folgt jedoch dem italienischen Vorbild, was die Rundbogen und Schmuckmotive (Grotesken, Rankenwerk, Medaillons, Pilaster, Gesimse) angeht. Die Fassaden der Universität und des Klosters San Esteban von Salamanca sind Hauptwerke dieser Stilrichtung. Der Architekt **Rodrigo Gil de Hontañón** arbeitete in Salamanca (Paläste Monterrey und Fonseca) und Alcalá de Henares (Fassade der Universität).
Der größte Künstler von Burgos war damals **Diego de Siloé**, ein in Neapel ausgebildeter Architekt (Treppe der Coronería). Siloé und **Alonso de Covarrubias** stehen am Übergang vom Plateresktil zur mehr von Italien inspirierten Renaissance. Covarrubias (gest. 1570) wirkte vor allem in Toledo und schuf den Alcázar und die Capilla de los Reyes Nuevos in der Kathedrale. **Andrés de Vandelvira** (1509-1576) war der bedeutendste Architekt der andalusischen Renaissance (Kathedrale von Jaén). Seine Bauten kündigten die herbe Strenge an, die die Architektur des letzten Viertels des 16. Jh.s kennzeichnet.
Nun überwogen Formen aus der Antike (Rundbögen, Säulen, Gesimse und Giebel). Dem Aufbau wurde mehr Bedeutung beigemessen als der Dekoration. Der in Italien am Vorbild Michelangelos geschulte **Pedro Machuca** (gest. 1550) schuf im Palast Karls V. in Granada das klassischste Bauwerk italienischer Tradition. Das Hospital de Tavera in Toledo verdanken wir **Bartolomé Bustamante** (1492-1570).

Platereskstil: Skulpturenschmuck an der Fassade der Universität Salamanca

Der größte Architekt jener Epoche war **Juan de Herrera** (1530-1597), der einem durch Strenge und Großartigkeit gekennzeichneten Stil seinen Namen gab. Er war Baumeister Philipps II. und verkörpert den Geist der Gegenreformation. 1567 wurde er mit der Weiterführung des Klosterpalasts El Escorial beauftragt, der zu seinem Meisterwerk wurde.

Bildhauerei

Die Renaissance war die Blütezeit der spanischen Bildschnitzerei und Bildhauerkunst. Damals entstanden zahlreiche Chorgestühle, Grabdenkmäler und Retabel aus Alabaster und Holz; bei Letzteren fand oft die **Estofado-Technik** Anwendung. Die mit Blattgold bedeckte Plastik wurde bemalt und die Farbe danach wieder leicht abgekratzt, um einen goldenen Schimmer zu erwirken. Es war ebenfalls üblich, die Altartafeln mit korinthischen Pilastern und Gesimsen einzurahmen.
Der in Aragonien arbeitende Künstler **Damián Forment** (um 1480-1540) steht am Übergang von der Gotik zur Renaissance. Der aus der Bourgogne stammende **Felipe Vigarny** (auch Bigarny, gest. 1543) und **Diego de Siloé** wirkten an der Kathedrale von Burgos. **Bartolomé Ordóñez** (gest. 1520) studierte in Neapel und schuf den *trascoro* der Kathedrale von Barcelona, die Grabmäler Johannas der Wahnsinnigen und Philipps des Schönen (Königskapelle in Granada) sowie das des Kardinals Cisneros (Alcalá de Henares).
Im zweiten Drittel des 16. Jh.s verlagerte sich das Zentrum der Renaissancekunst von Burgos nach Valladolid. Spanien hatte nun die ausländischen Einflüsse verarbeitet und trat mit eigenschöpferischen Werken hervor. Die bedeutendsten Meister waren Alonso Berruguete und Juan de Juni. **Alonso Berruguete** (1488-1561) hatte in Florenz Werke Michelangelos studiert. Sein Stil ähnelt dem der florentinischen Renaissance, hat jedoch eine dramatischere Ausdruckskraft (*Das Martyrium des hl. Sebastian*, Staatliches Skulpturenmuseum in Valladolid).
Der in Valladolid lebende Franzose **Juan de Juni** (gest. 1577) stand ebenfalls unter dem Einfluss Michelangelos. Seine Statuen, die sich durch die Schönheit und Fülle der Formen auszeichnen, weisen durch ihre theatralische Haltung zum Ausdruck des Schmerzes schon auf den Barock hin. Viele seiner Werke wurden später kopiert, wie die berühmte *Madonna mit den sieben Dolchen* (Iglesia de las Angustias, Valladolid) und die verschiedenen *Grablegungen* des Museums von Valladolid und der Kathedrale von Segovia.
Der Großteil der kunstvoll gearbeiteten schmiedeeisernen Tore von Kapellen und *coros* stammen aus dem 15. und 16. Jh. In der Gold- und Silberschmiedekunst zeichnete sich die aus Deutschland stammende Familie **Arfe** – Enrique, Antonio, Juan – mit den Monstranzen von Toledo, Santiago de Compostela und Sevilla aus, die z. T. mit einer Höhe von 3 m unglaubliche Ausmaße erreichten.

Malerei

Unter dem Einfluss der italienischen Renaissance erreichten die Kunst der Perspektive, die Vorliebe für die anatomisch genaue Darstellung des menschlichen Körpers und die Verwendung von hellen Farben im 16. Jh. auch Spanien. **Fernando Yáñez de la Almedina** und **Fernando de Llanos** nahmen den Stil Leonardo da Vincis zum Vorbild; **Juan Vicente Macip** ließ sich außerdem von Raffael inspirieren; die Werke seines Sohnes **Juan de Juanes** lassen schon die ersten Anzeichen des Manierismus erkennen. In Sevilla wurde **Alejo Fernández** mit der *Schutzmantelmadonna* berühmt, die sich im Alcázar befindet.
Der größte kastilische Meister des 15. Jh.s war **Pedro Berruguete** (um 1450-um 1504); er vereinte alle zeitgenössischen Strömungen der Halbinsel in seinem Stil. **Juan de Borgoña** führte den Stil Berruguetes weiter, wobei er auch der Landschaftsmalerei und der Darstellung architektonischer und dekorativer Motive seine Aufmerksamkeit widmete. Der aus Brüssel stammende **Pedro de Campaña** entwickelte durch die Verwendung von Hell-Dunkel-Kontrasten einen dramatischen Stil. Der Manierist **Luis de Morales** (um 1509-1586) brachte Gefühl in seine Malerei. Die Verinnerlichung, die seine Werke ausstrahlen, wirkte sich positiv auf die Religiosität des Volkes aus.

Ende des 16. Jh.s ließ Philipp II. zahlreiche Meister italienischer Herkunft oder Ausbildung zur Ausschmückung des Escorials nach Spanien kommen. Unter seiner Herrschaft erreichte die Porträtmalerei mit dem niederländischen Künstler Anthonis Mor (in Spanien **Antonio Moro** genannt, 1519-1576), dessen Schüler **Alonso Sánchez Coello** (1531-1588) sowie **Pantoja de la Cruz** (1553-1608) eine hohe Blüte. **El Greco**, der bei Philipp II. keine Anerkennung fand, ließ sich in Toledo nieder *(s. dort)*.

Barock (17. und 18. Jh.)

Der Barockstil erlebte um die Mitte des 17. Jh.s in Spanien eine Blütezeit als Kirchenkunst im Dienst der Gegenreformation; er entwickelte sich besonders in Andalusien, das durch den Handel mit Amerika reich geworden war.

Architektur
Im ersten Drittel des 17. Jh.s standen die Künstler noch unter dem Einfluss der Renaissance und des Herrera-Stils, dem sie nur ein paar schmückende Details anfügten.
Damals wurden zahlreiche öffentliche Gebäude errichtet.
Die Plaza Mayor in Madrid, ein Werk von **Juan Gómez de Mora**, entstand kurz vor dem Rathaus; das bedeutendste Bauwerk jener Zeit ist jedoch das heutige Außenministerium, das von **Giovan Battista Creszenzi**, dem Baumeister der Grabkirche des Escorial, errichtet wurde.
Die Architektur der Kirchen nahm nun freiere Formen an. Es entwickelte sich der Stil der Jesuitenkirche, die durch den kreuzförmigen Grundriss mit mächtiger Kuppel über der Vierung und große Altäre gekennzeichnet ist. Madrid bietet als Beispiele dieses monumentalen Baustils u. a. die Kathedrale San Isidro der Jesuiten Pedro Sánchez und **Francisco Bautista** und das Kloster Encarnación von Juan Gómez de Mora.
Um die Mitte des 17. Jh.s kam man von der herben Strenge der Architektur des Escorial wieder ab, was zu Veränderungen von Grundrissen und Fassaden, zum Wegfall von Gesimsen und Giebeln führte. Die Basilika San Miguel (18. Jh.) in Madrid ist ein hervorragendes Beispiel dieses Barocks italienischer Prägung. In den Kirchen wurde nun der Gang hinter dem Hochaltar, der Zugang zu einer verehrten Heiligenfigur bot, in eine reich geschmückte Kapelle (**camarín**) umgestaltet. In Zaragoza errichtete **Francisco Herrera d. J.** (1622-1685) die Basilika Nuestra Señora del Pilar. Salamanca bietet als wunderschönes Barockbauwerk die Clerecía, deren Innenhof schon den für die Brüder Churriguera typischen Barockstil ankündigt.

Der Churriguera-Stil – Ende des 17. Jh.s gipfelte die Üppigkeit des Barock in einem überladenen Stil, der den Namen seiner Schöpfer, der drei Brüder Churriguera, erhielt. Die Architektur diente jetzt nur noch als Trägerin der ganze Fassade überziehenden Ornamente. Hauptkennzeichen des Churriguera-Stils sind von Girlanden umwundene, gedrehte Säulen und die *estípites*, sich nach unten verjüngende Pilaster.
Das erste Werk dieses Stils ist der Altaraufsatz des Klosters San Esteban in Salamanca von **José de Churriguera** (1665-1725). Seine Brüder **Joaquín** (1674-1724) und insbesondere **Alberto** (1676-1750), der Schöpfer der Plaza Mayor von Salamanca, fanden freiere Formen. Die kühnsten Schöpfungen des Churriguera-Stils stammen von dem in Madrid arbeitenden Künstler **Pedro de Ribera** (1683-1742) und von **Narciso Tomé** (Fassade der Universität Valladolid und *Transparente* der Kathedrale von Toledo).

Regionale Abwandlungen – Der volkstümliche Barock weist bedeutende regionale Abwandlungen auf.
In **Galicien**, wo sich der Granit wenig für feine Bildhauerarbeiten eignete, waren vor allem die Fassadengestaltung und die Gesimse Träger des neuen Stils. Ein Paradebeispiel ist die Obradoiro-Fassade der Kathedrale von Santiago de Compostela (1750), ein Meisterwerk des Architekten **Fernando Casas y Novoa**.
In **Andalusien** entfaltete sich der Barock speziell in der Dekoration zu höchster Pracht. Schwingende Wellenbewegung kennzeichnet die Dekoration der Fassaden von Palästen (Écija) und Kathedralen (Guadix) sowie die Portale zahlreicher

Kirchen und Herrenhäuser (Jerez de la Frontera). Initiator des andalusischen Barock war **Alonso Cano** mit der Hauptfassade der Kathedrale von Granada (Cano wirkte auch als Bildhauer und Maler). Die herausragende Persönlichkeit war jedoch **Vicente Acero**, dem wir die Fassaden der Kathedralen von Guadix (1714-1720) und Cádiz sowie die Tabakfabrik von Sevilla verdanken. Andere bedeutende Architekten dieser Zeit waren **Leonardo de Figueroa** (1650-1730), Baumeister des Palacio San Telmo in Sevilla, **Francisco Hurtado** (1669-1725), der das *Sagrario* der Kirche des Kartäuserklosters von Granada schuf, sowie **Luis de Arévalo**, Schöpfer der Sakristei derselben Klosterkirche.

In der **Levante** ist der Barock durch bunte Kachelverkleidungen gekennzeichnet, beispielsweise an Kuppeln wie der von Santa Catalina in Valencia. Der Palast des Marqués de Dos Aguas in Valencia, ein Werk von **Luis Domingo** und **Ignacio Vergara**, erinnert an die Fassaden von Ribera, aber auch an das französische Rokoko. In Murcia kann man die beeindruckende Fassade (1749) der Kathedrale, ein Werk von **Jaime Bort**, bewundern.

Malerei des Goldenen Zeitalters

Sie ist gekennzeichnet durch eine stärkere Hinwendung zum Naturalismus. Ein wichtiger Impuls ging von Caravaggio und seiner Technik der kontrastreichen Gegenüberstellung von Licht und Schatten aus. Besonders beliebt waren Porträts und Stillleben *(bodegones)*, daneben war auch die Vanitas, das Stillleben mit den Symbolen der Vergänglichkeit, ein oft gewähltes Thema der Barockzeit.

In Valencia lebten **Francisco Ribalta** (1565-1628), der die Helldunkelmalerei in Spanien einführte, und **José Ribera** (1591-1652), bekannt für seinen kraftvollen Realismus *(s. unter COSTA DEL AZAHAR, Ausflüge)*.

In Andalusien wirkten einige der berühmtesten Vertreter der Barockmalerei Spaniens, nämlich **Francisco Zurbarán** (1598-1664), dessen scheinbar unbewegte, ernste Gestalten bei näherem Hinsehen erstaunlich viel Ausstrahlung haben, **Murillo** (1618-1682), bekannt für die Anmut seiner Madonnen- und Kinderbilder, sowie **Juan Valdés Leal**, der die Eitelkeit der Welt in einem äußerst beeindruckenden realistischen Stil darstellte.

In Granada war der Architekt, Maler und Bildhauer **Alonso Cano** (1601-1667) besonders für die etwas kühle Schönheit seiner Madonnen berühmt.

Aus Kastilien stammten **Vicente Carducho** (1578-1638) und die Porträtmaler **Don Juan Carreño de Miranda** (1614-1685) und **Claudio Coello** (1642-1693), deren vortreffliche Kunst jedoch von den genialen und unnachahmlichen Werken ihres Landsmannes **Velázquez** *(s. unter MADRID, Besondere Highlights)* in den Schatten gestellt wird.

Bildhauerei

Die Bildhauer- und Bildschnitzerkunst des spanischen Barock zeichnet sich besonders durch ihren gefühlsbetonten Naturalismus aus, verkörpert in pathetischen Statuen. Das leichter zu bearbeitende Holz verdrängte den Marmor. Hohe Altaraufsätze gehörten weiterhin zur kirchlichen Ausstattung, eine wirkliche Neuerung stellten jedoch die *pasos* dar, die Figurengruppen für die Prozessionen der Karwoche. Die Andalusische und die Kastilische Schule waren in dieser Zeit führend. Der Mittelpunkt der kastilischen Bildhauerkunst war Valladolid. Dort arbeitete **Gregorio Hernández** (1576-1636) in der Nachfolge Juan de Junis. Seine Werke wirken sehr natürlich, und besonders seine *Liegefigur Christi* im Kapuzinerkloster El Pardo wurde oft nachgeahmt.

Sevilla und Granada waren die beiden Hauptzentren der Andalusischen Schule. In Sevilla ließ sich **Juan Martínez Montañés** (1568-1649) nieder. Dieser ausschließlich mit Holz arbeitende Bildschnitzer war der Schöpfer zahlreicher *pasos* und Retabel. In Granada lebte der durch die Anmut seiner Madonnen berühmt gewordene **Alonso Cano**. Sein bester Schüler war **Pedro de Mena**, doch sind Menas Werke durch eine Dramatik gekennzeichnet, die bei Cano fehlt. Beispiele der Kunst Menas sind die *Maria Magdalena* (Museum von Valladolid), der *Hl. Franziskus* (Kathedrale von Toledo) und die *Mater Dolorosa* (Kloster Descalzas Reales in Madrid).

Im 18. Jh. erlangte **Francisco Salzillo** in Murcia *(s. dort)* Berühmtheit. Seine vom italienischen Barock beeinflussten Skulpturen wirken meist etwas theatralisch.

Der Überschwang des Churriguera-Stils kommt in der Bildhauerkunst in riesigen, bis zur Kirchendecke reichenden Altaraufsätzen zum Ausdruck. Eine überreiche Stuckdekoration und Vergoldung umgibt die Heiligenfiguren und lässt sie in den Hintergrund treten.

Die Kunst der Bourbonenzeit

Auf den Imperialismus des Hauses Habsburg folgte im 18. Jh. der aufgeklärte Absolutismus der Bourbonen, was politische, aber auch kulturelle Veränderungen zur Folge hatte. Die Kunstszene wurde von nun an von öffentlichen Institutionen, wie der Akademie der Schönen Künste von San Fernando, beherrscht.

Architektur

In der ersten Hälfte des 18. Jh.s entstanden die letzten Werke des spanischen Barock, den Einflüsse vom französischen Rokoko abwandelten. Die Monarchen ließen in jenem gemäßigten Barockstil El Pardo, Riofrío, La Granja und Aranjuez errichten und begannen mit dem Bau des von Versailles inspirierten Königspalasts von Madrid. Die meisten Baumeister waren italienischer Herkunft, respektierten aber im Allgemeinen den viereckigen Grundriss des typisch spanischen Alcázars. Die weitläufigen Gärten waren im französischen Stil gehalten.
In der zweiten Hälfte des 18. Jh.s bis ins 19. Jh. hinein herrschte der klassizistische Stil vor, zu dessen Entstehung besonders die Ausgrabungen von Pompeji und Herculaneum geführt hatten. Der Klassizismus war eine Absage an den barocken Überschwang und eine Erneuerung der klassischen antiken Formen von Säulenordnungen, Giebeln, Säulengängen und Kuppeln. Zu dieser Zeit widmeten sich die Herrscher, besonders Karl III., der Verschönerung der Hauptstadt Madrid, ließen Springbrunnen (Cíbeles- und Neptunsbrunnen) und Tore (Alcalá und Toledo) bauen und Gärten anlegen (Botanischer Garten).
Der erste spanische Architekt des Klassizismus war **Ventura Rodríguez** (1717-1785). Ausgehend vom Barock italienischer Prägung entwickelte sich sein Stil zum Klassizismus. Er schuf die Fassade der Kathedrale von Pamplona, die Basilica del Pilar in Zaragoza sowie den Paseo del Prado in Madrid. **Francisco Sabatini** (1722-1797), der die gleiche stilistische Entwicklung durchlief, errichtete das Alcalá-Tor und das Gebäude, das heute das spanische Finanzministerium beherbergt. Die herausragende Figur jener Zeit war **Juan de Villanueva** (1739-1811), der seine Ausbildung in Rom erhalten hatte. Ihm verdanken wir die Fassade des Rathauses von Madrid, das Prinzenschlösschen beim Escorial und vor allem den Bau des Museo del Prado.
Im 19. Jh. wirkten zwei bedeutende Städtebauer und -planer: **Ildefonso Cerdà** (1816-1876) in Barcelona und **Arturo Soria** (1844-1920) in Madrid.

Francisco de Goya: El Tres de Mayo (Der 3. Mai)

Malerei

Die spanischen Bourbonen bemühten sich, talentierte Maler an ihren Hof zu ziehen. 1752 gründete Ferdinand VI. die Akademie der Schönen Künste von San Fernando, in der der Künstlernachwuchs am Beispiel der italienischen Meister akademisch ausgebildet wurde. Bedeutende Maler des 18. Jh.s waren der aus Böhmen stammende **Anton Raphael Mengs** (1728-1779) und der Italiener **Tiepolo** (1696-1770), die beide am Königspalast arbeiteten. Der Aragonier **Francisco Bayeu** (1734-1795) fertigte zahlreiche Entwürfe für Wandteppiche, wie auch sein genialer Schwager **Francisco de Goya** (1746-1828), der alle übertraf.

Die Nachfolger Goyas malten im Stil des Akademismus und der Romantik. Das Erbe Goyas sollte erst Ende des 19. Jh.s Anerkennung finden. In der Stilrichtung der von der Akademie geprägten romantischen Malerei traten folgende Künstler besonders hervor: **Federico de Madrazo**, dessen Historienbilder und Bildnisse der Königsfamilie den offiziellen Zeitgeschmack verkörperten, der Porträtist **Vicente Esquivel** sowie **Leonardo Alenza** und **Eugenio Lucas**, Vertreter des zu einem Genre aufgestiegenen **costumbrismo** (Darstellung von Szenen aus dem Leben des einfachen Volks, die nach und nach ihren anekdotischen Charakter verlor und immer mehr als allgemeingültig verstanden wurde). Die Historienmalerei genoss in jener Zeit eine große Wertschätzung. Ihre Hauptvertreter waren **José Casado de Alisal**, **Eduardo Rosales** und **Mariano Fortuny**.

Der Naturalismus von **Martí Alsina** und die postromantischen Landschaftsgemälde von **Carlos de Haes** weisen schon auf den Impressionismus. Diesen vertreten dann **Narciso Oller**, **Ignacio Pinazo**, **Joaquín Sorolla**, der eine Vorliebe für folkloristische und regionale Elemente hatte, und **Darío Regoyos**. Der Baske **Ignacio Zuloaga** (1870-1945) malte in der Blütezeit des europäischen Impressionismus vor allem volkstümliche Szenen in pastosen, kräftigen Farben.

Kunsthandwerk

Unter der Herrschaft der Bourbonen wurden in Spanien zahlreiche königliche Manufakturen gegründet, in denen die dekorativen Elemente zur Ausschmückung ihrer Paläste hergestellt wurden. 1760 rief Karl III. die Porzellanmanufaktur von Buen Retiro ins Leben, in der die berühmten Porzellansalons des Palasts von Aranjuez und des Königspalasts von Madrid entstanden. Buen Retiro wurde bei der napoleonischen Invasion Spaniens zerstört.

Ebenfalls auf Anordnung Philipps V. wurde 1720 die königliche Santa-Bárbara-Teppichmanufaktur eröffnet. Dort fertigte man Wandteppiche zum Thema des Don Quijote sowie zahlreiche andere, die nach Entwürfen (Kartons) von Francisco Bayeu und Goya volkstümliche Szenen darstellen.

20. Jh.

Vom „Modernismo" zum Surrealismus

Ende des 19. Jh.s kam es in Katalonien zu einer kulturellen Erneuerungsbewegung, **Modernismo** genannt. Sie fand besonders in der Architektur mit **Antoni Gaudí**, **Lluis Domènech i Montaner** und **Josep Maria Jujol** ein weites Echo. In der Bildhauerkunst war **Pau Gargallo** mit der Vereinfachung der Formen, den gewölbten und gehöhlten Volumen und der Einführung neuer Materialien (Eisen) ein Vorläufer der Moderne. Die Malerei dieser Epoche ist phantasievoll und abwechslungsreich. Unter den zahlreichen Künstlern traten folgende besonders hervor: **Ramón Casas**, der bekannteste spanische Impressionist, dessen Werke von einer traurigen Atmosphäre erfüllt sind, **Santiago Rusiñol**, **Isidro Nonell** (Initiator des spanischen Expressionismus) und Picasso.

Pablo Ruiz Picasso (1881-1973) ist die bedeutendste Persönlichkeit dieser Epoche. Seine Neuerungen prägten die gesamte Malerei des 20. Jh.s. Er hielt sich zunächst an den akademischen Naturalismus *(Wissenschaft und Nächstenliebe)* und entwickelte sich dann in Richtung des Modernismo und des sozialen Expressionismus. Nachdem er sich endgültig in Paris niedergelassen hatte (1904), folgten auf die Blaue und die Rosa Periode des Kubismus *(Les Demoiselles d'Avignon)*. Surrealismus und Expressionismus *(Guernica)* schlossen sich an und führten zu einem sehr persönlichen, völlig subjektiven Stil *(Lebensfreude)*.

In den 20er-Jahren entstand eine vom Kubismus und vor allem vom Surrealismus geprägte Kunstrichtung, die von den Bildhauern **Angel Ferrant**, **Victorio**

Antoni Tàpies (Fundació Antoni Tàpies): Llibre-mur

Macho, **Alberto Sánchez** und **Julio González** vertreten wurde. Sie zeichnete sich durch Eisenskulpturen und einfache Formen aus und hatte abstrakten Expressionismus zum Ziel. In der Malerei waren **Daniel Vásquez Díaz**, Juan Gris, Joan Mirò und Salvador Dalí Vertreter dieser neuen Kunstform. Der in Paris arbeitende **Juan Gris** (1887-1927) ist der authentischste Künstler des analytischen Kubismus. **Joan Mirò** (1893-1983), der „Star" des Surrealismus, zeichnet sich durch eine fast kindliche Spontaneität und eine originelle Betrachtungsweise von Gegenständen des täglichen Lebens aus. Kräftige Farben und eine Reihe von Symbolen magischen Charakters sind typisch für seine Werke. **Salvador Dalí** (1904-1989) entwickelte eine eigene Schöpfungsweise, die er „paranoisch-kritisch" nannte *(s. unter FIGUERES, Ein besonderes Highlight)*. Sehr angezogen von der Welt des Traums und des Unterbewusstseins schuf er in diesem Bereich einige seiner besten Werke. Sein Gesamtwerk zeichnet sich durch höchste Genauigkeit der Zeichnung und Details aus, die den talentiertesten Miniaturisten in nichts nachsteht.

Die Kunst der Nachkriegszeit

Der spanische Bürgerkrieg hatte aus zwei Gründen einen starken Einfluss auf die Kunst: Erstens stellte das Exil vieler Künstler einen gewaltigen kulturellen Verlust dar, und zweitens entwickelte sich damals eine offizielle Kunst, die durch Monumentalität gekennzeichnet war. Dies wird besonders in der Architektur deutlich. Viele öffentliche Gebäude in Madrid sind vom Baustil des Escorial inspiriert (Ministerium für Luftfahrt, Amerika-Museum, Triumphbogen, der Sitz des Obersten Rats für wissenschaftliche Forschung). Das Paradebeispiel jenes Stils ist die Gedenkstätte für die im Bürgerkrieg gefallenen Nationalisten, Valle de los Caídos *(s. unter Monasterio de El ESCORIAL, Umgebung)*. Die nationalistische Architektur brachte aber auch Neuerer wie **Miguel Fisac** hervor.

Ab 1950 kann man von einem neuen, auf Rationalismus basierenden Baustil sprechen, der besonders in Barcelona vertreten ist. Beispiele sind das Gebäude der Zeitung *La Vanguardia* von **Oriol Bohigas** und **José María Martorell**, das Haus der Carrer de Nicaragua von **Ricardo Bofill**, das Monfort-Kolleg von Antonio Fernández Alba, das Gimnasio Maravillas von **Alejandro de la Sota** und die Weißen Hochhäuser (Torres Blancas) von **F. Javier Sáenz de Oiza**.

Die Bildhauerkunst und Malerei der Nachkriegszeit sind wesentlich von der Akademie geprägt, abgesehen von einigen Künstlern wie **José Gutiérrez Solana** mit seinen bedrückenden Motiven, dem Landschaftsmaler **Benjamín Palencia** und **Rafael Zabaleta**, der vor allem kastilische Bauern malte.

Die erste surrealistische Bewegung Spaniens wird durch die Künstlergruppe **Dau al Set** verkörpert, der **Modest Guixart**, **Antoni Tàpies** und **J. Tharrats** angehören. Unter ihnen wirkte Tàpies richtungweisend, er gilt heute als einer der bedeutendsten Vertreter des Informel.

Neue Tendenzen

In den 50er-Jahren bildeten sich zwei andere, sehr unterschiedliche Künstlergruppen, die das gleiche Ziel der künstlerischen Innovation anstrebten: die Madrider Bewegung **El Paso**, zu der **Antonio Saura**, **Manuel Millares**, **Rafael Canogar**, **Luis Feito**, **Manuel Viola** und **Martín Chirino** gehören und die alle in Richtung Actionpainting gehen, sowie die in Cuenca von Duart, Ibarrola, Serrano und Duarte gegründete Bewegung **El Equipo 57**, die der Zeichnung eine größere Bedeutung beimisst. In der Bildhauerkunst wird das Informel unter anderem von **Eduardo Chillida** vertreten, dessen Holz- und Metallskulpturen keine figurativen Elemente mehr beinhalten, sowie von **Jorge Oteiza** und **Andréu Alfaro**.

Juan Genovés und die valencianische Gruppe **Equipo Crónica** (R. Solbes, M. Valdés) vertreten den kritischen Realismus der späten Franco-Zeit, **Antonio López** ist der Initiator der realistischen Kunstströmung.

Spanische Gartenkunst

Verschiedene Kulturen und die Anpassung an die unterschiedlichen klimatischen Bedingungen und Vegetationsformen der Iberischen Halbinsel spiegeln sich in der spanischen Gartenkunst. Diese steht zwar in der europäischen Tradition, einem Erbe des griechisch-römischen Kulturkreises, bewahrte jedoch aus der Zeit der Maurenherrschaft auch wesentliche Elemente der arabischen Gartenkunst.

Generalife (14. Jh.), Granada

Die Araber waren Meister der Gartenkunst. Obwohl der Generalife oft umgestaltet wurde, ist er mit den in sich abgeschlossenen Bereichen, den Farben und Düften, den Vogelstimmen und dem Plätschern des Wassers ein typisch arabischer Garten geblieben. Durch seine Lage am Hang bietet er außerdem eine wunderschöne Aussicht auf die Stadt und ihre Umgebung.

Der arabische Garten erscheint einfach, ist aber eine Anlage von großer Raffinesse. Nichts in dieser Harmonie ist dem Zufall überlassen: die Farben der Blumen und Pflanzen, die Düfte und das allgegenwärtige Wasser, das man - wenn man es auch nicht immer sieht - immer hört. Der Garten ist die Darstellung des irdischen Paradieses, er ist ein zauberhaftes, der Zeit entrücktes Refugium, wie geschaffen für Meditation und Entspannung.

Der Generalife ist ein Terrassengarten, dessen Bäume und Sträucher so verteilt sind, dass jede Terrasse individuell wirken kann; dennoch erscheint der Garten als ein Ganzes. Seine Architektur und die sich im Wasser der Kanäle und Becken spiegelnde Vegetation gehen eine vollkommene Symbiose ein.

La Granja (18. Jh.), La Granja de San Ildefonso, Segovia

Philipp V. war ein Enkel Ludwigs XIV. und hatte seine Kindheit in Versailles verbracht. Als er den spanischen Thron bestieg, ließ er nach dem Vorbild Versailles' bei Segovia sein Refugium La Granja errichten, wohl als Mittel gegen das Heimweh.

Das Schloss liegt in einer schönen Landschaft am Fuß der Sierra de Guadarrama. Die Anklänge an Versailles

sind unübersehbar, doch gibt es auch ganz offensichtliche Unterschiede: das Fehlen der weiten Perspektiven und die in der Art arabischer Gärten individuell gestalteten, aufeinander folgenden Anlagen. Einige Pflanzen- und Baumarten wurden eigens aus Frankreich eingeführt, doch sind sie so ausgezeichnet eingefügt, dass kein fremdes Element die natürliche Ordnung des Parks zu stören scheint. Herrliche Brunnen und Statuen erheben sich an Wegen und Plätzen und wirken perfekt wie Theaterkulissen.

Pazo de Oca (18. und 19. Jh.), La Estrada, La Coruña

Der palastartige *pazo* ist ein typisch galicischer Gutshof aus der Zeit des Barock. Er liegt inmitten von Gärten und Äckern. Der Park des Pazo de Oca ist der älteste in Galicien und überrascht durch seine völlige Harmonie mit der Umgebung. Er ist mit seinen vielen Brunnen und Rinnsalen typisch für den regenreichen Teil Spaniens und wirkt wegen der auf den Gemäuern angesiedelten Moose und Pflanzen recht romantisch. Das Wasser spielt in dieser Anlage eine entscheidende Rolle; der schönste Bereich sind die Teiche hinter den Blumenbeeten. Eine hübsche Brücke mit Bänken zum Ausruhen trennt beide Teile und dient zum Ausgleich des Höhenunterschieds. Beim unteren Weiher liegt wie verzaubert ein steinerner Nachen vor Anker, wohl die bekannteste Sehenswürdigkeit des Pazo de Oca; auch die Schiffer warten darauf, erlöst zu werden.

Jardín Botánico de Marimurtra (20. Jh.), Blanes, Girona

Der deutsche Unternehmer Carl Faust, der ein Gut an der Costa Brava besaß, legte 1921 diesen botanischen Garten an, um sich dem Studium, der Katalogisierung und dem Schutz der aussterbenden Mittelmeerpflanzen zu widmen. Marimurtra liegt wunderschön zwischen Meer und Gebirge und bietet herrliche Ausblicke auf die Küste.
Es ist ein interessanter zeitgenössischer Garten mit mediterranen und akklimatisierten exotischen Gewächsen aller Kontinente. Es gibt einen Kakteengarten und einen schönen Wassergarten, Beete mit Heil- und Gewürzpflanzen, aber auch giftigen Arten, und der wissenschaftliche Zweck ist der Schönheit der Anlage nicht abträglich. Als einziges Architekturelement erhebt sich ein Tempelchen am Beginn der Treppe zum Meer.
Zurzeit kann nur ein Drittel des Parks besichtigt werden.

Literatur

Fahrende Ritter, Schelme, Mystiker, Don Juans und Banditen ziehen stolz durch das spanische Schriftgut. Die Literatur in kastilischer Sprache, die ihr Goldenes Zeitalter im 16. und 17. Jh. erreichte, erlebt seit Anfang des 20. Jh.s neuen Aufschwung und Erfolg, was der Kreativität und Schaffenskraft einer neuen Generation von spanischen und lateinamerikanischen Schriftstellern zu verdanken ist.

Miniatur aus der Handschrift des Beatus – El Escorial

Bereits unter römischer Herrschaft hat Spanien große Schriftsteller der lateinischen Sprache hervorgebracht: **Seneca d. Ä.** und dessen Sohn, den **Philosophen Seneca**, Quintilian, sowie den Dichter **Lucanus**.
Im 8. Jh. entstand in Gestalt des miniaturenverzierten Kommentars zur Apokalypse des Mönchs Beatus von Liébana eine der schönsten Miniaturenhandschriften jener Zeit, der **Beatus**. Zur gleichen Zeit traten auch bedeutende Schriftsteller arabischer Sprache hervor.

Mittelalter

Die Literatur in spanischer Sprache entstand erst im Mittelalter. Das von einem anonymen Autor stammende Heldenlied **El Cantar del Mío Cid** (12. Jh.), das die Abenteuer des Cid schildert, ist das erste Sprachdenkmal der spanischen Literatur. Als Schöpfer geistlicher Dichtung („Mester de Clerecía") trat im 13. Jh. der Mönch **Gonzalo de Berceo** hervor. Der in galicischer Mundart dichtende **König Alfons X., der Weise,** führte das Kastilische als offizielle Landessprache ein. Durch die Vorherrschaft Kastiliens verdrängte die kastilische Sprache *(castellano)* auch in anderen Teilen Spaniens das bis dahin gebräuchliche Latein, abgesehen von Katalonien und Galicien, wo sich weiterhin Katalanisch bzw. Galicisch in geringerem Umfang als Schriftsprachen erhielten.
Das Theater des Mittelalters hatte seine Ursprünge in den religiösen Festen. Von diesen einfachen Theaterstücken ist lediglich ein Fragment des *Auto de los Reyes Magos* (Ende 12. oder Anfang 13. Jh.) erhalten. Im 14. Jh. entstand die bürgerliche Literatur, die durch einen realistischen und satirischen Stil gekennzeichnet war. **Don Juan Manuel** führte die erzählende Prosa als Literaturgattung ein, und der Erzpriester **Juan Ruiz de Hita** verfasste *El Libro del Buen Amor (Das Buch der guten Liebe,* ein bemerkenswertes satirisches Werk in Versen, mit dem er die Grundlagen des Schelmenromans legte. Der spätere Kanzler **Pero López de Ayala** war ein weiterer bedeutender Schriftsteller und Chronist des Jahrhunderts.

Renaissance

Im 15. Jh. eiferten Dichter wie **Jorge Manrique** und der **Marquis von Santillana** italienischen Vorbildern nach. Zur gleichen Zeit (bis ins 16. Jh.) erfreute sich der **Romancero Viejo**, eine volkstümliche Balladensammlung aus dem

Mittelalter, großer Beliebtheit, bis der 1508 veröffentlichte Ritterroman *Amadís de Gaula* die Gunst des Publikums erlangte und eine Fülle ähnlicher Werke entstehen ließ. Das 1499 uraufgeführte Theaterstück *La Celestina* von **Fernando de Rojas** ist aufgrund seiner Dialoge, der Mischung von Tragik und Komik und der psychologischen Dimension eines der ersten Werke des „modernen" Theaters.

Das Goldene Zeitalter

In der Regierungszeit der Habsburger (1516-1700) erreichte das literarische Schaffen in Spanien seine höchste Blüte. Damals wirkten die großen Lyriker **Garcilaso de la Vega**, der sich am italienischen Vorbild orientierte, **Fray Luis de León** und vor allem **Luis de Góngora** (1561-1627), dessen sehr wortreicher, aber manchmal unverständlicher Stil als „Gongorismus" Schule machte. Typisch für diese Zeit sind die Schelmenromane. Als erster erschien 1554 *Lazarillo de Tormes*, ein anonymes Werk, dessen Autor das Leben eines pfiffigen Schalks (span. *pícaro*) schildert. Darauf folgte der sehr lebendig geschriebene *Guzmán de Alfarache* von Mateo Alemán. *Das abenteuerliche Leben des Buscón* zeigt nur eine Seite des vielbegabten Satirikers **Francisco de Quevedo** (1580-1645). Der Moralist **Fray Luis de Granada** und vor allem die Heiligen **Theresia von Ávila** *(s. dort)* und **Johannes vom Kreuz** (1542-1591) stellten ihr schriftstellerisches Talent in den Dienst der Religion. Man darf auch die Dokumente nicht vergessen, die uns zu dieser Zeit die Chronisten Cortés, Bernal Díaz del Castillo, Fernández de Oviedo und **Bartolomé de las Casas** über die Eroberung Amerikas hinterließen.

Der hervorragendste Schriftsteller des Goldenen Zeitalters war zweifellos **Cervantes** (1547-1616; *s. unter ALCALÁ DE HENARES*) mit seinem Meisterwerk **Don Quijote de la Mancha**.

Ende des 16. Jh.s entstand die spanische Komödie, vorbereitet von den volkstümlichen Burlesken im italienischen Stil des **Lope de Rueda**. Es folgten eine Vielzahl von Theaterdichtern, deren bester **Lope de Vega** (1562-1635) war. Mit Recht wird er in Spanien der „Phönix der großen Geister" genannt, denn er verfasste über 1 000 Theaterstücke der verschiedenen Gattungen. Die

Was ist Leben? Irrwahn bloß!
Was ist Leben? Eitler Schaum,
Truggebild, ein Schatten kaum,
Und das größte Glück ist klein;
Denn ein Traum ist alles Sein,
Und die Träume selbst sind Traum.

Aus *Das Leben, ein Traum*,
Calderón de la Barca

philosophisch-historischen Stücke seines Nachfolgers **Calderón de la Barca** (1600-1681; *Das Leben, ein Traum, Der Richter von Zalamea*) spiegeln die spanische Seele und Lebensart gegen Ende des 17. Jh.s wider. **Tirso de Molina** (1583-1648) war der Schöpfer des heute noch gültigen Typus des Don Juan, und **Guillén de Castro** beschrieb die Jünglingsjahre des Cid in *Las Mocedades del Cid*, ein Werk, das Corneille als Quelle für seine Tragödie diente.

18. und 19. Jh.
Die Ideen der Aufklärung bestimmen die Schriften der Essayisten **Feijóo** und **Jovellanos**, wobei sich der Letztgenannte gelegentlich auch als Dichter betätigte. Sprachliche Eleganz ist das Hauptmerkmal der Theaterstücke des von Molière beeinflussten **Leandro Fernández de Moratín**. Ramón de la Cruz erlangte mit seinen *Sainetes* große Popularität.
Der bedeutendste Dichter der Romantik war der Sevillaner **Bécquer** (1836-1870). Als Sozialkritiker trat **Larra** hervor, **Menéndez y Pelayo** als Literaturkritiker und **Angel Ganivet** mit politischen und sozialen Analysen Spaniens. Eine gewisse realistische Tendenz zeichnet sich schon in den Romanen **Alarcóns** *(Der Dreispitz)* und des Heimatdichters **Pereda** ab. Der bedeutendste Schriftsteller des Realismus war jedoch **Pérez Galdós** (1843-1920), dessen Romane das Alltagsleben und die Gesellschaft des späten 19. Jh.s zum Thema haben. Sein umfangreiches Werk *(Episodios nacionales)* zeichnet sich durch Lebendigkeit und Menschlichkeit aus.

20. Jh.
Die durch den Verlust von Kuba in ihrem Selbstbewusstsein geschwächte **Generation von 98** erstrebte eine geistige Erneuerung Spaniens. Die markantesten Vertreter dieser Bewegung sind die Essayisten **Miguel de Unamuno** (1864-1936), der sich mit den Problemen des menschlichen Schicksals und der Zukunft Spaniens befasste *(Das tragische Lebensgefühl)*, und **Azorín**, der Philologe **Menéndez Pidal**, der Schriftsteller **Pío Baroja** und der sich durch eine gepflegte Prosa auszeichnende Ästhet **Valle Inclán**. Zeitgenossen sind der einen neuen Theaterstil entwickelnde Nobelpreisträger (1922) **Jacinto Benavente** und der Schriftsteller **Blasco Ibáñez** *(s. unter VALENCIA)*.
Modernismo und dennoch romantischer Stil des 19. Jh.s charakterisieren die ersten Werke von **Juan Ramón Jiménez**, Nobelpreisträger von 1956, dessen poetische Erzählung *Platero und ich* bereits ein Klassiker geworden ist, weitere Vertreter dieser Epoche sind der kastilische Dichter **Antonio Machado** (1875-1939; *s. unter SORIA*) und **Rafael Alberti**. Der andalusische Dichter und Dramatiker *(Bluthochzeit)* **Federico García Lorca** (1898-1936) ist einer der faszinierendsten Schriftsteller Spaniens, dieses Landes, dessen Geheimnisse der Philosoph **Ortega y Gasset** sein Leben lang zu ergründen suchte. Eugenio D'Ors, Salvador de Madariaga und Gregorio Marañón sind weitere große Literaten dieser Zeit.

Ab 1920, in der Zeit des 500. Todesjahres von Góngora (1927), wuchs eine Generation heran, der bemerkenswerte Literaten angehörten: **Gerardo Diego**, der klassische Dichtung und Avantgarde miteinander verschmolz; **Federico García Lorca**, der in seine Dichtung Aspekte der Romanzendichtung aufnahm und sie ins volkstümliche Andalusien umsetzte und der dem spanischen Theater neue Kraft und Leidenschaft schenkte *(Bernarda Albas Haus)*; **Rafael Alberti** (1903), dessen Ursprünge im andalusischen Liedgut liegen und der sich zur intellektuellen Dichtung hin entwickelte *(Sobre los ángeles)*; **Jorge Guillén** als Paradebeispiel des metaphysischen Dichters; und schließlich **Luis Cernuda**, der trotz seiner nüchternen Ausdrucksweise intensive romantische Gefühle vermittelte. Das Werk des im Grunde genommen leidenschaftlichen **Vicente Aleixandre** (Nobelpreis 1977) zeichnet sich durch schwermütige Dichtung aus. **Miguel Hernández** steht für den Übergang in eine neue Epoche, aus seiner Lyrik spricht das Feuer der Leidenschaft *(El rayo que no cesa)*.

Nachkriegszeit
Nach dem Ende des Bügerkriegs setzten sich die Dichter Blas de Otero, Leopoldo Panero, **Dámaso Alonso** und **Gabriel Celaya** sowie Dramatiker (Alfonso Sastre) und Schriftsteller hauptsächlich mit den sozialen Problemen ihres Landes auseinander. Besonders bekannt wurden **Camilo José Cela**, **Juan Goytisolo**, **Ramón Sender** und Antonio Ferres.
Die Weiterentwicklung des Theaters verlief nur langsam. Wichtige Namen aus dieser Zeit sind Miguel Mihura, Enrique Jardiel Poncela *(Eloísa está debajo de un*

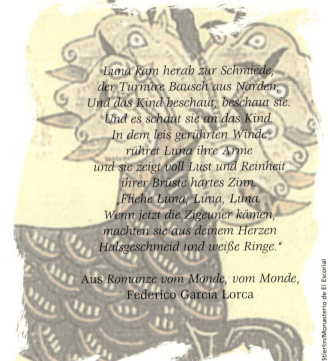

*Luna kam herab zur Schmiede,
der Turnüre Bausch aus Narden,
Und das Kind beschaut, beschaut sie.
Und es schaut sie an das Kind.
In dem leis gerührten Winde
rühret Luna ihre Arme
und sie zeigt voll Lust und Reinheit
ihrer Brüste hartes Zinn.
„Fliehe Luna, Luna, Luna.
Wenn jetzt die Zigeuner kämen,
machten sie aus deinem Herzen
Halsgeschmeid und weiße Ringe."*

Aus *Romanze vom Monde, vom Monde*,
Federico Garcia Lorca

almendro), Antonio Buero Vallejo *(Historia de una escalera)*, der die Technik des amerikanischen Theaters einführte, und Alfonso Sastre *(La mordaza)*, dessen Werke schon kritischer waren und stärker abwichen.
Schwerpunkt der Erzählkunst wurde die Realität des Alltags: Carmen Laforet *(Nada)*, **Miguel Delibes** *(Das Holz, aus dem die Helden sind)* und **Camilo José Cela** (Nobelpreis 1989; *Pascual Duartes Familie, Der Bienenkorb*), der mit seinen düsteren Themen und einer ebensolchen Sprache ein Bild des alltäglichen Lebens des spanischen Volkes in den Jahren des Hungers zeichnete. Später wurde das Spektrum der Romankunst in Bezug auf die Thematik und auch die Zahl der Autoren breiter: von Ana María Matute mit ihrem lyrischen Stil über José María Gironella, dessen Schwerpunkt der dokumentarische Roman war *(Die Zypressen glauben an Gott)*, bis hin zu den Exilautoren wie Ramón J. Sender, Max Aub, Francisco Ayala und Rosa Chacel.
Die nachfolgende Generation wandte sich dem gesellschaftlichen Realismus zu. Rafael Sánchez Ferlosio liefert mit *El Jarama* ein Abbild der derzeitigen Wirklichkeit, Ignacio Aldecoa ist ein hervorragender Geschichtenerzähler, Jesús Fernández Santos *(Los Bravos)* beschreibt das Leben auf dem Land, **Juan Goytisolo** konzentriert sich in seinem Werk auf die Gesellschaftskritik. Alfonso Grosso, J. M. Caballero Bonald und Carmen Martín Gaite zählen ebenfalls zu den bedeutenden Autoren.
Mit der Veröffentlichung von *Schweigen über Madrid* (1962) von **Luis Martín Santos** kommt der Roman vom gesellschaftlichen Realismus ab und wendet sich stärker den Elementen der Vorstellungskraft und sprachlichen Aspekten zu. **Gonzalo Torrente Ballester** liefert mit seiner Trilogie *Licht und Schatten* ein Zeugnis seiner Erzählkraft ab. Zu den bedeutenden zeitgenössischen Autoren gehören die Romanciers **Juan Benet** (gest. 1994), Juan Marsé, **Manuel Vázquez Montalbán**, Terenci Moix, **Eduardo Mendoza**, **Javier Marías** sowie die Dramaturgen Antonio Gala, **Fernando Arrabal** und Francisco Nieva.

Der Aufschwung der lateinamerikanischen Literatur
Borges, Neruda, Carpentier, García Márquez, Vargas Llosa, Cortázar – dies sind nur einige der lateinamerikanischen Dichter, Essayisten und Romanciers, die mit ihren Werken Eingang in die Weltliteratur gefunden haben.
Mitte des 20. Jh.s begann in der Romanliteratur eine deutliche Ablösung vom gesellschaftlichen Realismus, aus dem der so genannte *realismo mágico* entstand. Diese Strömung wurde sowohl von Kritikern als auch von Lesern begeistert aufgenommen und trug zum Erfolg der lateinamerikanischen Literatur bei.

Film und Musik

Spanien ist ein Land der Künstler, und sowohl Film als auch Musik haben große Namen hervorgebracht. Herausragende Genies vom Rang der Regisseure Luis Buñuel, Juan Antonio Bardem oder Pedro Almodóvar oder der Komponisten, Musiker und Sänger Manuel de Falla, Andrés Segovia und Alfredo Kraus haben Kinofreunde und Musikliebhaber auf der ganzen Welt bewegt und in ihren Bann geschlagen.

Cahiers du Cinéma

Tod eines Radfahrers

Film

Der erste spanische Film wurde 1896 von Eduardo Jimeno gedreht: ein Kurzfilm über das Ende der Messe in der Basilika Nuestra Señora del Pilar in Zaragoza.
In den 20er-Jahren fanden einige Surrealisten Interesse, z. B. Dalí und vor allem **Luis Buñuel**, einer der berühmtesten spanischen Filmregisseure, der 1928 *Ein andalusischer Hund* und 1930 *Das goldene Zeitalter* drehte. Als Anfang der 30er-Jahre der Tonfilm aufkam, steckte Spanien in einer politischen und wirtschaftlichen Krise, und die Filmstudios hatten nicht die Mittel, die neue Technik anzuschaffen. Im Bürgerkrieg und während des Franco-Regimes wurde die stark zensierte Filmindustrie mit historischen und religiösen Werken, die Tod und Entsagung verherrlichen, zu einem der Hauptträger der Ideologie. Es ist die Zeit von Filmen wie *Das große Geheimnis des Marcellino* (1955) von Ladislav Vajda und *El último cuplé* (1957) von Juan de Orduña. Die ersten spürbaren Veränderungen waren in den Filmen *Tod eines Radfahrers* (1955) von **Juan Antonio Bardem** sowie *Willkommen, Mr. Marshall* (1953) und *Der Henker* (1964) von **Luis García Berlanga** zu bemerken. Die Erneuerung des spanischen Films begann in den 60er-Jahren mit Regisseuren wie **Carlos Saura**, dessen erster Film *Die Straßenjungen* aus dem Jahre 1959 stammt, oder **Manuel Summers** mit *Del rosa al amarillo* (1963). In den 70er-Jahren beschäftigten sich eine Reihe von Regisseuren mit den Problemen von Menschen, deren Kindheit und Jugend vom Regime Francos geprägt worden war. Carlos Sauras *Anna und die Wölfe* (1973) schildert das Leben einer jungen Ausländerin in einer Familie, in der drei etwa 50-jährige Brüder die Allmacht der Armee und der Kirche zur Zeit Francos verkörpern. Zu nennen sind ebenfalls *Züchte Raben* (1975) desselben Regisseurs sowie *Der Geist des Bienenstocks* und *Der Süden* (1983) von **Victor Erice**, *Bienenkorb* (1982) von **Mario Camus**, weiterhin die Filme *Dämonen im Garten* und *La Mitad del Cielo* (1986) von **Manuel Gutiérrez Aragón**, die sich mit den wirtschaftlichen Umwälzungen während des Übergangs vom Franco-Regime zum demokratischen Spanien beschäftigen. Im Gegensatz zu diesen sehr ernsten Filmen, in denen die Regisseure das Franco-Regime anprangern, zeigt **Pedro Almodóvar** das Spanien der *movida*, der modernen Madrider Gesellschaft (*Frauen am Rande des Nervenzusammenbruchs*, 1988).
In der neueren Zeit wurden drei spanische Regisseure mit dem Oscar für den besten ausländischen Film geehrt: **José Luis Garci** (1983), **Fernando Trueba** (1994) und **Pedro Almodóvar** mit *Alles über meine Mutter* (2000). Der Arbeit von jungen Regisseuren wie **Alejandro Amenabar**, **Alex de la Iglesia**, der leider zu früh verstorbenen **Pilar Miró** und **Montxo Armendáriz** ist es zu verdanken, dass der spanische Film in den letzten Jahren einen neuen Aufschwung erlebte. **Ricardo Franco**, **Fernando León de Aranoa** und **Benito Zambrano** traten ebenfalls mit besonders bedeutenden Filmen hervor.

Musik

Durch die verschiedenen kulturellen Einflüsse bildeten sich seit dem Mittelalter in Spanien neben der Volksmusik viele Musikarten aus. Seit dem 11. Jh. beschäftigte man sich mit dem mehrstimmigen Gesang; um 1140 wurde in Santiago de Compostela das erste dreistimmige Werk komponiert und im *Calixtinus-Kodex* aufgezeichnet.

Während der Reconquista kam es unter Anleitung der Kirche zu einem umfangreichen Musikschaffen. Die Liturgie, Theaterspiele in den Gotteshäusern *(autos)*, wie z. B. die Mysterienspiele von Elche *(s. unter ALACANT/ALICANTE, Umgebung)*, und die Poesie *(Cantigas de Santa María* von Alfons X., dem Weisen, im 13. Jh.) räumen der Musik einen großen Platz ein. Ab dem 11. Jh. beauftragten die Könige und der Adel für ihre Feste Troubadoure und Spielleute.

Als Komponist trat Ende des 15. Jh.s der auch als Dramatiker bekannte **Juan de la Encina** hervor. Wie die anderen Kunstformen erlebte die Musik in der zweiten Hälfte des 16. Jh.s unter den ersten Herrschern aus dem Hause Habsburg eine Blütezeit. Der mit Palestrina verwandte Komponist **Tomás Luis Victoria** (1549-1611) ist einer der berühmtesten Vertreter jener Epoche. Seine Zeitgenossen **Francisco de Salinas** und **Fernando de las Infantas** waren gelehrte Musikwissenschaftler, **Cristóbal de Morales** und **Guerrero** begabte Komponisten von Kirchenmusik. Dort war die Orgel das vorherrschende Instrument, während man profane Musik vor allem auf der *vihuela*, einer sechssaitigen Laute spielte, die bald von der fünfsaitigen so genannten „spanischen Gitarre" verdrängt wurde. 1629 schrieb Lope de Vega das Libretto der ersten spanischen Oper. **Calderón de la Barca** ist der Schöpfer der operettenhaften *Zarzuela* (1648). Dieses typisch spanische Genre behandelte edle und auch tragische Themen und Trauerstücke, die der Unterhaltung der Könige dienten. Es geriet gegen Ende des 18. Jh.s in Vergessenheit, wurde jedoch im 19. Jh. wieder belebt. Der bedeutendste Komponist des 18. Jh.s war Padre **Antonio Soler**, dessen bevorzugte Instrumente das Cembalo und die Orgel waren.

Als Schöpfer einer eigenständigen spanischen Musik war der Katalane **Felipe Pedrell** im 19. Jh. der erste einer Reihe bedeutender Komponisten, die auf die Volksmusik zurückgriffen und sie mit der Kunstmusik verbanden. Gleichzeitig war die spanische Volksmusik auch Inspiration für bedeutende ausländische Komponisten: *Spanische Sinfonie* von Édouard Lalo, *Spanien* von Alexis Emanuel Chabrier, *Carmen* von Bizet, *Capriccio Espagnol* von Rimski-Korsakoff oder der *Bolero* von Ravel.

Gegen Ende des 19. und Anfang des 20. Jh.s griffen zahlreiche spanische Komponisten auf die volkstümlichen Quellen zurück. Hauptvertreter dieser Richtung sind **Isaac Albéniz** (1860-1909; *Iberia*), **Enrique Granados** (1867-1916; *Goyescas*), **Joaquín Turina** (1882-1949; sinfonische Dichtung *Procesión del Rocío*) und besonders **Manuel de Falla** mit seinen Werken *Nächte in spanischen Gärten, Der Liebeszauber, Der Dreispitz*.

Im 20. Jh. wandten sich zahlreiche bedeutende Komponisten der Gitarre, dem spanischsten aller Instrumente, zu: Die Interpretationen **Andrés Segovias** (1893-1987) haben ihr heute wieder viele Freunde gewonnen. Sehr talentiert waren **Joaquín Rodrigo** (1901-1999), der mit seinem *Concierto de Aranjuez* hervortrat, und **Narciso Yepes** als Interpret. Der Cellist **Pablo Casals** (1876-1973) hat mit seinem Stil weltweit Schule gemacht.

Aus Spanien stammen auch einige der zurzeit berühmtesten Opernsängerinnen und -sänger der Welt, nämlich Montserrat Caballé, Victoria de los Ángeles, Teresa Berganza, Plácido Domingo, Alfredo Kraus (1927-1999) und José Carreras.

Tradition und Folklore

Spanien ist ein Land, das seine Traditionen lebendig halten konnte und in dem man das ganze Jahr über begeistert Feste feiert. Diese Veranstaltungen und Feiern – so unterschiedlich und abwechslungsreich sie auch sein mögen – sind ein deutliches Zeugnis für Reichtum und Vielfalt des Brauchtums in Spanien.

Ein Land der Feste und Traditionen

Das ganze Jahr über werden in den verschiedenen Gegenden und Orten zahlreiche Feste gefeiert. Viele beeindrucken durch ihre Ausgelassenheit, ihre Pracht oder ihre Theatralik.
Tipps zu Fiestas und Festivals finden Sie im Kapitel „Praktische Hinweise" (s. S. 16).
Fiesta Mayor
Alle Städte und Dörfer Spaniens begehen ihre mehr oder weniger prachtvolle *fiesta mayor*, das Fest zu Ehren des oder der Schutzheiligen des Ortes oder einer *Virgen*. Viele dieser *fiestas* finden im Sommer statt. Sie werden nicht nur von den Bewohnern des Ortes besucht, auch die Bürger der Nachbarorte wollen sich das Vergnügen nicht entgehen lassen. Gefeiert werden *verbenas* – Volksfeste –, die bis in die frühen Morgenstunden dauern, Landwirtschaftsmessen, die Jung und Alt anlocken, religiöse Trauerfeiern, das Eintreiben der Stiere (*encierro*) oder der Stierkampf (*corrida de toro*).
Im Folgenden einige der herausragenden *fiestas*:
Die Sanfermines von Pamplona, die zu Ehren des hl. Fermín (7. Juli) stattfinden, beginnen mit dem *chupinazo*, dem Abschießen einer Rakete vom Rathaus, und dauern eine Woche, während der die Stadt ununterbrochen feiert und keinen Schlaf findet. Höhepunkte dieses Taumels sind die spektakulären *encierros*, der Lauf mit den Stieren am Morgen, und die Stierkämpfe am Nachmittag.
Die Fallas von Valencia finden im März zu Ehren des hl. Joseph statt und sind ein Spektakel, das von Böllern und Feuerwerk begleitet wird. Höhepunkt der *fallas*, bei denen sich heutzutage jedes Jahr Millionen von Euro in Rauch auflösen, ist die *Nit del foc*, die Nacht des Feuers, in der riesige Figuren (*ninots*) überall in der Stadt in Flammen aufgehen.
Die Ferias Andalusiens
Die *Feria* von Sevilla hat diese Feste aufgrund ihrer Farbenpracht, ihrer Lebensfreude und der bunten Tänze auch über die Landesgrenzen hinaus bekannt gemacht. In den typischen, *casetas* genannten Zelten werden *tapas* genossen, es fließen *fino* und *manzanilla*, man tanzt *sevillanas*, während auf den Straßen des Jahrmarktgeländes Jung und Alt flaniert, *caballeros* auf ihren stolzen Rössern vorbeiparadieren und *señoras* und *señoritas* die Volants ihrer farbenfrohen *trajes de flamenca* wehen lassen.
Romerías
Spanien ist ein Land der *romerías*, der volkstümlichen Wallfahrten. Jede hat zwar ihre charakteristischen Eigenheiten, aber alle sind farbenfrohe Feste, bei denen die Wallfahrer zu Fuß, zu Pferd oder in der Kutsche zu einer abseits

gelegenen Kirche oder Einsiedelei ziehen, um einem oder einer Schutzheiligen zu huldigen. Neben dieser Prozession wird bei einer romería jedoch auch ganz weltlich getanzt und gesungen und im Freien gepicknickt.

El Rocío (Huelva) ist die prachtvollste und am stärksten besuchte Wallfahrt ganz Spaniens, bei der bis zu einer Million Menschen zusammenkommen.

Semana Santa

Die Prozessionen der Karwoche, der *Semana Santa*, sind ein ganz anderer typischer Ausdruck des spanischen Volksempfindens. In Kastilien strenger, in Andalusien festlicher – in zahlreichen Orten nehmen die Menschen an dieser Prozession teil, um den Leidensweg Christi zu begleiten oder den Schmerz seiner Mutter nachzuempfinden. Die Schönheit der durch die Straßen getragenen, figürlich dargestellten Leidensstationen Christi *(pasos)*, von denen einige wahre Meisterwerke der Bildhauerei sind, die Feierlichkeit, mit der der von eindrucksvollen Szenerien gesäumte Weg zurückgelegt wird, und die tiefe Inbrunst der Teilnehmer schaffen eine Atmosphäre, die sowohl Gläubige als auch Nicht-Gläubige in ihren Bann schlägt.

Die *Semana Santa* von Sevilla ist zweifellos die bekannteste, aber auch die Prozessionen der Karwoche in Valladolid, Málaga, Zamora oder Cuenca sind beeindruckende Schauspiele.

Karneval

Die Karnevalsumzüge zeugen von überschäumender Phantasie und Lebensfreude und sind das Ergebnis monatelanger Arbeit und unzähliger Stunden, in denen die Auftritte geprobt und die Kostüme genäht wurden.

Auf den Kanarischen Inseln, insbesondere auf Teneriffa, blickt der Karneval auf eine lange Tradition zurück. Beim Umzug der Festwagen und der Wahl der Karnevalsprinzessin ruht auf der Insel jegliche andere Tätigkeit. Der Karneval von Cádiz ist mit seinen Narren und *chirigotas*, satirischen Gesängen, der turbulenteste auf dem gesamten spanischen Festland.

Weihnachten

Weihnachten, *Navidades*, ist das Fest, das ganz alleine der Familie vorbehalten ist. Jede Familie hat ihren Baum und ihre Krippe, und alle versammeln sich um den Tisch zum Weihnachtsessen, das je nach Gegend an Heiligabend oder am Weihnachtsfeiertag stattfindet.

Eine ebensolche Tradition wie das Weihnachtsessen haben die *cabalgatas de reyes*. Diese Umzüge leiten die am heißesten herbeigesehnte Nacht des Jahres ein, denn in Spanien werden Geschenke nicht an Weihnachten, sondern am 6. Januar von den Hl. Drei Königen verteilt. Diese ziehen am 5. Januar mit ihren Knappen in bunt geschmückten Wagen durch die Straßen und schenken den hoffnungsfroh wartenden Kindern Süßigkeiten und ihr Lächeln.

Der Stierkampf

Los toros, der Stierkampf, ist ein Ereignis, das ebenso zur spanischen Tradition gehört wie die *Semana Santa* und die *romerías*. Hier scheiden sich die Geister, es gibt leidenschaftliche Verfechter und unnachgiebige Kritiker. Nüchtern gesehen ist der Stierkampf und alles, was damit zusammenhängt, ein wesentlicher Bestandteil der spanischen Kultur wie die religiösen Feste auch. Die Welt des Stierkampfes ist eng mit den *fiestas mayores* verbunden, und es gibt kaum einen Ort in Spanien, an dem man nicht in irgendeiner Art und Weise damit in Berührung kommt.

Kaum eine kulturelle Veranstaltung wird von so vielen Vorschriften geregelt wie eine *corrida de toros*. Ihr Ablauf sowie einige Grundbegriffe der Stierkampfkunst sind unerlässlich, wenn man sich ernsthaft darauf einlassen möchte. Saison für den Stierkampf sind Frühjahr und Herbst. Die bedeutendsten Stierkampffeste sind die von Sevilla während der *Feria de Abril* und die von Madrid (San Isidro).

Folklore

Andalusien

Der *flamenco*, Erbe der Zigeuner und Mauren, ist ein dem andalusischen Charakter entsprechender Tanz. Er basiert auf dem *cante jondo*, einer von schwermütigen Melodien getragenen Poesie, die in alter Sprache den persönlichsten Gefühlen Ausdruck verleiht und mit Händeklatschen, Kastagnetten und Stepptanzschritten rhythmisch unterstrichen wird.

Die *sevillana* ist ein volkstümlicherer Tanz. Die besten andalusischen Tanzdarbietungen *(tablaos)* kann man in Sevilla und Málaga besuchen. *Flamenco*, *sevillana* und die hier noch übliche *seguidilla* verdanken einen Großteil ihres Reizes den traditionellen Kostümen: farbenfrohe Volantkleider für die Frauen und eng anliegende Anzüge mit flachem Hut für die Männer.

Aragonien

Kein Volksfest, bei dem nicht die *jota* getanzt wird, in deren Rhythmus und Sprüngen der Aragonier seine Lebensfreude zum Ausdruck bringt. Die Tänzer wirbeln zur Musik des Streichorchesters *(rondalla)* über die Tanzfläche.

Katalonien und Levante

Eine der beliebtesten Traditionen Kataloniens ist der Reigentanz *sardana*, der sonntags auf dem Dorfplatz getanzt wird. Bei den Festen in El Vendrell und Valls werden kühne Menschenpyramiden gebildet, die so genannten *Castells*.

Im März finden in der Autonomen Gemeinschaft Valencia „feurige Feste" – in Valencia *Fallas*, in Alicante *Fogueres* genannt – statt. Die historischen Aufführungen der *Moros y Cristianos* – am berühmtesten sind die von Alcoy – stellen alljährlich den Kampf zwischen Mauren und Christen während der christlichen Rückeroberung dar.

Kantabrische Küste und Galicien

In Asturien und Galicien begleiten der nasale Ton der *gaita* (eine Art Dudelsack) und manchmal der Klang von Tamburin und Kastagnetten die *romería* der traditionellen Berufsgruppen der Gegend, nämlich Rinder- und Schafhirten und Seeleute. Die charakteristischsten Feste sind das Fest der Rinderhirten *(vaqueiros)*, das im Sommer in Aristébano stattfindet, und das der Schafhirten am Lago Enol. Die am weitesten verbreiteten Tänze Galiciens sind die *muñeira* („Tanz der Müllerin"), der den Männern vorbehaltene Säbeltanz *danza de las espadas* und die *redondela*. Die Kantabrier sind begeisterte Kegelbrüder.

Baskenland und Navarra

In diesen Regionen sind sehr originelle Bräuche lebendig geblieben. Die weiß gekleideten Männer mit roter Baskenmütze und rotem Gürtel tanzen im Reigen und singen *zortzicos* (Lieder), begleitet von *txistu* (Flöte) und Tamburin. Der feierlichste Tanz ist der *aurresku*, den die Männer Hand in Hand nach der Messe tanzen. Der *espata-dantza* (Säbeltanz) hat kriegerischen Charakter, während der Tanz der Spinnerinnen und der Stocktanz von häuslichen Tätigkeiten inspiriert sind. Sportliche Kraftproben, wie Bäume fällen, Steine stemmen oder Weitwurf von schweren Gegenständen, erwecken immer großes Interesse, können jedoch

„Castells" genannte Menschenpyramide in Valls

der Beliebtheit der *pelota vasca* (altes baskisches Mannschaftsballspiel) nicht das Wasser reichen. Pelota kann auf drei Arten gespielt werden, nämlich mit der *cesta punta*, dem Holzschläger *pala* oder *a mano* (mit der Hand). In Markina (Vizcaya) gibt es eine berühmte Pelota-Schule.

Kastilien
Nur in wenigen Regionen Spaniens herrschen so strenge Sitten wie in Kastilien. Der charakteristischste Tanz ist der *paloteo*, der von Flöte und Tamburin, gelegentlich auch von der *dulzaina*, einer Art Schalmei, und einer Trommel begleitet wird. Manchmal befestigen die Tänzer Schellen an ihren Knöcheln, und die Musikanten schlagen den Takt mit Gebrauchsgegenständen wie Flaschen und Mörsern. In der Gegend um Salamanca ist die bäuerliche Tracht reich mit Seidenfäden, Perlen und Pailletten bestickt. In der Mancha tanzt man viel die *seguidilla*, einen der ältesten spanischen Tänze.

Balearen
Die traditionellen Tänze Mallorcas sind der *copeo*, die *jota*, die *mateixes* und vor allem der *bolero*. Eine Art Dudelsack (*xeremía*), der *fabio* und das Tamburin begleiten die Tänze. In Ciutadella auf Menorca wird zu Johanni ein mittelalterliches Fest gefeiert, bei dem etwa hundert schön kostümierte Reiter in Erscheinung treten. Auf Ibiza stellen die Volkstänze poetische Werke dar.

Kanarische Inseln
In der Folklore der Kanaren spiegeln sich Einflüsse vom spanischen Festland, aus Portugal und – aufgrund der engen Bande, die durch die Auswanderungswellen entstanden – auch aus Südamerika wider, die sich mit der alten Kultur der Ureinwohner vermischten. *Isa*, *malagueña*, *folía* und *tajaraste* sind die vier bekanntesten *aires*, Volksweisen der Kanaren. Das bekannteste kanarische Instrument ist die *timple*, eine gitarrenähnliche viersaitige Laute.

Gastronomie

Die spanische Küche ist vielseitig, gut gewürzt, und wie für den Mittelmeerraum typisch ist Olivenöl ihre wichtigste Grundlage. Jede Region kennt ihre ganz eigenen leckeren Spezialitäten, zu denen die hervorragenden Weine des Landes passen.

Galicien
Typische Gerichte der galicischen Küche sind *caldo gallego*, ein Eintopf aus Bohnen, Gemüse und Fleisch, *lacón con grelos*, gepökelte Schweineschulter mit Steckrübenblättern, *pulpo a la gallega*, Tintenfisch auf galicische Art, und *empanadas*, gefüllte Teigtaschen. Passende Weine dazu sind der Ribeiro (weiß und rot) oder der Albariño (weiß). Bekannteste Süßwaren sind die *tarta de Santiago*, eine Mandeltorte, und die *filloas*, süße Pfannkuchen.

Asturien und Kantabrien
Auf den Tisch kommen in **Asturien** viel Fisch und Meeresfrüchte, das typischste Gericht ist jedoch die *fabada*, ein Eintopf aus dicken Bohnen, Schweinefleisch, Blutwurst, Zwiebeln und der Paprikawurst *chorizo*. Lieblingsnachtisch sind die *fiyueles* oder *freisuelos*, gefüllte Pfannkuchen. Regionalgetränk ist *sidra*, eine Art Apfelwein. Wie im gesamten Norden sind auch in **Kantabrien** die Fische von hervorragender Qualität: Sardinen, Sardellen, Kalamare, die hier *rabas* heißen, werden auf die vielfältigste Art zubereitet. Berühmtes Gebäck sind die leckeren *sobaos*, Butterbiskuits, und der Käsekuchen *quesada*.

Baskenland
Die Küche des Baskenlandes zeichnet sich durch zahlreiche Soßengerichte aus. Typische Gerichte sind *bacalao* (Stockfisch) und Seehecht in grüner Soße, *al pil-pil* (mit Knoblauch und Öl) oder *a la vizcaína* (mit einer Sauce aus Paprikaschoten). *Marmitako* ist ein typisches Gericht der Fischerdörfer und besteht aus Tunfisch, Kartoffeln und Paprika. Dazu trinkt man gerne *txacolí*, einen sehr frischen, herben Weißwein. Aus der Ortschaft Idiazábal kommt ein cremiger, geräucherter Käse gleichen Namens.

Navarra
Ein beliebtes Gericht der navarrischen Küche ist die *trucha a la navarra*, mit luftgetrocknetem Schinken zubereitete Forelle. Die köstliche *menestra* ist eine Gemüsesuppe aus Spargel, Artischocken, Erbsen, Saubohnen und vielem mehr. Die Region produziert hervorragende Rosé- und besonders fruchtige Weißweine. In den Tälern gibt es den *Roncal*, einen delikaten Schafskäse.

La Rioja
In Rioja werden hervorragende Rotweine von Weltklasse produziert. Dazu kommen Obst und Gemüse von ausgezeichneter Qualität. Die Zubereitungsart *a la riojana* kennzeichnet Gerichte auf der Grundlage von *pimientos morrones*, roten Paprikaschoten. Gefüllte Paprika und *pochas*, frische weiße Bohnen mit Rebhuhn oder Wachtel, sind weitere Spezialitäten der Region.

Aragonien
Hier ist die Heimat des *chilindrón*, einer Paprikasorte, mit der Fleisch- und Geflügelgerichte zubereitet werden, und des *ternasco* (im Ofen gegartes Zicklein). Im Anbaugebiet Cariñena werden gute, sehr körperreiche Rotweine und ebenfalls hochwertige Weißweine produziert.

Katalonien
Die katalanische Küche ist typisch mediterran und verwendet häufig Trockenfrüchte wie Mandeln, Rosinen oder Pinienkerne. Ein beliebtes Gericht ist die *escudella*, ein Eintopf aus Fleisch, Wurst und Kartoffeln. Berühmt sind die vielfältigen Wurstwaren (*butifarra*, *salchichón* und *fuet de Vic*) und das *pa amb tomàquet*, mit Tomaten bestrichenes und mit Olivenöl beträufeltes Brot. Die typischste Sauce ist *all i oli*, die in ihrer traditionellen Variante nur aus Olivenöl und

Knoblauch besteht. Besonders lecker ist die *crema catalana*, eine Cremespeise mit knuspriger Karamelkruste.

Aus Katalonien stammen nicht nur der weltweit bekannte Schaumwein *cava*, sondern auch leichte Rotweine aus dem Empordà, fruchtige Weißweine aus dem Penedès und körperreiche Rotweine aus dem Prioràt.

Kastilien und Extremadura

In ganz Kastilien liebt man gebratenes Fleisch (Spanferkel, Lamm, Zicklein oder gebratenes Ferkel), zu dem ein leichter Rotwein aus Valdepeñas getrunken wird. Madrids Spezialitäten sind das Eintopfgericht *cocido* und Innereien. Der in den verschiedensten Reifestufen erhältliche *manchego* ist der bekannteste spanische Käse. In der Provinz Valladolid werden hervorragende Rotweine sowie die fruchtigen Weißweine der Rueda produziert. Die Weine aus Ribera del Duero sind in der Regel säurebetonte Rotweine.

In der Extremadura stellt man ausgezeichnete Wurstwaren wie die Schinkensorten *jamón de Montánchez* und in Salamanca den *jamón de Guijuelo* her.

Levante

Die Küche der Levante ist unverfälscht mediterran. Ihr Schwerpunkt sind Reisgerichte, die nach unzähligen Rezepten zubereitet werden. Am bekanntesten ist natürlich die *paella*, das Gericht aus Safranreis, Huhn, Schweinefleisch, Muscheln, Garnelen und Langustinen. Andere Zubereitungsarten sind etwa *arroz con costra* (Reis mit Kruste) oder *arroz a banda* (Reis mit Fisch). Der spanische Nougat *turrón* ist die bekannteste Süßigkeit.

Balearen

Klassische Gerichte der balearischen Küche sind Suppen wie die *sopa mallorquina*, die mit Brot, Lauch und Knoblauch zubereitet wird, Fischsuppen, aber auch der *tumbet*, ein Auflauf aus Kartoffeln, Zwiebeln, Tomaten, Zucchini und Paprika. Die *sobrasada*, eine pikante Streichwurst, wird bei vielen Gerichten verwendet. Zu jeder Tageszeit werden *cocas* (süße oder salzige Blechkuchen) gegessen. Ein beliebter Nachtisch sind *ensaimadas* (feine Hefeteigschnecken). Mahón, die Hauptstadt der Insel Menorca, hat der Mayonnaise und dem *queso de Mahón*, einem Käse aus Kuhmilch, ihren Namen gegeben.

Andalusien

Das bekannteste Gericht ist *gazpacho*, eine kalte Suppe aus Gurken und Tomaten, gewürzt mit Essig, Olivenöl und Knoblauch. Die Andalusier schwärmen für alles Fritierte, besonders Meeresfrüchte und Fisch. Bei den Wurstwaren sind die köstlichen Schinken hervorzuheben, am berühmtesten ist der *jamón de Jabugo*. Unter den Süßigkeiten ist der *tocino de cielo* zu nennen. In Andalusien werden die berühmten Aperitif- und Dessertweine *Sherry (Jerez)*, *Manzanilla*, *Málaga* und *Montilla-Moriles* angebaut.

Die Paella valenciana

Die Paella ist weit über die Grenzen Spaniens hinaus bekannt. Es gibt zahlreiche verschiedene Arten der Zubereitung.

Paella mit Huhn und Kaninchen (für 4 Personen): 400 g Huhn, 400 g Kaninchen, 400 g Reis, Paprikapulver edelsüß, Safran, 100 g gehackte Tomate, 200 g grüne Bohnen, 200 g getrocknete weiße Bohnen (am Vortag einweichen), 2 l Wasser (ca.), 150 ml Olivenöl, Salz

Etwas Öl in der Pfanne erhitzen, Huhn und Kaninchen darin anbräunen. Grüne und weiße Bohnen dazugeben und andünsten. Tomate und etwas Paprika zugeben und darauf achten, dass nichts anbrennt. Umrühren und rasch Wasser und Salz zugeben. Wenn das Ganze zu kochen beginnt, bei mittlerer Flamme weiter köcheln, bis das Fleisch weich ist. Dann den Safran und den Reis zugeben. Den Reis bei starker Hitze 10 Minuten, danach weitere 10 Minuten bei etwas schwächerer Hitze garen lassen. Nachdem der Reis in die Pfanne gegeben wurde, darf er nicht mehr umgerührt werden. Sobald der Reis gar ist (weich, aber noch etwas knackig in der Mitte), wird er vom Herd genommen. Die Pfanne mit einem Tuch abdecken und vor dem Servieren etwa 5 Minuten ziehen lassen.

Mezquita von Córdoba

Sehenswürdigkeiten

Aguilar de Campoo

Auf einem der für die Landschaft in diesem Teil der Meseta charakteristischen Berge trotzt die Burg von Aguilar seit Jahrhunderten der Zeit. Der alte Ort zu ihren Füßen verströmt mit seinen Stadttoren und Adelshöfen mit Wappen an den Fassaden eine mittelalterliche Atmosphäre.

Steckbrief
7 594 Einwohner. Michelin-Karte Nr. 573 – Kastilien und León (Palencia). In Aguilar kreuzen sich die N 611, die Palencia (97 km südlich) mit Santander (104 km nordöstlich) verbindet, und die N 627, die Aguilar mit Burgos (79 km südöstlich) verbindet. Am 2,5 km westlich gelegenen Embalse de Aguilar, in dem der Río Pisuerga aufgestaut wird, kann Wassersport betrieben werden. ₿ *Plaza de España 32, 34800 Aguilar de Campoo,* ☎ *979 12 36 41.*
Reiseziele in der weiteren Umgebung: BURGOS, PALENCIA, CAMINO DE SANTIAGO, SANTANDER und COSTA DE CANTABRIA

Besichtigung

Colegiata de San Miguel
Am Ortsausgang in Richtung Cervera de Pisuerga. Führung (1 Std.) Juli, Aug. und Sept. 10.30-13.30 Uhr und 17-20 Uhr, Juni und 1.-15. Okt. nur Sa/So und feiertags 10.30-13.30 Uhr und 17-20 Uhr, sonst 12-13.30 Uhr und 17-20 Uhr. 1,50 €. ☎ *979 12 22 31.*
Die von Arkadengängen gesäumte **Plaza de España** wird von der Stiftskirche abgeschlossen, deren weiträumige gotische Schiffe schöne Grabmäler bergen. Das des Marquis von Aguilar ist an den betenden Figuren aus dem 16. Jh. zu erkennen, das des Erzpriesters García González zeichnet sich durch den erstaunlichen Realismus der Skulpturen aus *(linke Chorkapelle).*

Monasterio de Santa María la Real
Tgl. 10.30-13.30 Uhr und 16.30-19.30 Uhr. 1,80 € (Museum). ☎ *979 12 50 00.*
Dieses schöne, gründlich restaurierte Bauwerk stammt aus der Übergangszeit von der Romanik zur Gotik (12. und 13. Jh.). Sehenswert sind die kunstvollen Figurenkapitelle der Kirche, der Kreuzgang und der Kapitelsaal.

Ausflug

ÜBER REINOSA ZUM PICO DE TRES MARES 66 km
Über die N 611 in nördlicher Richtung.
Die Strecke verläuft über ausgedehnte Ebenen und Getreidefelder und führt am Südhang des Kantabrischen Gebirges hinauf.

Cervatos★
Besonders reicher und phantasievoller **Skulpturenschmuck★** und reinste Romanik zeichnen die ehemalige Stiftskirche (**Antigua Colegiata★**) aus. Die Bildhauerarbeit im Bogenfeld des Portals ist in Anlehnung an die orientalische Kunst wie feines Spitzenwerk gestaltet. Ein Fries aus Löwen, die sich den Rücken zukehren, fügt sich ein. Verschiedenartige, stilistisch kühne Figuren schmücken die Steinkonsolen des Gesimses und die Kapitelle des Südfensters der Apsis. Harmonische Blendarkaden umziehen innen den Chor. Auch die Kapitelle und Konsolen des Gurtbogens sind reich behauen und zeigen elegante Motive: Löwen, Adler mit ausgebreiteten Schwingen, Ranken- oder Blattornamente. Im 14. Jh. wurde das Kirchenschiff erhöht und gotisch überwölbt. *Bitten Sie im Haus nebenan um den Schlüssel (Don Julio).* ☎ *942 75 50 49.*
Auf derselben Straße weiterfahren und nach rechts abbiegen.

Retortillo
Aus der Romanik blieben der kleinen **Kirche** die mit einem Halbkuppelgewölbe abgeschlossene Apsis und der Triumphbogen erhalten, auf dessen beiden fein behauenen Kapitellen Krieger dargestellt sind. 50 m von der Kirche entfernt sieht man die Reste einer Villa der Römerstadt **Julióbriga**.
Wieder zurück zur N 611.

Reinosa
Der nahe gelegene Stausee Embalse del Ebro, der auf 20 km schiffbar ist, und das Wintersportgebiet Alto Campoo begünstigten die Entwicklung des Fremdenverkehrs.
In Reinosa weiter auf der C 628 bis zum Pico de Tres Mares (27 km).

Pico de Tres Mares★★★

Auf dem Weg kann man in Fontibre Halt machen. Fußwege führen von dort bis zur Quelle des Ebro (**Fuente del Ebro**) – des größten Flusses der Iberischen Halbinsel –, der hier einen kleinen Weiher bildet und schon kurz hinter seinem Ursprung durch die Wasser des Río Híjar verbreitert wird.

Fahrt zum Pico de Tres Mares mit dem Sessellift. Der Name dieses Gipfels (2 175 m), der zur Sierra de Peña Labra gehört, wird darauf zurückgeführt, dass hier drei Flüsse entspringen, die in drei verschiedene Meere münden: Der Híjar (Nebenfluss des Ebro) wendet sich dem Mittelmeer zu, der Pisuerga (Nebenfluss des Duero) mündet in den Atlantik und der Nansa in das Kantabrische Meer. Auf dem Gipfel bietet sich ein herrlicher **Rundblick**★★★: im Norden, am Fuß des 1 517 m hohen Cueto, der Fluss Nansa und der Stausee Embalse de la Cohilla; rechts der riesige Ebro-Stausee; im Süden die Sierra de Peña Labra, der Stausee bei Cervera de Pisuerga und dahinter das Bergland von León; im Westen das zentrale Massiv der Picos de Europa (Peña Vieja, 2 618 m) und das östliche Massiv (Peña Sagra, 2 046 m). Im Vordergrund erhebt sich die stark verwitterte Peña Labra (2 006 m).

Parc Nacional d'Aigüestortes i Estany de Sant Maurici★★

Sich dahinschlängelnde Bäche, tosende Wildwasser, Seen in allen erdenklichen Formen und Farben, von den Höhen herabstürzende Wasserfälle, träge dahinplätschernde Bäche, Flüsse, die sich durch moosbedeckte Auen winden. Die durch Gletschererosion geformte Berglandschaft beeindruckt durch ihre wildromantische Schönheit, dichten Wälder und mächtigen, schneebedeckten Gipfel. Wasser und Granit, Naturkräfte und Zeit haben diesen Park gestaltet, der seinen Namen („windungsreiche Wasser") zu Recht trägt. Die Vegetation besteht vor allem aus Nadelhölzern (Schwarzkiefer, Föhre, Tanne), aber es wachsen auch Birken und Buchen – besonders schön in den leuchtenden Herbstfarben.

Steckbrief

Michelin-Karte Nr. 574 – Kartenskizze Pirineos Catalanes, S. 394-395 – Cataluña (Lleida).
Der 14 119 ha große **Nationalpark Aigüestortes** liegt in 1 500 m bis 3 000 m Höhe in der aus aufgefalteten Graniten und Schiefern gebildeten Achsenzone der Pyrenäen. Man kann den Park von Osten her aus Richtung Espot erreichen, kommt man von Westen, ist Boí der letzte Ort, in dem es große Parkplätze gibt.

Besucherzentrum Boí (Casa del Parc de Boí): Plaça del Treio 3, ☎ 973 69 61 89; Besucherzentrum Espot (Casa del Parc de Espot): Prat del Guarda 4, ☎ 973 62 40 36.
Reiseziele in der weiteren Umgebung: PIRINEOS CATALANES *und* PIRINEOS ARAGONESES.

Besichtigung

Da im Park das Fahren mit einem Privatfahrzeug verboten ist, empfehlen sich geführte Ausflüge mit einem Jeep. Zudem werden Wanderungen mit mehrsprachigen Führern angeboten. Aufgrund der guten Ausschilderung der Wanderrouten können viele Ausflüge zu Fuß durchgeführt werden. Daneben verfügt der Park über vier *refugis* (Schutzhütten).
Es ist empfehlenswert, vor Ausflügen die Informationszentren des Nationalparks (Casa del Parc Nacional) aufzusuchen. Diese

Hohe Berggipfel beherrschen das Landschaftsbild

Parc Nacional d'Aigüestortes i Estany de Sant Maurici

befinden sich für den westlichen Teil in Boí („L'Estudi") und für den östlichen Teil in Espot. Okt.-Apr. 9-14 Uhr und 15.30-18 Uhr, sonst 9-13 Uhr und 15.30-18.45 Uhr. 1. und 6. Jan. sowie 25. und 26. Dez. geschl. Einfache Fahrt zum Park 4 €, Hin- und Rückfahrt 7,50 €.

Estany de Sant Maurici
Anfahrt mit dem Auto auf einer befestigten Straße von Espot aus. Den mitten im Wald liegenden See überragen die spitzen Gipfel der Serra dels Encantats, die sich auf seiner Oberfläche spiegeln.

Portarró d'Espot
Ab Estany de Sant Maurici auf einem Waldweg 3 Std. zu Fuß hin und zurück. Der Weg führt durch das Valle de Sant Nicolau. In Höhe des Estany Redó eröffnet sich ein weiter **Ausblick★★** auf das Gebiet von Aigüestortes.

Estany Gran
Ab Estany de Sant Maurici auf einem Wanderweg 3 Std. zu Fuß hin und zurück. Neben dem See bilden Wildbäche eindrucksvolle Kaskaden.

Estany Negre
Ab Espot 5 Std. zu Fuß hin und zurück, ab Estany de Sant Maurici auf einem Waldweg 4 Std. zu Fuß hin und zurück. Man wandert durch das wunderschöne Tal des Peguera, der in den „Schwarzen See" mündet. Die dunkle Wasserfläche ist von hohen Berggipfeln umgeben.

Aigüestortes
Westlicher Teil. Anfahrt über eine von der Straße zwischen Barruera und Caldes de Boí abzweigende Straße (5 km). Der Weg führt nach Aigüestortes, wo der Wildbach sich im Sommer in vielen kleinen Wasserläufen durch die satten Wiesen schlängelt. Ein Wanderweg *(3 Std. zu Fuß hin und zurück)* führt bis zum Estany Llong.

Alacant/Alicante★

Alacant oder Alicante war zu allen Zeiten für seine flimmernde Helligkeit bekannt. Das Akra Leuka („weiße Zitadelle") der Griechen und Lucentum („Stadt des Lichts") der Römer ist heute eine freundliche, typisch mediterrane Stadt, eine gelungene Mischung aus ruhiger Provinzstadt und betriebsamem Fremdenverkehrszentrum.

Steckbrief
275 111 Einwohner. Michelin-Karten Nr. 577 und 123 – 110 km von Cartagena entfernt – Comunidad Valenciana (Alacant). Die Stadt liegt am Fuße des Castillo de Santa Bárbara an einer weiten, vom Cap de Huertas und vom Cap de Santa Pola eingeschlossenen Bucht. Alicante lebt auch von der regen Umschlagtätigkeit im Hafen, der vor allem zur Ausfuhr der Produkte der künstlich bewässerten Landbaugebiete des Hinterlandes von Alicante und Murcia dient (Wein, Mandeln, Trauben). ☎ *Rambla de Méndez Núñez 23, 03002 Alacant, ☏ 965 20 00 00.*
Reiseziele in der weiteren Umgebung: COSTA BLANCA und MURCIA (81 km südwestlich).

> **HAUPTSTADT DER COSTA BLANCA**
> Dank des milden Klimas und der Nähe der ausgedehnten Strände **El Postiguet**, **La Albufereta** und **San Juan** liegt Alicante im Mittelpunkt des Tourismus an der Costa Blanca *(s. dort)*.
> An der flachen, sandigen Südküste entstanden zahlreiche Badeorte mit großen Appartementkomplexen wie **Santa Pola**, **Guardamar del Segura**, **Torrevieja** oder **Campoamor**.

Besondere Highlights

DIE ALTSTADT
Der auf dem Plan eingezeichnete Weg kann zu Fuß zurückgelegt werden.
Besonders belebt und beliebt sind die Straßen Explanada de España, Rambla de Méndez Núñez sowie die Calle Mayor (Fußgängerzone), auf der man die Altstadt erreicht.

Explanada de España★
Die angenehmste Promenadenstraße der Gegend führt im Schatten prächtiger Palmen am Jachthafen entlang, bunte Marmorplatten bilden geometrische Muster. Sonntags finden im Musikpavillon Konzerte statt.

Catedral de San Nicolás
Im Winter 7.30-13 Uhr und 17.30-20 Uhr, sonst 7.30-12 Uhr und 17.30-19.30 Uhr, So und feiertags 8.30-13 Uhr. ☏ 965 21 26 62.
Die Kirche wurde im 17. Jh. an der Stelle einer früheren Moschee erbaut (die Stadt wurde erst 1296 endgültig zurückerobert). Das monumentale Kirchenschiff wird von einer harmonischen Kuppel überragt.

Tipps und Adressen

Restaurants
• **Gut & preiswert**
La Taberna del Gourmet – *San Fernando 10* – ☎ *965 20 42 33* – *7/24 €*. Nahe der Strandpromenade. Spezialität sind *montaditos*, mit verschiedensten Leckereien belegte Brötchen, die in ihrer Vielfalt an der Bar präsentiert werden. Daneben wird Hausmannskost serviert. Der Speisesaal ist mit bemalten Kacheln dekoriert, auf denen Fischerszenen abgebildet sind.

• **Unsere Empfehlung**
La Boutique del Mar – *San Fernando 16* – ☎ *965 20 60 09* – *Mo-abend und 24. Dez. geschl.* – 🍽 – *Reserv. empf.* – *18/28 €*. Schwerpunkt dieses vorrangig von Familien besuchten Restaurants sind Fisch und Meeresfrüchte. Am Wochenende ist es empfehlenswert zu reservieren, da beide Speisesäle meist besetzt sind. Ist kein Tisch mehr frei, sollte man sich einige gefüllte Krabben an der Bar bestellen.

Unterkunft
• **Gut & preiswert**
Residencia La Milagrosa – *Villavieja 8* – ☎ *965 21 69 18* – *29 Z.: 15/30 € (inkl. MwSt.)*. Sehr einfache Pension mit jungem und internationalem Publikum. Die Zimmer sind hell und geräumig, einige mit Blick auf die malerische Plaza de Santa María. Einziger Luxus ist die riesige Terrasse mit zahlreichen Blumen im oberen Gebäudeteil.

Hostal Les Monges Palace – *Monjas 2, 1° dcha* – ☎ *965 21 50 46* – 🚫 – *8 Z.: 21/30 € (inkl. MwSt.)*. Das sehr günstig in der Altstadt Alicantes gelegene Gebäude aus dem 18. Jh. gefällt durch seine besondere Atmosphäre: Marmortreppe, große Spiegel und große Fenster. Ein etwas anderer Rahmen für eine Pension mit hervorragendem Service.

Für Zwischendurch
Bodega Las Garrafas – *Mayor 33* – *Mo-Sa 9-13 Uhr und 16-2 Uhr*. Chef dieser authentischen Bodega ist ein alter Stierkampfveteran – ein *picador*, der Berühmtheiten wie Dalí, Picasso und Hemingway persönlich kannte. Bunt gemischte Dekoration: Glocken, Töpfe, Erinnerungsfotos usw.

Horchateria Azul – *Calderón de la Barca* – *Mo-Sa 9-13 Uhr und 16-24 Uhr*. Winziges und einfaches, aber einmaliges Lokal, in dem *horchata*, Erdmandelmilch, als Getränk oder Sorbet *(granizada)* serviert wird. Freundliche Bedienung.

Cafés, Kneipen und Bars
Barrio del Carmen – Die Altstadt ist nicht nur der interessanteste Teil der Stadt, sondern auch das Zentrum des turbulenten Nachtlebens. Nach 23 Uhr verwandelt sie sich in eine riesige Diskothek.

Shopping
Mercado Central – *Avenida Alfonso X El Sabio* – *Tgl. 6-13 Uhr*. Großer, überdachter Markt, Fleischverkauf im 1. Stock, Fischgeschäfte im Untergeschoss.

Feste
Alicantes berühmteste *fiestas* sind die *Festas del foc*, die Feuer der Johannisnacht. Am 24. Juni um Mitternacht werden die zu diesem Anlass hergestellten Pappfiguren mit großem Spektakel verbrannt.

Ayuntamiento

Zwei Türme flankieren die schöne gelbe Barockfassade dieses Gebäudes aus dem 18. Jh. Im Inneren kann man eine mit *Azulejos* aus Manises geschmückte **Rokokokapelle** und zwei mit blauer Seide bespannte Salons besichtigen. *Tgl. 9-14 Uhr, Sa/So und feiertags geschl.* ☎ *965 14 91 00*.

Blick vom Castillo de Santa Bárbara auf die Stadt

ALACANT
ALICANTE

Abad Enalva .... AZ 5	Chapuli .... AZ 21	Manero Mollá .... AZ 47
Alfonso X el Sabio (Av. de) .... AY	Constitución (Av. de la) .... AZ 24	Mendez Núñez (Rambla) .... AZ
Ayuntamiento (Pl. del) ...... BZ 8	Doctor Gadea (Av. del) .... AZ 25	Rafael Altamira .... AZ 53
Capitán Meca .... BZ 12	Duque de Zaragoza .... AZ 27	Rafael Terol .... AZ 56
Cervantes .... BZ 15	Elche (Portal de) .... AZ 30	Ramiro (Pas.) .... BZ 58
Chapi (Pl.) .... AZ 18	Gabriel Miró (Pl. de) .... AZ 33	San Fernando .... AZ 61
	Juan Bautista Lafora	San José .... AZ 63
	(Av. de) .... BZ 41	Santa Maria (Pl.) .... BZ 66
	López Torregrosa .... AY 44	Teatro Principal .... AZ 67
	Mayor .... AZ	Vicente Inglada .... AY 69

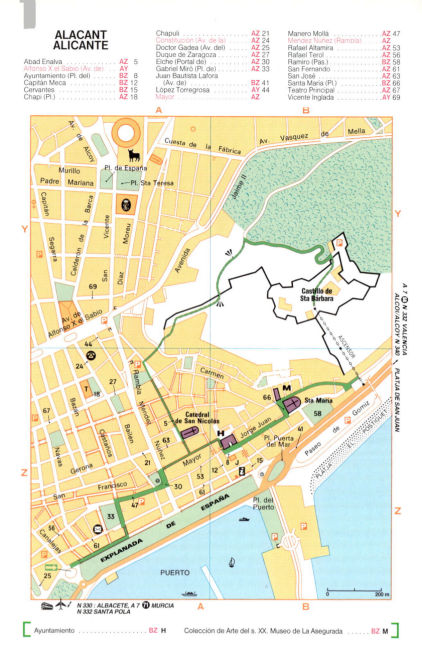

Ayuntamiento	.... BZ H		Colección de Arte del s. XX. Museo de La Asegurada	.... BZ M

Iglesia de Santa María

Wegen Renovierung geschl. ☎ 965 21 60 26

Die Kirche erhebt sich auf einem malerischen Platz am Fuß der Burg. Diese Kirche wurde im 14. Jh. an der Stelle einer ehemaligen Moschee erbaut. Das Innere erfuhr zahlreiche Veränderungen, wie die Erweiterung des Schiffs im 17. Jh. und die Verunstaltung des Chors mit überladenen Dekorationen im Churriguera-Stil.
In der Nähe der Eingangstür beachte man ein Tafelbild *(Johannes der Täufer und der Apostel Johannes)* von Rodrigo de Osona d. J. und ein zierliches marmornes Taufbecken im Renaissancestil.
Die Fassade ist mit ihren verkröpften Schlangensäulen, Pfeilern und Gesimsen typisch für den Barockstil des 18. Jh.s.

Colección de Arte del s. XX. Museo de La Asegurada★

Mai-Sept. 10-14 Uhr und 17-21 Uhr, sonst 10-14 Uhr und 16-20 Uhr, So und feiertags 10.30-14.30 Uhr. Mo geschl. ☎ 965 14 07 68.

Das in einem Palast aus dem 17. Jh. eingerichtete Museum befindet sich am selben Platz wie die Kirche Santa María und zeigt eine interessante Sammlung moderner Gemälde und Skulpturen, gestiftet von dem Bildhauer Eusebio Sempere (1923-

1985). Diese umfasst Werke von spanischen (Miró, Picasso, Gargallo, Tàpies, Saura, Genovés, Chillida, Dalí) und ausländischen Künstlern (Vasarely, Bacon, Braque, Chagall, Kandinsky).

Castillo de Santa Bárbara
Es ist ratsam, mit dem Aufzug hinaufzufahren und anschließend zu Fuß in die Stadt zurückzukehren (schöne Aussicht) oder den Aufzug erst von der Haltestelle auf halber Höhe zu nehmen.Okt.-März 9-19 Uhr, Apr.-Sept. 10-20 Uhr. Letzter Einlass 30 Min. vor Schließung. 2,40 € bei Benutzung des Aufzugs, ansonsten Eintritt frei. ☎ 965 26 31 31.

Diese Festung, die auf dem Monte Benecantil eine außergewöhnliche strategische Stellung innehatte und von Hamilkar Barca errichtet worden sein soll, spielte in allen Episoden der Stadtgeschichte eine entscheidende Rolle. Sie ist von drei Befestigungsmauern umgeben. Die ganz innen gelegene Plaza de la Torreta *(an der oberen Haltestelle des Aufzugs)* ist von den ältesten Gebäuden gesäumt, in denen sich auch das **Museu de Fogueres** befindet, in dem eine Kollektion von *ninots*, Figuren, wie sie in der Johannisnacht verbrannt werden, ausgestellt ist.

Von der obersten Terrasse aus bietet sich eine schöne **Aussicht** über den Hafen, die Stadt, die auf einem anderen Hügel liegende Burg San Fernando und den Strand (Platja de San Juan).

Die mittlere Wehrmauer *(mittlere Station des Aufzugs)* stammt aus dem 16., die äußerste aus dem 17. Jh. *(Ende der Zufahrtsstraße)*.

Der Abstieg zu Fuß führt in das Stadtviertel Santa Cruz, das mit seinen engen Gassen, Treppen und kleinen Plätzen mittelalterlich anmutet.

Umgebung

ELX/ELCHE★
24 km südwestlich. ❚ *Plaza del Parque Municipal s/n, 03202 Elx,* ☎ *965 45 38 31.*
Die an den Ufern des Vinalopó gelegene Stadt ist für die **Dama de Elche**, ihren Palmenhain und ihr Mysterienspiel bekannt. Die **Dama de Elche** (4. Jh. v. Chr.) ist ein Meisterwerk der iberischen Kunst, das heute im Archäologischen Museum von Madrid ausgestellt ist *(Abbildung s. S. 72)*. Sie wurde 1897 in **La Alcudia** *(2 km südlich)* in den Ruinen der Stadt aus iberischer und römischer Zeit entdeckt. Am 14. und 15. August wird in Santa María das **Misteri de Elche** aufgeführt. Dieses geistliche Musikdrama mittelalterlichen Ursprungs erzählt die Geschichte des Todes, der Himmelfahrt und der Krönung Mariä und wird nur von männlichen Darstellern gespielt und gesungen. Im Mai 2001 wurde es von der Unesco zum mündlichen und immateriellen Weltkulturerbe erklärt.

El Palmeral★★ – Es heißt, dass dieser Palmenhain von den Phöniziern angelegt und von den Mauren erweitert wurde. Er ist größenmäßig einzigartig in Europa und wurde zum Weltnaturerbe der Unesco erklärt. Er umfasst an die 100 000 Palmen, die dank des sehr milden Klimas und des bemerkenswerten Bewässerungssystems hier besonders gut gedeihen. Die weiblichen Dattelpalmen liefern im Winter eine reiche Ernte, die Zweige der männlichen Palmen werden bei der Palmsonntagsprozession und im Kunsthandwerk verwendet. Im Schatten der Bäume wachsen Gemüse, Granatäpfel und Zitronen.

Huerto del Cura (Pfarrgarten)★★ – *Mai-Sept. 9-20.30 Uhr, sonst 9-18 Uhr. 2,40 €.* ☎ *965 45 19 36.*
Die über 1 000 Palmen mit den dazwischen wachsenden Blumen bilden einen entzückenden Garten. Man findet ausgesprochen schöne Bäume, beispielsweise die über 150 Jahre alte Palmera Imperial, aus deren Hauptstamm sieben Seitenstämme herausgewachsen sind, sowie einen sehenswerten Kakteengarten.

Parque Municipal (Stadtpark)★ – Gepflegter Palmenhain mit einer Fläche von über 50 000 m², der in vier Gärten aufgeteilt ist, von denen der **Hort de Baix** der schönste ist.

Museo Arqueológico – *10-13.30 Uhr und 16.30-20 Uhr, So und feiertags 10.30-13.30 Uhr. Mo, 1. und 6. Jan., 15. Aug. und 25. Dez. geschl. 0,60 €; für Spanier Eintritt frei.* ☎ *965 45 36 03.*
Das Archäologische Museum ist im Palacio de Altamira untergebracht. Hier sind die bei Ausgrabungen vor allem in La Alcudia gefundenen Gegenstände ausgestellt. Besondere Beachtung verdienen die Skulpturen und Keramiken aus der iberischen Zeit und die *Venus von Illici*, eine zerbrechlich wirkende römische Skulptur aus weißem Marmor.

Basílica de Santa María – Diesen monumentalen Barockbau (18. Jh.), der den Rahmen für das Mysterienspiel bildet, betritt man durch ein von Nikolaus von Bari geschaffenes eindrucksvolles Portal.

Alacant/Alicante
Ausflug

RUNDFAHRT DURCHS LANDESINNERE *176 km*

In Richtung Norden. Von Alicante auf der N 340 über San Juan in Richtung Alcoi, dann rechts abbiegen.

Coves dels Canalobres
Führung (40 Min.) 21. Juni-30. Sept. und Semana Santa 10.30-19.50 Uhr, sonst 11-17.50 Uhr. 1. Jan. und 25. Dez. geschl. 3,50 €. ☎ 965 69 92 50.
Diese in 700 m Höhe am Hang des Cabezón de Oro liegende Tropfsteinhöhle ist ein wahres Labyrinth aus Stalagmiten und Stalaktiten, von denen einige die Form eines Kerzenleuchters *(canalobre)* haben.

Von hier aus geht es wieder zur N 340 zurück.

Die Straße führt durch eine trockene, mit Feigen- und Johannisbrotbäumen bedeckte Landschaft.

Xixona/Jijona
Die Spezialität dieser kleinen Stadt ist der *turrón*, eine Art türkischer Honig aus Mandeln und Honig, der in die ganze Welt exportiert wird. Einige Fabriken und ein kleines **Museum** (El Lobo) sind zu besichtigen.

Nach Xixona führt die Straße kurvenreich durch die terrassenförmig angelegten Mandelplantagen bis zum **Port de la Carrasqueta★**, von dem aus man einen herrlichen Blick genießen kann.

Alcoi
Diese Industriestadt (Textil-, Papier-, Hüttenindustrie, Herstellung von Süßigkeiten) liegt in einer großartigen Gebirgslandschaft am Zusammenfluss von Serpis, Molinar und Barchell. Jedes Jahr Ende April feiert Alcoi in Erinnerung an eine Schlacht im Jahre 1276, als die Christen nur durch das Eingreifen des hl. Georg gerettet worden konnten, diesen Sieg mit der Aufführung des historischen Spiels der Mauren und Christen *(Fiestas de Moros y Cristianos)*.

In Alcoi geht es weiter über die CV 795 und auf der Höhe von Barxell über die CV 794.

Bocairent
In der Kirche dieses Marktfleckens, wo der Maler **Juan de Juanes** (1523-1579) starb, befindet sich ein interessantes Museum **(Museo parroquial)**. Dieses besitzt mehrere Werke von Juanes, der auch der spanische Raffael genannt wurde, sowie Werke aus seiner Werkstatt, wie z. B. ein *Abendmahl* von Marcial de Sax, der aus Deutschland stammte (14. Jh.). Des Weiteren enthält das Museum eine Sammlung beachtlicher Gold- und Silberschmiedearbeiten.
Führung (45 Min.) auf vorherige Anfrage. So und feiertags ab 12.30 Uhr. 1,80 €. ☎ 962 90 50 62.

Weiter auf der CV 81.

Villena
Unter den Besitzern der **Burg**, deren stolzer Bergfried über das Dorf wacht, sind **Don Juan Manuel** (14. Jh.) und der Prinz **Enrique de Aragón** (1384-1434), besser bekannt unter seinem Titel Marquis von Villena, durch ihre schriftstellerische Tätigkeit berühmt geworden.

Museo Arqueológico (Archäologisches Museum) – *10-14 Uhr und 17-20 Uhr, Sa/So und feiertags 11-13.30 Uhr. Mo, 1. und 6. Jan., 1. Mai, 8. Sept. und 25. Dez. geschl. ☎ 965 80 11 50 (Durchwahl 66).*
Es ist im Rathaus untergebracht, das eine schöne Renaissancefassade ziert. Das Museum enthält zwei aus der Bronzezeit (1500-1000 v. Chr.) stammende Schätze aus massivem Gold, darunter den sehenswerten **Tesoro de Villena★★** mit Schmuckstücken und goldenen Gefäßen, deren Verzierung an Seeigel erinnert.

Iglesia de Santiago – *Auf vorherige Anfrage beim Fremdenverkehrsamt (Oficina de Turismo). ☎ 965 80 38 04.*
Gedrehte Säulen tragen das Gewölbe dieser Kirche aus dem 15. und 16. Jh. Die Windung setzt sich über den Schlussstein fort und geht in die Gewölberippen über, was dem Hauptschiff eine große Eleganz verleiht.

Rückkehr nach Alicante über die N 330.

Albacete

Die Hauptstadt der Süd-Mancha liegt in einer Ebene (Albacete leitet sich vom arabischen Wort *Al-Basit* = Ebene ab), die sich wie ein Keil des trockenen Kastiliens in das fruchtbare Gebiet der Huertas zwischen der Betischen Kordillere und dem Iberischen Randgebirge schiebt. Es ist eine kontrastreiche Stadt – im Stadtkern passen sich alte Bauwerke einträchtig zwischen moderne Gebäude und in Wohngebiete ein.

Steckbrief
135 889 Einwohner. Michelin-Karte Nr. 576 – Kastilien-La Mancha (Albacete). Im Ort kreuzen sich die Nationalstraßen N 430 und N 301, die an die Levante bzw. nach Murcia führen, sowie die N 322, die die Levante mit Andalusien verbindet. *Tinte 2, Edificio Posada del Rosario, 02071 Albacete, ☎ 967 58 05 22.*
Reiseziele in der weiteren Umgebung: CUENCA (144 km nördlich), MURCIA (147 km südöstlich) und ALACANT/ALICANTE (168 km südöstlich).

Tipps und Adressen

UNTERKUNFT UND GASTRONOMIE
● **Gut & preiswert**
Hotel-Restaurante Juanito – *Mártires 15 – La Roda – 36 km nordwestlich von Albacete über die N 301* – ☎ *967 54 80 41 –* ▭ *– 31 Z.: 22/43 € –* ⌥ *3 € – Rest. 20/30 €.* Das aus der früheren Raststätte gleichen Namens hervorgegangene, neu renovierte Hotel bietet einige bequeme und hübsch ausgestattete Zimmer zu einem guten Preis. Das Restaurant verfügt über eine ansprechende Karte mit Gerichten der Mancha, die mit einer Prise Raffinesse gewürzt sind.

SHOPPING
Albacete ist bis in unsere Tage für seine Messerschmiedekunst berühmt, die seit der Herrschaft der Mauren blüht. Taschen-, Rasier- oder sonstige Messer sind ein empfehlenswertes Mitbringsel, es gibt sie in den verschiedensten Formen und Größen.

Besichtigung

Museo de Albacete
1. Juli-17. Sept. 10-14 Uhr, sonst 10-14 Uhr und 16.30-19 Uhr, So und feiertags 9-14 Uhr. Mo, 1. Jan., Gründonnerstag, Karfreitag und 25. Dez. geschl. 1,20 €. ☎ 967 22 83 07. Das Museum ist in einem modernen Gebäude im oberen Teil des Parque de Abelardo Sánchez untergebracht und beherbergt zwei getrennte Ausstellungen: In der Gemäldeabteilung im 2. Stock werden Werke des Landschaftsmalers Benjamín Palencia (1900-1980) gezeigt, in der archäologischen Abteilung Joaquín Sánchez Jiménez im 1. Stock Grabungsfunde aus der Provinz. Letztere ist reich an Zeugnissen der iberischen Bildschnitzerkunst *(Saal 6)* wie etwa der Sphinx aus Haches, der **Hirschkuh von Caudete** oder dem Löwen von Bienservida sowie insbesondere einer bedeutenden Reihe von **Gliederpuppen aus römischer Zeit★** *(Saal 9)* – vier aus Elfenbein, eine aus Bernstein –, die 1946 in einem aus dem 4. Jh. stammenden Grab der römischen Nekropole Ontur geborgen wurden.

Kathedrale
Die Kathedrale San Juan Bautista, mit deren Bau gegen Ende des 16. Jh.s begonnen wurde, weist einige moderne Elemente wie die Fassade und das Seitenportal auf. Die drei Schiffe sind durch kannelierte ionische Holzsäulen getrennt. Bemerkenswerteste Elemente im Inneren sind die Sakristei mit manieristischen Darstellungen sowie die Capilla de la Virgen de los Llanos, der Schutzpatronin der Stadt. In dieser Kapelle befindet sich ein großer Altaraufsatz des so genannten Meisters von Albacete im Renaissancestil.

Pasaje de Lodares
Diese überdachte Einkaufspassage verbindet die Calle Mayor mit der Calle del Tinte und ist eines der auffälligsten Gebäude der Stadt. In dieser Passage, einer Eisen- und Glaskonstruktion aus der Zeit der Jahrhundertwende, die üppig mit dekorativen Elementen (Säulen und allegorischen Figuren) verziert ist, finden sich zahlreiche Geschäfte und Wohnungen.

Albacete
Umgebung

Alarcón★
103 km nordwestlich. Über die Schnellstraße A 31 bis Honrubia und nach rechts auf die N III abbiegen. Die Stadt Alarcón erhielt ihren Namen, der „Stadt des Alarich" bedeutet, zu Ehren des Westgotenkönigs, der sie gründete. Sie erhebt sich auf einem dunklen Hügel, den eine enge Biegung des Río Júcar fast ganz umgibt. Die Burg (13.-14. Jh.), heute ein Luxushotel (Parador), ist ein Paradebeispiel für mittelalterliche Festungsbaukunst. Ihre **herrliche Lage★★★** macht sie zu einer nahezu uneinnehmbaren Festung, die zahlreiche Kämpfe unbeschadet überstanden hat. Der dreieckige Bau ist von zwei Mauergürteln aus gelblichem Stein umgeben. Der **Infant Don Juan Manuel** (1284-1348), der Besitzer der Festung, schuf hier den Großteil seines Werkes.

Im Ort selbst lassen sich hübsche weiß getünchte Fassaden entdecken. Die **Kirche Santa María** stammt aus der Renaissance und besitzt nicht nur ein elegantes Portal im Platereskstil, sondern auch gotische Gewölbe sowie ein bewundernswertes Retabel aus dem 16. Jh. An der **Plaza de Don Juan Manuel** befinden sich das Rathaus mit seinen Säulengängen, die Pfarrkirche San Juan Bautista im Herrera-Stil sowie die mit schönen Gittern geschmückte Casa Palacio.

In 3 km Entfernung reguliert der Staudamm von Alarcón die unregelmäßige Wasserführung des Júcar.

Alcalá del Júcar★
60 km nordöstlich über die CM 3218. Ab Puente Torres führt die Straße kurvenreich am Júcar entlang durch tiefe **Schluchten**. Zwischen Burgturm und Kirche ist das Dorf am Hang eines steilen Felsens oberhalb des Júcar angesiedelt. Seine **Lage★** auf einer Ebene mit üppiger Vegetation, die mit der trockenen Landschaft der Mancha gar nichts zu tun zu haben scheint, verleiht dem Ort den Eindruck blühenden Lebens. Ein Spaziergang durch das Labyrinth der steilen Gassen gibt Gelegenheit zu hübschen Ausblicken. Ein Großteil der Häuser ist in den Fels gehauen und besitzt auf der anderen Seite über lange Gänge zu erreichende Balkone mit Blick auf die Schlucht des Júcar. Einige dieser Felsbehausungen sind zu besichtigen.

Cueva de la Vieja
70 km östlich über die N 430, Anfahrt über Alpera. Diese Höhle ist eines der wenigen zugänglichen Zeugnisse aus prähistorischer Zeit in dieser Region. Die gut erhaltenen Malereien stellen stark stilisierte und in Bewegung befindliche menschliche Silhouetten dar, die durch ihre große Erzählkraft verblüffen, wie ein Bogenschütze auf der Hirschjagd oder Personengruppen. Besonders bemerkenswert sind die weiblichen Figuren, die lediglich lange Röcke tragen, sowie eine Person mit einem Kopfschmuck aus Federn, die von allen Zeichnungen am besten erhalten ist.

Almansa
74 km östlich über die N 430. Die Stadt – Al-Manxa unter der Herrschaft der Mauren – umgibt mit ihren engen und malerischen Gässchen einen Kalksteinfelsen, auf dem sich eine Burg erhebt.

Iglesia de la Asunción – *Am Fuße der Burg.* Die Kirche wurde im 15. und 16. Jh. errichtet und nachträglich umgestaltet, sodass sie verschiedene Stilrichtungen aufweist. Die bemerkenswerte Renaissancefassade wird Vandelvira zugeschrieben.

Palacio de los Condes de Cirat – *Neben der Kirche.* Dieses als **Casa Grande** bekannte Gebäude besitzt eine sehenswerte Fassade im manieristischen Stil mit einem grob gehauenen, von zwei Riesen eingerahmten Wappen und einen sehr hübschen Innenhof.

Castillo – Die restaurierten, dicken Mauern, die ein beliebtes Ziel für Spaziergänge sind, erheben sich auf dem felsigen Kamm des Stadtbergs und scheinen den Gesetzen der Schwerkraft zu trotzen. Der Bergfried (Torre del Homenaje) ist mit Kreuzgewölben überdacht, deren mit dem Wappen des Marquis von Villena geschmückte Schlusssteine auffallen.

Alcaraz
79 km südwestlich über die N 322. Der Ort liegt einsam auf einem Hügel in der **Sierra de Alcaraz** in ursprünglicher Natur, wo kleine Bäche schattige Wäldchen durchfließen. Die Stadt verdankt ihren Wohlstand der Teppichherstellung, wovon verschiedene Renaissancebauten im Stil des Architekten **Vandelvira** zeugen, der 1509 hier geboren wurde.

Plaza Mayor – Hier befinden sich die bedeutendsten Gebäude der Stadt, die sich durch ihre stilistische Einheit auszeichnen: der ehemalige Getreidespeicher aus dem 15. Jh. **(El Pósito)**, das wappengeschmückte **Rathaus** (16. Jh.), die Markthalle und Handelsbörse aus dem 17. Jh. **(Lonja del Corregidor)**, die sich an den Uhrturm aus der Renaissance **(Torre del Tardón)** anschließt, sowie die **Iglesia de la Trinidad** (15. Jh.) mit einem Portal aus der Spätgotik.

In der **Calle Mayor**, die von alten Herrenhäusern gesäumt ist, sind eine mit zwei Kriegern geschmückte Fassade sowie die Casa Consistorial mit ihrem platéresken Zolltor **(Puerta de la Aduana)** sehenswert. Auf der rechten Seite der Straße zweigen enge Gässchen mit Treppen ab.

Der Friedhofsweg *(camino del cementerio)* bietet eine zauberhafte Aussicht auf die Dächer der Stadt und die Umgebung.

Nacimiento del Río Mundo (Quelle des Mundo) – *46 km südlich von Alcaraz über die CM 412.* Die Straße führt durch ein bewaldetes Tal in die Sierra de Alcaraz. 5 km hinter Riópar, das für sein Bronzekunsthandwerk bekannt ist, biegt sie nach rechts nach Siles ab. Nach 6 km zweigt ein Weg nach links zur Höhle Cueva de los Chorros ab. Hier entspringt der Río Mundo, ein Nebenfluss des Segura, in einer Grotte und überwindet in Kaskaden eine Felswand am Fuß der steilen Sierra del Calar. Im Gegensatz zur sehr trockenen Umgebung überrascht dieser wegen seinen Wasserreichtum und dichten Wald. Besonders beliebt sind Ausflüge zur Quelle im Frühling. *Auskunft erteilt das Oficina de Turismo in Albacete, s. unter „Steckbrief".*

La Alberca★★

Das reizvolle Bergdorf La Alberca liegt tief im Herzen der Sierra de la Peña de Francia. Diese abgeschiedene Region zeichnet sich durch herrliche Landschaften und Dörfer aus, in denen die alten Gebäude und die tief verwurzelten Sitten und Gebräuche nahezu unverändert die Jahre überdauert haben. Gastronomisch hat die Gegend viel zu bieten, ist sie doch für ihre hervorragenden Fleischgerichte, Wurstwaren, Süßigkeiten, den Honig und im Herbst die Nüsse und Kastanien berühmt.

Steckbrief
958 Einwohner. Michelin-Karte Nr. 575 – Kastilien und León (Salamanca). Die Sierra de la Peña de Francia liegt im äußersten Südwesten der Provinz Salamanca an der Grenze zur Provinz Cáceres und zum Landkreis Las Hurdes. Geomorphologisch gehört sie zum Kastilischen Scheidegebirge. 🛈 *Plaza Mayor, 37624 La Alberca,* ☎ *923 41 52 91.*
Reiseziele in der weiteren Umgebung: CIUDAD RODRIGO (50 km nordwestlich) und SALAMANCA (76 km nordöstlich).

Auf Entdeckungstour

La Alberca ist eines der ursprünglichsten Dörfer der Gegend. Seine verwinkelten Straßen sind mit grobem Kopfsteinpflaster befestigt und führen ausnahmslos zur Plaza Mayor. Mitten auf diesem teilweise von Arkaden begrenzten Platz mit seinem unregelmäßigen Grundriss stehen ein hübsches Kreuz und ein Brunnen.

Im Ort gibt es zahlreiche gut erhaltene Gebäude zu sehen. Fachwerkhäuser auf steinernem Sockel mit vorspringenden Stockwerken und prachtvollen Holzbalkons säumen die kleinen Gassen.

Neben der Architektur hat sich hier auch das Brauchtum erhalten, was sich besonders anlässlich der Feierlichkeiten zu Mariä Himmelfahrt (15. August) erleben lässt.

> **Feste**
> In La Alberca wird Mariä Himmelfahrt (15. August) besonders feierlich begangen. Mit der Aufführung eines sehr alten Mysterienspiels *(La Loa)* feiert man den Triumph der Jungfrau über das Böse. Bei diesem Anlass kann man ebenfalls die kunstvoll bestickten Trachten bewundern.

Umgebung

Peña de Francia★★
15 km westlich. Die Peña de Francia ist mit 1 732 m die höchste Erhebung des gleichnamigen Massivs. Der letzte Abschnitt der Zufahrtsstraße ist höchst eindrucksvoll in den Grünschiefer gehauen. Von hier aus hat man eine weite **Aussicht**★★ auf die kahlen Berge der Hurdes im Süden, die Höhenzüge Portugals im Westen, das kastilische Hochplateau bis Salamanca im Norden und die Sierra de Gredos im Osten. Auf dem Gipfel des Berges befindet sich ein Kloster, das im Sommer von Dominikanern bewohnt wird, die dort auch eine Herberge unterhalten.

Straße nach Las Batuecas★
Südlich. Die Straße führt zum El Portillo-Pass (1 240 m) und von dort aus sehr kurvenreich *(12 km)* in ein überraschend grünes Tal, wo sich das Kloster Las Batuecas befindet. Nach Las Mestas führt sie weiter in die **Hurdes**, einen lange Zeit sehr abgeschiedenen, bergigen Landstrich der Extremadura, in dem Buñuel 1932 den Film *Land ohne Brot* drehte.

La Alberca

An der Plaza Mayor in La Alberca

Ausflug

SIERRA DE BÉJAR UND SIERRA DE CANDELARIO 76 km – 1 Tag
Der Weg verläuft auf kleinen Sträßchen über die Schluchten der Flüsse Alagón und Cuerpo de Hombre und durch reizvolle Berglandschaften mit dichten Wäldern aus Kastanienbäumen, Nussbäumen und Eichen.

Von La Alberca geht es nach Osten. Nach etwa 2 km biegt man ab nach Cepeda und von dort nach Sotoserrano. Ab Sotoserrano weiter nach Valdelageve und Lagunilla bis zum Anschluss an die N 630 in Höhe von Puerto de Béjar.

Von hier aus südlich sind die zur Provinz Cáceres gehörenden Orte **Baños de Montemayor**, ein netter Kurort, und **Hervás** mit seinem ehemaligen Judenviertel, der *judería*, zu erreichen.

Rückfahrt nach Puerto de Béjar. Von hier führt eine Straße nach La Garganta und von dort nach Candelario.

Die Straße verläuft durch Kastanien- und Eichenwälder und weite Wiesen, auf denen Vieh weidet. Von hier oben hat man einen schönen Ausblick auf die Sierra de Candelario.

Candelario★★
Dieses malerische Dorf liegt in einer Bergflanke und gilt als eines der schönsten in der ganzen Provinz. Die alten Steingebäude sind besonders gut erhalten und schmücken sich mit eleganten Balkonen und Holzgalerien. Einige Häusermauern sind mit umgedrehten Dachziegeln bedeckt, was sie widerstandsfähig gegen den harten Winter macht. Während der Schneeschmelze verwandeln sich die Straßen in regelrechte Sturzbäche.

Tipps und Adressen

RESTAURANT
• *Gut & preiswert*
La Romana – Núñez Losada 4 – Candelario – ☎ 923 41 32 72 – Reserv. empf. – 15/21 €. Dieses hervorragende Restaurant befindet sich im alten Dorfkern neben der Kirche und hinter dem Rathaus in einem renovierten alten Gebäude. Besonders zu empfehlen sind die köstlichen Grillgerichte mit dem hervorragenden Fleisch der Gegend. Auch den leckeren Ziegenfrischkäse vom Grill sollte man sich nicht entgehen lassen.

UNTERKUNFT
• *Gut & preiswert*
Hotel Artesa – Mayor 57 – Candelario – ☎ 923 41 31 11 – artesa@verial.es – 9 Z.: 25/40 € – ⊏ 3,50 € – Rest. 10 €. Dieses einfache Hotel ist in einem alten Gebäude in der Dorfmitte untergebracht. Die Zimmer sind einfach, gepflegt ausgestattet und sauber. Einige Mansardenzimmer. Im hinteren Gebäudeteil befindet sich eine nette Terrasse. Zum Hotel gehören ein Restaurant, ein Geschäft mit Produkten der Region sowie verschiedene Kunsthandwerksbetriebe.

Béjar

4 km nordwestlich. Das Städtchen liegt auf einem felsigen Ausläufer der Sierra de Béjar und war früher für die Herstellung von Tuchen und Wollstoffen bekannt. Die schönste Aussicht auf die Stadt ergibt sich, wenn man von Nordwesten kommt.
Ausfahrt aus Béjar über die SA 515.

Miranda del Castañar

34 km westlich. In die Altstadt kommt man über die Puerta de San Ginés, die Stierkampfarena und am beeindruckenden **Castillo** aus dem 15. Jh. entlang. Hinter den Wehrmauern dieses reizvollen Bergdörfchens verbirgt sich ein enges Gassengewirr, das von den ausladenden Dächern beschattet wird. Einige der Fachwerkhäuser sind mit Familienwappen geschmückt.

Vor der Rückkehr nach La Alberca empfiehlt sich ein Abstecher in die schönen Dörfer **Mogarraz** *(10 km westlich)* und **San Martín del Castañar** *(10 km nördlich).*

Zurück nach La Alberca geht es über die Peña de Francia auf der SA 202.

Alcalá de Henares★

Alcalá ist seit 1977 wieder Universitätsstadt. In der Altstadt★ dieses sehenswerten Ortes konnten viele Gebäude aus der Zeit vom 16. bis 18. Jh. – zumeist Schulen und Klöster – erhalten werden. Die Plätze sind großzügig angelegt und harmonisch gestaltet. Auf das 13. Jh. geht die Hauptstraße Calle Mayor zurück. Sie ist breit und von Arkaden gesäumt.

Universität und Altstadt von Alcalá wurden 1998 zum Weltkulturerbe erklärt.

Steckbrief

162 780 Einwohner. Michelin-Karten Nr. 573 und 576 – Madrid. Alcalá liegt an der Autobahn N II zwischen Madrid (32 km westlich) und Guadalajara (25 km nordöstlich). ☐ *Callejón de Santa María 1, 28801 Alcalá de Henares,* ☎ *918 89 26 94. Reiseziele in der weiteren Umgebung:* MADRID, GUADALAJARA *und* ARANJUEZ *(85 km südwestlich).*

Besichtigung

Antigua Universidad oder Colegio de San Ildefonso★

Führung (45 Min.) Apr.-Sept. 11.30, 12.30, 13.30, 17.30 und 18.30 Uhr, Sa/So und feiertags 11-14 Uhr und 17-20 Uhr; sonst 11.30, 12.30, 13.30, 16.30 und 17.30 Uhr, Sa/So und feiertags 11-14 Uhr und 16-19 Uhr. 1. Jan. und 25. Dez. geschl. 2,10 € (einschl. Capilla de San Ildefonso). ☎ *918 89 26 94.*

Die Alte Universität, in der heute die Universitätsverwaltung untergebracht ist, steht an der Plaza San Diego in der Nähe der Plaza Cervantes. Die dreigeteilte **Fassade im Plateresktil**★ (1543), ein Werk des Baumeisters Rodrigo Gil de Hontañón, ist mit einer Balustrade bekrönt.

Der dreistöckige **Patio Mayor** (auch Patio de Santo Tomás de Villanueva genannt) aus dem 17. Jh. wirkt recht majestätisch. Der Brunnen im Mittelpunkt ist mit Schwanenmotiven, dem Wappenvogel des Kardinals Cisneros, geschmückt.

Man durchquert anschließend den Philosophen-Patio und gelangt in den eleganten **Patio Trilingüe** (1557), wo früher die drei klassischen Sprachen – Griechisch, Latein und Hebräisch – gelehrt wurden. Dort kann man den kleinen Saal **Paraninfo**★ (1520) besichtigen, der einst den Prüfungen und Abschlussfeiern vorbehalten war und heute der Universität als Rahmen für

> **GESCHICHTLICHES**
>
> Schon unter den Römern war das frühere Complutum eine bedeutende Stadt. Die Geschichte Alcalás ist jedoch vor allem mit seiner 1498 von Kardinal Cisneros gegründeten Universität verbunden. Diese wurde bald für das Sprachenstudium berühmt und veröffentlichte 1517 die erste mehrsprachige Bibel (Latein, Griechisch, Chaldäisch und Hebräisch). 1836 wurde die Universität nach Madrid verlegt. Alcalá ist die Geburtsstadt von Katharina von Aragón, einer der Gemahlinnen Heinrichs VIII. von England und Tochter der Katholischen Könige Ferdinand und Isabella. Auch Bartolomé Bustamante, Architekt der Renaissance und Baumeister des Hospital de Tavera in Toledo, wurde hier geboren. Berühmtester Sohn der Stadt ist jedoch Miguel de Cervantes, dessen Geburtshaus besichtigt werden kann. *10.15-13.30 Uhr und 16-18.15 Uhr, Mo geschl.* ☎ *918 89 96 54.*

> **RESTAURANT**
>
> **Miguel de Cervantes** – *Imagen 12* – ☎ *918 83 12 77* – 🗏 – *32/37 €.* Nette Lage hinter dem Geburtshaus von Cervantes in einem renovierten Herrenhaus. Traditionelle Küche und Einrichtung im kastilischen Stil. Sauber eingerichtete Zimmer im mittleren Preisbereich.

Alcalá de Henares

CERVANTES
Abenteuer und Literatur sind die beiden Begriffe, die das Leben von **Miguel de Cervantes Saavedra** am treffendsten beschreiben. Er erblickte 1547 in Alcalá das Licht der Welt. Später ging er nach vierjährigem Aufenthalt in Italien zur Armee, wo er an der Seeschlacht von Lepanto teilnahm und die linke Hand verlor. 1575 wurde er von den Türken gefangen genommen und nach Algier gebracht. Fünf Jahre später konnte er von den Trinitariern freigekauft werden. 1605 veröffentlichte er den ersten Teil des *Don Quijote*, der sogleich ein Publikumserfolg wurde und noch zu Lebzeiten des Dichters in alle großen Sprachen übersetzt wurde. Dieses Werk darf nicht nur als der tragikomische Bund der beiden Hauptfiguren, des idealistischen Don Quijote und des von seinen Instinkten geleiteten, bauernschlauen Sancho Pansa, verstanden werden. Es spiegelt ebenfalls die Meditationen eines 58-jährigen Mannes über sein Leben und seine Epoche wider. Nach der Veröffentlichung des *Don Quijote* widmete sich Cervantes gänzlich der Literatur. Er schrieb die *Beispielhaften Novellen*, eine Sammlung brillanter, humorvoller Erzählungen, Komödien, Einakter *(Zwischenspiele)* in Prosa und die Fortsetzung des *Don Quijote*, die er unter Druck 1615 veröffentlichen musste, da ein anderer Schriftsteller bereits eine Fortsetzung des Romans verfasst hatte. Der große Dichter starb 1616 in Madrid.

die feierlichen Semestereröffnungen und die Verleihung des Cervantes-Preises dient. Besonders schön sind die fein verzierte Galerie im Platereskstil und die **Decke**★★, deren Täfelung Sterne bildet.

Capilla de San Ildefonso★ – Die Kapelle liegt direkt neben der Universität. Sie stammt aus dem frühen 16. Jh. und birgt das **Marmorgrabdenkmal**★★ des Kardinals Cisneros (seine sterblichen Reste ruhen in der Hauptkathedrale), ein reich mit Skulpturen geschmücktes Werk der Bildhauer Domenico Fancelli und Bartolomé Ordóñez. Es wurde aus Carrara-Marmor gefertigt und zählt zu den schönsten Werken der spanischen Bildhauerei des 16. Jh.s. Schöne **Artesonado-Decke**.

Catedral Magistral
Plaza de los Santos Niños. Das zwischen 1497 und 1515 errichtete Gotteshaus wurde mehrmals umgebaut. Am Hauptportal sind Stilelemente der Gotik, des Platereskund des Mudéjar-Stils zu erkennen. Der Innenraum ist spätgotisch und besitzt mehrere schöne **Gitter**. Ein Gebäude des Kreuzgangs hat das Dommuseum (**Museo de la Catedral**, *Eingang Calle Tercia*) aufgenommen. *10.30-13.30 Uhr und 17-19.30 Uhr, So und feiertags 10.30-14.30 Uhr. Mo geschl. 1,80 €. ☎ 918 88 27 00.*

Palacio Arzobispal
Plaza del Palacio. Das einst befestigte Erzbischöfliche Palais wurde im 13. Jh. für die Bischöfe von Toledo errichtet, die auch Herren von Alcalá waren. Die jetzige **Hauptfassade** im Renaissancestil, ein Werk von Alonso de Covarrubias, erhob sich früher am Exerzierplatz; das barocke Wappen ist eine spätere Anfügung.

An der beim Palais gelegenen Plaza de San Bernardo erheben sich das **Convento de San Bernardo** (Kirche aus dem 17. Jh. mit mächtiger Kuppel auf elliptischem Grundriss) und das in alten Klostergebäuden (17. Jh.) untergebrachte Archäologische Museum des Verwaltungsbezirks Madrid (**Museo Arqueológico de la Comunidad de Madrid**). *11-19 Uhr, So und feiertags 11-15 Uhr. Mo geschl. ☎ 918 79 66 66.*

Alcañiz

Der von Olivenhainen und Obstgärten umgebene Ort ist die Hauptstadt Nieder-Aragoniens, einer Region, die besonders für ihre Aufsehen erregenden, im Rhythmus der Tamburine *(la tamborrada)* stattfindenden Feierlichkeiten der Karwoche bekannt ist.

Steckbrief
12 820 Einwohner. Michelin-Karte Nr. 574 – Aragonien (Teruel). Alcañiz liegt im nordöstlichen Winkel der Provinz Teruel an der Grenze zu den Provinzen Castellón, Zaragoza und Tarragona. Morella liegt 67 km südlich auf der N 232 und Tortosa 102 km südöstlich auf der N 420. 🛈 *Mayor 1, 44600 Teruel, ☎ 978 83 12 13.*
Reiseziele in der weiteren Umgebung: ZARAGOZA (103 km nordwestlich) und LLEIDA/LÉRIDA (116 km nordöstlich).

Besichtigung

Plaza de España★
An einer Ecke des Platzes ziehen zwei Fassaden den Blick auf sich: die hohe gotische Galerie im katalanischen Stil, die man **Lonja** nennt, weil dort früher Markt gehalten wurde, und die Renaissancefassade des Rathauses (16. Jh.). Beide haben unter dem Dach die für Aragonien typische offene Galerie.

Der Filmregisseur **Luis Buñuel** (1900-1983) stammt aus der 17 km entfernten Stadt Calanda.

Colegiata de Santa María la Mayor

Tgl. 9-13 Uhr und 16.30-20 Uhr. ☎ *978 83 12 13.*
Die Fassade der im 18. Jh. wieder aufgebauten Stiftskirche ist durch gerade Linien und Bogenformen harmonisch gegliedert. Das reich verzierte **Barockportal*** führt in den weiten Innenraum, in dem hohe, von Kompositkapitellen gekrönte Pfeiler das Gewölbe mit dem weit vorspringenden Gesims tragen.

Castillo

Die auf dem Berg über der Stadt thronende Burg war im 12. Jh. der Sitz des aragonischen Großmeisters des Ritterordens von Calatrava *(s. unter ALMAGRO, Umgebung)*. Die Gebäude, die zum Großteil aus dem 18. Jh. stammen, wurden zu einem Parador ausgebaut. Im Hof erhebt sich eine einschiffige gotische Kapelle mit Spitzbogenarkaden. In der ersten Etage des Bergfrieds kann man Reste von Wandmalereien aus dem 14. Jh. besichtigen.

Alicante* siehe Alacant

Almagro*

Almagro ist ein hübsches, in einer Ebene gelegenes Städtchen, dem die rote Farbe der Erde und der strahlende Himmel einen besonderen Reiz verleihen. Ein Spaziergang durch die gepflasterten Gässchen, die von eleganten, wappengeschmückten Fassaden gesäumt sind, ist wie eine Reise in die Vergangenheit, in die Zeit des Ritterordens von Calatrava.
Das Convento de San Francisco (16. Jh.) beherbergt heute einen Parador mit schönen Innenhöfen und Gartenanlagen.

Steckbrief

8 962 Einwohner. Michelin-Karte Nr. 576 – Kastilien-La Mancha (Ciudad Real). Almagro liegt im Herzen der weiten Ebene Campo de Calatrava. ⁋ *Almagro: Bernardas 2, 13270,* ☎ *926 86 07 17; Daimiel: Plaza de España 1, 13250,* ☎ *926 26 06 39.*
Reiseziele in der weiteren Umgebung: ARANJUEZ (115 km nördlich) und TOLEDO (145 km nördlich).

Auf Entdeckungstour

Bei dem nachfolgend beschriebenen Spaziergang geht man durch gepflasterte, von weiß gekalkten Häusern gesäumte Gassen. Mehrere Klöster und Wohnhäuser weisen schöne, mit Bildhauerarbeiten und Wappen verzierte Portale auf, die die Bedeutung der früheren Einwohner verdeutlichen.

> **Geschichtliches**
>
> Der Reichtum dieser Stadt an noblen Gebäuden erklärt sich aus ihrer Geschichte – hier erblickte der Entdecker Diego de Almagro (1475-1538) das Licht der Welt. Vom 13. bis zum Ende des 15. Jh.s war Almagro der Hauptsitz des Ritterordens von Calatrava *(s. unter „Umgebung")*, von wo aus dessen Besitztümer verwaltet wurden. Von 1750 bis 1761 ernannte der Graf von Valparaíso, zu dieser Zeit Finanzminister unter Ferdinand VI., Almagro zur Provinzhauptstadt. Vom 16. bis zum 19. Jh. errichteten zahlreiche Orden hier ihre Klöster.

Plaza Mayor**

Dieser lang gezogene Platz, der zu den ungewöhnlichsten Kastiliens gehört, ist der Mittelpunkt Almagros und diente jahrhundertelang als Veranstaltungsort für Stierkämpfe und Lanzenstechen. Er wird auf zwei Seiten von einer steinernen Kolonnade begrenzt, auf der zwei Stockwerke mit grün gestrichenen Holzfenstern ruhen. Von den anderen beiden Seiten gehen die malerischen Sträßchen Callejón del Toril und Callejón del Villar ab. In Letzterer befindet sich das **Museo Nacional del Teatro**, in dem alte Dokumente, Kostüme und Bühnenentwürfe ausgestellt sind. *10-14 Uhr und 16-19 Uhr, Sa 10-14 Uhr und 16-18 Uhr, So und feiertags 11-14 Uhr. An einigen Feiertagen geschl. 1,20 €.* ☎ *926 88 22 44.*
Im Haus Nr. 17 befindet sich der **Corral de Comedias***. Dieses kleine Theater stammt aus dem 17. Jh. und ist das einzige Theater in Europa, dessen ursprüngliches Gebäude bis heute erhalten geblieben ist. Die hölzernen Säulengänge, die Öllampen, ein Brunnen und die Bühne bilden eine reizvolle, durch ihre Einfachheit bestechende Komposition in Rostrot und Weiß. Jeden Sommer finden hier anlässlich des Internationalen Festivals des klassischen Theaters Aufführungen statt. *Okt.-März 10-14 Uhr und 16-19 Uhr, Sa/So und feiertags 10-14 Uhr und 16-18 Uhr;*

Almagro
Tipps und Adressen

Restaurant
• **Unsere Empfehlung**
El Corregidor – Plaza Fray Fernando Fernández de Córdoba 2 – ☎ 926 86 06 48 – Mo geschl. – 🍴 – 27/34 €. Nur einen Katzensprung von der Plaza Mayor entfernt befindet sich dieses hervorragende Restaurant in einer ehemaligen kastilischen Herberge mit schönem Innenhof. Es werden sowohl traditionelle als auch innovative Gerichte serviert. Im 1. Stock liegt der Speisesaal unter einem Glasdach, in der ehemaligen Vorhalle befindet sich eine Bar.

Unterkunft
• **Gut & preiswert**
Hospedería Almagro – Ejido de Calatrava s/n – ☎ 926 88 20 87 – 🅿 – 42 Z.: 24/40 € – 🍽 2,80 € – Rest. 8 €. In dem Hotel, das in einem alten Kloster aus dem 16. Jh. eingerichtet wurde, ist noch immer eine gewisse mönchische Strenge spürbar. Schlichte Zimmer mit hohen Decken. Großer, hübscher Innenhof mit Bäumen.

Festival
Im Juli findet das **Festival Internacional de Teatro Clásico**, das Internationale Festival des klassischen Theaters, statt. Dazu verwandeln sich Corral de Comedias, Innenhöfe und Klostergänge in Freiluftbühnen, die zahlreiche Zuschauer anziehen. Auskunft unter www.festivaldealmagro.com

Shopping
Almagro ist für seine hervorragenden Auberginen in Essig sowie Spitzen und Stickereien bekannt.

Apr.-Juni und Sept. 10-14 Uhr und 17-20 Uhr, So und feiertags 10-14 Uhr und 17-19 Uhr; Juli und Aug. 10-14 Uhr und 18-21 Uhr, So und feiertags 10-14 Uhr und 18-20 Uhr. Mo geschl. 1,80 €. ☎ 926 86 07 17.

Am Ende der Plaza Mayor überquert man den kleinen Platz mit der Statue von Diego de Almagro und biegt links in die Calle de Nuestra Señora de las Nieves *(schöne Tore)* ab, die zur Plaza de Santo Domingo führt. Danach biegt man links ein. Dieser dreieckige, von Palästen umgebene Platz geht in die Calle de Bernardas, in der sich das auffallende Barockportal des **Palacio de los Condes de Valparaíso** befindet, und in die Calle de Don Federico Relimpio über. In der Calle de Don Diego de Almagro, links, beeindruckt die mit einem wunderschönen Wappen geschmückte Fassade des **Dominikanerklosters** bzw. des **Convento de la Asunción de Calatrava**. Der sehenswerte Kreuzgang aus dem 16. Jh. besteht aus zwei Stockwerken, die durch eine schöne Renaissancetreppe miteinander verbunden sind.

Umgebung

Parque Nacional de las Tablas de Daimiel
31 km nördlich über die CM 4107 und die N 420. In Daimiel rechts auf eine asphaltierte Straße abbiegen (7 km). Im Sommer 9-21 Uhr, sonst 9-18 Uhr. ☎ 926 69 31 18.
Dieses Feuchtgebiet umfasst eine Fläche von 1 928 ha und bildet innerhalb der trockenen Ebenen der Mancha eine wahre Oase. Als *tablas* werden die flachen, seenartigen Verbreiterungen bestimmter Flussabschnitte bezeichnet, deren Ausmaße sich je nach Jahreszeit ändern. Die Feuchtgebiete und Schilfflächen, die von den Flüssen Guadiana und Cigüela gebildet werden, ziehen eine große Anzahl verschiedenster Wasservögel aus ganz Europa an. Der Park hat unter starken Schwankungen des Wasserpegels mit Überschwemmungen im Winter und teilweise kriti-

Plaza Mayor

schen Trockenzeiten im Sommer zu leiden. An den verschiedenen ausgeschilderten Wegen sind Beobachtungshütten eingerichtet, von denen aus sich das Treiben von Stockenten, Haubentauchern oder anderen Wasservögeln beobachten lässt.

Parque Natural Lagunas de Ruidera
67 km nordöstlich. Dieses an der Grenze der Provinzen Ciudad Real und Albacete gelegene Gebiet mit einer Fläche von 3 772 ha umfasst 15 Süßwasserseen, die durch Bäche, Grundwasser und Wasserfälle miteinander verbunden sind. Aufgrund der Schönheit seiner Natur, des kristallklaren Wassers und der Schatten spendenden Bäume zieht der Park besonders in den Sommermonaten viele Ausflügler an.

San Carlos del Valle★
46 km östlich. Das kleine Dorf hat eine ganz entzückende **Plaza Mayor★** aus dem 18. Jh., deren altertümlicher Charme durch die warme Farbe des Ziegelsteins noch unterstrichen wird. Im ehemaligen Hospiz *(Haus Nr. 5)* sind ein steinernes Portal und ein sehr typischer Patio erhalten. Die den Platz beherrschende Barockkirche ist mit einer Kuppel und vier Laternen gekrönt.

Valdepeñas
34 km südöstlich auf der CM 412. Valdepeñas liegt am Südrand des großen Weinbaugebiets La Mancha und bringt einen leichten, guten Tafelwein hervor. Zentrum der Stadt, einer wichtigen Station auf der Strecke Madrid–Andalusien, ist die Plaza de España, deren malerische, blau und weiß gestrichene Häuser auf Säulengängen ruhen. Auf einer Seite des Platzes erheben sich die spätgotische **Iglesia de la Asunción** mit einem harmonischen Glockenturm und einer Galerie im Plateresktil sowie die Ermita de la Veracruz, ein viel besuchter Ort des Gebetes.
Die Bodegas der **Cooperativa La Invencible**, der bedeutendsten Weingenossenschaft der Stadt, können besichtigt werden. *15-19 Uhr, Sa/So und feiertags geschl.* ☎ *926 32 27 77*.

Las Virtudes
58 km südöstlich (24 km südlich von Valdepeñas). Das Dorf rühmt sich, die älteste **Stierkampfarena** Spaniens zu besitzen (1641). Es handelt sich hierbei um einen quadratischen Platz, der auf einer Seite von der Kirche **Nuestra Señora de las Virtudes** begrenzt wird. Die Kirche stammt aus dem 14. Jh., ihr Schiff ist mit einer Mudéjar-Decke abgeschlossen, und im Chor befindet sich ein üppig geschmücktes Retabel in churrigureskem Barock.

Castillo-Convento de Calatrava la Nueva★
32 km südwestlich. 7 km südwestlich von Calzada de Calatrava nach rechts auf einen befestigten Feldweg einbiegen (2,5 km). Trotz der verfallenen Mauern ist die **Lage** der Ordensburg auf der Anhöhe Alaclanejo Ehrfurcht gebietend. Nirgendwo sonst wird die freiwillig gewählte Einsamkeit der Ritter der Reconquista so deutlich.

Drei Mauerringe umgeben die Ruine. Vom ersten ist das ursprüngliche Portal erhalten, durch das man in einen überwölbten Raum gelangt, der als Pferdestall diente. Der zweite Ring ist direkt in den Fels gebaut und beherbergt die religiösen Einrichtungen (Kreuzgang, Refektorium, Kapitelsaal und Zimmer der Mönche). Hier fällt besonders die **Kirche** auf, die durch eine große Fensterrose erhellt wird und mit bemerkenswerten Backsteingewölben in Form von Schwalbennestern überdacht ist, die möglicherweise von maurischen Gefangenen errichtet wurden. Innerhalb des dritten, höchstgelegenen Rings liegt die Burg mit großen, überwölbten Räumen, in denen sich das Archiv des Ordens befand. Von den Türmen aus sieht man die Burgruine **Castillo de Salvatierra** gegenüber sowie die Ebene in ihren charakteristischen Rottönen. *Apr.-Sept. 10-14 Uhr und 18-21 Uhr, sonst 10-14 Uhr und 16-19 Uhr. Mo und feiertags geschl.* ☎ *908 62 35 48*.

> **DIE ORDENSRITTER**
> Um die Mitte des 12. Jh.s war die Ebene von Calatrava Schauplatz ständiger Kämpfe zwischen Mauren und Christen. Der von den Mauren gegründete Festungsort Calatrava am Ufer des Guadania war 1157 von Sancho III. dem ersten Abt von Fitero zum Lehen gegeben worden. Dieser verteidigte Calatrava gegen die Almohaden und stiftete den ersten spanischen Ritterorden, den **Orden Militar de Calatrava**. Nach der Schlacht von Alarcos (1195) gelang es Al Mansur, die Burg zu erobern, und die Ritter mussten sich in eine sicherere Position zurückziehen.

Almería

Die weiße Stadt liegt zwischen dem Meer und dem kahlen Hügel mit der eindrucksvollen Burg Alcazaba aus der Maurenzeit. Die ausgesprochen milden Winter machen sie zum Zentrum eines bedeutenden Landbaugebiets, in dem auch der Fremdenverkehr eine große Rolle spielt.

Die Hauptgeschäftsstraße ist der Paseo de Almería, eine elegante Allee, an der sich Geschäfte, Banken und Cafés aneinander reihen. Der am Hafen liegende Parque de Nicolás Salmerón lädt zu einem Bummel unter Palmen ein. Die Chanca im Westen ist das Fischerviertel der Stadt. Die flachgedeckten Häuser sind hier wie bunte Würfel unregelmäßig aneinander gereiht und oft direkt in den Fels gebaut.

Steckbrief
159 587 Einwohner. Michelin-Karten Nr. 124 und 578 – Andalusien (Almería). Die Stadt liegt in einer wüstenartigen Gegend in einer seit frühester Zeit abgeschiedenen Lage, sodass bis zur Einrichtung neuer Verkehrswege das Meer die wichtigste Verbindung zum Rest der Welt war. 🛈 *Parque Nicolás Salmerón s/n, 04002 Almería, ☎ 950 27 43 55.*
Reiseziele in der weiteren Umgebung: COSTA DEL SOL und GUADIX (109 km nordwestlich).

> **GESCHICHTLICHES**
>
> Die Stadt wurde im 9. Jh. von Abd ar-Rahman II. gegründet und spielte im 11. Jh. als Hauptstadt eines *Taifa*-Königreiches (s. S. 54) eine bedeutende Rolle. Alfons VII. eroberte Almería bereits 1147 für die Christen, doch fiel die Stadt bei seinem Tod zehn Jahre später wieder unter maurische Herrschaft und gehörte bis 1489, als sie von den Katholischen Königen zurückerobert wurde, zum Nasridenreich von Granada.
>
> Technischen Fortschritten in der Landwirtschaft und der Entwicklung moderner Infrastrukturen, die ab etwa 1960 stattfanden, ist es zu verdanken, dass sich die bisher eher isolierte Provinz Almería zur wichtigsten Agrarregion Spaniens entwickelt hat.

Besichtigung

Alcazaba★
1. Apr.-31. Okt. 9.30-20.30 Uhr, sonst 9.30-18.30 Uhr. 1. Jan. und 25. Dez. geschl. 1,50 €; für EU-Bürger Eintritt frei. ☎ 950 27 16 17.

Im 10. Jh. ließ Abd ar-Rahman III. zum Schutz der Stadt eine Festung hoch über der Bucht errichten. Almotacín erweiterte diese um einen maurischen Palast; nach der Rückeroberung durch die Katholischen Könige kam dann ein Schloss hinzu. Die zinnengekrönten, ockerfarbenen Mauern, die durch das Erdbeben von 1522 stark beschädigt wurden, überragen die umliegenden weißen Häuser. Eine lange Mauer, Überrest der ehemaligen Stadtmauer, verbindet sie mit dem Nachbarhügel, auf dem sich eine Burg erhob.

Tipps und Adressen

RESTAURANT
• Unsere Empfehlung

La Gruta – *5 km westlich von Almería auf der N 340 – ☎ 950 23 93 35 – Nur Abendessen – So und Nov. geschl. –* 🍽 *– 20/28 €.* Die riesigen Höhlen eines ehemaligen Steinbruchs bilden den ungewöhnlichen Rahmen dieses Restaurants, dessen Spezialität Fleischgerichte vom Grill sind. Eine Alternative der etwas besonderen Art, wenn man aus hochwertigen Produkten zubereitete einfache Gerichte in ungewöhnlicher Atmosphäre genießen möchte.

TAPAS
Casa Puga – *Jovellanos 7 – ☎ 950 23 15 30 – So und feiertags (außer Karwoche) sowie 25. Aug.-11. Sept. geschl. –* 🍽. Almería ist voll von Tapas-Lokalen, und die Casa Puga als ältestes ist eine Institution. Angeboten werden unzählige verschiedene Tapas, gute Weine und Wurstwaren.

UNTERKUNFT
• Unsere Empfehlung

Hotel Costasol – *Paseo de Almería 58 – ☎ 950 23 40 11 –* 🍽 *– 55 Z: 60/75 € –* ☕ *4,50 €.* Das Hotel liegt in der belebtesten Geschäftsstraße der Stadt und ist ein typischer 60er-Jahre-Bau ohne jeden Charme. Die Zimmer sind jedoch geräumig und gemütlich, und einige verfügen über einen Balkon. Privatparkplatz.

Las Salinas de Cabo de Gata – *Almadraba de Monteleva. Las Salinas. 4 km südöstlich von El Cabo de Gata – ☎ 950 37 01 03 – elmolesl@larural.es – Okt. geschl. –* 🍽 *– 14 Z: 60/96 € –* ☕ *5 € – Rest. 18/29 €.* Seine Lage in einer ruhigen Ecke des Parque Natural de Cabo de Gata macht dieses Hotel zum hervorragenden Ausgangspunkt für interessante Ausflüge. Die allesamt nach außen liegenden Zimmer haben Blick auf die weißen Salinen oder den Strand.

Im ersten Mauerring wurde ein schöner **Park** angelegt. Kleine Fontänen und Wasserrinnen spenden Kühlung und Feuchtigkeit für die vielfältigen Pflanzenarten in den Beeten. Die Glocke im Glockenaufsatz auf der Mauer zwischen dem ersten und dem zweiten Geviert wurde bei Seeräubergefahr geläutet. Im dritten, von den Christen errichteten Bereich der Festung steht der Donjon (Torre del Homenaje), dessen Mauern ungewöhnlich dick sind.

Von den Wehrgängen bieten sich schöne **Ausblicke**★ auf die Stadt, das Viertel La Chanca, die Hügel und das Meer.

Catedral★
10-17 Uhr, Sa 10-13 Uhr. Während der Messe keine Besichtigung. 1,80 €. ☎ 609 57 58 02.
Die Kathedrale wurde 1524 an der Stelle der Moschee erbaut. Die Piratenüberfälle zwangen die Baumeister dazu, einen für die damalige Epoche ungewöhnlich wehrhaften Bau zu errichten. Die Kathedrale besitzt zwei schön gerahmte **Portale**★ und am Chorhaupt eine feine **Sonnenskulptur**★. Das Innere beeindruckt durch seine Weite und Einheitlichkeit. Besondere Beachtung verdienen der Hochaltar, die Kanzeln mit Marmor- und Jaspisintarsien aus dem 18. Jh., das Chorgestühl (1560) und der mit drei Alabasterstatuen geschmückte *trascoro* aus Jaspis. In der Chorscheitelkapelle wird der *Cristo de la Escucha* („Christus des Hörens") verehrt.

Iglesia de Santiago
Diese in der Einkaufsstraße gelegene Kirche aus dem 16. Jh. hat ein schönes **Renaissanceportal**★, das dem der Kathedrale ähnelt.

Ausflüge

Die Landschaft der Provinz Almería ist mit ihrem strahlend blauen Himmel, den Dünengebieten, der Wüstenvegetation (Agaven und Kakteen, besonders Feigenkakteen), den Palmen und überraschend auftauchenden Obstgärten sehr abwechslungsreich.

RUNDFAHRT ENTLANG DER OSTKÜSTE★ *240 km*
Auf der Straße zum Flughafen 14,5 km, dann rechts abbiegen.

Parque Natural de Cabo de Gata-Níjar★★
Einsame Landschaften von großer Wildheit und naturbelassene Strände bilden den Reiz dieses Naturparks am Südrand des vulkanischen Cabo de Gata. Die Straße führt durch die Salzgärten von Acosta zu diesem Kap. Der auf einem Felssporn errichtete Leuchtturm liegt dem Arrecife de las Sirenas („Riff der Sirenen") gegenüber, das bei Tauchsportlern sehr beliebt ist.

Auf der anderen Seite des Gebirges liegt das kleine Seebad **San José** mit zwei schönen Stränden, der **Playa de los Genoveses**★ und der **Playa de Monsul**★ *(2 km ab Ortszentrum).*

Weiter auf der N 344-E 15 und in Venta del Probe in Richtung Agua Amarga abbiegen.

Agua Amarga
Angenehmer Touristenort mit hübschem, zwischen Felsen gelegenem Sandstrand.
Auf der Küstenstraße weiter bis Mojácar (32 km).

Die Playa de Monsul im Nationalpark Cabo de Gata-Nijar

Almería

Die Straße schlängelt sich in Serpentinen durch eine Gebirgslandschaft mit pyramidenförmigen Bergen, wobei sie schöne Ausblicke auf die Küste bietet. Auf der Fahrt sieht man mehrere aus maurischer Zeit (13. und 14. Jh.) erhaltene Wachttürme und einen mit einem Bollwerk bewehrten Turm aus dem 17. Jh.

Mojácar★

Mojácar thront in herrlicher **Lage**★ auf einem Berggipfel, von dem sich schöne Ausblicke auf die etwa 2 km entfernte Küste bieten. Die Ebene im Hinterland ist mit eigenartigen Bergkuppen durchsetzt.

Der besondere Reiz Mojácars liegt in seiner Architektur. Die weiße Altstadt am Berg hat ihren maurischen Charakter bewahrt. Die engen Straßen münden in kleine, schattige Plätze, und überall setzen Blumen farbige Akzente.

Auf der N 344-E 15 zurück in Richtung Almería und auf der Höhe von Níjar abbiegen.

Níjar

Dieses Dorf ist eine Gründung der Mauren und ein schönes Beispiel ländlicher arabischer Architektur. Hier hat sich als originelles Handwerk die Weberei von *jarapas* gehalten, dicken Stoffen in bunten Farben, dessen Schussfaden wie bei Flickenteppichen aus Lappen *(trapo)* gebildet wird.

NORDOST-STRECKE *55 km*

Auf der A 370. Tafelberge prägen die Landschaft zwischen Benahadux und Tabernas. Dort wurden die Wüstenszenen vieler Wildwestfilme gedreht. In **Mini-Hollywood** kann man entsprechende Kulissen besichtigen. *Tgl. 10-21 Uhr.* ☎ *950 36 52 36.*

Hinter Tabernas dominiert die rote Farbe der tonigen Erde, die zur Keramikherstellung verwendet wird. Eine besonders schöne **Lage**★ an einem Felshang in einer Schleife des Flüsschens Aguas hat das Dorf **Sorbas**.

NORDWEST-STRECKE *71 km*

Auf der N 340-E 15 und der N 324. Auf der Straße nach Guadix, die durch eine von tiefen Schluchten zerklüftete, öde Hügellandschaft führt, trifft man überraschend auf grüne Täler, in denen Zitronen, Orangen und Wein gedeihen. Dort wird eine besonders gute, dickbeerige Traubensorte angebaut. Es ist in ganz Spanien Brauch, zu Silvester bei jedem Glockenschlag um Mitternacht eine dieser Weinbeeren zu essen und sich dabei etwas zu wünschen.

Principat d'**Andorra**★★

Fürstentum ANDORRA

Durch den Bau von Wasserkraftwerken und etwas später dann von Feriensiedlungen (um dem wachsenden Fremdenverkehr gerecht zu werden) wurden das Gebiet und auch das Leben der Andorraner tiefgreifend verändert. Erhalten hat sich aus der Vergangenheit der Anbau von Tabak (Terrassenkulturen im Tal von Sant Julià de Lória) und die *aplec* genannten katalanischen Wallfahrten, bei denen die Pilger nach der Messe auf der Wiese picknicken.

Steckbrief

62 400 Einwohner. Michelin-Karte Nr. 574. Das Fürstentum Andorra hat eine Fläche von 464 km^2 und ist verwaltungsmäßig in sieben Pfarreien bzw. Gemeinden gegliedert. Es liegt mitten in den Pyrenäen, deren Hochplateaus und Seitentäler oft nur auf schmalen Gebirgsstraßen zu erreichen sind. Andorra La Vella liegt 20 km von La Seu d'Urgell entfernt. 🅱 *Andorra la Vella: Doctor Vilanova,* ☎ *00 376 82 02 14. Reiseziel in der weiteren Umgebung: PIRINEOS CATALANES.*

Besichtigung

Andorra la Vella

Die Hauptstadt des Fürstentums liegt auf einer Talterrasse oberhalb des Gran Valira.

Unberührt vom Betrieb der Durchgangsstraßen sind die Gassen des alten Stadtkerns mit der **Casa de les Valls** („Haus der Täler"), in der noch heute über die Geschicke des Landes beraten wird. Dieses alte Steingebäude beher-

Geschichtliches

Bis 1993 war Andorra ein Kondominium. Tatsächlich lässt sich die Verfassung von Andorra auf einen zur Feudalzeit (1278) geschlossenen Paréage-Vertrag zurückführen. Nach einem solchen Abkommen üben benachbarte Lehnsherren die Besitz- und Hoheitsrechte über das Land aus. Es waren dies früher der Bischof von Urgell und die Grafen von Foix. Über Heinrich IV. fielen die Rechte der Grafen an den französischen König; nach der Revolution von 1789 gingen sie dann auf den französischen Staatspräsidenten über. Heute ist das Fürstentum ein souveräner Staat und Mitglied der UNO.

bergt das Gericht und das Parlament, in ihm tagt der Generalrat. *Führung (30 Min.) 9.30-13 Uhr und 15-19 Uhr, Sa/So geschl.; Mai-Okt. auch So und feiertags 10-14 Uhr, auf vorherige Anfrage einen Monat im Voraus.* ☎ *00 376 82 91 29.*

Im Osten wächst Andorra la Vella mit Escaldes zusammen, wo das futuristische Badezentrum Caldaea gebaut wurde, das abwechslungsreiche Badefreuden verspricht.

Estany d'Engolasters
Auf dem mit Weiden bedeckten Plateau von Engolasters, dem zu Andorra la Vella gehörenden Sportzentrum, erhebt sich der schlanke romanische Turm von **Sant Miquel**.
Am Ende der Straße durch das Kiefernwäldchen über den Kamm fahren, dann den Wagen parken und zur Talsperre hinuntergehen. Durch den Staudamm wurde der Wasserspiegel des in 1 616 m Höhe gelegenen Sees um 10 m erhöht.

Santuari de Meritxell
Nach Überwindung des Bergriegels von **Les Bons** erreicht man das gleichnamige Dorf in reizvoller **Lage★**. Seine Burg schützte einst den Weg und die Kapelle Sant Roma. Hier steht auch das Nationalheiligtum Andorras, die 1976 wieder aufgebaute Kapelle **Nuestra Señora de Meritxell**.

Canillo
Die dicht an die Felswand gebaute Kirche wird vom höchsten Glockenturm Andorras überragt. Daneben erhebt sich in Weiß ein Beinhaus, wie man es in den Ländern iberischer Kultur häufig antrifft.

Sant Joan de Caselles
Juli-Aug. 10-13 Uhr und 15-18 Uhr, sonst auf vorherige Anfrage. ☎ *00 376 85 14 34.*
Die **Kirche** und ihr Turm mit den drei Fenstergeschossen gehören zu den schönsten Beispielen der Romanik in Andorra. Innen sieht man hinter dem kunstvollen schmiedeeisernen Chorgitter ein bemaltes Retabel des Meisters von Canillo (1525), auf dem Szenen aus dem Leben des hl. Johannes und die Visionen der Apokalypse dargestellt sind. Bei der letzten Restaurierung (1963) wurde auch ein romanisches **Kreuzigungsfresko★** wieder hergestellt. Darauf trägt das mittlere Kreuz eine aus Stuck modellierte Christusfigur.

Port d'Envalira★★
Die Straße kann wegen Schnee gesperrt sein; Räumung innerhalb von 24 Std. Dies ist mit 2 408 m der höchste von einer gut befahrbaren Straße überquerte Pyrenäenpass. Er bildet die Wasserscheide zwischen Mittelmeer (Valira) und Atlantik (Ariège) und bietet einen schönen **Rundblick** über die Berge Andorras.

Pas de la Casa★
Die einfache Grenzstation ist mit 2 085 m das höchstgelegene Dorf Andorras, und heute ein bedeutendes Skizentrum.

Ordino
Das Auto im Oberdorf auf dem Platz bei der Kirche parken. Malerischer Marktflecken mit reizvollen alten Gassen unterhalb der Kirche. Diese hat noch ein schönes Chorgitter, wie man es in mehreren anderen in der Nähe der alten „katalanischen Schmieden" gelegenen Gotteshäusern findet. Eine weitere interessante Kunstschmiedearbeit ist unweit der Kirche zu sehen, nämlich der 18 m lange Balkon der Casa de Don Guillem, die einst im Besitz eines Kunstschmieds war.

Antequera★

Die in einem fruchtbaren Tal gelegene weiße Stadt besitzt etwas Industrie. Ihre modernen Gebäude fügen sich unauffällig und harmonisch in die alte Bausubstanz, sodass sie mit ihren gepflasterten Straßen, Fenstergittern, den eigentümlichen Ziegeldächern und den Kirchen insgesamt ein altertümliches Flair bewahrt hat. Ein schönes Beispiel für den Mudéjar-Stil ist der Ziegeldekor des Kirchturms von San Sebastián.

Steckbrief
38 827 Einwohner. Michelin-Karte Nr. 578 – Andalusien (Málaga). Die Stadt erstreckt sich zu Füßen der Sierra del Torcal und blickt auf die Peña de los Enamorados. Die Autobahn A 92, die Granada mit Sevilla verbindet, ist 7 km entfernt. ☒ *Plaza de San Sebastián 7, 29200 Antequera,* ☎ *95 270 25 05.*
Reiseziele in der weiteren Umgebung: MÁLAGA (55 km südlich), COSTA DEL SOL und OSUNA (74 km nordwestlich).

Antequera
Besichtigung

Alcazaba
10-14 Uhr. Mo geschl. ☎ 952 70 25 05 (Fremdenverkehrsamt).
Als die christlichen Heere das Königreich Granada angriffen, wurde diese Burg 1410 als erste zurückerobert, doch konnte sie nicht gehalten werden. Die Burgmauer umschließt heute einen schönen Park. Von den Türmen aus bietet sich eine reizvolle **Aussicht**★ auf die Dächer und Kirchtürme von Antequera, auf der anderen Seite auf die Ebene und El Torcal *(s. unter „Umgebung")*.

Colegiata de Santa María★
Diese Kirche am unteren Ende des Parks der Alcazaba erreicht man durch den **Arco de los Gigantes** („Triumphbogen der Riesen", 16. Jh.). Sie wurde 1514 erbaut und ist eine der ersten Renaissancekirchen Andalusiens.

Iglesia del Carmen
Im Sommer 10-14 Uhr und 17-20 Uhr, sonst 10-14 Uhr (Mo 11.30-14 Uhr) und 16-19 Uhr, So und feiertags 10-14 Uhr. 1,20 €. ☎ 952 70 25 05 oder 609 53 97 10.
Eine Kassettendecke im Hauptschiff und ein Retabel im Churriguera-Stil sind in dieser Kirche bemerkenswert.

Museo Municipal
Führung (40 Min.) 10-13.30 Uhr und 16-18 Uhr, Sa/So 11-13.30 Uhr. Mo und feiertags geschl. 1,20 €. ☎ 952 70 40 21.
Das Städtische Museum ist im **Palacio de Nájera** (18. Jh.) untergebracht und enthält eine interessante Sammlung archäologischer Funde, deren schönstes Stück eine römische Jünglingsstatue aus Bronze ist, der *Efebo de Antequera*★ (1. Jh. n. Chr.).

Die Dolmen★
Links an der Ausfahrt aus Antequera, über die A 354 in Richtung Granada. Die Dolmen von **Menga** und **Viera** wurden zwischen 2500 und 2200 v. Chr. errichtet und sind unter Hügeln liegende Ganggräber aus riesigen senkrecht aufgestellten Steinen.
Der Dolmen de Menga hat eine rechteckige Grabkammer, geteilt durch eine Pfeilerreihe, die die mächtigen Abdeckplatten tragen. *8.40-17.30 Uhr, Di 9-15 Uhr, So und feiertags 10-14.30 Uhr. Mo (und Di vom 1.-15. Aug.) geschl. Der Dolmen de Viera kann zurzeit wegen Restaurierung nicht besichtigt werden. Eintritt frei. ☎ 952 70 25 05.*

Auf der A 354 weiterfahren, dann nach links auf die N 331 abbiegen. Der Dolmen de **El Romeral** wird auf 1800 v. Chr. datiert. Seine Wände sind aus Feldsteinen, die nach innen vorkragen und dem Gang einen trapezförmigen Querschnitt geben. *Im Sommer 8.40-17.30 Uhr, sonst 9-15 Uhr; Sa 9-15 Uhr, So 10-14 Uhr. Mo geschl. ☎ 952 70 25 05.*

Dolmen de Menga

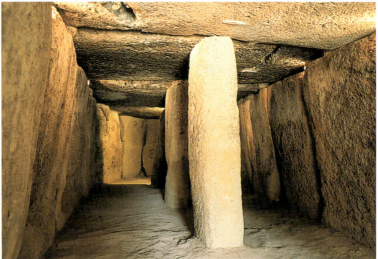

Umgebung

Parque Natural de El Torcal★★
14 km südöstlich. Ausfahrt aus Antequera auf der C 3310 in Richtung Villanueva de la Concepción. Bei einer Abzweigung dem Wegweiser „Centro de recepción" nach rechts folgen. Tgl. 10-14 Uhr und 16-18 Uhr. ☎ 952 03 13 89.
In diesem 12 ha großen Naturpark findet sich die wohl eindrucksvollste Karstlandschaft Spaniens. Zwei gekennzeichnete Wege *(1 Std. und 3 Std. Fußmarsch)* führen durch das mit ruinenförmigen Felsgebilden aus Kalkstein übersäte, labyrinthische Gebiet.

Ausflüge

ZUM DESFILADERO DE LOS GAITANES★★ *50 km*
In südwestlicher Richtung auf der A 343 bis Álora fahren. Die Straße führt zunächst durch das Valle de Abdajalís und als Höhenstraße am Hang entlang weiter nach **Álora★**. Álora ist ein reizendes Dorf auf einem Uferhang des Guadalhorce. *Am Ortsausgang von Álora auf der MA 444 weiter.* Wir raten Ihnen, das Auto auf dem Campingplatz El Chorro zu parken. Der asphaltierte Weg *(1/2 Std. hin und zurück)* erreicht nach ansteigender Strecke eine Eisenbrücke, von der aus Sie eine atemberaubend weite **Aussicht★★★** über die herrliche Naturlandschaft haben.

STRECKE VON ANTEQUERA NACH MÁLAGA★ *62 km*
In südlicher Richtung auf der N 331, der A 356 und der C 345. Die gut ausgebauten, an steil abfallenden Felswänden vorbeiführenden Straßen bieten nach dem Puerto del León (960 m) herrliche **Ausblicke★★** auf das Meer, Málaga und seinen Hafen.

> **Tipp**
> An der Brücke sollten Sie die Besichtigung beenden. Wir raten dringend davon ab, weiter durch die Schlucht zu gehen, denn der Weg ist lebensgefährlich.

Aracena★

Das Städtchen tief in der Sierra de Aracena liegt auf Hangterrassen an einem Berg. Auf dem Gipfel sind Ruinen einer Templerburg erhalten, die auf den Fundamenten einer Maurenfestung errichtet wurde. Die weiß getünchten Häuser dieses hübschen Ortes sind mit historischen schmiedeeisernen Gittern verziert.

Steckbrief
6 500 Einwohner. Michelin-Karte Nr. 578 – Andalusien (Huelva). Der Ort liegt tief im Herzen des Parque Natural de la Sierra de Aracena, fernab jeglicher größerer Städte. Nach Sevilla sind es 93 km, nach Huelva 108 km. 🛈 *Plaza de San Pedro s/n, 21200 Aracena,* ☎ *959 12 82 66.*
Reiseziele in der weiteren Umgebung: SEVILLA, ZAFRA (98 km nordöstlich) und HUELVA.

Besichtigung

Am belebten Hauptplatz **(Plaza Alta)**, dem eigentlichen Herzen Aracenas, spielt sich das Leben der Stadt ab. Seine bemerkenswertesten Bauten sind die Renaissancekirche Iglesia de Nuestra Señora de la Asunción und das ehemalige Kapitelhaus **(Cabildo Viejo)**, in dem heute das **Informationszentrum** des **Parque Natural de la Sierra de Aracena y Picos de Aroche** *(s. unten)* untergebracht ist. *Im Sommer 10-14 Uhr und 18-20 Uhr, sonst 10-14 Uhr und 16-18 Uhr. Mo und Di geschl.* ☎ *959 12 88 25.*
Einen kleinen modernen Anstrich erhält der Ort durch die vom Freilichtmuseum für zeitgenössische Skulptur **(Museo al Aire Libre de Escultura Contemporánea)** auf Straßen und Plätzen aufgestellten Skulpturen von andalusischen Künstlern.

Gruta de las Maravillas★★
Führung (60 Min.) 10-18 Uhr. 6 €. ☎ *959 12 83 55 (Reservierung empfohlen).*
Diese Karsthöhle hat riesige Säle und enge Durchgänge mit überwältigend schönen Gesteinsbildungen, die durch Tektonik oder Erosion entstanden sind. Oft sind die

Aracena
Tipps und Adressen

RESTAURANT
- **Unsere Empfehlung**

La Despensa de José Vicente – Avenida Andalucía 53 – ☎ 959 12 84 55 – Fr und 15.-31. Juli geschl. – 🍴 – 19/27 €. Eines der besten Restaurants der Provinz, in dem laut Besitzer „nur die frischesten Produkte auf den Tisch kommen". Auf der Karte dieses nett eingerichteten kleinen Lokals stehen u. a. in der Gegend gesammelte Pilze und Schweinefleischgerichte.

UNTERKUNFT
- **Gut & preiswert**

Hotel Los Castaños – Avenida de Huelva 5 – ☎ 959 12 63 00 – 🅿 – 33 Z.: 36/54 € – 🛏 4,50 € – Rest. 12 €. Das in der Ortsmitte gelegene Hotel ist in einem dreistöckigen modernen Gebäude im andalusischen Stil untergebracht und verfügt über funktionelle und gepflegte Zimmer, von denen einige auf den Innenhof blicken. Dem Hotel ist ein Restaurant angeschlossen.

SPEZIALITÄTEN
Unbedingt probieren muss man den hervorragenden *jamón de pata negra* aus der Region, den die halbwilden, dunklen Iberischen Schweine liefern und der in zahlreichen Geschäften und Restaurants des Ortes erhältlich ist.

Stalagmiten und Stalaktiten durch im Wasser gelöste Metalloxyde grün, blau oder rosa gefärbt, wie beispielsweise im **„Kristallsaal Gottes"★★**. Zur Höhle gehört das **Museo Geológico Minero** mit einer interessanten Sammlung von Mineralien, Felsgestein und Fossilien.

Castillo
Diese in Ruinen erhaltene Templerburg wurde im 9. Jh. auf den Fundamenten einer Maurenfestung errichtet. Der schöne Turm neben der Kirche ist ein ehemaliges Minarett, das auf der Nordseite nach dem Vorbild der Giralda von Sevilla verziert ist.

Umgebung

Parque Natural de la Sierra de Aracena y Picos de Aroche★★
In diesem Naturpark liegen weite Wälder, manchmal durchsetzt mit riesigen Felsblöcken, von denen aus man reizvolle Ausblicke über die Landschaft genießen kann. Besonders sehenswert sind **Alájar★** mit seinen weißen Häusern, die sich um den Kirchturm drängen, und **Almonaster la Real★**, ein von Beständen aus Edelkastanien, Eukalyptus und Korkeichen umgebenes malerisches Dorf mit seiner alten Moschee **(Mezquita★)**. *Sa/So und feiertags 11-19 Uhr.*
Nicht zu vergessen sei der für seinen hervorragenden Schinken berühmte Ort **Jabugo**.

Minas de Riotinto★★
35 km südlich. Der kleine Ort ist von Eichen- und Korkeichenhainen umgeben. Er ist seit der Antike für Kupfererzvorkommen bekannt.

Corta Atalaya

Parque Minero de Riotinto★★ – *Tgl. 10-15 Uhr, Sa/So und feiertags 10-18 Uhr. 13,50 €
(Museum, Corta Atalaya und Grubenbähnchen). 1. und 6. Jan. sowie 25. Dez. geschl.*
☎ *959 59 00 25.*
Minas de Riotinto und seine Umgebung sind heute eine Sehenswürdigkeit
geworden; der Park enthält u. a. ein interessantes Bergwerks- und Eisenbahn-
museum **(Museo Minero y Ferroviario★)**, das Bahnen und Bergbaugerät ausstellt.
Außerdem besichtigt man die beiden Minen **Corta Atalaya★★★** und **Cerro
Colorado★★**, die im Tagebau ausgebeutet wurden, und fährt dabei mit einem alten
Grubenbähnchen auf den Gleisen, die im 19. Jh. von der englischen Gesellschaft
Rio Tinto Company Limited gelegt wurden.

Aranjuez★★

Die mitten in der dürren kastilischen Hochebene gelegene Stadt erscheint mit
ihren Grünflächen und Alleen wie eine Oase. Dieser Kontrast ist besonders
beeindruckend, wenn man aus dem Süden kommt.
Die schattigen Straßen und Gärten inspirierten zahlreiche Komponisten –
Joaquín Rodrigo hat ihnen mit seinem *Concierto de Aranjuez* Unsterblichkeit
verliehen –, Schriftsteller und Maler und sind besonders am Wochenende ein
beliebtes Ziel der Madrider.

Steckbrief
35 872 Einwohner. Michelin-Karten Nr. 573 und 576 – Madrid. Auf der nahe gelegenen
N IV-E V, die Madrid mit Andalusien verbindet, ist es in die Hauptstadt genauso
weit wie nach Toledo (47 km). 🛈 *Plaza de San Antonio 9, 28300 Aranjuez,*
☎ *918 91 04 27.*
*Reiseziele in der weiteren Umgebung: MADRID, TOLEDO und ALCALÁ DE HENARES
(85 km nordöstlich).*

Hintergrundinfos

Die Revolte von Aranjuez *(El Motín de Aranjuez)* – Im März 1808 weilten Karl IV.,
die Königin und der Premierminister Godoy in Aranjuez. Ihre Flucht nach
Andalusien und von dort aus nach Südamerika war für den 18. März geplant, denn
die politische Lage hatte sich zugespitzt: Godoy hatte 1807 den Truppen Napoleons
freien Durchzug nach dem mit den Engländern verbündeten Portugal gewährt.
Durch die Präsenz der französischen Truppen im Norden war die Unzufriedenheit
in der spanischen Bevölkerung gewachsen, sodass Godoy dem König geraten hatte,
dem Beispiel des portugiesischen Königshauses zu folgen, welches im November
nach Brasilien geflohen war.
In der Nacht vom 17. März wurde der Palast Godoys von Anhängern des
Kronprinzen Ferdinand angegriffen, der Anspruch auf den Thron erhob. Karl IV.
sah sich gezwungen, seinen Minister zu entlassen und am Tag darauf zugunsten
seines Sohns abzudanken. Am 5. Mai bestellte Napoleon Ferdinand und dessen
Vater nach Bayonne und zwang sie, zu seinen Gunsten abzudanken. Diese
Verhandlungen und die Anwesenheit der französischen Truppen in Madrid
verstimmten das Volk nun vollends. Die Mairevolte von 1808 stellte den Beginn des
spanischen Befreiungskrieges dar.

Tipps

EL TREN DE LA FRESAS
Apr.-Okt. Sa/So und feiertags.
☎ *902 22 88 22.*
Mit dem nachgebauten „Erdbeerzug"
fährt man die Strecke Madrid–Aranjuez
mit einer Dampfeisenbahn – gemächlich
wie anno 1851. Im Fahrpreis
sind die Führungen durch den
Palast und die Museen
inbegriffen.

SPEZIALITÄTEN
Die Erdbeeren und der Spargel aus
Aranjuez werden für ihre Qualität gerühmt.

FESTE
In der ersten Septemberwoche finden die
prachtvollen **Ferias del Motín** statt, bei
denen mit Hunderten von kostümierten
Teilnehmern die wichtigsten Erfolge der
Revolte nachgespielt werden.

Aranjuez
Ein besonderes Highlight

KÖNIGSPALAST UND GÄRTEN★★

Schon die Katholischen Könige hielten sich gerne in dem ersten, im 14. Jh. erbauten Palast auf. Karl V. ließ ihn vergrößern. Sein heutiges Aussehen verdankt der Palast jedoch im Wesentlichen der Initiative Philipps II., der die Architekten des Escorial zur Errichtung neuer Gebäude und zur Gestaltung der Gärten hierher berief.

Im 18. Jh. wurde Aranjuez unter den Bourbonen zu einer der schönsten Residenzstädte. Ein Brand vernichtete 1727 den Palast, der 1748 kurz nach seinem Wiederaufbau erneut den Flammen zum Opfer fiel. Aus der Zeit der darauf folgenden zweiten Restaurierung stammt die heutige Hauptfassade. Ferdinand VI. ließ die Stadt planmäßig neu anlegen, Karl III. erbaute die Seitenflügel des Palastes, während Karl IV. das hübsche „Haus des Landmanns" (Casa del Labrador) errichten ließ.

Palacio Real (Königspalast)★

Führung Apr.-Sept. 10-18.15 Uhr, sonst 10-17.15 Uhr. Mo, 1. und 6. Jan., 2. und 30. Mai, 15. Aug., 5. Sept., 25. und 26. Dez. sowie für Staatsakte (kein genaues Datum) geschl. 4,90 €; Mi für EU-Bürger Eintritt frei. ☎ 915 42 00 59.

Das Schloss aus Ziegel- und Haustein stammt aus dem 16. Jh. und wurde im 18. Jh. umgebaut. Trotz zahlreicher Umgestaltungen ist es stilistisch einheitlich. Der auf einen großen Platz führende Ehrenhof wird vom Hauptgebäude und zwei vorspringenden Seitenflügeln begrenzt. An den Ecken erheben sich zwei kuppelüberspannte Pavillons. In den Innenräumen ist die Ausstattung des späten 19. Jh.s erhalten.

Die monumentale Treppenanlage wurde unter Philipp V. von dem italienischen Architekten Giacomo Bonavia gebaut. Die Büste Ludwigs XIV. von Coysevox erinnert an die französische Abstammung Philipps V. (er war ein Enkel des Sonnenkönigs). Im kleinen Vorzimmer der Gemächer der Königin María Luisa hängen Gemälde von Luca Giordano. Das Klavier des Musikzimmers ist ein Geschenk Eugenias de Montijo an Isabella II. Roter Samt bedeckt die Wände des **Salón del Trono**, des Thronsaals, der mit Rokokomöbeln ausgestattet und mit einem allegorischen Deckengemälde der Monarchie geschmückt ist. In diesem Raum unterzeichnete Karl IV. nach der Revolte vom 17. März 1808 seine Abdankungsurkunde. Der **Salón de porcelana**★★ stellt die anmutigste und interessanteste Schöpfung des Palastes dar. Er wurde komplett in der Buen-Retiro-Manufaktur in Madrid hergestellt (1763) und besteht aus weißen Porzellantafeln, auf denen zwischen Girlanden Szenen aus dem Leben der Chinesen, exotische Themen und Kinderszenen dargestellt sind. Die geschnitzten und bemalten Türen, der Lüster und der Marmorfußboden bilden mit den Chinoiserien ein harmonisches Ganzes.

In den Gemächern des Königs geht man vom Musikzimmer in den Rauchsalon oder Arabischen Salon, eine reizvolle Nachbildung der Sala de las Dos Hermanas der Alhambra in Granada. Ein schöner *Christus am Kreuz* (Mengs) schmückt das Schlafgemach; in einem anderen Raum zeigen **203 kleinformatige Bilder** zarte, auf Reispapier gemalte chinesische Motive. Am Schluss der Führung kann man noch ein Museum zum höfischen Leben zur Zeit König Alfons' XIII. besichtigen mit so erstaunlichen Dingen wie dem königlichen „Fitnessraum" und einem Dreirad.

Parterre und Jardín de la Isla★

Apr.-Sept. 8-20.30 Uhr, sonst 8-18.30 Uhr. 1. und 6. Jan., 2. und 30. Mai, 15. Aug., 5. Sept., sowie 25. und 26. Dez. geschl. ☎ 915 42 00 59.

Detail eines der zahlreichen Brunnen, die die Gärten zieren

Das **Parterre**, ein Werk des Franzosen Boutelou (1746) im französischen Gartenstil, erstreckt sich vor der Ostfassade des Palastes. Der Herkulesbrunnen gibt der harmonischen Anlage aus Blumenbeeten und Bäumen (Zedern, Magnolien) eine mythologische Note.

Der schon im 16. Jh. angelegte **Jardín de la Isla** (Inselgarten) liegt auf einer künstlichen Insel im Tajo. Nach Überquerung des ehemaligen Mühlenkanals erreicht man diesen Park, in dessen Kastanien-, Eschen- und Pappelwäldchen und zwischen den Buchsbaumhecken zahlreiche Brunnen versteckt sind.

Jardín del Príncipe★★
Eingang an der Calle de la Reina. Apr.-Sept. 8-20.30 Uhr, sonst 8-18.30 Uhr. 1. und 6. Jan., 2. und 30. Mai, 15. Aug., 5. Sept. sowie 25. und 26. Dez. geschl. ☏ *915 42 00 59.*

Dieser von einem Gitter mit vier monumentalen Toren von Juan de Villanueva umgebene Park erstreckt sich über 150 ha und liegt am Ufer des Tajo. 1763 beauftragte der spätere König Karl IV. Boutelou mit der Gestaltung dieses Englischen Gartens, der ganz dem Geschmack des ausgehenden 18. Jh.s entsprach. Die Könige unterhielten dort einen Bauernhof mit Treibhäusern für Tropenpflanzen und Ställen zur Aufzucht von exotischen Tieren.

Casa del Labrador★★ – *Führung nach vorheriger Anfrage, im Sommer 10-17.15 Uhr, sonst 10-18.15 Uhr. Mo geschl. 5 €; Mi für EU-Bürger Eintritt frei.* ☏ *918 91 03 05.*

Das einsam am Ostende des Prinzengartens liegende „Haus des Landmanns" ist ein im klassizistischen Stil errichtetes Lustschloss und gleicht dem Königspalast, allerdings in etwas einfacherer Ausführung. 20 Marmorbüsten von Persönlichkeiten der Antike schmücken das Eingangstor.

Die Innenausstattung ist ein Paradebeispiel der Raumgestaltung des 18. Jh.s. Pompejanische Decken, mit reich bestickten Seidenstoffen bespannte Wände, Mahagonitüren, Marmorfußböden, Möbel, Lampen, Gemälde von Brambilla, Uhren und Porzellan zeugen vom Lebensstil der spanischen Bourbonen. Im 1. Stock schmückt ein Deckengemälde von Maella *(Die vier Elemente)* den Billardsaal, der mit wunderschönen Seidenstickereien (Ansichten von Madrid) ausgestattet ist. Griechische Büsten und aus Mérida stammende antike Mosaikfußböden schmücken die „Statuen-Galerie". In ihrer Mitte erhebt sich eine in Paris gefertigte Uhr in der Form der Trajanssäule. 97 kleine Stadtansichten bilden das Muster der Wandbespannung im prachtvollen Salon der Königin María Luisa.

Zar Alexander III. schenkte Karl IV. den Sessel und den Tisch aus grünem Malachit in der Mitte des Ballsaals. Eindrucksvoll ist auch das „Platinkabinett", dessen Wände mit Einlegearbeiten aus Platin, Gold und Bronze bedeckt sind; im Vorzimmer befindet sich ein aus einem einzigen Stück Elfenbein geschnitzter Vogel.

Casa de Marinos – *Führung nach vorheriger Anfrage, im Sommer 10-17.15 Uhr, sonst 10-18.15 Uhr. Mo geschl. 3 €; Mi für EU-Bürger Eintritt frei.* ☏ *918 91 03 05.*

In der Nähe der ehemaligen Anlegestelle sind in einem Museum die sechs **königlichen Boote★★** ausgestellt, die die königliche Familie und ihre Gäste vom Schloss zur Casa del Labrador *(s. oben)* brachten. Die Boote gehörten Karl IV. (äußere Bemalung von Maella), Isabella II., Alfons XII. (aus Mahagoni), María Cristina (Wandteppiche imitierende Malerei) und Alfons XIII. Das Boot Philipps V. war das Geschenk eines venezianischen Grafen und übertrifft mit seinen vergoldeten Holzschnitzereien alle anderen an Pracht.

Umgebung

Chinchón★
21 km nordöstlich auf der M 305. Chinchón ist durch den Anis, vor allem jedoch durch die Gräfin von Chinchón berühmt, der man die Entdeckung des Chinins verdankt, das 1820 von den französischen Chemikern Pelletier und Caventou isoliert werden konnte. Die Gräfin, Gemahlin eines Vizekönigs von Peru, war an Tropenfieber erkrankt und mit einem Pulver, das die Indianer aus Chinarinde herstellten, geheilt worden. Sie brachte das Medikament nach Europa, wo der schwedische Wissenschaftler Linné ihr zu Ehren den Chinarindenbaum Cinchona nannte.

In der Burg oberhalb des Dorfes werden Spirituosen wie Anissschnaps und Genever hergestellt.

> **RESTAURANT**
> **Mesón el Duende** – *José Antonio 36 – Chinchón –* ☏ *918 94 08 07 – Mo geschl. – 18/27 €.*
> Eine Alternative zu den teuren Restaurants um die Plaza Mayor. Das Lokal strahlt viel Ambiente aus, der Service ist vorzüglich, die Karte bietet traditionelle Gerichte wie Lammkoteletts, Lammbraten, Artischocken mit Schinken oder Spanferkel.

Aranjuez

Plaza Mayor★★ – Dieser von der Kirche überragte, unsymmetrisch gestaltete Platz wird von Häusern mit mehrstöckigen Holzgalerien gesäumt. Im Sommer finden hier Stierkämpfe statt.

Die neben dem Platz liegenden Ziegelsteingebäude eines Augustinerklosters wurden zum Parador umgebaut.

Tembleque

47 km südlich. Anfahrt auf der N IV. Dieses Mancha-Dorf besitzt eine malerische **Plaza Mayor**★ (17. Jh.), deren großes Viereck von dreistöckigen Arkaden gesäumt wird. Die Bogengänge des Erdgeschosses sind aus Stein, die beiden anderen aus Holz. Ein seltsam anmutendes Dach bedeckt einen der Zugänge zum Platz, der wohl als Stierkampfarena gedient haben dürfte.

Ávila★★

Das an den Ufern des Río Adaja gelegene Ávila versteckt sich hinter seinen mächtigen Mauern aus dem 11. Jh. In dieser Stadt, die eine so ernste Atmosphäre ausstrahlt und in der sich an jeder Ecke Klöster und Kirchen finden, scheint die Zeit stehen geblieben zu sein. Geht man im Winter durch die stillen Straßen, die unter einer weißen Schneedecke liegen, lassen sich von überall Gesänge und Gebete vernehmen.

Steckbrief

49 868 Einwohner. Michelin-Karten Nr. 573, 576 und 121 – Kastilien und León (Ávila). Aufgrund seiner Lage auf einem Granitfelsen in 1 131 m Höhe herrscht in Ávila ein raues Klima mit sehr kalten Wintern und starken Winden. ❷ *Plaza Catedral 4, 05001 Ávila,* ☎ *920 21 13 87.*
Reiseziele in der weiteren Umgebung: Sierra de GREDOS, Monasterio de EL ESCORIAL (64 km östlich), SEGOVIA (67 km nordöstlich), SALAMANCA (98 km nordwestlich) und MADRID (107 km südöstlich).

DIE STADT DER HL. THERESIA

Theresia von Jesus oder auch von Ávila (1515-1582) war eine der bedeutendsten spanischen Mystikerinnen, deren Ekstasen starken Eindruck auf ihre Zeitgenossen machten. Zu einer Zeit, in der die Reformation in Mitteleuropa und Frankreich zahlreiche Anhänger fand und das Klosterleben immer mehr verweltlichte, reformierte die hl. Theresia den Karmeliterorden, dem sie angehörte, weckte Berufungen und gründete zahlreiche neue Nonnenklöster.

Sie unterhielt mit ihrem geistlichen Führer Juan de la Cruz, dem hl. Johannes vom Kreuz, eine umfangreiche Korrespondenz und schrieb Bücher, darunter auch die Autobiographie *Das Buch des Lebens*, die 1588 erschien. Sie wurde 1622 heilig gesprochen und 1970 zur Kirchenlehrerin ernannt.

Erinnerungsstücke der hl. Theresia findet man in Ávila in den Museen der Klöster **San José (Las Madres)**, **Encarnación** und **Santa Teresa**. Letzteres wurde an der Stelle des Geburtshauses der Heiligen errichtet und birgt in der Krypta das größte der Heiligen geweihte Museum. Die letzte Ruhestätte der hl. Theresia befindet sich allerdings in Alba de Tormes.

Besichtigung

Murallas★★

Die Stadtmauer ist eine der besterhaltenen Stadtbefestigungen Europas. Das zinnenbewehrte Bauwerk mit 90 eng beieinander liegenden, vorspringenden Türmen, neun Toren und mehreren Schlupfpforten beschreibt ein etwa 900 m × 450 m großes Trapez. Die Anlage stammt zum Großteil aus dem 11. Jh. und wirkt trotz der Veränderungen des 14. Jh.s einheitlich. Den besten **Überblick** hat man bei den auf der Straße nach Salamanca liegenden **Cuatro Postes** (Vier Säulen). Der Wehrgang kann begangen werden.

Catedral★★

Juni-Okt. 9.30-19.30 Uhr, Sa 9.30-19.30 Uhr, So und feiertags 12-19.30 Uhr; sonst 9.30-18.30 Uhr, Sa 9.30-19 Uhr, So und feiertags 12-18.30 Uhr. 1. und 6. Jan., Gründonnerstag, 15. Okt. und 25. Dez. geschl. ☎ *920 21 16 41.*

Das mit einem doppelten Zinnenkranz befestigte **Chorhaupt** der Kathedrale tritt als Halbrund über die Stadtmauer hinaus. Das Äußere dieser Festungskirche aus Granit wirkt streng, woran auch die Verzierungen, das Strebewerk, die Pinakel und Skulpturen des Portals nichts ändern. Der gotische Skulpturenschmuck des **Nordportals** (14. Jh.) ist leider stark verwittert. Dieses Portal lag ursprünglich auf der Westseite, wurde aber im 15. Jh. von Juan Guas bei der Neugestaltung der **Westfassade** versetzt. Letztere erfuhr im 18. Jh. erneut Veränderungen, die ihr das heutige Aussehen verliehen.

Die Stadtmauer

Ganz anders wirkt das **Innere** durch die hochstrebenden Linien der Gotik, die Farbeffekte des im Chor verwendeten Sandsteins und durch die zahlreichen **Kunstwerke★★**. Der *trascoro* (1531) ist reich mit Skulpturen im Plateresksstil geschmückt *(von links nach rechts: Jesus im Tempel; Anbetung der Könige; Kindermord zu Bethlehem)*, die sich durch eine detailgenaue Ausführung und eine harmonische Komposition auszeichnen. Das **Chorgestühl** stammt aus der gleichen Zeit. Die beiden beachtlichen **Kanzeln** aus Guss- und Schmiedeeisen sind Werke der Renaissance und der Gotik.

Hinten in der Apsis, wo die Fenster noch romanisch sind (der Bau der Kathedrale dauerte von 1135 bis ins 14. Jh.), befindet sich ein großes **Retabel** (um 1500), das von Pedro Berruguete und Juan de Borgoña (Hans von Burgund) bemalt wurde. Die vergoldete hölzerne Rahmung vereint isabellinische Elemente und Pilaster der italienischen Renaissance. Vom doppelten **Chorumgang** aus erblickt man die Rückwand des Altaraufsatzes. Auf fünf von Vasco de la Zarza geschnitzten Tafeln sind seitlich die vier heiligen Ritter (Hubertus, Georg, Martin und Jakobus) und die Evangelisten (Medaillons) dargestellt. Die Mitte bildet das **Alabastergrabmal★★** des Kardinals Don Alonso de Madrigal, genannt El Tostado, der im 15. Jh. Bischof von Ávila war. Die prachtvolle Verzierung von Messgewand und Bischofshut umrahmt wunderschön das flächiger gestaltete, konzentrierte Gelehrtenantlitz.

Tipps und Adressen

Restaurants

• Gut & preiswert

La Alacena – *Vallespín 5* – ☎ 920 22 52 30 – *15/28 €*. Das kleine Restaurant ist in der Regel sehr gut besucht und bietet traditionelle Hausmannskost (z. B. Lammbraten oder Flusskrebscreme) in schlichtem Ambiente. Solange man auf seinen Tisch wartet, kann man einen Aperitif an der Bar einnehmen.

• Unsere Empfehlung

Doña Guiomar – *Tomás Luis de Victoria 3* – ☎ 920 25 37 09 – *So-abend geschl.* – 🍴 – *25/35 €*. Dieses Lokal genießt in der Gegend einen sehr guten Ruf. Daneben hat man einen schönen Ausblick auf den auf der anderen Straßenseite gelegenen Markt.

Unterkunft

• Gut & preiswert

Pensión Continental – *Plaza de la Catedral 6* – ☎ 920 21 15 02 – *54 Z.: 15/35 €*. Die Zimmer dieses Hotels, in dem die Zeit stillzustehen scheint, sind nüchtern, mit Holzsockel und hohen Decken. Die direkt gegenüberliegende Kathedrale verstärkt noch die klösterliche Atmosphäre.

• Unsere Empfehlung

Hostería de Bracamonte – *Bracamonte 6* – ☎ 920 25 12 80 – *24 Z.: 36/60 €* – 🛏 *4,50 €* – *Rest. 20/26 €*. Das in der Stadtmitte gelegene Hotel zeichnet sich durch sein malerisches Ambiente aus. Bemerkenswert an dieser alten Herberge sind das Balkenwerk, das beeindruckende Backsteingemäuer und die Fensterrahmen. Die sehr hübschen Zimmer sind um einen pflanzengeschmückten Innenhof angeordnet. Obwohl es nicht gerade billig ist, füllt sich das Restaurant an den Wochenenden.

Spezialitäten

Die nach der hl. Theresia benannten *yemas de Santa Teresa*, aus Eigelb hergestellte zuckersüße Köstlichkeiten, sind die berühmtesten Süßigkeiten Ávilas, die man unbedingt probieren sollte.

Ávila

Museo de la Catedral – *Juni-Okt. 10-19.30 Uhr, Sa 10-19.30 Uhr, So und feiertags 12-19.30 Uhr; sonst 10-18.30 Uhr, Sa 10-19 Uhr, So und feiertags 12-18.30 Uhr. 1. und 6. Jan., Gründonnerstag, 15. Okt. und 25. Dez. geschl. 1,50 €. ☎ 920 21 16 41.*
Durch einen Vorraum betritt man die **Sakristei**★★ (beide 13. Jh.), die ein bemerkenswertes achtteiliges Rippengewölbe aufweist. Zu beachten sind ebenfalls das große Alabasterretabel aus dem 16. Jh. sowie die vier geschnitzten, durch die Bemalung Alabaster imitierenden Passionsszenen an der Stelle der Fenster.
Ferner befinden sich hier ein von Morales stammendes Gemälde des Hauptes Christi auf einer Tabernakeltür, ein von El Greco gemaltes Porträt, ein monumentales Gitter im Isabellinischen Stil, Antiphonarien (Ende 15. Jh.) und ein 1,70 m hoher Hostienbehälter von Juan de Arfe (1571). Der gotische **Kreuzgang** wurde vor nicht allzu langer Zeit restauriert.
Am Domplatz liegt auch der **Palacio de Valderrábanos**, heute ein Hotel, dessen Eingang (15. Jh.) mit einem schönen Wappen geschmückt ist.

Basílica de San Vicente★★
Führung 10-13.30 Uhr und 16-18.30 Uhr. Während der Messe keine Besichtigung. 1,20 €. ☎ 920 25 52 30.
Die Kirchenschiffe dieser weiten romanischen Basilika sind gotisch überwölbt, denn die Bauzeit dauerte vom 12. bis zum 14. Jh. Das Gotteshaus steht vermutlich an der Stelle des Martyriums des hl. Vinzenz und seiner Schwestern Sabina und Cristeta (4. Jh.). Der an der Südseite im 14. Jh. angefügte Säulengang mit den in Ringe gefassten Säulenbündeln als Stützen, das an der Hauptschiffswand entlanglaufende Schmuckgesims, die an der Westseite angefügte hohe Vorhalle und die beiden unvollendeten Türme bilden einen harmonischen Bau.
Das **Westportal**★★ ist ein Kunstwerk für sich. Unter einem Gesims und reich verzierten Bogenläufen überraschen die Säulenstatuen durch ihre Natürlichkeit. Der Faltenwurf ihrer wie nass erscheinenden, anklebenden Gewänder erinnert an die Skulptur von Vézelay (Frankreich). Im Inneren ist unter dem **Vierungsturm**★ (14. Jh.) das **Grab**★★ der Heiligen Vinzenz, Sabina und Christeta zu sehen. Der Schrein mit der Darstellung ihres Martyriums, ein Meisterwerk des ausgehenden 12. Jh.s, befindet sich unter einem eigenartigen gotischen Baldachin (15. Jh.) mit Pagodendach. Die Bildhauerarbeit ist so lebendig und technisch so vollkommen, dass sie dem Meister des Westportals zugeschrieben wird. Besonders beeindruckend sind die Szenen, die darstellen, wie die Märtyrer an der Stadtmauer von Ávila gefangen genommen, entkleidet und gefoltert werden.

Monasterio de Santo Tomás★
Tgl. 10-13 Uhr und 16-20 Uhr. 0,60 € (Kreuzgänge). ☎ 920 22 04 00.
Dieses Ende des 15. Jh.s gegründete Dominikanerkloster wurde mit den Spenden der Katholischen Könige verschönt und diente diesen als Sommerresidenz; es war auch Sitz der Universität.

ÁVILA

Alemania . . . . B 2	Don Geronimo . . . . B 13	San Segundo . . . . B 22
Caballeros . . . . B 6	Esteban Domingo . . . . B 14	San Vicente . . . . B 24
Calvo Sotelo (Plaza de) . . . . . B 8	Jimena Blázquez . . . . A 15	Santa (Pl. la) . . . . A 25
Cardenal Pla y Deniel . . . . . . B 10	Lope Núñez . . . . B 16	Santo Tomas (Pas. de) . . . . . . B 26
Corral de las Campanas (Pl. del) A 12	Marqués de Benavites . . . . . AB 18	Sonsoles (Bajada de) . . . . B 27
	Peregrino (Bajada del) . . . . . B 19	Telares . . . . A 28
	Ramón y Cajal . . . . A 20	Tomás Luis de Victoria . . . . . B 30
	Reyes Católicos . . . . B 21	Tostado . . . . B 31

Convento de San José (Las Madres) . . . . B R	Iglesia de San Pedro . . . . B A	Palacio de Polentinos . . . . . . A N
Convento de Santa Teresa . . . . A B	Palacio de los Dávila . . . . B V	Palacio de Valderrábanos . . . B F
	Palacio de Núñez Vela (Palacio de Justicia) . . . . . A J	Palacio de los Verdugos . . . . B P
	Torre de Guzmán . . . . A D	

Die wichtigsten Schmuckmotive der Klosterarchitektur sind an der **Kirchenfassade** vereint. Man sieht die durch Kugelfriese unterstrichenen Mauerkanten, ein für Ávila typischer Dekor, und Joch und Pfeilbündel, die Wahrzeichen der Katholischen Könige. Wie bei den meisten Dominikanerkirchen ist das Innere einschiffig, nur durch hohe Säulenbündel gegliedert, die sich zum Sterngewölbe auffächern; seltener anzutreffen sind die beiden Emporen: Die Empore auf der Westseite beherbergt das Chorgestühl, die östliche den Hochaltar. Sie waren nur vom Kreuzgang aus zugänglich und somit den Mönchen vorbehalten.

Unter der Vierung lenkt das schöne **Alabastergrabdenkmal★** (1512) des im Alter von 19 Jahren verstorbenen Infanten Don Juan, Sohn der Katholischen Könige Isabella und Ferdinand, den Blick auf sich. Die zarten, dem Geist der Renaissance entsprechenden Skulpturen sind ein Werk des Florentiners Domenico Fancelli, der auch das Mausoleum des Herrscherpaares in der Königskapelle von Granada schuf. In einer Seitenkapelle (links) befindet sich das ebenfalls mit schönen Renaissanceskulpturen verzierte Grabmal der Erzieher des Prinzen, Juan Dávila und dessen Frau.

Claustros (Kreuzgänge) – Der Weg führt durch den schlichten Novizen-Kreuzgang **(Claustro de los Novicios**; 15. Jh.) zum Kreuzgang des Schweigens **(Claustro del Silencio★)**, der im 1. Stock überreich mit Skulpturen geschmückt ist und durch seine geringe Größe sehr intim wirkt. Man erreicht anschließend den größeren zweistöckigen Kreuzgang der Könige **(Claustro de los Reyes)**, den eine feierliche Ruhe und Majestät kennzeichnen. Eine Treppe führt vom Kreuzgang des Schweigens zur Empore des *coro* (sehr kunstvolles gotisches Chorgestühl aus dem 15. Jh. mit einem wie Spitzen wirkenden Baldachin). Vom 1. Stock des Kreuzgangs aus gelangt man zur Empore des Hauptaltars und kann so Pedro Berruguetes Meisterwerk, das **Retabel des hl. Thomas von Aquin★★** (um 1495), aus der Nähe betrachten; die darauf dargestellten Heiligen, besonders Thomas, haben eine außerordentliche Präsenz.

San Pedro
Tgl. 9.30-13 Uhr und 18.30-20.30 Uhr. Während der Messe keine Besichtigung. ☎ *920 22 93 28.*
In dieser romanischen Kirche an der weiten **Plaza de Santa Teresa** wird der Einfluss der Gotik am Kreuzrippengewölbe und an der zarten Fensterrose der Fassade deutlich. Ein durchbrochener Vierungsturm erhellt das Querschiff.

Palacio de los Verdugos
Die von zwei mächtigen quadratischen Türmen flankierte Fassade trägt über dem Portal und einem Fenster Wappenschmuck im Übergangsstil der Gotik zur Renaissance.

Palacio de Polentinos
Das Gebäude ist heute eine Kaserne. Es besitzt ein Portal und einen Patio mit feiner Renaissancedekoration.

Torre de Guzmán
Dieser massive, zinnengekrönte Viereckturm aus dem frühen 16. Jh. gehört zum Palacio de Oñate.

Palacio de Núñez Vela
Dieser Renaissancepalast war einst im Besitz des Vizekönigs von Peru und ist heute Justizpalast. Seine Fenster sind mit Säulen eingerahmt und mit Wappen gekrönt. Schöner Patio.

Palacio de los Dávila
Der Palast setzt sich aus mehreren Herrenhäusern zusammen. Davon haben zwei wappengeschmückte gotische Gebäude aus dem 14. Jh. ihre Fassade an der Plaza de Pedro Dávila, die beiden anderen, die zum bischöflichen Palast gehören, liegen an der Plaza del Rastro.

Badajoz

Kommt man von Norden, bietet sich eine schöne Aussicht auf die an den Ufern des Guadiana gelegene Grenzstadt. Die Puente de Palmas, eine Granitbrücke im Herrera-Stil, und das Stadttor gleichen Namens (16. Jh.) empfangen den Besucher auf majestätische Weise in dieser an einer Anhöhe gebauten Stadt, deren Abschluss eine Maurenfestung auf dem Gipfel bildet.

Steckbrief
130 247 Einwohner. Michelin-Karte Nr. 576 – Extremadura (Badajoz). Badajoz liegt nur wenige Kilometer von der portugiesischen Grenze und 17 km von der portugiesischen Stadt Elvas entfernt. Die N V-E 90 verbindet die Stadt mit Mérida (62 km östlich), die EX 100 mit Cáceres (91 km nordöstlich). 🛈 *Plaza de la Libertad 3, 06005 Badajoz,* ☎ *924 22 27 63.*
Reiseziele in der weiteren Umgebung: MÉRIDA, CÁCERES und ZAFRA (80 km südöstlich).

Badajoz
Hintergrundinfos

Grenzstadt – Das ehemals bescheidene, von Mérida abhängige Römerstädtchen wurde im 11. Jh. die Hauptstadt eines *Taifa*-Königreichs. Die strategisch wichtige Lage in Grenznähe wurde ihr im 16. Jh. zum Verhängnis, da sie bei der Besetzung Portugals durch Spanien nach dem Tod des kinderlosen Königs von Portugal (1580) mehrmals erobert und geplündert wurde. Jahrhundertelang blieb sie auf den vom mittelalterlichen Mauergürtel umschlossenen Kern beschränkt. Heute versucht sich Badajoz in der Rolle einer dialogfreudigen, offenen Stadt; eine neue Brücke, die **Puente Real**, und ein Museum für zeitgenössische Kunst (**Museo Extremeño e Iberoamericano de Arte Contemporáneo**) wurden vor nicht allzu langer Zeit eröffnet. *10-13.30 Uhr und 17-20 Uhr, So 10-13.30 Uhr. Mo und feiertags geschl.* ☎ *924 26 03 84.*

> **DAS LAUNISCHE GLÜCK DES DON MANUEL**
> Manuel Godoy Álvarez de Faria (1767-1851) war der Sohn eines Landedelmannes aus der Extremadura. Er kam mit 17 Jahren an den spanischen Hof, wo er in die Leibgarde aufgenommen wurde. Dank der Gunst der Königin María Luisa wurde er schon mit 25 Jahren zum Premierminister ernannt. Sein Aufstieg verschaffte ihm jedoch nicht viele Freunde, weder bei Hof noch beim Volk, das ihn wegen des Pakts mit Napoleon hasste und seine Ausweisung verlangte. Nach der Revolte von Aranjuez (*s. dort*) folgte er den Herrschern ins Exil nach Frankreich, wo er in Bayonne die Abdankungsakte Karls IV. zugunsten Napoleons verfasste. Er starb 1851 verarmt und vergessen in Paris.

Besichtigung

Catedral
11-13 Uhr und 18-20 Uhr. So aufgrund der Messe keine Besichtigung. Besichtigung des Museums nur Fr und Sa 11-13 Uhr. 1,80 € (Museum). ☎ *924 22 39 99.*
Die im 13. Jh. im gotischen Stil begonnene Kathedrale wurde in der Renaissance baulich stark verändert. Ihr Kirchturm wirkt trotz der platteresken Fensterdekoration und der Friese wehrhaft. Im Schiff versperrt ein imposanter *coro* mit geschnitztem Gestühl (1557) die Sicht zum Altar. In der Sakristei (*Eingang rechts der Capilla mayor*) hängen sechs flämische Wandteppiche aus dem 17. Jh.

Museo Arqueológico Provincial (Archäologisches Museum)
Tgl. 10-15 Uhr. Mo und feiertags geschl. 1,20 €. ☎ *924 22 23 14.*
Der im Inneren der ehemaligen Maurenfestung gelegene Palacio de le Roca (16. Jh.) wurde speziell zur Aufnahme der zahlreichen archäologischen Funde der Provinz ausgebaut. Die modern präsentierte Sammlung umfasst Stücke aus der Vor- und Frühgeschichte (Stelen, kleine Skulpturen), aus der Römerzeit (Mosaike, Bronzewerkzeug), der westgotischen Epoche (sehr schöne, mit geometrischen Motiven oder Pflanzenornamenten verzierte **Pilaster**) und aus der maurischen und der mittelalterlichen Kultur.

Museo Provincial de Bellas Artes
Juni-Aug. 10-14 Uhr und 18-20 Uhr, sonst 10-14 Uhr und 16-18 Uhr, Sa/So 10-14 Uhr. Mo und feiertags geschl. ☎ *924 21 24 69 oder 924 24 80 34*
Das Kunstmuseum befindet sich in zwei schönen herrschaftlichen Häusern aus dem 19. Jh. Es enthält einen Fundus von Werken der Malerei, Bildhauerkunst und Grafik, wobei das 19. und 20. Jh. am besten vertreten sind.

Umgebung

Olivenza
25 km südwestlich. Fünf Jahrhunderte portugiesischer Geschichte haben das Bild und die Architektur dieser ruhigen, von Olivenhainen umgebenen weißen Stadt geprägt. Sie zählt zu den wenigen Orten Spaniens, in denen man Beispiele für den Emanuelstil finden kann.
Dabei handelt es sich um einen portugiesischen Baustil aus der Regierungszeit des Königs Emanuel I. (1495-1521), durch den in der Spätgotik Dekorationselemente der Renaissance sowie maurische und von der Seefahrt inspirierte Motive (Knoten, Seile, Kugeln) eingeführt wurden.

Santa María Magdalena★ – Es heißt, diese im Emanuelstil erbaute Kirche sei ein Werk der Brüder Diego und Francisco de Arruda, die auch das Hieronymitenkloster und den Turm von Belém in Lissabon errichteten. Das von Schlangensäulen getragene Kreuzrippengewölbe hebt sich aufgrund seiner Schlichtheit vom barocken, mit *azulejos* und prachtvollen Retabeln geschmückten Allerheiligsten ab.

Museo Etnográfico González Santana – *Mai-Sept. 11-14 Uhr und 19-21 Uhr, Sa/So und feiertags 12-14 Uhr und 19-21 Uhr; sonst 11-14 Uhr und 16-18 Uhr, Sa/So und feiertags 12-14 Uhr und 16-18 Uhr. Mo geschl.* ☎ 924 22 27 63.
Das Museum befindet sich in einem Haus aus dem 18. Jh. Dieses gehört zu einer **Burg**, von der nur noch der 1488 von João III. errichtete Bergfried erhalten ist. Dieser bietet eine gute Aussicht auf das Dorf. Im Museum sind rekonstruierte Werkstätten von Handwerksberufen, wie Schneider und Schmied, und Interieurs eines Hauses aus dem 19. Jh. zu sehen.

Ayuntamiento – Die Eingangstür des Rathauses ist ebenfalls ein Beispiel für den **Emanuelstil**. Hier symbolisieren zwei Armillarsphären die Entdeckungen der portugiesischen Seefahrer.

> **DER ORANGENKRIEG**
> Am Ende des 13. Jh.s ging Olivenza als Mitgift an König Dionysius (Denis) von Portugal. 1801 wurde der Ort wieder an Spanien zurückgegeben, da man so ein Ausarten der von den Truppen Godoys begonnenen Invasion der portugiesischen Provinz Alentejo in einen größeren Konflikt zwischen den beiden Ländern verhindern wollte. Von diesem Ereignis blieb zur damaligen Zeit nur die belanglose Geste Godoys in Erinnerung, der bei der Belagerung der nahen Festung Elvas ein paar Orangen für Königin María Luisa pflückte.

Baeza★★

Die historische und altehrwürdige Stadt Baeza liegt auf einem Bergrücken inmitten ausgedehnter Olivenhaine und Getreidefelder und überrascht mit einem reichhaltigen architektonischen Erbe: Kirchen, Baudenkmäler und herrschaftliche Häuser aus goldgelbem Stein, die größtenteils aus der Renaissance stammen, zeugen noch heute vom Reichtum, den die Stadt im 16. und 17. Jh. genoss.

Steckbrief
17 691 Einwohner. Michelin-Karte Nr. 578 – Andalusien (Jaén). Wie Úbeda liegt auch Baeza im Zentrum der Provinz Jaén in einem wasserreichen Gebiet, nicht weit vom Parque Natural de Cazorla (östlich). 🛈 *Plaza del Pópulo s/n, 23440 Baeza,* ☎ *953 74 04 44.*
Reiseziele in der weiteren Umgebung: ÚBEDA (9 km westlich), Parque Natural de las Sierras de CAZORLA, SEGURA y LAS VILLAS und JAÉN (48 km südwestlich).

Auf Entdeckungstour

ALTES STADTZENTRUM★★★ *1/2 Tag*
Rundgang siehe Plan.

Plaza del Pópulo★
In der Mitte dieses unregelmäßig geformten Platzes erhebt sich der mit antiken Elementen geschaffene **Löwenbrunnen**. Das links davon liegende ehemalige Schlachthaus **(Antigua Carnicería)**, ein Renaissancebau, wirkt trotz seines Zwecks sehr elegant. Die Arkaden des ersten Stocks schmücke das Wappen Kaiser Karls V. Die **Casa del Pópulo** (heute Fremdenverkehrsamt) am Ende des Platzes zeichnet sich durch plateresk Fenster und Medaillons aus. Hinter den sechs Türen des Erdgeschosses lagen die Büros der Notare. Im 1. Stock wurden die Sitzungen abgehalten. Ein Eckbalkon grenzt an die benachbarte Puerta de Jaén. Die beiden folgenden Bögen wurden zu Ehren Karls V. errichtet: der linke, die eigentliche

Tipps und Adressen

RESTAURANT
● *Unsere Empfehlung*
Andrés de Vandelvira – *San Francisco 14 –* ☎ *953 74 81 72 – So-abend und Mo geschl. –* 🍽 *– 21/24 €.*
Vornehmes Restaurant, das in einem Teil des Klosters San Francisco (16. Jh.) untergebracht ist und das man durch einen beeindruckenden Kreuzgang betritt. Der Speisesaal befindet sich im 1. Stock.

UNTERKUNFT
● *Unsere Empfehlung*
Hotel-Palacete Santa Ana – *Santa Ana Vieja 9 –* ☎ *953 74 16 57 – www.palacetesantana.com – 13 Z.: 39/65 € –* 🍽 *4,50 €.* Ein im historischen Stadtkern gelegenes Palais aus dem 16. Jh. beherbergt dieses ungewöhnliche Hotel mit reizenden Innenhöfen und eleganten Zimmern. Eine Unterkunft, die dem Niveau dieser noblen Stadt entspricht.

BAEZA

Aguayo	Y	2
Barbacana	Z	3
Cardenal Benavides (Paseo)	Y	5
Compañía	Z	6
Conde de Romanones	Z	7
Córdoba (Puerta de)	Z	9
Gaspar Becerra	Y	12
General Cuadros	Y	13
José M. Cortés	Y	15
Magdalena	Y	16
Obispo Mengibar	Y	17
Sacramento	Z	20
San Andrés	Y	21
San Felipe Neri (Cuesta)	Z	23
San Francisco	Y	
San Gil (Cuesta de)	Z	25

Antigua Carniceria	Z	A
Antigua Universidad	Z	E
Ayuntamiento	Y	H
Casas Consistoriales Altas	Z	K
Ruinas de San Francisco (Auditorio)	Y	R
Seminario de San Felipe Neri	Z	S

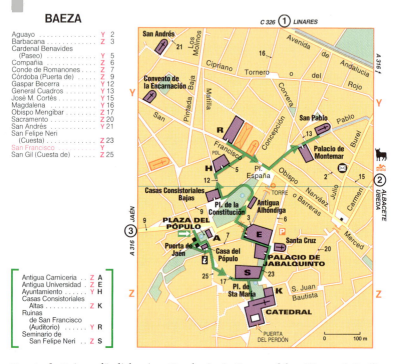

Puerta de Jaén, anlässlich seiner Durchreise in Baeza auf dem Weg nach Sevilla, wo er sich am 12. März 1526 mit Isabella von Portugal vermählte; der zweite Bogen, **Arco de Villalar**, als Zeichen der Unterwerfung, nachdem die Stadt den Aufstand der *Comuneros* unterstützt hatte *(s. unter SEGOVIA, Hintergrundinfos).*

Plaza de Santa María

Links erheben sich die mit Inschriften versehenen Mauern des **Seminario de San Felipe Neri** (17. Jh.). Die Schüler, die in dieser Schule ihre Abschlussprüfung bestanden hatten, durften ihren Namen und das Datum mit Stierblut an die Mauer schreiben. Hinter dem Brunnen **(Fuente de Santa María)**, einem mit Atlanten verzierten Triumphbogen, erhebt sich die gotische Fassade der **Casas Consistoriales Altas**; zwei Zwillingsfenster umrahmen dort die Wappen Johannas der Wahnsinnigen und Philipps des Schönen.

Catedral★ – *Juni-Sept. 10.30-13 Uhr und 17.15-19 Uhr, sonst 10-13 Uhr und 16.15-18 Uhr.* ☎ *953 74 04 44.*

Der **Innenraum★★** der Kathedrale wurde im 16. Jh. fast vollständig nach einem Plan von Andrés de Vandelvira renoviert. Einige Seitenkapellen sind sehr schön, besonders die neben dem Taufbecken liegende Capilla Dorada (Goldene Kapelle), die mit einem feinen Relief im italienischen Stil geschmückt ist, die Jakobuskapelle mit antikisierender Umrahmung und die von Karyatiden eingerahmte Josephskapelle. Die Tür zur Sakristei schmücken zierliches Rankenwerk und Engelsköpfe. Ein schmiedeeisernes Tor von Meister Bartolomé trennt das erste Joch vom restlichen Kirchenschiff; unter der Vierung erhebt sich eine bemalte Kanzel (1580) aus getriebenem Metall. In der Capilla del Sagrario hinten rechts ist der aus Silber gearbeitete, zur Fronleichnamsprozession durch die Stadt getragene barocke Hostienschrein ausgestellt. Vier mit Pflanzendekor und Inschriften verzierte Kapellen im Mudéjar-Stil sind im Kreuzgang erhalten.

Palacio de Jabalquinto★

10-14 Uhr und 16-18 Uhr. Mo geschl.

Die **Fassade★★** ist ein Paradebeispiel des spätgotischen Stils. Im Morgenlicht treten die Dekorationselemente der Fassade, der gotische Dekor der Fenster und die Pinakel unter den Wappen besonders hervor. Der **Patio** (um 1600) ist wesentlich schlichter. Der Eingang des monumentalen Barocktreppenhauses wird von zwei Löwenskulpturen bewacht.

Dem Palast gegenüber liegt die romanische Kirche **Santa Cruz**. Sie ist als einzige von den gleich nach der christlichen Rückeroberung (1227) errichteten Gotteshäusern erhalten. Sehenswert sind eine gotische Kapelle und die Wandmalerei im Chor. *Tgl. 11-13 Uhr und 16-18 Uhr, So und feiertags 12-14 Uhr.*

Antigua Universidad

Die ehemalige Universität mit schlichter Fassade und elegantem Patio ist heute ein Gymnasium. Der Bau wurde von 1568 bis 1593 errichtet und war bis zur Einstellung der Lehrtätigkeit im 19. Jh. Sitz der Universität.

Plaza del Mercado Viejo oder Plaza de la Constitución

An diesem immer belebten Platz, sozusagen dem Mittelpunkt des Orts, liegen viele Bars und Gaststätten. Hier erheben sich die ehemalige Getreidehalle (**Antigua Alhóndiga**) mit einer auf Arkaden ruhenden Fassade (1554) und die **Casas Consistoriales Bajas**, die 1703 als Logen für die auf dem Platz stattfindenden Festlichkeiten errichtet wurden.

Ayuntamiento★

Mit Balkonen und heraldischen Motiven ist die platereske Fassade dieses ehemaligen Gerichts und Gefängnisses verziert.

Ruinas de San Francisco

Der Bau des Klosters, der 100 Jahre dauern sollte, wurde 1538 unter der Leitung Vandelviras begonnen. Die Pracht von Kreuzschiff und Apsis sowie die beeindruckenden steinernen Altaraufsätze lassen die ursprüngliche Herrlichkeit der Kirche, die heute als Veranstaltungsort genutzt wird, erahnen.

Fassade des Palacio de Jabalquinto

Palacio de Montemar oder Palacio de los Condes de Garcíez

Dieses prächtige Gebäude (16. Jh.) besitzt schöne gotische Fenster und einen platéresken Patio.

Ein paar Schritte weiter befindet sich die **Iglesia de San Pablo** mit einer Renaissancefassade.

▶▶ Iglesia de San Andrés (Sakristei: gotische Gemälde★); Kloster Convento de la Encarnación.

Barbastro

Barbastro wartet mit einem sehenswerten architektonischen Erbe auf, das von seiner Bedeutung im 16. Jh. zeugt, und ist ein günstiger Ausgangspunkt für Ausflüge und Entdeckungstouren in die Aragonischen Pyrenäen. Ferner ist es die Hauptstadt des berühmten Weinbaugebiets Somontano.

Steckbrief

15 827 Einwohner. Michelin-Karte Nr. 574 – Aragonien (Huesca). Barbastro liegt am Ausgang zweier Pyrenäenhochtäler, die im Parque de Ordesa und am Maladeta-Massiv, durch die Schlucht Congosto de Ventamillo *(s. unter PIRINEOS ARAGONESES,* 2*) führend, ihren Anfang nehmen.* 🛈 *Avenida de la Merced 64, 22300 Barbastro,* ☎ *974 30 83 50.*
Reiseziele in der weiteren Umgebung: PIRINEOS ARAGONESES, HUESCA (52 km nordwestlich) und LLEIDA/LÉRIDA (68 km südöstlich).

Besichtigung

Catedral★

Durch die schlanken Pfeiler mit wenig vortretenden Kapitellen wirkt diese dreischiffige Hallenkirche sehr hoch. Ihre Gewölbe sind reich mit Rosetten und Gold verziert. Die **Predella** des Retabels ist ein bedeutendes Werk von Damián Forment. Mehrere Seitenkapellen haben Stuckverzierungen im Churriguera-Stil; in der ersten Kapelle links steht ein interessanter Altar aus dem frühen 16. Jh. Man kann das **Diözesanmuseum** besichtigen. *Tgl. 11-13 Uhr und 16-20 Uhr, feiertags geschl. Während der Messe keine Besichtigung. 1,80 €.* ☎ *974 31 16 82 oder 974 30 83 50.*

Barbastro
Complejo de San Julián y Santa Lucía
Das ehemalige St.-Julians-Spital wurde zur Aufnahme des Fremdenverkehrsamts, einer Weinhandlung und eines **Weinmuseums** umgebaut. Letzteres ist dem ausgezeichneten Prädikatswein Somontano gewidmet. In der Kirche (16. Jh.) gegenüber ist heute das **Centro de Interpretación del Somontano**★ eingerichtet, eine Informationsstelle, in der die touristischen Ressourcen der Gegend vorgestellt werden (Diavorführung). *Im Winter 11-14 Uhr und 16.30-20 Uhr, sonst 10-14 Uhr und 16.30-20 Uhr. Mo und 1. Septemberhälfte geschl. 1,80 €.* ☎ *974 31 55 75.*

Umgebung

Alquézar★
23 km nordöstlich auf der A 1232 am Río Vero entlang. Eingebettet in eine herrliche **Landschaft**★★ taucht unerwartet inmitten von Feldern auf rötlicher Erde das Dorf Alquézar auf, das an einen Felsen gebaut und von drei Seiten von der Schlucht des **Río Vero** umgeben ist.
Altstadt – Sie erinnert stark an ein kubistisches Bild, und ihre engen Straßen atmen noch die ereignisreiche Geschichte dieser mittelalterlichen Ortschaft. Die unregelmäßig verlaufenden Straßen sind labyrinthartig verschachtelt und gesäumt von Häusern mit steinernen Portalen und wappengeschmückten Fassaden. Die malerische Plaza Mayor ist von Arkaden umgeben.

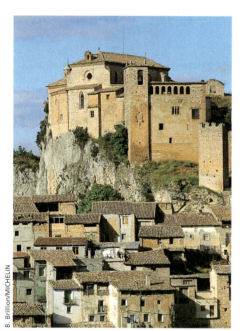

Alquézar

Colegiata (Stiftskirche)★ – Die Mauren hatten hier eine Burg *(alcázar)* errichtet, die Sancho Ramirez zurückeroberte. Um die Wende des 11. zum 12. Jh. baute man die heute noch erhaltenen Befestigungsmauern und eine Kirche, die 1530 umgebaut wurde. Im Nordflügel des alten romanischen Kreuzgangs sind an den Kapitellen biblische Szenen dargestellt. Die archaisch wirkenden Skulpturen zeigen Abraham, der seinen Sohn Isaak opfert, Bileam mit dem Esel, Adam und Eva sowie das Abendmahl. In der Kirche ist ein romanisches Kreuz (12. Jh.) bemerkenswert.
Führung im Sommer 11-13 Uhr und 16.30-19.30 Uhr, sonst 11-13 Uhr und 16-18 Uhr. Di geschl. 1,80 €. ☎ *974 31 82 67.*

Ausflug

DURCH DIE RIBAGORZA *85 km – 1 Tag*
Diese Strecke führt an den Ufern der Flüsse Esera und Isábena entlang durch die geschichtsträchtige Gegend der Grafschaft Ribagorza (Condado de Ribagorza) in den aragonischen Vorpyrenäen.
Ab Barbastro auf der N 123 und nach etwa 16 km nach rechts auf die A 2211 abbiegen.

Santuario de Torreciudad
Seit 1084 verehrte man in dieser Region ein Bild der Nuestra Señora de Torreciudad, das sich in einer Einsiedelei befand. Auf Initiative des Mgr. José María Escrivá de Balaguer, der 1928 die Vereinigung Opus Dei gegründet hatte, wurde 1975 der heutige **Wallfahrtsort** eingeweiht. Die einschiffige Kirche enthält ein modernes Retabel aus Alabaster mit Flachreliefs zum Leben der Jungfrau Maria; darin hat die romanische Figur aus dem 11. Jh. heute ihren Platz. Vor den Backsteingebäuden liegt eine Esplanade, von der sich eine wunderschöne **Aussicht**★ auf den Stausee von El Grado und die Pyrenäen bietet. *1. Mai-15. Juni 10-14 Uhr und 16-19.30 Uhr,*

Tipps und Adressen

RESTAURANT

● *Unsere Empfehlung*
Hospedería La Catedral – *Plaza Pons Sorolla (im Kreuzgang der Kathedrale) – Roda de Isábena –* ☎ *974 54 45 45 – So-abend (außer im Sommer), Nov. und 20.-26. Dez. geschl. – 20 €.* Der Speisesaal befindet sich im ehemaligen Refektorium des Klosters im Kreuzgang der Kathedrale und ist mit einigen Velázquez-Reproduktionen aus dem 18. Jh. und Möbeln aus derselben Zeit geschmückt. An einer der Wände sind Fresken aus dem 14. Jh. erhalten. Einfache regionale Gerichte. Derselbe Besitzer führt auch das Hotel Hospedería.

UNTERKUNFT

● *Gut & preiswert*
Hotel Hospedería de Roda de Isábena – *Plaza de la Catedral – Roda de Isábena –* ☎ *974 54 45 54 – Nov. und 20.-26. Dez. geschl. –* 🅿 *– 11 Z: 25/36 € –* ☐ *4,50 €.* Das Hotel befindet sich in einem alten Gebäude, dessen Steinfassade auf die Plaza de la Catedral blickt. Zu einem guten Preis werden nette Zimmer angeboten. Von den Balkonen der hinten gelegenen Zimmer hat man eine herrliche Aussicht.

16. Juni-15. Sept. 10-14 Uhr und 16-20.30 Uhr, sonst 10-14 Uhr und 16-19 Uhr; Sa 10-14 Uhr und 16-20.30 Uhr, So und feiertags 9-14 Uhr und 16-20.30 Uhr. ☎ *974 30 40 25 Ab Torreciudad zurück zur A 2211 in Richtung La Puebla de Castro und danach auf die N 123ª.*

Graus

Im Herzen der Altstadt von Graus liegt die unregelmäßig geformte **Plaza de España**, umrahmt von freskengeschmückten Fachwerkhäusern und Backsteinarkaden. Hervorstechendstes Bauwerk ist das **Santuario de la Virgen de la Peña★**, eine Mitte des 16. Jh.s errichtete Kapelle. Durch das Renaissanceportal betritt man die Kirche, die aus einem einzigen, mit einem Kreuzgewölbe überdachten Schiff besteht. Der Kreuzgang öffnet sich wie ein Balkon über den Ort. Er beherbergt ein Museum mit Reproduktionen von Ikonen.

Vom Zentrum von Graus aus weiter auf der A 1605, die über den Río Esera führt.

Roda de Isábena★

26,5 km von Graus. Das malerische Bergdorf besticht durch seine schöne **Berglage★**. Enge gepflasterte Straßen führen zur beeindruckenden **Kathedrale★**, aus deren frühester Phase (11. Jh.) vor allem die außen mit Lisenen verzierte nördliche Apsis erhalten ist. Der dreischiffige Innenraum stammt größtenteils aus dem 12. Jh. In der **Krypta** befindet sich das **Grabmal des hl. Ramón★★**, das mit interessanten bemalten Flachreliefs verziert ist. In einer Kapelle des Kreuzgangs beachte man die Fresken aus dem 13. Jh. Den Platz vor der Kathedrale umgeben schöne alte Fassaden. *Führung im Sommer 17.15, 18, 18.45 Uhr, sonst 11.15, 12, 12.45, 13.30, 16, 16.45, 17.30 und 18.15 Uhr. 1,80 €.* ☎ *974 54 45 35.*

16,5 km auf der A 1605 in Richtung Norden weiterfahren.

Monasterio de Santa María de Obarra

Von diesem Kloster ist nur die Klosterkirche erhalten, die im 10. bis 11. Jh. von lombardischen Baumeistern errichtet wurde. Außen ist das Chorhaupt sehenswert, an das drei Apsiden angebaut sind, die mit Lisenen und Blendbögen geschmückt sind. Seitlich befindet sich die Ermita de San Pablo, eine Kapelle aus dem 12. Jh.

Barcelona ★★★

Barcelona, die Hauptstadt der Autonomen Gemeinschaft Katalonien, ist wohl die kosmopolitischste Stadt Spaniens. Ihr ist es gelungen, Tradition mit Moderne, Eigenes mit Einflüssen von außen zu verbinden und sich heute als Schmelztiegel und weltoffene Metropole zu präsentieren. Die Hafenstadt mit ihrem mediterranen Flair, den unzähligen Baudenkmälern und einem sprühenden Leben in den Straßen, pittoresken Gassen und eleganten Flanierboulevards, zahlreichen Sehenswürdigkeiten, einem umfangreichen kulturellen Angebot sowie einem ausgeprägten Nachtleben lockt täglich unzählige Besucher aus der ganzen Welt an.

Steckbrief
1 681 132 Einwohner. Michelin-Karten Nr. 574 und 122 – Michelin-Stadtplan Nr. 41 und 2040 – Katalonien (Barcelona). Barcelona, die Hauptstadt Kataloniens und einer der wichtigsten Mittelmeerhäfen, liegt an der Küste am Fuß der Berge Montjuïc, Vallvidrera und Tibidabo. Daneben ist die Stadt ein bedeutender Verkehrsknotenpunkt. Die Autopista del Mediterráneo A 7 verläuft entlang der Küste von der französischen Grenze über Girona bis nach Murcia. Daneben führen die A 19, die entlang der Costa del Maresme verläuft, die A 16, die Barcelona und Tarragona verbindet, und die A 18, über die man nach Manresa (59 km nordöstlich) ins Landesinnere gelangt, durch Barcelona. Der Flughafen Prat liegt 18 km südlich.
🛈 *Passeig de Gracia 107 (Palau Robert), 08008 Barcelona,* ☎ *932 38 40 00; Plaça de Catalunya 17, 08002 Barcelona,* ☎ *906 30 12 82; Sants Estació (Bahnhof Sants), 08014 Barcelona,* ☎ *93 491 44 31; www.gencat.es/probert/indexfo.htm und www.barcelonaturisme.com.*
Reiseziele in der weiteren Umgebung: SITGES (45 km südwestlich), GIRONA (97 km nordöstlich), VIC (66 km nördlich) und TARRAGONA (109 km südwestlich).

Hintergrundinfos

Die Entwicklung der Stadt – Die von den Griechen aus Phokaia gegründete Stadt entwickelte sich in der Römerzeit im 1. Jh. v. Chr. unter dem Namen **Barcino**. Die Römer siedelten sich auf dem Taber-Hügel an, auf dem heute die Kathedrale steht. Im 12. Jh., der Blütezeit der katalanischen Gotik, gliederte Barcelona die meisten alten katalanischen Grafschaften ein, wurde Hauptstadt Kataloniens und Sitz des katalanisch-aragonischen Bundes. In dieser Zeit entwickelte sich die Stadt zu einem bedeutenden Handelsplatz, dessen Einfluss sich bald über den ganzen Mittelmeerraum erstreckte. Es herrschte eine rege Bautätigkeit, und die Stadt breitete sich auch außerhalb ihrer Befestigung an der Küste entlang aus.
Im Spanischen Erbfolgekrieg (1701-1714) ergriff Katalonien für den Erzherzog von Österreich Partei. Nach dem Sieg der Bourbonen (11. September 1714) verlor Barcelona seine historischen Rechte und Freiheiten. Der Montjuïc wurde befestigt, eine Zitadelle – La Ciutadella – errichtet und das Viertel Barceloneta gegründet. Es war den Einwohnern verboten, ihre Häuser in mehr als 2 km Entfernung von der Befestigung zu bauen, was der Reichweite der Kanonen entsprach. Da sich die Stadt nun nicht mehr flächenmäßig ausdehnen konnte, wuchs sie in die Höhe, was eine große Bevölkerungsdichte zur Folge hatte. Erst in der Mitte des 19. Jh.s wurde das Bauverbot aufgehoben. Zur gleichen Zeit entschloss man sich zur Bebauung der die Altstadt umgebenden Zone und errichtete neue Stadtviertel gemäß dem Plan Cerdás.
Innerhalb von 30 Jahren erreichte Barcelona eine erstaunliche Größe und schluckte die umliegenden Gemeinden wie Gràcia, Sants, Horta, Sarrià, Pedralbes. Im Zeitalter der Industrialisierung entwickelte sich Barcelona zu einer der bedeutendsten Städte Europas, in der zwei Weltausstellungen stattfanden, eine im Jahre 1888 am ehemaligen Standort der Zitadelle und eine im Jahre 1929 auf dem Montjuïc. Die Stadt war damals ein Zentrum der dem Jugendstil ähnlichen Erneuerungsbewegung „Modernismo".
Barcelona heute und morgen – Barcelona ist, dynamischer denn je, ein bedeutendes Industriezentrum Spaniens mit großem Hafen, aber auch Universitätsstadt, Sitz der Regierung Kataloniens und ein hervorragendes Kulturzentrum mit zahlreichen Museen, Theatern, Opernhäusern und Konzertsälen.
Die Olympischen Sommerspiele 1992 haben große städtebauliche Maßnahmen begünstigt, wie die Verlängerung der so genannten Diagonal, den Bau des Rings sowie den Neubau eines Teils der Meerseite der Stadt – aus der Freihafenzone wurde ein Wohngebiet.

Tipps und Adressen

Verkehrsmittel

Flughafen – ☎ 932 98 38 38 oder 932 98 40 00. Der Flughafen ist etwa 18 km vom Stadtzentrum entfernt. Man kann mit den **Vorortzügen** *(trenes de cercanías, 6-22 Uhr viertelstündlich)* dorthin gelangen oder mit den **Pendelbussen**, die ab Plaça d'Espanya und Plaça de Catalunya *(5.30-23 Uhr, viertelstündlich)* zum Flughafen fahren. Die Fahrt mit dem **Taxi** kostet ab Stadtzentrum etwa 15 €.

Taxis – Die schwarz-gelben Taxis sind zwar ein bequemes, aber nicht unbedingt billiges Verkehrsmittel. Radio Taxi Barcelona: ☎ 933 00 11 00, Tele-Taxi: ☎ 933 92 22 22.

Metro (U-Bahn) – *Die U-Bahn-Stationen sind auf den Plänen dieses Reiseführers eingezeichnet.* Auskunft unter ☎ 933 18 70 74 und www.tmb.net Auskunft zu Transportproblemen von Behinderten unter ☎ 934 12 44 44.
Das Netz besteht aus fünf Linien, die in einem kostenlosen Führer *(Guía del Metro)* beschrieben sind. Die Bahn fährt Mo-Do von 5-23 Uhr, Fr, Sa und am Tag vor Feiertagen von 5-1 Uhr nachts, So von 6-24 Uhr und an Feiertagen in der Woche von 6-23 Uhr. Die **Einzelfahrscheine** *(billetes)* und die diversen **Pauschalen** *(abonos)* sind auch in den Autobussen, der Tramvía Blau (obere Zone der Diagonal) und in der Katalanischen Eisenbahn (Ferrocarriles de la Generalitat de Catalunya) gültig.
Neben den Einzelfahrscheinen *(billetes)* gibt es die Pauschalen „T-1", die für 10 Fahrten gültig ist. Die „T-DIA" gilt für einen Tag. Mit der „T 50-30" kann man 50 Fahrten in 30 Tagen machen. Die „T-MES" ermöglicht einen Monat lang alle beliebigen Fahrten.

Ferrocarriles de la Generalitat de Catalunya (Katalanische Eisenbahn) – *Die Stationen dieser Bahn sind auf den Plänen dieses Reiseführers eingezeichnet.* Auskunft unter ☎ 932 05 15 15. Die Bahn stellt in folgenden Stationen kostenlos die Verbindung zur U-Bahn her: Avinguda Carrilet/L'Hospitalet, Espanya, Catalunya und Diagonal/Provença.

Autobús metropolitano (Städtische Busse) – Auskunft unter ☎ 933 18 70 74. Mit dem Bus lernt man die Stadt am besten kennen; nachteilig sind allerdings die häufigen Staus in der verkehrsreichen Stadt. Bestimmte Busse fahren bis 2 Uhr nachts.

„Bus Turístic" (Stadtbesichtigungen) – Dieser Bus fährt auf mehreren speziell für Touristen zusammengestellten Strecken täglich ab 9 Uhr ab Plaça de Catalunya.

Ausflüge mit dem Schiff – Die Gesellschaft Las Golondrinas organisiert Fahrten durch den Hafen mit dem Fahrgastschiff *(etwa 35 Min.)* und mit dem Katamaran *(1 1/2 Std.)*. Abfahrt ab Portal de la Pau, gegenüber dem Kolumbusdenkmal, ☎ 934 42 31 06.

Besichtigungen

Einmal in der Woche erscheint der *Guía del Ocio* mit dem Kultur- und Unterhaltungsprogramm für Barcelona. Die Broschüre ist an den Kiosken erhältlich. Am Flughafen und in den Fremdenverkehrsämtern liegen von der Generalitat veröffentlichte Broschüren bereit.

Sammelkarten und Rabatte – Es gibt drei Karten, die verschiedene Ermäßigungen bieten:
– **Barcelona Card** – Sie hat 24, 48 oder 72 Std. Gültigkeit, alle Transportmittel sind damit kostenlos; außerdem kann man in 30 Museen einen Nachlass von 30-50% bekommen und bei verschiedenen Vorstellungen, Theatern, Geschäften und Restaurants Rabatte. Die Karte ist erhältlich beim Oficina de Turismo de Barcelona (Plaça de Catalunya und Plaça de Sant Jaume). Nähere Informationen unter ☎ 906 30 12 82 und www.barcelonaturisme.com.
– **Articket** – Mit dieser Karte kann man folgende Museen zum halben Preis besuchen: das MNAC, die Fundació Joan Miró, die Fundació Antoni Tàpies, das CCCB, das Centre de Cultura de la Caixa und das MACBA. ☎ 902 10 12 12.
– **Multiticket de la Ruta del Modernismo** – *(s. unter „Ein besonderes Highlight")*.

Die Stadtviertel

Barri Gòtic – Anfang des 20. Jh.s wurden die historischen Gebäude des ältesten Teils der Stadt restauriert. Dieser erhielt damals den heutigen Namen „Gotisches Viertel".

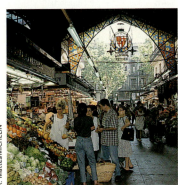

Markthalle La Boquería

Ciutat Vella – Hier liegen so verschiedenartige Stadtteile wie Santa Anna und Mercè, Sant Pere und Raval. Im Letzteren, das früher als Barri Xinès (Barrio Chino, Chinesenviertel) bekannt war, sind heute die bedeutendsten Kulturzentren der Stadt angesiedelt. Außerdem ist es ein schönes Beispiel für eine gelungene Altstadtsanierung.

Eixample – Das nach der Zerstörung der Stadtmauer entstandene Viertel versinnbildlicht das Großbürgertum des ausgehenden 19. Jh.s. Hier liegen renommierte, elegante Geschäfte und Straßenzüge, und hier gibt es auch die besten und schönsten Architekturbeispiele für den Modernismo.

Barcelona

Gràcia – Dieses am Nordwestende des Passeig de Gràcia gelegene Stadtviertel ist eines der typischsten von Barcelona. Es war ursprünglich ländlich und wurde durch die Zuwanderung von Kleinhändlern, Handwerkern und Fabrikarbeitern stetig dichter bevölkert. Im 19. Jh. waren seine Bewohner für ihren republikanischen Geist bekannt; heute schätzt man die besonders zahlreichen Volksfeste.

La Ribera – Ehemaliges Fischerviertel mit engen Straßen und alten Häusern. Seine Hauptanziehungspunkte sind die Carrer Montcada und die Kirche Santa María del Mar.

Barceloneta – Dieses Viertel ist für ausgezeichnete Meeresfrüchte (in den *chiringuitos*) und seine Hafenatmosphäre bekannt.

Vila Olímpica – Modernes Viertel, das für die Sportler der Olympischen Spiele von 1992 erbaut wurde. Es ist durch viele Grünanlagen aufgelockert und bietet direkten Zugang zu schönen Stränden.

Les Corts – In diesem Viertel im oberen Bereich der Diagonal befindet sich die **Ciudad Universitaria**, das Fußballstadion **Camp Nou** und das Museum des Fußballklubs 1. FC Barcelona, den die Fans kurz „Barça" nennen **(Museu del Barça)**.

Sarrià – Dieses ruhige Dorf am Fuß der Sierra de Collserola ist altertümlich geblieben; die nahen Orte **Pedralbes** und **Sant Gervasi de Cassoles** am Fuß des Tibidabo sind inzwischen in Mode gekommen und ein teures Pflaster.

Sants – Barcelonas Arbeiterviertel.

Horta-Guinardó – Das Viertel am Fuß der Sierra de Collserola war ein Bauerndorf, bis hier Arbeitersiedlungen gebaut wurden. Nördlich liegt noch immer das **Laberinto de Horta**, ein Gut aus dem 18. Jh. mit einem schönen Garten. Im **Velódromo** finden neben sportlichen Veranstaltungen auch große Konzerte statt.

RESTAURANTS

● *Gut & preiswert*

Ca l'Estevet – Valldonzella 46 (Ciutat Vella) – Universitat – ☎ 933 02 41 86 – 17/21 €. Kleines, gemütliches Restaurant in der Nähe des Centre de Cultura Contemporània de Barcelona, dekoriert mit schönen *azulejos* und Fotos von berühmten Leuten. Serviert wird gute katalanische Küche in familiärer Atmosphäre.

La Provença – Provença 242 (Eixample) – Provença – ☎ 933 23 23 67 – 📧 – 18/25 €. Zwei Häuserblocks vom Passeig de Gràcia entfernt. Gemütliches Haus mit gepflegter Ausstattung. Gute Karte mit regionalen Gerichten.

● *Unsere Empfehlung*

Agua – Passeig Marítim Barceloneta 30 (Vila Olímpica) – Barceloneta – ☎ 932 25 12 72 – 18/24 €. Geräumiges Lokal mit Designermöbeln und afrikanischen Skulpturen. Sehr beliebt ist im Sommer die Terrasse, auf der man sein Essen in Ruhe und mit Meerblick genießen kann. Mediterrane Küche und gute Paellas.

Agut – Gignàs 16 (Ciutat Vella) – Jaume I – ☎ 933 15 17 09 – So-abend, Mo und Aug. geschl. – Reserv. empf. – 21/24 €. Das Restaurant liegt in einer Gegend mit engen Straßen unweit der Moll de la Fusta. Es erfreut bereits seit über 75 Jahren seine Gäste mit dem Besten, was die Küche Kataloniens zu bieten hat. Mit seiner Täfelung bis in halbe Höhe der Wände, den weißen Tischdecken und den typischen alten Stühlen hat es einen nostalgischen Reiz.

Los Caracoles – Escudellers 14 (Ciutat Vella) – Liceu – ☎ 933 02 31 85 – 📧 – 22/35 €. Dieses bekannte und bei Touristen beliebte traditionsreiche Restaurant in einem typischen Rahmen wurde bereits vor über 150 Jahren gegründet. *Azulejos*, Weinfässer, Wandmalereien und die Fotos an den Wänden zeugen von seiner Vergangenheit. Regionale und traditionelle Küche.

7 Portes – Passeig d'Isabel II 14 (Ciutat Vella) – Jaume I – ☎ 933 19 30 33 – 📧 – 28 €. Das 1836 gegründete Restaurant ist vor allem für seine Reisgerichte berühmt, bietet jedoch auch andere traditionelle katalonische Gerichte. Bis spät abends geöffnet.

Casa Leopoldo – Sant Rafael 24 (El Raval) – Liceu – ☎ 934 41 30 14 – Mo und feiertags abends geschl. – 24/36 €. Wer Manuel Vázquez Montalbán gelesen hat, kennt dieses traditionsreiche Haus, denn es ist das Stammlokal des Detektivs Pepe Carvalho. Die Dekoration besteht aus Stierkampfmotiven, Fotos von Berühmtheiten (manche mit Widmung) und einer außergewöhnlichen Flaschensammlung. Lediglich das Viertel, in dem sich das Lokal befindet, ist nicht unbedingt eines der besten der Stadt.

El Tragaluz – Passatge de la Concepció 5 1° (Eixample) – Diagonal – ☎ 934 87 06 21 – 📧 – 27/33 €. Elegantes Restaurant mit Glasdach und Designerobjekten. Es gibt eine Tapas-Bar und einen gehobenen Schnellimbiss.

● *Spitzenkategorie*

Casa Calvet – Casp 48 (Eixample) – Urquinaona – ☎ 934 12 40 12 – So, feiertags und 2 Wochen im Aug. geschl. – 📧 – 36/47 €. Das Restaurant in einem wunderschönen modernistischen Gebäude von Gaudí nimmt die Büroräume einer ehemaligen Textilfirma ein, deren Eisenträger und Holzfußboden einen perfekten Rahmen darstellen. Serviert werden mit einem Schuss Kreativität zubereitete traditionelle mediterrane Gerichte.

TAPAS

Euskal Etxea – Placeta Montcada 1-3 (La Ribera) – Liceu – ☎ 933 10 21 85 – Mo, So-abend, Aug., Weihnachten und Karwoche geschl. – 📧. Hier sollte man unbedingt den frischen Weißwein *txacoli* und die köstlichen baskischen *tapas* probieren.

El Xampanyet – Montcada 22 (La Ribera) – 🚇 Jaume I – ☎ 933 19 70 03 – Mo, So und feiertags abends, Aug. und Karwoche geschl. – 🍴. Sardellen und der Schaumwein *Champanyet* sind die Spezialitäten dieses Hauses.

UNTERKUNFT
• *Unsere Empfehlung*

Hotel Peninsular – San Pablo 34 (Ciutat Vella) – 🚇 Liceu – ☎ 933 02 31 38 – 60 Z.: 42/60 € (inkl. MwSt.) 🍴. Zentrales Hotel mit spartanisch eingerichteten Zimmern. Diejenigen, die zur Straße hin liegen, sind etwas laut. Im originellen Innenhof werden das Frühstück und Aperitifs serviert. Junge internationale Kundschaft.

Hotel España – Sant Pau 9 y 11 (Ciutat Vella) – 🚇 Liceu – ☎ 933 18 17 58 – hotelespanya@tresnet.com – 69 Z.: 44/83 € (inkl. MwSt.) 🍴. Das Ende des 19. Jh.s eingeweihte Hotel ist eines der ältesten der Stadt. Es befindet sich in einem ungewöhnlichen, altmodischen Gebäude und hat zwei von Domènech i Montaner ausgestattete sehenswerte Speisesäle. Die zentrale Lage ist der Hauptvorteil dieses Hauses, das eine gewisse verblichene Eleganz ausstrahlt.

Hotel Husa Internacional – Ramblas 78 (Ciutat Vella) – 🚇 Liceu – ☎ 933 02 25 66 – comercial@husa.es – 60 Z.: 56/97 € (inkl. MwSt.) 🍴. Untergebracht in einem hübschen Gebäude an den Ramblas gegenüber dem Teatre del Liceu. Die Zimmer sind einfach, aber angenehm und sauber. Eine zentral gelegene Unterkunft zu einem bezahlbaren Preis.

Hotel Granvía – Avinguda Gran Vía de les Corts Catalanes 642 (Eixample) – 🚇 Catalunya – ☎ 933 18 19 00 – 53 Z.: 80/100 € – 🍴 7,50 € Dieses beeindruckende Gebäude wurde im letzten Drittel des 19. Jh.s als Wohnsitz eines großen Bankiers errichtet. 1936 wurde es zu einem Hotel umgebaut, konnte aber seinen vornehmen Touch bewahren. Trotz seines unleugbaren Charmes sind die Preise mehr oder weniger moderat.

Hotel Medicis – Castillejos 340 (Eixample) – 🚇 Hospital Sant Pau – ☎ 934 50 00 53 – 🅿 🍴 – 30 Z.: 88/108 € – 🍴 5,50 €. Das Hotel liegt beim Hospital de Sant Pau, nicht weit von der Sagrada Familia entfernt. Die Zimmer des modernen Hauses haben Standardeinrichtung. Gutes Preis-Leistungs-Verhältnis, hält man sich die Nähe zum Barri Gòtic vor Augen.

Hotel Gaudí – Nou de la Rambla 12 (Ciutat Vella) – 🚇 Liceu – ☎ 933 17 90 32 – gaudi@hotelgaudi.es – 🅿 🍴 – 73 Z.: 92/117 € – 🍴 8 €. Gegenüber dem Palau Güell liegt dieses Hotel. Eingangshalle im spanischen Jugendstil. Die geräumigen Zimmer haben in den oberen Stockwerken Balkone zur Rambla hin und bieten originelle Ausblicke auf die Stadt und die Dächer des Palau Güell.

• *Fürstlich logieren*

Hotel Hesperia Metropol – Ample 31 (La Ribera) – 🚇 Jaume I – ☎ 933 10 51 00 – metropol@adv.es – 🍴 – 68 Z.: 124/138 € – 🍴 8,50 €. Das angenehme Hotel liegt in einem Gässchen des Barri Gòtic in nächster Nähe des Passeig de Colom zwischen Post und Basílica La Mercè. Hübsche Empfangshalle in einem überdachten Innenhof und komfortable, funktionelle Zimmer.

J. Malburet/MICHELIN

Hotel Arts und Mapfre-Hochhaus

Hotel Arts – Moll Marina 19 (Vila Olímpica) – 🚇 Ciutadella – ☎ 932 21 10 00 – info@harts.es – 🅿 🏊 🍴 ♿ – 397 Z.: 421 € – 🍴 22 € – Rest. 58/71 € Das Arts liegt mitten im Olympischen Dorf (Vila Olímpica) und ist das modernste und luxuriöseste Hotel von Barcelona. Alle Zimmer haben eine eindrucksvolle Aussicht. Wer Luxus in avantgardistischem Ambiente sucht, ist hier genau richtig.

FÜR ZWISCHENDURCH

Café de l'Opera – Rambla dels Caputxins 74 (Ciutat Vella) – 🚇 Drassanes – ☎ 933 02 41 80 – 9-22 Uhr. Berühmtes Café an der Rambla mit sehenswerter Fassade im Modernismo-Stil. Das traditionsreiche Lokal mit seinem altmodischen Ambiente ist einen Besuch wert.

Ch. Sarramon/MARCO POLO

Café de la Opera

Quatre Gats – Montsió 3bis (Ciutat Vella) – ☎ 933 17 40 33 – Mo-Sa 17-2 Uhr. Dieses von Puig i Cadafalch erbaute Café war im frühen 20. Jh. ein beliebter Treffpunkt der Künstler. Hier verkehrten beispielsweise Picasso, Casas und Utrillo.

Cafés, Kneipen und Bars

La Fira – Provença 171 (Eixample) – ☎ 933 23 72 71 – Mo-Do 22.30-3 Uhr, Fr-Sa 22.30-4.30 Uhr. Originelles Lokal mit Automaten und Jahrmarktsattraktionen als Dekoration.

Jamboree – Plaça Reial 17 (Ciutat Vella) – ⓜ Liceu – ☎ 933 01 75 64 – www.masimas.com – Tgl. 22.30-5.30 Uhr. Hier treffen sich Barcelonas Musiker und Jazz-Freunde.

Karma – Plaça Reial 10 (Ciutat Vella) – ⓜ Liceu – ☎ 933 02 56 80 – Do-So 0-5 Uhr. Rock und 80er-Jahre-Revivals, zu denen Leute aus aller Herren Länder tanzen.

La Paloma – Tigre 27 (Sant Antoni) – ⓜ Universitat – ☎ 933 01 68 97 – Do-Sa 6-9.30 Uhr und 11.30-5 Uhr, So 6-9.30 Uhr. Eines der beliebtesten und am stärksten frequentierten Lokale.

London Bar – Nou de la Rambla 34 (Ciutat Vella) – ⓜ Liceu – ☎ 933 18 52 81 – Di-Do und So 19-4 Uhr, Fr-Sa 19-5 Uhr. In der 1909 eröffneten Bar trafen sich Leute vom Zirkus, und auch Berühmtheiten wie Hemingway und Miró waren aufgrund der geselligen Atmosphäre häufig gesehene Gäste.

Margarita Blue – Josep Anselm Clavé 6 (Ciutat Vella) – ⓜ Drassanes – ☎ 934 12 54 89 – Mo-Mi 11-2 Uhr, Do-Fr 7-2 Uhr, Sa 7-3 Uhr. Die ausgefallene Dekoration (Spiegel in allen Formen und Größen, ungewöhnliche Gegenstände und uralte Lampen) hat dieses Lokal zu einem der beliebtesten in ganz Barcelona gemacht. Wöchentlich finden verschiedene und immer gut besuchte Veranstaltungen statt. Daneben kann man Tex-Mex-Gerichte bekommen.

Marsella – Sant Pau 65 (Ciutat Vella) – ⓜ Liceu – ☎ 934 42 72 63 – Mo-Do 10-2 Uhr, Fr-Sa 10-3 Uhr. Spiegel aus dem 19. Jh. und Marmortische gehören zur Einrichtung dieses Lokals, das 1820 seine Pforten öffnete.

Nick Havanna – Rosselló 208 (Eixample) – ⓜ Diagonal – ☎ 932 15 65 91 – www.nickhavanna.com – Mo-Mi 11-4.30 Uhr, Fr-Sa 11.30-5.30 Uhr. Für seine Designerausstattung bekanntes Lokal.

Torres de Ávila – Avinguda del Marquès de Comillas 25 (Sants-Montjuïc) – ⓜ Espanya – ☎ 934 24 93 09 – www.welcome.to/torresdeavila – Fr-Sa 12.30-7 Uhr. Das Lokal wurde von den Designern Mariscal und Arribas gestaltet. Im Sommer ist es bei Nachtschwärmern sehr beliebt.

Xiringuito Escribà – Platja del Bogatell (Vila Olímpica-Poble Nou) – ⓜ Ciutadella-Vila Olímpica – ☎ 932 21 07 29 – Di-Do 11-17 Uhr, Fr-So 9-23 Uhr. Diese Strandbar befindet sich in bester Lage direkt am Meer und ist im Sommer einer der beliebtesten chiringuitos.

Ausgehtipps

Die größten Konzertsäle Barcelonas sind der **Palau de la Música Catalana** (s. S. 143), das **Gran Teatre del Liceu** (s. S. 151) und das neue **Auditori**.
Pop-Konzerte finden im **Palau Sant Jordi** (s. S. 156), im **Velódromo de Horta** (s. S. 138), in der Stierkampfarena **(Plaça de Toros Monumental)** und im **Sot del Migdia** statt.
Die Veranstaltungen des **Festival del Grec** (Ende Juni-Anfang August) sind im **Teatre Grec de Montjuïc** (s. S. 157) besonders sehenswert.

Shopping

Antiquitäten

Plaça de la Catedral – (Ciutat Vella). Im Schatten der Kathedrale findet an Feiertagen ein kleiner Markt statt, auf dem die ungewöhnlichsten Dinge von früher angeboten werden.

Plaça Sant Josep Oriol – (Ciutat Vella). Am Samstag und Sonntag werden Spiegel, Möbel, Gemälde und diverse andere gebrauchte Artikel angeboten.

Carrer de la Palla und Carrer Banys Nous – (Ciutat Vella). In diesen beiden Straßen liegen bekannte Antiquitätengeschäfte.

Bulevard Antiquaris – Passeig de Gràcia 55 (Eixample). Einkaufszentrum mit über 70 Geschäften (Gemäldegalerien und Antiquitäten).

Kunstgalerien

Die bekanntesten Kunstgalerien der Stadt liegen in der Carrer Consell de Cent **(Carles Tatché, René Metras, Sala Gaudí)**, in der Rambla de Catalunya **(Joan Prats)**, beim Mercat del Born und in der Umgebung des Museu d'Art Contemporani de Barcelona (MACBA). In der Carrer de Montcada befindet sich die **Galeria Maeght** und der **Sala Montcada.**

Ein besonderes Highlight

EIXAMPLE UND ARCHITEKTUR DES MODERNISMO★★ *Siehe Übersichtsplan Barcelona*

Dieser Stadtteil, dessen katalanischer Name „Vergrößerung" bedeutet (span. *ensanche*), wurde im 19. Jh. nach dem Plan des Architekten **Ildefonso Cerdà** gebaut, denn im Laufe der industriellen Revolution war Barcelona über seine Stadtgrenzen hinausgewachsen, sodass eine Erweiterung erforderlich war.

Der Stadtentwurf von 1859 war nach einem geometrischen Rasterschema angelegt mit Straßen, die entweder senkrecht oder parallel zum Meer verlaufen. Diese führen um Häuserblocks mit achteckigem Grundriss, auf Spanisch *manzanas* (Äpfel) genannt. Zwei breite Straßen, Diagonal und Meridiana, durchschneiden den Plan diagonal und laufen auf der Plaça de les Glòries Catalanes zusammen. Das Viertel zeichnet sich durch besonders viele Gebäude im Stil des Modernismo aus. In diesem neuen – rationell und geordnet angelegten – Teil der Stadt errichteten die Architekten des Modernismo den Großteil ihrer Bauten und machten Eixample so zum Mittelpunkt dieses für Barcelona typischen Stils.

> **TIPP**
> Multiticket de la Ruta del Modernismo – Damit hat man Eintritt in neun für die Stadt typische Baudenkmäler des Jugendstils, z. B. Palau Güell, Palau de la Música Catalana, La Pedrera, La Sagrada Familia mit 50 % Ermäßigung. Auskunft in der Casa Amatller, ☎ 934 88 01 39.

La Sagrada Familia★★★

Jan.-Febr. 9-18 Uhr, März, Sept. und Okt. 9-19 Uhr, Apr.-Aug. 9-20 Uhr. 1. Jan. und 25. Dez. 9-13 Uhr. 5,10 €. ☎ 932 07 30 31.
Das von Francisco de Paula del Villar 1882 begonnene Projekt wurde 1883 von Gaudí übernommen. Vorgesehen war ein Grundriss in Form eines lateinischen Kreuzes mit fünf Kirchenschiffen und einem dreischiffigen Querhaus. Drei Fassaden sollten von vier hohen, die zwölf Apostel darstellenden Türmen beherrscht werden, und über der Vierung sollte sich ein von vier Türmen umgebener Turm als Symbol Christi und der Evangelisten erheben. Das Kirchenschiff sah Gaudí als Säulenwald. Er selbst konnte zu Lebzeiten nur die Krypta, einen der Türme, die Apsis und die Ostfassade (**Christi-Geburts-Fassade★★**) fertig stellen. An Letzterer öffnen sich die Portale der Hoffnung, des Glaubens und der Barmherzigkeit, geschmückt mit einem reichen Skulpturenprogramm. Die Bauarbeiten wurden 1940 wieder aufgenommen. Heute bewundert man acht Türme und die 1981 vollendete Passions-Fassade.

Die Sagrada Familia ist noch immer eine riesige Baustelle, was den unvorbereiteten Besucher enttäuschen kann. Vom Ostturm aus hat man einen **Blick★★** auf die Baustelle und die Stadt. Am Ende der Avinguda de Gaudí erblickt man die mit glasierten Ziegeln geschmückten Dächer des **Hospital Sant Pau★**, ein Hauptwerk von Domènech i Montaner.

> **DIE ARCHITEKTUR DES MODERNISMO**
> Sie entwickelte sich zwischen 1890 und 1920 im Sinne der Bestrebungen der Wiener Secession, des deutschen Jugendstils, der Art Nouveau in Frankreich, des Modern Style in Großbritannien und war das Ergebnis der Suche nach neuen Materialien und Techniken für die industrielle Serienherstellung. Typische dekorative Elemente sind Schlangenlinien, asymmetrische Formen, bunte Verglasung, Verwendung von Keramik und Metall. Diese Architektur fand in Katalonien großen Anklang in einer Zeit, da die Industrialisierung zu Reichtum führte. Die typischsten Vertreter dieses Stils sind Gaudí, Domènech i Montaner, Puig i Cadafalch und Jujol. Eine zur selben Zeit auftretende parallele Bewegung in der Literatur erhielt den Namen Renaixença („Renaissance").

Detail der Türme der Sagrada Familia

Barcelona

> **ANTONI GAUDÍ (1852-1926)**
> Der in Reus geborene Antoni Gaudí i Cornet studierte in Barcelona Architektur. Er inspirierte sich zunächst an der katalanischen Gotik (weite Kirchenschiffe, Streben nach größerer Leichtigkeit), dann an der Architektur der Mauren und des Mudéjar-Stils. Auch in der Natur fand er Ideen, beobachtete Pflanzen und Tiere für die Formen, die Farben und die Materialbeschaffenheit seiner Werke. Lianenwindungen, Wellenformen, Rauheiten der Felsen und Zackenränder von Blättern finden sich als Erinnerung in seinen phantastischen Bauten. Besonders typisch für ihn ist die Verwendung von Parabolidbögen und schraubenförmigen Gebilden (z. B. Schornsteine der Casa Milà). Der Religion kommt ebenfalls eine große Bedeutung in seinem Werk zu. Er verwendete zahlreiche Symbole, besonders natürlich beim Bau der Sagrada Familia, an der er mehr als 40 Jahre arbeitete. Die letzten Jahre seines Lebens verbrachte er in einem kleinen Zimmer auf der Baustelle selbst, bevor er bei einem tragischen Straßenbahnunfall ums Leben kam. Er arbeitete oft für einen seiner großen Bewunderer, den Bankier **Eusebi Güell**, dessen Wohnhäuser er schuf.
> Hauptwerke: La Sagrada Familia, Casa Batlló, La Pedrera, Casa Vicens, Palau Güell, Pavillons und Parc Güell.

Passeig de Gràcia★★

An dieser Prachtstraße mit schmiedeeisernen **Laternen**★ von Pere Falqués (1900) liegen die schönsten Gebäude im Stil des Modernismo. Am Häuserblock **Manzana de la Discòrdia**★★ („Zankapfel") kann man den Stil der drei berühmtesten Architekten vergleichen: Haus Nr. 35, die **Casa Lleó Morera**★ (1905), stammt von Domènech i Montaner, die **Casa Amatller**★ (Nr. 41, 1900) von Puig i Cadafalch und die **Casa Batlló**★★ (Nr. 43, 1905) von Gaudí. Das letztgenannte Gebäude zeichnet sich durch seine außergewöhnliche Mosaikfassade und das mit „Schuppen" gedeckte Wellendach aus. Die Casa Amatller enthält heute das Centro del Modernismo, das wechselnde Ausstellungen und Führungen durch die bekanntesten modernistischen Bauten organisiert.

> **ZWEI GROSSE MEISTER DES MODERNISMO**
> Josep Puig i Cadafalch (1867-1956) – Mischung regionaler und ausländischer Traditionen (Einfluss des Platereskstils und der flämischen Architektur). Hauptwerke: Casa de les Punxes, Casa Macaya (1901), Casa Quadras (1904).
>
> Lluís Domènech i Montaner (1850-1923) – Sehr dekorativer Stil unter Verwendung von Mosaiken, Buntglasfenstern und glasierten Ziegeln. Hauptwerke: Palau de la Mùsica Catalana, Casa Lleó Morera, Castell dels tres Dragons, Hospital de Sant Pau, Casa Montaner i Simó.

Fundació Arqueològica Clos: Museu Egipci de Barcelona – *10-20 Uhr, So und feiertags 10-14 Uhr. Nachtführung nach vorheriger Anfrage, Fr (keine Feiertage) 21.30-23 Uhr. 1. Jan., 25. und 26. Dez. geschl. 5,50 €, Nachtführung 12 €.* ☎ 934 88 01 88.
Das interessante private Museum hat die ägyptische Kultur zum Thema. Besonders schön sind die **Schmucksammlung**★, die Sarkophage, die Mumien und Totenmasken sowie eine Statue Ramses' II.

La Pedrera oder **Casa Milà**★★★ – *Tgl. 10-20 Uhr. Letzter Einlass 30 Min. vor Schließung. 1. und 6. Jan., 2. Januarwoche sowie 25. und 26. Dez. geschl. 6 €.* ☎ 934 84 59 95
Dieses Werk Gaudís erinnert mit seinen welligen Formen an ein unterseeisches Riff. In mehreren Räumen des Erdgeschosses werden wechselnde Ausstellungen gezeigt. In einer Etage befindet sich **El Piso**★, das Appartement, in dem der Lebensraum einer großbürgerlichen Familie jener Zeit liebevoll und genau rekonstruiert ist. Auf dem Speicher werden im **Espai Gaudí** Zeichnungen, Modelle und Videovorführungen zum Werk Gaudís gezeigt. Die Besichtigung des Dachs, auf dem sich Schornsteine und Luftschächte wie ein Zauberwald aufbauen, überrascht mit spektakulären **Ausblicken**★ auf Barcelona.

Vom Plaça de Joan Carles I rechts auf die Diagonal abbiegen.

Avinguda Diagonal

Auf der rechten Seite erhebt sich die Fassade der **Casa Quadras** (1904) von Josep Puig i Cadafalch, dem von flämischen Einflüssen geprägten Architekten. Das Gebäude beherbergt das **Museu de la Música** mit einer reichen Sammlung von Musikinstrumenten aus der ganzen Welt. Etwas weiter, auf der linken Seite, die **Casa Terrades**★, auch **Casa de les Punxes** genannt, ebenfalls von Puig i Cadafalch.

Park Güell★★

Nov.-Febr. 10-18 Uhr, März und Okt. 10-19 Uhr, Apr. und Sept. 10-20 Uhr, Mai-Aug. 10-21 Uhr. 1,20 €. ☎ 934 13 24 00.
Der Park ist das berühmteste von Güell in Auftrag gegebene Werk Gaudís; er sollte eigentlich eine Gartenstadt werden. Die der fruchtbaren Phantasie Gaudís entsprungenen Werke lassen den Eindruck einer Märchenwelt entstehen: Pavillons in

Drachen im Park Güell

Pilzform, mit einem Mosaiksalamander verzierte Treppe. Die von Nischen gesäumten Alleen scheinen voller Geheimnisse zu stecken. Besonders erstaunlich ist der **Säulensaal** mit dem wellenförmigen Mosaikdach auf schräggestellten Säulen; auf der schönen, **wellenförmigen Bank**★★ kann man die Formen- und Farbenfülle auf sich wirken lassen.

Mit der Besichtigung des **Casa-Museu Gaudí**★, die im ehemaligen Wohnhaus des Architekten eingerichtet ist, kann man den Besuch des Parks beschließen. März-Apr. und Okt. 10-19 Uhr, Mai-Sept. 10-20 Uhr, sonst 10-18 Uhr. 1. Jan., 6. Jan. nachmittags, 25. und 26. Dez. nachmittags geschl. 2,40 €. ☎ 932 19 38 11.

Palau de la Música Catalana★★

Carrer de Sant Pere Mès Alt. Führung (1 Std., in Englisch, Spanisch und Katalanisch) 10-15.30 Uhr. 1. Jan. und 25. Dez. geschl. 4,20 €. ☎ 932 95 72 00.

Dieser von 1905 bis 1908 errichtete Konzertsaal gilt als das Hauptwerk von Domènech i Montaner. Seine Umgebung wurde kürzlich saniert, sodass man nun den eindrucksvollen, reich mit Mosaik verzierten **Palast**★ gebührend von außen betrachten kann.

Fast erdrückend ist die Fülle von Mosaiken und Skulpturengruppen im **Inneren**, wo vor allem die nach unten gewölbte **Glaskuppel**★★ berühmt ist. Hier im größten Konzertsaal Barcelonas wird ein Konzert nicht nur akustisch zu einem besonderen Erlebnis.

Fundació Antoni Tàpies★★

10-20 Uhr. Mo, 1. und 6. Jan., 25. und 26. Dez. geschl. 4,20 €. ☎ 934 87 03 15.

Die von dem 1923 in Barcelona geborenen Künstler selbst gegründete Stiftung befindet sich in dem von Domènech i Montaner im Stil des Modernismo errichteten ehemaligen Verlagsgebäude Montaner i Simó. Oben auf dem Backsteingebäude schwebt die luftige Skulptur *Núvol i cadira (Wolke und Stuhl)* von Tàpies; sie ist das Emblem des Museums und repräsentiert gut die Symbolwelt des Malers.

Die Kuppel und die Pyramide erhellen den weiten, schlichten Innenraum, der in den Lieblingsfarben des Künstlers (Grau, Ocker) gehalten ist. Die aus mehr als 300 Gemälden und Skulpturen bestehende Sammlung von Tàpies-Werken bietet die Möglichkeit, die Entwicklung des Künstlers von 1948 an nachzuvollziehen; sie wird turnusmäßig ausgestellt. Die Holzregale des früher hier untergebrachten Verlags haben heute die Büchersammlung der Stiftung, die sich ebenfalls als Forschungszentrum versteht, aufgenommen.

Auf Entdeckungstour

BARRI GÒTIC★★ *Siehe Plan der Altstadt*

Das an Bauwerken aus dem 13. bis 15. Jh. reiche **Gotische Viertel** ist in Wirklichkeit viel älter. Hier befinden sich die Baureste der Römerstadt und die hohe Schutzmauer, die nach einem Überfall germanischer Stämme im 4. Jh. errichtet wurde.

Plaça Nova

Der Platz liegt im Herzen des Gotischen Viertels. Von der 9 m hohen Römermauer bestehen hier noch die beiden Türme des Westtors. Als sich die Bevölkerungszahl im Mittelalter vergrößerte, wurde das Stadttor zum Wohnhaus umgebaut und verlor seinen wehrhaften Charakter.

Gegenüber der Kathedrale fällt die zwischen den alten Gebäuden herausstechende moderne Fassade des **Collegi d'Arquitectes** ins Auge, die mit einem von Picasso gravierten Betongesims geschmückt ist.

Barcelona
Catedral★

8-13.30 Uhr und 16-19.30 Uhr. Sa-nachmittag, So und feiertags geschl. Während der Messe keine Besichtigung. 1,80 € (Chor und Dachterrasse). ☎ *933 15 15 54 oder 933 15 22 13.*

Die Kathedrale steht am Pla de la Seu, den stattliche Häuser umgeben, darunter die **Casa de l'Ardiaca★** (12.-15. Jh.) mit einem reizvollen Innenhof und gegenüber die **Casa de la Canonja** (Kanonikerhaus, 16. Jh.) sowie die **Casa Pia Almoina**, heute Diözesanmuseum **(Museu Diocesano de Barcelona)**. *10-14 Uhr und 17-20 Uhr, So 11-14 Uhr. Mo geschl. 1,80 €.* ☎ *933 15 22 13.*

Das der hl. Eulalia und dem Hl. Kreuz geweihte Gotteshaus erhebt sich an der Stelle einer romanischen Kirche. Der Ende des 13. Jh.s begonnene Bau wurde erst 1450 fertig gestellt. Fassade und Turm stammen aus dem 19. Jh., wurden aber nach den alten Originalplänen eines Baumeisters aus Rouen ausgeführt, was die typisch französische Form der Giebel, Pinakel und Krabben erklärt.

Der nach katalanischer Art gestaltete **Innenraum★** ist von beeindruckender Höhe, die Pfeiler sind relativ dünn. Das Kirchenschiff wird durch die Fenster des Turms über dem ersten Joch erhellt. Der *coro*★★ unterbricht die Perspektive des Hauptschiffs. Seine beiden **Sitzreihen** sind mit Schnitzerei verziert; besonders sehenswert sind die kleinen, humorvollen Szenen auf den Misericordien. Anfang des 16. Jh.s wurde die Rückwand der Sitze von Juan de Borgoña mit den Wappen der Ritter des Ordens vom Goldenen Vlies bemalt, die sich hier unter dem Vorsitz Karls V. versammelten.

Die **Abschlusswand★** aus weißem Marmor wurde im 16. Jh. nach einem Entwurf von Bartolomé Ordóñez gestaltet, einem der bedeutendsten Künstler der spanischen Renaissance. Sie stellt das Martyrium der im 4. Jh. in Barcelona geborenen hl. Eulalia, der Schutzpatronin der Stadt, dar. Ihre Reliquien werden in der **Krypta★** in einem Alabastersarkophag (Bildhauerarbeit im Pisaner Stil aus dem 14. Jh.) bewahrt.

In der Kapelle rechts vom Haupteingang befindet sich der *Cristo de Lepanto* (15. Jh.), das Christusbild, welches als Galionsfigur die Galeere Don Juans de Austria während der berühmten Seeschlacht zierte.

Die Seitenkapellen sind reich mit gotischen Altären und Marmorgrabmälern geschmückt. In der Chorscheitelkapelle befindet sich ein dem hl. Gabriel geweihtes Retabel, in der zweiten Kapelle rechts davon (Capella de San Benito) das Altarbild der Verklärung Christi **(Retablo de la Transfiguración★)** von Bernat Martorell, in der folgenden ein die Heimsuchung Mariä darstellendes Retabel.

La Rambla

Claustro (Kreuzgang)★ – Er wurde 1448 errichtet und bildet mit seinen Palmen und Magnolien eine angenehme grüne Insel. Seit Jahren lebt dort eine Gänseschar. Der an den Westflügel grenzende Kapitelsaal beherbergt heute das **Museu de la Catedral** und enthält eine bemerkenswerte *Pietà* von Bartolomé Bermejo aus Córdoba (1490), Tafelbilder eines Altars von Jaume Huguet (15. Jh.) und das mit zarten Miniaturen geschmückte **Messbuch der hl. Eulalia**. *11-13 Uhr und 16-19 Uhr, Sa 11-13 Uhr. 0,60 €. ☎ 933 15 15 54.*

Plaça Ramón Berenguer el Gran
Hier sieht man Teile der römischen Befestigung, die später in den Königspalast einbezogen wurden.

Nach Verlassen des Kreuzgangs geht man zurück zum Pla de la Seu und biegt in die Carrer dels Comtes ein.

Museu Frederic Marès★
Das Museum wurde der Stadt vom Bildhauer Frederic Marès gestiftet und ist in Nebengebäuden des einstigen Königspalastes untergebracht. Der Eingang befindet sich an der kleinen **Plaça de Sant Iu**, einem der belebtesten Plätze des Viertels, auf dem Straßenkünstler und Musiker ihre Kunst zum Besten geben *(s. unter „Besichtigungen")*.

Palau del Lloctinent
Der im 16. Jh. errichtete Palast der Vizekönige von Katalonien zeigt neben spätgotischen Stilelementen auch solche der Renaissance.

Plaça del Rei★★
Den „Königsplatz" säumen einige der schönsten gotischen Gebäude der Stadt. Im Hintergrund erhebt sich der mittelalterliche Königspalast, rechts die St.-Agathen-Kapelle und das Palau del Lloctinent. Das Gebäude in der rechten Ecke ist heute Museum für Stadtgeschichte. An der rechten Ecke befindet sich die Casa Clariana-Padellàs, in der das **Museu d'Història de la Ciutat★★** untergebracht ist *(s. unter „Besichtigungen")*. Das sehenswerte gotische Gebäude aus dem 15. Jh. wurde beim Durchbruch der Via Laietana (1931) Stein für Stein hierher versetzt.

Carrer Paradis
Am Haus Nr. 10 befinden sich **vier korinthische Säulen★**, Reste des römischen Augustustempels.

BARCELONA

Amadeu Torner	AT 2
Armes (Pl.)	DS 3
Berlin	BS 12
Brasil	AS 25
Carles III (Gran Via de)	AS 38
Corts Catalanes (Gran Via de les)	BCRS
Creu Coberta	BT 53
Enric Prat de la Riba	AT 66
Exposició (Pas. de)	CT 75
Galileu	AS 81
Ganduxer	AR 82
Gràcia (Pas. de)	CS
Guinardó (Ronda de)	CR 91
Hospital Militar (Av. de l')	BR 93
Joan Borbó Comte de Barcelona (Pas. de)	DST 99
Josep V. Foix	AR 104
Lluis Companys (Pas. de)	DS 108

Street	Grid	No.
Manuel Girona (Pas. de)	AS	112
Mare de Déu del Coll (Pas. de la)	BR	113
Marqués de Comillas (Av.)	BT	115
Montalegre	CS	121
Olímpic (Pas.)	CT	131
Paisos Catalans (Pl. dels)	BS	132
Princep d'Astúries (Av. del)	BR	144
Pujades (Pas. de)	DS	145
Ramon Albó	CR	147
Reina Elisenda de Montcada (Pas. de la)	AR	151
Reina María Cristina (Av.)	BT	153
Sant Antoni	BT	159
Sant Antoni (Ronda de)	CS	160
Sant Antoni Abat	CS	161
Sant Gervasi (Pas. de)	BR	164
Sant Josep de la Muntanya	BR	169
Sant Pau (Ronda de)	CT	174
Tarragona	BT	194
Tibidabo (Av. del)	BR	196
Universitat (Pl. de la)	CS	

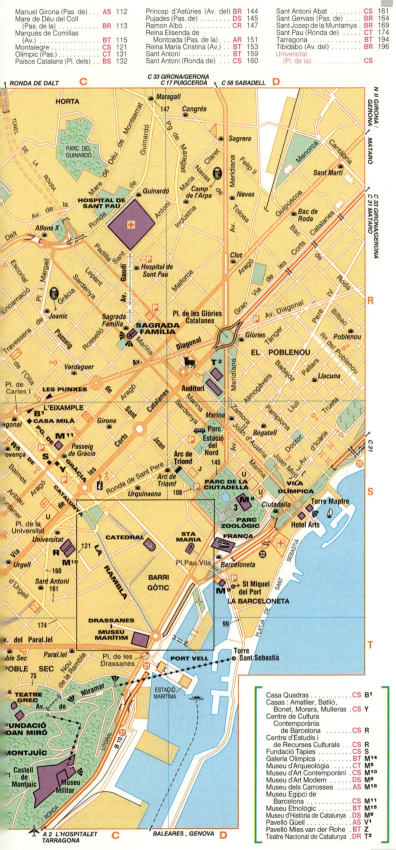

	Grid	Ref
Casa Quadras	CS	B1
Casas: Amatller, Batlló, Bonet, Morera, Mulleras	CS	Y
Centre de Cultura Contemporània de Barcelona	CS	R
Centre d'Estudis i de Recursos Culturals	CS	R
Fundació Tàpies	CS	S
Galeria Olímpica	BT	M14
Museu d'Arqueologia	CT	M5
Museu d'Art Contemporàni	CS	M10
Museu d'Art Modern	DS	M8
Museu dels Carrosses	AS	M18
Museu Egipci de Barcelona	CS	M11
Museu Etnològic	BT	M15
Museu d'Història de Catalunya	DS	M9
Pavelló Güell	AS	V1
Pavelló Mies van der Rohe	BT	Z
Teatre Nacional de Catalunya	DR	T2

BARCELONA

Bacardí (Pas.)	MY	5
Banys Nous	MX	7
Bergara	LV	10
Bisbe	MX	15
Bòria	MV	18
Born (Pas. del)	NX	20
Boters	MX	23
Canaletes (Rambla de)	LV	27
Canonge Colom (Pl.)	LY	28
Canvis Vells	NX	32
Caputxins (Rambla dels)	MY	35
Cardenal Casañas	LX	36
Catalunya (Pl. de)	LV	
Catedral (Av. de la)	MV	40
Ciutat	MX	43
Comercial (Pl.)	NV	45
Cucurulla	LX	55
Doctor Joaquim Pou	MV	61
Estudis (Rambla dels)	LX	
Francesc Cambó (Av.)	MV	79
Garriga i Bachs (Pl.)	MX	83
Isabel II (Pas. d')	NX	98
Montcada	NV	122
Montjuïc del Bisbe	MX	123
Nou de Sant Francesc	MY	126
Nova (Pl.)	MX	128
Paradis	MX	133
Pi (Pl. del)	LX	137
Pintor Fortuny	LX	140
Portal Santa Madrona	MX	142
Ramon Berenguer el Gran (Pl. de)	MX	148
Rei (Plaça del)	MX	150
Sant Felip Neri (Pl.)	MX	163
Sant Josep (Rambla de)	LX	168
Sant Josep Oriol (Pl.)	LX	171
Sant Lu (Pl. de)	MX	172
Sant Miquel (Pl. de)	MX	173
Sant Sever	MX	181
Santa Anna	LV	
Santa Maria (Pl.)	NX	189
Santa Mònica (Rambla de)	MY	
Seu (Pl. de la)	MX	192
Tapineria	MX	193
Universitat (Ronda de la)	LV	199

Ajuntament	MX	H
Capella Sta-Agata	MX	F
Casa de la Canonja	MX	V
Casa de l'Ardiaca	MX	A
Casa dels Canonges	MX	B
Casa Pia Almoina	MX	N
Castell dels tres Dragons' (Museu de Zoologia)	NV	M7
Collegi d'Arquitectes	MX	L
Convento de Santa Mònica	MY	M20
Duana Nova	NX	G
Mirador del Rey Marti	MX	K
Museu Barbier-Mueller d'art precolombi	NVX	M12
Museu del Calçat	MX	M17
Museu de Cera	MY	M3
Museu d'Història de la ciutat	MX	M1
Museu Frederic Marès	MX	M2
Museu de Geologia	NV	M13
Palau del Lloctinent	MX	E
Palau Marc	MY	S
Palau del Marquès de Lliò (Museu Textil i de la Indumentària)	NV	M16
Saló del Tinell	MX	C

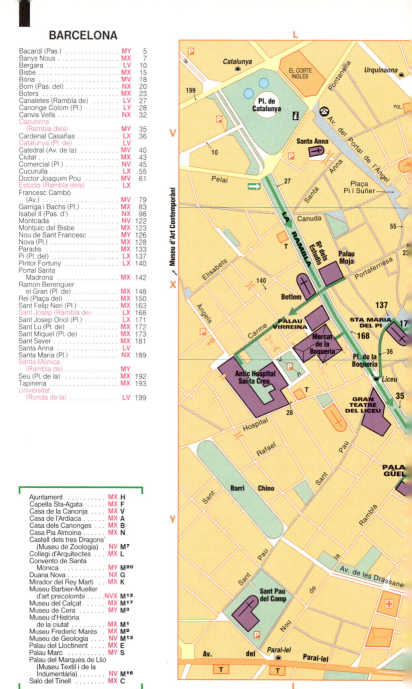

Die Carrer Paradis führt zur Carrer de la Pietat, an der sich links die gotischen Fassaden der Cases dels Canonges erheben. Die gegenüberliegende Tür zum Kreuzgang der Kathedrale ist mit einer geschnitzten Pietà aus dem 16. Jh. geschmückt.

Ajuntament (Rathaus)

Die Fassade am Plaça Sant Jaume ist neoklassizistisch, während die an der Carrer de la Ciutat ein beachtliches Werk der Gotik des 14. Jh.s darstellt.

Palau de la Generalitat

Dieses weite, vom 15. bis 17. Jh. errichtete Gebäude ist heute Sitz der Autonomen Regierung Kataloniens. Die Fassade an der Plaça Sant Jaume stammt aus der Renaissance. *2. und 4. So im Monat 10.30-13.30 Uhr, nach vorheriger telefonischer Anfrage auch Sa/So.* ☎ 934 02 46 00.

Carrer del Bisbe
Links erhebt sich die Seitenfassade des **Palau de la Generalitat**. Eine der Türen schmückt ein schönes Medaillon mit einer St.-Georgs-Figur (Anfang 15. Jh., von Pere Johan). Rechts liegt eines der **Cases dels Canonges**, der ehemaligen Domherrenhäuser, heute der Wohnsitz des Präsidenten der Generalitat. Eine überdachte neugotische Galerie (1929) mit Sterngewölbe verbindet das Palais der Generalität mit dem Wohnsitz ihres Präsidenten.

Plaça de Sant Felip Neri
Die Renaissancehäuser am Rand des Platzes wurden beim Durchbruch der Via Laietana hierher versetzt. Hier befindet sich das originelle Schuhmuseum **Museu del Calçat**, in dem u. a. ein Schuh des Christoph Kolumbus bewahrt wird. *11-14 Uhr. Mo geschl. 1,20 €. ☎ 933 01 45 33.*
Durch die Carrer Sant Sever zurück zur Carrer del Bisbe.

VERZEICHNIS DER STRASSEN UND SEHENSWÜRDIGKEITEN VON BARCELONA

Straße	Plan		Straße	Plan		Straße	Plan
Almogàvers	DR		Exposició (Pas. de)	CT 75		Pau Vila (Pl.)	DS
Amadeu Torner	AT 2		Felip II	DR		Pedralbes (Av. de)	AS
Ample	MNY		Ferran	MY		Pelai	LV
Àngel (Pl. de l')	MX		Fontanella	LV		Pere IV	DR
Àngels	LX		Francesc Cambó (Av. de)	MV 79		Pi (Pl. del)	LX 137
Antoni Maura (Pl.)	MX		Francesc Macià (Pl. de)	BS		Pi i Margall	CR
Antonio López (Pl.)	NY		Galileu	AS 81		Pi i Suñer (Pl.)	LV
Aprestadora	AT		Ganduxer	AR 82		Picasso (Pas. de)	NY
Aragó	CDRS		Garriga i Bachs (Pl.)	MX 83		Pintor Fortuny	LX 140
Argenteria	NX		Gaudí	CR		Poblenou (Rambla del)	DR
Aribau	CS		Gavà	BT		Portaferrissa	LX
Armes (Pl.)	DS 3		General Mitre (Ronda del)	BR		Portal de l'Àngel (Av.)	LV
Assaonadors	NV		Glòries Catalanes			Portal de la Pau (Pl.)	MY
Augusta (Via)	ABR		(Pl. de les)	DR		Portal Santa Madrona	MX 142
Avinyó	MY		Gràcia (Pas. de)	CS		Prat de la Ribat (Pl. de)	AS
Bac de Roda	DR		Gràcia (Travessera de)	CR		Princep d'Astúries	
Bacardí (Passatge)	MY 5		Gran de Gràcia	BR		(Av. del)	BR 144
Badajoz	DR		Guinardó	CR		Princesa	NV
Badal	AT		Guinardó (Ronda de)	CR 91		Pujades (Pas. de)	DS 145
Balmes	BCRS		Guipúscoa	DR		La Rambla	LMXY
Banys Nous	MX 7		Hospital	LY		Ramon Albó	CR 147
Bergara	LV 10		Hospital Militar (Av. de l')	BR 93		Ramon Berenguer	
Berlín	BS 12		Icària (Av. d')	DS		el Gran (Pl. de)	MX 148
Bilbao	DR		Ictinio (Pl. del)	NY		Rei (Pl. del)	MX 150
Bisbe	MX 15		Indústria	DR		Reial (Pl.)	MY
Bonanova (Pas. de la)	AR		Isabel II (Pas. d')	NX 98		Reina Elisenda de Moncada	
Boqueria (Pl. de la)	LXY		Joan d'Àustria	DS		(Pas. de la)	AR 151
Borràs (Pl. de)	AR		Joan Carles.I (Pl. de)	CRS		Reina Maria Cristina	
Bòria	MV 18		Joan de Borbó			(Av. de la)	BT 153
Born (Pas. del)	NX 20		Comte de Barcelona			Reina Maria Cristina	
Bosch i Alsina (Moll de)	NY		(Pas.de)	DST 99		(Pl. de la)	AS
Boters	MX 23		Joan Miró	DS		República Argentina	
Brasil (Rambla del)	AS 25		Josep A. Clavé	MY		(Av. de la)	BR
Calatrava	AR		Josep Tarradellas (Av. de)	BS		Riera Blanca	AT
Canaletes (Rambla de)	LV 27		Josep V Foix	AR 104		Roma (Av. de)	BS
Canonge Colom (Pl. del)	LY 28		Laietana (Via)	MNVX		Rosselló	BCRS
Cantàbria	DR		Lepant	CR		Sant Antoni	BT 159
Canuda	LX		Lesseps (Pl.)	BR		Sant Antoni (Ronda de)	CS 160
Canvis Vells	NX 32		Lleida	BT		Sant Antoni Abat	CS 161
Caputxins (Rambla dels)	MY 35		Lluís Companys (Pas. de)	DS 108		Sant Antoni Maria Claret	DR
Cardenal Casañas	LX 36		Llull	DS		Sant Felip Neri (Pl.)	MX 163
Carders	NV		Madrid (Av. de)	AS		Sant Gervasi (Pas. de)	BR 164
Carles III (Gran Via de)	AS 38		Mallorca	CR		Sant Jaume (Pl.)	MX
Carme	LX		Manuel Girona (Pas. de)	AS 112		Sant Joan (Pas.de)	CRS
Carrilet (Av. del)	AT		Maragall (Pas. de)	DR		Sant Jordi (Pl. de)	BT
Catalunya (Pl. de)	LV		Mare de Déu			Sant Josep (Rambla de)	LX 168
Catalunya (Rambla de)	CS		del Coll (Pas. de la)	BR 113		Sant Josep	
Catedral (Av. de la)	MV 40		Mare de Déu de Montserrat			de la Muntanya	BR 169
Ciutat	MX 43		(Av. de la)	CR		Sant Josep Oriol (Pl.)	LX 171
Collblanc	AT		Marina	CDRS		Sant Lu (Pl. de)	MX 172
Colom (Pas. De)	MNY		Marquès de l'Argentera			Sant Miquel (Pl. de)	MX 173
Comerç	NV		(Av.)	NX		Sant Pau	LY
Comercial (Pl.)	NV 45		Marquès de Comillas			Sant Pau (Ronda de)	CT 174
Comte d'Urgell	BCS		(Av.)	BT 115		Sant Pere (Ronda de)	CS
Copèrnic	BR		Menorca	DR		Sant Pere Més Alt	MV
Corts (Travessera de les)	ABS		Mercarders	MX		Sant Pere Més Baix	MV
Corts Catalanes			Meridiana (Av.)	DRS		Sant Rafael	LY
(Gran Via de les)	BCRS		Mig (Ronda del)	BT		Sant Sever	MX 181
Creu Coberta	BT 53		Miralters	NX		Santa Anna	LV
Cucurulla	LX 55		Miramar (Pl. de)	CT		Santa Eulàlia	AT
Dalt (Travessera de)	BCR		Montalegre	CS 121		Santa Maria (Pl.)	NX 189
Diagonal (Av.)	BCRS		Montcada	NV 122		Santa Mònica	
Dipòsit (Moll del)	NY		Montjuïc del Bisbe	MX 123		(Rambla de)	MY
Doctor Joaquim Pou	MV 61		Muntaner	BCRS		Sants	AT
Doctor Marañón (Av. del)	AS		Navas de Tolosa	DR		Sardenya	CDRS
Doctor Trueta	DS		Nou de la Rambla	CT,LY		Sarrià (Av. de)	BS
Drassanes (Av. de les)	LY		Nou de Sant Francesc	MY 126		Segura	BT
Drassanes (Pl. de les)	CT		Nova (Pl.)	MX 128		Serra	MY
Duc de Medinaceli			Numància	BS		Seu (Pl. de la)	MX 192
(Pl. del)	MNY		Odisea (Pl. de la)	NY		Tànger	DR
Elisabets	LX		Olímpic (Pas.)	CT 131		Tapineria	MX 193
Encarnació	CR		Padilla	CR		Tarragona	BT 194
Enric Prat de la Riba	AT 66		Paisos Catalans (Pl. dels)	BS 132		Teatre (Pl. del)	MY
Entença	BS		Palau (Pl. del)	NX		Tibidabo (Av. del)	BR 196
Escorial	CR		Palla	MX		Torrent de l'Olla	BCR
Escudellers	MY		Pallars	DR		Torrent Gornal (Av. del)	AT
Espanya (Moll d')	NY		Pamplona	DS		Universitat (Pl. de la)	CS
Espanya (Pl. d')	BT		Paradis	MX 133		Universitat (Ronda de la)	LV 199
Estudis (Rambla dels)	LX		Paral.lel (Av. del)	CT,LY		Zamora	DS

Sehenswürdigkeit	Plan		Sehenswürdigkeit	Plan		Sehenswürdigkeit	Plan
Ajuntament	MX H		Catedral	MX		Mercat de la Boqueria	LX
Antic Hospital Santa Creu	LY		Centre de Cultura			Mercat del Born	NV
L' Aquàrium	NY		Contemporània			La Mercé	NY
Arc de Triomf	DS		de Barcelona	CS R		Mirador del Rey Marti	MX K
Auditori	DR		Centre d'Estudis i de			Monestir Santa Maria	
La Barceloneta	DS		Recuresos Culturals	CS R		de Pedralbes	AS
Barri Chino	LY		Ciutat Universitaria	AS		Montjuïc	BCT
Barri Gòtic	MX		Collegi d'Arquitectes	MX L		Monument a Colom	MY
Betlem	LX		Convento			Museu d'Arqueologia	
Camp Nou	AS		de Santa Mònica	MY M20		de Catalunya	CT M5
Capella Sta Agata	MX F		Drassanes i			Museu Nacional	
Casa de l'Ardiaca	MX A		Museu Maritim	MY		d'Art de Catalunya	BT
Casa dels Canonges	MX B		Duana Nova	NX G		Museu	
Casa de la Canonja	MX V		Eixample	CS,NX		d'Art Contemporàni	CS M10
Casa Cerveló-Giudice	NV		Estació de França	DS		Museu d'Art Modern	DS M8
Casa Milà	CS		Estadi Olimpic	BT		Museu Barbier-Mueller	
Casa-Museu Gaudí	BR		Font Iluminosa	BT		d'art precolombi	NVX M12
Casa Pia Almoina	MX N		Fundació Joan Miró	CT		Museu del Calçat	MX M17
Casa de les Punxes	CR		Fundació Antoni Tàpies	CS		Museu dels Carrosses	AS M18
Casa Quadras	CS B1		Galeria Olimpica	BT M14		Museu de Cera	MY M3
Casas : Amatller, Batlló,			Gran Teatre del Liceu	LY		Museu de la Ciència	AR
Bonet, Morera,			Hivernacle i Umbracle	NV		Museu Egipci	
Mulleras	CS Y		Hospital de Sant Pau	CR		de Barcelona	CS M11
Castell de Montjuïc	CT		Hotel Arts Barcelona	DS		Museu Etnològic	BT M15
Castell dels Tres Dragons			Imax	NY		Museu F.C.Barcelona	AS
(Museu de Zoologia)	NV M7		La Llotja	NX		Museu Frederic Marès	MX M2

Museu de Geologia . . . . NV M13	Palau de la Música Catalana . . . . MV	Port Vell . . . . DT,NY
Museu d'Història de Catalunya . . . . DS M9	Palau de Pedralbes . . . . . . AS	Porxos d'en Xifré . . . . . . NX
Museu d'Història de la Ciutat . . . . MX M1	Palau Sant Jordi . . . . BT	La Ribera . . . . MV
Museu Militar . . . . CT	Palau de la Virreina . . . . . . LY	Sagrada Familia . . . . CR
Museu Picasso . . . . NV	Parc d'Atraccions . . . . AR	Saló del Tinell . . . . MX C
Palau Dalmases . . . . NX	Parc de la Ciutadella . . . . . DS	Sant Miquel del Port . . . . . DS
Palau de la Generalitat . . . . MX	Parc de l'Espanya Industrial . . . . BT	Sant Pau del Camp . . . . . . LY
Palau Güell . . . . LY	Parc Estació del Nord . . . . DS	Santa Anna LV
Palau del Lloctinent . . . . MX E	Parc Joan Miró . . . . BS	Santa Maria del Mar . . . . NX
Palau Marc . . . . MY S	Parc Zoològic . . . . DS	Santa Maria del Pi LX
Palau del Marquès de Lliό (Museu Textil i de la Indumentaria) . . NV M16	Park Güell . . . . BR	Teatre Grec . . . . CT
	Pavelló Güell . . . . AS V1	Teatre Nacional de Catalunya . . . . DR T2
	Pavelló Mies van der Rohe . . . . BT Z	Tibidabo . . . . AR
	Poble Espanyol . . . . BT	Torre de Comunicacions . . BT
Palau Moja LX	Poble Sec . . . . CT	Torre Mapfre . . . . DS
		Torre Sant Sebastià . . . . . DT
		Torres Trade . . . . AS
		Vila Olímpica . . . . DS

LA RAMBLA★★ 2 Std. zu Fuß

Die belebteste und berühmteste Straße Barcelonas liegt im Verlauf einer früheren Schlucht am Rand des Barri Gòtic. Sie stellt die Verbindung her zwischen der Plaça de Catalunya, die zum neueren Stadtteil Eixample überleitet, und der am Hafen liegenden Plaça Portal de la Pau mit der Kolumbussäule. Hier herrscht immer viel Betrieb. Einheimische und Touristen drängen sich unter den Platanen zwischen den Ständen der Blumen- und Vogelhändler und den Zeitungskiosken, an denen auch ausländische Zeitschriften und Tageszeitungen verkauft werden.

Die Rambla wird an ihrem höchstgelegenen Teil bei der Einmündung in die Plaça de Catalunya Rambla de Canaletes genannt, daran anschließend dann Rambla dels Estudis oder Rambla dels Ocells (ocells = Vögel).

Església de Betlem
Von der 1936 durch einen Brand zerstörten Kirche steht nur noch eine eindrucksvolle Fassade an der Carrer del Carmen.

Museu d'Art Contemporani de Barcelona (MACBA)★★
Der berühmte amerikanische Architekt Richard Meyer ist Schöpfer dieses monumentalen **Baus**★★, in dem sich mediterrane Rationalität mit typischen Elementen der modernen Architektur verbinden. Schon außen sind zwei bedeutende zeitgenössische Werke zu sehen, *La ola (Die Welle)* von Jorge Oteiza und von Eduardo Chillida *Barcelona*, ein Wandgemälde *(s. unter „Besichtigungen")*.

Centre de Cultura Contemporània de Barcelona (CCCB)
20. Juni-21. Sept. 11-20 Uhr, So und feiertags 11-15 Uhr; sonst 11-14 Uhr und 16-20 Uhr, Mi und Sa 11-20 Uhr, So und feiertags 11-19 Uhr. Mo, 1. Jan. und 25. Dez. geschl. 3,70 €. ☎ 933 06 41 00.
Im renovierten Gebäude dieses dynamischen Kulturzentrums, das wechselnde Ausstellungen, Vorträge und Kurse anbietet, sind moderne Elemente (große Glaswand) harmonisch in den alten Bau eingefügt. Im sehenswerten **Patio**★ ist die ursprüngliche Dekoration mit floralen Motiven in Kachelmosaik und Serigraphie erhalten.

Antic Hospital de la Santa Creu
Die gotischen, barocken und neoklassizistischen Gebäude des ehemaligen Hospitals beherbergen heute die Katalanische Bibliothek; sie bilden eine Insel des Friedens in diesem belebten Viertel. Der Innenhof wurde in eine öffentliche Anlage umgewandelt. Durch eine mit *Azulejos* geschmückte Vorhalle gelangt man in einen schönen **gotischen Patio**★.

Zur Rambla zurückkehren, sie überqueren und in die Carrer del Cardenal Casañas gehen.

Santa María del Pi★
Diese Kirche in katalanischer Gotik des 14. Jh.s liegt am schönen Platz gleichen Namens. Sie beeindruckt durch ihre Schlichtheit und die Weite des Kirchenschiffs.

Zurück zur Rambla.

Palau de la Virreina★
An dem eleganten Palais, das 1778 für den Vizekönig von Peru errichtet wurde, mischen sich Elemente des Barock und des Rokoko. In seinen Räumen werden heute wechselnde Ausstellungen gezeigt.

Weiter unten auf der Rambla sieht man links die Fassade des bekannten Opernhauses **Gran Teatre del Liceu**, das nach dem Brand von 1994 vollständig wieder aufgebaut wurde. Das Muster des Straßenbelags des kleinen **Pla de la Boqueria** *(gegenüber)* entwarf Joan Miró.

Palau Güell★★
10-13 Uhr und 16-19 Uhr. So und feiertags geschl. 2,40 €. ☎ 933 17 39 74.
Das einstige Wohnhaus der Familie Güell wurde 1889 von Gaudí errichtet. Die eigenwillige Gestaltung des Eingangs (Parabelbögen und Gitter) ist typisch für den Modernismo. Innen sind besonders die obere Diele und die Mosaiken aus Kacheln und Stein sehenswert.

Barcelona
Plaça Reial★★

Die von klassizistischen Gebäuden (1848 bis 1859) gesäumte, von Palmen beschattete Fußgängerzone ist mit ihren zahlreichen Cafés, kleinen Boutiquen und ambulanten Schuhputzern sehr malerisch. Den Brunnen in der Mitte umgeben Laternen von Gaudí. Sonntags morgens werden hier Briefmarken und alte Münzen verkauft.

In der **Rambla de Santa Mònica** erreicht der Rambla-Straßenzug das Meer. Rechts erhebt sich das ehemalige **Kloster Santa Mònica**, in dem das Kunstzentrum Santa Mònica wechselnde Ausstellungen zeitgenössischer Kunst zeigt, und links das Wachsfigurenkabinett **(Museu de Cera)**. *Juli-Sept. 10-22 Uhr, sonst 10-13.30 Uhr und 16-19.30 Uhr, Sa/So und feiertags 11-14 Uhr und 16.30-20 Uhr. 7 €. ☎ 933 17 26 49.*

Monument Colom (Kolumbusdenkmal)

Die Kolumbussäule wurde 1886 errichtet zur Erinnerung an den Empfang, den die Katholischen Könige dem Seefahrer nach seiner ersten Fahrt nach Amerika bereiteten.

Besichtigung

BARRI GÒTIC UND LAS RAMBLAS

Museu d'Història de la Ciutat★★

Eingang Carrer Veguer. Juli-Sept. 10-20 Uhr, sonst 10-14 Uhr und 16-20 Uhr, So und feiertags ganzjährig 10-14 Uhr. Mo, 1. Jan., Karfreitag, 1. Mai, 24. Juni sowie 25. und 26. Dez. geschl. 3,60 €. ☎ 933 15 11 11.

Man besichtigt von hier aus die Ruinen der Römerstadt, die unter der Plaça del Rei ausgegraben wurden, und den einstigen Speisesaal (Saló de Tinell) sowie die Capella de Santa Águeda, die zum Königspalast gehörten.

Die Ruinen der Römerstadt★★★ – Ein interessanter unterirdischer Weg führt vom Untergeschoss des Museums zur Ausgrabungsstätte, wo Fundamente und Kanalisationen römischer Häuser, Vorratsbehälter u. a. zu sehen sind. In den tonnengewölbten Räumen sind Bildhauerarbeiten aus dem 1. bis 4. Jh. n. Chr. ausgestellt, darunter Büsten der Agrippina und der Faustina sowie die des Kaisers Antoninus Pius. Die beiden gotischen Fresken im Jaime-I-Saal wurden 1998 entdeckt.

Palau Reial Major – Der Große Königspalast wurde im 11. und 12. Jh. errichtet und erhielt im 14. Jh. sein heutiges Aussehen. Hier residierten die Grafen von Barcelona und dann die Könige von Aragonien. Im 16. Jh. hatte die Inquisition in einem Palastflügel ihren Sitz. Die durch Drillingsbögen aufgelockerte und von mächtigem Strebewerk gestützte Fassade ist romanisch.

Capella de Santa Águeda★★ – Die ebenfalls im 14. Jh. errichtete einschiffige Palastkapelle ist mit einer feingliedrigen, bemalten Holzdecke abgeschlossen. Sie enthält den 1465 von Jaume Huguet gemalten Dreikönigsaltar **(Retablo del Condestable★★)**, der Szenen aus dem Leben Mariä und Jesu zeigt. Die Anbetung der Könige in der Mitte zählt zu den bedeutendsten Werken der katalanischen Malerei.

Über einen seitlichen Aufgang erreicht man den **Mirador del Rei Martí**. Der fünfstöckige Turm bietet eine wunderschöne **Aussicht★★** auf die Altstadt, im Hintergrund ist die Kuppel von La Mercè zu erkennen.

Saló del Tinell – Dieser 17 m hohe und weite Raum aus dem 14. Jh. wird von sechs Rundbögen getragen. Nach der Überlieferung soll Christoph Kolumbus hier 1493 von den Katholischen Königen empfangen worden sein, als er von der ersten Amerikafahrt zurückkehrte.

Museu d'Art Contemporani de Barcelona (MACBA)★★

25. Juni-30. Sept. 11-20 Uhr (Do 21.30 Uhr), Sa 10-20 Uhr, So und feiertags 10-15 Uhr; sonst 11-19.30 Uhr, Sa 11-20 Uhr, So und feiertags 11-15 Uhr. Di, 1. Jan. und 25. Dez. geschl. 4,80 €. ☎ 934 12 08 10.

Der in den weiten weißen Räumen ausgestellte **Fundus★** umfasst Kunst der letzten 50 Jahre; er wird ständig vergrößert. Man sieht Werke des Konstruktivismus und der Lyrischen Abstraktion (Klee: *Beschwingte Bindungen*, Oteiza, Miró, Calder, Fontana) und neben experimenteller Kunst (Kiefer: *Das Grab in den Lüften*, Boltanski, Solano) auch typische Gemälde der 80er-Jahre (Hernández Pijuán, Barceló, Tàpies, Ràfols Casamada, Sicilia).

Museu Frederic Marès★

Di und Do 10-17 Uhr, Mi, Fr und Sa 10-19 Uhr, So und feiertags 10-15 Uhr. Mo, 1. Jan., Karfreitag, 1. Mai, 24. Juni sowie 25. und 26. Dez. geschl. 3 €. ☎ 933 10 58 00.

Das Museum wurde der Stadt vom Bildhauer Frederic Marès gestiftet. *(Eingang Plaça de Sant Iu).*

Skulpturenabteilung – Sie befindet sich im Untergeschoss und in den beiden ersten Stockwerken des Palastes. Die Werke sind chronologisch geordnet und reichen von der Ibererzeit bis ins 19. Jh. Beachtliche **Sammlung★** von Kruzifixen und Kreuzigungsgruppen aus bemaltem Holz (12.-14. Jh.) sowie eine ***Grablegung*** ★ (16. Jh.) und ***Die Berufung Petri*** ★, ein modern wirkendes Marmorbildwerk des Meisters Cabestany (12. Jh.).

Museu Sentimental – Reiche Sammlung von Gegenständen des täglichen Lebens wie Brillen, Fächer, Pfeifen, Tabaksdosen, Kleidung, Sonnenschirme u. a. m.

CARRER DE MONTCADA★★ *Besichtigung einschl. Picasso-Museum: etwa 1 1/2 Std. – s. Plan der Altstadt.*

Museu Picasso★

Tgl. 10-20 Uhr, So 10-15 Uhr. Mo, 1. Jan, Karfreitag, 1. Mai, 24. Juni sowie 25. und 26. Dez. geschl. 4,90 €. ☎ *933 19 63 10.*

In den wunderschönen gotischen Palais der Familie Berenguer d'Aguilar und des Barons von Castellet wurden zahlreiche Werke Picassos (Málaga 1881-Mougins 1973) zusammengetragen. Die meisten sind seinem Freund Sabartès gewidmet, von dem einige Porträts zu sehen sind (darunter ein abstraktes Bildnis, das ihn mit einer Halskrause zeigt). Die frühen Gemälde zeugen vom außerordentlichen Talent des jungen Picasso: Bildnisse seiner Eltern, *Erstkommunion* (1896), *Wissenschaft und Nächstenliebe* (1897). Unter seinen ersten Pariser Gemälden sind *Nana* und *La Espera* besonders erwähnenswert, aus der Blauen Periode *Los Desamparados* (1904), aus der Rosa Periode das *Porträt der Señora Casals*. In der Reihe **Las Meninas**★ (1959) stellte er aus seiner Sicht in mehreren Ausführungen das berühmte Gemälde von Velázquez dar.

In der graphischen Sammlung seien besonders die kraftvollen Darstellungen zum Thema Stierkampf hervorgehoben. Die Keramik – Vasen, Teller und Schüsseln aus den 50er-Jahren – wurde dem Museum von Jacqueline Picasso gestiftet.

DAS VIERTEL LA RIBERA

Im 13. und 14. Jh., als die katalanischen Seefahrer das westliche Mittelmeer beherrschten, kamen die Kaufmannsfamilien zu Ruhm und Reichtum. Die Carrer de Montcada, die nach einem bekannten Adelsgeschlecht benannt ist, wurde zum Aushängeschild für sozialen Aufstieg. Einige der schönen gotischen Palais können besichtigt werden. Hinter den relativ schlichten Fassaden liegen reizvolle Patios, die der mittelalterlichen Architektur Kataloniens Ehre machen. An einer Hofseite führt eine auf einem steigenden Bogen ruhende, oft mit Arkaden geschmückte Treppe in den 1. Stock.

In folgenden Stadtpalais können die Patios besichtigt werden: Palau Berenguer d'Aguilar (15. Jh.), Palau del Marquès de Llió (14. Jh.; **Museu Textil i d'Indumentaria** – Textil- und Bekleidungsmuseum), Palau Dalmases (*Nr. 20*; 17. Jh., mit Barockfriesen verzierte Treppe) und die Casa Cervelló-Giudice (*Nr. 25*; 16. Jh., schöne Treppe; Galerie Maeght).

Museu Barbier-Mueller d'Art precolombí

10-18 Uhr, So 10-15 Uhr. Mo, 1. Jan., 24. Juni, 1. Mai sowie 24. und 25. Dez. geschl. 3 €. ☎ *933 10 45 16.*

Zu den interessantesten Stücken dieses im Palau Nadal untergebrachten Museums zur Kunst Lateinamerikas vor der Entdeckung durch Kolumbus gehören u. a. kleine Votivfiguren aus dem Amazonasgebiet.

Església de Santa María del Mar★★

9-13.30 Uhr und 16.30-20 Uhr, So und feiertags 10-14 Uhr und 16.30-20 Uhr. ☎ *933 19 05 16.*

Dieses vor kurzem restaurierte Gotteshaus ist eines der schönsten Beispiele der katalanischen Gotik. Es wurde im 14. Jh. für die Seeleute des Viertels errichtet. Trotz ihrer geringen Mittel wollten diese mit den reichen Bürgern, die damals die Kathedrale finanzierten, rivalisieren. Das Ergebnis war dieser außerordentlich harmonische Bau. Die Mauern werden lediglich vom Giebel des Portals und den beiden Strebepfeilern rechts und links der schönen spätgotischen **Fensterrose**★ verziert. Das **Innere**★★★ wirkt durch die Höhe der Schiffe und die überschlanken Säulen sehr weiträumig.

DIE MEERSEITE DER STADT★ *1/2 Tag zu Fuß*

Anlässlich der Olympischen Spiele von 1992 wurde das Gebiet zwischen der Besòs-Mündung und dem Montjuïc völlig umgestaltet, sodass Barcelona heute als Hafenstadt wieder die einstige Bedeutung erlangt hat.

Drassanes und Museu Marítim★★

Tgl. 10-19 Uhr. 1. und 6. Jan. sowie 25. und 26. Dez. geschl. 5,50 €. ☎ *933 42 99 20.*

Die einstigen **Seilereien** gehören zu den besten Beispielen für die katalanische Profanarchitektur. Die zehn langen Hallen (die drei in Richtung Rambla gelegenen aus dem 17. Jh., die anderen aus dem 14. Jh.), deren Gebälk von Entlastungsbögen getragen wird, stammen vom alten Arsenal. Sie bilden einen idealen Rahmen für das **Marinemuseum**, das heute in ihnen Platz gefunden hat. Unter den zahlreichen kostbaren Segel- und Dampfschiffsmodellen beachte man die in Originalgröße nachgebildete Galeere *Real*, auf der Don Juan de Austria in der Schlacht bei Lepanto kämpfte. Das Schiff war hier im Arsenal gebaut worden. Im Bereich zur Kartographie ist der *Portolan von Gabriel de Vallseca* (1439) ausgestellt, der Amerigo Vespucci gehörte. Im Edificio Pere IV wird eine schöne Sammlung von Verzierungen gezeigt, die vom Bug alter Schiffe stammen.

Die Sanierung des Hafenviertels begann mit der Moll de Bosch i Alsina, bekannter unter dem Namen **Moll de la Fusta** (Holzmole), heute eine palmengesäumte Promenadenstraße, an der eine erhöhte Terrasse entlangführt.

Port Vell★

Im Gebiet des Alten Hafens wurden Cafés, Bars und Freizeiteinrichtungen angesiedelt, darunter ein modernes **Aquarium**, das Einkaufs- und Freizeitzentrum **Maremàgnum** und das **Cine IMAX**, ein Kino mit einer riesigen hemisphärischen Leinwand, auf der die Filme durch das spezielle Projektionsverfahren dreidimensional erscheinen.

Aquàrium★ – ⓘ *Okt.-Mai 9.30-21 Uhr, Juni und Sept. 9.30-21.30 Uhr, Juli-Aug. 9.30-23 Uhr. Letzter Einlass 1 Std. vor Schließung. 9,50 €, Kinder von 4-14 Jahren 6 €.* ☎ *932 21 74 74.*
In diesem Meeresaquarium leben alle im Mittelmeer bekannten Arten und außerdem viele Tropenfische. Ein spektakulärer, 80 m langer Tunnel durchquert das wunderschöne Ozeanarium.

Basílica de la Mercè★

Juli-Sept. 10-13 Uhr und 18-20 Uhr, sonst 9-13 Uhr und 18-19.30 Uhr, Sa 10-13 Uhr und 18-20.30 Uhr, So und feiertags 10-14 Uhr und 19-20.30 Uhr. ☎ *933 10 51 51.*
Das heutige Gotteshaus wurde 1760 errichtet. Seine Hauptfassade ist die einzige geschweifte Barockfassade Barcelonas. Von der Carrer Ample aus ist eine Renaissancefassade zu sehen, die zu einer anderen Kirche gehörte. Während die riesige Madonnenstatue auf der Kuppel vom Ende des 19. Jh.s stammt, ist die in der Basilika stehende schöne **Mare de Déu de la Mercè★** ein Werk der Gotik von Pere Moragues (1361).

*Nach Überquerung der **Via Laietana**, der in der ersten Hälfte des 19. Jh.s viele alte Bauten weichen mussten, auf dem Passeig d'Isabel II weitergehen.*

La Llotja★

Die heutige Handelskammer war früher die Warenbörse. Es ist ein klassizistischer Bau vom Ende des 18. Jh.s, in dem noch ein herrlicher **gotischer Saal★★** erhalten ist, dessen weiter Raum durch dreifache Rundbogenarkaden in drei Schiffe geteilt ist.

Estació de França★

Der erste Bahnhof der Stadt ist ein Eisenskelettbau mit Glasdach. Seine hellen Räumlichkeiten werden gelegentlich für kulturelle Veranstaltungen zweckentfremdet, beispielsweise für die alljährliche Comics-Messe (Saló del Cómic).

Parc de la Ciutadella★

Tgl. 7.30-21 Uhr. 1,20 €. ☎ *934 13 24 00.*
Auf dem Gelände des Parks stand bis 1868 eine von Philipp V. errichtete Zitadelle, mit der dieser König die rebellischen Katalanen in Schach halten wollte. Sie musste einem Park weichen, in dem die Weltausstellung von 1888 stattfand; ihr Symbol, der Arc del Triomf, ist erhalten geblieben.

Castell dels Tres Dragons★★ – Der burgartige Eisenskelettbau mit unverputzten Ziegeln ist ein ehemaliger Ausstellungspavillon von Domènech i Montaner.

Museu de Zoologia★ – *10-14 Uhr, Do 10-18.30 Uhr. Mo, 1. Jan. und 25. Dez. geschl. 3 € (inkl. Museu de Geologia); 1. So im Monat Eintritt frei.* ☎ *933 19 69 12.*
In der umfassenden Sammlung sind alle Tiergattungen vertreten.

Cascada (Kaskaden) – Die monumentale Brunnenanlage ist ein Entwurf Gaudís, als dieser noch Student war. Im kleinen See kann man Ruderboot fahren.

Parc Zoològic★ – ⓘ *Jan., Febr., Nov. und Dez. 10-17 Uhr, März und Okt. 10-18 Uhr, Apr. und Sept. 10-19 Uhr, Mai-Aug. 9.30-19.30 Uhr. 25. Dez. geschl. 10 €, Kinder 6,50 €.* ☎ *932 25 67 80.*
Der Zoo nimmt den größten Teil des Ciutadella-Parks ein. Er besitzt viele Tiere aus aller Herren Länder. Im Aquarama werden Dressurvorstellungen mit Delphinen gezeigt.

Museu d'Art Modern – *10-19 Uhr, So und feiertags 10-14.30 Uhr. Mo, 1. Jan., 1. Mai und 25. Dez. geschl. 3,10 €.* ☎ *933 19 57 28.*
Es befindet sich in einem von der Zitadelle erhaltenen Gebäude. Sammlung katalanischer Kunst des 19. und Anfang des 20. Jh.s mit Werken von Fortuny, Ramón Casas, Nonell, Regoyos, Gargallo, Sert.

Auf der Avinguda del Marquès d'Argentera zum Pla del Palau zurückkehren, wo man auf dem Passeig Nacional weitergeht.

La Barceloneta★

Viertel, in dem überwiegend Fischer und Hafenarbeiter wohnen. Mit seinen schmalen Straßen ist es recht malerisch. Die Restaurants und *chiringuitos* sind für Meeresfrüchte und Fisch bekannt.

Museu d'Història de Catalunya★
10-19 Uhr, Mi 10-20 Uhr, So und feiertags 10-14.30 Uhr. 3 €. ☎ *932 25 47 00.*
Das Gebäude ist ein Anfang des 20. Jh.s gebautes Lagerhaus des Hafens Barcelona. Hier wird die Geschichte Kataloniens von der Vorgeschichte bis in die heutige Zeit nachgezeichnet.
Am Ende des Passeig Nacional zum Passeig Marítim gehen.

Vila Olímpica★
Das **Olympische Dorf**, das zur Aufnahme der 15 000 Olympiateilnehmer errichtet wurde, gehört zum Modernsten, was Barcelona in der Architektur zu bieten hat. Mit dem Gesamtkonzept der Anlage (Straßenzüge und Parks mit zeitgenössischen Skulpturen) war das Team MBM (Martorell, Bohigas und Mackay) betraut, wohingegen örtliche Architekten die Gebäude errichteten.
Besonders beliebt als Ort der Entspannung und Erholung ist der von J. R. de Clascà angelegte Jachthafen **(Puerto deportivo★★)** mit seinen Terrassencafés, Bars und Restaurants. Von den markanten, 153 m hohen **Türmen** (Hotel Arts Barcelona und Torre Mapfre) bietet sich eine wunderschöne **Aussicht★★★**, die bei klarem Wetter bis Mallorca reicht.

MONTJUÏC★ *Besichtigung einschl. der Museen: 1 Tag – s. Übersichtsplan Barcelona*
Auf dem den Hafen im Süden um 173 m überragenden „Judenberg" bauten die Einwohner Barcelonas eine Festung, als sie sich im Jahre 1640 gegen Philipp IV. auflehnten. Heute beherbergt die Festung ein Armeemuseum. Von den Terrassen aus hat man eine weite **Aussicht★** über den Hafen und die Stadt.
1929 fand auf dem Montjuïc eine Weltausstellung statt. Man erreichte sie über die **Plaça d'Espanya.** Der Montjuïc ist noch heute ein Messe- und Ausstellungszentrum der Stadt. Anlässlich der Weltausstellung von 1929 schuf Gaetà Buïgas den beleuchteten Springbrunnen **(Font Magica)** am Ende der Avinguda de la Reina María Cristina. Mies van der Rohe entwarf den hier wieder getreu nachgebildeten deutschen Pavillon (**Pavelló de recepció** oder **Pavelló Mies van der Rohe★★**), der durch die Modernität seiner Struktur, seine Schlichtheit und die Wahl der verwendeten Materialien überrascht. Blumenreich ist die Parkanlage am Hang.

Museu Nacional d'Art de Catalunya (Museum für katalanische Kunst)★★★
10-19 Uhr, So und feiertags 10-14.30 Uhr. Mo, 1. Jan., 1. Mai und 25. Dez. geschl. 4,90 €. ☎ *936 22 03 75 oder 936 22 03 76. Mit dem Articket können zudem besichtigt werden: Fundació Antoni Tàpies, Fundació Joan Miró, MACBA, Museu d'Art Modern, CCCB und La Pedrera. 15 €.*
Das Museum befindet sich im monumentalen ehemaligen spanischen Pavillon der Weltausstellung von 1929. Es enthält herrliche **Sammlungen romanischer und gotischer Kunst★★★**, die zumeist den kleinen Kirchen Aragoniens und Kataloniens entstammen, sowie die Werke des 16. bis 18. Jh.s aus der Sammlung **Francesc Cambó**. Bald sollen hier auch Renaissancekunst, Werke des Barock und der Fundus des Museums für moderne Kunst ausgestellt werden.
Romanik – Im 12. und 13. Jh. entwickelte sich in den Pyrenäentälern eine sehr ausdrucksstarke Volkskunst. Die Fresken sind in weiten Sälen ausgestellt, die die Raumwirkung der Kirchen schaffen. Der Einfluss der byzantinischen Kunst wird in der schwarzen Kontur, der Anordnung in Streifen, dem Fehlen der Perspektive sowie der etwas steifen Haltung der Figuren deutlich. Durch die Intensität des Ausdrucks und die realistischen Details ist diese sakrale Kunst eine typisch spanische Schöpfung.
Besonders bemerkenswert sind die Fresken aus Boí (12. Jh. – *Bereich II*); sie stellen die Steinigung des hl. Stephanus, einen Falkner sowie den Himmel und die Hölle dar; schön sind auch die Fresken der Nebenapsiden von Sant Quirze de Pedret (Ende 11. Jh. – *Bereich III*) und die von Santa María de Taüll (12. Jh. – *Bereich VII*) mit den von einer Dreikönigsdarstellung eingeleiteten Szenen. Eines der Hauptwerke der romanischen Malerei, überraschend durch die vereinfachte, fast geometrische Darstellung, ist die *Majestas Domini* aus Sant Climent de Taüll *(Apsis von Bereich V).* Die **Antependien** sind entweder bemalte Holztafeln, wie die von Sant Martí d'Ix und die *Apostelafel* von La Seu d'Urgell, oder mit plastischer Bildhauerarbeit geschmückte Altarvorsätze, wie der von Esterrí de Cardós und Santa María de Taüll. Das Museum besitzt außerdem wunderschöne **Sammlungen von Kapitellen★** *(Bereich VI)* sowie hervorragende Email- und Goldschmiedearbeiten *(Bereich XV).*
Gotik – Katalanische Gotik vom 13. bis 15. Jh. Besondere Erwähnung verdienen die *Verkündigung* des **Meisters Anglesola** *(Bereich III)*, die den Einfluss der linienfreudigen französischen Gotik erkennen lässt; die **Jaime Cascalls** zugeschriebenen steinernen Altäre *(Bereiche IV und V)*; die Abteilung zum so genannten Internationalen Stil *(Bereich IX)* mit Werken der bedeutendsten Maler aus Barcelona (**Guerau Gener, Juan Mates, Ramón de Mur, Juan Antigó, Bernardo Despuig** und **Jaime Cirera**); der Raum mit der Malerei **Bernardo Martorells** *(Bereich XI)*, die voller liebenswürdiger Details ist; in Bereich XII befindet sich die berühmte *Madonna der Ständevertreter* (katal. *consellers*) von **Luis Dalmau**; interessant sind auch die Arbeiten des **Meisters von La Seu d'Urgell** *(Bereich XV)* und schließlich die Grabskulpturen aus dem 14. und 15. Jh. *(Bereich XVIII).*

Barcelona

Poble espanyol (Spanisches Dorf)★
Mo 9-20 Uhr, Di-Do 9-2 Uhr morgens, Fr und Sa 9-4 Uhr morgens, So 9-24 Uhr. Letzter Einlass 1 Std. vor Schließung. 1. Jan. und 25. Dez. geschl. 6 €. ☎ 935 08 63 00.
Das anlässlich der Weltausstellung von 1929 gebaute Dorf zeigt die für die Regionen Spaniens typischen Gassen und Plätze. Vom kleinen kastilischen Dorfplatz gelangt man in die weiße Gasse eines andalusischen Dorfes mit geraniengeschmückten Häusern oder zu einem aragonischen Mudéjar-Turm. Restaurants, altmodische Läden (Apotheke, Parfümerie) und auf den Plätzen arbeitende Handwerker traditioneller Berufe runden dieses Bild von Spanien ab. Im Poble espanyol befindet sich auch ein Volkskundemuseum, das **Museu de Artes, Industrias i Tradicions Populares**. *Besichtigung auf vorherige Anfrage.* ☎ 934 23 69 54.

Anella Olímpica (Olympischer Ring)★
Der so genannte Olympische Ring wurde für die Olympischen Spiele von 1992 geschaffen. Es ist ein breiter Straßenzug im oberen Teil des Gebirges. Den Kern bilden das Olympiastadion **(Estadi olímpic★)**, das, abgesehen von der Fassade (1929), vollständig umgebaut wurde, und der von dem Japaner Arata Isozaki errichtete Sportpalast **(Palau Sant Jordi★★)**, erkenntlich an den Metallaufbauten. Santiago Calatrava gelang es, im Funkturm **(Torre de Comunicaciones)** der Gesellschaft Telefónica Schönheit mit moderner Technik zu vereinen.

Galería Olímpica
Okt.-März 10-13 Uhr und 16-18 Uhr, Apr.-Juni 10-14 Uhr und 16-19 Uhr, Juli-Sept. 10-14 Uhr und 16-20 Uhr, So und feiertags 10-14 Uhr. 1. Okt.-31. Mai Sa/So, 1. Jan. sowie 25. und 26. Dez. geschl. 2,40 €. ☎ 934 26 06 60.
In dieser Galerie sind verschiedenste Dinge zu den Olympischen Spielen, die von den spanischen Sportlern errungenen Medaillen und Fotos von Wettkämpfen und ergreifenden Szenen aus diesen ereignisreichen Tagen ausgestellt.

Fundació Joan Miró (Stiftung Joan Miró)★★★
Juli-Sept. 10-20 Uhr, sonst 10-19 Uhr, Do 10-21.30 Uhr, So und feiertags 10-14.30 Uhr. Mo, 1. und 6. Jan. und 25. Dez. geschl. Letzter Einlass 15 Min. vor Schließung. 4,90 €. ☎ 934 43 94 70.
Joan Miró (1893-1983) ist zweifelsohne eine der Schlüsselfiguren der europäischen Kunst des 20. Jh.s. Er ist eng mit der Stadt Palma de Mallorca verbunden *(s. unter MALLORCA)* und hat auch Barcelona, seine Geburtsstadt, geprägt, wo die Kachelbilder des Flughafens, die Mosaiken der Rambla und vor allem das vielerorts auftauchende Logo der Caixa de Pensiones de Catalunya an ihn erinnern.
La Masía, in Paris gemalt, wo er 1921 und 1922 lebte, war das erste nicht-figurative Werk Mirós. Zwischen 1939 und 1941 entstand die Serie der 23 **Constelaciones**, Ausdruck des Entsetzens und Abscheus vor dem Zweiten Weltkrieg. Wichtige Elemente (Frau, Nacht, Sonne) wurden von nun an eine Konstante im Werk Mirós, der ständig mit den Möglichkeiten der Farbe und der Symbole experimentierte und Heiterkeit und Tragik auf eine magisch-poetische Weise vermischte *(es gibt ein Video über den Künstler zu sehen)*.

Joan Miró (Fundació Joan Miró): Personen, Vögel, Stern

Er rief 1971 die Stiftung ins Leben, die 1976 eingeweiht wurde. Das harmonisch proportionierte Gebäude wurde von Josep Lluís Sert (1902-1983) entworfen, einem Freund Mirós, dessen Hauptanliegen es war, Architektur und Natur in Einklang zu bringen.
Die Sammlung enthält zahlreiche Gemälde und Skulpturen Mirós, vor allem aus den letzten 20 Jahren seines Lebens, sowie einige Werke anderer Künstler (Matisse, Tanguy, Max Ernst, Chillida, Saura, Rauschenberg) sowie den Merkur-Brunnen (**Fuente de Mercurio**) von Alexander Calder.
Im kleinen **Skulpturengarten** neben der Stiftung sind Werke junger katalanischer Künstler ausgestellt.

Teatre Grec★
Dieses vom antiken Theater von Epidauros inspirierte Freilichttheater (1929) hat die steile Felswand eines stillgelegten Steinbruchs als Bühnenwand. Im Sommer findet hier das **Festival del Grec** statt mit Sprechtheater, musikalischen Veranstaltungen und Ballett.

Museu d'Arqueològia de Catalunya (Archäologisches Museum Kataloniens)★
9.30-19 Uhr, So und feiertags 10-14.30 Uhr. Mo, 1. Jan., 24. und 25. Dez. geschl. 2,40 €; So und feiertags Eintritt frei. ☏ 934 23 21 49.
Schon seit langem interessieren sich die Archäologen für das uralte Kulturland Katalonien, in dessen Boden noch immer wertvolle Zeugen der Vergangenheit verborgen sind. Anhand der im Museum ausgestellten Funde (Werkzeug, Keramik, Votivfigürchen, Grabbeigaben) kann man die geschichtlichen Epochen von der Altsteinzeit über die griechische und die römische Kultur bis zur Westgotenzeit verfolgen.

UNIVERSITÄTSVIERTEL
Monestir de Pedralbes★★
Tgl. 10-14 Uhr (letzter Einlass 13.30 Uhr). Mo, 1. Jan., Karfreitag, 1. Mai, 24. Juni, 25. und 26. Dez. geschl. 2,40 €; 1. So. im Monat Eintritt frei. ☏ 932 03 92 82.
Der Ort Pedralbes ist heute praktisch ein Wohnviertel Barcelonas, hat jedoch einen dörflichen Charakter mit Sommerresidenzen und vornehmen, von Gärten umgebenen Häusern bewahrt.
Im 14. Jh. wurde von Jakob II. von Aragonien und dessen vierter Frau, Doña Elisenda de Montcada, hier ein Kloster gegründet, das noch heute besteht. In der schönen **Kirche**★ in katalanischer Gotik befindet sich das Grabmal der Gründerin. Der große spätgotische **Kreuzgang**★ ist dreistöckig und von Zellen und Betkapellen umgeben. Schöne **Wandmalereien**★★★ von Ferrer Bassá (1346), einem Katalanen, dessen Kunst starke italienische Einflüsse aufweist, schmücken die Michaelskapelle (**Sant Miquel**).
Die den Zeitraum vom Mittelalter bis zum 18. Jh. umfassende **Sammlung Thyssen-Bornemisza**★ *(Eingang im Kreuzgang)* ist im ehemaligen Schlafsaal der Nonnen und im Hauptraum des Klosters ausgestellt. Die 72 Gemälde und acht Skulpturen gehören zum Fundus des Thyssen-Bornemisza-Museums in Madrid und haben zum großen Teil religiöse Thematik. Besondere Aufmerksamkeit verdienen die **Porträtsammlung** (Beispiele aus verschiedenen Malerschulen vom 15. bis 18. Jh.), mehrere Madonnenbilder der frühen italienischen Malerei (Daddi, Monaco, **Fra Angelico**) sowie die *Hl. Marina* von **Zurbarán**.

Palau de Pedralbes
Zwischen 1919 und 1929 ließ die Stadt dieses im Stil der italienischen Renaissance gehaltene Palais für Alfons XIII. errichten. Heute enthält der Palast das **Museu de les Artes Decoratives**★ mit schönen Gebrauchsgegenständen des täglichen Lebens. Die Sammlungen reichen vom Mittelalter bis zur Epoche des Industriedesigns. Im **Museu de Ceràmica** ist die Entwicklung der Keramik vom 13. Jh. bis heute zu verfolgen. Besonders interessant sind die katalanischen Töpferwaren und die Keramik aus Alcora (18. und 19. Jh.). *10-18 Uhr, So und feiertags 10-15 Uhr. Mo, 1. Jan., Karfreitag und 25. Dez. geschl. 2,40 € je Museum, 4,20 € beide; 1. So im Monat Eintritt frei. ☏ 932 80 16 21.*
▶▶ Museu de la Ciència, Sant Pau del Camp (10. Jh., Kreuzgang★), Teatre Nacional de Catalunya (Ricardo Bofill), Auditori (Rafael Moneo).

Umgebung

Monestir de Sant Cugat del Vallès★★
20 km westlich auf der BP 1417. Juni-Sept. 10-13.30 Uhr und 15-18.30 Uhr, sonst 10-13.30 Uhr und 15-17.30 Uhr. Mo geschl. 2,40 €; Di Eintritt frei. ☏ 935 90 21 74.
Das Benediktinerkloster liegt noch heute im Zentrum der nach ihm benannten Stadt. Hier, an der Römerstraße in acht Meilen Entfernung von Barcelona, wurde der hl. Cucufas (Cugat) um das Jahr 304 von den Soldaten Kaiser Diokletians umgebracht. Schon sehr früh wurden seine Reliquien verehrt, und man errichtete eine Gedächtniskapelle.

Barcelona

Vom Kloster **(Monasterio)** sind nur die Kirche, der Kreuzgang und der als Kapelle dienende Kapitelsaal erhalten. Das einstige Abtspalais, heute Pfarrhaus, ist ein im 18. Jh. umgebautes gotisches Gebäude.

Kirche★ – Schönes Beispiel für den Übergang von der Romanik zur Gotik. Ihr ältester Bauteil ist der Glockenturm aus dem 11. Jh., der ursprünglich als Kampanile neben der Kirche stand und erst im 15. Jh. in das Gotteshaus einbezogen wurde, als man die Seitenkapellen errichtete. Im 12. Jh. baute man den Chor. Die drei von außen polygonalen Apsiden werden durch eingebundene Säulen hervorgehoben. Das Gewölbe der mittleren Apsis kündigt die Stilveränderung in Richtung gotischer Spitzbögen an, die am Vierungsturm und in den drei Kirchenschiffen ganz zum Tragen kommt. Die Fassade wurde kurz vor 1350 fertig gestellt. Sie ist zinnengekrönt, von wuchtigen Strebepfeilern abgestützt und mit einer großen, gotischen Fensterrose geschmückt, die genauso breit ist wie das Portal. Unter den Kunstwerken ist der Allerheiligenaltar **(Retablo de Todos los Santos★)** von Pere Serra (14. Jh.) hervorzuheben.

Kreuzgang★ – Man befindet sich hier in einem der größten romanischen Kreuzgänge Kataloniens (11. und 12. Jh.). Das Erdgeschoss mit insgesamt 144 Säulen wurde Anfang des 13. Jh.s errichtet, die Galerie darüber wurde im 16. Jh. über einer Bogenreihe mit behauenen Steinkonsolen aufgesetzt. Die **romanischen Kapitelle★** sind mit den verschiedensten Motiven verziert. Akanthusblätter wechseln mit Bandornamentik oder figurativer (Vögel) und erzählender Dekoration. Die biblischen Szenen sind besonders am Südflügel längs der Kirche gruppiert. Das interessanteste Kapitell befindet sich am nordöstlichen Eckpfeiler, wo sich der Bildhauer Arnaldo Catell selbst bei der Arbeit dargestellt und seinen Namen eingemeißelt hat.

Terrassa/Tarrasa

31 km nordwestlich auf der E 9. Bedeutende Industriestadt in der Nähe von Barcelona. Hier ist eine Gruppe von drei kleinen Kirchen erhalten, die wunderschöne Beispiele für die vorromanische Architektur sind.

Conjunto monumental de Sant Pere★★ – *10-13.30 Uhr und 16-19 Uhr, So 11-14 Uhr. Mo und feiertags geschl.* ☎ 937 89 27 55.

Die Bauten aus dem 5. Jh., als Egara eine bedeutende Bischofsstadt war, bilden eine Insel der Stille. Wegen ihres Alters (9.-12. Jh.) und ihrer römischen und westgotischen Elemente haben sie einen großen archäologischen Wert.

Die alte Taufkirche **Sant Miquel★** mit quadratischem Grundriss und siebeneckiger Apsis wurde im 6. Jh. auf römischen Ruinen erbaut und im 9. Jh. restauriert. Die Kuppel über dem Taufbecken wird von acht Säulen getragen; vier der Säulen haben romanische und vier haben westgotische Kapitelle. Durch dünne Alabasterplatten fällt Licht auf die alten Malereien in der Apsis. In der Krypta sieht man drei kleine Apsiden mit Hufeisenbögen.

Santa María★ ist ein schönes Beispiel für die lombardisch beeinflusste Romanik. Vor der Fassade sind noch Fragmente eines Mosaiks aus dem 5. Jh. erhalten geblieben. Die Malereien im Gewölbe der Apsis (11. Jh.) sind verwischt, aber die Wandmalereien im rechten Querschiff, die das Martyrium des hl. Thomas von Canterbury (13. Jh.) darstellen, haben ihre leuchtenden Farben bewahrt. Unter den bemerkenswerten Altären des 15. Jh.s ragt im linken Querschiff das **Retabel★★** mit Szenen aus dem Leben der Heiligen Abdon und Senen heraus, das von Jaume Huguet geschaffen wurde.

Sant Pere – Mit dem Bau dieser schlichten Kirche auf trapezförmigem Grundriss wurde im 6. Jh. begonnen. Die Vierung ist romanisch; Seltenheitswert besitzt das in die Chorwand eingefügte **steinerne Retabel★**.

Masía Freixa★ – Das im Sant-Jordi-Park gelegene Gebäude wurde 1907 für eine wohlhabende Familie des Bürgertums errichtet. Es ist heute eine Musikhochschule. Die wiederholt verwendeten Parabelbögen sind ein typisches Motiv des Modernismo.

Bildnis der Heiligen Abdon und Senen, Santa María

Museu de la Ciència i de la Técnic de Catalunya★ – *Juli-Aug. 10-14.30 Uhr, sonst 10-19 Uhr, Sa/So und feiertags 10-14.30 Uhr. Mo, 1. und 6. Jan., 25. und 26. Dez. geschl. 2,40 €. ☎ 937 36 89 66.*
Das Museum ist in einer ehemaligen Fabrik eingerichtet, einem Zweckbau des Modernismo (1909). Es zeigt eine Retrospektive des technischen Fortschritts in der Industrie.

Museu Textil – *9-18 Uhr, Do 9-21 Uhr, Sa/So 10-14 Uhr. Mo und feiertags geschl. 1,80 €; So Eintritt frei. ☎ 937 31 52 02 oder 937 31 49 80.*
Stoffe aus dem Orient, darunter wertvolle koptische Stücke aus dem 4. und 5. Jh., sowie Gewebe aus der Merowingerzeit und kostbare moderne Brokate werden mit viel Geschmack präsentiert und geben einen ausgezeichneten Überblick über die Geschichte der Stoffe.

Sierra de Montserrat★★

49 km nordwestlich auf der E 9. Das eindrucksvolle **Felsmassiv★★★** des Montserrat besteht aus sehr harten, im Alttertiär entstandenen Kalkkonglomeraten, die durch die Erosion des angrenzenden Gesteins herausgehoben und durch den Einfluss von Wind und Wasser bizarr geformt wurden. Trotz der Ähnlichkeit des Namens ist der Montserrat nicht der Monsalvatsch der Gralssage, die von Richard Wagner für die Oper *Parsifal* verwendet wurde. Die von eigenartigen Spitzen gekrönten, auf steil abfallenden Felsen aufgetürmten Blöcke haben dem Gebirge den Namen „zersägter Berg" eingebracht. Als bedeutendster Ort der Marienverehrung Kataloniens zieht die Sierra de Montserrat alljährlich zahlreiche Wallfahrer an. Die Straße zum Kloster bietet sehr schöne **Ausblicke★★** auf die Felsen. Um mit der Seilbahn zum Kloster zu gelangen, fährt man zur Talstation in der Nähe von Monistrol de Montserrat.

Monestir (Kloster) – Im 9. Jh. erhielten die Benediktiner von Ripoll eine der fünf Einsiedeleien des Gebirges. Im Jahre 1025 gründete dann der Abt Oliva ein Kloster, das schnell an Bedeutung gewann. Das romanische Gebäude wurde im 12. Jh. vergrößert, und die blühende Abtei erlangte 1409 ihre Unabhängigkeit von Ripoll. Die Gelehrsamkeit der Mönche, der Reichtum der Gemeinschaft sowie der Ansturm und die Inbrunst der Pilger zeugen von der Macht des Klosters. Einer der Äbte Montserrats, Giuliano della Rovere, wurde später Papst Julius II. Dieser Gelehrte und Künstler verband sein geistliches Amt mit großer Weltoffenheit und förderte die großen Meister der italienischen Renaissance. In jedem Jahrhundert kam ein neues Gebäude zur Klosteranlage hinzu; so kann man heute in Montserrat Meisterwerke aller Stilrichtungen sehen. 1812 wurde die Abtei von den französischen Truppen zerstört. Die großen heutigen Gebäude stammen aus dem 19. und 20. Jh. (die Kirchenfassade wurde 1968 fertiggestellt) und sind, was die Architektur betrifft, uninteressant. Im hinteren Teil der düsteren, verschwenderisch ausgestatteten Kirche (**Basílica**, 15. Jh.) befindet sich die Schwarze Madonna. *Juli-Sept. 7-20.30 Uhr, sonst 7-19.30 Uhr. ☎ 938 77 77 66.*

La Moreneta★★ – So nannten die Katalanen ihre Schwarze Madonna. Es handelt sich um eine bemalte Holzstatue, die vermutlich aus dem 12. Jh. stammt; das auf den Knien der Madonna sitzende Christuskind wurde im 19. Jh. restauriert. Der Legende nach wurde die Statue von Hirten in einer Höhle gefunden.
Die Madonna befindet sich über dem Hochaltar. Um sie aus der Nähe zu betrachten, muss man durch die Kapellen des rechten Seitenschiffs zum *camarín* gehen. Man braucht nur dem Pilgerzug zu folgen, der ständig zur Schutzpatronin Kataloniens zieht, um dann vor Verlassen der Kirche eine Kerze anzuzünden. Die von den Mönchen (in Montserrat leben 80 Mönche) gehaltenen Messen (11 Uhr und 18.45 Uhr) sind von großer Schönheit, und das Weihnachtsfest sowie die Feste der Karwoche werden ganz besonders feierlich begangen.
Die **Escolonía**, einer der ältesten Kinderchöre der Welt, wurde im 12. Jh. gegründet. Der Chor singt täglich um 13 Uhr *(Virolai)* und um 19.10 Uhr *(Salve)*.

Einsiedeleien (Ermitas) und Aussichtspunkte – *Auskunft erteilt das Fremdenverkehrsamt. Zugang über Bergpfade oder mit den verschiedenen Kabinen- und Standseilbahnen (funiculares). Ab Sant Joan: Abfahrt alle 20 Min. Jan.-März, Nov.-Dez. 11-16 Uhr, Sa/So und feiertags 10-16 Uhr. Apr., Mai-Juni, Sept.-Okt. 10-17.40 Uhr. Juli-Aug. 10-19 Uhr. 16.-21. Febr. geschl. 6 € Hin- und Rückfahrt. ☎ 932 05 15 15. Ab Santa Cova: Abfahrt alle 20 Min. Nov.-Febr. 10.10-13.10 Uhr und 14.10-18 Uhr, sonst 10.10-13.10 Uhr und 14.10-17 Uhr. 2,40 €.*
Vor der Besetzung durch die napoleonischen Truppen gab es hier 13 von Eremiten bewohnte Einsiedeleien. Heute sind sie alle verlassen, doch bilden einige ein angenehmes Wanderziel.

Barcelona

Ermita de La Trinitat – *45 Min. zu Fuß*. Die Einsiedelei liegt in einer malerischen Senke im Schutz von Bergen mit den suggestiven Namen El Elefante und La Momia („Die Mumie").

Sant Jeroni★ – *Zugang zu Fuß auf einem Waldweg (1 1/2 Std.) oder mit dem Auto auf einer Waldstraße (1 1/2 Std.)*. Vom höchsten Punkt des Massivs (1 238 m) bietet ein Aussichtspunkt einen schönen **Rundblick**, der bei klarem Wetter von den Pyrenäen bis zu den Balearen reicht.

Ermita de Santa Cecilia – Sie war bis zum 16. Jh. ein Benediktinerkloster, jedoch nicht so einflussreich wie das Kloster Santa María. Die romanische **Kirche★** stammt aus dem 11. Jh.; ihr Chorhaupt mit den Lisenen, die Kirchenschiffe und der asymmetrische Kampanile verleihen dem Gebäude eine wunderschöne Silhouette.

Santa Cova – *1 Std. zu Fuß*. Der Legende nach wurde in dieser Höhle die Schwarze Madonna gefunden. Ausblicke auf das Llobregat-Tal.

Sant Miquel★ – *1/2 Std. zu Fuß vom Kloster aus; 1 Std. ab Endstation der Standseilbahn von Sant Miquel*. Blick auf die gesamte Klosteranlage.

Sant Joan – *1/2 Std. ab Endstation der Standseilbahn von Sant Joan*. Schöner Rundblick; man kann sogar die an einen Felsen gebaute Einsiedelei Sant Onofre erkennen.

Belmonte★

Der Geburtsort des Dichters Fray Luis de León ist ein typisches Dorf der Mancha, mit weiß getünchten Häusern und breiten Straßen, sodass man nicht überrascht wäre, käme plötzlich Don Quijote auf seiner Rosinante um eine Ecke geritten. Der Ort wird von der beeindruckenden, mächtigen Stiftskirche und der mittelalterlichen Burg beherrscht, die sich auf dem Hügel San Cristóbal erhebt.

Steckbrief

2 601 Einwohner. Michelin-Karte Nr. 576 – Kastilien-La Mancha (Cuenca). Belmonte liegt in einer weitläufigen Ebene der Mancha nahe der N 420, die Cuenca mit Ciudad Real (142 km südwestlich) verbindet, und ist von Cuenca aus in etwa einer Stunde, von Madrid (157 km nordwestlich) in etwa zwei Stunden zu erreichen.

Reiseziele in der weiteren Umgebung: CUENCA (101 km nordöstlich) und ALBACETE (107 km südöstlich).

> **DIE PERFEKTE BURG FÜRS KINO**
> Aufgrund seines mittelalterlichen Erscheinungsbildes und der eindrucksvollen Silhouette seiner Burg diente Belmonte bereits des Öfteren als Drehort für Spielfilme. *El Cid* (1961) mit Charlton Heston und Sofia Loren ist wohl der bekannteste hier gedrehte Film.

Besichtigung

DER ORT

Von Belmonte blieben ein Teil der ehemaligen Stadtmauer, die den Ort mit der Burg verband, sowie drei der fünf Stadttore erhalten, durch die man ihn betrat. Das am besten erhaltene Tor ist die Puerta de Chinchilla.

Antigua Colegiata (Ehemalige Stiftskirche)★

15. Jh. Sie enthält eine interessante Sammlung von **Altaraufsätzen**, die von Künstlern der Region im 15., 16. und 17. Jh. ausgeführt wurden. Das **Gestühl★** des *coro* (15. Jh.) stammt aus der Kathedrale von Cuenca; die Schnitzerei stellt in realistischem Stil Szenen der Schöpfung und des Leidenswegs Christi dar. In dieser Kirche befindet sich auch das Taufbecken, in dem Fray Luis de León getauft wurde.

Castillo★

Im Sommer 10.30-13 Uhr und 16-19 Uhr, sonst 10-13 Uhr und 16-19 Uhr. 1,80 €. ☏ 967 17 00 08.

Die sechseckige Festung mit sechs Rundtürmen wurde im 15. Jh. von Juan Pacheco, Marquis von Villena, zur Verteidigung seiner weitläufigen Ländereien errichtet. Der bis ins 19. Jh. unbewohnten Burg kam ihre gesamte Inneneinrichtung abhanden. 1870 verlor der Innenhof sein ursprüngliches Aussehen, als die neue Besitzerin,

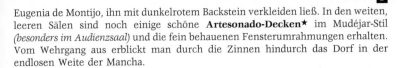

Eugenia de Montijo, ihn mit dunkelrotem Backstein verkleiden ließ. In den weiten, leeren Sälen sind noch einige schöne **Artesonado-Decken★** im Mudéjar-Stil *(besonders im Audienzsaal)* und die fein behauenen Fensterumrahmungen erhalten. Vom Wehrgang aus erblickt man durch die Zinnen hindurch das Dorf in der endlosen Weite der Mancha.

Umgebung

Villaescusa de Haro
6 km nordöstlich über die N 420. In der Pfarrkirche empfiehlt sich die Besichtigung der Himmelfahrtskapelle, der **Capilla de la Asunción★**. Sie entstand 1507 und ist mit ihrem Zierwerk, dem dreibögigen schmiedeeisernen Gitter und dem Retabel ein schönes Beispiel der Spätgotik.

Bilbo/Bilbao★

Das Image Bilbaos wurde durch mehrere Bauten zeitgenössischer Architekten kräftig aufgewertet. So wurde die neue Untergrundbahn größtenteils von Norman Foster gestaltet; Santiago Calatrava baute einen Flughafenterminal und eine Fußgängerbrücke, doch am interessantesten ist zweifellos das Guggenheim-Museum von Frank O. Gehry. Lange galt Bilbao als Industriestadt ohne jeglichen Reiz, in den letzten Jahren stieg jedoch die Zahl der Besucher und Touristen, die von der dynamischen Stadt mit ihren Museen und der malerischen Küste angezogen wurden. Einer der berühmtesten Söhne der Stadt ist der spanische Schriftsteller und Humanist Miguel de Unamuno (1864-1936).

Steckbrief
372 054 Einwohner. Michelin-Karte Nr. 573 – Baskenland (Vizcaya). Kartenskizze Costa Vasca, S. 234 – Die Hauptstadt der Provinz Vizcaya liegt an der 14 km ins Landesinnere eindringenden Mündungsbucht des Nervión. Sie ist ein idealer Ausgangspunkt für interessante Ausflüge ins Umland oder Fahrten nach Vitoria-Gasteiz (69 km südlich), San Sebastián (102 km östlich) oder Santander (103 km westlich). ▌ *Plaza Arenal 1, 48005 Bilbao,* ☎ *944 79 57 60.*
Reiseziele in der weiteren Umgebung: COSTA VASCA, VITORIA-GASTEIZ und DONOSTIA-SAN SEBASTIÁN.

Hintergrundinfos

Die Stadt – Die im 14. Jh. am rechten Ufer des Nervión gegründete Altstadt trug aufgrund ihres Stadtplans den Namen Las Sietes Calles („Die sieben Straßen"). Sie liegt an den Flanken des Hügels mit der Wallfahrtskirche Nuestra Señora de Begoña. Über die Puente del Arenal erreicht man das linke Ufer mit dem modernen Geschäftsviertel **El Ensanche**, das im 19. Jh. eingemeindet wurde (der Name Ensanche bedeutet Vergrößerung und wurde im 19. Jh. den neuen Stadtvierteln der großen Städte gegeben). Den schönen Doña-Casilda-Iturriza-Park umgibt ein vornehmes Wohnviertel mit stattlichen Bauten.
Die Industrie – Sie entwickelte sich aufgrund der Eisenerzvorkommen in den umliegenden Bergen ab Mitte des 19. Jh.s. Die Schiffe transportierten das Erz nach England und brachten Steinkohle nach Spanien, was zur Entstehung einer florierenden Hüttenindustrie führte.
Die *Ría* und Groß-Bilbao – Die *Ría* ist praktisch ein einziger riesiger Binnenhafen, hinsichtlich des Warenumschlags der größte Spaniens. 1945 wurden die Orte am Ufer des Flüsschens Nervión bis Getxo zum Großraum Bilbao zusammengefasst. Die Industrie (Chemie, Eisenverhüttung, Werften) ist weitgehend am linken Flussufer konzentriert **(Baracaldo, Sestao, Portugalete)**. In Portugalete befindet sich die 1893 errichtete Hängebrücke **(Puente colgante)**, eine hohe Stahlgitterkonstruktion mit einer Fahrgastkabine *(transbordador)*. **Somorrostro** ist der Standort einer bedeutenden Erdölraffinerie. Der Fischereihafen **Santurtzi** ist für seine frischen Sardinen bekannt. Das rechte Ufer zeigt sich nicht so stark industrialisiert. Hier liegen der Villenvorort **Algorta** und **Deusto** mit einer berühmten Universität.

Bilbo/Bilbao

Tipps und Adressen

Restaurant
• **Spitzenkategorie**
Goizeko Kabi – *Particular de Estraunza 4* – ☎ 944 42 11 29 – 31. Juli-18. Aug. geschl. – 🍴 – 38/44 €. Das Restaurant liegt in der Nähe des Museo de Bellas Artes und ist im ganzen Baskenland als gastronomische Institution bekannt. Hier genießt man eine Küche von hohem Niveau, die sich durch Ausgewogenheit zwischen Tradition und Innovation auszeichnet und die vor allem durch ihre guten Fischgerichte überzeugt.

Tapas
El Viandar de Sota – *Gran Vía de Don Diego López de Haro 45* – ☎ 944 15 25 00 – 🍴. Das Viandar de Sota ist eigentlich ein gastronomischer Komplex, der aus fünf Lokalen besteht, deren kulinarisches Angebot von der traditionellen Tapas-Bar über eine Vinothek bis hin zu einer *sidreria*, einem Apfelweinlokal, reicht. Der Komplex liegt inmitten des Ensanche, nicht weit vom Museo de Bellas Artes.

Unterkunft
• **Unsere Empfehlung**
Hotel Sirimiri – *Plaza de la Encarnación 3* – ☎ 944 33 07 59 – hsirimiri@euskalnet.net – 🅿 – 28 Z.: 50/70 € – 🛏 6 €. In der Altstadt auf der rechten Seite der *Ría* von Bilbao, unweit vom Museo de Arte Sacro gelegen. Moderne und funktionelle Einrichtungen mit geräumigen Zimmern und großen, gut ausgestatteten Bädern.
Hotel Iturrienea – *Santa María 14* – ☎ 944 16 15 00 – 21 Z.: 52/58 € – 🛏 3 €. Hotel mit Charme im Herzen der Altstadt, das in einem zweckmäßig renovierten alten Haus mit blauer Fassade untergebracht ist. Die Einrichtung ist geschmackvoll mit zahlreichen Antiquitäten und Werken lokaler Künstler. Die Zimmer sind zwar nicht sonderlich groß, aber hübsch mit ihren Holzböden.

Für zwischendurch
Café Iruña – *Jardines de Albia-Berástegui 5*. 1903 gegründetes Café mit maurisch inspirierter Architektur, das als Klassiker in Bilbao gilt. Es liegt an einem schönen Platz und ist eine gute Adresse, wenn man spät abends noch etwas essen will.
Café La Granja – *Plaza Circular 3*. Mit seinen Marmortischen und Holzstühlen wirkt dieses 1926 gegründete ruhige und gediegene Café noch etwas altmodischer als das Café Iruña. Am Wochenende, wenn Musik gemacht wird, geht es hier allerdings sehr viel lebhafter zu.

Feste
Während der **Semana Grande** im August, bekannt für gute Stierkämpfe mit berühmten Toreros und Pelota-Turniere, ist ganz Bilbao in Feststimmung.

Ein besonderes Highlight

Museo Guggenheim Bilbao★★★
Juli-31. Aug. 9-21 Uhr, sonst 10-20 Uhr. Mo (außer Juli-Aug.) geschl. 6,50 €. ☎ 944 35 90 80.

Dieses Museum für moderne Kunst ist großenteils der Initiative der Regierung des Baskenlandes zu verdanken. Es ist nach dem Peggy-Guggenheim-Museum in Venedig die zweite Vitrine der Stiftung Solomon R. Guggenheim (1861-1949) in Europa.

Ein ungewöhnlicher Bau – Der Architekt dieses erstaunlichen Ensembles war der aus Kalifornien stammende Pritzker-Preisträger **Frank O. Gehry**. Er hat das Vitra Design Museum in Weil am Rhein gebaut, in Paris Teile des Eurodisney-Freizeitparks (1988-1992) sowie das frühere Amerikanische Kulturzentrum (1994) entworfen, und er ist auch bekannt für das Bürogebäude „Ginger and Fred" in Prag.

Gehrys Guggenheim-Museum wirkt wie eine Titan-Skulptur auf einem Sockel aus Kalkstein und Glas. Es liegt in der Industriezone am Ufer des Nervión, doch ist es dem Architekten gelungen, den Bau nach bewährten Mustern gut in diese Umgebung einzufügen. Die Wasserflächen und die Glaswand des großen Atriums scheinen mit der *Ría* zu verschmelzen, und der skulpturale Turm am Ende der großen Halle geht in die Salve-Brücke über.

Das Titan als wesentliches Baumaterial lässt den riesigen Komplex je nach Blickwinkel und Lichteinfall immer wieder anders erscheinen. Die eindrucksvolle Silhouette des Gebäudetrakts aus mehreren miteinander verbundenen Baukörpern mit geschweiften Linien wirkt ungemein dynamisch.

Charakteristisch für ihn ist, dass das Innere nach außen zu drängen scheint. Überall erscheinen geschwungene Linien, die sich konfrontieren, die übereinander liegen, voneinander abhängen. Wohin der Blick auch schweift, über Wände, Dächer, Stege, Räume, immer nimmt er Neues wahr. Das Museum wird aus drei Stockwerken gebildet und hat 19 Galerien, die sich um das riesige zentrale **Atrium** legen; der größte Saal – er ist über 130 m lang und 25 m breit – erstreckt sich am Flussufer und führt unter der Straßenbrücke hindurch.

Museo Guggenheim Bilbao

Die Sammlung der Stiftung Solomon R. Guggenheim – Die in den 30er-Jahren gegründete Sammlung von Kunst des 20. Jh.s gehört zu den besten dieser Art. Sie enthält Gemälde der nun schon „klassischen" Meister der Moderne, der abstrakten Kunst (Lyrische Abstraktion und Expressionismus), der Pop-Art, der Conceptual Art und der Minimal Art bis hin zu den allerneuesten Tendenzen. Auch berühmte spanische Künstler sind vertreten.
Der Fundus wird turnusmäßig in den verschiedenen Guggenheim-Museen ausgestellt; außerdem gibt es wechselnde thematische Ausstellungen mit Werken aus anderen Museen.

> **GUGGENHEIM BILBAO IN ZAHLEN UND FAKTEN**
> Fläche des Grundstücks: 32 700 m²
> Fläche des Gebäudes: 24 290 m²
> Ausstellungsfläche: 10 560 m²
> Baukosten des Projekts: 100 Millionen Dollar
> Museumsshop mit Buchhandlung, Restaurants, Cafeteria

Besichtigung

Museo de Bellas Artes★
10-13.30 Uhr und 16-19.30 Uhr, So 10-14 Uhr. Mo und feiertags geschl. 3,70 €; Mi Eintritt frei. ☎ 944 39 60 60.
Die beiden Gebäude des Kunstmuseums liegen im Doña-Casilda-Iturriza-Park.
Die **Abteilung für Alte Kunst★★** *(Erdgeschoss des alten Gebäudes)* enthält ausgezeichnete Werke der spanischen Malerei vom 12. bis zum 17. Jh. Unter den Werken der Romanik beachte man den *Christus am Kreuz* (Katalanische Schule des 12. Jh.s) und in den Sälen mit der spanischen Malerei des 16. und 18. Jh.s die Gemälde von Morales, El Greco, Valdés Leal, Zurbarán, Ribera und Goya.
Gut vertreten sind auch flämische und niederländische Maler des 15. bis 17. Jh.s mit Werken wie *Die Geldwechsler* von Quentin Massys, *Pietà* von Ambrosius Benson, *Die Hl. Familie* von Gossaert.
Die **Abteilung für baskische Kunst** *(1. Etage)* enthält die wichtigsten Maler dieser Schule, nämlich Regoyos, Zuloaga, Iturrino.
In der **Abteilung für zeitgenössische Kunst** *(modernes Gebäude)* sind Werke von spanischen (Solana, Vázquez Díaz, Sunyer, Gargallo, Blanchard, Oteiza, Chillida, Tàpies) und ausländischen Künstlern (Delaunay, Léger, Kokoschka, Vieira da Silva, Bacon) ausgestellt.

Museo Vasco (Baskisches Museum)
10.30-13.30 Uhr und 16-19 Uhr, So 10.30-13.30 Uhr. Mo und feiertags geschl. 1,80 €; Do Eintritt frei. ☎ 944 15 54 23.
Das Museum im ehemaligen **Colegio de San Andrés** liegt in der Altstadt. Es enthält eine umfangreiche ethnographische Sammlung zu den traditionellen Berufen der Basken (Fischerei, Leinenweberei, Schmiedekunst und andere Handwerksberufe). In der Mitte des klassizistischen Kreuzgangs steht das geheimnisvolle **Götzenbild von Mikeldi**. Im obersten Stock ist das riesige Reliefmodell der Provinz Vizcaya sehenswert.

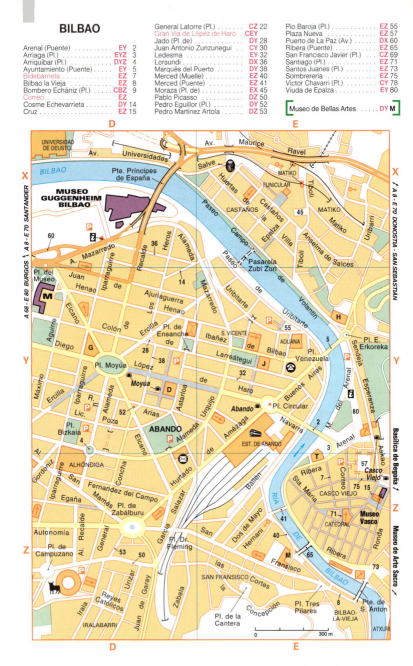

Museo Diocesano de Arte Sacro (Diözesanmuseum für Kirchenkunst)

10.30-13.30 Uhr und 16-19 Uhr, So 10.30-13.30 Uhr. Mo und feiertags geschl. Eintritt frei.
☏ *944 32 01 25.*
In diesem interessanten Museum, das in einem ehemaligen Kloster (16. Jh.) eingerichtet wurde, sollte man sich vor allem das baskische Silber ansehen und die Madonnenfiguren, eine Sammlung, die vom 12. bis zum 15. Jh. reicht.

Santuario de Begoña

Mit dem Auto erreicht man die Kirche (Santuario) über die Straße nach Donostia/San Sebastián (Avenida de Zumalacárregui). Einfacher ist es, den Aufzug in der Calle Esperanza Ascao zu benutzen.
Von oben hat man einen interessanten Ausblick auf Bilbao. *Beim Verlassen des Mallona-Parks der Hauptstraße nach rechts folgen; sie führt direkt zur Kirche.* 8-13.30 Uhr und 16.30-20.30 Uhr, So und feiertags 9.30-14 Uhr und 17.30-21 Uhr, 15. Aug. 4-22 Uhr. ☏ *944 12 70 91.*
Die Statue der Schutzpatronin der Provinz Vizcaya befindet sich im Chor in einem silbernen *camarín*.

El Burgo de Osma*

Kommt man von Westen, so sieht man schon von weitem den hohen Barockturm der Kathedrale. Das hübsche kastilische Städtchen, einer der ältesten Bischofssitze Spaniens, verdankt sein heutiges Aussehen den Architekten des 18. Jh.s, die die Straßen und Plätze der Stadt mit Arkaden und eleganten Barockbauten schmückten, wie z. B. dem ehemaligen Hospital San Agustín an der Plaza Mayor. Auf einem nahe gelegenen Hügel finden sich die Ruinen der Burg.

Steckbrief
5 054 Einwohner. Michelin-Karte Nr. 575 Kastilien und León (Soria). Der Ort liegt zwischen den Flüssen Ucero und Avion oberhalb der N 122, 56 km südwestlich von Soria und 139 km südöstlich von Burgos. ₿ Plaza Mayor 9, 42300 Burgo de Osma, ☎ 975 36 01 16.
Reiseziele in der weiteren Umgebung: SORIA, COVARRUBIAS (95 km nordwestlich), BURGOS und PEDRAZA DE LA SIERRA (111 km südwestlich).

Besichtigung

Catedral*
Führung (1 Std.) Nov.-Mai 10-13 Uhr und 16.30-18 Uhr; Juni-Okt. 10-13 Uhr und 16-19 Uhr. Mo geschl. 2,40 €. ☎ 975 34 01 96 oder 639 57 33 37.
An der Stelle einer romanischen Kathedrale wurde unter der Leitung des Kluniazensers Don Pedro de Osma 1232 mit dem Bau der gotischen Kathedrale begonnen. Chorhaupt, Querschiff und Kapitelsaal wurden noch im 13. Jh. fertig gestellt. Im 16. Jh. errichtete man den Kreuzgang im Stil der Spätgotik und schmückte den Chor im Renaissancestil aus. Die große Sakristei und die Königskapelle sowie der 72 m hohe Glockenturm stammen aus dem 18. Jh.
Am **Südportal** (Ende 13. Jh.) im gotischen Stil findet sich Figurenschmuck. In der Türlaibung erkennt man von links nach rechts: Moses, Gabriel, die Jungfrau Maria, Judith, Salomon und Esther. Auf dem Türsturz ist der Tod Mariä dargestellt; am Mittelpfeiler Christus, der seine Wunden zeigt (Ende 15. Jh.).
Im Inneren bewundert man die Höhe des Mittelschiffes und die fein gearbeiteten **Gitter** von Juan Francés. Im 16. Jh. schuf Juan de Juni das **Retabel des Hauptaltars**, dessen Schnitzereien das Marienleben zum Thema haben. Die **Kanzel** aus weißem Marmor und das **Retabel des Trascoro** sind ebenfalls schöne Werke des 16. Jh.s. Im linken Querhaus befindet sich das aus Kalkstein gearbeitete bemalte **Grabmal des Pedro de Osma*** (13. Jh.).
Im **Museum** sieht man neben einer Dokumentensammlung mehrere **Miniaturenhandschriften***, darunter auch einen reich bebilderten **Beatus** aus dem Jahre 1086. Ebenfalls bemerkenswert ist eine Handschrift aus dem 12. Jh. mit den Tierkreiszeichen.

Umgebung

Peñaranda de Duero*
47,5 km westlich über die N 122 und die BU 924. Dieses kleine kastilische Dorf wird von den Ruinen seiner **Burg** überragt.
Plaza Mayor* – Hier findet man interessante Fachwerkhäuser, die auf großen Steinpfeilern ruhen. In der Mitte des Platzes steht noch ein sehr schöner Pranger aus dem 15. Jh.
Palacio de Avellaneda* – Auf einer Seite der Plaza Mayor erhebt sich die elegante Fassade dieses Palasts, dessen Portal alle Stilmerkmale der Renaissance aufweist. Im Inneren entzückt ein Patio mit zweistöckigen Bogengängen; der elegante Bogen am Eingang des Patios, die große Treppenanlage und die Räume mit **Artesonado-Decken*** zeugen vom Talent des Francisco de Colonia und machen das Palais zu einem der schönsten Renaissance-Profanbauten Spaniens. *Führung (30 Min.) Okt.-März 10-14 Uhr und 15-18 Uhr, sonst 10-14 Uhr und 16-19.30 Uhr. Letzter Einlass 1 Std. vor Schließung. Mo, 1. Jan., 24., 25. und 31. Dez. geschl. ☎ 947 55 20 13.*

Cañón del Río Lobos (Lobos-Schlucht)
15 km nördlich auf der SO 920. Der Lobos hat hier eine 25 km lange Schlucht in den Kalkstein gegraben; sie reicht von Ucero bis Hontoria del Pinar. In der Umgebung gibt es viele Karstformationen wie Höhlen, Tropfsteingrotten und Abgründe, und überall wachsen Kiefern, Kermeseichen und der Stinkwacholder. *Das Centro de Interpretación del Parque Natural ist unter ☎ 975 36 35 64 zu erreichen.*

El Burgo de Osma
Calatañazor
25 km nordöstlich auf der N 122 in Richtung Soria. Calatañazor gehört zu den Dörfern, in denen die Zeit stehen geblieben zu sein scheint. Es ist nicht ganz einfach, die steinigen, abschüssigen Gassen zu durchstreifen. Von den Ruinen der aus dem Mittelalter stammenden Burg aus sieht man die Ebene, in der nach der Legende das Heer Al Mansurs geschlagen worden sein soll.

Castillo de Gormaz
14 km südlich auf der SO 160. Auf einem Hügel mit Blick über den Duero erheben sich die beeindruckenden Ruinen dieser maurischen Festung aus dem 10. Jh., die mit ihren 26 Türmen und 446 m Länge als die größte Burg des mittelalterlichen Europa gilt.

Berlanga del Duero
28 km südöstlich über die C 116 und die SO 104. Noch heute ist Berlanga von einer beeindruckenden Wehrmauer umschlossen und von einer mächtigen Burg aus dem 15. Jh. überragt, die einst ein wichtiger Stützpunkt in der Verteidigungslinie am Duero war. Die Stiftskirche **(Colegiata)**, eine gotische Hallenkirche aus dem 16. Jh., enthält in den Seitenkapellen zwei sehenswerte bemalte Schnitzretabel im Stil der Spätgotik sowie zwei alabasterne Liegefiguren (16. Jh.). *Informationen zur Besichtigung sind am Portal der Stiftskirche angegeben.* ☎ 975 34 30 49.

8 km südöstlich befindet sich in **Casillas de Berlanga** die Einsiedelei **San Baudelio de Berlanga**, eine einsam gelegene mozarabische Kapelle aus dem 11. Jh. Es ist ein origineller Bau mit quadratischem Schiff, dessen Gewölberippen sich aus einer einzigen Mittelsäule auffächern. Doppelt gestellte Hufeisenbögen tragen die Empore, die – wie die anderen Gebäudeteile – im 12. Jh. mit Fresken ausgeschmückt wurde; Jagdszenen und geometrische Motive sind noch zu erkennen. *Nov.-März 10-14 Uhr und 16-18 Uhr, Apr.-Mai 10-14 Uhr und 16-17 Uhr, Sept.-Okt. 10-14 Uhr und 16-19 Uhr, Juli-Aug. 10-14 Uhr und 17-21 Uhr. So und feiertags ganzjährig 10.30-14 Uhr. Mo und Di (außer Juli-Aug.), 1. Jan. und 25. Dez. geschl. 0,60 €; Sa/So Eintritt frei.* ☎ 975 22 05 11.

Burgos★★

Eingebettet in die Landschaft der nordkastilischen Hochebene liegt die Stadt Burgos, in der sich die schlanken Türme der berühmten Kathedrale stolz gen Himmel recken. Der Río Alarzón durchfließt die Provinzhauptstadt, die durch ihre zahlreichen Bauwerke und Kirchen, Zeugnisse ihrer reichen Geschichte, sehenswert ist.

Steckbrief
169 111 Einwohner. Michelin-Karte Nr. 575 – Entfernung 88 km nach Palencia, 117 km nach Vitoria-Gasteiz und 120 km nach Valladolid – Kastilien und León (Burgos). Aufgrund der isolierten Lage in ca. 900 m Höhe ist die Stadt im Winter oft kalten Winden ausgesetzt. 🅱 *Plaza Alonso Martínez 7, 09003 Burgos,* ☎ *947 20 31 25.*
Reiseziele in der weiteren Umgebung: COVARRUBIAS (39 km südöstlich), La RIOJA (Santo Domingo de la Calzada: 75 km östlich), AGUILAR DE CAMPOO (79 km nordwestlich) und PALENCIA.

Hintergrundinfos

Geschichtliches – Die 884 von Diego Rodríguez gegründete Stadt wurde 1037 zur Hauptstadt der vereinigten Königreiche Kastilien und León ernannt. Beim Fall von Granada musste sie diesen Titel jedoch 1492 an Valladolid abtreten. Die Stadt geriet zwar politisch ins Hintertreffen, war jedoch in Bezug auf Handel und Kunst umso reger. In dieser Zeit entwickelte sie sich zum Hauptumschlagplatz für die Wolle der *mesta (s. unter SORIA).* Damals ließen sich viele Architekten und Bildhauer, meist aus dem Norden kommend, in Burgos nieder und errichteten zahlreiche gotische Bauwerke, wie die Kathedrale, das königliche Kloster Las Huelgas Reales und die Kartause Miraflores. Ende des 16. Jh.s verlor die Stadt mit dem Niedergang des Wollhandels die Quelle ihres Reichtums.
Von 1936 bis 1938 machte General Franco Burgos zum Regierungssitz.

Das Land des Cid (1043-1099) – Die Taten des in Vivar *(9 km nördlich von Burgos)* geborenen Rodrigo Díaz prägten im ausgehenden 11. Jh. die Geschichte Kastiliens. Der schneidige Heerführer stand zuerst im Dienst des ehrgeizigen Königs Sancho II. Nach dessen Ermordung wurde er der Vasall von Alfons VI., der ihm seine Cousine Doña Jimena zur Frau gab. Als der Cid jedoch keinen Hehl daraus machte, dass er seinen Lehnsherren des Brudermordes verdächtigte, wurde er 1081 aus Kastilien

verbannt. Er trat in den Dienst des Maurenfürsten von Zaragoza, für den er viele Siege gegen die christlichen Heere erfocht, so etwa gegen den Grafen von Barcelona. Nachdem er sich wieder mit Alfons VI. versöhnt hatte, nahm er 1094 Valencia ein. Er starb im Jahre 1099 als reicher, von seinen Feinden gefürchteter Held. El Cid und Doña Jimena wurden im Kloster San Pedro de Cardeña *(10 km östlich von Burgos)* bestattet. 1921 wurden ihre Reste in die Kathedrale von Burgos überführt.
Trotz seines häufigen Seitenwechsels ging Rodrigo Díaz nicht als Opportunist in die Geschichte ein. Im Mittelpunkt der Legende stehen seine Heldentaten und seine Rolle als Streiter *(campeador)* für das Vorherrschaft Kastiliens. Als ältestes Gedicht ist das große spanische Nationalepos **El Cantar del Mío Cid** aus dem Jahr 1180 bekannt. 1618 schrieb Guillén de Castro mit **Las Mocedades del Cid** *(Die Jünglingsjahre des Cid)* eine romanhafte Version der Legende, von der sich der französische Dichter Pierre Corneille für sein Schauspiel **Le Cid** (1637) inspirieren ließ.

Tipps und Adressen

Restaurants
• *Unsere Empfehlung*
El Ángel – *La Paloma 24* – ☏ 947 20 86 08 – *So-abend und 7.-28. Febr. geschl.* – 🍽 – 19/30 €. Dieses empfehlenswerte Restaurant befindet sich neben dem Chorhaupt der Kathedrale und verfügt über einen großen und funktionellen Speisesaal auf zwei Ebenen, von denen eine balkonartig gestaltet ist. Serviert wird kastilische und internationale Küche mit einer Prise Innovation.

Mesón la Cueva – *Plaza de Santa María 7* – ☏ 947 20 86 71 – *So-abend und Febr. geschl.* – 27/31 €. Das Restaurant ist herrlich und nur einen Katzensprung von der Kathedrale gelegen. In den beiden Speisesälen genießt man regionale Gerichte nach Hausmacherart.

Unterkunft
• *Unsere Empfehlung*
Hotel Jacobeo – *San Juan 24* – ☏ 947 26 01 02 – jacobeo@cidmultimedia.es – 14 Z.: 40/61 € – 🍽 4,50 €. Das Beste an diesem kleinen, in einem renovierten Gebäude untergebrachten Hotel ist zweifellos seine Lage mitten in der historischen Altstadt. Die Zimmer sind nicht besonders groß, aber nett eingerichtet.

Hotel Rice – *Avenida de los Reyes Católicos 30* – ☏ 947 22 23 00 – www.hotelrice.com/portada.htm – 50 Z.: 71/98 € – 🍽 8 € – Rest. 18/25 €. Seine günstige Lage und die gepflegten Zimmer machen dieses Hotel zu einer angenehmen und empfehlenswerten Adresse im Stadtzentrum von Burgos. Sowohl die Zimmer als auch die Rezeption sind mit neuen Möbeln im schlichten englischen Stil eingerichtet.

Besondere Highlights

Burgos kann zwar mit zahlreichen Sehenswürdigkeiten aufwarten, drei bedeutende religiöse Komplexe müssen jedoch besonders hervorgehoben werden: die Kathedrale, das Kloster Las Huelgas und die Kartause Miraflores.

CATEDRAL★★★ *Besichtigung: 1 1/2 Std.*
9.30-13 Uhr und 16-19 Uhr, So und feiertags 9.30-11.45 Uhr und 16-19 Uhr. 3,70 €. Gründonnerstag vormittags und Karfreitag geschl. ☏ 947 20 47 12.
Nach den Kathedralen von Sevilla und Toledo ist die Kathedrale von Burgos die drittgrößte Spaniens. Trotz der Stileinflüsse der deutschen und der französischen Gotik zeigt sie eine typisch spanische Prachtentfaltung. Die Fülle plastischer Kunstwerke im Inneren lässt sie zu einem eindrucksvollen Skulpturenmuseum der europäischen Gotik werden.
Nach der Grundsteinlegung im Jahre 1221 durch Ferdinand III. entstand die Kathedrale in zwei großen Bauabschnitten, was in zwei Spielarten der Gotik zum Ausdruck kommt: Im 13. Jh. wurden die Kirchenschiffe und Portale von einheimischen Baumeistern errichtet. Die Pläne hatte der Bischof Don Mauricio von einer Reise aus Frankreich mitgebracht, das damals vom gotischen Baufieber erfasst war. Im zweiten Abschnitt der Bauarbeiten (15. Jh.) entstanden die Türme der Fassade, die Konnetabel-Kapelle und die Dekoration der Seitenkapellen. Dieses Mal kamen flandrische, deutsche und burgundische Einflüsse zum Tragen, eingeführt durch Bischof Alonso de Cartagena, der bei seiner Rückreise vom Konzil von Basel mehrere Architekten und Bildhauer aus Flandern, dem Rheinland und Burgund mitbrachte. Die Künstler fanden in der lokalen, vom Mudéjar-Stil geprägten Kunst Inspiration zur Erneuerung der Hochgotik. Der Burgunder **Felipe Vigarny** (auch Bigarny), der Flame **Gil de Siloé** und der Rheinländer **Hans von Köln (Juan de Colonia)** taten sich besonders hervor. Sie integrierten sich rasch und hatten in ihren Söhnen und Enkeln (Diego de Siloé und Simón und Francisco de Colonia) würdige Nachfolger.

Burgos

Blick auf die Türme der Kathedrale

Der Kreuzgang war im 14. Jh. gebaut worden. Die Vierungskuppel, ein allzu gewagtes Werk von Simón de Colonia, stürzte ein, wurde aber Mitte des 16. Jh.s von Juan de Vallejo neu errichtet.

Außenansicht

Ein Spaziergang um die Kathedrale zeigt, wie gekonnt die Architekten den Bau den Unebenheiten des Geländes – der 1. Stock des Kreuzgangs liegt auf gleicher Höhe wie das Kirchenschiff – anpassten, denn es mussten kleine, durch Treppen verbundene Plätze vor den Zugängen geschaffen werden.

Hauptfassade – Sie wird gegliedert durch das Portal, die Fensterrose und die Galerie mit den acht Königsstatuen. Darüber erheben sich die durchbrochenen Turmhelme, ein großartiges Werk des Hans von Köln.

Nordportal (Portada de la Coronería) (1) – Die Statuen spiegeln die Eleganz ihrer Modelle von den Kathedralen der Île-de-France wider, der Faltenwurf ihrer Gewänder ist jedoch bewegter gestaltet. Das andere Tor am nördlichen Querschiff **(Portada de la Pellejería) (2)** wurde im Platereskstil von Francisco de Colonia Anfang des 16. Jh.s geschaffen.

Beim Gang am Chorhaupt entlang bemerkt man, dass die im Isabellinischen Stil gestaltete Capilla del Condestable *(s. unten)* und die von Fialen umgebene Laternenkuppel später angefügt wurden.

Südportal (Portada del Sarmental) (3) – An den Bogenläufen ist der Himmlische Hof dargestellt; im Tympanon die vier Evangelisten in unterschiedlicher Haltung an ihren Schreibpulten.

Innenraum

Vierung, Gestühl des *Coro* und *Capilla Mayor*★★ – Das wunderschöne Sterngewölbe der Vierungskuppel hat eine lichte Höhe von 54 m. Unter ihm befindet sich das Grab des Cid und der Doña Jimena.

Das hohe, 103-sitzige Chorgestühl aus Nussbaum wurde von 1507 bis 1512 von Felipe Vigarny geschnitzt. Szenen des Alten und des Neuen Testaments schmücken die Rückenlehnen, während auf den unteren Teilen des Gestühls burleske und mythologische Themen dargestellt sind. Die Mitte des Gevierts nimmt die geschnitzte, mit emailliertem Kupferblech überzogene Liegefigur des Bischofs und Gründers Don Mauricio aus dem 13. Jh. ein.

Das Renaissanceretabel des Hauptaltars **(4)** stammt aus dem 16. Jh. Die Figuren lösen sich fast aus den durch Säulen und Gesims gebildeten Feldern.

Claustro (Kreuzgang) – In den gotischen Flügeln aus dem 14. Jh. stehen zahlreiche Statuen von Künstlern der Schule von Burgos, darunter eine schöne Gruppe mit Ferdinand III. und seiner Gemahlin Beatrix von Schwaben. Die **Capilla de Santiago (5)** enthält den an liturgischen Gewändern sowie Gold- und Silberschmiedearbeiten reichen Kirchenschatz. Die **Capilla de Santa Catalina** birgt alte Manuskripte, darunter den Ehevertrag des Cid. Eine nähere Betrachtung verdienen auch die skulptierten und bemalten Konsolen aus dem 15. Jh., die darstellen, wie die maurischen Könige dem König von Kastilien die Ehre erweisen.

Der *Christus in Banden* von Diego de Siloé in der Sakristei **(6)** ist ein Paradebeispiel für die Ausdruckskraft der spanischen Bildhauerkunst des 16. Jh.s.

In dem mit einer bemalten Kassettendecke (16. Jh.) abgeschlossenen **Kapitelsaal (7)** sind Brüsseler Wandteppiche aus dem 15. und 16. Jh. zu sehen; sie stellen die Tugenden dar. Außerdem seien ein flämisch-spanisches Diptychon und eine *Maria mit dem Kind* von Memling erwähnt.

Capilla del Condestable (Konnetabel-Kapelle)★★ – Sie ist mit einem wunderschönen Gitter verschlossen. Die für den Kronfeldherrn Kastiliens, Hernández de Velasco, von Simón de Colonia im Isabellinischen Stil erbaute Kapelle wird durch einen Laternenturm mit kunstvollem Sterngewölbe erhellt.

Alle bedeutenden Bildhauer der Stadt wirkten an dem reichen Wandschmuck und der Gestaltung des Altaraufsatzes

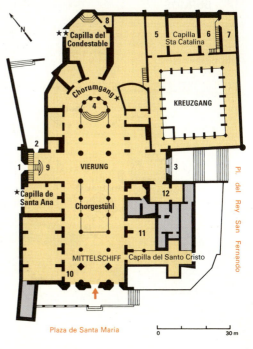

mit. In der Mitte sieht man das Grabmal aus Carrara-Marmor mit den Liegefiguren des Konnetabels und seiner Gemahlin. Daneben befindet sich eine Grabplatte aus rotem Marmor, die für ihre Kinder gedacht war. Rechts führt eine Tür im Platereskstil in die Sakristei (1512) **(8)**, wo man eine *Maria Magdalena* von Leonardo da Vinci bewundern kann.

Chorumgang★ – Abgesehen von den seitlichen Szenen ist der so genannte *trasaltar* (Rückseite des Hauptaltars) ein Werk Felipe Vigarnys. Die Darstellung des Wegs Christi nach Golgatha ist darauf besonders ergreifend; der Hintergrund ist wegen der architektonischen Elemente im Renaissancestil interessant.

Escalera Dorada oder Escalera de la Coronería (9) – Diese doppelläufige Treppe in reinstem Renaissancestil wurde zu Beginn des 16. Jh.s von Diego de Siloé angelegt. Der französische Schmiedemeister Hilaire schuf mit anderen das elegante, vergoldete Geländer.

Seitenkapellen – Jede Kapelle ist praktisch ein kleines Museum der Gotik oder der platereken Renaissance. Gil de Siloé und Diego de la Cruz arbeiteten gemeinsam am großen gotischen Altaraufsatz der **Capilla de Santa Ana**★, der das Leben der Mutter Mariä veranschaulicht. Die Mitte bildet der Baum Jesse, auf dem Maria mit dem Kind thront; im Zentrum des Baums Anna und Joachim. Am Ende des Schiffs befindet sich in Gewölbenähe der volkstümliche **Papamoscas** („Fliegenfänger") **(10)**, der bei jedem Glockenschlag den Mund öffnet. Die **Capilla del Santo Cristo** birgt eine Christusfigur, die mit Büffelhaut überzogen und mit Augenbrauen und Haupthaar versehen wurde, um besonders natürlich zu wirken. Sie ist eine der berühmtesten Christusfiguren dieser Art. In der **Capilla de la Presentación (11)** befindet sich das von Felipe Vigarny geschaffene Grabmal des Bischofs von Lerma, in der **Capilla de la Visitación (12)** das Grabmal des Stiftsherrn Alonso de Cartagena von Gil de Siloé.

REAL MONASTERIO DE LAS HUELGAS (Königliches Kloster Las Huelgas)★★

1,5 km westlich der Stadt; erreichbar über die Avenida del Monasterio de las Huelgas. Führung (50 Min.) 11-13.15 Uhr und 16-17.15 Uhr (Sa 16-17.45 Uhr); Apr.-Sept. 10.30-13.15 Uhr und 16-17.45 Uhr; So und feiertags ganzjährig 10.30-14.15 Uhr. Mo geschl. 4,90 €; Mi für EU-Bürger Eintritt frei. ☎ 947 20 16 30.

Das 1180 von Alfons VIII. und dessen Gemahlin Eleonore aus dem Haus Plantagenet gegründete Kloster war ursprünglich ein Lustschloss für die Mußestunden *(huelgas)* des Königs, bis es zum Zisterzienserkloster umgebaut wurde, das nur Nonnen aus vornehmster Adelsfamilie aufnahm. Im 13. Jh. gehörten über 50 Ortschaften zum Kloster. Die kastilischen Könige wählten es in ihrem Altersitz und wurden auch hier begraben. Zahlreiche Um- und Erweiterungsbauten lassen das Kloster heute etwas unübersichtlich erscheinen. Es überwiegt zwar der Zisterzienserstil des 12. und 13. Jh.s, doch sind die Elemente der Romanik und des Mudéjar-Stils (13.-15. Jh.) sowie die plateresken Einrichtung nicht zu übersehen.

BURGOS

Almirante Bonifaz	B 2
Alonso Martinez (Pl. de)	B 3
Aparicio y Ruiz	A 5
Arlanzon (Av. del)	B 6
Cid Campeador (Av. del)	B 8
Conde de Guadalhorce (Av.)	A 9
Eduardo Martinez del Campo	A 10
España (Pl.)	B 12
Gen. Santocildes	B 15
Libertad (Pl. de la)	B 16
Mayor (Plaza)	AB 18
Miguel Primo de Rivera (Pl.)	B 19
Miranda	B 20
Monasterio de las Huelgas (Av. del)	A 21
Nuño Rasura	B 23
Paloma (La)	A 24
Reyes Católicos (Av. de los)	B 26
Rey San Fernando (Pl. del)	A 27
Santo Domingo de Guzmán (Pl. de)	B 28
Vitoria	B

Arco de Santa Maria	A B
Museo de Burgos	B M¹
Museo Marceliano Santa Maria	B M²

Iglesia

Die reinen Linien der Zisterzienserarchitektur kennzeichnen das Äußere der Kirche. Ein Lettner teilt das Innere. Im den Gläubigen zugänglichen Querschiff beachte man die drehbare schmiedeeiserne, vergoldete **Kanzel** (1560), die es den jeweils Anwesenden diesseits oder jenseits des Lettners gestattete, die Predigt zu hören. In den Schiffen sind zahlreiche Steinsärge von Prinzen und Königen aufgestellt, die alle mit Wappen oder historischen Szenen geschmückt sind und ursprünglich bemalt waren. In der Mitte des Hauptschiffs, im *coro* der Nonnen, steht das Grabmal des königlichen Stifterpaars. Das **Renaissanceretabel**, das den *coro* der Nonnen abschließt, ist mit feiner, bemalter Schnitzerei geschmückt. Die den Altaraufsatz krönende Figurengruppe einer Kreuzabnahme stammt aus dem 13. Jh. Rechts und links des Altars befinden sich zwei schöne Grabmäler aus dem 13. und 14. Jh.

Claustro gótico (Gotischer Kreuzgang)

13.-15. Jh. Am Gewölbe sind Stuckfragmente im Mudéjar-Stil erhalten. Die außergewöhnlich fein gearbeiteten Rankenornamente und Schmuckmotive verraten den Einfluss von persischen Stoffen und Elfenbeinarbeiten.

Sala capitular (Kapitelsaal)

Hier befindet sich der **Pendón★**, eine in der Schlacht bei Las Navas de Tolosa *(s. S. 55)* von den Mauren erbeutete Standarte.

Claustro románico (Romanischer Kreuzgang)

Ende 12. Jh. Zierliche Zwillingssäulen mit zart behauenen Kapitellen verleihen dem Kreuzgang Eleganz. Maurische Stilelemente findet man in den anschließenden Sälen des ehemaligen Palasts von Alfons VIII. In der **Capilla de Santiago** ist die alte Kassettendecke mit Bemalung und einem Burgenfries aus Stuck erhalten. Der Legende nach soll die in der Kapelle stehende Santiagofigur mit beweglichen Armen die Prinzen des Königshauses zum Ritter geschlagen haben.

Museo de Telas Medievales (Museum für mittelalterliche Textilien)★★

Die im ehemaligen Kornspeicher ausgestellten Stoffe, Kleidungsstücke und modischen Zubehörteile sind außerordentlich wertvolle Belege für die Tracht am kastilischen Königshof im 13. Jh. Die Kleidungsstücke (Kasack, Umhang, pelzgefütterter Mantel) stammen aus den Gräbern. Die schönsten davon wurden im Grabmal des Infanten Fernando de la Cerda (gest. 1275), Sohn Alfons' des Weisen, gefunden, da dieses als einziges nicht von den Truppen Napoleons aufgebrochen worden war (1809). Man sieht seinen Kasack, eine weite Hose mit Hosenträgern *(pellote)* und einen weiten, darüber zu tragenden Umhang; alle Teile sind aus dem gleichen Stoff gefertigt und mit Seiden- und Silberfäden bestickt. Als Kopfschmuck trug der Prinz eine wunderschöne, mit Perlen und Edelsteinen bestickte Kappe *(birrete)*.

CARTUJA DE MIRAFLORES (Kartause Miraflores)

4 km östlich. 10.15-15 Uhr und 16-18 Uhr, So und feiertags 11.20-12.40 Uhr, 13.15-15 Uhr und 16-18 Uhr.

Die Kartause wurde an der Stelle eines abgebrannten Palasts Heinrichs III. errichtet. 1454 ordneten Juan II. und seine Gemahlin Isabella von Portugal den Bau einer Kirche an, die ihre letzte Ruhestätte werden sollte. Die Kirche war 1498, in der Blütezeit der Isabellinischen Gotik, vollendet.

Kirche★

Nichts an der einfachen Fassade, die nur mit Pinakeln und den beiden Wappen der Gründer geschmückt ist, lässt die Pracht des Inneren erahnen, weder die eleganten, vergoldeten Schlusssteine des Kirchenschiffes noch die herrlichen Skulpturen der Apsis.

Skulpturen der *Capilla Mayor*★★★ – Sie wurden Ende des 15. Jh.s von dem Flamen Gil de Siloé ausgeführt und umfassen ein Retabel, das Königsgrabmal und ein Wandgrab.

Der bemalte und vergoldete **Schnitzaltar** von Gil de Siloé und Diego de la Cruz überrascht durch seine originelle Aufteilung. Die üblichen viereckigen Felder, die sonst den Rahmen der Szenen bilden, sind hier durch Kreise ersetzt.

Das **Grabmal des Königspaars** aus weißem Marmor hat eine Sternform und ist mit den Liegefiguren von Juan II. und Isabella von Portugal, den Eltern Isabellas der Katholischen, geschmückt. Die Figuren der vier Evangelisten beherrschen das überreich mit Rankenwerk, Baldachinen, Pinakeln und Wappen verzierte Grabmal, dessen Dekor von der außerordentlichen Kunstfertigkeit seiner Schöpfer zeugt. In der linken Wand birgt eine reich verzierte **Nische** das Grab des Infanten Alfons, dessen früher Tod seine Schwester Isabella auf den Thron Kastiliens brachte. Die von Gil de Siloé geschaffene Figur des Prinzen ist sehr fein gearbeitet, strahlt jedoch nicht die Menschlichkeit des Pagen Juan de Padilla aus, den man im Museum von Burgos *(s. unter „Besichtigungen")* bewundern kann. Rechts vom Altar befindet sich ein flämisch-spanisches Triptychon aus dem 15. Jh. Das gotische **Chorgestühl** mit feinem, abwechslungsreichem Maßwerk bildet mit dem restlichen Dekor ein harmonisches Ganzes.

Besichtigung

Museo de Burgos (Museum von Burgos)★

10-14 Uhr und 16.30-20 Uhr (Sa 17-20 Uhr). Mo und feiertags geschl. 1,20 €; Sa/So Eintritt frei. ☎ 947 26 58 75.

Es besteht aus zwei Abteilungen, die in verschiedenen Gebäuden untergebracht sind.

Abteilung Vorgeschichte und Archäologie (Casa de Miranda) – Die archäologischen Funde aus der Provinz Burgos sind im schönen Renaissancepalais des Domherren Miranda in den Räumen am **Innenhof** ausgestellt. Sie reichen von der Vorgeschichte bis zur westgotischen Zeit. Besonders bemerkenswert sind die Säle, die der Eisenzeit und der Römerstadt Clunia gewidmet sind, sowie die Sammlung römischer Grabstelen.

Abteilung Kunst (Casa de Ángulo) – Hier sind in der Region Burgos entstandene Kunstwerke aus der Zeit vom 9. bis zum 20. Jh. ausgestellt. Die Sammlung enthält zwei sehr wertvolle Stücke aus dem Kloster Santo Domingo de Silos (den **spanisch-maurischen Elfenbeinschrein★**, der im 11. Jh. in Cuenca geschnitzt und mit Emailplatten verziert wurde, und ein **Antependium★** aus dem 12. Jh., auch **Urna de Santo Domingo** genannt, das aus emailliertem Kupferblech) sowie einen elfenbeinernen **Flügelaltar** aus dem 10. Jh. Unter den Grabskulpturen des 14. und 15. Jh.s bewundert man das **Grabmal★** des Juan de Padilla; die Schönheit des ausdrucksvollen Antlitzes und das wundervoll gearbeitete reiche Gewand machen es zu einem Meisterwerk Gil de Siloés.

In der Gemäldesammlung aus dem 15. Jh. ist der dem flämischen Meister Jan Mostaert zugeschriebene *Weinende Christus* bemerkenswert.

Arco de Santa María★

11-14 Uhr und 17-21 Uhr, So 11-14 Uhr. Mo und feiertags geschl. ☎ 947 26 53 75.

Dieser zinnengekrönte Bogen ist eines der bekanntesten Bauwerke der Stadt und gehörte als Tor ursprünglich zur im 14. Jh. errichteten Stadtmauer. Im 16. Jh. wurde die Fassade zu Ehren Karls V. zum Triumphbogen umgestaltet und mit den Skulpturen bekannter Persönlichkeiten von Burgos geschmückt. Unten befindet sich Diego Porcelos, eingerahmt von zwei halblegendären Richtern, die im 10. Jh.

Burgos

die Geschäfte Kastiliens geleitet haben sollen. Oben erkennt man Karl V. mit dem Grafen Fernán González und El Cid *(rechts)*. Innen können die mit einer wunderschönen Kuppel im Mudéjar-Stil abgeschlossene **Sala de Poridad** und die alte Apothcke des Hospital de San Juan besichtigt werden.

San Nicolás
Im Sommer 10-14 Uhr und 16.30-19 Uhr, Sa/So 10-12 Uhr, sonst auf vorherige Anfrage. Während der Messe keine Besichtigung. 0,60 €. ☏ 947 20 70 95.
Der gewaltige **Schnitzaltar★** von Simón de Colonia zählt nicht weniger als 465 Figuren. Im oberen Teil ist die gekrönte Jungfrau Maria inmitten von Engeln zu erkennen. Um die zentrale Figur des hl. Nikolaus sind Szenen aus seinem Leben angeordnet, z. B. die Seereise nach Alexandria. Ganz unten befindet sich eine Abendmahlsszene, bei der die Jünger dem Kirchenraum den Rücken zukehren.

San Esteban: Museo del Retablo
10.30-14 Uhr und 16.30-19 Uhr. Mo und feiertags geschl. 1,20 €. ☏ 947 20 43 80.
Der eindrucksvolle **Kirchenbau★** in der für die Gegend typischen Gotik wurde im 14. Jh. errichtet. Heute ist er der schöne Rahmen für 18 große Altäre, die ihrer Thematik entsprechend in den drei Schiffen aufgestellt wurden. Auf der Empore ist eine kleine Ausstellung von Goldschmiedearbeiten zu sehen.

San Gil
Führung (45 Min.) 10-14 Uhr und 17-20 Uhr, im Winter nach vorheriger Vereinbarung. So und feiertags keine Besichtigung. 1,20 €. ☏ 947 26 11 49.
Diese Kirche gehört zu den schönsten der Stadt. Ihre schlichte Fassade lässt nichts von der Pracht des spätgotischen Innenraums erahnen. Besonders sehenswert sind die Capilla de la Natividad (Christi-Geburts-Kapelle) und die Capilla de la Buena Mañana, in der ein von Gil de Siloé geschaffener Altar steht.

Plaza Mayor
Auf diesem reizvollen runden, traditionsgemäß von Säulengängen gesäumten Platz finden die Volksfeste von Burgos statt. Das Rathaus stammt aus dem 18. Jh.

Casa del Cordón
In diesem kürzlich restaurierten Gebäude befindet sich heute die Sparkasse (Caja de Ahorros). Es wurde im 15. Jh. für die Kronfeldherren Kastiliens errichtet. Der Name („Haus des Stricks") stammt vom steinernen Fassadenschmuck, einem Knotenstrick, wie er den Franziskanern als Gürtel diente. Hier empfingen die Katholischen Könige Christoph Kolumbus nach dessen Rückkehr von seiner zweiten Reise. Philipp der Schöne verstarb in diesem Hause, nachdem er sich beim Pelota-Spiel erkältet hatte; sein Tod brachte seine Gemahlin Johanna (Juana la Loca) zum Wahnsinn. Nach seiner Entlassung aus der Gefangenschaft, die ihm die Niederlage gegen Karl V. bei Pavia (1525) eingebracht hatte, weilte der französische König Franz I. eine Zeitlang als Gast in der Casa del Cordón, ehe er nach Frankreich zurückkehrte.

Museo Marceliano Santa María
10-13.50 Uhr und 17-19.50 Uhr, So 10-13.50 Uhr. Mo und feiertags geschl. 0,20 €. ☏ 947 20 56 87.
Das in der Ruine eines ehemaligen Benediktinerklosters eingerichtete Museum stellt Werke des in Burgos geborenen Malers Marceliano Santa María (1866-1952) aus, dessen impressionistische Bilder denen von Zuloaga und Sorolla ähneln.

Hospital del Rey
König Alfons VIII. gründete an dieser Stelle ein Pilgerhospital. Davon ist der Patio de Romeros genannte Eingang erhalten, an dem sich ein Haus mit einer schönen platteresken Fassade aus dem 16. Jh. erhebt. Es ist heute Sitz der Universität Burgos.

Umgebung

Yacimientos (Fundstätten) in der Sierra de Atapuerca
Bis zum Dorf Ibeas de Juarros über die N 120 in Richtung Logroño fahren (ca. 13 km). Im Dorf weiter in Richtung „Aula Emiliano Aguirre" (am Straßenrand). Führung (2 Std.) durch die Höhlen und das Museo Emiliano Aguirre nach vorheriger Vereinbarung. 3,10 €. ☏ 947 42 14 62.
Ende des vergangenen Jahrhunderts wurde beim Bau einer Bahnlinie eine der größten paläontologischen Fundstätten der Welt entdeckt, die vor kurzem zum Weltkulturerbe der Menschheit erklärt wurde. Die Ausgrabungen von **La Dolina** haben Reste von Menschen zu Tage gefördert, die hier vor etwa 800 000 Jahren lebten. Das riesige Fossilienlager **Sima de los Huesos** gehört dem Mittleren Pleistozän an, einer Eiszeit vor 400 000 bis 200 000 Jahren. Man kann durch den Graben gehen und das kleine dazugehörige Museum besichtigen.

Cáceres★★★

Das 1986 zum Weltkulturerbe der Menschheit erklärte Stadtzentrum der ruhigen Provinzhauptstadt gilt als wahres Juwel der Baukunst, in dem man sich mehrere Jahrhunderte in die Vergangenheit zurückversetzt fühlt. Im Inneren der mit Türmen bewehrten Mauer (zumeist aus der Almohadenzeit) bietet die Altstadt mit ihren Herrenhäusern aus der Gotik und der Renaissance ein wunderschön einheitliches Bild, das in Spanien seinesgleichen sucht.

Steckbrief

84 319 Einwohner. Michelin-Karte Nr. 576 – Extremadura (Cáceres). Cáceres liegt günstig zwischen den wichtigsten Städten der Extremadura und eignet sich daher sehr gut als Ausgangspunkt für zahlreiche Ausflüge, bei denen man die Schönheit der Natur und die architektonischen Schätze der Extremadura entdecken kann.
🛈 *Plaza Mayor 10, 10003 Cáceres,* ☎ *927 62 50 47.*
Reiseziele in der weiteren Umgebung: TRUJILLO (47 km östlich), MÉRIDA (70 km südlich), PLASENCIA (84 km nordöstlich) und BADAJOZ (96 km südwestlich).

Tipps und Adressen

Restaurants
• *Unsere Empfehlung*
Café de Piñuelas – *Publio Hurtado 1* –
☎ *927 22 08 25 – So-abend bis Mo-abend sowie 1.-15. Aug. geschl.* – 📖 – *26/29 €.*
Kleines, nettes und einfaches Restaurant in der Stadtmitte nahe der Plaza Mayor. Geboten wird eine etwas andere Küche mit viel Einfallsreichtum, die vor allem durch ihr gutes Preis-Leistungs-Verhältnis überzeugt. Gute Bodega.
El Figón de Eustaquio – *Plaza de San Juan 12* – ☎ *927 24 81 94* – 📖 – *24/35 €.* Das traditionsreichste Haus der Stadt profitiert von seiner schönen Lage direkt an der Plaza Mayor. Regionale und traditionelle Küche in rustikalem Ambiente.

Tapas
El Asador – *Moret 34* –
☎ *927 22 38 37* – 📖. Die *tapas* und *raciones*, die an der gut besuchten Theke dieses Lokals in einem Sträßchen der Altstadt serviert werden, sind bei den Einheimischen sehr geschätzt. Im hinteren Teil gibt es einen einfachen Speisesaal.

Unterkunft
• *Gut & preiswert*
Hotel Iberia – *Pintores 2* –
☎ *927 24 76 34* – 📖 – *36 Z.: 40/52 €* –
🛏 *3,50 €.* Das nette Hotel befindet sich nahe der Plaza Mayor in einem Gebäude aus dem 17. Jh. und verfügt über gemütliche Zimmer. Aufgrund der schönen Lage und des guten Preis-Leistungs-Verhältnisses ist es eine empfehlenswerte Adresse.
• *Unsere Empfehlung*
Parador de Cáceres – *Avenida Ancha 6* –
☎ *927 21 17 59 – caceres@parador.es* – 🅿
📖 ♿ *– 30 Z.: 86/108 €* – 🛏 *9 € – Rest. 26/33 €.* Dieser herrliche Parador genießt eine besonders schöne Lage im Herzen der Altstadt und ist im Palacio de Torreorgaz (14. Jh.) untergebracht. Innen überzeugen die geschmackvolle Einrichtung und der Komfort. Wenn man es sich leisten kann, sollte man nicht zögern.

Auf Entdeckungstour

DIE ALTSTADT★★★ *Besichtigung: 1 1/2 Std.*

Die Stadtmauern umschließen zahlreiche Adelspaläste aus dem 15. und 16. Jh., die durch ihre recht schlichten Fassaden auffallen, was ganz im Sinne ihrer ehemaligen Inhaber war, der rauen und stolzen Rittergeschlechter der Ulloa, Ovando und Saavedra, die im Kampf gegen die Ungläubigen – Mauren oder Indianer – mehr Ruhm als Reichtum erlangten.

Den einzigen Schmuck bilden zierliche Fenstereinfassungen und Gesimse sowie das Wappen. Die dazugehörigen Türme, die einst die Macht ihrer Besitzer darstellten, mussten auf Geheiß Isabellas der Katholischen im Jahre 1477 der Höhe der Fassaden angeglichen werden.

Dem auf dem Plan eingezeichneten Rundweg folgen.
Der Weg führt durch den **Arco de la Estrella** („Sternbogen"), den Manuel Churriguera im 18. Jh. in die Mauer einsetzte.

Plaza Santa María★

Dieser langgezogene, unregelmäßig angelegte Platz liegt im Herzen der Altstadt und bietet zahlreiche interessante Perspektiven auf die ockerfarbenen, elegant wirkenden Fassaden der umliegenden Gebäude. Nach einer gelungenen Restaurierung hat der **Palacio Mayoralgo** heute wieder seine eleganten Zwillingsfenster. Das mit Bossenquadern verzierte Portal des **Palacio Episcopal**, des Bischöflichen Palasts, stammt aus dem 16. Jh. Die darüber angebrachten Medaillons stellen links die Alte, rechts die Neue Welt dar.

Concatedral Santa María – *10-14 Uhr (So und feiertags 9.30-14 Uhr) und 17-19.30 Uhr, Mai-Sept. 10-14 Uhr und 18-20.30 Uhr. 0,90 €.* ☎ 927 21 53 13.
Dieses schöne, im 16. Jh. fertig gestellte Bauwerk ist die Kathedrale der Stadt. Ihre fast gleich hohen gotischen Schiffe sind von Kreuzgewölben überspannt, deren Rippen aus Bündelpfeilern aufsteigen. Das geschnitzte Retabel des Hauptaltars aus dem 16. Jh. ist leider sehr nachgedunkelt, jedoch durchaus eine nähere Betrachtung wert.

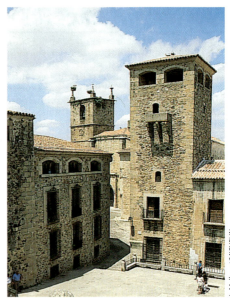

Palacio de los Golfines

Links der Kirche erhebt sich am Anfang der Calle de las Tiendas der von einem Turm aus dem 15. Jh. flankierte **Palacio Carvajal**. Man kann seine sehenswerten Innenräume besichtigen, darunter mehrere schön eingerichtete Salons, Patio und Kapelle. *8-21.30 Uhr, Sa/So und feiertags 10-15 Uhr. 1. Jan. und 25. Dez. geschl.* ☎ 927 25 55 97.

Palacio de los Golfines de Abajo★ – Die Katholischen Könige erwiesen dem reichen Anwesen zweimal die Ehre ihres Besuchs. Die gotische Fassade aus behauenem Stein zeigt auch platereske Stilelemente, wie man sie an Profanbauten vom Ende des 15. Jh.s häufig findet. Das Zwillingsfenster weist deutlich auf den Einfluss des maurischen *ajimez* hin; die Rahmungen an Tür und Fenstern erinnern an den *alfiz*. Im 16. Jh. kam ein plateresker Greifenfries als Fassadenabschluss hinzu. Die Medaillons und Wappen der Familie Golfines (Lilie und Turm) vervollständigen die Dekoration.

Plaza San Jorge

Eine strenge Fassade aus dem 18. Jh. und die von den Jesuiten errichtete Kirche **San Francisco Javier** beherrschen den Platz.

San Mateo

Dem hohen gotischen Mittelschiff aus dem 14. Jh. wurde im 16. Jh. ein auf einem Korbbogen ruhender *coro alto* eingefügt. Der Innenraum ist sehr schlicht gehalten, abgesehen von dem barocken Retabel und einigen wappenverzierten Grabmälern in den Seitenkapellen. Umgeht man die Kirche auf der Nordseite, so erblickt man zwei Türme aus dem 15. Jh., die noch über Pechnasen verfügen, nämlich der **Torre de los Plata** und die **Casa del Sol**. Letztere verdankt ihren Namen dem eleganten Wappen der Familie Solis, das sich über dem Portal befindet.

Casa de las Cigüeñas (Storchenhaus)

Der zinnengeschmückte Turm dieses heute von der Armee genutzten Gebäudes macht einen stolzen Eindruck. Er wurde als einziger Turm der Stadt im 15. Jh. nicht abgerissen.

Casa de las Veletas (Haus der Wetterfahnen)

Unter dem Gebäude mit seiner eleganten Fassade aus dem 18. Jh. befindet sich noch die Zisterne, die zur maurischen Burganlage gehörte. Heute beherbergt das Haus das **Museo de Cáceres**, das archäologische Funde (mit Ritzzeichnungen verzierte Stelen aus der Bronzezeit, Gegenstände aus der Römerzeit) und volkskundliche Sammlungen (Kleidungsstücke, kunsthandwerkliche Gegenstände) zeigt. *9-14.30 Uhr und 16-19.15 Uhr, im Sommer 9-14.30 Uhr und 17-20.15 Uhr, So 10-14.30 Uhr. Mo und feiertags geschl. 1,20 €; für EU-Bürger Eintritt frei.* ☎ 929 24 72 34.
Die **maurische Zisterne** *(aljibe)* aus dem 11. Jh. wird heute noch vom Regenwasser des Dachs und des abschüssigen Platzes gespeist. Das Gewölbe ruht auf fünf Bogengängen, deren Hufeisenbögen sich auf Granitsäulen mit kaum erkennbaren Kapitellen stützen.

CÁCERES

Aldana (Cuesta de)	6
Amargura	7
Ancha	8
Camberos	9
Compañía (Cuesta de la)	12
Condes	13
Defensores del Alcázar	15
Estrella (Adarve la)	17
Fuente Concejo	18
General Ezponda	19
Marqués (Cuesta del)	21
Mayor (Plaza)	22
Padre Rosalio (Adarve del)	23
Pereros	25
Pintores	26
Rincón de la Monja	27
Sancti Espíritu	28
San Jorge (Pl.)	31
San Mateo (Pl. de)	33
Santa Ana (Adarve de)	34
Santa Ana (Arco de)	35
Santa Clara (Pl. de)	36
Tiendas	39
Veletas (Pl. de las)	40

Casa de la Generala	V
Casa del Sol	Q
Palacio episcopal	C
Palacio Mayoralgo	B
Torre de los Plata	P

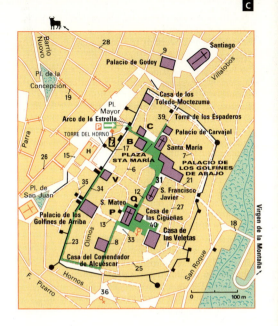

Casa del Comendador Alcuéscar (Haus des Kommandanten Alcuéscar)
Dieser auch als **Palacio de Torreorgaz** bekannte Palast mit dem schönen gotischen Turm beherbergt heute einen Parador. Bemerkenswert sind die feinen Fensterumrahmungen und der Eckbalkon.

Durch die an der Stadtmauer entlanglaufende Straße erreicht man den **Palacio de los Golfines de Arriba**, der einen schönen Patio besitzt. Die etwas weiter unten liegende **Casa de la Generala** beherbergt die rechtswissenschaftliche Fakultät.

Das gegenüberliegende Tor durchqueren.

Von der Treppe zur Plaza Mayor hinunter bietet sich ein interessanter Ausblick auf die an dieser Stelle besonders hohe Stadtmauer und den Torre del Horno.

AUSSERHALB DER STADTMAUERN

Santiago
Tgl. 9-12 Uhr und 18-20 Uhr. ☎ *927 24 49 06.*
Diese Kirche gilt allgemein als die Geburtsstätte des Ritterordens von Cáceres, aus dem später der Santiago-Ritterorden entstand. Die ursprünglich romanische Kirche wurde im 16. Jh. stark umgestaltet. Sie birgt ein Retabel von Alonso Berruguete (1557), auf dem mehrere Szenen aus dem Leben Christi die kraftvolle Darstellung des Maurentöters Santiago umgeben.

Der der Kirche gegenüberliegende **Palacio de Godoy** beeindruckt durch sein Eckwappen. Im Inneren schöner, mit *Azulejos* ausgeschmückter Patio.

▶▶ Palacio de los Toledo-Moctezuma; Torre de los Espaderos.

Umgebung

Santuario de la Virgen de la Montaña
3 km östlich. Tgl. 8.30-14 Uhr und 16-20 Uhr. 22. Apr.-1. So im Mai geschl. ☎ *927 22 00 49.*
Diese barocke Wallfahrtskirche wurde im 17. Jh. auf einem mit Olivenbäumen bestandenen Berg errichtet. Sie birgt eine berühmte Schwarze Madonna, zu der jedes Jahr am 1. Mai eine malerische *romería* zieht.
Vom Kirchenvorplatz aus hat man einen weiten **Blick★** über die gesamte Hochebene von Extremadura.

Museo Vostell-Malpartida
10 km auf der N 521 bis zum Dorf Malpartida de Cáceres. Von dort aus sind es dann noch 3 km bis zum Museum (den Schildern folgen). Im Sommer 10.30-13.30 Uhr und 18-21 Uhr, im Frühjahr 10-13.30 Uhr und 17-19.30 Uhr, sonst 10-13.30 Uhr und 16-18.30 Uhr. Mo und feiertags geschl. 1,20 €; Mi Eintritt frei. ☎ *927 27 64 92.*
Der deutsch-spanische Künstler Wolf Vostell (1932-1998) hat in einem Wollwaschhaus aus dem 18. und 19. Jh. ein Museum für zeitgenössische Kunst ins Leben gerufen. Vostell gehörte 1962 der von George Maciunas gegründeten Gruppe Fluxus an und schuf dann auch Videokunst. Das Museum besitzt sieben Installationen von

Cáceres

Vostell sowie eine große Sammlung mit Werken der Konzeptkunst (von Canogar, Equipo Crónica und Saura) sowie die von Gino di Maggio gestiftete Fluxus-Sammlung mit Werken von Maciunas, Brecht, Higgins und Vautier.

Arroyo de la Luz
20 km westlich über die N 521 und die EX 207. Um zur Kirche Nuestra Señora de la Asunción zu gelangen, orientiert man sich am besten am Kirchturm und folgt der breitesten Straße. Das gotische Mittelschiff wurde im 15. und 16. Jh. errichtet. Das Retabel umfasst 16 **Gemälde★** und vier Medaillons, die **Luis de Morales** („El Divino") von 1560 bis 1563 hier an Ort und Stelle schuf. Da das Werk des Künstlers ziemlich verstreut ist, ist diese Sammlung besonders interessant und dokumentiert gut den etwas manieristischen, eleganten Stil des von den Niederländern und Leonardo da Vinci beeinflussten Malers.

Alcántara
65 km nordwestlich über die N 521 und die EX 207. Die Stadt liegt in einer vom Tajo durchflossenen felsigen Landschaft an einer alten Brücke, der sie ihren Namen verdankt (*Al Kantara* ist das arabische Wort für Brücke).

Puente Romano (Römerbrücke)★ – *2 km nordwestlich auf der Straße nach Portugal.* Dieses kunstvolle Bauwerk wurde 106 n. Chr. unter Kaiser Trajan errichtet. Die aus Granitblöcken ohne jeglichen Mörtel gefügte Brücke konnte auch den höchsten Wasserstand trotzen. Sie litt stärker unter den Schäden, die mehrere Restaurierungen anrichteten. Der kleine Tempel an einem Brückenende sowie der Triumphbogen in der Mitte stammen ebenfalls aus der Römerzeit.

> **DER RITTERORDEN VON ALCÁNTARAS**
> So nannte sich ab 1218 der bereits bestehende San-Julián-de-Pereiro-Orden, als er mit der Verteidigung der Festung von Alcántara betraut wurde. Die großen spanischen Ritterorden – Calatrava, Alcántara, Santiago, Montesa – entstanden im 12. Jh., um Spanien von der maurischen Herrschaft zu befreien. Jeder Orden war als militärische Einheit organisiert, unterstand dem Befehl eines Großmeisters und lebte in einer Ordensgemeinschaft nach den Prinzipien der Zisterzienser. Diese Milizen, die immer bereit waren, für den katholischen Glauben ins Feld zu ziehen, und die in ihren Festungen langen Belagerungen standhalten konnten, spielten eine herausragende Rolle bei der christlichen Rückeroberung.

Convento de San Benito – *Führung (30-45 Min.) 10-14 Uhr (Sa 11-14 Uhr) und 16-18.30 Uhr, im Sommer 10-14 Uhr (11-14 Uhr) und 17-19.30 Uhr, So und feiertags 11-14 Uhr.* ☎ *927 39 00 80.*
Der in majestätischer Lage über dem Tajo errichtete frühere Sitz des Ordens von Alcántara wurde im 16. Jh. gebaut. Er besitzt eine Kirche mit Dekorationen im Plateresksstil (Sterngewölbe), einen gotischen Patio und außen eine elegante Renaissancegalerie, deren Arkaden restauriert wurden und als Bühne für Theatervorführungen dienen.

Garrovillas
36 km nordwestlich, erreichbar auf der N 630, dann der C 522. Ein für die Extremadura typisches Dorf. Die unregelmäßig angelegte Plaza Mayor überrascht durch reizvolle Schlichtheit und sich zum Teil auf völlig schiefe Pfeiler stützende Arkaden.

Cádiz★★

Cádiz, das auf drei Seiten von Wasser umgeben und aufgrund seiner Lage fast so isoliert ist wie eine Insel, ist wohl die am stärksten vom Meer geprägte Stadt Spaniens. Sie erweckt einen geordneten Eindruck, überrascht durch ihre modernen Straßen und die heitere Schönheit, die engen Gässchen und die hohen Gebäude. In dieser Stadt ist das Licht beinahe körperlich zu spüren, es zieht den Reisenden in seinen Bann, und die salzige und klare Luft trägt die Stimmen der kolonialen Vergangenheit. Cádiz zeigt sich offen und ausgelassen im Karneval, in sich gekehrt und zurückgezogen in seinen Parks – die fesselnde und liebenswerte, fröhliche und kosmopolitische Stadt hat dem Besucher viel zu bieten.

Steckbrief
143 129 Einwohner. Michelin-Karte Nr. 578 – Andalusien (Cádiz). Wie eine Bastion stößt Cádiz ins Meer vor und ist nur durch einen schmalen Sandstreifen mit dem Festland verbunden. Von hier aus überblickt man das Meer wie von einem Balkon: Im Süden und Westen schweift der Blick über das Wasser in die Ferne, im Norden und Osten liegen das andere Ufer der Bucht und der Hafen Santa María. Das nördliche und östliche Ufer der Stadt ist von schönen Promenaden mit gepflegten Anlagen gesäumt. 🛈 *Avenida Ramón de Carranza, 11006 Cádiz,* ☎ *956 21 13 13; Plaza de San Juan de Dios 11, 11005 Cádiz,* ☎ *956 24 10 01.*
Reiseziele in der weiteren Umgebung: COSTA DE LA LUZ, JEREZ DE LA FRONTERA *(35 km nordöstlich) und* RONDA *(123 km östlich).*

Tipps und Adressen

Tapas

Terraza – Plaza Catedral 3 – ☎ 956 28 26 05 – *Im Sommer So und während des restlichen Jahres Mo geschl.* Das Lokal befindet sich an der belebten Plaza de la Catedral und hat sich auf Fisch und Meeresfrüchte spezialisiert. Die Produkte sind gut und einfach und werden in schlichtem Ambiente serviert.

Aurelio – Zorrilla 1 – ☎ 956 22 10 31 – *Mo außer Juli-Sept. geschl.* – 🍴 🍽. Das kleine Lokal liegt an der schönen Plaza de Mina und hat sich zu einem Klassiker entwickelt, was die Tapas-Kultur der Stadt angeht. Seine Spezialität sind Gerichte aus Meeresfrüchten. Einziger Wermutstropfen ist, dass sich das Lokal in kürzester Zeit füllt.

Unterkunft

• *Gut & preiswert*

Hostal Fantoni – Flamenco 5 – ☎ 956 28 27 04 – 🍴 – 17 Z.: 43 € – *Nicht alle Zimmer verfügen über ein Bad.* Warum mehr ausgeben, wenn es sich in dieser netten und einfachen Pension auch gut wohnen lässt? Von den Zimmern mit Bad empfehlen wir die zur Fußgängerzone hin gelegenen.

• *Unsere Empfehlung*

Hotel Francia y París – Plaza de San Francisco 6 – ☎ 956 22 23 49 – 🍽 – 57 Z.: 50/63 € 🍴. Dieses Hotel liegt an einem ruhigen und reizvollen kleinen Platz und ist in einem Gebäude aus dem frühen 20. Jh. untergebracht. Die Zimmer sind einwandfrei.

Für zwischendurch

Café Parisien – Plaza de San Francisco 1 – 9-23 Uhr. Das alte Café befindet sich in einem abgelegenen hübschen Platz. Hier treffen sich Leute jeden Alters, und die Tische auf der Terrasse sind äußerst beliebt. Auch essen kann man hier.

El Café de Levante – Rosario – 16-3 Uhr. Das ruhige Café liegt in einer der typischen Straßen der Altstadt und ist geschmackvoll und modern eingerichtet. Hier trifft sich ein vielfältiges Publikum, um in einer entspannten Atmosphäre etwas zu sich zu nehmen. Es lässt sich schön plaudern, und donnerstags abends finden verschiedene Konzerte statt.

Shopping

Horno Compañía – Compañía 7. In diesem traditionellen Geschäft werden typische Produkte wie das Brot von Cádiz verkauft.

Ausgehtipps

Das **Gran Teatro Falla** (Plaza Falla s/n; im Sommer geschlossen), das zu bestimmten Zeiten Theateraufführungen und Konzerte präsentiert, sowie die vier **Kulturzentren** (El Palillero, El Bidón, La Viña und La Lechera) halten ein vielfältiges Angebot an Workshops und Ausstellungen bereit. Besonders beliebt sind die Flamenco-Konzerte im **Baluarte de la Candelaria** (Alameda de Apodaca s/n).

Feste

Der **Karneval** von Cádiz ist der berühmteste Kontinentalspaniens.

Karneval

Hintergrundinfos

Die älteste Stadt Europas – Die außergewöhnliche Lage in einer gut geschützten Bucht hat seit Jahrhunderten die Menschen angezogen. Der Legende zufolge wurde Cádiz im Jahre 1100 v. Chr. von den Phöniziern gegründet. 206 v. Chr. wurde es von den Römern erobert, danach von Westgoten und Mauren besetzt. Alfons X. eroberte die Stadt 1262. Während des 16. Jh.s musste die Stadt zahlreiche Angriffe englischer Piraten über sich ergehen lassen – 1596 wurde sie vom Grafen von Essex teilweise zerstört. Aufgrund des Amerikahandels, der zuvor dem Hafen von Sevilla vorbehalten gewesen war, wurde Cádiz im 18. Jh. einer der wichtigsten Seehäfen Europas.

Die Verfassung von Cádiz – Während der französischen Belagerung im Jahre 1812 beriefen die spanischen Patrioten hier eine Versammlung der *Cortes* ein und verabschiedeten die erste liberale Verfassung, die unter dem Namen „Verfassung von Cádiz" in die Geschichte eingegangen ist.

Aussichtstürme – Zwischen dem 16. und dem 18. Jh. errichteten die Händler der Stadt über 160 Türme, von denen aus sich das Ein- und Auslaufen der Handelsschiffe überwachen ließ. Neben diesem praktischen Zweck dienten die Türme auch als Symbol des Reichtums und der Blüte der Stadt.

Cádiz

Ancha	BY	2
Calderón de la Barca	BY	3
Candelarias (Pl.)	BZ	4
Columela	BYZ	
Compañia	BZ	5
Cristóbal Colón	CZ	6
Doctor Marañón	AY	7
Fernando El Católico	CY	8
Fray Félix (Pl.)	BZ	9
Mentidero (Pl. del)	BY	10
Mesón Nuevo	CZ	12
Montañés	BZ	13
Novena	BY	15
Nueva	CZ	16
Pelota	CZ	17
Piratas (Callejón de los)	BZ	18
Ramón de Carranza (Av.)	CZ	19
San Agustín (Pl. de)	CY	20
San Antonio (Pl. de)	BY	21
San Francisco	BCY	22
San Francisco (Pl. de)	BY	23
San Juan de Dios	CZ	24
San Juan de Dios (Pl. de)	CZ	25
San Martín (Pl.)	CZ	26
San Roque	CZ	27
Santa Mariá	CZ	28
Santo Cristo	BCZ	29
Sopranis	CZ	30
Topete (Pl.)	BZ	31

Arco de los Blancos	CZ	A¹
Arco del Pópulo	CZ	A²
Arco de la Rosa	BZ	A³
Ayuntamiento	CZ	H
Cárcel Real (Palacio de Justicia)	CZ	J
Casa del Almirante	BZ	B¹
Casa de las Cadenas	CZ	B²
Casa de la Contaduria (Museo Catedralicio)	CZ	M¹
Casa Lasquetty	CZ	B³
Fábrica de Tabacos (Palacio de Congresos)	CZ	K
Gran Teatro Falla	AY	T¹
Museo de Cádiz	BY	M²
Museo Iconográfico e Histórico de las Cortes y Sitio de Cádiz	BY	M³
Teatro Romano	CZ	T²

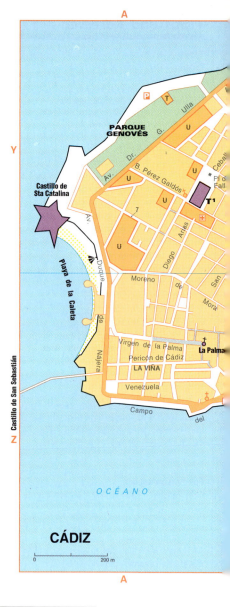

Auf Entdeckungstour

Cádiz ist mit seinen vielen einladenden Straßen, Plätzen und öffentlichen Anlagen eine schöne Stadt, in der es sich gut leben lässt. Wir schlagen Ihnen einen Besichtigungsrundgang vor, der durch die typischsten Viertel und zu den wichtigsten Baudenkmälern führt *(s. Plan)*.

DIE VIERTEL SANTA MARÍA UND EL PÓPULO 1

Plaza de San Juan de Dios

Dieser Platz ist einer der ältesten und beliebtesten der Stadt. Hier stehen das Rathaus (**Ayuntamiento**, 1799 errichtet von Torcuato Benjumeda), die Barockkirche San Juan de Dios und ein stattliches klassizistisches Bürgerhaus, heute das Fremdenverkehrsamt *(Nr. 11)*.

Links von San Juan de Dios in die Calle Sopranis gehen.

Calle Sopranis

In dieser Straße kann man sich bemerkenswerte Barockbauten ansehen, darunter besonders die Häuser Nr. 9, 10 und 17. Am Ende der Straße ist das Gebäude der ehemaligen Tabakmanufaktur **(Fábrica de Tabacos)** ein typisches Beispiel für die Architektur des 19. Jh.s (Verwendung von Eisen und Backstein); hier steht auch das Kloster **Santo Domingo**.

Auf der Calle Plocia bis Concepción Arenal.

Cárcel Real★

Das 1792 von Torcuato Benjumeda errichtete Königliche Gefängnis gehört zu den markantesten Kommunalbauten des Barock in Andalusien. Als Eingang dient ein mit dem königlichen Wappen verzierter Triumphbogen. Seit 1990 beherbergt das Gebäude die Gerichte von Cádiz.

Santa María

17. Jh. Der Bau im Stil des Spätbarock hat einen mit *azulejos* verzierten auffallenden Glockenturm.

Durch die Calle Santa María weitergehen, wobei man an der Casa Lasquetty (links, 18. Jh.) vorbeikommt; die Calle Felix Soto überqueren und bis zum Arco de los Blancos (13. Jh.) gehen.

Casa del Almirante

Das Schönste an diesem Barockpalais (17. Jh.) ist das zweigeteilte **Portal**★★ aus italienischem Marmor, das wunderschön mit toskanischen und gewundenen Säulen verziert ist.

Iglesia de Santa Cruz★

Geöffnet zur Messe, 12 Uhr und 19 Uhr (normalerweise ist kurz vor der Messe geöffnet). ☏ *956 28 77 04.*

Die „Alte Kathedrale" wurde 1596, nach der Zerstörung der Stadt durch den Grafen von Essex, errichtet. Der schlichte Innenraum ist durch mächtige toskanische Säulen in drei Schiffe geteilt.

Fassade der Kathedrale

Daneben befindet sich die Casa de la Contaduría, in der das Museo Catedralicio untergebracht ist *(s. unter „Besichtigungen")*.

Catedral★★
10-13 Uhr. 3 € (Museum). ☏ *956 28 61 54.*
Mit dem Bau der Neuen Kathedrale wurde im ersten Drittel des 18. Jh.s nach Plänen von Vicente Acero begonnen. Wahrscheinlich traten Schwierigkeiten auf, denn die Kirche konnte erst 1838 fertig gestellt werden. Daher sind im überwiegend barocken Bau auch klassizistische Lösungen zu bemerken. Die von zwei eleganten Türmen flankierte **Fassade★** präsentiert sich als ein Wechselspiel zwischen konkaven und konvexen Flächen. Der Innenraum wirkt wegen der glatten Marmorflächen besonders hell. In der Krypta ruht der große spanische Komponist **Manuel de Falla** (1876-1946).

VON DER PLAZA DE SAN JUAN DE DIOS ZUR KATHEDRALE 2
Dieser Rundgang beginnt in der Calle Nueva, die von der Plaza de San Juan abgeht. Danach geht es nach links in die Calle Cristóbal Colón.

Casa de las Cadenas
Dieses Barockpalais hat ein von gewundenen Säulen eingerahmtes interessantes **Portal★** aus genuesischem Marmor.

Der Weg führt weiter durch die Calle Cristóbal Colón und die Calle Cobos bis zur Plaza de la Candelaria und von hier zurück zur Calle Nueva. Man überquert die Plaza de San Agustín und biegt in die Calle Rosario ein, wo sich das Oratorio de la Santa Cueva (s. unter „Besichtigungen") befindet.

Plaza de San Francisco
An einer Seite dieses kleinen Platzes mit vielen Cafés erhebt sich der barocke Kirchturm von San Francisco.

Plaza de Mina★★
Dieser schöne Platz, der 1838 auf dem Gartengelände des Convento de San Francisco angelegt wurde, hat wegen seines üppigen Grüns ein koloniales Flair. Interessante isabellinische Gebäude und das neoklassizistische Palais mit dem Heimatmuseum, dem **Museo de Cádiz** *(s. unter „Besichtigung")*, stehen an seinem Rand.

Die Calle de San José bis zum Oratorio de San Felipe Neri (s. unter „Besichtigung") hinuntergehen. Daneben befindet sich auch das Museo Iconográfico e Histórico de las Cortes y Sitio de Cádiz (s. unter „Besichtigung").

Hospital de Mujeres★
10-13 Uhr. Sa/So und feiertags geschl. 0,60 €. ☏ *956 22 36 47.*
Dieses Barockgebäude umgibt zwei Innenhöfe, die durch eine prachtvolle **Treppe★★** miteinander verbunden sind. Die Patios sind mit Kreuzwegstationen verziert; es sind Kachelbilder mit *azulejos* aus Triana, dem Töpferviertel von Sevilla (18. Jh.).
Zurück zur Calle Sacramento, hier befindet sich der Torre Tavira (s. unter „Besichtigung").

Plaza de las Flores
Auf diesem belebten Platz haben viele Blumenverkäufer ihre Stände.
Von hier geht es auf der Calle Compañía zurück zur Plaza de la Catedral.

Besichtigung

Museo Catedralicio★
10-13 Uhr und 16-19 Uhr, Sa/So und feiertags 10-13 Uhr. Mo geschl. 3 € (einschl. Kathedrale). ☎ 956 25 98 12.
Schön restaurierte mittelalterliche Gebäude mit einem **Mudéjar-Innenhof★** (16. Jh.) haben heute den Domschatz aufgenommen. Die wichtigsten Stücke sind eine Enrique Arfe zugeschriebene Monstranz (**Custodia del Cogollo★**, 16. Jh.) aus vergoldetem Silber und die **Custodia del Millón** (18. Jh.).

Oratorio de la Santa Cueva★
10-13 Uhr und 16.30-19.30 Uhr, im Sommer 10-13 Uhr und 17-20 Uhr. Sa-/So-nachmittag und feiertags geschl. 1,50 €. ☎ 956 22 22 62.
In der Kapelle mit elliptischem Grundriss hängen drei wunderschöne **Gemälde★★** von Goya (1795).

Museo de Cádiz★
9-20 Uhr, So 9.30-14.30 Uhr. Mo, Di 9-14 Uhr (außer nach vorheriger Vereinbarung) und feiertags geschl. 1,50 €; für EU-Bürger Eintritt frei. ☎ 956 21 22 81.
Das Museum ist in einem um die Mitte des 19. Jh.s errichteten klassizistischen Adelspalais untergebracht. In der Abteilung zur Archäologie sind neben der schönen Sammlung von Öllampen, gläsernen Salbgefäßen und Schmuck zwei anthropomorphe **phönizische Sarkophage★★** aus dem 5. Jh. v. Chr. zu sehen. Der Sarkophag des Mannes wurde 1887 entdeckt, der der Frau 1980. Beide wurden vermutlich von griechischen Steinmetzen nach ägyptischen Vorbildern angefertigt. In der Gemäldeabteilung (Bellas Artes) sind als Maler des spanischen Goldenen Zeitalters Morales, Murillo und Ribera vertreten, besonders interessant sind jedoch die **9 Tafelbilder★**, die Zurbarán in seiner Hauptschaffenszeit zwischen 1638 und 1639 für das Kartäuserkloster von Jerez malte.

Torre Tavira★
10-18 Uhr, 15. Juni-15. Sept. 10-20 Uhr. Letzte Führung 17.30 Uhr. 3 €. ☎ 956 21 29 10.
Im 18. Jh. Wachtturm von Cádiz. Seit 1995 ist hier eine Art Periskop installiert (**Cámara oscura**), mit dessen Hilfe man das bewegte Bild der Stadt in Echtzeit beobachten kann.

Oratorio de San Felipe Neri
10-13.30 Uhr. So und feiertags geschl. 0,90 €. ☎ 956 21 16 12.
Die Barockkirche mit elliptischem Grundriss ist in die spanische Geschichte eingegangen als Versammlungsort der Landstände, die die erste liberale Verfassung Spaniens ausarbeiteten. Die schöne **Madonna** ist das letzte Werk Murillos (1680).

> **DIE SCHLACHT VON TRAFALGAR**
> Aus dem Hafen von Cádiz lief am 21. Oktober 1805 die französisch-spanische Flotte unter Admiral de Villeneuve gegen die Engländer aus. Diese errangen unter dem Kommando von Nelson am Kap von **Trafalgar** einen bedeutenden Sieg, der England die Seeherrschaft sicherte. Nelson kam dabei ums Leben, Villeneuve geriet in Gefangenschaft. Spanien war von nun an außerstande, sein Kolonialreich gegen die Engländer zu verteidigen.

Museo Iconográfico e Histórico de las Cortes y Sitio de Cádiz (Stadtgeschichtliches Museum)
9-13 Uhr und 16-19 Uhr, 15. Juni-15. Sept. 9-13 Uhr und 17-19 Uhr. Sa/So und feiertags 9-13 Uhr. Mo geschl. ☎ 956 22 17 88.
Besonders sehenswert ist das aus Elfenbein und Mahagoni gefertigte **Miniaturmodell★** der Stadt zur Zeit der Herrschaft Karls III.

▶▶ Castillo de Santa Catalina, **Parque Genovés★**, Baluarte de la Candelaria, Iglesia del Carmen (Barockfassade★).

Umgebung

San Fernando
9 km südöstlich auf der N IV. San Fernando und Cádiz sind durch eine schmale Landzunge miteinander verbunden. Der Ort ist seit dem 18. Jh. ein wichtiger Stützpunkt der spanischen Kriegsmarine. An der Hauptstraße, der Calle Real, befinden sich das Rathaus (Ayuntamiento), die Iglesia del Carmen und das Stadtgeschichtliche Museum (Museo Histórico Municipal). Das bedeutendste Gebäude von San Fernando ist die Sternwarte der Marine (**Observatorio Astronómico de la Marina**), ein 1753 im klassizistischen Stil errichtetes Bauwerk. *Führung (2 1/2 Std.) 10-14 Uhr und 18-21 Uhr. Sa/So und feiertags geschl.* ☎ 956 89 37 02.

Cádiz
Medina Sidonia★

44 km östlich über die N IV, die N 340 und die A 390. Das Dorf Medina Sidonia liegt auf einer Anhöhe. Ganz oben erhebt sich die gotische Kirche **Santa María la Mayor★**, *die einen sehenswerten platteresken* **Altaraufsatz★** *von Juan Bautista Vázquez d. Ä. enthält.*

Führung (30 Min.) 10-14 Uhr und 16-18 Uhr, im Sommer 10-14 Uhr und 18-20 Uhr. 1. Jan. und 25. Dez. geschl. 1,70 €. ☎ 956 41 24 04.

Neben der Kirche geht man durch den Torre de Doña Blanca zur Burgruine und in die Altstadt, wo noch Bausubstanz aus dem 16. Jh. erhalten ist. Auf dem Weg in den modernen Stadtteil durchquert man den Arco de la Pastora und erreicht eine eindrucksvolle Ausgrabungsstätte römischer Bauwerke **(Conjunto arqueológico romano)**, auf der unterirdische Gänge aus dem 1. Jh. v. Chr. von insgesamt über 30 m Länge freigelegt wurden.

10-13.30 Uhr und 16.30-19 Uhr, Juni-Sept. 10-13.30 Uhr und 17.30-20 Uhr. Mo geschl.
Von hier aus geht man weiter zur Plaza de España, wo sich das klassizistische **Rathaus** (18. Jh.) erhebt.

Camino de Santiago★★

Durch die Entdeckung der Grabstätte des Apostels Jakobus in Santiago de Compostela entwickelte sich die Stadt zum bedeutendsten Pilgerzentrum des mittelalterlichen Europa. Durch die Verehrung der Reliquien, ein grundlegendes Element der Religiosität dieser Epoche, entstand ab dem 11. Jh. ein Weg, dessen Ziel das ferne Santiago war, wo man den Apostel anbetete.
Noch heute begeben sich Tausende von Pilgern auf diesen Weg, der zwar für einige seine religiöse Bedeutung verloren hat, der aber dennoch nach wie vor eine intensive Reise in die Geschichte und Kultur Europas darstellt.

Steckbrief

Michelin-Karten Nr. 571 und 573 – Navarra, La Rioja, Kastilien und León, Galicien. Der Camino de Santiago verläuft quer durch Nordspanien von Ost nach West von den Pyrenäen bis in die Jakobsstadt und durchquert dabei fünf Autonome Gemeinschaften.

🛈 *Astorga: Plaza Eduardo de Castro 5, 24700, ☎ 987 61 82 22; Ponferrada: Gil y Carrasco 4, 24400, ☎ 987 42 42 36; Puente la Reina: Plaza Mena s/n, 31100, ☎ 948 34 08 45; www.xacobeo.es*

Hintergrundinfos

Der Glaube an die Entdeckung des Grabes des hl. Jakobus d. Ä. (span. Santiago) im 9. Jh. ließ einen lokalen Wallfahrtsort entstehen, der ab dem 11. Jh. in ganz Europa an Bedeutung gewann. Jährlich machten sich 500 000 Jakobsbrüder auf den Weg nach Santiago de Compostela. Sie waren mit Papieren ausgestattet, die sie als Pilger auswiesen. Doch konnte man sie ohnedies leicht an ihrer Kleidung erkennen. Sie trugen einen breitkrempigen, mit Muscheln verzierten Hut, einen weiten

Der Jakobsweg in Spanien

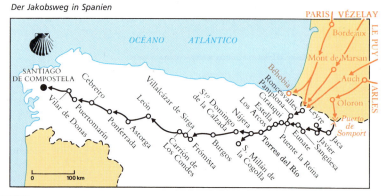

Tipps und Adressen

RESTAURANTS

• **Gut & preiswert**
La Peseta – Plaza San Bartolomé 3 – Astorga – ☎ 987 61 72 75 – So-abend und Di (außer Aug.) geschl. – 19/25 €. Das familiäre Restaurant genießt in Astorga einen gewissen Ruf. Die Küche ist traditionell, die Preise sind recht günstig. Einfacher Speisesaal mit klassischer, etwas altmodischer Ausstattung. Verfügbar sind 19 komfortable Zimmer zu korrekten Preisen.

• **Spitzenkategorie**
Mesón del Peregrino – Irunbidea 10 – Puente la Reina – 1 km nordöstlich von Puente la Reina auf der Straße nach Pamplona – ☎ 948 34 00 75 – www.hotelelperegrino.com – So-abend, Mo und 23. Dez.-7. Jan. geschl. – 41/54 €. Restaurant mit Charme in einem schönen alten Haus aus Naturstein. Die gepflegte rustikale und geschmackvolle Ausstattung schafft ein ideales Ambiente, um die kreativ angehauchte Küche zu genießen. Speiseräume mit Blick über Garten und Schwimmbad. Es gibt 13 Zimmer im mittleren bis oberen Preisbereich.

UNTERKUNFT

• **Gut & preiswert**
Hostal Infanta Doña Leonor – Condes de Toreno 1 – Villalcázar de Sirga – ☎ 979 88 80 15 – www.turwl.com/infantadonaleonor – **P** – 9 Z.: 20/35 € – ☑ 2,50 € Wenn man eine ruhige Herberge für eine Nacht sucht, ist diese Pension im Örtchen Villalcázar de Sirga die richtige Adresse. Der Neubau bietet gemütliche Zimmer mit Parkettböden und Holzmöbeln. Daneben gibt es drei Mansardenzimmer.

Hotel Madrid – Avenida de La Puebla 44 – Ponferrada – ☎ 987 41 15 50 – 55 Z.: 35/47 € – ☑ 4 € – Rest. 9 €. Zentrale Lage, liebenswürdiger Service sowie saubere und komfortable Zimmer sind die Visitenkarte dieses bereits betagten Hotels. Die über 50 Jahre seines Bestehens haben ihre Spuren in den Gemeinschaftsräumen und bei der Ausstattung der Zimmer hinterlassen.

Hotel San Martín – Plaza San Martín 7 – Frómista – ☎ 979 81 00 00 – Jan. geschl. – **P** – 12 Z.: 31/34 € – ☑ 3,50 € – Rest. 8 €. Günstige Lage direkt an der romanischen Kirche San Martín. Das einfache Hotel bietet auf zwei Stockwerken gut ausgestattete und komfortable Zimmer (alle mit Bad und TV). Das Restaurant verfügt über einen Holzofen.

• **Unsere Empfehlung**
Hotel Real Monasterio San Zoilo – Obispo Souto – Carrión de los Condes – ☎ 979 88 00 50 – www.sanzoilo.com – **P** – 37 Z.: 43/60 € – ☑ 4,50 € – Rest. 20/31 €. Dieses ehemalige Benediktinerkloster hat die kühle Strenge alter Zeiten abgelegt und sich in ein nettes Hotel mit viel Charme verwandelt. Sichtbares Backsteingemäuer, Naturstein und Holz verbinden sich auf nüchterne und elegante Art und Weise. Die Zimmer bieten viel Komfort, die Preise sind hervorragend.

Pousada de Portomarín – Avenida de Sarria – Portomarín – ☎ 982 54 52 00 – hpousada@lander.es – **P** ⚲ – 32 Z.: 67/85 € – ☑ 6,50 € – Rest. 15 €. Das ruhige Hotel befindet sich in einem modernen Steingebäude mit hübschem Ausblick auf den Miño. Die Zimmer sind geräumig und komfortabel, verfügen über Holzboden und sind nett möbliert. Einige verfügen über eine Terrasse. Das gute Restaurant serviert traditionelle Küche.

Pilgermantel, einen Pilgerstab mit angehängter Feldflasche und eine Umhängetasche. Von diesen Attributen des Pilgers sprach man als „Muschel des Friedens, Feldflasche des Heils und Stab der Hoffnung".

Verschiedene Einrichtungen der Benediktiner von Cluny erleichterten die Wallfahrt. Die Ritter des spanischen Ordens vom Roten Schwert liehen den Reisenden Geld und sicherten den Weg, an dem skulptierte Meilensteine aufgestellt waren. Hospize und Pflegeeinrichtungen nahmen kranke Pilger auf. Eine Art Reiseführer, der dem französischen Mönch Aimeri Picaud zugeschrieben wird, gab über Bräuche, Einwohner und Klima der durchzogenen Gegenden sowie über interessante Wege und Sehenswürdigkeiten Auskunft. Die Pilger machten oft weite Umwege, um eine Kirche oder bestimmte Reliquien aufzusuchen. Der Reichtum mancher Gotteshäuser ist auf die große Zahl der Pilger zurückzuführen, die ihre Gabe hinterließen. Am Jakobsweg entstanden Rastorte, Herbergen, Läden und Schmiedewerkstätten; sie siedelten sich zuerst an der Hauptstraße an, der so genannten Calle Mayor, und im weiteren Umkreis bildeten sich Siedlungen. Aus ländlichen Dörfern wurden Städte, und in einigen Orten ließen sich Ausländer oder Minderheiten (Franzosen, Deutsche, Juden) nieder, die ihre Handwerkstradition und Kultur ins Land brachten.

Die Religionskriege hatten negative Auswirkungen auf die Wallfahrt. Die Christen waren zu sehr damit beschäftigt, sich gegenseitig zu bekämpfen, um noch den Glauben und die Kraft aufzubringen, die Strapazen des Jakobswegs auf sich zu nehmen. Als der Erzbischof von Santiago aus Angst vor einem englischen Seeräuber im Jahre 1589 die Reliquien aus der Basilika entfernte und an einem geheimen Ort versteckte, bedeutete dies das Ende der Wallfahrt. 1879 wurden die Reliquien durch Zufall wieder aufgefunden und vom Papst feierlich als jene, die im Mittelalter riesige Massen an Gläubigen angezogen hatten, anerkannt.

Camino de Santiago
Besondere Highlights

DIE HAUPTETAPPEN DES JAKOBSWEGS IN SPANIEN

Die deutschen Pilger trafen sich meist in Einsiedeln (Schweiz), der Sammelstation der „Oberstraße", oder in Aachen zum Aufbruch auf der „Unterstraße". Dann durchquerten sie Frankreich, wo sich mehrere Wege herausgebildet hatten, die am Fuß der Pyrenäen zusammenliefen und in Spanien als zwei große Routen nach Santiago führten. Es waren dies zum einen die Küstenstraße am Atlantik entlang über Asturien, die als sehr gefährlich galt, und zum anderen der Französische Weg (**Camino Francés**), so genannt auf Grund der großen Zahl französischer Pilger und der vielen französischen Klöster und Hospize, die an dieser Strecke lagen. Hier entstanden im Laufe der Jahrhunderte zahlreiche romanische Kirchen, denen der Einfluss französischer Bauhütten anzumerken ist. Die beiden Routen, die vom Somport-Pass bzw. von Roncesvalles ausgingen, liefen in Puente la Reina zusammen. Vom Somport bis Puente la Reina waren die Hauptetappen **Jaca** (s. S. 292), **Santa Cruz de la Serós** (s. S. 294), **San Juan de la Peña** (s. S. 294), das **Kloster Leyre** (s. S. 306) und **Sangüesa** (s. S. 427). Die Route von **Roncesvalles** (s. S. 378) nach Puente la Reina war sehr viel kürzer und zählte nur eine bedeutende Etappe, nämlich **Pamplona** (s. S. 374).

Puente la Reina★

Die ehrwürdige Brücke über den Arga, die der Stadt ihren Namen gab, wurde im 11. Jh. errichtet, um den Santiago-Pilgern das Überqueren des Flusses zu ermöglichen. Kommt man aus Pamplona, sieht man am Eingang der Stadt eine bronzene Pilgerstatue an der Stelle, wo die beiden Wege zusammentrafen. Die N 111 führt um die Altstadt. Außerhalb der Stadtmauer lag die **Iglesia del Crucifijo** (Kreuzkirche), durch ein Tor mit dem Pilgerhospiz verbunden. An das erste Kirchenschiff aus dem 12. Jh. schließt sich das im 14. Jh. errichtete Schiff an, welches das berühmte Y-förmige Kreuz mit der ausdrucksvollen geschnitzten **Christusfigur★** birgt. Sie soll im 14. Jh. von einem Mönch aus Deutschland hierher gebracht worden sein. *Nachmittags geöffnet (sollte geschlossen sein, bitte im Kloster gegenüber der Kirche anfragen).* ☎ *948 34 00 50.*

Zu Fuß geht man durch die enge Hauptstraße (Calle Mayor). Diese wirkt mit den gelblichen Ziegelbauten und den vorgezogenen Dächern auf geschnitzten Balken sehr elegant und führt zur berühmten **Brücke**. Man kommt an der Kirche **Santiago** vorbei, deren **Portal★** über und über mit heute nur noch schwer erkennbaren Figuren geschmückt ist. Das im 16. Jh. erneuerte Kirchenschiff weist schöne Retabel auf. Gegenüber der Eingangstür sind die vergoldete Holzfigur des *Hl. Jakobus als Pilger* und die ihm gegenüberstehende Figur des *Hl. Bartholomäus* bemerkenswert. *9-13 Uhr und 17-20.30 Uhr.* ☎ *948 34 01 32.*

Santa Maré de Eunate★★

5 km östlich von Puente la Reina. Der Ursprung der abgelegenen und bezaubernden **romanischen Kapelle** aus dem 12. Jh., die durch ihre Harmonie und Einfachheit besticht, ist noch ungeklärt. Knochenfunde stützen die These einer Grabkapelle auf dem Jakobsweg; das Gleiche soll für die Kapelle von Torres del Rio *(s. unten)* gelten. Ihr Grundriss ist oktogonal mit einer außen fünfeckigen und innen halbkreisför-

Die Kirche von Eunate

migen Apsis. Der heute nicht mehr überdachte äußere Arkadengang, der um die Kirche herumführt, verband die Kirche möglicherweise mit Nebengebäuden, die den Pilgern als Unterkunft dienten.

Cirauqui★
An den winkligen und äußerst steilen Straßen drängen sich zur Hälfte verputzte Häuser, die mit rundbogigen Türen, Balkonen, Wappen und geschnitzten Gesimsen geschmückt sind. Auf dem höchsten Punkt der Stadt *(mühsamer Aufstieg)* erhebt sich die Kirche **San Román**. Sie besitzt ein bemerkenswertes **Zackenbogenportal★** aus dem 13. Jh., das an das der Kirche San Pedro de la Rúa in Estella erinnert.

Estella/Lizarra★★ und Kloster Irache★ *(s. unter ESTELLA)*

Los Arcos
Die Innenausstattung der an ihrem hohen Turm erkennbaren Kirche **Santa María de los Arcos** (16. Jh.) entspricht vollkommen dem spanischen Barock. Die unendliche Fülle von Stuckarbeiten, Statuen und Gemälden lässt keine Wandfläche unbedeckt. Besonders bemerkenswert sind die Wände des Querschiffs, deren Dekoration sich am Korduanleder inspiriert. Auf dem Hauptaltar in reinstem Barock erhebt sich die farbig gefasste Holzfigur der Santa María de los Arcos, einer Schwarzen Madonna aus dem 13. Jh. Die Fenster des Kreuzgangs im Flamboyantstil verkörpern die Eleganz der Spätgotik.

Torres del Río
Die **Iglesia del Santo Sepulcro★** (Kirche des Hl. Grabes) ist ein ungewöhnliches, um 1200 errichtetes romanisches Bauwerk, das sich durch seine Höhe und den achteckigen Grundriss auszeichnet. Die Ähnlichkeit dieser Kirche mit der von Eunate beschäftigt die Fachwelt, die in ihr ebenfalls eine Grabkirche sieht. Im Inneren überwiegen die vertikalen Linien. Die wunderschöne, vom Mudéjar-Stil beeinflusste **Kuppel** mit sternförmigem Grundriss ist perfekt. Winzige Fenster an den Sternenspitzen, Sparrenköpfe und Figurenkapitelle sind die einzige Dekoration. Vor der Kirche erhebt sich ein hübsches Kruzifix aus dem 13. Jh.

Nájera und Santo Domingo de la Calzada★ *(s. unter La RIOJA)*

Burgos★★ *(s. dort)*

Kirche von Frómista★★ *(s. unter PALENCIA, Umgebung)*

Villalcázar de Sirga
Die weitläufige gotische Kirche **Santa María la Blanca** mit schön skulptiertem **Südportal★**, das von einem Vorbau geschützt wird, birgt im Querschiff zwei sehenswerte gotische **Grabmäler★**. Die Liegefiguren stellen einen 1271 von Alfons X. ermordeten Bruder des Königs und dessen Gemahlin Eleonore dar. Die Bildwerke beeindrucken besonders durch die fein gearbeitete erlesene Kleidung. Auf dem Grab des Infanten stellte der Bildhauer den Trauerzug ausgesprochen detailgetreu dar. *13-14 Uhr und 17-18 Uhr, 16. Mai-30. Sept. 10.30-14 Uhr und 17-20 Uhr, So und feiertags 18-20 Uhr.* ☎ *979 88 80 76.*

Carrión de los Condes
Die Grafen von Carrión fühlten sich von der umfangreichen Mitgift der Töchter des Cid angezogen, vermählten sich mit ihnen, misshandelten sie jedoch und wurden deshalb mit dem Tod bestraft.
Das Kloster San Zoilo **(Monasterio de San Zoilo)** wurde in der Renaissance neu errichtet. Der nach Plänen von Juan de Badajoz errichtete **Kreuzgang★** zeichnet sich durch seine Gewölbe aus, deren Schlusssteine und Konsolen mit Medaillons und Büsten verziert sind. *10.30-14 Uhr, Sa/So und feiertags 10.30-14 Uhr und 16-18.30 Uhr, Apr.-Okt. 10.30-14 Uhr und 16.30-20 Uhr. 1. und 6. Jan. sowie 25. Dez. geschl. 1,30 €.* ☎ *979 88 09 02.*
Schöne Skulpturen aus dem 12. Jh. besitzt die Jakobuskirche **(Iglesia de Santiago)**. Auf dem mittleren Bogenlauf des Portals erkennt man den Architekten am Zirkel; ein Friseur (oder Schafscherer) ist mit der Schere, ein Töpfer mit seiner Scheibe dargestellt. Die Reliefs lassen schon den Einfluss der Gotik erkennen.

León★★ *(s. dort)*

Astorga
Bekannt ist die Stadt für die *mantecadas*, ein lockeres Hefegebäck.
Catedral★ – *9.30-12 Uhr und 16.30-18 Uhr, im Sommer 9-12 Uhr und 17-18.30 Uhr, Sa/So und feiertags 10-20 Uhr.* ☎ *987 61 58 20.*
Die Bauzeit der Kathedrale zog sich von der Spätgotik (Ende 15. Jh.) bis zum 18. Jh. hin, was die zahlreichen Renaissance- und Barockelemente der Türme und der Fassade erklärt. Auf den figurenreichen Flachreliefs des tief eingeschnittenen **Portals★** erkennt man markante Szenen aus dem Leben Christi, wie die Vertreibung der Händler aus dem Tempel und die Ehebrecherin, sowie – über der Tür im Mittelfeld – die Kreuzabnahme.
Der **Innenraum** überrascht durch seine großen Ausmaße und seinen schlanken Stil. Hoch empor steigen die Bündelpfeiler zum Gewölbe des weiten Kirchenschiffs. Das **Retabel★** hinter dem Hauptaltar ist das Werk von drei Gaspars. Die Bemalung und Vergoldung nahmen Gaspar de Hoyos und Gaspar de Palencia vor, während die Flachreliefs von **Gaspar Becerra** (1520-1570) stammen. Der Stil Becerras, eines Andalusiers, weist eindeutig nach Italien, wo er seine Ausbildung erhalten hatte;

besonders durch den natürlichen Ausdruck seiner Figuren unterscheidet er sich von seinen spanischen Zeitgenossen, die zumeist dramatisch-bewegte Bildwerke schufen.

Das **Museo de la Catedral** enthält eine bedeutende Sammlung von Goldschmiedearbeiten, darunter einen für ein Kreuzpartikel gearbeiteten Reliquienschrein aus Goldfiligran (13. Jh.), den so genannten Schrein Alfons' des Großen (10. Jh.), und eine schöne bemalte Holztruhe aus dem 13. Jh.

> ### DIE MARAGATOS
> Vor langer Zeit siedelte sich im rauen, abgeschiedenen Bergland um Astorga ein Volksstamm an, dessen Ursprung man auf eine Vermischung zwischen Goten und Mauren zurückführt. Die Maragatos waren von alters her Maultiertreiber. Bei Festen kann man hie und da noch einen Maragato in seiner alten Tracht sehen (Pluderhose, Weste und breite, bestickte Schärpe). Auf der **Plaza Mayor** von Astorga schlagen zwei Figuren am Glockenspiel des **Rathauses** in dieser Tracht die Stunden.

11-14 Uhr und 15.30-18.30 Uhr, März-Sept. 10-14 Uhr und 16-20 Uhr. Jan. geschl. 1,50 € (2,40 € einschl. Palacio Episcopal). ☎ *987 61 58 20.*

Palacio Episcopal (Bischofspalast) – Diese eigentümliche Nachbildung eines mittelalterlichen Palastes wurde 1889 von dem phantasievollen Architekten **Gaudí** *(s. unter BARCELONA)* errichtet. Die außergewöhnliche und originelle Innenausstattung zeichnet sich, besonders in der neugotischen Kapelle des 1. Stocks, durch eine Fülle von Kreuzgewölben, Buntglasfenstern und Mosaiken aus. Der Palast beherbergt das **Museo de los Caminos**, das mittelalterliche, auf den Jakobsweg bezogene Kunst zeigt. *10-14 Uhr und 16-20 Uhr, So und feiertags 11-14 Uhr (im Sommer 10-14 Uhr). Letzter Einlass 45 Min. vor Schließung. 2,40 € (einschl. Museo de la Catedral).*

Ponferrada

Ponferrada ist die Hauptstadt des Bierzo, eines sehr fruchtbaren Einbruchsbeckens, und ein bedeutendes Industrie- und Bergbauzentrum. Die Stadt verdankt ihren Namen einer eisernen Brücke, die Ende des 11. Jh.s über den Sil geschlagen wurde, um den Pilgern den Weg zu erleichtern. Über dem Ort erhebt sich die Ruine einer Templerburg.

Peñalba de Santiago★ – *21 km südöstlich.* Die Gebäude dieses abgelegen im Herzen des Valle del Silencio gelegenen Örtchens drängen sich um die mozarabische Kirche **Santiago**, den einzigen Überrest eines im 10. Jh. gegründeten Klosters. Bemerkenswert ist das Portal mit doppeltem Hufeisenbogen, der von einem *alfiz* unterstrichen wird. Vom Glockenturm aus bietet sich eine schöne Aussicht auf Dorf und Tal.

Das reizvolle Dorf hat eine eigentümliche Bausubstanz bewahrt. Wände und Dächer wie auch Schornsteine der zweistöckigen Häuser – unten waren die Viehställe, oben Küche und Schlafräume – mit Holzbalkonen sind mit Schiefer geschindelt.

Las Médulas

Las Médulas★ – *22 km südwestlich. 1997 wurden Las Médulas von der UNESCO zum Weltkulturerbe erklärt.* An den Nordwesthängen der Montes Aquilianos am linken Ufer des Sil bilden seltsam geformte, rosa- und ockerfarbene Hügel und Bergspitzen eine zauberhafte Landschaft. Es handelt sich dabei um den Abraum eines von den Römern betriebenen Goldbergwerks. Mit der Zeit bedeckten Kastanienbäume die kahlen Hügel.

Cebreiro
Unweit des Passes von Pedrafita (1 109 m) liegt Cebreiro, ein Ort, an dem der Besucher die Strapazen des Jakobswegs nachempfinden kann. Die seltsam anmutenden, strohgedeckten Häuser *(pallozas)* aus Feldstein sind ein Überbleibsel der keltischen Kultur. Sie sind heute ein **völkerkundliches Museum**, waren jedoch bis vor kurzem noch bewohnt. Eine Herberge bietet den Reisenden noch immer eine Rastmöglichkeit. Daneben liegt die kleine Bergkirche aus dem 9. Jh., in der die Pilger die Reliquien des Wunders verehrten, das sich im Jahre 1300 ereignet hatte. Damals soll sich hier die Verwandlung von Brot und Wein in Fleisch und Blut wirklich vollzogen haben. Die Reliquien werden in von Isabella der Katholischen gestifteten silbernen Ampullen aufbewahrt und sind mit dem Kelch und dem Hostienteller des Wunders ausgestellt.

Portomarín
Das alte Dorf in der Nähe der Miño-Brücke versank nach der Errichtung des Belesar-Staudamms in den Fluten des Sees. Bewahrt wurde die Stein für Stein abgetragene und im neuen Dorf wieder aufgebaute **Kirche★**. Sie gehörte einst den Johannitern und ist ein befestigtes Bauwerk mit rechteckigem Grundriss, das mit großen Entlastungsbögen und romanischen Portalen mit fein skulptierten Bogenläufen verziert ist. Am Westportal sieht man den thronenden Christus in der Mandorla, umgeben von den 24 musizierenden Greisen der Apokalypse.

Vilar de Donas
6,5 km östlich von Palas de Rei. Etwas abseits der Straße erhebt sich die **Kirche** mit einem schönen romanischen Portal. Im **Inneren** sind an den Wänden Grabmäler von Santiago-Rittern aufgereiht, die im Kampf gegen die Mauren fielen. In der Apsis blieben **Fresken★** aus dem 15. Jh. erhalten. Im Zentrum erkennt man den thronenden Christus, links Paulus und Lukas, rechts Petrus und Markus; außerdem an den Wänden Abbildungen eleganter junger Damen (galic. *donas*), denen der Ort seinen Namen verdankt.

Santiago de Compostela★★★ *(s. dort)*

Parque Natural de las Sierras de Cazorla, Segura y Las Villas★★★

Die Landschaft dieses herrlichen Naturparks ist durch große Wildheit, steile Hänge und tiefe Schluchten gekennzeichnet. Das regenreiche Klima hat viele Wildbäche und Flüsse entstehen lassen (der Guadalquivir entspringt bei Quesada), und neben der Mittelmeerflora findet man auch die europäischen Gebirgspflanzen. Viele Tierarten sind in diesen Höhen heimisch; neben Hirschen, Wildschafen, Wildschweinen, Steinadlern sind Weißkopfgeier und besonders auch Bartgeier zu beobachten.

Steckbrief
Michelin-Karte Nr. 578 – Andalusien (Jaén). Der größte Naturpark Spaniens wurde 1986 geschaffen. Er hat eine Fläche von 214 300 ha und befindet sich in Höhenlagen zwischen 600 m und 2 017 m. Wir raten Ihnen, vor dem geplanten Ausflug in den Naturpark ein **Besucherzentrum** aufzusuchen und sich entsprechendes Informations- und Kartenmaterial zu besorgen. Das größte Besucherzentrum ist Torre del Vinagre, kleinere Informationsstellen befinden sich in Cazorla, Segura de la Sierra und Siles. Es gibt viele Forststraßen, markierte Wanderwege und Straßen, die mit dem Fahrrad oder zu Pferd benutzt werden können.

Torre del Vinagre: Carretera del Tranco, km 48,3, 23379; ☎ 953 71 30 40; Cazorla: Juan Domingo 2, 23470, ☎ 953 72 01 15.
Reiseziele in der weiteren Umgebung: ÚBEDA *(46 km nordwestlich von Cazorla) und* BAEZA *(55 km nordwestlich).*

Parque Natural de las Sierras de Cazorla, Segura y Las Villas
Tipps und Adressen

Restaurant
- **Unsere Empfehlung**

La Sarga – Plaza del Mercado – Cazorla – ☎ 953 72 15 07 – Di und Sept. geschl. – 🍴 – 23/28 €. Im Ortszentrum befindet sich dieses gepflegte und charmante Restaurant, das mit einem weiten Ausblick über die Sierra aufwartet. Die regionalen Gerichte werden aus hochwertigen Produkten zubereitet, und der Service ist sehr liebenswürdig.

Unterkunft
- **Gut & preiswert**

Molino La Fárraga – Cazorla – 150 m von den Ruinen der Kirche Santa María, am Ende der Straße zum Torre camino del Ángel – ☎ 953 72 12 49 – 8 Z.: 31/55 € (inkl. MwSt.) 🍴. Ein von einem Bächlein durchflossener Garten, ein Schwimmbad mit Blick auf die Burg und die Sierra bilden den Rahmen für dieses ländliche Hotel, das in einer Ölmühle aus dem 18. Jh. eingerichtet wurde.

Ausflüge

VON TÍSCAR ZUM EMBALSE DEL TRANCO DE BEAS 92 km – 1 Tag

Die Strecke führt durch wunderschöne Naturlandschaften und malerische Dörfer der Sierra de Cazorla.

Tíscar★

Der Wallfahrtsort Tíscar hat eine ungewöhnliche Lage, von Felsen umschlossen. *Heiligtum geöffnet zur Messe, 11.30-12.30 Uhr.* ☎ 953 71 36 06.
Unterhalb des Marienheiligtums sind die schöne **Cueva del Agua★** und ihr über Felsen springender Wildbach zu sehen.

Auf der C 323 nach Quesada.

Quesada

Der Ort liegt wie ein weißer Fleck auf einem von Olivenhainen umgebenen Hügel (Cerro de la Magdalena). Hier wurde der Maler Rafael Zabaleta (1907-1960) geboren, dem ein kleines **Museum** gewidmet ist. *11-14 Uhr und 17-19 Uhr.* ☎ 953 73 38 24.
Am Ortsende beginnt die **Cañada de las Fuentes**, das Quellgebiet des Guadalquivir. *Der Weg zur Quelle (Nacimiento del Río Guadalquivir) zweigt nördlich von Quesada von der A 315 ab.* Nicht weit von hier sind in Cerro Vitar und in der Cueva del Encajero altsteinzeitliche Höhlenmalereien erhalten.

Die A 315 in Richtung Peal de Becerro fahren und an einer Kreuzung dem Wegweiser nach rechts auf die A 319 folgen.

Cazorla★

Der Ort in schöner **Höhenlage★** auf der Peña de los Halcones wird von einer **Burg** überragt. Er ist ein typisches Gebirgsstädtchen mit verwinkelten und manchmal von Treppen unterbrochenen Straßen, hübschen Plätzen und weißen Häusern mit reichem Blumenschmuck. Ein Renaissancebrunnen (Fuente de las Cadenas) nimmt die Mitte der Plaza de Santa María ein; die gleichnamige Kirche in einer Seitenstraße verfällt. Sie ist ein Werk von Vandelvira und wird als Vortragssaal genutzt.

Am Ortsausgang auf die A 319 nordöstlich, dann rechts nach La Iruela abbiegen.

La Iruela

Die Ruine einer Templerburg oberhalb des Orts bietet wunderschöne **Ausblicke★★** auf das Guadalquivir-Tal. Die Renaissancekirche Santo Domingo im Ortszentrum wurde ebenfalls von Vandelvira erbaut.

Straße von La Iruela zum Embalse del Tranco de Beas★

Auf den ersten 17 km verläuft die A 319 als Höhenstraße kurvenreich am Hang entlang und bietet dabei wunderschöne, weite **Ausblicke★★**. Um den **Parador von El Adelantado** zu erreichen, muss man einen Abstecher *(8 km)* machen. Der abzweigende Weg ist sehr kurvenreich und führt durch Kiefernbestände bergauf. Der Parador wird hauptsächlich von Jägern besucht.

Zur A 319 zurück. Die Strecke verläuft nun parallel zum Fluss.

Torre del Vinagre – *11-14 Uhr und 17-20 Uhr, im Sommer 11-14 Uhr und 16-18 Uhr. Mo und Sa/So geschl.* ☎ 953 71 30 40 oder 953 72 01 15.
Bei diesem großen Besucherzentrum **(Centro de Interpretación)** beginnen viele Wanderwege. Es gibt hier auch ein Jagdmuseum und einen Botanischen Garten mit allen heimischen Pflanzen.

Auf der A 319 weiterfahrend erreicht man nach etwa 15 km einen Wildpark **(Parque Cinegético del Collado del Almendral)**, von dessen Hochständen die Tiere mit Ferngläsern beobachtet werden können (Rehwild, Hirsche, Wildschafe und Bergziegen). *Auskunft* ☎ 953 71 01 20.

Die Burg von La Iruela und die Sierra de Cazorla

Embalse del Tranco de Beas – Die Ufer des **Stausees** sind das meistbesuchte Gebiet im Naturpark. Hier gibt es Campingplätze, Hotels, Wassersportmöglichkeiten u. a. m. In der Mitte der Wasserfläche liegen die Inseln Cabeza la Viña und **Isla de Bujaraiza** mit einer Burgruine aus der Maurenzeit; gegenüber ist der phantastische **Mirador Rodriguez de la Fuente** zu erkennen.

VON SANTIAGO-PONTONES NACH SILES *80 km – 1/2 Tag*

Diese Strecke durch die Sierra de Segura berührt Dörfer, in denen noch Spuren aus der Maurenzeit zu entdecken sind.

Santiago-Pontones
Mehrere über die Sierra verstreute Siedlungen wurden in diesen Ort eingemeindet. Es ist ein archäologisch interessantes Gebiet mit Fundstätten wie der **Cueva del Nacimiento** und den **Cuevas de Engalbo** (Höhlenmalerei).
Ab Pontones auf der A 317 in nordwestlicher Richtung fahren.

Hornos
Dieses Bergdorf ist wie eine Fliehburg befestigt. Seine alten Gassen sind reizvoll, aber abschüssig. Hoch auf einem steilen Felshang befindet sich eine Burgruine, von der man weite **Ausblicke★** auf den Embalse del Tranco und das Guadalquivir-Tal genießen kann.
Über die A 317 und an einer Kreuzung rechts nach Segura de la Sierra abbiegen.

Segura de la Sierra★
Die Heimat Jorge Manriques ist ein hübsches Städtchen auf dem Gipfel eines 1 240 m hohen Bergs. Es liegt im Schutz einer **Mudéjar-Burg**, von der aus sich weite **Rundblicke★★** über die Sierra eröffnen. Bemerkenswerte Bauten im Ortskern sind das **Rathaus** mit platereskem Portal, die **Pfarrkirche** (gotische Madonna aus farbig gefasstem Alabaster und ein Toter Christus, Gregorio Hernández zugeschrieben) sowie die **Maurischen Bäder** mit sternförmigen Öffnungen in den Tonnengewölben.
Auf der JV 7020 nach Orcera fahren.

Orcera
Die Kirche Nuestra Señora de Asunción mit schlichtem Renaissanceportal und einem alten Brunnen (Fuente de los Chorros, 16. Jh.) sind der Schmuck der Plaza del Ayuntamiento. In der nahen Umgebung erinnern die drei mächtigen Türme von Santa Catalina an die einstige Maurenburg.
Weiter auf der JV 7020 und hinter dem Ort Benatae weiter auf der JV 7021.

Siles
Hier sind Reste der Stadtmauer erhalten. In der nahen Umgebung entspringt das Flüsschen Los Molinos. Seine Quelle in Las Acebeas ist ein sehr reizvoller Ort.

Ceuta★

Die europäisch wirkende Bausubstanz der Stadt bedeckt den in sanftem Bogen verlaufenden schmalen Landstreifen zwischen dem Monte Hacho und dem Kontinent.
Die der Iberischen Halbinsel am nächsten gelegene Hafenstadt auf dem afrikanischen Festland wurde 1415 von den Portugiesen erobert und gelangte 1580 im Zuge der Personalunion mit Spanien in den Besitz Philipps II. von Spanien.

Steckbrief
73 208 Einwohner. Michelin-Karte Nr. 742 Falten 5 und 10 – Nordafrika. Das in Nordafrika liegende Ceuta nimmt eine strategisch günstige Position an der Straße von Gibraltar gegenüber der Iberischen Halbinsel ein. ☒ *Avenida Muelle Cañonero Dato s/n, 51001 Ceuta, ☎ 956 50 14 10.*
Reiseziele in der weiteren Umgebung: Estrecho de GIBRALTAR.

> **ANREISE**
> Mit dem Schiff ab Algeciras – Die Trasmediterránea fährt in 40 Min. von Algeciras nach Ceuta. Auskunft und Reservierungen unter ☎ 902 45 46 45.

Besichtigung

Museo Municipal
1. Sept.-31. Mai 10-14 Uhr und 17-20 Uhr, 1. Juni-31. Aug. 11-14 Uhr und 19-21 Uhr; Sa 10-14 Uhr. ☎ 956 51 17 70.
Das Städtische Museum besitzt neben einer Münzsammlung, alten Waffen und Keramik insbesondere einen römischen Sarkophag aus weißem Marmor sowie karthagische und römische Amphoren.

Parque Marítimo del Mediterráneo
1. Okt.-31. März 11-20 Uhr. Do geschl. 0,60 €, Kinder Eintritt frei. Apr.-Mai und 1.-30. Sept. 11-20 Uhr (Di-Mi und So 21-24 Uhr, Fr-Sa 21-1 Uhr morgens). 2,40 € (Mo 1,80 € und So 3,70 €), Kinder 0,60 €.
Der Freizeitpark wurde von dem bekannten Architekten César Manrique gestaltet und ist mit seinen verschiedenen Palmenarten, exotischen Pflanzen, den Schwimmbecken, Seen und Wasserfällen eine gelungene Anlage. Der Park erstreckt sich auf einer Fläche von 56 h am Meer. In der kleinen Festung, die sich über den Park erhebt, wurden mehrere Restaurants, eine Diskothek und ein Casino eingerichtet, im Poblado Marinero befindet sich ein Kinokomplex.

Von Interesse sind in Ceuta außerdem die **Iglesia de Nuestra Señora de África** mit dem Bild der Schutzpatronin der Stadt, die **Kathedrale** aus dem 18. Jh. sowie das **Foso de San Felipe**, das ehemalige portugiesische Fort. Hier wirkte 1530 der hl. Johannes von Gott (San Juan de Dios), der in Granada ein Spital zur Pflege Geisteskranker und den Hospitalorden der Barmherzigen Brüder gegründet hat.

Ausflug

MONTE HACHO★ *Rundfahrt von 10 km – etwa 1/2 Std.*
Es ist ratsam, die Rundfahrt vormittags zu machen.
Auf den parallel zum Meeresufer verlaufenden Straßen Calle Independencia und Calle Recintor Sur erreicht man den Fuß des Berges, auf dem eine Festung thront. Schöne **Ausblicke** bieten sich von der um die Halbinsel führenden Höhenstraße: Nach Süden zu ist das Rif-Gebirge zu erkennen, im Norden reicht der Blick bis zur spanischen Küste mit dem Peñon de Gibraltar.
Kurz vor Erreichen des Leuchtturms (kein Zutritt) links abbiegen.

Ermita de San Antonio
Den Wagen auf dem Parkplatz abstellen. Die breiten Treppen rechts und links des Parkplatzes führen zum reizvollen Platz mit der Capilla de San Antonio (16. Jh.). Von der nahe gelegenen **Festung Hacho**, die auf dem Berg thront, bietet sich ein herrlicher **Ausblick★★**: Links ist der schmale Landstreifen mit der Stadt und dem Hafen zu sehen; rechts am Horizont erscheint die spanische Küste.

Ciudad Rodrigo★

Kommt man von Westen, bietet sich eine gute Ansicht von der auf einem mauerumgebenen Hügel gelegenen Stadt. Die Brücke über den Águeda ruht auf römischen Fundamenten. Der mächtige Viereckturm des Alcázar (14. Jh., heute Parador) beherrscht das Gesamtbild.

Nach der Maurenzeit wurde die Stadt im 12. Jh. auf Betreiben des Grafen Rodrigo González, von dem sie den Namen erhielt, neu besiedelt. Später wurde sie in alle Konflikte zwischen Kastilien und Portugal hineingezogen.

Steckbrief
14 973 Einwohner. Michelin-Karte Nr. 575 – Kastilien und León (Salamanca). In der Umgebung liegen große Landgüter, auf denen Kampfstiere und schwarze Schweine gezüchtet werden. Man sieht die Tiere unter Steineichen grasen. 🛈 *Plaza de las Amayuelas 5, 37500 Ciudad Rodrigo,* ☎ *923 46 05 61.*
Reiseziele in der weiteren Umgebung: SALAMANCA (89 km nordöstlich) und LA ALBERCA (50 km südöstlich).

> **UNTERKUNFT**
> **Hotel Conde Rodrigo I** – *Plaza de San Salvador 9* – ☎ *923 46 14 04* – *h-c-rodrigo@codeinf.com* – 🖃 – *35 Z.: 44/50 €* – 🍽 *3,50 €* – *Rest. 11 €.* Das in einem großen Steinhaus untergebrachte Hotel liegt günstig mitten in der Altstadt. Die Zimmer sind einfach und im kastilischen Stil möbliert.

Auf Entdeckungstour

DURCH DIE ALTSTADT
Empfehlenswerter Ausgangspunkt für diesen Spaziergang ist die Kathedrale (Plaza de las Amayuelas), wo sich auch das Oficina de Turismo befindet.

Catedral★★
10-14 Uhr und 15.30-19 Uhr. Während der Messe keine Besichtigung. 1,20 € (Museum); Mi-nachmittag Eintritt frei. ☎ *923 48 14 24.*
Die Kathedrale wurde in zwei Etappen von 1170 bis 1230 und im 14. Jh. errichtet. Im 16. Jh. fügte Rodrigo Gil de Hontañón die Chorscheitelkapelle an. Die Fassade des südlichen Querhauses ist mit einer zierlichen Spitzbogengalerie verziert, in der 12 Gestalten des Alten und des Neuen Testaments stehen. Das **Westportal★** aus dem 13. Jh. liegt hinter dem klassizistischen Turm mit Vorhalle. In der Türlaibung des Portals stehen Apostelfiguren.
Das isabellinische **Gestühl** des *coro* stammt von Rodrigo Alemán. Auf der linken Seite steht ein sehr schöner **Renaissancealtar★** mit einer eindrucksvollen Kreuzabnahme aus Alabaster. Die kunstvolle Komposition und die Lieblichkeit der Figuren machen dieses Flachrelief zu einem Meisterwerk des Lucas Mitata.
Der **Kreuzgang★** weist verschiedene Stile auf. Im Westflügel (dem ältesten Teil) ist auf den romanischen Kapitellen der Sündenfall dargestellt, während Allegorien unten an den Säulen die Unmäßigkeit und die Eitelkeit symbolisieren. Im Ostflügel öffnet sich eine im reinsten Platereskstil Salamancas gestaltete Tür. Sie ist mit Medaillons ausgeschmückt, von denen das rechte den Architekten Pedro Güemes darstellt.
Im **Museo Catedralicio** finden sich Ausstellungsstücke von großem Wert.
An der gegenüberliegenden Plaza de San Salvador steht der Palacio de los Miranda aus dem 16. Jh.
Zurück zur Kathedrale gehen. Gegenüber befindet sich die Capilla de Cerralbo.

Capilla de Cerralbo
Sie wurde in den Jahren 1588 bis 1685 errichtet und zeigt die reinen, harmonischen Linien des Herrera-Stils.
Auf der rechten Seite der Kirche liegt die stille, von Arkaden gesäumte Plaza del Buen Alcalde. In die Straße links einbiegen und zur Plaza del Conde gehen.

Palacio de los Castro bzw. Palacio del Conde de Montarco
Die schön gestalteten Fenster der lang gestreckten Fassade (Ende 15. Jh.) des Palasts weisen auf die Plaza del Conde. Die Fassade zeichnet sich durch das asymmetrisch gelegene, mit einem *alfiz* und zwei von Löwen abgeschlossenen Schlangensäulen gerahmte Portal aus.
Von hier aus geht es zur Plaza Mayor, an der rechts der Palacio de Moztezuma (16. Jh.) steht.

Ciudad Rodrigo
Plaza Mayor★

An diesem belebten Platz im Stadtzentrum erheben sich zwei schöne Renaissancepaläste, das heutige Rathaus **(Ayuntamiento)** mit Lauben und einer entsprechenden **Galerie★** darüber und die auch als **Casa del Marqués de Cerralbo** bekannte **Casa de los Cueto**, die mit einem zwischen dem 1. und dem 2. Stock verlaufenden Fries geschmückt ist.

Es geht weiter über die Calle Juan Arias, wo die Casa del Príncipe (Casa de los Águilas) steht, ein im 16. Jh. errichtetes Gebäude im Platereskstil.

Murallas (Stadtmauer)

Sie wurde im 12. Jh. auf den Resten der Römermauer errichtet und 1710 an der Nord- und Westseite durch eine Befestigung im Stil Vaubans vervollständigt. Mehrere Treppen führen zum 2 km langen Wehrgang.

Im südwestlichen Winkel der Mauer neben der romanischen Brücke über den Río Águeda steht der beeindruckende Bergfried der Burg von Enrique de Trastámara, der heute einen Parador beherbergt.

Córdoba★★★

Die an Geschichte und Kunstschätzen reiche Stadt Córdoba liegt am rechten Ufer des Guadalquivir, zwischen der Campiña im Süden, wo Weizen und Oliven angebaut werden, und den Hochebenen der Sierra de Córdoba im Norden, wo Viehzucht betrieben wird. Stadt der Römer, Mauren, Juden und Christen – nur wenige Orte können auf eine so reichhaltige und abwechslungsreiche Vergangenheit zurückblicken. Die sich über der Altstadt erhebende Mezquita, ihr wertvollstes Schmuckstück, ist jedoch nicht der einzige Anziehungspunkt dieser wunderschönen Stadt. Ein schmiedeeisernes Gitter, ein mit Blumen geschmückter Balkon, ein kleiner Altar, auf den das schwache Licht einer Laterne fällt – Córdoba lädt den Besucher ein, in seine engen Straßen einzutauchen, sie gemächlich entlangzuschlendern und dabei malerische Patios, reizvolle Plätze und lauschige Ecken zu entdecken.

Steckbrief
310 388 Einwohner. Michelin-Karte Nr. 578 – Andalusien (Córdoba). Córdoba liegt im Guadalquivir-Becken nahe der Schnellstraße N IV-E 5, die die Stadt mit Écija (52 km südwestlich) und Sevilla (143 km südwestlich) verbindet. *Torrijos 10, 14003 Córdoba,* ☎ *957 47 12 35; Plaza Judá Levi, 14003 Córdoba,* ☎ *957 20 10 44. Reiseziele in der weiteren Umgebung: OSUNA (86 km südwestlich), PRIEGO DE CÓRDOBA (98 km südöstlich) und JAÉN (107 km östlich).*

Hintergrundinfos

Die Römerstadt – Córdoba war einst die Hauptstadt der Provincia betica. Hier wurden **Seneca d. Ä.** (55 v. Chr.-39 n. Chr.) und dessen Sohn, der **Stoiker Seneca** (4 v. Chr.-65 n. Chr.), geboren. Letzterer war Erzieher des Prinzen Nero. Der Neffe des Stoikers Seneca, **Marcus Lucanus** (39-65 n. Chr.), war ein Studiengefährte Neros und Verfasser des erfolgreichen Werks *Pharsalia*, das den Krieg zwischen Julius Cäsar und Pompejus behandelt. Die christliche Zeit wurde von Bischof **Hosius** (257-359), dem Berater Kaiser Konstantins, geprägt. Dieser trat im Arianischen Streit für die Orthodoxie ein und vermied dadurch eine Spaltung der spanischen Kirche, die er neu organisierte.
Aus der römischen Glanzzeit sind ein Mausoleum im Park Jardines de la Victoria, Reste eines Tempels aus dem 1. Jh. und die Brücke, die die Altstadt mit dem umgebauten Torre de la Calahorra verbindet, erhalten.

Das Kalifat Córdoba – Ab 719 saßen in Córdoba Emire, die dem Kalifen von Damaskus unterstanden. 756 gründete **Abd ar-Rahman I.**, der einzige Überlebende der in Damaskus von den Abbassiden massakrierten **Omaijaden**, hier eine Dynastie. 929 nahm **Abd ar-Rahman III.** den Kalifentitel an und proklamierte die Unabhängigkeit des maurischen Spanien. Unter der Herrschaft dieser Dynastie erlebte Córdoba eine hundertjährige Blütezeit. Ab dem 10. Jh. gab es dort eine berühmte Universität. Die herrschende Toleranz ermöglichte es den Angehörigen der drei vertretenen Kulturen – Christen, Mauren und Juden – nicht nur, friedlich zusammenzuleben, sondern sie brachte auch eine gegenseitige Bereicherung mit sich. Als 976 der geistesschwache **Hicham II.** auf den Thron kam, regierte sein Minister **Al Mansur** („der Sieger") für ihn mit starker Hand. Die Nachfolger konnten allerdings nicht verhindern, dass sich das maurische Al-Andalus in Teilreiche, die so genannten **Reinos de Taifas**, auflöste. Córdoba wurde im Jahre 1070 Teil des Königreichs Sevilla. Der politische Verfall hatte jedoch keinen negativen Einfluss auf das geistige Leben der Stadt. Der Maure **Averroës** (**Ibn Ruschd**; 1126-1198), ein Universalgenie, arbeitete hier als Physiker, Astrologe, Mathematiker, Arzt und Philosoph. Da seine Theorien jedoch vom strengen Almohadenführer Jacub Al Mansur abgelehnt wurden, durfte er nicht weiterlehren. Er war es, der das Werk des Aristoteles im christlichen Abendland bekannt machte. Zur gleichen Zeit lebte der jüdische Gelehrte **Maimonides** (1135-1204), ein berühmter Arzt, Theologe und Philosoph, der seine Heimat jedoch wegen der Judenverfolgungen verließ und sich in Marokko und Ägypten niederließ.
Nachdem die Stadt 1236 wieder in die Hand der Christen gelangt war, verlor sie zunehmend an Bedeutung. Erst im 16. und 17. Jh. kam sie durch die Korduan-Lederarbeiten *(guadameciles)* wieder zu Wohlstand. Das bemalte und mit aufgeprägten Mustern verzierte Leder wurde als Wandbespannung und Möbelbezug benutzt.

Andere berühmte Söhne der Stadt – Großen Ruhm erwarb der **Gran Capitán Gonzalo Fernández de Córdoba** (1453-1515), ein General der Katholischen Könige, der im Kampf gegen Karl VIII. von Frankreich das Königreich Neapel (1504) für die spanische Krone erwarb. **Luis de Góngora** (1561-1627) gilt aufgrund seiner lautmalerischen Sprache als einer der größten spanischen Dichter. Er gab dem *Gongorismus*, einem zwar wortreichen, aber unklaren, gekünstelten Stil seinen Namen. Die bekanntesten Werke Góngoras sind *Die Fabel von Polyphem und Galatea* und 20 Sonette *(Soledades)*.

Córdoba
Tipps und Adressen

Restaurants

• Gut & preiswert

Taberna los Faroles – *Velázquez Bosco 1* – ☎ 957 49 29 64 – *So-abend und Mo geschl.* – *12/24 €*. Den zahlreichen Laternen, die abends den hübschen Innenhof beleuchten, verdankt das Lokal seinen Namen. Serviert werden regionale Spezialitäten wie *pisto* (ein Eintopfgericht), *cazuelas* (Schmorgerichte) und *rabo de toro* (geschmorter Stierschwanz). Das Ambiente ist angenehm erfrischend, was noch durch die mit *azulejos* gekachelten Wände hervorgehoben wird.

• Unsere Empfehlung

Paseo de la Ribera – *Plaza Cruz del Rastro 3* – ☎ 957 47 15 30 – *www.guiacordoba.com/empresas/rpasribe.htm* – – *18/29 €*. Will man die authentische lokale Küche genießen, führt an diesem Restaurant kein Weg vorbei. Der Speisesaal mit seinen Säulen erinnert an das Innere einer romanischen Kirche und ist angenehm kühl. Von der Terrasse am Paseo de la Ribera blickt man auf den Guadalquivir.

Bandolero – *Torrijos 6* – ☎ 957 47 64 91 – – *18/31 €*. Hervorragende Lage gegenüber der Mezquita. Das Lokal wird von Einheimischen wie Touristen gleichermaßen gerne besucht. Der große Speisesaal ist in mittelalterlichem Stil gehalten. An der Bar gibt es hausgemachte *tapas*, im blumengeschmückten Innenhof überzeugende regionale Gerichte.

El Rincón de Carmen – *Romero 4* – ☎ 957 29 10 55 – *Mo geschl.* – – *18/31 €*. Der schattige Garten ist ein Ort zum Entspannen. Hier hat man Ruhe vor den Touristenströmen der Judería. Die Karte enthält zahlreiche Alternativen zum üblichen *gazpacho* sowie eine interessante Weinauswahl.

Mesón San Basilio – *San Basilio 19* – ☎ 957 29 70 07 – – *Reserv. empf.* – *18/34 €*. In der malerischen *bodega* stapeln sich die Holzfässer. Das angeschlossene Restaurant gehört derselben Familie. Es handelt sich um eine typisch andalusische Taverne: ein Innenhof mit vielen Gästen, unermüdliche Kellner und ein hoher Geräuschpegel. Das Lokal liegt hinter den Caballerizas Reales.

Tapas

Wie in ganz Andalusien ist es in Córdoba üblich, sich mit *tapas* auf das Essen einzustimmen. Dafür gibt es unzählige Bars und auch eine große Auswahl an lokalen Spezialitäten (*salmorejo* = mit Brot angedicktes *gazpacho*, *rabo de toro* = Stierschwanz, *embutidos* = Wurst, *flamenquines*); passende Getränke sind die Weine aus der Gegend, wie Finos, Amontillados, Olorosos.

Taberna Casa Pepe de la Judería – *Romero 1* – ☎ 957 20 07 44 – . Das Lokal wurde 1928 eröffnet, und die Theke stammt noch aus dieser Zeit. Um den hübschen Patio herum liegen mehrere Räume, in denen man im Stehen seine *tapas* genießen kann. Wer lieber am Tisch sitzen möchte, geht ins Restaurant im oberen Stockwerk. Es werden andalusische Gerichte serviert.

Taberna San Miguel-Casa El Pisto – *Plaza San Miguel 1* – ☎ 957 47 01 66 – *So und Aug. geschl.* – . Das 1886 gegründete Lokal befindet sich neben der gleichnamigen Kirche. Die Wände sind mit Fotos und Postkarten mit Stierkampfmotiven dekoriert und schaffen die perfekte Ambiente zum Genießen der *tapas* und *raciones*. Bei einem Streifzug durch die Tapas-Bars von Córdoba ist dieses Lokal Pflicht.

Taberna Salinas – *Tundidores 3* – ☎ 957 48 01 35 – *So und Aug. geschl.* – . Das über hundertjährige Bestehen des Hauses zeugt für seine Qualität. Es gibt eine Bar, zwei Speiseräume und einen kleinen Innenhof. Die mit Kacheln geschmückten Wände und die Fotos berühmter Leute verleihen dem Lokal ein gemütliches Ambiente.

Unterkunft

• Gut & preiswert

Hostal La Milagrosa – *Rey Heredia 12* – ☎ 957 47 33 17 – – *8 Z. (nur DZ): 31 € (inkl. MwSt.)*. Der Patio mit seinen vielen Pflanzen und die etwas kitschige Ausstattung schaffen eine „typisch andalusische" Atmosphäre. Die Zimmer sind einwandfrei, groß und kühl, die Badezimmer sind sehr sauber. Gutes Preis-Leistungs-Verhältnis, wenn man die Nähe zur Mezquita bedenkt.

Hostal El Triunfo – *Corregidor Luis de la Cerda 79* – ☎ 957 49 84 84 – *reservas@htriunfo.com* – – *55 Z.: 31/49 €* – *3,50 €* – *Rest. 24 €*. Alle Zimmer haben TV, die meisten sind zur Mezquita hin gelegen, die vom Hotel nur durch ein Sträßchen getrennt ist. Falls möglich sollte man sich im obersten Stockwerk einquartieren, denn dann kann man die riesige Terrasse nutzen.

Hostal Séneca – *Conde y Luque 7* – ☎ 957 47 32 34 – *12 Z.: 32/40 €*. Das nahe der Mezquita gelegene Hotel ist ruhig und überzeugt durch seine Ausstattung im andalusischen Stil sowie durch seinen blumengeschmückten Innenhof. Eine Reservierung wird empfohlen, denn es ist häufig belegt, obwohl die Zimmer einfach und nicht immer mit einem Bad ausgestattet sind.

Hotel González – *Manríquez 3* – ☎ 957 47 98 19 – *16 Z.: 34/66 €* – *Rest. 27 €*. Das prachtvolle Gebäude aus dem 16. Jh. wurde in ein Hotel mit großen, funktionellen Zimmern umgewandelt. Im maurisch inspirierten Innenhof befindet sich ein Restaurant. Das Hotel liegt äußerst günstig zwischen Mezquita, Judería und den Gärten des Alcázar.

- **Unsere Empfehlung**

Hotel Posada de Vallina – *Corregidor Luis de la Cerda 83* – ☎ *957 49 87 50* – *15 Z.: 73/94 €* – ⌕ *4,50 €* – *Rest. 28 €*. Dieses kleine, in einem sorgfältig renovierten, alten cordobesischen Haus untergebrachte Hotel besticht vor allem durch Komfort und Eleganz. Die Fenster öffnen sich zur Mezquita, und im Erdgeschoss befindet sich ein nettes und gut besuchtes Restaurant.

- *Fürstlich logieren*

Hotel Lola – *Romero 3 (Judería)* – ☎ *957 20 03 05* – *hotellola@terra.es* – ▤ – *8 Z. (nur DZ): 109 €* ⌕. Ein Hotel mit Charakter und Charme, das mit antiken Möbeln eingerichtet ist. Die Antiquitäten und die schmiedeeisernen Betten schaffen im Herzen der Judería eine Atmosphäre der Ruhe und Romantik, die mit dem lebhaften Treiben auf der Straße kontrastiert.

Für zwischendurch

Málaga Café – *Málaga 3* – ☎ *957 48 63 13* – *Mo-Do 16-2 Uhr, Fr-Sa 16-4 Uhr, So 16-22 Uhr*. Das Café liegt in der Stadtmitte neben der Plaza de las Tendillas, ist ruhig und mit bequemen Sofas und Sesseln klassisch ausgestattet. Der perfekte Ort für eine Plauderei am Nachmittag bei Kaffee oder einem Sherry.

Siena – *Plaza de las Tendillas* – ☎ *957 47 46 08* – *8-24 Uhr*. Das Lokal, in dem sich Leute jeden Alters treffen, liegt am wichtigsten Platz der Stadt. Auf der Terrasse, die zu einer der schönsten in ganz Córdoba gehört, lässt sich zu jeder Tageszeit etwas genießen.

Sojo – *Benito Pérez Galdós 3* – *8-4 Uhr*. Den Gästen im Alter von 25 Jahren und aufwärts wird in diesem avantgardistisch gestylten Lokal vom Frühstück bis hin zum Schlummertrunk alles serviert. Von Zeit zu Zeit werden Konzerte von Solisten und Kunstausstellungen (Malerei, Fotografie, Videoinstallationen usw.) veranstaltet. Zu jeder Tages- und Nachtzeit sehr zu empfehlen.

Cafés, Kneipen und Bars

Chato – *Alhakem II 14* – *Bellver de Cerdanya* – *16 Uhr bis in den frühen Morgen*. Im Viertel Gran Capitán liegt dieses moderne Lokal, das von den „Beautiful People" aller Altersstufen besucht wird. Man nimmt hier nachmittags seinen Kaffee oder geht abends, wenn es voller ist, einen trinken.

El Puentecillo – *Poeta Emilio Prados* – *Im Sommer 21.30-5 Uhr, im Winter Do, Fr und Sa 24-5 Uhr*. Die kleine Bar liegt am Hang im Viertel El Brillante. Sowohl der kleine Innenhof als auch der Innenraum sind liebenswürdig und mit Charme ausgestattet. Die Gäste sind eher gesetzteren Alters und ruhig. Hier lässt sich die Nacht ausgezeichnet mit einer *copa* beginnen.

Shopping

Ein Besuch von Córdoba kann genutzt werden, um Produkte aus Korduanleder (gepunztem Leder) oder Schmuck aus Silber oder Gold zu kaufen (die Goldschmiede der Stadt sind für ihre filigranen Arbeiten berühmt). Die Weine der kontrollierten Herkunftsbezeichnung Montilla-Moriles sind eine weitere Empfehlung oder sollten zumindest einmal probiert werden. In der Region zwischen Montilla, Puente Genil, Lucena und Baena werden nach einem Verfahren, das dem der Herstellung des Sherry ähnelt, feine Weine produziert.

B. Kaufmann/MICHELIN

Feste

Anfang **Mai** feiert man die *Fiesta de las Cruces*, für die Plätze und Winkel der Stadt mit Blumen herausgeputzt werden. In den ersten beiden Maiwochen wird der beliebte Wettbewerb *Patios cordobeses* veranstaltet, bei dem die schönsten Innenhöfe ausgezeichnet werden. Ende Mai findet die *Feria* statt.

Besondere Highlights

MEZQUITA UND JUDERÍA (Moschee und ehemaliges Judenviertel)★★★
Besichtigung: 3 Std.

Die drei verschiedenen Kulturen sind hier präsent. Die islamische Kultur mit der bemerkenswerten Mezquita *(s. unten)*, das Christentum mit der in die Moschee integrierten Kathedrale und das Judentum mit dem Judenviertel und der erhaltenen Synagoge.

Mezquita-Catedral (Moschee-Kathedrale)★★★

Jan. und Dez. 10-17.30 Uhr, Febr. und Nov. 10-18 Uhr, März und Juli-Okt. 10-19 Uhr, Apr.-Juni 10-19.30 Uhr, So und feiertags 10-14 Uhr. Letzter Einlass 30 Min. vor Schließung. 5,50 € (inkl. Kathedrale, Mezquita und Kirchenschatz). ☎ 957 47 05 12 oder 957 47 56 13.

Das Bauwerk ist uneinheitlich, deshalb sollte jeder Teil – wundervoll auf seine Art – separat betrachtet werden.

Córdoba
Mezquita

Nach dem islamischen Bauschema umfasst die rechteckige Anlage einen von einer zinnenbewehrten Mauer umschlossenen Vorhof (Patio de los Naranjos, „Orangenhof") mit Wandelgängen am Rand und einem Reinigungsbrunnen für die rituellen Waschungen **(Al-Mansur-Becken) (1)**, einen Gebetssaal und das Minarett.

Die Moschee wurde in mehreren Etappen gebaut. Als die ersten Mauren nach Córdoba kamen, begnügten sie sich zunächst mit der Hälfte der westgotischen St.-Vinzenz-Kirche, die sie mit den Christen teilten. Bald darauf kaufte Abd ar-Rahman I. (756-88) den Christen die zweite Hälfte der Kirche ab, ließ sie abreißen und begann um 780 mit dem Bau einer wunderschönen elfschiffigen Moschee. Jedes Schiff öffnete sich zum Orangenhof. Marmorsäulen und andere Baumaterialien von römischen und westgotischen Gebäuden wurden wieder verwendet. Eine architektonische Neuheit machte das Bauwerk berühmt, nämlich die Übereinanderstellung von zwei Bogenreihen, die dem Ganzen mehr Höhe und Luftigkeit verlieh.

Abd ar-Rahman II. ließ die Moschee 848 vergrößern, indem er sie bis zu der Stelle verlängerte, an der sich heute die Villaviciosa-Kapelle befindet. Al Hakem II. ließ 961 die Gebetsnische (Mihrâb) errichten. Unter Al Mansur erhielt die Moschee im Jahre 987 durch den Anbau von acht weiteren Schiffen (man erkennt sie am roten Ziegelsteinboden) ihre heutige Größe.

Innenraum – *Eingang durch die Puerta de las Palmas.* Das Innere ist geradezu ein Säulenwald (etwa 850 Säulen). Die Hufeisenbögen bestehen aus abwechselnd angeordneten weißen (Stein) und roten (Ziegel) Keilsteinen. Das in der Achse des Tors liegende Schiff ist breiter als die anderen und besitzt eine Artesonado-Decke. Es war das Hauptschiff der ersten Moschee, in dem die Moslems, nach dem **Mihrâb★★★** im Allgemeinen nach Mekka gerichtet, unter Anleitung des Imams beteten. Der Mihrâb ist normalerweise nur eine kleine Gebetsnische, hier hat er jedoch die Ausmaße eines reich geschmückten Raums. Davor befindet sich die vom Hauptraum getrennte **Maksurah (3)**, die dem Kalifen vorbehalten war. Die drei kunstvollen Rippenkuppeln sind mit Goldmosaik bedeckt und stützen sich auf verschiedenartige, sich überschneidende Bögen. Der vielfältigen Architektur entspricht eine prächtige Dekoration der Wände mit Marmorplatten, Stuckfiligran, Arabesken, manchmal Schriftbändern in kufischer Schrift.

Die christliche Rückeroberung Córdobas im 13. Jh. ging an der Moschee nicht spurlos vorbei. Man schloss die Schiffe zum Orangenhof hin durch eine Mauer und ließ nur das Palmentor offen. Einer ersten **Kathedrale (4)** mit Kreuzrippengewölben im Inneren der Moschee mussten ein paar Säulen weichen, doch blieben die Perspektiven der Moschee erhalten. Alfons X. bestimmte die **Capilla de Villaviciosa (5)**, auch **Lucernario** genannt, zum Chor des christlichen Gotteshauses und ließ die **Capilla Real★ (6)** bauen (13. Jh.). Sie wurde in Harmonie mit dem restlichen Bauwerk mit Mudéjar-Stuckarbeiten ausgeschmückt.

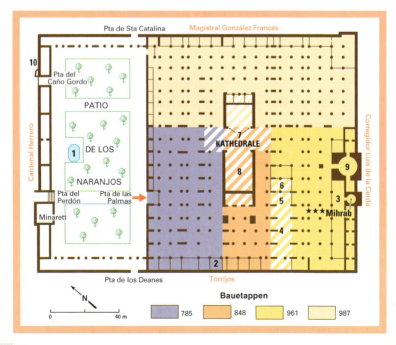

Gewölbe der Kathedrale

Kathedrale – Im 16. Jh. wünschten die Domherren ein prachtvolleres Gotteshaus und ließen das Dach der Moschee durchbrechen, um Platz für ein hohes Gewölbe zu schaffen. Trotz des Könnens, das die dem Baumeister Hernán Ruiz folgenden Architekten unter Beweis stellten, war Karl V. mit dem Ergebnis unzufrieden und tadelte, dass Einmaliges zerstört worden war, um Gewöhnliches zu errichten. Anderswo wäre die Kathedrale sicherlich als Meisterwerk verstanden worden. Schönes barockes **Chorgestühl**★★ **(8)** von Pedro Duque Cornejo (um 1750) und zwei **Kanzeln**★★ **(7)** in Marmor, Jaspis und Mahagoni machen die Ausstattung aus.

Tesoro (Kirchenschatz) – Die von Francisco Hurtado Izquierdo in der Barockzeit errichtete **Capilla del Cardenal (9)** und zwei Nebenräume haben heute den Kirchenschatz aufgenommen. Dieser enthält liturgisches Gerät, darunter insbesondere ein riesiges **Tabernakel**★ (16. Jh.) von Enrique Arfe und ein elfenbeinernes Kruzifix (Barockzeit).

Das **Minarett** wurde im 17. Jh. in einen Barockturm einbezogen. Daneben öffnet sich an der Straßenseite die **Puerta del Pardón** (Gnadenpforte) im Mudéjar-Stil des 14. Jh.s. Sie ist mit getriebenen Bronzeplatten bedeckt. Die in einem Schrein in der Nordwand der Kathedrale aufbewahrte **Virgen de los Faroles (10)** wird in Córdoba sehr verehrt.

Die Türen der Mezquita (sie sind fast alle verschlossen) haben oft schöne Rahmungen und anderen Schmuck. Besonders prächtig verziert ist die letzte Tür zur Calle Torrijos.

Judería★★

Nordöstlich der Mezquita. Ein Netz schmaler Straßen, gesäumt von weiß getünchten Häuserfronten mit schmiedeeisernen Gittern, Blicke in schattige Patios, bunte Auslagen kleiner Geschäfte, Bars, aus denen Gesang und Gitarrenspiel klingt, begleitet von rhythmischem Händeklatschen – dies ist in Stichworten die Atmosphäre des früheren Judenviertels. Ein Stück der alten Umfassungsmauer des Viertels ist erhalten.

Sinagoga

10-14 Uhr und 15.30-17.30 Uhr, So und feiertags 10-13.30 Uhr. Mo geschl. 0,30 €; für EU-Bürger Eintritt frei. ☎ 957 20 29 28.

Die Synagoge von Córdoba gehört zu den wenigen in Spanien erhaltenen Synagogen. Sie stammt aus dem frühen 14. Jh. Auf einer Seite des kleinen quadratischen Raums liegt der Balkon, auf dem die Frauen dem Gottesdienst beiwohnten. Der obere Teil der Wand ist mit Stuckarbeiten im Mudéjar-Stil bedeckt.

Unweit davon liegen der **Zoco Municipal**, ein von Läden mit Kunsthandwerk gesäumter kleiner Platz, auf dem im Sommer Flamenco-Darbietungen stattfinden, und die Casa de las Bulas (16. Jh.), die das Stierkampfmuseum beherbergt *(s. unter „Besichtigungen")*.

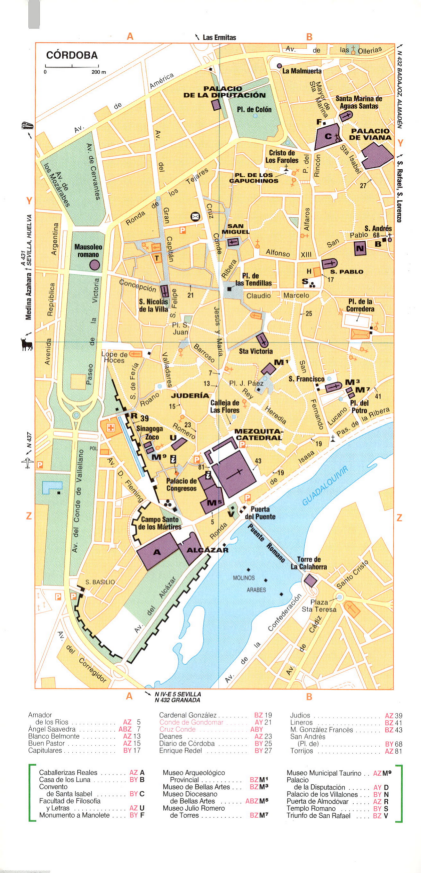

Besichtigung

Palacio de Viana★★
Führung (1 Std.) Okt.-Mai 10-13 Uhr und 16-18 Uhr, Juni-Sept. 9-14 Uhr. Sa-nachmittag, So und feiertags sowie 1.-15. Juni geschl. 6 € (3 € nur Innenhöfe). ☎ *957 48 01 34 (Obra Socio-cultural).*
Das Palais ist ein schönes Beispiel der Wohnarchitektur Córdobas im 15. Jh. Es umgibt 12 zauberhafte Patios, die die Berühmtheit der Stadt für besonders schöne Innenhöfe rechtfertigen, und besitzt auch einen hübschen Garten.
Die Einrichtung beeindruckt durch Pracht und Schönheit. Im Erdgeschoss sind wertvolle Sammlungen ausgestellt: Porzellan, Messer und Degen aus dem 17. bis 19. Jh., Wandteppiche. Eine Treppe mit schöner Artesonado-Decke aus Zedernholz führt in den ersten Stock. Unter den zahlreichen zu besichtigenden Räumen sei besonders auf die folgenden hingewiesen: Saal mit den Korduanleder-Arbeiten (wunderschöne Stücke aus dem 15. bis 18. Jh.); Raum mit den Wandteppichen aus der königlichen Manufaktur nach Kartons von Goya; Bibliothek und Hauptsalon mit einer prächtigen Artesonado-Decke und Wandteppichen, die den Trojanischen Krieg und spanische Märchen darstellen.

Museo Arqueológico Provincial★★
Di 15-20 Uhr, So 9-15 Uhr, sonst 9-20 Uhr. 1,50 €; für EU-Bürger Eintritt frei. ☎ *957 47 10 76.*
Das Archäologische Museum ist in der Casa Páez, einem Renaissancepalais, untergebracht, die von Hernán Ruiz (16. Jh.) errichtet wurde. Im Erdgeschoss sind vorgeschichtliche, iberische, westgotische und vor allem **römische Funde★** ausgestellt (Flachreliefs, Kapitele, Sarkophage, Mosaiken), die die Bedeutung Córdobas zu jener Zeit verdeutlichen.
Im 1. Stock sind Kunstgegenstände aus maurischer Zeit zu sehen: Keramik, Modell der Moschee, Kapitele, Bronzefiguren, darunter ein schöner emaillierter **Hirsch★** (10. Jh.) aus Medina Azahara. Ebenfalls bemerkenswert ist die mozarabische Bronzeglocke des Abad Samson sowie die umfangreiche Sammlung von Brunnenrändern.

Alcázar de los Reyes Cristianos★
Mai-Sept. 10-14 Uhr und 18-20 Uhr, sonst 10-14 Uhr und 16.30-18.30 Uhr, So und feiertags 9.30-15 Uhr. Mo geschl. 2,70 €; Fr Eintritt frei. ☎ *957 42 01 51.*
Die von herrlichen Gärten umgebene Palastburg der Omaijaden und der folgenden Kalifen befand sich gegenüber der Moschee, wo heute der Bischofspalast **(Museo Diocesano de Bellas Artes)** steht. *Juni-Juli 9.30-15 Uhr, sonst 9.30-13.30 Uhr und 15.30-17.30 Uhr, Sa 9.30-13.30 Uhr. So und feiertags geschl. 0,90 € (bei Vorlage der Eintrittskarte zur Mezquita Eintritt frei).* ☎ *957 47 93 75.*
Die Burg der christlichen Herrscher wurde im 14. Jh. unter Alfons XI. errichtet und später von den Katholischen Königen umgebaut.
Von diesem Palais sind schöne, mit Wasserbecken verzierte maurische Patios, Bäder und Säle erhalten, in denen römische **Mosaiken★** und ein herrlicher römischer **Sarkophag★** (3. Jh.) ausgestellt sind. Von den Türmen bietet sich eine prächtige Aussicht auf die Gärten und den Guadalquivir, die Römerbrücke und den Festungsturm Torre de la Calahorra. Die wunderschönen, auf Terrassen liegenden **Gärten★** sind mit ihren aufeinander folgenden Wasserbecken und den Zypressen sehr erholsam.

Kirchen der Reconquista★
Am 29. Juni 1236 beendete Ferdinand III., der Heilige, die Reconquista mit der Eroberung Córdobas. Danach kamen viele Christen in die Stadt und verschönten sie durch den Bau von 14 Pfarrkirchen, von denen u. a. **Santa Marina de Aguas Santas**, **San Miguel**, **San Pablo** und **San Lorenzo** erhalten sind. Es sind schlichte frühgotische Steinbauten aus dem späten 13. und frühen 14. Jh., die vor allem durch die harmonischen Proportionen wirken; ihr einziger Schmuck sind die Portale mit schrägem Gewände.

Palacio de la Diputación★
Im ehemaligen Convento de la Merced, einem im 18. Jh. errichteten Kloster, hat heute die Regierung der Provinz ihren Sitz. Weißer Marmor umrahmt das schöne Portal, innen sind eine Treppe und die mit Stuck reich verzierte Kirche sehenswert.

Torre de la Calahorra: Museo vivo de Al-Andalus
Okt. und März-Apr. 10-19 Uhr, Mai-Sept. 10-14 Uhr und 16.30-20.30 Uhr, sonst 10-18 Uhr. 3,70 €. ☎ *957 29 39 29.*
Diese maurische Festung aus dem 14. Jh. diente zur Verteidigung der Römerbrücke. Im Inneren befindet sich heute ein Museum zur Geschichte von Al-Andalus (Videoinstallationen und auf Band gesprochene Kommentare) zur Zeit der Kalifen, als Córdoba eine außerordentliche kulturelle und wirtschaftliche Blüte erlebte. Das Geistesleben des 12. Jh.s vertreten der christliche König Alfons der Weise, der Jude Maimonides und die Mauren Averroës und Ibn Arabi. Bemerkenswertes **Modell★** der Moschee des 13. Jh.s.

Córdoba

Plazuela del Potro (Fohlenplatz)

Er wurde nach der Brunnenfigur (16. Jh.) benannt. Der reizvolle einstige Gasthof **Posada del Potro**, den Cervantes im *Don Quijote* beschrieb, beherbergt heute ein Kulturzentrum. *9-14 Uhr und 17-20 Uhr. Sa/So und feiertags geschl.* ☎ *957 48 50 01 (Cultura).*

Auf der anderen Seite des Platzes liegt das **Museo Julio Romero de Torres★**, in dem die Werke dieses aus Córdoba stammenden Malers schöner Frauen (1880-1930) ausgestellt sind. *Juli-Aug. 8.30-15 Uhr, sonst 10-14 Uhr und 16.30-18.30 Uhr, So und feiertags 9.30-15 Uhr. Mo geschl. 2,70 €; Fr Eintritt frei.* ☎ *957 49 19 09.*

Daneben befindet sich das **Museo de Bellas Artes** mit Werken von spanischen Malern des 14. bis 20. Jh.s. *9-20 Uhr, Di 15-20 Uhr, So und feiertags 9-15 Uhr. Mo geschl. 1,50 €; für EU-Bürger Eintritt frei.* ☎ *957 47 33 45.*

Plaza de la Corredera

Säulengänge aus dem 17. Jh. Auf dem Platz wurden früher Stierkämpfe abgehalten.

Museo Municipal Taurino

15. Okt.-1. Mai 10-14 Uhr und 16.30-18.30 Uhr, 2. Mai-1. Juli 10-14 Uhr und 17.30-19.30 Uhr, 2. Juli-14. Okt. 10-14 Uhr und 17.30-19.30 Uhr, So und feiertags ganzjährig 9.30-15 Uhr. Mo, 1. Jan., Karfreitag und 25. Dez. geschl. 2,70 €; Fr Eintritt frei. ☎ *957 20 10 56.*

Ausgestellt werden Stiche mit Stierkampfszenen, Plakate, paillettenbestickte Anzüge *(trajes de luzes)* und Dokumente über die berühmten Stierkämpfer Córdobas (Lagartijo, Guerrita, Manolete und Machaquito).

Cristo de los Faroles

Berühmtes Kruzifix, umgeben von schmiedeeisernen Laternen *(faroles)*, auf der stillen, streng anmutenden **Plaza de Capuchinos★**.

DIE SEPHARDIM

Von alten jüdischen Gemeinden zeugen noch heute die so genannten Juderías, frühere Judenviertel, sowie die Synagogen in Toledo, Córdoba, Sevilla, Palma und Girona.

Die Sephardim (Sefarad ist der hebräische Name) trafen in der Antike zur gleichen Zeit wie die Griechen und Phönizier auf der Iberischen Halbinsel ein. Im 8. Jh. nahmen sie die Mauren freundlich auf, und sie wurden von diesen mit der Rolle der Verhandlungsträger mit den Christen betraut. Als Händler, Bankiers, Handwerker, Ärzte und Gelehrte spielten sie eine wichtige Rolle in den Bereichen Kultur, Wirtschaft und Wissenschaft. Besonders erwähnt sei in diesem Zusammenhang der berühmte Maimonides von Córdoba, in Toledo gab es im 13. Jh. eine Übersetzerschule, die der westlichen Welt die wissenschaftlichen Erkenntnisse der Araber zugänglich machte.

Die jüdische Kultur blühte besonders im 10. und 11. Jh. unter der Herrschaft der Omaijaden-Kalifen von Córdoba. Ende des 11. Jh.s zwang sie die Intoleranz der Almohaden zur Abwanderung in die Gegend von Toledo und nach Katalonien, wo sie sich besonders in Girona *(s. dort)* niederließen. Dann wurden sie von den Christen verfolgt (eine 1492 erlassene

Maimonides

Bestimmung der Katholischen Könige zwang sie, sich durch einen roten oder gelben Stofffetzen kenntlich zu machen) und schließlich ausgewiesen. Einige traten zum Christentum über, andere bekehrten sich zum Schein und hielten weiterhin heimlich am jüdischen Glauben fest (so genannte Marranen). Die meisten emigrierten jedoch in andere Mittelmeerländer, nach Holland und England.

Heute bilden die Sephardim 60 % der jüdischen Diaspora. Einige unter ihnen sprechen immer noch Ladino, reines Kastilisch des 15. Jh.s.

Umgebung

Medina Azahara★★

Ausfahrt aus Córdoba auf der A 431 im Westen des Plans. Nach 8 km rechts in einen Weg einbiegen, der nach 3 km in einen Platz mündet. Mai-Sept. 10-13.30 Uhr und 18-20.30 Uhr, Okt.-Apr. 10-14 Uhr und 16-18.30 Uhr; So und feiertags 10-14 Uhr. Mo geschl. 1,50 €. ☎ *957 32 91 30.*

Ausgrabungen haben die Überreste einer reichen, ab 936 vom Omaijaden-Kalifen Abd ar-Rahman III. gebauten Palaststadt freigelegt. Diese war kaum fertig gestellt, als die Berber (Almoraviden) sie im Krieg gegen das Kalifat Córdoba 1013 dem Erdboden gleichmachten. Die Grabungen haben ergeben, dass die Stadt ursprünglich auf drei Terrassen angelegt war. Auf der obersten Terrasse befand sich der Alcázar, in der Mitte Gärten und der große Saal für Empfänge, unten die Moschee. Das Juwel der Grabungsstätte ist der prächtige Wohnraum Abd ar-Rahmans III. **(Salón de Recepción de Abderramán III)** mit seinem wunderschönen steinernen Dekor aus pflanzlichen und geometrischen Motiven, der die Wände, Bögen und Kapitelle überzieht.

Castillo de Almodóvar del Río

Castillo de Almodóvar del Río★★
25 km westlich auf der A 431. Klingeln, Führung durch den Aufseher. Auskunft unter ☎ 957 71 36 02 (Rathaus).
Der Name Almodóvar ist vom arabischen Wort *Al-Mudawwar* abgeleitet, bedeutet „der Runde" und ist eine Anspielung auf den Hügel, auf dem die **Burg** steht. Bereits im 8. Jh. erhob sich hier eine maurische Festung, die heutige Burg wurde jedoch im 14. Jh. im gotischen Baustil errichtet. Im Zuge einer Renovierung Anfang des 20. Jh.s baute man innerhalb ihrer Mauern ein neugotisches Herrenhaus. Vom Burgberg bietet sich ein wunderschöner Ausblick auf den Guadalquivir und die Gegend von Córdoba. Der Bau besteht aus zwei Befestigungsmauern und acht verschieden großen Türmen. Lassen Sie sich bei der Besichtigung des Wehrgangs, der Türme und des Paradeplatzes in die Zeit der Burgherrn zurückversetzen.

Las Ermitas
13 km nördlich auf der Straße nach El Brillante. Apr.-Sept. 10-13 Uhr und 16.30-17.45 Uhr, sonst 10-13.30 Uhr und 15-18 Uhr, So 9-13.30 Uhr und 16.30-19.45 Uhr. Mo geschl. 2 €. ☎ 957 33 03 10.
An diesem reizvollen ländlichen Ort liegen verstreut 13 Einsiedeleien und eine Kirche. Auf dem ganzen Weg dorthin bieten sich Ausblicke auf Córdoba und das Tal des Guadalquivir; vom Aussichtspunkt ist der **Blick**★★ auf das Flusstal besonders eindrucksvoll.

Andújar★
76 km östlich auf der N IV-E 5. Die Gegend von Andújar ist das größte Olivenanbaugebiet Spaniens. Die Stadt hat viel Bausubstanz aus dem 15. und 16. Jh. bewahrt.
Am letzten Sonntag im April findet eine *romería* statt, die Wallfahrt zum Santuario de la **Virgen de la Cabeza**, an der viele Menschen teilnehmen. Die Wallfahrtskapelle steht mitten im **Naturpark Sierra de Andújar**★ *(32 km nördlich auf der J 5010)* in einer Landschaft, in der sich dunkle Wälder, offenes Weideland mit grasenden Rindern und dicht bewachsene Schluchten abwechseln.
Iglesia de Santa María – Die im 15. Jh. errichtete und im 17. Jh. umgebaute Kirche erhebt sich auf der harmonischen Plaza de Santa María. Sie enthält in einer linken Seitenkapelle (kunstvolles **Gitter**★ von Meister Bartolomé) das Werk *Christus am Ölberg*★★ von El Greco und in der linken Chorkapelle eine *Himmelfahrt Mariä* von Pacheco.
Iglesia de San Bartolomé – Aus dem späten 15. Jh. stammt diese Kirche, die an der Fassade drei wunderschöne gotische **Portale**★ aufweist.

A Coruña/La Coruña*

Die schöne Küstenstadt Galiciens liegt auf einer felsigen Halbinsel, die durch eine schmale Landzunge mit dem Festland verbunden ist. Im Norden erhebt sich der Leuchtturm (Torre de Hércules), im Süden öffnet sich eine halbrunde Bucht mit dem Hochhafen beim Sporthafen; an der Westseite der Landenge erstrecken sich die Sandstrände Playa de Riazor und Playa de Orzán.
Drei Stadtviertel verdeutlichen das etappenweise Wachsen der Stadt: La Ciudad auf der einstigen Insel ist die Altstadt, die mit ihren romanischen Kirchen und stillen Plätzen ein altertümliches Flair bewahren konnte. Auf der Landenge erstreckt sich das Geschäftsviertel (Centro), das sich durch breite, belebte Geschäftsstraßen auszeichnet (Avenida de los Cantones, Calle Real und Calle San Andrés). Südlich liegt der Ensanche mit Industriebetrieben und Lagerhallen, die daran erinnern, dass La Coruña der sechstgrößte Fischerei- und Handelshafen Spaniens ist.

Steckbrief
252 694 Einwohner. Michelin-Karte Nr. 571 – Galicien (La Coruña). Die Stadt liegt im Norden der Autonomen Gemeinschaft Galicien und ist ihre wirtschaftliche Hauptstadt. Über die Autobahn A 9 ist die kulturelle Hauptstadt der Gemeinschaft, Santiago de Compostela, gut zu erreichen. Die A 6 verläuft in südwestlicher Richtung über Lugo (97 km südwestlich) bis nach Madrid. 🛈 *Dársena de la Marina s/n, 15001 A Coruña,* ☏ *981 22 18 22.*
Reiseziele in der weiteren Umgebung: RÍAS ALTAS und SANTIAGO DE COMPOSTELA (73 km südlich).

Hintergrundinfos

Die Unbesiegbare Armada – 1588 stach von der Ría de La Coruña aus die größte Flotte der Welt in See: 130 Kriegsschiffe, die eine 10 000 Mann starke Besatzung besaßen und bis zu 19 000 Soldaten aufnehmen konnten, segelten gen England unter dem Vorwand, die Enthauptung Maria Stuarts, Königin des katholischen Schottland, zu rächen. Die Expedition stand jedoch unter einem ungünstigen Stern. Sie wurde vom schlechten Wetter aufgehalten, und die von ihrem Kommen unterrichteten Engländer hatten sich auf den Angriff vorbereiten können. Außerdem waren die schwer beladenen spanischen Galeonen den wendigeren englischen Seglern taktisch unterlegen, sodass es zu einer katastrophalen Niederlage der Spanier kam, bei der die Armada 63 Schiffe und über 15 000 Mann verlor. Damit war der spanischen Vorherrschaft auf den Meeren ein Ende gesetzt. Ein Jahr später erfolgte unter Sir Francis Drake ein Gegenangriff auf La Coruña. Die Stadt wäre um ein Haar eingenommen worden, hätte nicht **María Pita** den englischen Fahnenträger, der bereits in die Stadt eingedrungen war, überrumpelt und Alarm geschlagen.

Tipps und Adressen

RESTAURANTS
● **Gut & preiswert**
La Penela – *Plaza de María Pita 12 –* ☏ *981 20 92 00 – So und 10.-25. Jan. geschl. –* 🍴 *– 17/23 €.* Der ideale Ort, um sich die abwechslungsreiche Küche Galiciens schmecken zu lassen (etwa guten frischen Fisch oder gebratenes Fleisch). Das Lokal ist ein Klassiker in La Coruña und ist in einem hübschen Gebäude an der beliebten Plaza de María Pita untergebracht. Gutes Preis-Leistungs-Verhältnis und professioneller Service.

● **Unsere Empfehlung**
Coral – *Callejón de la Estacada 9 –* ☏ *981 20 05 69 – So auf der 15. Juni-15. Sept. geschl. –* 🍴 *– 26/33 €.* Das Restaurant steht bei den Einheimischen in sehr gutem Ruf, denn es zeichnet sich durch Zuverlässigkeit und Qualität aus. Es liegt günstig in der Stadtmitte nahe der Avenida de la Marina und bietet das Beste der lokalen Küche in einem schönen Ambiente aus Naturstein und Holz.

UNTERKUNFT
● **Gut & preiswert**
Hostal Mar del Plata – *Paseo de Ronda 58 –* ☏ *981 25 79 62 –* 🅿 *– 27 Z.: 40 € –* 🍽 *3,50 €.* Das einfache und funktionelle Hotel mit familiärer Behandlung liegt außerhalb des Zentrums neben dem Fußballstadion Riazor. Die Zimmer sind schlicht, aber einwandfrei. Bitten Sie um ein Zimmer mit Meerblick.

Auf Entdeckungstour

CIUDAD VIEJA
Romantische, stille Plätze und enge, mit Platten gepflasterte Straßen charakterisieren die Altstadt auf der felsigen Halbinsel nördlich des Hafens.

Colegiata de Santa María del Campo
Die dreischiffige romanische Stiftskirche, deren Tonnengewölbe durch Gurtbögen verstärkt ist, hat heute in einem Seitenschiff das **Museo de Arte Sacro**, ein Museum für Kirchenkunst, aufgenommen. Von außen sind das schöne Hauptportal (13.-14. Jh.), die gotische Fensterrose und der Turm bemerkenswert.

Auf dem kleinen Platz zwischen der Stiftskirche und einem schönen Barockgebäude erhebt sich eine Betsäule aus dem 15. Jh.

Plazuela de Santa Bárbara
Der kleine Platz strahlt eine für die Stadt erstaunliche Ruhe aus. Er ist von alten Häusern und den strengen Fassaden des Klosters Santa Bárbara umgeben. Zum Fest der María Pita im August werden hier Kammerkonzerte im Freien veranstaltet. Am Türsturz der Klosterpforte ist in feiner Steinmetzarbeit (14. Jh.) die Wägung der Seelen vor Gottvater und Christus dargestellt. Man erkennt außerdem die Heiligen Jakobus, Franziskus und Dominikus.

Jardín de San Carlos
In der Altstadt liegt der Jardín de San Carlos mit der Grabstätte des in der Schlacht bei Elviña gefallenen Generals John Moore.

Castillo de San Antón: Muséo Arqueológico e Histórico
Diese Festung aus der Zeit Philipps II. war ein Teil der Verteidigungsanlage der Stadt (s. unter „Besichtigungen").

Santiago
Die drei an der Plaza de Azcárraga gelegenen Apsiden und das Nordportal sind romanisch. Das Westportal stammt aus der Zeit der Gotik; im Tympanon ist Santiago als Maurentöter zu Pferd dargestellt, an den Türpfosten erkennt man den hl. Johannes und den hl. Markus. Gotisch sind ebenfalls die Bögen, die den Dachstuhl des Schiffs tragen. Sehenswert ist die schön behauene Steinkanzel.

CENTRO
Das belebte Zentrum mit vielen Ladengeschäften ist die Verlängerung der Altstadt.

Avenida de la Marina★
Diese Straße mit den hohen, verglasten Häuserfronten (so genannte *miradores*) ist die typischste Ansicht von La Coruña; sie beginnt am Paseo de la Dársena und führt zu den schön gestalteten **Jardines de Méndez Núñez**.

Avenida de la Marina

A CORUÑA
LA CORUÑA

Cantón Grande	AZ
Cantón Pequeño	AZ 8
Compostela	AZ 13
Damas	BY 14
Ferrol	AZ 18
Finisterre (Av. de)	AZ 19
Gómez Zamalloa	AZ 20
Herrerías	BY 23
Juan Canalejo	AY 24
Juana de Vega (Av.)	AZ 26
Maestranza	AZ 27
María Pita (Pl. de)	BY 28
Padre Feijóo	AZ 32
Payo Gómez	AZ 36
Picavia	AZ 37
Pontevedra (Pl. de)	AZ 40
Real	AY
Riego del Agua	BY 42
Rubine (Av. de)	AZ 45
San Agustín	AY 46
San Agustín (Cuesta de)	BY 47
San Andrés	AYZ
Sánchez Bregua	AZ 50
Santa María	BY 51
Santa Catalina	AZ 52
Teresa Herrera	AZ 55

Colegiata de Santa María del Campo .. BY M1
Museo de Bellas Artes . AY M2

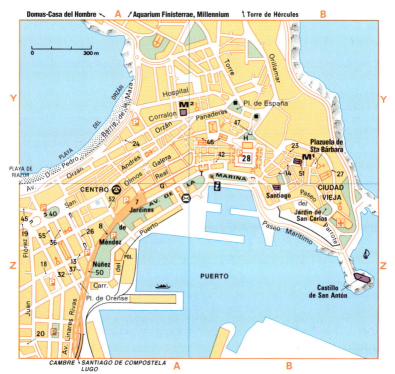

Plaza de María Pita
Der große Platz gleich hinter der Avenida de la Marina ist eine Fußgängerzone mit vielen Caféterrassen. Er ist an drei Seiten von Laubenhäusern mit verglasten Veranden gesäumt. An der vierten Seite liegt das Rathaus (Ayuntamiento). Der Platz wurde nach der Heldin des 16. Jh.s benannt.

Besichtigung

Castillo de San Antón: Museo Arqueológico e Histórico
10-19.30 Uhr, Juli-Aug. 10-21 Uhr, So und feiertags 10-15 Uhr. Letzter Einlass 30 Min. vor Schließung. Mo, 1. Jan., Rosenmontag, Faschingsdienstag und Aschermittwoch sowie 24., 25. und 31. Dez. geschl. 1,80 €. ☎ *981 20 59 94.*
Seine Kasematten dienten berühmten Leuten wie Malaspina als Gefängnis. Heute ist hier ein Archäologiemuseum untergebracht, dessen Raum mit vorgeschichtlichen Goldschmiedearbeiten besonders interessant ist.

Museo de Bellas Artes
10-20 Uhr, Sa 10-14 Uhr und 16.30-20 Uhr, So und feiertags 10-14 Uhr. Mo geschl. 2,40 €; Sa-nachmittag und So Eintritt frei. ☎ *981 22 37 23.*
Das Hauptcharakteristikum dieses modernen Kunstmuseums ist die Helligkeit und Größe der Räume, in denen Malerei und Graphik vom 16. bis zum 20. Jh. ausgestellt ist. Besonders erwähnt seien die Stiche von Goya.

Domus-Casa del Hombre (Haus des Menschen)
Juli-Aug. 11-21 Uhr, sonst 10-19 Uhr. 1,80 €. ☎ *981 21 70 00.*
Der ungewöhnliche **Bau**★ an der Bahía de Riazor ist bereits zu einem Wahrzeichen der Stadt geworden. Er stammt von dem Japaner **Arata Isozaki** und wendet der Bucht eine segelförmige, mit schuppenartigen Schieferplatten bedeckte Fassade zu. Große Steinblöcke kennzeichnen die andere Seite. Der Mensch ist das ausschließliche Thema der Ausstellung; interaktive Computeranimationen, Hologramme, Schautafeln, Texte und Fotos bringen dem Besucher die Informationen zur Genetik, zur Fortpflanzung, zu den Sinneswahrnehmungen nahe.

Aquarium Finisterrae
Juli-Aug. 10-21 Uhr, sonst 10-19 Uhr, Sa/So und feiertags 10-20 Uhr. 6,50 € (7,50 € mit Casa de las Ciencias und Domus). ☎ 981 21 71 91.
Das Aquarium von La Coruña ist auch als Casa de los Peces bekannt und befindet sich unweit vom Torre de Hércules. Schwerpunkt ist das marine Ökosystem der galicischen Küsten. Im Hauptsaal Maremagnum sind in großen Schaubecken die verschiedenen Ökosysteme wie Kontinentalsockel oder Algenbänke ausgestellt.

Torre de Hércules (Herkulesturm)
Apr.-Juni und Sept. 10-19 Uhr, Juli-Aug. 10-21 Uhr, sonst 10-18 Uhr; Fr und Sa nächtliche Besichtigung 22-24 Uhr. 1,50 €.
Dieser im 2. Jh. errichtete Turm ist der älteste noch funktionierende Leuchtturm der Welt. Er erhielt in der Regierungszeit Karls III. (1790) sein heutiges Aussehen. Von der Spitze (104 m) aus bietet sich eine schöne **Aussicht** auf Stadt und Küste.

Umgebung

Cambre
11 km südlich. Tgl. 9.30-21.30 Uhr. ☎ 981 67 51 57.
In diesem Dorf erhebt sich die romanische Kirche **Santa María★** (12. Jh.), deren schöne Fassade bereits die dreischiffige Gliederung des Kircheninneren erkennen lässt. Zackenbögen an den beiden Fenstern der Seitenschiffe und am Hauptportal lassen maurischen Einfluss erkennen, ebenfalls die Kapitelle der vorgeblendeten Säulen. Das Tympanon des Portals schmückt ein von zwei Engeln gehaltenes Medaillon mit dem Gotteslamm. Das Innere ist sehr schlicht. Wie bei vielen Kirchen am Jakobsweg läuft ein **Chorumgang** mit Kapellenkranz um die Apsis.

Costa Blanca★

Als Costa Blanca („Weiße Küste") bezeichnet man den Küstenstreifen der Provinzen Alicante und Murcia. Dieser ist im Allgemeinen flach und sandig. Nur an den Stellen, an denen die Ausläufer der Sierras bis zum Meer reichen, ist die Küste felsig und zerklüftet. Das heiße, regenarme Klima, das weiße Licht, das ihr den Namen gab, die zahlreichen ausgedehnten Sandstrände und das blaue Wasser ziehen das ganze Jahr über zahlreiche spanische und ausländische Touristen an.

Steckbrief
Michelin-Karten Nr. 123 und 577 – Comunidad Valenciana (Alacant), Murcia. Günstige Verbindungen zwischen den wichtigsten Orten der Küste sind die N 332 sowie die mautpflichtige Autobahn A 7. **ℹ** *Altea: San Pedro 9, 03590 Altea, ☎ 965 84 41 14; Benidorm: Avenida Martínez Alejos 16, 03500 Benidorm, ☎ 965 85 32 24; Calpe: Avenida Ejércitos Españoles 44, 03710 Calpe, ☎ 965 83 69 20; Denia: Plaza del Oculista Büigues 9, 03700 Denia, ☎ 966 42 23 67; Jávea: Plaza Almirante Bastarreche 11, 03730 Jávea, ☎ 965 79 07 36.*
Reiseziele in der weiteren Umgebung: ALACANT/ALICANTE und COSTA DEL AZAHAR.

Ausflug

VON DENIA NACH GUADALEST *165 km – ca. 2 Tage*

Denia
Der Ursprung des Ortes ist eine bedeutende griechische Siedlung, die in der Römerzeit unter dem Namen Dianium bekannt war. Eine Festung, die ein Archäologisches Museum beherbergt, überragt die Stadt und den Fischerei- und Handelshafen. Es gibt Spielzeugindustrie, doch ist Denia auch ein Seebad.
Südöstlich von Denia fällt die mit Kiefernwäldern bedeckte Küste steil ab.

Cap de Sant Antoni★
Auf diesem Ausläufer der Serra del Mongó erhebt sich ein Leuchtturm, bei dem sich ein weiter **Ausblick★** über Xàbia und das Cap de la Nao bietet.

Xàbia/Jávea
Der alte Ort mit seinen engen Gassen liegt auf einer Anhöhe bei der gotischen Wehrkirche aus dem 14. Jh. Das moderne Viertel dieses Badeortes hat sich um den Hafen und am Strand (Platja Arena) entwickelt; dort befindet sich auch der Parador.

Costa Blanca
Tipps und Adressen

RESTAURANTS
● **Gut & preiswert**
Labarta – Conde de Altea 30 – Altea – ☎ 965 84 51 12 – Abends außer Sa/So geschl. –14/23 €. An der hübschen Uferpromenade von Altea liegt dieses im Stil der Fischerhäuser erbaute weiße Gebäude. Serviert werden authentische Gerichte nach Hausmacher Art (Fisch, paella, pan con tomate) unter einem Sonnendach und mit Blick aufs Meer.

● **Unsere Empfehlung**
Casa Modesto – Playa de Finestrat – 4 km westlich von Benidorm über die Playa de Poniente – ☎ 965 85 86 37 – 15. Jan.-15. Febr. geschl. – 20/26 €. Das in einer Bucht gelegene Strandrestaurant bietet einen hübschen Blick aufs Meer. Schwerpunkt sind Fisch und Meeresfrüchte. Leider verschandeln die Hochhäuser von Benidorm die Landschaft.

UNTERKUNFT
● **Gut & preiswert**
Hostal L'Ánfora – Explanada Cervantes 9 – Denia – ☎ 966 43 01 01 – 15. Dez.-15. Jan. geschl. – 🖃 – 11 Z.: 31/49 € ⌑. Im Fischerhafen von Denia steht dieses kleine Gebäude mit grüner Fassade. Die Zimmer sind zwar klein und einfach, aber sauber und hell. Morgens hat man aus den Fenstern einen schönen Blick auf die Boote.

Hotel El Casa Lot – Llavador 10 – Benifato – 5 km westlich von Guadalest – ☎ 965 88 52 29 – 🖃 – 12 Z.: 31/46 € (inkl. MwSt.) ⌑. Das Dorfhaus mit sehr komfortablen und hübsch ausgestatteten Zimmern liegt im Landesinneren in einer ruhigen Gegend mit Orangenplantagen. Der Strand ist nicht weit, und gleichzeitig entgeht man Lärm und Hektik an der Küste. Ein guter Ausgangspunkt für Ausflüge in die Gegend.

FÜR ZWISCHENDURCH
Calle Santo Domingo – Benidorm. Fußgängerzone mit etwa zehn Bars, von denen vor allem Aurrerá und La Cava Aragonesa zu empfehlen sind.

Casino de Torrevieja – Plaza Waldo Calero – Torrevieja – 10-2 Uhr. Hervorragender Privatclub im maurischen Stil. Hier finden Gesangsveranstaltungen, Gemäldeausstellungen und andere kulturelle Veranstaltungen statt. In einem der netten Räume aus der Zeit um 1850 lässt es sich wundervoll ein Gläschen trinken.

Chocolaterías Valor – Avenida Pianista Gonzalo Soriano – La Vila Joiosa – ☎ 965 89 09 50 – Mo-Fr 9.30-12.30 Uhr und 16-18 Uhr. Das 1881 von Don Valeriano López gegründete Valor betreibt heute über 15 Geschäfte in ganz Spanien. Die Fabrik kann täglich besichtigt werden, und es gibt auch ein Museo del Chocolate.

La Cava Aragonesa – Plaza de la Constitución – Benidorm – ☎ 965 80 12 06 – 12-15.30 Uhr und 18.45-1.30 Uhr. Das authentische Lokal liegt inmitten von Wohnblocks. In dieser typischen Bar hängen die Schinken von der Decke, und man hat die Auswahl zwischen zahlreichen Tapas.

CAFÉS, KNEIPEN UND BARS
Avenida d'Alcol – (Die Bars liegen auf der rechten Seite der Playa de Levante) – Benidorm. Im Sommer strömt zu jeder Tages- und Nachtzeit ein Menschenmeer durch diese Straße. Tagsüber drängt man sich am Strand, abends geht man in eines der unzähligen Lokale der Avenida – Essen im Restaurant, ein Eis im Eiscafé schlecken oder einen Cocktail in einer Bar schlürfen. Sehenswert sind die Tänzer in den berühmten Discos Ku Beach, KM Playa und Penelope Beach Club, die die Jugend in Massen anziehen.

Avenida Comunidad Valenciana – Benidorm – Ab 0.30 Uhr. In dieser Straße befinden sich die heißesten In-Discos von Benidorm: KU, KM und Penélope.

Calle Apolo – Torrevieja. Nicht weniger als 15 Bars wie das Casablanca, das Memfils, das Asteriz und der Pub JF verwandeln diese Straße in eine einzige riesige Diskothek. Zwischen zwei durchtanzten Nächten geht die Jugend zum Ausruhen und Plaudern an den Strand.

Cap de la Nao★
Beim Aufstieg zum Kap bieten sich weite Blicke auf das am Fuße der Serra del Mongó liegende Xàbia. Dann durchquert man dichten Kiefernwald, in dem zahlreiche Villen liegen. Das Cap de la Nao ist die östlichste kontinentale Spitze der Betischen Kordillere; tatsächlich setzt sich die Erdfaltung im Meer fort und erscheint in Gestalt der Insel Ibiza wieder an der Oberfläche. Von der Spitze aus hat man eine schöne **Aussicht★** über die im Süden bis zum Penyal d'Ifac reichende zerrissene Steilküste. Die von der Straße wie vom Meer zugänglichen Grotten und reizvollen Buchten, wie die **Granadella** im Süden und die **Cala Blanca** im Norden, sind für die Unterwasserjagd ideal.

Calp/Calpe
Der **Penyal d'Ifac★**, ein beeindruckender, 332 m hoher Felsen, ist das Wahrzeichen von Calp. Ein Fußweg (etwa 1 Std.) führt zum Gipfel des Felsens. Von dort aus hat man eine gute Aussicht auf Calp und die Salzgärten, das graue Bergland im Landesinneren und die zerklüftete Küste bis zum Cap de la Nao.
Die Straße durch die Serra de Bernia ist ausgesprochen kurvenreich. Man durchquert die eindrucksvolle Schlucht Barranco de Mascarat in Richtung Altea.

Altea
Der malerische Ort erhebt sich auf einer Anhöhe über dem Meer. Weiße Mauern, rosafarbene Dachziegel, blaue Kuppeln bilden vor dem Grau der Serra de Bernia

Der Penyal d'Ifac

eine Sinfonie aus Farben und Licht. Wenn man durch die steilen Gassen zur Kirche geht und dort die wunderschöne Aussicht auf das Dorf und den Penyal d'Ifac genießt, versteht man, warum Altea so viele Maler inspirierte.

Benidorm

Das angenehme Klima der Costa Blanca und im Osten und Westen zwei riesige Sandstrände, die sich in sanftem Bogen auf beiden Seiten eines kleinen Vorgebirges erstrecken, waren die Gründe für den raschen Aufstieg des Badeortes Benidorm. In den 50er-Jahren lag hier noch ein bescheidenes Fischerdorf, heute erhebt sich an derselben Stelle geradezu ein spanisches „Manhattan" mit Hochhäusern an der Meerseite, das aber immerhin viele Möglichkeiten der Freizeitgestaltung und ein reges Nachtleben bietet.

Die **Aussichtsterrasse** beim **Castillo** eröffnet einen schönen **Blick**★ auf die Strände und die Isla Plumbaria. Bei der Kirche mit den blauen Kuppeln liegt versteckt die Altstadt.

Terra Mítica

In 3 km Entfernung von Benidorm, über die A 7, Ausfahrt 65A. 1. Juli-17. Sept. 10-24 Uhr, 18. Sept.-1. Nov. 10-20 Uhr, Nov.-Dez. auch Sa/So und feiertags 10-18 Uhr. 29 €/Tag (43 € für 2 nicht aufeinander folgende Tage und 56 € für 3 nicht aufeinander folgende Tage); Kinder und Senioren (über 60 Jahre) 22 €/Tag (32 € für 2 nicht aufeinander folgende Tage und 44 € für 3 nicht aufeinander folgende Tage). ☎ 902 02 02 20.

Der im Jahr 2000 eingeweihte Vergnügungspark lädt zu Reisen in die Kulturen der Ägypter, Griechen, Römer und Iberer ein. Die Bereiche der genannten Völker umgeben einen großen See, das Symbol für das Mittelmeer. In diesem „Mare nostrum" liegt der fünfte Themenpark, Las Islas. Im Park finden sich für jeden Geschmack und jedes Alter Attraktionen, humorvolle Darbietungen, Restaurants und Läden.

Die interessantesten Attraktionen – Im Alten Ägypten gilt es das Geheimnis der Cheopspyramide zu lüften, oder Sie können die rasende Fahrt durch die Katarakte des Nils unternehmen. In Griechenland ist die Probe des Minotaurus-Labyrinths zu bestehen; ein Sturz ins Wasser erregt die Wut des Tritons. „Magnus Colossus" ist in Rom aufgebaut; es ist eine Berg-und-Tal-Bahn aus Holz, deren hohe Silhouette den Park weithin anzeigt. Wenn Sie mit dem Vogel Phönix fliegen, müssen Sie damit rechnen, aus 54 m Höhe abgeworfen zu werden. Auf den Inseln sind reißende Wildbäche und Strudel zu bezwingen.

Auf der Straße nach Callosa de Ensarriá und dann in Richtung Alcoi weiterfahren.

Sobald man sich von der Küste entfernt, sind die Täler mit Obstbäumen (Zitrus- und Mispelbäume) bedeckt. Die Ortschaft **Polop** liegt reizvoll an einem Hügel. Dann wird die Landschaft karger, der Horizont weitet sich, eine wunderschöne Bergwelt erscheint im Blickfeld.

Guadalest★

Guadalest liegt inmitten von Terrassenkulturen (Mandel- und Olivenbäume). Gegenüber erheben sich die kahlen Kalkfelsen der Serra d'Aitana. Die **Lage**★ von Guadalest ist sehr eindrucksvoll: Wie eine natürliche Festung ist das Dorf auf einen Felskamm gebaut und nur über einen aus dem Berg gehauenen Steig zu erreichen. Vom **Castell de San José** sind nur noch Ruinen der im Jahre 1744 von einem Erdbeben zerstörten Mauern übrig. Hier liegt der Friedhof des Dorfes.

Costa Brava★★★

Diese reizvolle Küste verdankt ihren Namen „Wilde Küste" dem Landschaftsbild, denn die alten Gesteinsschichten des Katalonischen Randgebirges sind hier außerordentlich zerklüftet und bilden eine Reihe steil ins Meer abfallender Klippen.

Die zahlreichen, über den ganzen Küstenstreifen verteilten schönen Buchten, die Klarheit des Wassers, einige malerische Häfen und Dörfer haben diese Küste, die Jahr für Jahr im Sommer sehr viele Touristen anzieht, international bekannt gemacht. Zu den zahlreichen Schönheiten der Natur kommen noch die vielen abwechslungsreichen Sport- und Freizeitangebote hinzu.

Zur leichteren Orientierung werden die katalanischen Namen verwendet.

Steckbrief

Michelin-Karten Nr. 122 und 574 – Katalonien (Girona). Die Costa Brava erstreckt sich über den gesamten Küstenstreifen der Provinz Girona von Portbou an der französischen Grenze bis nach Blanes. Die Orte im Süden (Lloret de Mar, Tossa de Mar und Platja d'Aro) sind bedeutende Ferienzentren, in den Orten im Norden geht es ruhiger zu, und im Landesinneren finden sich malerische mittelalterliche Städtchen.

🛈 *Patronat de Turisme Costa Brava Girona: Emili Grahit 13, ☎ 972 20 84 01; Blanes: Plaça Catalunya 21, 17300, ☎ 972 33 03 48; Cadaqués: Cotxe 2, 17488, ☎ 972 25 83 15; Sant Feliu de Guíxols: Plaça del Monestir 54, 17220, ☎ 972 82 00 51.*

Reiseziele in der weiteren Umgebung: GIRONA, FIGUERES und BARCELONA.

Ausflüge

DIE KÜSTE DER MONTES ALBERES★★ 1

Von Portbou nach Roses, 65 km – 1/2 Tag

Am Meer bilden die letzten Ausläufer der Montes Alberes große, fast geschlossene Buchten wie z. B. die Buchten von Portbou und El Port de la Selva. Die Straße führt in Serpentinen zwischen den Felsen bergauf. Besonders eindrucksvoll ist der **Streckenabschnitt**★★ zwischen Portbou und Colera; hier bieten sich Ausblicke auf die höchsten und wildesten Felsenklippen der katalanischen Küste.

El Port de Llançà

Dieser ruhige Ferienort liegt windgeschützt an einer kleinen Bucht. Der Strand fällt sanft zum Meer ab und ist gut zum Baden geeignet.

Weiter über die GI 612 (8 km).

El Port de la Selva★

In einer großen Bucht gelegener Naturhafen. Zum alten Ortskern mit den weißen Fischerhäusern sind inzwischen moderne Wohnsiedlungen und Hotels gekommen, doch ist der Fischfang auch heute noch eine wichtige Einkommensquelle der Bevölkerung.

7 km ab El Port de la Selva.

Monestir de Sant Pere de Rodes★★★

Den Wagen lässt man auf dem Parkplatz stehen, dann geht es etwa 10 Min. zu Fuß weiter. Juni-Sept. 10-20 Uhr, sonst 10-17.30 Uhr. Letzter Einlass 20 Min. vor Schließung. Mo, 1. Jan. und 25. Dez. geschl. 3,70 €; Di Eintritt frei. ☎ 972 28 75 59 oder 913 16 27 40.

Die Ruine dieses ehemaligen Benediktinerklosters hat eine bemerkenswerte **Lage**★★ am Hang des Mont Sant Salvador. Man kann von dort aus die ganze Küste von Cerbère bis zum Cap de Creus überblicken. Die ersten Gebäude wurden im 10. Jh. gebaut. Im 18. Jh. wurde das Kloster aufgegeben und ausgeplündert.

Die **Kirche**★★★ ist baulich sehr interessant. Sie ist im Stil ungewöhnlich einheitlich. Das mit einem Tonnengewölbe abgeschlossene Hauptschiff wird durch mächtige Pfeilerreihen von den niedrigeren Seitenschiffen getrennt; zum Auffangen des Gewölbeschubs sind den Stützen Säulen vorgelegt. Die herrlichen **Kapitelle**★ sind mit Akanthusblättern und Bandornamenten verziert, die an maurische oder byzantinische Vorbilder erinnern. Am Querhaus liegen zwei Kapellen und die Chorscheitelkapelle mit schmalem Umgang und einer Krypta. Im linken Querhaus führt eine Treppe zum oberen Umgang, von dem aus das Hauptschiff in seiner ganzen Größe zu sehen ist.

Ein wunderschönes Beispiel für die lombardische Romanik ist der **Glockenturm**★★ (12. Jh.).

Zwischen El Port de la Selva und Cadaqués ist die Küste sehr buchtenreich; die kleinen Buchten mit kristallklarem Wasser sind jedoch nur vom Meer aus zugänglich (ab El Port de la Selva). Die Straße führt durchs Landesinnere und bietet mehrmals schöne Ausblicke.

13 km über die GI 613. Achtung, die Straße ist auf einigen Abschnitten sehr eng.

Tipps und Adressen

RESTAURANTS

● *Gut & preiswert*

El Dorado Mar – *President Irla 15 – Sant Feliu de Guíxols –* ☎ *972 32 62 86 – www.doradomar.com – 18/30 €.* Dieses Restaurant im oberen Ortsbereich macht seinem Namen alle Ehre, denn es ist auf Fisch und Meeresfrüchte spezialisiert. Im schlicht gehaltenen Speisesaal hat man durch die große Fensterfront eine schöne Aussicht auf den Ort, den Hafen und das Meer.

● *Unsere Empfehlung*

La Gua-gua – *Platja Canyelles Petites – Roses – 2,5 km südöstlich von Roses –* ☎ *972 25 77 82 – Reserv. empf. – 19/30 €.* Schönes Strandrestaurant mit authentischer Meeresküche (den *suquet de peix* sollte man sich nicht entgehen lassen) auf einer Terrasse unmittelbar am Strand und mit Meerblick. Leider ist der Strand im Sommer voller Menschen.

Ca la Maria – *Mollet de Peralada – 4 km nördlich von Peralada –* ☎ *972 56 33 82 –* 🍽 *– Reserv. empf. – 19/31 €.* Großes Restaurant in einem Dorf in ländlicher Umgebung, das an Wochenenden sehr voll ist. Authentisches und einfaches Ambiente, in dem man die typischsten Gerichte der katalanischen Küche entdecken kann.

La Brasa – *Plaça Catalunya 6 – El Port de Llançà –* ☎ *972 38 02 02 – Di (außer Juli-Aug.) und 15. Dez.-Ende März geschl. –* 🍽 *– 21/28 €.* Die Fenster mit ihren Rollos verleihen dem Lokal eine besonders sommerliche Atmosphäre. Die innen herrschende Stille lädt ein, die Spezialität des Hauses – Fisch und Fleisch vom Grill – in aller Ruhe zu genießen. Dazu bietet sich außerdem auch die vor der Sonne geschützte, hübsche Terrasse an.

Santa Marta – *Francesc Aromir 2 – Tossa de Mar – Mi (außer Juni-Juli) und Nov.-März geschl. –* ☎ *972 34 04 72 –* 🍽 *– 20/32 €.* Nettes Restaurant innerhalb der Mauern der Altstadt. Der unregelmäßig geformte Speisesaal strahlt Wärme und Romantik aus. Die Karte liest sich interessant mit vielfältigen Fleisch- und Fischgerichten.

Can Rafa – *Puerto s/n – Cadaqués –* ☎ *972 15 94 01 - Reserv. empf. – 21/34 €.* Hier lässt sich die lokale Küche in nostalgischem Ambiente genießen. Die Wände des Speisesaales sind mit Hunderten von Fotos aus den 70er-Jahren bedeckt, und von der Terrasse hat man einen herrlichen Blick auf den Hafen.

UNTERKUNFT

● *Gut & preiswert*

Hotel Ubaldo – *Unió 13 – Cadaqués –* ☎ *972 25 81 25 – 26 Z.: 44/54 €.* Hinter einer einfachen Fassade versteckt sich ein hübsch ausgestattetes Hotel mit weißen Wänden, Möbeln mit geschwungenen Formen und gedämpftem Licht. Die Zimmer, die an Komfort nichts zu wünschen übrig lassen, sind nicht zum Meer, sondern zu den Sträßchen der Altstadt von Cadaqués hin gelegen.

Hotel La Goleta – *Pintor Terruella 22 – El Port de Llançà –* ☎ *972 38 01 25 – Nov. geschl. –* 🅿 *– 30 Z.: 46/55 € –* ☕ *4 € – Rest. 16 €.* Wer sich für dieses Hotel entscheidet, wird unweit vom Hafen in einem komfortablen und schön eingerichteten Zimmer nächtigen. Das Hotel ist voll von Gegenständen und Bildern, die ihm etwas ganz Besonderes verleihen. Das Ambiente ist familiär, das Preis-Leistungs-Verhältnis gut.

● *Unsere Empfehlung*

Hotel Rosa – *Pi i Rallo 11 – Begur –* ☎ *972 62 30 15 – hotelrosa@hotmail.com – Nov.-Febr. geschl. –* 🅿 *– 23 Z.: 43/68 €* ☕. Dieses kleine Hotel ist in einem geschmackvoll restaurierten alten Gebäude aus Naturstein untergebracht. Vorwiegend junge Gäste, die die moderne Ausstattung, die funktionellen Möbel und die angenehme Beleuchtung zu schätzen wissen. Der Kirchplatz ist nur einen Katzensprung entfernt.

Hotel Diana – *Plaça de España 6 – Tossa de Mar –* ☎ *972 34 18 86 – Nov.-Karwoche geschl. – 21 Z.: 103 € –* ☕ *8 €.* Herrliches modernistisches Gebäude direkt am Meer. Auch die Ausstattung ist wunderschön, mit hohen Decken, Freskenmalereien und einem Innenhof, den ein Marmorbrunnen ziert. Die Zimmer sind komfortabel und mit Stilmöbeln eingerichtet.

Hotel Sant Roc – *Plaça Atlàntic 2 (Barri Sant Roc) – Calella de Palafrugell –* ☎ *972 61 42 50 – santroc@grn.es – 6. Nov.-16. März geschl. –* 🅿 *– 48 Z.: 86/108 € –* ☕ *8,50 €.* Das von Pinien umgebene elegante Gebäude mit Blick aufs Meer ist mit einem Türmchen bekrönt und lädt zum Entspannen ein. Die Zimmer sind groß und elegant, und von der Terrasse des Restaurants aus schaut man in die Buchten mit blaugrünem Wasser. Im Sommer muss man Halbpension buchen.

Hotel Port Lligat – *Avinguda Salvador Dalí 1 – Portlligat –* ☎ *977 25 81 62 – portlligat@intercom.es –* 🏊 *– 30 Z.: 82/102 € (inkl. MwSt.) –* ☕ *7 €.* Neben dem Haus Dalís in einer Bucht mit dümpelnden Fischerbooten liegt dieses hübsche, in Blau und Weiß gehaltene Hotel mit viel Komfort. Jedes Zimmer ist anders ausgestattet. Wem es nichts ausmacht, etwas mehr zu zahlen, der sollte sich ein Zimmer mit Meerblick geben lassen.

Hotel Plaça – *Plaça Mercat 22 – Sant Feliu de Guíxols –* ☎ *972 32 51 55 – hotelplaca@teleline.es –* 🍽 *– 19 Z.: 91 € –* ☕ *5 €.* Günstig gelegenes, funktionelles und modernes Hotel. Die Zimmer sind nett und hell, einige liegen zu einem Platz hin, auf dem es an Markttagen sehr lebhaft zugeht. Im obersten Stock gibt es einen Außen-Whirlpool und ein Solarium.

Costa Brava

- **Fürstlich logieren**
Hotel Almadraba Park – Roses – 4 km südöstlich von Roses – ☎ 972 25 65 50 – almadrabapark@almadrabapark.com – 15. Okt.-6. April geschl. – 🅿 🍽 📺 ♿ – 60 Z.: 100/140 € – ⊑ 12 € – Rest. 31 €. Hotel der Spitzenkategorie, das sich perfekt in die schöne Natur einpasst. Das moderne Gebäude ist nach Süden ausgerichtet und von schönen, terrassenförmig bis zum Meer hinabreichenden Gärten umgeben. Der Service ist einwandfrei, und die Zimmer bieten herrliche Ausblicke.

Für zwischendurch
La Frontera – Miquel Rosset 22 – Cadaqués – 20-3 Uhr. In der in einem Gässchen von Cadaqués liegenden Bar trifft sich die Jugend, um auf der Terrasse ein Glas zu trinken oder eine Partie Billard zu spielen.

Cafés, Kneipen und Bars
Avinguda Just Marlès Vilarrodona – Lloret de Mar. In dieser breiten Flanierstraße sammeln sich bei Anbruch der Dunkelheit hübsche Mädchen, flotte Jungs, Bauernfänger und Rosenverkäufer an den Eingängen der Bars. Es gibt mindestens zehn Diskotheken, z. B. das Londeners, Flamingo, Moef Gaga oder das Tropics, eine der größten und modernsten Diskotheken der Costa Brava. Mit drei Stockwerken, sieben Bars und 200 000 Watt Beleuchtung ist das St Trop (in einer Nebenstraße) die einzige Diskothek, die dem Tropics ebenbürtig ist.

L'hostal – Passeig 8 – Cadaqués – ☎ 972 25 80 00 – 10-5 Uhr. In dieser Diskothek finden auch Jazz-, Rock- oder Salsa-Konzerte statt. Die Bar liegt am Hauptplatz des Ortes.

Mojito Bar – Codolar 2 – Tossa de Mar – 18-2 Uhr. Die kleine Cocktail-Bar liegt in der Fußgängerzone der Stadt. Hier werden Salsa, Flamenco und Sevillanas in einem angenehmen nachbarschaftlichen Ambiente geboten.

Moxo – Empuriabrava – 20-3 Uhr. Das Moxo ist der Mittelpunkt des Nachtlebens in diesem modernen Ferienort an der Küste. Hier gibt es etwa 20 Bars, Diskotheken und Restaurants. Das Saloon ist auf Country-Music spezialisiert, das Glass auf Techno.

Shopping
Casa Bordas – Carretera L'Escala-Orriols – L'Escala – ☎ 972 77 00 85 - Mo-Fr 9-13 Uhr und 14.30-19 Uhr. In dieser Fabrik am Stadtrand werden die berühmten *anxoves* (Sardellen) von L'Escala hergestellt, die als die besten der Costa Brava gelten.

Cadaqués★★

Der Ort liegt in den letzten Ausläufern der Pyrenäen. Er hat eine wunderschöne, geschützte **Lage**★ südlich des Cap de Creus, begrenzt von Bergen und dem Meer. Mehrere Künstler haben in Cadaqués gelebt und den Ort bekannt gemacht. Der alte Stadtkern umgibt mit weißen Häusern an engen, von Arkaden gesäumten Straßen die schlichte Kirche **Santa Maria**, die einen herrlichen **Schnitzaltar**★★ aus der Barockzeit bewahrt hat. Jedes Jahr finden hier internationale Musikfestspiele statt. *Juni-Sept. 10.30-13 Uhr und 16-20 Uhr, sonst nach vorheriger Vereinbarung. ☎ 972 25 80 84.*

Man verlässt Cadaqués in nördliche Richtung (2 km).

Portlligat★

An der kleinen Bucht von Portlligat steht das **Casa-Museu Salvador Dalí**★, eine Anlage aus mehreren Fischerhäusern. Das Atelier, die Bibliothek, die Zimmer und der Garten Dalís können besichtigt werden. *Führung (45 Min.) nur nach vorheriger Vereinbarung 15. März-14. Juni und 16. Sept.-6. Jan. 10.30-18 Uhr, Mo (außer Feiertage) geschl.; 15. Juni-15. Sept. tgl. 10.30-21 Uhr. Letzter Einlass 50 Min. vor Schließung. 1. Jan. und 25. Dez. geschl. 8 €, Gruppen 5 €, Kinder Eintritt frei. ☎ 972 25 10 15.*

Weiter 4 km in nördlicher Richtung.

Cadaqués

Parque Natural de Cap de Creus★★

Unebene steinige Straßen und schmale Fußwege führen durch diesen Naturpark, dessen steil zur Küste abfallende Felslandschaften, Klippen und kleine Buchten wildromantisch sind. Im höchstgelegenen Teil bietet sich in der Nähe des Leuchtturms (**Far**) ein atemberaubender **Rundblick**★★★.

Zurück nach Cadaqués. Von hier über die GI 614 südwestlich und dann über die C 260 östlich.

Roses★

Hier lag vermutlich der von Kauffahrern aus Rhodos gegründete Handelsplatz Rhode. Der Ort hat sich zu einem beliebten Seebad entwickelt, in der geschützten Hafenbucht ist jedoch noch immer eine bedeutende Fischereiflotte beheimatet. Die auf Veranlassung Karls V. im 16. Jh. errichtete **Zitadelle**★ hat einen fünfeckigen Grundriss und sollte die Küste vor den Türken schützen. Hinter den Bastionen lag auch ein Benediktinerkloster, das jedoch im spanischen Freiheitskrieg (1808-1814) von den Franzosen zerstört wurde.

DIE EMPORDÀ-EBENE★ 2

Von Roses nach Begur, 75 km – 1 Tag

Hier erstreckt sich am Fuß des Katalonischen Berglands die fruchtbare Ampurdán- oder Empordà-Ebene.

Von Roses über die C 260 in Richtung Castelló d'Empúries.

Empuriabrava★

Diese 1973 errichtete Villensiedlung ist von Kanälen durchzogen, sodass jeder mit seiner Jacht vor der Haustür anlegen kann.

Castelló d'Empúries★

Die einstige Hauptstadt der Grafschaft Empordà (11.-14. Jh.) liegt in Küstennähe auf einem Felsvorsprung. Der Turm neben der Kirche **Santa Maria**★ ist typisch katalanisch. Das Gotteshaus wurde im 14. und 15. Jh. errichtet. Einzigartig ist sein imposantes gotisches **Portal**★★, auf dessen Bogenfeld man die Anbetung der Könige erkennen kann; seitlich die Apostel. Das weite Hauptschiff ist durch schlanke Säulen von den Seitenschiffen getrennt. In das mit Fialen gekrönte, phantasievolle gotische **Alabasteraltarblatt**★ des Hochaltars sind Szenen der Passion Christi eingemeißelt. *1. Juni-30. Sept. 10-13 Uhr und 16-20 Uhr, So und feiertags 11-12.30 Uhr und 16-20 Uhr, sonst nur Sa/So. 1,80 €. ☏ 972 25 05 19.*

An alter Bausubstanz sind im Städtchen die frühgotische einstige Handelsbörse (heute **Rathaus**) und die gotische **Casa Gran** erhalten.

Von Castelló d'Empúries in Richtung Sant Pere Pescador. Von hier nach Süden bis zum Anschluss an die GI 623.

L'Escala★

Fischerort mit Fremdenverkehr, dessen Spezialität das Einpökeln von Sardellen ist. Schöne Sandstrände.

Die Ruinen von Empúries liegen nördlich von L'Escala.

Costa Brava
Empúries/Ampurias★★
Juni-Sept. 10-20 Uhr, sonst 10-18 Uhr. 1. Jan. und 25. Dez. geschl. 2,40 €. ☏ 972 77 02 08.
Die griechische, dann römische Stadt Empúries (*Emporion* war das griechische Wort für Markt) besticht durch ihre herrliche **Lage**★★ am Meer. Sie besaß drei Zentren, die antike Stadt **Palaiapolis**, die „neue Stadt" **Neapolis** und die **römische Stadt**. In der Mitte des 6. Jh.s v. Chr. gründeten die Phokäer, die sich schon in Marseille niedergelassen hatten, auf einer damals dem Festland vorgelagerten Insel den Hafen Palaiapolis (die Insel ist heute mit dem Festland verbunden und der Standort des Dorfes Sant Martí d'Empúries). Einige Jahre später entstand ihr gegenüber auf dem Festland die Stadt Neapolis. Diese verbündete sich während der Punischen Kriege mit den Römern und beherbergte 218 ein von Scipio Africanus d. Ä. kommandiertes römisches Expeditionskorps. Im Jahre 100 v. Chr. wurde westlich von Neapolis die römische Stadt errichtet. Die beiden Städte bestanden nebeneinander, bis Augustus den Griechen die römische Staatsbürgerschaft gab. Bis ins 3. Jh. entwickelte sich die Stadt weiter, wurde dann aber von wandernden Germanenstämmen zerstört. Wie es die Ruinen der in Neapolis entdeckten Basilika beweisen, war sie Bischofssitz, ging jedoch mit der Ankunft der Mauren im 8. Jh. unter.

Neapolis – Die zeitliche Bestimmung der Ruinen wird durch das Übereinanderliegen der im Zeitraum von 1 000 Jahren aufeinander folgenden Bauten erschwert. Unweit des Eingangs befinden sich der **Äskulap-Tempel** und die Umfassungsmauer eines Heiligtums, das Altäre und Götterstatuen enthielt. Daneben erhob sich der **Wachtturm**. Am Fuß des Turms liegen Trinkwasserzisternen (ein Wasserfilter wurde rekonstruiert). Der **Tempel des Zeus Serapis** war von einem Säulengang umgeben. Die **Agora** am anderen Ende der Hauptstraße war das Zentrum der Stadt. Drei Sockel mit Statuen blieben bis heute erhalten. Von dort aus führt eine Straße zum Meer, links von den Ruinen der **Stoa** (Markthalle) gesäumt, in der sich Läden und Verkaufsstände aneinander reihten. Dahinter erkennt man den Grundriss einer **frühchristlichen Basilika** (6. Jh.) mit halbrunder Apsis.

Museu Arqueològic – Im Archäologischen Museum von Empúries sind Modelle von Tempeln und Ausgrabungsfunde ausgestellt. Besonders bemerkenswert sind die Mosaiken mit der Opferung der Iphigenie (ein hellenistisches Werk aus dem 2. oder 1. Jh. v. Chr.), einem Rebhuhn und der Maske eines Tragöden.

Die Römerstadt – Sie liegt auf der Anhöhe hinter dem Museum und unterscheidet sich von der vorhergehenden durch ihren geometrischen Grundriss und ihre Ausdehnung. Die Stadtmauer wurde teilweise restauriert; die Stadt selbst ist aber noch nicht vollständig freigelegt.

Haus Nr. 1 *(Eingang an der Rückseite)* besitzt ein sechssäuliges Atrium (offener Hauptraum), um das die Wohnräume, das Peristyl (eigentlicher Innenhof) und das Impluvium (Sammelbecken für Regenwasser) liegen. Die Empfangsräume haben schwarz-weiße Mosaikfußböden mit geometrischen Mustern. Das Haus verfügte über private Thermen *(am Nordende des Gebäudes)*.

In **Haus Nr. 2 B** sind in einigen Wohnräumen originale Mosaikfußböden erhalten geblieben. Einer der Räume wurde im Piseebau auf einem Steinsockel nach der damals üblichen Art neu erbaut.

Der quadratische Platz des **Forums**, Zentrum des öffentlichen Lebens, war von Tempeln, Säulenhallen *(Nordseite)* und Läden *(Südseite)* umgeben. Eine von Säulengängen gesäumte Straße führt von hier aus zum Stadttor. Hinter der Mauer sind noch Reste des **Amphitheaters** (ovaler Grundriss) zu sehen.

Auf der GI 632 in Richtung Bellcaire d'Empordà, dann weiter auf der GI 640 nach links.

Torroella del Montgri★
Im Stadtbild mit den beiden sich rechtwinklig kreuzenden Hauptstraßen hat sich die Anlage der einstigen Römersiedlung bis heute erhalten. Die Kirche **Sant Genis** (14. Jh.) ist trotz der Barockfassade ein schönes Beispiel für die katalanische Gotik. Von der **Burg** auf dem Montgri *(ausgeschilderter Fußweg durch felsiges Gelände; 1 Std.)* bietet sich ein wunderschöner **Ausblick**★★ auf die Berge (Les Gavarres) und das Meer.

5 km auf der GI 641 bis L'Estartit.

Isles Medes★★
Ausflüge mit dem Schiff ab L'Estartit. Verschiedene Unternehmen veranstalten Bootsausflüge um die Inseln herum. Auskunft beim Oficina de Turismo, ☏ 972 75 19 10.
Die aus sieben Inseln und mehreren Felsenklippen gebildete Inselgruppe mit ihrer unberührten Natur ist ein Refugium für Wasservögel. Die Inseln sind Teil des Kalksteinmassivs Montgri, und ihre Ufer bieten gute Voraussetzungen zum Tauchen.

Von L'Estartit zurück nach Torroella de Montgri und auf die C 31.

Pals★★
In diesem Städtchen oberhalb der Mündung des Ter ist ein reizvolles altes Viertel, El Pedró, erhalten. Dieses ist noch von Resten der Stadtmauer umgeben und hat gewundene Gassen.

Begur liegt etwa 7 km östlich von Pals.

DIE HÖHENSTRASSE★★ 3

Von Begur nach Blanes, 98 km – 1 Tag

Die Küste besteht aus einer Reihe langer, von Strandkiefern gesäumter Strände, kleiner **Buchten** oder fjordartiger Einschnitte. Besonders **Aiguafreda** und **Aigua Blava** sind wahre Paradiese, in denen aus den Wäldern prachtvolle Villen und Luxushotels herausragen. Die Bucht von **Tamariu** ist am bekanntesten.

Begur★

Der Ort liegt in 200 m Höhe oberhalb schöner Meeresbuchten. Von der höchsten Erhebung bei der Burgruine (16. und 17. Jh.) sind die gewundenen Straßen und Gassen gut zu überschauen.

Ausfahrt aus Begur in Richtung Llafranc.

Far de Sant Sebastià★

2 km ab Llafranc. Der Leuchtturm steht auf einem von Klippen umgebenen Felseneiland. Er wurde 1857 errichtet. Von der nahen Einsiedelei kann man die schöne **Aussicht**★ auf das Meer genießen.

Calella de Palafrugell★

Dieser hübsche Fischerort, im Sommer auch ein beliebtes Seebad, ist für sein Habaneras-Festival bekannt. Dieses findet am ersten Julisamstag in der Carrer de les Voltes und am Strand statt, und man trinkt bei dieser Gelegenheit traditionsgemäß den köstlichen **Cremat**, süßen Kaffee, der mit Rum flambiert wird.

Auf einer von Calella nach Süden führenden Straße erreicht man den **Jardí Botànic del Cap Roig**★, ein malerisches Gehöft mit botanischem Garten. Dieser ist wunderschön auf Felsterrassen am Meeresufer angelegt und bietet außer seinen über 1 200 Pflanzenarten viele herrliche **Ausblicke**★★ auf die Küste. *1. April-30. Sept. 9-20 Uhr, sonst 9-18 Uhr. 2,40 €. ☎ 972 61 45 82.*

Weiter in Richtung Palafrugell und dann auf die C 31 in Richtung Palamós.

Blick auf Calella de Palafrugell

Ab Palamós verläuft die C 253 direkt an der von Stränden und Felsbuchten gesäumten Küste entlang. Schneller, aber weniger reizvoll ist die C 31.

S'Agaró★

Die Villen dieses eleganten Seebads liegen in einem Kiefernhain verstreut. Vom Camí de Ronda, einem gut ausgebauten Spazierweg, eröffnet sich eine reizvolle **Aussicht**★ auf Küste und Meer.

Sant Feliu de Guíxols★

Sant Feliu, einer der meistbesuchten Badeorte der Costa Brava, liegt an einer von Hügeln umgebenen Bucht. Viele Terrassencafés mit Meerblick laden zum Rasten ein. Die Kirche **Sant Feliu**★ gehörte zu einem Benediktinerkloster (**Monasterio**), von dem heute nur noch Reste erhalten sind. Sie überrascht durch einen originellen Vorbau mit gestelzten Bögen aus vorromanischer Zeit (**Porta Ferrada**★★); im oberen Teil ist das Tor romanisch. Das Kircheninnere wurde im 14. Jh. neu gestaltet. *8-11 Uhr und 22.30 Uhr, So und feiertags nur während der Messe. Mo, 1. Jan. und 25. Dez. geschl. ☎ 972 82 15 75.*

Einen überwältigenden **Blick**★★ auf die steil abfallende Küste eröffnet der Aussichtspunkt bei der **Capilla de Sant Elm**.

Weiter auf der GI 682; auch hier bietet sich eine herrliche Aussicht über die Küste.

Costa Brava
Tossa de Mar★
Der Sandstrand von Tossa erstreckt sich am Fuß der Punta del Faro mit der reizvollen Altstadt. Diese **Vila Vella★** ist von gepflasterten Straßen durchzogen und noch von der im 13. Jh. errichteten Wehrmauer umgeben. Archäologische Funde aus einem in der Nähe ausgegrabenen römischen Landgut präsentiert das **Museu Municipal★** neben einer **Sammlung zeitgenössischer Kunst** mit Werken von Chagall, Masson, Benet und anderen Malern, die in den 30er-Jahren gerne den Sommer hier verbrachten. *16. Juni-15. Sept. 10-20 Uhr, sonst 11-13 Uhr und 15-18 Uhr. Mo (außer im Sommer) und 25. Dez. geschl. 3,10 €.* ☎ 972 34 07 09.

Zwischen Tossa und **Lloret de Mar**, dem belebtesten und größten Seebad der Costa Brava, führt die **Höhenstraße★★** über weiten Stränden am Meer entlang. *Weiter auf der GI 682.*

Blanes★
Der wunderschöne **Passeig Marítim★** ist ein beliebter Promenadenweg mit Aussicht auf den hellen Strand. Die gotische Marienkirche (14. Jh.) steht am Fuß der Anhöhe mit der Burgruine Sant Joan. Am Südosthang des Bergs ist ein botanischer Garten angelegt **(Jardí Botànic de Marimurtra★)**, in dem mehr als 5 000 verschiedene Pflanzenarten der fünf Kontinente zu finden sind. Der schöne Garten hat gewundene Alleen, von denen aus man hinter jeder Biegung einen schönen **Ausblick★** auf die Küste und die Cala Fordcadera genießen kann. *Aug. 9-19 Uhr, Nov.-März 10-17 Uhr, sonst 9-18 Uhr, Sa/So und feiertags 10-14 Uhr. 1. und 6. Jan. sowie 25. Dez. geschl. 2,10 €.* ☎ *972 33 08 26 (vorherige Bestätigung wird empfohlen).*

Costa de Cantabria★

Von Castro Urdiales bis San Vicente de la Barquera ist die Kantabrische Küste eine Folge von Kaps, Halbinseln, *rías*, herrlich weiten Buchten, wie z. B. die von Santander und Santoña, langen Sandstränden, traditionellen Sommerfrischen und altehrwürdigen Dörfern mit wappengeschmückten Herrenhäusern. Der hinter dieser Küste liegende grüne Landstrich ist eine für die Viehzucht genutzte Heckenlandschaft.
Diese Gegend ist reich an prähistorischen Höhlen, in denen nachweislich bereits im Paläolithikum Menschen lebten.

Steckbrief
Michelin-Karte Nr. 572 – Kantabrien. Nicht weit von der Küste entfernt führen Autobahn oder Schnellstraße vorbei, auf denen man schnell vorankommt und die kleinen Küstenstraßen umgehen kann. Diese sind zwar mühseliger zu fahren, man sieht aber umso mehr von der reizvollen Landschaft. 🛈 *Comillas: Aldea 6, 39520 Comillas,* ☎ *942 72 07 68; Laredo: Alameda de Miramar, 39770 Laredo,* ☎ *942 61 10 96; San Vicente de la Barquera: Avenida Generalísimo 20, 39540 San Vicente de la Barquera,* ☎ *942 71 07 97.*
Reiseziele in der weiteren Umgebung: COSTA VERDE (westlich), PICOS DE EUROPA (südwestlich) und COSTA VASCA (östlich).

Auf Entdeckungstour

DÖRFER UND LANDSCHAFTEN VON OST NACH WEST

Castro Urdiales
Das Dorf liegt auf einem Felsvorsprung hoch über einer ausgedehnten Bucht. Die Häuser sind um die gotische Kirche und die alte Burg herum gebaut, wo auch der Leuchtturm steht. Am ersten Freitag im Juli findet die Fiesta del Coso Blanco statt.

Laredo
Die eng nebeneinander stehenden Häuser und schmalen Gassen der Altstadt liegen bei der Kirche am Hang, an dessen Fuß sich der Fischereihafen in geschützter Lage befindet. Der lange Strand ist von modernen Gebäuden gesäumt.

Limpias
Dieser kleine Hafen an der *ría* des Asón ist für das Wunder berühmt, das sich hier 1919 ereignet haben soll. Es heißt, dass die Christusfigur in der Kirche blutige Tränen vergossen habe. Die beachtliche Barockskulptur gilt als ein Werk von Juan de Mena.

Tipps und Adressen

RESTAURANTS
• **Unsere Empfehlung**
Maruja – *Avenida Generalisimo – San Vicente de la Barquera* – ☎ 942 71 00 77 – 23/29 €. Winziges, charmantes Restaurant mit liebevoller, gepflegter Ausstattung. Das eher einem Wohnzimmer ähnelnde Lokal hat sich zu einem Klassiker an der Kantabrischen Küste entwickelt. Die Küche beruht auf den frischen Produkten der Region und auf traditionellen Rezepten, die durch einen persönlichen Touch ergänzt werden.

Mesón Marinero – *La Correría 23 – Castro Urdiales* – ☎ 942 86 00 05 – 🍽 – 25/34 €. Auch dieses Haus zählt eindeutig zu den Klassikern an der Kantabrischen Küste. Sein Name und seine Lage im Fischerhafen lassen keinen Zweifel darüber aufkommen, welche Spezialitäten serviert werden. Die Karte mit Gerichten aus Fisch und Meeresfrüchten ist mehr als bemerkenswert. An der Bar werden *pinchos* in den verschiedensten Variationen angeboten.

UNTERKUNFT
• **Gut & preiswert**
Hotel Gerra Mayor – *Los Llaos s/n – Gerra – 5 km nordöstlich von San Vicente de la Barquera* – ☎ 942 71 14 01 – 23. Dez.-12. Febr. geschl. – 🅿 – 15 Z.: 48/54 € – ☕ 3,50 €. In einem renovierten Bauernhof befindet sich dieses einfache Hotel, das durch seine herrliche Lage zwischen Meer und Bergen besticht. Wer Ruhe sucht und die Schönheit des Kantabrischen Meeres genießen möchte, ist hier genau richtig.

Pensión La Sota – *La Correría 1 – Castro Urdiales* – ☎ 942 87 11 88 – 19 Z.: 37/55 € ☕ 2,50 €. Die Pension befindet sich mitten in der Altstadt an der Plaza Mayor. Die Zimmer sind nicht besonders groß, aber alle mit modernen Bädern ausgestattet und funktionell möbliert.

La Bien Aparecida
Ein in Serpentinen ansteigender Weg mit Kreuzwegstationen führt zur Wallfahrtskirche Nuestra Señora de la Bien Aparecida. Hier wird seit 1605 die Schutzheilige der Provinz verehrt. In der Nähe der Barockkirche bietet sich ein schöner **Blick**★ auf das Asón-Tal.

Santoña
Laredo gegenüberliegender Fischereihafen. In der im 18. Jh. umgebauten Kirche **Nuestra Señora del Puerto** finden sich gotische Kirchenschiffe sowie Säulenkapitelle und ein Taufbecken aus der Romanik. *8-11 Uhr und 15.30-20.30 Uhr, So und feiertags 8.30-13 Uhr und 18.30-19 Uhr.* ☎ 942 66 01 55.

Bareyo
In Hanglage mit Blick auf die *ría* von Ajo befindet sich die kleine Kirche **Santa María**, in der als interessante romanische Bauteile in der Apsis zierliche Rundbögen und Figurenkapitelle erhalten sind. Das Taufbecken stammt wahrscheinlich noch aus westgotischer Zeit. *Nach vorheriger Vereinbarung.* ☎ 942 62 11 67.

Peña Cabarga
Eine steile Straße (16 % Steigung) führt zum Gipfel dieses 569 m hohen Berges, auf dem ein den Konquistadoren und Seeleuten Kastiliens gewidmetes Denkmal errichtet wurde. Vom Gipfel bietet sich ein herrlicher **Ausblick**★★, besonders auf Santander und die Bucht.

Santander★ *(s. dort)*

Comillas

Costa de Cantabria

Santillana del Mar★★ *(s. dort)*

Museo de Altamira★★ *(s. unter SANTILLANA DEL MAR, Ein besonderes Highlight)*

Comillas★

Der gemütliche Badeort mit hübscher Plaza Mayor bietet einen Strand in Ortsnähe und einen größeren außerhalb des Ortes, die Playa de Oyambre *(5 km in westlicher Richtung)*. Alfons XII. hielt sich hier regelmäßig im Sommer auf. Der neugotische Bau des **Palacio de los Marqueses de Comillas** liegt in einem Park, in dem Gaudí einen originellen Pavillon errichtet hat; dieser **El Capricho** genannte Bau ist heute ein Restaurant. Die Architektur der auf einem Hügel oberhalb des Meeres liegenden Universidad Pontificia zieht die Blicke der Besucher auf sich.

San Vicente de la Barqueraa

Dieser Ferienort entzückt durch seine schöne **Lage★**, seinen ausgedehnten Strand auf der anderen Seite der *ría* und die alten Häuser. Auf der Spitze des teilweise befestigten Hügels erhebt sich die Kirche **Nuestra Señora de los Ángeles**. Es haben sich zwei romanische Portale und in den gotischen Kirchenschiffen mehrere Grabmäler aus dem 15. und 16. Jh. erhalten. Von der Straße nach Unquera aus bietet sich ein hübscher **Blick★** auf den Ort.

Costa de la Luz★

An der Costa de la Luz erstrecken sich entlang der Küste der Provinzen Huelva und Cádiz feinsandige Strände, die allein durch die Mündungen der Flüsse Guadiana, Tinto oder Guadalquivir unterbrochen werden. Auch wenn die Costa de la Luz touristisch weniger erschlossen ist als die anderen Küsten Südspaniens, so entwickeln sich hier doch einige Badeorte. Das strahlende Weiß dieser Küste, an der die grünen Wogen des Atlantiks auslaufen, und die Helligkeit der Atmosphäre haben ihr den Namen „Küste des Lichts" eingebracht.

Steckbrief

Michelin-Karte Nr. 578 – Andalusien (Huelva, Cádiz). Die Costa de la Luz erstreckt sich von Ayamonte an der Mündung des Guadiana bis nach Tarifa, dem südlichsten Ort der Iberischen Halbinsel. ☒ *El Puerto de Santa María: Luna 22, 11500 El Puerto de Santa María, ☎ 956 54 24 13; Huelva: Avenida Alemania 12, 21001 Huelva, ☎ 959 25 74 03; Sanlúcar de Barrameda: Calzada del Ejército, 11540 Sanlúcar de Barrameda, ☎ 956 36 61 10; Tarifa: Paseo de la Alameda, 11380 Tarifa, ☎ 956 68 09 93.*
Reiseziele in der weiteren Umgebung: SEVILLA (96 km östlich von Huelva), JEREZ DE LA FRONTERA (35 km nordöstlich von Cádiz), Estrecho de GIBRALTAR und COSTA DEL SOL (östlich von Tarifa).

Ausflüge

KÜSTENSTREIFEN VON HUELVA★

Von Ayamonte zum Parque Nacional de Doñana, 135 km – 1 Tag

Ayamonte

Dieses wegen des Durchgangsverkehrs recht belebte Fischerdorf mit malerischen Gassen liegt an der Mündung des Guadiana, der die Grenze zwischen Spanien und Portugal bildet. Der Ort hat steile Gassen. Im Zentrum sind die Iglesia de las Angustias (16. Jh.), das Franziskanerkloster mit elegantem Turm und einer schönen Holzdecke sowie die an der Stelle einer Moschee erbaute Kirche San Salvador (13. Jh.) sehenswert. Fähren setzen Sie ab Muelle de Portugal über den Fluss.

Zwischen Ayamonte und Huelva liegen Badeorte, wie **Isla Canela**, **Isla Cristina**, **La Antilla**, **Punta Umbría**, und reizvolle Naturlandschaften, wie die **Sümpfe des Río Piedras** und die Landzunge von **El Rompido★**, die Lagune El Portil und die mit Wacholder bedeckten Heidegebiete *(enebrales)* bei Punta Umbría. In den Sümpfen wurden Strandkiefern und Eukalyptusbäume gepflanzt, um die Dünen zu befestigen und das Wasser aus dem Boden zu ziehen.

Huelva★

127 806 Einwohner. Die Stadt ist das Verwaltungszentrum der Provinz gleichen Namens; sie besitzt einen großen Hafen, von dem aus die Kupfererze des Hinterlands ausgeführt werden; Ölraffinerien, Konservenfabriken und chemische Industrie.

Tipps und Adressen

Restaurants
• **Unsere Empfehlung**
Casa Juan Luis – *San Francisco 15 – Tarifa* – ☎ *956 68 48 03 – So geschl. - Reserv. empf. - 18 €.* Das kleine Restaurant befindet sich in einem alten Gebäude in der Fußgängerzone der Altstadt. Seine Besonderheit: es hat sich ausschließlich auf Produkte vom Schwein spezialisiert. Die interessante Speisekarte bietet zahllose Gerichte.

Trafalgar – *Plaza de España 31 – Vejer de la Frontera* – ☎ *956 44 76 38 – Mo und Jan. geschl.* – 🍴 *– 24/29 €.* Eine angenehme kulinarische Überraschung. Das kleine und gemütliche Restaurant liegt an der hübschen Plaza de los Pescaítos, und als wolle es dieser Lage alle Ehre machen, serviert es köstliche Gerichte aus frischem Fisch. Am Eingang werden *tapas* angeboten, und im Sommer kann man auf der Terrasse essen.

Casa Bigote – *Bajo Guía – Sanlúcar de Barrameda* – ☎ *956 36 26 96 – So und Nov. geschl.* – 🍴 *– 17/23 €.* Diese alte, im Fischerviertel Bajo Guía gelegene Taverne hat sich zu einer beliebten Institution entwickelt. Das Restaurant wird seit 50 Jahren von derselben Familie geführt, an den Wänden hängen Fotos aus vergangenen Zeiten und mit Fischermotiven sowie alte Gegenstände. Auf der Karte sind besonders die hervorragenden Fische aus der Region sowie die *langostinos* hervorzuheben.

Unterkunft
• **Gut & preiswert**
Aparthotel La Casa Amarilla – *Sancho IV el Bravo 9 – Tarifa* – ☎ *956 68 19 93 – lacasaamarilla@lite.eunet.es – 8 Stud./3 App.: 55 €.* Das Aparthotel ist in einem Altbau in der Stadtmitte von Tarifa neben der Kirche Mayor de San Mateo untergebracht. Jedes Appartement ist anders und geschmackvoll eingerichtet. Die Inhaber betreiben auch das benachbarte Café Central, das nachmittags sehr beliebt ist.

• **Unsere Empfehlung**
Posada de Palacio – *Caballeros 11 (Altstadt) – Sanlúcar de Barrameda* – ☎ *956 36 48 40 – Nov.-Febr. geschl. – 13 Z.: 48/84 € –* 🍽 *6 €.* Dieses familiäre Hotel in einem Herrenhaus aus dem 18. Jh. liegt im oberen Teil von Sanlúcar gegenüber dem Rathaus. Die um einen hübschen Innenhof gruppierten Zimmer sind einfach, aber einwandfrei und sehr geschmackvoll mit antiken Möbeln eingerichtet.

Hotel La Pinta – *Rábida 79 – Palos de la Frontera* – ☎ *959 35 05 11 – hlapinta.3065@cajarural.com –* 🅿 🍴 *– 30 Z.: 37/61 € –* 🍽 *3,50 € - Rest. 10 €.* Im Herzen von Palos de la Frontera liegt dieses kleine, äußerst charmante Hotel mit einwandfreien Zimmern, in dem man liebenswürdig aufgenommen wird.

Convento de San Francisco – *La Plazuela – Vejer de la Frontera* – ☎ *956 45 10 01 – convento-sanfrancisco.tugasa@cadiz.org – 25 Z.: 47/66 € –* 🍴 *– Rest. 21/32 €.* Das ehemalige Klarissinnenkloster aus dem 17. Jh. liegt in der Altstadt von Vejer und bietet schlichte, aber äußerst nett eingerichtete Zimmer mit hohen Decken und Fachwerk. Daneben gibt es ein gutes Restaurant.

Im 15. und 16. Jh. war die Mündung des Río Tinto ein Ausgangs- und Bestimmungshafen der Seefahrer und Konquistadoren, darunter insbesondere Christoph Kolumbus; ihm ist ein großes **Denkmal** gewidmet, das sich in Hafennähe auf der Punta del Sebo erhebt.

Zu den Sehenswürdigkeiten Huelvas gehören zunächst das **Stadtviertel Reina Victoria★**, das ein englisches Flair hat, die **Kathedrale** mit schöner Renaissancefassade und dem Bild der Stadtpatronin, Virgen de la Cinta, einem Werk von Martínez Montañez. Kunstfreunde können sich zudem die Gemälde von Zurbarán in der **Iglesia de la Concepción** und das **Museo Provincial** ansehen. *9-20 Uhr, So 9-15 Uhr. Mo geschl.* ☎ *959 25 93 00.*

Marismas del Odiel★★ – *2 km südöstlich. Ausfahrt aus Huelva über die Avenida Tomás Domínguez. Das Naturschutzgebiet liegt an der Mündung der Flüsse Río Tinto und Río Odiel nicht weit von einer Industriezone entfernt. Hier leben über 200 verschiedene Vogelarten, die man bei einer Fahrt mit dem* **Kanu** *beobachten kann. 10-14 Uhr und 15-21 Uhr (Oficina de Recepción). Sa/So und feiertags geschl. Reservierung nach vorheriger Anfrage unter* ☎ *959 50 05 12.*

La Rábida
1484 gelang es Christoph Kolumbus, Juan Pérez, den Prior des **Klosters Santa María** von La Rábida, von der These zu überzeugen, dass die Erde rund ist und man, in westlicher Richtung segelnd, nach Indien gelangen kann. Juan Pérez verschaffte ihm auch eine Audienz bei den Herrschern Spaniens, die ihm die nötigen Mittel für die Fahrt gaben.

In der **Klosterkirche★** finden sich alte Freskenreste, eine Artesonado-Arbeit und die **Virgen de los Milagros★** (14. Jh.), eine Alabastermadonna, vor der Kolumbus betete. Beim Fahnensaal (Sala de las Banderas), in dem die Fahnen und Erde von allen amerikanischen Staaten bewahrt werden, wird die Navigationskarte **(Mapamundi★)** des Juan de la Cosa gezeigt, auf der zum ersten Mal die Küste Amerikas verzeichnet ist. *2. Okt.-31. März 10-13 Uhr und 16-18.15 Uhr, 1. Apr.-1. Mai 10-13 Uhr, sonst 10-13 Uhr und 16-19 Uhr. Mo geschl.* ☎ *959 35 04 11.*

Costa de la Luz

Am Kai **(Muelle de las Carabelas★)** liegen die in Originalgröße nachgebauten Karavellen des Kolumbus vor Anker, und hier gibt es auch ein kleines Museum zur Entdeckungsfahrt. *Sept.-Apr. 10-19 Uhr, sonst 10-14 Uhr und 17-21 Uhr, Sa/So und feiertags 10 20 Uhr. Mo geschl. 2,60 €. ☎ 959 53 05 97 oder 959 53 03 12.*

Palos de la Frontera★
Malerisches Dorf am linken Ufer des Río Tinto. Hier wurden die Brüder Pinzón geboren, die Kolumbus auf seiner Fahrt begleiteten. Im Ort erinnern Kachelbilder und das **Casa-Museo de Martín Alonso Pinzón** an dieses Abenteuer. *10-13.30 Uhr und 17-19 Uhr. Sa/So und feiertags geschl. ☎ 959 35 01 99.*
Die Kirche **San Jorge** (15. Jh.) besitzt ein interessantes Portal im gotischen Mudéjar-Stil.

Moguer★
Auch vom Hafen dieses von eleganten Gebäuden gebildeten kleinen Ortes gingen viele Fahrten in die Neue Welt aus. Vieles im Dorf erinnert an den hier geborenen Dichter **Juan Ramón Jiménez** (1881-1958, Nobelpreis 1956). In den Straßen finden sich Kachelbilder mit seinen Versen, und in seinem Geburtshaus **(Casa-Museo Zenobia y Juan Ramón★)** ist ein Museum eingerichtet. *10-14 Uhr und 17-20 Uhr, So und feiertags 10-14 Uhr. 1,80 €. ☎ 959 37 21 48.*
Im Renaissancestil ist die schöne **Fassade★** des Rathauses **(Ayuntamiento)** gehalten. Von dort aus kann man in die Fußgängerzone **Calle Andalucía★** gehen, wo sich u. a. das Gebäude des Stadtarchivs und die Iberoamerikanische Bibliothek befinden. Der luftige Turm des Klosters San Francisco (15. Jh.) zieht die Aufmerksamkeit auf sich. Dort gibt es einen manieristischen Kreuzgang; schön ist auch das barocke Retabel in der Klosterkirche. Klar an die Sevillaner Giralda erinnert der **Turm★** der Kirche **Nuestra Señora de la Granada**.
Monasterio de Santa Clara★ – *Führung (50 Min.) 11-13 Uhr und 17-19 Uhr. Mo geschl. 1,80 €. ☎ 959 37 01 07.*
In der Klosterkirche befinden sich mehrere Kunstwerke von Wert, darunter die Marmorgrabmäler der Portocarrero **(Sepulcros de los Portocarrero★)**, die Gräber im **Hochaltar★** und das herrliche, von Mudejaren gefertigte **Chorgestühl★★** im Stil der Nasriden.
Zurück zu der entlang der Küste verlaufenden C 442 fahren.
Hinter den mit Kiefern bepflanzten Dünen erstrecken sich lange Strände mit feinem Sand, die z. B. in **Mazagón** (Parador) von Felsen überragt werden. Der bedeutendste Badeort ist **Matalascañas**.

Parque Nacional de Doñana★★★
Durch seine geographische Lage ist der Park sowohl atlantischen als auch mediterranen Wettereinflüssen ausgesetzt; wegen seiner Nähe zu Afrika machen hier viele Zugvögel halt. Mit seinen zurzeit 50 720 ha geschützten Landes (Park und Vorpark) ist Doñana der größte Nationalpark Spaniens.
In Doñana erwarten den Besucher herrliche Landschaften mit verschiedenartigen Ökosystemen. So ist das **Trockengebiet mit festem Sandboden** *(cotos, im Westen)* mit Heide bedeckt; Korkeichen und Pinien bilden seinen spärlichen Baumbestand. Das mit Seen durchsetzte **Sumpfgebiet** *(marisma)* nimmt die größte Fläche des Parks ein; hier leben vor allem im Winter viele Vögel. Die **Wanderdünen** *(dunas móviles)*, ein wahres Sandmeer, verschieben sich jährlich um durchschnittlich 6 m.
Im Park findet man Luchse, Steinadler, Hirsche, Damwild, Wildschweine und Vogelarten wie Enten, Blesshühner, Reiher und Flamingos.
Besichtigung – Der Park kann auf verschiedenen Strecken besichtigt werden:

> **TIPP**
> Wegen des empfindlichen Ökosystems werden nur wenige Besucher zugelassen. Zur Steuerung des Besucherstroms wurde das Informationszentrum (Centro de Visitantes) El Acebuche ins Leben gerufen.
> *Juni-Sept. 8-21 Uhr, sonst 8-19 Uhr. 1. Jan, 24., 25. und 31. Dez. sowie während der Romería del Rocío geschlossen. Fahrt im Geländewagen durch den Park (4 Std.) nach vorheriger Anmeldung, 17 €;*
> *☎ 959 43 04 32. Bootsfahrt (4 Std.) nach vorheriger Anmeldung, 14 €;*
> *☎ 956 36 38 13 sowie Informationsbüro des Parks, ☎ 959 44 87 11.*

Rundfahrt im Geländewagen: Die Plätze müssen im Voraus reserviert werden. Es wird morgens und nachmittags je eine Fahrt gemacht. Die Strecken sind je nach Jahreszeit verschieden.

Wanderungen: Die Wege beginnen bei den Informationszentren. Sie müssen sich dort über Länge und Schwierigkeit der Wanderungen informieren.

Besichtigung zu Pferd: Es werden Ausritte und Kutschfahrten veranstaltet. Erkundigen Sie sich in den Informationszentren.

Rosa Flamingos

El Rocío

In dem nördlich des Parks gelegenen Ort steht die berühmteste Wallfahrtskirche Spaniens. **Nuestra Señora del Rocío** zieht am Pfingstwochenende etwa eine Million Wallfahrer aus ganz Andalusien an. Diese kommen manchmal im Pferdewagen oder auf prächtig geschirrten Pferden und bilden eine bunte Menge, in der sich die Religiosität mit der Festfreude mischt.

COSTA DE CÁDIZ★

Von Sanlúcar de Barrameda nach Tarifa, 160 km – ca. 1 Tag
Südlich des Guadalquivir wird die Landschaft hügeliger. Im Norden von Cádiz wird Wein angebaut.

Sanlúcar de Barrameda★

Sanlúcar de Barrameda ist ein an der Mündung des Guadalquivir gelegener Fischereihafen und die Heimat des Manzanilla, eines dem Fino ähnelnden Sherrywein *(s. S. 298)*, dem jedoch die Meeresluft ein ganz eigenes Bukett verleiht. In dem auf dem Hügel um die **Burg Santiago** gelegenen alten Stadtviertel befinden sich die Kellereien, die so genannten *bodegas*, der großen, diesen herb-trockenen Wein produzierenden Firmen. Nebenan sind an der Kirche **Nuestra Señora de la O** ein sehr schönes, mit Bändern verziertes **Portal★★** sowie eine **Artesonado-Decke** im Mudéjar-Stil des 16. Jh.s zu sehen. In den Stadtvierteln unterhalb befinden sich der im 19. Jh. im maurischen Stil errichtete **Palacio de Orleans y Borbón**, heute Sitz der Stadtverwaltung, und die so genannten **Covachas★**, fünf Korbbögen mit gotischen Ritzverzierungen.
In der Unterstadt stehen die **Iglesia de la Trinidad** mit wunderschöner **Artesonado-Decke★★** (15. Jh.) und die Kirche **Santo Domingo**, die die imposanten Ausmaße der Renaissancebauten besitzt.
In **Bajo Guía**, bei der Mündung des Guadalquivir, wurde das **Centro de Visitantes Fábrica de Hielo** eröffnet; dort sind Informationen über den Doñana-Naturpark erhältlich, und es werden auch Bootsausflüge in den Park angeboten. *Im Sommer 9-20 Uhr, sonst 9-19 Uhr.* ☎ *956 38 16 35.*

Chipiona

Beliebtes Seebad mit mehreren Stränden, von denen die **Playa de la Regla★** vielleicht am schönsten ist. In der Altstadt erhebt sich die **Iglesia de Nuestra Señora de la O**.

Rota

Die von Mauern umgebene **Altstadt★** wirkt bei der Burg (**Castillo de la Luna**, heute Rathaus) und der Kirche **Nuestra Señora de la O★** noch fast mittelalterlich. Wie in Chipiona gibt es schöne Strände, beispielsweise die **Playa de la Costilla★**. An der Küste bei Rota liegt ein bedeutender Flottenstützpunkt.

El Puerto de Santa María★

Der Hafen des in der Bucht von Cádiz gelegenen Ortes spielte einst eine bedeutende Rolle im Handel mit Amerika. Heute sind die Fischerei, der Export von Sherry (Kellereien Terry, Osborne) und der Tourismus (Strände, Golfplatz) die wichtigsten Einkommensquellen der Stadt.

Costa de la Luz

Eine von Palmen gesäumte Promenade führt am Nordufer des Flusses zur Burg (**Castillo de San Marcos**, 12. Jh.), die den Herzögen von Medinaceli gehörte. Die Kirche **Nuestra Señora de los Milagros** in der Ortsmitte wurde Ende des 15. Jh.s errichtet. Eine Mischung aus Plateresktil und Barock zeigt die Dekoration der **Portada del Sol**★ auf

> **RIBERA DEL MARISCO**
> Wenn man schon einmal in Puerto de Santa María ist, sollte man unbedingt auch zur Ribera del Marisco gehen. Es gibt dort Fisch und Meeresfrüchte in einer kaum zu überbietenden Qualität.

der Plaza de España. Nicht weit davon befindet sich die **Fundación Rafael Alberti** mit einer Ausstellung von Fotos, Briefen und Originaldokumenten dieses Dichters. *15. Juni-15. Sept. 10-14.30 Uhr, sonst 11-14.30 Uhr. Sa/So und feiertags geschl. 1,80 €.* ☏ *956 85 07 11.*

Cádiz★★ *(s. dort)*

Südlich von Cádiz fährt man am Strand **La Barrosa**★★ von Chiclana de la Frontera vorbei und später an den Stränden von **Conil de la Frontera** (**La Fontanilla** und **Los Bateles**).

Vejer de la Frontera★

Das auf einer Bergspitze gelegene Vejer de la Frontera gilt als eines der schönsten Weißen Dörfer Andalusiens *(s. unter PUEBLOS BLANCOS DE ANDALUCÍA).* Man gelangt über die südliche Höhenstraße dorthin. Vom Parkplatz am Nordeingang von Vejer bietet sich ein **Ausblick**★ auf das Valle de Barbate. Im mauerumschlossenen Bereich steht die Pfarrkirche **Divino Salvador**; in ihrem dreischiffigen **Innenraum**★ finden sich Stilelemente von Romanik und Gotik vermischt.

Zwischen Vejer und Tarifa führt die Straße durch Ausläufer der Betischen Kordillere. 10 km von Vejer entfernt erreicht man den Naturpark **La Breña y Marismas de Barbate**★, in dem es spektakuläre Klippen und reizvolle Meeresbuchten gibt, die bekannteste ist die von **Caños de Meca**★★.

Ruinas Romanas de Baelo Claudia★

März-Mai und Okt. 10-18.30 Uhr, Juni-Sept. 10-19.30 Uhr, sonst 10-17.30 Uhr, So und feiertags 10-13.30 Uhr. Mo, 1. und 6. Jan. sowie 24.-26. Dez. geschl. 1,50 €; für EU-Bürger Eintritt frei. ☏ *956 68 85 30.*

Die freigelegten Reste von Baelo Claudia lassen darauf schließen, dass es sich dabei um einen bedeutenden römischen Ort handelte. Er entstand, nachdem im 2. Jh. v. Chr. dort eine Pökelfabrik gegründet worden war, die Tunfisch in Salz einpökelte und das berühmte „Garum" herstellte. Besichtigen können Sie die Ruine der Basilika, das Forum und ein kleines Theater.

Tarifa

Tarifa liegt auf der südlichsten Landspitze Spaniens. Hier treffen ozeanische und mediterrane Luftmassen aufeinander und erzeugen einen stetig wehenden Wind; deshalb ist Tarifa eines der größten Surf-Zentren Europas.

Das **Castillo de Guzmán el Bueno** ist eine alte Maurenfestung, in der sich folgende Begebenheit zugetragen haben soll: 1292 war die Festung in der Hand der Christen, als der Sohn des Kommandanten Guzmán el Bueno in maurische

Der Hafen von Tarifa

Gefangenschaft geriet. Die Mauren benutzten ihn als Geisel und drohten, ihn umzubringen, sollte sich die Stadt nicht ergeben. Als Antwort auf diese Forderung – so wird berichtet – soll Guzmán den Belagerern seinen Dolch zugeworfen haben, sodass sie die Tat begehen konnten. Von der Südmauer aus hat man einen weiten **Blick★★** auf die Straße von Gibraltar und die in nur 13,5 km Entfernung liegende marokkanische Küste. *Im Sommer 10-18 Uhr, sonst 10-17 Uhr. ☎ 956 68 46 89 oder 956 78 09 93.*

An der kleinen Plaza de Santa María stehen das Rathaus und das Städtische Museum (Museo Municipal). Besonders interessant ist unter den Kirchen der Stadt das gotische Gotteshaus **San Mateo Apóstol** aus dem frühen 16. Jh. Es ist eine mit einem Sterngewölbe abgeschlossene Hallenkirche.

Parallel zur Straße nach Cádiz verläuft die schöne **Playa de los Lances★**.

Costa del Azahar

Der blumige Name dieses schönen Landstriches bedeutet „Küste der Orangenblüte". Die von der Sonne verwöhnte Küste, die durch die Sierras vor den Winden aus der Meseta geschützt wird, hat sich zu einem der großen Ferienzentren entwickelt. In vielen Ferienorten sind die Appartementkomplexe in die Breite und Höhe geschossen und geben mit ihrer Skyline inmitten von weitläufigen Sandstränden und Orangenhainen ein ungewöhnliches Bild ab. Neben Sonne und Ferienanlagen haben einige dieser Ortschaften jedoch noch eine interessante Altstadt zu bieten, in denen die Geschichte unauslöschliche Spuren hinterlassen hat. Die Küche der Region zeichnet sich vor allem durch Fisch und Meeresfrüchte sowie die verschiedensten Reisgerichte aus.

Steckbrief
Michelin-Karte Nr. 577 – Comunidad Valenciana (Castellón, València). Die Region erstreckt sich zwischen den Provinzen Castellón und Valencia. In den Orten der Provinz Castellón geht es noch ruhiger und familiärer zu als in den großen Touristenzentren im Süden von Valencia. Entlang der Küste verläuft die Autopista del Mediterráneo A 7, andere wichtige Straßen sind die Nationalstraßen N 340 und N 332. *Castellón de la Plana: Plaza María Agustina 5, 12003 Castellón, ☎ 964 35 86 88; Gandía: Marqués de Campo, 46700 Gandía, ☎ 964 287 77 88; Peñíscola: Paseo Marítimo, 12598 Peñíscola, ☎ 964 48 02 08.*
Reiseziele in der weiteren Umgebung: TORTOSA (nördlich), MORELLA, (nordwestlich von Vinaròs), COSTA BLANCA (südlich).

Tipps und Adressen

Restaurants
● ***Gut & preiswert***
El Coloso – *Plaza Marqués de la Romana – Cullera –* ☎ *961 74 60 76 - Mi geschl. - 17/27 €.* Klassischer Speisesaal mit großen Fenstern, aus denen man einen schönen Blick aufs Meer hat. Man fühlt sich fast auf ein Schiff versetzt. Spezialitäten sind *paella,* Meeresfrüchte und Fleisch vom Grill.

● ***Unsere Empfehlung***
El Peñón – *Santos Mártires 22 – Peñíscola –* ☎ *964 48 07 16 - Weihnachten, Jan. und Febr. geschl. - 19/29 €.* Versteckt in einem Gässchen der Altstadt liegt dieses Restaurant mit besonders familiärem Ambiente und geschmackvoller Einrichtung. Auf einer netten kleinen Terrasse kann man sich Dorade in Salzkruste oder eine leckere *cazuela de mero,* geschmorten Zackenbarsch, schmecken lassen.

Unterkunft
● ***Unsere Empfehlung***
Hotel Simó – *Porteta 5 – Peñíscola –* ☎ *964 48 06 20 – simo@peniscola.net – Mo und März-15. Okt. Geschl. - 10 Z.: 44/56 € –* ☐ *5 € – Rest. 24/33 €.* Das Hotel liegt sehr günstig direkt am Meer unterhalb der Stadtmauer der Altstadt. Der herrliche Blick aus den Zimmern macht das winzige Badezimmer und die Neonlampen wieder wett. Im Erdgeschoss befindet sich ein Restaurant.

Hotel San Luis – *Paseo de Neptuno 5 – Gandía –* ☎ *962 84 08 00 – hsanluis@interbook.net –* 🅿 🛋 ▬ *– 75 Z.: 37/70 €* ☐. In diesem würfelförmigen, rosa gestrichenen Gebäude, das nur 100 m vom Fischerhafen von Gandía am Meeresufer gelegen ist, befindet sich ein komfortables Hotel. Die schlichten Zimmer sind hell, bunt und verfügen über Terrassen, von denen aus man auf die Wellen blicken kann.

Costa del Azahar
Ausflüge

VON VINARÒS NACH CASTELLÓN 72 km
Diese Strecke kann man auf der N 340 oder der gebührenpflichtigen A 7 zurücklegen.
Die Nordküste der Provinz Castellón, die an die Provinz Tarragona grenzt, ist durch ein System von Bergketten und die Schluchten des Maestrazgo vom Landesinneren abgeschirmt. Der Name dieser Bergregion stammt vom Wort *maestre* (Großmeister), mit dem die Ritter des Templerordens und des Ordens von Montesa bezeichnet wurden, die in dieser Region während des Mittelalters herrschten. An der Küste befinden sich einige der bedeutendsten Ferienzentren der Autonomen Gemeinschaft Valencia wie etwa Peñíscola und Benicàssim.

Vinaròs
Der erste größere Ort in der Provinz Castellón wurde bereits im Mittelalter gegründet. Sehenswert sind Bauwerke wie die Kirche **Nuestra Señora de la Asunción** (16. Jh.) sowie eine nette Strandpromenade neben dem Fischerhafen. Seit alters her ist Vinaròs für seine *langostinos* bekannt, Langschwanzkrebse, die in der Gastronomie als echte Spezialität gelten.

Benicarló
Der Ort, einstmals ein reiner Fischereihafen, hat sich aufgrund seiner Nähe zu Peñíscola zu einem bedeutenden Ferienort entwickelt. Zwischen beiden Ortschaften liegt einer der schönsten Strände der Region, der jedoch durch übermäßige Bebauung verschandelt wurde.

Peñíscola★★
Zweifellos ist dies der reizvollste Ort der gesamten Küste. Die von Mauern umgebene Altstadt erhebt sich auf einer kleinen felsigen Halbinsel unterhalb einer trutzigen Festung. Die Ferienkomplexe erstrecken sich entlang ausgedehnter Sandstrände auf beiden Seiten des Peñón. Südlich dieser Halbinsel liegt ein kleiner **Fischerhafen**.

> **PAPA LUNA**
> Nach dem Tod von Clemens VII. im Jahr 1394 kamen die Kardinäle zum Konklave in Avignon zusammen und wählten Pedro de Luna, einen Kardinal aus Aragón, zum Papst (**Benedikt XIII.**). Sein Vorgänger hatte sich nicht gegen die von den italienischen Kardinälen gewählten Päpste Urban VI. und Bonifazius IX. durchsetzen können, und Avignon gelang es nicht, Rom den Sitz des Heiligen Stuhls streitig zu machen. Obwohl der französische König und San Vicente Ferrer ihre Unterstützung zurückzogen und zwei Konzile (Pisa 1409 und Konstanz 1416) ihn der Ketzerei bezichtigten, weigerte sich Pedro de Luna zurückzutreten und so der Kirchenspaltung ein Ende zu bereiten. Als ihm alle Welt feindlich gesonnen war, zog er sich in seine Burg in Peñíscola zurück, wo er über 90-jährig starb, ohne jemals auf sein Amt als Papst verzichtet zu haben.

Altstadt★ – Ihre schmalen gewundenen Gassen *(für den Autoverkehr gesperrt)* mit den bunten Verkaufsständen und Souvenirläden ziehen sich die Halbinsel hinauf, die zu Zeiten Philipps II. befestigt wurde.

Castillo★ – *16. Okt.-Palmsonntag 9.30-13 Uhr und 15.15-18 Uhr, Karwoche 9-14.30 Uhr und 16-21.30 Uhr, 1. Juni-15. Sept. 10-14.30 Uhr und 17-21.30 Uhr, 16. Sept.-15. Okt. 9-20.30 Uhr. 1. Jan., 22. Mai, 9. Sept., 9. Okt. und 25. Dez. geschl. 1,20 €.* ☎ *964 48 00 21.*
Die Burg wurde Anfang des 14. Jh.s von den Templern errichtet und später von Papst Benedikt XIII., volkstümlich „Papa Luna" genannt, zum Schloss umgebaut. Das Wappen Lunas mit einer Mondsichel ziert eines der Stadttore. Um einen Exerzierplatz (Plaza de Armas) gruppieren sich die Kirche und ein großer Saal mit Kreuzrippengewölbe. In einem frei stehenden Turm befinden sich das Kabinett des Konklaves und das Studierzimmer des hochgebildeten Papstes, Gründer einer

Peñíscola am Abend

Universität in Schottland und Verfasser der Statuten der Universität von Salamanca. Von der Terrasse bietet sich ein reizvoller **Blick★** auf den Ort und die Küste.

Heute dient die Burg als Bühne für verschiedene Musikveranstaltungen wie das Festival de Música Antigua y Barroca, das im August stattfindet.

Die Straße verläuft parallel zur Küste durch eine trockene Landschaft mit Flecken karger Vegetation. Auf halber Strecke zwischen Peñíscola und Benicàssim liegt der Ort Alcossebre, in dem viele spanische Familien ihre Ferien verbringen.

Benicàssim

Dieser zweite große Ferienort der Provinz Castellón wird durch den **Desierto de las Palmas** vom Landesinneren getrennt. Die Natur in dieser Gegend hatte in den letzten Jahren unter zahlreichen Bränden zu leiden. Entlang der hübschen Strände erstrecken sich Appartementanlagen und Ferienhäuser, die vor allem spanische Familien anziehen. Ein wenig weiter nördlich liegt der etwas ruhigere Ort Oropesa.

Castellón de la Plana

Benicàssim und der Hafen von Castellón liegen nur wenige Kilometer auseinander. Die im 13. Jh. gegründete Provinzhauptstadt liegt in der Plana, einem immensen Gemüse- und Obstanbaugebiet, das vom Río Mijares bewässert wird. An der Plaza Mayor befindet sich die **Kathedrale Santa María**, die nach dem Bürgerkrieg wieder aufgebaut wurde und von der nur noch drei Portale erhalten sind. Daneben erhebt sich ein gegen Ende des 16. Jh.s errichteter Kirchturm. Das Rathaus mit seiner eleganten Fassade wurde um 1690 erbaut.

Im Convento de las Capuchinas ist eine Reihe von Gemälden ausgestellt, die Zurbarán zugeschrieben werden. Das Museo Provincial de Bellas Artes zeigt prähistorische Gegenstände und eine Gemäldesammlung sowie Keramik aus der Region.

VON CASTELLÓN NACH VALENCIA 69 km

22 km nach Nordwesten auf der CV 10 und der CV 160.

Villafamés

Das Dorf maurischen Ursprungs, in dem sich heute viele Künstler niedergelassen haben, liegt auf einem Hügel, über dem die Ruine einer Burg aus dem Mittelalter thront. Von hier aus bietet sich ein schöner Blick auf das Städtchen mit den typischen steinigen, reizvollen Straßen.

Museo Popular de Arte Contemporáneo – *16. Juni-14. Sept. 10-13.30 Uhr und 16-20 Uhr, sonst 10.30-13 Uhr und 16-18.30 Uhr, Sa/So und feiertags 10.30-13 Uhr und 16-19 Uhr. 1,80€.* ☏ *964 32 91 52.*

Das Museum ist in einem Palast aus dem 15. Jh. untergebracht und bildet den Mittelpunkt einer rührigen Kulturszene. In der gut bestückten Sammlung finden sich u. a. Werke bekannter Künstler wie Miró, Barjola, Serrano, Genovés, Chillida, Grupo Crónica.

Zurück nach Castellón und von hier 25 km auf der N 340 bis La Vall d'Uxo.

Grutas de San José

In La Vall d'Uxo den Hinweisschildern folgen. Führung (45 Min.) Dez.-Febr. 11-13.15 Uhr und 15.30-17 Uhr; März und Nov. 11-13.15 Uhr und 15.30-17.45 Uhr; Apr., 2. Septemberhälfte und Okt. 11-13.15 Uhr und 15.30-18.30 Uhr; Mai-15. Juli 10-13.30 Uhr und 15.30-18.30 Uhr; 15. Juli-15. Sept. 10-13.30 Uhr und 15.30-20 Uhr. Nov.-Febr. Mo sowie 1. Jan. und 25. Dez. geschl. 6 €. ☏ *964 69 05 76.*

Die Höhlen liegen zu Füßen des Parque Natural de La Sierra de Espadán. Sie sind das Werk eines der größten unterirdischen Flüsse Europas, dem man etwa 1 200 m weit mit einem Kahn folgt.

Weiter geht es 20 km auf der CV 230, dann auf die N 234.

Segorbe

Die **Kathedrale** ist hauptsächlich wegen des **Museums** bekannt, das eine bemerkenswerte **Sammlung von Altaraufsätzen★** der Valencianer Schule zeigt. Hier befinden sich mehrere Gemälde von **Juan Vicente Macip** (gest. 1550), der von der italienischen Renaissance beeinflusst war. Von seinem Sohn **Juan de Juanes** kann man eine *Kreuzabnahme* sehen, die wegen der weichen Umrisse auf Leonardo da Vinci verweist. Weiterhin findet man Werke von Rodrigo de Osona, Jacomart sowie eine Madonna von Donatello, die als Flachrelief in Marmor ausgeführt ist (15. Jh.). *10.30-13 Uhr. Mo, 1. und 6. Jan., Karwoche und 25. Dez. geschl. 2,40 €.* ☏ *964 71 10 14.*

Zurück auf die N 234 und in Richtung Küste.

Costa del Azahar
Sagunto

Sagunto mit seiner langen Geschichte liegt am Fuß eines lang gestreckten Hügels, den die Ruinen einer Festung und eines römischen Theaters krönen. Zum 5 km entfernten Hafen gehört ein großes Industriegebiet.

Ruinen – *Im Sommer 10-20 Uhr, sonst 10-18 Uhr, So und feiertags 10-14 Uhr. Mo, 1. Jan., Karfreitag und 25. Dez. geschl.* ☎ 962 66 22 13.

Um zu den Ruinen zu gelangen, geht man durch die engen Gassen der Oberstadt, einst das jüdische Viertel.

Teatro (Römisches Theater) – Es wurde von den Römern an den Berghang gebaut.

Acrópolis (Stadtburg) – Übereinander und nebeneinander liegen die Ruinen und Reste von Befestigungen, Tempeln und Häusern. Es sind Zeugen aus allen vorausgegangenen Kulturen der Iberer, Phönizier, Karthager, Römer, Westgoten und Mauren. Auch der Freiheitskrieg der Spanier, in dem die Franzosen 1811 unter Maréchal Suchet die Stadt belagerten, hat seine Spuren in Form von bedeutenden Wehranlagen auf der Westseite hinterlassen. Von überall bietet sich ein weiter **Rundblick★** auf Sagunto, die *huerta* und das Meer.

> **EINE BELAGERUNG, DIE IN DIE GESCHICHTE EINGING**
>
> Seit 218 v. Chr. hat Sagunto einen ruhmreichen Platz in der Geschichte Spaniens. Damals wurde der mit den Römern verbündete Ort von dem Karthager **Hannibal** belagert. Die Bevölkerung leistete lange verzweifelt Widerstand, denn die römische Hilfe beschränkte sich auf gute Reden. Als sich die Einwohner zur Übergabe gezwungen sahen, entfachten sie ein Feuer aus ihren Möbeln und Kleidern. Frauen, Kinder, Kranke und Alte stürzten sich in die Flammen, während die waffenfähigen Männer in einem letzten Angriff den Tod suchten. Dieses Ereignis leitete den Zweiten Punischen Krieg ein. Fünf Jahre später ließ Scipio Africanus die Stadt wieder aufbauen; sie erlangte unter römischer Herrschaft große Bedeutung.

València★★ *(s. dort)*

VON VALENCIA NACH XÀTIVA 122 km

Ab Valencia auf der Küstenstraße in südliche Richtung.

El Saler

Ausgedehnter Sandstrand, umgeben von Pinienhainen.

Parque Natural de La Albufera

Die größte Süßwasserlagune Spaniens ist durch den Dehesa genannten Küstenstreifen vom Mittelmeer abgetrennt und dient seit dem 13. Jh. als Reisanbau- und Fischfanggebiet. Die hier gefangenen Aale und Wildenten sind eine sehr typische Mahlzeit, die man in den kleinen Restaurants von **El Palmar** *(südlich)* genießen kann, es sei denn, man gibt der berühmten *paella* den Vorzug. *Auskunft über den Naturpark erteilt das Besucherzentrum (Centro de Interpretación)* **Racó de l'Olla**. *Mo, Mi und Fr 9-14 Uhr, Di und Do 9-14 Uhr und 15.30-17.30 Uhr, Sa/So und feiertags 9-14 Uhr und 15-17.30 Uhr.* ☎ 961 62 73 45.

Durch den Schriftsteller **Vicente Blasco Ibáñez** (1867-1928) ging die Albufera in die spanische Literatur ein (*Cañas y barro*).

Weiter auf der CV 500.

> **DIE BORGIA**
>
> Das Geschlecht der Borja, das unter seinem italienischen Namen Borgia bekannter ist, erhielt im Jahre 1485 von König Ferdinand dem Katholischen das Herzogtum Gandía. Herzog Rodrigo, der spätere Papst Alexander VI., hatte eine große politische Begabung, blieb aber vor allem durch sein skandalreiches Privatleben und seine Kinder in Erinnerung. Seine Tochter Lucrezia wurde für ihre Schönheit und Bildung gerühmt; Sohn Cesare galt als geschickter, skrupelloser Politiker, ließ seinen eigenen Bruder ermorden und inspirierte Machiavelli zu seinem Werk *Il Principe*. In Gandía hielt sich die Erinnerung an den vierten Herzog, den **hl. Franz von Borgia** (1510-1572), einen Urenkel Papst Alexanders VI.

Cullera

Der bedeutende Ferienort liegt an der Mündung des Río Júcar zu Füßen des Monte de Oro. Im Norden wird die Bucht durch den Leuchtturm Faro de Cullera abgeschlossen. Im Ort befinden sich die Ruinen einer Festung aus dem 13. Jh.
27 km südlich auf der N 332.

Gandía

Gandía liegt inmitten einer großen *huerta*, in der vor allem Orangen angebaut werden, die durch den Serpis und seinen Nebenfluss Vernisa bewässert werden. Neben dem Hafen befindet sich ein von den Hochhäusern des Touristenzentrums gesäumter **Sandstrand** *(3 km)*.

Palacio Ducal (Ehemaliger Herzogspalast) – *Führung Nov.-Mai 10.30-12.30 Uhr und 17-19 Uhr (stündlich), Juni-Sept. 10-12.30 Uhr und 17.30-19.30 Uhr (halbstündlich). 2,50 €.* ☎ 962 87 14 65.

Das Geburtshaus des hl. Franz von Borgia beherbergt heute Jesuiten. Im 16. und 18. Jh. hat der Palast zahlreiche Veränderungen erfahren; allein der Innenhof, ein typisches Beispiel für die Patios an der Ostküste Spaniens, hat seinen gotischen Aufbau bewahrt.

Ein Teil der prachtvollen Räume (bemalte Decken oder Kassettendecken, Friese aus *azulejos*, Marmorfußböden) kann besichtigt werden. Mehrere Zimmer wurden in Kapellen umgewandelt. Der letzte Saal der Goldenen Galerie besitzt einen schönen Keramikmosaikfußboden (Manises), auf dem die vier Elemente dargestellt sind.

Auf der CV 60 ins Landesinnere und kurz hinter Palomar auf der N 340 rechts abbiegen.

Xàtiva/Játiva

Die „Stadt der tausend Brunnen" liegt in einer typisch mediterranen Hügellandschaft mit Zypressen, Weinbergen und Obstgärten. Zwei von zinnengekrönten Mauern umgebene Anhöhen kündigen die Stadt von weitem an.

Játiva ist die Heimat der beiden Päpste aus dem Geschlecht der Borja bzw. Borgia, Calixtus III. (1455-1458) und Alexander VI.; hier wurde auch der durch seine düsteren Motive bekannte Maler **José Ribera** (1591-1652), „Lo Spagnoletto", geboren.

Plaza de Calixto III – Die aus dem 16. Jh. stammende **Kathedrale** wurde im 18. Jh. umgebaut. Ihr gegenüber erhebt sich die spätgotisch-platereske Fassade des Städtischen Krankenhauses **(Hospital)**.

> **LO SPAGNOLETTO**
> **José Ribera** wurde 1591 in Xàtiva geboren. Er lernte in Valencia die Malerei, vermutlich bei Ribalta, und ging dann nach Italien, wo er Jusepe und wegen seines kleinen Wuchses „Lo Spagnoletto" („Der kleine Spanier") genannt wurde; er starb 1652 in Neapel. Als Günstling des spanischen Vizekönigs von Neapel, dessen Hofmaler er war, wurde Ribera in seiner Wahlheimat und in Spanien schnell berühmt.
> Seine Frühwerke zeichnen sich durch großen Realismus aus und lassen aufgrund ihrer Helldunkeleffekte den Einfluss Caravaggios erkennen. Mit Vorliebe malte er Märtyrer, Mönche und Heilige, zumeist energische, kraftvolle Gestalten. Dabei sind die ausdrucksvollen Gesichter besonders sorgfältig herausgearbeitet. In der Spätzeit malte Ribera in lichteren Farbtönen auch heitere Themen und schuf erstaunlich zarte und feine Werke.

Museo del Almudín – *15. Juni-15. Sept. 10-14.30 Uhr, sonst 10-14 Uhr und 16-18 Uhr, Sa/So und feiertags ganzjährig 10-14 Uhr. Mo, 1. Jan. sowie 24.-26. und 31. Dez. geschl. 2 €; So Eintritt frei. ☎ 962 27 65 97.*
Die Gemäldesammlung ist im Almudín untergebracht, einem ehemaligen Kornspeicher. Im Patio befindet sich ein maurischer Brunnen **(Pila árabe)** aus dem 11. Jh. Er ist eines der interessantesten Zeugnisse der islamischen Bildhauerkunst in Spanien, denn auf dem rosafarbenen Marmor sind menschliche Figuren dargestellt, was in der islamischen Kunst ausgesprochen selten vorkommt.

Ermita de Sant Feliu – *An der Straße zur Burg. Apr.-Sept. 10-13 Uhr und 16-19 Uhr, sonst 10-13 Uhr und 15-18 Uhr; So und feiertags 10-13 Uhr. ☎ 962 27 33 46.*
Diese Kapelle birgt eine **Sammlung** von frühen Werken der Valencianer Schule aus dem 15. Jh. Am Eingang ist ein **Weihwasserbecken★** aus weißem Marmor zu sehen, das aus einem Kapitell ausgehauen wurde.

Castillo – *Im Sommer 10-19 Uhr, sonst 10-18 Uhr. Mo, 1. Jan. und 25. Dez. geschl. 1,80 €. ☎ 962 27 33 46.*
Die Ruine der von Philipp V. geschleiften Burg befindet sich dort, wo die erste Stadt stand. Von diesem für Spaziergänge gut geeigneten Platz hat man weite **Ausblicke** auf die Stadt, das bebaute Umland *(huerta)* und das Meer in der Ferne. Im so genannten Castillo Mayor waren bekannte Persönlichkeiten eingekerkert, darunter der Graf von Urgel, der Ansprüche auf den Thron Aragoniens erhob, jedoch 1412 von seinem Rivalen Ferdinand I. besiegt wurde.

Costa del Sol★

Sehr weit gefasst wird der ganze Mittelmeer-Küstenstreifen Andalusiens mit „Sonnenküste" bezeichnet. Sonne, Strand und Freizeitvergnügungen sind die Zauberworte, die im Sommer Scharen von Feriengästen anlocken. Durch die Gebirgszüge Serranía de Ronda und Sierra Nevada ist die nach Süden orientierte Costa del Sol vor kontinentalen Einflüssen geschützt. Die Touristenorte liegen direkt am Meer, während sich malerische Dörfchen an die Berghänge schmiegen. Aus den Bergen durch Erosion abgetragenes Material ließ die Sand- oder Kiesstrände an der Küste entstehen.

Steckbrief

Michelin-Karten Nr. 124 und 578 – Andalusien (Málaga, Granada, Almería). Aufgrund ihrer Lage herrscht an dieser Küste während des gesamten Jahres ein sehr angenehmes Klima mit milden Wintern und warmen Sommern. **🛈** *Estepona: Avenida San Lorenzo 1, 29680 Estepona, ☎ 952 80 20 02; Marbella: Plaza de la Fontanilla, 29600 Marbella, ☎ 952 77 14 42; Nerja: Puerta del Mar, 29780 Nerja, ☎ 952 52 62 87; Salobreña: Plaza de Goya s/n, 18680 Salobreña, ☎ 958 61 03 14. Reiseziele in der weiteren Umgebung: Estrecho de GIBRALTAR (südwestlich), RONDA (50 km nördlich von San Pedro de Alcántara), ANTEQUERA (55 km nördlich von Málaga), GRANADA (74 km nördlich von Salobreña).*

Costa del Sol
Tipps und Adressen

RESTAURANTS

● **Gut & preiswert**

Vizcaya – *Paseo de las Flores s/n (Playa de San Cristóbal) – Almuñécar –* ☎ *958 63 57 12 - 15. Okt.-15. Febr. geschl. – 15/29 €.* Auch wer lieber am Sandstrand liegt, sollte sich zu diesem kleinen Kiesstrand aufmachen. Hier hat er Gelegenheit, die Paellas sowie Fleisch- und Fischgerichte vom Grill kennen zu lernen, die das Vizcaya serviert. Am Tag schon schön, ist abends Romantik angesagt.

Mesón Lorente – *Carretera 41 – Ojén –* ☎ *952 88 11 74 - Reserv. empf. – 17/25 €.* Viele Einheimische und Touristen, die für einige Stunden dem hektischen Treiben an der Küste entfliehen wollen, suchen Ruhe in diesem Lokal, das sich auf Gerichte nach Hausmacher Art spezialisiert hat. Vom Speisesaal aus blickt man auf die belebteste Straße des Dorfes.

Bar Vori – *Aduar 12 (Altstadt) – Marbella –* ☎ *952 86 13 95 – – 17/24 €.* Hinter der bescheidenen Fassade dieses kleinen Lokals werden hervorragende Fische und Meeresfrüchte zubereitet. Die Terrasse blickt auf eine typisch andalusische Altstadtgasse und ist nur einen Katzensprung von der Plaza de los Naranjos entfernt.

● **Unsere Empfehlung**

El Balcón de la Virgen – *Remedios 2 (Altstadt) – Marbella –* ☎ *952 77 60 92 - Nur abends - Di und 14. Jan.-15. Febr. geschl. – 22 €.* Vor allem von den Urlaubsgästen geschätztes Restaurant mit andalusischen Spezialitäten in einer belebten, von Terrassenrestaurants gesäumten Straße, die zur Plaza de los Naranjos führt. Es ist am Marienbild auf der Fassade zu erkennen.

El Bodegón del Muro – *Santo Domingo 23 – Benalmádena –* ☎ *952 56 85 87 – – Reserv. empf. – 19/33 €.* Besonders bei einheimischen Familien beliebt. Der überwölbte und rustikal-elegant ausgestattete Speisesaal führt auf eine Terrasse mit Meerblick. Hier kann man sich die einheimische Küche schmecken lassen.

El Padrastro – *Paseo del Compás 22 – Mijas –* ☎ *952 48 50 00 – – Reserv. empf. – 19/34 €.* Will man mit Blick auf die ganze Küste, den Ort und die umliegenden Berge speisen, gibt es kein geeigneteres Restaurant. Hier werden Gerichte der Region serviert, und auf der Terrasse wird es bei Kerzenlicht richtig romantisch.

Marisquería La Marea – *Plaza Cantarero s/n – Nerja –* ☎ *952 52 57 78 – – Reserv. empf. – 19/33 €.* Fisch und Meeresfrüchte sind hier ganz besonders zu empfehlen: *vieiras* (Jakobsmuscheln), *navajas* (Scheidenmuscheln) und *almejas* (Miesmuscheln) werden an der Theke präsentiert und erst dann *a la plancha* – auf der Eisenplatte – zubereitet, wenn sie an der Bar oder im mit Fischereigeräten dekorierten Speisesaal serviert werden.

La Carihuela

UNTERKUNFT

● **Gut & preiswert**

Hostal El Pilar – *Plaza de las Flores 10 – Estepona –* ☎ *952 80 00 18 – pilarhos@anit.es – 21 Z.: 37/43 €.* In diesem am Hauptplatz liegenden hübschen andalusischen Haus scheint die Zeit stillzustehen. An den Wänden hängen Familienfotos in Schwarzweiß, und eine beeindruckende Treppe führt in die netten, aber einfachen Zimmer.

Hostal San Miguel – *San Miguel 36 – Nerja –* ☎ *952 52 72 17 – – 13 Z.: 37/43 € (inkl. MwSt.) – 2,50 €.* Neu gegründetes Hotel in Zentrumsnähe. Die Zimmer sind klein und einfach, aber einwandfrei. Um einen Blick aufs Meer zu werfen, muss man in den obersten Stock steigen, wo es eine Terrasse mit Solarium und winzigem Schwimmbad gibt.

● **Unsere Empfehlung**

Casablanca Hotel – *Plaza San Cristóbal 4 – Almuñécar –* ☎ *958 63 55 75 –* **P** *– 35 Z.: 43/61 € – 3 € - Rest. 10 €.* Lassen Sie sich in eine andere Welt versetzen! Die Kuppel und die mit Bögen geschmückte, himbeerfarbene Fassade wurden im Stil marokkanischer Paläste gestaltet. In den Zimmern schaffen Marmor und Kristallkronleuchter ein geschmackvolles orientalisches Ambiente. Es wird empfohlen, im Voraus zu reservieren.

La Hostería de Don José – *Paseo del Chifle s/n – Ojén –* ☎ *952 88 11 47 – hdonjose@jazzviajeros.com – 6 Z.: 49/61 € .* Kleines, charmantes Hotel auf einem Hügel, von dem aus man das Dorf überblickt. Das Haus bietet alles, um den Aufenthalt so angenehm wie möglich zu machen: Komfort, einfache, aber gemütliche Ausstattung, familiäre Atmosphäre und eine unvergessliche Aussicht auf die weißen Häuser vor dem blauen Hintergrund des Meeres.

Nerja Princess Hotel – Los Huertos 46 bis – Nerja – ☎ 952 52 89 86 – hotelnp@terra.es – 🛉 🖃 – 18 Z.: 55/79 € – 🛏 4 €. Nur wenige Minuten vom Balcón de Europa liegt dieses kleine, ganz besondere Hotel versteckt hinter einer unauffälligen Fassade. Der Eingang aus hellem Marmor, die hübsch eingerichteten Zimmer und das schöne Schwimmbad machen einen harmonischen Eindruck. Gutes Preis-Leistungs-Verhältnis.

Hotel La Fonda – Santo Domingo 7 – Benalmádena – ☎ 952 56 83 24 – 🛉 🖃 – 26 Z.: 52/73 € 🛏. Hinter dem üppig mit Pflanzen geschmückten Innenhof und den alten Laternen laden das Schwimmbad, der Meerblick und die komfortablen Zimmer zu einem Aufenthalt in diesem kleinen Juwel ein. Da es etwas außerhalb liegt, sind die Preise recht günstig.

Hotel Mijas – Urbanización Tamisa 2 – Mijas – ☎ 952 48 58 00 – mijasnes@hotasa.es – 🅿 🛉 🖃 – 95 Z.: 84/97 € – 🛏 10 € – Rest. 20 €. Hotel mit viel Komfort und andalusischer Ausstattung. Die blendend weiße Fassade liegt unter den Pinien, die um das Haus herum wachsen. Die Zimmer sind mit viel Holz eingerichtet, was ihnen eine elegante, charakteristische Note verleiht. Sehr gutes Preis-Leistungs-Verhältnis.

- *Fürstlich logieren*

Hotel Marbella Club – Boulevard Príncipe Alfonso von Hohenlohe - 3 km westlich von Marbella auf der Avenida de Ricardo Soriano – ☎ 952 82 22 11 – hotel@marbellaclub.com – 🅿 🛉 🖃 – 84 Z.: ab 354 € – 🛏 21 € – Rest. 52/65 €. Mitten in einem herrlichen, von Palmen beschatteten Garten liegt eines der renommiertesten Hotels der Küste. Häufige Gäste der einzelnen Bungalows sind die Reichen und Berühmten. Der perfekte Ort, um Entspannung und Sport in den hervorragenden Einrichtungen wie Schwimmbad, Strand oder Tennisplatz zu kombinieren.

SHOPPING

Marbella, die Hauptstadt der Küste, ist auch die Nummer eins, was das Einkaufen angeht. In Marbellas altem Stadtteil und in der Nähe der Calle Ricardo Soriano und der Calle Ramón y Cajal sowie in Puerto Banús finden Sie die schönsten und teuersten Boutiquen an der ganzen Costa del Sol. Alle Modemarken aus Italien, Frankreich und den Vereinigten Staaten sind hier vertreten und kleiden einen mondänen, internationalen Kundenkreis. Das größte Einkaufszentrum der Costa del Sol befindet sich in Puerto Banús.

An festen Tagen finden entlang der Küste in den verschiedenen Orten **Märkte** statt, in Marbella z. B. am Samstagmorgen in der Hafengegend neben der Plaza de Toros de Nueva Andalucía.

Ausflüge

DER WESTLICHE KÜSTENSTREIFEN★★

Von Estepona nach Málaga, 139 km – ca. 1 Tag

Auf die Tausende von Touristen, die Sonne, Strand und Unterhaltung suchen, warten hier mehrere große Seebäder, viele luxuriöse Feriensiedlungen, prächtige Hotels und Fremdenverkehrseinrichtungen. Fern von der Betriebsamkeit liegen an den Berghängen alte, ruhige Dörfer und Städtchen.

Estepona★

Bedeutendes Seebad mit schöner Promenade und einem Fischerei- und Jachthafen. Der alte **Stadtkern**★ ist typisch andalusisch. Interessant sind hier die Plaza de las Flores, die Burgruine und die Iglesia de Nuestra Señora (18. Jh.).

Auf der A 377 und der MA 539 24 km ins Landesinnere fahren.

Man erreicht **Casares**★, ein malerisches weißes Dorf maurischen Ursprungs, das sich durch seine schöne **Lage**★ an einem Berg der Sierra Crestenilla auszeichnet und dessen malerisches Gassengewirr zum Umherschlendern einlädt.

Zurück zur Küste und weiter in östlicher Richtung.

San Pedro de Alcántara

In Strandnähe wurde in **Las Bóvedas** eine Bäderanlage aus dem 3. Jh. n. Chr. entdeckt; in Vega del Mar fand man eine frühchristliche Basilika. *Führung (1 1/2 Std.) Do und Sa 12 Uhr. Besichtigt wird auch die Basílica de Vega del Mar.* ☎ 952 78 13 60.

Beschreibung der Strecke Ronda–San Pedro de Alcántara unter s. unter RONDA, Ausflüge.

Puerto Banús★★

Zu einem Nobelbadeort gehört ein Nobeljachthafen. Puerto Banús liegt im Ortsteil Nueva Andalucía und bildet mit seinen Cafés, Restaurants und Modeboutiquen einen harmonischen Komplex weißer Gebäude. Viele Schiffe, die in diesem Hafen zu Hause sind, gehören zu den schönsten der Welt.

Costa del Sol

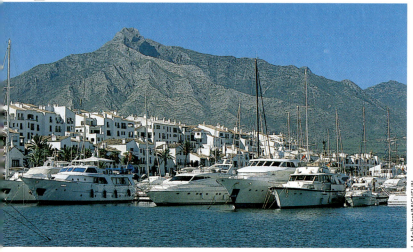

Puerto Banús

In der Nähe der Kais locken elegante Boutiquen, Restaurants, Bars und Antiquitätenläden. In lauen Sommernächten vergnügt sich hier bis in die frühen Morgenstunden ein bunt gemischtes Publikum nach dem Motto „Sehen und gesehen werden".

Marbella★★
Die Hauptstadt der Costa del Sol ist einer der berühmtesten Fremdenverkehrsorte Spaniens und hat das „gewisse Etwas", dem der internationale Jetset nicht widerstehen kann.

Altstadt★ – Im Ortskern konnte ein malerisches Viertel mit engen, verwinkelten Straßen erhalten werden, in denen verschiedenste Boutiquen, Bars und Restaurants in den typischen weiß gekalkten Häusern auf Besucher warten. Besonders reizvoll ist die **Plaza de los Naranjos★**. Hier stehen sehenswerte Gebäude, wie das Rathaus (Ayuntamiento, 16. Jh.), die Casa del Corregidor (17. Jh.) und die Ermita de Nuestro Señor Santiago (15. Jh.). Auch die Kirche Santa María de la Encarnación (17. Jh.) und das **Museo del Grabado Español Contemporáneo★** liegen in der Altstadt und sind eine Besichtigung wert. Das Museum ist in einem ehemaligen Hospital aus dem 16. Jh. untergebracht und ist das einzige in Spanien, das ausschließlich den zeitgenössischen Drucktechniken wie Lithographie oder Holzschnitt gewidmet ist. *Im Sommer 10-14 Uhr und 18-21 Uhr, sonst 10-14 Uhr und 17.30-20.30 Uhr. Mo, So und feiertags geschl. 1,80 €.* ☎ *952 82 50 35.*

Mehrere Strände und Häfen, eine breite Promenade am Meer, luxuriöse Wohnsiedlungen, Boutiquen, Kliniken und Schönheitsfarmen, Golfplätze und die verschiedensten Unterhaltungsmöglichkeiten runden das Angebot Marbellas ab.

Fuengirola
In die Maurenzeit reicht das Castillo auf dem Hausberg von Fuengirola zurück. Die Appartement-Hochhäuser sind viel jüngeren Datums und geben – wie in Torremolinos – Anlass zu Polemik. Im Viertel Santa Fe de los Boliches hat man Reste von einem römischen Landgut und Thermen freigelegt.

In Fuengirola links in die Straße nach Mijas einbiegen.

Mijas★
Dieses reizvolle weiße Dorf an den Hängen der Sierra gleichen Namens bietet wunderschöne **Ausblicke★** auf die Küste. Seine winkligen Straßen, die kleinen Plätze und romantischen Ecken sind durchaus einen Ausflug wert. An einigen Stellen kann man Reste der maurischen Befestigung entdecken. Einen Mudéjar-Turm hat die Iglesia de la Inmaculada Concepción. In vielen Boutiquen wird andalusisches Kunsthandwerk angeboten (Töpferwaren, Korbwaren, Webarbeiten), aber auch die Souvenirläden fehlen nicht. El Carromato de Max ist ein ungewöhnliches Museum für Miniaturen **(Museo de Miniaturas)**. *Im Sommer 10-22 Uhr, sonst 10-19 Uhr. 2,40 €.*

Benalmádena
Auch Benalmádena ist ein Ferienort. Es liegt ein paar Kilometer von der Küste entfernt im Landesinneren. Zu sehen sind hier mehrere Wachttürme aus dem 16. Jh. sowie ein kleines **Museo Arqueológico**. *Im Sommer 10-14 Uhr und 17-20 Uhr, sonst 10-14 Uhr und 16-19 Uhr. Sa/So und feiertags geschl.* ☎ *952 44 85 93.*

Torremolinos

In den 50er-Jahren war Torremolinos noch ein ruhiger Fischereihafen; seit dem Touristenboom der 60er- und 70er-Jahre ist die Stadt vor allem für ihr Nachtleben bekannt. Schöner Sandstrand und belebte Strandpromenade.

Málaga★ *(s. dort)*

DER ÖSTLICHE KÜSTENSTREIFEN★

Von Málaga nach Almería, 204 km – ca. 1 Tag

> **RESTAURANTS TAPAS**
>
> **La Carihuela** – In diesem als Fußgängerzone gestalteten malerischen Viertel am Strand mit seinen Boutiquen, Bars, Restaurants und Hotels kann man herrlich flanieren. Das **Casa Juan**, seit über 30 Jahren auf Fisch und Meeresfrüchte spezialisiert, hält Leckerbissen für Sie bereit. Auch das **El Roqueo** gehört zu den ersten Adressen und wartet mit einer schönen Terrasse an der Strandpromenade auf.

Entlang dieser zum Teil sehr schönen Küste finden sich die Reste der so genannten Maurentürme, die nach der Reconquista zur Überwachung des Meeres und zum Schutz gegen Piratenüberfälle errichtet wurden.

Nerja★

Das bekannteste Seebad des Küstenstreifens östlich von Málaga liegt auf einer Steilküste und besitzt in Gestalt des **Balcón de Europa★** („Balkon Europas") eine Aussichtsterrasse, von der sich Blicke auf die buchtenreiche Costa del Sol bieten; bei klarem Wetter reicht die Sicht bis zur afrikanischen Küste. Zu beiden Seiten des Ortes befinden sich malerische Buchten.

Cueva de Nerja

Cueva de Nerja★★ – *In 4,5 km Entfernung an der Straße nach Motril. Juli-Aug. 10-14 Uhr und 16-20 Uhr, sonst 10-14 Uhr und 16-18.30 Uhr. 4,80 €. ☎ 952 52 95 20.*
Es handelt sich hier um eine Karsthöhle, die durch ihre Ausmaße und die Größe der Steingebilde beeindruckt. Reste von Felsmalereien, Waffen-, Schmuck- und Knochenfunde lassen darauf schließen, dass diese Höhle bereits im Paläolithikum bewohnt war. Der „Kaskadensaal" dient als Rahmen für Musik- und Tanzfestspiele *(2. oder 3. Juliwoche).*

Strecke von Nerja nach La Herradura★

Die Straße verläuft nun an einem Berghang entlang, an dem rost- und violettrote Farbtöne vorherrschen. Die alte Trasse bietet mehrmals überraschende **Ausblicke★★** auf die tiefen Einschnitte der Küste.

Almuñécar

Gut angelegter internationaler Badeort. Eine von Palmen gesäumte Promenade zieht sich am Kiesstrand entlang. Die fruchtbare Ebene *(hoya)* ist wie ein Garten bebaut (Bananenstauden, Mispel-, Granatapfel-, Mangobäume, Avocado- und Papayakulturen). In der **Cueva de los Siete Palacios** ist ein Archäologisches

Costa del Sol

Museum untergebracht. *Im Sommer 10.30-13.30 Uhr und 18-21 Uhr, sonst 10.30-13.30 Uhr und 16-18 Uhr; So und feiertags 10.30-14 Uhr. Mo geschl. 2 €.* ☏ *958 63 11 25.*
Sehenswert ist auch das **Castillo de San Miguel**. *Im Sommer 10.30-13.30 Uhr und 18.30-21.30 Uhr, sonst 10.30-13.30 Uhr und 16-18 Uhr. Mo geschl. 2 €.* ☏ *958 63 11 25.*

Salobreña★
Salobreña ist wohl das schönste Städtchen an dieser Küste. Es ist auf einen Hügel gebaut, den die Häuser gänzlich bedecken; die rotvioletten Bougainvilleen setzen unregelmäßige Farbtupfer. In der Höhe ist eine Festung erhalten, die im 14. Jh. zur **Palastburg** ausgebaut wurde. *Juli-Aug. 10.30-14 Uhr und 16-22 Uhr, Sept. 10.30-14 Uhr und 16.30-21 Uhr, Apr.-Mai 10.30-14 Uhr und 16-20 Uhr, sonst 10.30-14 Uhr und 16-19 Uhr.* ☏ *958 61 27 33 oder 958 61 03 14.*

Motril
Großes Landbauzentrum, in dem Avocados, Zuckerrohr und Annonen produziert werden. Der Ort liegt günstig im Genil-Tal. Über seinen Hafen wird die Produktion der Zuckerfabriken ausgeführt.

Strecke von Calahonda nach Castell de Ferro★
Die Straße folgt der felsigen Küste und bietet Ausblicke auf das Gebirge und das Meer.

Hinter Balanegra verlässt die N 340 die Küste und durchquert bei El Ejido ein wahres Gewächshäuser-Meer, in denen exotische Früchte, Blumen und Gemüse gezogen werden.

Strecke von Aguadulce nach Almería
Aguadulce war der erste Badeort an der Küste Almerías. Von der Höhenstraße aus kann man den ganzen Ort überschauen und sieht auch die Bucht, den gut geschützten Hafen sowie die Festung.

Almería *(s. dort)*

Costa Vasca★★

Die Costa Vasca erstreckt sich in zwei gegenüberliegenden Bögen vom Golf von Biskaya bis hin zum Cabo Machichaco. An dieser stark gegliederten Küste, an der sich Klippen, grüne Hänge und Flussmündungen *(rías)* abwechseln, folgt ein kleiner Hafen auf den anderen.

Steckbrief
Michelin-Karte Nr. 573 – Baskenland (Guipúzcoa, Vizcaya). Die Costa Vasca erstreckt sich von der französischen Grenze bis nach Bilbao. 🛈 *Bermeo: Askatasun Bidea 2, 48370 Bermeo,* ☏ *946 17 91 54; Getaria: Parque Aldamar, 20808 Getaria,* ☏ *943 14 09 57; Hondarribia: Javier Ugarte 6, 20280 Hondarribia,* ☏ *943 64 54 58; Lekeitio: Independentzia Enparantaza s/n, 48289 Lekeitio,* ☏ *946 84 40 17; Zarautz: Nafarroa s/n, 20800 Zarautz;* ☏ *943 83 56 28.*
Reiseziele in der weiteren Umgebung: COSTA DE CANTABRIA (westlich), VITORIA-GASTEIZ (64 km südlich von Bilbao) und PAMPLONA/IRUÑA (79 km südöstlich von San Sebastián).

Ausflug

VON HONDARRIBIA NACH BILBAO *247 km – ca. 2 Tage*
Hondarribia/Fuenterrabía★
In dem quirligen Seebad und bedeutenden Fischereihafen hat sich eine sehenswerte Altstadt sowie in der Nähe des Hafens das belebte Fischerviertel **La Marina** mit typischen Holzbalkonen erhalten, das wegen seiner zahlreichen Terrassencafés sehr beliebt ist.

Alljährlich wird am 8. September ein Fest mit einer typischen Militärparade organisiert. Sie findet zu Ehren Unserer Lieben Frau von Guadalupe statt, die der Legende nach den Ort 1638 von einer über zwei Monate langen Belagerung durch die Franzosen befreit hat.

Altstadt – Auf dem Hügel thront die ehemalige Festung Bidasoa mit ihren gewundenen Sträßchen, von der noch die Mauern aus dem 15. Jh. erhalten sind. Sie führen zur **Puerta de Santa María**, die sich in der Stadtmauer öffnet und die mit dem Stadtwappen und zwei Engeln in Anbetung vor Unserer Lieben Frau von Guadalupe geschmückt ist.

Tipps und Adressen

RESTAURANTS
• **Gut & preiswert**
Txiki Polit – *Plaza de la Musika* – *Zarautz* – ☎ 943 83 53 57 – 8 €. Ganz einfache Taverne mit Papiertischdecken. Den Schwerpunkt auf der umfangreichen Speisekarte mit guten Produkten bilden Fischgerichte, aber auch das Rinderkotelett ist zu empfehlen. Im 1. Stock verfügt das Haus über einwandfreie Zimmer.

• **Unsere Empfehlung**
Iribar – *Nagusia 34* – *Getaria* – ☎ 943 14 04 06 – Mi-abend-Do und jeweils 2 Wochen im Apr. und im Okt. geschl. – 25/31 €. Traditionelles Speiselokal im Zentrum dieses Fischerortes. Die Karte bietet frischen Fisch vom Grill zu gemäßigten Preisen. Der auf zwei Ebenen angelegte Speisesaal ist einfach, aber nett ausgestattet. Daneben werden fünf Zimmer zu günstigen Preisen angeboten.

Asador Almiketxu – *Almike Auzoa 8* – *Bermeo* – *1,5 km südlich von Bermeo* – ☎ 946 88 09 25 - 2 Wochen im Nov. und Mo geschl. – 23/29 €. Das Restaurant liegt außerhalb von Bermeo auf einem Hügel, von dem man eine schöne Aussicht aufs Meer und das Dorf hat. Serviert wird eine große Auswahl an Gerichten nach traditionell baskischen Rezepten.

UNTERKUNFT
• **Gut & preiswert**
Pensión Itsasmin – *Nagusia 32* – *Elantxobe* – ☎ 946 27 61 74 – 18 Z.: 37/49 € – ☑ 4 €. Das kleine Hotel in einer Fußgängerzone im oberen Teil des Dorfes verfügt über sehr hübsche Zimmer, zwei Mansarden und vier Zimmer mit Parkettfußboden und Fachwerk sowie Blick auf den Hafen. Leider gibt es keinen Parkplatz.

• **Unsere Empfehlung**
Emperatriz Zita Hotela – *Avenida Santa Elena* – *Lekeitio* – ☎ 946 84 26 55 – 🅿 ♨ – 42 Z.: 43/67 € – ☑ 7 € – Rest. 15 €. Das Hotel liegt am Meer in einem Adelshaus, in dem von 1922 bis 1931 Zita, die letzte Kaiserin von Österreich-Ungarn, lebte. Die Zimmer sind groß, komfortabel und hübsch eingerichtet. Das Haus verfügt zudem über eine Einrichtung für Thalassotherapie.

Hotel Obispo – *Plaza del Obispo 1* – *Hondarribia* – ☎ 943 64 54 00 – recepcion@hotelobispo.com – ♿ – 17 Z.: 79/97 € – ☑ 8 €. Hotel mit viel Charme in einem Adelspalais aus dem 14. bis 15. Jh. im oberen Teil der Altstadt. In den ganz unterschiedlichen Zimmern hat man die Holzbalken, den Stein einiger Mauern, die Möbel und die Bettwäsche geschmackvoll kombiniert und so eine äußerst gemütliche Atmosphäre geschaffen.

Die **Calle Mayor**, eine schmale, sehr malerische Straße, wird von alten Häusern mit schmiedeeisernen Balkonen und aus Holz geschnitzten Gesimsen gesäumt. In der Kirche **Santa María**, einem eindrucksvollen gotischen Bauwerk, das im 17. Jh. umgebaut wurde (Barockturm), heiratete am 3. Juni 1660 der spanische Minister Luis of Haro stellvertretend für Ludwig XIV. die Infantin María Teresa. Sechs Tage später fand dann die feierliche Trauungszeremonie in St-Jean-de-Luz (französisches Baskenland) statt.

Das **Castillo de Carlos V**, ein Bollwerk der Verteidigung des Königreiches Navarra, beherbergt heute einen Parador. Es wurde im 10. Jh. von König Sancho Abarca von Navarra gegründet und im 16. Jh. auf Veranlassung Karls V. restauriert.

Cabo Higuer★ – *4 km nördlich. Ausfahrt aus Fuenterrabía auf der Straße in Richtung Hafen und Strand; bei der Abzweigung links weiter.* Durch ein mit Einfamilienhäusern locker bebautes Gebiet führt die Straße bergauf zum Kap, wobei sie einen schönen **Ausblick★** auf den Strand, die Stadt und die Mole bietet. Vom äußersten Ende des Kaps aus ist die französische Küste mit Hendaye zu erkennen.

Ermita de San Marcial – *9 km östlich. Ausfahrt aus Fuenterrabía in Richtung Behobia; nach der Fabrik Palmera in die erste Straße rechts einbiegen. An der ersten Kreuzung links abbiegen.* Die schmale Straße führt zur 225 m hohen, bewaldeten Spitze der Anhöhe. Von der Terrasse neben der Einsiedelei bietet sich ein schöner weiter **Blick★★** auf San Sebastián und den Strand von Hendaye in der Ferne. Näher beim Betrachter liegen Fuenterrabía, **Irún** und die Fasaneninsel **(Isla de los Faisanes)** im Grenzfluss Bidasoa; letztere war Schauplatz verschiedener historischer Treffen (Unterzeichnung des Pyrenäenfriedens 1659, in dem u. a. die Vermählung der Infantin María Teresa mit Ludwig XIV. festgelegt wurde).

Straße zum Jaizkibel★★ – Die **Fahrt★★** *auf dieser Straße (GI 3440) ist bei Sonnenuntergang besonders schön.* Nach 5 km bietet sich von der Kapelle Nuestra Señora de Guadalupe aus eine schöne **Aussicht★** auf die Mündungsbucht des Bidasoa und die Küste des französischen Baskenlands. Die Straße führt bergauf durch Kiefernwald und Stechginsterbestand. Beim Hostal del Jaizkibel, kurz vor dem 584 m hohen Gipfel, befindet sich ein Aussichtspunkt, der einen herrlichen **Blick★★** *(Orientierungstafel)* auf die Umgebung eröffnet. Bei der Abfahrt nach Pasai Donibane hat man schöne **Ausblicke★** auf die zerklüftete Küste, das Kantabrische Gebirge und die Berggipfel Ulía, Urgull und Igueldo, die San Sebastián überragen.

Costa Vasca

Pasaia/Pasajes – *17 km, auf der Straße zum Jaizkibel zu erreichen.* Die Stadt liegt an einer ausgesprochen gut geschützten Bucht, die nur durch einen schmalen Wasserstreifen mit dem Meer verbunden ist. Sie besteht aus den Stadtteilen **Pasai Antxo** (Handelshafen), **Pasai Donibane★** und **Pasai San Pedro**. Die beiden letztgenannten sind Fischereihäfen und erbringen wertmäßig die höchsten Fangergebnisse der Baskenküste. Man betreibt hier traditionsgemäß Hochseefischerei (Kabeljaufang). Um nach **Pasai Donibane★** zu gelangen, parkt man den Wagen am Ortseingang oder nimmt von San Pedro aus ein Motorboot. Beim Einlaufen des Bootes in den Hafen bietet sich ein malerischer Blick auf die hohen Hausfassaden mit ihren bunt gestrichenen Holzbalkonen. Die einzige Straße des Ortes schlängelt sich zwischen den Häusern und unter Torbögen hindurch und endet bei kleinen Landungsstegen. Der Weg zum Leuchtturm führt an der Bucht entlang bis zum offenen Meer *(3/4 Std.)*.

Donostia-San Sebastián★★ *(s. dort)*
Auf der N I und 7 km vor San Sebastián auf die N 634 nach Bilbao.

Zarautz
Dieses Seebad ist berühmt, seitdem Isabella II. im 19. Jh. regelmäßig hier die Sommermonate verbrachte. Der hübsch gelegene Ort ist von Hügeln umgeben und schließt mit einem **ausgedehnten Strand** zum Meer hin ab. Im alten Stadtviertel sind zwei interessante **historische Gebäude** zu sehen: in der Calle Mayor der Torre Luzea mit eleganten Zwillingsfenstern und einem Eckbalkon mit Pechnasen und der den Strand überragende, an den Ecktürmchen erkennbare Palast des Marquis von Narros (16. Jh.). Daneben ragt der schlichte Kirchturm von Santa María auf.

Hinter Zarautz verläuft die malerische **Höhenstraße★★** bis Zumaia am Meer entlang. Bei hohem Seegang spülen die Wellen über die Fahrbahn, weswegen es zu Verkehrsstörungen kommen kann. Der Felsen von Getaria, der wegen seiner Form El Ratón („Die Maus") genannt wird, kommt bald in Sicht.

Getaria
Der kleine, für seine *chipirones* (lokale Bezeichnung der Tintenfische) bekannte Fischereihafen ist durch einen Damm mit dem Ratón-Felsen verbunden. Heute geht niemand mehr von hier aus auf Walfang oder schifft sich nach Indien ein, wie einst der aus Getaria stammende **Juan Sebastián Elcano**. Elcano kehrte von den Philippinen, auf denen Magellan gestorben war, mit dem einzigen verbleibenden Schiff jener Expedition in seine Heimatstadt zurück und beendete so 1522 die erste Erdumsegelung. Eine enge Straße führt zur **Iglesia de San Salvador** (13.-15. Jh.), deren Chor an einen Bogen grenzt, durch den eine Gasse verläuft (Krypta). Im Inneren eine schöne Galerie im Flamboyantstil.

Zumaia
Dieser an der Mündung des Urola am Fuß bewaldeter Hügel gelegene Badeort ist wegen seiner beiden Strände (malerische Playa de Itzurun und Playa de Santiago) beliebt. In der Nähe der Playa de Santiago lebte der Maler **Ignacio Zuloaga** (1870-1945), in dessen Haus ein Museum **(Casa-Museo de Ignacio Zuloaga)** eingerichtet wurde. Die Gemälde zeichnen sich durch glühende Farben und einen kräftigen Pinselstrich aus und stellen zumeist realistische, volkstümliche Szenen dar. Auch die Privatsammlung Zuloagas mit Gemälden von El Greco, Goya, Zurbarán und Morales ist hier ausgestellt. *1. Apr.-15. Sept. 16-20 Uhr, sonst nach vorheriger Anfrage. Mo und Di geschl. 3,10 €.* ☏ *943 86 23 41.*
In der Kirche **San Pedro** (15. Jh.) ist ein von Juan de Anchieta im 16. Jh. geschaffenes Altarblatt von besonderem Interesse.
Hinter Zumaia links auf die GI 631 abbiegen.

Santuario de San Ignacio de Loyola
10-13 Uhr und 15-19 Uhr. ☏ *943 81 65 08.*
Ende des 17. Jh.s wurde um das Stammschloss der Loyola bei Azpeitia nach Plänen des römischen Architekten Carlo Fontana ein Jesuitenkolleg gebaut, das sich zu einer bedeutenden Wallfahrtsstätte **(Santuario)** entwickelt hat. Der Namenstag des Ordensgründers (31. Juli) wird mit großer Feierlichkeit begangen.

Der „Soldat Gottes"

Ignatius von Loyola wurde 1491 in Loyola geboren. Er war der Spross einer alten, aber dem niederen Adel angehörenden Familie. Als Offizier nahm er an der Belagerung von Pamplona teil und wurde schwer verletzt. Seine Verwundung zwang ihn acht Monate lang aufs Krankenlager, wo er seine Zeit mit der Lektüre frommer Werke verbrachte. 1522 verließ er Loyola als bekehrter „Soldat Gottes" und brach zu einer Wallfahrt nach Arantzazu, dann nach Montserrat auf, bevor er sich in eine Höhle bei Manresa in Katalonien zurückzog, um seine *Exerzitien* zu schreiben. 1528 ging er nach Paris und befreundete sich im St.-Barbara-Kolleg mit dem Savoyer Favre und zwei Landsleuten, Laínez und Franz Xaver *(s. S. 428)*. Gemeinsam widmeten sie sich ihren religiösen Studien und schworen sich, Missionare zu werden. 1537 – Ignatius war 46 Jahre alt – wurden sie zu Priestern geweiht. In Rom wurde Ignatius vom Papst empfangen, der die Regeln der *Societas Jesu* 1540 anerkannte.
Ignatius von Loyola starb 1556 und wurde, wie auch Franz Xaver, Filippo Neri, Theresia von Ávila und der Landmann Isidor, im Jahre 1622 heilig gesprochen.

Santa Casa – Im 1. Kellergeschoss finden sich noch einige Schießscharten im Turm aus dem 15. Jh. Die meisten Zimmer wurden zu Kapellen umgestaltet und mit reichem Dekor geschmückt. Man besichtigt das Zimmer, in dem Ignatius geboren wurde, und das Krankenzimmer, in dem sich sein Leben so grundlegend veränderte.
Basílica – Mit ihrem kreisförmigen Grundriss und der mächtigen Kuppel hat die Kirche mehr italienische als spanische Wesenszüge. Die 65 m hohe Kuppel stammt von dem Spanier Churriguera.

Nun geht es wieder zurück zur Küste.

Die Strecke bis Deba gehört zu den landschaftlich schönsten der Baskenküste.

Icíar
Die einer Festung ähnelnde Wallfahrtskirche enthält ein platereskes Retabel aus dunklem Holz, das den Rahmen für eine lächelnde, mit einem prunkvollen Gewand bekleidete romanische Madonnenstatue aus dem 12. Jh. bildet.

Deba
Dieser auch als Badeort bekannte Fischereihafen mit schönem Strand liegt an der Deba-Mündung. An der Kirche **Santa María la Real** entdeckt man unter der Vorhalle ein herrliches gotisches Portal, dessen Statuen sehr natürlich wirken; kompliziert erscheint hingegen das Maßwerk des Kreuzgangs, den man vom Kircheninneren aus erblickt.

Auf dem Weg von Deba nach Lekeitio über die **Höhenstraße★** eröffnet sich von dem die Deba-Mündung abschließenden Felsvorsprung aus ein phantastischer **Ausblick★** auf die Küste. Die Strecke führt weiter durch **Mutriku** mit der **Playa de Saturrarán**, einem der schönsten Strände des Baskenlands.

Ondarroa
Die Stadt erstreckt sich zwischen einem Hügel und einer Windung des Artibay auf einer Landzunge, auf der die monumentale Kirche durch ihre Lage an eine Galionsfigur erinnert. Die vom Artibay umschlossenen hohen Baskenhäuser mit der zum Trocknen aufgehängten Wäsche bieten einen sehr malerischen **Anblick★**. In Ondarroa gibt es Fischverarbeitungs- und Konservenfabriken.

Die Straße zwischen Ondarroa und Lekeitio ist äußerst reizvoll. Hinter einer felsigen Landzunge bietet sich ein hübscher **Ausblick★** auf Lekeitio, den größten Strand des Ortes und die Insel San Nicolás, die man bei Ebbe zu Fuß erreichen kann.

Lekeitio
Am Fuß des Monte Calvario dient eine durch die Insel San Nicolás zweigeteilte, tief ins Land einschneidende Bucht der Stadt als Fischereihafen. Lekeitio ist aber auch ein Badeort mit schönen Sandstränden. Die auf den Hafen schauende **Kirche** aus dem 15. Jh. mit ihrem Strebewerk und dem hohen barocken Turm ist nicht zu übersehen.

Ea
Miniaturhafen zwischen zwei Hügeln in einer Bucht.

Elantxobe★
Hübsches, ruhiges Dorf abseits der Hauptverbindungsstraßen. An dieser einer Bucht ähnelnden Stelle wurde ein Hafen angelegt; die Häuser mussten an die steilen Felswände des 300 m hohen Cabo Ogoño gebaut werden.

Hinter der aus rötlichem Sand bestehenden **Playa de Laga**, die sich bis zum Cabo Ogoño erstreckt, hat man einen schönen Blick auf die Küste, die *ría* **von Gernika★**, die Insel Ízaro, den Ort Sukarrieta, der als weißer Fleck erscheint, sowie die Insel Chacharramendi.

Die an der *ría* gelegene **Playa de Laida** wird gerne von den Einwohnern Gernikas besucht.

In Cortézubi nach links abbiegen.

Cuevas de Santimamiñe
Führung (1 Std.) 10, 11.15, 12.30, 16.30 und 18 Uhr. Sa/So und feiertags geschl.
☎ 944 20 77 27.
1917 wurden in dieser Höhle Felsmalereien aus dem Magdalénien (15 000-10 000 v. Chr.) entdeckt und interessante Ausgrabungen gemacht. Aus Gründen der Erhaltung der Felsmalereien kann die Höhle nicht immer besichtigt werden.

Unweit der Höhle fährt man auf einer schmalen Straße weiter zum Bosque de Oma (3 km).

Bosque de Oma
Agustín Ibarrola wollte mit diesem Wald aus wunderlichen geometrischen Figuren, den teilweise von den Stämmen verborgenen menschlichen Silhouetten und riesigen farbigen Leinwänden die Verbindung von Kunst und Natur darstellen.

Zurück zur Straße nach Gernika.

Gernika
Picassos berühmtes Gemälde *Guernica* erinnert an die Tragödie, die sich in dieser kleinen Stadt während des Bürgerkriegs abgespielt hat: Am 26. April 1937, einem Markttag, wurde der Ort plötzlich von einem Geschwader der deutschen Legion Condor bombardiert, wobei über 2 000 Menschen ums Leben kamen.

Costa Vasca

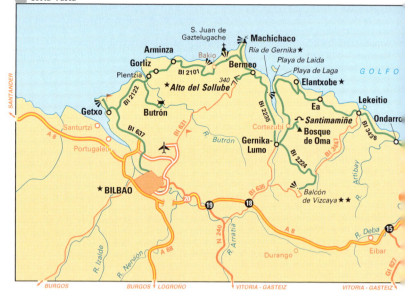

Im Mittelalter gehörte die Eiche Gernikas zu den vier Orten, an denen neue Landesherren der Provinz Vizcaya die Wahrung der baskischen Sonderrechte *(fueros)* beschwören mussten. Auch Isabella die Katholische leistete hier 1483 diesen Eid. Heute sind die Überreste des tausendjährigen Baumes durch ein Tempelchen geschützt; dieses befindet sich hinter der Casa de Juntas.

Nach 18 km in südlicher Richtung *(über die BI 2224 und die BI 3231)* erreicht man den **Balcón de Vizcaya**★★, einen interessanten Aussichtspunkt, von dem aus man die bergige Landschaft, ein Mosaik aus Wiesen und Wäldern, überschaut.

Nach Gernika zurückfahren.

An der Mündung der *ría* bieten zwei vor Mundaka angelegte Aussichtspunkte einen letzten Blick auf die Flussmündung. Bei einer Fahrt bergab genießt man dann einen schönen **Ausblick**★ auf Bermeo.

Bermeo

Dieser bedeutende Hafen ist auf Küstenfischfang spezialisiert. Die Häuser des Fischerviertels stehen eng nebeneinander oberhalb des alten Hafens (Puerto Menor) auf der bergigen Atalaya-Landzunge. Einige Mauerreste sowie der Torre de los Ercilla mit strenger Granitfassade (heute Fischereimuseum) zeugen vom weit

Bermeo

zurückliegenden Ursprung des Ortes. Die Könige und Landesherren kamen einst nach Bermeo, um in Santa Eufemia die Vorrechte der Provinz Vizcaya zu beschwören.

Nach links in die Straße nach Mungia einbiegen (BI 631).

Alto del Sollube★
Die Zufahrtsstraße zu diesem Pass (340 m) bietet sehr schöne Ausblicke auf die in Form eines Amphitheaters errichtete Hafenstadt Bermeo.

Zurück nach Bermeo; der Küstenstraße nach links folgen und nach 3 km rechts abbiegen.

Faro de Machichaco
Entfernt man sich vom Leuchtturm etwas nach links, bietet sich nach Westen ein schöner Blick auf die stark zerklüftete Küste.

Die Straße wird zu einer Höhenstraße. Von einem **Aussichtspunkt★** aus überblickt man die Halbinsel **San Juan de Gaztelugache** mit ihren von den Wellen ausgewaschenen Bögen. Ein Weg führt bis zu einer Einsiedelei, die alljährlich am Johannistag Ziel einer Wallfahrt *(romería)* ist.

Die von Bakio nach Arminza führende **Höhenstraße★** bietet einen sehr weiten **Ausblick★** auf die Umgebung. Ein Belvedere eröffnet eine interessante **Aussicht★** auf die Küste, auf Bakio, das Tal mit seinen Feldern und auf das waldige Hinterland.

Arminza
Arminza ist der einzige und noch dazu relativ bescheidene Hafen in diesem wilden, wenig einladenden Abschnitt der Steilküste.

Gorliz
Reizvoller Strand an der Mündung des Butrón. Das in 2 km Entfernung liegende **Plentzia** war einst ein Fischerei- und Handelshafen. Heute hat man sich auf Austernzucht und den Fremdenverkehr umgestellt. Bei der Ausfahrt aus Plentzia schöner Blick auf den Ort in der Flussschleife des Butrón.

Castillo de Butrón
10.30-17.30 Uhr, Sa/So und feiertags 11-18 Uhr, Apr.-Sept. 10.30-20 Uhr (auch Sa/So und feiertags). Im Winter Mo/Di, 1. Jan. sowie 24., 25. und 31. Dez. geschl. 4,30 € (5,50 € mit Besichtigung des herrschaftlichen Trakts). ☎ 946 15 11 10.
Der Bau stammt zwar großenteils aus dem 14. und 15. Jh., ist aber auch ein gutes Beispiel für die Architektur des 19. Jh.s und deren Nachahmung historischer Stile. Die Räume wurden möbliert und veranschaulichen das Leben im Mittelalter.

Getxo
Eine **Uferpromenade** verläuft oberhalb der Küste. Die zu dem berühmten Golfplatz des Ortes führende Straße bietet einen Ausblick auf die *ría* von Bilbao und die gegenüberliegenden Städte Santurtzi und Portugalete.

Bilbo/Bilbao★ *(s. dort)*

Costa Verde ★★★

Die „Grüne Küste" Asturiens ist eine der schönsten Spaniens; grün aufgrund der Farbe des Meeres, der mit Eukalyptus und Strandkiefern bepflanzten Küstenstriche und des buschreichen Hinterlands, das als Weidegebiet dient. Vorrangige Einnahmequelle der malerisch in die Landschaft eingebetteten Dörfer ist der Fischfang. Im Hintergrund erheben sich das Kantabrische Küstengebirge und die nahe gelegenen Picos de Europa.

Steckbrief
Michelin-Karte Nr. 572 – Asturien. Der schmale Küstensaum Asturiens erstreckt sich zwischen Meer und Bergen, die den Reisenden stets auf seiner Fahrt begleiten.
🚇 *Gijón: Marqués de San Esteban, 1, 33206 Gijón,* ☎ *985 34 60 46; Llanes: Alfonso IX (ed. La Torre), 33500 Llanes;* ☎ *985 40 01 64; Luarca: Olavarrieta (Capilla Palacio del Marqués de Ferrera), 33700 Luarca,* ☎ *985 64 00 83.*
Reiseziele in der weiteren Umgebung: COSTA DE CANTABRIA (östlich), PICOS DE EUROPA (südlich von Ribadesella), OVIEDO (30 km südwestlich von Gijón) und RÍAS ALTAS (westlich).

Tipps und Adressen

Restaurants
• **Gut & preiswert**
El Álamo – *Rapalcuarto – 10 km östlich von Figueras auf der N 634 –* ☎ *985 62 86 49 – Di-abend und 1.-20. Febr. geschl.* – 🍴 – *9/27 €.* Dieses an der Straße liegende Restaurant besitzt keinen großen Charme, fällt jedoch aufgrund seiner guten traditionellen Küche nach Hausmacher Art und seiner Speisekarte auf: Mittags werden zu günstigen Preisen reichhaltige und wirklich empfehlenswerte Gerichte serviert.

• **Unsere Empfehlung**
El Jornu – *Cuetu Molin – Pancar – 1,5 km südwestlich von Llanes –* ☎ *985 40 16 15 – Do-abend, Mo (außer Juli-Aug.) und Nov. geschl. – 20/27 €.* Im lauten und geschäftigen Speisesaal dieses Familienrestaurants kann man sich einfache, hausgemachte Gerichte, vorrangig Fisch und Meeresfrüchte, schmecken lassen, die aus hochwertigen Produkten zubereitet werden.

Casa Tista – *Toriello 47 – Toriello – 5 km östlich von Ribadesella auf der AS 263 –* ☎ *985 86 09 54 –* 🍴 *– 24/29 €.* Restaurant mit familiärem Ambiente, das auf eine lange Tradition in der Gegend zurückblickt und wegen seiner hervorragenden Fische und Meeresfrüchte einen guten Ruf genießt. Obwohl die Preise in den vergangenen Jahren erhöht wurden, ist es wegen seiner Qualität nach wie vor eine gute Wahl.

Unterkunft
• **Gut & preiswert**
Hotel Carlos I – *Plaza Carlos I 1-4 – Villaviciosa –* ☎ *985 89 01 21 – 16 Z. (nur DZ): 48 € –* 🍽 *3 €.* In einem Herrenhaus aus dem 18. Jh. im Dorfzentrum ist dieses gemütliche Familienhotel untergebracht. Die geschmackvoll ausgestatteten Zimmer sind groß und sehr gepflegt. Das Haus ist aufgrund seines hervorragenden Preis-Leistungs-Verhältnisses eine gute Adresse.

Hotel Rural Casa Manoli – *Carretera de Paredes – Almuña – 2 km südöstlich von Luarca auf der Carretera de Paredes und dann nach links abbiegen –* ☎ *985 47 00 40 – 13 Z.: 23/46 €.* Unweit von Luarca mitten auf dem Land liegt dieses kleine, familiäre Hotel mit seiner kleinen Gartenanlage. Ein noch größerer Pluspunkt ist der äußerst günstige Preis der Zimmer, die zwar schlicht, aber komfortabel sind.

Hotel Rural Camangu – *Camangu s/n – Camangu – 4,5 km östlich von Camangu auf der A 2634 –* ☎ *985 86 15 27 – hcamangu@alehop.com – 10 Z.: 39/47 € –* 🍽 *3,50 €.* Die gepflegte Ausstattung dieses gemütlichen Familienhotels, seine Lage in einem kleinen Weiler bei Ribadesella sowie das gute Preis-Leistungs-Verhältnis machen es zu einem hervorragenden Ausgangspunkt für interessante Ausflüge.

• **Unsere Empfehlung**
Hotel Palacete Peñalba – *El Cotarelo s/n – Figueras –* ☎ *985 63 61 25 –* 🅿 *– 12 Z.: 61/71 € –* 🍽 *5 €.* Dieses ungewöhnliche Hotel ist in einem hübschen modernistischen Adelshaus untergebracht, das zum architektonischen Kunstwerk erklärt wurde. Die Zimmer mit hohen Decken sind mit Stilmöbeln einfach eingerichtet. Leider mangelt es dem Garten etwas an Pflege.

La Posada de Babel – *La Pereda – 4 km südlich von Llanes –* ☎ *985 40 25 25 – posadadebabel@hotmar.com – 7. Jan.-15. Febr. geschl. –* 🅿 *– 11 Z.: 65/82 € –* 🍽 *6 € – Rest. 23 €.* Dieses kleine Hotel befindet sich in einem rationell gestalteten Gebäude einer hübschen *finca* und ist die ideale Adresse für diejenigen, die Ruhe suchen und moderne Architektur mögen. Die Landschaft, auf die man durch die großen Fenster blickt, ist bei einem Aufenthalt in diesem Hotel stets präsent.

Ausflüge

Die Costa Verde, die von Unquera *(im Osten)* bis Castropol *(im Westen)* verläuft, ist äußerst felsenreich. Sie verläuft fast geradlinig und wird nur durch das Cabo de Peñas unterbrochen. Sie besteht aus kurzen Klippen, deren zahlreiche Einschnitte genug Platz für kleine, sandige Buchten lassen. Auch wenn alle engen, tiefen Flussmündungen als *rías* bezeichnet werden, sind sie doch nicht mit denen des nahen Galicien zu vergleichen. Ab Cudillero erscheint der Küstenstreifen zerrissener und abrupter. Das Küstenplateau endet am Meer in einer Reihe äußerst steiler Klippen und kleiner Strände an den Mündungen der Flüsse.

VON LLANES NACH GIJÓN ⒈ *145 km westlich*

Llanes

Llanes ist ein kleiner Fischereihafen (Spezialität: Langusten) und ruhiger Badeort. Vom Paseo de San Pedro oberhalb des einst befestigten Ortes aus überblickt man Alt-Llanes mit den Ruinen der alten Stadtmauer und dem Schloss sowie der mächtigen Silhouette der Kirche Santa María. Im August sollte man das Fest zum St.-Rochus-Tag nicht versäumen: Der Tanz *Pericote* und vor allem der Kindertanz *Prima* sind dabei ein malerisches Schauspiel, das durch die Trachten noch sehenswerter wird.

Zwischen Llanes und Ribadesella folgen zwischen Felsvorsprüngen die Sandstrände **Celorio**, **Barro**, **Cuevas del Mar** aufeinander.

Ribadesella

Stadt und Hafen liegen auf dem rechten Ufer der Sella-Mündung, während sich auf der anderen Seite ein Badeort entlang des Strandes entwickelt hat.

Cuevas de Tito Bustillo★ – *Führung (45 Min.) 1. Apr.-15. Sept. 10-16.15 Uhr. Mo-Di geschl. 2,10 €; Mi Eintritt frei.* ☏ *985 86 11 20.*

> **Tipp**
>
> Am ersten Augustsamstag findet alljährlich ein internationales Kajakrennen **(Descenso Internacional del Sella)** statt. Start ist in Arriondas, Ziel in Ribadesella. Parallel zum Fluss kann man die Strecke mit dem Zug abfahren.

Diese Höhle ist für ihre Felsmalereien bekannt, die im Paläolithikum zwischen dem Solutréen und dem Magdalénien (ca. 20 000 v. Chr.) entstanden sind. Bereits vor dem glattesten Teil der Wand, einer Art niedriger Decke **(Pared de las Pinturas★)**, sind einige Figuren zu sehen (ein Pferd, zwei Hirsche, ein Rentier, ein weiterer Hirsch und ein weiteres Pferd). Es folgen in Höhlungen bis zu 2 m lange Tiersilhouetten in Rot oder Ocker mit schwarzen Konturen.

La Isla

Das nette kleine Dorf liegt unweit der N 632 auf einem Felsen. Neben den Häusern sind noch zahlreiche typische *hórreos* (Kornspeicher) erhalten. Am Rand einer großen Bucht findet man eine Reihe felsenumgebener Strände; ein Felsen bildet eine Insel, die dem Ort seinen Namen gegeben hat.

Mirador del Fito★★ – *12 km ab La Isla auf der AS 260.* Von diesem Aussichtspunkt bietet sich ein weiter **Blick** auf die Picos de Europa und die Küste.

Lastres

Das für seine Muscheln bekannte typische Fischerdorf Lastres liegt zwischen Strand und Hafen an einer Steilküste.

Priesca

Die Kirche San Salvador (921) wurde vollständig renoviert. Im Chor finden sich ähnliche Kapitelle wie in Valdediós *(s. unten)*.

Villaviciosa

Von Höflingen begleitet landete hier im September 1517 im Alter von 17 Jahren der aus Flandern kommende zukünftige Kaiser **Karl V.**, um von seinem Königreich Besitz zu ergreifen. Ein Navigationsfehler hatte sein Schiff von dem eigentlichen Bestimmungshafen Santander entfernt.

Sehenswert in dieser Stadt mit engen Gassen und wappenverzierten Häusern ist vor allem die Kirche **Santa María**. Sie besitzt eine gotische Fensterrose und ein von Säulenstatuen eingerahmtes romanisches Portal.

Bei einem Ausflug in das Hinterland von Villaviciosa sollte man sich die Kirchen von Amandi und Valdediós ansehen:

Amandi – *3 km südlich von Villaviciosa.* Die Kirche **San Juan** steht auf einer Anhöhe und ist durch ihren Glockengiebel weithin sichtbar. Sie wurde im 18. Jh. umgebaut, am Portal und an der Apsis ist jedoch die schöne **Verzierung★** aus dem 13. Jh. erhalten.

Das **Chorhaupt★** zeigt den gleichen kunstvollen Fries wie die Fassade. Die Steinmetzarbeit der Kapitelle ist sehr gut und einfallsreich.

Valdediós★ – *7 km südlich von Villaviciosa.* In einem Tal befinden sich eine reizende kleine asturische Kirche und ein Kloster.

Costa Verde

Die 893 geweihte Kirche **San Salvador**, von der Bevölkerung auch El Conventín genannt, ist ein Beispiel für die Endphase der alt-asturischen Baukunst. Das sehr hohe Mittelschiff wird von schmalen Seitenschiffen gestützt. Interessant sind die asturischen Kordelornamente an den Säulenkapitellen des Triumphbogens. Der seitliche Portikus diente wahrscheinlich als Wandelhalle. Die mit Flechtband-dekoration verzierten Kapitelle, die Fensterarkaden und die kunstvollen *claustrae* lassen mozarabischen Einfluss erkennen. *Nov.-Apr. 11-13 Uhr, sonst 11-13 Uhr und 16.30-18 Uhr. Mo geschl.* ☎ *985 97 69 55.*

Das Kloster (**Monasterio**) besteht aus einer Zisterzienserkirche aus dem 13. Jh. und einem Kreuzgang aus dem 15., 17. und 18. Jh. *Führung (40 Min.) Apr.-Sept. 11-13.30 Uhr und 16.30-19 Uhr, Okt.-März 11.30-13.30 Uhr; Sa/So und feiertags 11.30-13.30 Uhr und 16-18 Uhr. Mo, 1. Jan., Ostern und 25. Dez. geschl. 1,20 €.* ☎ *985 89 23 24.*

Tazones
12 km nördlich von Villaviciosa. Dieser am Rand einer kleinen Bucht liegende Fischereihafen hat viel Charme. Die zahlreichen Restaurants laden ein, Fisch und Meeresfrüchte der Gegend zu genießen.

Gijón
Gijón ist eine große, belebte, moderne Stadt mit über 250 000 Einwohnern. Sie wurde ursprünglich auf der schmalen Santa-Catalina-Halbinsel zwischen zwei kleinen Buchten errichtet. In der westlichen Bucht befindet sich heute der Hafen, in der östlichen Bucht die ausgedehnte Playa San Lorenzo. In der Nähe des Hafens liegt die harmonische **Plaza del Marqués** mit der eleganten Fassade des **Palacio de Revillagigedo** (18. Jh.). Den Santa-Catalina-Hügel bedecken die Häuser des Fischerviertels Cimadevilla.

Aus der römischen Vergangenheit der Stadt sind bedeutende Zeugnisse erhalten. In der Altstadt liegen die sehenswerten **Termas Romanas del Campo Valdés**. Dank eines ausgeklügelten Systems aus Wegen und Informationspunkten kann man die Fundstätte durchstreifen und virtuell rekonstruieren. *März-Juni und Sept. 10-13 Uhr und 17-20 Uhr, Juli-Aug. 10-13 Uhr und 17-21 Uhr, sonst 10-13 Uhr und 17-19 Uhr. So und feiertags 11-14 Uhr. 2,10 € (3 € inkl. Parque Arqueológico de la Campa de Torres).* ☎ *985 34 51 47.*

Auch der **Torre del Reloj**, der Uhrturm, ist sehenswert. Hier sind nicht nur verschiedene Gegenstände aus der Vorgeschichte und der Geschichte der Stadt ausgestellt, sondern von ihm hat man auch eine schöne Rundumsicht über den Ort. *März-Juni und Sept. 10-13 Uhr und 17-20 Uhr, Juli-Aug. 10-13 Uhr und 17-21 Uhr, sonst 10-13 Uhr und 17-19 Uhr, So und feiertags 11-14 Uhr.* ☎ *985 18 11 11 (Durchwahl -13 29).*

Gijón ist die Heimat von **Gaspar Melchor de Jovellanos** (1744-1811), einem der größten spanischen Denker des 18. Jh.s. Er galt als talentierter Dichter, war aber auch ein liberaler Wirtschaftswissenschaftler und Politiker.

VON GIJÓN NACH CASTROPOL ② *179 km westlich, ohne die Ausflüge ins Landesinnere*

Luanco
Eine Uferpromenade verläuft am kleinen Sandstrand entlang. Der Hafen liegt in der Bucht im Schutz der Punta de la Vaca.

Cabo de Peñas★
Eine durch Heideland verlaufende Straße führt zum nördlichsten Punkt Asturiens. Auf den durch einen großen Felsen verlängerten Klippen steht ein Leuchtturm. Von hier aus bietet sich ein schöner **Ausblick** auf den gesamten Küstenstreifen.

Salinas

Der immer mehr an Bedeutung gewinnende Badeort liegt abseits der Hauptverkehrsstraße und wird im Osten von einem ausgedehnten Kiefernwald gesäumt. Auf der gegenüberliegenden Seite der Bucht bietet sich von der felsigen, über einen Steg zugänglichen Insel La Peñona ein **Überblick★** über den Strand, der zu den längsten der Costa Verde gehört.

Ermita del Espíritu Santo

Die Fahrt bergauf bietet zwischen den Eukalyptusbäumen Aussicht auf die Ría de Pravia (die Mündung des Nalón) und den weiten Strand von San Juan de la Arena, an den die Wellen branden. Bei der Einsiedelei eröffnet sich ein weiter **Blick★** nach Westen über die Felsküste.

Cudillero★

Das Dorf ist von steilen Hügeln umgeben. Seine weißen Häuser mit braunen Ziegeldächern ziehen sich an den Hängen entlang bis zum Fischereihafen, der versteckt zwischen zwei felsigen Landzungen liegt. Von der Spitze der Mole aus bietet sich ein malerischer **Blick★** auf die terrassenartig am Hang gelegenen hohen Hausfassaden, die bauchigen Boote mit ihrem Mastenwald und die zum Trocknen ausgespannten Netze.

Concha de Artedo

Herrlicher Strand.

Cabo Vidio★★

In der Nähe des Leuchtturms hat man sehr weite **Ausblicke★★** auf diese karge Küstenlandschaft, die rechts vom Cabo de Peñas und links vom Cabo Busto begrenzt wird.

Ausflug ins Landesinnere am Río Narcea entlang

91 km bis Cangas de Narcea auf der N 634 und der AS 216. Beim Cabo Busto abbiegen.
Diese Strecke ins Landesinnere verläuft besonders schön am Río Narcea entlang.

Tineo – Die Hanglage in 673 m Höhe macht den Reiz des Dorfes aus. Gleich einer Aussichtsterrasse bietet es einen herrlichen, weiten **Blick★★** über die Berge des Südostens.

Corias – *10-12.30 Uhr und 16-19.30 Uhr.* ☏ *985 81 01 50.*
Das weitläufige Kloster **(Monasterio)** mit klassizistischer Fassade wurde im 11. Jh. gegründet und war acht Jahrhunderte lang von Benediktinern bewohnt. Nach einem Brand wurde es im 19. Jh. wieder aufgebaut. In der **Kirche** sehenswerte churriguereske Altäre.

Cangas de Narcea – Der am Eingang des oberen Narcea-Tals gelegene Ort ist bei Forellenanglern, Jägern und Wanderern sehr beliebt.

Zurück auf die Küstenstraße N 632.

Luarca★

Luarca hat eine bemerkenswerte **Lage★** an der Mündung des windungsreichen Río Negro, der von sieben Brücken überspannt wird. Hier finden sich ein gut geschützter Fischereihafen sowie drei Strände. Die Stadt macht mit ihren schiefergedeckten, weiß getünchten Häusern einen einladenden Eindruck. Am Ende des die Mündung abschließenden Felsvorsprungs hat die Befestigung von einst einem

Costa Verde

Leuchtturm, einer Kirche und einem Friedhof Platz gemacht. Eine schmale Straße führt bis zum Gipfel der Klippe. Dort links in die Straße zum Leuchtturm einbiegen, dann rechts um die Kapelle fahren und wieder bergab. Dabei bietet sich ein interessanter **Ausblick★** auf Luarca und den Hafen. Am 15. August sind hier alle Schiffe beflaggt.

Navia
Moderner Marktflecken mit Fischereihafen am rechten Ufer der *ría*. Eine Straße führt auf dem gleichen Ufer weiter bis zu einem den Seefahrern und Entdeckern Amerikas gewidmeten Aussichtspunkt **(Mirador)**. Hübscher Ausblick auf die *ría*.

Ausflug ins Landesinnere durch das Valle del Navia
82 km auf der AS 12. Der Navia verläuft zwischen Navia und Grandas de Salime durch ein enges, wildes Tal am Fuß hoher Gipfel.

Coaña
Auf einem Hügel sind Reste eines keltischen Dorfes *(castro celta)* erhalten; man erkennt das Straßensystem sowie die kreisförmigen Fundamente der Häuser.
Ein Aussichtspunkt bietet ein eindrucksvolles **Panorama★★** mit Blick auf die Talsperre **Embalse del Arbón**, die stromaufwärts hinter einer großen Schleife des Flusses liegt.
Kurz hinter Vivedro weiter **Blick★★** bis hin zur Mündung des Navia.
Aus schwindelerregender Höhe erlebt man das grandiose Schauspiel des **Zusammenflusses★★** von Navia und Frío. Nach der Brücke über den Frío führt die Straße bald wieder zum Navia zurück, dem sie bis nach Miñagón folgt. Unweit der Straße sind *hórreos* (Speicher) zu sehen, die in dieser Gegend eine rechteckige Form haben und denen des nahen Galiciens ähneln.
Bei Boal beginnt die Fahrt bergab, zum Navia hinunter. Nach 3 km kommt die hohe Talsperre **Embalse de Doiras** in Sicht.
Gegenüber von San Esteban liegt hoch am anderen Flussufer der kleine Ort **Sarzol**. Auf den steilen Hängen ist selbst das kleinste Stückchen Erde bebaut.
Grandas de Salime – In diesem großen Bauerndorf befindet sich im ehemaligen Pfarrhaus das **Museo Etnográfico**. Hier wird gezeigt, wie das Leben früher in Asturien aussah (rekonstruierte Wohnräume, Hausgerät, Werkzeug der verschiedenen Handwerksberufe). Eines der Ziele dieses Museums ist die Erhaltung bestimmter handwerklicher Methoden (Vorführungen) sowie der traditionellen Arbeitsweisen in der Landwirtschaft. *Sept.-Juni 11.30-14 Uhr und 16-18.30 Uhr, So und feiertags 11.30-14.30 Uhr; Juli-Aug. 11.30-14 Uhr und 16-19 Uhr, So und feiertags 11.30-14 Uhr und 16-19 Uhr. Mo geschl. 1,50 €; Di Eintritt frei.* ☎ *985 62 72 43.*
In 4 km Entfernung liegt die Talsperre **Embalse de Salime**. Von Aussichtspunkten kann man die Dammkrone und das Kraftwerk überblicken.
Zurück nach Navia und weiter auf der N 634.

Figueras
Von diesem Hafen an der Ría de Ribadeo aus hat man einen sehr schönen Ausblick auf den Ort Castropol, der an ein sich in einem See spiegelndes österreichisches Dorf erinnert.

Castropol
Der letzte Hafen Asturiens liegt Ribadeo, dem östlichsten Hafen Galiciens, gegenüber auf einem Felsvorsprung in der Mitte der *ría*, die die Grenze zwischen den Gemeinschaften Asturien und Galicien bildet. Es ist ein ruhiger Ort mit einer von weißen Häusern gesäumten Plaza Mayor. Blick auf Ribadeo *(s. unter RÍAS ALTAS, Auf Entdeckungstour).*

Covarrubias★

In diesem historischen kastilischen Dorf, das im 10. Jh. gegründet wurde, ist noch ein Teil der Stadtbefestigung erhalten mit dem Turm der Doña Urraca, der die Form einer gekappten Pyramide hat. Durch einen auf einem Bogen über die Straße gebauten Renaissancepalast gelangt man in ein malerisches Viertel mit renovierten, von Steinsäulen getragenen Fachwerkhäusern. In Covarrubias befindet sich das Grab des Fernán González (10. Jh.), der eine führende Rolle bei der Einigung der christlichen Königreiche Spaniens spielte.

Steckbrief
629 Einwohner. Michelin-Karte Nr. 575 – Kastilien und León (Burgos). Das kleine Dorf liegt an beiden Ufern des Río Arlanza an der C 110, etwa 40 km südöstlich von Burgos. ❶ *Monseñor Vargas s/n, 09346 Covarrubias,* ☎ *947 40 64 61.*
Reiseziele in der weiteren Umgebung: BURGOS, PALENCIA (94 km westlich) und SORIA (117 km südöstlich).

Besichtigung

Colegiata (Stiftskirche)★
Führung (30 Min.) 10.30-14 Uhr und 16-19 Uhr. Di geschl. 1,50 €. ☎ 947 40 63 11.
Das schöne gotische Gebäude besitzt drei Schiffe und einen Kreuzgang mit kunstvollen Gewölben. Die Stiftskirche enthält über 20 Grabmäler aus dem Mittelalter, darunter das Grabmal des Fernán González und das der norwegischen Prinzessin Christina, die 1258 mit dem Infanten Philipp von Kastilien vermählt wurde.
Die Orgel der Kirche ist für ihre ausgezeichnete Qualität bekannt.

Museo-Tesoro (Kirchenschatz) – Unter den Gemälden anonymer Meister der Gotik befindet sich ein interessantes **Triptychon★** der flämischen Schule aus dem 15. Jh., in dessen Mittelteil die Anbetung der Könige plastisch dargestellt ist; die Schnitzerei wird Gil de Siloé zugeschrieben. Bemerkenswert sind auch die Werke von Pedro Berruguete und Van Eyck. Ein herrlich gearbeitetes Prozessionskreuz zeugt von der Kunstfertigkeit der Goldschmiede von Covarrubias im 16. Jh.

Umgebung

Monasterio de Santo Domingo de Silos★★
18 km südöstlich. 10-13 Uhr und 16.30-18 Uhr; Mo, So und feiertags 16.30-18 Uhr. Gründonnerstag-Ostermontag geschl.
2,40 €; Mo Eintritt frei. ☎ 947 39 00 49.

Das Kloster **(Monasterio)** ist nach seinem heilig gesprochenen Mönch Domingo benannt, der im 11. Jh. die Gebäude einer westgotischen Abtei (6.-8. Jh.) wieder aufbaute. 1835 wurde das Kloster von den Mönchen verlassen, nahm aber 1880 wieder französische Benediktiner auf. Diese pflanzten damals die majestätische Zypresse im Kreuzgang und den riesigen Mammutbaum vor dem Portal. Das Kloster ist für besonders reinen Gregorianischen Gesang bekannt.

> **UNTERKUNFT**
> **Casa Rural Tres Coronas de Silos** – *Plaza Mayor 6 - Santo Domingo de Silos –* ☎ *947 39 00 47 – 16 Z.: 47/71 € – ⚏ 6 € – Rest. 13 €.* In einem renovierten Herrenhaus aus dem 18. Jh. ist dieses nette Hotel an der Plaza Mayor untergebracht. Es ist im kastilischen Stil eingerichtet, besonders hübsch sind die freigelegten Natursteinmauern und die Holzbalken, die zu einer gemütlichen und anheimelnden Atmosphäre beitragen.

Kreuzgang★★★ – Er zählt zu den schönsten Spaniens. Die für einen romanischen Kreuzgang große Anlage umfasst zwei Etagen, die völlig einheitlich gestaltet sind. Die Flügel im Erdgeschoss bestehen aus etwa 60 Rundbögen, die von Doppelsäulen getragen werden, wobei in der Mitte jeder Galerie eine Gruppe aus fünf Säulen steht. Die acht Reliefs der Eckpfeiler gehören zu den Meisterwerken der romanischen Bildhauerkunst. Mehrere Künstler waren daran beteiligt. Dem ersten und begabtesten (2. Hälfte 11. Jh.) verdanken wir die Ost-, die Nord- und einen Teil der Westgalerie, wie auch die Reliefs des südöstlichen, nordöstlichen und nordwestlichen Pfeiler. Typisch für ihn ist die flächige Art der Ausführung, die Geschlossenheit der Haltung und die mehr symbolhafte Darstellung. Die Arbeiten des zweiten Künstlers (Anfang 12. Jh.) zeigen mehr Volumen und individualisierte Personen. Die Reliefs des Südwestpfeilers (12. Jh.) stammen von einem dritten Künstler und tragen einen ganz anderen Stempel.

Die **Kapitelle** sind größtenteils mit einem phantastischen Bestiarium und pflanzlichen Darstellungen geschmückt, die vom Mudéjar-Stil beeinflusst sind. *Die interessantesten Kapitelle sind nachfolgend beschrieben.*

Südostpfeiler: Links erkennt man Christi Himmelfahrt und rechts das Pfingstwunder. Im Aufbau erinnern die Darstellungen an ein Elfenbein-Diptychon.

Ostflügel: Flechtwerk **(1)**, Pflanzenornamente **(2)**, von Hunden verteidigte Harpyien **(3)**.

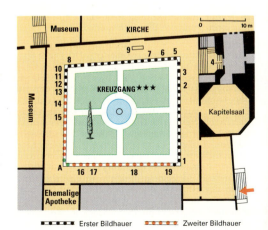

Fries der Kirche von Quintanilla de las Viñas (Detail)

Nordostpfeiler: Er zeigt die Kreuzabnahme und *(im oberen Teil)* Mond und Erde, deren Gesichter sich verschleiern. Auf der anderen Seite sind in nur einer Szene Grablegung und Auferstehung gemeinsam dargestellt. Gegenüber dem Pfeiler kann man die Tür (Puerta de las Virgenes) **(4)** der romanischen Klosterkirche bewundern; ihr gestelzter Bogen ist von Säulen mit interessanten Kapitellen umrahmt.

Nordflügel: Pflanzenornamente **(5)**, die Ältesten der Apokalypse **(6)**, Adler greifen Harpyien an **(7)**, Vogelpaare **(8)**. In diesem Flügel liegt das Grab des hl. Domingo von Silos (13. Jh.). Drei romanische Löwen tragen die Liegefigur des Heiligen **(9)**.

Nordwestpfeiler: Er gibt die Zweifel wieder, die manche Jünger bezüglich der Auferstehung Jesu hegten: Die Jünger von Emmaus und der hl. Thomas haben eine Erscheinung.

Westflügel: steinernes Flechtwerk **(10)**, sich gegenüberstehende Vögel mit ineinander verschlungenen Hälsen **(11)**, wunderbar geformte Flamingos **(12)**, Flechtwerk aus Pflanzen, in dem Vögel und Löwen gefangen sind **(13)**. Die folgenden Kapitelle stammen vom zweiten Künstler: Geburt Jesu **(14)**, Szenen aus der Passionsgeschichte **(15)**. Dieser Flügel hat eine gut erhaltene Artesonado-Decke aus dem 14. Jh.

Südwestpfeiler (A): Dieses Werk des dritten Künstlers ist der Jungfrau Maria gewidmet. Es zeigt eine sehr schöne Verkündigung, auf der Maria von zwei Engeln gekrönt wird, und rechts die Wurzel Jesse.

Südflügel: Flechtwerk, in dem Vögel und Hirsche gefangen sind **(16** und **17)**, Hasen schlagende Adler **(18)**, Köpfe zähnefletschender Ungeheuer **(19)**.

Museum – Einige sehr alte, kostbare Gegenstände befinden sich hier: der Domingo-Kelch (Cáliz de Santo Domingo) mit Filigranarbeit, ein Elfenbeinschrein mit Emailarbeit, ein Manuskript des mozarabischen Ritus des Gottesdienstes (10.-11. Jh.) und das Portaltympanon von der ersten Kirche (12. Jh.).

Antigua farmacia (Ehemalige Apotheke) – Hier sind Gefäße aus Talavera-Keramik zusammengetragen, die mit dem Wappen des Klosters gekennzeichnet sind.

Iglesia (Kirche) – Die heutige Kirche (1756-1816) vereint die schwingenden Linien des Barock mit der schlichten Größe des Herrera-Stils.

Garganta de la Yecla (Yecla-Schlucht)

21 km südöstlich von Covarrubias und 3 km südwestlich von Santo Domingo de Silos –
🚶 *20 Min.* Auf einem Steg folgt man dem Verlauf der tiefen und engen Schlucht mit ihren grauen Kalksteinwänden.

Lerma

23 km in westlicher Richtung auf der C 110. Die Stadt Lerma verdankt ihre Pracht dem **Herzog von Lerma**, einem ehrgeizigen Günstling Philipps III., der die Geschicke des Landes von 1598 bis 1618 bestimmte (1618 wurde er vom eigenen Sohn, dem Herzog von Uceda, verdrängt). Nachdem der Herzog beträchtliche Reichtümer angesammelt hatte, verbrachte er seine Zeit damit, die Stadt Lerma zu verschönern. Durch ihn wurde Lerma zu einem der wenigen Beispiele spanischen Städtebaus der Barockzeit. Im oberen Teil der Stadt befindet sich das vom Herzog im 17. Jh. erbaute Viertel mit engen, steil ansteigenden und unregelmäßig gepflasterten Straßen, die von zum Teil sehr alten Häusern mit Holz- oder Steinlauben gesäumt sind. Auf der weiträumigen **Plaza Mayor**★ erhebt sich die strenge Fassade des Herzogspalasts. In der Stiftskirche (**Colegiata**) kann man eine von Juan de Arfe im 17. Jh. geschaffene vergoldete, kniende Bronzefigur des Erzbischofs Cristóbal de Rojas, Neffe des Herzogs, betrachten. *Führung (30 Min.) 10-14 Uhr und 17-20 Uhr, Sa 10-14 Uhr und 17-20 Uhr, So und feiertags 11-14 Uhr und 16-19 Uhr. Im Winter Mo ganztägig und Do-nachmittag, 1. Jan., 1. Mai sowie 25. und 31. Dez. geschl. 1,20 €.* ☎ *947 17 01 43 (Oficina de Turismo).*

Quintanilla de las Viñas★

24 km nördlich. Über die C 110 und die N 234 in Richtung Burgos, dann rechts in eine schmale ausgeschilderte Straße einbiegen. Am Ausgang von Covarrubias folgt die Straße dem Arlanza-Tal durch schöne bewaldete Schluchten. Auf der rechten Seite erscheinen etwas tiefer die Ruinen des alten Klosters **San Pedro de Arlanza** (schöne romanische Apsiden) im Blickfeld.

Kirche★ – *9.30-14 Uhr und 16-19 Uhr, Okt.-März 9.30-17.30 Uhr. Mo und Di, letztes Wochenende im Monat sowie während der Ferien geschl.* ☎ *947 28 15 70.*
Aufgrund ihres Alters ist die Kirche, die von den meisten Archäologen für ein westgotisches Gebäude aus dem 7. Jh. gehalten wird, von großem archäologischen Interesse. Es blieben nur die Apsis und das Querschiff erhalten, die aus großen, regelmäßigen Hausteinen ausgeführt sind. Die Außenmauern sind mit einem Fries (Trauben, Blätter, Vögel) sowie mit Medaillons und stark stilisierten Motiven verziert. Die gleichen Bilder findet man im Inneren auf den Keilsteinen des Triumphbogens wieder. Die beiden Kämpfer sind mit allegorischen Figuren von Sonne und Mond geschmückt.

Cuenca★★

Cuenca genießt eine herrliche Lage★★ auf einem Felsplateau, isoliert durch die Schluchten der Flüsse Júcar und Huécar. Hier scheint die Stadt sowohl der Schwerkraft als auch der Zeit zu trotzen. Die Altstadt ist hervorragend erhalten, weshalb Cuenca zum Weltkulturerbe der Menschheit erklärt wurde.

Steckbrief
46 047 Einwohner. Michelin-Karte Nr. 576 – Kastilien-La Mancha (Cuenca). Den Hinweisschildern zur Altstadt folgen. Die Plaza Mayor überqueren und den Wagen am besten auf dem kostenlosen Parkplatz in der Oberstadt abstellen. Cuenca liegt in der westlichen Zone der Montes Universales, die den Ostrand der Meseta bilden. Das Relief dieses Kalksteinmassivs ist durch die Erosion stark zerklüftet und weist stellenweise recht originell geformte Felsen auf. Madrid ist 164 km entfernt, Albacete 145 km. ❿ *Plaza Mayor 1, 16001 Cuenca,* ☎ *969 23 21 19; Plaza de la Hispanidad 2, 16002 Cuenca,* ☎ *902 10 01 31.*
Reiseziele in der weiteren Umgebung: TERUEL (151 km nordöstlich).

Tipps und Adressen

Restaurants
• **Gut & preiswert**
Mesón Mangana – *Plaza Mayor 3* – ☎ *969 22 94 51 – 7/17 €.* Der ideale Zwischenstopp bei einer Besichtigungstour durch die Altstadt. Der gemütliche Speisesaal im oberen Stock ist mit dunklem Holz vertäfelt. Serviert werden Gerichte nach Hausmacher Art, lokale Spezialitäten sowie gute Wurstwaren und der traditionelle gereifte *Manchego*-Käse.

• **Unsere Empfehlung**
Mesón Casas Colgadas – *Canónigos 3* – ☎ *969 22 35 09 – Mo-abend geschl.* – ▤ *– 27/31 €.* Eine Institution in Cuenca. Schon allein der Lage wegen lohnt es sich, hier einzukehren. Das Lokal befindet sich in einem der berühmten hängenden Häuser, sodass man eine herrliche Aussicht auf die Schlucht Hoz del Huécar hat. Traditionelle Küche, teils leicht modern angehaucht.

Unterkunft
• **Gut & preiswert**
Posada Huécar – *Paseo del Huécar 3* – ☎ *969 21 42 01 – huecar@servinet.net –* *12 Z.: 24/42 €* ⚏*.* Hinter einer schlichten lachsfarbenen Fassade verbirgt sich ein nettes Hotel in der Altstadt neben dem Río Huécar. Die Zimmer sind einfach, aber einwandfrei und verfügen über TV. Daneben gibt es einen schönen Garten.

• **Unsere Empfehlung**
Posada de San José – *Julián Romero 4* – ☎ *969 21 13 00 – psanjose@arrakis.es* – *29 Z.: 42/62 €* – ⚏ *4,50 €.* Das Hotel zeichnet sich durch besonderen Charme aus und ist in einer ehemaligen Lehranstalt aus dem 17. Jh. untergebracht. Die Zimmer sind unterschiedlich ausgestattet mit Alkoven, Terrasse und Himmelbett. Das Haus bietet schlichte Eleganz in absolut ruhiger Atmosphäre.

Feste
Die Prozessionen der Karwoche, der **Semana Santa**, sind in den steilen Gassen Cuencas besonders eindrucksvoll. Begleitet von dumpfem Trommelwirbel ziehen die Gläubigen in der Morgendämmerung des Karfreitags zum Kalvarienberg hinauf.

CUENCA

- Alfonso VIII 2
- Alonso de Ojeda 5
- Andrés de Cabrera 8
- Angustias (Bajada a las) ... 12
- Angustias (Pl. de las) 15
- Carmen (Pl. del) 20
- Colegio San José 25
- Fray Luis de León 30
- Júcar (Ronda del) 40
- Julián Romero (Ronda) 43
- Mayor (Pl.) 44
- Obispo Valero 45
- Pósito 55
- Puerta de Valencia 58
- San Nicólas (Pl.) 65
- San Pablo (Puente de) 68
- Trabuco 71

Convento de las Carmelitas:
Fundación
  Antonio Péres .... M³
Museo de la Ciencias
  de Castilla-La Mancha .. M⁴
Museo de Cuenca .... M²
Museo Diocesano .... M¹

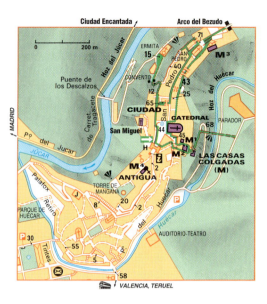

Ein besonderes Highlight

ZEITGENÖSSISCHE KUNST

Museo de Arte Abstracto Español★★

11-14 Uhr und 16-18 Uhr, Sa 11-14 Uhr und 16-20 Uhr, So 11-14.30 Uhr. Mo und feiertags geschl. 3,10 €. ☎ 969 21 29 83.

Das Museum für abstrakte spanische Kunst wurde 1966 in den Casas Colgadas eröffnet. Die Ausblicke, die sich von seinen Sälen aus bieten, sind so außergewöhnlich, dass man manche Fenster für Gemälde halten könnte. Die zunächst von Fernando Zóbel zusammengestellte und seither von der Stiftung vergrößerte Sammlung zeigt einen sehr interessanten Ausschnitt aus der abstrakten spanischen Kunst mit Werken von Chillida, Tápies, Saura, Zóbel, Cuixart, Sempere, Rivera, Millares u. a.

Fundación Antonio Pérez

11-21 Uhr. ☎ 969 23 06 19.

Diese Kunststiftung befindet sich in einem ehemaligen Karmeliterinnenkloster aus dem 17. Jh. Ausgestellt wird ein Teil des umfangreichen Nachlasses von Antonio Pérez. Neben spanischen Künstlern wie Millares oder Saura sind auch die so genannten *objetos encontrados* zu sehen – Gegenstände des täglichen Lebens und weggeworfene Dinge, die, in neuem Zusammenhang dargestellt, zu Kunstwerken werden.

Auf Entdeckungstour

CIUDAD ANTIGUA (Altstadt)★★ *Ca. 2 1/2 Std.*

Ausgangspunkt ist der Parkplatz an der Festung. Hinter dem Arco del Bezudo (Renaissance, 16. Jh.) geht es die Calle San Pedro bis zur gleichnamigen Kirche hinab, dann links auf den Rundweg „Ronda Julián Romero".

Ronda Julián Romero

Diese entlang der Schlucht des Huécar verlaufende hübsche Gasse führt zur Kathedrale. Sie ist von Treppen und Plätzen unterbrochen.

Convento de las Carmelitas (Karmeliterinnenkloster) – Hier sind die Fundación Antonio Pérez *(s. unter „Ein besonderes Highlight")* sowie das Museo Internacional de Electrografía untergebracht.

Catedral★

9-14 Uhr und 16.30-18 Uhr, Sa 9-14 Uhr und 16.30-20 Uhr, So und feiertags 9-14 Uhr. Mo geschl. 1,20 €. ☎ 969 21 24 63.

Die Kathedrale liegt an einer der Seiten der Plaza Mayor. Mit dem Bau des im gotisch-normannischen Stil errichteten Gebäudes wurde im 13. Jh. begonnen. Anfang des 20. Jh.s zerstörte ein Brand die Fassade, die später rekonstruiert wurde.

Da die beiden seitlichen Türme deshalb abgerissen werden mussten, wirkt das Bauwerk etwas plump. Im Inneren mischen sich gotischer Baustil und Renaissanceausschmückung. Sehenswert sind vor allem die **Gitter★** der verschiedenen Kapellen, der doppelte **Chorumgang**, das **Triforium** und die schöne platereske **Nussbaumtür★** des Kapitelsaals mit den von Alonso Berruguete geschnitzten Flügeln.

Entlang der rechten Seite der Kathedrale geht es in die Calle Canónigos.

In dieser Straße befindet sich der Palacio Episcopal, der Bischofspalast, in dem das **Museo Diocesano★** *(s. unter „Besichtigung")* sowie das **Museo de Cuenca** *(s. unter „Besichtigung")* untergebracht sind.

Casas Colgadas (Hängende Häuser)★

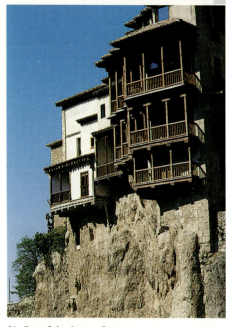

Die Casas Colgadas von Cuenca

In diesen berühmten (renovierten) Häusern aus dem 14. Jh. sind das **Museo de Arte Abstracto Español** *(s. unter „Ein besonderes Highlight")* und ein Restaurant untergebracht. Den schönsten **Blick★** hat man von der anderen Seite des Huécar aus, wenn man die beeindruckende **Puente de San Pablo** überquert. Über diese Eisenkonstruktion gelangt man zum Convento de San Pablo, in dem sich heute ein Parador befindet. Wenn die Casas Colgadas nach Einbruch der Dunkelheit beleuchtet werden, bietet sich ein noch bezaubernderer Anblick.

Nun geht es zurück zur Kathedrale und in die Calle José T. Mena.

San Miguel

Die im gotischen Stil errichtete Kirche wurde für Messen geschlossen und ist heute einer der Veranstaltungsorte der **Semana de Música Religiosa**, der Woche der religiösen Musik.

Zurück zur Plaza Mayor, in die Calle Severo Catalina und die Calle Pilares.

Plaza de las Angustias★

Über der Júcar-Schlucht liegen hier zwischen Fluss und Stadt unter Bäumen ein Franziskanerkloster aus dem 18. Jh. sowie eine Einsiedelei aus dem Barock, die unter dem Namen Nuestra Señora de las Angustias (Unsere Liebe Frau der Ängste) bekannt ist.

Zur Calle de San Pedro zurückgehen und weiter bis zur Kirche gleichen Namens. Links in eine Gasse einbiegen, an deren Ende sich die Júcar-Schlucht befindet. Schöner Blick ins Tal.

Besichtigung

Museo Diocesano★

9-14 Uhr und 16.30-18 Uhr, Sa 9-14 Uhr und 16.30-20 Uhr, So und feiertags 9-14 Uhr. Mo geschl. 1,20 €. ☎ 969 21 20 11.

In dem kleinen, aber sehr schönen Diözesanmuseum finden sich acht **Tafeln★** eines Retabels von Juan de Borgoña (Hans von Burgund, gegen 1510), zwei Gemälde von El Greco und eine außergewöhnliche Sammlung von Goldschmiedearbeiten, darunter ein **byzantinisches Diptychon★** (13. Jh.) vom Berg Athos, geschmückt mit Silber, Perlen und Edelsteinen. Sehenswert ist auch der mit Emailarbeit verzierte **Bischofsstab des hl. Julian von Cuenca** aus vergoldeter Bronze, der gegen 1200 in einem Atelier der französischen Stadt Limoges gefertigt wurde. Im 1. Stock sind Wandteppiche und Teppiche ausgestellt.

Cuenca
Museo de Cuenca
10-14 Uhr und 16-19 Uhr, So und feiertags 10-14 Uhr. Mo geschl. 1,20 €. ☎ 969 21 30 69.
Im 1. Stock sind prähistorische Funde ausgestellt. Der 2. Stock enthält sehr interessante römische Skulpturen, Münzen und Keramik, die bei Ausgrabungen in Segóbriga, Valeria und Ercávica gefunden wurden; man beachte besonders die **Bekrönung eines römischen Altars★** aus Ercávica, auf dem verschiedene Kultgegenstände dargestellt sind. Der oberste Stock ist dem Mittelalter und der Moderne gewidmet.

Museo de las Ciencias de Castilla-La Mancha
10-14 Uhr und 16-19 Uhr, So 10-14 Uhr. Mo, 1. Jan., Gründonnerstag, Karfreitag und 25. Dez. geschl. 1,20 € Museum und 1,20 € Planetarium.
Das Wissenschaftsmuseum liegt an der Plaza de la Merced, in einem der Winkel von Cuenca, die den Besucher durch ihren Charme gefangen nehmen. Man betritt es durch die Iglesia de la Merced und geht über die beeindruckenden Reste einiger Zisternen aus dem Mittelalter. Die Ausstellung ist in verschiedene Themengebiete aufgeteilt, z. B. Astronomie, Schätze der Erde oder Labor des Lebens.

Umgebung

Die „Hoces" (Schluchten)
Auf beiden Seiten des Felsvorsprungs verläuft eine Straße am Fluss entlang. Von dort aus bieten sich außergewöhnliche Ausblicke auf die Hängenden Häuser.
Hoz del Júcar – Diese Schlucht ist die kürzere und engere der beiden. Am Fuß ockerfarbener Felswände spiegeln sich hohe Pappeln im grünen Wasser des Flusses.
Hoz del Huécar – *Rundfahrt von 15 km.* Der Huécar durchfließt diese etwas weitere Schlucht im Zickzack. Er bewässert ein kleines Tal, in dem Gemüse angebaut wird. Von der Straße aus gewinnt man den Eindruck, dass die Hängenden Häuser das Gesetz der Schwerkraft nicht kennen. Am Ende der Schlucht biegt man links ab und fährt bis Buenache de la Sierra, dann geht es nochmals links in Richtung Convento de San Jerónimo. Nach wenigen Kilometern eröffnet sich in einer Rechtskurve ein erstaunlicher **Ausblick★** auf die hohen, grauen Felssäulen des Tals und auf Cuenca am Horizont. Man gelangt durch das Tor der Stadtmauer zurück in die Altstadt Cuencas.

Las Torcas★
Zunächst die N 420 fahren und nach 11 km links abbiegen. Die Strecke führt durch Kiefernwald. Im Boden sind zum Teil große trichterförmige Vertiefungen zu sehen, die *torcas*. Diese sind Verwitterungserscheinungen des Kalksteins, von den Geologen Einsturzdolinen genannt. Sie entstanden durch die Erosion unterirdischer Wasserläufe und nachträglichen Einsturz. Besonders eindrucksvoll ist die Torca del Lobo.

Ausflug

SERRANÍA DE CUENCA★ *270 km – ca. 1 Tag*
Die erstaunliche Landschaft dieses aus Kalkstein aufgebauten Gebirges entstand im Laufe der Zeit durch Verwitterung, d. h. durch die Einwirkung des Wassers, das den anstehenden Kalk zersetzte, und durch die Erosion des Windes. Mit ihren phantastischen Felsformen, schönen Kiefernwäldern und den unzähligen kleinen Wasserläufen ist sie sehr reizvoll und zudem eine geologische Sehenswürdigkeit.

Ventano del Diablo
25,5 km ab Cuenca auf der CM 2105. Das „Teufelsfenster" ist eine Öffnung im Gestein, durch die man in die tiefe Schlucht des Júcar **(Garganta del Júcar★)** hinunterschauen kann.

Ciudad Encantada★
Man fährt die rechts von der CM 2105 abzweigende ausgeschilderte Straße. 🅺 Das phantastische Felslabyrinth der „Verzauberten Stadt" ist durch Erosion in einer dicken Kreideschicht entstanden. Ein durch Pfeile kenntlich gemachter Rundweg *(1 Std.)* führt zu den Hauptattraktionen Tobogán und Mar de Piedras („Steinmeer"). Man kann ab Parkplatz auch zum **Mirador de Uña** weiterfahren *(2 km)*. Von dort aus bietet sich ein freier **Blick** auf das Júcar-Tal und die umliegenden hohen Felsen. Im Tal sind der Ort Uña und sein kleiner See zu erkennen.

Los Callejones
3 km hinter Las Majadas die Straße in Richtung Uña fahren. Den Wagen auf dem großen Platz parken. Diese Ansammlung eigenartiger Felsgebilde ist nicht ganz so großartig wie die Ciudad Encantada, aber dennoch sehenswert. Ihren Namen erhielt sie von den Bögen und schmalen Durchgängen, die an enge Gassen erinnern.

Nacimiento del Río Cuervo (Quelle des Cuervo)★
Von Las Majadas 30 km nördlich in Richtung Alto de la Vega. Nach Überquerung einer Brücke den Wagen parken und 500 m weit bergauf gehen. Ein schmaler Weg führt zu der Stelle, an der der Cuervo entspringt und in **Kaskaden★** über Felsen mit moosbedeckten Höhlen stürzt.

Hoz de Beteta★
30 km nordwestlich auf der CM 2106 und der CM 2201 bis Beteta. In der Tiefe der beeindruckenden Schlucht fließt der Río Guadiela eingezwängt zwischen senkrecht aufsteigenden Felswänden mit üppiger Vegetation. In Vadillos geht eine Straße links ab, die zum berühmten Badeort Solán de Cabras führt. Die CM 210 verläuft eine Weile durch eine Schlucht (**Desfiladero del Río Escabas**). Vor Priego *(3 km)* geht es rechts zum Kloster **San Miguel de las Victorias** ab, das eine wunderschöne **Lage★** genießt.

Daroca★

Daroca liegt zwischen zwei Berghängen, an denen die mit Zinnen versehene, 4 km lange **Stadtmauer★** zu erkennen ist, die ursprünglich mehr als 100 Wachttürme und befestigte Tore besaß, darunter die Puerta Baja mit ihren beiden quadratischen Türmen.

Steckbrief
2 630 Einwohner. Michelin-Karte Nr. 574 – Aragonien (Zaragoza). Daroca liegt an der Kreuzung von N 234 und N 330 unweit von Calatayud (40 km nordwestlich), Zaragoza (85 km nordöstlich) und Teruel (96 km südlich). ☎ *Plaza de España 4, 50360 Daroca,* ☏ *976 80 01 29.*
Reiseziele in der weiteren Umgebung: TERUEL und ZARAGOZA.

> **DAS WUNDER DER MESSTÜCHER**
> Dieses Wunder ereignete sich gegen 1239 nach der Eroberung Valencias, als die christlichen Truppen von Daroca, Teruel und Calatayud aus gegen die Mauren ins Feld zogen. Während einer Messe zwang ein Angriff der Moslems den Priester dazu, einige geweihte Hostien zwischen zwei Messtüchern zu verstecken. Wenig später stellte man fest, dass die Hostien einen blutigen Abdruck auf den Tüchern hinterlassen hatten. Da die Städte Daroca, Teruel und Calatayud alle drei Anspruch auf diese Reliquien erhoben, ließ man ein Maultier entscheiden. Die Messtücher wurden also auf dessen Rücken gepackt, und das Tier wurde freigelassen. Es wendete sich ohne Zögern nach Daroca, wo es, nachdem es die Puerta Baja durchquert hatte, starb.

Besichtigung

Colegiata de Santa María
Apr.-Okt. 11-13 Uhr und 18-20.30 Uhr, sonst 11-13 Uhr und 17-19 Uhr, Sa 17-20 Uhr, So und feiertags 11-13 Uhr und 18-20 Uhr. Mo geschl. ☏ *976 80 07 61.*
Die ursprünglich romanische Stiftskirche war zur Aufbewahrung der Reliquien errichtet und im 15. und 16. Jh. umgebaut worden. Das Hauptportal ist klassizistisch, und auf der linken Seite öffnet sich neben dem Glockenturm ein spätgotisches Portal.

Innenraum – Das spätgotische Kirchenschiff zeigt auch schon Stilelemente der Renaissance, z. B. an der Vierungskuppel. Die **rechten Seitenkapellen** sind zum Teil mit aus der Gegend stammenden *azulejos* aus dem 16. Jh. geschmückt und enthalten eine Retabelsammlung. Rechts vom Eingang befindet sich ein **Altaraufsatz★** aus dem 15. Jh. aus bemaltem Alabaster, der vielleicht in England gefertigt wurde. Bemerkenswert ist darauf die detailfreudige Darstellung. An den Seiten finden sich gotische Grabmäler. Die Reliquienkapelle (**Capilla de los Corporales★**; 15. Jh.) befindet sich an der Stelle der romanischen Apsis. Hinter einer Art Lettner im Flamboyantstil erhebt sich der Altar mit dem heutigen Reliquienschrein, um den herum Statuen aus bunt bemaltem Alabaster angeordnet sind, die den so genannten gotischen Schwung deutlich erkennen lassen. An den Wänden ist auf Reliefs die Geschichte des Wunders dargestellt. Auf gleicher Höhe wie der Hauptaltar befindet sich ein gemalter gotischer **Altaraufsatz★**, der dem Erzengel Michael geweiht ist.

Museo Parroquial (Pfarrmuseum)★
Apr.-Okt. 11-13 Uhr und 18-20.30 Uhr, sonst 11-13 Uhr und 17-19 Uhr, Sa 17-20 Uhr, So und feiertags 11-13 Uhr und 18-20 Uhr. Mo geschl. 1,80 €. ☏ *976 80 07 32.*
Unter den Tafelmalereien befinden sich zwei seltene, leider stark beschädigte Werke des 13. Jh.s und vor allem die den Heiligen Petrus und Martin geweihten **Altäre** aus dem 14. bzw. 15. Jh. Alle ausgestellten Goldschmiedearbeiten stammen aus Daroca, abgesehen von dem kostbaren, im 14. Jh. von dem katalanischen

Daroca

Künstler Moragues ziselierten **Kästchen**, *custodia-relicario* genannt, in dem einst die Messtücher aufbewahrt wurden. Die Figuren sind aus Gold, die anderen Teile aus Silber. Viele der größtenteils sehr alten **Messgewänder** wurden in Daroca gewebt; es sind jedoch auch mexikanische Messgewänder aus dem 17. Jh. ausgestellt.

San Miguel
Ein besonders schönes Mauerwerk und am Chorhaupt und Portal die reinen Formen der Romanik (12. Jh.) kennzeichnen diese Kirche. Die Wandmalerei (13. Jh.) der Apsis ist leider etwas verblichen.
Etwas weiter unten kann man den im Mudéjar-Stil erbauten Glockenturm von **Santo Domingo** sehen.

Donostia/San Sebastián★★

Die „Perle des Golfs von Biskaya" verdankt ihren Weltruf der herrlichen Lage★★★ an einer muschelförmigen Bucht zwischen den Bergen Monte Urgull im Osten und Monte Igueldo im Westen. Der Bucht vorgelagert ist die kleine Insel Santa Clara.
Prachtvolle Gebäude, zum Bummeln einladende Strandpromenaden und gepflegte Gärten säumen die beiden schönen Sandstrände, die Playa de la Concha und die hinter einem Felsvorsprung daran anschließende vornehme Playa de Ondarreta. Hinter der Playa de Ondarreta kommt am Fuß des Monte Igueldo der „Windkamm" *(Peine de los Vientos)*, ein Werk des Bildhauers Eduardo Chillida, in Sicht.

Steckbrief
176 019 Einwohner. Michelin-Karte Nr. 573 – Kartenskizze Costa Vasca, S. 235 – Baskenland (Guipúzcoa). San Sebastián mit seiner strategischen Position im Golf von Biskaya liegt 25 km westlich der Grenze zu Frankreich, 79 km nördlich von Pamplona, 102 km östlich von Bilbao und 95 km nordöstlich von Vitoria-Gasteiz. Aufgrund des gut ausgebauten Straßennetzes sind all diese Städte sowie die wichtigen Ferienorte der Küste problemlos zu erreichen. ✆ *Reina Regente 8, 20003 Donostia,* ☎ *943 48 11 66.*
Reiseziele in der weiteren Umgebung: COSTA VASCA, BILBO/BILBAO und PAMPLONA/IRUÑA.

Hintergrundinfos

Wegbereiterin des Tourismus – San Sebastián wurde im 19. Jh. als Badeort bekannt, als es von Königin María Cristina von Habsburg zur Sommerresidenz erwählt wurde, und entwickelte sich nach und nach zu einem beliebten Ferienort. Aus dieser Zeit stammt noch der für sie gebaute **Palacio de Miramar**.

La Concha, die muschelförmige Bucht

Tipps und Adressen

Restaurants

• **Gut & preiswert**

José Mari – *Fermín Calbetón 5* – ☎ *943 42 46 45* – *Di und 2 Wochen im Okt. geschl.* – *14/26 €*. Das Lokal in der Altstadt ist ein Paradies für Liebhaber kleiner Leckereien. Seit über 10 Jahren wird hier eine große Vielfalt in *pinchos*, *cazuelitas* (kleine Schmorgerichte) und *bocadillos* angeboten. Im oberen Stock werden im Restaurant gute regionale Gerichte serviert.

• **Unsere Empfehlung**

Bodegón Alejandro – *Fermín Calbetón 4* – ☎ *943 42 71 58* – *Mo, Di-abend (außer Juli und Aug.) und jeweils 2 Wochen um Weihnachten und um Ostern geschl.* – ▣ – *23 €*. Dieses hübsche und gemütliche Restaurant gehört dem berühmten Koch Martín Berasategui, der eine hervorragende Küche zu mehr als überraschenden Preisen serviert. Es wird zwar nur ein Tagesmenü angeboten, dennoch ist die Karte reichhaltig. Die schöne Lage in der Altstadt ist ein weiterer Pluspunkt.

Tapas

Ganbara – *San Jerónimo 21* – ☎ *943 42 25 75* – *So-abend, Mo, Di-mittag, 15.-30 Juni und 15.-30. Nov. geschl.* – ▣. Diese renommierte Bar liegt hinter der Plaza de la Constitución und ist immer gedrängt voll mit Leuten, die sich die leckeren *tapas* und *pinchos* schmecken lassen. Das gemütliche Restaurant im Untergeschoss ist auch nicht schlecht.

Txepetxa – *Pescadería 5* – ☎ *943 42 22 27* – txepetxa1@clientes.euskaltel.es – *Mo und Di-mittag im Aug. und jeweils 2 Wochen im Juni und im Okt. geschl.* – ⌦. Die traditionelle Bar in der Altstadt hat sich verdientermaßen einen guten Ruf bei den *donostiarras*, den Einheimischen, erworben. Spezialität sind die auf verschiedenste Art zubereiteten Sardellen. Das Lokal wurde bereits mit mehreren Preisen ausgezeichnet, was die etwas hohen Preise rechtfertigt.

Unterkunft

• **Gut & preiswert**

Pensión Anne – *Esterlines 15, 2°* – ☎ *943 42 14 38* – pensionanne@euskalnet.net – ⌦ – *6 Z.: 37/49 €*. Die neue Pension in einem völlig renovierten Gebäude liegt günstig in der Altstadt, wo Wein und *tapas* zum Greifen nahe sind. Alle Zimmer sind nach außen hin gelegen, aber nicht alle verfügen über ein Bad.

• **Unsere Empfehlung**

Pensión Donostiarra – *San Martín 6 1°* – ☎ *943 42 61 67* – www.pensiondonostiarra.com – *15 Z. (nur DZ): 61 €*. Die für San Sebastián typische Pension liegt im Stadtzentrum nahe der Catedral Nueva und wurde vor kurzem renoviert. Sie befindet sich im 1. Stock eines Anfang des 20. Jh.s errichteten Gebäudes. Die einfach möblierten Zimmer mit Parkettboden sind komfortabel und verfügen über moderne Badezimmer.

Hotel Niza – *Zubieta 56* – ☎ *943 42 66 63* – www.adegi.es/hotelniza – ▣ – *41 Z.: 50/106 €* – ⌦ *6,50 €*. Das etwa 1920 gegründete Hotel gehört der Familie Chillida und ist einer der Klassiker von San Sebastián. Seine Lage in der Mitte der Concha ist einfach herrlich. Die Ausstattung ist einwandfrei und elegant.

Feste und Festivals

In der Saison gibt es die vielfältigsten Veranstaltungen wie die **Semana Grande** im August, das Internationale Jazzfestival sowie mehrere typisch baskische Feste mit Fischkutterregatta und anderen folkloristischen Darbietungen.

Das renommierte **Internationale Filmfestival** findet im September im Kursaal statt; dieser gehört zum neuen Kongresszentrum, für das Rafael Moneo verantwortlich zeichnete.

Gastronomische Hauptstadt – Charakteristisch für die Stadt, in der gern und gut gegessen wird, ist die Tatsache, dass es eine Akademie der Gastronomie gibt und außerdem etwa 30 Vereine für Liebhaber der guten Küche. Die Mitglieder (ausschließlich Männer) bereiten sich vorzügliche Menüs zu, die mit einem Apfelwein oder dem herben Landwein *txakolí* begossen werden.

Zu den baskischen Spezialitäten gehören Fisch (Goldbrasse, Seehecht, Sardinen) und die berühmten *chipirones* (Tintenfische).

Besichtigung

DIE ALTSTADT

Die Altstadt wurde 1813 nach einem Brand wieder aufgebaut und bildet aufgrund ihrer engen Straßen einen lebhaften Kontrast zu den anderen Stadtteilen mit ihren breiten Avenuen. Besonders reges Leben herrscht hier am Abend, wenn man sich in den kleinen Bars und Restaurants zu Vorspeisen *(tapas)* oder den Spezialitäten der baskischen Küche (Fisch, Muscheln, Meeresfrüchte und die *chipirones* genannten Tintenfische) trifft. In den Restaurants der von der Calle Portu, der Calle Muñoa und der Calle Fermín Calbetón umschlossenen Zone sind die *tapas* kulinarische Höhepunkte.

Donostia-San Sebastián

AUSSICHTSPUNKTE

Monte Igueldo★★★: Mit dem Auto biegt man am Ende der Playa de Ondarreta links ab. Man kann auch mit der Standseilbahn (funicular) auf den Berg fahren. Nov.-März 11-18 Uhr, Sa/So und feiertags 11-20 Uhr; Apr.-Juni 11-20 Uhr, Sa/So und feiertags 11-22 Uhr; Juli-Sept. 10-22 Uhr. Im Winter Mi geschl. 1,20 € (Hin- und Rückfahrt). ☎ 943 21 05 64

Auf dem Gipfel befinden sich ein Vergnügungspark und ein Hotel-Restaurant. Herrlicher **Rundblick** auf die Bucht und das Meer mit der Insel Santa Clara, auf die Stadt und die umliegenden Berge. Am Abend verzaubern die Lichter der Stadt das Bild.

Monte Urgull★★: Auf dem Gipfel liegen ein öffentlicher Park und die Festung **Castillo de Santa Cruz de la Mota**. Es bietet sich eine reizvolle **Aussicht** über die Concha und die am Fuß des Berges gelegene Altstadt.

Plaza de la Constitución

Der von Arkaden umgebene Platz diente bei den ersten Stierkämpfen in San Sebastián als Arena. Die Nummern an den Balkonen erinnern noch heute daran, dass sie damals als Zuschauertribünen benutzt wurden.

Santa María

8-14 Uhr und 16.30-20 Uhr, So und feiertags 8-14 Uhr und 16.30-20.30 Uhr. ☎ *943 42 31 24.*

Barockfassade mit prächtig gestaltetem Portal (Ende 18. Jh.). Die schlichte Architektur des Kircheninneren bildet einen schönen Rahmen für die Pracht der Barockaltäre.

Museo de San Telmo

10.30-13.30 Uhr und 16-20 Uhr, So und feiertags 10.30-14 Uhr. Mo, 1., 6. und 20. Jan., 1. Mai und 25. Dez. geschl. ☎ *943 42 49 70.*

Das Museum befindet sich in einem im 16. Jh. gegründeten ehemaligen Kloster. Der Kreuzgang im Renaissancestil hat eine Sammlung baskischer Grabstelen (15.-17. Jh.) aufgenommen, deren Steinmetzarbeit an die iberische Tradition anschließt. In der oberen Galerie des Kreuzgangs ist die ethnographische Sammlung (Nachbildung eines baskischen Wohnraums) untergebracht. An sie schließen sich die Räume mit den Gemälden an. Besonders erwähnt seien hier ein Werk von

DONOSTIA-SAN SEBASTIÁN

Andia	BV 2
Antso Jakitunaren (Hiribidea)	BV 4
Argentinako Errepublikaren (Pasealekua)	BV 6
Askatasunaren (Hiribidea)	BV 7
Beatriz Infantaren	AV 10
Berria (Pasealekua)	BV 12
Bulebar (Zumardia)	BV 14
Easo	BV 15
Ehunurteurrenaren (Plaza)	BV 16
Foruen (Pasealekua)	BV 20
Garibai	BV 21
Gernikako Arbolaren (Pasealekua)	BV 22
Heriz (Pasealekua)	AV 23
Hernani	BV 24
Kale Nagusia	BV 27
Konstituzio (Plaza)	BV 28
Kristina Infantaren	AV 29
Miramar	BV 32
Pio Baroja (Pasealekua)	AV 34
Prim	BV 37
Resurreccion Maria Azkue	AV 40
Salamanca (Pasealekua)	BV 41
San Juan	BV 43
Sanserreka (Pasealekua)	BV 44
Santa Katalina (Zubia)	BV 45
Satrustegi (Hiribidea)	AV 46
Tolosa (Hiribidea)	AV 47
Urbieta	BV 48
Urdaneta	AV 49
Urumea (Pasealekua)	BV 50
Zubieta	BV 54
Zumalakarregi (Hiribidea)	AV 55
Zurriola (Pasealekua)	BV 57
Zurriola (Zubia)	BV 58

Museo Naval	BV M²
Museo de San Telmo	BV M¹
Santa Maria	BV B

Ribera, eines von El Greco und die Abteilung mit Malerei des 19. Jh.s. Die Kapelle wurde von **Josep Maria Sert** mit Ton-in-Ton-Malerei in Sepia und Gold ausgeschmückt; dargestellt sind kraftvolle Szenen zur Geschichte des Baskenlandes.

Paseo Nuevo
Auf der am Monte Urgull entlangführenden Straße kann man den Berg fast vollständig umfahren und hat dabei schöne Ausblicke auf die Bucht und den Golf von Biskaya. Die Fahrt endet bei einem malerischen Hafen, in dem Segel- und Fischereischiffe vor Anker liegen.

Aquarium San Sebastián★
1. Juli-15. Sept. 10-22 Uhr, sonst 10-20 Uhr. 1. Jan. und 25. Dez. geschl. 7,50 €. ☏ 943 44 00 99.
Der Bau enthält ein ozeanographisches Museum und ein Aquarium. Im Museum sind viele Schiffsmodelle ausgestellt; interessanter ist jedoch das unlängst erneuerte Aquarium. Eine neue Einrichtung ist das Streichelbecken (Aquario táctil), dessen harmlose Insassen sich berühren lassen; die beiden Aquarios de micromundos führen mit Hilfe von Kameras in die Welt kleinerer Lebewesen ein. Völlig eingetaucht in die vielfältige Unterwasserwelt ist man im **Ozeanarium★**, das man in einem Tunnel durchquert.

Museo Naval
10-13.30 Uhr und 16-19.30 Uhr, So 11-14 Uhr. Mo und feiertags geschl. 1,20 €; Do Eintritt frei. ☏ 943 43 00 51.
Das Marinemuseum befindet sich in einem schlichten Gebäude des 18. Jh.s. Im Erdgeschoss ist Werkzeug ausgestellt sowie die verschiedenen Materialien, die zum Bau traditioneller Schiffe benötigt werden; der 1. Stock enthält Modelle und Navigationsinstrumente. Beim Besuch dieses Museums wird deutlich, dass das Meer eine wichtige Rolle in der baskischen Geschichte gespielt hat.

Umgebung

Aussichtspunkt Monte Ulía★
7 km östlich; auf der N 1 in Richtung Irún fahren. Vor dem Ende der Steigung auf die erste Straße rechts abbiegen. Nach mehreren Kehren, bei denen sich die **Aussicht** auf Stadt und Umgebung immer wieder neu darbietet, erreicht man den Gipfel. Hier führt ein Weg rechts ab durch einen schönen Park zum Restaurant des Monte Ulía.

Museo Chillida-Leku
6 km südlich. Fahren Sie die N 1 bis Rekalde und dort auf die GI 2132 in Richtung Hernani, wo ein Wegweiser die Abzweigung anzeigt. 15. Mai-15. Okt. 11-18 Uhr, So 11-16 Uhr, sonst 10.30-15 Uhr. Di, 1. Jan. und 25. Dez. geschl. 5,50 €. ☏ 943 33 60 06.
Mit diesem Museum erfüllte sich der bekannte zeitgenössische Bildhauer Eduardo Chillida einen Traum. In seinem 12 ha großen Freilichtmuseum befinden sich seine Skulpturen im richtigen Rahmen. Die Besucher können darin spazieren gehen und die zum Teil großformatigen Werke von allen Seiten betrachten. Die kleineren Ausstellungsstücke und die Graphik sind im umgebauten Caserío de Zabalaga (16. Jh.) ausgestellt.

Monasterio de **El Escorial**★★★

In einer herrlichen Landschaft am Südhang der Sierra de Guadarrama, am Fuße des Monte Abantos, steht der beeindruckende Klosterpalast im Ort San Lorenzo de el Escorial. Philipp II. ließ dieses einzigartige Gebäude errichten und schuf damit einen typischen Stil, der Prunk und Pracht eines Palastes mit der Strenge eines Klosters vereint.

Steckbrief

Michelin-Karten Nr. 575 und 576 – Madrid. Von der **Silla de Felipe II**. („Stuhl Philipps II.") aus bietet sich ein schöner **Blick**★ auf die gesamte Anlage und die Umgebung. *Man erreicht diesen Aussichtspunkt, indem man hinter dem Kloster links in eine durch das Schild „Entrada Herrería-Golf" gekennzeichnete Straße einbiegt und dann den Schildern „Silla de Felipe II" folgt.* 🛈 *Grimaldi 2, 28200 San Lorenzo de El Escorial,* ☏ *918 90 53 13.*

Reiseziele in der weiteren Umgebung: MADRID (49 km südöstlich), SEGOVIA (52 km nördlich), Sierra de GUADARRAMA (nördlich) und AVILA (64 km westlich).

> **TIPP**
> Am 10. August findet hier ein **Fest zu Ehren des hl. Laurentius** statt, der der Schutzpatron des Ortes und des Klosters ist.

Hintergrundinfos

In Erinnerung an den hl. Laurentius – Am 10. August 1557, dem Laurentiustag, schlug **Philipp II.** die Franzosen in der Schlacht von St-Quentin. Er beschloss, zur Erinnerung an diesen Sieg ein dem hl. Laurentius geweihtes Kloster zu stiften, das er dann den Hieronymiten anvertraute. Der Bau sollte auch seine Residenz und Königsgruft werden.

Obwohl die Arbeiten erstaunliche Ausmaße annahmen – man zählt annähernd 1 200 Türen und 2 600 Fenster – und 1 500 Arbeiter beschäftigten, dauerten sie nur 21 Jahre (1563-1584), was den außerordentlich einheitlichen Stil des Gebäudes erklärt. Die Pläne des ersten Architekten, Juan Bautista de Toledo, der in Rom bei Michelangelo gearbeitet hatte, wurden nach seinem Tod (1567) von seinem Gehilfen und Nachfolger **Juan de Herrera** (um 1530-1597) in den großen Umrissen befolgt. Als Reaktion auf den ornamentreichen Stil der Regierungszeit Karls V. sollte nun ein nüchterner Bau entstehen.

Ein besonderes Highlight

MONASTERIO (Kloster) *Besichtigung: 1/2 Tag*
Apr.-Sept. 10-18 Uhr, sonst 10-17 Uhr. Letzter Einlass 1 Std. vor Schließung. Mo, 1. und 6. Jan., 1. Mai, 10. Aug., 11., 13., 24., 25. und 31. Dez. geschl. 7 €; Mi für EU-Bürger Eintritt frei. ☎ 918 90 59 02 oder 918 90 59 03.
Es heißt, dass die einem Bratrost ähnelnde Form des Gebäudegrundrisses das Marterwerkzeug des hl. Laurentius darstellt. Das Baumaterial der 206 m langen und 161 m breiten Anlage ist grauer Granit, was die Strenge der architektonischen Linien noch unterstreicht. Auf Verlangen des Königs wurde das Gebäude aufgestockt, damit noch mehr Mönche untergebracht werden konnten, deren Aufgabe es war, für das Seelenheil des Monarchen zu beten.
Dem Baumeister Herrera gelang es trotzdem, der Fassade eine gewisse Eleganz zu verleihen, indem er die Fensterreihen in asymmetrischem Abstand anordnete; auch die Ecktürme unterbrechen die Monotonie der langen Gebäudetrakte.

Palacios (Königliche Gemächer)★★
Im nordöstlichen Teil des Gebäudes befinden sich die Bourbonenappartements, während die Wohnräume Philipps II. die Apsis der Kirche und den Patio de los Mascarones umgaben. Unter den spanischen Habsburgern erlebte der Klosterpalast seine Glanzzeit; die Bourbonen zogen ihm La Granja, El Pardo und Aranjuez vor. Erst unter Karl III. und Karl IV. blühte El Escorial im 18. Jh. wieder auf. Die während der Regentschaft Karls IV. gebaute Treppe führt zu den **Bourbonenappartements** *(3. Stock)*, deren Decken im pompejanischen Stil bemalt sind.
Schöne **Wandteppiche★**, teils aus der königlichen Manufaktur von Madrid, teils aus flämischen Werkstätten, schmücken die Räume. Auf den nach Entwürfen von Goya gewirkten Teppichen sind volkstümliche Szenen dargestellt; der Neptun-Wandteppich gehört zu einer Reihe von in den Niederlanden gefertigten Teppichen des Telemach-Themenkreises. Die nach Vorlagen von Teniers gearbeiteten Wandteppiche im letzten Saal zeichnen sich durch besonders naturgetreue Darstellungen aus.

Monasterio de El Escorial

Der strengere **Sala de las Batallas** („Schlachtensaal") beindruckt durch seine großzügigen Ausmaße. Hier finden sich Fresken (1587), die den im 15. Jh. über die Mauren davongetragenen Sieg von Higueruela *(Südwand)* und die Schlacht von St-Quentin *(Nordwand)* darstellen.

Nach den luxuriösen Bourbonenappartements wirkt die Nüchternheit der Gemächer Philipps II. besonders stark (**Habitaciones de Felipe II**; *2. Stock*). Die Wohnräume der Infantin Isabella Clara Eugenia wie auch die ihres Vaters bestehen aus einer Reihe aufeinander folgender kleiner Räume, deren Hauptschmuck eine Talavera-Kachelverkleidung am unteren Teil der Wände ist. Vom Schlafzimmer des Königs aus, in dem dieser 1598 im Alter von 71 Jahren starb, öffnet sich eine Tür direkt zum Kirchenraum hin. Dank dieser Verbindungstür konnte Philipp II. von seinem Bett aus am Gottesdienst teilnehmen. Sehenswert sind hier besonders der *Hl. Christophorus* von Patinir und ein Bildnis des gealterten Königs von Pantoja de la Cruz. Der Thronsaal bietet einen schönen Ausblick auf die Gärten und die Ebene. Er ist mit Brüsseler Wandteppichen aus dem 16. Jh. geschmückt. Königsporträts zieren die Wände des angrenzenden Saals; im letzten Raum ist die Sänfte des gichtkranken Königs zu sehen.

Panteones (Grabkirche)★★

Auf dem Weg zur Königsgruft überquert man den Patio de los Evangelistas, auf dessen Mauern sich von Tibaldi *(Ostwand)* und dessen Schülern gemalte Fresken befinden.

Eine Treppe aus Marmor und Jaspis führt in die Königsgruft (**Panteón de los Reyes**★★★) unter dem Chor der Kirche. Hier liegen alle Könige seit Karl V. begraben, ausgenommen Philipp V., Ferdinand VI. und Amadeus von Savoyen, wobei Philipp in La Granja, Ferdinand in Madrid und Amadeus in Italien beigesetzt wurden. Die achteckige Kapelle wurde 1617 unter Philipp III. begonnen und 1654 beendet; ihr Hauptarchitekt war Giovan Battista Crescenzi. Gegenüber der Tür befindet sich ein Altar aus Jaspis; an den Wänden stehen die 26 Sarkophage aus Marmor und Bronze. Die Könige liegen links und die Mütter von Königen rechts. Ein von einem italienischen Künstler geschaffener Kronleuchter rundet die prachtvolle Ausstattung ab.

Im **Panteón de los Infantes**★ (19. Jh.) ruhen die Königinnen, deren Kinder nie die Krone trugen, und die Infanten. Bemerkenswert sind hier die feinen Skulpturen. Dank der günstigen klimatischen Bedingungen ist die gesamte Anlage sehr gut erhalten.

Salas Capitulares (Kapitelsäle)★

Diese beiden schönen Säle dienen heute als Museum für spanische (16. und 17. Jh.) und italienische (16. Jh.) Kirchenkunst; italienische Künstler malten die Deckenfresken.

Im ersten Saal sind Gemälde von El Greco und Ribera ausgestellt; außerdem der *Hl. Hieronymus* von Tizian und *Der blutige Rock Josephs*, das Velázquez in Rom malte. Der zweite Kapitelsaal ist der venezianischen Malerei des 16. Jh.s gewidmet; hier werden Werke von Tintoretto, Veronese und Tizian *(Ecce Homo)* gezeigt. Im hinteren Saal sind Gemälde von Bosch und seinen Schülern ausgestellt. Hier kann man den *Heuwagen* bewundern, der von der unglaublichen Phantasie dieses Künstlers zeugt, sowie die *Los improperios (Dornenkrönung)*, die auf Boschs satirische Ader hinweist.

Basílica★★

Herrera wählte unter den für den Kirchenbau vorgelegten Entwürfen die italienischen Vorschläge als Grundlage für seinen endgültigen Plan. Bereits die Vorhalle weist als architektonische Neuheit die **Gewölbeform** der Flachtonne auf.

Das Innere wurde nach dem Vorbild des Petersdoms in Rom ausgeführt. Davon zeugen der Grundriss in Form eines griechischen Kreuzes, die von vier mächtigen Pfeilern getragene, 92 m hohe Vierungskuppel und die Tonnengewölbe in den Querhäusern. Die Fresken wurden in der Regierungszeit Karls II. von Luca Giordano ausgeführt. Über breite Stufen aus rotem Marmor gelangt man zum Hochaltar. Hier wurde das Gewölbe von Cambiaso mit Szenen aus dem Leben Mariä und Christi bemalt.

Das von Herrera selbst entworfene 30 m hohe, vierstöckige **Retabel** besteht aus übereinander gestellten Säulen aus Jaspis, Onyx und rotem Marmor, zwischen denen 15 Bronzestatuen von Pompeo und Leone Leoni aufgestellt sind. Auch der Tabernakel ist ein Werk Herreras. Auf beiden Seiten des Chors befinden sich die Grabmäler von Karl V. und Philipp II.: Pompeo Leoni hat dort Karl V. mit seiner Gemahlin, seiner Tochter María und seinen beiden Schwestern sowie Philipp II. mit drei seiner Gattinnen und seinem Sohn Don Carlos kniend dargestellt. Die Tür hinten rechts ermöglichte es Philipp II., am Gottesdienst teilzunehmen, ohne sein Zimmer zu verlassen.

In der ersten Kapelle des linken Seitenschiffs kann man das von Rómulo Cincinato geschaffene Gemälde *Das Martyrium des hl. Mauritius* sehen, das der König der Darstellung El Grecos vorzog. In der angrenzenden Kapelle befindet sich ein herrlicher *Christus am Kreuz* von Benvenuto Cellini (1562).

Patio de los Reyes (Hof der Könige) – Eines der drei Portale der Hauptfassade führt in diesen Hof, dessen Name auf die die majestätische Kirchenfassade schmückenden Standbilder von Königen des Alten Testaments zurückzuführen ist.

Biblioteca★★

Im 2. Stock. Der 54 m lange Bibliothekssaal ist prachtvoll ausgeschmückt. Die Bücherschränke wurden von Herrera entworfen; Tibaldi bemalte die Decke mit Allegorien der sieben Freien Künste; an den Saalenden sind die Philosophie und die Theologie dargestellt. Die ausdrucksvollen Porträts von Karl V., Philipp II. und Philipp III. wurden von Pantoja de la Cruz gemalt, das Bildnis Karls II. von Carreño. Philipp II. hatte in dieser Bibliothek über 10 000 Bände zusammengetragen, von denen jedoch viele 1671 verbrannten oder während der napoleonischen Kriege verschwanden. Heute ist sie eine öffentliche Bibliothek mit mehr als 40 000 Büchern und ca. 2 700 Manuskripten aus dem 5. bis 18. Jh. Erstaunlich ist die Art, wie die Bücher in den Regalen stehen. Aus Gründen der besseren Erhaltung sind die Buchrücken nach innen gekehrt.

Die auf Marmortischen stehenden Vitrinen in der Saalmitte enthalten wertvolle arabische Manuskripte, von der Hand der hl. Theresia von Ávila geschriebene Bücher, die mit schönen Miniaturen versehenen *Cantigas de Santa María* – von Alfons dem Weisen gedichtete Marienlieder – und eine Beatus-Handschrift aus dem 11. Jh. *(Abbildung s. S. 86).*

Nuevos Museos (Neue Museen)★★

Die Gemäldesammlung im **Museo de Pintura** enthält interessante Werke mit religiöser Thematik.

Im ersten Saal sind Gemälde italienischer Maler, vor allem der Venezianischen Schule des 16. Jh.s (Tizian, Veronese und Tintoretto) ausgestellt. Im zweiten Saal befinden sich insbesondere zwei bemerkenswerte Werke von Van Dyck und ein kleines Gemälde von Rubens. Der nächste Saal ist Michiel van Coxië, einem Hofmaler Philipps II., gewidmet. Im 4. Saal eine *Kreuzigungsgruppe* von Rogier van der Weyden, eine *Verkündigung* von Veronese sowie die *Anbetung der Hirten* von Tintoretto. Im 5. Saal sind Werke von Ribera zu sehen (*Hl. Hieronymus*, *Philosoph Chrysippos*, *Äsop*), die sich durch Ausdruckskraft und Realismus auszeichnen, sowie zwei Gemälde von Zurbarán, der heilige Ordensgründer *Petrus von Alcántara* und *Einführung Mariens in den Tempel*, in denen man diesen großen spanischen Maler an der vorzüglichen Wiedergabe der Stoffe erkennt. Im letzten Saal zwei Werke von Alonso Cano und verschiedene Gemälde von Luca Giordano.

In den überwölbten Kellerräumen ist das **Museo de Arquitectura** untergebracht, in dem man anhand von Dokumenten den Bau des Klosters verfolgen kann: neben einer Ikonographie der wichtigsten am Bau beteiligten Handwerker und einer Aufstellung der Baukosten auch Zeichnungen von Herrera und vieles mehr.

Im Erdgeschoss befindet sich eine Gemäldesammlung, deren Höhepunkt *Das Martyrium des hl. Mauritius und der Thebäischen Legion* **(*El Martirio de San Mauricio y la legión tebana*★)** von El Greco ist. Dieses Gemälde war von Philipp II. in Auftrag gegeben worden, wurde jedoch von dem Monarchen zurückgewiesen, da ihm die eigenwillige Komposition und die Farbgebung des Werkes missfielen.

Das Martyrium dieser christlichen römischen Legion, die sich geweigert hatte, den alten Göttern zu opfern, wird hier in den Hintergrund gestellt zugunsten des Moments, in dem der hl. Mauritius mit seinen Gefährten über die wichtige Entscheidung zum Widerstand spricht.

Besichtigung

Casita del Príncipe oder Casita de Abajo (Prinzenschlösschen oder Unteres Schlösschen)★

In südwestlicher Richtung auf der Straße zum Bahnhof. Nach vorheriger Vereinbarung Apr.-Sept. 10-13 Uhr und 16-18 Uhr, sonst 10-13 Uhr und 16-17.30 Uhr. Mo geschl. 3,50 €. ☏ *918 90 59 02 oder 918 90 59 03.*

In den vor den Wohnräumen Philipps II. gelegenen Gärten (Jardines del Principe) hat Juan de Villanueva auf Verlangen Karls III. ein Lustschloss für den zukünftigen Karl IV. erbaut. Die luxuriöse Ausstattung macht aus diesem Miniaturpalast ein kleines Juwel. Hier finden sich von Maella und Vicente Gómez im pompejianischen Stil bemalte **Decken**★, Seidenwebereien, Gemälde von Luca Giordano, Kronleuchter, Porzellan und ein sehr schönes Esszimmer aus Mahagoni und Marmor.

Casita del Infante oder Casita de Arriba (Schlösschen des Infanten oder Oberes Schlösschen)

3 km südwestlich hinter dem Golfplatz. Nur während der Karwoche (Gründonnerstag-Ostersonntag) und Juni-Sept. 10-18.45 Uhr. Mo geschl. 3,10 €; Mi für EU-Bürger Eintritt frei. ☏ *918 90 59 03.*

Wie das Prinzenschlösschen wurde die Casita de Arriba von Juan de Villanueva errichtet, und zwar für den Infanten Gabriel, einen Bruder Karls IV. Die Ausstattung der Räume entspricht dem Stil der damaligen Epoche. Im 1. Stock wurde ein Appartement für König Juan Carlos eingerichtet, das dieser vor seiner Thronbesteigung bewohnte.

Monasterio de El Escorial
Umgebung

Valle de los Caídos★★
16 km nordwestlich auf der M 600 und der M 527. Apr.-Sept. 10-18.30 Uhr, sonst 10-17 Uhr. Letzter Einlass 15 Min. vor Schließung. Mo, 1. und 6. Jan., 1. Mai, 17. Juli, 10. Aug., 24., 25. und 31. Dez. geschl. 4,90 € (9,50 € mit Palacio de El Escorial); Mi für EU-Bürger Eintritt frei. ☎ 918 90 56 11.

In der herben **Landschaft★★** tief in der Sierra de Guadarrama erhebt sich das von 1940 bis 1958 zum Gedenken an die im Bürgerkrieg (1936-1939) Gefallenen errichtete Denkmal Valle de los Caídos („Tal der Gefallenen"). Die Straße führt bis zum Vorplatz der in den Felsen gesprengten Kirche, die von einem hohen Kreuz überragt wird.

Basilica★★ – In der schmucklosen Granitfassade öffnet sich das Portal mit seinen Bronzeflügeln. Darüber sieht man eine Pietà von Juan de Ávalos. Der Innenraum der Kirche überwältigt durch seine ungeheure Größe. Am Eingang steht ein schmiedeeisernes Gittertor mit Statuen von 40 spanischen Heiligen und Kriegern. Vom 262 m langen Hauptschiff (Petersdom 186 m) gehen Kapellen ab, in denen acht Kopien von Brüsseler Wandteppichen aus dem 16. Jh. die Apokalypse illustrieren. Über den einzelnen Kapellen befinden sich aus Alabaster gearbeitete Kopien der bekanntesten Madonnen Spaniens. Über der Vierung erhebt sich eine **Kuppel★** mit 42 m Durchmesser, die ganz mit Mosaik verkleidet ist und spanische Helden, Märtyrer und Heilige zeigt, die sich Jesus Christus und der Jungfrau zuwenden. Die bemalte Christusfigur aus Holz am Kreuz des Hauptaltars wurde vom Bildhauer Beovide geschaffen. Vor den Altarstufen ruhen unter zwei Grabplatten José Antonio Primo de Rivera, der Gründer der Falange, und General Franco. In Grabkammern stehen die Särge von Opfern des Bürgerkriegs, ungeachtet ihrer politischen Zugehörigkeit.

Cruz (Kreuz)★ – Es ist ein Werk des Architekten Diego Mendez und misst 125 m (Gesamthöhe mit Sockel: 150 m). Der Querarm hat eine Länge von 46 m. Die beeindruckend großen Statuen der Evangelisten am Sockel und die Darstellungen der vier Kardinaltugenden darüber stammen von Juan de Ávalos. Vom Fuß des Kreuzes, das mit einer Standseilbahn zu erreichen ist, hat man einen schönen **Blick** auf das Bergmassiv. Der große Gebäudekomplex im Stil Herreras beherbergt ein Benediktinerkloster mit einem Priesterseminar und einem Studienzentrum für Sozialwissenschaften.

Estella/Lizarra★★

Estella liegt auf den Hügeln beiderseits des Ega. Die eleganten Fassaden aus Quadern oder Backsteinen erinnern an die Zeit, als Estella die Residenzstadt der Könige von Navarra (12. Jh.) und der Karlisten (19. Jh.) war. Alljährlich wird hier am 1. Sonntag im Mai ein Treffen der Karlisten abgehalten.

Steckbrief
13 569 Einwohner. Michelin-Karte Nr. 573 – Navarra. Estella liegt am Südhang der Sierra de Andía und der Sierra de Urbasa, direkt an der N 111, die auf einer schönen Strecke Pamplona mit Logroño (48 km südwestlich) verbindet. ❸ *San Nicolás 1, 31200 Estella,* ☎ *948 55 63 01.*
Reiseziele in der weiteren Umgebung: OLITE (44 km südöstlich), PAMPLONA/IRUÑA (45 km nordöstlich), CAMINO DE SANTIAGO und La RIOJA.

Auf Entdeckungstour

Plaza de San Martín
Hier befand sich ursprünglich das belebte Freibürgerviertel mit seinen Ladengeschäften und Herbergen. Heute wird die Stille des harmonischen kleinen Platzes durch nichts mehr gestört, außer vielleicht durch das Plätschern des Brunnens. Die eine Platzseite wird vom **Alten Rathaus** eingenommen, dessen Fassade aus dem 16. Jh. mit Wappen verziert ist.

> **„ESTELLA LA BELLA"**
> So wurde die Stadt im Mittelalter von den Pilgern des Jakobswegs (s. unter CAMINO DE SANTIAGO) genannt. Estella war eine wichtige Etappe auf dieser Pilgerstraße und besitzt daher mehrere romanische Baudenkmäler von großer künstlerischer Bedeutung. 1076 hatte König Sancho Ramírez der Stadt Privilegien verliehen, was Kauf- und Wirtsleute – meist Juden und Franken – anzog, die sich als Freibürger vor allem auf dem rechten Ega-Ufer niederließen. Die Pilger kamen nach Estella, um die „Madonna vom Berge" zu verehren, deren Kapelle an der Stelle steht, an der am 25. Mai 1085 der Legende nach von einem Sternenregen aufmerksam gemachte Hirten eine Marienstatue fanden. Das berühmteste Hospiz des Ortes war das Lazarus-Hospiz für Leprakranke.

Palacio de los Reyes de Navarra★

Der einstige Palast der Könige von Navarra ist ein hervorragendes Beispiel für einen romanischen Profanbau des 12. Jh.s. Die breite Fassade besitzt Arkaden und Zwillingsfenster, die beachtliche Kapitelle aufweisen.

San Pedro de la Rúa

Führung (30 Min.) Karwoche-Sept. 10-14 Uhr und 17-19 Uhr, sonst nach Voranmeldung 10-14 Uhr und 17-18 Uhr; So und feiertags 11-12.50 Uhr. 1. und 6. Jan. sowie 25. Dez. geschl. 1,80 €. ☎ 948 55 63 01.

An der Stelle der einstigen Stadtburg befindet sich auf einem Felsen gegenüber dem Palast der Könige von Navarra die Kirche San Pedro de la Rúa, in der noch interessante Bauteile aus dem 12. und 13. Jh. zu sehen sind.

Das **Portal★**, das man über eine steile Treppe erreicht, liegt an der Nordseite. Kapitelle und Bogenläufe sind reich mit Skulpturen verziert, interessant ist jedoch vor allem der innere Zackenbogen, der vom Einfluss der islamischen Kunst zeugt. Portale ähnlicher Bauweise findet man auch in Puente la Reina und Cirauqui sowie im französischen Poitou und in der Saintonge. Im Inneren beachte man eine spätromanische Madonna mit Kind, einen gotischen Christus und die drei romanischen Chorkapellen (eine Säule der Scheitelkapelle besteht aus drei ineinander verschlungenen Schlangen). In der linken Chorkapelle sieht man einen gekreuzigten Christus aus der Zeit der Romanik.

Bei der Sprengung der benachbarten Burg wurden im 16. Jh. zwei Flügel des romanischen **Kreuzgangs** zerstört. Das ist um so bedauerlicher, als die erhaltenen Teile vom großen Können und vom Einfallsreichtum des Künstlers zeugen, was man vor allem an den wunderschönen **Kapitellen★★** sieht. Im Nordflügel sind Szenen aus dem Leben Christi und der Heiligen Laurentius, Andreas und Petrus dargestellt. Pflanzen- und Tiermotive zieren die Säulen des Westflügels, in den auch vier schräg gestellte Säulen integriert wurden.

Calle de la Rúa

Hier zogen die Pilger entlang. Haus Nr. 7 ist der **Palacio de Fray Diego de Estella**. Er besitzt zwei schöne platereske Balkone und ein Wappen über dem Tor.

Iglesia del Santo Sepulcro

Die Kirche zeichnet sich vor allem durch ihr Portal in reiner Gotik aus. Auf drei Feldern sind hier das Abendmahl, die Hl. Frauen am Grabe Christi und die Hölle sowie die Kreuzigung dargestellt. In den das Portal umrahmenden Nischen stehen Heiligenstatuen, die mit einem gewissen Manierismus ausgeführt sind.

Ein kleines Stück zurückgehen und die Puente de la Cárcel (1973 wieder aufgebaut) überqueren.

San Miguel

Die Kirche überragt ein Viertel, das Ende des 12. Jh.s von Navarresen bewohnt wurde und dessen schmale Gassen ihren mittelalterlichen Charakter bewahrt haben. Das **Nordportal★** erscheint wie eine Herausforderung an die Bevölkerung des anderen Ufers. Das Tympanon zeigt Christus, der von den Evangelisten und anderen nicht entschlüsselten Gestalten umgeben ist. Auf den Bogenläufen erkennt man Engel mit Weihrauchfässern, die Ältesten der Apokalypse, Propheten und Erzväter, biblische Szenen und Martyrien von Heiligen. Auf den Kapitellen sind Szenen aus der Kindheit Jesu sowie Jagdszenen dargestellt. Im oberen Bereich des Portals befinden sich acht Säulenstatuen der Apostel; auf dem unteren Streifen zwei **Reliefs★★**, die ausdrucksvollsten und vollendetsten des Portals, die links den hl. Michael im Kampf gegen den Drachen und rechts die drei vom Grabe wiederkehrenden hl. Frauen darstellen. Diese Szene ist wegen des schönen Faltenwurfs der Gewänder und der ausdrucksvollen Gesichtszüge ein Meisterwerk der romanischen Skulptur.

Umgebung

Monasterio de Irache★

3 km südwestlich 9.30-13.30 Uhr und 17-19 Uhr, Sa/So und feiertags 8.30-13.30 Uhr und 16-19 Uhr. Mo, Di-nachmittag und Dez. geschl. Eintritt frei. ☎ 948 55 44 64.

Hier wurde schon im 10. Jh. ein Benediktinerkloster errichtet. Das von den Pilgern des Jakobswegs besuchte Kloster ging zur Zisterzienser-Ordensregel über und wurde im 16. Jh. eine von Benediktinern geleitete Universität; diese wurde 1833 geschlossen.

Kirche★ – Der Chor zeigt reine Romanik, während das Kirchenschiff ein frühgotisches Spitztonnengewölbe aufweist. In der Renaissance wurde die Trompenkuppel neu gestaltet und der *coro alto* eingefügt. Die Fassade sowie die meisten Konventsgebäude stammen aus dem 17. Jh.

Kreuzgang – Der Renaissancekreuzgang besitzt schön verzierte Konsolen und Kapitelle, auf denen Szenen aus dem Leben Christi und der Benediktslegende dargestellt sind.

Estella/Lizarra
Ausflug

Rundfahrt durch die Sierra de Andía und die Sierra de Urbasa★
94 km – ca. 3 Std.

Schöne Buchenwälder und weite Ausblicke während der Fahrt zu den Pässen machen den Reiz dieses Ausflugs aus.

Estella/Lizarra auf der NA 120 verlassen und in Richtung des Passes Puerto de Lizarraga fahren.

Monasterio Santa María de Iranzu
9 km von Estella entfernt; Anfahrtsstrecke ab der NA 120 ausgeschildert. Okt.-Apr. 10-14 Uhr und 16-18 Uhr (Mai-Sept. bis 20 Uhr). Weihnachten und 6. Jan. geschl. 2,40 €. ☎ 948 52 00 47.

Dieses ehemalige Zisterzienserkloster liegt einsam in einer wilden **Schlucht★**. Es wurde Ende des 12. Jh.s erbaut und beherbergt heute ein Internat. Das Gebäude ist ein schönes Beispiel für die Baukunst der Zisterzienser in der Übergangsphase zwischen Romanik und Gotik. Die Fenster des Kreuzgangs, die später nicht mit hochgotischem Maßwerk ausgefüllt wurden, sind besonders typisch. Die Kirche besitzt ein recht einfaches Spitztonnengewölbe und einen geraden Chorschluss mit drei Fenstern als Symbol der Dreifaltigkeit, was bei den Zisterziensern recht häufig vorkommt.

Straße zum Puerto de Lizarraga★★
Direkt am Ausgang des Tunnels, in 1 090 m Höhe und bevor die Straße steil durch Wälder und Weiden bergab führt, sollte man beim **Aussichtspunkt★** anhalten und den weiten Blick über das grüne Valle de Ergoyena genießen.

Bis Etxarri-Aranatz weiter und dort links auf die NA 240 nach Olatzi abbiegen; dort wieder links in Richtung Estella/Lizarra.

Straße zum Puerto de Urbasa★★
Die recht steil zwischen großen Felsblöcken und Baumgruppen entlangführende, ansteigende Straße ist von wilder Schönheit. Im Gegensatz dazu erscheint das weite bewaldete Tal, das man anschließend durchfährt, angenehm frisch. Bei der Abfahrt von dem in 920 m Höhe gelegenen Pass reicht der Blick bis zu schroffen, hohen Kalksteinbergen; die Straße führt dann durch die Schlucht des Urenderra, dessen Wasser glasklar ist.

Figueres★

Die Hauptstadt des Ober-Ampurdán (Alt Empordà) hat sich zu einem der wichtigsten Reiseziele Kataloniens entwickelt. Sie ist vor allem mit dem Namen des berühmten Malers Salvador Dalí (1904-1989) verknüpft, der in seiner Geburtsstadt die letzten Lebensjahre verbrachte und sein außergewöhnliches Museum errichtete.

Steckbrief
35 301 Einwohner. Michelin-Karten Nr. 574 und 122 – Kartenskizze Costa Brava, S. 211 – Entfernung nach Perpignan (Frankreich) 58 km – Katalonien (Girona). Figueres liegt im Herzen der Gemarkung Empordà in einer fruchtbaren Ebene, in strategisch günstiger Position an der Kreuzung der Strecken in Richtung Costa Brava und französischer Grenze. 🛈 *Plaça del Sol s/n, 17600 Figueres, ☎ 972 50 31 55.*
Reiseziele in der weiteren Umgebung: GIRONA (42 km südlich), COSTA BRAVA und PIRINEOS CATALANES.

Hintergrundinfos

Das Ende des Bürgerkrieges – Am 1. Februar 1939 tagte im Castell de Sant Ferran das Republikanische Parlament zum letzten Mal. Am 4. Februar fiel Girona, und am 6. Februar gingen Ministerpräsident Negrín sowie die republikanischen Politiker Azaña und Companys über die französische Grenze ins Exil.

Ein großer Erfinder – **Narcís Monturiol**, 1819 in Figueres geborener Politiker und Erfinder, entwickelte 1859 das erste U-Boot und ging damit in die Geschichte ein: Die *Ictíneo* bewegte sich mit Dampfantrieb fort und konnte zudem den für die Besatzung notwendigen Sauerstoff erzeugen.

Tipps und Adressen

Restaurant

• Spitzenkategorie
Mas Pau – Avinyonet de Puigventós – 5 km südwestlich von Figueres auf der N 260 – ☎ 972 54 61 54 – Mo, So-abend und Di-mittag (außer im Sommer), 7. Jan.-15. März geschl. – 32/52 €. Entdecken Sie eine raffinierte Version der katalanischen Küche wie Languste mit Kartoffel-Confit im herrlichen Ambiente dieses äußerst geschmackvoll restaurierten ehemaligen katalanischen Bauernhofes. Genießen Sie erlesene Gerichte auf einer schönen Terrasse im Grünen. Das Haus verfügt zudem über 17 Zimmer.

Unterkunft

• Unsere Empfehlung
Duràn Hotel – Lasauca 5 – ☎ 972 50 12 50 – duran@hotelduran.com – P ▣ – 65 Z.: 45/64 € – ☐ 6,50 € – Rest. 19/48 €. Das Hotel liegt im Stadtzentrum nahe dem Museu Dalí. Das Haus ist sehr gepflegt und mit unzähligen Spiegeln, Teppichen und Gemälden ausgestattet. Die Zimmer sind groß und komfortabel. Das im selben Stil eingerichtete zugehörige Restaurant hat sich auf hochwertige katalanische Küche spezialisiert.

• Fürstlich logieren
Hotel Rural Mas Falgarona – Avinyonet de Puigventós – 5,5 km südwestlich von Figueres auf der N 260 – ☎ 972 54 66 28 – email@masfalgarona.com – Nov. geschl. – P ⚊ – 8 Z.: 125/150 € ☐ – Rest. 31 €. Das luxuriöse Landhotel wurde in einem ehemaligen Bauernhof eingerichtet. Die minimalistische Ausstattung mit sehenswerten modernen Kunstwerken verstärkt noch die Schönheit der Materialien Naturstein, Backstein und Holz. Herrlicher Garten mit Schwimmbad.

Ein besonderes Highlight

DIE WELT DALÍS

Salvador Dalí und der Surrealismus – Dalí wurde 1904 in Figueres als Sohn einer wohlhabenden Familie geboren und gilt als einer der berühmtesten Maler des Surrealismus. Aufgrund seiner so genannten „paranoisch-kritischen Methode", die auf einer ironischen Sichtweise der Realität beruht, wurde der Künstler vom Gründer des Surrealismus, André Breton, aus den Reihen der Surrealisten ausgeschlossen. In seinen berühmtesten Gemälden *Der große Masturbator*, *Die Beständigkeit der Erinnerung*, *Leda atomica* und *Die Vorahnung des Bürgerkrieges* drückt Dalí mit Hilfe von weichen und sehr sinnlichen Formen seine ganz persönliche Welt aus, in der sexuelle Anspielungen, Kindheitstraumata und die Anbetung seiner Gattin Gala von vorrangiger Bedeutung sind.

Die beiden wichtigsten Zeugnisse seines Lebens und Schaffens in Figueres liegen an der Plaça de Dalí i Gala, einem belebten Platz mit zahlreichen Souvenirläden und Straßencafés.

Teatre-Museu Salvador Dalí★★

2. Jan.-30. Juni und Okt.-Dez. 10.30-17.15 Uhr (Mo geschl.); Juli-Sept. 9-19.45 Uhr. Letzter Einlass 45 Min vor Schließung. 1. Jan. und 25. Dez. geschl. 7,50 €. ☎ 972 67 75 09.

Das Dalí-Museum fasziniert oder stößt ab, lässt den Besucher aber auf keinen Fall gleichgültig. Es wird der Persönlichkeit des Künstlers vollauf gerecht. Salvador Dalí selbst sagte dazu: „Dieses Museum darf nicht als einfaches Museum betrachtet werden; es handelt sich vielmehr um einen gigantischen surrealistischen Gegenstand, in dem alles kohärent ist und nichts meinem Verständnis entgeht." Das Museum ist im ehemaligen Stadttheater (1850) untergebracht, das während des Bürgerkriegs ausbrannte und 1966 restauriert wurde. Salvador Dalí hat dem Gebäude eine riesige Glaskuppel angefügt – unter der er begraben ist –, einen großen Innenhof angelegt und zahlreiche, seiner Phantasie entsprungene Gegenstände aufgestellt: Rieseneier, Brötchen, die wie die Muscheln der Casa de las Conchas in Salamanca die Fassade überziehen, Waschbecken, vergoldete Schaufensterpuppen u. a. Bei der Dekoration der das Museum umgebenden Plätze – hier finden sich etwa auf Reifensäulen sitzende Figu-

> **DALÍ IN DER GEGEND UM FIGUERES**
> Nicht weit von Figueres kann man weitere beeindruckende Beispiele für die Schaffenskraft dieses Künstlers entdecken. Im malerischen Fischerdorf **Cadaqués**★★ *(s. unter COSTA BRAVA, 1)*, 31 km östlich von Figueres auf der C 260 und der GI 614, befindet sich das **Casa-Museu Salvador Dalí**★. In Púbol, 47 km auf der A 7 (Ausfahrt Nr. 6), liegt das Schloss, das Dalí seiner Gala 1970 zum Geschenk machte, **Casa-Museu Castell Gala Dalí**★ *(s. unter GIRONA/GERONA, Umgebung).*

Figueres

Torre Galatea und Teatre-Museu Dalí

ren – wie auch der Innenräume, wo z. B. ein Wohnzimmer eingerichtet ist, das Mae West darstellt (Sofa in Lippenform, Kamin in Nasenform, Bilderrahmen in Augenform), hat der Künstler seiner Exzentrik freien Lauf gelassen. Weiterhin sind einige Gemälde Dalís ausgestellt (darunter eine Reihe Bilder, die den Künstler beim Malen seiner Frau Gala darstellen) sowie Werke anderer Maler, darunter Pitxot, Duchamp, Fortuny.

Torre Galatea★
Dalí erfand Traumgebilde für die Dekoration des Turms und schwelgte in den für ihn typischen grellen Farben.

Besichtigung

IN DER ALTSTADT

Figueres kann auch mit einer sehenswerten Altstadt mit kleinen Plätzen und Gassen aufwarten. Welche Bedeutung die Stadt Anfang des 20. Jh.s hatte, lässt sich noch an der Rambla erkennen, einer hübschen Promenade, die durch die Altstadt verläuft und an der sich Restaurants und Straßenlokale aneinander reihen.

Museu de Joguets★
Okt.-Juni 10-13 Uhr und 16-19 Uhr, So und feiertags 11-13.30 Uhr; sonst 10-13 Uhr und 16-19 Uhr, So und feiertags 11-13.30 Uhr und 17-19.30 Uhr. Okt.-Juni Di, 1. Jan. und 25. Dez. geschl. 4,50 €. ☎ 972 50 45 85.
Spielzeugmuseum mit interessanten Sammlungen von Automaten, Marionetten und Stofftieren. Die Spielsachen stammen aus den verschiedensten Ländern und Epochen.

Museu de l'Empordà
11-19 Uhr, So und feiertags 11-14 Uhr. Mo, 1. Jan., 25. und 26. Dez. geschl. 1,80 €. ☎ 972 50 23 05.
Heimatmuseum mit Sammlungen zur Archäologie, Geschichte und Kunst des Empordà. Die Gemäldeabteilung enthält Werke von Künstlern des 19. und 20. Jh.s (Nonell, Sorolla, Dalí, Tàpies, Ponç).

Sant Pere
8.15-12.45 Uhr und 15.30-21 Uhr. ☎ 972 50 31 55.
Die Ende des 14. Jh.s errichtete Hallenkirche ist ein gutes Beispiel für die katalanische Gotik. Während des Bürgerkrieges wurde sie nahezu vollständig zerstört, weshalb der Chor, das Querhaus und der Turm aus der Nachkriegszeit stammen.

AUSSERHALB
Castell de Sant Ferran★
Führung (2 Std.) 1. Juli-16. Sept. und Karwoche 10.30-20 Uhr, sonst 10.30-14 Uhr und 16-18 Uhr. 1. Jan., 30. Mai und 25. Dez. geschl. 2,10 €; 3. Mai Eintritt frei.
☎ 972 50 60 94.
Diese beeindruckende Festungsanlage wurde Mitte des 18. Jh.s errichtet, um die Grenze zu Frankreich zu verteidigen. Beim Bau kamen die fortschrittlichsten Techniken der Militärarchitektur zum Einsatz; so wurde etwa der weite Grundriss im Stile Vaubans sternförmig angelegt. Aufgrund ihrer enormen Ausmaße – allein der Exerzierplatz hat eine Fläche von 12 000 m² – ist Sant Ferran die zweitgrößte Festung Europas. Besonders die **Pferdeställe★** sollte man gesehen haben. Von der Umfassungsmauer bietet sich ein wunderschöner **Rundblick★** über die Ebene des Empordà.

Estrecho de Gibraltar

Die nur 14 km breite Straße von Gibraltar hatte schon immer eine große strategische Bedeutung im Mittelmeerraum. Dieser Aspekt bestimmte die Geschichte der dortigen Städte. Im Osten liegt der natürliche Hafen der Bucht von Algeciras mit den Städten Algeciras, La Línea de la Concepción und Gibraltar.

Steckbrief
Michelin-Karte Nr. 578 – Andalusien (Cádiz); Gibraltar gehört zum britischen Hoheitsgebiet. Die auf dem 36. Breitengrad gelegene Landspitze von Tarifa ist der südlichste und der dem afrikanischen Kontinent am nächsten gelegene Punkt der Iberischen Halbinsel. ▫ *Algeciras: Juan de la Cierva s/n, 11207 Algeciras,* ☎ *956 57 26 36; Gibraltar: 158 Main Street,* ☎ *956 77 49 50/82.*
Reiseziele in der weiteren Umgebung: COSTA DE LA LUZ, COSTA DEL SOL und MÁLAGA.

Ausflug

Die 21 km lange Straße zwischen Tarifa und Algeciras bietet beeindruckende **Ausblicke★★★** auf die afrikanische Küste. Am Aussichtspunkt Mirador del Estrecho 8 km von Tarifa kann man den Wagen abstellen.

Tarifa *(s. unter COSTA DE LA LUZ, Ausflüge)*

Algeciras
101 972 Einwohner. Von 711 bis 1344 beherrschten die Mauren den Ort, den sie Al Yazirat-al-jadra („Die Insel") nannten, ein Name, der an die heute mit dem Festland verbundene Isla Verde erinnert. Die Stadt verdankt ihre Bedeutung der leicht zugänglichen Reede und der günstigen Lage an der Straße von Gibraltar. Täglich laufen vom Hafen mehrere Fähren in Richtung Tanger und Ceuta aus; heute ist Algeciras mit jährlich über 3,5 Millionen Passagieren der bedeutendste Passagierhafen Spaniens. Für an Geschichte Interessierte empfiehlt sich zuerst ein Besuch des Städtischen Museums **(Museo Municipal)**, in dem interessante Dinge zur **Belagerung von Algeciras** (1342-1344) ausgestellt sind. *10-14 Uhr und 17-20 Uhr.* ☎ 956 63 00 36.
Sehenswert ist auch die belebte Plaza Alta, an der sich die Kirche **Nuestra Señora de la Palma** (18. Jh.) und die Barockkirche Nuestra Señora de la Aurora erheben. Von der Straße nach Tarifa genießt man herrliche **Ausblicke★★★** auf die Küste Nordafrikas.

Gibraltar★
Britisches Hoheitsgebiet. 28 339 Einwohner. Einreiseformalitäten: Für deutsche und österreichische Staatsbürger der gültige Personalausweis oder Reisepass; Schweizer benötigen einen Reisepass.
Der berühmte mächtige Felsklotz, auf dem fast 30 000 Menschen leben, ist 4,5 km lang, an der breitesten Stelle 1,4 km breit und bis zu 426 m hoch. Im Jahr 711 taufte der maurische Feldherr Tarik ihn „Djebel Tarik", woraus dann Gibraltar wurde. Während des Spanischen Erbfolgekriegs ergriff eine englisch-holländische Flotte 1704 im Namen der englischen Königin Anna Stuart Besitz von der Halbinsel. Der am Ende dieses Kriegs unterzeichnete Frieden von Utrecht (1713) garantierte den Engländern die Hoheit über die Festung. Seither wird Gibraltar von den Engländern verwaltet, denen der Felsen im Ersten und im Zweiten Weltkrieg als Flottenstützpunkt diente.

Am Fuß der Westflanke liegen der Handels- und der Militärhafen sowie die Stadt mit ihren Häusern im englischen und spanischen Stil, ihren Pubs und Geschäften mit typisch britischen Aushängeschildern.

Museo de Gibraltar – *10-14 Uhr und 16-19 Uhr (einschl. feiertags), Sa/So 10-14.30 Uhr.* ☎ *956 36 07 15.*
Das Museum befindet sich im Stadtzentrum in einem unauffälligen Gebäude, das über maurischen Bädern (**Baños Árabes★**, 14. Jh.) errichtet ist. Ausgestellt sind Objekte zur Frühgeschichte der Region, insbesondere der Schädel des Menschen von Gibraltar, sozusagen einer „Frau Neandertaler".

Main Street – An der Hauptstraße von Gibraltar liegen Souvenirläden und sonstige Geschäfte, die Kathedrale **Santa María la Coronada** und die Residenz des Gouverneurs, **Convento** genannt.

Besichtigung des Felsens★ – *Der Gipfel kann mit der Seilbahn (teleférico) oder dem Auto erreicht werden. Zunächst der Main Street, dann den Wegweisern „Upper Rock" folgen. 9.30-19 Uhr. Der Eintritt schließt die Besichtigung von Höhle, maurischer Festung, Naturpark (Reserva Natural del Alto Peñón), The Great Siege Tunnel und Affenfelsen (Guarida de los Monos) ein. 1. Jan. und 25. Dez. geschl. 5 £.* ☎ *956 74 50 00.*
Die Straße führt zunächst zur Tropfsteinhöhle **St. Michael's Cave**. Von dort aus kann man zu Fuß zum Gipfel des Felsens gehen *(1 Std. hin und zurück)*, wo sich schöne **Blicke★★** auf die beiden Hänge und darüber hinaus auf die spanische und die marokkanische Küste bieten. Auf der gleichen Straße weiterfahrend gelangt man zum **Apes' Den**, dem von frei lebenden Affen bevölkerten Teil des Felsens. Interessant ist es auch, das Netz der unterirdischen Galerien zu besichtigen **(The Great Siege Tunnels)**, die von den Engländern im 18. Jh. gebaut wurden.

Girona/Gerona★★

Gerona, offiziell nur noch Girona, liegt auf einem Hügel an der Mündung des Onyar in den Ter. Die Stadt hat eine bewegte Geschichte, die ihr den Namen „Stadt der tausend Belagerungen" eingebracht hat. Ihr Befestigungsgürtel war zunächst iberisch, dann römisch und schließlich mittelalterlich. Das Rolandslied erinnert an den Ansturm der Truppen Karls des Großen; 1809 widerstanden der General Álvarez de Castro und seine Truppen mehr als sieben Monate lang den Soldaten Napoleons.

Steckbrief
70 409 Einwohner. Michelin-Karten Nr. 574 und 122 – Katalonien (Girona). In Girona haben sich stets wichtige Wege gekreuzt. Hier führten Römerstraßen und später mittelalterliche Wege vorbei, die den Süden Frankreichs mit der Iberischen Halbinsel verbanden. Heute liegt die Stadt an der N II und der A 7, die Barcelona (97 km südwestlich) mit Figueres (42 km nördlich) verbinden. In Girona nehmen auch die C 150 nach Banyoles (19 km nordwestlich) und die C 25 nach Vic (79 km westlich) ihren Ausgang. An die Küste gelangt man über die C 255 nach Palafrugell (39 km südwestlich) und die C 250 nach Sant Feliu de Guíxols (3 km südwestlich). ᴇ *Rambla de la Llibertat 1, 17004 Girona,* ☎ *972 22 65 75.*
Reiseziele in der weiteren Umgebung: FIGUERES, COSTA BRAVA und PIRINEOS CATALANES.

> **GERONA UND DAS JUDENTUM**
> Die jüdische Gemeinde der Stadt, nach Barcelona die zweitgrößte Kataloniens, war für ihre kabbalistische Schule bekannt. Vom 9. Jh. bis zu ihrer Vertreibung 1492 hatte sie ihr Viertel beiderseits der **Calle de la Força**. Schmale Straßen zeugen von der Vergangenheit, so z. B. die Calle Cúndaro und die Calle Sant Llorenç, wo sich das **Centro Bonastruc ça Porta** befindet, das sich der jüdischen Geschichte der Stadt widmet (Ausstellungen, Vorträge u. a.).

Auf Entdeckungstour

DIE ALTSTADT *Besichtigung: 3 Std.*
Die Fußgängerbrücken über dem Onyar bieten einen reizvollen Blick auf die aneinander gereihten ocker- oder orangefarbenen Hausfassaden, die sich im Fluss spiegeln, auf den spitzen Turm von Sant Feliu sowie den Turm der Kathedrale. Man erreicht die Kathedrale über enge Gassen und die 90-stufige Freitreppe **Escalera de la Pera**. Rechts davon steht die **Casa de Pia Almoina**, ein schönes gotisches Haus aus dem 14. Jh.

Häuser am Onyar

Besichtigung

Catedral★
8-14 Uhr und 16-18 Uhr (März-Juni 16-19 Uhr), Juli-Sept. 8-20 Uhr; So und feiertags 8-14 Uhr. Mo geschl. ☎ 972 21 44 26.

Die Barockfassade ist wie ein Retabel aus Stein konzipiert, über dem sich ein großes Rundfenster befindet. Die übrigen Gebäudeteile sind gotisch. Mit dem Bau des Chors mit Umgang und Kapellenkranz wurde 1312 begonnen. Zu Beginn des 15. Jh.s wurde dann der kühne Beschluss gefasst, einen einschiffigen **Kirchenraum★★** anzufügen, der durch seine überwältigenden Ausmaße (es ist der größte überwölbte gotische Kirchenraum überhaupt) und seine Helligkeit beeindruckt. Chor und Schiff wurden im gleichen schlichten und kraftvollen Stil ausgeführt. Nur die Öffnungen der Kapellen, die Bögen des Triforiums und die großen Fenster unterbrechen die Geraden.

Im Chor befindet sich unter einem silbernen Baldachin, der den Himmel symbolisiert, ein mit Emailarbeit verziertes **Retabel★** (14. Jh.) aus vergoldetem, getriebenem Silber, das das Leben Christi zum Thema hat. In den Seitenkapellen sind wertvolle Kunstwerke zu sehen: Die Sant-Honorat-Kapelle *(beim Westportal,*

Tipps und Adressen

RESTAURANT
• *Spitzenkategorie*
El Celler de Can Roca – *Carretera Taialà 40 – ☎ 972 22 21 57 - So, Mo, 1.-15. Juli und an Weihnachten geschl. – ▣ – 35/48 €.* Der kreative Küchenchef bietet kulinarische Überraschungen, die man sich nicht entgehen lassen sollte. Die Gerichte sind ein wahrer Gaumenschmaus, erlesene Weinkarte.

TAPAS
Boira – *Plaça de la Independència 17 – ☎ 972 20 30 96 – ▣.* Die in den Kolonnaden der Plaça de la Independència gelegene Bar ist ein beliebter Treffpunkt für junge Leute. Man genießt die *tapas* in einem modernen Ambiente. Vom hinteren Teil aus hat man einen wunderschönen Blick auf die bunten Häuser, die sich im Wasser des Onyar spiegeln.

UNTERKUNFT
• *Gut & preiswert*
Hotel Condal – *Joan Maragall 10 – ☎ 972 20 44 62 – 38 Z.: 23/43 € ⊊.*
Empfehlenswert vor allem aufgrund der günstigen Lage an einer Geschäftsstraße direkt im Stadtzentrum. Die recht einfachen Zimmer sind sehr sauber und hell. Die Bäder sind ein wenig altmodisch.

• *Unsere Empfehlung*
Hotel Carlemany – *Plaça Miquel Santaló 1 - ☎ 972 21 12 12 – carlemany@grn.es – ▣ ▣ & - 90 Z.: 88/100 € – ⊊ 8 € – Rest. 28/36 €.* Das Hotel mitten im Stadtzentrum ist mit den modernsten Einrichtungen ausgestattet. Die Zimmer sind hell und geschmackvoll, die Badezimmer traumhaft.

FÜR ZWISCHENDURCH
Cu-Cut – *Plaça de la Independència 10 – ☎ 972 20 83 01.* Gemütliches Café mit freundlicher Bedienung. Manchmal werden hier Konzerte gegeben, oder es finden Lesungen statt.

La Terra – *Ballesteries, 23 – ☎ 972 21 92 54.* Ruhiges Lokal mit Blick auf den Onyar.

GIRONA/GERONA

Álvarez de Castro		AZ 2
Argenteria		BY 3
Ballesteries		BY 4
Bellaire		BY 6
Berenguer Carnicer		AY 7
Bonastruc de Porta		AY 9
Carme		BZ 10
Ciutadans		BZ 12
Cúndaro		BY 13
Devesa (Pas. de la)		AY 14
Eduard Marquina (Pl. de)		AZ 15
General Fournàs		BY 16
General Peralta (Pas. del)		BZ 17
Joaquim Vayreda		AY 18
Juli Garreta		AZ 19
Llibertat (Rambla de la)		BZ 23
Nou		AZ
Nou del Teatre		BZ 27
Olivai i Prat		BY 26
Palafrugell		BY 28
Pedreres (Pujada de les)		BZ 29
Ramon Folch (Av. d'en)		AY 31
Rei Ferran el Catòlic		BY 33
Rei Martí (Pujada del)		BY 34
Reina Isabel la Católica		BZ 36
Reina Joana (Pas. de la)		BY 37
Sant Cristòfol		BY 39
Sant Daniel		BY 40
Sant Domènec (Pl. de)		BY 42
Sant Feliu (Pujada de)		BY 44
Sant Francesc (Av. de)		AZ 45
Sant Pere (Pl. de)		BY 48
Santa Clara		ABYZ
Santa Eugénia		AZ 49
Ultònia		AZ 53

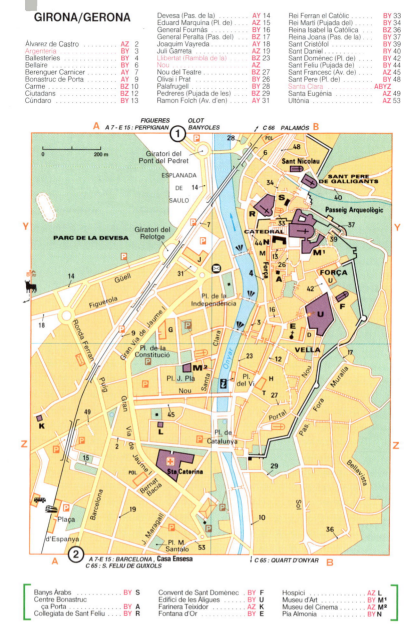

Banys Àrabs		BY S
Centre Bonastruc ça Porta		BY A
Collegiata de Sant Feliu		BY R
Convent de Sant Domènec		BY F
Edifici de les Àligues		BY U
Farinera Teixidor		AZ K
Fontana d'Or		BY E
Hospici		AZ L
Museu d'Art		BY M¹
Museu del Cinema		AZ M²
Pia Almonia		BY N

1. Kapelle links) enthält z. B. das gotische Wandgrab des Bischofs Bernat de Pau (gest.1457), das aus drei übereinander liegenden Zonen mit Figuren in zarter Steinmetzarbeit besteht.

Tesoro (Schatzkammer)★★ – *8-14 Uhr und 16-18 Uhr (März-Juni 16-19 Uhr), Juli-Sept. 8-20 Uhr; So und feiertags 8-14 Uhr. Mo geschl. 3,10 €. ☎ 972 21 44 26.*
Hier finden sich zahlreiche außergewöhnliche Werke, z. B. eines der schönsten Exemplare des **Beatus**★★. Dieser im 8. Jh. im Kloster Santo Toribio de Liébana geschriebene *Kommentar zur Apokalypse des Johannes (s. S. 86, 381)* wurde viel kopiert. Die Miniaturen der hiesigen, im Jahr 975 angefertigten Abschrift wurden von Emeterio und der Nonne Euda gemalt und zeichnen sich durch die Farbgebung und die Ausdruckskraft der von Fabeltieren bevölkerten Darstellungen aus. Einflüsse der maurischen Kunst sowie westgotische Schmuckformen sind zu erkennen. Im selben Saal befindet sich die romanische Madonna aus der Kathedrale (*Virgen de la Seu*, 12. Jh.). In den angrenzenden Sälen sind herrliche Goldschmiedearbeiten ausgestellt, darunter ein mit Grubenschmelzarbeit verziertes Kreuz aus dem 14. Jh. Von ganz besonderem Interesse ist das Kästchen des Prinzen Hicham (**Arqueta de Hixem**; 10. Jh.) aus getriebenem Silber, ein schönes Zeugnis der Kunst der Kalifenzeit.

Im letzten Saal ist der berühmte Schöpfungsteppich (**Tapiz de la Creación**★★★; um 1100) zu sehen. Dieses einzigartige Kunstwerk, eine Stickerei, hat einen kreisförmigen Mittelteil, in dem Christus als Weltenherrscher dargestellt ist. Um ihn herum erscheinen die Schöpfungstage und in den Ecken die vier Winde.

Kreuzgang★ – Der trapezförmige Kreuzgang stammt wie der ihn überragende „Turm Karls des Großen" (11. Jh.) aus der romanischen Zeit (12.-13. Jh.). In den Ecken und der Mitte jedes Flügels sind die Stützen mit schönen Friesen der Schöpfungsgeschichte verziert. Bemerkenswert daran sind besonders die sorgfältige Ausarbeitung der Faltenwürfe und die Heiterkeit der Gesichter.

Museu D'Art de Girona★★

10-18 Uhr (März-Sept. 10-19 Uhr); Mi 10-24 Uhr (Juli-Sept.); So und feiertags 10-14 Uhr. Mo, 1. und 6. Jan., Ostersonntag sowie 25. und 26. Dez. geschl. 1,20 €; So und feiertags Eintritt frei. ☎ *972 20 38 34.*

Das Museum ist im Bischofspalast untergebracht und bietet einen guten Überblick über die Kunst Gironas von der Romanik bis zum 20. Jh. In der Sammlung romanischer Kunst seien vor allem der aus Holz und Stein gefertigte und mit Silber überzogene Altar von Sant Pere de Rodes (10., 11. Jh.) sowie der **Balken von Cruïlles**★ (12.-13. Jh.) erwähnt. In der Abteilung mit den gotischen Werken befindet sich eine unterschwere, aus Besalú stammende Madonnenstatue aus Alabaster (15. Jh.). Im Thronsaal sind Retabel ausgestellt, darunter das von **Sant Miquel de Cruïlles**★★ (15. Jh.) von Lluís Borrassà, eines der schönsten gotischen Werke Kataloniens, und das ebenfalls gotische **Retabel von Púbol**★ (1437) von Bernat Martorell. Das Retablo de Sant Feliu von Juan de Borgoña ist ein Beispiel für den Übergangsstil von der Gotik zur Renaissance.

Colegiata de Sant Feliu (Ehemalige Stiftskirche)★

Das Gebäude steht außerhalb der Stadtmauer und wurde auf den Märtyrergräbern des Bischofs Narcissus von Girona und des hl. Felix errichtet, die beide Schutzpatrone der Stadt sind.

Die gotische Kirche mit besonders hohem Chorhaupt erhebt sich auf den Fundamenten einer romanischen Kirche. In die Mauern der Apsis sind acht **Sarkophage**★ aus der frühchristlichen Zeit eingelassen, die bei Ausgrabungen unter der Kirche gefunden wurden. Besonders interessant sind der Sarkophag auf der rechten Seite, auf dem der Raub der Proserpina dargestellt ist, und der auf der gegenüberliegenden Seite, auf dem in kraftvollen Linien eine **Löwenjagd**★ abgebildet ist.

Banys Àrabs★

1. Apr.-30. Sept. 10-19 Uhr, sonst 10-14 Uhr; So und feiertags 10-14 Uhr. Mo (Okt.-März), 1. und 6. Jan., Ostersonntag sowie 25. und 26. Dez. geschl. 1,20 €. ☎ *972 21 32 62.*

Maurischer Bau aus dem späten 12. Jh. Die Maurischen Bäder bestehen aus einer Flucht von vier Räumen, dem Auskleide- und Ruheraum **(Apodyterium)** mit einem von Säulen umgebenen Becken und einer Laternenkuppel, dem Raum für kalte Bäder **(Frigidarium)**, einem lauwarmen Bad **(Tepidarium)** und dem **Caldarium** für warme Bäder.

Passeig Arqueològic

Gegenüber den Maurischen Bädern führt eine Treppe zu den am Fuß der Stadtmauer angelegten Gärten, von denen aus sich ein weiter Blick über das ganze Ter-Tal bietet.

Sant Pere de Galligants★

Unweit der Kirche Sant Nicolau (kleeblattförmige Apsis) öffnet sich das Portal der romanischen Kirche Sant Pere. Das Gebäude wurde mehrmals befestigt; das Chorhaupt ist in die Wehrmauer integriert, der Glockenturm diente als Wachtturm. Die Kirche und der Kreuzgang enthalten heute das **Museu Arqueològic de Girona**, in dem die bei Ausgrabungen in der Provinz gemachten Funde ausgestellt sind. Der Kreuzgang bildet den Rahmen für eine Sammlung jüdischer Grabplatten (13.-14. Jh.); in der alten Sakristei sind Kunstwerke aus Empúries zu sehen, darunter ein herrliches Grabmal aus dem 4. Jh.; es wird „Die Jahreszeiten" **(Sepulcro de las Estaciones**★**)** genannt und zeigt hier den Herbst. *Juni-Sept. 10.30-13.30 Uhr und 16-19 Uhr, sonst 10-14 Uhr und 16-19 Uhr; So und feiertags 10-14 Uhr. Mo, 1. Jan., Ostersonntag sowie 25. und 26. Dez. geschl. 1,20 €; So Eintritt frei.* ☎ *972 20 46 37.*

Museu del Cinema

Okt.-Apr. 10-18 Uhr, Mai-Sept. 10-20 Uhr. Mo geschl. 3,10 €. ☎ *972 41 27 77.*

Der Kern der Sammlungen dieses originellen Museums zur Geschichte des Films wurde von Tomás Mallol zusammengetragen. Die Reise in die Welt der Illusionen führt zum Schattenspiel, zur Camera Obscura, zur Laterna Magica und zu anderen Vorläufern des heutigen Kinos.

Parc de la Devesa★

In diesem Park befindet sich der größte Bananenhain Kataloniens.

Girona/Gerona
Umgebung

Casa-Museu Castell Gala Dalí★
*In **Púbol**, 16 km östlich. Ausfahrt aus Girona auf der C 66 in Richtung La Bisbal d'Empordà, dann rechts abbiegen in Richtung Púbol. 15. März-14. Juni 10.30-18 Uhr (Mo geschl.), Juli-Okt. tgl. 10.30-19.30 Uhr. Letzter Einlass 45 Min. vor Schließung. 2. Nov.-14. März geschl. 4,30 €. ☎ 972 48 86 55 oder 972 67 75 00.*

1970 machte Salvador Dalí seiner Frau Elena Diakanoff, genannt Gala, diese Burg der Barone von Púbol zum Geschenk. Die Innenräume sind mit den erstaunlichsten Dingen ausgestattet. Im Wappensaal im 1. Stock zeigt ein riesiges Fresko Dalí beim Malen der Decke. In Raum 3, dem Schlafzimmer Galas, ist ein Schachspiel mit Figuren in Form von Fingern aufgestellt. Im 2. Stock *(Raum 7)* sind die Kleider Galas zu sehen und die entsprechenden Zeichnungen von Chanel, Pierre Cardin, Christian Dior und auch von Dalí selbst. Im Kellergeschoss *(Raum 11)* ruht Gala umgeben von Skulpturen und einer ausgestopften Giraffe.

Ausflug

VON GIRONA NACH SANTA PAU *88 km – 1 Tag*
Ausfahrt aus Girona über ① des Plans; auf der C 66 in Richtung Norden fahren.

Banyoles★
19 km. Dieser malerische Ort liegt an einem schönen **See**★, auf dem bekannte Bootsrennen ausgetragen werden. Das **Museu Arqueològic Comarcal**★ enthält neben anderen Funden den so genannten Kiefer *(mandibula)* von Banyoles aus dem Jungpaläolithikum. *Juli-Aug. 11-13.30 Uhr und 16-20 Uhr, sonst 10.30-13.30 Uhr und 16-18.30 Uhr; So und feiertags 10.30-14 Uhr. Mo, 1. und 6. Jan. sowie 24. und 31. Dez. geschl. 1,80 €. ☎ 972 57 23 61.*

Im klassizistischen Kloster Sant Esteve sind ein gotischer Kreuzgang und ein gotisches Retabel erhalten; der Altar ist der Mare de Déu de l'Escala geweiht. Jeden Mittwoch wird auf dem arkadengesäumten Dorfplatz (13. Jh.) ein beliebter Wochenmarkt abgehalten.

Auf der am See entlangführenden Straße kommt man am Westufer zur Kirche **Santa Maria de Porqueres**★ (13. Jh.). Diese ist einschiffig und am Triumphbogen mit eigenartigen figürlichen Kapitellen geschmückt. *Tgl. 10-20 Uhr. ☎ 972 57 32 17.*

Ausfahrt aus Banyoles zur C 66, dann 13 km bis Besalú fahren.

Besalú★★
Im 11. und 12. Jh. war Besalú die Hauptstadt einer Grafschaft. Am Ortseingang ist eine befestigte mittelalterliche **Brücke**★ erhalten, deren Ursprung noch auf die Römer zurückgeht. Der **alte Stadtkern** ist ausgesprochen reizvoll und hat Reste der

Brücke von Besalú

Wehrmauer und mehrere mittelalterliche Gebäude mit Zwillingsbogenfenstern bewahrt. Die romanische Kirche **Sant Pere★** hat ein wunderschönes, von Löwen gerahmtes Fenster und einen für die Gegend seltenen Chorumgang. *Tgl. 10-14 Uhr und 16-19 Uhr.* ☏ *972 59 12 40.*
Im ehemaligen Judenviertel mit engen, windungsreichen Gassen ist ein maurisches Bad erhalten, auch **Mikwa** genannt. *10-14 Uhr und 16-19 Uhr auf Anfrage im Fremdenverkehrsamt Plaça Llibertat. 0,60 €.* ☏ *972 59 12 40.*
Von Interesse sind außerdem die Iglesia de Sant Vicenç (12.-13. Jh.) und die Casa Llaudes, die einen schönen romanischen Patio besitzt.

14 km in westlicher Richtung auf der N 260.

Castellfollit de la Roca★

Der Ort liegt an einem 60 m hohen Basaltfelsen in einer Gegend, die für ihre Vulkanformationen bekannt ist. Als sich im Tertiär die Pyrenäen bildeten, führte die Verschiebung des alten Gesteinssockels zu Lavaflüssen entlang der Einbruchstellen rings um Olot. Noch heute gibt es in diesem Gebiet, das zum Naturpark **(Parque Natural de la Zona Volcánica de la Garrotxa★)** erklärt wurde, etwa 30 Vulkankegel des strombolianischen Typs und etwa 20 erstarrte Lavaströme, die das Relief der Landschaft prägen.
Castellfollit hat bei der Kirche Sant Salvador einen interessanten mittelalterlichen Stadtkern bewahrt.

8 km westlich über die N 260.

Olot★

Die von mehreren erloschenen Vulkanen umgebene Stadt ist das Zentrum eines Landbaugebiets und für ihren Rindermarkt bekannt. Hier hat sich die Tradition des Schnitzens von Votivfiguren, die bunt bemalt werden, erhalten.
Die Barockfassade der klassizistischen Kirche **Sant Esteve★** (18. Jh.) erhebt sich an einem Vorplatz. Innen sind ein schöner Baldachin, ein Barockretabel und das eigenartige Gemälde ***Der kreuztragende Christus★*** (1605) von El Greco sehenswert. *Besichtigung nach Voranmeldung.* ☏ *972 26 04 74.*
Im **Museu Comarcal de la Garrotxa★** sind Gemälde und **Grafiken★★** katalanischer Künstler des 19. und 20. Jh.s ausgestellt. *11-14 Uhr und 16-19 Uhr, So und feiertags 11-14 Uhr. Di, 1. Jan. und 25. Dez. geschl. 1,80 €; 1. Sonntag im Monat Eintritt frei.* ☏ *972 27 91 30.*
Die modernistische **Fassade★** der **Casa Solà-Morales★** von Domènech i Montaner *(s. unter BARCELONA)* verdient ebenfalls Beachtung.

9,5 km östlich von Olot über die GI 524.

Santa Pau★

Dieser bezaubernde Ort liegt auf einer Anhöhe. Er hat einen schönen arkadengesäumten Platz, an dem die Pfarrkirche (15.-16. Jh.) und das Schloss stehen.

Rückfahrt nach Banyoles 24 km über die GI 524.

Granada★★★

Die Stadt Granada besticht nicht nur durch ihre herrlichen maurischen Bauwerke, sondern auch durch den makellos blauen Himmel und die reizvolle Lage★★★ in einer fruchtbaren Ebene, *vega* genannt. Sie erstreckt sich am Fuß der schneebedeckten Sierra Nevada in der Ebene und an den beiden Hügeln Albayzín und Sacromonte und am Alhambra-Hügel. Besonders vom Albayzín bietet sich ein wundervoller Ausblick auf die roten Mauern der Alhambra, die auf das moderne Granada blickt. Sie gehört zu den schönsten Bauwerken, die der Mensch je geschaffen hat, und allein um ihretwillen lohnt sich die Reise nach Granada.

Steckbrief

241 471 Einwohner. Michelin-Karten Nr. 124 und 578 – Andalusien (Granada). Granada liegt an der N 323-E 902, am Zusammenfluss des Genil und des Darro. Über Schnellstraßen ist die Stadt mit Jaén, Antequera und Málaga verbunden. ☒ *Plaza Mariana Pineda s/n, 18009 Granada, ☎ 958 22 59 90/66 88.*
Reiseziele in der weiteren Umgebung: GUADIX (57 km nordöstlich), JAÉN (94 km nördlich), ANTEQUERA (100 km westlich) und COSTA DEL SOL (südlich).

Hintergrundinfos

Geschichtliches – Die Stadt gewann im 11. Jh. zum Zeitpunkt des Niedergangs des Königreichs Córdoba an Bedeutung. Sie wurde die Hauptstadt eines unabhängigen Reiches, das zunächst von den Almoraviden und 100 Jahre später von den Almohaden beherrscht wurde. Zu einem großen Aufschwung kam es, als die Christen 1236 Córdoba zurückeroberten und die Mauren nach Granada flohen. Eine neue Dynastie, die **Nasriden**, wurde 1238 von Muhammad in Nasr gegründet, der die Lehnsherrschaft Ferdinands III. anerkannte. Dadurch erlebte das Königreich Granada eine Friedenszeit. Zweieinhalb Jahrhunderte lang, von 1238 bis 1492, war die Stadt ein Symbol für wirtschaftliche, kulturelle und künstlerische Blüte; damals entstanden so bemerkenswerte Bauten wie die Alhambra.

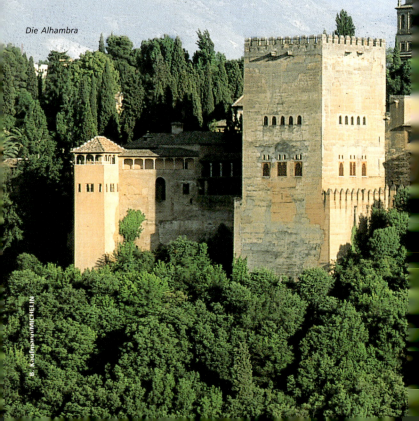

Die Alhambra

Im 15. Jh. verkleinerten die Christen das Nasridenreich immer mehr. Granada war eine der letzten Bastionen, die den Katholischen Königen noch fehlte. Die Uneinigkeit unter den Maurenherrschern öffnete den Christen schließlich die Tore. Nach einer sechsmonatigen Belagerung zogen die Katholischen Könige am 2. Januar 1492 in Granada ein; Boabdil, der letzte Nasride, übergab ihnen die Stadtschlüssel und zog mit einer Schar von Getreuen ins Exil. Auf der Straße nach Motril warf er unter Tränen einen letzten Blick auf die Stadt, woraufhin seine Mutter zu ihm gesagt haben soll: „Beweine jetzt nur weibisch, was du nicht wie ein Mann verteidigen konntest." Der Ort, ein Bergsattel südlich von Granada, trägt noch heute den Namen **Suspiro del Moro** („Seufzer des Mauren"). Die maurische Herrschaft in Spanien hatte 781 Jahre gewährt.

Nach der Reconquista konnte Granada dank der königlichen Protektion weiter florieren. Ein harter Schlag war dann die Unterdrückung der Morisken nach dem Aufstand in den Alpujarras *(s. unter „Ausflug")* und ihre endgültige Vertreibung aus Spanien.

Granada heute – Es ist erstaunlich, wie unterschiedlich die verschiedenen Stadtteile Granadas heute sind. Während man östlich der **Plaza Nueva** auf dem Albayzín und dem Alhambra-Hügel ruhig spazieren gehen kann und es viele Grünzonen gibt, herrscht in den tiefer gelegenen Vierteln mit den Hauptstraßen **Gran Vía de Colón** und **Calle Reyes Católicos** ein reger Verkehr. Zwischen diesen beiden Achsen erstreckt sich ein dichtes Netz schmaler Geschäftsstraßen; hier liegen das Geviert der Kathedrale und die Fußgängerzone. In den Restaurants des Stadtzentrums kann man die lokale Spezialität *habas* kosten, dicke Bohnen mit Schinken.

Berühmte Namen – Im 17. Jh. arbeitete der Baumeister, Bildhauer und Maler **Alonso Cano** (1601-1667) in Granada. Ausgehend von der Renaissance führte er diesen schmuckreichen Stil zu schlichten, klassischen Formen; seine Skulpturen sind frei von Pathos und dennoch ausdrucksvoll. Sein Schüler **Pedro de Mena** (1628-1688) schuf realistische und trotzdem verinnerlichte Statuen.

Die 1826 in Granada geborene Granden-Tochter **Eugenia de Montijo** heiratete 1853 den Kaiser der Franzosen, Napoleon III. Sie war schön und intelligent, jedoch in politischen Angelegenheiten schlecht beraten und drängte den Kaiser zum Krieg gegen Preußen (1870-1871).

Im 20 km von Granada entfernten Fuentevaqueros wurde **Federico García Lorca** geboren (1899-1936). Er ist einer der großen Dichter Spaniens, doch passte er nicht in das Schema der damaligen Regierung. 1936 wurde er in Granada festgenommen und am 19. August von Falangisten erschossen. Heute kommen immer wieder Besucher ins Sommerhaus der Familie **Huerta de San Vicente**, um seiner zu gedenken. *Führung (30 Min.) Apr.-Sept. 10-13 Uhr und 17-20 Uhr, sonst 10-13 Uhr und 16-19 Uhr. Mo geschl. 1,80 €. ☎ 958 25 84 66.*

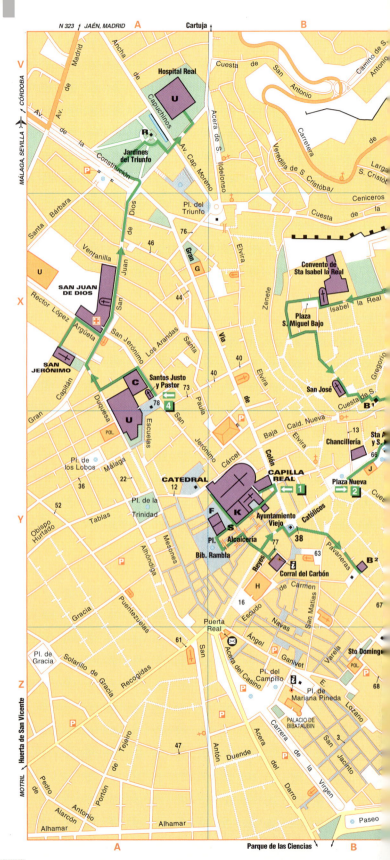

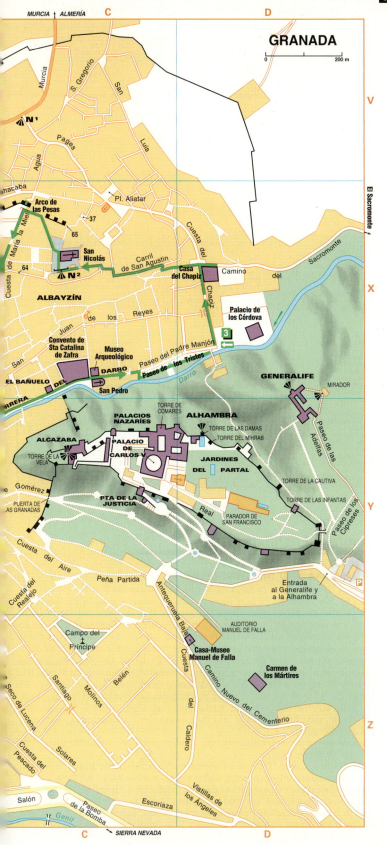

Granada

VERZEICHNIS DER STRASSEN UND SEHENSWÜRDIGKEITEN VON GRANADA

Straße	Code
Adelfas (Paseo de las)	DY
Agua	CV
Aire (Cuesta del)	CY
Alhacaba (Cuesta de la)	BCX
Alhamar	AZ
Alhóndiga	AY
Aliatar (Pl.)	CX
Ancha de Capuchinos	AV
Ancha de la Virgen	BZ 3
Angel Ganivet	BZ
Antequeruela Baja	CDYZ
Arandas (Los)	AX
Belén	CZ
Bib-Rambla (Pl. de)	ABY
Bomba (Paseo de la)	CZ
Caidero (Cuesta de)	DZ
Calderería Nueva	BY
Camino Nuevo de S. Nicolás	CX
Campillo (Pl. de)	BZ
Capitán Moreno (Av.)	AV
Capuchinas	AY 12
Cárcel Alta	BY 13
Cárcel Baja	BY
Carmen (Pl. del)	BY 16
Casino (Acera del)	BY
Ceniceros	BCX
Chapiz (Cuesta del)	DX
Cipreses (Paseo de los)	DY
Colón (Gran Vía de)	BXY
Constitución (Av. de la)	AV
Condelas infantas	AY 22
Darro (Acera del)	BZ
Darro (Carrera del)	BCXY
Duende	BZ
Duquesa	AXY
Elvira	BXY
Escoriaza	CDZ
Escudo de Carmen	BY
Escuelas	AY
Gomérez (Cuesta de)	BCY
Gracia	AZ
Gracia	AY
Gran Capitán	AXY
Horno de Abad	AY 36
Homo de la Charca	CX 37
Isabel la Católica (Pl. de)	BY 38
Isabel la Real	BX
Larga San Cristóbal	BCV
Lobos (Pl. de los)	AY
Lozano	BZ
Madrid (Av. de)	AV
Málaga	AY
Maria la Miel (Cuesta de)	CX
Mariana Pineda (Plaza de)	BZ
Marqués de Falces	BX 40
Mesones	AY
Molinos	CZ
Murcia (Carretera de)	BCV
Navarrete	AX 44
Navas	BYZ
Nueva (Plaza)	BY
Nueva del Santísimo	AX 46
Nueva de San Antón	AZ 47
Obispo Hurtado	AY
Paco Seco de Lucena	CZ
Padre Manjón (Paseo del)	CDX
Pages	CV
Pavaneras	BY
Pedro Antonio de Alarcón	AZ
Peña Partida	CY
Pescado (Cuesta del)	CZ
Picón (Carril del)	AY 52
Portón de Tejeiro	AZ
Principe (Campo del)	CZ
Puentezuelas	AY
Real	DY
Real (Puerta)	BYZ
Realejo (Cuesta del)	CY
Recogidas	AZ
Rector López Argüeta	AX
Reyes Católicos	BY
Sacromonte (Camino del)	DX
Salón (Paseo del)	BCZ
San Antón (Pl. de)	AZ 61
San Antón	ABZ
San Antonio (Camino de)	BCV
San Antonio (Cuesta de)	BV
San Cristóbal (Veredilla de)	BVX
San Gregorio	CV
San Gregorio (Cuesta de)	BX
San Ildefonso (Acera de)	BVX
San Jacinto	BZ
San Jerónimo	AXY
San Juan de Dios	AX
San Juan de la Cruz (Plaza)	BY 63
San Juan de los Reyes	CX
San Luis	CV
San Matias	BY
San Miguel Bajo (Plaza)	BX
San Nicolás (Camino Nuevo de)	CX 64
San Nicolás (Cuesta de)	CX 65
Santa Ana (Pl. de)	BY 66
Santa Bárbara	AX
Santa Escolástica	BY 67
Santa Paula	AX
Santiago	CZ
Santo Domingo (Callejón de)	BZ 68
Solares	CZ
Solarillo de Gracia	AZ
Tablas	AY
Tendillas de Santa Paula	AX 73
Tinajilla	AX 76
Tomasas (Carril de las)	CX
Tovar (Pl.)	BY 77
Trinidad (Pl. de la)	AY
Triunfo (Pl. del)	ABX
Universidad (Pl. de la)	AX 78
Varela	BZ
Ventanilla	AX
Virgen (Carrera de la)	BZ
Vistillas de los Ángeles	DZ
Zenete	BX

Sehenswürdigkeit	Code
Alcaicería	BY
Alcazaba	CY
Alhambra	DY
Arco de las Pesas	CX
Baños árabes (El Bañuelo)	CX
Capilla Real	BY
Carmen de los Mártires (Jardines)	DZ
Cartuja	BV
Casa del Chapiz	DX
Casa-Museo Manuel de Falla	DZ
Casa de Porras	BX B1
Casa de los Tiros	BY B2
Catedral	BY
Chancillería	BY
Colegio de San Bartolomé y Santiago	AX C
Convento de Santa Catalina de Zafra	CX
Convento de Santa Isabel la Real	BX
Corral del Carbón	BY
Curia eclesiástica	BY F
Generalife	DX
Hospital Real	AV
Hospital de San Juan de Dios	AX
Huerta de San Vicente	AZ
Iglesia del Sagrario	BY K
Iglesia de San José	BX
Iglesia de San Juan de Dios	AX
Iglesia de San Pedro	CX
Iglesia de Santa Ana y San Gil	BY
Iglesia de Santo Domingo	BZ
Iglesia de los Santos Justo y Pastor	AX
Jardines del Triunfo	AV
Jardines y Torres de la Alhambra	DY
Madraza o Ayuntamiento Viejo	BY
Mirador de San Cristóbal	CV N1
Mirador de San Nicolás	CX N2
Monestario de San Jerónimo	AX
Monumento a la Inmaculada Concepción	AV R
Museo Arqueológico	CX
Palacio Arzobispal	BY S
Palacio de Carlos V	CY
Palacio de los Córdova	DX
Palacios Nazaries	CY
Parque de las Ciencias	BZ
Puerta de la Justica	CY
Sacromonte	DX
Universidad	AXY U

Besondere Highlights

DIE ALHAMBRA UND DER GENERALIFE★★★ *Besichtigung: 1/2 Tag*
März-Okt. 8.30-20 Uhr (und Di-Sa 22-23.30 Uhr: nur Paläste der Nasriden); Nov.-Febr. 8.30-18 Uhr. Kassenschluss 75 Min. vor dem letzten Einlass. 6,50 €, 7 € im Vorverkauf bei den Filialen der BBV-Banken überall in Spanien und über das Internet: www.alhambratickets.com. Mit der Eintrittskarte können alle Bereiche besichtigt werden, sie gibt auch die Besuchszeit für die Paläste der Nasriden an. ☎ 958 22 75 25. Mo thematische Führung in kleinen Gruppen (Auskunft und Voranmeldung unter ☎ 902 22 44 60).

Die Nasridenkunst – Die Granadiner Kunst ist der letzte Ausdruck maurischen Kunstschaffens in Spanien. Sie zeugt von einer großen Verfeinerung, für die das rein Dekorative allerdings wesentlicher war als das Architektonische oder der Wert des Baumaterials. So verbergen sich unter prachtvoller Dekoration oft unedle Werkstoffe, grob aufeinander gepasste Backsteine und Gips, und es ist eigentlich überraschend, dass die Alhambra, das Hauptwerk der Nasridenkunst, die Zeiten überdauern konnte.

Der **Dekor** war außerordentlich wichtig. Davon zeugt der erhaltene überreiche Wand- und Deckenschmuck.

Der fein ziselierte, zum Teil wie Spitzenarbeit durchbrochene **Stuck** ist sowohl innen als auch außen allgegenwärtig und fängt mit seinem Relief das Licht ein. Ein oder zwei übereinander liegende Arabesken erscheinen hinter einem Netz von Vielecken und wiederholen sich über die ganze Wand. Bei einer anderen Technik werden in Stuck Stalaktiten *(mocárabes)* gebildet und damit Kapitelle, Gesimse, Bögen, ja selbst ganze Kuppeln überzogen. Die Stuckverzierungen waren einst bemalt und zum Teil vergoldet.

Tipps und Adressen

Restaurant

● *Unsere Empfehlung*
Chikito – Plaza del Campillo 9 - ☏ 958 22 33 64 - Mi geschl. - Reserv. empf. – 18/24 €. Ein Restaurant, das man besucht haben muss. In den 30er-Jahren verkehrten hier Künstler und Intellektuelle, z. B. García Lorca. Geboten werden Spezialitäten der andalusischen Küche und ein ausgezeichneter Schinken.

Mirador de Morayma – Pianista García Carrillo 2 - ☏ 958 22 82 90 - So-abend geschl. – 21/27 €. Eines der romantischsten Lokale der Stadt, im Viertel Albayzín gelegen. Rustikale Einrichtung, Terrasse mit Grünpflanzen und eine herrliche Aussicht auf die Alhambra.

La Ermita en la Plaza de Toros – Avenida Doctor Olóriz 25 (in der Stierkampfarena) – ☏ 958 29 02 57 – 29 €. Das Restaurant mit Tapas-Bar liegt originellerweise im Erdgeschoss der Stierkampfarena. Die Einrichtung (Naturstein, Holztische, rustikale Stühle und Stierkampfmotive an den Wänden) bildet einen idealen Rahmen, um die traditionelle andalusische Küche zu genießen.

Tapas

Bodegas Castañeda – Almireceros 1 – ☏ 958 21 54 64 – 🚫 🖃. Diese typische, mit unzähligen Flaschen dekorierte *bodega* in der Nähe der Plaza Nueva ist stets gut besucht. Käse- und Räucherspezialitäten.

Pilar del Toro – Hospital de Santa Ana 12 – ☏ 958 22 38 47. Der Besuch dieses Lokals, das sich in einem alten Haus aus dem 17. Jh. befindet, lohnt sich allemal. Durch eine Eisentür gelangt man zur Bar, links ist eine kleine Anrichte, rechts ein großer andalusischer Patio. Das hübsche Restaurant befindet sich im 1. Stock.

La Trastienda – Plaza de Cuchilleros 11 – 🚫. In diesem gemütlichen Tapas-Lokal, das 1836 gegründet wurde und früher ein Kolonialwarenladen war, kann man an der Bar hervorragende Wurst essen oder im Speisesaal Kleinigkeiten genießen.

Unterkunft

● *Gut & preiswert*
Hotel Los Tilos – Plaza de Bib-Rambla 4 - ☏ 958 26 67 12 - 30 Z.: 34/49 € – ⌑ 5 €. Dieses einfache Hotel liegt an einem hübschen Platz mit vielen Blumenständen, ganz in der Nähe der Kathedrale, die man von einigen Zimmern aus sehen kann. Die Zimmer sind komfortabel.

● *Unsere Empfehlung*
Hotel Maciá Plaza – Plaza Nueva 4 - ☏ 958 22 75 36 – maciaplaza@maciahoteles.com – 🖃 – 44 Z.: 42/63 € – ⌑ 5 €. Das einfache, unlängst renovierte Hotel hat eine zentrale Lage am Fuß des Alhambra-Hügels. Das Gebäude besitzt vier Stockwerke und eine hübsche Balkonfassade. Die Zimmer sind korrekt (Korbmöbel und Teppichboden).

Hotel Palacio de Santa Inés – Cuesta de Santa Inés 9 - ☏ 958 22 23 62 – sinespal@teleline.es – 🖃 – 13 Z.: 72/96 € – ⌑ 6 €. Das kleine Hotel im Viertel Albayzín ist in einem Gebäude aus dem 16. Jh. untergebracht. Im schlichten Patio sind Freskenreste im Mudéjar-Stil erhalten. Die Zimmer sind geräumig und bequem eingerichtet, einige haben Blick auf die Alhambra.

Hotel América – Real de la Alhambra 53 - ☏ 958 22 74 71 - hamerica@moebius.es - März-Nov. geschl. - 14 Z.: 61/97 € – ⌑ 6,50 € – Rest. 16 €. Dieses kleine, familiäre Hotel befindet sich in einem Haus aus dem 14. Jh. in den Gärten der Alhambra. Besonderes Plus ist die freundliche und behagliche Atmosphäre. Hübscher Patio.

Carmen de Santa Inés – Placeta de Porras 7 - ☏ 958 22 63 80 – sinescar@teleline.es – 🖃 – 9 Z.: 72/120 € – ⌑ 6 €. Wer unter einer Pergola mit Blick auf die Alhambra frühstücken möchte, gern in eleganten Zimmern nächtigt und ein gemütliches Ambiente zu schätzen weiß, ist in diesem reizenden Hotel, das in einer Villa untergebracht ist, genau richtig.

● *Fürstlich logieren*
Parador de Granada – Alhambra s/n – ☏ 958 22 14 40 – 🅿 🖃 ♿ – 34 Z.: 162/203 € – ⌑ 11 € – Rest. 25 €. Der wunderschöne Parador ist das umgebaute Franziskanerkloster (im 15. Jh. von den Katholischen Königen gegründet). Er genießt eine herrliche Lage innerhalb der Alhambra. Der Aufenthalt hier ist wirklich märchenhaft. Wer nicht im Parador übernachtet, sollte wenigstens auf der Terrasse mit Blick auf den Generalife eine Erfrischung zu sich nehmen.

Für zwischendurch

El Tren – Carril del Picón 22 - Tgl. 8-22 Uhr. Gemütliches und originelles Lokal mit großer Auswahl an Kaffee, Tee und Kuchen. An der Decke hängen die Gleise einer Modelleisenbahn, die dort oben ihre Runden dreht, daher der Name („Der Zug"). Unterschiedliches Publikum je nach Tageszeit.

Teterías (Teestuben) – Calderería Nueva. In der Calle Calderería Nueva, zwischen Stadtzentrum und Albayzín, fühlt man sich wie in einer arabischen Stadt. Die kleinen, heimeligen Teestuben geben der Straße eine gemütliche Atmosphäre. Besonders schön sind das Pervane (ruhig und angenehm, riesige Auswahl an Tee, Kaffee, Mixgetränken und Kuchen) und das Kasbah (sehr maurisch mit Kissen und Teppichen eingerichtet).

Cafés, Kneipen und Bars

La Fontana – Darro 19 - Tgl. 16-3 Uhr. Das geruhsame Lokal befindet sich in einem alten Haus am Fuß des Alhambra-Hügels und des Albayzín. Die Inneneinrichtung besteht zum Teil aus Antiquitäten. Hier kann man in aller Ruhe ganz entspannt ein Gläschen trinken. Große Auswahl an Kaffee, Tee und Cocktails.

El 3er Aviso – *Plaza de Toro 1-18 - Tgl. 16-5 Uhr.* Das Lokal liegt bei der Stierkampfarena und überrascht durch seine Größe und die moderne Einrichtung. Es erstreckt sich über mehrere, sehr unterschiedliche Ebenen, von denen man herunterschauen kann. Bei netter Hintergrundmusik trifft sich hier ein Publikum zwischen 25 und 45.

El Camborio – *Sacromonte 47 - Di-Sa 24-6 Uhr.* Ein altes und traditionsreiches Lokal auf dem Sacromonte. Man sollte im Auto oder Taxi hinfahren, die Gegend ist nicht die beste. Das Lokal ist überaus originell, es besteht aus vier miteinander verbundenen Gewölben. Hier kann man die Nacht ausklingen lassen. Gute Tanzmusik, gemischtes Publikum, vor allem Studenten.

El Príncipe – *Campo del Príncipe 7 - ☎ 958 22 12 17 - Im Sommer Di-So 23-6 Uhr, im Winter Mi-Sa.* Auf der Bühne treten bekannte spanische Bands auf. Treffpunkt der Reichen und Schönen von Granada.

FESTE
Während der Karwoche *(Semana Santa)* und an Fronleichnam *(Corpus)* finden Festlichkeiten von hohem Lokalkolorit statt, zu denen im Juni die **Internationalen Musik- und Tanzfestspiele** hinzukommen.

Azulejos bedecken in geometrischen Mustern die Wände: Als *alicatados* bilden sie eine farbige Intarsienarbeit, deren verschlungene Linien Sterne ergeben; bei einer anderen Technik werden die Farben der Kacheln durch ein feines, erhöhtes Band oder einen schwarzen Strich *(cuerda seca)* abgegrenzt.

Auch die **Kalligraphie** spielte eine wesentliche Rolle. Für die schmückenden Inschriften an den Wänden wurde vor allem die besonders elegante andalusische Kursivschrift verwendet; die kufische Schriftform fand meist für religiöse Inschriften oder Rechtssprüche Verwendung, die besonders umrahmt wurden.

Alhambra★★★

Calat Alhambra, die „Rote Burg", wurde auf einem ausgedehnten, flachen Terrain auf der Spitze eines bewaldeten Hügels errichtet. Es handelt sich um eine der eindrucksvollsten Palastburgen der Welt. Die Ausblicke auf die Stadt, die kargen Anhöhen des Sacromonte und die Hügel mit den Gärten des Albayzín machen einen Besuch des Palastes noch reizvoller.

Der Haupteingang, die während der Regentschaft Karls V. errichtete Puerta de Granadas, führt durch den äußeren Mauergürtel der Alhambra in ein **Wäldchen★**.

Palacios Nazaríes★★★

Die Gebäude aus dem 14. Jh. sind typisch islamische Paläste, geteilt in die Zone für die Rechtsprechung und die öffentlichen Versammlungen, den Königspalast und die Frauengemächer. Die Gebäude der Nasridenzeit sind um den Myrtenhof und den Löwenhof herum angeordnet und stellen mit ihren Stalaktitengewölben, Kuppeln, dem ziselierten Stuck und den mit Arkaden geschmückten Höfen wahre Meisterwerke dieser Architektur dar.

Man besichtigt zunächst den **Mexuar**, den Teil des ersten Palastes, der für öffentliche Rechtsprechung und Versammlungen bestimmt war. Ein schöner *Azulejos*-Sockel und ein Schriftband führen um den Raum, an den sich hinten eine Betkapelle anschließt. Daneben liegt der **Patio del Cuarto Dorado (1)**, dessen Südwand mit dem weit vorspringenden Vordach der Inbegriff der maurischen Kunst Granadas ist, sowohl in Bezug auf die Flächenaufteilung rings um die Fenster als auch auf den vielfältigen Stuck- und Keramikdekor. Der große Raum, nach dem der Hof benannt ist, ist mit einem kachelverkleideten Sockel, zarten Stuckmotiven und einer schönen Balkendecke verziert. Von seinen Fenstern bietet sich eine herrliche **Aussicht★** auf den Albayzín.

Weiter gelangt man in den beeindruckenden langgestreckten Myrtenhof **(Patio de los Arrayanes)**. Ein von Myrtensträuchern umgebenes Becken bildet seine Mittelachse. Der zinnengekrönte **Torre de Comares** spiegelt sich im Wasser. Er steht in einem starken Gegensatz zu den grazilen Vorbauten, durch die man in die **Sala de la Barca** (*barakha* = Segen) und den Saal der Gesandten **(Salón de Embajadores)** gelangt. Letzterer ist der größte Raum der Alhambra und diente den Emiren als Audienz- und Festsaal. Er besitzt eine herrliche Zedernholzkuppel und ist vielfältig ornamentiert. Zur Dekoration gehören metallisch schimmernde *azulejos* und Stuckdekor mit arabischen Inschriften (Koransuren und Verherrlichungen der Fürsten).

Vom Myrtenhof aus geht man zum Palast, in dem die königliche Familie wohnte. Hier befindet sich der berühmte Löwenhof **(Patio de los Leones)**, der im 14. Jh. für Mohammed V. erbaut wurde. Der von 12 marmornen Löwen getragene antike Brunnen ist von eleganten Arkadengängen umgeben, hinter denen prachtvolle Gemächer liegen:

Die **Sala de los Abencerrajes** besitzt eine herrliche sternförmige Stalaktitenkuppel. In diesem Raum sollen die Mitglieder des berühmten Adelsgeschlechts der Abencerragen auf Anordnung Boabdils hingerichtet und ihre Köpfe in das Zierbrunnenbecken gelegt worden sein.

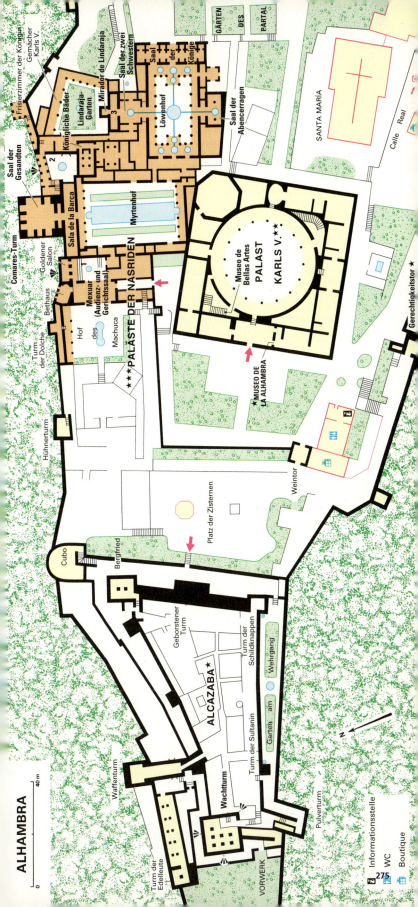

Granada

Am Ende des Saals der Könige **(Sala de los Reyes)** befinden sich drei alkovenartige Nebenräume mit Deckenbildern. Der Stil dieser Gemälde (höfische Szenen) unterscheidet sich so sehr vom übrigen Dekor, dass man annimmt, dass sie entweder von einem für den Sultan tätigen christlichen Künstler ausgeführt wurden oder erst nach der Reconquista entstanden sind.

Die **Sala de las Dos Hermanas** (Saal der zwei Schwestern) ist mit einem Stalaktitengewölbe mit unzähligen Hohlkehlen abgeschlossen. Der Raum ist nach den beiden identischen Marmorplatten im Fußboden benannt und mit seinem wundervollen Stuck und den *azulejos* einer der schönsten der Alhambra.

Es schließen sich die **Sala de los Ajimeces (3)** und der **Mirador de Lindaraja** an, die beide ebenfalls reich verziert sind. Ursprünglich hatte man vom Mirador aus einen weiten Blick über die Umgebung von Granada, doch seit der Errichtung der Gemächer Karls V. sieht man nur einen kleinen, frischen Garten.

Nachdem man den Raum durchquert hat, den der Schriftsteller Washington Irving bei seinem Aufenthalt in der Alhambra bewohnte, erreicht man eine offene Galerie mit Sicht auf den Albayzín. Von dort geht man hinunter in den Patio de la Reja **(2)** und den Patio de Lindaraja.

Durch den Patio de Lindaraja zu den Jardines del Partal gehen.

Gärten und Türme der Alhambra★★

Östlich der Paläste liegen die **Jardines del Partal**, deren Terrassen sich bis hinunter zum Damenturm **(Torre de las Damas)** und ihrem graziösen Vorbau erstrecken. Dieses Gebäude wurde für Jusuf I. zu Beginn des 14. Jh.s gebaut.

Rechts davon erheben sich der Torre del Mihrab und die einstige Moschee der Nasriden. Etwas weiter davon entfernt stehen der Torre de la Cautiva (Turm der Gefangenen) aus der Zeit Jusufs I. und der Torre de las Infantas (aus einer späteren Epoche).

Von den Jardines del Partal gelangt man direkt in den Palast Karls V.

Palast Karls V.★★

1526 beauftragte Karl V. Pedro Machuca mit dem Bau dieses Palastes, den er mit einer den Mauren auferlegten Steuer finanzierte.

Pedro Machuca (gest. 1550), der seine Ausbildung bei Michelangelo erhalten hatte, hinterließ nur dieses eine Werk. Es gilt als das bedeutendste Beispiel der Renaissance in Spanien. Die Anlage ist durch den einfachen Grundriss (von einem Quadrat umschriebener Kreis, den ein doppelstöckiger Säulengang umgibt) und ihre klaren Linien bestechend; der weite Innenhof wirkt sehr majestätisch. Hier befinden sich zwei Museen:

Museo de la Alhambra★ – Das Museum enthält vom Islam geprägte spanische Kunstwerke, Keramik, *Azulejos*-Wandverkleidungen, Schnitzwerke, Gipsdekor, Stoffe u. a. Besonders kostbar sind die **Blaue Vase oder Gazellenvase★**, ein Meisterwerk aus dem 14. Jh., sowie die Pila de Almanzor, ein Ablutionsbecken, auf dem Hirsche und Löwen dargestellt sind.

Museo de Bellas Artes – Besonders schön sind hier die Skulpturen und Gemälde mit religiösen Themen aus der Zeit vom 16. bis 18. Jh., darunter Werke von Diego de Siloé, Pedro de Mena, Vicente Carducho, Alonso Cano u. a. Hier befindet sich auch das wunderschöne Stillleben *Distel mit Mohrrüben*★★ von Sanchez Cotán.

Alcazaba★

Die herbe Festung ist der älteste Teil der Alhambra. Die Türme an der Plaza de los Aljibes (Zisternenplatz) stammen aus dem 13. Jh. Vom Garten beim Wehrgang (Jardín de los Adarves) bieten sich weite Ausblicke auf den waldbedeckten Alhambra-Hügel. Noch schöner ist die **Aussicht★★** vom mächtigen Wachtturm **(Torre de la Vela)**; der Blick umfasst die gesamte Palastanlage, den Generalife, den Sacromonte, Granada und die Sierra Nevada.

Puerta de la Justicia★

Das Gerechtigkeitstor befindet sich in einem Turm des äußeren Mauerrings. Die Außenwand schmückt ein breites *Azulejos*-Band und ein Marienbild aus dem 16. Jh.

Generalife★★

Das im frühen 14. Jh. errichtete Lustschloss der Könige von Granada hat zauberhafte **Terrassengärten** mit Springbrunnen und Wasserbecken. Durch die Zypressenallee (Paseo de los Cipreses) und die Neuen Gärten erreicht man den Palast. Sein Hauptstück bildet der **Patio de la Acequia** (Kanalhof), ein Hof mit einem langen, schmalen Becken und Springbrunnen, begrenzt von zwei zierlichen Pavillons und einem Arkadengang mit Mirador in der Mitte. Im hinteren Pavillon mit Säulenvorbau befindet sich der reich mit Stuckaturen verzierte Sala Regia.

Am Hang oberhalb des Palastes liegen die Oberen Gärten mit bezaubernden Kaskaden *(s. auch S. 84)*.

KATHEDRALVIERTEL Besichtigung: 3/4 Std.

Capilla Real (Königskapelle)★★
Mai-Sept. 10.30-13 Uhr und 16-19 Uhr, sonst 10.30-13 Uhr und 15.30-18.30 Uhr; So und feiertags 11-13 Uhr und 16-19 Uhr. 2. Jan. vormittags, Karfreitag sowie 12. Okt. vormittags geschl. 2,10 €. ☎ 958 22 92 39.

Die **Katholischen Könige** wollten am Ort ihres endgültigen Sieges über die Mauren begraben sein. Der Bau, ein Meisterwerk der Isabellinischen Gotik, wurde 1506 nach Plänen von Enrique Egas begonnen und 1521 beendet. Besonders bemerkenswert sind die stilistische Einheit und die reiche Ornamentik des Baus. Man betritt ihn von der Calle de los Oficios her, wobei man zuerst die plateresk ehemalige Börse **(Lonja)** durchquert. Zwei Arkadenreihen sind der elegante Schmuck der Fassade.

Die Hauptfassade der Königskapelle liegt im Norden. Sie wurde beim Bau der Kathedrale in diese einbezogen. In der Kapelle finden sich alle Dekorationsmöglichkeiten des Isabellinischen Stils vereinigt: Gewölberippen, die Wappen der Katholischen Könige, ihr Emblem (Pfeile und Joch), die Initialen ihrer Vornamen und der Adler des Evangelisten Johannes. Das Gebäude hat einen kreuzförmigen Grundriss; die Vierung ist mit einem großartigen vergoldeten **Gitter**★★★ des Kunstschmieds Meister Bartolomé de Jaén abgeschlossen. Dahinter befinden sich die **Grabmäler**★★★ der Katholischen Könige *(rechts)* und das ihrer Tochter Johanna und Philipps des Schönen *(links; Johanna und Philipp waren die Eltern Karls V.)*. Das Grabmal der Katholischen Könige wurde 1517 von Domenico Fancelli in Genua aus Carrara-Marmor gehauen. Das andere, ebenfalls sehr harmonische Grabmal ist ein Werk von Bartolomé Ordóñez (um 1520). Die Toten ruhen jedoch nicht hier, sondern in einfachen Zinnsärgen in der Krypta. Das **Retabel**★ des Hochaltars, ein Werk von Felipe Vigarny (1520), enthält sehr ausdrucksvolle, in der Bewegung dargestellte Figurengruppen. Im unteren Bereich der Predella sind Szenen der Übergabe Granadas und der Taufe der Mauren zu erkennen. Die betenden Figuren der Katholischen Könige werden Diego de Siloé zugeschrieben.

Museum – Das Museum befindet sich in der ehemaligen Sakristei. Neben Objekten von unschätzbarem historischem Wert, wie die Krone und das Zepter Isabellas und das Schwert Ferdinands, ist hier eine wunderschöne **Sammlung**★★ von Werken altniederländischen (Rogier van der Weyden, Hans Memling), italienischer (Perugino, Botticelli) und spanischer Meister (Bartolomé Bermejo, Pedro Berruguete) ausgestellt. Hinten im Raum befinden sich das **Passionstriptychon** (Mittelteil von Dierick Bouts) und zwei betende Figuren der Katholischen Könige von Felipe Vigarny.

Der Kapelle gegenüber steht das Alte Rathaus (**Antiguo Ayuntamiento**; frühes 18. Jh.), ein schönes Beispiel für den Granadiner Barock; vor ihm stand hier die im 14. Jh. gegründete islamische Hochschule (Medersa).

Catedral★
Eingang an der Gran Vía de Colón. Apr.-Sept. 10.30-13.30 Uhr und 16-19 Uhr, So 16-19 Uhr, sonst 10.45-13.30 Uhr und 15.30-18.30 Uhr, So 15.30-18.30 Uhr. 2,10 €. ☎ 958 22 29 59.

Mit dem Bau der Kathedrale wurde 1518 im gotischen Stil begonnen. 1528 übernahm Diego de Siloé die Bauleitung, änderte die Pläne von Enrique Egas und führte den Renaissancestil ein. Die Hauptfassade (1667) in der Art eines Triumphbogens stammt von Alonso Cano.

Sehr originell ist die **Capilla Mayor**★ durch ihren Grundriss und die reiche Ausstattung. Siloé hat sie als Rotunde konzipiert, die durch einen Säulenumgang mit den fünf Schiffen der Kathedrale verbunden und in zwei übereinander liegende Bereiche aufgeteilt ist; den oberen Bereich schmücken Gemälde von Alonso Cano mit Themen des Marienlebens. An den Pfeilern des Eingangsbogens der Rotunde erscheinen die betenden Figuren der Katholischen Könige, ein Werk von Pedro de Mena; darüber sieht man in Medaillons die von Alonso Cano erschaffenen Büsten von Adam und Eva. Bemerkenswert ist im Hauptschiff die **Orgel** von Leonardo de Ávila (um 1750). Im rechten Querhaus sieht man das reich skulptierte **Nordportal der Capilla Real**★ von Enrique Egas.

Alcaicería
Die Alcaicería war zur Zeit der Mauren ein Seidenmarkt. Sie wurde wieder aufgebaut und erinnert mit ihren Souvenirläden und den Boutiquen mit spanischem Kunsthandwerk an einen orientalischen Basar.

Corral del Carbón
Die ehemalige Karawanserei (14. Jh.) und spätere Lagerhalle der Holzkohlenhändler (daher der Name) hat als schönen Eingang einen Hufeisenbogen mit *Alfiz*-Umrahmung und Wandverkleidungen mit Rautenornamenten. Am schlichten Innenhof befindet sich das Fremdenverkehrsamt (Oficina de Turismo).

Granada
Besichtigung

Die auf dem Plan eingezeichneten Rundgänge führen an interessanten Sehenswürdigkeiten vorbei.

Albayzín★★
Dieses Viertel liegt auf dem Hügel gegenüber der Alhambra. Hier wurde die erste maurische Festung Granadas errichtet, und hierher flüchteten die Mauren nach der Eroberung der Stadt durch die Christen. Die Gassen sind von weißen Häusern und langen Mauern gesäumt, hinter denen sich die Gärten von zum Teil stattlichen Villen (so genannten *carmen*) verbergen. Vom Vorplatz der Kirche **San Nicolás** *(Eingang an der Cuesta del Chapis)* bietet sich vor allem im Winter, wenn die Gipfel der Sierra Nevada schneebedeckt sind, und bei Sonnenuntergang ein atemberaubender **Blick**★★★ auf die Alhambra und den Generalife.

Baños Árabes bzw. El Bañuelo ★
10-14 Uhr. Mo, So und feiertags geschl. Eintritt frei. ☎ 958 02 78 00.
Diese maurischen Bäder zählen trotz ihres Alters (11. Jh.) zu den besterhaltenen Spaniens. Die Räume sind überkuppelt und haben sternförmige Öffnungen.

Monasterio de San Jerónimo★
Apr.-Sept. 10-13.30 Uhr und 16-19.30 Uhr, sonst 10-13.30 Uhr und 15-18.30 Uhr. 2,10 €. ☎ 958 27 93 37.
Der Hauptarchitekt dieses Klosters war Diego de Siloé (16. Jh.). Schöne Portale im Plateresk- und im Renaissancestil führen in den harmonischen Kreuzgang, dessen Arkaden von dicken Säulen getragen werden.
In der **Kirche**★★ ruht Gonzalo Fernández de Córdoba, der Gran Capitán. Besonders der Chor ist prächtig verziert. Der Altarraum erhält Licht von den Vierungsfenstern und der Laternenkuppel, deren Kassettengewölbe mit Figuren von Heiligen, Engeln und Tieren verziert ist. Das riesige **Retabel**★★ ist ein Gemeinschaftswerk mehrerer Maler und Bildhauer und gilt als ein Juwel der Kunst Granadas. Die Wandgemälde stammen aus dem 18. Jh.

Iglesia de San Juan de Dios★
Führung (50 Min.) 10-13 Uhr, nachmittags nach Voranmeldung. So, feiertags sowie Aug. geschl. 2,40 €. ☎ 958 22 21 44.
Man betritt diese Barockkirche durch eine mit Schnitzerei verzierte Vorhalle aus Mahagoni. Sie wirkt vor allem durch die stilistische Einheitlichkeit und Pracht. Das große churriguereske Retabel verstellt die Sicht auf den Schrein *(camarín)* mit den sterblichen Überresten des **hl. Johannes von Gott**, dem die Kirche geweiht ist. Er stiftete die Gemeinschaft der Barmherzigen Brüder und starb 1550 in Granada.

Die prächtige Sakristei der Cartuja

Cartuja (Kartäuserkloster)★
Apr.-Okt. 10-13 Uhr und 16-20 Uhr, sonst 10-13 Uhr und 15.30-18 Uhr; So und feiertags 10-12 Uhr. 2,10 €. ☎ 958 16 19 32 (10-12 Uhr).
Vom Kreuzgang aus gelangt man in die 1662 mit barockem Stuck reich verzierte Kirche. Hinter dem Chor erblickt man das Allerheiligste (Sancta Sanctorum), eine Schöpfung Francisco Hurtados aus dem frühen 18. Jh.
Die **Sakristei**★★ (1727-1764) ist ein Meisterwerk des spanischen Spätbarocks. Wie Zuckerguss überziehen die weißen Stuckverzierungen die Wände und Gewölbe mit Schnörkeln und Gesimsen. Das Gemälde der Kuppel und der Sockel aus rosafarbenem Lanjarón-Marmor runden das prachtvolle Bild ab. Das Eingangsportal und die Möbel aus Zedernholz mit Einlegearbeiten aus Schildpatt, Perlmutt und Silber sind das Werk des Kartäusermönchs José Manuel Vázquez.

Parque de las Ciencias★

 10-19 Uhr, So und feiertags 10-15 Uhr. Mo, 1. Jan., 1. Mai sowie 24. und 25. Dez. geschl. 4,50 €; 1,50 € Planetarium. 958 13 19 00.

Der Erlebnispark zum Thema Wissenschaften besteht aus einem interessanten Museum mit interaktiven Ausstellungen, einem Planetarium, einer Sternwarte und einem tropischen Schmetterlingsgarten.

Museo Arqueológico

9-20 Uhr (Di 15-20 Uhr), So 9-14.30 Uhr. Mo und feiertags geschl. 1,50 €; für EU-Bürger Eintritt frei. 958 22 56 40.

Das Archäologische Museum ist in der Casa Castril, einem Renaissancepalais mit schönem plateresken **Portal★**, untergebracht. Es besitzt eine bemerkenswerte Sammlung ägyptischer Alabastervasen, die in einer Nekropole in Almuñécar gefunden wurden, außerdem einen Stier aus Arjona sowie zahlreiche Schöpfungen des römischen und des maurischen Kunstgewerbes.

Sacromonte

Der Sacromonte liegt neben dem Albayzín, gegenüber dem Generalife. Hier leben Zigeuner in Höhlenwohnungen. In manchen Kellern *(cuevas)* werden Flamenco-Vorführungen veranstaltet.

Hospital Real

Das heutige Rektorat der Universität ist ein von den Katholischen Königen gestiftetes früheres Hospiz. Es hat, wie die Hospize von Toledo und Santiago de Compostela, den Grundriss eines in ein Quadrat eingebetteten Kreuzes und vier Innenhöfe. Vier mit plateresker Bildhauerarbeit umrahmte Fenster bilden den Fassadenschmuck. Rechts und links der Madonnenstatue über dem Eingang sind die von Alonso de Mena ausgehauenen betenden Figuren der Stifter aufgestellt. Die Patios des linken Flügels sind mit heraldischen Motiven verziert.

Carmen de los Mártires

Im Sommer 10-14 Uhr und 17-19 Uhr, Sa/So 10-19 Uhr, sonst 10-14 Uhr und 16-18 Uhr, Sa/So 10-18 Uhr. Feiertags und Aug. geschl. Eintritt frei. 958 22 79 53.

Das *carmen* auf dem Alhambra-Hügel hat romantische **Terrassengärten★** mit Aussicht über die Stadt. Die grünen, mit Fontänen und Skulpturen belebten Anlagen sind typisch für das 19. Jh.

Umgebung

Sierra Nevada★★

In nur 80 km Entfernung von der Costa del Sol erheben sich die mit ewigem Schnee bedeckten Gipfel der Sierra Nevada wie eine weiße Krone über Granada. Im Winter kann man dort in einem gut ausgestatteten **Wintersportgebiet★★** Ski fahren. Es umfasst 45 Pisten mit einer Gesamtlänge von 60 km, 20 Skilifte und mehrere Hotels, die in **Pradollano** angesiedelt sind.

Nachdem die Sierra Nevada 1999 zum **Nationalpark** erklärt wurde, ist die alte in die Sierra führende Straße nur noch beschränkt für den Autoverkehr geöffnet. Auf dem Nordhang darf man jetzt mit dem Auto nur noch bis Cruce de Borreguiles fahren und auf dem Südhang nur noch bis La Hoya del Portillo. Zum Kennenlernen der Sierra sind daher Wanderungen am empfehlenswertesten. Auskunft darüber erhalten Sie beim **Centro de Visitantes del Dornajo**. *Im Sommer 9.30-14.30 Uhr und 16.30-20 Uhr, sonst 10-14.30 Uhr und 16.30-19 Uhr.* 958 34 06 25.

Die interessantesten Strecken sind der Aufstieg zur Laguna de las Yeguas, zum **Pico Veleta★★** (3 398 m) und zum **Mulhacén** (3 478 m). Aus der Höhe bietet sich ein herrlich weites Panorama. Bei klarem Wetter reicht es im Norden bis zur Betischen Kordillere, im Nordosten bis zur Sierra de la Sagra, im Osten erkennt man die Alcazaba; im Süden kann man das Mittelmeer sehen und im Westen die Gebirgsketten der Sierra de Tejeda und Sierra d'Almijara.

Alhama de Granada★

60 km südwestlich über die A 92 und die A 335. Alhama ist ein reizvolles Dorf am Steilabfall einer eindrucksvollen

> **UNTERKUNFT**
>
> Hotel Alcazaba de Busquístar – *Busquístar - 4 km südlich von Trevélez über die GR 421 -* *958 85 86 87 – info@alpujarrallazaba.com –*   *– 43 Z.: 30/61 € –* *3 € – Rest. 12 €* Gebäude und Inneneinrichtung entsprechen der traditionellen Architektur im Gebiet um Granada: Steinplatten, Terrakottaböden und getünchte Wände. Die Zimmer dieses ruhigen Landhotels sind geräumig und gemütlich und bieten einen schönen Ausblick auf die Sierra Nevada.

Schlucht. Die **Iglesia de la Encarnación★** überragt mit ihrem mächtigen Turm aus gelblichem Stein die winkligen Gassen mit den weiß gekalkten und mit roten Ziegeln gedeckten Häusern. Vom Aussichtspunkt hinter der Iglesia del Carmen bietet sich ein weiter **Blick★** auf die Schlucht des Alhama. Nicht weit vom Dorf ist mitten im Grünen eine auf die Römer zurückgehende Bäderanlage erhalten. Die Thermalquelle fließt in einem prachtvollen **Becken★** aus der Maurenzeit, in der Alhama noch immer Bedeutung hatte.

> **AUFSTÄNDE IN DEN ALPUJARRAS**
> Am Ende der Reconquista wurden die Mauren, die die Iberische Halbinsel nicht verlassen wollten, gezwungen, zum christlichen Glauben überzutreten, später mussten sie auch ihre Sprache und Bräuche aufgeben. Diese Maßnahmen führten besonders in den Alpujarras zu Aufständen. Die getauften Mauren wurden **Morisken** genannt. Sie hatten Fernando de Córdoba zu ihrem Anführer und König gewählt, der sich **Abén Humeya** nennen ließ. 1571 entsandte Philipp II. Don Juan de Austria, der mit seinen Truppen den Aufstand niederschlug. Die Unruhen schwelten jedoch weiter, sodass Philipp III. 1609 die Vertreibung der Morisken befahl. Insgesamt etwa 275 000 verließen daraufhin das Land, ein großer Verlust für die spanische Wirtschaft.

Ausflug

LAS ALPUJARRAS★★ *90 km – 1 Tag*
Diese ausgesprochen hügelige, abwechslungsreiche Landschaft liegt am Südhang der Sierra Nevada zwischen den Gebirgsmassiven Gador und Controviesa. Dank ihrer Abgeschiedenheit ist die Region urtümlich geblieben.

Von Lanjarón nach Valor
In der Ober-Alpujarra, im Tal des Guadalfeo, passen Siedlungsform und Landschaft wunderschön zusammen. Die Häuserwürfel stehen dicht gedrängt am Berghang; sie haben Dachterassen, die zum Trocknen benutzt werden.

Lanjarón
Der Fremdenverkehrsort ist vor allem für seine Heilquelle bekannt. Vom Schloss (16. Jh.) aus bietet sich ein freier Blick auf den Eingang des Tales.
9 km hinter Lanjarón und noch vor Órgiva auf die GR 421 fahren; es ist eine schmale Bergstraße, die besondere Umsicht erfordert.

Pampaneira★★
Pampaneira ist das erste von den drei Dörfern in der Schlucht **Barranco de Poqueira★★**. Im Vergleich zu anderen Orten ist es urtümlich geblieben. An der **Plaza de la Libertad** erhebt sich die barocke Iglesia de la Santa Cruz (17. Jh.).

5 km weiter wird das Dorf **Bubión** erreicht. Hier leisteten die Morisken 1596 besonders hartnäckig Widerstand. In **Capileira** kann ein Volkskundemuseum (**Museo Alpujarreño de Artes y Costumbres Populares**) besichtigt werden. *11.30-14.30 Uhr, Sa 16-19 Uhr (im Sommer bis 20 Uhr). Mo geschl.* ☎ *958 76 30 51.*
Zur GR 421 zurückfahren.
Die Strecke führt durch die Orte **Pitres**, **Pórtugos** und schließlich **Busquístar**, wo sie das landschaftlich wunderschöne **Tal des Río Trevélez★** erreicht.

Trevélez★
Dieser Ort ist seit der Regierungszeit Isabellas II. für Schinken und Schweinswürste bekannt. Er besteht aus drei in verschiedenen Höhen gelegenen Vierteln mit schmalen Straßen. Das in 1 600 m Höhe angesiedelte Barrio Alto

Gässchen in Pampaneira

bietet eine wunderschöne Aussicht auf den **Mulhacén**, den höchsten Berg der Iberischen Halbinsel, und macht Trevélez zur höchstgelegenen Gemeinde Spaniens.

Hinter Trevélez weitet sich das Tal, die Landschaft wird wilder, der Boden trockener. Bei den Städtchen **Juviles**, **Mecina Bombarón** und **Yegen** gibt es Rebland. Yegen wurde durch Gerald Brenans Roman *Südlich von Granada* bekannt. Eine Gedenktafel am Wohnhaus des Schriftstellers erinnert an seinen Aufenthalt von 1923 bis 1934.

In östlicher Richtung weiterfahren.

Válor ist der Geburtsort des Moriskenführers Fernando de Córdoba *(s. oben)*; die Dorfkirche San José ist wie die meisten Kirchen der Alpujarras im Mudéjar-Stil errichtet.

Sierra de **Gredos**★★

Das Gredos-Granitmassiv besitzt mit dem Pico Almanzor (2 592 m) den höchsten Gipfel des Kastilischen Scheidegebirges. Der Gebirgszug wird von vier Flüssen eingegrenzt, dem Tormes und dem Alberche im Norden, dem Tiétar im Süden und dem Alagón im Westen. Die Hänge dieser Sierra sind völlig unterschiedlich: Während am Nordhang Spuren von früherer Vergletscherung zu bemerken sind, wie z. B. Talkessel und Bergseen, ist der Südhang eine steil abfallende Granitmauer, die stark von der Erosion gezeichnet ist. Die Täler sind wahre Oasen, in denen im Norden Obstbäume (Apfelbäume) und grüne Bohnen (Spezialität von Barco de Ávila) und im durch das Gebirge geschützten Süden mediterrane Pflanzen wie Wein, Olivenbäume und Tabak gedeihen.

Alberche und Tormes sind reich an Forellen; in den höher gelegenen Gebieten leben der spanische Steinbock *(capra hispanica)*, Damwild und Rehe. Dieser Tierreichtum hat zur Gründung des Nationalparks Reserva Nacional de Gredos geführt.

Steckbrief

Michelin-Karten Nr. 575 und 576 – Kastilien und León (Ávila). Die eindrucksvolle Sierra erreicht man auf verschiedenen Wegen. Von Madrid aus nimmt man am besten die M 501 in Richtung San Martín de Valdeiglesias, von Ávila aus die N 502 in Richtung Puerta del Pico und von Plasencia die Ex 203 nach Jarandilla de la Vera. ❼ *Arenas de San Pedro: Generalísimo 1, 05400 Ávila, ☎ 920 37 23 68.*

Reiseziele in der weiteren Umgebung: ÁVILA, La ALBERCA und MADRID.

Auf Entdeckungstour

San Martín de Valdeiglesias

Dieser alte Marktflecken, der von den Mauern seiner Schlossfestung überragt wird, ist ein günstiger Ausgangspunkt für verschiedene Ausflüge.

Toros de Guisando – *6 km nordwestlich*. In einer Einfriedung sieht man vier Stierskulpturen (oder Schweine?). Diese Art grob behauener Bildwerke gibt es in der Provinz Ávila häufig. Sie sind sicherlich sehr alt, doch ist ihre Bedeutung noch ungeklärt. Es könnte sich um Denkmäler oder um das Bildnis einer Gottheit der Keltiberer handeln. Die Skulpturen erinnern an die steinernen Muttersschweine *(porcas)*, die man auch im Gebiet von Trás-os-Montes in Portugal findet.

Embalse del Burguillo★ – *20 km nordwestlich*. Der vom Alberche gespeiste Stausee liegt in einer karg bewachsenen Hügellandschaft. Er eignet sich gut für Wassersport.

Pantano de San Juan – *8 km östlich*. Die Talfahrt bietet schöne **Ausblicke**★ auf den engen Teil des Stausees. Im Sommer erfreut er sich großer Beliebtheit bei der Bevölkerung von Madrid, da hier die verschiedensten Wassersportarten angeboten werden. Seine Ufer sind zerklüftet und mit Kiefern bedeckt.

Safari Madrid – *In Aldea del Fresno, 27 km südöstlich*. Großer Tierpark für Wildtiere aus allen Teilen der Welt. Hauptanziehungspunkt ist eine Vorführung mit dressierten Raubvögeln. *10.30-17.30 Uhr, im Sommer 10.30-19.30 Uhr. 10 €, Kinder von 3-10 Jahren 6,50 €. ☎ 918 62 23 14/76.*

Von San Martín de Valdeiglesias auf der M 501 (die zur C 501 wird) nach Arenas de San Pedro fahren.

Arenas de San Pedro

Das hübsche Dorf liegt am Fuß der Sierra de Gredos. Von hier bieten sich gute Ausflugsmöglichkeiten. Schöne gotische Kirche **Nuestra Señora de la Asunción**.

Sierra de Gredos

Einer der Stiere (?) von Guisando

Cuevas del Águila★
9 km ab Arenas de San Pedro. Gleich hinter dem Dorf Ramacastañas rechts abbiegen und dem Weg 4 km weit folgen. Der für Besucher zugängliche Teil der „Adlerhöhle" besteht aus einem einzigen sehr großen Saal. Neben zahlreichen Tropfsteinformationen findet man hier vor allem schöne reinweiße oder durch Eisenoxyd ockergelb gefärbte Kalzitbildungen und enorme, im Entstehen begriffene Säulen. *Führung (45 Min.) 10.30-13 Uhr und 15-19 Uhr (im Winter bis 18 Uhr). 3,70 €. ☎ 920 37 71 07.*

Straße zum Puerto del Pico★
29 km ab Arenas de San Pedro. Die Straße führt durch das zentrale Massiv des Gebirges. Hinter **Mombeltrán** (gut erhaltene Burg aus dem 15. Jh.) verläuft sie hoch oben am Hang, parallel zu einer alten Römerstraße *(etwas unterhalb)*, die lange Zeit von den Viehherden benutzt wurde. Der Aussichtspunkt auf dem Pass (1 352 m) bietet einen schönen **Ausblick★** auf die umliegenden Berge. Im Süden sieht man im Vordergrund das Tal des Tiétar und in größerer Entfernung das Tal des Tajo. Nach dem Pass wird die Landschaft aufgrund der Granitblöcke auf den Hügeln recht streng.
Der Parador de Gredos, die erste spanische Hotelgründung dieser Art (1928), hat eine wunderschöne **Lage★★**; von hier aus eröffnen sich weite Blicke auf die Umgebung.

Laguna Grande★
12 km südlich von Hoyos del Espino. Den Wagen auf dem Parkplatz am Ende der Straße abstellen. Ein schöner Weg führt zur Laguna Grande *(Hinweg zu Fuß: 2 Std.)*, einem Gletschersee, der von Gebirgsbächen gespeist wird. Auf halbem Weg unvergesslicher **Blick★** auf den Bergkessel.

Guadalajara

Die Stadt ist aufgrund ihrer Nähe zu Madrid zu einer Satellitenstadt geworden. Ihr Name stammt aus dem Arabischen und bedeutet „Fluss aus Steinen".
Guadalajara war vom 14. Jh. an Sitz der Mendoza, eines Adelsgeschlechts, dem zahlreiche berühmte Persönlichkeiten entstammen: Iñigo López de Mendoza, erster Marquis von Santillana (1398-1458), Dichter und Autor der *Serranillas*, sein Sohn, der Kardinal Pedro González de Mendoza (1428-95), der die graue Eminenz der Katholischen Könige war und in der Kathedrale von Toledo begraben liegt, sowie der zweite Duque del Infantado, Iñigo López de Mendoza, der im 15. Jh. den Palast am Nordeingang der Stadt errichten ließ.

Steckbrief
67 847 Einwohner. Michelin-Karten Nr. 576 und 121 – Kastilien-La Mancha (Guadalajara). Die Stadt liegt nicht weit von Madrid und Alcalá de Henares, an der N II-E 90, die die spanische Hauptstadt mit Barcelona verbindet. **🛈** *Plaza de los Caídos 6, 19001 Guadalajara, ☎ 949 21 16 26.*
Reiseziele in der weiteren Umgebung: MADRID (55 km südwestlich), ALCALÁ DE HENARES (25 km südwestlich) und SIGÜENZA (75 km nordöstlich).

Besichtigung

Palacio del Infantado★
10-14 Uhr und 16-19 Uhr, So und feiertags 10-14 Uhr. Mo, 1. Jan., Karfreitag, 8. und 15. Sept. sowie 24. und 31. Dez. geschl. 1,20 €. ☎ 949 21 33 01.
In diesem gegen Ende des 15. Jh.s von Juan Guas im Isabellinischen Stil errichteten Meisterwerk des spanischen Profanbaus verbindet sich die Gotik mit dem Mudéjar-Stil. Die herrliche **Fassade★** ist mit einem Muster aus Diamantspitzen und einem großen Wappen verziert, das sich über der Tür mit dem Emblem der Mendoza befindet. Besonders reizvoll ist die Galerie, an der sich Zwillingsfenster und leicht vorgebaute Erker abwechseln. Trotz der aus späterer Zeit stammenden Fenster (17. Jh.) ist das Gebäude insgesamt sehr schön.
Auch der **Patio★** mit seinen zwei übereinander liegenden Galerien, den von Schlangensäulen getragenen Fächerbogen und dem äußerst fein gearbeiteten Mudéjar-Dekor ist bemerkenswert. Das Palastinnere war einst genauso prachtvoll ausgestattet, wurde jedoch während des Bürgerkriegs durch Brand zerstört. Der französische König Franz I., der in Pavia gefangen genommen worden war, wurde hier auf seiner Durchreise nach Madrid mit so großen Ehren empfangen, dass sich Karl V. darüber empörte.
Heute befindet sich hier das **Museo Provincial de Guadalajara**. *Tgl. 9-21 Uhr. So und feiertags 10-14 und 16-19 Uhr. ☎ 949 21 33 01.*

Umgebung

Pastrana
42 km über die N 320. Diese reizvolle ehemalige Herzogsstadt bewahrt die Erinnerung an die **Prinzessin Eboli**, eine Favoritin Philipps II., deren Gestalt in Schillers *Don Carlos* dichterisch festgehalten ist. Auf der Plaza de la Hora erhebt sich die nüchterne, aus Quaderstein gefertigte Fassade des **Palacio Ducal**, in dem die Prinzessin von ihrem Gemahl während ihrer letzten fünf Lebensjahre gefangen gehalten wurde; er hatte ihr immerhin das Recht zugestanden, sich jeden Tag eine Stunde lang am Fenster zu zeigen; daher stammt auch der Name des Platzes, der „Platz der (einen) Stunde" bedeutet.
In der von den Herzögen im 16. Jh. erbauten Stiftskirche **(Colegiata)** kann man in der Sakristei vier gotische **Wandteppiche★** betrachten, die in Tournai nach Entwürfen von Nuno Gonçalves gewirkt wurden und die Eroberung von Arzila und Tanger durch Alfons V. von Portugal im Jahr 1471 zum Thema haben. Der Stil dieses portugiesischen Künstlers zeichnet sich durch eine wunderschöne Komposition, große Detailfreudigkeit (Waffen und Gewänder) und eine lebendige Wiedergabe des Gesichtsausdrucks aus und wird in diesen Teppichen deutlich. *11.30-14 Uhr und 16.30-18.30 Uhr, So und feiertags 13-14.30 Uhr und 16.30-18.30 Uhr. 2,40 €. ☎ 949 37 00 27.*

Guadalupe★★

Bei der Anfahrt erscheint ganz plötzlich das reizvolle **Stadtbild★** von Guadalupe im Blickfeld. Das mit Zinnen und kleinen Glockentürmen bekrönte Kloster erhebt sich gleich einer düsteren Festung hoch über dem Ort, dessen Häuser sich an seinem Fuße dicht zusammendrängen. Von der Straße oberhalb von Guadalupe bietet sich ein schöner **Blick★** auf das mächtige Bauwerk.
Das **alte Dorf★** um das Kloster herum entzückt durch seine mit braunen Ziegeln gedeckten Häuser mit den tief heruntergezogenen Dächern und den im Frühjahr blumengeschmückten Balkonen.

Steckbrief
2 447 Einwohner. Michelin-Karte Nr. 576 – Extremadura (Cáceres). Guadalupe liegt am südöstlichen Hang der gleichnamigen Sierra. ⚐ *Plaza Santa María de Guadalupe 1, 10140 Guadalupe, ☎ 927 15 41 28.*
Reiseziele in der weiteren Umgebung: TRUJILLO (82 km westlich) und TALAVERA DE LA REINA (106 km nordöstlich).

Guadalupe
Besichtigung

MONASTERIO★★ *Besichtigung: 1 1/4 Std.*
Führung 9.30-13 Uhr und 15.30-18.30 Uhr. 2,10 €. ☎ 927 36 70 00.

Das 1835 aufgelöste Kloster wurde 1908 von Franziskanern übernommen, die die Gebäude renovierten.

Der Kern der Anlage stammt aus gotischer Zeit (Ende 14./Anfang 15. Jh.), weist jedoch zahlreiche neuere Bestandteile auf, die im 16., 17. und 18. Jh. infolge von Spenden hinzugefügt wurden. Die Anlage macht einen etwas planlosen Eindruck, was sich daraus erklärt, dass die Mönche Wohn- und Nebengebäude innerhalb der befestigten Klostermauer errichten mussten. Das Kloster birgt noch heute reiche Kunstschätze.

> **UNTERKUNFT UND GASTRONOMIE**
> **Hospedería del Real Monasterio** – *Plaza Juan Carlos I* – ☎ *927 36 70 00 - 15. Jan.-15. Febr. geschl.* – 🅿 🍽 – *46 Z.: 34/49 € –* 🍴 *5,50 €*
> *- Rest. 13 €*. Sehr zu empfehlen aufgrund der herrlichen Lage am gotischen Kreuzgang des Klosters, der Ruhe, der gepflegten Zimmer und des günstigen Preis-Leistungs-Verhältnisses. Hier kann man auch gut essen.
>
> **KUNSTHANDWERK**
> Hier wird mit der Fertigung von Kupferarbeiten (Krüge und Kessel) die lokale Kunsthandwerkstradition fortgeführt.

Fassade
15. Jh. Die gotische Hauptfassade des Klosters erhebt sich am Rand eines sehr malerischen Platzes; sie wirkt zwischen den beiden hohen, zinnengekrönten Türmen etwas eingeengt.
Die gelbliche Farbe des Mauerwerks und der reiche Fassadenschmuck im Flamboyantstil kontrastieren mit dem dunklen Mauerwerk der Umfassungsmauer. Der maurische Einfluss auf den gotischen Baustil ist an den stark verschlungenen Linien des Maßwerks zu erkennen, die an Stuckverzierungen erinnern. Auf den Flügeln der beiden Bronzetüren aus dem 15. Jh. sind im Relief Szenen aus dem Leben Christi und Mariä dargestellt.

Iglesia
14. Jh. Die Kirche stammt zwar aus der Zeit der Klostergründung, wurde jedoch im 18. Jh. verändert. So wurden z. B. die Gewölbe mit barocken Goldverzierungen versehen und die hoch liegende, um das Kirchenschiff verlaufende Balustrade eingebaut, an der die Leuchter mit den Votivkerzen zu Ehren der Madonna aufgehängt sind.

Hinter einem Anfang des 16. Jh.s von zwei berühmten Kunstschmieden aus Valladolid gefertigten Gitter befindet sich das Allerheiligste mit einem großen klassizistischen Retabel, das von den Bildhauern Giraldo de Merlo und Jorge Manuel Theotocopuli, dem Sohn El Grecos, geschaffen wurde (17. Jh.). In der Mitte des Retabels steht das **Marienbild von Guadalupe (1)**, das man vom *camarín* aus besser sehen kann.

Sala Capitular (Kapitelsaal)
Er dient als Rahmen für eine bemerkenswerte Sammlung von 87 **Stundenbüchern und Antiphonarien**★, die mit kunstvollen Miniaturen geschmückt sind. Diese wurden alle von Mönchen des Klosters Guadalupe zwischen dem 14. und dem 18. Jh. gemalt, der größte Teil stammt jedoch aus dem 16. Jh.

SCHUTZPATRONIN „ALLER SPANIEN"
Nach der Legende entdeckte hier um das Jahr 1300 ein Kuhhirte eine wundertätige Marienstatue. Der Bau der ersten Kapelle soll auf dieses Ereignis zurückzuführen sein. Es heißt, dass Alfons XI. kurz vor seinem Sieg am Salado (24. Oktober 1340) die Jungfrau von Guadalupe um ihren Beistand im Kampf gegen die Mauren gebeten habe. Der König ließ dann zum Dank hier ein herrliches Kloster erbauen, das er den Hieronymiten anvertraute. Dieses von den Königen reich bedachte und vom Volk viel verehrte Heiligtum war besonders im 16. und 17. Jh. ein bedeutendes Zentrum des Geisteslebens und auch für seine Seidenstickereien, Goldschmiedearbeiten und Buchmalerei bekannt. Da sich Guadalupe außerdem in der Heimat der Konquistadoren befindet, wurde der Ort ganz selbstverständlich zum Symbol der **Hispanidad**, der sprachlich-kulturellen Gemeinschaft aller Spanisch sprechenden Völker der Alten und der Neuen Welt. Kolumbus nannte eine der Antilleninseln Guadalupe; die ersten zum katholischen Glauben übergetretenen Indios wurden in Guadalupe getauft, und die befreiten Christen legten hier ihre Ketten nieder.
Alljährlich werden hier am 12. Oktober, dem Tag der *Hispanidad*, feierliche Prozessionen abgehalten.

Monasterio de Guadalupe

Claustro Mudéjar (Mudéjar-Kreuzgang)
14.-15. Jh. Er zeichnet sich durch seine Geräumigkeit und die Schönheit der beiden übereinander liegenden Hufeisenbogenreihen aus. In der Mitte steht ein Brunnenhaus im gotischen Mudéjar-Stil und in einer Ecke ein Becken aus bunter Keramik.

Museo de Bordados (Stickereimuseum)
Es ist im ehemaligen Refektorium untergebracht. Eine umfangreiche Sammlung prachtvoll bestickter **kirchlicher Gewänder** und **Altartücher**★★ (14.-19. Jh.) zeugt von der Geschicklichkeit der Mönche.

Museo de Pinturas y Esculturas (Museum für Malerei und Bildhauerei)
Unter den ausgestellten Werken seien vor allem das Triptychon von Isenbrant (16. Jh.) erwähnt, das die Anbetung der Könige zum Thema hat, die elfenbeinerne Christusfigur, die Michelangelo zugeschrieben wird, ein *Ecce Homo* von Pedro de Mena, acht kleine Gemälde von Zurbarán, auf denen Mönche dargestellt sind, und ein kleines Bild von Goya, die *Beichte im Gefängnis*.

Sacristía★★
17. Jh. Im Vorraum der Sakristei sieht man Gemälde von Carreño de Miranda. Die mit barockem Dekor ausgestattete Sakristei bildet mit ihrer harmonischen Architektur und Farbenpracht einen wunderschönen Rahmen für die berühmten **Gemälde von Zurbarán**★★. Die zwischen 1638 und 1647 entstandenen 11 Bilder stellen Hieronymitermönche sowie Szenen aus dem Leben des hl. Hieronymus dar, darunter die *Versuchung des hl. Hieronymus*, der entzückenden Musikantinnen widersteht.

Relicario (Reliquienkammer)
Hier werden die verschiedenen Gewänder der Virgen de Guadalupe sowie ihre Krone aufbewahrt, die nur bei den feierlichen Prozessionen hervorgeholt wird.

Camarín★
18. Jh. Mit *camarín* wird das Vorgemach zum Marienthron bezeichnet, durch das die Pilger zur Verehrung der Schutzpatronin des Klosters eintreten. Der

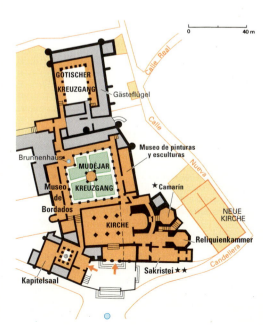

Schmuck dieses Raums ist ausgesprochen kostbar. So findet man hier Jaspis, vergoldeten Stuck, Intarsienarbeiten aus Marmor und Edelhölzern sowie neun Gemälde von Luca Giordano. Die Virgen de Guadalupe, eine kleine, dunkle Eichenholzstatue aus dem 12. Jh., verschwindet auf ihrem mit Emailarbeit verzierten Thron (1953) fast vollständig im reich bestickten Mantel.

Gotischer Kreuzgang
Im Gästeflügel. Dieser Kreuzgang wurde im 16. Jh. im Flamboyantstil errichtet. Hier befand sich einst die große Apotheke, die die vier Hospize des Klosters versorgte.

Ausflug

Puerto de San Vicente
40 km östlich über die C 401. Bis zum San-Vicente-Pass durchquert die **Straße**★ die gebirgige Villuercas-Gegend. Nach dem Guadarranque-Tal bieten sich während der Fahrt bergauf *(8 km)* herrliche **Ausblicke**★ auf grüne Bergketten mit gezackten Kämmen, die sich aus wilder Heidelandschaft erheben.

Sierra de **Guadarrama**★

Die Sierra de Guadarrama ist eine Frische spendende Oase in der Dürre Kastiliens. Sie liegt nicht weit von Ávila, Segovia und Madrid entfernt, von wo aus man ihre im Winter oft schneebedeckten Gipfel in der Ferne erblicken kann.

Auf den zerklüfteten Hängen wachsen bis auf halbe Höhe Eichen und Kiefern, die der Sierra an diesen Stellen einen gewissen grünen Anstrich geben. In der Nähe der Gipfel finden sich Spuren von Vergletscherung. In den regenreichen Gipfelregionen entspringen Wildbäche, die die Stauseen Pinilla, Navacerrada, Santillana und El Atazar speisen.

Hier sind zahlreiche Ferienorte entstanden, in die die Städter im Sommer vor der drückenden Hitze der Meseta fliehen; die größten sind Navacerrada, Cercedilla, Guadarrama und El Escorial. Auf dem Puerto de Navacerrada liegen die beiden Wintersportgebiete der Bevölkerung von Madrid.

Steckbrief
Michelin-Karte Nr. 575 – Kastilien und León (Segovia), Madrid. Die Sierra erstreckt sich über 100 km vom Puerto de Malagón bis zum Puerto de Somosierra und schließt die Provinz Madrid im Nordwesten ab. Von Madrid und der Provinz Segovia aus leicht zu erreichen. ❱ *Puerto de Navacerrada: Caseta Punto de Información, 28180 Puerto de Navacerrada,* ☎ *918 52 33 02.*
Reiseziele in der weiteren Umgebung: MADRID, SEGOVIA und Monasterio de El ESCORIAL.

Tipps und Adressen

RESTAURANT
• *Unsere Empfehlung*
Asador Felipe – *Del Mayo 3 – Navacerrada* – ☎ *918 53 10 41 – 23/37 €.* Ein Klassiker. Das Lokal liegt direkt beim Restaurante Felipe, das vom selben Eigentümer betrieben wird. Die kastilische Inneneinrichtung passt zu den leckeren Fleischgerichten vom Grill. Es gibt einen Holzofen. Im Sommer kann man die schöne Terrasse nutzen.

UNTERKUNFT
• *Unsere Empfehlung*
Hotel La Posada de Alameda – *Grande 34 - Alameda del Valle - 6 km nordöstlich von El Paular über die M 604* – ☎ *918 69 13 37 – www.laposadadealameda.com –* ▣ *– 22 Z.: 54/67 € –* ☐ *5 € – Rest. 25/32 €* Ein hübsches Landhotel in einem modern umgebauten Kuhstall. Designermöbel in den allgemeinen Bereichen, ansonsten einfache, gemütliche Zimmer mit Steinböden und funktionalen Bädern. Einige Mansardenzimmer. Nettes Restaurant.

Ausflug

VON MANZANARES EL REAL NACH SEGOVIA
106 km – etwa 1 Tag ohne die Besichtigung von Segovia und Riofrío

Manzanares el Real
Am Fuß der Sierra de la Pedriza erhebt sich die im 15. Jh. von dem Duque del Infantado errichtete Burg (**Castillo★**). Dieser wohlproportionierte Bau ist ein wahres Juwel der Profanarchitektur. Die Strenge der Befestigungsmauern wird durch die wie Perlen auf die Türme aufgesetzte Dekoration und den platereskem Schmuck der Südfassade (vielleicht ein Werk von Juan Guas) gemildert. *10-19 Uhr (Juli-Aug. 10-21 Uhr), Sa/So und feiertags 10-20 Uhr. 6,50 € (7,50 € einschl. Casa de las Ciencias, Domus).* ☏ *981 21 71 91.*

Sierra de la Pedriza★
Die Sierra de la Pedriza besteht aus Granit und ist ein Ausläufer der Sierra de Guadarrama. Mit ihren rosafarbenen Felsenmeeren, den kühlen Bächen und ruinenförmigen Gesteinsmassen ist sie bei Kletterern sehr beliebt. Bevorzugtes Übungsgebiet ist die Gegend um die Peña del Diezmo (1 714 m).
Über die M 608, die am Embalse de Santillana entlangführt, bis Soto del Real weiterfahren; dort auf die M 611 abbiegen.

Miraflores de la Sierra
Sommerkurort. Vom Aussichtspunkt am Ortsausgang hat man einen schönen Ausblick.
Auf der M 611 in Richtung Morcuera bis Rascafría weiterfahren.

Puerto de la Morcuera
Vom Pass (1 796 m) bietet sich ein weiter Blick in südlicher Richtung. Man erkennt den Pantano de El Vellón, einen der zahlreichen Stauseen im Nordwesten der Provinz.
Von hier aus fährt man durch ödes Heideland in die bewaldete Niederung des Lozoya hinunter. Dabei wird der Embalse de Pinilla sichtbar, der vom Lozoya gespeist wird und bei Forellenanglern sehr beliebt ist.

El Paular★
2 km nach der Ausfahrt aus Rascafría. Dieses ehemalige Kartäuserkloster (Real Monasterio de Santa María de El Paular) war das erste in Kastilien und wurde 1390 im angenehm frischen Lozoya-Tal gegründet. Es erhielt besonders im 15. und 16. Jh. von den Königen reiche Stiftungen. 1954 wurde die gesamte Anlage aus Kloster, Kirche und einem Hotel von Benediktinern wieder aufgebaut. Das spätgotische Portal der **Kirche** ist das Werk von Juan Guas. Erhalten sind noch im Inneren ein fein gearbeitetes gotisches Gitter und ein herrliches **Retabel★★** aus Alabaster (15. Jh.), auf dem das Leben Mariä und Christi bis zur Auferstehung dargestellt ist. Der Sinn für das malerische Detail, die genaue Darstellung der Gewän-

der und der Innenräume bürgerlicher Häuser lassen die Hand eines niederländischen Künstlers erkennen. Im *sagrario* hinter dem Hochaltar überwiegt ein überschwänglicher Barockstil. *Führung (45 Min.) 12, 13 und 17 Uhr, So und feiertags 13, 16, 17 und 18 Uhr. Fr-nachmittag geschl. Eintritt frei.* ☏ *918 69 14 25.*
Die Straße führt dann ansteigend durch dichten Kiefernwald.

Puerto de los Cotos
1 830 m. Ferienort. Von der La-Zabala-Endstation kann man im Sommer verschiedene Ausflüge zur Laguna de Peñalara *(1/4 Std., in einem ehemaligen Gletschertalkessel)*, zu den Picos de Dos Hermanas *(1/2 Std.)* und zum höchsten Punkt des Bergmassivs, dem Pico de Peñalara *(3/4 Std., 2 429 m)*, machen.

Puerto de Navacerrada★
1 860 m. Der Pass liegt an der Grenze der beiden Kastilien und bietet einen schönen **Blick★** auf das Plateau von Segovia und die mit schönen Kiefernwäldern

Sierra de Guadarrama

bedeckten Hänge, an denen die Straße nach Segovia verläuft. Der Pass ist wegen seiner Nähe zu Madrid ein viel besuchtes Wintersportgebiet. Ein Zug führt von hier aus nach Cercedilla.

Auf der CL 601 in Richtung Valsain und La Granja fahren.

Palacio de La Granja de San Ildefonso★★

10-13.30 Uhr und 15-17 Uhr, So und feiertags 10-14 Uhr; Karwoche-Okt. 10-18 Uhr. Mo, 1., 6. und 23. Jan. sowie 25. und 31. Dez. geschl. 4,90 €; Mi für EU-Bürger Eintritt frei. ☎ 921 47 00 19.

In Erinnerung an das Schloss von Versailles, in dem er seine Kindheit verbracht hatte, ließ Philipp V., ein Enkel Ludwigs XIV., hier 1731 in 1 192 m Höhe am Fuß der Sierra de Guadarrama dieses „Klein-Versailles" erbauen. Im 18. und 19. Jh. diente es den Bourbonen als Sommerresidenz.

Palacio – Die Saalwände des Schlosses sind mit Marmor getäfelt oder mit rotem Samt bespannt, die Decken mit Fresken und vergoldetem Stuck verziert. Die prachtvollen Leuchter wurden in der im 18. Jh. berühmten königlichen Manufaktur von La Granja hergestellt. Im 1. Stock ist das **Museo de Tapices**★★ untergebracht; hier werden vor allem flämische Teppiche aus dem 16. Jh. gezeigt. Die interessantesten Stücke befinden sich im 3. Saal. Es handelt sich um neun Wandteppiche aus der Serie *Ehren und Tugenden* und einen Teppich aus dem 15. Jh. nach einem Entwurf von Raffael, auf dem der hl. Hieronymus dargestellt ist.

In einer Kapelle befindet sich das Grabmal Philipps V. und seiner zweiten Frau Isabella Farnese.

Jardines (Park)★★ – *Nov.-Febr. 10-18 Uhr, Okt. und März 10-18.30 Uhr, April 10-19 Uhr, Mai, 1. Junihälfte und Sept. 10-20 Uhr, 2. Junihälfte und Juli-Aug. 10-21 Uhr. Die Brunnen (fuentes) sind ab der Karwoche bis Mitte Aug. Sa/So und feiertags um 17.30 Uhr in Betrieb (außer bei Wasserknappheit). Am 30. Mai, 25. Juli und 25. Aug. sind alle Brunnen und Wasserspiele in Betrieb. 2,30 € (Brunnen). ☎ 921 47 00 19.*

Um diesen 145 ha großen Park anzulegen, mussten Felsen weggesprengt werden. Die französischen Gartenarchitekten (Carlier, Boutelou) und Bildhauer (Dumandré, Thierry) nahmen den Versailler Schlosspark zum Vorbild. Die Gärten haben dennoch ihren eigenen Stil: Die weiten Perspektiven sind waldreicher, die Alleen wirken ländlicher und die Brunnen an den Wegkreuzungen weniger streng als in Versailles. Die unter erheblichen Kosten aus Frankreich hierher transportierten Kastanienbäume sind heute Prachtexemplare. Wasserspiele **(Fuentes**★★**)** beleben das Neptunbecken, setzen sich in der vor dem Schloss befindlichen Neuen Kaskade mit breiten Stufen aus buntem Marmor fort und enden beim Fuente de la Fama (Allegorien des Ruhms), dessen Wasserstrahl 40 m hoch steigt *(s. auch S. 84)*.

Real Fábrica de Cristales de La Granja (Königliche Kristallwarenfabrik) – *11-18 Uhr, Sa 10-18 Uhr (15. Juni-15. Sept. 10-19 Uhr), So und feiertags 10-15 Uhr (15. Juni-15. Sept. 10-19 Uhr). Mo geschl. 3,10 €. ☎ 921 47 17 12.*

Obwohl die Gründung der Kristallglasmanufaktur auf Philipp V. zurückgeht, stammt das heutige Gebäude von 1770, als schon Karl III. regierte. Es ist einer der wenigen spanischen Industriebauten und heute Sitz des Staatlichen Glaszentrums (Centro Nacional del Vidrio). In den alten Hallen ist ein Glasmuseum eingerichtet, in dem neben alten Gläsern aus der königlichen Manufaktur auch Apparate, Maschinen und Handwerkszeug zu sehen sind.

Riofrío★ *(s. unter SEGOVIA, Umgebung)*

Segovia★★★ *(s. dort)*

Schlosspark

Guadix★

Guadix liegt in einer fruchtbaren Ebene am Fuß eines trockenen Plateaus, dessen stark zerklüftetes, weiches Gestein phantasievolle Formen angenommen hat. Die Stadt ist prähistorischen Ursprungs und hatte in römischer und westgotischer Zeit große strategische Bedeutung, da sich hier wichtige Straßen kreuzten. Unter maurischer Herrschaft erlebte Guadix seine Glanzzeit, die bis ins 18. Jh. hinein dauerte. Die Stadt hat eines der bedeutendsten Viertel mit Höhlenwohnungen von ganz Spanien.

Steckbrief

20 322 Einwohner. Michelin-Karte Nr. 578 – Andalusien (Granada). Guadix liegt in der von Bergen eingeschlossenen Ebene gleichen Namens; nach Granada sind es 57 km über die A 92. Die Stadt ist auch ein guter Ausgangspunkt, um die Alpujarras – der Puerto de la Ragua liegt 30 km südlich – und den östlichsten Teil der Provinz (Baza, Orce usw.) kennen zu lernen.
🛈 *Avenida Mariana Pineda, 18500 Guadix,* ☏ *958 66 26 65.*
Reiseziele in der weiteren Umgebung:
GRANADA.

> **Der Ursprung des Ortsnamens**
> Die Mauren gaben dem Ort, der auf einem römischen Lager entstanden war, den poetischen Namen Guadh-Haix, „Fluss des Lebens".

Besichtigung

Catedral★
8.30-13 Uhr und 16-17.30 Uhr, So und feiertags 9-14 Uhr und 16-17.30 Uhr. ☏ *958 66 08 00.*
Die Apsis wurde nach Plänen von Diego de Siloé errichtet, der Turm ist reine Renaissance (17. Jh.), und die zum Platz zeigende Fassade (**Fachada de la Encarnación★**, 1713) entspricht dem Barockstil. Innen sind die Schiffe bis zum Querhaus gotisch, dahinter erscheinen Formen der Renaissance, die ihren schönsten Ausdruck in der mächtigen Laternenkuppel über der Vierung findet.

Plaza de la Constitución
An diesem hübschen, von Arkaden gesäumten Platz steht das in der Regierungszeit Philipps III. errichtete **Rathaus**.

Barrio de Santiago★
In diesem typischen Stadtviertel befindet sich die **Iglesia de Santiago** mit einem reizvollen platteresken **Portal★**, das auf einen hübschen Platz mit mehreren Adelspalais geht, darunter der **Palacio de Peñaflor**. Daneben liegt die maurische **Alcazaba** *(Eingang im Seminario),* von der sich schöne Ausblicke auf Guadix und das Viertel mit den Höhlenwohnungen bieten. *9-14 Uhr und 16-19 Uhr, Sa 9-14 Uhr. So und feiertags geschl. 0,60 €.* ☏ *958 66 01 60.*

Barrio de las Cuevas★
Das Höhlenviertel befindet sich im höchsten Teil von Guadix in der Nähe der Iglesia de Santiago. Die Wohnungen sind in den weichen Tuff gehauen. Die geweißten Fassaden und die spitz zulaufenden Schornsteine sehen in der ockerfarbenen Landschaft recht eigentümlich aus. In den komplett renovierten, einzigartigen Wohnungen herrscht ein außergewöhnliches Klima mit konstanten Temperaturen: Im Winter ist es schön warm, im Sommer frisch. Man kann eine zum Museum ausgebaute Höhlenwohnung (**Cueva-Museo**) besichtigen. *9-14 Uhr und 16-19 Uhr, Sa 10-14 Uhr. So und feiertags geschl.*

Umgebung

Purullena
6 km nordwestlich. Ab Guadix führt die **Straße★★** durch eine atemberaubend schöne Tuffsteinlandschaft. Die **Höhlensiedlung** Purullena ist berühmt für ihre Töpferwaren, die an den Ständen zu beiden Seiten der Hauptstraße ausgestellt sind. Hinter Purullena führt die Straße hoch am Hang entlang und bietet weite **Ausblicke★** auf die von Schluchten durchzogene Hochebene. Etwas später verläuft sie zwischen hohen Steinblöcken durch eine wilde Landschaft bis zum Puerto de la Mora (1 390 m).

Castillo de La Calahorra

La Calahorra★

18 km südöstlich, über die A 92 zu erreichen. Das Dorf liegt in der Ebene zwischen der Sierra Nevada und der Sierra de los Filabres. Es wird beherrscht von seiner mächtigen, mit vier Rundtürmen besetzten **Burg**★★, deren wehrhaftes Aussehen nichts von der eleganten Architektur im Inneren verrät. *Den Wagen im Dorf parken und zur Burg hinaufwandern.* Tatsächlich enthält sie einen der schönsten **Renaissancepatios**★★ Spaniens. Die harmonischen Arkaden, die Balustrade, die von Italien inspirierten Fenster sowie die prachtvolle **Treppe**★ zeugen von dem damaligen raffinierten Lebensstil. *Mi 10-13 Uhr und 16-18 Uhr.* ☎ *958 67 70 98.*

Huesca★

Das altehrwürdige Huesca liegt dicht gedrängt auf einem Vorgebirge und wird von der eindrucksvollen Silhouette seiner Kathedrale beherrscht. Kommt man heute in diese kleine, geruhsame Hauptstadt Ober-Aragoniens, kann man sich nicht vorstellen, wie reich an historischen Ereignissen ihre Vergangenheit war.

Steckbrief

50 085 Einwohner. Michelin-Karte Nr. 574 – Aragonien (Huesca). Huesca liegt im Flachland, 72 km nördlich von Zaragoza; nach Jaca sind es 91 km in nördlicher Richtung, Lleida liegt 123 km südöstlich. Die Stadt ist ein guter Ausgangspunkt, um die Pyrenäen zu besuchen. Von Huesca führt die N 330 nach Sabiñánigo (54 km nördlich) und die A 132 nach Puente la Reina de Jaca (72 km nordwestlich). **🛈** *Plaza de la Catedral 1, 22002 Huesca,* ☎ *974 29 21 70.*
Reiseziele in der weiteren Umgebung: BARBASTRO (52 km südöstlich), JACA und PIRINEOS ARAGONESES.

Hintergrundinfos

Geschichtliches – Huesca, in der Römerzeit Hauptstadt eines unabhängigen, von Sertorius gegründeten Staates, wurde unter den Mauren ein bedeutender Festungsort. Die Rückeroberung erfolgte 1096 durch **Peter I. von Aragonien**. Huesca war dann bis 1118 die Hauptstadt von Aragonien.

Eine bekannte Redensart – Mit dem Ausdruck „Es wird so gehen wie mit der Glocke von Huesca" wird in Spanien ein Ereignis bezeichnet, von dem man annimmt, dass es viel Aufsehen erregen wird. Die Redensart stammt aus dem 12. Jh., als König **Ramiro II.** seine Vasallen unter dem Vorwand zusammenrief, sie sollten dem Gießen einer Kirchenglocke beiwohnen, die in ganz Aragonien zu hören sei. Bei ihrer Ankunft ließ der König die ungehorsamsten Edelleute enthaupten, die Köpfe in Form eines Glockenrands auf den Boden legen und den letzten Kopf als Klöppel darüber aufhängen. Jenes Ereignis war dann tatsächlich im ganzen Land zu hören.

Besichtigung

DIE ALTSTADT
Das alte Stadtviertel liegt auf einem Hügel und ist von einem Straßenring umgeben (darunter die **Calle del Coso**), der an der Stelle der alten Befestigungsmauer verläuft.

Catedral*
Tgl. 8-13 Uhr (Museum 10-13 Uhr) und 16-19.30 Uhr. Während der Messen keine Besichtigung. 1,20 € (Museum). ☏ 974 22 06 76.
Die gotische Fassade ist durch eine Fensterreihe und ein typisch aragonisches Vordach recht eigenwillig in zwei Hälften geteilt; ein Wimperg mit Rose lässt das tiefe Gewändeportal höher erscheinen. Leider sind die in den Schrägen stehenden Figuren aus Kalkstein stark verwittert. Im Tympanon sind Maria mit dem Kind, die Hl. Drei Könige sowie die Szene des *Noli me tangere* (Christus erscheint der Maria Magdalena) zu erkennen.
Im 15. und 16. Jh. wurden drei Kirchenschiffe auf quadratischem Grundriss errichtet und mit Sterngewölben abgeschlossen. Das alabasterne **Retabel★★** (1533) des Hochaltars gilt als das Meisterwerk des Bildhauers Damián Forment. Dieser Schüler Donatellos hat zwischen einem kleinteiligen Dekor aus Figuren, Friesen und Baldachinen drei Szenen der Passion im Relief dargestellt.
Gegenüber der Kathedrale steht das Rathaus (Palacio Municipal), ein geschmackvoll ausgeschmückter Renaissancebau.

Museo Arqueológico Provincial (Provinzmuseum für Archäologie)*
10-14 Uhr und 17-20 Uhr, So und feiertags 10-14 Uhr. Mo geschl. Eintritt frei. ☏ 974 22 05 86.
Das Museum befindet sich an einem altertümlichen Platz in der ehemaligen Universität. Der 1690 errichtete Bau umfasst acht um einen schönen achteckigen Patio angeordnete Säle und enthält in der Bausubstanz noch Reste vom Palast der Könige von Aragonien, darunter den Saal, in dem sich die Episode der Glocke von Huesca abgespielt hat.
Hier sind archäologische (vor allem prähistorische) Sammlungen ausgestellt sowie Gemälde, insbesondere eine **Sammlung★** früher aragonischer Malerei und mehrere Werke des Meisters von Sigena (16. Jh.).

San Pedro el Viejo*
Tgl. 10-14 Uhr. ☏ 974 22 23 87.
Die Kirche erhebt sich an der Stelle eines Klosters aus dem 11. Jh. Trotz starker Renovierung ist der erhaltene Kreuzgang **(Claustro★)** mit wunderschönen Figurenkapitellen ein wichtiges Zeugnis der romanischen Bildhauerkunst in Aragonien. Das Tympanon der Tür, die (von der Kirche) zum Kreuzgang führt, zeigt eine originelle Darstellung der Anbetung der Könige, bei der die Geste des Schenkens im Mittelpunkt steht. Der Ostflügel besitzt die am wenigsten restaurierten Kapitelle. In einer romanischen Kapelle sind die Grabmäler der Könige Ramiro II. (römischer Sarkophag) und Alfons I. zu sehen, der einzigen Könige der aragonischen Dynastie, die nicht in der Gruft von San Juan de la Peña *(s. unter JACA, 2)* begraben sind.

Ausflug

Monasterio de Monte Aragón
5 km östlich über die N 240. Von dieser Straße aus sieht man die Klosterruine Monte Aragón, eine Festung, die König Sancho Ramírez im 11. Jh. zur Rückeroberung Huescas errichten ließ.

RUNDFAHRT ÜBER DIE MALLOS DE RIGLOS UND DIE SIERRA DE LOARRE
Ausfahrt aus Huesca über die A 132 nach Ayerbe. Dort nach 9 km links in Richtung Agüero abbiegen.

Agüero
Die Ansicht dieses Dorfes mit seinen ziegelgedeckten Häusern ist vor allem durch die im Hintergrund erscheinenden und nachfolgend beschriebenen Mallos sehr reizvoll. 1 km vor Agüero zweigt rechts der Weg zur romanischen Kirche **Santiago**

ab, deren drei Schiffe Steindächer tragen. Bemerkenswert sind die Themen der Skulpturen im Bogenfeld (Hl. Drei Könige, schlafender Joseph) und an den Schrägen des Portals *(links Salomes Tanz)*.

Auf der A 132 in Richtung Huesca zurückfahren und links auf die HU 310 nach Riglos abbiegen.

Los Mallos de Riglos★★

Jetzt treten die Berge näher an die Straße heran. Bald erscheint der Gállego im Blickfeld, dessen Ufer von rötlich-ockerfarbenen, ruinenförmigen Felsen gesäumt sind. Die aus ausgesprochen weichem Gestein bestehenden und daher der Erosion stark ausgesetzten rosafarbenen **Mallos** sind vom Wind zu großen Zuckerhüten geformt worden. Am eindrucksvollsten ist die Mallos-Gruppe auf der rechten Straßenseite; sie scheint mit ihrer Masse das kleine Dorf **Riglos** zu erdrücken. Der Stausee Embalse de la Peña kommt in Sicht.

Auf der A 132 nach Ayerbe zurückfahren und links auf die A 1206 in Richtung Loarre.

Castillo de Loarre★★

15. Okt.-15. März 11-14.30 Uhr, sonst 10-13.30 Uhr und 16-19 Uhr. Mo geschl. Eintritt frei. ☎ 974 29 30 23.

Je näher man dieser wie ein Adlerhorst auf dem Felsen thronenden Burg kommt, desto beeindruckter ist man von der Schönheit und Ruhe des Ortes. Im 11. Jh. ließ Sancho Ramírez, König von Aragonien und Navarra, in 1 100 m Höhe diese uneinnehmbare Festung erbauen und richtete dort ein Kloster ein. Auf der anderen Seite der von Rundtürmen flankierten Umfassungsmauer bietet sich ein herrlicher **Ausblick★★** auf die Ebroniederung. Neben dem mächtigen Bergfried und einem schönen überwölbten Treppenaufgang verdient die **Kirche** besondere Aufmerksamkeit. Sie wurde im 12. Jh. vollendet und ist über einer Krypta errichtet. Das erstaunlich hohe Schiff, die Kuppel und vor allem die mit kleinen Arkaden geschmückte Apsis zeigen reinen romanischen Stil; sehr schöne Kapitelle mit stilisierten Motiven.

Auf der A 1206 in Richtung Esquedas nach Huesca zurückfahren.

Bolea

Das **Retabel** des Hauptaltars der Kirche ist ein außergewöhnliches Beispiel für die spanisch-flämische Kunst des 15. Jh.s.

Auf der A 132 nach Huesca zurück.

Iruña★ *siehe Pamplona*

Jaca★

Die am Fuße der Pyrenäen errichtete Stadt wird vom Peña de Oroel überragt. Durch seine strategische Lage bildete Jaca eine wichtige Enklave des Königreichs Aragonien, dessen Hauptstadt es im 9. Jh. wurde.

Heute ist Jaca eine rege Stadt mit viel Durchgangsverkehr. Im Sommer ist sie ein günstiger Ausgangsort für Wanderer und im Winter für Skifahrer.

Steckbrief

14 426 Einwohner. Michelin-Karte Nr. 574 – Aragonien (Huesca). In Jaca treffen die N 330 von Huesca zum Puerto de Somport und die N 240 nach Pamplona/Iruña (111 km nordwestlich) aufeinander. Es liegt am Oberlauf des Aragón. **🛈** *Avenida Regimiento de Galicia 2, 22700 Jaca, ☎ 974 36 00 98.*

Reiseziele in der weiteren Umgebung: PIRINEOS ARAGONESES, Monasterio de LEYRE (70 km westlich) und HUESCA (91 km südöstlich).

Besichtigung

Catedral★

Tgl. 10-14 Uhr und 16-19 Uhr (20. Juni-Sept.). ☎ 974 35 63 78.

Die Kathedrale wurde im 11. Jh. errichtet und ist die erste romanische Kathedrale Spaniens. Ihr Skulpturenschmuck

> **UNTERKUNFT**
>
> **Conde Aznar** – *Paseo de la Constitución 3* – ☎ *974 36 10 50 - 24 Z.: 38/57 € – 🍽 4 € – Rest. 12 €.* Das Hotel befindet sich in einem alten Gebäude am ruhigen Paseo de la Constitución, nur fünf Minuten von der Kathedrale entfernt. Über eine kleine Terrasse gelangt man in das mit antiken Möbeln geschmackvoll eingerichtete Hotel. Eine schöne Holztreppe führt zu den Zimmern. Das Hotel hat zwei exquisite Suiten, und in seinem Restaurant wird eine der besten Küchen der Pyrenäen geboten.

diente oft als Vorbild für die Ausgestaltung der romanischen Kirchen am Jakobsweg. Besonders bemerkenswert sind die **Figurenkapitelle★** an der Vorhalle des Südportals und am Portal selbst. Hier erinnern die Drapierungen bei den Darstellungen von Abrahams Opfer und König David mit seinen Musikanten an die Regeln der antiken Kunst.

Außerordentlich breit und eindrucksvoll sind die gotischen Gewölbe, denen leider im 16. Jh. übermäßig verzierte Schlusssteine angefügt wurden. In der Renaissance schmücke man Apsiden und Seitenkapellen reich aus, erhielt aber die Trompenkuppel über der Vierung in ihrer ursprünglichen romanischen Schlichtheit.

Museo Diocesano (Diözesanmuseum) – *Tgl. 10-14 Uhr und 16-19 Uhr (20. Juni-Sept.). 1,80 €. ☏ 974 36 18 41.*
Im Kreuzgang und den angrenzenden Räumen ist ein Museum eingerichtet, das romanische und gotische **Wandmalereien★** aus den Kirchen der Gegend aufgenommen hat; sie stammen u. a. aus Urríes, Sorripas, Ruesta, Navasa, Bagüés und Osia (Wiederaufbau der Apsis). Außerdem zeigt das Museum eine Sammlung romanischer Kruzifixe und Marienstatuen.

Castillo de San Pedro
Tgl. 11-12 Uhr und 17-18 Uhr. ☏ 974 36 30 18.
Die Festung wurde 1595 unter Philipp II. erbaut und gehörte zu einem Verteidigungssystem, das aus weiteren Zitadellen (Jaca und Pamplona) und Wehrtürmen (Fiscal) bestand, die die Grenze zu Frankreich sichern sollten. Die Zitadelle ist nicht besonders hoch und wird von einem ausgetrockneten Graben umgeben. Sie bildet ein perfektes Fünfeck, dessen Seiten Verteidigungswälle sind.

Ausflüge

SERRABLO-ROUTE 1 *54 km – 1/2 Tag*
Ausfahrt aus Jaca auf der N 330 Richtung Sabiñánigo. Diese Route führt am linken Ufer des Gállego entlang, wo sehr viele mozarabische Kirchen aus dem 10. und 11. Jh. stehen.

Museo de Dibujo
In Larrés, 18 km östlich von Jaca über die N 330. 2 €. Auskunft über die Öffnungszeiten unter ☏ 974 48 29 81.
Das Museum befindet sich in der Burg von Larrés, einer mittelalterlichen Festung aus dem 14. Jh. Gezeigt werden ausschließlich Zeichnungen von Künstlern wie Martín Chirino, Vázquez Díaz und Salvador Dalí. Ein Teil des Museums ist der Karikatur und dem Comic gewidmet.

Wieder zurück auf die N 330 und in Cartirana die N 260 bis Puente Oliván nehmen. Weiter in Richtung Oliván und nach Orós Bajo abbiegen, wo unsere Route beginnt. Den Hinweisen folgen.

Mozarabische Kirchen
Die Kirchen des Serrablo folgen einem ähnlichen Schema. Sie sind klein und haben einen rechteckigen Grundriss, der in einer halbkreisförmigen Apsis endet. Einige Kirchen haben Glockentürme. Die Wände zeigen nur wenige Durchbrüche, und es wurden Hufeisen- und Halbkreisbögen verwendet. Manche Türen werden von einem *alfiz* umrandet. Am schönsten sind die Kirchen von Orós Bajo, San Martín de Oliván, **San Juan de Busa★** (mit einer unvollendeten Apsis), **San Pedro de Lárrede★** und Satué.
Von Satué aus in Richtung Sabiñánigo.

Museo Ángel Oresanz y Artes de Serrablo★
Das Museum liegt in Sabiñánigo, südlich vom Stadtzentrum im Viertel Puente de Sabiñánigo. 1,80 €. Auskunft über die Öffnungszeiten unter ☏ 974 48 22 40.
Das beste Heimatmuseum der Pyrenäen bei Huesca. Es befindet sich in einem sehr schönen traditionellen Serrablo-Haus. Die Küche ist besonders beeindruckend.

Jaca
MONASTERIO DE SAN JUAN DE LA PEÑA★★ ② 25 km – 1/2 Tag

Ausfahrt aus Jaca über die N 240, nach 11 km in Richtung Santa Cruz de la Serós abbiegen. Juni-Aug. 10-14.30 Uhr und 15.30-20 Uhr, Sept.-15. Okt. 10-14 Uhr und 16-19 Uhr, 16. Okt.-15. März 11-14 Uhr und 16-17.30 Uhr, sonst 10-13.30 Uhr und 16-19 Uhr. 3 €. ☏ 974 34 80 99.

Santa Cruz de la Serós
Das Ende des 10. Jh.s gegründete Frauenkloster wurde von Adligen und den Prinzessinnen des Königshauses reich beschenkt. Vom Kloster sind nur noch die **romanische Kirche**★, (11. und 12. Jh.) und der massive oktogonale Glockenturm übrig geblieben. Das Portal ist im Tympanon mit einem Christusmonogramm verziert und erinnert an das der Kathedrale von Jaca. Das kunstvolle Weihwasserbecken im Innern ist aus vier Kapitellen gearbeitet.

Die kleine Kirche **San Caprasio** *(am Dorfeingang)* hat ein mit Lisenen geschmücktes Schiff und eine niedrige Apsis, beides typische Stilmerkmale des 11. Jh.s; der Glockenturm entstand im späten 12. Jh.

Nach Santa Cruz de la Serós schlängelt sich die Straße durch die Sierra de la Peña. Das Auto muss auf dem Parkplatz beim oberen Kloster abgestellt werden.

Monasterio de San Juan de la Peña★★
Das Kloster hat eine einzigartige **Lage**★★ unter überhängenden Felsen. Der Ort wurde ursprünglich von Einsiedlern ausgewählt, die nach und nach einen Klosterkomplex errichteten. Mitte des 9. Jh.s übernahm das Kloster die Regeln des Benediktinerordens. Die Könige und Adligen von Aragonien und Navarra erwählten es als letzte Ruhestätte. Im 11. Jh. schloss es sich der Kluniazenser-Reformbewegung an. Zu jener Zeit errichtete man über der bereits existierenden Kirche eine romanische Kirche, die Obere Kirche, und den Kreuzgang (12. Jh.).

Die ältesten noch erhaltenen Teile befinden sich im unteren Stockwerk. Die Untere Kirche (Iglesia Baja) gehört noch zu dem ursprünglichen mozarabischen Kloster. Große Bögen teilen die beiden Schiffe, die in zwei in den Felsen geschlagenen Apsiden enden. Hier sind – wie in den Bögen – noch Reste der Bemalung zu erkennen. Die **Sala de Concilios** ließ König Sancho Garcés um das Jahr 922 errichten.

Im oberen Stockwerk befinden sich die Grabkirche des aragonesischen Adels, das Museum, die Obere Kirche (Iglesia Alta) und der Kreuzgang.

Panteón de Nobles Aragoneses (Grabkirche des aragonesischen Adels) – 11.-14. Jh. Die Grabnischen sind mit Wappen, Christusmonogrammen oder auch einem Kleeblattkreuz, dem Emblem von Iñigo Arista, einem der Begründer des Königreichs Navarra, geschmückt. Gegenüber liegt das **Museum**.

Obere Kirche – Ende 11. Jh. Die drei Apsidialkapellen der einschiffigen Kirche sind in den Fels gebaut. Die Gruft, **Panteón de Reyes**, die den Königen von Aragonien und Navarra fünf Jahrhunderte lang als letzte Ruhestätte diente, öffnet sich links. Sie erhielt im 18. Jh. ihre heutige Gestalt.

Kirche des Klosters San Juan de la Peña

Claustro (Kreuzgang)★★ – 12. Jh. Man betritt den Kreuzgang durch eine mozarabische Tür. Zwischen dem Abgrund und dem wie eine gewölbte Decke überhängenden Felsen ist der Kreuzgang eingezwängt; er besteht nur noch aus zwei Flügeln mit Figurenkapitellen und ein paar schlecht erhaltenen Teilen von einem weiteren Flügel. Der Schöpfer der **Kapitelle**★★ gab den Plastiken einen sehr persönlichen Stil, dessen Bildersprache zahlreiche andere Steinmetzarbeiten der Gegend beeinflusst hat. Dargestellt sind biblische Themen, von der Schöpfung des Menschen bis hin zu den Evangelisten.

VALLE DE HECHO★ 3 *60 km – 1 Tag*

Ausfahrt aus Jaca über die N 240, in Puente la Reina de Jaca rechts auf die A 176 abbiegen.
Die Straße folgt dem Lauf des Aragón Subordán. Das schönste Dorf ist **Hecho**★, das wegen seiner Häuser im traditionellen Stil besonders sehenswert ist (Türen mit Steinrahmen, oft mit Wappen verziert, ausladende Ziegeldächer, Schornsteine usw.). Es gibt ein Freiluft-Skulpturenmuseum **(Museo de Escultura al aire libre)** neben dem Fremdenverkehrsamt sowie ein Völkerkundemuseum **(Museo Etnológico)**. *1. Juli-15. Sept. 10.30-13.30 Uhr und 17-21 Uhr. 1,20 €.*

2 km nördlich liegt **Siresa**, wo sich die **Iglesia de San Pedro**★★ befindet, die zum heute nicht mehr erhaltenen gleichnamigen Kloster gehörte. Es existierte hier bereits im 9. Jh., denn der hl. Eulogius von Córdoba, der im Jahre 859 den Märtyrertod erlitt, hat es besucht. Nach einer Reform Ende des 11. Jh.s wurde es von Augustinern

> **RESTAURANT**
> Gaby-Casa Blasquico – Plaza La Fuente 1 – Hecho – ☎ 974 37 50 07 - 1.-15. Sept. geschl. – 18/27 €. Das Restaurant ist in der Gegend gut bekannt. In dem reich dekorierten kleinen Speisesaal wird eine der besten Küchen von Huesca serviert, die traditionelle Rezepte mit innovativen Ideen verbindet. 6 Gästezimmer.

übernommen. Aus dieser Zeit stammt die erstaunlich hohe **Kirche**★★, deren Wände durch Rundbogenarkaden und Wandvorlagen gegliedert sind. Im Innern ist eine interessante **Retabelsammlung**★ zu sehen, von denen die meisten aus dem 15. Jh. stammen. *Tgl. 11-13 Uhr und 16-18 Uhr; falls geschlossen, den Wächter im 1.°Stock der Bar Pirineos um den Schlüssel bitten.*
Die Straße zwängt sich dann durch ein enges Tal in Richtung **Selva de Oza**.

RUNDFAHRT DURCH DAS VALLE DEL RONCAL UND DAS VALLE DE ANSÓ★ 4 *161 km – 1 Tag*

Diese beiden Pyrenäenhochtäler (Valles) spielten bei der Reconquista eine bedeutende Rolle. Durch ihre abgelegene und isolierte Lage blieb hier eine archaische, auf Schafzucht (Wolle) und der gemeinsamen Nutzung der Weideflächen basierende Landwirtschaft erhalten. Während der Kirchenfeste tragen die Dorfbewohner noch ihre schönen alten Trachten.

Ausfahrt aus Jaca auf der N 240 in westlicher Richtung.
Die Straße folgt über 47 km dem Lauf des Aragón, der sich durch eine karge Hügellandschaft schlängelt.

Nach rechts auf die NA 137 abbiegen.
Die Straße durchquert das grüne Roncal-Tal **(Valle del Roncal**★**)**, durch das der Esca fließt. Am Dorfeingang von **Burgui** befindet sich eine schmale einbogige, Brücke. In **Roncal**★, das dem Tal und seinen berühmten Käsesorten den Namen gibt, findet man sehr schöne Herrenhäuser und ein Museum, das dem Tenor **Julián Gayarre** gewidmet ist. Wenn man der Straße weiter folgt, liegt links der sehenswerte Wehrturm der Kirche Nuestra Señora de San Salvador de Urzainqui. Schließlich erreicht man das Dorf **Isaba/Izaba**★, das zweifellos das beste touristische Serviceangebot des ganzen Tals bereithält.

Etwas weiter nördlich die NA 2000 zum Touristenzentrum Zuriza nehmen.
Im **Valle de Ansó**★ folgt die **Straße**★ dem Lauf des Veral bis **Ansó**, dessen Häuser sich um die Kirche drängen. Die Kirche hat heute ein Völkerkundemuseum **(Museo Etnológico)** aufgenommen. *Mai-Okt. 10.30-13.30 Uhr und 15.30-20 Uhr, sonst nach Voranmeldung. 1,50 €. ☎ 974 37 00 22.*

Die Rückfahrt führt auf der A 1602 durch das enge, windungsreiche Tal des Veral.
Bevor der Fluss die bebaute Ebene erreicht, durchfließt er eine tiefe Schlucht, die 3 km lange **Hoz de Biniés**.

Jaén★

Jaén wird vom Stadtberg Cerro de Santa Catalina überragt, auf dem seine beeindruckende Festung liegt. Das Umland ist mit Olivenbaumplantagen bedeckt, die das berühmte Öl liefern.

Das einstige arabische *Geen* (Karawanenstraße), von dem sich der heutige Name der Stadt ableitet, besitzt ein reiches architektonisches Erbe mit zahlreichen maurisch beeinflussten Bauten und Renaissancegebäuden, die zum größten Teil von Andrés de Vandelvira stammen.

Steckbrief

107 413 Einwohner. Michelin-Karte Nr. 578 – Andalusien (Jaén). Die Stadt liegt am Fuß der Sierra de Jabalcuz, an der N 323-E 902, die sie mit Granada verbindet (94 km südlich), ganz in der Nähe des Parque Natural de la Sierra Mágina. 🛈 *Maestra 13 bajo, 23002 Jaén, ☎ 953 24 26 24.*

Reiseziele in der weiteren Umgebung: BAEZA (48 km nordöstlich), ÚBEDA (57 km nordöstlich), PRIEGO DE CÓRDOBA (67 km südwestlich) und GRANADA.

Besichtigung

Catedral★★

Tgl. 8.30-13 Uhr (Museum 10-13 Uhr) und 16.30-19 Uhr, im Sommer 8.30-13 Uhr (Museum 10-13 Uhr) und 17-20 Uhr. Juli-Aug. So-nachmittag geschl. 3 €. ☎ 953 23 42 33.
Ihre monumentale Silhouette beherrscht die Altstadt. Die im 16. und 17. Jh. nach Plänen von **Andrés de Vandelvira** errichtete Kathedrale zählt zu den vollendetsten Beispielen andalusischer Renaissancearchitektur. Die prachtvolle Hauptfassade ist in zwei Register gegliedert und wird von zwei mächtigen quadratischen Türmen eingerahmt.

Der **Innenraum★★** ist dreischiffig und mit Hängekuppeln abgeschlossen; über der Vierung wölbt sich eine imposante Kuppel. In der *capilla mayor* wird das **Schweißtuch der hl. Veronika★** aufbewahrt. Der Überlieferung zufolge soll Veronika mit diesem Tuch das Antlitz Jesu abgetrocknet haben, und es soll vom hl. Euphrasius, einem Bischof von Andújar, nach Spanien gebracht worden sein. Sehenswert sind auch das **Chorgestühl★★** im Stil Berruguetes, der Kapitelsaal und die von Vandelvira errichtete Sakristei, heute Museum.

Museo – Hauptwerke sind hier zwei Gemälde von Ribera, eine wunderschöne *Maria mit dem Kind* aus der flämischen Malerschule, außergewöhnliche Bronzeleuchter von Meister Bartolomé und mit Miniaturen verzierte Antiphonarien.

Baños Árabes★★

Die Maurischen Bäder liegen im Untergeschoss des auf Resten eines maurischen Baus aus dem 11. Jh. errichteten **Palacio de Villardompardo** (Ende 16. Jh.). *9-20 Uhr, Sa/So 9.30-14.30 Uhr. Letzter Einlass 30 Min. vor Schließung. Mo und feiertags geschl. Eintritt frei. ☎ 953 23 62 92.*

Tipps und Adressen

Restaurant
● **Unsere Empfehlung**
Casa Vicente – Francisco Martín Mora 1 – ☎ 953 23 28 16 - So-abend, Mo und Aug. geschl. – 🍽 – 22/30 €. Das Restaurant befindet sich in einem alten andalusischen Haus ganz in der Nähe der Kathedrale. Die Speiseräume gehen auf einen hübschen Innenhof hinaus. Regionale Küche mit hochwertigen Produkten.

Unterkunft
● **Gut & preiswert**
Hotel Europa – Plaza Belén 1 – ☎ 953 22 27 00 – pemana@ofijaen.com – 🍽 ♿ – 37 Z.: 34/54 € – ⌒ 3,50 €. Dieses moderne, eher schlichte Hotel hat funktionelle, komfortable und gut eingerichtete Zimmer. Es liegt besonders günstig im historischen Zentrum der Stadt. Gutes Preis-Leistungs-Verhältnis.

Für zwischendurch
Café-Bar del Pósito – Plaza del Pósito 10 - Tgl. 9-1.30 Uhr. Das Lokal liegt in der historischen Altstadt in der Nähe der Kathedrale und ist vor allem für seine Musik, eine Mischung aus Jazz und *flamenco*, bekannt. Es hat eine klassische Inneneinrichtung, das Publikum ist zwischen 25 und 40 Jahre alt. Oft finden hier auch Gemäldeausstellungen statt.

Chubby-Cheek – San Francisco Javier 7 – ☎ 953 27 38 19 - Tgl. 16.30-2 Uhr. Jazzlokal mit entsprechender Inneneinrichtung und dem richtigen Ambiente. Donnerstags finden Konzerte statt. Es werden verschiedene Kaffeesorten angeboten. Das Publikum variiert je nach Tageszeit.

Kathedrale

Sie wurden umfassend restauriert und sind nun die größten Anlagen dieser Art in Spanien. In den am **Patio**★ liegenden Räumen des Palais wurden ein volkskundliches Museum **(Museo de Artes y Tradiciones Populares)** und ein **Museum für naive Kunst** eingerichtet.

Capilla de San Andrés★
Die **Kapelle der Inmaculada**★★ ist das architektonische Kleinod dieser Kapelle. Sie ist mit einem Sterngewölbe abgeschlossen, das auf einem mit platereskem Dekor besäten achteckigen Tambour ruht. Das zarte, vergoldete schmiedeeiserne **Gitter**★ ist ein Werk des aus Jaén stammenden **Meister Bartolomé**.

San Ildefonso★
Diese Kirche wurde im 14. und 15. Jh. erbaut. Ihre drei Portale entsprechen der Gotik, der Renaissance (Vandelvira) und dem Klassizismus (Ventura Rodríguez). Innen bestechen der Altaraufsatz, der Tabernakel und die Capilla de la Virgen, die besonders schöne Fenster und Freskenschmuck hat. Sie birgt die Statue der Schutzpatronin von Jaén.

Real Monasterio de Santo Domingo
Das Archiv zur Geschichte der Provinz hat heute im ehemaligen Dominikanerkloster Quartier bezogen. Die ausgewogene Renaissancefassade ist das Werk Vandelviras. Aus dem 17. Jh. stammt der reizvolle **Innenhof**★.

Iglesia de la Magdalena
Das Gotteshaus wurde im 16. Jh. über einer früheren Moschee erbaut, von der der idyllische **Hof**★ mit dem Becken für rituelle Waschungen erhalten blieb.

Museo Provincial
9-20 Uhr, Di 15-20 Uhr, So und feiertags 9-15 Uhr. Mo geschl. 1,50 €; für EU-Bürger Eintritt frei. ☎ *953 25 06 00.*
Das Provinzmuseum befindet sich in einem 1920 errichteten Gebäude, in das die Tore des alten Getreidespeichers und der Michaelskirche integriert wurden (beide 16. Jh.). Die archäologische Sammlung im Erdgeschoss enthält insbesondere die **iberischen Skulpturen von Porcuna**★ (4. Jh. v. Chr.), das römische Mosaik von Bruñel und den prachtvollen **Marmorsarkophag von Martos**★ aus frühchristlicher Zeit (4. Jh.), auf dem sieben Wunder Christi dargestellt sind.

Castillo de Santa Catalina★
5 km westlich. Die mächtige, von Ferdinand III. nach der Reconquista umgebaute Maurenburg (Parador) ist nach dem Berg benannt, auf dem sie steht. Von hier oben bietet sich ein weiter **Blick**★★ über die endlosen Olivenhaine bis zu den bläulichen Bergen der Sierra de Jabalcuz am Horizont.

Jerez de la Frontera★★

Das im Landesinneren gelegene Jerez ist das Gegenstück der Hafenstadt Cádiz. Die herrschaftliche, elegante Stadt, die sich ihre Geheimnisse bewahrt hat, ist durch Sonne und den guten Boden begünstigt. Während der Volksfeste putzt sich Jerez heraus und bietet den Besuchern alles, worauf es Stolz ist: die Weine, denen es seinen Ruhm und Reichtum verdankt, die Cartuja-Pferde, eine Kreuzung berühmter Rassen, und den Flamenco, der hier und in Sevilla seinen Ursprung nahm.

Steckbrief
181 602 Einwohner. Michelin-Karte Nr. 578 – Andalusien (Cádiz). Jerez liegt umgeben von Ackerland am Rand des Weinanbaugebietes Jerez-Xerz-Sherry, ganz in der Nähe der Provinzhauptstadt. Nach Cádiz sind es nur 35 km. Arcos de la Frontera liegt 30 km entfernt, nach Sevilla sind es 90 km.
🛈 Larga 39, 11403 Jerez de la Frontera, ☎ 956 33 11 50/62.
Reiseziele in der weiteren Umgebung: CÁDIZ, COSTA DE LA LUZ und PUEBLOS BLANCOS

GESCHICHTLICHES
Jerez war eine der ersten Städte, die die Araber auf der Iberischen Halbinsel gründeten. Von der maurischen *Sahrish* sind heute noch bedeutende Reste der Stadtmauern, die Burg und eine Moschee zu sehen. 1264 wurde die Stadt von den Truppen Alfons' X. eingenommen. Sie entwickelte sich zu einem bedeutenden strategischen Punkt und einem wichtigen Handelszentrum. Die wirtschaftliche Blüte, die die gesamte Provinz Cádiz im 18. Jh. erlebte, zeigt sich in Jerez an den zahlreichen Barockgebäuden und natürlich an den Weinlagern *(bodegas)*, von denen einige aus dieser Zeit stammen.

Ein besonderes Highlight

DER JEREZ

Die Phönizier sollen die ersten Reben in die Gegend von Jerez gebracht haben. Diese gediehen dort so gut, dass die Römer den Jerez-Wein in großen Mengen exportieren konnten. Auch zur Zeit der Maurenherrschaft wurde Wein entgegen den Vorschriften des Korans weiter hergestellt und konsumiert. Eine allgemeine Verbreitung fand der Weinkonsum aber erst, als Alfons X. 1264 die Stadt einnahm und eine der beiden typischen Rebsorten, die Palomino-Rebe, einführte. Die zweite Sorte, die Pedro-Jiménez-Rebe, folgte im 16. Jh.
Der weiße Jerez oder Sherry wird in die Kategorien Fino, Amontillado, Oloroso und Dulce eingeteilt. Der **Fino** ist ein hellgelber, leichter, sehr trockener Wein (15-17 Vol.-%). **Amontillado** ein alter Fino, etwas lieblicher im Geschmack und von bernsteingelber Farbe (18-24 Vol.-%). **Oloroso** (18-24 Vol.-%) ist dunkelgolden, vollmundig und süß. Der **Dulce** ist ein Oloroso mit höherem Zuckergehalt (die vollreif geernteten Trauben werden an die Sonne gelegt).

Bodega González Byass

Die Herstellung von Sherry ist ein langwieriges Verfahren, das im Verschnitt von jüngerem Wein mit älterem Wein und im langen Lagern in Fässern aus amerikanischer Eiche besteht. Die in drei oder vier Reihen *(soleras)* übereinander liegenden Fässer können 500-600 l aufnehmen, werden aber nicht immer ganz voll gefüllt. Eine eigene Hefesorte, die Blüte *(flor)*, bringt das Bukett hervor. Eine Weinkategorie entspricht einer Reihe, wobei der junge Wein oben, der älteste unten liegt. Der Wein wird so lange verschnitten, bis die gewünschte Geschmacksrichtung erreicht ist. Eine Besichtigung der **bodegas** (Weinlager) **Domecq**, **González Byass**, **Sandeman** und **Williams & Humbert** lohnt sich.

Bodega Domecq
Nach Voranmeldung. 3 € werktags (vormittags), 4,50 € nachmittags, Sa/So und feiertags. ☏ 956 15 15 00.
Das älteste Weinlager von Jerez wurde 1730 gegründet. Die Besichtigung umfasst einige der bekanntesten Lager des Unternehmens, wie etwa die Bodega El Molino.

Bodega González Byass
Besichtigung 11, 12, 13, 17, 18 und 19 Uhr, So 10, 11, 12 und 13 Uhr. 6 €. ☏ 956 35 70 16/70 00.
1835 gegründet. Besonders eindrucksvoll ist die von Gustave Eiffel 1862 entworfene Bodega La Concha.

Tipps und Adressen

Restaurant
• *Unsere Empfehlung*
Gaitán – *Gaitán 3* – ☏ *956 34 58 59* – ▤ – *24/38 €*. Dieses alteingesessene Restaurant bietet eine gute regionale Küche, die mit innovativen Ideen kombiniert wurde. Kleiner Gastraum mit weiß getünchten Wänden.

Tapas
Casa Juanito – *Pescadería Vieja 8-10* – ☏ *956 33 48 38 - Im Sommer So, sonst Mo geschl.* – ▤. Seit mehr als 50 Jahren bietet diese Bar eine vielfältige Tapas-Auswahl. Sie liegt in der Fußgängerzone, in der Sie unter Terrassencafés die Qual der Wahl haben. Lokalkolorit beim Dekor mit farbenfrohen Kacheln und Stierkampfplakaten.

Unterkunft
• *Gut & preiswert*
Hotel El Coloso – *Pedro Alonso 13* – ☏ *956 34 90 08 – elcoloso@hotmail.com* – 🅿 ▤ – *24 Z.: 32/50 €* ⌑. Das Hotel ist ruhig gelegen, nur fünf Minuten von der Plaza del Arenal entfernt. Kleiner Familienbetrieb mit ordentlichen Zimmern. Alle Zimmer sind mit Fernsehern ausgestattet. Eine Renovierung wäre allerdings nicht schlecht.
• *Unsere Empfehlung*
Hotel Doña Blanca – *Bodegas 11* – ☏ *956 34 87 61* – 🅿 ▤ – *30 Z.: 56/67 €* – ⌑ *6 €*. Dieses einfache Hotel befindet sich in einem hübschen Gebäude im andalusischen Stil mitten im Stadtzentrum von Jerez, zwischen der Post und dem Markt. Die Zimmer sind recht groß und komfortabel eingerichtet.

Für zwischendurch
Cafetería Bristol – *Plaza Romero Martínez - Tgl. 9-24 Uhr*. Das Café liegt beim Teatro Villamarta und wird vom Theaterpublikum entsprechend gut besucht. Die Einwohner von Jerez trinken in diesem ruhigen Lokal gern ihren Nachmittagskaffee.

Cafetería La Vega – *Plaza Estévez* – ☏ *956 32 36 18 - Tgl. 9-23 Uhr.* Touristen und Einheimische bevölkern die hübsche Terrasse dieses Cafés, das an einem der beliebtesten Plätze im Stadtzentrum von Jerez liegt. Ob vormittags oder nachmittags – hier eine Pause einzulegen, lohnt sich immer.

La Rotonda – *Larga 40 - Tgl. 9-23 Uhr.* Ein absoluter Klassiker, sowohl was die Inneneinrichtung als auch was das Ambiente anbelangt. Sehr schöne Terrasse zur Straße hin, exzellenter Service. Angeboten werden Weine, Käse und Wurst. Angeschlossen ist auch eine kleine Konditorei mit einem reichhaltigen Angebot.

Theater, Musik und Tanz
Das **Teatro Villamarta** (Plaza Romero Martínez s/n, ☏ 956 32 93 13) bietet ein vielfältiges Theater-, Musik- und Tanzprogramm. Die bekanntesten **Flamenco-Clubs** *(peñas flamencas)* sind die Peña Tío José de Paula (Merced 11, ☏ 956 30 32 67) und die Peña el Garbanzo (Santa Clara 9, ☏ 956 33 76 67).

Märkte und Volksfeste
So bekannt wie der Wein sind die Rassepferde aus Jerez. Die Kreuzung von Araberpferden mit deutschen und neapolitanischen Rassen im Gestüt der Kartause *(Cartuja)* hat die berühmten **Cartuja-Rassepferde** ergeben. Im April oder Mai findet die **Feria del Caballo** (Pferdemarkt) statt, bei der man diese Vollblüter bei Rennen, Dressur- und Fahrprüfungen und Ausstellungen bewundern kann. Im September feiert man das sehr populäre Weinlesefest **(Fiesta de la Vendimia)** mit Umzügen und dem **Flamenco-Festival**, denn Jerez, die Heimat berühmter Sänger wie **Manuel Torres** und **Antonio Chacón** (1870-1929) bleibt der Tradition des *cante jondo* treu.

Jerez de la Frontera
Auf Entdeckungstour

DAS MITTELALTERLICHE JEREZ
Dieser Rundgang führt durch unübersichtliche Gässchen, die noch heute die Bedeutung der Stadt zwischen dem 13. und dem 16. Jh. widerspiegeln.

Plaza del Mercado
Der alte mittelalterliche Marktplatz ist ein ruhiger, von schönen Gebäuden gesäumter Ort, darunter der **Palacio de Riquelme** mit seiner imposanten Renaissancefassade, die Kirche **San Mateo** (15. Jh.) und das **Museo Arqueológico de Jerez**, das sich in einem schlichten Gebäude aus dem 18. Jh. befindet.

*Durch die Calle Cabezas gelangt man zur **Kirche San Lucas** und von dort über die Calle Ánimas de Lucas, die Plaza de Orbaneja und die Calle San Juan zur Kirche San Juan.*

San Juan de los Caballeros★
Die Kirche wartet innen mit einer prächtigen **neunseitigen Apsis**★ auf, die mit einem eindrucksvollen zehnstrahligen Gewölbe aus dem 14. Jh. abgeschlossen ist. Seine mit einem Sägezahnmuster verzierten Rippen ruhen auf schlanken Säulen.

*Weiter durch die Calle Francos und dann durch die Calle Canto zur Plaza de Ponce de León. An einer der Ecken sieht man ein schönes **plateresks Fenster**★★. Durch die Calle Juana de Dios Lacoste, wieder die Calle Francos überqueren und dann die Calle Compañía bis zu San Marcos entlanggehen.*

San Marcos
Die Hallenkirche wurde Ende des 15. Jh.s errichtet. Sie ist mit einem schönen Sterngewölbe abgeschlossen. Der Chor wird vom **Retabel**★ (16. Jh.) verdeckt, das flämischen Einfluss verrät. Hinter der Kirche liegt die hübsche Plaza de Rafael Rivero.

Von der Plaza aus gelangt man durch die Calle Tonería zur Plaza Plateros.

Plaza de Plateros (Platz der Goldschmiede)
Auf diesem reizvollen Platz trafen sich im Mittelalter die Händler. Hier steht der im 15. Jh. errichtete **Torre Atalaya**, dessen zierliche gotische Fenster Zackenbögen haben.

Plaza de la Asunción★
Den malerischen Platz begrenzt auf einer Seite das Renaissancegebäude des ehemaligen Kapitelhauses (**Cabildo**★★, 1575). Kein Schmuckmotiv dieses Stils fehlt an der Fassade. Neben den typischen Grotesken und Amoretten fallen besonders die korinthischen Säulen auf. Die ebenfalls auf diesem Platz stehende Kirche **San Dionisio** zeigt außen starke Einflüsse des Mudéjar-Stils. Auffallend ist das Hauptportal mit Satteldach, ein typisches Stilmerkmal der Zeit Alfons' X.

Die Calle José Luis Díez hinuntergehen.

Plaza del Arroyo
An einem Ende steht der **Palacio del Marqués de Bertemati**★ mit einer eindrucksvollen Fassade mit barocken Erkern.

Catedral★★
Tgl. 18-19 Uhr. ☎ 956 34 84 82.
Die Kathedrale wird durch eine große Treppe in Szene gesetzt. Renaissance und Barock haben ihr imposantes Äußeres geformt. Der fünfschiffige Innenraum ist über der Vierung mit einer mächtigen Kuppel überwölbt, die mit Reliefs der Evangelisten verziert ist.

Auf der Plaza de la Asunción findet im September das **Weinfest** statt.

Alcázar★
16. Sept.-30. Apr. 10-18 Uhr, 1. Mai-15. Sept. 10-20 Uhr. Letzter Einlass 30 Min. vor Schließung. 1. und 6. Jan. sowie 25. Dez. geschl. 1,20 €. ☎ 956 33 73 06 oder 956 31 97 98.
Die Burg steht in der Alameda Vieja. Von dort aus hat man den schönsten **Blick**★★ auf die Kathedrale. Die Festung wurde im 12. Jh. unter der Regierung der Almohaden errichtet. Man betritt sie durch ein typisch almohadisches Tor mit Zickzackdurchlass. Innen ist eine schmucklose **Moschee**★★ erhalten, deren Gebetsraum mit einer kunstvollen achteckigen Kuppel abgeschlossen ist. Mit Hilfe der im Palacio de Villavicencio eingerichteten **Cámara oscura** eröffnen sich dem Besucher durch das Zusammenspiel von Spiegeln und Linsen neue Perspektiven.

Plaza del Arenal
Seit der Zeit der Mauren ein beliebter Treffpunkt und Festplatz. Eine Statue von Mariano Benlliure stellt Miguel Primo de Rivera dar.

JEREZ DE LA FRONTERA

Algarve . . . . BZ 2	Cordobeses . . . . AY 26	Mercado (Pl. del) . . . . AYZ 56
Angustias (Pl. de las) . . . . . . BZ 5	Cristina (Alameda) . . . . BY 28	Monti (Pl.) . . . . BZ 57
Arenal (Pl. del) . . . . BZ 8	Cruces . . . . AZ 30	Nuño de Cañas . . . . BY 60
Armas . . . . ABZ 10	Doña Blanca . . . . BZ 31	Pedro Alonso . . . . BZ 62
Arroyo (Calzada del) . . . . . . AZ 12	Duque de Abrantes (Av.) . . BY 32	Peones (Pl.) . . . . AZ 65
Asunción (Pl.) . . . . BZ 13	Eguilaz . . . . BYZ 33	Plateros . . . . BZ 67
Beato Juan Grande . . . . BY 15	Encarnación (Pl. de la) . . . . AZ 35	Pozuelo . . . . ABZ 70
Cabezas . . . . AYZ 18	Gaspar Fernández . . . . BYZ 40	Rafael Rivero (Pl.) . . . . BY 72
Conde de Bayona . . . . BZ 21	José Luis Díez . . . . AZ 42	San Agustín . . . . BZ 75
Consistorio . . . . BZ 23	Lancería . . . . BZ 45	San Fernando . . . . AZ 77
	Larga . . . . BZ 47	San Lucas (Pl.) . . . . AYZ 80
	Letrados . . . . ABZ 50	Santiago (Pl.) . . . . AY 81
	Luis de Isasy . . . . AYZ 52	Torneria . . . . BY 82
	Manuel María	Vieja
	González . . . . AZ 55	(Alameda) . . . . AZ 84

Bodega Domecq . . . . AZ B²	Casa Domecq . . . . BY C⁴	Museo Arqueológico
Bodega González Byass . . . AZ B⁴	Casa de los Ponce de León . AY C⁶	de Jerez . . . . AY M
Bodega Harvey . . . . BZ B⁶	Centro Andaluz	Palacio del Marqués
Bodega Sandeman . . . . . ABY B⁸	de Flamenco . . . . AY E	de Bertematí . . . . AZ R
Bodega Williams	Convento de Santa María	Palacio de los Pérez Luna . BY S
& Humbert . . . . BY B¹⁰	de Gracia . . . . AY F	Palacio de Riquelme . . . . . . AY V
Cabildo . . . . BZ C²	Iglesia de San Dionisio . . . . BZ K	Teatro Villamarta . . . . BZ T

San Miguel★★

Besichtigung 19 Uhr. ☎ 626 78 54 48

Mit dem Bau dieser schönen Kirche wurde Ende des 16. Jh.s im gotischen Stil begonnen, doch erst im 18. Jh. konnte sie vollendet werden. Der mächtige Turm der Hauptfassade ist daher barock. Die dem hl. Joseph geweihte Fassade ist hingegen typisch für die spanische Spätgotik des 15. Jh.s. Der dreischiffige Kirchenraum enthält ein interessantes **Retabel★**, ein herausragendes Werk der Spätrenaissance von Martínez Montañés.

Besichtigung

Museo de Relojes★★

Auskunft unter ☎ 956 18 21 00.

Das Uhrenmuseum im Palais Atalaya ist von einem romantischen Park umgeben. Die Sammlung enthält über 300 Ausstellungsstücke in verschiedenen Formen und mit unterschiedlichem Dekor, meist aus England und Frankreich. Die Uhren stammen aus dem 18. und 19. Jh. und funktionieren alle noch. Das älteste Stück ist eine Uhr mit **italienischem Gehäuse** aus dem 17. Jh.

Jerez de la Frontera
Real Escuela Andaluza de Arte Ecuestre★
Besichtigung der Gebäude und Training Mo, Mi und Fr 10-13 Uhr (Nov.-Febr. auch Di). Vorführungen Di und Do (im Winter nur Do) 12 Uhr. Sa/So und feiertags geschl. 6 €; Vorführung 12 € (Loge 18 €). ☎ 956 31 96 35 oder 956 31 80 08.

Die **Königlich Andalusische Schule der Reitkunst** wurde 1973 von Álvaro Domecq Romero gegründet, um die besten Zuchtstuten der Cartuja-Rasse auswählen zu können und um die anderen in klassischer Dressur, für Fahrturniere und als Reittiere für die Viehhirten zu trainieren. Man kann bei der Dressur der Pferde zuschauen und verschiedene Räumlichkeiten besichtigen. Einmal wöchentlich findet die **Aufführung★★** *Cómo bailan los caballos andaluces* („Wie die andalusischen Pferde tanzen") statt, eine Dressurvorführung zu den Klängen spanischer Musik, bei der die Reiter die Tracht des 18. Jh.s tragen.

Museo Arqueológico de Jerez
10-14 Uhr und 16-19 Uhr, 15. Juni-30. Sept. 10-14.30 Uhr; Sa/So und feiertags 10-14.30 Uhr. Mo, 1. und 6. Jan., Karfreitag und 25. Dez. geschl. 1,50 €; 1. So im Monat Eintrit frei. ☎ 956 34 13 50.

Das Archäologische Museum dokumentiert die Geschichte von Jerez. Besonders wertvoll ist ein **griechischer Helm★** aus dem 8. Jh. v. Chr.

La Cartuja
6 km südöstlich. Wegen Umbauarbeiten vorübergehend geschl. ☎ 956 15 64 65.

Das Kartäuserkloster wurde 1477 gestiftet. Das klassisch inspirierte Tor wird Andrés de Ribera zugeschrieben. Die spätgotische Klosterkirche hat eine prachtvolle **Barockfassade★★★**. Vom 15. bis zum 19. Jh. zog man im Gestüt der Kartause die Rassepferde, die auch „Jerezaner" genannt werden.

Yeguada de la Cartuja (Gestüt der Kartause)★
Das Gestüt Finca Fuente del Suero liegt an der Straße in Richtung Medina Sidonia. Sie erreichen es nach 6,5 km Fahrt. Besichtigung (1 1/2-2 Std.) Sa 11 Uhr. 9 €, Kinder 4,90 €. ☎ 956 16 28 09.

Hier können Sie die berühmten Pferde aus der Nähe betrachten.

▶▶ Kloster Santo Domingo; Casa Domecq (18. Jh., Portal★).

León★★

Die einstige Hauptstadt des Königreichs León liegt in der Nord-Meseta an den Ufern des Bernesga. Sie war eine wichtige Station auf dem Jakobsweg und besitzt noch zahlreiche Prachtbauten, die von ihrer glanzvollen Vergangenheit zeugen. Dazu zählen Meisterwerke der Romanik (San Isidoro), der Gotik (Kathedrale) und der Renaissance (San Marcos).

Steckbrief
147625 Einwohner. Michelin-Karte Nr. 575 – Kastilien und León (León). Die Stadt liegt am Südhang der Cordillera Cantábrica, an der Nordgrenze der Meseta. Die nahe gelegene A 66 verbindet sie mit Oviedo (121 km nördlich). Im Südosten liegen Palencia (128 km) und Valladolid (139 km). 🛈 Plaza Regla 3, 24003 León, ☎ 987 23 70 82. Reiseziele in der weiteren Umgebung: CAMINO DE SANTIAGO.

Hintergrundinfos

Die mittelalterliche Stadt – Nachdem sich sein Herrschaftsgebiet vergrößert hatte, verlegte das Königshaus von Asturien seine Hauptstadt von Oviedo nach León und ließ auf den Resten der römischen Befestigung die Stadtmauer errichten. Um den Ort zu bevölkern, wurden Mozaraber angesiedelt, d. h. Christen, die aus Córdoba und Toledo geflohen waren. Im 11. und 12. Jh. war León zur bedeutendsten christlichen Stadt Spaniens angewachsen.

Die mittelalterliche Bausubstanz ist hauptsächlich im Ostteil von Léon erhalten. Hier findet man noch Überreste der Stadtmauer und an den winkligen Straßen ein paar Backsteinfassaden. Das typischste Viertel, das wegen seiner zahlreichen Bars und kleinen Restaurants unter dem Namen Barrio Húmedo („feuchtes Viertel") bekannt ist, liegt zwischen der arkadengesäumten **Plaza Mayor** und der **Plaza de Santa María del Camino**, die durch ihre Laubengänge mit Holzständern, die Brunnen und den hübschen Kirchturm besticht.

Das moderne León – Die Stadt erlebt heute dank der Industrie einen bedeutenden wirtschaftlichen Aufschwung und dehnt sich am Fluss entlang nach Westen aus. Diese Entwicklung verdankt sie in der in der Provinz vorhandenen Bodenschätzen (Kohle und Eisenerz) sowie den Wasserkraftwerken im Esla-Becken. Ein großer Teil der Einkünfte der Stadt stammt ferner aus der Viehzucht.

Die künstlerische Tradition Leóns wurde durch Gaudí fortgesetzt, der an der Plaza de San Marcelo den anachronistischen neugotischen Palast **Casa de Botines** errichtete.

Tipps und Adressen

Restaurants

- **Gut & preiswert**

Rancho Chico – *Plaza de San Martín 7* – ☏ *987 25 60 47 – Mi, 15.-30. Sept. und 15.-30. Febr. geschl.* – 🍽 – *11/22 €*. Das Restaurant erfreut sich dank der einfachen Küche mit traditionellen Gerichten zu fairen Preisen seit 20 Jahren großer Beliebtheit. Es liegt sehr reizvoll an der hübschen und belebten Plaza de San Martín. Bei gutem Wetter kann man auf der Terrasse essen.

- **Unsere Empfehlung**

Vivaldi – *Platerías 4* – ☏ *987 26 07 60 - So-abend, Mo und 1. Julihälfte geschl.* – 🍽 – *23/32 €*. Das Restaurant hat sich in den vergangenen zehn Jahren zu einer der ersten Adressen in Kastilien und León hochgearbeitet. Es liegt in der Nähe der Plaza Mayor und bietet eine Küche auf gehobenem Niveau. Im Erdgeschoss gibt es *tapas*, die kleinen Gerichten ähneln.

Unterkunft

- **Unsere Empfehlung**

La Posada Regia – *Regidores 11* – ☏ *987 21 31 73 – regialeon@smonica.com – 20 Z.: 52/82 €* 🛏. Dieses kleine, gemütliche Hotel liegt in der Altstadt von León, direkt bei der Kathedrale. Es befindet sich in einem aus Naturstein erbauten Gebäude aus dem 14. Jh.. Die Zimmer sind geräumig, sehr schön und klassisch eingerichtet. Einige Mansarden.

- **Fürstlich logieren**

Parador Hotel San Marcos – *Plaza de San Marcos 7* – ☏ *987 23 73 00* – 🅿 – *185 Z.: 105/132 €* – 🛏 *9,50 €* – *Rest. 25 €*. Die Fassade dieses Luxushotels ist ein Meisterwerk des platerensken Stils. Der besonders exklusive Parador wurde in einem ehemaligen Kloster und Pilgerhospiz eingerichtet. Innen wird man durch eine prachtvolle Kirche und einen beeindruckenden Kreuzgang im Renaissancestil überrascht.

Ein besonderes Highlight

Catedral★★★

Tgl. 8.30-13.30 Uhr und 16-19 Uhr, Juni-Sept. 8.30-14 Uhr und 16-20 Uhr. 0,60 € (Kreuzgang). ☏ *987 87 57 70.*

Die Kathedrale wurde von Mitte des 13. Jh.s bis Ende des 14. Jh.s in einem sehr homogenen gotischen Stil erbaut. Nirgendwo sonst in Spanien findet man einen so lichtdurchfluteten, hohen Kirchenraum.

Hauptfassade – Die drei tief eingeschnittenen und reich mit Figuren geschmückten Portale sind untereinander durch Spitzbögen verbunden. Am Pfosten des Mittelportals steht Santa María la Blanca, eine schöne Madonna (das Original befindet sich in der Kapelle neben der Apsidialkapelle).

Der Türsturz hat als Thema das Jüngste Gericht zum Thema. In sehr eindrucksvoller Weise wird hier das Schicksal der Seligen dem der Verdammten gegenübergestellt. Auf dem Tympanon des linken Portals sind verschiedene Szenen aus dem Leben Christi zu erkennen, das Portal auf der rechten Seite zeigt den Tod und die Krönung Mariä.

Südfassade – Besonders die Statuen an den Pfosten des Mittelportals sind in Ausdruck und Faltenwurf sehr gelungen.

Innenraum – Die herrlichen **Glasgemälde★★★** von erstaunlicher Lichtwirkung sind mit einer Fläche von 1 200 m² (125 tafelförmige Felder und 57 Medaillons) einzigartig in Spanien, haben aber leider die Statik des Gebäudes beeinträchtigt (letzte Restaurierung Ende des 19. Jh.s). Am ältesten (13.-15. Jh.) sind die Glasgemälde der Fensterrose der Hauptfassade und die der mittleren Chorkapellen, während die Fenster der Santiago-Kapelle bereits Renaissanceeinflüsse zeigen. Die Fenster des Schiffs sind jünger; ihre Ausführung reicht bis in die heutige Zeit. Sie haben drei große Themenkreise: im unteren Teil die Welt der Pflanzen und Steine, hinter dem Triforium historische Gestalten und Wappen, an den oberen Fenstern die Seligen.

Der **Renaissance-Trascoro★** wurde nach Entwürfen von Juan de Badajoz geschaffen; der Triumphbogen, ein Werk von Esteban Jordán, ist von vier herrlichen Relieftafeln aus Alabaster eingerahmt und gewährt einen Durchblick auf das Mittelschiff.

Das **Retabel** des Hochaltars mit Gemälden von Nicolás Francés (15. Jh.) ist ein interessantes Beispiel für den Internationalen Stil. Links davon ist eine bemerkenswerte **Grablegung★** zu sehen, die flämischen Einfluss verrät und dem Meister von Palanquinos zugeschrieben wird. Der Silberschrein vor dem Altar birgt die Reliquien des hl. Froilán, im frühen 10. Jh. Bischof von León und Schutzpatron der Stadt.

Im Chorumgang und Querhaus sind zahlreiche gotische Grabmäler zu sehen. Darunter ist das am Fächerbogen erkennbare Grabmal des Bischofs Don Rodrigo in der Kapelle rechts vom Hauptaltar besonders bemerkenswert.

Claustro★ – Vor Betreten des Kreuzgangs erblickt man das vor Wettereinflüssen geschützte Nordportal des Querhauses, an dem noch die alte Bemalung erhalten ist; es ist der auf dem Mittelpfosten stehenden Lieben Frau vom Almosen (Nuestra Señora del Dado) geweiht.

León

Die Arkaden des Kreuzgangs stammen aus der gleichen Zeit wie das Mittelschiff (13.-14. Jh.), während die Gewölbe (sehr kunstvolle Schlusssteine) erst im frühen 16. Jh. angefügt wurden. An den Wänden der Gänge Fresken von Nicolás Francés sowie romanische und gotische Grabmäler.

Museo – *Führung (30 Min.) 9.30-13.30 Uhr und 16-18.30 Uhr, Juni-Sept. 9.30-14 Uhr und 16-19.30 Uhr; Sa 9.30-13.30 Uhr. Letzter Einlass 1 Std. vor Schließung. So und feiertags geschl. 3 €. ☏ 987 87 57 70.*

Bemerkenswert sind hier insbesondere eine Statue der hl. Katharina (15. Jh.), die französischen Einfluss aufweist, die plateresque Treppe zum Kapitelsaal im 1. Stock, ein von Juan de Juni 1576 geschaffenes Kruzifix, dessen Proportionen merkwürdig erscheinen, da die Gestalt des Gekreuzigten für einen Anblick von unten angelegt ist, eine mit Buchmalerei verzierte mozarabische Bibel (920), ein Antiphonar aus der gleichen Zeit und der bebilderte Kodex *Libro de las Estampas* aus dem 13. Jh.

Besichtigung

San Isidoro★

Die Kirche ist in die römische Stadtmauer integriert und überragt sie mit ihrem schönen Glockenturm. Sie wurde 1063 dem hl. Isidor von Sevilla geweiht, nachdem dessen sterbliche Überreste kurz zuvor unter Zustimmung des maurischen Herrschers von Sevilla hierher gebracht worden waren, um diesem berühmtesten aller westgotischen Kirchenlehrer auf christlichem Boden eine letzte Ruhestätte zu geben. Von der im 11. Jh. geweihten Kirche existiert nur noch die Königsgruft. Mit dem Bau der heutigen Basilika wurde Ende des 11. Jh.s begonnen, und es wurden später weitere Teile hinzugefügt. So erfuhren z. B. die Apsis und das Querschiff in der Gotik Veränderungen; die Balustrade sowie der Frontgiebel der Südfassade wurden in der Renaissance hinzugefügt. An den romanischen Portalen sind Skulpturen zu sehen, die aus der gleichen Zeit wie die der Kirche von Frómista und aus der ersten Bauepoche von Santiago de Compostela stammen und die Opferung Isaaks sowie die Kreuzabnahme darstellen.

LEÓN

Alcalde Miguel Castaño	B 2	Generalísimo Franco	B 16
Almirante Martín-Granizo (Av. del)	A 3	General Sanjurjo (Av.)	A 17
Arquitecto Ramón Cañas del Río	B 4	González de Lama	B 18
Calvo Sotelo (Pl. de)	A 5	Guzmán el Bueno (Glorieta de)	A 23
Caño Badillo	B 8	Independencia (Av. de)	B 25
Cruz Roja de León	A 9	Jorge de Montemayor	B 26
Espolón (Pl. de)	B 12	Mariano Andrés (Av. de)	B 28
Facultad (Paseo de la)	A 15	Murias de Paredes	B 30
		Ordoño II	A
		Padre Isla (Av. del)	AB
		Palomera	B 31
Papalaguinda (Paseo de)	A 33	San Francisco (Paseo)	B 48
Puerta Obispo	B 38	San Isidoro (Pl. de)	B 50
Quevedo (Av. de)	A 40	San Marcelo (Pl.)	B 52
Ramiro Valbuena	A 45	San Marcos (Pl. de)	A 55
Rúa	B	Santo Domingo (Pl. de)	B 58
Sáez de Miera (Paseo de)	A 47	Santo Martino (Pl. de)	B 61

Panteón Real von San Isidoro in León

Panteón Real★★ – *Führung (40 Min.) 10-13.30 Uhr und 16-18.30 Uhr, So und feiertags 10-13.30 Uhr; Juli-Aug. 9-20 Uhr, So und feiertags 9-14 Uhr. 1. Jan. und 25. Dez. geschl. 2,40 €; Do-nachmittag Eintritt frei.* ☎ *987 87 61 61.*
Die Königsgruft ist eins der ersten Zeugnisse der Romanik in Kastilien. Ihre mächtigen Säulen sind von **Kapitellen**★ gekrönt, die zwar noch westgotische Merkmale aufweisen, aber in Bezug auf die Bildhauerkunst einen großen Fortschritt darstellen. An diesen Kapitellen sind nämlich Pflanzenmotive im „asturischen" Stil zu sehen, oder es sind Figurenkapitelle mit erzählender Plastik.
Die ausgezeichnet erhaltenen **Wandmalereien**★★ (12. Jh.) sind einzigartig. Sie zeigen die klassischen Themen des Neuen Testaments, aber auch interessante Szenen aus dem Landleben. Es sei auf einen Kalender an der Innenseite eines Bogens hingewiesen, der die verschiedenen Feldarbeiten illustriert.
In der Königsgruft sind 23 Könige und Königinnen von León sowie zahlreiche Infanten beigesetzt.
Tesoro (Kirchenschatz)★★ – Er enthält ausgesprochen wertvolle Kunstwerke, darunter der mit getriebenem Silber und einer mozarabischen Stickerei überzogene Reliquienschrein aus Holz (11. Jh.), der die sterblichen Überreste des hl. Isidor birgt, sowie der **Kelch der Doña Urraca**★. Dieser wurde im 11. Jh. aus zwei römischen Achatschalen gefertigt, die man in einer Fassung aus Gold und Edelsteinen zusammenfügte. Des Weiteren kann man hier ein Reliquienkästchen aus Elfenbein, die **Arqueta de los Marfiles**★ aus dem 11. Jh., sehen, auf der jedes fein skulptierte Feld einen Apostel darstellt, und ein anderes, mit Emailarbeiten aus Limoges verziertes Kästchen (13. Jh.). In der **Bibliothek** werden über 300 Wiegendrucke und zahlreiche mit Miniaturen geschmückte Handschriften aufbewahrt, darunter eine mozarabische Bibel aus dem Jahr 960.

Antiguo Convento de San Marcos★
In einem Teil des ehemaligen Klosters ist heute ein Parador untergebracht. Im 12. Jh. stand hier das Mutterhaus des Santiago-Ritterordens, der sich den Schutz des Jakobswegs zur Aufgabe gemacht hatte. Drei Jahrhunderte später hoben die Katholischen Könige die Vorrechte der Ritterorden auf und erklärten sich zu Großmeistern dieser Orden. Ferdinand beschloss damals, hier wieder ein Kloster bauen zu lassen.
Das prachtvolle Bauwerk wurde schließlich in der Blütezeit der Renaissance begonnen, die Kirche 1541 fertig gestellt; die anderen Arbeiten dauerten bis ins 18. Jh.
Die etwa 100 m breite **Fassade**★★ besitzt zwei übereinander liegende Nischen- und Fensterreihen, die in einem Gitter aus Friesen und Gesimsen, Dreiviertelsäulen und Pilastern angeordnet sind; sie wirkt, trotz des im 18. Jh. hinzugefügten Frontgiebels, einheitlich. Auf den Medaillons sind bekannte Gestalten aus der Bibel und historische Persönlichkeiten aus Rom und Spanien zu erkennen, z. B. Lukretia und Judith, in deren Mitte Isabella die Katholische sowie Trajan und Augustus mit Karl V. Über dem Mittelportal der hl. Jakobus im Kampf gegen die Mauren und auf der Giebelspitze eine Allegorie des Ruhms. Ganz rechts schließt die unvollendete **Kirchenfassade** an, die mit Muschelskulpturen bedeckt ist, einem Symbol für die Wallfahrt nach Santiago. Im Kircheninneren findet man Muscheln an der Wand hinter dem Hauptaltar.

León
Museo de León★ – *10-14 Uhr und 16.30-20 Uhr, 1. Mai-30. Sept. 10-14 Uhr und 17-20.30 Uhr; So und feiertags 10-14 Uhr. Mo geschl. 1,20 €; Sa/So, 23. Apr., 18. Mai, 12. Okt. und 6. Dez. Eintritt frei. ☎ 987 23 64 05.*
Im ersten, von einem Sterngewölbe überspannten Saal sind neben Kunstwerken von ausgezeichneter Qualität aus der mozarabischen Zeit und der Spätgotik das Votivkreuz aus der Santiago-Kirche von Peñalba (10. Jh.) und der herrliche **Cristo de Carrizo★★★** (11. Jh.) ausgestellt. Es handelt sich bei dieser Elfenbeinschnitzerei um eine Christusfigur, deren durchdringender Blick, die Haartracht und der Faltenwurf des Gewandes byzantinischen Einfluss verraten. Ein großes Fenster gibt den Blick frei auf die schöne Artesonado-Arbeit (Renaissance) im ehemaligen Kapitelsaal, der heute ein Salon des Paradors ist. Die Flügel des zwischen dem 16. und dem 18. Jh. erbauten **Kreuzgangs** bergen Skulpturenfragmente (schöne Medaillons an den Schlusssteinen). Bemerkenswert ist in der Nordostecke ein von Juan de Juni geschaffenes Flachrelief der Geburt Christi (interessante Perspektive). Die von Juan de Badajoz 1549 entworfene **Sakristei★** besitzt ein mit Muscheln, Zierbändern, Putten sowie skulptierten Konsolen verziertes Gewölbe. Hier sind mehrere Werke von Juan de Juni ausgestellt.

Umgebung

San Miguel de Escalada★
28 km westlich. Ausfahrt aus León auf ② des Plans. Im 11. Jh. schenkte Alfons III. einer aus Córdoba vertriebenen Mönchsgemeinschaft ein zerstörtes Kloster mit der Auflage, dieses wieder aufzubauen. Von diesem Kloster ist heute nur noch die einsam auf einer Bergterrasse stehende Kirche zu sehen, das besterhaltene der wenigen noch existierenden mozarabischen Bauwerke. Der **äußere Bogengang★** aus dem Jahr 1050 besticht durch die Gestaltung der Hufeisenbögen, die Glätte der Säulen und die Bildhauerarbeit an den Kapitellen. Die aus dem Jahr 913 stammende **Kirche★** besteht aus drei Schiffen mit hölzernem Dachstuhl. Sie sind von den überwölbten Apsiden durch eine aus drei Arkaden und einer Balustrade gebildete Säulenhalle getrennt; die Balustrade besteht aus Steinplatten, deren Flachreliefs westgotische (pickender Vogel und Weintraube) und maurische Motive (stilisiertes Laubwerk) aufweisen. *10-14 Uhr und 16-18 Uhr, Mai-Sept. 10-14 Uhr und 17-20 Uhr; So und feiertags 10-15 Uhr. Mo geschl. Eintritt frei. ☎ 987 23 70 82.*

Cuevas de Valporquero★★
47 km nördlich über die LE 311. Führung (1 1/4 Std.) Juni-Sept. 10-14 Uhr und 16-19 Uhr, sonst nur Fr, Sa/So und feiertags 10-17 Uhr. 4,25 €. ☎ 987 57 64 08.
Unterirdische Wasserläufe graben die Höhlen, in denen ständig eine Temperatur von ca. 7 °C herrscht *(Achtung, Glätte!)*, immer weiter aus. Eine neutrale Beleuchtung unterstreicht die Vielfalt der Steinformationen und Farben (eine Gruppe exzentrischer Stalaktiten bildet einen riesigen Stern an der Decke des großen Saals); es wurden 35 verschiedene rote, graue und schwarze Farbtöne gezählt, die durch Mineraloxide entstanden sind. Am Ende der Besichtigung geht man durch einen engen, 1 500 m langen Gang, der von einem starken Wasserstrom aus dem weichen Gestein ausgewaschen wurde und 40 m Steigung überwindet.

Lérida★ siehe Lleida

Monasterio de Leyre★★

Am Ende der zum Kloster führenden steilen und windungsreichen Straße bietet sich ein herrlicher Ausblick★★ auf den Stausee von Yesa und die umliegenden kargen, aus Mergel aufgebauten Hügel. Die aus Kalkstein bestehenden Bergkämme der Sierra bilden einen majestätischen Wall. Die hohen, ockerfarbenen Mauern des Klosters erheben sich auf halber Höhe an der Felswand der Sierra de Leyre, von der sie kaum zu unterscheiden sind.

Steckbrief
Michelin-Karten Nr. 573 und 574 – Navarra. Am Südhang der Sierra de Leyre, in der Nähe des Stausees von Yesa gelegen. 🛈 ☎ 948 88 41 50.
Reiseziele in der weiteren Umgebung: SANGÜESA/ZANGOZA (15 km südwestlich), PAMPLONA/IRUÑA (51 km nordwestlich) und JACA (68 km östlich).

Hintergrundinfos

Zur Geschichte – Zu Beginn des 11. Jh.s wurde San Salvador de Leyre zum bedeutendsten geistlichen Zentrum Navarras. König Sancho III., der Große, und seine Nachfolger bestimmten Leyre zur Grablege und ermöglichten den Bau einer Kirche, die mit ihrer Krypta zu den allerersten Zeugnissen der romanischen Kunst in Spanien zählt (sie wurde 1057 geweiht). Zum Bischof von Pamplona wurde zur damaligen Zeit traditionell der Abt von Leyre gewählt, dem ca. 60 Dörfer und 70 andere Kirchen und Klöster unterstanden.

Nachdem im 12. Jh. Navarra und Aragonien vereint worden waren, gaben die Könige dem Kloster San Juan de la Peña den Vorzug. Außerdem suchte der Bischof von Pamplona seinen Einfluss auf das Kloster zu verstärken, und es begann ein langwieriger Prozess, der den Finanzen und dem Ansehen des Klosters schadete. Im 13. Jh. wurde die Zisterzienserregel eingeführt. Das Kloster wurde im 19. Jh. aufgegeben, 1954 jedoch wieder von Benediktinermönchen aus Silos in Besitz genommen, die die aus dem 17. und 18. Jh. stammenden Gebäude renovierten und eine Herberge einrichteten.

Besichtigung

KLOSTERKIRCHE★★ *1/2 Std.*
Tgl. 10.15-14 Uhr und 15.30-19 Uhr (18. Nov.-Febr.). 1. und 6. Jan. sowie 25. Dez. geschl. 1,70 €. ☎ 948 88 41 50.

Chorhaupt
11. Jh. Drei gleich hohe Apsiden bilden zusammen mit der von einem kleinen Glockenturm überragten Wand des Mittelschiffs und dem mit Drillingsfenstern versehenen Viereckturm eine sehr hübsche Ansicht. Die glatten Mauern und das Fehlen jeglicher Dekoration (außer einigen Sparrenköpfen) lassen auf das hohe Alter des Gebäudes schließen.

Krypta★★
Sie wurde im 11. Jh. errichtet und hat den gleichen Grundriss wie die romanische Kirche, die sie stützt. Man hat jedoch das Gefühl, dass die Krypta noch älter ist, da sie außerordentlich derb und archaisch wirkt. Die Gewölbe sind recht hoch. Sie werden von sehr massiven Stützen aus zum Teil doppelten Rundbögen mit mächtigen Keilsteinen getragen, die auf Kapitellen ruhen, in die sehr stilisierte Motive eingemeißelt sind. Seltsamerweise sind die Säulenschäfte sehr niedrig und verschieden hoch.

Innenraum★
Als die Zisterzienser im 13. Jh. die Kirche einschiffig wieder aufbauten und sie mit einem kühnen gotischen Gewölbe abschlossen, behielten sie vom dreischiffigen romanischen Gebäude die beiden ersten Joche und den Chor mit den halbrunden Apsiden bei. Die alten Joche haben Tonnengewölbe mit auf gleicher Höhe

Krypta

Monasterio de Leyre

beginnenden doppelten Gurtbögen. Ihre dekorativen Wandsäulen und Kapitele sowie das regelmäßige Mauerwerk aus Quadersteinen sind gut erhalten. Im linken Seitenschiff befindet sich ein hölzerner Schrein mit den sterblichen Überresten der ersten Könige von Navarra.

Westportal★
12. Jh. Seine reiche Dekoration hat ihm den Namen Porta Speciosa eingebracht. Das Portal ist über und über mit Skulpturen bedeckt. Im Tympanon sind altertümlich wirkende Statuen von Christus *(Mitte)*, rechts von ihm Maria und Petrus und links Johannes zu sehen. An den Bogenläufen wimmelt es nur so von Ungeheuern und Fabeltieren. Darüber erkennt man die Verkündigung und die Heimsuchung.

Umgebung

Hoz de Lumbier★
14 km westlich. Der enge Taleinschnitt wurde vom Irati in die Ausläufer der Sierra de Leyre gegraben. Er erstreckt sich zwischen Lumbier und Liédena über etwa 5 km und erscheint an seinen Enden als schmaler Spalt im Felsen. Von dem an der N 240 angelegten Aussichtspunkt bietet sich ein schöner **Blick** auf diese Schlucht.

Hoz de Arbayún★
31 km auf der N 240 und der NA 211. Der Salazar hat in der Sierra de Navascués ein tiefes Tal in den Kalkstein gegraben. Die Straße entfernt sich jedoch vom Fluss, und man muss bis zum Aussichtspunkt nördlich von Iso fahren, um einen herrlichen **Blick★★** auf das Ende des Tals genießen zu können. Der nackte Fels macht in der Talsohle einer dichten Vegetation Platz, in deren Mitte das Wasser des Flusses schimmert.

Lizarra★★ *siehe Estella*

Lleida/Lérida★

Die Keimzelle von Lleida oder Lérida war der Hügel, auf dem heute die Kathedrale steht und von dem aus man das Tal des Segre überblicken kann. Es war ein Kreuzungspunkt wichtiger Straßen. Im Gebiet von Lleida lieferten sich die Truppen der verfeindeten Heerführer Cäsar und Pompejus eine Schlacht, und die Mauren beherrschten die Stadt vom 8. bis zum 12. Jh.
Die Suda, die hoch gelegene Maurenburg, in der sich die Grafen von Katalonien im 13. Jh. niedergelassen hatten, wurde 1812 und 1936 durch Explosionen zerstört. Ihre verschiedenen Befestigungen bilden jedoch noch heute mehrere der Stadt vorgelagerte Linien, auf denen Terrassengärten angelegt wurden. Von dort aus kann man die Stadt überblicken und schaut weit über die fruchtbare Ebene des Segre bis zu den Ausläufern der Sierra la Llena. Lleida ist der Mittelpunkt einer sehr fruchtbaren *Huerta*, in der man sich auf Obstbau spezialisiert hat.

Tipps und Adressen

RESTAURANT
● *Gut & preiswert*
Santbernat – Saracíbar s/n – ☏ 973 27 10 31 – 🍽 – Reserv. empf. – 8/25 €. Der erste Anschein trügt. Das Restaurant befindet sich zwar direkt über dem Busbahnhof, ist aber eines der beliebtesten der ganzen Stadt. Nette, ein wenig kitschige Inneneinrichtung. Angeboten werden gute lokale Spezialitäten.

UNTERKUNFT
● *Gut & preiswert*
Hotel Goya – Alcalde Costa 9 – ☏ 973 26 67 88 – 🛏 – 18 Z.: 18/30 €. Dieses gemütliche kleine Hotel liegt in einem sehr belebten Viertel, ganz in der Nähe der Einkaufsmeile und des Stadtzentrums. Die Zimmer sind zwar einfach, aber hell, funktionell und gepflegt. Sehr gutes Preis-Leistungs-Verhältnis.

Steckbrief

119 380 Einwohner. Michelin-Karte Nr. 574 – Katalonien (Lleida). Lleida ist die Hauptstadt der einzigen katalanischen Provinz, die keinen Zugang zum Meer hat. Die Stadt liegt im flachen Hinterland, mitten in einem Obstanbaugebiet. Lleida ist ein bedeutender Verkehrsknotenpunkt. Hier verlaufen die A 2 und die N II (beide in Richtung Barcelona) Außerdem treffen hier die C 1313 und die N 240 in die Pyrenäen sowie die N 240 nach Huesca aufeinander. ᵈ *Avenida de Madrid 36, 25002 Lleida,* ☎ *902 25 00 50 oder 973 27 09 97.*
Reiseziele in der weiteren Umgebung: MONTBLANC (61 km südöstlich), TARRAGONA (97 km südöstlich), ZARAGOZA (150 km westlich) und PIRINEOS ARAGONESES.

Besichtigung

Die Seu (Kathedrale) erreicht man von der Plaza de Sant Joan mit dem Aufzug.
La Seu Vella★★★
Tgl. 10-13.30 Uhr und 15-17.30 Uhr, Juni-Sept. 10-13.30 Uhr und 16-19.30 Uhr. Letzter Einlass 20 Min. vor Schließung. Mo, 1. Jan. und 2. Dez. geschl. 2,40 €; Di Eintritt frei.
☎ *973 23 06 53 oder 933 16 27 40.*
Die Alte Kathedrale hat eine bemerkenswerte **Höhenlage★** innerhalb der Stadtmauer, über der modernen Stadt. Sie wurde von 1203 bis 1278 an der Stelle einer Moschee errichtet. Der achteckige Turm wurde Ende des 14. Jh.s angebaut. Philipp V. ließ sie 1707 zur Festung umfunktionieren und brachte hier seine Soldaten unter. Nach einer gründlichen Restaurierung hat sie inzwischen ihre ursprüngliches Fassade wiedergefunden.

Kirche★★ – Der schönste Schmuck des im Übergangsstil von der Romanik zur Gotik erbauten Gotteshauses sind die durch ihre Vielfalt und Schönheit beeindruckenden **Kapitelle★**. Im Querhaus und in den Apsiden sind sie mit Motiven aus dem Alten Testament verziert, während in den Langschiffen Themen aus dem Neuen Testament dargestellt sind. Außen lässt sich in der Dekoration maurischer Einfluss erkennen, besonders an der Puerta de Els Fillols *(südliches Seitenschiff)* und an der Puerta de la Anunciata *(südliches Querhaus)*. Darüber sieht man eine sehr feine Fensterrose. Die zarten Skulpturen an den Kapitellen dieser Portale erinnern an maurische Stuckverzierungen. Diesen Stil, der „romanische Schule von Lleida" genannt wird, findet man an mehreren Kirchen der Gegend wieder, u. a. am **Portal★★** der Kirche von **Agramunt** *(52 km nordöstlich)*.

Kreuzgang★★ – Der Kreuzgang erstaunt zunächst durch seine Lage vor der Kirchenfassade und durch die Schönheit des abwechslungsreichen Maßwerks der großen Arkaden. Der Südflügel bietet eine wunderbare Aussicht auf die Stadt und ihre Umgebung. Obwohl der Kreuzgang gotisch ist (14. Jh.), zeigen die zarten Motive einiger **Kapitelle★** und das pflanzliche Dekor der Friese maurischen Einfluss.
In der Südwestecke erhebt sich der **Glockenturm★★**, ein interessanter gotischer Bau mit 60 m Höhe.

Durch die Puerta del Lleó auf die Calle Sant Martí gehen.
Iglesia de Sant Martí★
10-13.30 Uhr und 16-20 Uhr, So und feiertags 10-13.30 Uhr. Mo, 1. und 6. Jan., Karfreitag, 1. und 5. Mai sowie 25. und 26. Dez. geschl. 1,80 €; Di Eintritt frei. ☎ *973 28 30 75.*
Die einschiffige Martinskirche wurde im 12. Jh. erbaut, im 15. Jh. jedoch stark verändert und später sogar zur Kaserne und zum Gefängnis umfunktioniert. Heute dient sie als Ausstellungshalle für **Werke★** der Kirchenkunst aus dem Diözesanmuseum.

Iglesia de Sant Llorenç
8.30-13 Uhr und 17-20.30 Uhr (So und feiertags bis 19 Uhr). ☎ *973 26 79 94.*
Spätromanische Kirche (12. Jh.), die in der Gotik durch den Einbau von Spitzbogenarkaden im Schiff und die Errichtung des Glockenturms erheblich umgestaltet wurde. Sie birgt mehrere interessante gotische Altäre.

Hospital de Santa María
10-14 Uhr und 17.30-20.30 Uhr, Sa und feiertags 12-14 Uhr und 17.30-20.30 Uhr, So 12-14 Uhr. 1. Juni-30. Sept. 12-14 Uhr und 18-21 Uhr, Sa und feiertags 11-14 Uhr und 19-21 Uhr, So 11-14 Uhr. Mo, 1. und 6. Jan. sowie 25. Dez. geschl. Eintritt frei.
☎ *973 27 15 00.*
Das Hospital wurde im 15. Jh. errichtet und hat einen schönen, vom Renaissancestil beeinflussten **Innenhof★**. Sitz des Institut d'Estudis Illerdencs.

Palau de la Paeria
11-14 Uhr und 17-20 Uhr, So und feiertags 11-14 Uhr. ☎ *973 70 03 19.*
Dieses Gebäude aus dem 13. Jh. liegt in der Calle Major (Hauptstraße) und besitzt eine elegante **Fassade★**. Heute ist hier das Rathaus untergebracht. Im Keller befindet sich ein Museum, das sich den örtlichen Ausgrabungen widmet.

▶▶ Bischofspalast (Diözesanmuseum).

Lugo★

Lugo war unter römischer Herrschaft die Hauptstadt von Gallaecia und ist heute eine hübsche Provinzhauptstadt. Die Stadt besitzt belebte, breite Geschäftsstraßen (Rua da Raiña und Plaza de Santo Domingo), die aristokratische Altstadt um die Kathedrale herum ist vollständig erhalten. Von der römischen Zeit zeugen noch die Stadtmauer, die alte Brücke und die Ruinen der Thermen.

Steckbrief
87 605 Einwohner. Michelin-Karte Nr. 571 – Galicien (Lugo). Lugo liegt in 485 m Höhe am linken Ufer des Miño, im Hinterland der autonomen Gemeinschaft Galicien. Nach La Coruña sind es 97 km über die A 6, nach Orense 96 km über die N 540 und nach Santiago de Compostela 107 km über die A 6 und die N 634. 🛈 *Pr. Maior 27, 27001 Lugo,* ☏ *982 23 13 61.*
Reiseziele in der weiteren Umgebung: RÍAS ALTAS, CAMINO DE SANTIAGO und A CORUÑA/LA CORUÑA.

Auf Entdeckungstour

DIE ALTSTADT

Muralla (Stadtmauer)★★
Die im 3. Jh. von den Römern errichtete Befestigung wurde besonders im Mittelalter verändert. Die Mauerzüge bestehen aus Schiefergestein und wurden gleichförmig auf ca. 12 m abgetragen. Sie sind insgesamt 2 140 m lang und besitzen 10 Tore, durch die man in die Altstadt gelangt. Die Stadtmauer wurde im Jahre 2000 zum Weltkulturerbe erklärt.

Catedral★
Mit dem Bau der romanischen Kathedrale wurde 1129 begonnen, doch erfuhr sie durch gotische und barocke An- und Einbauten starke Veränderungen. So ist die im Chorhaupt gelegene „Kapelle der Jungfrau mit den großen Augen" – ein Werk von Fernando Casas y Novoa, der auch die Obradoiro-Fassade der Kathedrale von Santiago de Compostela schuf – eine barocke Rotunde mit einer Steinbalustrade. Das Nordportal, das durch eine im 15. Jh. errichtete Vorhalle erreicht wird, zeichnet sich durch einen sehr schönen romanischen **Thronenden Christus**★ aus; auf der eigentümlichen Konsole darunter ist das Abendmahl dargestellt.

Das von einem Tonnengewölbe überspannte romanische Mittelschiff ist von Emporen gesäumt, was bei Wallfahrtskirchen häufig vorkommt. Am Ende der Querschiffsarme stehen zwei gewaltige Renaissanceschnitzaltäre. Der rechte (1531) stammt von Jakob Cornelisz. Durch eine Tür in der Westwand des südlichen Querhauses gelangt man in den kleinen eleganten **Kreuzgang**.

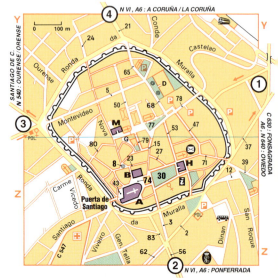

LUGO

Ánxel López Pérez (Av.)	Z 2
Bispo Aguirre	Z 3
Bolaño Rivadeneira	Z 5
Campo (Pr. do)	Z 8
Comandante Manso (Pr.)	Z 12
Conde Pallares	Z 15
Coruña (Av. da)	Y 21
Cruz	Z 23
Dezaoito de Xullo (Av. do)	Y 24
Doctor Castro	Z 27
Marior (Pr.)	Z 30
Montero Ríos (Av.)	Z 37
Paxariños	Z 39
Pio XII (Pr. de)	Z 43
Progreso	Y 47
Quiroga Ballesteros	Y 50
Raiña	Z 53
Ramón Ferreiro	Z 56
Rodríguez Mourelo (Av.)	Z 62
San Fernando	Y 65
San Marcos	Z 68
San Pedro	Z 71
Santa María (Pr. de)	Z 74
Santo Domingo (Pr. de)	YZ 77
Teatro	Y 78
Teniente Coronel Teijeiro	YZ 79
Tineria	Z 80
Vilalba	Z 83
Ayuntamiento	Z H
Catedral	Z A
Museo Provincial	Y M
Palacio episcopal	Z B

Plätze

Auf der **Plaza de Santa María**, dem Nordportal der Kathedrale gegenüber, erhebt sich der Bischofspalast (**Palacio Episcopal**; 18. Jh.). Er ist mit nur einem Stockwerk, regelmäßigem Mauerwerk, den beiden würfelförmig vorgelagerten Flügeln und seinem auf das Wappen der Familie Gil Taboada am Portal beschränkten Schmuck ein typisches Beispiel für einen *pazo*. Im Sommer finden auf dem Platz Freilichtaufführungen statt.

> **TIPP**
> Sie sollten unbedingt auf den Wehrgang gehen. Man erreicht ihn über die Treppen in den Toren oder die Rampe bei der **Puerta de Santiago**, gegenüber der Kathedrale. Aus der Höhe ergeben sich reizvolle Ausblicke auf die Stadt und ihre Umgebung.

Hinter dem Bischofspalast liegt die mit einem Brunnen geschmückte **Plaza del Campo**, die von alten Häusern umgeben ist. Die Calle de la Cruz, wo sich viele Bars und Restaurants befinden, und die **Plaza Mayor** mit dem Rathaus (**Ayuntamiento**, 18. Jh.), einer Grünanlage und einer Esplanade dienen den Einwohnern Lugos als Treffpunkt. In der Rúa da Raíña befindet sich die seit Mitte des 19. Jh.s existierende Konditorei Alejo Madarro.

Museo Provincial (Provinzmuseum)

10.30-14 Uhr und 16.30-20.30 Uhr (Sa bis 20 Uhr), So 11-14 Uhr; Juli-Aug. 10-13 Uhr und 16-19 Uhr, Sa 10-14 Uhr. Ganzjährig feiertags, Juni-Aug. auch So geschl. Eintritt frei. ☎ 982 24 21 12.

Der aus dem 18. Jh. erhaltene Küchenraum des ehemaligen Franziskanerklosters wurde mit einer kompletten Kücheneinrichtung ausgestattet, wie man sie heute noch in abgelegenen Bauerndörfern finden kann *(s. unter „Umgebung")*. Auf zwei Ebenen veranschaulicht das Museum Aspekte des lokalen Kunstschaffens. Besonders schön ist der Raum mit der Keramik von Sargadelos. Im Kreuzgang (Claustro de San Francisco) kann man sich eine Sammlung interessanter Sonnenuhren ansehen. Mehrere Türen führen in das der spanischen Malerei des 19. und 20. Jh.s gewidmete **Museo Nelson Zúmel**.

Umgebung

Santa Eulalia de Bóveda

14 km südwestlich. Der Straße nach Orense/Ourense über 4 km folgen, dann nach rechts abbiegen. Nach 2 km links in Richtung Burgo und nach weiteren 7 km in Poutomillos rechts abbiegen. 11-14 Uhr und 15.30-19.30 Uhr, Juni-Sept. 11-14 Uhr und 16.30-20.30 Uhr; So und feiertags ganzjährig 11-14 Uhr. Mo geschl. ☎ 608 08 02 14.

Dieses schöne galicische Dorf hat noch heute aus Granit gebaute und mit Steinplatten gedeckte Gehöfte sowie *hórreos*. Zu Beginn des 20. Jh.s hat man hier ein frühchristliches Monument **(Monumento paleocristiano)** entdeckt, das 1924 freigelegt wurde. Es besteht aus einem Vorraum (heute unter freiem Himmel) und einem rechteckigen Saal mit einem Becken, einer Rundbogennische und Fresken, die Vögel und Laubwerk darstellen, wobei es sich wahrscheinlich um christliche Symbole handelt. Die Archäologen sind sich nicht sicher, wann das Bauwerk entstanden ist und welche Bedeutung es hatte.

Madrid ★★★

Madrid ist eine helle, gastfreundliche und quirlige Stadt. Sie wurde im 16. Jh. von Philipp II. zur Hauptstadt seines riesigen Reichs erklärt. Die wichtigsten Bauwerke wurden im 17., 18. und 19. Jh. im Stil des Barock und des Klassizismus errichtet. Dank der von den Habsburgern und den Bourbonen der Stadt vermachten Sammlungen verfügt Madrid über außergewöhnlich reiche Kunstschätze im Bereich der Malerei (Prado, Königliche Akademie San Fernando, Museo Lázaro Galdiano und die Sammlung Thyssen-Bornemisza).
Die moderne, lebendige Weltstadt, die sich in den letzten Jahrzehnten erstaunlich entwickelt hat, überrascht heute durch ein sehr vielfältiges Kulturangebot und den starken Autoverkehr in ihren breiten Straßen.

Steckbrief

3 084 673 Einwohner. Michelin-Karten Nr. 575, 576 und 121 – Michelin-Stadtpläne Madrid Nr. 42 und 2042 – Madrid. Madrid liegt im Zentrum der Iberischen Halbinsel und der Meseta, in den Ausläufern der Sierra de Guadarrama und ist die höchstgelegene Hauptstadt Europas (646 m). In der Stadt herrscht ein trockenes, im Sommer sehr warmes und im Winter kaltes, wenn auch sonniges Klima. ▪ Plaza Mayor 3, 28013 Madrid, ☎ 915 88 16 36; Duque de Medinaceli 2, 28014 Madrid, ☎ 914 29 49 51/31 77; Flughafen Madrid-Barajas, 28042 Madrid, ☎ 913 05 86 56; www.munimadrid.es
Reiseziele in der weiteren Umgebung: ALCALÁ DE HENARES (32 km östlich), Monasterio de El ESCORIAL (49 km nordwestlich), ARANJUEZ (47 km südlich), TOLEDO (71 km südwestlich), SEGOVIA (98 km nordwestlich) und Sierra de GUADARRAMA.

Hintergrundinfos

Madrid gestern – Bis zur maurischen Invasion war Madrid eine unbedeutende Siedlung. Der Name der Stadt ist auf die Majerit genannte Festung zurückzuführen, die Mohammed I. im 9. Jh. hier am Ufer des Manzanares erbauen ließ. 1083 wurde diese von Alfons VI. eingenommen. Der Legende nach fand der König am Stadteingang in der Nähe eines *almudín* (Kornspeicher) eine Marienstatue, ließ daraufhin die Moschee zur Kirche umbauen und weihte diese der Virgen de la Almudena, die die Schutzpatronin der Stadt wurde. Vom 14. Jh. an weilten die kastilischen Könige immer häufiger in Madrid. Karl V. ließ den maurischen Alcázar wieder aufbauen, und 1561 verlegte Philipp II. den Hof von Toledo nach Madrid. Die mittelalterliche Stadt, von der noch der winklige Straßenverlauf um die Plaza Mayor herum zeugt, wuchs dann rasch, neue Stadttore – die Puerta de Segovia und die Puerta de Toledo – wurden gebaut, und die Bevölkerung verdreifachte sich (beim Tod des Monarchen waren es 60 000 Einwohner).
Die Entwicklung der Stadt begann jedoch vor allem mit den letzten Habsburgern im so genannten Goldenen Zeitalter. Unter Philipp III. nahm Juan Gómez de Mora ab 1608 eine Reihe von Veränderungen vor. Die Plaza Mayor wurde von nun an zum Zentrum der Stadt. Der Plan von Pedro Texeira (1656) vermittelt einen ausgezeichneten Eindruck von der an Kirchen und Klöstern sehr reichen Stadt Philipps IV. Dieser kunstliebende König förderte viele Maler, z. B. Velázquez und Murillo, sowie Schriftsteller, wie Lope de Vega, Quevedo, Calderón und Tirso de Molina.
Die Entwicklung zur Großstadt – Madrid erfuhr im 18. Jh. unter der Regentschaft des Bourbonen Karl III. seine größten Veränderungen. Es entstanden die klassizistischen Bauten des Prado und der Puerta de Alcalá. Die Adligen gingen ihrerseits daran, von Gärten umgebene **Paläste** errichten zu lassen (u. a. **Palacio de Liria** und **Palacio de Buenavista**).
Das 19. Jh. begann mit der Besetzung der Stadt durch die Truppen Napoleons und den Ereignissen des 2. Mai 1808, an dem die Madrider Bevölkerung auf der Plaza de Oriente zusammenlief, um die königliche Familie an der Flucht nach Bayonne zu hindern.
In der zweiten Hälfte des 19. Jh.s wurden die Reste der Befestigung niedergerissen und ein umfassender Plan zur Vergrößerung der Stadt in Angriff genommen. Im Zuge dieser Erweiterung (span. *ensanche*) entstanden die Stadtviertel Chamberí, Salamanca und Argüelles; am Ende des Jahrhunderts die Ciudad Lineal von **Arturo Soria**, ein für die damalige Zeit revolutionäres Städtebauprojekt, das ein Wohngebiet für 30 000 Einwohner bei der heutigen Avenida de Arturo Soria vorsah.
Zu Beginn des 20. Jh.s bevorzugte man den französischen Baustil; davon zeugen die Hotels Ritz und Palace. Auch der Neomudéjar-Stil war sehr beliebt, und in allen Vierteln wurden in dieser Architektur die für Madrid so charakteristischen Backsteinhäuser errichtet (u. a. nahe der **Plaza Monumental de las Ventas**). 1910 wurde die **Gran Vía** eingeweiht, eine Schnellstraße durch das Stadtzentrum, die die neuen Stadtviertel miteinander verbindet; sie wurde in einer Operette (*zarzuela*) verewigt.
Madrid heute – Madrid nimmt als Hauptstadt des Landes den ersten Rang im Banken- und Versicherungswesen sowie in Bezug auf die Universitäten, die Verwaltungsbehörden und die politischen Einrichtungen ein. Darüber hinaus haben sich in den Vororten bedeutende Industriegebiete entwickelt.

Tipps und Adressen

VERKEHRSMITTEL

Flughafen – Der Madrider Flughafen Barajas liegt an der N II, 13 km vom Stadtzentrum entfernt. Pendelbusse gibt es ab Plaza de Colón (6 Haltestellen). Die Busse fahren von 4.45-1.30 Uhr (zwischen 7 und 22 Uhr in Abständen von 10 Min.). Auskunft unter ☎ 914 31 61 92.
Die U-Bahn-Linie 8, die an die Linie 4 anschließt, verbindet den Flughafen mit dem Stadtzentrum.
Flughafeninformationen unter ☎ 902 35 35 70.
Info-Iberia ☎ 902 400 500

Eisenbahn (RENFE) – Die größten Madrider Bahnhöfe der spanischen Eisenbahn sind Atocha und Chamartin. Auskunft (rund um die Uhr) und Reservierung (5.30–23.50 Uhr) unter ☎ 902 24 02 02, www.renfe.es.
Der Hochgeschwindigkeitszug **AVE** fährt ab Atocha über Córdoba in 2 1/2 Std. nach Sevilla. Züge des **Nahverkehrsnetzes** fahren zu Sehenswürdigkeiten wie El Escorial, Sierra de Guadarrama, Alcalá de Henares und Aranjuez.

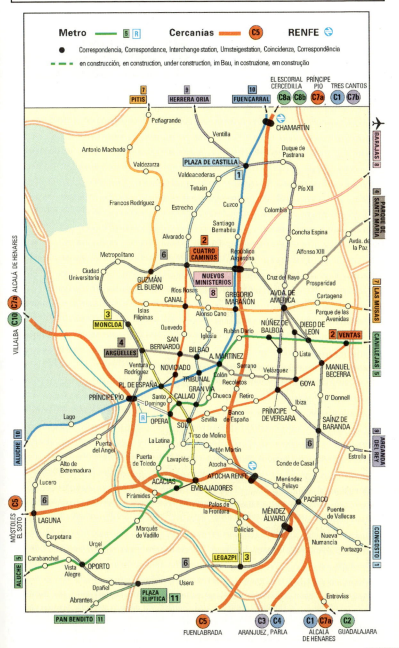

Busse – Viele Sehenswürdigkeiten können mit dem Autobus erreicht werden. Die meisten Busse gehen ab Estación Sur, Méndez Álvaro s/n, ☎ 914 68 42 00. Der Einzelfahrschein heißt *billete*. Daneben gibt es die **„Metro-bus"-Karte**, die in den beiden Verkehrsmitteln benutzt werden kann und für 10 Fahrten gilt, sowie die Monatskarte „Bono transporte mensual", die einen Monat lang eine unbegrenzte Zahl von Fahrten in einem bestimmten Sektor erlaubt.

Taxis – Die Taxis sind weiß und haben eine diagonale rote Linie auf den Vordertüren. Nachts haben sie ein grünes Licht angeschaltet, wenn sie frei sind.

Metro – *Die U-Bahn-Stationen sind auf den Plänen dieses Reiseführers eingezeichnet.* Auskunft unter ☎ 915 52 59 09. Die U-Bahn ist das schnellste Verkehrsmittel in Madrid. Sie fährt auf 11 Linien, von 6 Uhr morgens bis 1.30 Uhr nachts. Fahrscheine: *s. unter „Busse".*

BESICHTIGUNGEN

Einmal in der Woche erscheint das Kultur- und Unterhaltungsprogramm für Madrid im *Guía del Ocio* (www.guiadelocio.com/madrid). Die Broschüre ist an den Kiosken erhältlich.

Bus turístico Madrid Visión – Diese Touristenbusse bieten drei Ausflüge an (historisches Madrid, modernes Madrid und Madrid der Baudenkmäler). Die Fahrkarten bekommt man beim Busfahrer, in Hotels oder Reisebüros. Sie sind wahlweise 1 oder 2 Tage gültig. Solange die Fahrkarte gültig ist, kann man den Bus so oft benutzen, wie man will, und auch die Strecke nach Belieben wechseln. Fahrzeiten der Busse: im Winter 10-19 Uhr, im Frühling und Herbst 10-21 Uhr und im Sommer 9.30-24 Uhr. Haltestellen u. a.: Puerta del Sol, Plaza de Cibeles, Paseo del Prado und Puerta de Alcalá. Informationen und Preise unter ☎ 917 79 18 88.

• Die Stadtviertel

Madrid hat seinen eigenen Zauber, den man sich beim Bummeln durch die Straßen, beim Schauen und Ausruhen erobern muss und vielleicht auch, indem man dem Lebensrhythmus der Madrileños folgt.

Centro – Das Zentrum umfasst mehrere verschiedene Zonen. Hier herrscht im Allgemeinen ein Verkehrschaos, es ist laut und voller Menschen, hier gibt es aber auch überraschenderweise noch ruhige Nebenstraßen und stille kleine Plätze.

Sol-Callao – Hauptgeschäftszentrum der spanischen Hauptstadt. In der Calle Gran Vía gibt es besonders viele Kinos. Die Straßen sind voller Leute, die einkaufen (Nähe Galerías Preciados), zum Abendessen ausgehen oder einfach flanieren. Von einer bestimmten Zeit an muss man in Straßen wie Valverde und Barco aufpassen.

Barrio de los Austrias – Zwischen den Straßen Mayor, Bailén, Cavas und der Plaza de la Cebada erstreckt sich der älteste Teil von Madrid. Sein Ursprung reicht bis ins Mittelalter zurück, die engen Straßen haben alte, anschauliche Namen, und hin und wieder trifft man auf einen Turm im Mudéjar-Stil. Hier gibt es unendlich viele Tapas-Lokale, Restaurants und Bars. Ganz in der Nähe befindet sich der typische Madrider Flohmarkt **Rastro** *(s. S. 333).*

Rastro-Flohmarkt

Lavapiés – Altes Viertel um den gleichnamigen Platz, dessen „Höfe" – beispielsweise der Corrala de Mesonero Romanos – zum großen Teil schon im 17. Jh. existierten. Es ist ein internationales Viertel, in dem junge Studenten und viele zugewanderte Ausländer wohnen.

Huertas – Im 17. Jh. Literatenviertel, in den 80er-Jahren Treffpunkt der *movida*, heute ein Stadtteil, der vor allem nachts lebendig wird, weil es hier besonders viele Bars und Restaurants gibt. Die Kundschaft ist gemischt.

Malasaña – Dieses Viertel bei der Plaza del Dos de Mayo und zwischen der Glorieta de Bilbao und der Glorieta Ruiz Jiménez hieß früher Maravillas. Es hat noch viele altertümliche Häuser und wirkt am Morgen nahezu dörflich. Sobald der Abend kommt, wird es von jungen Leuten bevölkert, die seine vielen Kneipen *(locales/bares de copas)* schätzen. Für ein etwas gesetzteres Publikum gibt es auch viele gepflegte Cafés.

Alonso Martínez – Ein etwas älteres und gehobeneres Publikum als in Malasaña verkehrt in den Kneipen und In-Restaurants dieses Viertels, auch viel *Jeunesse dorée.*

Chueca – Das Viertel liegt um die Plaza de Chueca. Seine Grenzen werden mehr oder weniger von den Straßen Paseo de Recoletos, Calle Hortaleza, Gran Vía und Calle Fernando VI gebildet. Gegen Ende des 19. Jh.s war Chueca eines der elegantesten Viertel Madrids. Heute leben hier viele Homosexuelle; reizvolle Straßen mit zahlreichen Boutiquen.

Salamanca – Dieses großbürgerliche Viertel, eines der teuersten Madrids, wurde im 19. Jh. vom Marquis von Salamanca schachbrettartig angelegt; die breiten Straßen schneiden sich rechtwinklig. Die Modefirmen haben ihren Standort vor allem in der Calle Serrano und der Calle Ortega y Gasset, überall findet man luxuriöse, teure Geschäfte.

Restaurants

• **Gut & preiswert**

Casa Marta – *Santa Clara 10 (Centro)* – 🚇 Ópera – ☎ 915 48 28 25 - So und Aug. geschl. – 🍴 – 16/20 €. Gemütliches Restaurant mit einfacher Küche. Die Wände des Speiseraumes haben einen gekachelten Sockel. Hausmannskost.

• **Unsere Empfehlung**

La Bola – *Bola 5 (Centro)* – 🚇 Ópera – ☎ 915 47 69 30 - So-abend geschl. – 🚫 🍴 – 22/30 €. Wer den berühmten Fleischtopf *cocido madrileño* probieren möchte, ist in diesem klassischen Restaurant im Stadtzentrum von Madrid genau richtig. Seit über 100 Jahren wird der *cocido* hier in traditionellen Tontöpfen zubereitet.

Der berühmte cocido *des Restaurants La Bola*

Teatriz – *Hermosilla 15 (Salamanca)* – 🚇 Serrano – ☎ 915 77 53 79 – 🍴 – 26/29 €. Das in einem ehemaligen Theater eingerichtete Restaurant bekam von Philippe Starck ein avantgardistisches Design. Im Parkett wird das Essen serviert, und auf der Bühne kann man an der Bar sitzen. Die abwechslungsreiche Speisekarte bietet eine mediterrane Küche und italienische Spezialitäten zu moderaten Preisen.

Zerain – *Quevedo 3 (Huertas)* – 🚇 Antón Martín – ☎ 914 29 79 09 – So, Karwoche und Aug. geschl.- 🍴 – 24/31 €. Baskisches Apfelweinlokal in der Nähe der Plaza de Santa Ana, mit typischen Gerichten wie Schellfisch-Omelette und besonders großen Koteletts zu fairen Preisen. Das Lokal ist sehr rustikal und gemütlich, den Apfelwein zapft man sich selbst an den Fässern.

• **Spitzenkategorie**

Casa Lucio – *Cava Baja 35 (La Latina)* – 🚇 La Latina – ☎ 913 65 32 52 - Sa-mittag und Aug. geschl. – 🍴 – 30/39 €. Eines der bekanntesten Restaurants von Madrid mit einer typisch spanischen Dekoration. Eine beliebte Spezialität sind Spiegeleier (*huevos estrellados*). Zu den Stammkunden zählen Politiker und Schauspieler, aber auch Prominente, die nur kurz in Madrid sind, kommen gern hierher.

El Amparo – *Puigcerdá 8 (Salamanca)* – 🚇 Retiro – ☎ 914 31 64 56 - So geschl. – 🍴 – 58/62 €. Luxusrestaurant mit origineller Dekoration (mehrere Etagen, ungewöhnliche Deckengestaltung) und stilvollem Service. Angenehme Atmosphäre. Exquisite Speisen und entsprechende Preise.

Tapas

Taberna de la Daniela – *General Pardiñas 21 (Salamanca)* – 🚇 Goya – ☎ 915 75 23 29 – 🍴. Neues Lokal im alten Stil, mit *azulejos* und Holz verziert. Wermut vom Fass und große Auswahl an *tapas* und *raciones*. Besonders empfehlenswert ist der *cocido madrileño*.

José Luis – *Serrano 89 (Salamanca)* – 🚇 Núñez de Balboa – ☎ 915 63 09 58 – 🍴. Das klassische Tapas-Lokal dieses Viertels. Es besteht aus zwei im Stil verschiedenen Lokalen, deren Mitte die Tapas-Bar bildet. Große Auswahl an hervorragenden *pinchos*, die *tortilla de patatas* gilt als eine der besten von ganz Madrid. Im Sommer werden Tische auf die Straße gestellt.

Taberna Almendro 13 – *Almendro 13 (La Latina)* – 🚇 La Latina – ☎ 913 65 42 52 – 🚫 🍴. Neue Gaststätte im alten Stil, die immer gut besucht ist. Berühmt sind die *roscas de queso* (mit Käse gefüllte Brotringe), die *huevos estrellados* (Eier mit Bratkartoffeln) und die *patatas emporradas* (klein geschnittene Kartoffeln, die warm oder kalt mit Tomatensauce und Knoblauch serviert werden).

Taberna de Dolores – *Plaza de Jesús 4 (Huertas)* – 🚇 Antón Martín – ☎ 914 29 22 43 – 🚫 🍴. *Azulejos* an der Fassade und eine große, immer besetzte Tapas-Bar sind die Kennzeichen dieses typischen Lokals. Gutes Fassbier, *boquerones en vinagre* (in Essig eingelegte frische Sardellen), *canapés* (belegte Brötchen).

La Venencia – *Echegaray 7 (Huertas)* – 🚇 Sevilla – ☎ 914 29 73 13 – 🚫. Wenn Sie Lust auf ein Glas Jerez vom Fass haben, können wir dieses kleine, im Stadtviertel Huertas gelegene Lokal mit viel Atmosphäre empfehlen. Angeboten werden nur kalte *tapas*.

Casa Labra – *Tetuán 12 (Centro)* – 🚇 Sol – 🚫 Historische Gaststätte, die seit Mitte des 19. Jh.s existiert und in Madrid zu einer bekannten Einrichtung geworden ist. Hier gründete Pablo Iglesias 1879 die Spanische Sozialistische (Arbeiter-)Partei (PSOE). Star-Tapa ist die mit gebackenem Schellfisch (*bacalao frito*), die man auf der Straße oder an einem der Marmortische im Speisesaal genießen kann.

Unterkunft

• **Gut & preiswert**

Hostal Miguel Ángel – *San Mateo 21 2ºD (Bilbao)* – 🚇 Tribunal – ☎ 914 47 54 00 – 16 Z.: 36 €. Nahe dem Museo Romántico. Hübsches Gebäude, dessen Ziersteinfassade im Laufe der Jahre etwas verblasst ist. Eine prächtige Holztreppe führt zur Rezeption im 2. Stock. Familiäre Atmosphäre, sehr ordentliche und saubere Zimmer mit gut ausgestatteten Bädern und Fernsehern.

Hotel Mora – *Paseo del Prado 32 (Retiro)* - Atocha – ☎ 914 20 15 69 – 📺 – 60 Z.: 38/50 € ☕. Das Hotel liegt dem Botanischen Garten direkt gegenüber. Diese wunderbare Lage und die kürzlich renovierten Räume lassen es als eine gute Wahl erscheinen.

Hostal Centro Sol – *Carrera de San Jerónimo 5 2°-4° (Centro)* – Sol - ☎ 915 22 15 82 – 📺 – 35 Z.: 45/52 € (inkl. MwSt). Nahe der Puerta del Sol. Das Hotel nimmt das 2. und 4. Stockwerk eines recht banalen Gebäudes ein. Die Zimmer sind jedoch recht komfortabel, mit schönen Bädern und Fernsehern ausgestattet und zu einem sehr vernünftigen Preis zu bekommen.

● *Unsere Empfehlung*
Hotel París – *Alcalá 2 (Centro)* - Sol – ☎ 915 21 64 96 – 120 Z.: 55/73 € – ☕ 3,50 € – Rest. 16 €. Als das Hotel 1863 errichtet wurde, galt es als eines der elegantesten und besten der Stadt. Heutzutage ist es eines der ältesten Hotels von Madrid und konnte sich den Glanz früherer Zeiten weitgehend bewahren. Geräumige, etwas altmodische, aber gepflegte Zimmer.

Hotel Plaza Mayor – *Atocha 2 (Centro)* – Sol – ☎ 913 60 06 06 – info@h-plazamayor.com – 📺 – 20 Z.: 50/75 € ☕ – Rest. 12 €. Einfaches Hotel in der Nähe der Plaza Mayor. Modernes Gebäude aus Zierstein. Die Zimmer sind etwas klein, aber gut ausgestattet und geschmackvoll eingerichtet.

Hotel Casón del Tormes – *Río 7 (Centro)* - Plaza de España – ☎ 915 41 97 46 – 📺 – 63 Z.: 71/84 € – ☕ 5 €. Dieses direkt hinter dem Senat in einer ruhigen Fußgängerzone im Zentrum Madrids gelegene Hotel wurde um die Mitte der 60er-Jahre erbaut und hat geräumige, komfortable Zimmer.

Hotel Inglés – *Echegaray 8 (Chueca)* – Sevilla – ☎ 914 29 65 51 – 🅿 – 58 Z.: 61/85 € – ☕ 5 €. Das im Jahre 1853 eröffnete Hotel hat zweifellos einen ganz eigenen Charakter. Es liegt in Chueca, dem Viertel für Nachtschwärmer, und bietet sehr saubere und komfortable Zimmer. Zentrale Lage, mittlere Preise.

Hotel Carlos V – *Maestro Vitoria 5 (Centro)* - Sol – ☎ 915 31 41 00 – recepcion@hotelcarlosv.com – 📺 – 67 Z.: 91/114 € ☕. Zentral in einem ruhigen Bereich der Fußgängerzone gelegen. Die Zimmer sind im englischen Stil eingerichtet, klein, aber korrekt. Im 1. Stock gepflegte Cafeteria.

Hotel La Residencia de El Viso – *Nervión 8 (República Argentina)* - República Argentina – ☎ 915 64 03 70 – 📺 – 12 Z.: 72/118 € – ☕ 8 € – Rest. 16 €. Das kleine Hotel liegt in der Nähe der Plaza de la República Argentina in einem guten Wohnviertel. Das Gebäude stammt aus dem frühen 20. Jh. Gepflegtes Ambiente und einladender Patio.

● *Fürstlich logieren*
Hotel Ritz – *Plaza de la Lealtad 5 (Retiro)* – Banco de España – ☎ 917 01 67 67 – reservas@ritz.es – 📺 – 130 Z.: 510/570 € – ☕ 24 € – Rest. 44/64 €. Feudales Hotel mit Tradition, direkt beim Paseo del Prado, das im frühen 20. Jh. von demselben Architekten erbaut wurde, der auch das Ritz in Paris und in London errichtet hat. Herrliche Gartenterrasse. Nichts für den kleinen Geldbeutel.

FÜR ZWISCHENDURCH

Café de Oriente – *Plaza de Oriente 2* – Ópera – ☎ 915 41 39 74 - Tgl. 8.30-2 Uhr. Zu jeder Tageszeit ist man in diesem klassischen Café gut aufgehoben. Es liegt an der Plaza de Oriente, gegenüber dem Königspalast, und hat eine sehr schöne Terrasse.

Café del Círculo de Bellas Artes – *Marqués de Casa Riera 2* – Banco de España, Sevilla – ☎ 913 60 54 00 – Mo-Do und So 9-24 Uhr, Fr-Sa 9-3 Uhr. Die jungen und intellektuellen Gäste dieses großen, empfehlenswerten Cafés bilden einen reizvollen Kontrast zur altmodischen Atmosphäre und zur Architektur (mächtige Säulen und große Fenster). Im Sommer Terrasse.

El Espejo – *Paseo de Recoletos 21* – Colón – ☎ 913 19 11 22 - Tgl. 9-2 Uhr. Schönes Jugendstilcafé unweit des Café Gijón. Ein hübscher Glaspavillon ist zur Straße hin angebaut.

Café Gijón – *Paseo de Recoletos 31* – Banco de España – ☎ 915 21 54 25 - Tgl. 7-2 Uhr. In diesem bekannten alten Café trifft man sich mit Freunden zur *tertulia*, einer Art Stammtisch. Auch Künstler kommen gern hierher. Im Sommer kann man im Freien sitzen.

CAFÉS, KNEIPEN UND BARS

Café Central – *Plaza del Ángel 10* – Antón Martín – ☎ 913 69 41 43 - Tgl. 14-3.30 Uhr. Seit den 80er-Jahren ein Klassiker unter den Jazz-Cafés.

Los Gabrieles

Los Gabrieles – *Echegaray 17* - Sevilla - ☎ 914 29 62 61 – Mo-Do 12.30-2 Uhr, Fr-Sa 12.30-3.30 Uhr. *Tapas* zu Mittag, Weinausschank abends. Besonders bei den ausländischen Studenten beliebtes Lokal, die es wohl wegen der originell beschrifteten *azulejos* besuchen.

Irish Rover – *Avenida de Brasil 7 –* Santiago Bernabeu – ☏ 915 55 76 71 - *Mo-Do und So 11-2.30 Uhr, Fr-Sa 11-3.30 Uhr.* Pub im irischen Stil mit gutem Musikprogramm. Das Originellste an diesem Lokal ist wohl, dass man hier – je nach Lust und Laune – in verschiedene Atmosphären eintauchen kann. Junges Publikum.

Joy Eslava – *Arenal 11 –* Ópera, Sol – ☏ 913 66 37 33 - *Mo-Do 23.30-5 Uhr, Fr-Sa 23.30-6 Uhr.* Seit Jahrzehnten existierende Diskothek in einem umgebauten Theater (19. Jh.). Das Publikum ist bunt gemischt, und auch Prominenz ist oft unter den Gästen. Danach kann man einen kleinen Umweg zur **Chocolatería de San Ginés** machen; sie liegt in der Callejón de San Ginés.

Libertad, 8 – *Libertad 8 –* Chueca – ☏ 915 32 73 48 - *Tgl. 1-4 Uhr.* Märchenerzähler und Chansonsänger haben dieses gemütliche Café, das in einem über 100 Jahre alten Gebäude untergebracht ist, bekannt gemacht. Junges Bohème-Publikum.

Palacio de Gaviria – *Arenal 9 –* Sol – ☏ 915 26 60 69 - *So-Mi 20-3 Uhr, Fr-Sa 23-6 Uhr.* Das Plus dieser Diskothek ist der schöne Rahmen eines ehemaligen Palais. Man tanzt überwiegend ältere Gesellschaftstänze. Die *Fiesta internacional* am Donnerstagabend ist ein beliebter Treffpunkt für in Madrid lebende Ausländer.

Del Diego – *La Reina 12 –* Gran Vía – ☏ 915 23 31 06 - *Mo-Do 19-3 Uhr, Fr-Sa 19-4 Uhr.* Die hier gemixten Cocktails gehören zu den besten der Stadt. Nettes Ambiente.

Ausgehtipps

Madrid zählt über 100 Kinos, ein **Imax-Kino**, etwa 20 Theater, viele Veranstaltungssäle und ein Kasino. Das 1988 eingeweihte **Auditorio Nacional** präsentiert Programme klassischer Musik. Das **Teatro de la Zarzuela** ist ein Operettentheater, bietet aber auch Ballett und andere Veranstaltungen an. Opern werden in der Saison im **Teatro Real** aufgeführt. Ein interessantes Kulturangebot gibt es auch bei den Sommer- und Herbstfestspielen (**Veranos de la Villa** und **Festival de Otoño**). Im November findet das **Festival Internacional de Jazz** statt.

Berlín Cabaret – *Costanilla de San Pedro 11 –* La Latina - *Mo-Do und So 23-5 Uhr; Fr-Sa 23-6 Uhr.* Ein Klassiker des Madrider Nachtlebens. Neben Kabarett gibt es auch andere Vorstellungen.

Café de Chinitas – *Torija 7 –* Callao – ☏ 915 47 15 02 - *Mo-Sa 22.30-5 Uhr.* Touristenlokal. Man schaut der Vorführung beim Abendessen zu.

Casa Patas – *Cañizares 10 –* Antón Martín – ☏ 913 69 04 96 – *Mo-So 12-17 Uhr, Fr-Sa 20-2.30 Uhr und So-Do 20-1.30 Uhr.* Es gibt hier guten *flamenco*, wenn das Lokal nicht gerade von einem Privatclub in Anspruch genommen wird.

Kunstgalerien – Seit der Schaffung des Centro de Arte Reina Sofia wurden im Atocha-Viertel viele Galerien eröffnet. Auch bei der Puerta de Alcalá (Salamanca) und auf der linken Seite der Castellana (Nähe Calle Génova) sind Kunstgalerien zu finden.

Fiestas

Am 15. Mai feiert Madrid seinen Schutzpatron **San Isidro**. Ihm zu Ehren finden an den folgenden Tagen Volksfeste, Konzerte, Vorführungen und vor allem Stierkämpfe statt. Traditionell essen die Madrilenen eigens für die Festlichkeiten gebackene *rosquillas* (Brezeln).

In den Jahren zwischen 1950 und 1960 wurde der Paseo de la Castellana verlängert, und viele großbürgerliche alte Palais wurden durch modernere ersetzt. Das Geschäfts- und Finanzzentrum ist die **Castellana**. Die **Zona de AZCA** war eines der ungewöhnlichsten Projekte des modernen Madrid, denn sie wurde wie eine neue Stadt mit Wohngebieten, Einkaufszentren und Verwaltungsstellen geplant. Hier findet man daher die modernsten Gebäude von Madrid, darunter das der **Banco de Bilbao-Viscaya** und das Hochhaus **Torre Picasso**.

Besondere Highlights

MUSEO DEL PRADO★★★ *Besichtigung: 3 Std.*
9-19 Uhr (So und feiertags bis 14 Uhr). 1. Jan., Karfreitag, 1. Mai und 25. Dez. geschl. 3 €. ☏ *913 30 28 00.*

Der Prado ist eines der bedeutendsten Museen der Welt. Hier wird die von den Habsburgern begonnene und von den Bourbonen fortgeführte Gemäldesammlung spanischer Malerei ausgestellt. Diese spiegelt die Entwicklung des Geschmacks der spanischen Monarchen wider. Das Museum besitzt auch wertvolle Gemälde früher Niederländer, die von den Katholischen Königen gesammelt wurden, sowie zahlreiche Werke der italienischen Malerei, für die Karl I. und Philipp II. eine Vorliebe hatten. Die spanische Malerschule steht hinsichtlich der Anzahl und Qualität der Werke im Prado an erster Stelle.

Paseo del Arte

Promenade der Kunst – so poetisch wird die Strecke genannt, an der die drei großen Madrider Museen (Prado, Thyssen-Bornemisza und Reina Sofía) in unmittelbarer Nachbarschaft liegen. **Bono Arte** – Dieser Pass berechtigt Sie zum Besuch der oben genannten Museen, wo er auch für 8 € erhältlich ist.

Madrid

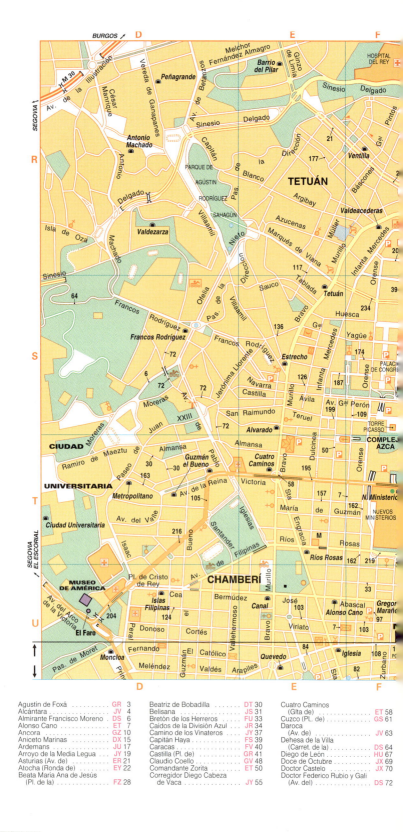

Agustín de Foxá	GR 3	Beatriz de Bobadilla	DT 30	Cuatro Caminos (Glta de)	ET 58
Alcántara	JV 4	Belisana	JS 31	Cuzco (Pl. de)	GS 61
Almirante Francisco Moreno	DS 6	Bretón de los Herreros	FU 33	Daroca (Av. de)	JV 63
Alonso Cano	ET 7	Caídos de la División Azul	JR 34	Dehesa de la Villa (Carret. de la)	DS 64
Ancora	GZ 10	Camino de los Vinateros	JY 37	Diego de León	HU 67
Aniceto Marinas	DX 15	Capitán Haya	FS 39	Doce de Octubre	JX 69
Ardemans	JU 17	Caracas	FV 40	Doctor Castelo	JX 70
Arroyo de la Media Legua	JY 19	Castilla (Pl. de)	GR 41	Doctor Federico Rubio y Gali (Av. del)	DS 72
Asturias (Av. de)	ER 21	Claudio Coello	GV 48		
Atocha (Ronda de)	EY 22	Comandante Zorita	ET 50		
Beata Maria Ana de Jesús (Pl. de la)	FZ 28	Corregidor Diego Cabeza de Vaca	JY 55		

318

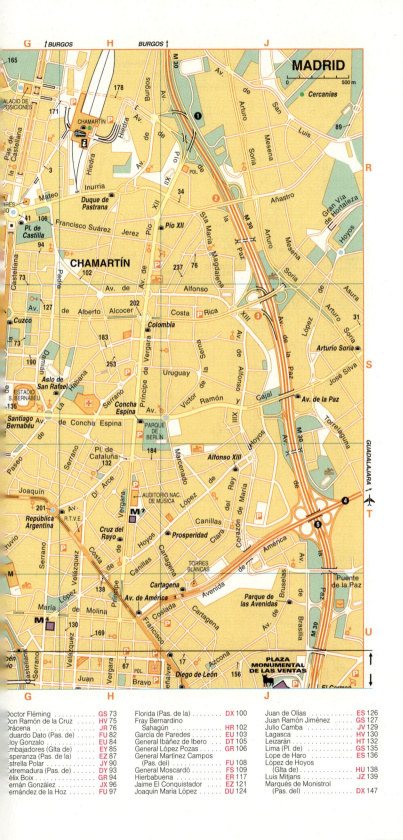

Doctor Fléming	GS	73
Don Ramón de la Cruz	HV	75
Drácena	JR	76
Eduardo Dato (Pas. de)	FU	82
Eloy Gonzalo	EU	84
Embajadores (Glta de)	EY	85
Esperanza (Pas. de la)	EZ	87
Estrella Polar	JY	90
Extremadura (Pas. de)	DY	93
Félix Boix	GR	94
Hernán González	JX	96
Fernández de la Hoz	FU	97
Florida (Pas. de la)	DX	100
Fray Bernardino Sahagún	HR	102
García de Paredes	EU	103
General Ibáñez de Ibero . . .	DT	105
General López Pozas	GR	106
General Martínez Campos (Pas. del)	FU	108
General Moscardó	FS	109
Hierbabuena	ER	117
Jaime El Conquistador	EZ	121
Joaquín María López	DU	124
Juan de Olías	ES	126
Juan Ramón Jiménez	GS	127
Julio Camba	JV	129
Lagasca	HV	130
Leizarán	HT	132
Lima (Pl. de)	GS	135
Lope de Haro	ES	136
López de Hoyos (Glta de)	HU	138
Luis Mitjans	JZ	139
Marqués de Monistrol (Pas. del)	DX	147

Madrid

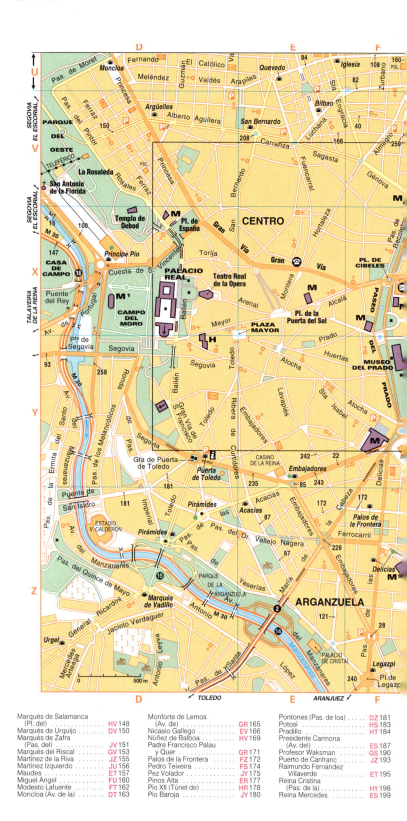

Street	Code
Marqués de Salamanca (Pl. del)	HV 148
Marqués de Urquijo	DV 150
Marqués de Zafra (Pas. del)	JV 151
Marqués del Riscal	GV 153
Martínez de la Riva	JZ 155
Martínez Izquierdo	JU 156
Maudes	ET 157
Miguel Angel	FU 160
Modesto Lafuente	FT 162
Moncloa (Av. de la)	DT 163
Monforte de Lemos (Av. de)	GR 165
Nicasio Gallego	EV 166
Núñez de Balboa	HV 169
Padre Francisco Palau y Quer	GR 171
Palos de la Frontera	FZ 172
Pedro Teixeira	FS 174
Pez Volador	JY 175
Pinos Alta	ER 177
Pío XII (Túnel de)	HR 178
Pío Baroja	JY 180
Pontones (Pas. de los)	DZ 181
Potosí	HS 183
Pradillo	HT 184
Presidente Carmona (Av. del)	ES 187
Profesor Waksman	GS 190
Puerto de Canfranc	JZ 193
Raimundo Fernández Villaverde	ET 195
Reina Cristina (Pas. de la)	HY 198
Reina Mercedes	ES 199

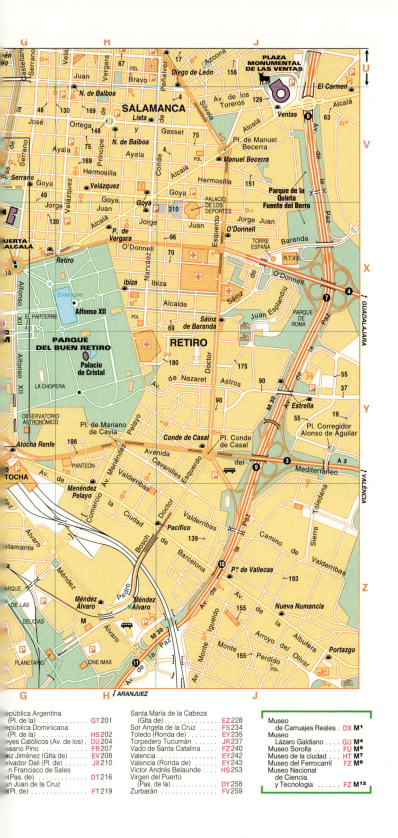

VERZEICHNIS DER STRASSEN UND SEHENSWÜRDIGKEITEN VON MADRID

Straße	Feld	Nr.
Acacias (Pas. de las)	EZ	
Águila	AZ	
Agustín de Foxá	GR	3
Alberto Aguilera	DV	
Alberto Alcocer (Av. de)	HS	
Albufera (Av. de la)	JZ	
Alcalá	MX	
Alcalde Sáinz de Baranda	JX	
Alcántara	JV	4
Alfonso XI	NX	
Alfonso XII	NX	
Alfonso XIII (Av. de)	JS	
Almagro	FV	
Almansa	DT	
Almirante	MV	
Almirante Francisco Moreno	DS	6
Alonso Cano	ET	7
Alonso Martínez (Pl. de)	MV	
Alvarez Gato	LY	9
Amaniel	KV	
América (Av. de)	JT	
Ancora	GZ	10
Aniceto Marinas	DX	15
Antonio Leyva	DZ	
Antonio López	DZ	
Antonio Machado	DR	
Antonio Maura	NY	
Añastro	JR	
Apodaca	LV	
Arapiles	EU	
Arco de la Victoria (Av. de)	DU	
Arenal	KY	
Ardemans	JU	17
Argensola	MV	
Argumosa	LZ	
Arrieta	KX	18
Arroyo de la Media Legua	JY	19
Arroyo del Olivar	JZ	
Arturo Soria	JRS	
Astros	JY	
Asturias (Av. de)	ER	21
Asura	JS	
Atocha	LY	
Atocha (Ronda de)	EY	22
Augusto Figueroa	MV	24
Ave María	LZ	
Avila	ES	
Ayala	NV	25
Azcona	JU	
Azucenas	ER	
Bailén	KY	
Bárbara de Braganza	NV	27
Barceló	LV	
Barco	LV	
Barquillo	MX	
Báscones	FR	
Beata María Ana de Jesús (Pl. de)	FZ	28
Beatriz de Bobadilla	DT	30
Belisana	JS	31
Betanzos (Av. de)	DR	
Bilbao (Glta de)	LV	
Bola	KX	
Bolívar	GZ	
Bordadores	KY	32
Brasilia (Av. de)	JU	
Bravo Murillo	EU	
Bretón de los Herreros	FU	33
Bruselas (Av. de)	JU	
Burgos (Av. de)	HR	
Bustamante	GZ	
Cabeza	CZ	
Caídos de la División Azul	JR	34
Calatrava	KZ	
Callao (Pl. de)	LX	36
Camino de los Vinateros	JY	37
Canalejas (Pl. de)	LY	
Canillas	JT	
Cánovas del Castillo (Pl. de)	MY	
Capitán Blanco Argibay	ER	
Capitán Haya	FS	39
Caracas	FV	40
Carmen	LX	
Carranza	EV	
Carretas	LY	
Carros (Pl. de los)	AZ	
Cartagena	JU	
Cascorro (Pl. de)	LZ	
Castellana (Pas. de la)	NV	
Castilla	ES	
Castilla (Pl. de)	GR	41
Cataluña	HT	
Cava Alta	KZ	42
Cava Baja	KZ	43
Cava de San Miguel	BY,KY	45
Cavanilles	JY	
Cea Bermúdez	DU	
Cebada (Pl. de la)	KZ	
César Manrique	DR	
Cibeles (Pl. de)	MX	
Ciudad de Barcelona (Av. de la)	NZ	46
Clara del Rey	JT	
Claudio Coello	GV	48
Claudio Moyano	NZ	
Codo	BY	
Colegiata	LZ	
Colón	LV	
Colón (Pl. de)	NV	49
Comandante Zorita	ET	50
Comercio	HZ	
Concepción Jerónima	LY	52
Concha Espina (Av. de)	HS	
Conde de Barajas	BY	
Conde de Casal (Pl. del)	JY	
Conde de Peñalver	JU	
Conde de Romanones	LY	53
Conde Duque	KV	
Corazón de María	JT	
Cordón	BY	
Cordón (Pl. del)	BY,KY	54
Corredera Baja de San Pablo	LV	
Corregidor Alonso de Aguilar (Pl. del)	JY	
Corregidor Diego Cabeza de Vaca	JY	55
Cortes (Pl. de las)	MY	57
Coslada	JU	
Costa Rica	JS	
Cristo Rey (Pl. de)	DU	
Cruz	LY	
Cruz Verde (Pl.)	AY	
Cuatro Caminos (Glta de)	ET	58
Cuchilleros	BY,KY	60
Cuzco (Pl. de)	GS	61
Daroca (Av. de)	JV	63
Dehesa de la Villa (Carret. de la)	DS	64
Delicias (Pas. de las)	FYZ	
Diego de León	HU	67
Dirección (Pas. de la)	ER	
Divino Pastor	LV	
Doce de Octubre	JX	69
Doctor Arce (Av. del)	HT	
Doctor Castelo	JX	70
Doctor Esquerdo	JY	
Doctor Federico Rubio y Galí (Av. del)	DS	72
Doctor Fléming	GS	73
Doctor Vallejo Nágera (Pas. del)	EZ	
Don Pedro	KZ	
Don Ramón de la Cruz	HV	75
Donoso Cortés	DU	
Dos de Mayo (Pl. del)	LV	
Drácena	JR	76
Dulcinea	ET	
Duque de Alba	LZ	78
Duque de Medinaceli	MY	79
Echegaray	LY	81
Eduardo Dato (Pas. de)	FU	82
Eloy Gonzalo	EU	84
Embajadores	LZ	
Embajadores (Glta de)	EY	85
Emperador Carlos V (Pl. del)	NZ	
Ermita del Santo (Pas. de la)	DY	
Espalter	NZ	
España (Pl. de)	KV	
Esparteros	CY	
Esperanza (Pas. de la)	EZ	87
Espíritu Santo	LV	
Espoz y Mina	LY	88
Estación de Hortaleza (Carret. a la)	JR	89
Estrella Polar	JY	90
Estudios	KZ	91
Extremadura (Pas. de)	DY	93
Felipe IV	NY	
Félix Boix	GR	94
Fernán González	JX	96
Fernández de la Hoz	FU	97
Fernando VI	MV	
Fernando El Católico	DU	
Fernando el Santo	NV	99
Ferraz	DV	
Ferrocarril	FZ	
Filipinas (Av. de)	ET	
Florida (Pas. de la)	DX	100
Francisco Silvela	HU	
Francisco Suárez	HR	
Francos Rodríguez	DS	
Fray Bernardino Sahagún	HR	102
Fúcar	MZ	
Fuencarral	LV	
Fuentes	BY	
Ganapanes (Vereda de)	DR	
García de Paredes	EU	103
General Ibáñez de Ibero	DT	105
General López Pozas	GR	106
General Martínez Campos (Pas. del)	FU	108
General Moscardó	FS	109
General Perón (Av. del)	FS	
General Pintos	FR	
General Ricardos	DZ	
General Vara del Rey (Pl. de)	KZ	112
General Yagüe	FS	
Génova	NV	
Ginzo de Limia	ER	
Goya	NV	114
Gran Vía	LX	
Gravina	MV	
Guzmán El Bueno	DU	
La Habana (Pas. de)	HS	
Hermosilla	HV	
Herradores (Pl. de los)	KY	116
Hiedra	HR	
Hierbabuena	ER	117
Hileras	BY	
Hortaleza	LX	
Hortaleza (Gran Vía de)	JR	
Huertas	LY	
Huesca	ES	
Humilladero	BZ	
Ibiza	JX	
Ilustración (Av. de la)	DR	
Imperial (Pas.)	DZ	
Independencia (Pl. de la)	NX	118
Infanta Isabel (Pas. de la)	NZ	119
Infanta Mercedes	ES	
Infantas	LX	
Isaac Peral	DT	
Isabel II (Pl. de)	KX	
Isla de Oza	DR	
Jacinto Benavente (Pl. de)	LY	
Jacinto Verdaguer	DZ	
Jaime El Conquistador	EZ	121
Jardines	LX	
Jerez	HR	
Jerónima Llorente	DS	
Jesús	MY	
Jesús del Valle	LV	123
Jesús y María	LZ	
Joaquín Costa	GT	
Joaquín María López	DU	124
Jorge Juan	HX	
José Abascal	EU	
José Ortega y Gasset	HV	
José Silva	JS	
Juan XXIII (Pas. de)	DS	
Juan Bravo	HU	
Juan de Olías	ES	126
Juan Esplandiú	JX	
Juan Ramón Jiménez	GS	127
Juanelo	CZ	
Julio Camba	JV	129
Lagasca	HV	130
Lavapiés	LZ	
Lealtad (Pl. de la)	NY	
Leganitos	KX	
Legazpi (Pl. de)	FZ	
Leizarán	HT	132
Libreros	KX	133
Lima (Pl. de)	GS	135
Lope de Haro	ES	136
López de Hoyos	JT	
López de Hoyos (Glta de)	HU	138
Luchana	EV	
Luis Mitjans	JZ	139
Luna	KV	
Madera	LV	
Madrazo	MY	141
Magdalena	LZ	
Maldonadas	BZ	
Manuel Becerra (Pl. de)	JV	
Manzanares (Av. del)	DEYZ	
Marcenado	JT	
María de Guzmán	ET	
María de Molina	HU	
Mariano de Cavia (Pl. de)	HY	
Marqués de Cubas	MY	145
Marqués de Monistrol (Pas. del)	DX	147
Marqués de Salamanca (Pl. del)	HV	148
Marqués de Urquijo	DV	150
Marqués de Viana	ER	
Marqués Viudo de Pontejos	CY	154
Marqués de Zafra (Pas. de)	JV	151
Marqués del Riscal	GV	153
Martínez de la Riva	JZ	155
Martínez Izquierdo	JU	156
Mateo Inurria	HR	
Maudes	ET	157
Mayor	KY	
Mayor (Pl.)	KY	
Mediterráneo (Av. del)	JY	
Mejía Lequerica	LV	159
Melancólicos (Pas. de los)	DY	
Melchor Fernández Almagro	DR	
Meléndez Valdés	DU	
Méndez Álvaro	HZ	
Menéndez Pelayo (Av. de)	HX	
Mercedes Arteaga	DZ	
Mesena	JR	
Mesón de Paredes	LZ	
Miguel Angel	FU	160
Modesto Lafuente	FT	162
Moncloa (Av. de la)	DT	163
Monforte de Lemos (Av. de)	GR	165
Montalbán	NX	
Monte Igueldo (Av. del)	JZ	
Monte Perdido	JZ	
Montera	LX	
Montserrat	KV	
Moratín	MZ	
Moreras	DS	
Moret (Pas. de)	DU	
Moreto	NY	
Müller	ER	
Murillo (Pl. de)	NZ	
Narváez	HX	
Navarra	ES	
Nazaret (Av. de)	JY	
Nicasio Gallego	EV	166
Núñez de Arce	LY	168
Núñez de Balboa	HV	169
O'Donnell	JX	
Ofelia Nieto	DS	
Olivar	LZ	
Orense	FS	
Oriente (Pl. de)	KX	
Pablo Iglesias (Av. de)	DT	

Padre Damián	GS	
Padre Francisco Palau y Quer	GR	171
Paja (Pl. de la)	KZ	
Palma	LV	
Palos de la Frontera	FZ	172
Paz (Av. de la)	JV	
Paz (Pte de la)	JU	
Pedro Bosch	HZ	
Pedro Teixeira	FS	174
Pelayo	MV	
Pez	LV	
Pez Volador	JY	175
Pinos Alta	ER	177
Pintor Rosales Pas. del)	DV	
Pío XII (Av. de)	HR	
Pío XII (Túnel de)	HR	178
Pío Baroja	JY	180
Pizarro	LV	
Pontejos (Pl. de)	CY	
Pontones (Pas. de los)	DZ	181
Portugal (Av. de)	DX	
Potosí	HS	183
Pradillo	HT	184
Prado	MY	
Prado (Pas. del)	NZ	
Preciados	LX	186
Presidente Carmona (Av. del)	ES	187
Prim	NV	
Princesa	KV	
Príncipe	LY	188
Príncipe Anglona	AZ	189
Príncipe de Vergara	HS	
Profesor Waksman	GS	190
Provincia (Pl. de la)	LV	
Puebla	LV	
Puerta Cerrada (Pl. de)	KY	191
Puerta de Moros (Pl. de)	KZ	192
Puerta de Toledo (Glta de)	DY	
Puerta del Sol (Pl. de la)	LY	
Puerto de Canfranc	JZ	193
Quince de Mayo (Pas. del)	DZ	
Raimundo Fernández Villaverde	ET	195
Ramales (Pl. de)	AY	
Ramiro de Maeztu	DT	
Ramón y Cajal (Av. de)	JS	
Recoletos	NX	196
Recoletos (Pas. de)	NV	
Redondilla	AZ	
Reina Cristina (Pas.de la)	HY	198
Reina Mercedes	ES	199
Reina Victoria (Av. de la)	DET	
Requena	AY	
República Argentina (Pl. de la)	GT	201
República Dominicana (Pl. de la)	HS	202
Rey (Pte del)	DX	
Reyes	KV	
Reyes Católicos (Av. de los)	DU	204
Ribera de Curtidores	KZ	
Río	KV	
Ríos Rosas	ET	
Rollo	AY	
Rosario Pino	FR	207
Ruda	BZ	
Ruiz Jiménez (Glta de)	EV	208
Sacramento	KY	
Sagasta	LV	
Salvador Dalí (Pl. de)	JX	210
San Bernardino	KV	211
San Bernardo	KV	
San Buenaventura	AZ	
San Francisco (Carrera de)	KZ	214
San Francisco (Gran Vía de)	KZ	
San Francisco de Sales (Pas. de)	DT	216
San Isidro (Pte de)	DZ	
San Javier (Pl. de)	BY	217
San Jerónimo (Carrera de)	LY	218
San Juan de la Cruz (Pl. de)	FT	219
San Justo	KY	220
San Lorenzo	LV	222
San Luis (Av. de)	JY	
San Marcos	MX	
San Mateo	LV	
San Miguel (Pl. de)	BY	
San Millán	KZ	225
San Nicolás	AY	
San Pedro (Cost. de)	BZ	
San Raimundo	ES	
San Vicente (Cuesta de)	DX	
Santa Bárbara (Pl. de)	MV	
Santa Engracia	MV	226
Santa Isabel	MZ	
Santa María de la Cabeza (Glta del)	EZ	228
Santa María de la Cabeza (Ronda de la)	DEZ	
Santa María Magdalena	JR	
Santander	DT	
Santiago	BY	
Santiago (Pl. de)	BY	
Santo Domingo (Cuesta)	KX	230
Santo Domingo (Pl. de)	KX	231
Sauco	ES	
Segovia	DY	
Segovia (Pte de)	DY	
Segovia (Ronda de)	DY	
Serrano	NV	
Sevilla	LY	232
Sierra Toledana	JZ	
Sinesio Delgado	DR	
Sor Angela de la Cruz	FS	234
Tablada	ES	
Teruel	ES	
Tirso de Molina (Pl. de)	LZ	
Toledo	KZ	
Toledo (Ronda de)	EY	235
Toreros (Av. de los)	JV	
Torija	KX	
Torpedero Tucumán	JR	237
Torrelaguna	JS	
Tudescos	LX	238
Uruguay	JS	
Vado de Santa Catalina	FZ	240
Valderribas	JZ	
Valderribas (Camino de)	JZ	
Valencia	EY	242
Valencia (Ronda de)	EY	243
Valle (Av. del)	DT	
Vallehermoso	DU	
Valverde	LV	246
Velázquez	HU	
Ventura de la Vega	LY	249
Ventura Rodríguez	KV	250
Vergara	KY	252
Víctor Andrés Belaunde	HS	253
Víctor de la Serna	JS	
Villa (Pl. de la)	KY	
Villa de París (Pl. de la)	NV	255
Villaamil	DR	
Villanueva	NV	
Virgen de los Peligros	LX	256
Virgen del Puerto (Pas. de la)	DY	258
Viriato	EU	
Vitruvio	GT	
Yeserías (Pas. de)	EZ	
Zurbano	FU	
Zurbarán	FV	259
Zurita	LZ	

Arco de Cuchilleros	BY,KY	
Ayuntamiento	BY,KY	H
Bolsa de Madrid	NY	
Campo del Moro	DX	
Capilla del Obispo	AZ,KZ	
Capitanía General	AY	
Casa de Campo	DX	
Casa de Cisneros	BZ	
Casa de Juan de Vargas	BY	
Casa de la Panadería	BY	
Casa de Pedro Calderón de la Barca	BY	D
Casón del Buen Retiro	NY	
Catedral N. S. de la Almuneda	AY,KY	
Ciudad Universitaria	DT	
Faro de la Moncloa	DU	
Iglesia Arzobispal Castrense	AY	F
Iglesia Pontificia de San Miguel	BY	
Iglesia de San Francisco el Grande	AZ,KZ	
Iglesia de San Isidro	BZ,KZ	
Iglesia de San Pedro	BZ,KY	
Instituto Italiano de Cultura	AY	
Jardín Botánico	NZ	
Jardines de Sabatini	KX	
Jardines de las Vistilla	AZ,KYZ	
Mercado de San Miguel	BY	
Monasterio de las Descalzas Reales	KLX	
Monumento a Alfonso XII	HX	
Museo de América	DU	
Museo Arqueológico Nacional	NV	
Museo de Carruajes Reales	DX	M[1]
Museo de Cera	NV	
Museo Cerralbo	KV	
Museo de la Ciudad	HT	M[7]
Museo del Ejército	NY	
Museo del Ferrocarril	FZ	M[9]
Museo Lázaro Galdiano	GU	M[4]
Museo del Prado	MNY	
Museo Municipal	LV	M[10]
Museo Nacional de Artes Decorativas	NX	M[8]
Museo Nacional Centro de Arte Reina Sofía	MZ	
Museo Nacional de Ciencia y Tecnología	FZ	M[12]
Museo Naval	NX	M[3]
Museo Romántico	LV	M[11]
Museo de San Isidro	BZ	
Museo Sorolla	FU	M[5]
Museo Thyssen-Bornemisza	MY	M[6]
Palacio de Buenavista	MX	
Palacio de Cristal	HY	
Palacio de Linares	NX	
Palacio de Liria	KV	
Palacio Real	AY,KX	
Palacio de Santa Cruz	CZ,LY	E
Palacio Vargas	AZ	
Parque del Buen Retiro	NXYZ,GHY	
Parque del Oeste	DV	
Parque de la Quinta		
Fuente del Berro	JVX	
Plaza Monumental de las Ventas	JU	
Puerta de Alcalá	NX	
El Rastro	BZ	
Real Academia de Bellas Artes de San Fernando	LX	M[2]
Real Monasterio de la Encarnación	KX	
La Rosaleda	DV	
San Antonio de la Florida	DV	
Teatro Real de la Opera	KX	
Teatro de la Zarzuela	MY	
Templo de Debod	DX	
Torre de los Lujanes	BY,KY	B

Spanische Schule★★★ (15.-18. Jh.)

Unter den Künstlern des Internationalen Stils stechen vor allem **Bartolomé Bermejo** (*Santo Domingo de Silos*; man beachte die prachtvolle goldgestickte Cappa) und **Yáñez de la Almedina**, der den Stil und die Technik Leonardo da Vincis studiert hatte *(Santa Catalina)*, hervor. Macip und sein Sohn **Juan de Juanes** *(Das Abendmahl)* malten im Stil Raffaels. Unter den Gemälden von **Morales** lenkt vor allem eine *Maria mit dem Kind*, das bevorzugte Thema des Künstlers, die Blicke auf sich.

In den dem **Goldenen Zeitalter** gewidmeten Sälen des 1. Stocks sieht man als Erstes Werke von zwei Hofmalern, nämlich **Sánchez Coello**, einem Schüler des niederländischen Bildnismalers Anthonis Mor, und **Pantoja de la Cruz**, einem Schüler Coellos, der ebenfalls Porträtmaler am Hof Philipps II. war. **El Greco**, der seine Ausbildung in Venedig erhalten hatte, aber auch Traditionen seiner byzantinischen Heimat beibehielt, nimmt eine Sonderstellung in der spanischen Malerei ein. Der Prado besitzt zahlreiche Werke El Grecos, von der ersten spanischen Schaffensperiode *(Die Dreifaltigkeit)* bis hin zur Spätzeit *(La adoración de los pastores – Die Anbetung der Hirten)*, wodurch der Besucher die Entwicklung seines Stils gut verfolgen kann; besonders hingewiesen sei auf den berühmten *Caballero*

Madrid

de la mano en el pecho (Ritter mit der Hand auf der Brust). Die Werke **Zurbaráns** sind ruhige Kompositionen, in denen die Helldunkelmalerei und der Naturalismus vorherrschen; das gilt sowohl für die Porträts als auch für die Stillleben. Die für den Casón del Buen Retiro gemalte Serie *Trabajos de Hércules (Die Taten des Herkules)* und *Die hl. Isabella von Portugal* zeigen eine

> **HINWEIS**
> Wegen Modernisierungsarbeiten sind einige Säle geschlossen und manche Gemälde umgehängt.
> Aus Platzgründen werden bestimmte Gemälde nur im Rahmen von Wechselausstellungen gezeigt.

andere Seite dieses Künstlers, der häufig Szenen aus dem Mönchsleben darstellte. **Murillo** malte mit ebenso meisterlicher, lockerer Technik religiöse wie volkstümliche Themen. Realistisch und dennoch zauberhaft zart sind seine Kinderporträts *(El Buen Pastor – Der gute Hirte, San Juan Bautista niño – Johannes der Täufer als Kind)*.

Velázquez (1599-1660) – Das Prado-Museum besitzt die Hauptwerke von Diego Velázquez. Dieser in Sevilla geborene geniale Maler lernte zunächst bei Herrera d. Ä., dann bei Francisco Pacheco, dessen Tochter er 1618 heiratete. Er ging anschließend nach Madrid und wurde dort 1623 an den Hof Philipps IV. berufen, wo er zahlreiche Porträts malte. Auf den Rat Rubens' hin machte er eine Studienreise nach Italien (1629-1631). Dort malte er **La fragua de Vulcano** *(Die Schmiede des Vulkan)*. Unter dem Einfluss Tizians und Tintorettos wurde seine Palette reicher und nuancierter, und er stellte seine Figuren von nun an in einen kunstvollen, tiefen Raum. Ergreifend und vor dem dunklen Hintergrund außerordentlich plastisch ist sein herrlicher **Christus am Kreuz**. Im Anschluss an seinen Italienaufenthalt malte Velázquez **La Rendición de Breda** *(Die Übergabe von Breda)*, auch **Las Lanzas** genannt, ein Werk, das die für Velázquez typischen Wesensmerkmale (Betonung der psychologischen Beziehungen und originelle Bildkomposition) gut veranschaulicht. Velázquez entdeckte damals, dass das Licht nicht nur einen Gegenstand beleuchtet, sondern auch die Luft zwischen Personen und Dingen sichtbar macht. Die Wirkungen der Atmosphäre und des Lichts, das Einzelheiten plastisch hervortreten lässt, während die im Schatten liegenden Zonen undeutlich bleiben, interessierten ihn besonders in der Spätzeit. Seine Porträts sind vornehm und natürlich zugleich. Oft stellte er Mitglieder der königlichen Familie als Jäger dar (**Philipp IV.**, **Prinz Baltasar Carlos**, 1635, ein entzückendes Kinderporträt) bzw. zu Pferd (**El Principe Baltasar Carlos a caballo** mit einer Gebirgslandschaft im Hintergrund).

Mit seinen in der barocken Diagonale aufgebauten Reiterbildnissen leistete er einen wesentlichen Beitrag zur europäischen Porträtmalerei.

Velázquez trat auch mit fein beobachteten, realistischen Porträts hervor, wenn er z. B. seine bevorzugten Modelle, die Hofnarren und -zwerge, malte. Im Jahre 1650 hielt sich der Maler erneut in Italien auf und schuf dort zwei kleine, fast modern anmutende Ansichten des **Gartens der Villa Medici**. In den letzten Jahren seines Lebens porträtierte der Künstler, der zu diesem Zeitpunkt am Hof hoch verehrt war und zahlreiche offizielle Ämter hatte, völlig frei die jungen Prinzen und Prinzes-

Las Meninas (Die Hofdamen) *von Diego Velázquez (Ausschnitt)*

sinnen, z. B. die **Infantin Margarita** (Margarethe von Österreich, 1659), deren Bildnis in grauen und rosa Farbtönen gehalten ist. Zurzeit wird diskutiert, ob dieses Werk wirklich von Velázquez stammt. Seine Kunst erreichte ihren Höhepunkt mit dem Gemälde **Las Meninas** (*Die Hofdamen*, 1656). Es zeigt den Künstler in seinem Atelier, in das die Infantin Margarita mit ihrem Gefolge und ihren Zwergen eintritt. Dahinter sieht man im Spiegel das Porträt des Königs und der Königin. In diesem Bild sind Licht (mehrere Lichtquellen) und Farben meisterlich behandelt, was man auch von dem Gemälde **Las Hilanderas** (*Die Spinnerinnen*, 1657), einem anderen Spätwerk, sagen kann.

Velázquez hat zahlreichen anderen Künstlern als Vorbild gedient. Man findet in seiner Nachfolge den Hofmaler **Carreño de Miranda** (*Monstrua desnuda* und *Monstrua vestida*). Erwähnt sei auch der Madonnenmaler **Alonso Cano**.

Meisterwerke des Prado

MALERSCHULE	KÜNSTLER	TITEL
Spanische Schule 16.-19. Jh.	Juan de Juanes	*Ecce Homo*
	El Greco	*El Caballero de la mano en el pecho* (Der Ritter mit der Hand auf der Brust)
		La adoración de los pastores (Die Anbetung der Hirten)
	Francisco Zurbarán	*Stillleben*
		Santa Isabel de Portugal
	Diego Velázquez	*La Rendición de Breda* (Die Übergabe von Breda)
		Las Hilanderas (Die Spinnerinnen)
		Las Meninas (Die Hofdamen)
		El Príncipe Baltasar a caballo (Prinz Baltasar Carlos zu Pferd)
		La Infanta Doña Margarita de Austria (Die Infantin Margarethe von Österreich)
		La fragua de Vulcano (Die Schmiede des Vulkan)
		El Cristo (Christus am Kreuz)
	Bartolomé Esteban Murillo	*La Sagrada Familia del Pajarito* (Die Hl. Familie mit dem Vögelchen)
		Inmaculada de Soult (Die Madonna des Marschalls Soult)
		El Buen Pastor (Der gute Hirte)
	Francisco de Goya	*La familia de Carlos IV* (Die Familie Karls IV.)
		La Maja desnuda (Die nackte Maja)
		La Maja vestida (Die bekleidete Maja)
		Los fusilamientos de la Montaña de Príncipe Pío (Die Erschießung Aufständischer)
		El Dos de Mayo (Der zweite Mai 1808)
		Aquelarre
Altniederländische und flämische Schule 15.-17. Jh.	Robert Campin	*Santa Bárbara*
	Rogier van der Weyden	*El descendimiento de la Cruz* (Die Kreuzabnahme)
	Hans Memling	*Adoración de los Magos* (Die Anbetung der Könige)
	Pieter Bruegel	*El triunfo de la muerte* (Der Triumph des Todes)
	Hieronymus Bosch	*El Jardín de las Delicias* (Der Garten der Lüste)
	Rubens	*Las Tres Gracias* (Die drei Grazien)
Italienische Schule 15.-17. Jh.	Fra Angelico	*Anunciación* (Die Verkündigung)
	Andrea Mantegna	*El Tránsito de la Virgen* (Der Tod Mariä)
	Sandro Botticelli	*Historia de Nastagio degli Onesti* (Die Geschichte von Nastagio degli Onesti)

Madrid

MALERSCHULE	KÜNSTLER	TITEL
	Tizian	*Danae recibiendo la lluvia de oro (Danae)*
		El emperador Carlos V en Mühlberg (Kaiser Karl V. in der Schlacht bei Mühlberg)
	Tintoretto	*El lavatorio (Die Fußwaschung)*
	Veronese	*Venus y Adonis*
Deutsche und niederländische Schule 16.-17. Jh.	Dürer Rembrandt	*Selbstbildnis* *Artemisa (Königin Artemisia)*

Goya – Mit diesem 1746 im aragonischen Fuendetodos geborenen Maler hat die spanische Malerei im 18. und 19. Jh. ihren ausgezeichneten Ruf gewahrt. Francisco de Goya y Lucientes ist in mehreren Sälen des Museums mit herrlichen Werken vertreten. Seine zahlreichen Porträts von Mitgliedern der königlichen Familie und berühmten Persönlichkeiten, seine Kriegs- und Genrebilder, die als Vorlage für Wandteppiche gedient haben, und schließlich seine beiden **Majas** illustrieren aufs Beste seinen unbestechlichen Realismus und seine Freude an heiteren Farben. Es sind hier etwa 40 zwischen 1775 und 1791 für die Königliche Teppichmanufaktur in Öl gemalte Entwürfe ausgestellt. Die frischen Farben und die Natürlichkeit der Gestalten machen daraus ein vortreffliches Zeugnis des Madrider Volkslebens im 18. Jh. Etwas weiter kann man die 1814 entstandenen Gemälde **El Dos de Mayo** und **Los fusilamientos de la montaña de Príncipe Pío** *(Die Erschießung Aufständischer)* bewundern, die an den Aufstand der Madrilenen erinnern, mit dem diese die Königin und die Prinzen daran hindern wollten, nach Bayonne auszureisen *(s. unter ARANJUEZ, Hintergrundinfos)*; der Aufstand war von Murat grausam niedergeschlagen worden. In den beiden Gemälden, in denen die Barbarei und Brutalität des Kriegs herausgestellt werden, hat der Künstler angeprangert die schreckliche Nacht der Erschießungen auf dem Príncipe-Pío-Hügel. Dem gleichen Geist entsprechen die düsteren Radierungen *Die Schrecken des Krieges* (1808) und *Stierkampf*.

Die von Goya für sein Wohnhaus Quinta del Sordo geschaffenen *Pinturas negras*, die „Schwarzen Bilder" (1820-1822), sind Horrorvisionen, inspiriert vom spanischen Zeitgeschehen *(Aquelarre, Saturn frisst seine Kinder)*.

Altniederländische und Flämische Schule (15.-17. Jh.)★★★

Das Prado-Museum besitzt aufgrund der engen Beziehungen zwischen Spanien und den damals spanischen Niederlanden eine außergewöhnliche Sammlung altniederländischer und flämischer Malerei.

Bemerkenswert sind bei den altniederländischen Werken die sorgfältig und detailliert dargestellten Innenräume *(Hl. Barbara* von Robert Campin, früher Meister von Flémalle genannt); die Werke **Van der Weydens** sind durch reiche, leuchtende Farben, eine ausgefeilte Komposition und einen pathetischen Ausdruck gekennzeichnet *(Kreuzabnahme, Pieta)*. Diese dramatische Note ist in den Werken seines Nachfolgers **Hans Memling** zu Melancholie geworden *(Adoración de los Reyes Magos – Anbetung der Könige)*.

Anschließend werden die seltsamen Kompositionen von **Hieronymus Bosch** (span. **El Bosco**) gezeigt *(El jardín de las Delicias – Der Garten der Lüste)*, danach die Werke des Bosch-Schülers **Patinir** *(El paso de la laguna Estigia – Die Überquerung des Styx)* und *El triunfo de la muerte* von **Pieter Bruegel d. Ä.**, einem Maler naturalistischer Genreszenen.

Bemerkenswerte Beispiele für die Malerei der Spanischen Niederlande im 16. und 17. Jh. sind die religiösen Gemälde von **Ambrosius Benson**, die von dem Holländer **Anthonis Mor** ausgeführten Porträts des Hofs Philipps II. (16. Jh.) und die Bilderfolge der *Cinco Sentidos*, der *Fünf Sinne*, von Pieter Brueghel d. J. (17. Jh.); er malte wie **David Teniers** d. J. hauptsächlich Genreszenen.

Der in Deutschland geborene **Peter Paul Rubens**, der beste Vertreter der Barockmalerei, gab der flämischen Malerei seiner Zeit neue Impulse *(Die drei Grazien)*. Das Prado-Museum besitzt eine umfangreiche Kollektion von Werken dieses Malers, die durch Werke seiner Schüler **Anton van Dyck** (ausgezeichneter Porträtmaler) und **Jakob Jordaens** (Spezialist in Genreszenen) vervollständigt wird. In derselben Epoche widmeten sich Snyders und Paul de Vos mit viel Talent der Tiermalerei.

Niederländische Schule (17. Jh.)

Zwei interessante Gemälde von **Rembrandt**: *Selbstbildnis* und *Königin Artemisia*.

Italienische Schule (15.-17. Jh.)★★

Die italienische Malerei ab dem 15. Jh. ist im Prado-Museum würdig vertreten, überwiegend durch venezianische Maler.

Die Renaissance brachte die Eleganz und ideale Schönheit der Gemälde **Raffaels** (mehrere *Hl. Familien, Der Kardinal*) hervor, die Monumentalität der Werke **Mantegnas** *(Tod Mariä)* und die träumerische Melancholie in den Gemälden **Botticellis** *(Historia de Nastagio degli Onesti)*. In der *Verkündigung* von **Fra Angelico** kommt hingegen eine noch gotische Geistigkeit zum Ausdruck. Man kann auch die sanften Farben und Konturen von Andrea del Sarto sowie die Helldunkelmalerei Correggios bewundern.

In den Gemälden der Vertreter der Malerschule von Venedig triumphiert die Farbe. Neben dem Ausdruck von Glanz und Pracht enthalten die Werke **Tizians**, der unnachahmliche mythologische Szenen *(Danae; Venus, Amor und die Musik)* malte, auch viel Psychologie (herrliches Porträt Karls V.). **Veronese** tritt durch schöne Kompositionen und silbrige Farbtöne hervor; auch **Tintoretto** *(Die Fußwaschung)* und **Tiepolo**, der am Königspalast Karls III. mitarbeitete, sind vertreten.

Französische Schule (17. und 18. Jh.)
In dieser Kollektion kann man die Harmonie der Landschaften von **Nicolas Poussin** sowie die Lichteffekte in den Gemälden von **Claude Lorrain** (17. Jh.) bewundern.

Deutsche Schule
Die deutsche Malerschule ist mit Bildnissen von **Albrecht Dürer** (*Adam und Eva; Selbstbildnis*) sowie zwei Jagdszenen und einem Gemälde mit religiösem Thema von Cranach vertreten.

Casón del Buen Retiro★
Eingang Alfonso XII Nr. 28. Ausstellung von Beständen des Prado. Wegen Umbauarbeiten geschl. Die hier gezeigte Sammlung spanischer Kunst des 19. Jh.s enthält repräsentative Werke der verschiedenen Kunstrichtungen jener Zeit (Neuklassik, Romantik, Realismus, Impressionismus).

Im Erdgeschoss verdient der **Gran Salón** besondere Erwähnung. Er war einst der Ballsaal des Buen-Retiro-Palastes und hat seine von Luca Giordano gemalte schöne Decke bewahrt. An den Wänden Hauptwerke der Historienmalerei (*Das Testament Isabellas der Katholischen* von Rosales; *Johanna die Wahnsinnige* von Pradilla; *Erschießung Torrijos' und seiner Kameraden am Strand von Málaga* von Gisbert).

In den anderen Räumen findet man Werke von José de Madrazo *(Tod des Viriatus)*, V. López *(Bildnis Goyas)*, Lucas, Alenza, Esquivel *(Die zeitgenössischen Dichter)*, Federico de Madrazo, Fortuny *(Die Söhne des Malers im Japanischen Salon)*, Rosales, Pinazo *(Selbstbildnis)*, Sorolla *(Kinder am Strand)*, Regoyos, Rusiñol, Chicharro *(El dolor – Der Schmerz)*, Zuloaga u. a. m.

MUSEO THYSSEN-BORNEMISZA★★★
10-19 Uhr. Letzter Einlass 30 Min. vor Schließung. Mo, 1. Jan., 1. Mai, 24. Dez. nachmittags, 25. und 31. Dez. nachmittags geschl. 5 €. ☎ *913 69 01 51.*

Der klassizistische Palacio de Villahermosa wurde von Rafael Moneo zum Museum umgebaut und enthält nun herrliche Werke der Sammlung des **Barons Hans Heinrich von Thyssen-Bornemisza**, die der spanische Staat erwerben konnte. Der Grundstock der Kollektion mit klassischen Werken der europäischen Malerei war in den 20er-Jahren von Baron Heinrich (1875-1947) gelegt worden; sein Sohn sammelte modernere und moderne Kunst.

Die etwa 800 Werke, überwiegend Gemälde, sind über drei Stockwerke verteilt. Sie umfassen den Zeitraum vom späten 13. Jh. bis heute und enthalten Werke aller wichtigen europäischen Malerschulen sowie nordamerikanische Malerei des 18. und 19. Jh.s. Die Besichtigung beginnt im 2. Stock mit den ältesten Werken und endet im Erdgeschoss mit avantgardistischer europäischer und amerikanischer Malerei.

2. Stock (Planta segunda)
Saal 1 enthält frühitalienische Malerei. Hier ist besonders das Tafelbild *Christus und die Samariterin* von **Duccio di Buoninsegna** interessant, denn es verweist durch die räumliche Darstellung einer realistischen, lebendigen Szene bereits in die Renaissance. In **Saal 3** befinden sich wertvolle Werke altniederländischer Meister des 15. Jh.s, darunter ein

H. Holbein d. J.: Heinrich VIII. von England

Madrid

Diptychon von **Jan van Eyck**, bei dem die beiden Figuren der *Verkündigung* wie plastisch aus den Rahmen hervortreten; daneben die kleine Tafel der *Madonna im dürren Baum* von **Petrus Christus**; sie symbolisiert den Spross, der den dürren Baum des Volkes Israel zum Blühen bringen soll.

Ein Höhepunkt des Museums ist die ausgezeichnete **Porträtsammlung**. Saal 5, den man sich in aller Ruhe betrachten sollte, enthält z. B. wunderschöne Werke aus der Frührenaissance, einer Zeit, in der dieses Genre zu Bedeutung und Eigenständigkeit gelangte. Allen voran sei das bekannte Bildnis der *Giovanna Tornabuoni* von **Domenico Ghirlandajo** genannt. Das Blatt mit lateinischem Text ist eine Hommage an die Dame, drückt aber auch das für die Renaissance typische Streben aus, im Bild den Charakter der dargestellten Person offenbar werden zu lassen. Die anderen Porträts verschiedener Malerschulen stehen der Ghirlandajo-Tafel an Qualität nicht nach: so das *Bildnis eines jungen Mannes* von **Hans Memling**, das *Bildnis eines Mannes* (vielleicht ein Feldherr des Herzogs von Burgund) von **Robert Campin**, *Heinrich VIII. von England* von **Hans Holbein d. J.** und das zarte *Bildnis einer Infantin von Kastilien* (evtl. Katharina von Aragonien) von **Juan de Flandes**.

In der Galerie *(Saal 6)* befindet sich ein *Bildnis eines jungen Mannes* von Raffael. Beim Betreten des **Saals 7** (Malerei des 16. Jh.s) zieht das *Bildnis eines jungen Ritters vor einer Landschaft* von **Vittore Carpaccio** den Blick auf sich. Die schmale Silhouette in der glänzenden Rüstung hebt sich klar vom detailliert gestalteten Hintergrund ab, in dem viele Symbole zu entschlüsseln sind. **Tizians** *Bildnis des Dogen Francesco Vernier* ist mit nur wenigen Grundfarben gemalt, dafür aber sehr nuancenreich. Für die damalige Zeit ungewöhnlich ist die Komposition und Darstellung der Personen bei dem **Dürerwerk** *Der zwölfjährige Jesus unter den Schriftgelehrten* (1506) in **Saal 8**. In **Saal 9** ausgezeichnete Bildnisse deutscher Meister des 16. Jh.s sowie eine *Quellnymphe* von **Lucas Cranach d. Ä.** Das *Bildnis einer Dame*, von **Hans Baldung Grien** auf Holz gemalt, zieht durch den Gesichtsausdruck der Frau und die kunstvollen Farbkontraste den Blick auf sich. *Die Ruhe auf der Flucht* **(Saal 10)** von **Patinir** ist in erster Linie ein schönes Landschaftsbild. Im darauf folgenden Raum befinden sich der locker gemalte *Hl. Hieronymus in der Wüste* (1575) aus der letzen Schaffensperiode **Tizians** sowie mehrere Gemälde von El Greco. In **Saal 12** kann man *Die hl. Katharina von Alexandrien* bewundern, ein glänzendes Jugendwerk **Caravaggios**. Die wahrheitsgetreue und das Gefühl ansprechende Marmorskulptur des *Hl. Sebastian* schuf **Bernini** mit erst 17 Jahren. Auf dem Gemälde *Die Beweinung Christi* (1633) stellt der in Neapel ansässige Spanier **José de Ribera** den Schmerz der Muttergottes fein und verhalten dar; die starken Kontraste verweisen auf den Einfluss Caravaggios. Nach Durchqueren mehrerer Säle mit Barockmalerei des 17. Jh.s (*Flucht nach Ägypten* von Claude Lorrain und die wunderschöne *Hl. Casilda* von **Zurbarán**) erreicht man die Säle mit italienischer Malerei des 18. Jh.s *(16-18)*, darunter viele typische Ansichten von Venedig von **Canaletto** und **Guardi**. In den letzten Sälen *(19-21)* des Stockwerks wird holländische und flämische Malerei des 17. Jh.s präsentiert, so in **Saal 19** das herrliche Bildnis des *Jacques Le Roy* von **Anton van Dyck** und das der *Antonia Canis* von **Cornelis de Vos** sowie von **Rubens** *Venus und Cupido* und das *Bildnis einer jungen Frau mit Rosenkranz*. **Saal 21** enthält das ausdrucksvolle *Bildnis eines lesenden Jünglings* von **Gerard ter Borch**.

Erster Stock (Planta primera)

Die ersten Säle *(22-26)* enthalten holländische Malerei des 17. Jh.s (Genreszenen, Interieurs und Landschaften). Ein Schulbeispiel ist das Werk *Familiengruppe in einer Landschaft* von **Frans Hals**. Stillleben beschließen den Einblick in die holländische Malerei des 17. Jh.s *(Saal 27)*.

Unter den englischen und französischen Werken des 18. Jh.s *(Saal 28)* befinden sich interessante Porträts, wie beispielsweise das Bildnis der *Sarah Buxton* von **Gainsborough**. Die in Europa nahezu unbekannte nordamerikanische Malerei des 19. Jh.s nimmt mit Gemälden der romantischen Landschaftsmaler Cole, Church und Bierstadt sowie des Realisten Homer die zwei folgenden Räume *(29 und 30)* ein. Unter den Werken der europäischen Malerei der Romantik und des Realismus – wo auch die drei Goya-Bilder der Sammlung zu finden sind – verdienen *La esclusa (Die Schleuse)* von **John Constable**, *Le Ruisseau* von **Gustave Courbet** und *Ostermorgen* von **Caspar David Friedrich** Erwähnung.

Dem Impressionismus und Spätimpressionismus sind die **Säle 32 und 33** gewidmet. Alle bedeutenden Maler dieser Richtungen, wie Monet, Manet, Renoir, Sisley, Degas, Pissarro, Gauguin, van Gogh, Toulouse-Lautrec, Cézanne, sind vertreten. Zu den Hauptwerken **Degas'** gehört das Pastell *Bei der Putzmacherin*. Besonders markant ist auch **van Goghs** kurz vor seinem Freitod gemaltes Landschaftsbild *Die Vessenots in Auvers*; **Gauguins** *Mata Mua* entstand in der polynesischen Schaffenszeit des Bretonen. Mit seiner Art, die Farbe in kleinen Flächen aufzutragen und damit Volumen aufzubauen, bereitete **Cézanne** den Kubismus vor *(Bildnis eines Bauern)*. Nach Saal 34 mit Werken des Fauvismus erreicht man die Säle mit der Malerei des Expressionismus *(35-40)*. Diese zahlenmäßig wohl am besten vertretene Richtung wollte nicht mehr nur die äußere Erscheinung darstellen, sondern das Gefühl und die Stimmung des Künstlers zum Ausdruck bringen; dabei wurde die Farbe vorrangig als Kunstmittel eingesetzt. Die ausgestellten Gemälde veranschaulichen die Programme der Künstlergemeinschaften **Die Brücke** und **Der Blaue Reiter**. *Straßenszene* und *Metropolis* stellen Höhepunkte im Werk von **George Grosz** dar.

Erdgeschoss (Planta baja)

In den ersten Sälen *(41-44)* hängen repräsentative Werke der innovativen europäischen Stilrichtungen der Jahre 1907 bis 1924 (Kubismus, Futurismus, Orphismus, Suprematismus, Konstruktivismus und Dadaismus). **Saal 41** enthält kubistische Werke von **Picasso** *(Mann mit Klarinette)*, **Braque** *(Frau mit Mandoline)* und **Juan Gris** *(Sitzende Frau)*. In **Saal 43** seien besonders *Proun 1 C* von **El Lissitzky** und *New York City, New York* von **Mondrian** erwähnt.

In **Saal 45** befindet sich Kunst aus der Zeit nach dem Ersten Weltkrieg: *Harlekin mit Spiegel* von **Picasso**, *Katalanischer Bauer mit Gitarre* von **Joan Miró** und *Bild mit drei Flecken* (1914) von **Kandinsky**. Nordamerikanischen Künstlern ist der folgende Raum gewidmet, wobei **Jackson Pollock** *(Braun und Silber I)* und **Mark Rothko** *(Grün auf Violett)* dem abstrakten Expressionismus zugerechnet werden. In beiden letzten Sälen *(47 und 48)* sind Surrealismus, figurative Malerei und Pop-Art vereint. Besondere Erwähnung verdienen hier die folgenden Werke: *Der Schlüssel zu den Feldern* des Surrealisten **Magritte**, *Hotelzimmer* von **Hopper**, *Bildnis des George Dyer in einem Spiegel* von **Bacon**, *Express* von **Rauschenberg** und *Frau im Bad* von **Lichtenstein**.

MUSEO NACIONAL CENTRO DE ARTE REINA SOFÍA★

10-21 Uhr, So 10-14 Uhr. Di, 1. Jan., 1. Mai, 24., 25.und 31. Dez. geschl. 3 €; Sa ab 14.30 Uhr und So Eintritt frei. ☏ *914 67 50 62.*

Das von Karl III. gegründete ehemalige Hospital San Carlos wurde renoviert, um dieses Museum für moderne Kunst aufzunehmen. Seine riesigen überwölbten Säle bilden den Rahmen für große, zeitlich begrenzte Wechselausstellungen.

Ständige Sammlung

Der **Fundus**★ des Museums wird im 2. und 4. Stock gezeigt.

Zweiter Stock (Segunda planta) – Die Exponate der 17 Räume vermitteln einen guten Überblick über die spanische Malerei und ihren internationalen Kontext vom Ende des 19. Jh.s bis zu den Jahren nach dem Zweiten Weltkrieg. Die Werke einzelner Künstlerpersönlichkeiten, wie beispielsweise **Juan Gris** *(Bildnis von Josette)* und **Picasso** *(Raum 6)*, werden in ihnen gewidmeten Räumen gesondert gezeigt. Das berühmte, in Schwarz- und Weißtönen gehaltene *Guernica*★★★ ist der Protest Picassos gegen die Schrecken des Kriegs. Das Gemälde war ein Auftrag für den spanischen Pavillon der Pariser Weltausstellung von 1937; Picasso hat hier die Bombardierung der baskischen Stadt Gernika (span. Guernica), die ihn tief erschüttert hatte, in seine Bildersprache umgesetzt. Raum 7 bietet eine **Miró-Retrospektive**; hier finden sich beispielsweise *Schnecke, Frau, Blume, Stern* (1934) und *Frau, Vogel und Stern* (1970), Letzteres ist eine Hommage an Picasso; Skulpturen von Miró kann man sich in Saal 16 ansehen. Bildhauerarbeiten von **Julio González** aus der Zeit von 1920 bis 1940 sind in Raum 8 ausgestellt. Raum 10 ist der **Dalí** gewidmet; neben Jugendwerken *(Mädchen am Fenster*, 1925) sieht man auch interessante Gemälde aus der surrealistischen Periode, in der sich Dalí mit dem Werk Sigmund Freuds beschäftigte *(El gran masturbador)*.

Vierter Stock (Cuarta planta) – *Räume 18-45.* Hier befinden sich Werke aus dem Zeitraum von 1940 bis 1980. Raum 19 enthält Kreationen der Gruppen **Dau al Set** und **Pórtico**, der ersten Neuerer nach dem Spanischen Bürgerkrieg. Zwischen 1950 und 1960 war Abstraktion die Ausdrucksform von Künstlern wie Guerrero, Ràfols, Casamada, Hernández Mompó, Oteiza, Sempere, Palazuelo sowie den Mitglieder der Equipo Crónica *(Räume 20-23)*. Die informale Kunst ist mit vorzüglichen Beispielen von Mitgliedern der Gruppe **El Paso** (Millares, Saura, Rivera, Canogar, Feito und Viola) und der **Gruppe von Cuenca** (Zóbel, Torner) vertreten *(Räume 27-29)*. Die Räume 34 bis 36 enthalten eine gute Auswahl von Gemälden von **Tàpies**. Figurativ malten Antonio López Garcia, Julio López Hernandez und Xavier Valls *(Raum 31)*. Es folgen Collagen der Serie *Gravitaciones* von **Eduardo Chillida** sowie dessen Skulptur *Tisch des Omar Khayyan II* (1983). Dann kann man anhand der Werke von Alfaro, der Equipo Crónica, von Arroyo

Madrid

und Luis Gordillo Vergleiche zwischen der Pop-Art und der Narrativen Figuration anstellen und die Gemeinsamkeiten bzw. Unterschiede dieser Kunstrichtungen herausfinden *(Räume 36-39)*.

Als Kontrapunkte zu den Spaniern werden bedeutende **nichtspanische Künstler** vorgestellt, darunter Bacon, Moore, Alechinsky, Fontana, Dubuffet, Tobey, Kounellis, Pistoleto, Flavin, Newman, Judd, Nauman *(Räume 24-26, 30, 33, 40, 41)*.

Auf Entdeckungstour

Die Altstadt★ 2 1/2 Std. – siehe Plan

Der Spaziergang führt durch enge, unebene Straßen, zu kleinen Plätzen, Palais, Herrenhäusern aus dem 17. Jh. und vorbei an Häusern, deren eiserne Balkone typisch sind für das 19. und frühe 20. Jh.

Wir empfehlen Ihnen, die Altstadt frühmorgens oder spätnachmittags zu besichtigen, wenn die Kirchen geöffnet sind.

Plaza Mayor★★

Sie wurde in der Regierungszeit Philipps III. (1619) von Juan Gómez de Mora angelegt und erhielt im späten 18. Jh. ihr heutiges Gesicht. Der Platz zeichnet sich durch eine große architektonische Geschlossenheit aus und ist das Zentrum vom **Madrid der Habsburger**. An der Nordseite erhebt sich zwischen zwei spitz behelmten Türmen die **Casa de la Panadería**, von Donoso 1672 wieder aufgebaut und von Carlos Franco zum dritten Mal neu bemalt; in der Mitte das Reiterstandbild Philipps III. von Giovanni da Bologna und Pietro Tacca (17. Jh.).

Der Platz war früher Schauplatz von Autodafés sowie Stierkämpfen zu Pferd, und hier wurden Philipp V., Ferdinand VI. und Karl IV. zum König ausgerufen.

Am Sonntagvormittag findet unter den Arkaden eine Briefmarken- und Münzbörse statt, und zu Weihnachten werden hier Verkaufsstände für Weihnachtsschmuck aufgestellt. Die Geschäfte am Rand des Platzes (zahlreiche Hutmacher) haben eine altertümliche Note bewahrt.

Durch den **Arco de Cuchilleros** gelangt man in die gleichnamige, von hohen alten Fassaden gesäumte Straße. Die **Cava de San Miguel** bietet einen Blick auf die Rückseite der den Platz säumenden Häuser. Der Name Cava deutet darauf hin, dass hier einst ein Graben der Stadtbefestigung verlief, was auch durch den großen Höhenunterschied zwischen der Straße und der Plaza Mayor belegt wird. In dieser Gegend gibt es viele kleine Restaurants *(mesones)* und Bistros *(tabernas)*. Die Markthallen des im frühen 20. Jh. gebauten **Mercado de San Miguel** weisen die für jene Zeit typische Eisenkonstruktion auf.

Durch die Calle Conde de Miranda gehen, dann die schöne Plaza del Conde de Barajas und die Calle de Gómez de Mora überqueren. Man erreicht die Plaza de San Justo bzw. die Puerta Cerrada, die ein Stadttor war. Rechts weiter durch die Calle de San Justo.

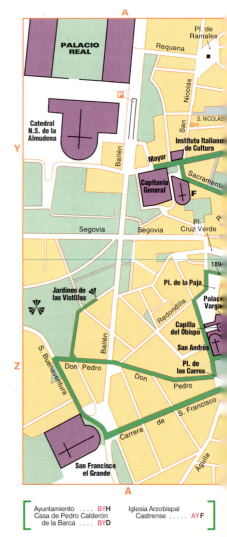

Ayuntamiento .... BYH	Iglesia Arzobispal
Casa de Pedro Calderón	Castrense ..... AYF
de la Barca .... BYD	

Iglesia Pontificia de San Miguel★

11.15-12.15 Uhr und 13-13.30 Uhr sowie 18-19 Uhr und 19.30-20.30 Uhr. So und feiertags geschl. ☎ 915 48 40 11.

Diese von Bonavia geschaffene Kirche, ein Zentralbau, ist eine der wenigen vom italienischen Barock des 18. Jh.s beeinflussten spanischen Kirchen. Die nach außen gewölbte Fassade zeigt ein Zusammenspiel von schwingenden konkaven und konvexen Linien und ist mit schönen Statuen geschmückt; über der Tür stellt ein Flachrelief die spanischen Heiligen Justus und Pastor dar, denen die Kirche einst geweiht war. Eine ovale Kuppel, Gesimse und Stuckdekorationen – eine Neuheit in der spanischen Kirchenkunst – verleihen dem Innenraum Anmut und Eleganz.

An der linken Seite der Kirche entlang durch die Calle Puñonrostro gehen und weiter durch die Calle del Codo (wegen ihres L-förmigen Verlaufs einst eine der gefährlichsten Straßen der Stadt); man erreicht die Plaza de la Villa.

Plaza de la Villa★

Dieser ruhige, für Autos gesperrte Platz wird von der von Benlliure 1888 geschaffenen Statue des Álvaro de Bazán überragt, eines Helden der Seeschlacht von Lepanto. Mehrere berühmte Gebäude säumen den Platz, darunter das **Ayuntamiento** (Rathaus), das von Gómez de Mora 1617 erbaut wurde, sowie der **Torre de los Lujanes**, in dem König Franz I. von Frankreich nach der Schlacht bei Pavia gefangen gehalten wurde und der einer der wenigen in Madrid erhaltenen Profanbauten des 15. Jh.s ist; schließlich sei noch die **Casa de Cisneros** erwähnt, die mehrere Jahre nach dem Tod des gleichnamigen Kardinals errichtet wurde und durch einen Bogen mit dem Rathaus verbunden ist. Vom ursprünglichen Gebäude aus dem 16. Jh. ist nur noch ein schönes Fenster auf der Seite zur Plazuela del Cordón erhalten.

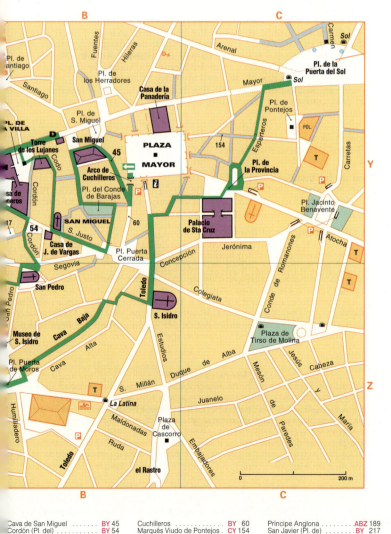

Cava de San Miguel .... BY 45	Cuchilleros .... BY 60	Príncipe Anglona .... ABZ 189
Cordón (Pl. del) .... BY 54	Marqués Viudo de Pontejos . CY 154	San Javier (Pl. de) .... BY 217

Madrid
Calle Mayor
Bereits der Name weist auf die Bedeutung der Straße hin, in der noch ein paar interessante Gebäude erhalten sind. In Haus Nr. 61 lebte der Dichter **Pedro Calderón de la Barca**; in der Antigua Farmacia de la Reina Madre, daneben, wird eine Sammlung alter Apothekentöpfe bewahrt. Das **Italienische Kulturinstitut** *(Nr. 86)* ist in einem später umgebauten Palais des 17. Jh.s untergebracht. Gegenüber befindet sich das ehemalige Palais Uceda aus der gleichen Zeit, das heute Sitz einer Behörde **(Capitanía General)** ist. Der mit Hausteinen abgesetzte Backsteinbau ist ein typisches Beispiel für die Architektur jener Zeit. An das Attentat, das am Hochzeitstag auf Alfons XIII. und seine Gemahlin verübt wurde, erinnert das Denkmal vor der **Iglesia Arzobispal Castrense** (17.-18. Jh.). In der nahen Calle de San Nicolás ist ein Mudéjar-Turm gleichen Namens erhalten.

Durch die hinter der Plaza de la Villa verlaufende Calle Sacramento zur Plazuela del Cordón gehen.

Plazuela del Cordón (54)
Kurz vor Erreichen des Platzes ist die Rückseite der Casa de Cisneros zu sehen. Von der Platzmitte aus ergibt sich ein interessanter Blick auf die Fassade von San Miguel. In der **Casa de Juan de Vargas** lebte als einfacher Hausangestellter der hl. Isidor, der später der Schutzpatron der Stadt werden sollte.

Durch die Calle del Cordón zur Calle Segovia gehen.

Auf der anderen Seite erhebt sich der **Mudéjar-Turm** (14. Jh.) von **San Pedro**, der zusammen mit dem Torre de San Nicolás das einzige Madrider Zeugnis dieses Kunststils ist.

Durch die Calle Príncipe Anglona erreicht man die Plaza de la Paja.

Plaza de la Paja
Die Plaza de los Carros und dieser verwinkelte Platz waren die Marktzentren des mittelalterlichen Madrid. Auf einer Platzseite erhebt sich der Palacio Vargas; er verdeckt die im 16. Jh. für Gutiérrez Carvajal, den damaligen Bischof von Palencia, im gotischen Stil errichtete **Capilla del Obispo**. An der Plaza de los Carros, direkt daneben, befindet sich in der Kirche San Andrés die Capilla de San Isidro, die um die Mitte des 17. Jh.s zu Ehren des Stadtpatrons errichtet wurde. Einen schönen Renaissancepatio und den Pozo del Milagro (Wunderbrunnen) bewahrt das **Museo de San Isidro** neben diesem etwas komplizierten Gebäudekomplex.

9.30-20 Uhr (Aug. bis 14.30 Uhr), Sa/So 10-14 Uhr. Mo und feiertags geschl. Eintritt frei. ☎ *913 66 74 15.*

Die Calle Bailén überqueren. Die erste Straße rechts führt zu den Jardines de las Vistillas.

Jardines de las Vistillas
In diesem Park bietet sich auf der Seite nahe der Calle Bailén ein herrlicher **Blick★** auf die Sierra de Guadarrama, den Park Casa de Campo, die Umrisse der Kathedrale Nuestra Señora de la Almudena und den Viadukt.

Iglesia de San Francisco el Grande
Führung (30 Min.) 11-13 Uhr und 16-19 Uhr. Letzter Einlass 30 Min. vor Schließung. Mo und So keine Führungen. 0,60 € (Museum). Die Kirche ist das ganze Jahr über von 8-11 Uhr für den Gottesdienst geöffnet. ☎ *913 65 38 00.*

Nur die gewaltige neoklassizistische Fassade ist das Werk Sabatinis, während das Gebäude mit seinem kreisförmigen Grundriss, den sechs strahlenförmig angeordneten Kapellen und der enormen Kuppel von 33 m Durchmesser Francisco Cabezas zu verdanken ist. Die Wände und Decken der Kirche sind mit Fresken und Gemälden geschmückt, die alle, außer denen der Antonius- und der Bernhardinkapelle, im 19. Jh. entstanden sind; letztere stammen aus dem 18. Jh. In der ersten

---

Der Paseo del Prado
In der Zeit der Aufklärung wollte der Bourbonenkönig Karl III. ein der spanischen Hauptstadt würdiges Zentrum für Wissenschaft und Kunst schaffen. Dafür engagierte er die begabtesten Architekten seines Hofes, Hermosilla, Ventura Rodríguez, Sabatini und Villanueva. Diese machten sich am damaligen Stadtrand ans Werk, sanierten, planierten und verschönerten ein großes Gelände, dessen Mitte und Enden sie durch eindrucksvolle Brunnenanlagen (Apollo-, Kybele- und Neptunbrunnen) besonders hervorhoben.
Im Rahmen dieses Projekts, das Funktionalität mit Schönheit und die Wissenschaft mit der Muße verbinden sollte, wurden hier auch der Botanische Garten (**Jardín Botánico**), das Naturwissenschaftliche Kabinett (**Gabinete de Historia Natural**) – heute im Prado – und die Sternwarte (**Observatorio Astronómico**) ins Leben gerufen.
Der schon im 16. Jh. von der Bevölkerung zum beliebten Treffpunkt erwählte schattige Korso wurde nun zur Modepromenade. Man zeigte sich hier, um zu sehen und gesehen zu werden. Hier befanden sich aber auch die eindrucksvoll in Szene gesetzten Orte, an denen wissenschaftlich gearbeitet wurde und die die neuen Ideale des Königshauses vor Augen führten.

Kapelle links ist in der Mitte der Wand die *Predigt des hl. Bernhardin von Siena vor dem König von Aragonien* zu sehen, ein Frühwerk Goyas (1781). Im Chor befindet sich ein Teil des platereken **Chorgestühls★** aus dem Kloster El Parral *(s. unter SEGOVIA, Besichtigung)*. Die **Chorgestühle★** der Sakristei und des Kapitelsaals (16. Jh.) stammen aus dem Kartäuserkloster El Paular *(s. unter Sierra de GUADARRAMA, Ausflug)*.
Die Carrera de San Francisco und die Cava Alta bis zur Calle de Toledo entlanggehen.

Calle de Toledo
Sie ist eine der belebtesten Straßen der Madrider Altstadt. Sonntags vormittags und an Feiertagen findet in den angrenzenden Straßen und in der Ribera de Curtidores der Flohmarkt **(Rastro)** statt. *Möglichst früh hingehen. Gegen 12 Uhr herrscht Hochbetrieb. Vorsicht vor Taschendieben.*
Iglesia de San Isidro – *Tgl. außer Fr 10-12 und 18-20 Uhr.* ☏ 91 369 20 37
Sie ist ein Werk der Jesuiten Pedro Sánchez und Francisco Bautista und zeigt eine von zwei Türmen eingerahmte, streng anmutende Fassade. San Isidro wurde 1622 als Kirche des Jesuitenkollegs errichtet und war von 1885 bis 1993 die Kathedrale von Madrid. Im Inneren werden die sterblichen Überreste des heiligen Stadtpatrons Isidor und seiner ebenfalls heiligen Gattin María de la Cabeza bewahrt.

Plaza de la Provincia
Besonders bemerkenswert ist hier der fast herreranisch anmutende Bau des **Palacio de Santa Cruz** (17. Jh.), heute Sitz des Außenministeriums. Er war früher Hofgefängnis; von hier kamen die Verurteilten, die auf der nahen Plaza Mayor hingerichtet wurden.

Puerta del Sol
Die Besichtigung endet bei der Puerta del Sol, am beliebtesten und belebtesten Platz Madrids, der Schauplatz vieler historischer Ereignisse war. Der Platz erhielt im 19. Jh. seine heutige Gestalt. An der Stelle, wo die Calle del Carmen einmündet, steht ein kleines Denkmal mit dem Wappen Madrids, das einen Bären und einen Erdbeerbaum zeigt. Davor steht das Reiterdenkmal Karls III. Wer sich für diesen Monarchen interessiert, kann auf dem Sockel die städtebaulichen Maßnahmen lesen, die er in Madrid durchführen ließ. Die Alte Hauptpost ist heute Sitz des Präsidiums der Autonomen Gemeinschaft Madrid; seine Uhr gibt die amtlichen 12 Stundenschläge in der Silvesternacht, bei denen man sich etwas wünschen darf. Vor dem Gebäude liegt der Kilometer 0 der spanischen Nationalstraßen.
In den zum Platz führenden Straßen gibt es besonders viele kleine Geschäfte, in denen beispielsweise Fächer und *mantillas*, aber auch Wurstwaren angeboten werden.

DAS MADRID DER BOURBONEN★★ *1 1/2 Std.*
Die Straßen und Avenuen dieses eleganten, durch viel Grün aufgelockerten Wohnviertels sind von stattlichen Gebäuden, Luxushotels und vornehmen Privathäusern und Palais, in denen heute Museen untergebracht sind, gesäumt. Der Bereich zwischen Prado und Retiro-Park ist einer der schönsten von Madrid.

Plaza de Cibeles★
Hier treffen die wichtigen Verkehrsadern Calle de Alcalá, Gran Vía, Paseo del Prado und Paseo de Recoletos zusammen. Die den Platz umgebenden eindrucksvollen Gebäude, wie Banco de España (1891), **Palacio de Buenavista** (18. Jh.; heute Verteidigungsministerium), **Palacio de Linares** (Ende 19. Jh.; heute Sitz der Casa de América) und **Palacio de Comunicaciones** (1919), sowie die schönen Perspektiven, die er bietet, haben zahlreiche Künstler inspiriert.
In der Platzmitte befindet sich der berühmteste Brunnen Madrids (18. Jh.), eines der Symbole der Stadt, der die Fruchtbarkeitsgöttin Kybele auf einem von Löwen gezogenen Wagen zeigt.

Paseo del Prado★
Diese schöne, von Bäumen gesäumte Promenade verläuft zwischen der Plaza de Cibeles und der Plaza Emperador Carlos V. Nach dem Marineministerium und dem Museo Naval *(s. unter „Besichtigungen")* kommt in der Mitte der Promenade der von Ventura Rodríguez entworfene Apollobrunnen. Auf der linken Seite liegt die **Plaza de la Lealtad** mit dem Obelisken, der an die Helden des 2. Mai erinnert. Unter den herrschaftlichen Häusern fallen vor allem die klassizistische **Börse** und das feudale **Hotel Ritz** auf.
Plaza de Canóvas del Castillo – Hier liegen der schöne Neptunbrunnen, das **Hotel Palace** und *(direkt gegenüber dem Ritz)* der **Palacio de Villahermosa**, ein Ende des 18./Anfang des 19. Jh.s errichtetes klassizistisches Gebäude, in dem das **Museo Thyssen-Bornemisza★★★** *(s. unter „Besondere Highlights")* untergebracht ist.

Madrid

Plaza de Cibeles und Palacio de Comunicaciones bei Nacht

Auf der rechten Seite der Promenade, zwischen der Plaza de Neptuno und der Plaza del Emperador Carlos V, befinden sich der Prado und der **Real Jardín Botánico** (Botanischer Garten), die beide von Juan de Villanueva entworfen wurden. *Nov.-Febr. 10-18 Uhr, März und Okt. 10-19 Uhr, Apr. und Sept. 10-20 Uhr, Mai-Aug. 10-21 Uhr. Letzter Einlass 30 Min. vor Schließung, Gewächshäuser 1 Std. vor Schließung. 1. Jan. und 25. Dez. geschl. 1,50 €. ☎ 914 20 30 17.*

Museo del Prado★★★ – Das klassizistische Gebäude, in dem sich heute das weltberühmte Museum befindet, wurde unter der Herrschaft Karls III. für die naturwissenschaftliche Sammlung entworfen. Nach dem Freiheitskrieg entschied Ferdinand VII., hier die Gemäldesammlung der spanischen Krone unterzubringen *(s. unter „Besondere Highlights")*.

Plaza del Emperador Carlos V

Im Hintergrund der **Bahnhof Atocha**. Dieser schöne Gebäudekomplex aus Stahl und Glas ist sehenswert (innen ein Tropengarten).

Ganz in der Nähe liegt das von Karl III. gegründete **Antiguo Hospital de San Carlos**, in dem sich heute das **Museo Nacional Centro de Arte Reina Sofía**★ befindet *(s. unter „Besondere Highlights")*. Das streng anmutende Granitgebäude wurde renoviert und besitzt nun außen an der Fassade Fahrstühle in Glasschächten.

Nun geht es in Richtung Jardín Botánico zurück und durch die für ihre Buchhändler (auch Antiquariate) bekannte **Cuesta de Claudio Moyano**.

Parque del Buen Retiro★★

Tgl. 6-23 Uhr (im Sommer bis 24 Uhr).

Der Park reicht von der herrschaftlichen Calle de Alfonso XII bis zur Puerta de Alcalá und ist heute eine der beliebtesten Grünanlagen Madrids. Die 130 ha große Parkanlage bildet mit ihrem alten Baumbestand (La Chopera, *im Süden*) und den gepflegten Blumenbeeten (El Parterre, *im Norden*, und Rosaleda), zwischen denen sich Brunnen, Tempelchen, Kolonnaden und zahlreiche Statuen erheben, eine grüne Insel in der Stadtmitte.

> **Zur Geschichte**
>
> Philipp IV. ließ in der Nähe des **Hieronymitenklosters** (von dem nur noch die Kirche erhalten ist) einen Palast errichten, der, abgesehen vom Gebäude des heutigen Armeemuseums *(s. unter „Besichtigungen")* und vom Casón del Buen Retiro, abbrannte. Auftraggeber des einst den Palast umgebenden Parks war der Herzog von Olivares.

Am Ufer des großen Sees (**Estanque**; *Bootsverleih*) steht das eindrucksvolle **Denkmal Alfons' XII**. Unweit des Glaspalasts (**Palacio de Cristal**★) liegt eine romantische Landschaft mit einer Grotte und einem Wasserbecken.

Puerta de Alcalá★

Auf der Plaza de la Independencia. Das Tor wurde zwischen 1769 und 1778 von Sabatini zur Erinnerung an den triumphalen Einzug Karls III. in Madrid erbaut. Vor allem bei Nacht eine der schönsten Stadtansichten auf die Plaza de Cibeles, die Calle de Alcalá und den Anfang der Gran Vía.

Besichtigung

RUND UM DEN PALACIO REAL★★

Plaza de la Armería

Diesen von Arkaden eingefassten Platz säumen die Südfassade des Königspalasts und die Fassade der Kathedrale **Nuestra Señora de la Almudena**. Der schon 1879 geplante Bau dieser Kirche zog sich über mehr als 100 Jahre hin. Die Kathedrale hat eine neubarocke Fassade, die gut zum Stil des Königspalastes passt, ist innen jedoch neugotisch. Papst Johannes Paul II. weihte sie 1993. Von der Westseite des Platzes aus bietet sich ein schöner Ausblick auf die beiden Parks Casa de Campo und Campo del Moro, die sich bis zum Manzanares hinabziehen.

Palacio Real (Königspalast)★★

Besichtigung mit oder ohne Führung (40 Min.) 9.30-17 Uhr (1. Apr.-30. Sept. 9-18 Uhr), So und feiertags 9-14 Uhr (1. Apr.-30. Sept. 9-15 Uhr). 1. und 6. Jan., Karwoche, 1., 5. und 15. Mai, 24. Juli, 15. Aug., 9. Sept., 1. Nov., 6., 8. und 25. Dez. sowie bei offiziellen Anlässen geschl. 6 € (7 € mit Führung); Mi für EU-Bürger Eintritt frei. ☎ 914 54 88 00 oder 915 42 00 03 (Reservierung).

Die besten Ausblicke auf den erhöht über dem Manzanares liegenden Palast hat man vom Paseo de Extremadura und von den Gärten des **Campo del Moro★**. Das imponierende Schloss wurde von den Bourbonen errichtet und war bis 1931 die offizielle Residenz der königlichen Familie. Heute gehört der Palast zum staatlichen Kulturbesitz und wird vom König nur noch für offizielle Empfänge benutzt.

In der Weihnachtsnacht des Jahres 1734 brannte der von Karl V. restaurierte Alcázar während eines Aufenthalts der königlichen Familie im Palacio del Buen Retiro vollständig nieder. Auf Veranlassung Philipps V. wurde nach Entwürfen des Italieners Filippo Juvarra ein neuer Palast errichtet. Der Bau wurde nach dessen Tod (1735) zunächst von Sacchetti fortgeführt, der die Pläne Juvarras änderte, dann von Ventura Rodríguez. Die Arbeiten dauerten bis in die Regierungszeit Karls III. an. Das Gebäude hat einen rechteckigen Grundriss und besteht aus Granit der Sierra de Guadarrama und Kalkstein. Es hat eine Seitenlänge von etwa 140 m und steht auf einem bossierten Sockel. Der obere Teil des Gebäudes ist durch ionische Säulen und dorische Pilaster gegliedert und von einer Balustrade aus Kalkstein gekrönt. Ursprünglich sollten dort oben noch Kolossalstatuen der Könige von Spanien von Athaulf bis Ferdinand VI. aufgestellt werden; da sich jedoch unter Karl III. der Geschmack geändert hatte, erhielten diese ihren Platz auf der Plaza de Oriente und im Retiro.

Um den Höhenunterschied des Terrains an der Nord- und der Westfassade zu überbrücken, wurden die Parks **Jardines de Sabatini** und **Campo del Moro** angelegt; vor der Südfassade des Palasts erstreckt sich die **Plaza de la Armería**, vor der Ostfassade liegt die **Plaza de Oriente**.

Palacio★ – Über die prachtvolle doppelläufige Treppe (von Corrado Giaquinto bemaltes Gewölbe) erreicht man den **Salón de Alabarderos** (Deckengemälde von Tiepolo) und von dort den königlichen Fest- und Bankettsaal **Salón de Columnas**

Palacio Real (Königspalast)

Madrid

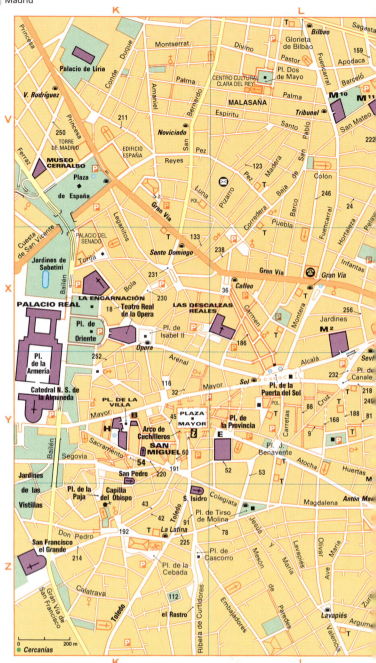

(Säulensalon), in dem am 12. Juni 1985 der Vertrag zum Beitritt Spaniens zur Europäischen Gemeinschaft unterzeichnet wurde. Von dort aus gelangt man in den Thronsaal (**Salón del Trono★**), der seine Ausstattung aus der Zeit Karls III. bewahrt hat. Seine Wände sind mit rotem Samt bespannt, der das herrliche Deckengemälde Tiepolos zum Ruhme der spanischen Monarchie (1764) schön zur Geltung bringt. Die Spiegel, Konsolen und die Löwen aus vergoldeter Bronze sind italienische Entwürfe. Die folgenden drei Räume bildeten die königlichen Gemächer (El Cuarto del Rey); 1764 wurden sie von Karl III. bewohnt. Der Saleta Gasparini genannte Raum war das Speisezimmer des Königs. Hier ist von der ursprünglichen Dekoration nur das Deckengemälde (Mengs) erhalten. Das Gasparini-Vorzimmer hat ebenfalls eine von Mengs bemalte Decke. Hier hängen Bildnisse Karls IV. und María Luisas von Parma, beide von Goya. Der dritte Raum ist die wunderschöne **Cámara Gasparini**, die vom Boden bis zur Decke im Rokokostil ausgeschmückt ist.

MADRID

Street	Grid	No.
Alcalá	MX	
Álvarez Gato	LY	9
Arenal	KY	
Arrieta	KX	18
Augusto Figueroa	MV	24
Ayala	NV	25
Bárbara de Braganza	NV	27
Bordadores	KY	32
Callao (Pl. del)	LX	36
Carmen	LX	
Cava Alta	KZ	42
Cava Baja	KY	43
Cava de San Miguel	KY	45
Ciudad de Barcelona (Av. de la)	NZ	46
Colón (Pl. de)	NV	49
Concepción Jerónima	LY	52
Conde de Romanones	LY	53
Cordón (Pl. del)	KY	54
Cortes (Pl. de las)	MY	57
Cuchilleros	KY	60
Duque de Alba	LZ	78
Duque de Medinaceli	MY	79
Echegaray	LY	81
Espoz y Mina	LY	88
Estudios	KZ	91
Felipe IV	NY	
Fernando el Santo	NV	99
Fuencarral	LV	
General Vara del Rey (Pl. del)	KZ	112
Goya	NV	114
Gran Vía	LX	
Herradores (Pl. de los)	KY	116
Hortaleza	LX	
Independencia (Pl. de la)	NX	118
Infanta Isabel (Pas. de la)	NZ	119
Jesús del Valle	LV	123
Libreros	KX	133
Madrazo	MY	141
Marqués de Cubas	MY	145
Mayor	KY	
Mayor (Pl.)	KY	
Mejía Lequerica	LMV	159
Montera	LX	
Núñez de Arce	LY	168
Preciados	LX	186
Príncipe	LY	188
Puerta Cerrada (Pl. de)	KY	191
Puerta de Moros (Pl. de)	KZ	192
Puerta del Sol (Pl. de la)	LY	
Recoletos	NX	196
San Bernardino	KV	211
San Francisco (Carrera de)	KZ	214
San Jerónimo (Carrera de)	LMY	218
San Justo	KY	220
San Lorenzo	LV	222
San Millán	KZ	225
Santa Engracia	MV	226
Santo Domingo (Cuesta)	KX	230
Santo Domingo (Pl. de)	KX	231
Sevilla	LY	232
Tudescos	LX	238
Valverde	LV	246
Ventura de la Vega	LY	249
Ventura Rodríguez	KV	250
Vergara	KY	252
Villa de París (Pl. de la)	NV	255
Virgen de los Peligros	LX	256

Ayuntamiento	KY	H
Museo Municipal	LV	M10
Museo Nacional de Artes Decorativas	NX	M8
Museo Naval	NX	M3
Museo Romántico	LV	M11
Museo Thyssen-Bornemisza	MY	M6
Palacio de Sta-Cruz	LY	E
Real Academia de Bellas Artes de San Fernando	LX	M2
Torre de los Lujanes	KY	B

Komplettes Straßenverzeichnis, s. SS. 322-323

Der Salón de Carlos III war das Schlafzimmer des Königs, in dem er 1788 starb. Die Ausstattung stammt aus der Zeit Ferdinands VII. Die **Sala de Porcelana** gilt wie die von Aranjuez als ein Meisterwerk der königlichen Porzellanmanufaktur in Buen Retiro. Der **Comedor de Gala** König Alfons' XII. wird für Staatsbankette benutzt (er bietet Platz für 145 Personen); Brüsseler Wandteppiche aus dem 16. Jh. sind sein Schmuck. In zwei der folgenden Räume wird eine Musikinstrumentensammlung gezeigt, die auch mehrere von Stradivari gebaute **Instrumente**★ umfasst. In der Kapelle kann man Fresken von Corrado Giaquinto und Gemälde von Mengs *(Verkündigung Mariä)* und Bayeu *(Erzengel Michael)* betrachten.

Die Kabinette der Königin María Cristina zeigen eine kuriose Stilmischung vom Pompejanischen Stil des Salón de Estucos (Stucksalon) bis zur Neugotik des Billardzimmers.

Madrid

Real Farmacia (Königliche Apotheke) – In mehreren Räumen sind schön verzierte Glas- und Porzellangefäße (18.-20. Jh.) zu bewundern, darunter eines aus glasierter Talavera-Keramik (18. Jh.); interessant ist auch der rekonstruierte Destillierraum mit seinen alten Apparaten.

Real Armería★★ – Diese außergewöhnliche Sammlung von Waffen und Rüstungen wurde von den Katholischen Königen, Karl V. und Philipp II. zusammengetragen. Kern der Kollektion sind die einst von Karl V. getragenen Rüstungen sowie Waffen und Rüstungen Philipps II. und Philipps III. Im großen Kellergewölbe ist eine herrliche Sammlung von Jagdgewehren ausgestellt, die einst den Bourbonen gehörten. Dazu zählen von dem Waffenschmied Philipps V. gefertigte Gewehre wie auch die Winchester, die der Präsident der Vereinigten Staaten König Alfons XII. schenkte.

Museo de Carruajes Reales★ – *Wegen Renovierung geschl.* ☏ *915 42 00 59.*
Im einstigen Wintergarten des **Campo del Moro**, von dem sich ein schöner Blick auf den Palast bietet, sind in einem 1967 errichteten Pavillon die alten königlichen Kutschen ausgestellt. Sie stammen größtenteils aus der Zeit Karls IV. (Ende 18. Jh.). Besondere Aufmerksamkeit verdienen die in der zweiten Hälfte des 17. Jh.s aus schwarz gebeiztem Buchen- und Eschenholz gefertigte „Schwarze Karosse" sowie die Kutschen aus dem 18. Jh.; darunter befindet sich auch ein Gefährt aus dem Besitz der Marquis von Alcántara. Schließlich sei die achtspännige, von Lakaien begleitete Kutsche der Krone erwähnt, die im 19. Jh. für Ferdinand VII. gebaut worden war. An ihr sind noch die Spuren des Attentats zu erkennen, das auf König Alfons XIII. und seine Gemahlin an deren Hochzeitstag verübt wurde.

Plaza de Oriente
Zwischen der Ostfassade des Königspalastes und der Hauptfassade des Teatro Real erstreckt sich der weite, mit Grünflächen aufgelockerte Platz. Er wurde unlängst zu einer Fußgängerzone umgestaltet. In der Mitte der Anlage sind Statuen der Gotenkönige aufgestellt, besonders interessant ist jedoch das Reiterstandbild Philipps IV. von Pietro Tacca (17. Jh.).

Teatro Real
Das Opernhaus wurde 1850 von Isabella II. eingeweiht. Es ist ein klassizistischer Bau mit einem sechseckigen Grundriss von López de Aguado. Die beiden Hauptfassaden gehen auf der einen Seite zur Plaza de Oriente, auf der anderen zur Plaza de Isabel II. Nach einer grundlegenden Renovierung, die nahezu zehn Jahre dauerte, hat das Haus 1997 wieder seine Tore geöffnet.

Monasterio de las Descalzas Reales★★
Führung (45 Min.) Di-Do und Sa 10.30-12.45 Uhr und 16-17.45 Uhr, Fr 10.30-12.45 Uhr, So 11-13.45 Uhr. Mo, 1. und 6. Jan., in der Karwoche von Mi-Sa, 1., 2. und 15. Mai, 15. Juli, 15. Aug., 9. Sept., 1. Nov. sowie 6., 8. und 25. Dez. geschl. 5 € (6 € mit Monasterio de la Encarnación); Mi für EU-Bürger Eintritt frei. ☏ *915 42 00 59.*
Obwohl dieses Kloster in einem der belebtesten Viertel Madrids liegt, fühlt man sich darin sofort ins 16. Jh. zurückversetzt. Die Tochter Karls V., Johanna von Österreich, stiftete im Palast, in dem sie geboren war, ein Klarissinnenkloster. Dieses blieb zwei Jahrhunderte lang Damenstift des Hochadels. Es wurde von den Familien der Insassinnen mit wertvollen Geschenken bedacht, die heute den Fundus des bedeutenden Museums am Rand des einstigen Klosterbezirks bilden. Schon am Eingang ist man von der freskengeschmückten **Haupttreppe**★ entzückt. Im Obergeschoss des Kreuzgangs, wo sich mehrere prächtige **Kapellen** befinden, verdient eine Liegefigur Christi von Gaspar Becerra (16. Jh.) Beachtung. Im ehemaligen Schlafsaal der klösterlichen Gemeinschaft sind 10 **Wandteppiche**★★ zu sehen, die im 17. Jh. nach Kartons von Rubens gefertigt wurden. Unter den vielfältigen Kunstwerken des Klosters seien auch die im Zwischengeschoss ausgestellten Königsporträts und ein *Hl. Franziskus* von Zurbarán hervorgehoben; im Kapitelsaal Statuen von Pedro de Mena (*Mater Dolorosa, Ecce Homo*) und Gregorio Hernández (*Magdalena*); im **Relicario**, dem Reliquiensaal, eine große Anzahl wertvollster Reliquienschreine und -truhen und in den Gemäldesälen Werke von Tizian, Bruegel d. Ä. und Rubens.

Real Monasterio de la Encarnación★
Führung (45 Min.) Di-Do und Sa 10.30-12.45 Uhr und 16-17.45 Uhr, Fr 10.30-12.45 Uhr, So 11-13.45 Uhr. Mo, 1. und 6. Jan., in der Karwoche von Mi-Sa, 1., 2. und 15. Mai, 25. und 27. Juli, 15. Aug., 9. Okt., 1. Nov sowie, 6., 8. und 25. Dez. geschl. 3,50 € (6 € mit Monasterio de las Descalzas); Mi für EU-Bürger Eintritt frei. ☏ *915 42 00 59.*
Dieses Kloster steht auf dem schönen gleichnamigen Platz unweit des alten Alcázar, mit dem es früher durch eine Passage verbunden war. Es wurde 1611 von Margarethe von Österreich, der Gemahlin Philipps III., gestiftet und stand seit seiner Gründung in der Gunst aller Könige Spaniens. Das Kloster verfügt daher heute über eine große Kunstsammlung.
Die Kollektion von Gemälden der Madrider Schule des 17. Jh.s ist besonders reich. Das Gemälde *Entrega en el Bidasoa* von Van der Meulen bezieht sich auf den geschichtlichen Tausch der Prinzessinnen, der 1615 auf der Fasaneninsel in

Hondarribía *(s. unter COSTA VASCA, Ausflug)* stattgefunden hatte; außerdem bemerkenswert *Johannes der Täufer* von Ribera sowie ein interessanter *Christus in Banden* von Gregorio Hernández.

Im **Relicario★**, dem Reliquiensaal mit der von Vicencio Carducci bemalten Decke, sind etwa 1 500 Reliquien ausgestellt. Die bemerkenswertesten sind ein Kreuzpartikel (Lignum Crucis) und die Ampulle mit dem Blut des hl. Pantaleon, das sich, wie es heißt, jedes Jahr am 27. Juli verflüssigt.

Die Kirche ist ein Werk (1611) des Herrera-Schülers Gómez de Mora. Nach dem Brand des Alcázar wurde sie von Ventura Rodríguez (18. Jh.) wieder aufgebaut.

Plaza de España

Die Plaza de España ist eine große Esplanade an der Grenze zwischen dem bourbonischen und dem modernen Madrid. Das in der Mitte des Platzes stehende Cervantes-Denkmal mit den Figuren von Don Quijote und Sancho Pansa wirkt klein vor den beiden aus den 50er-Jahren stammenden Hochhäusern **Torre de Madrid** und **Edificio España**.

An diesem Platz beginnen die **Gran Vía**, eine breite, von Kinos, Geschäften und Hotels gesäumte Straße, und die Calle Princesa, in der sich junge Leute und Studenten wegen ihrer Nähe zum Universitätsgelände **(Ciudad Universitaria★)** häufig aufhalten.

ZONA MONCLOA – CASA DE CAMPO

Museo Cerralbo★

9.30-14.30 Uhr, So 10-14 Uhr. Mo und feiertags geschl. 2,40 €; Mi und So Eintritt frei. ☎ *915 47 36 46.*

Das Museum ist in einem Palais aus dem späten 19. Jh. untergebracht. Es enthält die Sammlungen des Marquis de Cerralbo, der sie 1922 dem spanischen Staat vermachte. Neben der Gemäldesammlung mit überwiegend spanischen Werken kann man sich wertvolle Möbel, Fächer, Uhren, Rüstungen und Waffen, Porzellan, archäologische Funde sowie Fotografien und persönliche Gegenstände aus dem Besitz dieses Aristokraten ansehen.

Parque del Oeste★

Dieser hübsche englische Garten wurde zu Beginn des 20. Jh.s entworfen und liegt an den Uferhängen des Manzanares. Im südlichen Bereich des Parks erhebt sich auf dem Principe-Pío-Hügel der ägyptische Debod-Tempel (**Templo de Debod**; 4. Jh. v. Chr.). Dieser kleine Tempel, der ursprünglich am Ufer des Nils in Nubien stand, wurde vor dem Untergang in den Fluten des Assuan-Stausees gerettet (bemerkenswerte Hieroglyphen an den Innenwänden).

Hier beginnt der **Paseo del Pintor Rosales**, der balkonartig oberhalb des Parks verläuft. Man findet zahlreiche Verkaufsstände und Cafés, auf deren Terrassen man herrliche Sonnenuntergänge „à la Velázquez" genießen kann. Im Juni werden im Rosengarten (**Rosaleda**) die schönsten Rosen preisgekrönt.

Casa de Campo★

Der 1559 auf Anordnung Philipps II. wieder aufgeforstete Park ist bei den Madrilenen sehr beliebt.

Der Parque del Oeste ist durch eine ungewöhnliche **Ausblicke** bietende **Seilbahn** *(teleférico)* mit dem Casa de Campo verbunden. *Abfahrtszeiten s. Fahrplan. Hin- und Rückfahrt 4 €.* ☎ *915 41 11 18 oder 915 41 74 50.*

Abgesehen von kühlen, schattigen Wegen gibt es hier einen See, Schwimmbäder und den Vergnügungspark **Parque de Atracciones**. *Öffnungszeiten vor Ort nachfragen. Eintritt in den Park 4,50 €, Pauschale („bono") für alle Attraktionen 18 €, Kinder unter 7 Jahren 11 €.* ☎ *914 63 29 00.*

Der **Zoo mit Aquarium★★**, der sich ebenfalls im Casa de Campo befindet, ist für seine große Artenvielfalt bekannt. *Tgl. 10.30-21.30 Uhr, Nov.-Febr. 10.30-18 Uhr. 11,50 €, Kinder unter 7 Jahren 9 €.* ☎ *915 12 37 70.*

Museo de América★

10-15 Uhr, So und feiertags 10-14.30 Uhr. Mo geschl. 3 €; So Eintritt frei. ☎ *915 43 94 37.*

Dieses Museum vermittelt einen umfassenden Einblick in die Geschichte, Geographie, Kultur, Kunst und Religion Lateinamerikas und zeigt auch, wie die Europäer diesen Kontinent seit seiner Entdeckung gesehen und geschildert haben. Auf zwei Ebenen sind etwa 2 500 Exponate (Karten, Modelle, Rekonstruktionen von Zimmern u. a.) präsentiert und gegebenenfalls auf Tafeln erläutert. Darunter sind Gegenstände von unschätzbarem Wert. Als das Juwel des Museums gilt eine Bilderhandschrift der Maya (**Códice Trocortesiano★★★**) aus dem 13. bis 16. Jh., von der auf der ganzen Welt nur vier Exemplare erhalten sind. Beachtung verdienen auch die *enconchados* (mit Perlmutt verzierte Bilder aus dem 17. Jh.) mit dem Thema der Eroberung Mexikos, die *Estela de Madrid*, eine Grabstele der Maya, der *Schatz der Quimbayas★* (Kolumbien) sowie der Codex von Tudela (1553).

Madrid
Faro de la Moncloa

10-14 Uhr und 17-19 Uhr, Sa/So und feiertags 10.30-17.30 Uhr. Mo, 1. Jan. und 25. Dez. geschl. 1,20 €. ☎ 917 22 04 00 oder 915 44 81 04.

Ein außen angebrachter Glasfahrstuhl führt nach oben. Die in 76 m Höhe gelegene Plattform des 1992 errichteten Leuchtturms bildet einen ausgezeichneten **Aussichtspunkt**★★, von dem sich ein herrlich weiter Blick über Madrid und die Vororte bietet. Im Nordwesten zeichnet sich in der Ferne die Sierra de Guadarrama ab.

SALAMANCA – RETIRO

Museo Arqueológico Nacional★★

Eingang an der Calle Serrano. 9.30-20.30 Uhr, So und feiertags 9.30-14.30 Uhr. Mo, 1. und 6. Jan. sowie 24., 25., 31. Dez. geschl. 3 €; Sa ab 14.30 Uhr und So Eintritt frei. ☎ 915 77 79 12.

Das 1867 von Königin Isabella II. gegründete Museum befindet sich im gleichen Gebäude wie die **Nationalbibliothek**. Es ist eines der großen Museen Madrids und sicherlich das bedeutendste seiner Art in ganz Spanien.

Prähistorische Kunst und Archäologie★ – *Säle 1-18*. Die Kunst der Altsteinzeit ist im Garten mit einer Nachbildung der **Höhle von Altamira** *(s. unter SANTILLANA DEL MAR, Ein besonderes Highlight)* und deren Felsmalereien (Bisons) vertreten. Die Einführung des Metalls auf der Iberischen Halbinsel (Mitte 3. Jahrtausend v. Chr.) fiel mit der nach der kupferzeitlichen Stadtanlage bei Almería benannten Los-Millares-Kultur zusammen. Die darauf folgenden Säle sind der Bronzezeit auf der Iberischen Halbinsel gewidmet (Glockenbecherkultur und Argarkultur); als Zeugnisse der Megalithkulturen auf den Balearen *(talayots)* seien die herrlichen **Bronzestiere**★ aus Costix hervorgehoben. In anderen Sälen sind Funde aus nichtspanischen Gebieten ausgestellt. Saal 13 ist der Kultur des Alten Ägypten gewidmet. Er enthält viele Gegenstände zum Totenkult, darunter besonders der Sarkophag des Amenemhat (XXI. Dynastie von Theben). Das klassische Athen ist durch eine herrliche **Vasensammlung**★ *(Saal 15)* repräsentiert; diese wurde zum größten Teil vom Marquis von Salamanca in Italien erworben.

Iberische und klassische Altertümer★★ – *Säle 19-26*. In der Kunst der Ibererzeit sind neben den lokalen Techniken die Einflüsse der Phönizier, Griechen und Karthager zu erkennen. Die frühen Werke sind stark vom Orient geprägt. Man schaue sich diesbezüglich die *Dama de Galera* (alabasterne, von zwei Sphingen eingerahmte Figur, 7. Jh. v. Chr.) und die Terrakotten aus Ibiza an, in der *Dama de Ibiza* ist wohl die Göttin Tanit zu erkennen. Im zweiten Raum entdeckt man eine stark von den Karthagern beeinflusste, auf ihrem Höhepunkt stehende Kunst. Hier findet man die schönsten Skulpturen der Ibererzeit, nämlich die Büste der mysteriösen **Dama de Elche**★★★ mit stilisiertem Gesicht und prachtvollem Kopfschmuck (4. Jh. v. Chr.), die stellenweise bemalte **Dama de Baza**★★, eine mit viel Realismus dargestellte Göttin (ebenfalls aus dem 4. Jh. v. Chr.), sowie die Opfergaben tragende große **Frauengestalt aus Cerro de los Santos**. In den angrenzenden Sälen wird offenbar, wie sich das unter römischer Herrschaft stehende Spanien der Technik und Kultur der Eroberer angepasst hat: bronzene Gesetzestafeln, Skulpturen, Mosaiken (*Die Arbeiten des Herakles*, 3. Jh.), Sarkophage und Keramik. Besonders bemerkenswert ist die hydraulische Pumpe aus Bronze. Schließlich wird die noch von Rom und wohl auch Byzanz geprägte frühchristliche spanische Kunst gezeigt.

Fotoarchiv/Museo Archeológico Nacional

Kunsthandwerk des Mittelalters und der Renaissance★ – *Säle 27-35*. Aus der Westgotenzeit stammen die herrlichen **Weihekronen aus dem Schatz von Guarrazar**★★ (7. Jh.), eine Votivgabe des Königs Rekkeswind. Die Kronen sind aus punzierten Goldplatten gearbeitet und mit Perlen und Edelsteinen verziert. Bei ihrer Fertigung wurden germanische und byzantinische Techniken miteinander verbunden. Das maurische Spanien brachte eine eigene, unverwechselbare Kunst hervor (Elfenbeinkästchen). Im Saal 31 sind das romanische Portal (12. Jh.) des Klosters San Pedro von Arlanza und mehrere Kleinodien aus dem Kirchenschatz von San Isidoro in León *(s. unter LEÓN, Besichtigungen)* zu sehen, darunter das herrliche elfenbeinerne **Prozessionskreuz**★★ (11. Jh.) Don Fernandos und Doña Sanchas. In den Sälen 32 und 33 sind romanische und gotische Werke verschiedener Art, wie Bildhauerarbeiten, Kapitelle, Gitter u. a., ausgestellt. Sehr schön ist beispielsweise das bemalte Holzgestühl (14. Jh.), das dem Klarissenkloster von Astudillo gehörte. Die romanischen Kapitelle und Grabmäler und die gotischen Bildhauerarbeiten zeigen oft maurischen Einfluss. Saal 35 enthält die Rekonstruktion eines Mudéjar-Innenraums, der mit einer herrlichen **Artesonado-Decke**★★ abgeschlossen ist. Die Renaissance brachte italienische Einflüsse (Möbel, Bronzekunst).

Kunsthandwerk vom 16. bis 19. Jh. – *Säle 36-40.* Im 17. und vor allem im 18. und 19. Jh., in der Regierungszeit der Bourbonen, begünstigte die Baulust der Herrscher die Entwicklung des Kunsthandwerks, darunter vor allem die Porzellanfabrikation in Buen Retiro, die in Talavera gepflegte Fayenceherstellung *(s. dort)* und die Kristallfabrikation (Manufaktur von La Granja).

Neben dem Archäologischen Museum liegen die **Plaza de Colón** und daran anschließend die Grünzone Jardines del Descubrimiento, geschmückt mit großen skulptierten Steinblöcken. Unterhalb befindet sich das Kulturzentrum der Stadt Madrid.

Museo Lázaro Galdiano★★
Wegen Renovierung geschl. ☏ 915 61 60 84.
Als großer Kunstliebhaber trug José Lázaro Galdiano in diesem klassizistischen Palais herrliche Sammlungen zusammen, die er dem Staat vermachte. Anhand der Kollektion von **Emailarbeiten und Elfenbeinschnitzereien**★★★ im Erdgeschoss kann man die Entwicklung der Emailkunst von den byzantinischen Anfängen bis zu den Arbeiten der Werkstätten von Limoges im 19. Jh. verfolgen. Ausgesprochen kostbar sind auch die mittelalterlichen Goldschmiedearbeiten, die Schmuckstücke und die Kunstwerke der italienischen Renaissance.

Die Säle im 1. Stock sind mit einer Fülle von kostbaren Möbeln ausgestattet, zwischen denen Werke der altniederländischen Schule sowie Werke berühmter spanischer Maler (Morales, Murillo, Carreño und Sánchez Coello) ausgestellt sind. Der 2. Stock ist ausschließlich der Malerei gewidmet. Hier werden besonders frühe spanische (Berruguete, Meister von Astorga) und altniederländische Maler (Hieronymus Bosch; Quentin Massys, *Christus am Kreuz*) sowie große Meister des Goldenen Zeitalters (El Greco, Zurbarán, Murillo, Carreño) gezeigt; es sind auch einige Beispiele der englischen Malerei des 19. Jh.s und der italienischen Malerei des 18. Jh.s (Werke von Francesco Guardi und Tiepolo) vertreten; schließlich sieht man Porträts und Szenen aus der Schwarzen Periode Goyas.

Im 3. Stock befinden sich Sammlungen von Stickereien, Stoffen, Fächern und Waffen.

Museo del Ejército★
10-14 Uhr. Letzter Einlass 45 Min. vor Schließung. Mo, 1. und 6. Jan., Gründonnerstag, Karfreitag, 1. Mai sowie 24., 25. und 31. Dez. geschl. 0,60 €. ☏ 915 22 89 77.
In den vom Palacio del Buen Retiro (1631) erhaltenen großen Sälen wurde ein eindrucksvolles Museum untergebracht, das 27 000 Ausstellungsstücke enthält. Waffen, Rüstungen des 16. Jh.s, Fahnen, Banner, Beutestücke, Gemälde und Skulpturen zeugen von der Militärgeschichte Spaniens.

Museo Nacional de Artes Decorativas
9.30-15 Uhr (Juli-Sept. bis 14.30 Uhr), Sa/So 10-14 Uhr. 2,40 €. ☏ 915 32 64 99.
Das Museum ist in einem Palais aus dem 19. Jh. eingerichtet. Es besitzt eine wunderschöne Sammlung, die von Teppichen im Mudéjar-Stil (15. Jh.) über kastilische Truhen bis zu Möbeln des Modernisme reicht. Hier gibt es auch eine neu errichtete Kapelle mit einem Mudéjar-Dach, die innen mit bemalten **Ledertapeten**★ *(guadamecies)* ausgekleidet ist, sowie eine valencianische Küche aus dem 18. Jh.

Museo Naval
10.30-13.30 Uhr. Mo, 1. und 6. Jan., 1. Mai, Aug. und 25. Dez. geschl. Eintritt frei. ☏ 913 79 52 99.
Hier sieht man viele **Schiffsmodelle**★, Bücher, Navigationsinstrumente, Bildnisse, Gemälde von Seeschlachten, Portolane, insbesondere die einzigartige **Karte des Juan de la Cosa**★★ (um 1500), auf der zum ersten Mal Amerika dargestellt ist.

Museo de Cera (Wachsfigurenkabinett)
10-14 Uhr und 16.30-20.30 Uhr, Sa/So und feiertags 10-20.30 Uhr. Kassenschluss 30 Min. vor Schließung. 6 €. ☏ 913 19 26 49/46 81.
Historische und zeitgenössische Persönlichkeiten sind hier in einem stimmungsvollen Rahmen in Wachs nachgebildet.

CENTRO

Real Academia de Bellas Artes de San Fernando★
9-19 Uhr, Mo und Sa/So 9-14.30 Uhr (feiertags bis 14 Uhr). 1. und 6. Jan., 1. und 30. Mai, 24., 25. und 31. Dez. sowie an örtlichen Feiertagen geschl. 2,40 €; Mi Eintritt frei. ☏ 915 22 14 91.
Die in der Regierungszeit Ferdinands VI. (1752) gegründete Gemäldegalerie besitzt eine interessante Sammlung europäischer Malerei vom 16. bis zum 20. Jh. Die spanische Kunst ist mit Werken von José Ribera, Zurbarán, Murillo, Cano *(Christus*

am Kreuz) und Velázquez ausgezeichnet repräsentiert. Mit den Bourbonenherrschern sind die Maler des 18. Jh.s verbunden (Vanloo, Giaquinto, Tiepolo, Bayeu, Mengs). Am interessantesten ist der **Goya-Saal**. Hier befinden sich ein *Selbstbildnis vor der Staffelei* und eine Reihe kleinformatiger Bilder, darunter eine Inquisitionsszene und *Das Irrenhaus*. Außerdem sei besonders auf den *Frühling* von Arcimboldo und die *Kreuzabnahme* von Martin de Vos hingewiesen. In einem kleinen Raum sind Radierungen Picassos ausgestellt.

Museo Municipal
9.30-20 Uhr, Sa/So 10-14 Uhr; 15. Juli-15. Sept. 9.30-14.30 Uhr, Sa/So 10-14 Uhr. Mo und feiertags geschl. 1,80 €; Mi und So Eintritt frei. ☎ *915 88 86 72.*
Ein ehemaliges Hospiz in einem Gebäude aus dem 18. Jh. mit einem herrlichen **Portal★★** im Churriguera-Stil von Pedro de Ribera hat das Städtische Museum aufgenommen.
Die Stadtgeschichte von den Ursprüngen bis heute ist in großen Gemälde- und Münzsammlungen belegt; besonders viel ist aus der Regierungszeit der Habsburger und der Bourbonen erhalten. Glanzlichter setzen die Kreationen der Buen-Retiro-Manufaktur in der Porzellansammlung sowie das **Stadtmodell von Madrid im Jahre 1830★** von Gil de Palacio.

Museo Romántico
9-15 Uhr, So und feiertags 9-14 Uhr. Mo, feiertags und Aug. geschl. 2,40 €; So für EU-Bürger Eintritt frei. ☎ *914 48 10 71.*
Dieses Museum erscheint wie ein Beispiel für den Geist des spanischen 19. Jh.s: Möbel, Gemälde und Dinge des täglichen Gebrauchs sind hier liebevoll, aber ohne großes System präsentiert.

WEITERE STADTVIERTEL
San Antonio de la Florida★
10-14 Uhr und 16-20 Uhr, Sa/So 10-14 Uhr. Mo und feiertags geschl. 1,80 €; Mi und So Eintritt frei. ☎ *915 42 07 22.*
Die 1798 im Auftrag Karls IV. erbaute Kapelle wurde von Goya mit Wandgemälden ausgeschmückt und birgt die sterblichen Überreste dieses berühmten Künstlers. Das **Kuppelfresko★★** zeigt ein Wunder des hl. Antonius von Padua, ein religiöses Thema, das aber gleichzeitig ein kostbares zeitgeschichtliches Dokument darstellt (Menschenmenge und Engel, für die elegante Spanierinnen des 18. Jh.s das Modell waren).

Museo Sorolla★
10-15 Uhr, So und feiertags 10-14 Uhr. Mo sowie 24. und 31. Dez. geschl. 2,40 €. ☎ *913 10 15 84.*
Im ehemaligen Wohnhaus des in Valencia geborenen Künstlers (1863-1923) sind zahlreiche seiner lichten Werke ausgestellt. Daneben sieht man auch ganz unterschiedliche Dinge wie Skizzen für die Hispanic Society von New York (1911).

Plaza Monumental de las Ventas★
Die Arena (1931) wird als die „Kathedrale des Stierkampfs" bezeichnet. Sie ist die größte Spaniens und kann bis zu 22 300 Zuschauer aufnehmen. Im darin untergebrachten Stierkampfmuseum **(Museo Taurino)** werden die berühmtesten Toreros geehrt. *9.30-14.30 Uhr, So und feiertags 10-13 Uhr. Mo und Sa geschl. (Nov.-Febr. auch So und feiertags). Eintritt frei.* ☎ *917 25 18 57.*

Museo de la Ciudad
10-14 Uhr und 16-19 Uhr, Juli-Aug. 10-14 Uhr und 17-20 Uhr; Sa/So ganzjährig 10-14 Uhr. Mo und feiertags geschl. Eintritt frei. ☎ *915 88 65 99.*
In seinen Räumen *(3. und 4. Stock)* ist die Stadtgeschichte Madrids von der vorgeschichtlichen Zeit bis in unsere Tage dargestellt. Besondere Erwähnung verdienen die wunderschönen **Modelle★** von Stadtteilen und typischen Bauwerken.

Museo del Ferrocarril
10-15 Uhr. Mo geschl. 3 €; So Eintritt frei. ☎ *902 22 88 22.*
Delicias, der älteste Bahnhof von Madrid, in heller Eisenskelettbau von 1880, ist heute Museum. Gezeigt werden alte Dampf- und Elektroloks, ein Speisewagen, in dem man sogar essen kann, und diverses anderes Material der Eisenbahn. In einige Maschinen darf man einsteigen, was den Museumsbesuch natürlich besonders spannend macht.

Museo Nacional de Ciencia y Tecnología
10-14 Uhr und 16-18 Uhr, Juli-Aug. 9-15 Uhr; So und feiertags 10-14.30 Uhr. Mo, 1. und 6. Jan., 1. und 15. Mai, 9. Nov. sowie 24., 25. und 31. Dez. geschl. Eintritt frei. ☎ *915 30 31 21.*
Aus den großen Beständen sind nur wenige technische und wissenschaftliche Instrumente ausgestellt. Ein Saal, dessen Decke als Himmelskuppel gestaltet ist, enthält Instrumente für die Navigation und die Astronomie, darunter ein Astrolabium, das dem Flamen Arsenius (16. Jh.) gehört hatte, und das ***ballestilla*★★** genannte Messinstrument, ebenfalls aus dem 16. Jh.

Parque Biológico de Madrid
7 km von Madrid auf der A 3. Nach der M 40 die Abzweigung nach Valdebernardo nehmen. 🅿 *10.30-19 Uhr (Sa/So und feiertags bis 20 Uhr). 17 €; Kinder unter 10 Jahren und Senioren über 60 Jahre 12 €.* ☎ *913 01 62 10.*

Der große Freizeitpark (140 000 m^2) wurde im Sommer 2001 eröffnet und zeigt die verschiedenen Ökosysteme der Erde. Ein Rundweg von 4 km führt durch diesen einzigartigen Park, in dem es etwa 4 500 kleine und große Tiere und mehr als 70 000 Bäume und Sträucher gibt. Die Pavillons liegen halb versteckt auf dem Gelände und sind dem tropischen Dschungel, dem mediterranen Wald, Nord- und Südpol, der Welt der Insekten (Insektarium), dem Leben bei Nacht, der Welt unter Erde, der Ernährung der Tiere und der Biodiversität gewidmet. Es gibt viele Restaurants und Geschäfte.

Umgebung

El Pardo
17 km nordwestlich. El Pardo gilt heute als entfernter Vorort von Madrid; die Siedlung entstand um eine der Residenzen des spanischen Königshauses. Das Dorf ist von Kermeseichenwäldern umgeben. Sie gehörten zu den Jagdrevieren der spanischen Krone.

Palacio Real★ – *Führung (35 Min.) 10.30-17 Uhr, So und feiertags 9.55-13.40 Uhr; Apr.-Sept. 10.30-18 Uhr, So und feiertags 9.25-13.40 Uhr. 1. und 6. Jan., 25. Dez. sowie bei offiziellen Anlässen geschl. 5 €; Mi für EU-Bürger Eintritt frei.* ☎ *913 76 15 00.*
An der Stelle des 1604 in Brand gesteckten Palasts Philipps II. ließ Philipp III. dieses große Schloss bauen, das dann 1772 von Sabatini umgestaltet wurde. Es war lange Zeit Regierungssitz der spanischen Monarchen; sein letzter Bewohner war – 35 Jahre lang – General Franco. Heute werden hier ausländische Staatsoberhäupter untergebracht, wenn sie offiziell in Madrid weilen. Der für Besucher zugängliche Teil des Palastes – Empfangsräume und Privatappartements – enthält schöne Möbel, Kronleuchter und Uhren aus der Sammlung Karls IV. Über 200 **Wandteppiche★** zieren die Wände; sie stammen größtenteils aus der Königlichen Manufaktur Madrid und wurden im 18. Jh. nach Kartons von Goya, Bayeu, González Ruiz und Vanloo gefertigt.

Casita del Príncipe – *Wegen Renovierung geschl.* ☎ *913 76 03 29.*
Er wurde 1772 für die Kinder Karls IV. und María Luisas errichtet und 1784 von Juan de Villanueva vollständig umgestaltet. Das einstöckige Gebäude aus Natur- und Backstein wurde im Stil des späten 18. Jh.s reich und geschmackvoll mit Wandbespannungen aus Seide und Decken im pompejanischen Stil geschmückt.

La Quinta – *Wegen Renovierung geschl.* ☎ *91376 03 29/15 00.*
Diese ehemalige Residenz des Herzogs von Arco kam 1745 in königlichen Besitz. Sie besticht vor allem durch die verschiedenen eleganten Tapeten an den Wänden (Anfang 19. Jh.).

Convento de Capuchinos (Kapuzinerkloster) – *Tgl. 7.30-13 Uhr und 17-20.30 Uhr.* ☎ *913 76 08 00.*
In einer Kapelle kann man eine polychrome Liegefigur Christi **(Cristo Yacente★)** von Gregorio Fernández entdecken, ein bedeutendes Werk der spanischen Holzschnitzerei (1605 von Philipp III. in Auftrag gegeben).

Málaga★

Málaga wurde von den Phöniziern gegründet, war dann eine bedeutende römische Siedlung und zu Zeiten der Mauren der Hafen des Königreichs Granada. Heute ist Málaga die Hauptstadt der Costa del Sol, wo das ganze Jahr über ein besonders angenehmes Klima herrscht. In einigen Stadtvierteln wurde ein besonderer Stil bewahrt, so in Caleta im östlichen Stadtgebiet, wo mehrere alte, von Gärten umgebene Häuser erhalten sind, die von der wirtschaftlichen Stärke Málagas im 19. Jh. zeugen. Ebenfalls im Osten liegen die Stadtstrände, beginnend mit La Malagueta beim Paseo Marítimo bis zum 5 km entfernten Strand von El Palo, einem alten Fischerviertel, das für seine Fischrestaurants bekannt ist.

Der Malagawein
Dieser süße und starke Aperitif- und Dessertwein ist ein Produkt aus den die Stadt umgebenden Weinbergen. Als er etwas aus der Mode kam, stellten sich die Winzer auf Rosinenproduktion um.

Steckbrief

534 683 Einwohner. Michelin-Karten Nr. 124 und 578 – Siehe Costa del Sol – 59 km östlich von Marbella und 124 km südwestlich von Granada – Andalusien (Málaga).

Málaga liegt zwischen dem Parque Natural de los Montes de Málaga und dem Meer. Diese ausgedehnte, ganz weiße Stadt liegt an der Mündung des Guadalmedina und wird vom **Gibralfaro** überragt, dem Leuchtturmhügel, der noch von Befestigungsmauern aus dem 14. Jh. gekrönt ist; von dort oben hat man einen schönen **Blick**★★ auf die Stadt, den Hafen und die Umgebung. 🛈 *Pasaje de Chinitas 4, 29015 Málaga, ☎ 952 21 34 45.*

Reiseziele in der weiteren Umgebung: COSTA DEL SOL und ANTEQUERA (48 km nördlich)

MÁLAGA

Aduana (Pl. de la)	EY 2
Arriola (Pl. de la)	CZ 5
Atocha (Pasillo)	CZ 8
Caldereria	DY 13
Cánovas del Castillo (Paseo)	FZ 18
Cárcer	DY 27
Casápalma	DY 30
Chinitas (Pasaje)	DY 31
Colón (Alameda de)	CZ 32
Compañia	DY 37
Constitución	DY 40
Cortina del Muelle	DZ 42
Especerias	DY 56
Frailes	EY 61
Granada	DEY
Huerto del Conde	EY 67
Mariblanca	DY 77
Marina (Pl. de la)	DZ 80
Marqués de Larios	DYZ 84
Martinez	DZ 86
Molina Larios	DZ 95
Nueva	DY
Postigo de los Abades	DY 106
Santa Isabel (Pasillo de)	CYZ 120
Santa Lucia	DY 123
Santa Maria	CY 125
Sebastián Souvirón	CDZ 130
Strachan	DYZ 133
Teatro (Pl. del)	DY 135
Tejón y Rodriguez	DY 138
Tetuán (Puente de)	CZ 140

Mercado Central	DZ B
Museo de Artes y Costumbres populares	CY M¹
Museo-Casa Natal Picasso	EY M²
Futuro Museo Picasso	EY M³
Palacio Episcopal	DY E
El Sagrario	DY F
Teatro romano	EY K

Besichtigung

Alcazaba★
Tgl. 9-18 Uhr (im Sommer bis 20 Uhr). Di, 1. Jan. und 25. Dez. geschl. Eintritt frei.
☏ *952 22 51 06.*
Diese Burg ist eine der bedeutendsten maurischen Wehranlagen (11. Jh.). Die Auffahrt zur Alcazaba ist von mächtigen Tortürmen gesäumt; die daran als Schmuck verwendeten Säulen und Kapitele stammen vom **römischen Theater**, dessen Ruinen am Fuß der Burg freigelegt wurden. Nachdem man den Christusbogen (Arco del Cristo) hinter sich gelassen hat (hier wurde die erste Messe nach der Rückeroberung der Stadt 1487 gefeiert), erreicht man die maurischen Gärten. Von den Befestigungsmauern sind der Hafen und die Stadt zu sehen.
Hinter dem zweiten Befestigungsgürtel befindet sich ein im alten Palast eingerichtetes Museum (**Museo Arqueológico★**) mit Funden, die von der Vorgeschichte bis zum Mittelalter reichen. Besonders interessant sind die Sammlungen zur Romanik und zur maurischen Kunst (10.-15. Jh.). Auch Modelle der Alcazaba und der Kathedrale sind zu sehen.

Catedral★
9.30-18.45 Uhr, Sa 9.30-18 Uhr; So und feiertags nur während der Messen. 1,80 €.
☏ *952 22 03 45.*
Die im 16. Jh. begonnene Kathedrale war im 18. Jh. noch nicht vollständig beendet, und der rechte Turm blieb bis heute unvollendet.
Die drei Schiffe der riesigen Hallenkirche besitzen reich verzierte **Gewölbe★**, deren Erhabenheit von den kolossalen korinthischen Säulenbündeln und den Gesimsen unterstrichen wird. Der berühmteste unter den Schnitzern des **Chorgestühls★** war wohl Pedro de Mena. Bemerkenswert sind außerdem die Kanzeln aus rosafarbenem Marmor (17. Jh.) und die Barockorgel (18. Jh.). In den Kapellen sind eine Mater Dolorosa und eine Maria mit dem Kind bemerkenswert; schön ist auch das mit Schnitzerei und Gemälden verzierte gotische **Retabel★** im Chorumgang (frühes 15. Jh.).
Am Domplatz steht auch der barocke **Bischofspalast** (18. Jh.), den man am prachtvollen Marmorportal erkennt.

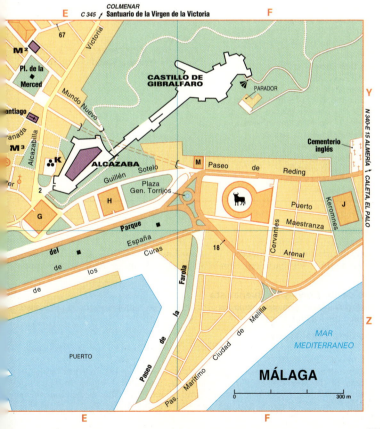

Málaga
Tipps und Adressen

RESTAURANT
• **Gut & preiswert**
El Compá – *La Bolsa 7* – ☎ 952 22 97 06 – 18/25 €. Die alten *azulejos* an der Fassade sind ein Vorgeschmack auf die Inneneinrichtung, die im andalusischen Stil des frühen 20. Jh.s gehalten ist. Ein kleines und stimmungsvolles Restaurant, dessen Stammgäste die traditionelle Küche schätzen.

TAPAS
La Posada – *Granada 33* – ☎ 952 21 70 69 – 🍴. Im Herzen des quirligen Nachtschwärmerviertels. Typische Bar, die mit Holzfässern dekoriert ist. Angeboten werden lokale Spezialitäten, auch Fleisch, das vor den Augen der Gäste gegrillt wird. Hier trifft sich die Jugend von Málaga.

Bar La Mesonera – *Gómez Pallete 11*. Vor und nach den Flamenco-Vorstellungen im Teatro Cervantes, das genau gegenüber liegt, treffen sich in dieser kleinen Bar Künstler und Jetset. Leckere *tapas* und viel Lokalkolorit.

UNTERKUNFT
• **Gut & preiswert**
Hotel El Cano – *Avenida Juan Sebastián Elcano 103* – ☎ 952 20 43 03 – info@hoteleshijano.com – 🍴 – 12 Z.: 47/59 € (inkl. MwSt.) – ⌓ 3,50 €. Dieser freundliche Familienbetrieb liegt in einem hübschen Jugendstilpalais an der Küstenstraße. Die Zimmer sind funktional, geräumig und hell. Das Frühstück wird in einem Wintergarten mit Klimaanlage serviert.

Hotel Don Curro – *Sancha de Lara 7* – ☎ 952 22 72 00 – hoteldoncurro@infonegocio.com – 🍴 – 118 Z.: 65/95 € – ⌓4,50 €. Das Hotel befindet sich in einem dunklen Turm, der sich seit 1973 im Stadtzentrum erhebt. In günstiger Lage werden klassisch eingerichtete, komfortable und gemütliche Zimmer geboten. Man sollte auch einen Blick in den stets gut besuchten Spielsalon im Erdgeschoss werfen.

FÜR ZWISCHENDURCH
Café Central – *Plaza de la Constitución 1* – Tgl. 8-22 Uhr. Eines der klassischsten Cafés von Málaga mit gemischtem Publikum. Hübsche Terrasse und großer Teesalon.

Casa Aranda – *Herrería del Rey* – ☎ 952 22 12 84 – Tgl. 9-21 Uhr. Stimmungsvolles Lokal. Hier trifft man sich zu *chocolate con churros* (heiße Schokolade mit Gebäck).

CAFÉS, KNEIPEN UND BARS
El Pimpi – *Granada 6* – Tgl. 16-4 Uhr. Ein In-Lokal in der Fußgängerzone, das sich über zwei Stockwerke erstreckt. Hier lässt man sich nachmittags zu einem Kaffee oder einem Gläschen Wein nieder, *tapas* werden ebenfalls angeboten. Abends nimmt man einen süßen, stark gekühlten Wein in stimmungsvollem Ambiente zu sich. Manchmal werden Lieder angestimmt, und bisweilen sind Prominente zu Gast.

Liceo – *Beatas 26* – Tgl. 22-5 Uhr. Diese gut besuchte Bar befindet sich in einem alten Haus und wirkt wie aus einem früheren Jahrhundert. Am Wochenende findet sich ein internationales Publikum um die 30 ein.

AUSGEHTIPPS
Teatro Cervantes – *Ramos María* – ☎ 952 22 41 00. Das 1870 eröffnete Teatro Cervantes hat ein attraktives Angebot an Theater- und Musikvorstellungen.

FIESTAS
Die bedeutendsten Feste Málagas sind die Karwoche **(Semana Santa)** und die **Feria** am 15. August.

El Sagrario
Diese eigenartige, rechteckige Kirche (16. Jh.) im Park der Kathedrale besitzt an der Nordseite ein **Portal★** in Isabellinischer Gotik. Das manieristische **Retabel★★** im barocken Innenraum ist von einer Kreuzigungsgruppe gekrönt.

Palacio de los Condes de Buenavista
In diesem schönen Renaissancepalais (16. Jh.) soll in naher Zukunft ein **Picasso-Museum** eingerichtet werden.

Museo-Casa Natal Picasso
11-14 Uhr und 17-20 Uhr, 1. Juni-15. Sept. 18-21 Uhr; So 11-14 Uhr. Feiertags geschl. Eintritt frei. ☎ 952 26 02 15.
Das Geburtshaus Picassos ist ein Bau aus der Mitte des 19. Jh.s und steht an der **Plaza de la Merced**. Es wurde umgebaut, und sein 1. Stock enthält nun Grafiken und Keramiken von Picasso und einen Saal für wechselnde Ausstellungen. In den übrigen Räumen hat die Stiftung Pablo Ruiz Picasso ihre Büros.

Museo de Artes y Costumbres Populares

10-13.30 Uhr und 16-19 Uhr, 15. Juni-30. Sept. 10-13.30 Uhr und 17-20 Uhr; Sa 10-13.30 Uhr. So und feiertags geschl. 1,20 €. ☎ 952 21 71 37.

Das Museum ist in einer aus dem 17. Jh. stammenden restaurierten Herberge (Mesón de la Victoria) untergebracht. Im Erdgeschoss sind verschiedene alte Gebrauchsgegenstände ausgestellt: Ackergeräte, das Boot eines Sardinenfischers, Geräte für die Wein- und Essigbereitung.
Im 1. Stock wird eine Sammlung von Trachtenpuppen in der Kleidung des 18. und 19. Jh.s gezeigt.

Santuario de la Virgen de la Victoria★

Am Ende der Calle Compás de la Victoria. Die Kirche wurde im 15. Jh. von den Katholischen Königen gestiftet und im späten 17. Jh. neu errichtet. Das Innere ist ein schönes Beispiel für den gemäßigten andalusischen Barock. Der riesige Schnitzaltar (17. Jh.) birgt in der Mitte den **camarín**★★ genannten Schrein. Dieser ist ein Paradebeispiel des überschwänglichen spanischen Barock; er ist vollständig mit Stuckwerk überzogen. Die Siegesmadonna ist das Werk eines deutschen Bildhauers aus dem 15. Jh. Die **Krypta**★ ist die Familiengruft der Grafen von Buenavista und ihre Ausschmückung mit Skeletten und anderen Symbolen der Vergänglichkeit ziemlich makaber.

Ausflüge

Finca de la Concepción★

7 km nördlich. Führung (1 1/4 Std.) 1. Apr.-20. Juni 10-18.30 Uhr, 21. Juni-10. Sept. 10-19.30 Uhr, 11. Sept.-20. Okt. 10-17.30 Uhr, 21. Okt.-10. Dez. 10-16.30 Uhr, 11. Dez.-31. März 10-16 Uhr. Mo geschl. 3 €. ☎ 952 25 21 48/07 45.

Dieser wunderschöne Park wurde um die Mitte des 19. Jh.s als Rahmen für eine Hochzeit in großbürgerlichen Kreisen Málagas angelegt. Mit seinen über 300 verschiedenen Pflanzenarten der Tropen und Subtropen hat er sich inzwischen zu einem „Urwald" ausgewachsen, und ein Spaziergang durch die Gehölze mit ihren Bächen, Teichen, erfrischenden Kaskaden und den römischen Altertümern mitten im Grün ist ungemein reizvoll.

El Retiro: Parque Ornitológico y Jardín Histórico★

15 km südwestlich, bei Churriana. Zurzeit geschl. ☎ 952 62 16 00.

Der Besuch von El Retiro besteht aus den Etappen „Vogelpark" und „Historischer Garten". In den Volieren leben an die 150 verschiedene exotische und südeuropäische Vogelarten. Der schöne **Historische Garten**★ besteht aus mehreren Anlagen im Stil des 17. und 18. Jh.s. Die prachtvolle Escalinata del Agua entspricht der Gartenkunst des Barock.

Die romantische Finca de la Concepción

Melilla

Melilla ist eine beschauliche und zugleich lebhafte Stadt im europäischen Stil. Herrschaftlich wirkt das Zentrum mit den breiten Straßen und großen Gebäuden. Die Landbauzonen im Süden und Westen, die beiden Parks im Stadtzentrum, die Segel- und die Fischerboote bilden Kontrapunkte zu den Hafenanlagen.

Steckbrief
63 670 Einwohner. Michelin-Karte Nr. 742 – Nordafrika. Melilla liegt am Fuß einer Halbinsel, deren Gebirge 20 km weit ins Meer vorstoßen und im Cabo de Tres Forcas enden. ≣ *Fortuny 21, 52001 Melilla,* ☎ *952 67 54 44.*

> **SEIT DEM 15. JH. SPANISCH**
> Im Namen der Katholischen Könige eroberten die Truppen des Herzogs von Medina Sidonia 1497 den Ort, der seitdem zu Spanien gehört. Vorher war er, wie die meisten Küstenorte Nordafrikas, von den seefahrenden Karthagern, Phöniziern und Römern eingenommen worden.

Besichtigung

Altstadt★
Am Ende der Avenida del General Macías die Stufen in der Mauer hinaufgehen. Die Ciudad Antigua erhebt sich auf einer felsigen Halbinsel oberhalb des Hafens und ist noch mit Befestigungen aus dem 16. und 17. Jh. umgeben; über den Dächern sind die kleine gotische Bekrönung der **Capilla de Santiago** *(am Ende einer Passage)* sowie die Puerta de Santiago, die an ihrer Außenseite ein Wappen Karls V. zeigt, zu erkennen.

Museo Municipal
Im Baluarte de la Concepción. 10-14 Uhr und 16-20.30 Uhr, 1. Mai-1. Okt. 10-14 Uhr und 17-21.30 Uhr; So 10-14 Uhr. Mo und feiertags geschl. ☎ *952 68 13 39.*

Die Exponate des Städtischen Museums (Keramik, Münzen, bei Melilla entdeckter Schmuck) erinnern an die Phönizier, Karthager und Römer, deren Kulturen sich hier abgelöst haben; an den Wänden sind spanische Waffen aus dem 17. und dem 19. Jh. zu sehen.

Von der Museumsterrasse bietet sich ein weiter **Rundblick★** über die Altstadt, den Hafen und die moderne Stadt; im Norden das Cabo de Tres Forcas.

> **ANREISE**
> **Mit dem Schiff** – Die Compañía Transmediterránea versieht einen Liniendienst zwischen Almería (7 Std.) und Málaga (8 Std.) und Melilla. Auskunft und Reservierung unter ☎ 902 45 45 46 45.
> **Mit dem Flugzeug** – Die spanische Fluggesellschaft IBERIA bietet ab Málaga täglich Flüge nach Melilla an. Auskunft und Reservierung unter ☎ 902 400 500.

Mérida★

Mitten in der Extremadura, am rechten Ufer des Guadiana, liegt dieses gemütliche, historische Städtchen, das einstmals die Hauptstadt Lusitaniens war. Seine Reste aus römischer Zeit laden zu einer spannenden Zeitreise ein.

Steckbrief
51 135 Einwohner. Michelin-Karte Nr. 576 – Extremadura (Badajoz). Die Stadt liegt an der N V, die Madrid mit Portugal verbindet und über Trujillo und Badajoz verläuft. ≣ *Paseo José Álvarez Saénz de Buruaga, 06800 Mérida,* ☎ *924 31 53 53.*
Reiseziele in der weiteren Umgebung: BADAJOZ (62 km westlich), ZAFRA (66 km südlich), CÁCERES (71 km nördlich) und TRUJILLO (88 km nordöstlich).

Tipps

> **BESICHTIGUNGEN**
> Es gibt ein Sammelticket für Theater, Amphitheater, römische Häuser, Alcazaba und Santa Eulalia, erhältlich bei jeder Sehenswürdigkeit.

> **FESTIVAL DE TEATRO CLÁSICO**
> Im Juli und August finden diese traditionsreichen und angesehenen Festspiele im römischen Theater statt. Informationen unter www.festivaldemerida.com

Ein besonderes Highlight

RÖMISCHE BAUDENKMÄLER★★ *Besichtigung: 3 Std.*
25 v. Chr. gründete ein Legat des Augustus in dieser noch wenig von den Römern kolonisierten Gegend die Siedlung Emerita Augusta. Die günstig am Guadiana und an der Kreuzung bedeutender Römerstraßen gelegene Stadt stieg bald zur Hauptstadt Lusitaniens auf. Die Römer erbauten hier Tempel, ein Theater, ein Amphitheater und sogar einen 400 m langen Zirkus, dessen Reste jetzt von Pflanzen überwuchert sind.

Museo Nacional de Arte Romano (Staatliches Museum für römische Kunst)★★
10-14 Uhr und 16-18 Uhr, Juni-Sept. 10-14 Uhr und 17-19 Uhr; So und feiertags ganzjährig 10-14 Uhr. Mo, 1. und 6. Jan., 1. Mai, 10., 24., 25. und 31. Dez. geschl. 2,40 €; Sa-nachmittag und So Eintritt frei. ☏ *924 31 16 90 oder 924 31 19 12.*

Das vom Eingang aus gut überschaubare **Museumsgebäude**★ wurde von Rafael Moneo speziell für die umfangreiche städtische Sammlung römischer Kunst konzipiert. Seine Klarheit und Majestät erinnern an die Architektur des römischen Reichs.

Über eine Rampe erreicht man die große, durch Rundbögen in neun Räume gegliederte Haupthalle. Über diesem Schiff führen Galerien und Laufstege zu mehreren, auf zwei Ebenen verteilten Räumen. Die Ausstellung ist nach Themen geordnet und klar aufgebaut.

Unter den ausgestellten Werken sind besonders die Statuen von der Bühnenwand des Theaters hervorzuheben *(in der Halle)*. Beachtung verdienen auch der Kopf des Augustus, gekennzeichnet durch resolute Züge *(am Ende des 2. Raums)* und, im letzten Raum, die aus dem Portikus des Forums von Mérida stammenden Statuen bedeutender Persönlichkeiten, Karyatiden und riesigen Medaillons vom Fries (Medusa, Jupiter usw.). Von den Stegen der oberen Ebenen, in denen Schmuckstücke, Münzen und Töpferarbeiten ausgestellt sind, kann man wunderbare **Mosaiken**★ aus der Nähe betrachten.

Im Untergeschoss ist die Ausgrabungsstätte zu besichtigen (Reste von römischen Wohnhäusern und Gräbern), über der das Gebäude errichtet wurde.

Teatro★★
Tgl. 9.30-13.45 Uhr und 16-18.15 Uhr, Juni-Dez. 9.30-13.45 Uhr und 17-19.15 Uhr. 1. Jan. sowie 24., 25. und 31. Dez. geschl. Sammelticket: 6 €. ☏ *924 31 20 24.*

Es wurde 24 v. Chr. auf Anordnung Agrippas, des Schwiegersohns von Kaiser Augustus, errichtet und weist den klassischen Aufbau der großen Theater der Kaiserzeit auf: terrassenförmig im Halbkreis angeordnete Sitzstufen für bis zu 6 000 Zuschauer; eine halbrunde Orchestra für den Chor und die Statisten, um die herum die hohen Würdenträger Platz nahmen; die sehr schöne, in der Regierungszeit Hadrians (2. Jh. n. Chr.) mit Säulen und Statuen geschmückte Bühnenwand und

Museo Nacional de Arte Romano

schließlich ein Arkadengang mit Blick auf die Gärten, in denen die Zuschauer während der Pausen spazieren gingen. Die Gewölbe der Gänge, durch die man zu den Zuschauerbänken gelangt, bestehen aus mörtellos gefügten, großen Granitblöcken.

Anfiteatro (Amphitheater)★
Auch dieses Theater stammt aus dem 1. Jh. v. Chr. Es fanden schätzungsweise 14 000 Zuschauer darin Platz. Hier wurden vor allem Wagenrennen und, nachdem die Kampfbahn mit Wasser gefüllt worden war, Seeschlachten (Naumachien) veranstaltet. Die auf verschiedenen Ebenen gelegenen Eingänge und die überwölbten Gänge, durch die man den Zuschauerraum erreichte, sind noch heute gut zu erkennen. Die Stufenreihen sind jedoch nicht mehr vorhanden.

Reste davon wurden auf beiden Seiten des östlichen Gangs *(vom Theater kommend rechts)* wieder aufgebaut. Dort sieht man am Rand der Kampfbahn eine von einer Brüstung abgeschlossene Mauer, die die erste Zuschauerreihe – im Allgemeinen saßen dort hohe Persönlichkeiten – bei Raubtierkämpfen schützte. Im Graben in der Mitte der Arena waren wahrscheinlich die Vorrichtungen zur Instandhaltung der Arena und dem Lager mit dem Zubehör untergebracht.

Casa romana del anfiteatro
Tgl. 9.30-13.45 Uhr und 16-18.15 Uhr, Juni-Dez. 9.30-13.45 Uhr und 17-19.15 Uhr. 1. Jan. sowie 24., 25. und 31. Dez. geschl. Sammelticket: 6 €. ☎ 924 31 53 53.
Das Römische Haus beim Amphitheater ist ein Patrizierhaus mit Peristyl und dazugehörigen Nebengebäuden. Hier sind außerdem Funde wie Wasserleitungen, Bodenbelag und Mauerreste ausgestellt. Bemerkenswert frische Farben haben die Fußbodenmosaiken. Einige zeigen kunstvolle geometrische Muster, andere Szenen des täglichen Lebens, beispielsweise das Traubenstampfen im *Herbstmosaik*.

Casa del mitreo
Bei der Plaza de Toros. Bei seiner Errichtung Ende des 1. Jh.s lag dieser römische Herrensitz außerhalb der Stadtmauer. Seine Gebäude liegen an drei offenen Innenhöfen, in denen das Regenwasser gesammelt wurde. Reste von Bemalung und Mosaiken, darunter das **Kosmogonische Mosaik★**, sind besonders interessant.

Templo de Diana
Calle Romero Leal. Der Dianatempel wurde in der Regierungszeit des Augustus errichtet und war dem Kaiserkult geweiht. Obwohl man sich im 16. Jh. seiner Bauelemente bediente, um den Palast des Conde de Corbos zu errichten, sind viele kannelierte korinthische Säulen erhalten.

Noch heute überqueren zwei römische **Brücken** den Albarregas und den Guadiana, in dem ein Hafen angelegt war. Zwei Stauseen (Cornalvo, Proserpina) im Norden der Stadt versorgten Mérida über zwei **Aquädukte** (San Lázaro und Los Milagros) mit Wasser; von jenen Bauwerken sind noch heute ein paar schöne Bogen aus abwechselnd Back- und Natursteinen zu sehen.

Besichtigung

Alcazaba
Tgl. 9.30-13.45 Uhr und 16-18.15 Uhr, Juni-Dez. 9.30-13.45 Uhr und 17-19.15 Uhr. 1. Jan. sowie 24., 25. und 31. Dez. geschl. Sammelticket: 6 €. ☎ 924 31 20 24.
Zur Verteidigung der Römerbrücke **(Puente romano★)**, die mit 792 m Länge den inselreichen Guadiana überspannt, hatten die Mauren bereits im 9. Jh. diese Festung erbaut. Innerhalb des Befestigungsgürtels sieht man eine **Zisterne** *(aljibe)*, die auf der Höhe des Flusswasserspiegels ausgehoben wurde. Zu ihrer Dekoration verwendeten die Mauren korinthische Kapitelle und westgotische Marmorfriese.

Santa Eulalia★
Tgl. 9.30-14 Uhr und 16-18.30 Uhr, im Sommer 9.10-14 Uhr und 17-19.30 Uhr. Sammelticket: 6 €. ☎ 924 31 20 24.
Ausgrabungen haben ergeben, dass das Kirchengelände in römischer Zeit mit Wohnhäusern bebaut war, danach lag hier ein christlicher Friedhof. Aus dem 5. Jh. unserer Zeitrechnung ist eine Basilika bezeugt und ab dem 13. Jh. die romanische Kirche, die noch heute steht.

Montblanc★★

Hinter seinen uralten Stadtmauern verbirgt Montblanc die Spuren einer bedeutenden mittelalterlichen Vergangenheit. Von der Straße aus betrachtet bietet der eindrucksvolle Umriss der zinnengekrönten Stadtmauer einen reizvollen Kontrast zu der fruchtbaren, mit Reben und Mandelbäumen bedeckten Umgebung. Innerhalb der Stadtmauern lassen uns die malerischen, gepflasterten Gässchen, die von steinernen Gebäuden gesäumt sind, und die ruhigen Plätze von längst vergangenen Zeiten träumen.

Steckbrief

5 612 Einwohner. Michelin-Karte Nr. 574 – Katalonien (Tarragona). Montblanc, Hauptstadt der Conca de Barberà, hat eine wunderschöne **Lage**★★ auf einer Anhöhe. Hier treffen die N 240, die Tarragona mit Lleida verbindet, und die C 240 aus Reus (29 km südlich) aufeinander. ₿ *Miquel Alfonso (Iglesia de Sant Francesc) s/n, 43400 Tarragona,* ☎ *977 86 17 33.*
Reiseziele in der weiteren Umgebung: TARRAGONA *(36 km südöstlich) und* LLEIDA/LÉRIDA *(61 km nordwestlich).*

> **TIPP**
>
> **Fonda dels Àngels** – *Plaça Els Àngels 1 –* ☎ *977 86 01 73 – 12 Z.: 13/33 € - Rest. 15/24 €.* Dieser kleine Familienbetrieb befindet sich in einem gotischen Haus mit einem wunderschönen Spitzbogenfenster mitten im ehemaligen Judenviertel. Die Zimmer sind einfach, aber sehr angenehm. Das Restaurant wird gern von den Einheimischen besucht und bietet eine interessante Hausmannskost.

Besondere Highlights

DIE ALTSTADT MIT STADTMAUER★★

Peter der Würdevolle ließ die Befestigung Mitte des 14. Jh.s errichten. Zwei Drittel der ursprünglich 1500 m langen Mauer sind mit 32 quadratischen Türmen und mit zwei von einst vier Toren *(Puerta de Sant Jordi im Süden, Puerta de Bover im Nordosten)* bis heute erhalten.

Santa María★★

11-13 Uhr und 16.30-18 Uhr, So und feiertags 11-14 Uhr. ☎ *977 86 22 91.*
Diese schöne gotische Hallenkirche steht auf einer Anhöhe hoch über der Altstadt. Von außen sind die Seitenkapellen zwischen dem Strebewerk zu erkennen. Unvollendet blieb die im Barock errichtete Fassade. Die besonderen Sehenswürdigkeiten der Kirche sind eine prächtige **Orgel**★★ aus dem 17. Jh., ein bemaltes steinernes Altarblatt (14. Jh.) und eine silberne Monstranz.

Museu d'Art Frederic Marès

Tgl. 10-14 Uhr und 16-19 Uhr (Apr.-Sept. bis 20 Uhr). ☎ *977 86 03 49.*
Ein ehemaliger Gefängnisbau aus dem Ende des 19. Jh.s enthält heute interessante Objekte der Kirchenkunst des 14. bis 19. Jh.s, insbesondere schöne Holzfiguren aus dem 14. Jh.
Ein Stück weiter oben liegt die Plaça de Santa Bárbara, von der aus man eine schöne Aussicht auf die Stadt genießen kann.

Museu Comarcal de la Conca de Barberà★

10-14 Uhr und 16-19 Uhr, Juni-Sept. 10-14 Uhr und 17-20 Uhr; So und feiertags ganzjährig 10-14 Uhr. Mo, 1. Jan., 24. Juni und 25. Dez. geschl. 2,30 €. ☎ *977 86 03 49.*

Blick auf die Stadtmauern von Montblanc

Montblanc

Neben schönen Apothekengefäßen aus Keramik (18. Jh.) sind interessante archäologische und völkerkundliche Sammlungen ausgestellt. Das Gebäude stammt aus dem 17. Jh.

> **MONTBLANC IM MITTELALTER**
> Im Mittelalter war der Ort eine blühende jüdische Gemeinde (**Calle dels Jueus**). Diese genoss besonders im 14. Jh. bei den Herrschern große Wertschätzung, denn mehrere Landstände wurden hierher einberufen.

Plaça Major

In den Arkaden, die diesen Platz säumen, gibt es kleine Geschäfte, Cafés und Lokale mit Terrassen. Von den angrenzenden Gebäuden sind vor allem das Rathaus und die gotische Casa dels Desclergue bemerkenswert.

Sant Miquel★

Besichtigung nur nach Voranmeldung. ☎ *977 86 17 33.*
In dieser kleinen gotischen Kirche mit romanischer Fassade (13. Jh.) traten 1307, 1333, 1370 und 1414 die katalonischen Landstände zusammen.

Ebenfalls am Kirchplatz erhebt sich der **Palau del Castlà** (15. Jh.), in dem der Stellvertreter des Königs residierte; im Erdgeschoss war das Gefängnis untergebracht.

Call judío

Heute sind nur noch die Calle dels Jueus und die Reste eines gotischen Hauses an der Plaça dels Àngels erhalten.
Die nahe **Casa Alenyà** (14. Jh.) zeigt die feinen Strukturen der Gotik.

AUSSERHALB DER STADTMAUER

Convento de la Serra★

Tgl. 8-20 Uhr. ☎ *977 86 22 91.*
Dieses in beherrschender Lage auf einem Hügel errichtete Klarissinnenkloster, das von Irene Lascaris, der zweiten Gemahlin des Grafen Arnau Roger gestiftet wurde, stand unter dem Schutz mehrerer Könige und Päpste. Hier wird eine von der Bevölkerung inbrünstig verehrte Madonnenstatue aus Alabaster bewahrt, die *Mare de Déu de la Serra* (14. Jh.).

Hospital de Santa Magdalena★

Zwar kleiner aber stilistisch bemerkenswerter **Kreuzgang** im Übergangsstil von der Gotik zur Renaissance (15. Jh.). Die kannelierten Säulen und die Spitzbögen im Erdgeschoss entsprechen dem gotischen Höhendrang, dieser wird jedoch durch das darüber liegende Stockwerk gebrochen.

Museu Molins de la Vila

Besichtigung nur nach Voranmeldung. 1,70 €. ☎ *977 86 03 49.*
In zwei mittelalterlichen Mühlen wird gezeigt, wie man früher das Mehl herstellte.

Ausflug

AUF DEN SPUREN DER ZISTERZIENSER *90 km – 1 Tag*

Die folgende Strecke führt zu den bedeutendsten Zisterzienserklöstern Kataloniens. Sie wurden Mitte des 12. Jh.s nach der Rückgewinnung Kataloniens durch Ramón Berenguer IV. gestiftet. Am beeindruckendsten sind die Klöster Poblet und Santes Creus. Aber auch das Monasterio de Santa María de Vallbona, unter den dreien das einzige Nonnenkloster, strahlt in seiner Schlichtheit Eleganz und Ruhe aus.
Ausfahrt aus Montblanc über die N 240 in Richtung L'Espluga de Francolí und von dort 4 km auf der T 700.

Monasterio de Poblet★★★

Das größte und besterhaltene Zisterzienserkloster liegt in wunderschöner **Umgebung**★ im Schutz der Prades-Bergkette. Es wurde im 12. Jh. von Ramón Berenguer IV. gestiftet und stand lange unter dem Schutz der Könige von Aragonien. Ein erster, 2 km langer Mauerring schützte den Gemüsegarten und das übrige Klostergelände.
Führung (45 Min.) 10-12.30 Uhr und 15-17.30 Uhr, 1. Apr.-12. Okt. 10-12.30 Uhr und 15-18 Uhr. 1. Jan., Gründonnerstag-Karfreitag (nachmittags) und 25. Dez. geschl. 4,20 €.
☎ *977 87 02 54.*

Capilla de Sant Jordi★★ – Die dem hl. Georg geweihte gotische Kapelle (15. Jh.) steht rechts neben Scheunen und Werkstätten. Sie ist von kleinen Ausmaßen und wird von einem schönen spätgotischen Gewölbe überspannt.

Ein zweiter, mit Türmen verstärkter Mauerring umgab das Geviert, in dem die Besucher wohnten. Die Goldene Pforte (**Porta Daurada**, 15. Jh.), die ihren Namen den 1564 von Philipp II. gestifteten vergoldeten Bronzeplatten auf den Flügeln verdankt, führte hinein.

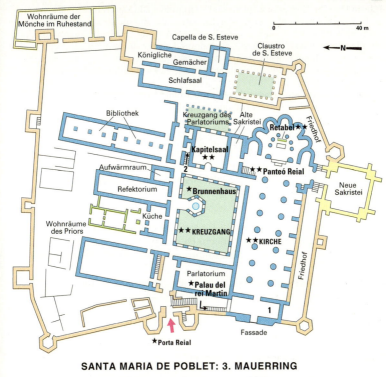

SANTA MARIA DE POBLET: 3. MAUERRING

Bauetappen: 12.-13. Jh. | 14. Jh. | 16. Jh. | 17.-18. Jh.

Plaça Major★ – An diesem verwinkelten Platz steht **Santa Caterina**, eine Kapelle aus dem 12. Jh.; daneben die Schreinerei, das Hospiz und Lagerräume. Rechts sieht man Reste des Abtshauses (16. Jh.) und das große **Steinkreuz**, das Abt Guimerà im 16. Jh. errichten ließ.

Eine dritte, 608 m lange und 11 m hohe Mauer, die im 14. Jh. von Peter III. errichtet wurde, umfasst die eigentlichen Klostergebäude. Sie ist zinnengekrönt und mit 13 Türmen verstärkt. Die **Barockfassade** der in den Mauerzug integrierten **Kirche** *(rechts)* wurde 1670 errichtet und 50 Jahre später mit den reich verzierten Rundfenstern geschmückt. Es ist eine ausgewogene Anlage, jedoch fehlt ihr jeder architektonische Zusammenhang mit dem mittelalterlichen Stil der umliegenden Bauten.

Porta Reial★ – Sie war der Eingang zu den der Klausur unterworfenen Bauten. Die beiden wehrhaften Türme rechts und links des Tors lassen eher an eine Burg als an ein Kloster denken.

Palau del Rei Martin★ – Eine steile Treppe hinter dem Tor führt in den gotischen „Palast des Königs Martin" (14. Jh.) am Westflügel des Kreuzgangs. Große Spitzbogenfenster erhellen die prachtvollen Räume.

Locutorio (Parlatorium) – Es ist ein einstiger Schlafsaal der Laienbrüder, der später als Kelterraum benutzt wurde. Das Gewölbe (14. Jh.) ist den Wänden ohne weitere Betonung wie etwa durch ein Gesims o. ä. aufgesetzt.

Celler (Vorratsraum) – Dieser wunderschöne gotische Raum, der heute als Konzertsaal dient, liegt unter dem ehemaligen Schlafsaal der alten Mönche.

Claustro (Kreuzgang)★★ – Seine Größe (40 m × 35 m) und Majestät sind bezeichnend für die Bedeutung des Klosters. Der an die Kirche anschließende Flügel wurde im 12. Jh. im romanischen Stil errichtet; sein Gewölbe ist jedoch gotisch, ebenso wie die anderen Flügel, die ein Jahrhundert später angebaut wurden. Wunderschön sind hier Dreipass- und Zackenbögen und die mit Pflanzenornamenten verzierten **Kapitelle★**. Das Brunnenhaus, **Templete★** genannt, enthält ein romanisches Marmorbecken mit 30 Wasserstrahlen.

An den Kreuzgang schließen sich die Küche **(Cocina)** und das riesige Refektorium **(Refectorio de los monjes)** an. Die beiden Räume aus dem 12. Jh. werden auch heute noch benutzt; die Bibliothek **(Biblioteca)** – das frühere Scriptorium – hat ein von einer Säulenreihe gestütztes gotisches Gewölbe (13. Jh.); den schönen Kapitelsaal **(Sala Capitular★★)** (13. Jh.) betritt man durch eine romanische Tür. Das Palmengewölbe wird von schönen Achtecksäulen getragen.

Montblanc

Iglesia★★ – Die Kirche ist schlicht und weiträumig. Die klaren Linien, das mit einer Spitztonne überwölbte, zweistöckige Kirchenschiff und die schmucklosen Kapitelle sind typisch für den Zisterzienserstil. Als einziges dekoratives Element erscheint ein Blendbogen, der die großen Arkaden und Fenster zusammenfasst. Da die große Anzahl der Mönche viele Altäre notwendig machte, ist die Apsis von einem Chorumgang mit Kapellenkranz umgeben, wie es sonst in den Benediktinerklöstern üblich ist.

Eindrucksvollstes Monument des **Panteó Reial**★★ sind die weiten, flachen Bögen zu beiden Seiten der Vierung mit den Alabastergrabmälern der Könige Aragoniens. Sie wurden im 14. Jh. geschaffen und enthalten die sterblichen Reste mehrerer Monarchen aus der Zeit zwischen 1196 und 1479. Die 1835 mutwillig beschädigten oder zerstörten Skulpturen sind von dem Bildhauer Frederic Marès restauriert worden.

Das **Retabel des Hauptaltars**★★, ein monumentaler marmorner Altaraufsatz im Renaissancestil, ist ein Werk des Bildhauers Damián Forment, der 1527 mit der Ausführung begann. Die vierzonige Fläche ist durch muschelförmige Nischen gegliedert, in denen Figuren zum Lobe der Jungfrau Maria und Christi aufgestellt sind.

1275 wurde dem Eingang der Kirche ein Vorhof hinzugefügt, dessen einziger Schmuck der **Altar del Santo Entierro (1)** ist.

Auf der linken Seite des Querschiffs führt eine große Treppe zum Schlafsaal der Mönche.

Schlafsaal – Starke Querbögen tragen das Dach dieses riesigen Saals von 87 m Länge. In einem Teil des Dormitoriums befinden sich heute die Zellen der Mönche.

Ausfahrt aus Poblet auf der T 232 in Richtung Maldà und dort die Straße nach Vallbona nehmen.

Monasterio de Vallbona de les Monges★★

Führung (45 Min.) 10.30-13.30 Uhr und 16.30-18.45 Uhr (1. Nov.-28. Febr. bis 17.30 Uhr). Mo, 1. Jan. und 25. Dez. geschl. 2,10 €. ☎ 973 33 02 66.

Mitten im Dorf liegt die mit Poblet und Santes Creus dritte Zisterziensergründung, das **Monasterio de Santa María**★★. Es wurde 1157 von Ramón de Vallbona gestiftet und war ein Nonnenkloster. Als nach dem Konzil von Trient (1563) Nonnenklöster nicht mehr in der Einsamkeit angesiedelt sein durften, ließen die Frauen die Einwohner aus dem Nachbarort kommen und erbauten ein Dorf ganz in Klosternähe.

Iglesia★★ – Die im 13. und 14. Jh. errichtete Kirche ist ein schönes Beispiel für die frühgotische Architektur. Sie beeindruckt durch ihre Schlichtheit. Durch zwei achteckige Laternentürme – einer an der Vierung (13. Jh.), einer in der Mitte des Hauptschiffs (14. Jh.) – fällt besonders viel Licht in das Gotteshaus. Neben Grabplatten der hier ruhenden Äbtissinnen befinden sich in der Kirche auch die Grabdenkmäler der Jolande von Ungarn (Gattin König Jaimes I.) und ihrer Tochter und eine bemalte Marienfigur aus Stein (15. Jh.).

Claustro★ – Aus der Zeit der Romanik stammen der Ost- und der Westflügel (12. und 13. Jh.), gotisch sind der Nordflügel (14. Jh., schöne, mit Pflanzenornamentik geschmückte Kapitelle) und der Südflügel (15. Jh., aber nach romanischem Vorbild gestaltet), in dem sich Nuestra Señora del Claustro befindet, eine schöne Madonnenstatue (12. Jh., im 14. Jh. verändert).

Auch im Kapitelsaal sieht man Grabplatten von einstigen Äbtissinnen und ein Marienbild aus dem 15. Jh.

Von Vallbona aus in Richtung Rocallaura und zurück in Richtung Montblanc auf der C 240, bis die A 2 anschließt. Bei Ausfahrt 11 die TP 2002 nehmen.

Monasterio de Santes Creus★★★

46 km südöstlich von Vallbona. Von der Straße aus bietet sich eine gute Aussicht auf den großen klösterlichen Gebäudekomplex in hügeliger Landschaft. Die Zisterzienserabei Santes Creus entstand kurz nach der Gründung des Klosters Poblet. Sie genoss die Protektion des katalonischen Adels und der Könige von Aragonien.

In Santes Creus wird regelmäßig ein interessanter Zyklus mit klassischer und speziell geistlicher Musik gegeben, und es findet ein Wettbewerb für Gregorianischen Gesang statt.

Besichtigung: 2 Std. 15. März-15. Sept. 10-13.30 Uhr und 15-19 Uhr (16. Jan.-15. März 15-18 Uhr, 16. Sept.-15. Jan. 15-17.30 Uhr). Letzter Einlass 20 Min. vor Schließung. Mo, 1. Jan. und 25. Dez. geschl. 4 €; Di Eintritt frei. ☎ 977 63 83 29 oder 933 16 27 40.

Die Klosteranlage gleicht der von Poblet und ist – wie dort – von drei Mauerringen umgeben. Durch ein barockes Tor kommt man zum Hauptplatz mit den ehemaligen Wirtschaftsgebäuden, in denen sich heute Ladengeschäfte befinden. Rechts davon liegt das einstige Abtspalais mit schönem Innenhof, in dem heute das Rathaus untergebracht ist. Die Kirche (12. und 13. Jh.) mit schlichter Fassade, Rundbogenportal und einem großen gotischen Fenster steht im hinteren Teil des Platzes. Ihre Zinnen wurden erst ein Jahrhundert später angefügt.

Vor dem Rundgang wird ein Videofilm über die Geschichte des Klosters und das klösterliche Leben gezeigt.

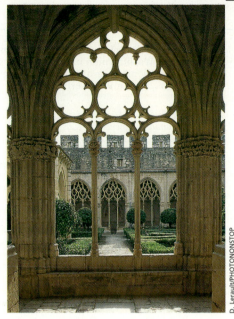

Der Große Kreuzgang

Gran Claustro (Großer Kreuzgang)★★★ – Das Königsportal auf der rechten Seite der Kirche führt in einen gotischen Kreuzgang mit stark restauriertem Maßwerk. Mit dem Bau wurde 1313 am Standort eines älteren Kreuzgangs begonnen, von dem noch der Kapitelsaal und die Brunnenanlage erhalten sind. Auf den Kapitellen sind die verschiedensten Themen behandelt. Der Skulpturenschmuck wirkt sehr lebendig, besonders die Darstellung der Geschichte von Adam und Eva, bei der Eva der Rippe Adams entspringt *(Südwestecke)*. Im Gegensatz dazu steht das schlichte **Brunnenhaus** (romanisch-gotischer Übergangsstil), das ein Marmorbecken birgt. In den Wandnischen befinden sich Grabmäler katalonischer Adliger.

Sala Capitular (Kapitelsaal)★★ – Ein vornehmer Raum, dessen Gewölbe auf vier Pfeilern ruht. Grabplatten der verstorbenen Äbte sind in den Boden eingelassen.

Neben dem Kapitelsaal führt eine Treppe in den Schlafsaal (**Dormitorio**, 12. Jh.); Transversalbögen tragen die Decke. Hier werden heute Konzerte gegeben.

Kirche★★ – Das Gotteshaus (Baubeginn 1174) zeigt den geraden Chorabschluss und die große Schlichtheit der Zisterzienserbauweise. Allerdings ersetzt ein Kreuzgewölbe das übliche Tonnengewölbe, und auch der Vierungsturm (14. Jh.), das Buntglasfenster der Fassade sowie die prachtvolle **Maßwerkrose**★ der Apsis (innen zum Teil durch den Hochaltar verdeckt) brechen mit den Bauregeln des Ordens.

Die Kreuzrippengewölbe stützen sich auf Wandpfeiler und enden auf ungewöhnlichen Steinkonsolen. Zu beiden Seiten der Vierung steht ein kleiner gotischer Aufbau über den **Königsgräbern**★★. Links ruht **Peter der Große** in einem Reliquienschrein (1295); rechts sein Sohn **Jaime II.** und dessen Gemahlin **Blanca von Anjou**. An den Grabmälern mit den Liegefiguren, die das Mönchskleid und die Königskrone tragen, wurde plateresker Schmuck angefügt.

Claustro Viejo (Alter Kreuzgang) – Das Geviert wird nach dem Vorgänger aus dem 12. Jh. „Alter Kreuzgang" genannt, stammt jedoch aus dem 17. Jh. Es wirkt durch seine schlichte Architektur, den kleinen Brunnen in der Mitte und die acht Zypressen besonders beschaulich. An diesem Kreuzgang lagen die Küche und das Refektorium sowie der **Königspalast**, dessen **Patio**★ (14. Jh.) mit einer schönen Treppe ausgestattet ist.

Morella

Morella hat eine überraschende Lage★ in 1 004 m Höhe. Ein über 2 km langer, von zahlreichen Wachttürmen unterbrochener Mauergürtel aus dem 14. Jh. umgibt die terrassenförmig an einen Hang gebauten Häuser; auf einem Felsen erhebt sich die mittelalterliche Burg.

Steckbrief

2 717 Einwohner. Michelin-Karte Nr. 577 – Comunidad Valenciana (Castellón). Morella liegt mitten im Maestrazgo, einem rauen und bergigen Gebiet. Die N 232 verbindet Morella mit der Küste: Peñíscola ist 78 km entfernt, Castellón de la Plana 98 km. 67 km nördlich liegt Alcañiz. ▯ *Plaza de San Miguel s/n, 12300 Castellón, ☎ 964 17 30 32.*
Reiseziele in der weiteren Umgebung: COSTA DEL AZAHAR und ALCAÑIZ (67 km nördlich).

> **DER MAESTRAZGO**
> Der Maestrazgo wurde einst von den Montesa-Rittern beherrscht. Der von Jakob II. von Aragonien gegründete Ritterorden hatte ab 1317 seinen Hauptsitz in San Mateo *(40 km südöstlich von Morella)* und ließ die Dörfer der Gegend zur Verteidigung gegen die Mauren befestigen. Diese Orte haben meist eine reizvolle Lage am Fuß ihrer Burg. Sie liegen etwas abseits der großen Straßen und haben daher ein altertümliches Aussehen bewahrt.

Besichtigung

Bei einem Spaziergang durch das Zentrum entdeckt man interessante herrschaftliche Häuser und sakrale Gebäude. Hinter dem St.-Michaels-Tor der Stadtmauer verbirgt sich ein kleines **Dinosaurier-Museum**. *11-14 Uhr und 16-18 Uhr. Mo geschl. 1,80 €. ☎ 964 17 30 32 (Oficina de Turismo).*

> **SHOPPING**
> Edle Trüffeln, Honig, Käse und Morellana-Decken gehören zu den typischen regionalen Produkten, die man in den Geschäften rund um die Straßen Virgen del Pilar, Segura Barreda, Marquesa Fuente del Sol und Blasco de Alagón kaufen kann.

Basílica de Santa María la Mayor★

Tgl. 11-14 Uhr und 16-18 Uhr (Juli-Sept. bis 19 Uhr). Während der Messen keine Besichtigung. 1. und 6. Jan. sowie 25. und 31. Dez. geschl. 0,90 € (Museum). ☎ 964 16 07 93.

Sie ist eine der interessantesten gotischen Kirchen der Levante. Zwei mit Ziergiebeln geschmückte Tore, das Aposteltor aus dem 14. Jh. und das später errichtete Jungfrauentor mit spitzenartig wirkendem Tympanon, führen in das Innere.

Der aus der Renaissance stammende, seltsam erhöhte *coro* in der Mitte des Schiffs besitzt eine herrliche, von einem einheimischen Künstler skulptierte Wendeltreppe (biblische Szenen) und eine feine Balustrade, deren Fries das Jüngste Gericht veranschaulicht. Der Altarraum wurde im 17. Jh. prachtvoll im Barockstil ausgeschmückt, das Kirchenschiff erhielt im 18. Jh. den schönen Orgelprospekt. In einem kleinen **Museum** sind u. a. eine *Kreuzabnahme* aus der valencianischen Schule sowie eine *Madonna* von Sassoferrato (14. Jh.) ausgestellt.

Castillo

Beim Aufstieg bieten sich schöne **Ausblicke★** auf die Stadt, die Ruine des Klosters San Francisco mit einem gotischen Kreuzgang (13.-14. Jh.), den Aquädukt (14.-15. Jh.) und die rotbraunen Gipfel der Sierren.

Umgebung

Santuario de la Balma

25 km nordwestlich über die CV 14. Diese kuriose Marienwallfahrtskirche befindet sich in einer Felswand über einer Schleife des Bergantes. Die Grotte, in der die Jungfrau erschien, ist durch eine Seitenwand (13. Jh., später verändert) und eine Fassade (17. Jh.) abgeschlossen. *Zugang über einen engen, in den Fels geschlagenen Gang.*

Mirambel

30 km westlich. Der CS 840 11 km weit folgen, dann links abbiegen. Typisches, sehr gepflegtes Dorf des Maestrazgos mit wappengeschmückten Häusern und mittelalterlichem Gepräge.

Murcia★

Die Stadt erstreckt sich an beiden Seiten des Segura inmitten einer reichen *huerta*. Murcia ist eine Universitätsstadt sowie ein Handels- und Industriezentrum. Es hat sich stark ausgedehnt, und breite Avenuen sowie schöne Promenadenstraßen (Paseo del Malecón) umziehen jetzt das alte Stadtviertel.

Steckbrief
338 250 Einwohner. Michelin-Karten Nr. 577 und 123 – Murcia. Die Stadt liegt keine 50 km von der Küste entfernt. Die A 7-E 15 verbindet Murcia mit Elche (59 km nordöstlich) und Alicante. ◘ *San Cristóbal 6, 30001 Murcia, ☎ 968 36 61 00. Reiseziele in der weiteren Umgebung: ALACANT/ALICANTE (81 km nordöstlich).*

Hintergrundinfos

Zwei berühmte Söhne der Stadt – Francisco Salzillo (1707-1783), Sohn eines italienischen Bildhauers und einer spanischen Mutter, ist der letzte große Name in der Reihe der bedeutenden spanischen Bildschnitzer, deren Kunst sich durch Realismus und Farbenpracht auszeichnet. Er hat vor allem *pasos (s. unter „Besichtigung")* geschaffen, und es werden ihm insgesamt über 1 800 Skulpturen zugeschrieben.

Eine andere berühmte Persönlichkeit Murcias war José Moñino, **Graf von Floridablanca** (1728-1808), Minister Karls III. und dann auch Karls IV. Seine Heimatstadt Murcia verdankt ihm viel, und ganz Spanien blühte dank seiner klugen Verwaltung wirtschaftlich auf.

> **FESTE**
> Die Prozessionen der Karwoche sind hier ganz besonders feierlich. Am Karfreitagmorgen tragen Murcianer in violettem Büßergewand die acht *pasos* von Salzillo durch die Stadt. Die Feierlichkeiten enden mit der „Beerdigung der Sardine" *(Entierro de la Sardina)*, deren Verbrennung das Ende der Fastenzeit symbolisiert. In der Woche nach Christi Himmelfahrt wird das Frühlingsfest *(Fiestas de la Primavera)*, ein vergnügliches Volksfest mit einem Umzug in Kostümen und geschmückten Wagen, gefeiert.

Besichtigung

Catedral★
Tgl. 7-13 Uhr und 17-20 Uhr. Museum: 10-13 Uhr und 17-19 Uhr (im Sommer bis 20 Uhr). Bei der Romería de la Virgen de la Fuensanta (Datum variabel) geschl. 1,20 € (Museum). ☎ 968 21 63 44.

Das aus dem 14. Jh. stammende Gebäude wurde in der Renaissance und im Barock außen stark verändert. Die harmonische **Fassade★** besticht sowohl durch ihren architektonischen Aufbau als auch durch den schönen Schmuck. Mit ihren schwingenden Linien und Säulenstellungen ist sie ein typisches Beispiel für den Barockstil Jaime Borts.

Der eindrucksvolle Glockenturm wurde im 18. Jh. von Ventura Rodríguez beendet. Das Kircheninnere ist im Wesentlichen gotisch, doch weist die **Capilla de los Junterones** *(4. Kapelle rechts)* aus dem 16. Jh. einen reichen Renaissanceschmuck auf. Die **Capilla de los Vélez★** *(im Chorumgang)* ist ein prachtvolles spätgotisches Werk; die Wände der mit einem herrlichen Sterngewölbe überspannten Kapelle haben eine Dekoration, in der sich Renaissance- und Mudéjar-Motive vereinen. Zwei schöne plateresken Türen (man beachte die Flügel der ersten Tür) führen in die Sakristei, die mit einem ungewöhnlichen Strahlengewölbe abgeschlossen ist. Ihre wunderschön getäfelten Wände zeigen im unteren Teil plateresken, darüber barocke Verzierungen.

Im *coro* ist ein interessantes **Chorgestühl** (1567) zu sehen, das aus einem kastilischen Kloster stammt.

Museo – Bemerkenswert sind hier der am Eingang stehende Teil von einem römischen Sarkophag, auf dem Apollo und die Musen dargestellt sind, und – in den Nebenräumen – der von Salzillo geschaffene **Hl. Hieronymus★** sowie ein Retabel von Barnaba da Modena aus dem 14. Jh. (die hl. Lucia und die Jungfrau Maria). Zu dem im Kapitelsaal ausgestellten Kirchenschatz **(Tesoro)** gehören Monstranzen und Abendmahlskelche sowie Kronen und Schmuckstücke der in Murcia verehrten Virgen de la Fuensanta. Der ganz aus Silber gefertigte, 600 kg schwere Tabernakel am Museumseingang (1678) ist der drittgrößte Spaniens.

Subida a la torre (Turmbesteigung) – Über mehrere Rampen erreicht man den Glockenstuhl, wo sich ein interessanter **Blick★** auf Murcia und die *huerta* bietet.

Am Domplatz erhebt sich der italienisch anmutende **Bischöfliche Palast**, in dem ein eleganter Kreuzgang zu sehen ist.

MURCIA

Alfonso X el Sabio (Gran Via)	DY 2	Floridablanca	DZ 18	Marcos Redondo	CY 60
Cardenal Belluga (Pl.)	DY 5	Garay (Paseo de)	DZ 20	Martínez Tornel (Pl.)	DZ 65
Colón (Alameda de)	DZ	Gómez Cortina	CY 28	Plateria	DY
España (Glorieta de)	DZ 15	Infante Don Juan Manuel (Avenida)	DZ 33	Proclamación	DZ 75
		Isidoro de la Cierva	DY 40	San Francisco (Plano de)	CYZ 78
		José Antonio Ponzoa	DY 44	Sociedad	DY 80
		Licenciado Cascales	DY 56	Teniente Flomesta (Av.)	DZ 83
				Trapería	DY

Calle de la Trapería★
In dieser für Autos gesperrten Hauptstraße der Altstadt steht das Ende des 19. Jh.s erbaute **Kasino**, eines der prachtvollsten Spaniens. Im Inneren entdeckt man einen reich ausgeschmückten maurischen Patio.

Museo Salzillo★
9.30-13 Uhr und 16-19 Uhr, So und feiertags 11-13 Uhr. Mo, Sa und So von Juli-Aug. geschl. 3,10 €. ☎ 968 29 18 93.
In diesem Museum wurden Meisterwerke des Bildschnitzers Salzillo zusammengetragen. Dazu zählt zunächst die Weihnachtskrippe (Belén) mit über 565 Terrakottafiguren. Mit viel Sinn für das anekdotische Detail hat hier der Künstler neben idyllische Szenen auch das bäuerliche Leben seiner Zeit dargestellt. In den Seitenkapellen der als Rotunde angelegten Iglesia de Jesús stehen die acht *pasos*, die am Karfreitag durch die Straßen getragen werden. Sie zeigen den für Salzillo typischen verhaltenen Ausdruck der Gefühle (Abendmahl, Gefangennahme Jesu) sowie seine Kunst, kraftvolle, majestätische Figuren zu gestalten (Johannes, Engel des Ölbergs).

Umgebung

Orihuela
24 km nordöstlich über die N 340. Der ruhige Ort mit zahlreichen Kirchen liegt an beiden Ufern des Segura am Fuß eines verwitterten Hügels. Der Segura liefert das Wasser für eine fruchtbare *huerta* sowie einen Palmenhain. Orihuela war im 16. Jh. Sitz eines Bischofs und zwei Jahrhunderte lang Universitätsstadt. Der Schriftsteller Miguel Hernández wurde hier 1910 geboren.
Im Norden der Stadt befindet sich das ehemalige Universitätsgebäude, das **Colegio de Santo Domingo**. Hinter seiner Renaissancefassade verbergen sich zwei Kreuzgänge, von denen einer im Renaissancestil und der andere im Stil Herreras

erbaut wurde. Die Kirche (18. Jh.) hat Fresken und prächtigen Rokokostuck bewahrt. *9.30-13.30 Uhr und 17-19.30 Uhr (im Sommer 16-19.30 Uhr), Sa 10-13.30 Uhr.* ☎ *965 30 02 40.*

An der Nordseite der gotischen Kathedrale (**Catedral**; 14.-15. Jh.) öffnet sich ein Renaissanceportal, an dem Themen der Verkündigung dargestellt sind. Die Gewölbe im Kircheninneren haben teilweise merkwürdige seilartige Rippen. Das **Museo** besitzt u. a. die *Versuchung des hl. Thomas von Aquin* von Velázquez, einen *Christus* von Morales und eine *Maria Magdalena* von Ribera. *Führung (30 Min.) 10.30-13.30 Uhr und 16-19.30 Uhr (im Sommer 17-19.30 Uhr), Sa 10.30-13.30 Uhr. 1,20 € (Museum, Turm und Reliquienkammer).* ☎ *965 30 06 38.*

Am gotischen Portal der Kirche **Santiago** *(beim Rathaus)* sind die Embleme der Katholischen Könige, der Stifter der Kirche, sowie die Statue des hl. Jakobus zu sehen. Die Seitenkapellen bergen mehrere Salzillo zugeschriebene Statuen. *Tgl. 10-13.30 Uhr und 16-19.30 Uhr (im Sommer 17-19.30 Uhr). 0,60 €.* ☎ *965 30 27 47.*

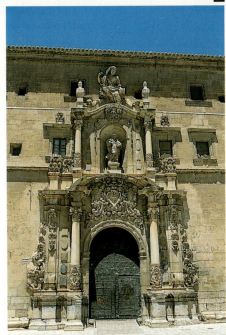

Colegio de Santo Domingo

Santuario de la Fuensanta
7 km südlich; ab der Puente Viejo den Schildern folgen. Bei der Wallfahrtskirche der Schutzpatronin Murcias bieten sich schöne Ausblicke auf die Stadt und die *huerta*.

Cartagena
62 km südöstlich über die N 301. Cartagena liegt in einer von befestigten Felshöhen geschützten Bucht.
Die Stadt wurde im Jahre 223 v. Chr. von den Karthagern besetzt, dann von den Römern, die ihr den Namen Cartago Nova gaben. Später entwickelte sie sich zu einer reichen römischen Kolonie (auf der Plaza de los Tres Reyes wurden Reste des Forums freigelegt). Die Mauren bevorzugten Almería, und die Christen verlegten den Sitz des Erzbischofs von hier nach Murcia. Dank Philipp II., der die Hügel um die Stadt befestigen ließ, und Karl III., der das Marinearsenal gründete, gewann Cartagena wieder an Bedeutung.
In der Karwoche finden in Cartagena beeindruckende Prozessionen statt.
Am belebtesten ist die Hauptstraße, die Calle Mayor. In der Nähe der Stadtmauern und der Plaza del Ayuntamiento kann man das älteste Unterseeboot *(submarino)* besichtigen, das 1888 von Isaac Peral, einem Sohn der Stadt, gebaut wurde. Vom ehemaligen **Castillo de la Concepción**, das heute ein öffentlicher Park ist (Parque Torres), hat man eine schöne Aussicht über den Hafen, die Bucht und die Ruinen der alten romanischen Kathedrale.

Museo Nacional de Arqueología Marítima – *Im Hafen auf der Mole Dique de Navidad. In Richtung La Algameca fahren. Vor der Empresa Nacional Bazán rechts abbiegen und die Straße bis zum Ende weiterfahren. 10-15 Uhr. Mo, 1. und 6. Jan., 1. Mai, 24., 25. und 31. Dez. sowie an lokalen Feiertagen geschl. 2,40 €; So Eintritt frei.* ☎ *968 12 11 66.*

In diesem Museum sind Gegenstände aus unterseeischen Fundorten ausgestellt. Reiche Sammlung phönizischer, karthagischer und römischer Amphoren. Die antike Mittelmeerschifffahrt ist durch Karten, Schiffsmodelle (verschiedene Galeeren) und ein Reliefmodell des Mittelmeergrabens dargestellt.

Mar Menor
La Manga: 81 km südöstlich über die N 301 und die MU 312; 33 km von Cartagena. Es handelt sich um eine von einer 20 km langen und 500 m breiten Landzunge vom Meer getrennte Lagune. Die Landzunge, **La Manga**, ist ein Ausläufer des felsigen Palos-Kaps. Im Landesinneren stehen Mandelbäume, Palmen und hin und wieder eine Windmühle. Das seichte, salzhaltige Wasser der Bucht ist fischreich (Goldbrassen, Meerbarben; Krabben).

Murcia

Die sich auf der Landzunge über Kilometer hinziehenden Hochhäuser des Badeortes **La Manga del Mar Menor** wirken fast surrealistisch. Die Sandstrände und das ruhige Wasser bieten ideale Bedingungen zum Segeln, Surfen und Wasserskifahren. In **Santiago de la Ribera** wurden Holzstege mit Umkleidekabinen gebaut, da der Ort nicht über ausreichende Strände verfügt. Im nahe gelegenen **San Javier** befindet sich der Sitz der Akademie für Luftfahrt.

Alcantarilla
9 km westlich über die N 340. Am Rand der von Murcia kommenden Straße kann man hier das **Museo de la Huerta** besuchen. Außer einem der Volkskunde gewidmeten Pavillon sind dort zwischen den Orangenbäumen die weiß getünchten *barracas* zu sehen, Behausungen einer vergangenen Zeit, und eine ***noria***, das von den Mauren erfundene Wasserrad, mit dem das Wasser aus dem Kanal geschöpft wurde. *10.30-18 Uhr, Sa/So und feiertags 10.30-13 Uhr und 15-18 Uhr; März-Okt. 10-20 Uhr (im Aug. ab 13.30 Uhr), Sa/So und feiertags 10-13.30 Uhr und 16-18 Uhr. Mo, 1. Jan., Karfreitag und 25. Dez. geschl.* ☎ *968 89 38 66.*

Lorca
67 km südwestlich über die N 340-E 12.
Lorca liegt in einer *huerta* im fruchtbaren Guadalentin-Tal am Fuß einer kleinen Sierra, auf deren Gipfel sich die Umfassungsmauer des **Castillo** erhebt. Die Stadt ist im besonders kargen Südwesten der Provinz Murcia ein wichtiges Einkaufs- und Landbauzentrum.

Besonders sehenswert ist die **Plaza de España**, die von den schönen Barockfassaden des **Rathauses**, des Gerichts (**Juzgado**) und der Stiftskirche (**Colegiata de San Patricio**; 16.-18. Jh.) umrahmt wird, sowie die Casa de los Guevara. Deren leider beschädigtes Portal ist ein Meisterwerk der barocken Bildhauerkunst (1694).

> **BLANCOS UND AZULES**
>
> Sehr traditionsreich sind die in Lorca veranstalteten Festlichkeiten zur Karwoche. Die *pasos* werden mit herrlichen Stickereien geschmückt, Stolz einer alten, über die Stadtgrenzen hinaus bekannten Handwerkstradition. Neben den schmucklosen Gewändern der Büßer wirken die in den Prozessionen getragenen Kostüme biblischer Gestalten oder historischer Persönlichkeiten aus römischer Zeit besonders prächtig. Außerdem versuchen zwei Brüderschaften, die „Weißen" (Blancos) und die „Blauen" (Azules), sich in Pracht und Schönheit der *pasos* gegenseitig zu übertreffen.

Caravaca de la Cruz
70 km westlich über die C 415. Die Stadt umgibt den Fuß eines Hügels, den alte Mauern und ein Schloss krönen. Im Mai gedenkt man hier des Wunders, das sich 1231 in den Mauern Caravacas zugetragen hat. Der Priester Chirinos las in Anwesenheit des Maurenkönigs, der ihn gefangen genommen hatte, die Messe, als das vorher auf dem Altar fehlende Kreuz wieder auf seinem Platz erschien. Der beeindruckte Maurenfürst trat sofort zum christlichen Glauben über, und das Kreuz erfuhr von nun an höchste Verehrung, da die Gläubigen in ihm einen Teil des Kreuzes Christi sahen. Es wurde 1935 gestohlen.
Castillo-Iglesia de la Santa Cruz – *Führung (45 Min.) 11-13 Uhr und 16-19 Uhr (Aug. 10-13 Uhr und 17-20 Uhr). Mo (außer Aug.), 1. Jan. und 1.-5. Mai geschl. 2,40 €.* ☎ *968 70 77 43.*
Die restaurierten Wehrmauern der Burg aus dem 15. Jh. umschließen die Kirche, die lange das Heilige Kreuz (Santa Cruz) barg. Das Portal (1722) aus dem roten Marmor der Region überrascht durch die Kühnheit des barocken Aufbaus. *Estípites*, d. h. sich nach unten verjüngende Pfeiler, und Schlangensäulen lassen es hoch erscheinen und vermitteln zugleich den Eindruck solider Kraft, wodurch es den Kirchenportalen Lateinamerikas ähnelt. Der elegante Stil Herreras bestimmt den Innenraum.
Vom Wehrgang auf dem Dach der Kirche bietet sich ein schöner **Rundblick** auf die Stadt und die Umgebung.

Olite★

Die „gotische Stadt" Olite war im 15. Jh. die bevorzugte Residenz der Könige von Navarra. Die bis heute erhaltene Burg hat praktisch das Aussehen und die Größe einer mittelalterlichen Stadt. Von den Straßen nach San Martín de Unx und nach Beire bietet sich ein sehr schöner Blick auf die Anlage. Dass sie heute wie eine Märchenburg aussieht, ist auf eine Restaurierung zu Beginn des 20. Jh.s zurückzuführen. Im Sommer ist das lebhafte Örtchen mit seinen zahlreichen Aktivitäten Anziehungspunkt für Touristen.

Steckbrief
3 049 Einwohner. Michelin-Karte Nr. 573 – Navarra. Olite liegt in der Ebene von Navarra, 4 km von der A 7 entfernt, die Zaragoza mit Pamplona verbindet. ❷ *Mayor 1, 31390 Navarra,* ☎ *948 74 17 03.*
Reiseziele in der weiteren Umgebung: PAMPLONA/IRUÑA (43 km nördlich), ESTELLA/LIZARRA und SANGÜESA/ZANGOZA (44 km nordöstlich).

Besichtigung

Castillo de los Reyes de Navarra★★
Eingang über die Plaza de Carlos III el Noble. Okt.-März 10-14 Uhr und 16-18 Uhr, Mai-Sept. 10-14 Uhr und 16-19 Uhr (Juli-Aug. bis 20 Uhr), sonst nur am Wochenende. Karwoche und an Feiertagen 10-19 Uhr. 2,40 €. ☎ 948 74 00 35.

Die Burg besteht aus zwei Teilen, dem alten Palacio Viejo, heute ein Parador, und dem neueren Palacio Nuevo, dessen Bau Karl III., der Edle, 1406 veranlasste. Dieser König von Navarra stammte aus Mantes und war Graf von Évreux, stand also Frankreich sehr nahe. Daraus lässt sich auch der ausländische Stileinfluss bei der Burg erklären, deren Architektur zwischen der auf Wehrhaftigkeit bedachten Bauweise des 13. Jh.s und dem gotischen Schlossbau des ausgehenden 15. Jh.s liegt (Galerien und kleine Höfe). Hinter den etwa 15 Türmen der Umfassungsmauer lagen einst Terrassengärten. *Azulejos*, bemalter Stuck und Decken mit bunten Intarsienarbeiten schmückten die Säle. Die Feste wurde unzählige Male umgebaut und dann verwüstet und ist daher heute eine recht unübersichtliche Anlage. Sehenswert sind die Kleiderkammer (Guardarropa, *Ausstellung*) der Saal der Königin (Sala de la Reina) und die Galerie des Königs (Galería del Rey).

Iglesia de Santa María la Real
Besichtigung nach Voranmeldung. ☎ 948 71 24 34 oder 948 43 04 97.

Es handelt sich um die frühere Palastkapelle. Vor der **Fassade★** aus dem 14. Jh., einem ausgezeichneten Zeugnis der gotischen Bildhauerkunst in Navarra, steht ein Portalvorbau mit fein gestalteten Fächerbögen. Das Tympanon des Hauptportals ist mit Reliefs geschmückt (Szenen aus dem Leben der Hl. Familie). Über dem Hochaltar bildet ein im 16. Jh. gemaltes Retabel den Rahmen für eine gotische Marienfigur.

Iglesia de San Pedro
Die Kirche besitzt einen schönen achteckigen Glockenturm, ihre Fassade wirkt jedoch recht uneinheitlich. Die Archivolten des Portals sind abwechselnd schlichte, wulstförmige und ornamentierte Bögen. Die beiden Adler symbolisieren links die Gewalt, rechts die Milde. Am Eingang erhebt sich im linken Seitenschiff eine im 15. Jh. geschaffene Steinmetzarbeit der Dreifaltigkeit.

Umgebung

Ujué★
19 km nordöstlich, über die NA 5300 bis San Martín de Unx und die NA 5310 zu erreichen.
Ujué liegt hoch auf einem Hügel über der fruchtbaren Region Ribera und erscheint mit seinen malerischen Häusern und verwinkelten Gassen noch heute so, wie es schon im Mittelalter war.

Santa María – Schon Ende des 11. Jh.s wurde an diesem Platz eine romanische Kirche erbaut. Im 14. Jh. stiftete König Karl II., der Böse, ein gotisches Gotteshaus; die Arbeiten mussten jedoch abgebrochen werden, und so blieb der romanische Chor stehen. In der mittleren Kapelle befindet sich die von den Pilgern verehrte

Ausschnitt des Portals

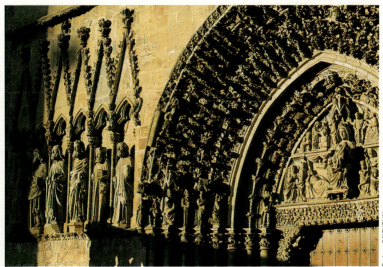

Olite

Santa María la Blanca, eine versilberte romanische Holzfigur. Am Sonntag nach St. Markus (25. April) findet seit dem 14. Jh. jedes Jahr ihr zu Ehren eine Prozession (die berühmte **Romería**) statt.

Festung – Von den Türmen der Kirche reicht der Blick bis Olite, zum Montejurra *(im Nordwesten)* und zu den Pyrenäen. Dieser Beobachtungsposten hatte von jeher militärische Bedeutung. Hohe Mauern und ein gedeckter Wehrgang, der die Kirche umzieht, blieben von der mittelalterlichen Wohnburg erhalten.

Monasterio de la Oliva★

34 km südöstlich. Ausfahrt aus Olite über die N 121, nach 14 km links auf die NA 124 abbiegen und nach Carcastillo fahren, dort die NA 5500 nehmen. 9-12.30 Uhr und 15.30-18 Uhr, So und feiertags 9-11 Uhr und 16-18 Uhr. 1,20 €. ☎ *948 72 50 06.*

La Oliva ist eine der ersten Gründungen der noch zu Lebzeiten des hl. Bernhard von Clairvaux nach Spanien gekommenen Zisterzienser. Im Mittelalter war das Kloster ein sehr bedeutendes Zentrum des Geisteslebens und verbreitete christliches Gedankengut weit über die Landesgrenzen hinaus. Auch ohne seine Schätze beeindruckt das Kloster noch heute durch seinen herrlich reinen Zisterzienserbaustil.

Kirche★★ – Ende 12. Jh. Die schlichte Fassade besticht trotz der Anfügungen des 17. Jh.s (Dreiecksgiebel und Türmchen) durch die Schönheit der Linien des Portals und der beiden Fensterrosen. Das weite Kirchenschiff entspricht mit seinen mächtigen Pfeilern und den durch Gurte verstärkten Gewölben dem Zisterzienserstil.

Claustro (Kreuzgang)★ – Ende 15. Jh. Den gotischen Umbauten verdankt er ein ausgesprochen feines Maßwerk, doch wurden die anderen Änderungen ohne Rücksicht auf die alte Struktur vorgenommen, wie es die Konsolen der Gewölberippen zeigen, die einen Teil des Eingangs zum **Kapitelsaal** (13. Jh.) verdecken.

Oñati/Oñate

Das ruhige Städtchen Oñati liegt mit seinen Palästen, den Klöstern und der ehemaligen Universität in einem ländlichen Tal. Während des 1. Karlistenkriegs diente die Universität zweimal als Hauptquartier des Thronprätendenten Don Carlos. Nach der Einnahme der Stadt durch die Truppen des Generals Espartero mussten die Karlisten den Vertrag von Vergara unterzeichnen, der den Krieg beendete.

Steckbrief

10 264 Einwohner. Michelin-Karte Nr. 573 – Baskenland (Guipúzcoa). Oñati liegt in einem schönen Tal am Fuß des Alona (1 321 m), 45 km nordöstlich von Vitoria-Gasteiz und 74 km südwestlich von San Sebastián. ❚ *Foruen Enparantza 4, 20560 Oñati,* ☎ *943 78 34 53.*
Reiseziele in der weiteren Umgebung: VITORIA-GASTEIZ, DONOSTIA/SAN SEBASTIAN und COSTA VASCA.

Besichtigung

Antigua Universidad

Besichtigung nach Voranmeldung. 0,90 €. ☎ *943 78 34 53.*

Die Universität wurde 1522 von einem aus Oñati stammenden Bischof gegründet und zu Beginn des 20. Jh.s geschlossen. Heute sind in den Gebäuden die Verwaltung der Provinz Guipúzcoa und das Instituto Internacional de Sociología Jurídica untergebracht. Als einzige Universität des Baskenlandes hatte dieses Bildungszentrum eine große Bedeutung. Das pinakelgekrönte Portal, ein Werk des Franzosen Pierre Picart, schmücken zahlreiche Statuen, unter denen man oben die des Gründers erkennt. Rechts davon steht der hl. Gregor, links der hl. Hieronymus. Auch an den Ecken der Türme findet man reichen Skulpturenschmuck. Der ausgesprochen elegante Patio ist im gleichen Stil gestaltet.

Ayuntamiento

Schönes, im 18. Jh. von Martín de Carrera erbautes Barockgebäude. Der Platz davor ist an Fronleichnam Schauplatz seltsamer Tänze und Prozessionen, deren Ursprünge auf das 15. Jh. zurückgehen.

San Miguel

Besichtigung nach Voranmeldung. ☎ *943 78 34 53.*

Diese ursprünglich gotische Kirche gegenüber der Universität wurde in der Barockzeit umgestaltet. Im linken Seitenschiff stehen in einer von einem schönen Gitter abgeschlossenen Renaissancekapelle ein interessanter vergoldeter Schnitzaltar sowie das Marmorgrabmal des Gründers der Universität. Das Äußere des gotischen Kreuzgangs aus gelblichem Stein ist mit seinen Kielbögen, Nischen und Statuen dem Platereskstil zuzurechnen.

Umgebung

Arantzazu★
9 km südlich über die GI 3591. Tgl. 8-20 Uhr. Eintritt frei. ☎ 943 78 09 51.
Die **Strecke★** folgt hoch oben am Steilhang der Schlucht des Arantzazu. Die Wallfahrtskirche (**Santuario de Arantzazu**) liegt in 800 m Höhe in einer **Gebirgslandschaft★** jenseits des Monte Aitzgorri, des höchsten Gipfels der Provinz (1 549 m).
Der 40 m hohe Kampanile überragt die restlichen Gebäude. Er ist, wie auch die Türme der Fassade, mit Diamantquadern bedeckt, die den Weißdorn (bask. *arantzazu*) symbolisieren, bei dem 1469 einem Hirten die Jungfrau Maria erschien. Im Anschluss an dieses Ereignis wurde an dieser Stelle eine Einsiedelei errichtet, in der sich im 16. Jh. Franziskanermönche niederließen. Das heutige Gebäude stammt aus dem Jahre 1955. Im Inneren steht in der Mitte eines riesigen, von Lucio Muñoz geschaffenen Retabels aus bemaltem Holz eine Statue Marias, der Schutzpatronin der Provinz.

Elorrio
18 km nordwestlich in Richtung Durango. Dieses alte Städtchen besitzt zahlreiche wappengeschmückte Häuser und mehrere Betsäulen aus dem 15. bzw. 16. Jh., die im Baskenland einzigartig sind; besonders bemerkenswert sind der am Westeingang der Stadt stehende Betstock mit Figurenfries sowie der mit einer Schlangensäule verzierte Betstock am anderen Ende des Ortes. Die **Iglesia de la Concepción** ist mit ihren dicken Rundpfeilern und dem Sterngewölbe eine typisch baskische Kirche; sie birgt ein prachtvolles churriguereskes Retabel.

Parque Nacional de
Ordesa y Monte Perdido★★★

Bei dem Ordesa-Tal handelt es sich um einen in aufgeworfene Kalksteinschichten gegrabenen Cañón. Die Hänge erreichen eine Höhe von nahezu 1 000 m über der Talsohle und zeigen stahlgraue bzw. rötlich-ockerfarbene, horizontale Schichtungen. Stellenweise ist der Fels von der Erosion ruinenhaft geformt worden. Im Frühling stürzt Schmelzwasser in Wasserfällen die steilen Wände hinab. Unten im Tal fließt der Arazas, ein fischreicher Wildbach (Forellen), dessen Ufer mit dichtem Buchen- und Ahornwald bedeckt sind.
Im unteren Bereich der Hänge findet man Kiefern, Lärchen und Tannen – von denen einige bis zu 25 m hoch werden – und einen duftenden Teppich aus Buchs, Weißdorn und Ebereschen.
Zum Park gehören noch weitere, ebenso schöne Täler, wie das Valle de Pineta oder der Cañón de Añisclo, die von gewaltigen Bergspitzen wie dem Monte Perdido (3 355 m) überragt werden.

Steckbrief
Michelin-Karte Nr. 574 – 100 km von Huesca – Aragonien (Huesca). Der Nationalpark liegt im Nordosten der Iberischen Halbinsel, mitten in den Pyrenäen. Von Westen her kann man ihn aus Torla erreichen, von Südosten her aus Aínsa. In Frankreich, auf der anderen Seite der Grenze, liegt der Parc national des Pyrénées, mit dem er einen Verbund bildet. Der Park kann nur zwischen Mai und September besucht werden, da außerhalb dieses Zeitraums die Anfahrt wegen Schnees unmöglich ist.
🛈 *Torla: ☎ 974 48 64 72, Aínsa: ☎ 974 50 07 67.*
Reiseziele in der weiteren Umgebung:
PIRINEOS ARAGONESES und JACA (62 km südwestlich).

Ausflüge

VALLE DE ORDESA★★★
Bereits an der Zufahrtsstraße bieten zwei Aussichtspunkte einen Überblick über den Taleinschnitt und den 60 m hohen Wasserfall (**Cascada de Tamborrotera**, ①). Den Park muss man jedoch zu Fuß entdecken.

PARQUE NACIONAL
Bereits 1918 wurde ein 2 066 ha umfassendes Gebiet des Ordesa-Tals zum Nationalpark erklärt und 1982 auf 15 608 ha vergrößert. Der Park umfasst das gesamte Monte-Perdido-Massiv sowie das Ordesa-, das Añisclo-, das Escuain- und das Pineta-Tal. Hauptziel des Parks ist die Bewahrung der natürlichen Schönheit des Massivs, das sich durch seine für den Kalkstein typischen Geländeformen, wie Cañons, hohe Steilwände, Talkessel, Karsthöhlen, und durch eine reiche Flora und Fauna (Iberische Steinböcke, Steinadler, Gämsen) auszeichnet.

Parque Nacional de Ordesa y Monte Perdido

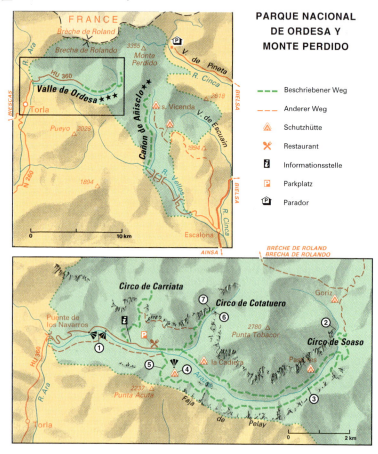

Ungeübten Wanderern oder Familien mit kleinen Kindern empfehlen wir, den am Arazas entlang verlaufenden Weg in der Talsohle zu gehen. Dieser Spazierweg ist ausgesprochen angenehm und schattig.

Man benötigt etwa einen Tag, um den gesamten Cañón zu durchqueren und wieder zum Parkplatz zurückzukehren.

Die drei nachstehend beschriebenen Ausflüge sind für geübte und gut ausgerüstete Wanderer geeignet:

Rundwanderung im Circo de Soaso (Soaso-Talkessel)

Dauer: 7 Std. Ausgangspunkt Cadiera-Schutzhütte (Refugio de la Cadiera) hinter dem Parkplatz. Der erste, durch das Tal verlaufende Streckenabschnitt bietet keine Schwierigkeiten. Der beim Wasserfall Cola de Caballo beginnende, sehr unebene zweite Streckenabschnitt ist hingegen viel schwieriger und nur geübten und gut ausgerüsteten Wanderern zu empfehlen.

Die Rundwanderung bietet den schönsten und vollständigsten Gesamteindruck vom Ordesa-Tal. Auf dem Weg kommen mehrere Wasserfälle in Sicht, darunter der eindrucksvolle, 70 m hohe **Cola de Caballo** ② nach dem **Gradas de Soaso** ③, der an Treppenstufen erinnert. Der Weg führt in 2 000 m Höhe hinauf zur oberhalb des Cañóns gelegenen **Faja de Pelay** am Fuß der Sierra de las Cutas. Die schönste Aussicht ergibt sich vom **Mirador de Calcilarruego** ④. Man geht den **Senda de los Cazadores** ⑤, der eine weite Aussicht auf den Cañón bietet. Der Abstieg zur Schutzhütte überwindet einen Höhenunterschied von nahezu 1 000 m und ist außerordentlich steil.

Circo de Cotatuero

Dauer: 4 Std. Ausgangspunkt ist das Restaurant. Am Nordrand des Parks stürzen die beiden Wasserfälle **Cascada de Cotatuero** ⑥ und **Cascada de los Copos de Lana** („Wollflocken-Wasserfall", ⑦) aus 250 m in die Tiefe.

Circo de Carriata

Dauer: 4 Std. Ausgangspunkt ist das Informationszentrum. Der Ausflug ist interessant, weist jedoch einige schwierige Streckenabschnitte über Felsnasen *(clavijas)* auf und ist nur für schwindelfreie Personen zu empfehlen.

Liebhaber langer Wanderwege können den Monte Perdido besteigen und dabei in der Goriz-Schutzhütte (Refugio de Goriz) Halt machen. Des Weiteren eignen sich für sie die Wanderwege durch die Rolandsspalte (franz. Brèche de Roland) zum in Frankreich gelegenen Talkessel von Gavarnie *(Auskunft im Informationszentrum)*.

CAÑÓN DE AÑISCLO★★ *13 km*
Mit dem Auto ab dem Dorf Escalona an der Strecke Bielsa–Ainsa. Der Cañon ist schmaler und freundlicher als das Ordesa-Tal und entzückt durch den Kiefernbestand an den Felswänden aus Kalkstein.

Wanderung nach Ripareta
5 Std. hin und zurück. Ausgangspunkt ist die Brücke von San Urbez. Der breite, gut angelegte Weg folgt dem Verlauf des engen Tals des Vellos, der in Kaskaden bis zum Cañón de la Pardina fließt.

Orense *siehe Ourense*

Osuna★★

Diese prächtige, auf einer Anhöhe gelegene Stadt besitzt als ehemalige Hauptstadt eines Herzogtums noch zahlreiche schöne Baudenkmäler★. Das Herzogtum wurde 1562 gegründet, und das Adelsgeschlecht der Osuna gehört zu den berühmtesten der Iberischen Halbinsel. Die Blütezeit, die Osuna in der Vergangenheit erlebte, zeigt sich im Stadtzentrum noch an schönen zivilen und sakralen Gebäuden.

Steckbrief
17 306 Einwohner. *Michelin-Karte Nr. 578 – Andalusien (Sevilla).* Osuna liegt im Flachland südlich des Guadalquivir-Beckens, bei der A 92, die Granada (160 km östlich) mit Sevilla verbindet. *Sevilla 22, 41013 Sevilla,* ☎ 954 81 18 53.
Reiseziele in der weiteren Umgebung: ANTEQUERA (67 km südöstlich), CÓRDOBA (85 km nordöstlich) und SEVILLA (92 km westlich).

Besichtigung

BAUDENKMÄLER★
Den Hinweisschildern „Centro Ciudad" und „Zona Monumental" folgen.

Colegiata★
Führung (45 Min.) Okt.-Apr. 10-13.30 Uhr und 15.30-18.30 Uhr, Mai-Sept. 10-13.30 Uhr und 16-19 Uhr. Mo, 1. und 6. Jan. (nachmittags), Gründonnerstag, Karfreitag, 24. Dez. (nachmittags) sowie 25. und 31. Dez. (nachmittags) geschl. 1,80 €. ☎ 954 81 04 44.
Die im 16. Jh. im Renaissancestil errichtete Stiftskirche enthält **fünf Werke★★** des in Játiva *(s. unter COSTA DEL AZAHAR, Ausflüge)* geborenen José Ribera (1561-1652), der als Hofmaler des Vizekönigs von Neapel berühmt wurde. Abgesehen von dem *Tod Christi* in einer Seitenkapelle des linken Seitenschiffs befinden sich alle Gemälde in der Sakristei (Ausstattung 16. Jh.).
Panteón Ducal (Familiengruft der Herzöge)★★ – Ein plateresker Tor führt in einen hübschen Patio mit im selben Stil verzierten Marmorarkaden. Die erste Krypta (1545) unter dem Altar ist wie eine Miniaturkirche angelegt und ebenfalls platereske. Die ursprünglich vergoldeten Rosetten an der blauen Kassettendecke sind durch den Ruß der Kerzen schwarz geworden. Darunter birgt eine zweite, 1901 gebaute Krypta die Särge der bedeutendsten Herzöge von Osuna.
Nicht weit von der Herzogsgruft stehen die **Alte Universität** (16. Jh.) und das Kloster der Barmherzigen Schwestern **(Monasterio de la Encarnación★)**. Dieses hat einen Innenhof mit einem sehenswerten, mit Sevillaner *azulejos* verzierten **Sockel★**. Die Nonnen bieten verschiedenes Backwerk zum Verkauf an. *Tgl. 10-13.30 Uhr und 15.30-18.30 Uhr, im Sommer 10-13.30 Uhr und 16.30-19.30 Uhr. Mo geschl.* ☎ 954 81 11 21.

Osuna

Cilla del Cabildo (Speicher des Domkapitels)

Auf dem Weg hinunter in die Stadt kommt man an einem mittelalterlichen Wehrturm (Torre del Agua, 12.-13. Jh.) vorbei, in dem ein kleines **Archäologiemuseum** untergebracht ist. *Tgl. 11-13.30 Uhr und 15.30-18.30 Uhr, im Sommer 10-13.30 Uhr und 17-19 Uhr (Juli-Aug. 10-14 Uhr). 1,50 €.* ☏ 954 81 12 07.

DIE STADT

Interessant sind vor allem die Viertel um die Plaza del Duque und die Plaza de España. Man kommt an vielen in der Barockzeit errichteten Adelspalais und **Herrenhäusern**★★ vorbei. Ihre schweren lackierten und kupferbeschlagenen Holztüren sind manchmal einen Spalt breit geöffnet und geben den Blick frei auf ein fein gearbeitetes Gitter oder einen Innenhof mit Topfpflanzen. Von besonderem Interesse ist die **Calle San Pedro**★ mit dem Speicher des Domkapitels (Cilla del Cabildo) und dem Palacio de los Marqueses de la Gomera; interessant sind auch das Alte Gericht (Antigua Audiencia), der Palacio de los Cepeda und der Antiguo Palacio de Puente Hermoso. Prachtvoll sind die beiden Kirchen Santo Domingo und La Compañía, und schön ist auch der Turm der **Iglesia de la Merced**★ vom Baumeister des bereits erwähnten Speichers des Domkapitels.

Umgebung

Écija★
34 km nördlich über die A 351. Der im weiten Guadalquivir-Becken gelegene Ort wird durch seine mit Keramik verzierten Kirchtürme angezeigt, deren schönster zweifellos der Turm von **San Juan**★ (18. Jh.) ist.
Parken Sie auf der Plaza de España.
Bei einem Bummel durch Écija kann man viele reizvolle architektonische Details entdecken, Säulen an Eckhäusern, in Stein gehauene Wappen, hübsche Patios und lauschige Plätze usw.
Alte Herrenhäuser mit schönen **Fassaden**★ finden sich besonders in den von der Avenida Miguel de Cervantes ausgehenden Straßen. Prachtvoll sind die Barockfassade des **Palacio de Benamejí** (18. Jh.), die konkave, mit Fresken und Säulen verzierte Fassade des **Palacio de Peñaflor** und die platereske Vorderfront des **Palacio de Valdehermoso**. Unter den Kirchen seien die **Iglesia de los Descalzos** genannt, deren **Innenraum**★ reich mit Stuck verziert ist; **Santa María** hat einen schönen Barockturm; ungewöhnlich sind die patioähnlichen Vorräume von **Santa Cruz** (innen **frühchristlicher Sarkophag**★); das Convento de los Marroquíes ist für seinen schönen **Kirchturm**★ und das gleichnamige Gebäck bekannt, das die Nonnen herstellen. Vom ersten Bau der **Iglesia de Santiago**★ sind mehrere Fenster im Mudéjar-Stil erhalten. Auf dem gotischen **Retabel**★ des Hochaltars sind die Leidensgeschichte und die Auferstehung Christi dargestellt.

Ourense/Orense

Bereits in der Antike war die Stadt für ihr Thermalwasser bekannt; die drei ergiebigen Quellen, Las Burgas genannt, sprudeln mit 65 °C aus dem Boden. Im 13. Jh. wurde für die Pilger des Jakobswegs auf den Fundamenten einer römischen Konstruktion eine Brücke erbaut, die noch jetzt Puente Romano heißt. Heute ist Orense ein wichtiges Handelszentrum.

Steckbrief
108 382 Einwohner. Michelin-Karte Nr. 571 – Galicien (Ourense) – Ourense ist die Hauptstadt der einzigen galicischen Provinz, die keinen Zugang zum Meer hat, und liegt am Ufer des Miño. Vigo ist 101 km westlich über die A 52 zu erreichen, Pontevedra 100 km nordwestlich über die N 541 und Santiago de Compostela 111 km nordwestlich über die N 525. ｊ *Curros Enríquez 1 (Torre de Orense), 32003 Ourense,* ☏ *988 37 20 20.*
Reiseziele in der weiteren Umgebung: SANTIAGO DE COMPOSTELA, PONTEVEDRA *und* RÍAS BAJAS.

Tipps und Adressen

Restaurant
● **Unsere Empfehlung**
Hotel-Restaurante Zarampallo – *Hermanos Villar 29* – ☏ *988 23 00 08 - So-abend geschl. - 15/29 €.* Nicht nur wegen der günstigen Lage in der Altstadt empfehlenswert, sondern vor allem wegen der ausgesprochen guten internationalen Speisekarte. Funktionale, ordentliche Zimmer.

Unterkunft
● **Gut & preiswert**
Hotel Altiana – *Ervedelo 14* – ☏ *988 37 09 52 – 32 Z.: 22/34 € –* ⚏ *4 €.* Ein einfaches, funktionales und recht familiäres Hotel in der Nähe der Kathedrale und der Calle Progreso. Die Zimmer sind schlicht, haben aber alle einen Fernseher und ein Bad. Sehr günstige Preise.

Besichtigung

Catedral★
8-13.30 Uhr und 16-20.30 Uhr, So und feiertags 8.15-13.30 Uhr und 16.30-20.30 Uhr. 1,20 € (Santísimo Cristo). Museum: 12-13 Uhr und 16-19 Uhr, So und feiertags 16.30-19 Uhr. 0,90 €. ☏ *988 22 09 92.*
Die im 12. Jh. begonnene und im 13. Jh. weitergeführte Kathedrale wurde später häufig umgestaltet. Das **Südportal** hat wie in Santiago de Compostela kein Giebelfeld; seine Bogenläufe und Kapitelle sind reich mit Steinmetzarbeiten geschmückt. Das **Nordportal** besitzt zusätzlich zwei Säulenstatuen. In das Halbrund des großen Blendbogens über dem Portal hat man im 15. Jh. eine Pietà sowie die Figurengruppen der drei heiligen Frauen und der Flucht nach Ägypten eingefügt. Die Architektur des **Kircheninneren** weist sehr reine Linien auf. Über dem Querschiff wurde Ende des 15. Jh.s eine **Laternenkuppel★** im Übergangsstil zwischen der Gotik und der Renaissance errichtet. Das spätgotische Retabel des Hochaltars ist ein Werk von Jakob Cornelisz. Im linken Querhaus befindet sich die Kapelle des **Santísimo Cristo** aus dem 16. und 17. Jh., die mit ihrem reichen Skulpturenschmuck ein gutes Beispiel für den galicischen Barockstil darstellt. Am westlichen Ende der Kathedrale öffnet sich die bemalte Paradiespforte (**Pórtico del Paraíso★★**; 13. Jh.) mit ihren drei herrlich skulptierten Bögen, an der der Einfluss des berühmten Pórtico de la Gloria der Kathedrale von Santiago de Compostela zu erkennen ist; am Mittelbogen sind die 24 Greise der Apokalypse dargestellt, rechts das Jüngste Gericht. Das mit Maßwerk verzierte Tympanon und das Gewölbe des Narthex stammen aus dem 16. Jh.
Im rechten Seitenschiff befindet sich die Tür zum **Museum**. Der ehemalige Kapitelsaal (13. Jh.) birgt verschiedene wertvolle Kunstgegenstände, darunter Goldschmiedearbeiten, Statuen, Messgewänder und einen Tragaltar aus dem 12. Jh.

Museo Arqueológico y de Bellas Artes
9.30-14.30 Uhr und 16-21.30 Uhr, So und feiertags 9.30-14.30 Uhr. Mo geschl. Eintritt frei. ☏ *988 22 38 84.*
Das ehemalige Bischofspalais auf der Plaza Mayor besitzt eine schöne wappengeschmückte Fassade. Im Museum werden eine Sammlung von Objekten der prähistorischen *Castros*-Kultur (Kriegerstatuen) und eine Kunstsammlung gezeigt, zu der u. a. ein herrlich geschnitzter **Kreuzweg★** aus dem frühen 17. Jh. gehört.

Claustro de San Francisco★
11-14 Uhr und 16-18 Uhr, Sa/So 11-14 Uhr. Mo geschl. ☎ 988 38 81 10.
Dieser bezaubernde Kreuzgang aus dem 14. Jh. besteht aus leicht hufeisenförmigen gotischen Arkaden, die auf schlanken Doppelsäulen ruhen; die Dekoration, Diamantierung und Blattwerk, wirkt sehr elegant. An einigen **Kapitellen** sind Jagdszenen oder Figurengruppen dargestellt.

Umgebung

Monasterio de Santa María la Real de Oseira★
34 km nordwestlich. Ausfahrt aus Ourense über die N 525, nach 23 km rechts nach Cotelas abbiegen. Führung (45 Min.) 9.30-12.30 Uhr und 15-17.30 Uhr (im Frühling und Sommer bis 18.30 Uhr), So und feiertags nur eine Führung um 12.30 Uhr. 1,20 €. ☎ 988 28 20 04.
Dieses herrliche, Mitte des 12. Jh.s von Alfons VII. gegründete Zisterzienserkloster liegt abgelegen im Arenteiro-Tal. Sein Name erinnert an die Bären *(osos)*, von denen es einst viele in dieser Gegend gab. Das Kloster wird oft als der „Escorial Galiciens" bezeichnet.
Die **Fassade** (1708) ist in drei Teile gegliedert. Unter der allegorischen Figur der Hoffnung, die das Portal krönt, erscheinen in einer Nische die stillende Maria und zu ihren Füßen der hl. Bernhard. Im Inneren ziehen die große **Treppenanlage** und der **Claustro de los Medallones** mit seinen 40 Büsten berühmter historischer Persönlichkeiten die Blicke auf sich.
Kirche – Hinter einer Barockfassade aus dem Jahr 1637 verbirgt sich die für die Zisterzienserbaukunst übliche Schlichtheit des aus dem 12. und 13. Jh. stammenden Baus, mit der nur die Fresken des Querschiffs (1694) brechen.
Sala Capitular★ – Der Kapitelsaal wurde Ende des 15./Anfang des 16. Jh.s errichtet und besticht durch sein sehr schönes Gewölbe, dessen Rippen wie Palmwedel aus den vier Spiralsäulen herauswachsen.

Verín
69 km südöstlich über die A 52. Der im weiten Tal des Támega gelegene Ort wirkt mit seinen engen, gepflasterten Straßen, den Häusern mit verglasten Veranden, den Arkaden und dem Wappenschmuck an den Wänden recht malerisch.
In der Umgebung sprudeln mehrere bereits im Mittelalter berühmte Thermalquellen, die bei Nierenleiden und Rheuma empfohlen werden.
Castillo de Monterrei – *6 km westlich.* Der Parador liegt neben der Burg. Die dominierende Lage unweit Portugals verlieh dem befestigten Anwesen große Bedeutung. Es diente als Fliehburg, denn im Schutz seiner Mauern befanden sich ein Hospiz, mehrere Klöster und sogar ein kleines Dorf, das jedoch im 19. Jh. von seinen Bewohnern verlassen wurde. Eine schöne Lindenallee führt zur Burg, von der sich ein weiter **Rundblick★** über das Tal bietet. Nacheinander sind drei Mauergürtel zu durchqueren. Der erste, mit bewehrten Bastionen, entstand zur Zeit des spanisch-portugiesischen Krieges (17. Jh.). Im Zentrum der Anlage erheben sich der quadratische Bergfried (15. Jh.) und der Damenturm (Torre de las Damas; 16. Jh.). Der von dreistöckigen Arkaden umzogene Hof ist weniger nüchtern gehalten. Aus dem 13. Jh. stammt die Kirche, deren **Portal★** mit einer steinernen Spitzenborte umrahmt ist; im Tympanon thront Christus, umgeben von den Evangelistensymbolen.

Celanova
26 km südlich über die N 540. Das an der Plaza Mayor gelegene berühmte, weiträumig angelegte Benediktinerkloster **(Monasterio)** wurde 936 vom Bischof von San Martín de Mondoñedo, dem späteren hl. Rosendo, gegründet.
Kirche – Die **Fassade** des monumentalen Baus vom Ende des 17. Jh.s ist noch vom Barock geprägt. Die Gewölbe sind kassettiert, die Kuppel ist mit Voluten verziert. Ein riesiges Barockretabel (1697) beherrscht den Chor. Bemerkenswert sind das Chorgestühl, das in der unteren Hälfte im Renaissancestil, in der oberen Hälfte im gotischen Stil gestaltet ist, und die schöne Orgel. *Führung (45 Min.) 11, 12, 13, 17, 16 und 18 Uhr (Juni-Sept. auch 19 Uhr). 1,20 €. ☎ 988 43 22 01.*
Claustro (Kreuzgang)★★ – Obwohl die Bauarbeiten bereits 1550 begannen, wurde der Kreuzgang erst im 18. Jh. fertig gestellt. Seine Treppen sind besonders majestätisch.
Capilla de San Miguel – Die noch von 937 stammende Michaelskapelle hinter der Kirche ist eins der wenigen gut erhaltenen Baudenkmäler des mozarabischen Stils.

Santa Comba de Bande
52 km südlich über die N 540 (26 km südlich von Celanova). 10 km hinter Bande auf eine schmale Straße rechts abbiegen und 400 m weiterfahren. Die zum Dorf **Bande** gehörende kleine westgotische **Kirche★** (7. Jh.) liegt erhöht, in 10 km Entfernung vom Dorf, unweit des Stausees. Sie hat die Form eines griechischen

Kreuzes und wird im Inneren von einem Laternenturm erhellt. Vor der quadratischen Apsis erhebt sich ein hufeisenförmiger Triumphbogen auf vier korinthischen Säulen. Die klaren Linien der Architektur und das gut erhaltene Mauerwerk erhöhen noch das Interesse dieses allein schon durch seine Seltenheit sehr wertvollen Baudenkmals.

Ausflug

RUND UM DEN SIL★ *65 km östlich*
Ausfahrt über die C 536, nach 6 km links in Richtung Luintra abbiegen und der Straße 18 km weit folgen. Das Kloster (Monasterio) ist ausgeschildert.

Monasterio de San Estevo de Ribas de Sil
Wird zurzeit in ein Hotel umgebaut, das Kloster ist daher geschlossen. Bitte informieren Sie sich vor Ihrem Besuch beim Fremdenverkehrsamt von Ourense über den Stand der Umbauarbeiten. Das auf einem großen Felsvorsprung errichtete Kloster erscheint ganz plötzlich im Blickfeld; im Hintergrund erkennt man die Granitberge, durch die der Sil ein tiefes Tal gegraben hat. Die **Lage**★ des Klosters ist von majestätischer Schönheit. Interessant sind neben dem romanischen Chorhaupt der Kirche die drei großen Kreuzgänge, die fast ganz im 16. Jh. erbaut wurden. Einer davon besitzt allerdings unten noch romanische Bogengänge, darüber Renaissancearkaden.

Gargantas del Sil (Sil-Schlucht)★
Wieder auf die Straße zurückkehren, die links zum Sil hinunterführt (nicht dem Wegweiser „Embalse de San Estevo" folgen). Eine Bogen- und eine Pfeilerstaumauer sperren das Tal des Sil ab, das sich hier zu einer tiefen Schlucht verengt.

Ohne das linke Flussufer zu verlassen, an der zweiten Talsperre dem Wegweiser „Embalse de San Pedro" zur N 120 folgen und links in Richtung Orense abbiegen.

> **TIPP**
> Die Schönheit der Landschaft lässt sich auch bei einer **Bootsfahrt** auf dem Sil genießen. Die Anlegestelle erreichen Sie, indem Sie Ourense über die C 536 verlassen, nach 6 km in Richtung Luintra und Loureiro abbiegen und dann den Hinweisen zur Anlegestelle (Embarcadero de San Estevo) folgen. Die Fahrt dauert 1 1/2 Std. Abfahrtszeiten und Preise erfahren Sie im Internet unter www.migui.com/test oder telefonisch unter ☎ 988 21 51 00.

Oviedo★★

Die Hauptstadt des Fürstentums Asturien liegt auf einem Hügel in einer grünen Beckenlandschaft und wird durch einen großen Park im Stadtzentrum verschönt. Die Altstadt im Kathedralviertel unterscheidet sich mit ihren alten herrschaftlichen Häusern mit breiten Fassaden deutlich vom modernen Oviedo. Einen besonderen Reiz machen auch die schönen Gebäude im asturischen Stil aus.

Steckbrief
204 276 Einwohner. Michelin-Karte Nr. 572 – Asturien. Die Stadt liegt in einem bedeutenden Bergbau- und Industriegebiet. Die A 66 verbindet Oviedo mit der Küste (Gijón liegt 29 km nördlich) und mit León (121 km südlich). 🛈 *Plaza de Alfonso II El Casto 6, 33003 Oviedo,* ☎ *985 21 33 85; Marqués de Santa Cruz 1 (El Escorialín), 33003 Oviedo,* ☎ *985 22 75 86.*
Reiseziele in der weiteren Umgebung: COSTA VERDE.

Hintergrundinfos

Die Hauptstadt des Königreichs Asturien (9. und 10. Jh.) – Von der Siedlung, die Fruela I. (722-768) auf dem Ovetum genannten Hügel bei einem Benediktinerkloster gegründet hatte, blieben nach der Eroberung durch die Mauren nur noch ein paar Ruinen übrig. Fruelas Sohn Alfons II., der Keusche, (791-842) verlegte seinen Hof, der sich zuvor in Cangas de Onís und dann in Pravia befunden hatte, nach Oviedo. Er ließ die Stadt wieder aufbauen und veranlasste den Bau einer Befestigungsmauer sowie zahlreicher Sakralbauten, von denen heute nur noch die Cámara Santa, das Chorhaupt von San Tirso und die Kirche Santullano erhalten sind. Alfons' Nachfolger Ramiro I. (842-850) ließ am Hang des Monte Naranco ein herrliches Sommerpalais errichten, das noch teilweise erhalten ist *(s. unter „Besichtigungen").*

Oviedo
Tipps und Adressen

RESTAURANTS
- **Gut & preiswert**

Las Campanas de San Bernabé – San Bernabé 7 – ☎ 985 22 49 31 – www.fade.es/lascampanas/ – So und Aug. geschl. – 🍽 – 17/19 €. Im Geschäftsviertel, nur fünf Minuten von der Kathedrale entfernt, bietet das gemütliche, stets gut besuchte Restaurant mit Backsteinwänden und Deckenbalken eine gute regionale Küche zu gemäßigten Preisen. Junges Publikum.

- **Unsere Empfehlung**

El Raitán y El Chigre – Plaza Trascorrales 6 – ☎ 985 21 42 18 - So-abend geschl. – 🍽 – 30/33 €. In diesem ungewöhnlichen, rustikal eingerichteten Restaurant mitten in der Altstadt wird das Beste der traditionellen asturischen Küche geboten. Ausgesprochen interessante Speisekarte.

UNTERKUNFT
- **Gut & preiswert**

Hotel Isla de Cuba – Isla de Cuba 7 – ☎ 985 29 39 11 – 8 Z.: 34/52 € 🛏. Ein familiäres, sehr einfaches, aber funktionales Hotel, nur fünf Minuten vom historischen Stadtzentrum entfernt. Moderate Preise.

- **Unsere Empfehlung**

Hotel Casa Camila – Fitoria de Arriba 28 – ☎ 985 11 48 22 – info@casacamila.com – 7 Z.: 66/81 € – 🛏 7 € - Rest. 14 €. Dieses hübsche und gepflegte Hotel liegt auf dem Monte Naranco und ist ideal für alle jene, die ländliche Ruhe bei gleichzeitiger Stadtnähe suchen. Sehr komfortable Zimmer und schöner Blick auf Oviedo.

SPEZIALITÄTEN
Die *Carbayones*, leckere Törtchen aus Mandel und Eigelb, gehören zusammen mit Pralinen und wurstgefüllten *bollos preñaos* zu den typischen Spezialitäten von Oviedo. Die besten *carbayones* gibt es in der Konditorei Camilo de Blas *(Jovellanos 7)*.

Da sich die Grenzen des Königreichs nach Süden hin verschoben, verlegte Don García den Hof im Jahre 914 nach León. Das selbständige Königreich Asturien währte jedoch nur kurze Zeit, denn es wurde von 1037 bis 1157 und endgültig 1230 mit Kastilien vereint. Immerhin trägt der kastilische und später spanische Thronfolger seit 1388 den Titel Prinz von Asturien.

Die Kämpfe um Oviedo - 1934 wurde die Stadt bei den Kämpfen zwischen den aufständischen Bergarbeitern und den Regierungstruppen stark beschädigt. Dabei wurde die Cámera Santa zerstört, die Universität in Brand gesteckt und die Kathedrale beschädigt. Während des Bürgerkriegs war Oviedo 1937 erneut Schauplatz zahlreicher Kämpfe.

Besichtigung

DIE ALTSTADT 1 1/2 Std.

Catedral★
Mit dem Bau der für den gotischen Flamboyantstil charakteristischen Kathedrale wurde im 14. Jh. begonnen (Kreuzgang). Als letzte Gebäudeteile wurden im Laufe des 16. Jh.s die Vorhalle und der Südturm fertig gestellt; der 80 m hohe Turm wurde nach dem Bürgerkrieg restauriert. Seine durchbrochene Spitze lässt die Silhouette zierlich wirken. Die asymmetrische Fassade hat drei gotische Portale. Die Türflügel aus geschnitztem Nussbaumholz stammen aus dem 18. Jh.; auf denen des Mittelportals ist links Christus dargestellt, rechts die hl. Eulalia in einem Maisfeld.

Innenraum – Die hohen Fenster über dem Triforium und die drei Maßwerkrosen der Fassade und des Querschiffs zeigen die für den Flamboyantstil typischen bewegten Linien.

Die klare Bauweise des Schiffs lässt die beachtlichen Ausmaße des **Schnitzretabels★** des Hochaltars (16. Jh.) hervorragend zur Geltung kommen; darauf sind Szenen aus dem Leben Christi dargestellt.

Die Seitenkapellen wurden in der Barockzeit reich ausgeschmückt. Beim Betreten der überreich verzierten Capilla de Santa Eulalia (17. Jh.) links vom Eingang sieht man einen riesigen Barockschrein, in dem die Gebeine der Schutzheiligen Asturiens aufbewahrt werden.

Im nördlichen Querhaus wurde an der Stelle, wo früher die erste Kirche gestanden hatte, die **Capilla de Alfonso II el Casto** (Kapelle des keuschen Königs) errichtet. Man betritt diese Kapelle durch ein Portal, dessen eine Seite dem spätgotischen Stil entspricht; im Gewände erkennt man Jakobus d. Ä., Petrus, Paulus und Andreas, an den Bogenläufen 12 musizierende Greise. Die Kapelle ist die Grablege (Panteón) der asturischen Könige.

Cámara Santa – *10-13 Uhr; nachmittags: Nov.-Febr. 16-18 Uhr (1. März-15. Mai und 14. Sept.-31. Okt. bis 19 Uhr, 16. Mai-13. Sept.bis 20 Uhr); Sa 16-18 Uhr. So und feiertags geschl. 2,40 €; Do Eintritt frei.* ☎ 985 20 31 17.

Sie wurde am Anfang des 9. Jh.s auf Veranlassung Alfons' II. zur Aufnahme einer Truhe mit bedeutenden Reliquien errichtet, die nach dem Fall des westgotischen Königreichs von Toledo *(s. dort)* hierher gebracht worden war. Die Cámara Santa wurde in romanischer Zeit verändert und erlitt 1934 durch Sprengung schwere Schäden; nach ihrer Restaurierung birgt sie heute wieder zahlreiche Kunstschätze. Die stilisierten **Säulenstatuen**★★ der Vorhalle gehören zu den schönsten Beispielen der spanischen Bildhauerkunst des 12. Jh.s. Neben diesen Apostelgruppen ist auch der Christuskopf über dem Eingang bemerkenswert. Der Künstler war sicherlich vom Pórtico de la Gloria der Kathedrale von Santiago beeinflusst. Dies ist nicht erstaunlich, da viele Pilger des Jakobswegs einen Umweg machten, um die Cámara Santa von Oviedo zu besuchen. Die Säulenkapitelle stellen die Vermählung von Maria und Joseph, die hl. Frauen am Grabe Christi sowie Löwen- und Wildschweinjagdszenen dar.

In der Apsis befindet sich ein Kirchenschatz **(Tesoro★★)** mit wundervollen alten Goldschmiedearbeiten. Dazu gehört auch das **Cruz de los Ángeles** (Engelskreuz) aus Zedernholz, eine Stiftung Alfons' II. (808). Es ist mit Edelsteinen verziert, darunter auch römische Kameen. Des Weiteren kann man das mit getriebenem Gold und mit Edelsteinen überzogene **Cruz de la Victoria** (Siegeskreuz; 908) sehen, das Pelayo angeblich bei seinem Sieg von Covadonga *(s. S. 384)* trug, einen Achatschrein **(Arqueta de las ágatas)**, ein Geschenk von Fruela II. (910), sowie den Reliquienschrein **Arca Santa** (12. Jh.), den Silbertäfelchen bedecken.

Claustro – Man beachte im Kreuzgang die schönen Spitzbogenarkaden und die erstaunliche Feinheit des Maßwerks. Die **Capilla de Santa Leocadia** *(beim Betreten des Kreuzgangs links)* ist praktisch die Krypta der Cámara Santa. Die an der Außenseite *(zum Garten hin)* mit Blendbögen verzierte Kapelle besitzt ein Tonnengewölbe und birgt einen Altar sowie Gräber aus der Zeit Alfons' II. und außerdem ein seltsames kleines, steinernes Häuschen. Im **Kapitelsaal** sieht man schönes Gestühl vom Ende des 15. Jh.s.

Plaza de la Catedral (Plaza de Alfonso II)

In der Grünanlage auf der linken Seite der Kathedrale sind Reliefs und Büsten der asturischen Könige aufgestellt. Auf dem Platz *(beim Verlassen der Kirche rechts)* sieht man den **Palacio de Valdecarzana** aus dem 17. Jh. *Gehen Sie außen auf der rechten Seite um die Kathedrale herum.* Im Vorübergehen sieht man das Chorhaupt von **San Tirso**, den einzigen Überrest einer Kirche aus dem 9. Jh.; das darin erhaltene Fenster mit *alfiz* ist den Archäologen bei dieser Bauzeit ein Rätsel.

Museo de Bellas Artes de Asturias (Museum für asturische Kunst)

10.30-14 Uhr und 16.30-20.30 Uhr, Sa 11.30-14 Uhr und 17-20 Uhr, So und feiertags 11.30-14.30 Uhr; Juli-Aug. 11-14.30 Uhr und 17-21 Uhr, Sa/So und feiertags 11-14.30 Uhr. Mo, 1. und 6. Jan., Karfreitag, 8. Sept., 12. Okt., 1. Nov. sowie 6. und 25. Dez. geschl. Eintritt frei. ☎ *985 21 30 61.*

Der elegante Palacio de Velarde (18. Jh.) bildet den Rahmen für eine Gemäldesammlung, zu der besonders viele Werke asturischer Künstler gehören. Bemerkenswert sind insbesondere das zu Zeiten Karls V. vom Meister der Magdalenenlegende geschaffene flämische Triptychon der **Anbetung der Könige** und das von Carreño de Miranda gemalte Porträt Karls II.

Museo Arqueológico (Archäologisches Museum)

10-13.30 Uhr und 16-18 Uhr, So und feiertags 11-13 Uhr. Mo geschl. Eintritt frei. ☎ *985 21 54 05.*

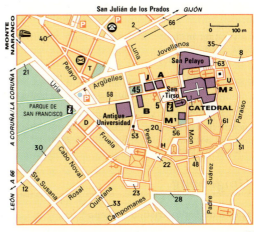

OVIEDO

Alcalde G. Conde	2
Alfonso II (Pl. de)	5
Azcárraga	8
Calvo Sotelo	12
Canóniga	17
Cimadevilla	20
Conde de Toreno	21
Constitucion (Plaza de la)	22
Daoiz y Velarde (Pl. de)	23
Marqués de Gastañaga	28
Marqués de Santa Cruz	30
Martínez Marina	33
Martínez Vigil	35
Palacio Valdés	40
Pelayo	
Porlier (Pl. de)	45
Postigo Alto	48
Postigo Bajo	51
Riego (Pl.)	53
San Antonio	56
San Francisco	58
San José	61
San Vicente	63
Uria	
Victor Chávarri	66

Museo Arqueológico	M²
Museo de Bellas Artes de Asturias	M¹
Palacio de Camposagrado	J
Palacio de Toreno	B
Palacio de Valdecarzana	A

Oviedo

Im Erdgeschoss des platteresken Kreuzgangs aus dem 15. Jh. befinden sich zwei Säle mit Funden aus vorromanischer Zeit. Die bescheidenen Fragmente und Reproduktionen sind wertvolle Zeugnisse der verfeinerten Kunst jener Epoche. Man sieht u. a. den Originalaltarstein der Kirche von Naranco, Nachbildungen der Chorschranken *(canceles)*, Flachreliefs, die oft orientalische Einflüsse aufweisen, Säulenbasen aus San Miguel de Lillo und in die Wand eingefügtes Gitterwerk.

Im Obergeschoss des Kreuzgangs sind Funde aus prähistorischer Zeit aus der Provinz Oviedo ausgestellt, zu denen Münzen und geschnitzte Gegenstände (Musikinstrumente) gehören.

Neben dem Museum erhebt sich die Fassade des **Monasterio de San Pelayo** (17., 18. Jh.).

Plaza de Porlier
Der Platz ist von einigen schönen herrschaftlichen Häusern umrahmt, darunter der **Palacio de Toreno** (1673) – heute Bibliothek – und der **Palacio de Camposagrado**, ein harmonischer Bau aus dem 18. Jh., in dem heute das Gericht untergebracht ist (man beachte das mächtige Vordach).

Antigua Universidad (Alte Universität)
Das Gebäude mit seiner streng wirkenden Fassade wurde im 17. Jh. fertig gestellt. Der klassizistische Hof hat trotz Restaurierung sein altertümliches Gepräge bewahrt.

AUSSERHALB DER ALTSTADT

Antiguo Hospital del Principado (Ehemaliges Hospital des Fürstentums)
Das Stadtzentrum auf der Calle Conde de Toreno verlassen. In diesem ehemaligen Krankenhaus ist heute ein Hotel untergebracht. Schönes **Wappen**★ aus der Barockzeit.

Santullano oder San Julián de los Prados
Mai-Sept. 10-13 Uhr und 16-18 Uhr, Sa/So und feiertags 9.30-11.30 Uhr und 15.30-17.30 Uhr; Okt.-Apr. 9.30-12 Uhr, So und feiertags 16-18 Uhr. Mo, 1. Jan. und 25. Dez. geschl. 1,20 €; Mi Eintritt frei. ☎ 985 28 25 18.

Die Kirche ist ein typisches Beispiel für die asturische Baukunst der ersten Hälfte des 9. Jh.s. Sie besteht aus einem Portikus, drei Schiffen mit großem Querschiff und, am Chorhaupt, drei Kapellen mit einem Gewölbe aus Backstein. Die Wände sind mit Fresken bedeckt, die an ein römisches Vorbild denken lassen. In der Chorscheitelkapelle ein schönes romanisches Kruzifix. Außen sieht man am Chorhaupt ein Drillingsfenster und die für die asturische Kunst typischen *Claustra*-Fenster.

Wallfahrtskirchen (Santuarios) auf dem Monte Naranco★
4 km nordwestlich über die Avenida de los Monumentos. Am Südhang des Monte Naranco ließ Ramiro I. im 9. Jh. eine Sommerresidenz errichten, von der der ehemalige Rittersaal (er wurde in der Folge zur Kirche Santa María umgebaut) sowie die einstige Königskapelle (San Miguel) erhalten sind. Von hier bietet sich ein reizvoller **Blick** auf Oviedo und die Picos de Europa im Hintergrund.

Santa María del Naranco★★ – *9.30-13 Uhr und 15-17 Uhr (1. Mai-15. Okt. 15-19 Uhr), So und feiertags 9.30-13 Uhr. 1,50 €; Mo Eintritt frei. ☎ 985 29 56 85.*

Das zweigeschossige viereckige Gebäude, in das durch große Fenster Licht flutet, ist durch kannelierte Strebepfeiler gestützt und besticht durch seine harmonischen Linien. Ein loggienartiger Vorraum liegt vor dem mit einem Tonnengewölbe abgeschlossenen großen Saal. Die Dekoration unterstreicht die Architektur. Die Stützpfeiler wurden mit vorgeblendeten Schlangensäulen verkleidet; korinthische Kapitelle erscheinen an den Loggien, trapezförmige im Inneren der Halle; die Gurtbögen sind durch kannelierte Pilaster und Scheiben verlängert, deren feine Dekoration an einen orientalischen Stoff erinnert. Das gleiche Schmuckmotiv findet man auch an den Außenwänden.

San Miguel de Lillo★ – *9.30-13 Uhr und 15-17 Uhr (1. Mai-15. Okt. 15-19 Uhr), So und feiertags 9.30-13 Uhr. 1,50 €; Mo Eintritt frei.*

Die ursprüngliche Königskapelle ist nur teilweise erhalten, da das Chorhaupt im 17. Jh. verändert wurde. Durch die geringe Breite der Schiffe erscheint der Raum höher. Mehrere *Claustra*-Fenster stammen noch von der alten Kapelle. Im Inneren beeindruckt der feine Skulpturenschmuck. So besitzen die **Türpfosten**★★ zwei identische Flachreliefs, die einen von Würdenträgern umgebenen Konsul zeigen, der Zirkusspiele leitet. Das Kordelmotiv schmückt die Kapitelle, die Bögen im Schiff und die Empore.

Umgebung

Iglesia de Santa Cristina de Lena★
34 km nach Süden auf der A 66, die man bei Ausfahrt 92 verlässt. In Pola de Lena in Richtung Vega del Rey weiter, dann die ausgeschilderte Strecke fahren. Den Wagen vor dem Viadukt parken; von dort 1/4 Std. auf einem Fußweg zur Kirche hochgehen. 11-13 Uhr und 16.30-18.30 Uhr. Mo geschl. 1,20 €; Di Eintritt frei. ☎ 985 49 05 25.

Die Kirche liegt auf einem Felsen, von dem man einen schönen **Rundblick**★ auf das grüne Tal des Caudal genießen kann. Das Gotteshaus zeichnet sich durch seine harmonischen Proportionen und den warmen Farbton des Steins aus.

Das kleine Gebäude wurde erst nach den Kirchen des Monte Naranco errichtet und weist einen für die asturische Baukunst recht ungewöhnlichen Grundriss in Form eines griechischen Kreuzes auf. Abgesehen davon steht die Kirche jedoch mit ihrem Steingewölbe, den Blendarkaden, den mit Kordelmotiven verzierten Trapezkapitellen, skulptierten Medaillons und den Schlangensäulen im Chor ganz in der asturischen Tradition. Das Schiff ist vom deutlich erhöhten Chor durch eine Ikonostasis getrennt, deren übereinander liegende Arkaden die Harmonie des Raums noch stärker hervortreten lassen. Die Flachreliefs am Altar sind westgotischen Ursprungs, was man an den verwendeten Motiven (geometrische Figuren, Blattwerk) erkennt.

Teverga

43 km südwestlich über die N 634 und die AS 228. Die Straße führt am Trubia entlang und erreicht hinter Proaza eine enge Schlucht, an deren Ausgang man einen schönen **Blick**★ auf die Felsen Peñas Juntas hat, die das Ende des Engpasses anzeigen. Nach der Abzweigung in Richtung Teverga durchquert man die sehr enge **Schlucht von Teverga**★.

Die Stiftskirche **(Colegiata de San Pedro)** steht am Ausgang von La Plaza. Dem vom Ende des 12. Jh.s stammenden Gebäude wurden später ein Portikus und ein Turm angefügt. Deutliche Spuren der vorromanischen asturischen Baukunst sind die Vorhalle, das schmale, hohe Kirchenschiff, der gerade, ursprünglich von drei Kapellen gebildete Chorschluss. Die Säulenkapitelle der Vorhalle sind mit stilisierten Tiermotiven und Pflanzenornamenten verziert. *12-14 Uhr und 16-18 Uhr (Sa/So bis 19 Uhr). 1,20 €.* ☏ *985 76 42 75.*

Palencia

Diese gemütliche kastilische Provinzhauptstadt erstreckt sich von Norden nach Süden auf der so genannten Tierra de Campos, dem fruchtbaren Landstreifen zwischen dem Carrión im Westen und der Eisenbahnlinie im Osten. 1208 gründete Alfons VIII. hier die erste Universität Spaniens.

Dank der Bewässerung durch den Kastilischen Kanal und seine Seitenkanäle ist das Umland ein ertragreiches Gebiet für Obst- und Gemüseanbau.

Steckbrief

81 988 Einwohner. Michelin-Karte Nr. 573 – Kastilien und León (Palencia). Die Stadt liegt an der N 620-E 80, die sie in nordöstlicher Richtung mit Burgos (88 km), in nordwestlicher Richtung mit León (128 km) und in südöstlicher Richtung mit Valladolid (50 km) und Salamanca (166 km) verbindet. 🛈 *Mayor 105, 34001 Palencia,* ☏ *979 74 00 68.*

Reiseziele in der weiteren Umgebung: CAMINO DE SANTIAGO, VALLADOLID und BURGOS.

Besichtigung

Catedral★★

10.30-13.30 Uhr und 16-18.30 Uhr, 1. Juli-20. Sept. 10.30-13.30 Uhr und 16.30-19.30 Uhr; So 11.15-15 Uhr. 1,80 € (Museum). ☏ *979 70 13 47.*

Die Kathedrale ist ein zwischen dem 14. und dem 16. Jh. errichtetes, überwiegend gotisches Gebäude mit zahlreichen Renaissanceelementen. Bereits im 7. Jh. stand hier eine Kapelle, die die Gebeine des westgotischen Heiligen Antolín barg. Nach der Zerstörung der Stadt durch die Mauren geriet sie in Vergessenheit und wurde der Legende nach auf wundersame Weise von König Sancho dem Großen von Navarra bei einer Wildschweinjagd wiedergefunden. Der Monarch ließ daraufhin die romanische Kapelle errichten (1034), die der heutigen Kathedrale als Krypta dient.

Innenraum★★ – Im Zentrum des Gotteshauses befindet sich eine ungewöhnlich große Zahl von Kunstwerken aller Stilrichtungen des frühen 16. Jh.s, nämlich Flamboyant-, Isabellinscher, Plateresk- und Renaissancestil. Dieser Reichtum ist dem Bischof Fonseca zu verdanken, der sich in den ersten Jahren des 16. Jh.s mit bedeutenden Künstlern umgab. Das aus unzähligen Feldern bestehende monumentale **Retabel des Hochaltars** (Anfang 16. Jh.) wurde von Felipe Vigarny skulptiert, von Juan de Flandes bemalt und von Juan de Valmaseda mit einer Kreuzigungsgruppe als Bekrönung versehen. An den Seitenwänden hängen Wandteppiche aus dem 16. Jh., die im Auftrag des Bischofs ausgeführt wurden. Das schmiedeeiserne Gitter des *coro* mit herrlich gearbeitetem Abschluss ist ein Werk von Gaspar

Palencia

Rodríguez (1563); über dem gotischen Chorgestühl zieht die Orgelempore aus dem Jahr 1716 die Blicke auf sich. Ein schönes romanisches Gitter schützt den Hochaltar, hinter dem sich die gotische **Capilla del Sagrario** befindet, in der ein prachtvolles Retabel von Valmaseda (1529) zu sehen ist, sowie links, etwas erhöht, der Sarkophag der 1189 verstorbenen Doña Urraca von Navarra. Den *trascoro* schmücken Skulpturen von Gil de Siloé und Simón de Colonia. Das **Triptychon**★ in der Mitte ist ein 1505 von Jan Joest aus Kalkar gemaltes Meisterwerk; auf der mittleren Tafel ist der Bischof Fonseca dargestellt, der den Altar stiftete. Vor dem *trascoro* führt eine plateresque Treppe in die romanische **Krypta**, wo noch Reste (Bögen, Kapitelle) der westgotischen Kapelle des 7. Jh.s erhalten sind.

Museo★ – *Rechts vom Haupteingang. 10.30-13.30 Uhr und 16-18.30 Uhr, 1. Juli-20. Sept. 10.30-13.30 Uhr und 16.30-19.30 Uhr; So 11.15-15 Uhr. ☎ 979 70 13 47.*
Unter den ausgestellten Werken befinden sich ein bemerkenswerter *Hl. Sebastian* von El Greco und vier flämische **Wandteppiche**★ aus dem 15. Jh., auf denen die Anbetung der Könige, die Himmelfahrt Christi, der Sündenfall und die Auferweckung des Lazarus dargestellt sind. In den Ecken der Teppiche ist das Wappen des Bischofs Fonseca zu erkennen.

Umgebung

Iglesia de Frómista★★
29 km nordöstlich über die N 611. Tgl. 10-14 Uhr und 15-18.30 Uhr, im Sommer 10-14 Uhr und 16.30-20 Uhr. ☎ 979 81 01 44.
Zahlreiche Pilger machten auf dem Weg nach Santiago de Compostela in **Frómista** Halt. Vom berühmten Benediktinerkloster **San Martín** ist heute nur noch die Kirche erhalten, die sich in der Mitte eines großen Platzes erhebt.
Die 1904 vollständig restaurierte Kirche wurde 1066 aus großen, sorgfältig aufeinander gepassten Quadersteinen gebaut. Sie stellt einen bedeutenden Schritt in der Entwicklung der romanischen Architektur in Kastilien dar, da sie von den beim Bau der Kirchen von Palencia, Jaca und León gemachten Erfahrungen profitierte und so zu einem Kleinod der spanischen Romanik wurde.
Reizvoll ist der Blick auf das Chorhaupt mit den halbrund vorgelegten Apsiden, dem Querhaus und dem achteckigen **Vierungsturm**. Schmuckelemente sind Kugelfriese an den Fenstern, Säulchen und kunstvoll gestaltete Sparrenköpfe am Gesims.
Auch das **Innere** der dreischiffigen Basilika zeigt in den Tonnengewölben, der Trompenkuppel und den Rundbogenarkaden die reinen Linien der Romanik. Sehr dekorativ wirken die reich mit Pflanzenornamenten und figürlicher Plastik verzierten **Kapitelle**.

Baños de Cerrato
14 km südöstlich. In Venta de Baños die Eisenbahnlinie überqueren und dann rechts in Richtung Cevico de la Torre abbiegen; bei der ersten Kreuzung nach links weiter.
Basílica de San Juan Bautista★ – *Führung (20 Min.) 10.30-13.30 Uhr und 16-19 Uhr, im Sommer 10.30-13.30 Uhr und 17-20.30 Uhr. Mo geschl. ☎ 988 77 08 12 (Rathaus)*
Die älteste gut erhaltene Kirche Spaniens ist ein Zeugnis der westgotischen Baukunst. Sie wurde von dem Westgotenkönig Rekkeswind gestiftet, als dieser sich 661 (das Datum ist unter dem Apsisbogen zu erkennen) zu einer Kur in Baños de Cerrato aufhielt.
Die Basilika ist dreischiffig mit einem Querschiff und drei Apsiden. Hufeisenbögen trennen die Schiffe voneinander; sie ruhen auf Marmorsäulen mit Kapitellen, deren stilisierte Pflanzenmotive bereits das lange Blatt mit betonten Rippen zeigen, das später häufig in der asturischen Dekoration verwendet wurde. Ein eleganter Fries verläuft entlang der Chorscheitelkapelle.

Pamplona/Iruña★

Die Altstadt von Pamplona hat ihren mittelalterlichen Charakter bewahrt. Enge Gässchen verlaufen um kleine, von Laubengängen gesäumte Plätze, wie die Plaza Consistorial und die Plaza de Los Burgos. Rund um die hübsche Plaza del Castillo findet man äußerst belebte Straßen, deren Namen an die alten Handwerksberufe erinnern (*zapatería* = Schuhmacherwerkstatt, *tejería* = Ziegelei usw.). Hier bieten sich viele Möglichkeiten, eine kleine Pause zu machen.

Steckbrief
191 197 Einwohner. Michelin-Karte Nr. 575 – Navarra. Die Altstadt grenzt im Norden und Osten an den Arga, sodass sich nach Süden das moderne Pamplona ausbreitet: neue Stadtviertel mit breiten, langen Straßen, stattlichen Gebäuden, Grünanlagen

Tipps und Adressen

Restaurant
- *Spitzenkategorie*

Rodero – Arrieta 3 – ☎ 948 22 80 35 - So geschl. – 🍽 – 33/40 €. Ein Restaurant der Luxusklasse. Es liegt günstig hinter der Stierkampfarena (Plaza de Toros) und gehört zu den besten der ganzen Region. Der Familienbetrieb bietet einen Service auf höchstem Niveau und eine kreative, originelle Küche. Gehobene Preise.

Tapas

Baserri – San Nicolás 32 – ☎ 948 22 20 21. Die *pinchos* sind eine echte Versuchung. Das Restaurant hat eine der besten Tapas-Bars der Stadt, die schon mehrfach ausgezeichnet wurde und gern von Einheimischen besucht wird. Die *solomillos al roquefort* (Filets in Roquefortsauce) sollte man unbedingt probieren.

Unterkunft
- *Unsere Empfehlung*

Hotel Yoldi – Avenida de San Ignacio 11 – ☎ 948 22 48 00 – hyoldi@cmn.navarra.net – 50 Z.: 50/75 € – 🛏 9 €. Das Hotel wirkt modern und wenig ansprechend, liegt aber sehr günstig im Stadtzentrum und ist funktional und komfortabel. Durch seine Nähe zur Stierkampfarena (Plaza de Toros) kann man hier während der *Fiestas* Toreros und all jene, die mit dem Stierkampf zu tun haben, bestaunen.

und Brunnen. Zwei bedeutende Straßen nehmen hier ihren Ausgang, die eine über Roncesvalles zu den französischen Pyrenäen, die andere über den Puerto de Velate nach Hendaye. 🛈 *Eslava 1, 31001 Pamplona,* ☎ *948 20 65 40.*
Reiseziele in der weiteren Umgebung: DONOSTIA-SAN SEBASTIÁN *(94 km nordwestlich),* ESTELLA/LIZARRA *(43 km südwestlich),* SANGÜESA/ZANGOZA *(46 km südöstlich) und Monasterio de* LEYRE *(61 km südöstlich).*

Hintergrundinfos

Geschichtliches – Pamplona ist römischen Ursprungs und soll vom Feldherrn Pompejus gegründet worden sein, nach dem die Stadt auch benannt wurde. Im 8. Jh. wurde Pamplona von den Mauren besetzt, die bald darauf durch den Beistand der Truppen Karls des Großen vertrieben werden konnten (eine Darstellung der Eroberung Pamplonas findet man auf dem Karlsschrein im Aachener Münster). Dabei nutzte der Kaiser die Schwäche seiner Verbündeten aus, um die Stadtmauern zu schleifen. Aus Rache trugen die Navarresen dazu bei, die Nachhut des kaiserlichen Heeres bei Orreaga (früher Roncesvalles) zu vernichten.
Im 10. Jh. wurde Pamplona die Hauptstadt von Navarra. Während des ganzen Mittelalters war es Schauplatz der Kämpfe zwischen den Einwohnern des alten Stadtviertels Navarrería, Befürwortern des Bündnisses mit Kastilien, und den freien Bürgern der Außenbezirke San Cernín und San Nicolás, die für den Verbleib des Königreichs Navarra unter der Schutzherrschaft Frankreichs eintraten. Diese Zwistigkeiten endeten 1423 mit der von Karl III., dem Edlen, beschlossenen Vereinigung der drei Ortsteile, und damit begann die Blütezeit Pamplonas. 1571 wurde während der Regentschaft Philipps II. mit dem Bau der Zitadelle begonnen.

Die Sanfermines

Vom 6. bis 14. Juli findet die berühmte **Feria de San Fermín** statt. Bei dem ausgelassenen Volksfest verdoppelt sich die Einwohnerzahl plötzlich. Es werden große Stierkämpfe veranstaltet; am spektakulärsten und bei den *pamplonaos* am beliebtesten ist jedoch der **encierro**, der allmorgendlich um 8 Uhr stattfindet. Die Stiere, die am selben Tag in der Arena kämpfen sollen, werden durch die abgesperrten Straßen getrieben und folgen dabei einem festgelegten Parcours von ca. 800 m, der sie in wenigen Minuten zur Stierkampfarena führt (*s. Plan*). Weiß gekleidete junge Männer mit Baskenmütze, Schal und rotem Gürtel laufen mit einer zusammengerollten Zeitung in der Hand den mächtigen Stieren, die mit gesenkten Hörnern auf sie losgehen, entgegen bzw. vor diesen her. Ganz Spanien verfolgt dieses spannende Ereignis in einer Direktübertragung im Fernsehen. Ernest Hemingway, der selbst an *encierros* teilgenommen hat, beschrieb diesen Brauch in seinem Roman *Fiesta*.

Besichtigung

Catedral★★
10.30-13.30 Uhr und 16-19 Uhr, 15. Juli-15. Sept. 10.30-13.30 Uhr; Sa 10-13.30 Uhr. So und feiertags geschl. ☎ *948 22 56 79 oder 948 21 08 27.*
Von den ersten romanischen Kirche existieren nur noch einige Kapitele von den Portalen und dem Kreuzgang, die im Museo de Navarra ausgestellt sind. Im 14. und 15. Jh. wurde an der Stelle jenes Gotteshauses eine gotische Kathedrale erbaut. Ende des 18. Jh.s errichtete Ventura Rodríguez eine neue Hauptfassade im damals beliebten klassizistischen Stil.

PAMPLONA IRUÑA

Amaya	BYZ	4
Ansoleaga	AY	5
Bayona (Av. de)	AY	13
Carlos III (Av. de)	BYZ	
Castillo de Maya	BZ	16
Chapitela	BY	17
Conde Oliveto (Av. del)	AZ	19
Cortes de Navarra	BY	20
Cruz (Pl. de la)	BZ	22
Esquiroz	AZ	25
Estafeta	BY	26
García Castañón	ABY	30
Juan de Labrit	BY	33
Leyre	BYZ	36
Mayor	AY	40
Mercaderes	BY	43
Navarrería	BY	48
Navas de Tolosa	AY	50
Paulino Caballero	BZ	51
Príncipe de Viana (Pl. del)	BZ	54
Reina (Cuesta de la)	AY	56
Roncesvalles (Av. de)	BY	59
Sancho el Mayor	ABZ	60
San Fermín	BZ	63
San Francisco (Pl. de)	AY	65
San Ignacio (Av. del)	BYZ	66
Sangüesa	BZ	69
Santo Domingo	AY	70
Sarasate (Paseo de)	AY	72
Taconera (Recta de)	AY	73
Vínculo (Pl. del)	AYZ	78
Zapatería	AY	89

Ayuntamiento	AY	H
Museo de Navarra	AY	M

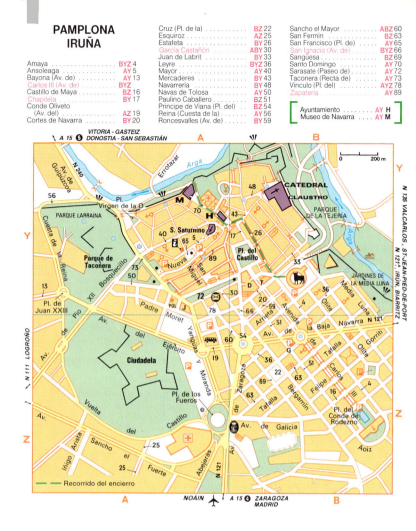

Kircheninneres★ – Die Wände des Kirchenschiffs sind in zwei Bereiche aufgeteilt, in eine Reihe großer Arkaden und eine Fensterreihe, der Laufgang fehlt. Die Gewölberippen und die schmucklosen Wände verleihen dem Schiff das nüchterne Gepräge der navarresischen Gotik.

Vor dem fein gearbeiteten Chorgitter erhebt sich das **Alabastergrabmal★★** der Stifter der Kathedrale (begonnen 1416). Dem aus Tournai in Flandern stammenden Bildhauer Janin Lomme, der die Grabmalkunst im burgundischen Dijon kennen gelernt hatte, ist es hier aufs Beste gelungen, die Gesichter der Liegefiguren König Karls des Edlen und seiner Gemahlin als Porträts und die Haltung und Gewänder der Klagenden lebendig und abwechslungsreich zu gestalten. In einer Kapelle des Chorumgangs rechts ein flämisch-spanischer Altaraufsatz aus dem ausgehenden 15. Jh.

Claustro (Kreuzgang)★ – Von fast barocker Ausdruckskraft ist die Darstellung des Marientods auf dem Tympanon des zum Kreuzgang führenden Portals im rechten Seitenschiff. Schöne Spitzbogenfenster, die zum Teil mit Wimpergen bekrönt sind, verleihen diesem Kreuzgang aus dem 14. und 15. Jh. sehr viel Eleganz. Die skulptierten Grabmäler und Türen der verschiedenen Nebengebäude sind ausgesprochen interessant.

Im Ostflügel befindet sich die von einem schönen Sterngewölbe aus dem 14. Jh. überspannte gotische Capilla Barbazana, die nach dem Bischof Barbazán benannt ist, der hier sein Grabmal errichten ließ. Auf der Südseite zieht die Tür des Sala Preciosa genannten Raums, ein Meisterwerk der Bildhauerkunst aus derselben Epoche, die Blicke auf sich. Tympanon und Türsturz illustrieren das Marienleben; sie sind ausgesprochen fein skulptiert. Rechts und links der Tür stehen sich zwei schöne Statuen der Verkündigung gegenüber.

Museo Diocesano★ – *10-13.30 Uhr und 16-19 Uhr, 15. Juli-14. Sept. 10.30-19 Uhr; Sa 10-13.30 Uhr. So und feiertags geschl. 3 €. ☏ 948 21 08 27.*

Das Diözesanmuseum ist im ehemaligen Refektorium und in der angrenzenden Küche aus dem Jahr 1330 untergebracht. Im Refektorium, einem großen, mit einem Kreuzgratgewölbe überspannten Saal, ist das Pult des Vorlesers mit einer entzückenden *Jagd auf ein Einhorn* verziert. Die quadratische Küche besitzt in jeder Ecke einen Kamin und in der Mitte einen 24 m hohen, kegelförmigen Rauchabzug.
Das Museum zeigt zahlreiche wertvolle Gegenstände der Verehrung, darunter der Reliquienschrein vom Hl. Grab (Relicario del Santo Sepulcro; 13. Jh.), ein Geschenk Ludwigs des Heiligen von Frankreich, sowie mehrere bemalte Madonnenstatuen und Kruzifixe aus der Gegend.
Nach Verlassen der Kathedrale auf der schmalen Calle de Redín zur Stadtmauer gehen.

Murallas (Stadtmauer)
Von einer kleinen Bastion, die in eine hübsche Grünanlage umgewandelt wurde, erkennt man links unten die Puerta de Zumalacárregui und einen Teil der Stadtmauer. Es bietet sich auch ein ungehinderter Blick auf die Flussbiegung des Arga und den Monte Cristóbal.

Museo de Navarra★
9.30-14 Uhr und 17-19 Uhr, So und feiertags 11-14 Uhr. Mo, 1. Jan., Karfreitag, 7. Juli und 25. Dez. geschl. 1,80 €; Sa-nachmittag und So Eintritt frei. ☏ *948 42 64 92.*
Das Museum steht an der Stelle des Hospitals Nuestra Señora de la Misericordia aus dem 16. Jh., von dem nur das in den Neubau integrierte Renaissanceportal und eine Kapelle, die eine Ausstellung sakraler Kunst beherbergt, erhalten sind.
Die Römerzeit ist mit Grabstelen, Inschriften und oftmals in Schwarz-Weiß gehaltenen **Mosaiken★** mit zumeist geometrischen Motiven vertreten, die aus Villen aus dem 2. und 4. Jh. stammen *(Untergeschoss und 1. Stock)*.
Ein besonders schönes Beispiel für die spanisch-maurische Kunst *(Saal 1.8)* ist ein Elfenbeinkästchen **(Arqueta★)**, das Anfang des 11. Jh.s in Córdoba entstand und aus dem Kloster San Salvador de Leyre stammt. Schwerpunkt des Museums ist die romanische Bildhauerkunst, von der die **Kapitelle★** der ersten Kathedrale Pamplonas (12. Jh.) zeugen; der unbekannte Künstler, der die drei biblischen Szenen – die Passion und Auferstehung Christi und die Geschichte Hiobs – auf den drei Kapitellen in der Mitte des Saals skulptierte, zeigt Freude am genauen Detail, einen großen Erfindungsreichtum und dabei auch Sinn für eine kraftvolle Komposition.
Das Museum beherbergt auch eine bedeutende Sammlung **gotischer Wandmalereien★** aus der ganzen Provinz, d. h. aus Artaíz (13. Jh.), Artajona und Pamplona (14. Jh.), Gallipienzo (14.-15. Jh.) und Olleta (15. Jh.). Auf allen Malereien ist der Einfluss der französischen Miniaturmalerei an den zarten Konturen, der Fülle von Personen und deren typischer Haltung im so genannten „gotischen Schwung" zu erkennen, besonders in den Werken von Juan Oliver, der 1330 das Refektorium der Kathedrale ausschmückte.
Die Malerei der Renaissance findet sich in der Nachbildung des Inneren des **Palais Oriz**, das im 16. Jh. mit Grisaille-Malerei (Geschichte von Adam und Eva, Kriege Karls V.) verziert wurde.
Im 3. Stock sind Gemälde aus dem 17. Jh. und 18. Jh. ausgestellt, u. a. von Luis Paret und Francisco de Goya, dessen *Porträt des Marquis von San Adrián* zu sehen ist.
Das Museum zeigt ferner eine umfangreiche Sammlung navarresischer Maler des 19. und 20. Jh.s.

San Saturnino★
Die Kirche steht mitten in der von schmalen Straßen durchzogenen Altstadt und weist ganz unterschiedliche Baustile auf. So sieht man neben den romanischen Backsteintürmen und dem gotischen **Portikus★** und Gewölbe (13. Jh.) zahlreiche andere, später angefügte Gebäudeteile.

Ayuntamiento (Rathaus)
Sehr schöne **Barockfassade★** aus dem ausgehenden 17. Jh. (wieder aufgebaut) mit Statuen, Balustraden und Frontgiebeln.

Umgebung

Santuario de San Miguel de Aralar★
45 km nordwestlich über die A 15, kurz vor Lecumberri die NA 751 nehmen. Die NA 751 führt durch herrliche Buchenwälder; kurz vor Erreichen der Wallfahrtskirche bietet sich ein weiter Blick auf das Araquil-Tal und die Ausläufer der Sierra de Andía. *Tgl. 10-14 Uhr und 16 Uhr bis Sonnenuntergang.* ☏ *948 39 60 28.*
Die romanische **Kirche** enthält eine kleine, mit einem Satteldach abgeschlossene Kapelle, die von einigen Historikern auf das 8., von anderen auf das 12. Jh. datiert wird. Sie enthält einen herrlichen **Altarvorsatz★★** aus vergoldeten und mit

Pamplona/Iruña

Emailarbeit und Edelsteinen geschmückten Bronzeplatten, der zu den Hauptwerken der romanischen Goldschmiedekunst in Europa gehört. Der Altar wurde Ende des 12. Jh.s wahrscheinlich im französischen Limoges geschaffen und besticht durch seine wunderschönen, leuchtenden Farben und die zarten Arabesken und Pflanzenmotive.

Roncesvalles★

47 km nordöstlich über die N 135. Roncesvalles zeigt sich heute als eine Anlage aus stattlichen grauen Gebäuden, deren bläuliche Zinkdächer sich vom dichten Grün der Umgebung abheben.

Die Gründung geht ins 12. Jh. zurück. Damals bestand der Ort aus einer großen Herberge für die Pilger des Jakobswegs, einer Grabkapelle mit quadratischem Grundriss (heute Capilla del Sancti Spiritus) und einer an Reliquien reichen Stiftskirche.

Real Colegiata – Die Königliche Stiftskirche im Stil der Gotik der Île de France wurde 1219 geweiht. Leider ist sie nicht immer stilgerecht restauriert worden. Unter dem Baldachin des Hochaltars thront das derzeitige Symbol der Wallfahrt, **Maria mit dem Kind**, eine mit Silberplatten bedeckte Holzstatue (französisches Kunsthandwerk, 13. oder frühes 14. Jh.).

Sala Capitular (Kapitelsaal) – Dieser schöne gotische Saal öffnet sich zum Kreuzgang; er birgt das Grabmal König Sanchos VII., des Starken, und seiner Gemahlin, die die Kirche stifteten.

Museo★ – *In den einstigen Marställen. Tgl. 10-14 Uhr und 16-19 Uhr (20. Juli-Aug.), 14. Okt.-9. Dez. und 15. Febr.-Karwoche 10.30-13.30 Uhr und 16-18 Uhr, 10. Dez.-15. Febr. 10.30-14.30 Uhr. 2 € (3,30 € einschl. Kreuzgang und Kapitelsaal). ☎ 948 79 04 80.*

Das Museum zeigt sehr schöne Stücke alter Goldschmiedekunst: ein Kästchen im Mudéjar-Stil, ein romanisches Evangeliar und einen emailverzierten Reliquienbehälter aus dem 14. Jh., der sicherlich aufgrund seiner Aufteilung in kleine geometrische Felder den Beinamen „Schachbrett Karls des Großen" **(Ajedrez de Carlomagno)** bekam. Herausragend ind außerdem ein flämischer Flügelaltar aus dem 16. Jh., ein Smaragd, der den Turban des Sultans Miramamolín El Verde am Tag der Schlacht bei Las Navas de Tolosa geziert haben soll, und ein sehr schönes, die Hl. Familie darstellendes **Gemälde** von Morales.

HELDENLIEDER

Geschichtliche Bedeutung erlangte der Ort 778 durch den Sieg der navarresischen Basken über die Nachhut des Heeres Karls des Großen, die unter der Führung Rolands nach Frankreich zurückkehrte. Beiderseits der Pyrenäen wurde dieses Ereignis – je nach Blickwinkel – in Legenden idealisiert: Das **Heldenlied des Bernardo del Carpio** (Ende 12./Anfang 13. Jh.) beschreibt diesen jungen Mann als einen Volkshelden, der an der Spitze seiner baskischen, navarresischen und asturischen Gefährten die Verletzung spanischen Bodens durch das fränkische Heer rächte. Das **Rolandslied** dagegen ist das erste französische Heldenlied (12. Jh.). Es verherrlicht den heldenhaften und hoffnungslosen Widerstand von ein paar wackeren christlichen Rittern gegen Tausende von fanatischen Mauren.

Ausflug

FAHRT DURCH DAS VALLE DEL BIDASOA★ *100 km nördlich – 1 Tag*

Der Bidasoa hat sich durch die westlichen Pyrenäenausläufer seinen Weg gebahnt. Satte Weiden und Maisfelder umgeben Dörfer mit typischen Baskenhäusern. Der Fluss ist bekannt für seine Lachse und Forellen.

Ausfahrt über die Avenida de la Baja Navarra, dann auf die N 121A.

Die Straße führt durch hügeliges Gelände über den Puerto de Velate.

Auf die NA 2540 abbiegen.

Man erreicht **Elizondo**, die Hauptstadt des **Valle del Baztán**. Schöne wappengeschmückte Häuser.

Nach Irutia zurück und über die N 121B fahren, bis man wieder auf die N 121A nach Berrizaun gelangt.

Die Straße führt in das Gebiet des ehemaligen Städtebunds **Cinco Villas**, zu dem die fünf hübschen Städtchen **Etxalar**, **Arantza**, **Igantzi**, **Lesaka** und **Bera** gehörten. Viele Häuser sind mit Wappen geschmückt; die Fassaden mit den vom weit vorspringenden Dach geschützten Holzbalkonen sind typisch für die baskische Architektur.

Der Bidasoa hat sich an der Grenze zum französischen Baskenland tief ins Granitmassiv eingeschnitten und bildet eine enge Schlucht (Garganta de Endarlaza).

Pedraza de la Sierra★★

Der auf einer Anhöhe gelegene hübsche Ort ist noch von seiner alten Stadtmauer umgeben und hat eine mittelalterliche Atmosphäre bewahrt. Am Wochenende kommen zahlreiche Besucher, um durch seine malerischen Straßen zu spazieren und um in einem der typischen *asadores* die regionalen Spezialitäten *cordero asado* (Lammbraten) oder *cochinillo asado* (Ferkelbraten) zu genießen.

Steckbrief
448 Einwohner. Michelin-Karte Nr. 575 – Kastilien und León (Segovia). Das Dorf liegt am Nordhang der Sierra de Guadarrama. ❷ *Real 5, 40172 Segovia,* ☎ *921 50 86 66. Reiseziele in der weiteren Umgebung: SEGOVIA (35 km südwestlich) und Sierra de GUADARRAMA.*

Auf Entdeckungstour

Durch den einzigen Zugang zum Dorf, die **Puerta de la Villa**, gelangt man in das Gewirr von schmalen, steilen Gassen, die von alten, gelegentlich wappengeschmückten Häusern gesäumt sind. Nach wenigen Schritten erreicht man das mittelalterliche ehemalige Gefängnis **(Cárcel de la Villa)**. *Sa/So und feiertags 11.30-14 Uhr und 15.30-18 Uhr (im Herbst und Winter bis 19 Uhr). 1,80 €.* ☎ *921 50 98 77 oder 921 50 99 55.*
Die Calle Real mündet auf die hübsche **Plaza Mayor**, die umgeben ist von restaurierungsbedürftigen Säulengängen mit tiefen Loggien darüber. Hier steht auch der romanische Torre de San Juan. Ein Weg führt von hier zur **Burg** (16. Jh., restauriert), in der eine kleine Sammlung von Gemälden von **Ignacio Zuloaga** (1870-1945) ausgestellt ist, einem berühmten Bewohner des Örtchens. *Führung (30 Min.) im Winter Sa/So und feiertags 11-14 Uhr und 16-18 Uhr (sonst nach Voranmeldung), im Sommer Mi-So 11-14 Uhr und 17-20 Uhr. 3,70 €.* ☎ *921 50 98 25.*

Umgebung

Sepúlveda
25 km nördlich. Man erhält den schönsten Eindruck von der **Lage**★ dieses auf Terrassen am Hang einer tiefen Schlucht des Duratón angelegten Ortes, wenn man von Pedraza her anfährt.
Stellen Sie das Auto auf dem Rathausplatz ab, über dem sich die Ruinen der alten Burg erheben, und gehen Sie bis zur Kirche **El Salvador** hinauf. Mit ihrem durch zweistöckige Zwillingsfenster aufgelockerten Turm, dem skulptierten Gesims am

Plaza Mayor

Pedraza de la Sierra

Chorhaupt und dem seitlichen Portikus, einem der ältesten Spaniens (1093), ist sie ein typisches Beispiel für die romanischen Kirchen der Provinz Segovia. Von der Kirche aus bietet sich ein sehr schöner Blick auf das Dorf.

Centro de Recepción e Interpretación del Parque Natural de las Hoces del Duratón – *10-14 Uhr, Sa/So und feiertags 10-14 Uhr und 16-19 Uhr; Juli-Sept. 10-14 Uhr. ☏ 921 41 72 98.*

Das Informationszentrum über die Duratón-Schlucht befindet sich in einer ehemaligen Kirche. Hier erfährt man alles über den Naturpark, mögliche Wanderrouten und zum Thema Kajakfahren.

Der mittlere Flusslauf verläuft durch den **Park**, bahnt sich seinen Weg zwischen gewaltigen Felswänden von bis zu 70 m Höhe und bildet im letzten Abschnitt enge Krümmungen. Die schlichte romanische Kapelle San Frutos steht hoch über der Schlucht.

Picos de Europa★★★

Die Picos de Europa sind das höchste Bergmassiv des Kantabrischen Gebirges. Sie erheben sich zwischen Oviedo und Santander in etwa 30 km Entfernung vom Meer. Wildbäche haben enge Schluchten durch dieses alte Kalkmassiv gegraben. Die majestätische Landschaft wird durch hohe, von der Erosion zerklüftete, schneebedeckte Gipfel und eindrucksvolle Engpässe geprägt.

Ein Teil des westlichen Massivs wurde in den 20er-Jahren zum Nationalpark erklärt und Parque Nacional de la Montaña de Covadonga genannt. Dieses rund 17 000 ha umfassende Gebiet hat man 1995 auf 64 600 ha vergrößert und in Parque Nacional de los Picos de Europa umbenannt.

Steckbrief

Michelin-Karte Nr. 575 – Kastilien und León, Asturien sowie Kantabrien. Das Massiv ist in drei Abschnitte gegliedert, in den Westteil (auch Covadonga-Massiv genannt), den Mittelteil (auch zentrales oder Naranjo-de-Bulnes-Massiv) und den Ostteil (auch Andara-Massiv). Der Südhang läuft sanft in einem weniger zerklüfteten, jedoch herberen Hügelland aus. 🛈 *Cangas de Onís: Avenida de Covadonga (Plaza del Ayuntamiento), 33550 Asturias, ☏ 985 84 80 05; Covadonga: Explanada de la Basílica, 33589 Cantabria, ☏ 985 84 60 35; Potes: Independencia 30, 39570 Cantabria, ☏ 942 73 07 87.*

Reiseziele in der weiteren Umgebung: COSTA VERDE und COSTA DE CANTABRIA.

Ausflüge

DESFILADERO DE LA HERMIDA★★ 1

Von Panes nach Potes, 27 km – ca. 1 Std.

Der 20 km lange Engpass (**Desfiladero★★**) mit dem Weiler La Hermida ist die Hauptsehenswürdigkeit dieses Ausfluges. Enge und Dunkelheit haben jegliche Vegetation aus dieser Schlucht verbannt.

Der Deva hat sich überall dort einen Weg gebahnt, wo der Stein den geringsten Widerstand bot, was dem Flusslauf ein auffälliges Zickzackmuster verliehen hat.

Nuestra Señora de Lebeña

Im Sommer 10-20.30 Uhr, im Winter nur nach Voranmeldung. ☏ 942 74 43 32.

Kleine, von Pappeln umgebene und von hohen Felsen überragte mozarabische Kirche aus dem 10. Jh. Der Glockenturm und die Vorhalle sind aus späterer Zeit. Die drei Kirchenschiffe mit Tonnengewölben sind durch Hufeisenbögen getrennt. Bemerkenswert sind die schönen korinthischen Kapitelle und eine geschnitzte Madonna aus dem 15. Jh., die vor einigen Jahren gestohlen wurde und die man erst kürzlich wieder fand.

Potes

Diese hübsche kleine Stadt hat eine sehr schöne **Lage★** in einem grünen Becken, in dessen Hintergrund sich die spitzen Gipfel des zentralen Bergmassivs erheben. Von der Brücke bietet sich ein reizvoller Blick auf die alten Steinhäuser, die sich im Wasser des Deva spiegeln, und auf den streng anmutenden **Torre del Infantado** (15. Jh.); der Turm wurde restauriert und zum Rathaus umgebaut.

Tipps und Adressen

RESTAURANTS
• Unsere Empfehlung
El Bodegón – San Roque – Potes – ☎ 942 73 02 47 – 18/22 €. Das Lokal liegt günstig im Dorfzentrum in einem alten Haus mit Steinfassade. Es ist rustikal und gemütlich, nur die Tische stehen etwas eng. Gutes Angebot an traditioneller Küche.

El Corral del Indianu – Avenida de Europa 14 – Arriondas – ☎ 985 84 10 72 – So- und Mi-abend sowie Do geschl. – 27/35 €. Die Überraschung im Dorfzentrum: Hinter den Steinwänden des Hauses verbirgt sich ein Restaurant, das sowohl bei den Gerichten als auch bei der Einrichtung Tradition mit modernen Ideen kombiniert. Ein kulinarischer Genuss zu moderaten Preisen.

UNTERKUNFT
• Unsere Empfehlung
La Tahona de Besnes – Besnes – Alles – 10 km westlich von Panes über die AS 114 – ☎ 985 41 57 49 – latahona@ctv.es – 10.-30. Jan. geschl. – 🅿 – 13 Z.: 46/58 € – ☕ 5,50 € – Rest. 12 €. Diese ehemalige Rossmühle liegt in Besnes, ganz in der Nähe von Alles, und ist heute ein gemütliches Landhotel. Das Gebäude aus Stein und Holzbalken ist innen mit landwirtschaftlichen Geräten dekoriert. Die Zimmer haben Holzböden und Deckenbalken.

Hotel Del Oso – Cosgaya – 9 km südöstlich vom Fuente Dé über die Straße nach Potes - ☎ 942 73 30 18 – 23. Dez.-15. Febr. geschl. – 🅿 ♨ – 51 Z.: 47/61 € – ☕ 5 € – Rest. 23/29 €. Das Hotel im Herzen der Picos de Europa, am Ufer des Deva, ist von einer eindrucksvollen Gebirgslandschaft umgeben. Hinter seiner schlichten Steinfassade verbergen sich sehr komfortable und geräumige Zimmer, vor allem im Anbau. Das Restaurant bietet regionale Küche.

Parador de Cangas de Onís – Villanueva – Cangas-de-Onís – 3 km nordwestlich von Cangas de Onís an der Straße nach Arriondas – ☎ 985 84 94 02 – cangas@parador.es – 🅿 📺 – 64 Z.: 86/108 € – ☕ 9 € – Rest. 19 €. Zweifellos wählten die Benediktinermönche diesen Ort am Sella wegen seiner Schönheit und Ruhe aus. Genau das wird auch im Parador geboten: Geschichte, Kunst und Natur sowie bequeme und elegante Zimmer – ein echter Luxus.

FAHRT ZUM FUENTE DÉ★★ ②
30 km auf der N 621 – ca. 3 Std.

Monasterio de Santo Toribio de Liébana
Anfahrt zum Kloster auf einer ausgeschilderten Straße links. Tgl. 9.30-13 Uhr und 15.30-19 Uhr (Apr.-Sept. bis 20 Uhr). ☎ 942 73 05 50.

Dieses Franziskanerkloster wurde im 7. Jh. gegründet. Bereits ein Jahrhundert später nahm es eine bedeutende Stellung ein, da es einen Splitter vom Kreuz Christi aufbewahrt, den der Bischof Toribio von Astorga von Jerusalem nach Spanien in Sicherheit gebracht hatte. Darüber hinaus lebte hier der Mönch **Beatus**, der durch seinen schön bebilderten ***Kommentar zur Apokalypse*** (8. Jh.) berühmt wurde. Diese bedeutende Streitschrift gegen den Adoptianismus (eine Theorie, nach der Jesus Christus gleichsam nur ein Adoptivsohn Gottes sein sollte und die

Eindrucksvolle Landschaft beim Fuente Dé

Picos de Europa

794 auf dem Konzil von Frankfurt als häretisch verworfen wurde) wurde in Form von Manuskripten mit Miniaturmalerei vervielfältigt *(Abbildung s. S. 86)* und hatte mehrere Jahrhunderte lang in der christlichen Welt große Bedeutung.

Die im Übergangsstil von der Romanik zur Gotik erbaute Kirche zeigt heute wieder ihre ursprünglichen harmonischen Linien. Vom linken Seitenschiff aus kann man den *camarín* sehen, der die Reliquie des Lignum Crucis birgt; das vergoldete Silberkruzifix enthält das größte bekannte Fragment vom Kreuz Christi.

Vom Aussichtspunkt am Ende der Straße bietet sich ein schöne **Aussicht**★ auf Potes und das zentrale Massiv.

Fuente Dé★★

Neben dem auf 1 000 m gelegenen Parador befindet sich die untere Station der Seilbahn **(Teleférico)**, deren Bergstation 800 m höher liegt. *Fahrten (wenn das Wetter es zulässt) 10-18 Uhr, Karwoche und Juli-Sept. 9-20 Uhr. 10. Jan.-20. März geschl. 8 €.* ☎ 942 73 66 10.

Von der Kabine aus erhascht man mit etwas Glück einen Blick auf Gämsen, die das Massiv bevölkern. Die Aussichtsplattform **Mirador del Cable**★★ bietet einen schönen Blick auf das Deva-Hochtal mit Potes und den Gipfeln des zentralen Massivs. Über einen Fußweg erreicht man die Aliva-Schutzhütte. In diesen Höhen zeigt sich die Verkarstung des Kalksteins auf grandiose Weise; man sieht lang gestreckte, steinige Plateaus und breite, *hoyos* genannte Trichter.

PUERTO DE SAN GLORIO★ 3

Von Potes nach Oseja de Sajambre, 83 km – ca. 3 Std.

Die Straße durchquert zunächst das frische, mit Pappeln bestandene Quiviesa-Tal und führt dann durch Weideland bergan. 10 km hinter Bores bieten sich auf einem kurvenreichen Streckenabschnitt auf der linken Seite weite Ausblicke. Im letzten Abschnitt vor dem Pass beeindruckt die Einsamkeit der Gegend.

Puerto de San Glorio (San-Glorio-Pass)

Ein im Norden des Passes beginnender unbefestigter Weg führt in die Nähe der Peña Llesba *(1 Std. hin und zurück)*. Der **Mirador de Llesba** ist ein herrlicher natürlicher **Aussichtspunkt**★★, von dem man die höchsten Bergspitzen erkennt: rechts das Westmassiv und links das zentrale Massiv mit seinem steilen Südhang, der den Talkessel des Fuente Dé überragt. Den Vordergrund bildet der Pico Coriscao (2 234 m).

Herbe Landschaft umgibt die Straße bis zum Ort **Llánaves de la Reina**, am Eingang des durch die phantastischen Farben des Gesteins beeindruckenden Engtals **Gargantas del Yuso**.

In Portilla de la Reina rechts auf die LE 243 abbiegen.

Puerto de Pandetrave (Pandetrave-Pass)★★

Die Fahrt geht bergauf in eine Hochgebirgslandschaft. Der Pass (1 562 m) bietet ein herrliches **Panorama** mit Blick auf die drei Gebirgsmassive. Im Vordergrund rechts erkennt man die beiden Gipfel des zentralen Massivs Cabén de Remoña und Torre de Salinas; im Hintergrund das in einer Mulde angesiedelte Dorf Santa Marina de Valdeón.

Zwischen Santa Marina de Valdeón und Posada de Valdeón ist die Straße recht schmal, jedoch durchaus befahrbar.

Puerto de Panderruedas (Panderruedas-Pass)★

In 1 450 m Höhe erreicht man ausgedehntes Weideland. Ein Weg *(1/4 Std. zu Fuß hin und zurück)* auf der linken Seite führt zum **Mirador de Piedrafitas**★★ *(Orientierungstafel)*, der einen eindrucksvollen **Blick** auf den riesigen Kessel am Ende des Valdeón-Tals eröffnet. Rechts der Torre Cerredo, der höchste Gipfel des Massivs.

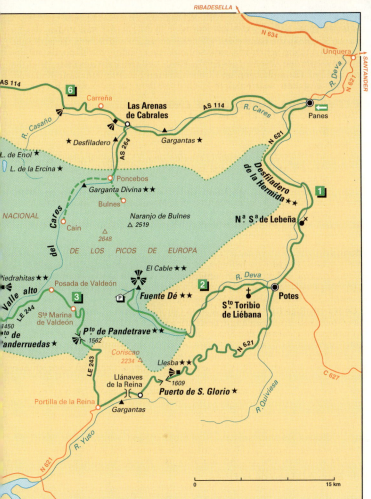

Puerto del Pontón (Pontón-Pass)★

1 280 m. Sehr malerischer **Blick**★★ auf das Sajambre-Tal.
Die Abfahrt in engen Kurven nach Oseja de Sajambre (s. unter 4) bietet Ausblicke auf die Ausläufer der westlichen Gebirgskette. Der Verlauf der Straße am Steilhang wird dann sehr eindrucksvoll (Tunnels); man sieht die gewaltige Wand, durch die sich der Sella gegraben hat.

DESFILADERO DE LOS BEYOS★★★ 4

Von Oseja de Sajambre nach Cangas de Onís, 38 km – ca. 1 Std.

Mirador de Oseja de Sajambre★★

Von diesem Aussichtspunkt bietet sich ein überwältigender **Blick**★★ auf das Becken mit Oseja de Sajambre und auf den Eingang der Schlucht mit ihren bizarren Gesteinsformationen. In der Mitte des Beckens erhebt sich die Bergspitze des Niaja (1 732 m).

Desfiladero de los Beyos★★★

Diese 10 km lange, vom Sella in eine erstaunlich dicke Kalksteinschicht gegrabene Schlucht lässt gerade Platz genug für winzige Böschungen, an denen ein paar Bäume wachsen. Sie zählt mit ihren ausgesprochen steilen Wänden, die jedoch trotzdem das Sonnenlicht einfallen lassen, zu den schönsten Schluchten Europas.

Cangas de Onís

Am westlichen Ortseingang überspannt eine schöne einbogige **Römerbrücke** den Sella.
Im Westen des Orts steht in Contranquil die zur Erinnerung an die Schlacht von Covadonga errichtete Capilla de Santa Cruz. Sie wurde nach dem Bürgerkrieg wieder aufgebaut und birgt den einzigen Dolmen der Gegend; ein Stein davon ist mit Ritzzeichnungen verziert.

Picos de Europa
Villanueva
Am Ende des Dorfs befindet sich das alte Benediktinerkloster **San Pedro**, dessen romanische Kirche in die Bauten des 17. Jh.s einbezogen wurde. Von dieser Kirche sind die Apsis und das schön verzierte Seitenportal erhalten; die Kapitelle auf der linken Seite zeigen den Abschied des Königs Favila und sein trauriges Ende. Auch die Apsiden und der Triumphbogen im Kircheninneren haben interessante Kapitelle. Phantasievoll gestaltete Sparrenköpfe lugen unter dem Dach der Apsis hervor.

NACH COVADONGA, ZUM LAGO DE ENOL UND ZUM LAGO DE LA ERCINA★★ ⑤
Von Cangas de Onís nach Covadonga, 35 km – ca. 3 Std.

Cueva del Buxu
Führung (30 Min.) 9-13 Uhr und 15-17.30 Uhr (nur 25 Personen pro Tag). Keine Reservierung. Mo, Di, Nov., 1. Jan. sowie 24., 25. und 31. Dez. geschl. 1,40 €; Mi Eintritt frei. ☎ 608 17 54 67.

In der an einem Steilhang gelegenen Höhle sieht man prähistorische, kaum handgroße Ritz- und Kohlezeichnungen aus dem Magdalénien, die einen Hirsch, ein Pferd und einen Bison darstellen.

Von der nach Covadonga führenden Straße *(rechts abbiegen)* kann man die herrliche Lage des Ortes am besten betrachten.

Covadonga
Der Wallfahrtsort Covadonga befindet sich in einer eindrucksvollen **Lage★★** in einem engen, von hohen Bergen umgebenen Tal. Mit der sagenumwobenen Schlacht von Covadonga (722), bei der der westgotische Fürst **Pelayo** die Mauren schlug, nahm die Reconquista ihren Ausgang.

Santa Cueva (Heilige Grotte) – *Tgl. 8.30-19 Uhr (Sa/So bis 10 Uhr). ☎ 985 84 61 15*
In dieser Grotte wurde ein Heiligtum geschaffen zu Ehren der Virgen de las Batallas, von der gesagt wird, dass sie den Spaniern zum Sieg gegen die Mauren verhalf; aus der alten Bezeichnung Covadominica („Höhle der Herrin") wurde der Ortsname. Die Grotte beherbergt eine Holzmadonna aus dem 18. Jh., die als Schutzpatronin Asturiens verehrte Santina. Sie ist alljährlich am 8. September Ziel einer großen Prozession.

Basílica – *Tgl. 8.30-19 Uhr. Während der Messen keine Besichtigung. ☎ 985 84 60 16.*
Die Kirche wurde zwischen 1886 und 1901 im neuromanischen Stil erbaut. Davor befindet sich die vom Siegeskreuz *(Original in der Cámara Santa, Oviedo)* überragte Statue Pelayos.

Museo – In diesem Museum sind alle der Jungfrau von Covadonga dargebrachten Gaben zusammengetragen, so z. B. eine herrliche **Krone★** mit über 1 000 Brillanten. *10.30-14 Uhr und 16-18 Uhr. Di, Jan. und Febr. geschl. 1,20 €. ☎ 985 84 60 11.*

Lago de Enol und Lago de la Ercina★
Auf der CO 4 zu den Seen weiterfahren. Von der steil ansteigenden Straße bieten sich immer freiere Ausblicke in die Landschaft. Nach 8 km erreicht man den **Mirador de la Reina★★**, von dem man einen malerischen Blick auf die pyramidenförmigen Felsen der Sierra de Covalierda hat. Hinter einem Pass sieht man dann zwei trichterförmige, felsige Talkessel *(hoyos)*, die den landschaftlichen Rahmen des **Lago de Enol★** und des **Lago de la Ercina★** in 1 232 m Höhe bilden. Das am 25. Juli am Lago de Enol stattfindende Hirtenfest zieht alljährlich viele Besucher an (Hirtentänze, Kajakrennen u. a.).

GARGANTAS DEL CARES★★ ⑥
Von Covadonga nach Panes, 90 km – ca. 1 Tag

Am Ortsausgang von Las Estazadas herrlich weiter **Blick★★** auf die nahen Felswände, die das Casaño-Tal abschließen. Von einem Aussichtspunkt kurz hinter Carreña de Cabrales auf der rechten Seite erkennt man den leicht gekrümmten Gipfel des **Naranjo de Bulnes** (2 519 m).

Arenas de Cabrales
Bedeutendstes Zentrum der Produktion des *Cabrales*, eines in der Art des Roquefort hergestellten Schimmelkäses aus Schafsmilch. Hier erreicht man den Río Cares.
Rechts in die AS 264 einbiegen, die talauf durch das Cares-Hochtal führt.

Cares-Hochtal
Die Straße nach Poncebos durchquert eine malerische Schlucht **(Desfiladero★)** nach Süden. Hinter dem Stausee (Embalse de Poncebos) beginnt ein Fußweg zum Dorf Bulnes *(3 Std. hin und zurück)*. Der Fußweg von Poncebos nach Caín *(3 1/2 Std. hin)* führt zunächst am Cares entlang, durchquert dann die Cares-Schlucht **(Garganta del Cares★★)** und endet schließlich am Fuß des zentralen Massivs der Picos de Europa *(es besteht die Möglichkeit, zur Rückkehr nach Poncebos einen Wagen mit Fahrer zu mieten)*.
Nach Arenas de Cabrales zurückkehren.

Hinter Arenas hat die grüne **Schlucht★** zum Teil moosbewachsene, zum Teil baumbestandene Wände. Schmale, gewölbte Brücken und zerbrechlich wirkende Stege überqueren den Gebirgsstrom.

Monasterio de Piedra★★

Wie eine Oase erscheint das üppig grüne, vom Piedra bewässerte Fleckchen Erde in der sonst so kargen und dürren Vegetation der Hochebene. Bei der Anfahrt über Ateca durchquert man oberhalb des La-Tranquera-Stausees kahles rotes Land, bevor das an einen lehmhaltigen Hang gebaute gleichfarbige Dorf Nuévalos im Blickfeld auftaucht.

Steckbrief
Michelin-Karte Nr. 574 – Aragonien (Zaragoza). Diese herrliche Gegend liegt etwa 25 km südlich der N II-E 90, die Madrid mit Zaragoza (104 km) verbindet.
Reiseziele in der weiteren Umgebung: Kloster SANTA MARÍA DE HUERTA (63 km nordwestlich).

Auf Entdeckungstour

Die Zisterziensermönche, die immer landschaftlich reizvolle Lagen zu wählen wussten, kamen im Jahre 1194 von Poblet hierher. Das oftmals umgebaute Kloster wurde im 19. Jh. stark beschädigt. Heute ist es ein Hotel.

Park und Wasserfälle★★
Tgl. 9-18 Uhr (im Sommer bis 20 Uhr). 6 €. ☎ 976 84 90 11.
Mitten im Wald entdeckt der Besucher kleine und größere Wasserfälle. Man geht auf schmalen Wegen, über Treppen und durch Tunnels *(Hinweg nach den roten, Rückweg nach den blauen Markierungen)*, die im vergangenen Jahrhundert von **Juan Federico Muntadas** angelegt wurden und aus einem schwer zugänglichen Waldgebiet einen schönen, viel besuchten Park machten. Die erste Überraschung ist der aus 53 m Höhe niederstürzende Wasserfall **Cola de Caballo** („Pferdeschwanzfall"), den man von einem Aussichtsturm aus entdeckt (am Ende des Rundgangs kann man über eine steile Treppe hinter dem Wasserfall zur sehenswerten Iris-Grotte – **Cueva Iris** – hinuntergehen).
Das **Baño de Diana** („Bad der Diana") und der romantische, zwischen steilen Felsen liegende **Lago del Espejo** („Spiegelsee") sind ebenfalls eine Besichtigung wert. Der markierte Weg endet bei der gotischen Klosterruine, wo man die Küche, das Refektorium und den Kreuzgang besichtigen kann, die noch erhalten sind.

Pirineos Aragoneses★★

Im zentralen Massiv der Pyrenäen, das den nördlichen Teil der Provinz Huesca einnimmt, erheben sich die höchsten Gipfel der Gebirgskette, der Pico de Aneto (3 408 m), der Pico Posets (3 371 m) und der Monte Perdido (3 355 m). Die Vorberge sind stark zerklüftet und nur spärlich bewachsen. Dringt man jedoch durch die Flusstäler bis ins Herz der mächtigen Massive vor, so eröffnen sich atemberaubende Landschaften. Manche Täler sind weitläufig und sattgrün, andere verengen sich zu dunklen Schluchten. Immer enden sie jedoch im imposanten Rund eines Talschlusses, das zu Wanderungen einlädt.

Steckbrief
Michelin-Karte Nr. 574 – Aragonien (Huesca). Die folgende Route durchquert die Aragonischen Pyrenäen von Ost nach West. Wir haben sie in mehrere Einzelstrecken unterteilt. Dieser Teil der Pyrenäen ist über verschiedene Straßen zu erreichen: Von Pamplona nimmt man am besten die N 240 nach Jaca (111 km südöstlich), von Huesca die N 330, die auch nach Jaca führt (91 km nördlich) und von Barbastro die N 123 und die A 138 nach Aínsa (52 km nördlich). ❚ *Aínsa: Avenida Pirenaica 1, 22330 Huesca, ☎ 974 50 07 67.*
Reiseziele in der weiteren Umgebung: JACA, HUESCA und PIRINEOS CATALANES.

Hintergrundinfos

Die Gebirgsstruktur – Die geologische Formation der in große, parallel verlaufende Ketten gegliederten Pyrenäen wird in den Aragonischen Pyrenäen besonders gut deutlich. Der **Zentralkamm** umfasst die Massive Maladeta, Pico Posets, Pico de Vignemale und Pico de Balaitous, in denen noch Reste eiszeitlicher Vergletscherung zu finden sind. Es folgt die Zone des Monte Perdido, wo die Erosion zu einem ausgesprochen zerklüfteten Landschaftsbild mit Schluchten, Klammen und Hochtä-

Pirineos Aragoneses
Tipps und Adressen

Restaurants

• **Gut & preiswert**

Casa Ruba – Esperanza 18 – Biescas – ☎ 974 48 50 01 – Nov. geschl. – 11 €. In diesem Haus im pyrenäischen Stil befindet sich eines der bekanntesten Restaurants der Region, das auf eine lange Tradition zurückblicken kann. Geboten wird eine sorgsam zubereitete Küche aus guten Produkten. Es gibt auch eine Tapas-Bar und 29 Gästezimmer zu einem ausgesprochen günstigen Preis. Sehr empfehlenswert.

Hotel-Restaurante Casa Frauca – Carretera de Ordesa – Sarvisé – ☎ 974 48 63 53 – 18/22 €. Kleines, rustikal eingerichtetes Restaurant mit einer hervorragenden, detailreichen Küche. Das äußerst gepflegte Hotel hat sehr gemütliche Zimmer mit rustikalen Holzböden und Deckenbalken.

• **Unsere Empfehlung**

Bodegas del Sobrarbe – Plaza Mayor 2 – Aínsa – ☎ 974 50 02 37 – 7. Jan.-3. März geschl. – 22/29 €. Das im mittelalterlichen Örtchen Aínsa gelegene Restaurant befindet sich in den Kellern unter der Plaza Mayor und ist in einem rustikalen, traditionellen Stil eingerichtet. Besonders empfehlenswert sind die Wildgerichte und der *ternasco de la tierra* (Zickleinfleisch).

Unterkunft

• **Gut & preiswert**

Hostal Dos Ríos – Avenida Central 2 – Aínsa – ☎ 974 50 01 06 - Nov.-März geschl. – 17 Z.: 26/38 € – ⌙ 4,50 €. Das Hostal und auch das direkt nebenan gelegene Hotel gleichen Namens sind die beste Wahl, wenn man in Aínsa eine Unterkunft zu vernünftigen Preisen sucht. Sie liegen im unteren Teil des Dorfes, an der Nationalstraße, und haben gepflegte, saubere Zimmer. Von hier aus kann man zu Fuß oder mit dem Auto zur Plaza Mayor gelangen.

Hotel Villa de Torla – Plaza Aragón 1 – Torla – ☎ 974 48 61 56 – **P** ≋ – 38 Z.: 28/41 € – ⌙ 4 € – Rest. 10 €. Dieses vor kurzem renovierte Hotel befindet sich in einem hübschen Steinhaus mitten im Dorfzentrum. Die Zimmer sind angenehm, und im Sommer lädt der Pool zu einer Abkühlung ein.

Hotel Pradas – Avenida Ordesa 7 – Broto – ☎ 974 48 60 04 – **P** – 16 Z.: 25/49 € – ⌙ 3,50 €. Das Hotel an der Straße am Dorfeingang fällt durch seine hübsche Steinfassade auf. Es wurde teilweise renoviert. Einige Zimmer mit Salon, die zu einem höheren Preis zu haben sind.

Hotel Arruebo – La Cruz 8 – Panticosa – ☎ 974 48 70 52 – 18 Z.: 37/55 € – ⌙ 5 € – Rest. 12 €. Ein sehr ordentliches, familiäres und gemütliches Hotel, dessen Inneneinrichtung aus viel Holz besteht. Die Zimmer sind komfortabel; sehr hübsche Bäder.

Llanos del Hospital – Camino del Hospital – Benasque – 15 km nördlich von Benasque über die A 139. Rechts in Richtung Los Llanos del Hospital abbiegen – ☎ 974 55 20 12 – hospital@encomix.es – **P** – 19 Z.: 49/55 € ⌙ 6,50 € – Rest. 12 €. Holz und Stein herrschen in diesem gemütlichen Hotel vor, das einst ein Pilgerhospiz war. Es befindet sich in einer eindrucksvollen Gebirgslage am Fuß des Pico de la Maladeta, ganz in der Nähe des Aneto. Gemütliche, hübsch eingerichtete Zimmer.

---

lern geführt hat. Diese Kalksteinzone läuft in unterbrochenen Ketten (Sierra de la Peña, Sierra de Guara) bis zum Ebrobecken und wird in Höhe von Jaca durch die lange Flussniederung des Aragón unterbrochen. Sedimentgestein hat hier Hügel gebildet, oft baumlos, wie man sie in der eigenartigen „blauen" Mergellandschaft beim **Stausee von Yesa** antrifft.

Das Leben in den Pyrenäentälern – Die aragonischen Hochtäler haben sich schon früh politisch geeint, eine gemeinsame Weidewirtschaft betrieben und somit eine gewisse Unabhängigkeit erreicht. Trotz der verbesserten Verkehrsbedingungen hat sich in einigen abgeschiedenen Tälern viel Tradition und Folklore erhalten. Ein Großteil der Bevölkerung hat heute jedoch den landwirtschaftlichen Betrieb aufgegeben und arbeitet in Zaragoza, Pamplona oder Barcelona. Mit dem Entstehen zahlreicher Wintersportorte (Candanchú, Astún, Canfranc, Panticosa, El Formigal, Benasque) wurde der Tourismus zu einer der Haupteinnahmequellen der Region.

Ausflüge

VON VIELHA NACH BENASQUE 1 *122 km – ca. 3 Std.*

Vielha *(s. unter PIRINEOS CATALANES, Ausflüge)*
Die Straße führt durch den Tunnel von Vielha in das einsam gelegene Hochtal des Noguera Ribagorçana auf der anderen Seite des Maladeta-Massivs. Das auf einer Anhöhe angesiedelte Dörfchen **Vilaller** bietet einen hübschen Anblick.

Auf der N 260 nach Castejón de Sos (Paragliding-Zentrum) und von dort die A 139 nehmen, die durch das Tal führt.

Valle de Benasque★
Inmitten des weiten, kühlen und trotz der Höhe grünen Tals liegt das Städtchen **Benasque** (1 138 m ü. d. M.) am Fuß des Maladeta-Massivs. Es ist als Ausgangspunkt schöner Kletterpartien (Besteigung des Pico de Aneto) und wegen der Skipisten des nur 5 km entfernten Cerler beliebt. Alte Herrenhäuser säumen die engen Gassen. Ein Besuch in dem 1,6 km entfernten Dorf **Anciles** mit seinen hübschen Häusern lohnt sich. Die Straße endet 15 km weiter nördlich. Kurz vorher kann man die Abzweigung zum Hospital de Benasque nehmen, dem Ausgangspunkt für mehrere Routen durch den Parque Natural Posets-Maladeta.

VON BENASQUE NACH AÍNSA 2 *180 km – ca. 1/2 Tag*
Die Straße führt talabwärts durch das Esera-Tal, zunächst durch das Dorf Villanova (zwei Kirchen im romanisch-lombardischen Stil, 11.-12. Jh.) und dann hinter Castejón de Sos links durch den **Congosto de Ventamillo★★**, eine 3 km lange enge Schlucht, deren Kalksteinwände fast senkrecht aufsteigen.

Aínsa★
Das noch von seinem Mauergürtel umgebene Städtchen, eines der schönsten der Pyrenäen, liegt auf einem Bergrücken über dem Zusammenfluss von Cinca und Ara. Im 11. Jh. war die Siedlung Hauptstadt eines kleinen Königreichs. Die in der Oberstadt gelegene **Plaza Mayor★★** ist von Säulengängen umgeben. Der romanische Glockenturm der Kirche überragt dieses Juwel aragonischer Baukunst. Es gibt ein interessantes und modernes Kunsthandwerksmuseum **(Museo de Oficios y Artes Tradicionales★)**. *Karwoche-Sept. 10.30-14 Uhr und 17-21.30 Uhr; im Winter Sa/So 11-14 Uhr und 16.30-19.30 Uhr. 2,40 €.* ☎ 974 51 00 75.

VON AÍNSA NACH MONTE PERDIDO 3 *73 km – ca. 4 Std.*
Die A 138 folgt dem Lauf des Cinca und führt durch eine eindrucksvolle Landschaft, die sich beim Engpass **Desfiladero de las Devotas★** abrupt ändert.

Cañón de Añisclo★★ *(s. unter Parque Nacional de ORDESA Y MONTE PERDIDO, Ausflüge)*

Valle de Gistaín★
In Salinas de Sin abbiegen. Dieses Tal, auch Valle de Chistau genannt, entstand durch die Ausformung des Cinqueta. Hier liegen einige der malerischsten Dörfer der Pyrenäen: **Plan**, San Juan de Plan und **Gistaín**.

Bielsa und Valle de Pineta
Vom hübschen Bergdorf Bielsa führt eine enge Straße am Cinca durch die großartige Landschaft des **Pineta-Tals★★**. Man kann bis zum Parador von Bielsa gelangen, der in einem eindrucksvollen Gletscherabschluss liegt.

VON AÍNSA NACH BIESCAS 4 *81 km – ca. 3 Std.*
Zwischen Boltaña (Kirche aus dem 16. Jh.) und **Fiscal** (mittelalterlicher Turm) hat der Fluss eine Gesteinsfalte hervortreten lassen, die sich wie ein Grat durchs Tal zieht. Neben der Straße liegt das hübsche Dorf **Broto**, dessen Kirche ein interessantes Renaissanceportal hat. Ab Broto zieht die mächtige Felsmasse des Mondarruego (2 848 m), der im

Norden den Ordesa-Park abschließt, die Blicke auf sich. Er bildet den Hintergrund der großartigen **Landschaft★** beim Dörfchen **Torla★**, am Westhang des Ara-Tals. Die Kirche San Salvador bewahrt besonders schöne Retabel aus dem 18. Jh. Die Burg-Abtei von Torla gleich nebenan beherbergt ein Museum **(Museo Etnológico)**. *0,90 €. Auskunft unter ☎ 974 48 61 52 (Rathaus).*

Parque Nacional de Ordesa y Monte Perdido★★★ *(s. dort)*

PORTALET-PASSSTRASSE 5 *52 km – ca. 2 Std.*

Nach Biescas wird das enge und felsige **Tal des Tena** majestätisch weit. Hier liegt der Stausee Embalse de Búbal.

Vor Escarilla auf die HU 610 in Richtung Panticosa abbiegen.

Garganta del Escalar (Esclar-Schlucht)★★

Sie ist so tief und eng, dass das Sonnenlicht nur spärlich in die Tiefe dringt. Die verschiedenen Gesteinsschichten – Kalk, Schiefer und Granit – sind an den Wänden gut zu erkennen. Die Straße führt in engen Haarnadelkurven am Westhang hinauf und erreicht einen kahlen Bergkessel, wo das Thermalbad **Balneario de Panticosa★** liegt, das für seine sechs schwefelhaltigen oder radioaktiven Quellen bekannt ist. Die Hotels und Anlagen, die vom Gipfel des Vignemale überragt werden, verströmen den Zauber längst vergangener Zeiten.

Umkehren, nach Escarilla zurück und weiter zum Portalet-Pass fahren.

Etwas abseits der A 136 liegt das Bergdorf **Sallent de Gállego** (1 305 m). Es ist bei Bergwanderern beliebt, außerdem findet hier im Sommer ein bedeutendes Musikfestival statt. **El Formigal** (1 480 m) ist ein gut ausgebauter Skiort.

Passstraße zum Portalet

1 794 m ü. d. M. Der Pass liegt zwischen dem Pico del Portalet und dem spitzgipfligen Pico de Aneu im Westen. Schöner Ausblick nach Nordwesten über den Talkessel des Aneu und auf den französischen Pic du Midi d'Ossau (2 884 m).

VON BIESCAS ZUM SOMPORT-PASS 6 *58 km – ca. 2 Std.*

In südlicher Richtung auf der N 260 nach Sabiñánigo weiterfahren – man kann der Route der Serrablo-Kirchen folgen (s. unter JACA, Ausflüge) – und dann die N 330 nach Jaca nehmen (s. dort). Von Jaca auf der N 330 nach Norden. In Villanúa befindet sich die 300 m lange Höhle **Cueva de las Güixas**, die seit 1927 besichtigt werden kann. *3,60 €. Auskunft unter ☎ 974 37 81 39.*

Hinter dem Sommerkurort mit dem ehemaligen internationalen Grenzbahnhof **Canfranc-Estación★★** (ein schönes Beispiel für die Architektur des frühen 20. Jh.s), der möglicherweise wieder in Betrieb genommen wird, erreicht die Passstraße in weniger als 1 km Entfernung von der Einsattelung **Candanchú**, den bekanntesten Wintersportort Aragoniens.

Der in 1 632 m Höhe gelegene **Puerto de Somport★★** ist der einzige Pass im zentralen Massiv der Pyrenäen, der das ganze Jahr über (außer bei außergewöhnlich starkem Schneefall) schneefrei gehalten wird. Über den Somport führte einst eine Römerstraße, auf der die Legionen des Pompejus, die Sarazenen und schließlich die Jakobspilger entlangzogen.

Von der Erhebung rechts des Denkmals zur Erinnerung an den Bau der Straße bietet sich ein weiter **Blick★★** über die spanischen Pyrenäen.

Pirineos Catalanes★★★

Tiefe Täler und Beckenlandschaften (Vall d'Aran, Ribagorça, Pallars, Alt Urgell, Ripollès, Garrotxa und Empordà) unterbrechen die Gebirgsmassen der Katalonischen Pyrenäen. Da sie völlig abgeschieden sind, hat sich hier eine lokaltypische Kunst entwickelt, die besonders in der Romanik eine hohe Blüte erreichte. Die Küche dieser einsamen Gebiete ist originell und regional sehr unterschiedlich. Dieser Teil der Pyrenäen ist ein Paradies für Sportler mit einigen gut ausgestatteten Wintersportorten, die im Sommer als Ausgangspunkt für Klettertouren und Bergwanderungen dienen können. Viele Bergbäche bieten sich zudem für Wildwasserfahrten oder zum Angeln an, und herrliche Wege laden zum Wandern durch diese unberührte, großartige Natur ein.

Steckbrief

Michelin-Karte Nr. 574 – Katalonien (Girona, Lleida). Die Katalonischen Pyrenäen ziehen in einer 230 km langen Kette hoher Berge (Pica d'Estats, 3 145 m; Puigmal, 2 910 m) vom Vall d'Aran zum Mittelmeer. Ihre letzten Ausläufer, die Montes Alberes, reichen bis zum Kap Creus, das fast 700 m steil ins Meer abfällt. Am Südrand dieses zentralen Kamms aus Granit erstrecken sich die drei aus Kalk aufgebauten Bergzüge Serra del Cadí, Serra de Boumort und Serra del Montsec. *Camprodon: Plaça d'Espanya 1, 17867 Girona, ☎ 972 74 00 10; Puigcerdà: Querol 1, 17520 Girona, ☎ 972 88 05 42; La Seu d'Urgell: Avinguda de les Valls d'Andorra 33, 25700 Lleida, ☎ 973 35 15 11; Tremp: Plaça de la Creu 1, 25620 Lleida, ☎ 973 65 00 09; Vielha: Sarriulera 10, 25530 Lleida, ☎ 973 64 01 10.*
Reiseziele in der weiteren Umgebung: PIRINEOS ARAGONESES, Principat d'ANDORRA und GIRONA.

Wintersport in den Pyrenäen

Ausflüge

HOCHTAL DES TER★ 1
Vom Coll de Ares zum Vall de Núria, 106 km – ca. 1 Tag

In der Gegend von Ripoll erreicht das vom Puigmal beherrschte Gebirge eine Höhe von nahezu 3 000 m. Das Hochtal des Ter liegt im Schutz eines Halbrunds hoher Berge; man teilt es in den Abschnitt von Camprodon und den Abschnitt von Ribes de Freser.
Beim 1 513 m hohen **Ares-Pass** fallen die weidenbedeckten Hänge sanft ab.

Vall de Camprodon

Molló
Romanische Kirche (12. Jh.) mit schönem Turm.
Auf der schmalen, kurvenreichen Straße links zunächst nach Rocabruna und dann nach Beget fahren.

Beget★★
Dieses hübsche Gebirgsdorf aus schiefergedeckten Steinhäusern mit Holzbalkonen liegt wunderschön bei einem Wasserfall am Ende eines kleinen Tals.
Die romanische **Kirche★★** (10.-12. Jh.) besitzt ein mit Lisenen geschmücktes Chorhaupt. In der Apsis zeigt eine wunderschöne Wandmalerei aus dem 12. Jh. **Christus als Weltenherrscher★**. Den Schlüssel zur Kirche bekommt man bei Señora María Vila, direkt gegenüber. ☎ 972 74 12 72.
Auf die C 38 zurück und in Richtung Camprodon fahren.

Camprodon★
Das Dorf liegt am Zusammenfluss von Ritort und Ter, den eine schöne einbogige Brücke **(Pont Nou★)** überspannt. Sie wurde im 12. Jh. gebaut und im 14. Jh. verändert. Der Ort entwickelte sich um das Benediktinerkloster **Monastir de Sant Pere**, von dem nur die romanische **Kirche★** (12. Jh.) mit fünf Apsiden und einem eleganten Vierungsturm erhalten ist.

Pirineos Catalanes
Tipps und Adressen

Restaurants
• Gut & preiswert
Grau de l'Ós – Jaume II de Mallorca 5 – Bellver de Cerdanya – ☎ 973 51 00 46 – Mo, Di geschl. – ✎ – 8/22 €. Das Restaurant befindet sich in einem ehemaligen Bauernhof, bei dessen Renovierung der rustikale Stil erhalten blieb. Traditionelle Küche, originell kombiniert (Huhn mit Pilzen, Käsesalat mit Apfelessig u. a.)

La Cabana – Carretera de Taüll s/n – Boí – ☎ 973 69 62 13 – Mo (im Winter), Mai-23. Juni, Okt. und Nov. geschl.- ▭ – 17/25 €. In einem gemütlichen und geschmackvollen Rahmen wird typisch katalanische Küche geboten (große Auswahl an Fleischgerichten). Vom Speisesaal aus schöner Blick auf Dorf und Tal.

Can Jan – Sant Roc 10 – Camprodon – ☎ 972 13 04 07 – 9/31 €. In dem Restaurant mit gemütlicher, netter Atmosphäre stellen die örtlichen Künstler ihre Werke aus. Auf der Speisekarte stehen regionale Gerichte und Produkte aus dem Tal und der Umgebung. An der Hauptstraße des Dorfes gelegen, leicht zu finden.

• Unsere Empfehlung
Casa Perú – Sant Antoni 6 – Bagergue – 2 km nördlich von Salardú – ☎ 973 64 54 37 – Mai-Juni und Okt.-Nov. geschl. – 19/23 €. Dieses außergewöhnliche Restaurant liegt in einem kleinen Dörfchen mit Steinhäusern. Der Speisesaal mit der niedrigen Decke ist sehr gemütlich, die ausgesprochen leckeren Gerichte werden auf rustikalen Tellern serviert. Der *olla aranesa* (regionaler Eintopf) und die Wildgerichte sollten unbedingt probiert werden.

Els Puis – Avinguda Dr. Morelló 13 – Esterri d'Àneu – ☎ 973 62 61 60 – Mo (im Winter), Mai und Nov. geschl. – 19/27 €. Das familiäre Restaurant am Ortsausgang wird von Touristen wie Einheimischen besucht. Freundliche Bedienung, regionale Spezialitäten und ein gut sortierter Weinkeller. 7 Gästezimmer zu einem fairen Preis.

Cal Teo – Avinguda Pau Claris 36 – La Seu d'Urgell – ☎ 973 35 10 29 – Mo (außer an Feiertagen) geschl. – ▭ – 18/27 €. Traditionelles, sehr bekanntes Restaurant an der Hauptstraße des Örtchens. Die Fleischgerichte vom Grill und die Spezialität des Hauses, *bacalao a la catalana* (Kabeljau nach katalanischer Art), lassen über die ein wenig unmoderne Inneneinrichtung hinwegsehen. Ideal für eine kleine Pause nach Besichtigung der Kathedrale.

Unterkunft
• Gut & preiswert
Hotel Cal Teixido – Sol de Vila – Estamariu – 2 km östlich von La Seu d'Urgell über die N 260 - ☎ 973 36 01 21 – ▭ – 11 Z.: 28/46 € – ☕ 5 € – Rest. 11 €. Die Zimmer in diesem großen, frisch renovierten Landhaus sind hell und komfortabel, mit Stein- und Holzelementen eingerichtet. Wer Ruhe sucht, ist hier genau richtig, das Hotel liegt vollkommen abgeschieden in einem Dörfchen am Abhang der Anhöhe.

Hotel Fonda Biayna – Sant Roc 11 – Bellver de Cerdanya – ☎ 973 51 04 75 – 17 Z.: 31/46 € – ☕ 3 €. Hübsches Herrenhaus in einem kleinen Dorf aus Steinhäusern. In den einfachen, aber komfortablen Zimmern stehen noch die alten Originalmöbel. Die Bäder sind leider sehr klein.

Hotel Casa Peyró – Coll – 13 km südlich von Caldes de Boí über die L 500 – ☎ 973 29 70 02 – **P** – 8 Z.: 31/49 € – Rest. 10 €. Schönes Steinhaus mit pastellfarbenen Zimmern; ausgesprochen hübsche Bettwäsche und Handtücher. Im 1. Stock gibt es eine Sauna, die allerdings nur im Winter in Betrieb ist. Nichts stört die Nachtruhe in diesem Tal.

Hotel Roya – Major s/n – Espot – ☎ 973 62 40 40 – 25 Z.: 37/52 € ☕. Das Hotel liegt sehr günstig zwischen Skipisten und Wanderwegen, aber auch Geschäfte sind in der Nähe zu finden. Die Zimmer sind komfortabel, hell und hübsch, die Preise angemessen; von einigen Zimmern aus hat man einen schönen Blick auf die Dorfkirche.

• Unsere Empfehlung
Hotel Güell – Plaça d'Espanya 8 – Camprodon – ☎ 972 74 00 11 – hguell@intercom.es – **P** – 39 Z.: 38/60 € – ☕ 7 €. Das hübsche Gebäude aus dem frühen 20. Jh. steht am Hauptplatz von Camprodon. Die Salons und die Treppe sind gut erhalten und wurden im Laufe der Zeit kaum verändert. Komfortable Zimmer mit Holzdecken. Gutes Preis-Leistungs-Verhältnis.

Hotel Valartiés – Major 3 – Arties – ☎ 973 64 43 64 – valarties@aranweb.com – Nov. geschl. – **P** ▭ ♿ – 26 Z.: 50/78 € – ☕ 6,50 € – Rest. 31/35 €. Eines der besten Hotels im Aran-Tal. Die Zimmer sind sehr gemütlich, vor allem die unter dem Dach. Das kleine Hotel bietet alles, was man sich für ein paar erholsame Tage wünscht, einschließlich eines so guten Restaurants wie Casa Irene.

Sport
Ski ist zweifellos die Hauptsportart, die in den Katalonischen Pyrenäen ausgeübt wird. Hier gibt es viele Skiorte, die zum Teil sehr gut mit Hotels ausgestattet sind. Zu den wichtigsten gehören La Molina in der Provinz Girona und Baqueira-Beret im Vall d'Aran (Lleida). Allgemeine Informationen zum Thema Skifahren in Katalonien bekommen Sie bei der **Associació Catalana d'Estacions d'Esquí i Activitats de Muntanya** (ACEM), ☎ 934 16 01 94, oder unter www.acem-cat.com

La Molina: ☎ 972 89 20 31 oder www.lamolina.com

Baqueira-Beret: ☎ 973 64 44 55 oder www.baqueira.es

Kreuzabnahme (13. Jh.)

Monasterio de Sant Joan de les Abadesses★★
Nov.-Febr. 10-14 Uhr, März-Apr. und Okt. 10-14 Uhr und 16-18 Uhr, Mai-Sept. 10-14 Uhr und 16-19 Uhr, Juli-Aug. 10-19 Uhr; Sa/So und feiertags 10-14 Uhr und 16-18 Uhr (Mai-Aug. bis 19 Uhr). 1,80 €. ☏ 972 72 00 13.

Das Kloster, nach dem der Ort benannt ist, wurde im 9 Jh. von Wilfried dem Behaarten gestiftet. Er setzte seine Tochter Emma als erste Äbtissin ein. Bald wich die klösterliche Frauengemeinschaft einem Chorherrenstift.

Iglesia★ – Ursprünglich war die Kirche einschiffig und besaß einen Chorumgang mit Kapellenkranz.

1428 baute man nach einem Erdbeben in die Verlängerung des Kirchenschiffs Pfeiler ein und entfernte den früheren Chorumgang. Der Schmuck der Apsiden entspricht dem des Chorhaupts. Die reich mit Skulpturen verzierten Kapitelle scheinen von orientalischen Stoffen inspiriert zu sein.

In der mittleren Apsis steht eine bemerkenswerte *Kreuzabnahme*★★; die bemalte Figurengruppe wird mit 1251 datiert. Die Personen sind realistisch dargestellt. 1426 fand man eine intakte Hostie im Haupt der Christusfigur. Die Verehrung der Statue wurde durch dieses Wunder noch inbrünstiger und ist bis heute nicht erloschen. Unter den anderen Schätzen der Kirche sollen noch der zierliche gotische Alabasteraltar der Santa María la Blanca (14. Jh.), das Grabmal des seligen Miró de Tagamanent (1345) und der gotische Altar des hl. Augustinus erwähnt werden.

Claustro (Kreuzgang)★ – Er ist schlicht und sehr ausgewogen. Hohe Spitzbögen auf zarten Säulen, deren Kapitelle Pflanzenmotive tragen, haben im 14. Jh. den alten romanischen Kreuzgang abgelöst. Das **Museum** enthält eine bemerkenswerte Sammlung bestickter Stoffe.

Antiguo Palacio de la Abadía (Ehemaliges Abtshaus) – Das Gebäude aus dem 14. Jh. steht am kleinen Platz vor der Kirche, sein Patio hat sehenswerte behauene Kapitelle.

Am Ortsausgang in Richtung Ripoll stößt man auf die **mittelalterliche Brücke★** über den Ter.

Vall de Ribes

Ripoll★
Antiguo Monasterio de Santa María (Ehemaliges Kloster Santa María)★ – Die einzigen Reste des ehemaligen Klosters sind das Hauptportal der Kirche und der Kreuzgang.

Kirche★ – *9-13 Uhr und 15-20 Uhr, Kreuzgang 10-13 Uhr und 15-19 Uhr. Mo (außer im Sommer) geschl. 1,20 €. ☏ 972 70 02 43.*

Die erste Kirche (9. Jh.) wurde bald vergrößert. 1032 weihte der berühmte Abt Oliva ein neues Gotteshaus, ein wahres Juwel der Frühromanik. Das Erdbeben von 1428, verschiedene Umbauten im Laufe der Jahrhunderte und ein Brand (1835) zerstörten

Pireneos Catalanes

RIPOLL, EIN KULTURELLES ZENTRUM DES MITTELALTERS

Ripoll ist durch sein Benediktinerkloster bekannt. Dieses wurde im 9. Jh. von Graf **Wilfried dem Behaarten** von Barcelona gegründet und war bis zum 12. Jh. auch die letzte Ruhestätte der Grafen von Barcelona, Besalú und Cerdanya.

Außerdem gehörte die Bibliothek von Ripoll zu den reichsten des christlichen Abendlandes. Neben heiligen Büchern, theologischen Kommentaren und religiösen Abhandlungen enthielt sie Werke antiker Dichter (Plutarch, Vergil) und zahlreiche wissenschaftliche Arbeiten. Das Abendland hatte zu dieser Zeit das Wissen der antiken Welt vergessen. Den Mauren, die Alexandria und seine reiche Bibliothek eroberten, ist es zu verdanken, dass die Werke der griechischen Gelehrten bewahrt und im ganzen maurischen Reich verbreitet wurden. Als Bindeglied zwischen diesen beiden Kulturen wurde Ripoll unter der Leitung seines Abts Oliva zu einem bedeutenden Zentrum des Geisteslebens, das weithin ausstrahlte und die Wissbegierigen anzog. So kam auch der Ordensmann Gerbert von Aurillac zum Studium der Musik und der Mathematik nach Ripoll, bevor er im Jahre 999 Papst **Silvester II.** wurde.

diese Kirche, und sie wurde Ende des 19. Jh.s nach dem alten Plan wieder aufgebaut, nämlich als fünfschiffige Basilika mit großem Querhaus, an das sich sieben Apsiden anschließen.

Im rechten Querhaus befindet sich das Grabmal (12. Jh.) von Berengar III., dem Großen, im linken Querhaus das von Wilfried dem Behaarten.

Portal★★★ – Das um die Mitte des 12. Jh.s, also ein Jahrhundert nach der Kirche erbaute Portal litt stark unter den Witterungseinflüssen. Trotz der schützenden Vorhalle (Ende 13. Jh.) ist die Bildersprache der Skulpturen nur noch schwer zu entziffern.

Die Reliefstreifen bilden eine Art Triumphbogen mit einem großen Fries am oberen Rand. Die Thematik der rechts und links vom Portal dargestellten Szenen – die Nöte des auserwählten Volks und seine Errettung – erhielt in jener Zeit der Reconquista eine ganz neue Bedeutung.

Der reiche Skulpturenschmuck, der sich nicht nur (wie üblich) auf das Portal beschränkt, sondern auch das Mauerwerk rundherum überzieht, lässt sich wie eine Bilderbibel lesen.

Claustro (Kreuzgang)★ – Nur der an die Kirche grenzende Flügel stammt aus dem 12. Jh. Die anderen wurden im 14. Jh. angefügt, wobei man darauf achtete, den ursprünglichen Stil zu wahren. Dies gelang nicht immer, denn einige der Kapitelle verraten ihre Entstehungszeit.

Auf der N 152 in nördlicher Richtung fahren.

Ribes de Freser

Bekanntes Thermalbad am Zusammenfluss von Freser, Rigard und Segadell. Ab Ribes de Freser geht eine Zahnradbahn **(Cremallera)** in das Vall de Núria.

Vall de Núria★

Ein vom Puigmal bis zur Sierra de Torreneules reichender Talkessel schließt dieses Tal, das nur mit der 1931 eröffneten Zahnradbahn **(Cremallera)** erreichbar ist. Die 12 km lange Strecke

ABT OLIVA

Der berühmteste Abt von Ripoll war ein Sohn des Grafen von Cerdanya und Besalú, feinsinnig und mit Führungsqualitäten ausgestattet. Er leitete von 1008 bis zu seinem Tod (1046) die Klöster von Ripoll und St-Michel de Cuxa (Roussillon); ab 1018 war er außerdem Bischof von Vic. Seine Bauleidenschaft prägte die katalanischen Kirchen jener Zeit, die einen basilikalen Grundriss mit betontem Querschiff und Vierungskuppel erhielten, wie z. B. die Stiftskirche von Cardona.

überwindet einen Höhenunterschied von 1 000 m. Auf der Fahrt bieten sich wunderschöne **Ausblicke★★** in das Hochgebirge mit seinen Wildwassern, steilen Berghängen und abgrundtiefen Schluchten. *Fahrten s. Fahrplan. 4.-30. Nov. geschl. 14 € Berg- und Talfahrt.* ☎ *972 73 20 20.*

Die Madonna von Núria ist die Schutzpatronin der Pyrenäenhirten; sie hat ihr Heiligtum im oberen Teil des Talabschnitts von Ribes de Freser.

LA CERDANYA★★ 2

Vom Vall de Núria nach La Seu d'Urgell, 72 km – ca. 2 1/2 Std.

Die vom Segre durchflossene Cerdanya ist ein Einbruchsbecken zwischen den andorranischen Bergen und der Serra del Cadí. Durch die Landesgrenze wird das Gebiet in zwei Zonen geteilt, wobei der nördliche Abschnitt seit dem Pyrenäenfrieden (1659) zu Frankreich gehört.

1984 wurde der Tunnel durch die Serra del Cadí und die Serra de Moixeró eröffnet **(Túnel del Cadí)** und dadurch der Weg nach Barcelona erheblich verkürzt.

Die Straße von Ribes de Freser nach Puigcerdà verläuft bis zum Pass Collada de Tosses fast immer als Höhenstraße und bietet großartige **Ausblicke★** auf die bewaldeten Hänge des Segre-Tals.

La Molina

Einer der größten Wintersportorte Kataloniens. 1967 wurde nordwestlich von La Molina der Skiort **Masella** angelegt; seine Pisten führen durch Wald. Der Nachbarort **Alp** ist auch im Sommer viel besucht.

Hinter La Molina heißt die N 152 auch E 9. Mit zunehmender Höhe weitet sich der Blick, bis man die Ebene schließlich ganz überschauen kann.

Puigcerdà

Der auf einer Talterrasse des Segre gelegene Ort ist der wirtschaftliche Mittelpunkt der Cerdanya und einer der bedeutendsten Fremdenverkehrsorte der Pyrenäen. Schöne, balkongeschmückte alte Häuser, gediegene Geschäfte und beim Stausee gelegene Bürgerhäuser im Stil des frühen 20. Jh.s machen seinen Reiz aus. Wahrzeichen von Puigcerdà ist der von der gotischen Kirche Santa Maria erhaltene **Turm★**.

Llívia

Die in 6 km Entfernung von Puigcerdà gelegene kleine Stadt ist seit dem Pyrenäenfrieden (1659) eine 12 km² große spanische Enklave in Frankreich. Dies geht auf eine übergenaue Auslegung des Vertragstextes zurück, der besagte, dass 35 Dörfer des Roussillon an Frankreich abgetreten werden sollten. Da Llívia eine Stadt war, blieb sie spanisch.
Der Ort hat malerische Straßen, eine Burgruine und ein paar alte Türme aus der Vergangenheit bewahrt. Im Städtischen Museum **(Museo municipal)** kann man u. a. eine interessante **Apothekeneinrichtung★** sehen, die zu den ältesten Europas gehört. 10-13 Uhr und 15-18 Uhr (Apr.-Sept. bis 19 Uhr), So und feiertags 10-14 Uhr. Mo geschl. (außer Juli-Aug.). 0,90 €. ☎ 972 89 63 13.
Nach Puigcerdà zurückfahren und von dort auf der N 260 in Richtung La Seu d'Urgell weiter.

Bellver de Cerdanya★
Der Marktflecken liegt auf einer felsigen Anhöhe oberhalb des Segre-Tals. Den Hauptplatz umgeben behäbige Steinhäuser mit hölzernen Balkonen und Lauben.

La Seu d'Urgell/Seo de Urgel★
Die Stadt der Fürstbischöfe liegt in einer lieblichen Landschaft am Zusammenfluss von Segre und Valira (Letzterer entspringt in den Bergen von Andorra).
Catedral de Santa María★★ – *10-13 Uhr und 16-19 Uhr, Sa/So und feiertags 10-13 Uhr; Okt.-Mai 12-13 Uhr, Sa/So und feiertags 11-13 Uhr. 2,10 €. ☎ 973 35 32 42.*
Starke lombardische Einflüsse charakterisieren die Kathedrale, mit deren Bau im 12. Jh. begonnen wurde. Ihre Westfassade mit einem Giebel im mittleren Teil und dem darüber aufragenden Glockenturm ist typisch italienisch.
Das Hauptschiff beeindruckt durch sein hohes Gewölbe, das von mächtigen Kreuzpfeilern mit vorgelegten Säulen getragen wird. Eine Reihe kunstvoller Zwillingsfenster belebt die Ostfront des Querschiffs und umzieht außen die Apsis. Der Kreuzgang **(Claustro★)** stammt aus dem 13. Jh.; sein Ostflügel wurde allerdings 1603 erneuert. Künstler aus dem Roussillon gestalteten den figürlichen Skulpturenschmuck der Granitkapitelle, der von großem Kunstsinn und einem gewissen Humor zeugt. In der Südostecke befindet sich die Puerta de Santa Maria, der Zugang zur Kirche **Sant Miquel★** (11. Jh.). Diese ist das einzige erhaltene Bauwerk von denen, die Bischof Hermengild von La Seu d'Urgell errichten ließ.
Das **Museo Diocesano★** (Diözesanmuseum) enthält eine wunderbare Sammlung von Kunstgegenständen (10.-18. Jh.). Das wertvollste Stück ist ein *Beatus*★★ aus dem 11. Jh., der durch die wunderschönen Farben der Miniaturen besticht und eine der besterhaltenen Kopien dieses Kommentars zur Apokalypse ist, die im 8. Jh. von *Beatus von Liébana* verfasst worden war *(s. S. 381, 86)*. Bemerkenswert ist auch ein romanisches Kruzifix aus dem 13. Jh. Es ist mit byzantinisch inspirierter Emailarbeit verziert und stammt aus dem Kloster Santo Domingo de Silos. Herausragend sind weiter das von Pere Serra geschaffene **Retabel der Abella de la Conca★** (14. Jh.), das byzantinische Einflüsse und solche der Schule von Siena zeigt, sowie das in Stein gehauene und farbig gefasste Bartholomäusretabel (14. Jh.), das mit sehr realistischen Szenen geschmückt ist. In der Krypta sind Gegenstände der Gold- und Silberschmiedekunst und die Urne des hl. Hermengild (18. Jh.) ausgestellt.*Okt.-Mai 12-13 Uhr, So und feiertags 11-13 Uhr; Juli-Sept. 10-13 Uhr und 16-18 Uhr, Sa/So und feiertags 11-13 Uhr. 2,10 €. ☎ 973 35 32 42.*

VALL DEL SEGRE★ ③
Von La Seu d'Urgell nach Tremp, 73 km – ca. 3 Std.

Bei La Seu d'Urgell, am Zusammenfluss mit dem Valira, hat der Segre ein großes Becken gebildet, das von Bergen umgeben ist. Viele verschiedenartige Seitentäler führen tief ins Gebirge hinein.
Auf der N 260 in Richtung Organyà fahren.

Garganta de Tresponts★★
In dieser Schlucht hat sich der Segre seinen Weg durch dunkle Felsen (Puzzolan) gegraben, die mit dem Grün der Weiden einen reizvollen Farbkontrast bilden. Weiter talabwärts strömt das Wasser zwischen den Kalksteinfelswänden von Ares und Montsec de Tost dahin und erreicht schließlich eine typische Beckenlandschaft, in der Landbau betrieben wird.

Pirineos Catalanes

Embalse de Oliana★

Dieser einem schmalen Fluss ähnelnde **Stausee** ist von grauen Felswänden umgeben, an denen im Frühjahr viele Wildbäche in Kaskaden niederstürzen.

Coll de Nargó

In diesem typischen Pyrenäendorf steht eine der schönsten romanischen Kirchen Kataloniens. **Sant Climent★** ist ein einschiffiger Bau (11. Jh.) mit lisenenverzierter Apsis. Daneben erhebt sich ein schlichter älterer **Kampanile★**.

Straße zum Collado de Bòixols★★

Zwischen Coll de Nargò und Tremp führt die Straße *(L 511)* durch mehrere Schluchten, einmal auf dem mit Kiefern und Kermeseichen bedeckten Hang, dann wieder auf der gegenüberliegenden kahlen Seite. Man fährt auf halber Höhe des Hangs und kann dabei viele wunderschöne Ausblicke in diese phantastische **Landschaft** aus gelbem und rosafarbenem Kalkstein genießen; besonders schön ist die Aussicht auf dem Pass von Bòixols.

Dann erreicht man ein weites Trogtal, in dem Terrassenfeldbau betrieben wird. Der aus ein paar Häusern mit einer Kirche bestehende Ort Bòixols liegt auf der Endmoräne des früheren Gletschers. Die Straße führt stetig bergab, das Tal wird weiter und geht in die Ebene von Tremp über.

VALL DEL NOGUERA PALLARESA ④

Von Tremp nach Llavorsí, 143 km – ca. 1 Tag

Die Strecke führt durch das Pallars, in dem die höchsten Gipfel der Katalonischen Pyrenäen (Pica d'Estats 3 145 m) liegen. Der gebirgige Norden wird Pallars Sobirà (Ober-Pallars) genannt, Pallars Jussà (Nieder-Pallars) der Süden, nämlich die Pyrenäenvorberge mit dem Becken von Tremp.

Die Straße verläuft talaufwärts zumeist am Noguera Pallaresa entlang und durchquert ab La Pobla de Segur eine vom Kalkstein beherrschte Landschaft.

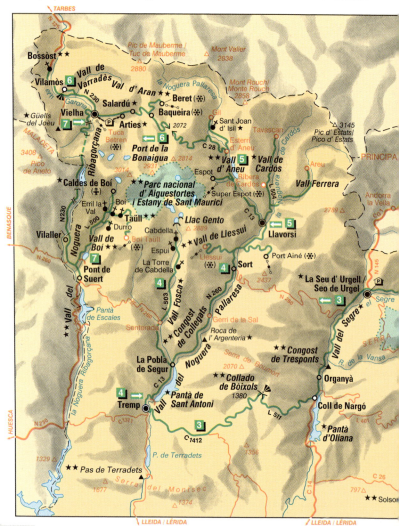

Tremp

Der Ort liegt im Zentrum einer weiten, mit mediterranen Kulturen bebauten Ebene. Im alten Stadtkern sind neben drei Türmen der Stadtmauer interessante Sehenswürdigkeiten erhalten. So birgt die der Jungfrau Maria geweihte Kirche (**Santa Maria★**) beispielsweise die 2 m hohe gotische Holzfigur der *Santa Maria de Valldeflors★* (14. Jh.). Der Stausee (**Pantà de Sant Antoni★**) nordöstlich von Tremp liegt in einem landschaftlich schönen Rahmen.

Die C 13 führt zunächst am Fluss entlang und überquert dann den Stausee.

La Pobla de Segur

Der Ort wird das „Tor zu den Pyrenäen" genannt, denn alle Wege in die entlegenen Hochgebirgsregionen Vall d'Aran, Alta Ribagorça und Pallars Sobirà berühren ihn.

Vall Fosca★

Reizvolle kleine Dörfer mit romanischen Kirchen, darunter **La Torre de Cabdella**, **Espui** und **Cabdella**, folgen aufeinander in dem von hohen Gipfeln umgebenen Tal. Im oberen Teil des Tals liegen mehrere Seen, von denen der größte der **Llac Gento** ist.

Nach La Pobla de Segur zurück und auf der N 260 weiterfahren.

Desfiladero de Collegats★★

Der Fluss hat den weichen Kalkstein in dieser Schlucht zu roten, ockerfarbenen und grauen Klippen ausgeformt. Besonders eindrucksvoll ist der Stalaktit **Roca de l'Argenteria★** in der Nähe von Gerri de la Sal.

Sort

Der Ort ist durch die Kajakrennen auf dem Noguera Pallaresa in der Sportwelt bekannt geworden, doch können auch andere abenteuerlichere Sportarten ausgeübt werden.

In Rialp nach links auf die Straße in Richtung Llessui abbiegen.

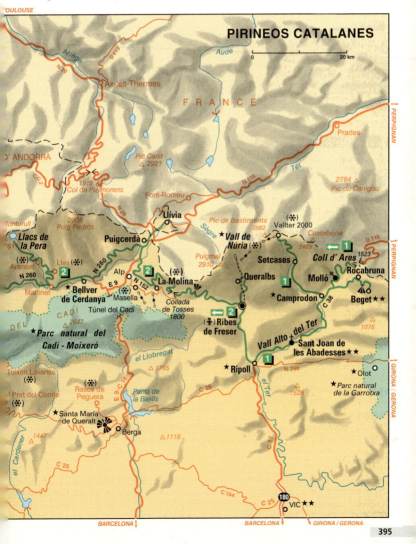

Pirineos Catalanes
Vall de Llessui★★

Dieses in Granit gegrabene Seitental wirkt mit seinen scharfen Graten und den steilen Abbrüchen dramatisch und streng.

VALL ALTO DEL NOGUERA PALLARESA★ [5]

Von Llavorsí zum Bonaigua-Pass, 105 km – ca. 1/2 Tag

Hohe Gipfel schauen auf das einsame, idyllische Hochtal des Noguera Pallaresa.

Llavorsí

Das Dorf hat eine günstige Verkehrslage am Ausgang der drei großen Täler Vall d'Àneu, Vall de Cardós und Vall Ferrera.

Die L 504 nach Norden fahren.

Vall de Cardós★

Der Noguera de Cardós bildet die Mittelachse dieses Tals. Der romanische Kirchturm des Hauptorts Ribera de Cardós erinnert an die Kirchtürme im Vall de Boí.

Nach Llavorsí zurück und dort auf der C 13 in Richtung Baqueira weiterfahren.

Vall d'Àneu★★

In dieses schöne Tal des Noguera Pallaresa mündet von Westen das kleine **Vall Espot** mit dem gleichnamigen Hauptort, dem Tor zum Nationalpark **Aigüestortes i Estany de Sant Maurici★★** *(s. dort)*.

Hinter Esterri d'Àneu, das in eine eindrucksvolle Hochgebirgslandschaft gebettet ist, kommen mehrere romanische Kirchen ins Blickfeld, darunter **Sant Joan d'Isil★**. Ab Isil verläuft die Strecke als Höhenstraße; sie führt weiter bergauf und erreicht den von vielen Berggipfeln umgebenen **Port de la Bonaigua** (2 072 m); links ein herrlicher Gletschertalschluss.

VALL D'ARAN★★ [6]

Vom Bonaigua-Pass nach Bossòst, 45 km – 1/2 Tag

Das **Aran-Tal** am Nordwestrand der Pyrenäen liegt am Oberlauf der Garonne. Es ist nicht so sonnig wie die nach Süden geöffneten Pyrenäentäler und hat ein feuchtes Klima.

Seit dem 13. Jh. gehört es zu Spanien. Wegen seiner unzugänglichen Lage – es ist von Dreitausendern umgeben und konnte bis 1925 nur auf Bergpfaden über den Bonaigua-Pass oder den „Portilhon" von Bossòst erreicht werden – hat es eigene Bräuche und eine eigene Sprache entwickelt. Seit der Eröffnung des Tunnels von Vielha (1948), der den Hauptort des Tals mit der Straße nach Lleida verbindet, hat sich die Lage geändert.

Bebaute Äcker haben heute die Weiden verdrängt, Holzindustrie hat sich angesiedelt, die Bodenschätze und die Wasserkraft werden genutzt, und mehrere Orte sind für den Wintersport erschlossen. Unverändert blieb die großartige Schönheit der Bergwelt, in der die Schieferdächer der um ihre romanische Kirche gedrängten 39 Dörfer graublaue Farbtupfer bilden.

Baqueira-Beret

Sehr gut ausgestatteter Wintersportort mit Skipisten in Höhenlagen von 1 500 m bis 2 510 m.

Salardú★

Häuser aus Granit und Schiefer und die alte Kirche (13. Jh.) mit ihrem hohen Glockenturm machen das besondere Flair dieses Dorfes aus. In der Kirche **Sant Andreu★** (12.-13. Jh.) sind die sehr stilisierte, aber anatomisch getreue romanische **Majestad de Salardú★★**, eine 65 cm große Holzfigur aus dem 12. Jh., und **gotische Wandmalereien★★** (16. Jh.) sehenswert. Der schlanke Kirchturm mit achteckigem Grundriss stammt aus dem 16. Jh. Spezialität des Dorfes ist Nusslikör *(aigua de nodes)*.

Arties★

Die romanische Dorfkirche bei der Mündung des Valarties in die Garonne ist in der Apsis mit Wandmalereien verziert (Jüngstes Gericht, Himmel, Hölle).

Escunhau

Das romanische **Portal★★** (12. Jh.) der **Kirche★** schmücken eine ausdrucksvolle Christusfigur und ungewöhnliche Kapitelle, an denen Gesichter zu erkennen sind.

Betrén

Fremdenverkehrsort, in dem besonders die frühgotische Kirche **San Esteve★** Beachtung verdient. An den Bogenläufen des **Portals★★** sind sehr realistische Szenen des Jüngsten Gerichts und der Auferstehung zu erkennen.

Vielha

971 m. Der Hauptort des Aran-Tals ist ein belebter Fremdenverkehrsort. Zahlreiche alte Häuser aus dem 16. und 18. Jh. sind im Ortskern erhalten. In der Kirche **Sant Miquèu★**, die durch einen schönen Achteckturm (14. Jh.) angezeigt wird, befindet sich der berühmte **Cristo de Mijaran★**. Er ist die einzige von einer Kreuzabnahme erhaltene Figur (12. Jh.) ; das schmale, edle Antlitz Christi ist schön von fein gearbeiteter Haar- und Barttracht umrahmt; Gotisches Portal aus dem 13. Jh. mit Darstellung des Jüngsten Gerichts. Als Einführung in die Kultur des Tales bietet sich ein Besuch im **Musèu dera Val D'Aran** an. *17-20 Uhr, Juli-Sept. 10-13 Uhr und 17-20 Uhr; Sa 10-13 Uhr und 17-20 Uhr, So 10-13 Uhr. Mo geschl. 1,20 €; 18. Mai Eintritt frei.* ☏ *973 64 18 15.*

Der hoch über der Stadt gelegene Parador bietet einen schönen **Ausblick**. Nach Süden hin zeichnet sich der Talschluss des Vall d'Aran ab, rechts erhebt sich die mächtige Gebirgsbarriere des Maladeta-Massivs.

Bossòst

16 km nördlich von Vielha. Die romanische Dorfkirche **Purificació de María**★★ (12. Jh.) ist die schönste des ganzen Tals. Die drei Apsiden tragen Lisenenschmuck. Bemerkenswerte archaische Skulpturen schmücken das Bogenfeld des **Nordportals**; sie stellen den Schöpfer, Sonne und Mond und die Evangelisten dar.

VALL DEL NOGUERA RIBAGORÇANA★★ 7

Von El Pont de Suert nach Caldes de Boí, 54 km – ca. 3 Std.

Das Gebiet im Oberlauf des Noguera Ribagorçana ist mit den über 3 000 m hohen Gipfeln, den von den Gletschern geschaffenen weiten Senken, kleinen Seenplatten und engen, mit Dörfern besäten Tälern typisch für das Hochgebirge.

El Pont de Suert

Zu dieser Gemeinde gehören die hübschen Weiler **Castelló de Tor**, **Casòs und Malpàs**; sie wirken in dieser einsamen, bewaldeten Bergwelt wie freundliche, anheimelnde Inseln.

Vilaller

Der achteckige Turm der Barockkirche Sant Climent (18. Jh.) überragt weithin sichtbar den auf einer Bergkuppe ausgebreiteten Ort.

Die ansteigende Straße nach Caldes de Boí fahren.

Vall de Boí★★

Dieses Tal ist Einzugsgebiet der Flüsse Noguera de Tor und Sant Nicolau. Hier befinden sich die schönsten **romanischen Kirchen** (11. und 12. Jh.) der Pyrenäen. Sie sind durch unregelmäßiges, kleinteiliges Mauerwerk gekennzeichnet, haben einen reinen Stil und klare architektonische Formen; innen waren sie mit Fresken ausgeschmückt, die sich heute im **Museu Nacional d'Art de Catalunya** in Barcelona *(s. unter BARCELONA, Besichtigung)* befinden *(bei mehreren Kirchen wurden die Fresken, deren Originale im Museum sind, an ihrem ursprünglichen Ort reproduziert).* Besonders die schlanke Silhouette der lisenengeschmückten Glockentürme ist in der sie umgebenden Landschaft einzigartig durch die Harmonie von Natur und Architektur. Die Türme von Santa Eulàlia in Erill la Vall, Nativitat in Durro und Sant Joan in Boí gelten als besonders bemerkenswert.

Hinter Erill la Vall nach rechts auf eine schmale Straße in Richtung Boí abbiegen.

Taüll: Sant Climent

Pirineos Catalanes
Taüll★

Dieses typische Bergdorf ist für die Fresken seiner beiden Kirchen berühmt, deren Originale sich heute im Museu Nacional d'Art de Catalunya in Barcelona befinden. Am Ortsausgang von Taüll steht **Sant Climent★★**. Die Kirche wurde am 10. Dezember 1123 geweiht, einen Tag vor der anderen Kirche von Taüll, Santa Maria. Der schlanke, durch sechs Stockwerke mit Arkaden aufgelockerte Turm erhebt sich an der Südostecke des Baus. Das Originalfresko der Apsis, *Christus als Weltenherrscher*, stammt aus der Bauzeit; es wurde durch eine Kopie ersetzt. *10.30-14 Uhr und 16-19.30 Uhr, So und feiertags 11-14 Uhr. 0,90 €. 1. Jan. und 15. Dez. geschl.* ☎ 973 69 40 00.

Im Dorf wacht die Kirche **Santa Maria★** über die eng zusammengedrängten Häuser; ihre Schiffe sind durch Rundpfeiler voneinander getrennt.

In Richtung Caldes de Boí fahren.

Parque Nacional de Aigüestortes i Estany de Sant Maurici★★
Man erreicht den Nationalpark ab der Verbindungsstraße Boí-Caldes. *Beschreibung des Parks s. dort.*

Caldes de Boí★
Unweit des in 1 550 m Höhe gelegenen Thermalbades, dessen 37 heiße Quellen mit Temperaturen von 24 bis 56 °C aus der Erde sprudeln, wurde der Wintersportort **Boí-Taüll** angelegt (Pisten in Höhenlagen zwischen 2 457 m und 2 038 m).

Plasencia★

Die historische Altstadt von Plasencia hat einige interessante Renaissance-gebäude aufzuweisen, darunter die Neue Kathedrale. Zwischen Februar und Juli sind in der Gegend zahlreiche Störche anzutreffen, deren Nester dem Stadtbild eine malerische Note geben.

Steckbrief
36 826 Einwohner. *Michelin-Karte Nr. 576 – Extremadura (Cáceres).* Die Lage Plasencias wird durch das Zusammentreffen der Kalk-Sierren des Landesinnern mit dem älteren Granitsockel des Plateaus der Extremadura bestimmt. Die Stadt erstreckt sich auf einer steilen Granitkuppe, welche tief unten vom Jerte umflossen wird. 🛈 *Plaza de la Catedral s/n, 10600 Plasencia,* ☎ 927 42 38 43.
Reiseziele in der weiteren Umgebung: CÁCERES (85 km südwestlich), TRUJILLO (83 km südöstlich) und La ALBERCA (117 km nördlich).

Auf Entdeckungstour

ALTSTADT
Die Straßen um die Kathedrale und die Plaza Mayor bilden mit den schönen Fassaden und schmiedeeisernen Balkonen ein reizvolles Ziel für Spaziergänge.

Catedral★
Die Kathedrale setzt sich aus zwei verschiedenen Gebäudeteilen zusammen. Die romanisch-frühgotische Seite stammt aus dem 13. und 14. Jh. Ende des 15. Jh.s wurde das Chorhaupt abgerissen, um für einen kühneren Renaissancebau Platz zu schaffen, von dem jedoch nur die Apsis und das Querschiff errichtet wurden.

Man betritt die Kathedrale durch das Nordportal im Platereskstil. Eine Tür im rechten Seitenschiff hinten führt in die **Alte Kathedrale** (heute Pfarrkirche Santa María). Besonders beachtenswert sind hier die romanischen Kapitelle des Kreuzgangs und die schöne Trompenkuppel des Kapitelsaals, die von außen wegen des pyramidenförmigen, mit Biberschwanzziegeln gedeckten Turms nicht zu sehen ist. Die wenigen von der Alten Kathedrale erhaltenen Joche beherbergen ein Museum für sakrale Kunst.

In der **Neuen Kathedrale** zeugen hoch aufstrebende, gerippte Säulen, die sich in kunstvollen Fächergewölben entfalten, vom Talent der zu Recht berühmten Baumeister Juan de Álava, Diego de Siloé und Alonso de Covarrubias. Aufmerksamkeit verdient auch das mit Statuen von Gregorio Fernández (17. Jh.) geschmückte **Retabel★** sowie das **Chorgestühl★** (1520) von Rodrigo Alemán. Auf den Rückenlehnen und Miserikordien der unteren Sitzreihe sind rechts Szenen aus dem Alten Testament und links Genreszenen dargestellt.

Vom Platz der Kathedrale aus geht man links am „Haus des Diakons" (**Casa del Deán**, merkwürdiges Eckfenster) und an der **Casa del Dr. Trujillo**, dem heutigen Justizpalast, vorbei bis zur gotischen Kirche **San Nicolás**. Ihr gegenüber erhebt sich

die schöne Fassade der **Casa de las Dos Torres** („Haus der zwei Türme"). Geradeaus weiter bis zum **Palacio Mirabel**, der von einem massigen Turm flankiert ist. Im Innern schöner zweistöckiger Patio und Jagdmuseum.
Durch die unter dem Palais durchführende Passage gelangt man in ein weniger vornehmes Viertel in der Nähe der ehemaligen Befestigungsanlagen. Treppengassen mit weiß gekalkten Häusern, an deren Fenstern Wäsche trocknet, kündigen bereits die malerischen Dörfer des Südens an. Besonders typisch ist die **Calle de Sancho Polo**. Von dort aus biegt man rechts zur verwinkelten, von Säulengängen gesäumten **Plaza Mayor** ab.

Umgebung

La Vera
Von Plasencia über die EX 203 in östlicher Richtung fahren. In diesem grünen Tal östlich von Plasencia werden Tabak und Obst angebaut. Dörfer wie **Cuacos de Yuste**, wo Don Juan de Austria aufwuchs, sind in ihrer malerischen Ursprünglichkeit erhalten geblieben. Die aus dem 15. Jh. stammende Burg von **Jarandilla de la Vera** wurde zum Parador ausgebaut.
Monasterio de Yuste★ – *1,8 km ab Cuacos de Yuste. Führung (30 Min.) 9.30-12.30 Uhr und 15-18 Uhr, Apr.-Okt. 9.30-12.30 Uhr und 15.30-18.30 Uhr. 0,60 €; Do-vormittag Eintritt frei.* ☏ *927 17 21 30.*
Des Regierens müde, zog sich der alternde **Karl V.** nach seiner Abdankung im Jahre 1556 in dieses bescheidene Hieronymitenkloster zurück, das die gleiche Ruhe wie die schöne umliegende Landschaft ausstrahlt. Er starb hier am 21. September 1558. Das während des spanischen Freiheitskriegs zerstörte Kloster ist teilweise restauriert. Zu besichtigen sind das von Karl V. bewohnte kleine Palais mit dem Speisezimmer und dem Schlafzimmer direkt neben der Kirche, sodass der Kaiser vom Bett aus am Gottesdienst teilnehmen konnte, außerdem die gotische Kirche und der gotische sowie der platereske Kreuzgang.

Parque Natural de Monfragüe
25 km südlich über die EX 208. **Informationsstelle** in Villarreal de San Carlos *(mehrere Wanderwege und Ausflugsmöglichkeiten mit dem Auto). Tgl. 9-14.30 Uhr und 15.30-18.30 Uhr, im Sommer 9-14.30 Uhr und 16.30-19.30 Uhr. 1. Jan. und 25. Dez. geschl.* ☏ *927 19 91 34.*
Der 17 842 ha große Naturpark liegt in einem Bergland bei der Mündung des Tiétar in den Tajo. Er besitzt eine typische mediterrane Flora (Zistrosen, Korkeichen, Stieleichen, Strohblumen, Erdbeerbäume) und eine ausgesprochen artenreiche Fauna mit vielen geschützten Tierarten, wie z. B. Gänsegeiern, Rabengeiern, Kaiseradlern, Pardelluchsen, Mangusten u. a.

Coria
42 km westlich über die N 630 und die EX 108. Coria liegt im Tal des Alagón. Von der ehemaligen Römerstadt sind noch Teile der im Mittelalter wieder aufgebauten Mauer und der Stadttore zu sehen.
Catedral★ – Die gotische Kathedrale wurde im 16. Jh. mit elegantem plateresken Dekor versehen; ein Skulpturenfries schmückt den oberen Teil der Mauer. Über allem thront ein Barockturm.
Das einschiffige Innere ist mit einem Fächergewölbe abgeschlossen, wie man es häufig in den Kirchen dieser Gegend findet. Bemerkenswert sind das Retabel aus dem 18. Jh. und im *coro* das schmiedeeiserne Gitter sowie das gotische Chorgestühl.

Pontevedra★

Pontevedra ist eine gemächliche Provinzstadt, in der das Leben in ruhigen, geordneten Bahnen verläuft. Hier gibt es schöne Gebäude, nüchterne Kolonnaden und gepflasterte Straßen, die von verwitterten Betsäulen aus vergangenen Zeiten gesäumt sind. Die Stadt hat reizvolle Parks und Grünanlagen. Im Winter laden gemütliche Cafés ein, im Sommer die angenehmen Terrassen der Lokale.

Steckbrief
75 148 Einwohner. Michelin-Karte Nr. 571 – Kartenskizze Rías Bajas, S. 408. Die Stadt liegt an der gleichnamigen *ría* und ist über die Autobahn mit Vigo (27 km südlich) und Santiago de Compostela (57 km nördlich) verbunden. In Richtung Hinterland führt die N 541 durch eine reizvolle Landschaft nach Ourense/Orense (100 km südöstlich). 🛈 *Gutiérrez Mellado 1 bajo, 36001 Ourense,* ☏ *986 85 08 14.*
Reiseziele in der weiteren Umgebung: RÍAS BAJAS und SANTIAGO DE COMPOSTELA.

Pontevedra
Auf Entdeckungstour

ALTSTADT★ *Besichtigung: 1 1/2 Std.*
Neben den ausgedehnten, belebten neueren Stadtvierteln hat Pontevedra eine reizvolle Altstadt bewahrt. Sie erstreckt sich zwischen dem Lérez-Ufer, den Straßen Calle Michelena, Calle del Arzobispo Malvar, Calle Cobián und dem Fluss. Hinter den verglasten Fassaden, auf den Plätzen – wo sich hier und da eine Betsäule erhebt – (**Plaza de la Leña, Plaza del Teucro, Plaza de la Pedreira**) und den Straßen am Lérez (**Pedreira, Real, San Nicolás**) scheint die Zeit still zu stehen. Nur an Markttagen erwacht die **Calle Sarmiento** zu regem Leben.

> **EIN BEDEUTENDER HAFEN**
> Die geschützt in einer *ría (s. S. 50)* liegende Stadt war einst ein geschäftiger Hafen, bevölkert von Fischern und Händlern, die ihre Konserven auch ins Ausland verkauften.
> Hier wurden berühmte Seefahrer geboren, wie z. B. der gelehrte Kosmograph **Pedro Sarmiento**, der eine aufschlussreiche *Reise zur Magellanstraße* verfasste. Aufgrund der immer stärkeren Versandung der Mündung des Lérez verlor die Stadt im 18. Jh. an Bedeutung, als Hafen entwickelte sich der südwestlich gelegene Ort Marín.

Plaza de la Leña★
Schöne Fassaden und eine Betsäule erheben sich auf diesem malerischen, verwinkelten Platz. Die beiden Gebäude aus dem 18. Jh. beherbergen das Landesmuseum.

Plaza de la Leña

Museo Provincial
10-13.30 Uhr und 16.30-20 Uhr, Juni-Sept. 10-14.15 Uhr und 17-20.45 Uhr; So und feiertags 11-14 Uhr. Mo, 1. und 6. Jan. sowie 25. Dez. geschl. 1,20 €; für EU-Bürger Eintritt frei. ☎ 986 85 14 55.
Besonders schön sind im Erdgeschoss die bronzezeitlichen **Keltenschätze★** aus A Golada und Caldas de Reis sowie der Schatz aus Foxados (2. und 1. Jh. v. Chr.). Auch die über 600-teilige Silbersammlung, alles vor 1900 von Hand gefertigte Stücke aus verschiedenen Ländern, verdient Beachtung. In der Gemäldesammlung *(1. Stock)* sind insbesondere die frühen aragonischen Meister des 15. Jh.s zu erwähnen.
Im zweiten Gebäude befindet sich die Nachbildung einer Kajüte der Fregatte *Numancia*, die im Jahre 1866 bei der folgenschweren Schlacht am Callao (Hafen von Lima) unter dem Befehl des Admirals Méndez Núñez stand. Als man dem Admiral davon abriet, den gut gesicherten Hafen anzugreifen, entgegnete er stolz: „Spanien zieht die Ehre ohne Schiffe Schiffen ohne Ehre vor." Im 2. Stock sind eine alte Küche und Keramiken aus Sargadelos (19. Jh.) ausgestellt. Beachtliche Sammlung von Jett-Schmuck.

Santa María la Mayor★
Tgl. 10-13 Uhr und 17-21 Uhr. Während der Messen keine Besichtigung. ☎ 986 86 61 85.
Die reizvolle Kirche im Platereskstil erhebt sich inmitten von alten Gassen und Gärten. Sie wurde vom Ende des 15. Jh.s bis etwa 1570 von der einflussreichen Seemannszunft in der Nähe des Fischerviertels errichtet. Die **Westfassade★** wirkt wie ein Retabel, auf dessen verschiedenen Flächen der Marientod, Mariä Himmelfahrt, die Dreifaltigkeit und ganz oben die Kreuzigung dargestellt sind. Der zarte

PONTEVEDRA

Benito Corbal	Z
Buenos Aires (Av. de)	Y
César Boente	Y 2
Compostela (Av. de)	Y 5
Curros Enríquez (Pl. de)	Z
Daniel de la Sota	Z 8
Don Gonzalo	Z 12
España (Pl. de)	Z 15
Fernández Villaverde	Z 18
General Gutiérrez Mellado	Z 21
Gregorio Fernández	Z 24
Juan Manuel Pintos	YZ 26
Manuel Quiroga	Y 34
Marqués de Riestra	Z 37
Michelena	Z 40
Monte Rios (Gran Vía de)	Z 42
Oliva	Z
Padre Amoedo	Y 47
Padre Luis María Fernández	Z 50
Pasantería	Z 53
Pedreira	Y 55
Pedreira (Pl. de la)	Y 56
Peirao (Pl. do)	Z 57
Peregrina	Z 58
Peregrina (Pl.)	Z 61
Princesa	YZ 64
Prudencio Landín Tobío	Z 67
Real	Y
Sagasta	Z 70
San Bartolomé (Arcos de)	Y 72
San Nicolás	Y 75
Santa María (Av. de)	Z 78
Sarmiento	YZ
Soportales de la Herrería	Z 81
Valentín García Escudero (Pl.)	Y 84
Verdura (Pl. de la)	Z 86

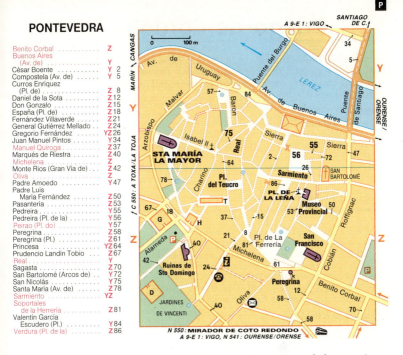

Fassadenabschluss zeigt Ruderer und Fischer, die ihre Netze einholen. In einem Seitenschiff befindet sich eine Statue des hl. Hieronymus; der Bildhauer hat den gelehrten Übersetzer mit Brille dargestellt.

Im **Innenraum** vermischen sich auf harmonische Weise die Stilrichtungen der Gotik (Zackenbögen), des Isabellinischen Stils (gedrehte Säulen) und der Renaissance (Rippengewölbe). Die Innenseite der Westfassade ist mit naiven Flachreliefs bedeckt, die Szenen der Schöpfungsgeschichte *(Adam und Eva; Arche Noah)* und des Neuen Testaments darstellen.

San Francisco

Die im Sinne der Bettelorden schlicht gehaltene gotische Kirche erhebt sich bei den Anlagen der **Plaza de la Ferrería**. Eine Balkendecke schließt den Innenraum ab.

Capilla de la Peregrina

Tgl. 8-13 Uhr und 16.30-20 Uhr. ☏ *986 85 68 85.*
In dieser kleinen Barockkirche (Ende 18. Jh.) mit konvexer Fassade befindet sich der Altar der Schutzheiligen von Pontevedra.

Ruine von Santo Domingo

10.15-13.30 Uhr und 17-20.30 Uhr, Okt.-Mai Besichtigung nach Voranmeldung. Sa/So und feiertags geschl. Eintritt frei. ☏ *986 85 14 55.*
Die erhaltene gotische Apsis mit den hohen, von Efeu überwachsenen Fensterbögen wirkt sehr romantisch. Im Inneren sind Bildhauerarbeiten (auch

> **TIPP**
> Ein schöner Blick auf die Peregrina-Kapelle und San Francisco bietet sich von der **Cafetería Carabela** an der belebten **Plaza de la Ferrería**.

Fragmente) ausgestellt: Stelen, galicische Wappen und vor allem Grabplatten von Handwerkern (eingemeißelte Werkzeuge) und Adligen, wie Payo Gómez de Sotomayor, Botschafter Heinrichs III. am persischen Hof.

Umgebung

Mirador de Coto Redondo★★

14 km südlich über die N 550. Die Straße nach Vigo nehmen, nach 6 km rechts in Richtung Lago Castiñeiras abbiegen und dann den Hinweisen folgen. Angenehme Fahrt *(herrliche Ausblicke)* durch Kiefernwald und Eukalyptushaine. Vom Aussichtspunkt herrlicher **Rundblick★★** über die *rías* von Pontevedra und Vigo.

Priego de Córdoba★★

Der wunderschöne Ort kam im 18. Jh. durch die Seidenindustrie zu Reichtum, wodurch die Kunst eine außerordentliche Blütezeit erlebte. Eindrucksvoll sind seine Brunnen, die herrlichen Kirchen und ein bezauberndes Stadtviertel maurischen Ursprungs.

Steckbrief
22 196 Einwohner. Michelin-Karte Nr. 578 – Andalusien (Córdoba). Der Ort liegt abgeschieden auf halber Strecke zwischen Córdoba und Granada in einer Ebene der Ausläufer der Betischen Kordillere. ◘ Río 33, 14800 Priego de Córdoba, ☎ 957 70 06 25.
Reiseziele in der weiteren Umgebung: JAÉN (67 km nordöstlich), GRANADA (79 km südöstlich) und ANTEQUERA (85 km südwestlich).

Besichtigung

Fuente del Rey und Fuente de la Salud★★
Am Ende der Calle del Río. Diese beiden Brunnen sind die berühmtesten des Ortes. Der älteste Brunnen ist der **Fuente de la Salud**, ein im Stil des Manierismus gestalteter Bau aus dem 16. Jh. Daneben erhebt sich die prachtvolle Anlage des im frühen 19. Jh. vollendeten **Fuente del Rey**, der wunderschön in den Park eines Barockschlosses passen würde. Das Wasser sprudelt aus den Mündern von 139 Maskaronen. Die mittlere Gruppe zeigt Neptuns Wagen und Amphitrite.

Barrio de la Villa★★
Dieses Stadtviertel hat seinen mittelalterlichen und maurischen Charakter bewahrt. Viele blühende Topfpflanzen beleben die Hauswände an den engen, gewundenen Straßen.

El Adarve★
Dieses Viertel schließt sich nördlich an das Barrio de la Villa an. Es bildet sozusagen eine Aussichtsterrasse mit Blick auf die Ausläufer der Betischen Kordillere.

Parroquia de la Asunción★
Am Ende des Paseo del Abad Palomino. Besichtigung nach Voranmeldung 10.30-13.30 Uhr und 16-19 Uhr, im Sommer 11-14 Uhr und 17.30-20 Uhr. Mo und So-nachmittag geschl. Während der Messen keine Besichtigung. ☎ 606 17 16 53.
Die aus dem 16. Jh. stammende Kirche wurde im 18. Jh. barock umgebaut. Im Altarraum kann man einen manieristischen Altar mit Skulpturen und Malereien aus dem 16. Jh. bewundern.
El Sagrario★★ – Diese oktogonale Umgangskapelle mit Vorraum ist ein Meisterwerk des andalusischen Barock. Das Licht setzt sie wunderschön in Szene. Verstärkt und reflektiert durch das Weiß der Decken und Wände umspielt es die prachtvolle **Stuckdekoration★★★**, die trotz ihrer Fülle sehr zart wirkt.

Vom Paseo del Abad Palomino hat man eine gute Aussicht auf die Reste der nüchternen und gewaltigen **Festung** maurischen Ursprungs, die im 13. und 14. Jh. umgebaut wurde.

Priego hat viele Barockkirchen. Da gibt es die hübsche Rokokokirche **Iglesia de las Angustias**, die mit einem besonders schönen Portal verzierte **Aurora**, **San Pedro** mit interessanten Bildern u. a. In dem vom Barock geprägten Ambiente der Stadt überrascht der klassische Bau der **Carnicerías Reales** (16. Jh.), des ehemaligen Schlachthauses und Marktes. Heute werden hier Ausstellungen gezeigt.

Puebla de Sanabria

Auf einer Anhöhe an der Grenze zwischen Léon, Galicien und Portugal erhebt sich die Burg des Grafen von Benavente (15. Jh.) mitten im malerischen Bergdorf Puebla de Sanabria. Die mit Steinplatten gedeckten weißen Häuser sind vielfach mit Wappen verziert. Der einzige Schmuck des Portals der Kirche (Ende 12. Jh.) aus rostfarbenem Granit ist ein Kugelfries. Vom Platz vor der Burg hat man eine schöne Aussicht auf den Tera und einen Teil des Lago de Sanabria.

Steckbrief
1 969 Einwohner. Michelin-Karte Nr. 575 – Kastilien und León (Zamora). Das Dorf liegt an der A 52, in der Nähe des Stausees Embalse de Cernadilla und des Lago de Sanabria. ◘ *Plaza Mayor s/n, 49300 Puebla de Sanabria,* ☎ *980 62 00 02.*
Reiseziele in der weiteren Umgebung: ZAMORA (110 km südöstlich) und CAMINO DE SANTIAGO (nördlich).

Ausflug

Valle de Sanabria
19 km nordwestlich. Die Straße zum See nehmen, nach 14 km rechts abbiegen; nach 6 km links abbiegen. Dieses von den Gletschern der Sierra de Cabrera Baja und der Sierra Segundera gebildete Tal im Nordwesten von Puebla ist heute Naturschutzgebiet. Viele Wasserläufe und üppiges Buschwerk verleihen der fisch- und wildreichen Gegend ihren besonderen Reiz.

Lago de Sanabria – Der in 1 028 m Höhe liegende Bergsee ist der größte Gletschersee Spaniens. Er eignet sich ausgezeichnet für alle Wassersportarten und zum Angeln (Lachsforellen).

San Martín de Castañeda – Während der Fahrt genießt man die **Aussicht★** auf den tosenden Tera und den von Bergen umgebenen See. Gleich am Ortseingang dieses typisch galicischen Dorfes erblickt man das Chorhaupt der romanischen **Kirche** (11. Jh.), die sich durch ihre klaren Linien auszeichnet.

Pyrenäen★★★ *siehe Pirineos*

Rías Altas★

Die Nordküste Galiciens erstreckt sich von Ribadeo bis zum Kap Finisterre (galic. Cabo Fisterra). Sie ist meistens flach, aber durch die so genannten *rías* reich gegliedert. Diese *rías* sind abgesunkene Flussmündungen, die vom Meer erweitert wurden und wie die Fjorde Norwegens tief ins Land eindringen. Kahle, von Wasser und Wind abgeschliffene Felsen und die gedrungenen, schiefergedeckten Steinhäuser vermitteln den Eindruck eines rauen Klimas. Dennoch sind die kleinen Buchten mit ihren Sandstränden bei den Sommergästen sehr beliebt.

Steckbrief
Michelin-Karte Nr. 571 – Galicien (Lugo, A Coruña). Die rías liegen im äußersten Nordwesten der Iberischen Halbinsel; am besten erreicht man sie von La Coruña und Lugo aus. **冃** *Ferrol: Plaza Camilo José Cela s/n, 15403 A Coruña, ☎ 981 31 11 79; Foz: Avenida de Lugo 1, 27280 Lugo, ☎ 982 14 06 75; Mondoñedo: Plaza de la Catedral 34, 27740 Lugo, ☎ 982 50 71 77; Ribadeo: Plaza de España s/n, 27700, ☎ 982 12 86 89; Viveiro: Avenida de Ramón Canosa s/n, 27850 Lugo, ☎ 982 56 08 79.*
Reiseziele in der weiteren Umgebung: RÍAS BAJAS, A CORUÑA/La CORUÑA, COSTA VERDE und LUGO.

Tipps und Adressen

RESTAURANTS
• **Unsere Empfehlung**
Tira do Cordel – *San Roque s/n – Fisterra – 10 km südwestlich von Corcubión in Richtung Fisterra. Links zum Strand abbiegen – ☎ 981 74 06 97 – So-abend (im Winter) und Dez. geschl. – Reserv. empf. – 21/27 €.* Dieses sehr beliebte Restaurant liegt wunderschön am Strand, ganz in der Nähe des Cabo Fisterra. Hier gibt es einfach zubereitete Gerichte aus frischen, hochwertigen Zutaten. Die Spezialität ist auf Holzkohle gegrillter Fisch.

Hostal-Restaurante As Garzas – *Porto Barizo 40 – Malpica de Bergantiños – 7 km südwestlich in Richtung Barizo – ☎ 981 72 17 65 – Mo (außer im Sommer), feiertags und 15. Jan.-15. Febr. geschl. – ⌀ – 23/29 €.* Direkt am Meer. Vom verglasten Speiseraum genießt man einen schönen Blick, angeboten wird vor allem frischer Fisch. In dem getünchten Gebäude mit Schieferdach befindet sich auch ein Hotel mit ordentlichen Zimmern.

UNTERKUNFT
• **Unsere Empfehlung**
Pazo da Trave – *Galdo – 3,5 km südlich von Viveiro über die C 640 – ☎ 982 59 81 63 – traveregal@interbook.net – ▣ ⌁ – 10 Z.: 73/91 € – ⌑ 7,50 € – Rest. 15 €.* Dieses stilvolle, mit viel Geschmack eingerichtete Hotel befindet sich in einem alten Steinhaus mit Garten aus dem 15. Jh. Im Gegensatz zur Steinfassade dominiert nun bei den Böden, Balken und Möbeln warmes Holz. Komfortable Zimmer, gute Küche.

Rías Altas
Ausflug

DIE RÍAS ALTAS
Die aufgeführten *rías* folgen einander von Ost nach West; sie sind tief und dichte Kiefern- und Eukalyptuswälder bilden ihren Hintergrund.

Ría de Ribadeo
Für den asturischen Teil der ría s. unter Costa Verde, 2. Die Mündungsbucht des Eo bildet auf den letzten Kilometern vor Erreichen des offenen Meers die Grenze zwischen Galicien und Asturien. Der Eo, im Oberlauf ein reißender Wildbach, fließt nun in Schleifen gemächlich durch das grüne, hügelige Land. Von der Brücke über die Mündung ergibt sich ein schöner **Blick**★ in die Runde. **Ribadeo** war im 19. Jahrhundert ein geschäftiger Hafen für die Küstenschifffahrt und ist heute eine Stadt von regionaler Bedeutung, die vor allem im Sommer sehr belebt ist.

Ría de Foz
Die Bevölkerung des kleinen Hafenstädtchens **Foz** an der Mündung der gleichnamigen *ría* widmet sich hauptsächlich der Küstenfischerei. Die schönen, am Atlantik liegenden Strände sind im Sommer sehr beliebt.

San Martín de Mondoñedo – *5 km westlich von Foz; zuerst in Richtung Mondoñedo fahren, dann scharf rechts abbiegen. Tgl. 11-13 Uhr und 16-19 Uhr.* ☎ *982 13 27 17.* Die Kirche erhebt sich einsam auf einer Anhöhe. Das einst zu ihr gehörende, sehr alte Kloster war bis 1112 der Bischofssitz, dann ging diese Würde an die Kathedrale von Mondoñedo über. Erstaunlicherweise ist die frühromanische Kirche völlig unberührt von stilistischen Einflüssen der Kathedrale von Santiago de Compostela. Das lisenengeschmückte Chorhaupt wird von mächtigem Strebewerk gestützt. Im Innern sind besonders die **Kapitelle**★ des Querschiffs bemerkenswert. Ihre archaisch-naiven Skulpturen zeigen viele liebenswerte Details. So sieht man z. B. die Parabel vom hartherzigen Reichen, der Lazarus vor Hunger sterben lässt, während der Tisch von Speisen überquillt und ein darunter liegender Hund die Füße des ausgestreckten Lazarus leckt. Diese Kapitelle sollen aus dem 10. Jh. stammen, und man kann bei den Pflanzenmotiven westgotischen Einfluss feststellen.

Mondoñedo – *23 km südwestlich über die N 634.* Der Ort liegt in einem grünen, reizvollen Tal. Die Straßen der Altstadt sind von hübschen weißen Häusern gesäumt, die Wappen und Balkone aus Schmiedeeisen schmücken. Der Platz vor der Kathedrale hat mit seinen Glasveranden (*solanas*) und Arkaden einen ganz besonderen Charme.

Catedral★ – In ihrer mächtigen Fassade verbindet sich das Grandiose der im 18. Jh. angefügten barocken Türme mit der Anmut der drei großen, aus dem 13. Jh. stammenden Spitzbögen, des Portals und der Fensterrose aus der gleichen Zeit. Das schlichte **Innere** ist im Übergangsstil von der Romanik zur Gotik gehalten. Unter der schönen Orgel aus dem Jahr 1710 sind übereinander angeordnete Freskenstreifen aus dem ausgehenden 14. Jh. zu sehen, die den Kindermord zu Bethlehem und das Leben Petri illustrieren; das Retabel des Hochaltars entstand in der Zeit des Rokoko. Auf der rechten Seite des Chorumgangs befindet sich die so genannte Englische Madonna aus bemaltem Holz, die im 16. Jh. aus London hierher gebracht wurde. Im rechten Seitenschiff ruht der Bischof Juan Muñoz, zu dessen Lebzeiten die jetzige Fassade entstanden ist. Der klassizistische **Kreuzgang** wurde im 17. Jh. angefügt.

Ría de Viveiro
Meer, bebautes Land und Berge verbinden sich hier zu lieblichen Landschaften, deren Schönheit von **Nicomedes Pastor Díaz** oft besungen wurde.
Das mit dem Wappen Kaiser Karls V. geschmückte und nach ihm benannte Tor blieb von der Stadtmauer **Viveiros** erhalten. Im Sommer macht der Fremdenverkehr diese Hafenstadt zu einem gut besuchten Badeort. Am 4. Sonntag im August zieht die *Romería del Naseiro* Besucher aus ganz Galicien an.

Ría de Santa María de Ortigueira
Grüne Hänge rahmen diese tiefe *ría* ein. Gepflegte Anlagen umgeben den Hafen von **Ortigueira**.

Ría de Cedeira
Die tief eingeschnittene *ría* von eher bescheidenen Ausmaßen besitzt schöne Strände. Von der Straße aus bieten sich reizvolle **Blicke** auf die umliegende Landschaft und den Badeort **Cedeira**.

Ría de Ferrol
Sie bildet einen herrlichen Ankerplatz. Man erreicht sie über einen 6 km langen Kanal, der von zwei Festungen bewacht wird. Wegen der außergewöhnlich geschützten und geographisch günstigen Lage für Fahrten nach Amerika beschlossen die Könige Ferdinand VI. und Karl III. im 18. Jh., **Ferrol** zu einem Kriegshafen auszubauen. Zu dieser Zeit wurde auch der symmetrische Grundriss der Stadt festgelegt, der nach wie vor das Bild der Altstadt bestimmt.
Heute ist Ferrol einer der wichtigsten spanischen Kriegshäfen; ein Arsenal, Industrie und Werften sind hier angesiedelt.

Betanzos

Die an der gleichnamigen *ría* gelegene Stadt **Betanzos**★ mit dem heute versandeten Hafen war ehemals Marktzentrum des so genannten Las-Mariñas-Tals, der Kornkammer von La Coruña. In der Stadtmitte erheben sich drei stattliche Kirchen, deren reicher gotischer Schmuck von der einstigen Bedeutung Betanzos' zeugen. Das sie umgebende Viertel ist mit seinen steilen Gassen und den verglasten Veranden noch recht altertümlich.

Santa María del Azogue★ – *Tgl. 10.30-14 Uhr und 16-19.30 Uhr. Während der Messen keine Besichtigung.* ☎ *981 77 07 02.*

14. und 15. Jh. Der Name dieser Kirche leitet sich vom arabischen Wort *souk* („Markt") ab. Der vorspringende Mittelteil der asymmetrischen Fassade ist mit einer fein gearbeiteten Fensterrose und zarten Skulpturen auf den Bogenläufen des Portals verziert. In den Nischen rechts und links des Portals stehen archaisch wirkende Figuren der Muttergottes und des Erzengels Gabriel; sie symbolisieren die Verkündigung. Die drei gleich hohen, von einer Balkendecke überspannten Kirchenschiffe lassen das Innere sehr geräumig erscheinen.

San Francisco★ – *Tgl. 10.30-14 Uhr und 16-19.30 Uhr.*

Im Jahre 1387 stiftete der Graf Fernán Pérez de Andrade in der Nähe von Santa María ein Franziskanerkloster. Die davon erhaltene Kirche hat den Grundriss eines lateinischen Kreuzes und einen besonders hohen gotischen Chor. Von Interesse sind die zahlreichen Grabmäler an den Wänden und die zarten Steinmetzarbeiten. Unter der Empore links vom Eingang befindet sich der von einem Keiler und einem Bären getragene, prächtig reliefierte **Sarkophag**★ des Stifters. Jagdszenen schmücken die Seitenwände. Zu Füßen der Liegefigur kauern Hunde, während zu Häupten ein Engel die Seele des Verstorbenen empfängt.

Santiago – Diese Kirche liegt etwas höher als die beiden schon genannten Kirchen und wurde im 15. Jh. von der Schneiderzunft errichtet. Das Innere ist wie das von Santa María gestaltet. Das Portal trägt ein Reiterbild des Schutzpatrons Jakobus d. Ä., der in Spanien den Beinamen „Maurentöter" trägt. Das an das Chorhaupt anschließende **Rathaus** (16. Jh.) ist mit Arkaden und einem schönen Wappen geschmückt.

Ría de La Coruña

Costa de la Muerte

Zwischen La Coruña und dem Cabo Fisterra erstreckt sich eine wilde und großartige Küste, an der schon viele Schiffe versanken – daher auch der wenig einladende Name „Todesküste".

An den windgeschützten Stellen liegen kleine Fischereihäfen wie **Malpica de Bergantiños** und **Camariñas**, das für seine Klöppelspitzen berühmt ist. Die Islas Sisargas, gegenüber, sind Vogelschutzgebiet.

Cabo Fisterra (Cabo Finisterre)★ – **Corcubión**★, nächst dem Kap, ist eine reizvolle alte Hafenstadt mit wappengeschmückten Häusern und verglasten Veranden. Die zum Kap führende **Höhenstraße**★ bietet interessante Blicke auf die von drei hintereinander liegenden Gebirgszügen abgeschlossene Bucht. Vom Leuchtturm hat man einen weiten **Blick**★ auf den Ozean und die Bucht.

Costa de la Muerte

Rías Bajas★★

In den Rías Bajas zeigt Galicien sein freundlichstes Gesicht. Die tiefen, an Meeresfrüchten und Fischen reichen Buchten bieten den Schiffen viele geschützte Häfen. Zur Badesaison kommt ein Schwarm von meist spanischen Sommergästen in die Küstenorte und Strände.

Steckbrief
Michelin-Karte Nr. 571 – Galicien (A Coruña, Pontevedra). Die Rías Bajas bestehen aus vier *rías*: der Ría de Muros y Noia, der kleinsten von allen, in die der Tambre mündet; der Ría de Arousa an der Mündung des Ulla, die von der Ría de Muros y Noia nur durch die Halbinsel Barbanza getrennt wird, wo der Aussichtspunkt auf dem Curota liegt (Mirador de la Curota); der Ría Pontevedra mit ihren hübschen Stränden und schließlich der Ría de Vigo mit den vorgelagerten Islas Cíes.

> **DIE ENTSTEHUNG DER RÍAS**
> *Rías* sind vom Meer erweiterte Flussmündungen. In Galicien entstanden sie durch das Absinken der Küste und das Vorrücken des Meeres.

🛈 *Baiona: Paseo de Ribeira s/n, 36300 Pontevedra, ☎ 986 68 70 67; Sanxenxo: Madrid s/n, 36960 Pontevedra, ☎ 986 72 02 85; Vigo: Dársena de la Estación Marítima de Trasantlánticos s/n, 36201 Pontevedra, ☎ 986 43 05 77; Tui: Puente de Tripes s/n, 36700 Pontevedra, ☎ 986 60 17 89.*

Reiseziele in der weiteren Umgebung: RÍAS ALTAS, PONTEVEDRA *und* SANTIAGO DE COMPOSTELA.

Ausflüge

RÍA DE MUROS Y NOIA★★ ①
Von Muros nach Ribeira, 71 km – ca. 1 1/4 Std.
Die Gegend bezaubert durch ihren urwüchsigen Charakter. Die felsige Küste ist niedriger als bei anderen *rías*. Interessanter ist das bewaldete Nordufer der Bucht. Das Hafenstädtchen **Muros** weist noch viele typisch galicische Häuser auf. In **Noia** ist die gotische Kirche **San Martín★** auf dem Dorfplatz bemerkenswert. Sie hat ein sehr schönes Portal und eine wunderbar gearbeitete Fensterrose.

RÍA DE AROUSA ②
Von Ribeira nach A Toxa, 115 km – ca. 3 Std.
Diese *ría* an der Mündung des Ulla ist der größte und buchtenreichste Meeresarm der galicischen Küste.

Ribeira
Bedeutender Fischereihafen mit großen Lagerhallen.

Der Hafen von Muros

Tipps und Adressen

Restaurants

• Gut & preiswert

Tasca Típica – Cantón 15 – Noia – ☎ 981 82 12 70 – 12/21 €. Das Restaurant in einem alten Steinhaus im Zentrum von Noia wird wegen seiner *raciones* und Tagesmenüs von einem bunten Publikum besucht. Man kann auch auf der Terrasse essen.

Taberna Alvariñas – Rúa do Mar 63 – Combarro – ☎ 986 72 20 33 – Mo (außer im Sommer), Dez. und Jan. geschl. – 15/21 €. Hinter den Steinmauern dieses alten Hauses verbirgt sich eine gemütliche, schlicht eingerichtete *taberna* (nicht zu verwechseln mit dem Restaurant gleichen Namens, das sich im selben Gebäude befindet). Geboten wird eine gepflegte regionale Küche. Wunderschöne Terrasse am Meer.

Casa Ramallo – Castro 5 – Rois – 4 km nördlich von Padrón über die AC 301 – ☎ 981 80 41 80 – Mo und 24. Dez.-7. Jan. geschl. – Reserv. empf. – 22 €. Dieses kleine, familiäre Restaurant bietet leckere Hausmannskost, vor allem Eintöpfe und Geschmortes, aber auch Fleischgerichte und Meeresfrüchte. Sehr zu empfehlen.

• Unsere Empfehlung

Anduriña – Calvo Sotelo 58 – A Garda – ☎ 986 61 11 08 – So-abend geschl. – 🖃 – 25 €. Das bei den Einheimischen beliebte Restaurant ist zwar einfach eingerichtet (die Toiletten sind nicht ganz auf dem neuesten Stand), hat aber sehr schmackhafte Gerichte aus frischen Produkten zu bieten. Für Fischgerichte ausgesprochen gemäßigte Preise.

La Oca – Purificación Saavedra 8 (gegenüber dem Mercado de Teis) – Vigo – ☎ 986 37 12 55 – Sa/So, Mo-abend, Di-abend, in der Karwoche und 3 Wochen im Aug. geschl. – 20/25 €. Die etwas seltsame Lage und die ungepflegte Fassade sollten von einem Besuch dieses kleinen, familiären Restaurants nicht abhalten. Geboten wird eine galicische Küche der anderen Art: Die Speisekarte ist kreativ, originell und französisch beeinflusst. Ein Gaumenschmaus.

Unterkunft

• Gut & preiswert

Casa do Torno – Lugar do Torno 1 – Noia, 1,1 km südlich von Noia über die Straße nach Boiro – ☎ 981 84 20 74 – 8 Z. (nur DZ): 52 € 🖃. Dieses Landhotel befindet sich in einem getünchten Bauernhaus, hinter dem ein kleiner Garten liegt. Gemütliche Zimmer mit Holzböden und antiken Möbeln. Die Bäder sind nicht besonders groß, aber gut ausgestattet. Ideal, um ein paar Tage auszuspannen.

• Unsere Empfehlung

Hotel Convento de San Benito – Plaza de San Benito – A Garda – ☎ 986 61 11 66 – 24 Z.: 42/63 € – 🖃 4,50 €. Hinter den alten Mauern findet man eine Oase der Ruhe ganz in der Nähe des Fischereihafens A Garda. Das Hotel ist in einem Benediktiner-Nonnenkloster aus dem 16. Jh. eingerichtet, in dem es noch einen klassizistischen Kreuzgang gibt. Die Zimmer sind schlicht und elegant.

Pazo de Hermida – Trasmuro 21 – Lestrove – 1 km südwestlich von Padrón über die C 550 – ☎ 981 81 71 10 – Weihnachten geschl. – 🅿 – 6 Z. (nur DZ): 73 € – 🖃 4 €. In diesem Landsitz, der im 17. Jh. auf zwei alten Wehrtürmen errichtet wurde, suchte schon die Dichterin Rosalía de Castro nach Ruhe, die man hier auch heute noch findet. Äußerst komfortable Zimmer, einige unter dem Dach. Sehr zu empfehlen.

Hotel Pazo de Mendoza – Elduayen 1 – Baiona – ☎ 986 38 50 14 – 11 Z.: 52/78 € – 🖃 4 € – Rest. 11 €. Ein modernes Hotel in einem alten Haus aus dem 18. Jh. im Zentrum von Baiona, direkt am Meer. Die gut eingerichteten, sehr komfortablen Zimmer haben Holzböden. Das Restaurant bietet eine kreative Küche aus hochwertigen Produkten.

Mirador de la Curota★★

10 km ab Puebla del Caramiñal. Vom Gipfel des Curota (498 m) bietet sich ein herrliches **Panorama**★★ über die vier Rías Bajas. Bei klarer Sicht reicht der Blick vom Kap Finisterre bis zum Miño.

Padrón

Hier soll das Schiff des hl. Jakobus gelandet sein. Unter dem Hochaltar der Pfarrkirche (**Iglesia Parroquial**, *neben der Brücke*) kann man den Stein *(pedrón)* sehen, an dem der Heilige es festmachte. Die Stadt, die berühmt ist für den Anbau von Spanischem Pfeffer (eingelegt ergibt er die scharfen Peperoni), liegt an den Flüssen Sar und Ulla. Die bekannte Dichterin **Rosalía de Castro** (1837-1885) lebte und starb in Padrón; ihr Haus wurde zum **Museo de Rosalía de Castro** ausgebaut. *10-13.30 Uhr (im Sommer 10-14 Uhr) und 16-19 Uhr (im Sommer 16-20 Uhr; So und feiertags 10-13.30 Uhr (im Sommer 10-14 Uhr). Mo, 1. und 6. Jan. sowie 25. Dez. geschl. 1,20 €.* ☎ *981 81 12 01.*

Vilagarcía de Arousa

Die Promenadenstraße mit gepflegten Anlagen und Blick aufs Meer könnte sich auch in einem größeren Seebad sehen lassen. Am Ortsausgang in Richtung Cambados liegt das 1648 gegründete Kloster Vista Alegre. Es ist ein ehemaliger Landsitz *(pazo)* mit Viereckürmen, Kerbzinnen und Wappenschmuck.

Rías Bajas

Mirador de Lobeira★

4 km südlich. In Cornazo dem angezeigten Waldweg folgen. Vom Aussichtspunkt aus überschaut man die ganze *ría* sowie die Hügel des Landesinneren.

Cambados★

Am Nordeingang des Dorfes, das ein altes Viertel mit engen Gassen und malerischen Häusern bewahrt hat, liegt die wunderschöne **Plaza de Fefiñanes★**. Sie wird an zwei Seiten vom *pazo* gleichen Namens begrenzt, dessen wappengeschmückte Fassade mit der Kirche (17. Jh.) auf der dritten Seite des Platzes harmoniert; abgeschlossen wird das Viereck von einer Häuserzeile mit Arkaden. Auf der anderen Seite des Dorfs steht die romantische Kirchenruine von **Santa Mariña de Dozo** in einem Friedhof. In der Gegend wird der Albariño angebaut, ein fruchtiger Weißwein, den man kosten sollte.

A Toxa/La Toja★

Ein kranker Esel, der auf der Insel von seinen Besitzern zurückgelassen und dann geheilt wieder aufgefunden wurde, gilt als der erste „Kurgast" von A Toxa. Heute sind die Heilquellen versiegt, doch bildet die Insel, die einen schönen Kiefernbestand vorzuweisen hat, durch ihre herrliche **Lage★★** den idealen Rahmen für geruhsame Ferien. A Toxa ist mit zahlreichen prachtvollen Villen und einem Hotelpalast vom Anfang des 20. Jh.s das eleganteste Seebad der galicischen Küste. Eine kleine Kirche ist über und über mit Jakobsmuscheln bedeckt. Jenseits der Brücke liegt das Seebad **O Grove** mit einem Fischereihafen, der für seine Meeresfrüchte berühmt ist.

Aquariumgalicia

Ausfahrt westlich aus O Grove in Richtung San Vicente; Abzweigung in Höhe von Reboredo. Tgl. 10-19 Uhr (21. Juni-Sept.). 7 €. ☎ 986 73 15 15/12 35.
Im einzigen Aquarium der Region leben über 15 000 Tiere. Die Arten – es sind über 150 – sind auf 18 Aquarien verteilt, in denen die ihnen entsprechenden Biotope geschaffen wurden. Die „Granja Marina" beherbergt die für den Handel wichtigen Fische, darunter Meerbrassen und Steinbutt.
An der **Straße★** von A Toxa nach Canelas, die durch ein wildes Dünengebiet führt, liegen von Felsen eingerahmte Sandstrände (**La Lanzada**).

RÍA DE PONTEVEDRA★ 3

Von A Toxa nach Hío, 62 km – ca. 3 Std.

Sanxenxo

Sehr beliebter Badeort, dessen Klima als eines der besten der galicischen Küste gilt.

Monasterio de Armenteira

Besichtigung nach Voranmeldung unter ☎ 986 71 83 00.
Eine schmale Straße führt von Samieira zu diesem Zisterzienserkloster, dessen Kirche (12. Jh.) und Kreuzgang (17. Jh.) besichtigt werden können.

Combarro★

In diesem typischen Fischerort mit verwinkelten Gassen finden sich noch zahlreiche Betsäulen *(calvarios)* und in Strandnähe eine Reihe von *hórreos★*.

Pontevedra★ *(s. dort)*

Marín

Sitz der Kriegsmarineschule.

Hío

In diesem Dorf befindet sich eine berühmte, reich verzierte galicische **Betsäule★**.

RÍA DE VIGO★★ 4

Von Hío nach Baiona, 70 km – ca. 3 Std.

Die *ría* von Vigo ist enger und tiefer als die *ría* von Arousa und durch die vorgelagerten Islas Cíes gut geschützt. Sie ist in Höhe von Domaio landschaftlich besonders schön, denn hier treten die steilen, bewaldeten Hänge sehr nah zusammen. In der engen Durchfahrt fallen die Muschelbänke auf. Von Cangas und Moaña aus sieht man auf der Anhöhe jenseits der *ría* die Stadt Vigo liegen.

Vigo

Als wichtigster Überseehafen und größter Fischereihafen Spaniens zählt Vigo zu den bedeutendsten Industrie- und Handelszentren des Landes. Im Volk herrscht der Glaube, dass auf dem Grund der *ría* mannigfaltige Schätze aus der Zeit Philipps V. ruhen. Die halbkreisförmig an der Südseite der *ría* aufsteigende Stadt erfreut sich einer schönen **Lage★** inmitten von Kiefernwäldern und Parks. Vom Castro-Hügel aus bietet sich eine wunderbare **Sicht★★** auf Vigo und die Bucht. In El Berbés, romantischen ältesten Viertel der Stadt, wohnen Fischer und Seeleute. Gleich daneben befindet sich A Pedra, ein reger Fischmarkt, auf dem die Austern verkauft werden, die in den zahllosen Schenken genossen werden können.

Islas Cíes★

Die schöne Inselgruppe mit kristallklarem Wasser und schneeweißem Sand liegt vor der Bucht von Vigo. Sie wurde 1980 zum Naturpark erklärt und besteht aus drei Inseln: Monteagudo, Faro und San Martiño. Die ersten beiden Inseln sind durch die natürliche Sandbank der Playa de Rodas miteinander verbunden.

> **PRAKTISCHE INFORMATIONEN**
> Zwischen Juni und September gibt es täglichen Schiffsverkehr ab Cangas und Vigo. Die Überfahrt dauert etwa eine 1/2 Std. Auskunft unter ☎ 986 22 52 72.

Mirador la Madroa ★★

6 km. Ausfahrt aus Vigo über die Straße zum Flußhafen; nach 3,5 km links abbiegen und der Ausschilderung „Parque Zoológico" folgen. Vom Aussichtspunkt bietet sich ein herrlicher **Blick★★** auf Vigo und die *ría*.

Südlich von Vigo liegen die Strände Alcabre, Samil und Canido.

Panxón

14 km südwestlich über die C 550. Badeort am Fuß des Monte Ferro.

Playa América

Vornehmer Badeort am landseitigen Ende der Bucht.

Baiona★

Am 10. März 1493 legte hier die *Pinta*, eines der drei Schiffe des Christoph Kolumbus, an. Ihr Kapitän, **Martín Alonso Pinzón**, hat als Erster die Entdeckung der Neuen Welt verkündet.

Baiona ist heute ein beliebter Badeort mit einer am Fischerei- und Jachthafen entlangführenden Uferpromenade mit zahlreichen Caféterrassen. Das alte Viertel mit wappengeschmückten Häusern und verglasten Galerien ist glücklicherweise erhalten und wird überragt von der in einem Übergangsstil von der Romanik zur Gotik gebauten ehemaligen Stiftskirche **(Excolegiata**; 12.-14. Jh.). In den Bögen symbolisieren verschiedene Handwerksgeräte – Schere, Messer, Äxte – die am Bau der Kirche beteiligten Zünfte; beachtliche Steinkanzel aus dem 14. Jh. *Tgl. 11-12.30 Uhr und 16.30-18.30 Uhr.* ☎ 986 68 70 67.

Monterreal – *Tgl. 10-22 Uhr. 0,60 € (3,10 € Gebühr für PKW).* ☎ 986 35 50 00

Die Katholischen Könige ließen am Anfang des 16. Jh.s die Halbinsel Monterreal befestigen. Die in einem Kiefernwald liegende Festung, einst Wohnsitz des Gouverneurs, wurde zu einem Parador umgebaut. Ein **Spaziergang auf den Mauern★** *(etwa 1/2 Std.)* gewährt eine herrliche **Sicht★★** auf die Bucht, den Monte Ferro, die Islas Estelas und die Küste bis zum Cabo Silleiro, an der sich zahlreiche durch Felsen geschützte Strände befinden.

STRASSE VON BAIONA NACH TUI★ 5 *58 km*

Der Küstenstreifen zwischen Baiona und A Garda ist flach und stark zerklüftet.

Oia

Die Häuser dieses Fischerdörfchens sind um die alte Zisterzienserabtei **Santa María la Real** mit Barockfassade gruppiert. Landeinwärts grasen Wildpferde auf sanft ansteigenden grünen Hügeln. Hier werden an bestimmten Sonntagen im Mai und Juni *curros* veranstaltet, bei denen die Wildfohlen das Brandzeichen erhalten.

Rías Bajas
A Garda

Dieser kleine Fischereihafen liegt an der südlichsten Spitze der galicischen Küste. Im Süden erhebt sich der die Mündung des Miño überragende **Monte Santa Tecla★** (341 m). Von seinem Gipfel hat man eine schöne **Aussicht★★** auf die Umgebung. An den Bergflanken liegen die Reste einer **keltischen Siedlung**, die von einer konstanten Besiedlung vom 20. Jh. v. Chr. bis ins 3. Jh. n. Chr. zeugen. Am Straßenrand wurden zwei runde Steinhütten mit Strohdach rekonstruiert.

Ab A Garda führt die C 550 parallel zum Miño ins Hinterland.

Tui★

Das alte Viertel dieser Stadt an der spanisch-portugiesischen Grenze nimmt durch seine schöne **Lage★** an einem steilen Felshang am rechten Ufer des Miño für sich ein. Gegenüber liegt die portugiesische Festung Valença. Vom **Parque de Santo Domingo** beim Chorhaupt der gotischen Kirche gleichen Namens (14. Jh.) bietet sich ein schöner Blick über die Stadt.

Seit Gustave Eiffel, der Architekt des Pariser Eiffelturms, die internationale Miño-Brücke gebaut hat (1884), ist die Stadt zu einem bedeutenden Grenzübergang zwischen Spanien und Portugal geworden.

Tui ist eine der ältesten Städte Galiciens und hat eine ausgesprochen reiche geschichtliche Vergangenheit. Die schönen, mit Wappen geschmückten Adelshöfe an den steilen Straßen und Treppen, die zur Kathedrale führen, liefern ein gutes Zeugnis dafür.

Catedral★ – *Tgl. 9.30-13.30 Uhr und 16-19 Uhr (22. März-30. Juni 16-20 Uhr), 30. Juni-30. Sept. 9.30-21 Uhr. Das Museo Diocesano ist im Winter geschlossen. 1,80 € im Winter, 2,40 € im Sommer (einschl. Museo Diocesano). ☎ 986 60 31 07.*

Der wuchtige, zinnenbewehrte und von mächtigen Türmen flankierte Bau sieht wie eine Festung aus und war es auch über lange Zeit. Die 1232 geweihte Kirche weist romanische und gotische Elemente auf. Das romanische Nordportal ist fast streng zu nennen. Die Westfassade schmückt eine im 14. Jh. angebaute Vorhalle, die zwar wehrhaft, aber sehr reizvoll mit Spitzbögen verschönt ist. Sie schützt ein reich mit Skulpturen verziertes **Gewändeportal★**. Im Tympanon wird hier die Muttergottes verherrlicht; über der Anbetung der Hirten und der Könige sind die Türme des Himmlischen Jerusalem zu sehen, eine kunstvolle Darstellung, die wie schwerelos wirkt.

Die zwischen dem 15. und dem 18. Jh. angebrachten Stützen zum Auffangen der sich neigenden Pfeiler ziehen im **Kircheninneren** den Blick auf sich.

Der Grundriss des dreischiffigen Querhauses verrät den Einfluss von Santiago de Compostela; es sind die beiden einzigen Kirchen Spaniens, die diese Besonderheit aufweisen. Die Kapellen wurden zwischen dem 16. und dem 18. Jh. umgebaut. Das Chorgestühl ist mit Szenen aus dem Leben des hl. Telmo, des Schutzpatrons von Tui, geschmückt.

Über dem breiten und entsprechend der Zisterzienserregel einfach gehaltenen **Kreuzgang** verläuft ein Wehrgang, der eine schöne Aussicht auf Fluss und Tal bietet.

Capilla de San Telmo – Der heilig gesprochene **Pedro González Telmo**, ein portugiesischer Dominikanermönch, lebte in Tui, wo er um 1240 starb. Seine Reliquien werden in der im portugiesischen Barock gestalteten Kapelle verwahrt, die man an der Stelle seines Hauses errichtete; sie liegt unterhalb der Kathedrale. In der Krypta *(Zugang ab Rúa do Corpo Santo)* sieht man den Alkoven, in dem der Mönch starb.

La Rioja★

Weinberge und Gemüseanbau kennzeichnen diesen Abschnitt des Ebrotals, der von den hohen Gipfeln der Sierra de Cantabria und der Sierra de la Demanda überragt wird. Die in dieser schönen Landschaft liegenden Dörfer und Städte haben ein reiches kulturelles Erbe, was oft durch den Jakobsweg begünstigt wurde.

Steckbrief

Michelin-Karte Nr. 573 – La Rioja, Navarra, Baskenland (Álava). Das Gebiet hat eine Gesamtfläche von 5 000 km^2 und umfasst die gleichnamige Provinz sowie Teile von Navarra und Álava. 🛈 *Haro: Plaza Monseñor Florentino Rodríguez s/n, 26200 La Rioja, ☎ 941 30 33 66; Logroño: Paseo Príncipe de Vergara (Espolón), 26071 La Rioja, ☎ 941 29 12 70; Nájera: Constantino Garrán 8, 26300 La Rioja, ☎ 941 36 00 41; San Millán de la Cogolla: Monasterio de Yuso (Ed. Aula de la Lengua), 26326 La Rioja, ☎ 941 37 32 59; Santo Domingo de la Calzada: Mayor 70, 26250 La Rioja, ☎ 941 34 12 30.*

Reiseziel in der weiteren Umgebung: CAMINO DE SANTIAGO.

Tipps und Adressen

RESTAURANT
- **Unsere Empfehlung**

Marixa – Sancho Abarca 8 – Laguardia – ☎ 941 60 01 65 – 23/33 €. Ein in der Region recht bekanntes, familiäres Restaurant. Vom Speisesaal aus hat man einen schönen Blick. Geboten wird eine traditionelle Küche. Auch einige einfache, aber sehr gepflegte Gästezimmer stehen zur Verfügung.

UNTERKUNFT
- **Unsere Empfehlung**

Hotel Echaurren – Héroes del Alcázar 2 – Ezcaray – ☎ 941 35 40 47 – 10.-30. Nov. geschl. – **P** – 25 Z.: 40/70 € – ⊊ 6,50 € – Rest. 19/36 €. Das gegenüber der Kirche Santa María la Mayor gelegene Hotel ist vor allem für sein Restaurant bekannt, in dem man vorzüglich speist (traditionelle oder auch innovative Küche). Sehr komfortable Zimmer.

Parador de Santo Domingo de la Calzada – Plaza del Santo 3 – Santo Domingo de la Calzada – ☎ 941 34 03 00 – sto.domingo@paradores – **P** 🖃 ♿ – 59 Z.: 89/108 € – ⊊ 9 € – Rest. 23 €. Dieser Parador in herrlicher Lage in der Nähe der Kathedrale befindet sich in einem ehemaligen Pilgerhospiz des Jakobswegs. Am schönsten sind zweifellos die Salons mit ihren Steinwänden und den gotischen Bögen. Die Zimmer haben die typische Eleganz und den Komfort eines Paradors.

Hintergrundinfos

Die Rioja verdankt ihren Namen dem Río Oja, einem Nebenfluss des Ebro. Im Westen, rings um Haro, erstreckt sich die Landschaft **Rioja Alta** (Ober-Rioja), in der Wein angebaut wird. Die **Rioja Baja** (Nieder-Rioja) ist gekennzeichnet durch extensive Landwirtschaft und die typischen, die Landschaft prägenden Tafelberge des Ebrobeckens. Wichtigste Zentren sind **Logroño** und Calahorra. In der Rioja Baja wird viel Gemüse angebaut und zu Konserven verarbeitet (Spargel, Artischocken, Paprika, Tomaten). Der Jakobsweg förderte schon sehr früh das kulturelle und wirtschaftliche Aufblühen der Rioja; heute sind die bekannten Weine ein wichtiger Wirtschaftsfaktor.

DER RIOJA-WEIN

Seit über 700 Jahren wird im Ebrotal, im Schutz der Sierra de la Demanda und der Sierra de Cantabria, Wein angebaut. Der Rioja trägt als einziger spanischer Wein die Ursprungsbezeichnung DOC. Das Gebiet wird in die drei Bereiche Rioja Baja (unterhalb von Logroño), Rioja Alta (rechts des Ebro) und Rioja Alavesa (links des Ebro, am Fuß der Sierra de Cantabria) eingeteilt. Obwohl der Weinbau hier eine sehr lange Geschichte hat, wurde Rioja-Wein doch erst im 19. Jh. richtig bekannt, als französische Weinbauern, deren Bestand durch den Reblausbefall starke Einbußen erlitten hatte, dort ihr Glück versuchten. Obwohl sieben Rebsorten zulässig sind, findet man hauptsächlich die Sorten Tempranillo und Grenache (span. garnacha). 75 % des Weins ist Rotwein. Sein typisches Bukett erhält der Rioja durch die **Kohlensäure-Maische-Gärung** (maceratión carbónique) und die mehr oder weniger lange Lagerung in Eichenfässern. Der noch im selben Jahr (sin crianza) auf Flaschen gezogene Wein schmeckt frisch. Bei einer Lagerung von 1 Jahr im Fass und 1 Jahr in der Flasche spricht man von **Crianza**; 1 Jahr im Fass und 2 Jahre in der Flasche heißt **Reserva**; die **Gran Reserva** lagert 2 Jahre im Fass und 3 Jahre in der Flasche.

Besichtigung

Logroño
Die Hauptstadt der Rioja liegt am Ebro. Die Jakobspilger kamen über die noch heute existierende Steinbrücke in die Stadt; es bietet sich von dort eine schöne Aussicht auf den alten Ortskern, aus dem die Barocktürme der Kathedrale, das Pyramidendach des Turms von Santa María del Palacio und der Mudéjar-Turm von San Bartolomé herausragen.

Santa María la Redonda – Die Kirche geht auf das Jahr 1435 zurück und ist seit 1959 Kathedrale. Sie ist dreischiffig und endet in polygonalen Apsiden. Unter den Seitenkapellen ist besonders die 1541 von Diego Ponce de León gestiftete platereske Kapelle der Nuestra Señora de la Paz sehenswert. Auch das Chorgitter ist außerordentlich kunstvoll.

TAPAS
Die kleine **Calle del Laurel** ist einer der größten Anziehungspunkte von Logroño. In jeder ihrer gut besuchten Bars kann man die leckeren Spezialitäten genießen (Paprika, Pilze u. a.).

Museo de la Rioja – 10-14 Uhr und 16-21 Uhr, So und feiertags 11.30-14 Uhr. Mo, 1. Jan., Karfreitag und 25. Dez. geschl. Eintritt frei. ☎ 941 29 12 59.
Das Museum, dessen Fundus größtenteils aus den im 19. Jh. aufgelösten Klöstern stammt, befindet sich in einem schönen Barockpalais (18. Jh.), das einst von

La Rioja

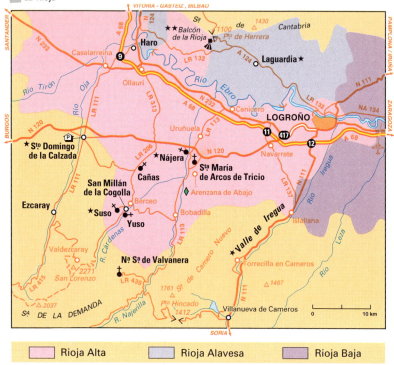

General Espartero bewohnt wurde. Besonders sehenswert sind die romanischen Schnitzwerke, der gotische Altar von Torremuña und die von den Philippinen stammende Elfenbeinfigur des sterbenden Christus, ein Werk der Barockzeit.

Laguardia★

Laguardia gilt als eine der schönsten Städte der Rioja Alavesa; sie liegt auf einem Hügel in den Ausläufern der Sierra de Cantabria und ist von weitem an der alten Befestigung zu erkennen, hinter der beim Näherkommen die mächtigen Türme Torre de San Juan (*im Süden*, Kirchturm von San Juan Bautista) und Torre Abacial (*im Norden*) aufsteigen. Der Torre Abacial (12. Jh.) war ursprünglich mit **Santa María de los Reyes** verbunden.

Iglesia de Santa María de los Reyes – *Führung 10-14 Uhr und 16-18.30 Uhr, Sa 10-14 Uhr und 17-19 Uhr (im Winter 10-14 Uhr), So 10.45-14 Uhr. Vorherige Anmeldung im Fremdenverkehrsamt erforderlich.* ☎ *941 60 08 45.*

Diese Kirche besitzt noch ein schönes **Portal★** vom Ende des 14. Jh.s, das im 17. Jh. bemalt wurde. Besonders fein ist die Jungfrau Maria dargestellt. Im dreiteiligen Tympanon erkennt man Szenen aus dem Marienleben.

Der Innenraum ist ein Stilgemisch aus Gotik und Renaissance; im Hauptschiff sehenswertes Renaissancegewölbe.

Bei einem Spaziergang um das Dorf bieten sich weite Ausblicke auf die Weinberge.

12 km nordwestlich ergibt sich beim 1 100 m hohen Puerto de Herrera ein eindrucksvolles **Panorama** beim **Balcón de la Rioja★★**: Soweit das Auge reicht, erstreckt sich das flache, ausgedörrte Ebrotal, in dem der Fluss seine silbernen Schleifen zieht.

Haro

Der Hauptort der Rioja Alta ist berühmt für seinen Wein. Im alten Stadtviertel, in dem es von Kellerlokalen und Tavernen nur so wimmelt, gibt es noch zahlreiche herrschaftliche Häuser mit wunderschönen Fassaden aus dem 17. und 18. Jh. Die **Plaza de la Paz** schmückt das schlichte klassizistische Rathaus, von Villanueva 1769 errichtet. Dahinter erscheint der luftige Barockturm der Kirche **Santo Tomás**, einem Werk von Felipe Vigarny (1516), das ein schönes Renaissanceportal erhielt.

Museo del Vino de la Rioja – *10-14 Uhr und 16-20 Uhr, So 10-14 Uhr. 1,80 €; Mi Eintritt frei.* ☎ *941 31 05 47.*

Weinkenner und -liebhaber werden sich für dieses kleine Museum interessieren, das dem Rioja-Wein gewidmet ist und die verschiedenen Etappen der Produktion darstellt, vom Pflanzen und Pflegen der Reben bis zum Abfüllen und Verkorken der Flaschen.

Santo Domingo de la Calzada★

Dieser kleine Ort am Ufer des Oja war eine wichtige Etappe auf der Pilgerstraße nach Santiago de Compostela *(s. unter CAMINO DE SANTIAGO)*. Er verdankt seine Gründung im 11. Jh. dem Einsiedler Domingo, der hier auch eine Straße *(calzada)*, eine Brücke, eine Herberge und ein Hospital bauen ließ. Reste einer Stadtbefestigung aus dem 14. Jh. sind erhalten.

> **MITTELALTERLICHER MARKT**
> Jedes Jahr am 6. und 8. Dezember wird im alten Ortsteil der sehr beliebte mittelalterliche Markt abgehalten.

In der Mitte des **alten Ortsteils★** liegt die **Plaza del Santo**, umgeben von der Kathedrale und dem ehemaligen Pilgerhospiz, heute ein Parador. In ihrer Umgebung, besonders in der Calle Mayor, sind noch viele wappenverzierte Häuser erhalten. Sie wurden im 16. oder 17. Jh. aus Stein errichtet und haben schöne Tore. Das Rathaus auf der nahen Plaza de España (18. Jh.) ist mit einem eindrucksvollen Wappen bekrönt.

Catedral★ – 9-18.30 Uhr. Sa geschl. 1,80 €. ☎ 941 34 00 33.
Eingang durch den Kreuzgang (16. Jh.), der das Museum beherbergt. Abgesehen vom romanischen Chorumgang und der Apsidialkapelle (2. Hälfte 12. Jh.) ist die Kirche gotisch. Im rechten Querschiff steht ein gotisches Tempelchen (1513) mit dem Grabmal des hl. Domingo. Ihm gegenüber erhebt sich ein prachtvoller **gotischer Käfig** aus Stein, in dem seit einem dem hl. Domingo zugeschriebenen Wunder eine weiße Henne und ein weißer Hahn bewundert werden können. Die Legende besagt, dass ein junger Jakobspilger hier ungerechterweise des Diebstahls bezichtigt und auf der Stelle gehenkt worden sei. Als dessen Eltern auf dem Rückweg einen Monat später wieder vorbeikamen, lebte ihr Sohn immer noch und bat sie: „Sagt dem Richter, er solle mich abnehmen, der hl. Domingo beschützt mich." Als die Eltern zum Richter kamen, aß dieser gerade ein gebratenes Huhn. Er schenkte ihrer Geschichte keinerlei Glauben und sagte: „Der ist wohl so lebendig wie dieses Huhn hier", woraufhin sich das Huhn mit Federn bedeckte und davonspazierte.
Das unvollendete **Retabel★★** auf der Evangelienseite der Vierung ist die letzte und freieste Schöpfung von Damián Forment und erstaunt durch die vielen die Bildtafeln belebenden Heiligen- und Apostelfiguren, die hier als dekoratives Motiv eingesetzt sind. Thema der Bilder ist das Leben Christi. Durch diese Figuren wirkt der Altar sehr lebendig und gilt als eine der besten Schöpfungen des 16. Jh.s überhaupt.
Weitere interessante Werke sind die mit plateresker Dekoration verzierte und mit einem herrlichen Gitter abgeschlossene **Capilla de la Magdalena★** *(Evangelienseite)*, die feine Schnitzfigur der hl. Veronika (15. Jh., Spanische Niederlande) in der Kapelle daneben, sowie – gegenüber – die vergitterte **Capilla de San Juan Bautista** (auch **Capilla de Santa Teresa** genannt) mit interessanten Grabmälern von Adligen und einem herrlichen Altar, ebenfalls von einem Künstler der Spanischen Niederlande. Schließlich ist noch das große kaiserliche Wappen zu nennen, das unübersehbar über der plateresken Verzierung der Capilla de la Inmaculada angebracht ist.
Der **Kirchturm** (18. Jh.) entspricht dem Barockstil. An der Plaza del Santo, der Kathedrale gegenüber, steht auch die kleine gotische Klause (**Ermita del Santo**).

Abadía de Cañas

9.30-14 Uhr und 16-19 Uhr, im Sommer 10-13 Uhr und 16-19 Uhr. So während der Messe geschl. (10 Uhr). 2,40 €. ☎ 941 37 90 83.
Dieses Zisterzienserkloster wird seit seiner Gründung 1170 von Zisterzienserinnenmönchen bewohnt. Die Kirche (16. Jh.) und der Kapitelsaal sind ein besonders schönes Beispiel für die Reinheit und Klarheit ihres Baustils: elegante, zugespitzte Bögen, florale Verzierungen und einfache Kreuzrippengewölbe. Im hinteren Teil der Kirche befindet sich ein wundervolles geschnitztes und bemaltes Renaissanceretabel (16. Jh.). Die Kunstgegenstände der Abtei (Retabel, Bilder, Bildhauerarbeiten u. a.) werden in der ehemaligen Vorratskammer gezeigt (13. Jh.). In einem weiteren Saal sind die Reliquien ausgestellt.

Ezcaray

Das hübsche Dorf liegt wunderschön an den Ufern des Oja und am Fuß der Sierra de la Demanda. Es hat sich zu einer beliebten Sommerfrische entwickelt und ist auch im Winter als Skiort geschätzt (der Wintersportort Valdezcaray liegt ganz in der Nähe). Eine reizvoll altertümliche Atmosphäre herrscht noch immer in den von Säulengängen aus Stein und Holz gesäumten Straßen; ein paar Adelspaläste, die Kirche **Santa María la Mayor** und die Gebäude der 1752 von Karl III. gegründeten Teppichmanufaktur verdienen Beachtung.

> **SHOPPING**
> Auch heute werden hier noch hochwertige Tücher und Decken hergestellt. Ein Besuch des Geschäfts Hijos de Cecilio Valgañón lohnt sich *(González Gallarza 10. 9-13 Uhr und 15-19 Uhr, Sa/So und feiertags 10.30-14 Uhr, Sa-nachmittag 16.30-19.30 Uhr.*
> ☎ *941 35 40 34).*

La Rioja
Nájera★

Nájera wurde an einer Brücke des Jakobsweges gegründet und war die Hauptstadt des Königreichs Navarra.

Monasterio de Santa María la Real★ – *10-13 Uhr und 16-18 Uhr, Apr.-Sept. 9.30-13.30 Uhr und 16-19.30 Uhr; So und feiertags 10-13 Uhr und 16-19 Uhr. Letzter Einlass 30 Min. vor Schließung. Mo (außer im Sommer), 1. und 6. Jan., 17. Sept. und 25. Dez. geschl. 1,20 €. ☎ 941 36 36 50.*
15. Jh. Es wurde ursprünglich im Jahre 1032 auf Veranlassung des Königs García III. von Navarra über einer Höhle errichtet. Der König soll dort, auf der Jagd einem Geier und einem Rebhuhn folgend, eine Marienstatue gefunden haben.
Im Erdgeschoss des **Kreuzgangs★** ist das platereske Maßwerk (um 1520) sehr fein und immer wieder anders gestaltet.
Unter der Empore der **Kirche★** bewachen zwei Soldaten, die die Farben Don Garcías von Navarra und seiner Gemahlin tragen, den Eingang zum **Panteón Real★**, der Königsgruft, mit den Grabmälern von Prinzen der Häuser Navarra, León und Kastilien aus dem 11. und 12. Jh., deren Liegefiguren erst im 16. Jh. ausgeführt wurden. In der Mitte befindet sich zwischen den knienden Stifterfiguren der Zugang zur Höhle, in der der wundersame Madonnenfund stattgefunden haben soll; eine Nische birgt eine bemalte Marienstatue aus dem 13. Jh. Im rechten Seitenschiff befindet sich neben anderen Sarkophagen der **Steinsarg der Doña Blanca von Navarra★** (12. Jh.), in den natürlich wirkende Figuren in Gewändern mit feinem Faltenwurf eingemeißelt sind.
Im *coro* findet man ein herrliches **Chorgestühl★** (1495), dessen Armstützen und Misericordien erstaunlich vielfältig gestaltet sind. Besonders der Hauptsitz in der Mitte zeigt prachtvolle Schnitzerei. Der Künstler hat hier den in seiner Rüstung elegant und majestätisch wirkenden König García unter einem Baldachin aus feinem Maßwerk dargestellt.

Basílica de Santa María de Arcos de Tricio
3 km südwestlich von Nájera. Führung (15-20 Min.) im Sommer 10.30-13.30 Uhr und 16.30-19.30 Uhr, Sa/So und feiertags 10.30-14.30 Uhr; im Winter nur Sa/So und feiertags 10.30-13.30 Uhr und 16.30-19.30 Uhr. ☎ 636 82 05 89.
Die eigenartige Basilika wurde im 5. Jh. über einem römischen Mausoleum errichtet. Eindrucksvolle römische Säulen mit dicken Trommeln stützen das Barockgewölbe. Im Hauptteil sind Reste romanischer Fresken zu sehen (12. Jh.). In den Schiffen, unter dem Metallgitter, das als Boden dient, befinden sich Gräber aus römischer und frühchristlicher Zeit sowie aus dem Mittelalter.

San Millán de la Cogolla
Die schönste Zufahrt erfolgt über die Straße, die von der LR 113 in Höhe von Bobadilla abzweigt. Emiliano (Millán) de Berceo und einige Getreue hatten sich im 5. Jh. an diesen Ort zurückgezogen, um hier als Einsiedler zu leben. Millán starb als Hundertjähriger im Jahr 574, und sein Grabmal wurde zur Wallfahrtsstätte. Im 10. Jh. wurden ein Kloster und eine mozarabische Kirche (Suso) errichtet; 1053

Monasterio de Suso

ließen sich die Mönche im Tal nieder (Yuso). In Nájera wurden die ersten Handschriften in kastilischer Sprache *(Glosas Emilianenses)* angefertigt; der Dichter **Gonzalo de Berceo** (13. Jh.) wurde hier erzogen. Seit Dezember 1997 gehört San Millán zum Weltkulturerbe.

Monasterio de Suso★ – *Wegen Restaurierungsarbeiten geschl.*
Das mozarabische Gebäude liegt in den Bergen oberhalb des Cárdenas-Tals. Es wurde zum Teil in den Felsen gehauen und hat eine würfelförmige Apsis mit großen skulptierten Konsolen. Die Kirche besteht aus zwei durch Hufeisenbögen getrennten Schiffen. In der Romanik wurden die Kirchenschiffe nach Westen verlängert. Neben der Kirche hat man in Höhlen Mönchsgräber entdeckt.

Monasterio de Yuso – *Führung (1 Std.) 10.30-13 Uhr und 16-18 Uhr, Juni-Sept. 10.30-13.30 Uhr und 16-18.30 Uhr. 14. Sept.-14. Mai Mo geschl. 2,40 €. ☎ 941 37 30 49*
Die Klostergebäude wurden zwischen dem 16. und dem 18. Jh. errichtet: die Kirche im Stil der Renaissance, die Portale klassizistisch und die Sakristei im Barockstil. Zum Kirchenschatz gehören herrliche **Elfenbeinschnitzereien★★** an zwei Reliquienschreinen aus dem 11. Jh., deren goldener Beschlag und Edelsteinschmuck allerdings von den napoleonischen Truppen gestohlen wurden. Der San-Millán-Schrein (1067-80) besteht aus 14 romanischen Täfelchen, die sich durch die Ausdruckskraft der darauf dargestellten Personen auszeichnen; der San-Felices-Schrein (1090) zählt fünf Täfelchen, deren Schnitzerei auf byzantinische Vorbilder hinweist.

Monasterio de Nuestra Señora de Valvanera
Über die LR 113. Das Kloster liegt in einer abgeschiedenen, herrlichen **Berglandschaft★★**, inmitten dichter Wälder im Schutz der Gipfel der Sierra de San Lorenzo. In der Kirche wird die Schutzpatronin der Rioja bewahrt, die Virgen de Valvanera, eine schöne geschnitzte Figur aus dem 12. Jh. Gästezimmer vorhanden (*☎ 941 37 70 44*).

Valle del Iregua (Iregua-Tal)★
50 km südlich von Logroño über die N 111. Auf einer Strecke von 15 km fährt man an Gemüsefeldern und Obstplantagen vorbei durch die Ebroniederung. Bei Islallana kommen die ersten zerklüfteten **Steilwände★** der Sierra de Cameros in Sicht, die sich hier mit über 500 m Höhe über dem Talboden des Iregua erheben. Nach zwei Straßentunnels verengt sich das Tal zwischen diesen riesigen, ruinenförmigen roten Felsen, und der Fluss stürzt reißend durch eine Schlucht. Von der hoch oben in die Felswand gebauten Straße überblickt man den Ort Torrecilla en Cameros. Fachwerkhäuser, die mit Klosterziegeln gedeckt sind, sieht man in **Villanueva de Cameros**. Die ganze Gegend ist üppig grün.

Ronda★★

Die Stadt mit ihren hübschen Straßen und würdevollen Palästen war durch ihre außergewöhnliche Lage und die vielen Legenden, die in Spanien mit ihrem Namen verbunden sind, stets Anziehungspunkt für Besucher.

Steckbrief
35 788 Einwohner. Michelin-Karte Nr. 578 – Andalusien (Málaga). Die Stadt in der Serranía de Ronda hat eine einzigartige Lage auf einem Plateau, das durch die tiefe Schlucht **(Tajo)** des Guadalevín in zwei Teile getrennt ist. So ist auch Ronda in zwei Stadthälften geteilt: einerseits die flächenmäßig kleine Altstadt **(Ciudad)** und andererseits der ebenfalls alte **Mercadillo**, an den sich die moderne Stadt anschließt. Von der **Puente Nuevo**, der Neuen Brücke (18. Jh.), ist der **Blick★** in die Tiefe atemberaubend. Die Serpentinenstraße (Camino de los Molinos) zum Elektrizitätswerk verläuft am Fuß der Steilwände, von wo sich ein eindrucksvoller Blick zum Einschnitt der **Schlucht★** und der Puente Nuevo darüber bietet. ◱ *Ronda: Plaza de España 9, 29400 Ronda, ☎ 952 87 12 72; Arcos de la Frontera: Cuesta de Belén s/n, 11630 Arcos de la Frontera, ☎ 956 70 22 64.*
Reiseziele in der weiteren Umgebung: COSTA DEL SOL, MÁLAGA (96 km südöstlich) und ANTEQUERA (94 km nordöstlich)

Auf Entdeckungstour

LA CIUDAD★★ *Ca. 2 Std.*
Ab der Puente Nuevo.
Dieses Viertel mit seinen engen Gassen, den weiß gekalkten Häusern und hübschen Balkongittern ist sehr malerisch. Die Mauren, deren Herrschaft hier bis 1485 dauerte, haben den Gürtel dicker Mauern angelegt, von dem es zum Teil heute noch umgeben ist.
Die Puente Nuevo überqueren und die Calle Santo Domingo hinuntergehen.

Ronda
Tipps und Adressen

> **RESTAURANT**
> - **Spitzenkategorie**
> **Tragabuches** – *José Aparicio 1 –* ☎ *952 19 02 91 – So-abend und Mo geschl. –* 🍽 *– 35/38 €.* Das Restaurant hat den Ruf, eines der besten der Stadt zu sein. Es liegt direkt beim Parador und bei der Stierkampfarena und bietet eine moderne Küche in einem avantgardistischen Rahmen. Am Herd steht Sergio López, der als bester Nachwuchsküchenchef mit dem *Premio Bidasoa* ausgezeichnet wurde.
>
> **UNTERKUNFT**
> - **Unsere Empfehlung**
> **Hotel San Gabriel** – *Marqués de Moctezuma 19 –* ☎ *952 19 03 92 – info@hotelsangabriel.com – 15.-30. Nov. geschl. –* 🍽 *– 16 Z.: 60/73 € –* ☕ *4,50 €.* Die richtige Wahl in einer Stadt der Baudenkmäler. Das Hotel befindet sich in einem hübschen, wunderschön eingerichteten Wohnhaus aus dem Jahr 1736. Wenn möglich sollte man ein Zimmer auf den gepflegten Innenhof nehmen.

Casa del Rey Moro
Das heutige Gebäude wurde im 18. Jh. im Neu-Mudéjar-Stil errichtet *(s. unter „Besichtigungen")*.

Palacio del Marqués de Salvatierra
Der Bau hat ein schmuckes **Renaissanceportal**★★ und einen schmiedeeisernen Balkon, der rechts und links mit Indianerfiguren in präkolumbischem Stil verziert ist.

Ab dem Arco de Felipe V an der Puente Viejo führt ein Weg zu den maurischen Bädern (Baños Árabes).

Baños Árabes★
9-13.30 Uhr und 16-18 Uhr, Apr.-Sept. 8.30-13.30 Uhr und 16-19 Uhr; So 10.30-13 Uhr. Mo (im Sommer So) geschl. ☎ *952 87 38 89*
Die Größe der Bäder erinnert daran, dass Ronda in maurischer Zeit Hauptstadt eines Taifa-Königreichs war. Die Räume sind mit Rundbogengewölben überdeckt, in die zur Belüftung Sterne eingebaut sind.

Die Steintreppe an der Mauer entlang hinaufgehen und durch die Puerta de la Acijara (13. Jh.).

> **DIE WIEGE DES STIERKAMPFS**
> Francisco Romero, 1695 in Ronda geboren, hat die Regeln des Stierkampfs festgelegt, der bis dato lediglich ein Geschicklichkeitsspiel gewesen war und als Mutbeweis galt. Er hat auch die Hilfsmittel *capa* und *muleta* erdacht und wird daher als der „Erfinder" des modernen Stierkampfs angesehen. Sein Sohn Juan ersann die *quadrilla*, die kleine Truppe, die dem Torero zur Seite steht; **Pedro Romero** (1754-1839), sein Enkel, war in seiner langen Karriere als Torero unbestritten Herr der spanischen Stierkampfarenen. Er begründete die so genannte **Schule von Ronda**, den klassischen Stierkampf, bei dem es auf strikte Einhaltung der Regeln und die *Estocada a recibir* ankommt.

Minarete de San Sebastián★
Von der Nasriden-Moschee aus dem 14. Jh. blieb nur dieses zierliche Minarett erhalten. Ein schöner Hufeisenbogen umgibt die Tür.

Santa María la Mayor★
Tgl. 10-19 Uhr (im Sommer bis 20 Uhr, Aug. bis 21 Uhr). 1,20 €. ☎ *952 87 22 46*
Die Kirche wurde im 15. und 16. Jh. über der ehemaligen Hauptmoschee von Ronda errichtet, von der ein mit *ataurices* (13. Jh.) verzierter Hufeisenbogen *(mihrâb)* und ein im 16. Jh. zum Glockenturm umgebautes Minarett erhalten sind. Innen gibt es einen gotischen Raum und einen Raum, der im Renaissancestil gehalten ist. Eine Doppelreihe von Balkonen diente an der Außenwand als Tribüne für hoch gestellte Persönlichkeiten. In der Kirche kann man leicht die verschiedenen Stilrichtungen erkennen: gotisch die Schiffe, platteresk der Altarraum und barock das Chorgestühl.

Weiter durch die Calle Manuel Montero.

Palacio de Mondragón
Schöne Renaissancefassade, überragt von zwei Türmchen im Mudéjar-Stil. Im Palais ist ein Heimatmuseum untergebracht (Museo de la Ciudad, *s. unter „Besichtigung"*).

Besichtigung

Museo de la Ciudad★★
Tgl. 10-19 Uhr, Nov.-März 10-18 Uhr; Sa/So und feiertags 10-15 Uhr. 1. Jan. geschl. 1,80 €. ☎ *952 87 08 18*
Innen ist ein zauberhafter **Mudéjar-Patio**★★ erhalten, den Reste von *Azulejos*- und Gipsdekor schmücken. Der Palast enthält heute ein Museum mit u. a. einer interessanten Ausstellung über die Naturräume der Serranía.

Plaza de Toros: Museo Taurino★
Im Winter tgl. 10-18 Uhr (im Frühling und Herbst bis 19 Uhr, im Sommer bis 20 Uhr). 3,70 €. ☎ *952 87 41 32*

Der „Tajo"

Die Arena wurde schon 1785 erbaut und gehört damit zu den ältesten Stierkampfarenen Spaniens. Sie kann 6 000 Zuschauer fassen. Durch ein elegantes Portal betritt man das Innere, das sich durch das harmonische Arkadenrund der Zuschauerränge auszeichnet. Jedes Jahr findet hier die traditionelle *corrida goyesca* statt, ein Stierkampf in Kostümen aus der Zeit Goyas. Im Stierkampfmuseum sind die funkelnden Anzüge der Toreros sowie zahlreiche Erinnerungsstücke und Fotos ausgestellt, die die verschiedenen Stierkämpferdynastien von Ronda, die Romero, Ordónez usw., wieder aufleben lassen.

RONDA

Campillo (Pl. del)	Z	2
Capitán Cortés	Y	3
Carmen Abela (Pl. de)	Y	5
Doctor Fleming (Av.)	Y	6
Duquesa de Parcent (Pl. de la)	Z	8
España (Pl. de)	Y	12
Espinel (Carrera de)	Y	
Gigante (Pl. del)	Y	14
González Campos	Y	15
Las Imágenes	Z	18
Marqués de Salvatierra	Z	21
Merced (Pl. de la)	Y	24
Padre Mariano Soubirón	Y	26
Poeta Abul-Beca (Pl.)	Z	27
Ruedo de Gameros	Z	29
Santa Cecilia	Z	30
Santo Domingo	Y	33
Sor Ángela	Z	34
Virgen de la Paz	Y	36

Casa del Rey Moro	Y	A
Convento de Santo Domingo	Y	B
Fuente de los ocho caños	Y	E
Minarete de San Sebastián	Z	F
Museo del Bandolero	Z	M¹
Museo Lara	Y	M²
Palacio des Marqués de Salvatierra	Y	N
Palacio de Mondragón (Museo de la Ciudad)	Z	M⁴
Plaza de toros (Museo taurino)	Y	M⁶
Puerta de Almocabar	Z	R
Templete de la Virgen de los Dolores	Y	V

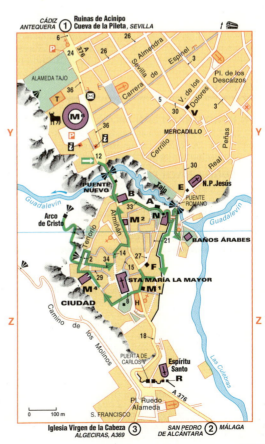

Ronda

Casa del Rey Moro
Tgl. 10-18 Uhr (im Frühling und Sommer bis 20 Uhr). 3,70 €. ☎ *952 18 72 00*
Im Inneren ist eine eindrucksvolle maurische Treppe **(La Mina)** erhalten. Der Park **(Jardines de Forestier★)** wurde von Jean Claude Forestier angelegt, der auch den Parque de María Luisa in Sevilla entworfen hat.

Museo del Bandolero
Tgl. 10-18 Uhr (im Sommer bis 20.30 Uhr). 2,40 €. ☎ *952 87 77 85*
Die Serranía de Ronda war eine Hochburg des *bandolerismo* in Andalusien. Das Museum beleuchtet in einer Reihe von Dokumenten und Rekonstruktionen dieses Thema interessant und lebendig.

▶▶ **Templete (Votivkapelle) de la Virgen de los Dolores★** (1734)

Umgebung

Iglesia Rupestre de la Virgen de la Cabeza★
2,7 km auf der A 369 in Richtung Algeciras. 10-14 Uhr und 17-18 Uhr (im Frühling und Sommer bis 19 Uhr), Sa/So und feiertags 10-15 Uhr. 1,20 €. ☎ *649 36 57 72*
Es handelt sich hier um ein kleines mozarabisches Felsenkloster (9. Jh.), das auf einer Anhöhe liegt, von deren Gipfel man einen traumhaften **Blick★★** auf Ronda hat. In der Klosterkirche sind Fresken aus dem 18. Jh. erhalten.

Ruinen von Acinipo
19 km nordwestlich auf der A 376 in Richtung Sevilla. 10-18 Uhr (Apr.-Sept. 11-19 Uhr), Fr-So 9-19 Uhr, feiertags 10-14.30 Uhr. Mo (Aug. auch Di) geschl. Eintritt frei. ☎ *952 22 75 60*
Das antike Acinipo ist allgemein unter dem Namen Ronda la Vieja bekannt. Von seinem römischen Theater aus dem 1. Jh. v. Chr. sind Teile der Bühne und der Zuschauerränge erhalten.

Cueva de la Pileta★
20 km südwestlich. Ausfahrt aus Ronda auf der A 376 in Richtung Sevilla und weiter auf der MA 555 bis Benaoján; dort auf die MA 561 abbiegen. Führung (1 Std.) 10-13 Uhr und 16-17 Uhr. 5,50 €. Kleinere Gruppen nach Voranmeldung. ☎ *952 16 73 43*
Die 1905 entdeckte Höhle ist von großem geologischen und künstlerischen Interesse. Es ist eine Karsthöhle mit über 2 km Galerien. Im Licht der Petroleumlampe kann man schöne Kalkformationen bewundern. Noch interessanter sind allerdings die Felsmalereien mit figurativen Motiven (20 000 v. Chr.), die noch älter sind als die von Altamira. Zu erkennen sind Ziegen, Panther und symbolische Darstellungen, wie man sie aus dem Neolithikum (4000 v. Chr.) kennt.

Ausflüge

VON RONDA NACH SAN PEDRO DE ALCÁNTARA★★ *49 km – ca. 1 Std.*
Auf der C 339 in südöstlicher Richtung. 20 km weit führt die Straße durch kahles Gebirgsland. Dann folgt sie als **Höhenstraße★★** dem Lauf des Guadalmedina und den Taleinschnitten seiner Nebenflüsse durch ein völlig unbewohntes Gebiet.

VON RONDA NACH ALGECIRAS★ *118 km – ca. 3 Std.*
Auf der C 341, der C 3331 und der N 340 in südwestlicher Richtung. Besonders interessanter Abschnitt zwischen Ronda und Gaucín, wo die Straße oberhalb des Genal-Tals einen felsigen Berghang durchschneidet. Sie führt am Bergdorf **Jimena**

Tipps und Adressen

UNTERKUNFT

• **Gut & preiswert**

Hostal Marqués de Zahara – San Juan 3 – Zahara de la Sierra – ☎ 956 12 30 61 – hostal@viautil.com – 10 Z.: 29/40 € – ☐ 3,50 € – Rest. 10 €. Das familiäre Hotel befindet sich in einem einfachen, getünchten Haus mitten im Dorf und hat einen gepflegten Innenhof. Die Zimmer sind nicht ganz auf dem neuesten Stand, ansonsten aber ordentlich.

Hostal Casa de las Piedras – Las Piedras 32 – Grazalema – ☎ 956 13 20 14 – 16 Z.: 26/40 € – ☐ 1,50 € – Rest. 8,50 €. Dieses angenehme, sehr zu empfehlende Hostal ist größer, als es auf den ersten Blick erscheint. Die Zimmer sind einfach, aber komfortabel. Am besten ist die leckere Hausmannskost, die man im gemütlichen Innenhof genießen kann.

• **Unsere Empfehlung**

Hotel El Convento – Maldonado 2 – Arcos de la Frontera – ☎ 956 70 23 33 – ▤ – 11 Z.: 49/73 € – ☐ 5 € – Rest. 23/31 €. In einem ehemaligen Kloster aus dem 17. Jh., an einer engen Altstadtstraße, wurde dieses bezaubernde Hotel eingerichtet. Ruhige Zimmer, viele haben Terrassen mit Blick aufs Tal.

de la Frontera vorbei und durch den Naturpark **Los Alcornocales★**; dieser ist einer der größten Korkeichenwälder Spaniens. **Castellar de la Frontera★**, 22 km weiter, ist ein freundliches Dorf, das noch innerhalb der Ringmauer seiner Burg liegt.

RUTA DE LOS PUEBLOS BLANCOS★★

Im Westen. Zwischen Ronda und Arcos de la Frontera erstreckt sich eine Gebirgslandschaft, die aus den Sierren von Grazalema, Ubrique und Margarita gebildet wird. In dieser Landschaft, die von wüstenartiger Verlassenheit, aber in manchen Tälern auch saftiggrün und mit einer üppigen Vegetation bedeckt sein kann, findet man noch die *pinsapos*, der Weißtanne ähnliche Nadelbäume, die aus dem frühen Quartär stammen. Zur Schönheit der Landschaft kommt noch der Zauber der weißen Dörfer, die auf Berggipfeln oder an steilen Hängen angesiedelt sind. In beherrschender Lage am höchsten Punkt des Dorfes befindet sich häufig die Ruine einer Burg oder die imponierende Silhouette einer Kirche, zu der sich enge Gassen hinaufschlängeln.

Von Ronda nach Arcos de la Frontera 130 km – ca. 4 Std.

Auf der Nordroute. Ausfahrt aus Ronda auf der MA 428 in Richtung Arriate, dann weiter auf der CA 4211.

Setenil★

Das hübsche Dorf liegt in einer Schlucht des Guadalporcún. Es nimmt in diesem Teil Andalusiens eine Sonderstellung ein, denn seine Höhlenwohnungen, die fast alle direkt in den Felsen gehauen sind, scheinen die Straßen zu tragen. Anschauliche Beispiele sind dafür die Cuevas del Sol und Cuevas de la Sombra. Das **Fremdenverkehrsamt** befindet sich in einem Gebäude mit schöner **Artesonado-Decke** aus dem 16. Jh. Reizvoll sind auch der Bergfried und die gotische Iglesia de la Encarnación.

Olvera

Das Dorf beeindruckt durch seine **Lage★★** auf einer Hügelkuppe inmitten von Olivenhainen. Von weitem schon erkennt man den mächtigen Bergfried der Burg **(Castillo)** und die klassizistische Silhouette der Iglesia de la Encarnación. Olvera ist bekannt für sein ausgezeichnetes, sehr aromatisches Olivenöl. *10.30-14 Uhr und 16-18.30 Uhr (1. Juni-14. Okt. bis 19 Uhr), Sa/So und feiertags 10-17 Uhr. 0,60 € (Museo). ☎ 956 12 08 16 (Oficina de Turismo)*

Auf der A 382 nach Algodonales weiterfahren, wo man nach rechts auf die CA 531 abbiegt.

Zahara de la Sierra★

Die exponierte **Lage★★** auf einer Hügelspitze machte den Ort im Mittelalter zu einem strategisch wichtigen Punkt des nasridischen und später des christlichen Wehrsystems. Zahara de la Sierra ist ein typisches *Pueblo blanco*, das von den Silhouetten der **Burg** (12. Jh.) und der Barockkirche Santa María de Mesa (18. Jh.) überragt wird.

Auf die A 382 zurückkehren und weiter in Richtung Villamartín.

Villamartín

Ca. 4 km südlich von Villamartín kann man den **Dolmen von Alberite** besichtigen. Der auf 4000 v. Chr. datierte Dolmen besteht aus einem von großen Steinplatten gebildeten, etwa 20 m langen Gang.

Bornos

Es handelt sich hier um ein atypisches Dorf der Route, denn die Häuser von Bornos liegen nicht auf einem Hügel, sondern umgeben in der Ebene den gleichnamigen Stausee. Die Plaza del Ayuntamiento wird vom **Castillo-Palacio de los Ribera★** beherrscht, in dem heute das Fremdenverkehrsamt untergebracht ist. Das Gebäude hat einen bezaubernden Innenhof im Renaissancestil und einen schönen, im 16. Jh. angelegten Renaissancegarten. Auf demselben Platz steht die im 15. Jh. erbaute gotische **Iglesia de Santo Domingo**.

Espera

10 km nordwestlich von Bornos auf der CA 402. Das Dorf Espera liegt auf einem Hügel in einer mit Feldern und Wiesen bedeckten Landschaft. Es wird von der Burgruine **Castillo de Fatetar** überragt.

Arcos de la Frontera★★

Arcos de la Frontera hat eine wunderschöne **Lage★★** auf einem Felsrücken am Durchbruchstal des Guadalete. Die Altstadt liegt in der Höhe bei den beiden Kirchen und dem Schloss der Herzöge von Arcos.

Man parkt das Auto am besten im unteren Teil des Städtchens auf der Plaza de Andalucía und geht von dort die Cuesta de Belén hinauf zur mittelalterlichen Stadt. Am Ende der Callejón Juan del Valle tritt die mudéjar-gotische **Fassade★** des **Palacio del Conde del Águila** ins Blickfeld.

Nach rechts in die Calle Nueva und bis zur Plaza del Cabildo weitergehen.

Ronda

Plaza del Cabildo – Eine Seite dieses großen Platzes liegt wie ein Balkon über der Schlucht des Guadalete und bietet eine schöne **Aussicht★** auf den Mäander des Flusses und das mit Obstbäumen und Getreidefeldern bebaute Land, das er umschließt. An diesem Platz stehen das Rathaus, das Schloss *(keine Besichtigung)* und der in einem einstigen Adelshof untergebrachte Parador.

Santa María★ – *10-13 Uhr und 15.30-18.30 Uhr (im Sommer 10-13 Uhr und 16-19 Uhr), Sa ganzjährig 10-14 Uhr. So und feiertags, Jan. und Febr. geschl. 0,90 €. ☏ 956 70 00 06.*
Die Kirche wurde um 1530 am Standort der Hauptmoschee von Arcos errichtet. Ihre **Westfassade★** von Alonso de Baena ist ein Schulbeispiel für den Platereskstil. Innen finden sich Elemente der Gotik, des Mudéjar-, des Platereks- und des Barockstils vereint; besonders bemerkenswert sind das Sterngewölbe und der **Mariä-Himmelfahrts-Altar** (17. Jh.).

An der Nordseite der Kirche führt die **Callejón de las Monjas** (Nonnengasse) unter dem Strebewerk der Kirche hindurch.

Durch das reizvolle Gassengewirr erreicht man das andere Ende des Felsrückens, wo sich die Capilla de la Misericordia, der Palacio del Mayorazgo (heute Musikhochschule) und die Kirche **San Pedro** erheben.

San Pedro – Die Anfang des 15. Jh.s erbaute Kirche rivalisierte viele Jahre lang mit der Iglesia de Santa María. Bemerkenswerter Glockenturm an der Fassade.

Von Arcos de la Frontera nach Ronda *102 km – ca. 3 Std.*

Auf der Südroute.

Man verlässt Arcos über die A 372 in Richtung **El Bosque**. In diesem Ort gibt es ein Informationszentrum (Centro de Visitantes) des Naturparks Sierra de Grazalema.

Ausfahrt aus El Bosque auf der A 373.

Ubrique

Die **Straße★** dringt tief in die Sierra de Grazalema ein. Dieser Streckenabschnitt gehört zweifelsohne zu den reizvollsten auf der ganzen Fahrt. Wie ein großer weißer Fleck breitet sich das Dorf Ubrique auf dem Hügel Cruz del Tajo aus. Monumental wirkt die Plaza del Ayuntamiento, die von der Pfarrkirche **Nuestra Señora de la O** (18. Jh.) beherrscht wird. Heute ist Ubrique bekannt für seine Lederindustrie (vor allem Hirtentaschen, Akten- und andere Ledertaschen).

Von Ubrique 10 km in östlicher Richtung über die A 374 fahren.

Villaluenga del Rosario

Die Sehenswürdigkeit des höchstgelegenen Dorfes der Provinz ist eine verwinkelte Stierkampfarena auf einem Felsen.

Weiter 15 km in nordöstlicher Richtung über die A 374.

Grazalema★

Dieses in einem Talkessel gelegene Dorf gehört zu den schönsten Andalusiens und ist auch das Dorf mit der höchsten Niederschlagsmenge Spaniens. Dies verdankt Grazalema seiner Lage in einem Föhngebiet. Der Ortsname geht auf das arabische Wort Ben-Zalema zurück. Aus jener Zeit sind das Netz schmaler Straßen und der Turm von **San Juan** erhalten. Das Ortszentrum umgibt die Plaza de España, wo ein eigenartiger Brunnen und die Iglesia de la Aurora stehen. Grazalema ist weit über seine Grenzen hinaus bekannt für die hellen und braunen Wolldecken, die hier auf langen Holzwebstühlen gefertigt werden *(am Ortseingang kann eine Weberei besichtigt werden)*.

Zurück nach Ronda auf der A 372.

Salamanca ★★★

Die engen Straßen der Stadt, die Häuser aus goldgelbem Stein, die vielen großartigen Bauwerke und das reiche geistige Leben verbinden in Salamanca aufs glücklichste lebendige Gegenwart und ruhmvolle Vergangenheit. Salamanca, eine der schönsten Städte Spaniens, ist auch eines der attraktivsten Reiseziele des Landes.

Steckbrief

186 322 Einwohner. Michelin-Karte Nr. 575 – Kastilien und León (Salamanca). Salamanca liegt ganz im Westen von Kastilien und León und ist von Ávila (98 km, N 501), Valladolid (115 km, N 620) und Zamora (62 km, N 630) aus leicht erreichbar. Die Stadt ist auch ein guter Ausgangspunkt, um die Sierra de la Peña de Francia, eine der reizvollsten Gegenden Spaniens, kennen zu lernen. Die Altstadt, die zum größten Teil Fußgängerzone ist, liegt an einer leichten Anhöhe am rechten Ufer des Tormes. 🛈 *Rúa Mayor 70 (Casa de las Conchas), 37008 Salamanca,* ☎ *923 26 85 71; Plaza Mayor 14, 37002 Salamanca,* ☎ *923 21 83 42.*
Reiseziele in der weiteren Umgebung: CIUDAD RODRIGO (89 km südwestlich), ZAMORA (62 km nördlich) und La ALBERCA (94 km südlich).

Hintergrundinfos

Eine bewegte Vergangenheit – Salamanca ist iberischen Ursprungs und wurde im 2. Jh. v. Chr. von Hannibal erobert. Unter römischer Herrschaft war es eine blühende Stadt. Aus dieser Zeit ist noch die Römerbrücke **(Puente Romano)** erhalten. Die Stadt wurde mehrmals von den Mauren zerstört und 1085 im Zuge der Reconquista von Alfons VI. erobert. Das 14. und 15. Jh. war durch die Rivalität der Adelsfamilien und die zum Teil blutigen Fehden zwischen Gruppen junger Adliger **(Los Bandos)** bestimmt. Die Geschichte der Doña María illustriert diese turbulente Zeit: Beim Pelota-Spiel war zwischen zwei Monroys von der Santo-Tomé-Bande und zwei Edelleuten aus dem Haus Manzano, die zur San-Benito-Bande gehörten, ein Streit ausgebrochen, der mit der Ermordung der Monroys endete. An der Spitze ihrer Leute verfolgte nun die Mutter der Monroys die Mörder und ruhte nicht eher, als bis sie die Köpfe der Manzanos auf das Grab ihrer Kinder legen konnte. Dies brachte ihr den Titel **María la Brava**, die Unbezähmbare, ein, doch die *bandos* waren nicht eingeschüchtert und trieben noch bis 1476 ihr Unwesen. Das Palais der Monroys (15. Jh.) steht an der belebten Plaza de los Bandos, die Häuser aus dem 19. Jh. umgeben.

Plaza Mayor

Salamanca

Im Freiheitskrieg war Salamanca mehrmals Hauptquartier der französischen Truppen. 10 km südlich, im **Engtal bei Arapiles**, hat Wellington die Truppen Marmonts vernichtend geschlagen. Diese Niederlage (1812) trug entscheidend dazu bei, dass Napoleon seine Armee aus Spanien zurückzog.

La Universidad – Sie wurde wie die Universität von Paris 1218 gegründet und kam unter dem Schutz der Könige von Kastilien und anderer hoch gestellter Persönlichkeiten, wie des Gegenpapstes Benedikt XIII., zu herausragender Bedeutung. Durch die Qualität ihres Unterrichts erlangte sie Weltruf. Im 16. Jh. zählte sie 70 Lehrstühle und bis zu 12 000 Studenten. Die Universität spielte auch eine nicht zu unterschätzende Rolle bei der Gegenreform. Viele berühmte und bedeutende Männer besuchten ihren Unterricht, unter ihnen Don Juan, Sohn der Katholischen Könige; der hl. Johannes vom Kreuz war hier Schüler von **Fray Luis de León** (1527-1591), einem der größten spanischen Humanisten. **Miguel de Unamuno** (1864-1936) hatte einen Lehrstuhl für Griechisch und war später Rektor der Universität.

Eine verfeinerte Kunst – Zwei Maler traten im ausgehenden 15. und frühen 16. Jh. in Salamanca besonders hervor. **Fernando Gallego**, einer der größten Künstler der spanischen Niederlande, zeigt mit seiner genauen, wirklichkeitstreuen Wiedergabe den Einfluss von Dierick Bouts. Der zweite, **Juan de Flandes**, stammt aus Flandern (geb. 1465) und ließ sich 1504 in Salamanca nieder. Elegante, anmutige Linienführung und zarte Farben kennzeichnen seine Kunst. In der Architektur kam im 15. Jh. ein für die Innenhöfe und Portale von Salamanca typischer, vom Mudéjar-Stil inspirierter Vorhangbogen auf, bei dem konvexe und konkave Bogenlinien von einer Geraden unterbrochen werden. Der Platereskstil erreichte in Salamanca in den großartigen Bauten des 16. Jh.s seinen Höhepunkt.

Besondere Highlights

BAUDENKMÄLER IM STADTKERN★★★ *Besichtigung: 1 Tag*
Rundgang siehe Plan.

Plaza Mayor★★★
Dieser Platz ist wohl der belebteste der ganzen Stadt, ihr Mittelpunkt und ihr Herz. Hier laufen die größten Verkehrsadern zusammen, und hier trifft man sich, um auf einer der Terrassen etwas zu essen oder nur, um spazieren zu gehen. Der Platz, den Philipp V. anlegen ließ als Dank für die Unterstützung im Erbfolgekrieg, zählt zu den großartigsten Platzanlagen Spaniens. Die stilistisch einheitlichen Bauten wurden fast ausschließlich von den Brüdern Churriguera geschaffen. Der Platz ist auf allen vier Seiten von Rundbogenarkaden gesäumt. Diese sind mit Medaillons geschmückt, die Bildnisse der Könige von Alfons XI. bis Ferdinand VI. sowie herausragender historischer Persönlichkeiten wie Cervantes, El Cid, Christoph Kolumbus, Hernán Cortés u. a. zeigen. An der Nordseite verdient der Giebel des **Rathauses** (Ayuntamiento) und an der Südseite der Giebel des Königspalastes mit der Büste Philipps V. Beachtung. Über dem 3. Stockwerk der Gebäude verläuft eine elegant gearbeitete Balustrade.

Von der Plaza Mayor durch die Calle Prior bis zur Plaza de Monterrey gehen.

Casa de las Muertes
Die Fassade (Anfang 16. Jh.) ist eines der ersten Beispiele des Plateresksstils und wird Diego de Siloé zugeschrieben. Sie ist mit Medaillons, Rankenornamenten und Putten verziert.

Convento de las Úrsulas
11-13 Uhr und 16.30-18.30 Uhr. Am letzten So im Monat geschl. 0,60 €. ☎ 923 21 98 77.
In der Kirche (16. Jh.) befindet sich das **Grabmal★** des Alonso de Fonseca mit außerordentlich fein gearbeiteten Reliefs von Diego de Siloé. Das **Museum** birgt unter seinen Kassettendecken Tafeln und Fragmente eines Altars von Juan de Borgoña, auf dem man die hl. Ursula und ihre Jungfrauen erkennen kann. Weitere Ausstellungsstücke sind ein *Ecce homo* und eine *Pietà* von Morales.

Palacio de Monterrey
Die Fassade des für die spanische Renaissance typischen Palais (1539) ist von zwei Ecktürmen eingerahmt und hat im oberen Stock eine Galerie, die mit einer steinernen Brüstung bekrönt ist.

Iglesia de la Purísima Concepción
12-13 Uhr und 17-19 Uhr (im Sommer bis 20 Uhr). Mo geschl. ☎ 923 21 27 38.
Die Kirche enthält mehrere Werke von Ribera, darunter die **Purísima Concepción★** über dem Hochaltar.

Plaza de San Benito
Den hübschen Platz umgeben die Palais der einst verfeindeten Adelsfamilien. Die **Kirche** (Iglesia de San Benito) war Begräbnisstätte der Maldonado und wurde 1490 neu errichtet.

Tipps und Adressen

Restaurants

• **Gut & preiswert**

El Bardo – *Compañía 88* – ☏ 923 25 92 65 – Tgl. 10-18 Uhr und 20-3 Uhr – 7/18 €. Eine typische Studentenkneipe mit einer gewölbten Decke und fröhlichem Ambiente, ideal, um sich vor oder nach dem Besuch der direkt nebenan liegenden Casa de las Conchas mit einem *plato combinado* (Gericht aus verschiedenen Speisen, auf nur einem Teller serviert) zu stärken.

El Patio Chico – *Meléndez 13* – ☏ 923 26 86 16 – 11/17 €. Traditionell eingerichtetes Lokal mit Backsteinwänden, Balkendecke und einem Terrakottaboden. Angenehmes Ambiente, im Hintergrund laufen die neuesten Hits. Hier gibt es die regionale Spezialität *chanfaina* (Gericht aus Innereien vom Lamm).

• **Unsere Empfehlung**

La Fonda del Arcediano de Medina – *Reja 2* – ☏ 923 21 57 12 – Reserv. empf. – 10/29 €. Das Restaurant mit gedämpftem Licht und einer originellen Inneneinrichtung (darunter eine Bildercollage an der Decke) besitzt unter den Einheimischen einen guten Ruf. Die Weinkarte passt sehr gut zu den verschiedenen Fleischspezialitäten.

Tapas

Mesón Cervantes – *Plaza Mayor 15* – ☏ 923 21 72 13 – 🍽. Restaurant mit Aussicht auf die Plaza Mayor. Die typisch kastilische Einrichtung trügt, denn der Küchenchef versucht, ständig Neues zu bieten. Bei jugendlichen Nachtschwärmern beliebt.

La Covachuela – *Portales de San Antonio 24* – 🍽. Dieses sehr kleine Lokal hinter der Plaza Mayor gehört zu den typischsten von Salamanca. Man kann hier lokale Spezialitäten kosten, darunter *chanfaina*, ein typisch kastilisches Gericht aus Lamminnereien, und *huevos farinatos*, Spiegeleier mit Wurst.

Unterkunft

• **Gut & preiswert**

Hostal Catedral – *Mayor 46 1°B* – ☏ 923 27 06 14 – 🍽 - Reserv. empf. – 6 Z.: 25/37 € – 🍽 1,50 €. Dieses kleine Hotel trägt seinen Namen zu Recht, da man von einigen Zimmern aus einen Blick auf die Kathedrale hat. Es ist geschmackvoll eingerichtet und befindet sich im 1. Stock eines hübschen Gebäudes aus Stein. Sehr gemütliche Zimmer mit bestickten Betttüchern und Bädern, die nichts zu wünschen übrig lassen.

Hotel Emperatriz – *Compañía 44* – ☏ 923 21 92 00 – 61 Z.: 28/40 €. Das Hotel liegt beim Colegio de la Compañía de Jesús, dem die Straße ihren Namen verdankt. Die herrschaftliche Fassade täuscht, innen geht es einfacher zu.

Hostal Plaza Mayor – *Plaza del Corrillo 20* – ☏ 923 26 20 20 – 28 Z.: 38/51 €. Die Lage dieses Hotels gegenüber der romanischen Kirche San Martín, hinter der Plaza Mayor, ist ideal, wenn man im Zentrum wohnen will. Die Dekorationselemente sind schön zur Geltung gebrachte architektonische Details, wie Balkendecken u. a.

• **Unsere Empfehlung**

Hotel Rector – *Rector Esperabé 10* – ☏ 923 21 84 82 – hotelrector@teleline.es – 🅿 🍽 – 14 Z.: 86/108 € – 🍽 7 €. Kleines Luxushotel mit herrlichem Blick auf die Kathedrale. Klassisch-elegant eingerichtete, gemütliche Zimmer.

Für zwischendurch

Café Novelty – *Plaza Mayor 2* – ☏ 923 21 49 56. Das Novelty ist das bekannteste Café von Salamanca, in dem sich Miguel de Unamuno einst mit seinen Freunden traf. In diesem Rahmen mit den Marmortischen und Holzstühlen kann man sich den diskutierenden Philosophen unschwer vorstellen. Sehr schöne Terrasse auf die Plaza Mayor.

Café Tío vivo – *Clavel 5* - Tgl. ab 8 Uhr. Der Name ist vom Karussell an der Bar abgeleitet. Die Filmkamera und die anderen zur Dekoration gehörenden Zubehörteile erinnern an amerikanische Cafés.

Capitán Haddock – *Concejo 13-15* – Tgl. 8-1 Uhr. Man betritt das Lokal durch einen engen Gang. Es ist gepflegt und hat gedämpftes Licht.

La Regenta – *Espoz y Mina 19* – ☏ 923 12 32 30 – Tgl. 10-12 Uhr und 14-20 Uhr. Klassischer als die vorher genannten Lokale. Typisches Café mit einem etwas altmodischen Flair.

Casa de las Conchas (Muschelhaus)★

Die streng wirkende Fassade des Palais aus dem 15. Jh. wird durch isabellinisch verzierte Fenster und in regelmäßigen Abständen angebrachte skulptierte Jakobsmuscheln aufgelockert. Die unteren Fenster sind mit üppigen, schmiedeeisernen Gittern versehen. Im Haus befindet sich heute eine öffentliche Bibliothek. Der elegante zweistöckige **Patio** mit den für Salamanca typischen Bögen ist ein Juwel der Isabellinischen Gotik. Unten werden sie von Pfeilern getragen und sind mit Löwen und Wappen verziert, im 1. Stock ruhen sie auf Säulen aus italienischem Marmor. Ein schöner Blick auf die Clerecía bietet sich, wenn man die Treppen hinaufgeht.

Clerecía

Besichtigung 12.45 Uhr (im Sommer 13.15 Uhr), Sa 19 Uhr, So und feiertags 12 Uhr. ☏ 923 26 46 60.

Dieses prächtige, durch seine Ausmaße beeindruckende Gebäude wurde 1617 von den Jesuiten als Kolleg erbaut. Die beiden Barocktürme wurden 1755 von André García de Quiñones fertig gestellt.

SALAMANCA

Álvaro Gil . . . . BY 3	Corrillo (Pl.) . . . . BY 22	Patio Chico . . . . BZ 52
Anaya (Pl.) . . . . BZ 4	Dr. Torres Villarroel	Poeta Iglesias (Pl.) . . . . . . BY 57
Ángel (Pl.) . . . . BY 6	(Paseo del) . . . . BY 25	Pozo Amarillo . . . . BY 58
Azafranal . . . . CY	Espoz y Mina . . . . BY 28	Ramón y Cajal . . . . AY 60
Bandos (Pl. de los) . . . . . . BY 7	Estación (Paseo de la) . . . CY 30	Reina (Pl. de la) . . . . CY 61
Bordadores . . . . BY 9	Federico Anaya (Av. de) . . CY 31	Reyes de España (Av.) . . BZ 63
Caldereros . . . . BY 10	Filiberto Villalobos (Av. de) AY 33	San Blas . . . . AY 64
Calderón de la Barca . . . . BZ 12	Fray Luis de Granada . . . . BY 34	San Isidro (Pl. de) . . . . . . BYZ 66
Carmen (Cuesta del) . . . . BY 13	Fuente (Pl. de la) . . . . BY 36	San Julián (Pl.) . . . . CY 67
Casas (Pl. de las) . . . . BY 15	Juan de la Fuente . . . . . . BZ 37	Santa Eulalia (Pl.) . . . . . . CY 69
Comuneros (Av. de los) . . CY 16	Libertad (Pl. de la) . . . . . . BY 39	Santa Teresa (Pl. de) . . . . BY 70
Concilio de Trento . . . . . . BZ 18	Libreros . . . . BZ 40	Santo Domingo (Pl.) . . . . BZ 72
Condes de Crespo Rascón . BY 19	Maria Auxiliadora . . . . . . CY 42	Sancti Spiritus (Cuesta) . . CY 75
Constitución (Pl. de la) . . . CY 21	Marquesa de Almarza . . . CZ 43	Serranos . . . . BZ 76
	Maléndez . . . . BY 45	Toro . . . . BCY
	Mayor (Pl.) . . . . BY	Tostado . . . . BZ 78
	Monterrey (Pl. de) . . . . . . BY 46	Wences Moreno . . . . BY 79
	Palominos . . . . BZ 51	Zamora . . . . BY

Convento de las Úrsulas . BY X	Convento de las Úrsulas . BY X	Casa de Doña Maria
Escuelas menores . . . . . . ABZ U¹	Escuelas menores . . . . . . ABZ U¹	la Brava . . . . BY Q
Museo Art Nouveau y	Museo Art Nouveau y	Casa de las Muertes . . . . . BY S
Art Déco . . . . BZ M¹	Art Déco . . . . BZ M¹	Convento de las Dueñas . . BZ F

Patio de las Escuelas★★★

Dieser kleine Platz an der alten Straße der Buchhändler (Calle de Libreros) ist von den vollendetsten Beispielen des Platereskstils von Salamanca gesäumt. In der Mitte steht eine Bronzestatue des Fray Luis de León. Ein **Unamuno-Museum** wurde im einstigen Haus des Rektorats eingerichtet. *Führung (30 Min.) 9.30-13.30 Uhr und 16-18 Uhr, Sa/So und feiertags 10-13.30 Uhr; Juli-Sept. nur vormittags. Letzter Einlass 30 Min. vor Schließung. 1,80 €. ☎ 923 29 44 00 (Durchwahl 1196).*

Universidad – *9.30-13.30 Uhr und 16-19 Uhr, So und feiertags 10-13.30 Uhr. 1,80 €. ☎ 923 29 44 00.*
Das majestätische **Universitätsportal**★★★ von 1534 ist ein Meisterwerk der Steinmetzkunst und Flächenaufteilung. Über den beiden Toren treten die Reliefs zwischen Pilastern und Fialen mit zunehmender Höhe stärker hervor, um der optischen Verkürzung entgegenzuwirken. Das Mittelmedaillon im 1. Stock zeigt die Katholischen Könige, die das Portal stifteten; darüber sieht

> **EINE JAHRHUNDERTEALTE TRADITION**
> Die roten Inschriften, die man auf den meisten städtischen Gebäuden – und vor allen denen der Universität – sieht, gehen auf eine Tradition aus dem 15. Jh. zurück: Nachdem die Studenten ihr Diplom überreicht bekommen hatten, nahmen sie an einer *corrida* teil und „verzierten" die Hauswände, indem sie den Ausruf „victor" und das jeweilige Datum mit Stierblut daraufschrieben. Dieser Brauch ist noch immer lebendig – allerdings darf inzwischen rote Farbe verwendet werden.

man ihre gekrönten Wappen und Muscheln mit Büsten im Zentrum. In der letzten Reihe ist der Papst zu sehen, umgeben von den Kardinälen sowie von Venus und Herkules *(in eckigen Rahmen)* und Medaillons, die die Tugenden symbolisieren. Bekanntestes Motiv ist der Totenkopf mit dem Frosch *(auf halber Höhe des rechten Wandpfeilers)*, Allegorie der Ausschweifung, die nach dem Tod bestraft wird.
Die Hörsäle liegen am **Kreuzgang**. Die große Aula **(Paraninfo)**, in der die offiziellen Feierlichkeiten stattfanden und wo ein Porträt Karls IV. aus der Werkstatt Goyas hängt, ist mit Brüsseler Wandteppichen (17. Jh.) ausgeschmückt. Der Hörsaal für Theologie, in dem Fray Luis de León lehrte, ist noch wie im 16. Jh. eingerichtet. Man sieht das Katheder mit Schalldeckel, roh behauene Holzbänke für die Studenten – ein Luxus für die damalige Zeit, wenn man bedenkt, dass sie für gewöhnlich auf dem Boden saßen. In der Kapelle (1767) ruht Fray Luis de León. Das Geländer der großen Treppe unter dem Sterngewölbe ist kunstvoll mit geschnitzten Szenen und Rankenornamenten verziert. Auf dem dritten Treppenabsatz ist ein Stierkampf zu Pferd dargestellt.
Sehenswert sind im 1. Stock die **Kassettendecke** mit stalaktitenartigen Verzierungen und das reliefierte Fries an der Wand. Durch einen gotischen Durchgang mit schönem schmiedeeisernem Gitter (16. Jh.) gelangt man in die Bibliothek (18. Jh.), die 40 000 Bände (16.-18. Jh.), wertvolle Handschriften (darunter einige aus dem 11. Jh.) und Inkunabeln enthält.
Hospital del Estudio (Ehemaliges Studentenhospiz) – Man erreicht das 1533 vollendete ehemalige Hospiz (heute Rektorat) durch ein gotisches Portal. Die spanischen Wappen im oberen Teil müssen noch vor 1492 gearbeitet worden sein, denn der Granatapfel des Gebiets Granada fehlt; darüber ein dreifacher Blendbogen, den ein *alfiz* zusammenfasst.
Escuelas menores – *9.30-13.30 Uhr und 16-19 Uhr, So und feiertags 10-13.30 Uhr. 1,80 €. ☎ 923 29 44 00.*
Das Gebäude schließt sich rechts an das Hospiz an und wird von der gleichen durchbrochenen Renaissancebrüstung abgeschlossen. Plateresker Schmuck mit Wappen, Medaillons und Rankenwerk krönt das Portal. Der **Patio**★★ (1428) ist typisch für Salamanca und besticht durch seine außerordentliche Stilreinheit. Rechts vom Eingang befindet sich ein Ausstellungsraum mit einer schönen Mudéjar-Decke. Im Universitätsmuseum *(gegenüber)* ist ein Fragment der Deckenmalerei **Himmel von Salamanca**★ von Fernando Gallego zu sehen; mit seinen Tierkreiszeichen und Sternbildern lässt es ahnen, wie schön das Werk (15. Jh.) einst gewesen sein muss; außerdem Gemälde von Juan de Flandes und Juan de Borgoña.

Catedral Nueva (Neue Kathedrale)★★
Tgl. 10-14 Uhr und 16-18 Uhr (im Sommer bis 20 Uhr). 1,80 €. ☎ 923 21 74 76.
Der Baubeginn fällt ins Jahr 1513. Schon 1560 war die Kathedrale in ihren Hauptteilen fertig gestellt, doch wurden noch bis ins 18. Jh. Um- und Anbauten vorgenommen, was auch die Stilvielfalt – Gotik, Renaissance und Barock – erklärt. Der Aufbau der **Westfassade**★★★ mit den vier großen Bögen entspricht der Gliederung im Inneren der Kathedrale. Die Bogenläufe der Portale wie auch die hängenden Schlusssteine der Gewölbe sind mit zartem Skulpturenschmuck betont und unterstreichen den gotischen Bau. Die Reliefs des Hauptportals treten über die Archivolten und das Tympanon hinaus und stellen, einer Altarwand ähnlich, verschiedene Szenen dar, wie z. B. die Kreuzigung mit den Aposteln Petrus und Paulus.
Das **Nordportal** gegenüber dem **Colegio de Anaya** ziert ein Relief mit dem Einzug Christi in Jerusalem am Palmsonntag. Im unteren Teil der letzten Archivolte ist links eine kleine Astronautenfigur eingehauen.
Der **Kirchenraum** ist durch die Höhe der Pfeiler, die kunstvollen Gewölberippen sowie die feinen Gesimse von großer Wirkung. Licht fällt durch die acht Fenster der Tambourkuppel auf die darunter liegenden, von den Brüdern Churriguera (18. Jh.) geschaffenen bemalten Reliefs, die Szenen aus dem Leben Mariens wiedergeben. Von denselben Künstlern stammen auch der *trascoro* und der *coro* mit dem Gestühl. Eine in üppigem Barock gehaltene Orgel befindet sich über dem Chorgestühl an der Nordseite. Die Orgel (1558) der Südseite ist im Plateresktil gehalten.

Salamanca
Catedral Vieja (Alte Kathedrale)★★★

Tgl. 10-13.30 Uhr und 16-17.30 Uhr (im Sommer bis 19.30 Uhr). 1,80 €. ☏ 923 21 74 76
Zugang vom 1. Joch des rechten Seitenschiffs der Neuen Kathedrale aus. Glücklicherweise nahm die Alte Kathedrale durch den Bau der Neuen Kathedrale keinen Schaden. Zwar wird sie durch ihre große Nachbarin fast erdrückt, und der ganze Komplex ist von außen schwer überschaubar; aber sie kann als gutes Beispiel eines romanischen Kirchenbaus betrachtet werden, obwohl sie schon mit einem Kreuzrippengewölbe überspannt wurde, was damals eine Neuerung war. Der **Vierungsturm** (Torre del Gallo, „Hahnenturm") gilt mit seinen zwei Fensterreihen und dem harmonischen Gewölbe als einer der schönsten Türme seiner Art *(s. auch ZAMORA und Toro unter ZAMORA, Umgebung).*

Die Martinskapelle an der Basis des Turms wurde von Antón Sánchez de Segovia im 13. Jh. mit **Fresken** geschmückt. In der Hauptapsis kann man einen **Altaraufsatz**★★ bewundern, der 1445 gemalt wurde und Nicolás Florentino zugeschrieben wird. Er setzt sich aus 53 Bildern in leuchtenden Farben zusammen und liefert uns mit seinen genauen Details ein beredtes Zeugnis von der Architektur und Kleidung jener Zeit. Auf dem Deckengemälde des Jüngsten Gerichts treten der auferstandene Christus und die anderen Gestalten vor dem dunklen Hintergrund plastisch hervor. Die Mitte des Altaraufsatzes nimmt die majestätische Virgen de la Vega ein, eine Maria mit dem Kind, die eine mit vergoldeter Bronze verkleidete und mit Emailarbeiten aus Limoges verzierte Schnitzfigur aus dem 12. Jh. ist.

Die Wandgräber im rechten Querschiff sind mit Fresken (13. Jh.) und Liegefiguren geschmückt.

Claustro (Kreuzgang) – Die romanischen Gänge stürzten 1755 während des Lissabonner Erdbebens ein; erhalten blieben nur einige Kapitelle, die in dieser platereresken Umgebung sehr überraschen. In der **Capilla de Talavera**, die von einer Mudéjar-Kuppel mit verzierten Rippen abgeschlossen ist, wurde im alten mozarabischen Kirchenritus Messe gehalten; der Altaraufsatz stammt aus dem Umkreis Pedro Berruguetes. In der Barbarakapelle fanden die Prüfungen der Universität statt. Hier und in drei weiteren Räumen ist heute ein Museum eingerichtet, in dem Werke von Fernando Gallego und seinem Bruder Francisco sowie ein Michaelsaltar von Juan de Flandes ausgestellt sind.

In der **Capilla Anaya** befindet sich das bemerkenswerte gotische **Grabmal**★★ (15. Jh.) des Diego de Anaya, Erzbischof von Salamanca und später auch von Sevilla. Es ist in Alabaster ausgeführt. Heilige und ihre Symbole schmücken die Seitenwände, und ein herrlich gearbeitetes Gitter im Platereskstil (16. Jh.) umgibt es. Im selben Raum befinden sich noch eine **Orgel**★ aus dem 15. Jh. und das sehr schöne Wandgrabmal des Gutierre de Monroy und seiner Gattin Constancia de Anaya (16. Jh.).

Vom **Patio Chico** aus erblickt man die Apsis der Alten Kathedrale und das mit Steinschindeln gedeckte Dach des Vierungsturms. Beim Weitergehen durch die Calle Arcediano erreicht man von hier aus den schönen Garten des Papstes Calixtus **(Huerto de Calixto y Melibea)**.

Convento de las Dueñas: Kreuzgang

Museo Art Nouveau y Art Déco

11-14 Uhr und 16-19 Uhr, Sa/So und feiertags 11-20 Uhr; 1. Apr.-15. Okt. 11-14 Uhr und 17-21 Uhr, Sa/So und feiertags 11-21 Uhr. Mo, 1. Jan. sowie 24. und 25. Dez. geschl. 1,80 €; Do-vormittag Eintritt frei. ☏ 923 12 14 25.

Das Museum in der Casa Lis (Anfang 20. Jh.) ist eines der wenigen spanischen Jugendstilmuseen. Seine Sammlungen umfassen Werke von Lalique, Krüge von Gallé, kleine Figuren von Hagenauer; das Gebäude ist besonders vom Río Tormes aus gesehen interessant.

Convento de San Esteban★

Tgl. 9-13.30 Uhr und 16-18 Uhr (im Sommer bis 20 Uhr). 1,20 €. ☏ 923 21 50 00.

Dieses Bauwerk aus dem 16. und 17. Jh. vereinigt zwei Stilrichtungen: Strebewerk und Fialen sind bezeichnend für die Gotik, während die im Platereskstil gestaltete **Fassade**★★ ganz der Renaissance verhaftet ist. Juan Antonio Ceroni hat 1610 das Relief mit der Steinigung des hl. Stephanus geschaffen.

Im **Kreuzgang**★ (17. Jh.) sind vor allem die **Medaillons** mit den Prophetenbüsten und die große Treppe von 1553 bemerkenswert.

Die **Kirche** hat über der Empore ein Sterngewölbe und ist sehr weiträumig. Der Hauptaltar gehört mit seinem überreichen Skulpturenschmuck zu den Meisterwerken von José Churriguera. Zuoberst ein Gemälde von Claudio Coello, *Das Martyrium des hl. Stephanus.*

Convento de las Dueñas
Tgl. 10.30-13 Uhr und 16.30-19 Uhr. 1,20 €. ☏ 923 21 54 42.
Der **Renaissancekreuzgang**★★ dieses Klosters zeigt auf seinen Kapitellen eine Vielzahl von Skulpturen, die trotz ihrer geringen Größe sehr beeindruckend sind: Fabelwesen, sich windende Körper und herrliche Medaillons mit den Köpfen weiser alter Männer oder mit lieblichen Frauengesichtern.

Torre del Clavero (Clavero-Turm)
Als letztes Zeugnis eines Palais von 1450 erhebt sich dieser wehrhafte Turm; die Basis der Ecktürmchen ist mit Netzwerk im Mudéjar-Stil verziert.

Palacio de Fonseca
Der **Hof**★ dieses Renaissancepalastes zeigt hinten salmantinisch geschweifte Bögen, rechts eine von Atlanten mit entblößten Körpern getragene Galerie und links einen Arkadengang, dessen Kapitele an die des Convento de Las Dueñas erinnern. Er wirkt abends besonders malerisch.

San Martín
Die Zackenbogenverzierung am Nordportal der romanischen Kirche entspricht dem maurisch beeinflussten Stil von Zamora.

▶▶ Colegio Fonseca (gotische Kapelle, Renaissancepatio★); San Marcos (12. Jh.), Convento de Santa Clara (Museo: Wandmalereien aus dem 13. bis 16. Jh., Artesonado-Decken u. a.).

Umgebung

Castillo del Buen Amor
21 km auf der N 630 nach Norden, dann in den beschilderten Privatweg rechts einbiegen. Wegen Restaurierungsarbeiten geschl.
Diese wehrhafte Burg diente den Katholischen Königen als Stützpunkt während der Zwistigkeiten mit den Anhängern der Beltraneja. Alonso Fonseca II., Erzbischof von Toledo, ließ sie für die Dame seines Herzens zu einem Palast umbauen und mit einem schönen Renaissancepatio ausstatten. Im Inneren ein Mudéjar-Kamin und Artesonado-Decken.

Alba de Tormes
23 km südöstlich über die N 501 und die C 510. Kleine Stadt am Ufer des Tormes. In der Kirche des Karmeliterinnenklosters ruht die hl. Theresia von Ávila. Von der Burg der Herzöge von Alba blieb nur der Bergfried erhalten.
Die Kirche **San Juan** mit romanischem Chorhaupt birgt in der Scheitelkapelle eine sehenswerte **Skulpturengruppe**★ aus dem 11. Jh. Dargestellt ist Christus inmitten seiner Apostel. Gesichter und Haltung sind von großer Würde.

Sangüesa/Zangoza★

Sangüesa liegt umgeben von Getreidefeldern am linken Ufer des Aragón. Wie in früheren Zeiten scheint der Ort über die Brücke zu wachen, die ihm im Mittelalter den Wohlstand sicherte. Das reiche kulturelle Erbe, die Straßen und die beeindruckenden Häuser sind auf die Rolle, die Sangüesa am Jakobsweg spielte, zurückzuführen.

Steckbrief
4 447 Einwohner. Michelin-Karte Nr. 573 – Navarra. Sangüesa liegt 5 km von der N 240 entfernt, die Jaca mit Pamplona/Iruña verbindet. 🛈 *Mayor 2, 31400 Navarra,* ☏ *948 87 14 11.*
Reiseziele in der weiteren Umgebung: CAMINO DE SANTIAGO, Monasterio de LEYRE (15 km nordöstlich), OLITE (44 km südwestlich), PAMPLONA/IRUÑA (46 km nordwestlich) und JACA (81 km östlich).

Sangüesa/Zangoza

> **SANGÜESA UND DER JAKOBSWEG**
>
> Bis ins 10. Jh. lag die Stadt wegen der Maurenangriffe auf dem Berg **Rocaforte**. Im 11. Jh. ließen sich die Bewohner bei der Brücke nieder, um sie besser verteidigen zu können und den Pilgerweg abzusichern. Am Ende des Mittelalters erlebte Sangüesa seine Blütezeit. Es entstanden schöne Patrizierhäuser, die in starkem Gegensatz stehen zum nüchternen **Palais des Fürsten von Viana**, in dem die navarresischen Könige residierten (heute Rathaus). Geht man durch die Toreinfahrt, ist die von zwei mächtigen, zinnenbewehrten Türmen eingerahmte Fassade gut zu sehen.
>
> An der Hauptstraße, der einstigen **Rúa Mayor**, auf der die Pilger zogen, haben die stattlichen Ziegelbauten ein geschnitztes Vordach aus Holz und reich verzierte gotische oder plateresk Fensterrahmungen. Wenn man von der Brücke kommt, steht in der zweiten Straße rechts der **Palacio de Vallesantoro**; die Barockfassade schützt ein gewaltiges Vordach, in das Fabelwesen geschnitzt sind.

Besichtigung

Santa María la Real★
Der Bau der Kirche wurde im 12. Jh. begonnen und im 13. Jh. mit dem herrlichen Portal und dem achteckigen Vierungsturm abgeschlossen.

Südportal★★ – Das Portal (Ende 12./Anfang 13. Jh.) überrascht mit seiner Fülle von Figuren und Szenen sowie deren großer Ausdruckskraft. Mindestens zwei Künstler, der Meister von San Juan de la Peña und ein gewisser Leodegarius, haben daran gearbeitet.

Die bereits gotisch empfundenen **Säulenstatuen** lehnen sich an Vorbilder von Chartres und Autun an.

Im **Tympanon** ist Gottvater von musizierenden Engeln umgeben dargestellt, wie er mit seiner Rechten die Erwählten zu sich ruft und mit seiner Linken die Sünder verdammt. Etwas abseits sieht man den hl. Michael als Seelenwäger.

Die **Bogenläufe** sind überreich ausgeschmückt. Auf dem zweiten Bogen von innen sind die Berufe des Holzschuhmachers, des Lautenmachers und des Fleischers dargestellt.

Von typisch aragonischer Schlichtheit sind die **Bögen** darüber, auf denen Christus als Weltenherrscher, die Evangelistensymbole, zwei Engel und die Apostel zu sehen sind; es sind die ältesten Teile des Portals.

Umgebung

Castillo de Javier★
7 km nordöstlich auf der NA 5410. In dieser Burg wurde 1506 der **hl. Franz Xaver**, der Schutzpatron von Navarra, geboren. Mit Ignatius von Loyola legte er die Grundregeln des Jesuitenordens fest. Später ging er für die Portugiesen als Missionar nach Goa, dann nach Japan. Bei seiner Weiterreise nach China starb er 1552 kurz vor dem Ziel. 1622 wurde er heilig gesprochen.

Besichtigung – *Führung (20 Min.) 9-12.40 Uhr und 16-18.40 Uhr. 1. Jan. und 25. Dez. geschl. Eintritt frei.* ☎ *948 88 40 24.*

1516 ließ Kardinal Cisneros das Geburtshaus des Heiligen zum Teil abreißen.

Man durchquert den alten Rittersaal und besichtigt dann eine **Betkapelle★**, in der ein Kruzifix aus Nussbaumholz (14. Jh.) und ein Totentanzfresko aus dem 15. Jh. Beachtung verdienen. Danach sieht man den Großen Saal und Zimmer mit Wänden aus dem 10. und 11. Jh. – eines davon ist das des hl. Franz Xaver.

Ayuntamiento (Rathaus)

Sos del Rey Católico★
13 km südöstlich über die A 127. Hier erblickte 1452 Ferdinand der Katholische, der in seiner Regierungszeit Spanien vereinigen sollte, im **Casa-Palacio de los Sada** das Licht der Welt. Bei einem Spaziergang hinauf zur Kirche und zum Bergfried fühlt man sich ins Mittelalter zurückversetzt.

An der verwinkelten **Plaza Mayor** stehen das imponierende Rathaus (Ayuntamiento) aus dem 16. Jh. und der Palast der Familie Gil de Jaz. Beide Gebäude haben große, geschnitzte Holzvordächer. Auf einer Seite sieht man die eindrucksvollen Arkaden der Börse (Lonja).

San Esteban★ – *Zugang durch eine überwölbte Passage. 10-13 Uhr und 15.30-17.30 Uhr, Juni-Sept. 10-13 Uhr und 16-18 Uhr; So und feiertags 10-12 Uhr und 16-18 Uhr. 0,60 €. ☎ 948 88 82 03.*

Unter der Kirche befindet sich die der Jungfrau der Gnade geweihte **Krypta★** aus dem 11. Jh. Schöne **Fresken** des 14. Jh.s zieren zwei der drei Apsiden. In der mittleren Apsis sehenswerte Kapitelle mit Vögeln und Frauen. Die Säulenstatuen des **Portals** haben wie die von Sangüesa eine vornehme, etwas steife Haltung. Die Kirche ist im Übergangsstil von der Romanik zur Gotik errichtet und birgt einen schönen **Renaissance-Coro★**. Eine Kapelle enthält ein Kruzifix aus dem 12. Jh.

Uncastillo
34 km südöstlich, 21 km von Sos del Rey Católico. Die romanische Kirche **Santa María** hat einen eigenwilligen Turm aus dem 14. Jh., der mit Pechnasen und Ecktürmchen versehen ist. Das **Südportal★** mit seinem reichen und vielfältigen Skulpturenschmuck gehört zu den schönsten der Spätromanik. Der *coro* mit **Renaissancegestühl★** und der **Kreuzgang★** sind platteresk (16. Jh.).

San Sebastián★★ siehe Donostia

Monasterio de Santa María de Huerta★★

Auf Ersuchen Alfons' VII., der sich Kaiser nannte, kamen 1144 Zisterzienser in dieses Grenzland zwischen Kastilien und Aragonien. 1162 ließen sich die Mönche in Huerta am Ufer des Jalón nieder und begannen mit dem Bau des Klosters, der erst Ende des 13. Jh.s abgeschlossen war.

Die Umbauten der Renaissance haben den schlichten zisterziensischen Gebäuden einen etwas anderen Aspekt verliehen. Das Kloster wurde 1835 verlassen und war dem Verfall preisgegeben, bis es die Zisterzienser 1930 erneut bezogen und restaurierten.

Steckbrief
Michelin-Karte Nr. 575 – Kastilien und León (Soria). Das Kloster liegt an der N II-E 90, die Madrid mit Zaragoza (131 km nordöstlich) verbindet.
Reiseziele in der weiteren Umgebung: Monasterio de PIEDRA (53 km südöstlich), SIGÜENZA (67 km südwestlich) und SORIA (85 km nordwestlich).

Besichtigung

Ca. 1 Std. 10-13 Uhr und 16-18.30 Uhr, So und feiertags 10-11.30 Uhr, 12.30-13 Uhr und 16-18.30 Uhr. Letzter Einlass 15 Min. vor Schließung. 1,80 €. ☎ 975 32 70 02.

Zugang durch einen **Triumphbogen** (16. Jh.) in der Einfriedung des Klosterbezirks.

Kreuzgänge und Klosterräume
Claustro herreriano – 16.-17. Jh. Um den Kreuzgang im Stil Herreras liegen die von den Mönchen bewohnten Gebäude.

Claustro de los Caballeros (Ritterkreuzgang)★ – 13.-16. Jh. Der Name des Kreuzgangs ist darauf zurückzuführen, dass hier eine beträchtliche Anzahl von Edelleuten begraben liegen. Er zeigt zwei ganz verschiedene Stockwerke. Unten gotische Gewölbeformen, darüber das im 16. Jh. hinzugefügte Stockwerk, in dem die ganze Pracht und Vielfalt des Plateresktils zum Tragen kommt *(Kopie eines Stockwerks des Palasts der Herzöge von Avellaneda in Peñaranda de Duero – s. unter El BURGO DE OSMA, Umgebung).* In den Medaillons sind die Apostel, Propheten und spanische Könige dargestellt.

Sala de los Conversos (Saal der Laienbrüder) – 12. Jh. Die beiden langen Schiffe werden von mächtigen Säulen mit stilisierten Kapitellen getrennt.

Cocina (Küche) – Sehenswert ist der riesige Kamin.

Monasterio deSanta María de Huerta

Refectorio★★ – Das Refektorium ist ein Meisterwerk der gotischen Architektur des 13. Jh.s und besticht durch seine großzügigen Proportionen. Der 35 m lange Saal erhält durch Fenster und vor allem durch die wunderschöne Fensterrose der Südwand besonders viel Licht. Zur **Kanzel des Vorlesers** gelangt man über eine sehr schöne in die Wand gehauene Treppe mit kleinen Bögen und Säulen.

Kirche

Restaurierungsmaßnahmen haben ihr das ursprüngliche Aussehen zurückgegeben, nur die *capilla mayor* behielt die überschwängliche churrigureske Dekoration. Ein schmiedeeisernes Gitter (18. Jh.) mit schwingenden Linien trennt das Kirchenschiff von der Vorhalle.

Das Renaissancegestühl des ***coro alto*** zeichnet sich durch feine Schnitzerei aus. Der Boden ist mit sehr alten Talavera-Kacheln ausgelegt.

Santander★

Santander hat eine besonders schöne **Lage★★** in einer weiten Bucht, die vom blauen Wasser des Golfs von Biskaya und grünen Berghügeln geprägt ist. Die Stadt lädt zum Flanieren ein: Ihre lange Uferfront, eine der schönsten Spaniens, ist von begrünten Alleen gesäumt, die herrliche Ausblicke bieten. Durch seine schönen Sandstrände, die berühmte Sommeruniversität und die Musik- und Tanzfestspiele ist Santander ein eleganter und kosmopolitischer Badeort.

Steckbrief

196 218 Einwohner. Michelin-Karte Nr. 573° – Kantabrien. Santander liegt an der Westseite der Bucht, die von der schmalen Halbinsel La Magdalena und der großen Sandbank von Somo begrenzt wird. Die Stadt dehnt sich weit aus: Der eigentliche Stadtkern befindet sich westlich der Halbinsel La Magdalena, im Norden liegt das Wohnviertel El Sardinero. Die A 8 verbindet Santander mit Bilbao (116 km südöstlich).
Jardines de Pereda, 39003 Santander, ☎ 942 21 61 20; Plaza de Velarde 5, 39001 Santander, ☎ 942 31 07 08.
Reiseziele in der weiteren Umgebung: SANTILLANA DEL MAR (26 km westlich) und COSTA DE CANTABRIA.

> **EINE SCHWERE VERGANGENHEIT**
>
> Die Explosion des Frachters Cabo Machichaco Ende des 19. Jh.s, bei der mehr als 500 Menschen ums Leben kamen, bewegte seinerzeit ganz Spanien.
>
> Am 15. Februar 1941 wurde Santander, nach gerade überstandenem Bürgerkrieg, von einem heftigen Wirbelsturm heimgesucht. Das Meer überschwemmte die Ufer, und im Stadtzentrum brach ein heftiger Großbrand aus, der die Altstadt fast vollständig zerstörte. Der Wiederaufbau erfolgte nach einem Plan, der jeweils nur vier oder fünf Stockwerke pro Häuserblock vorsah. Plätze wie die Plaza Porticada, Grünanlagen und Alleen – wie z. B. der Paseo de Pereda – wurden am Meer und längs des Jachthafens Puerto Chico angelegt.

Besichtigung

DAS STADTZENTRUM

Die herrschaftliche Uferpromenade **Paseo de Pereda★**, an der das eindrucksvolle Gebäude der Banco de Santander und der Palacete del Embarcadero (Ausstellungssaal) liegen, und die Geschäftsstraße **Avenida de Calvo Sotelo** bilden die Hauptachse des Stadtzentrums.

Museo Regional de Prehistoria y Arqueología (Museum für Vorgeschichte und Archäologie)★

9-13 Uhr (15. Juni-15. Sept. ab 10 Uhr) und 16-19 Uhr, So und feiertags ganzjährig 11-14 Uhr. Mo, 1. Jan., Karfreitag, 1. Mai und 25. Dez. geschl. ☎ *942 20 71 07.*
Das Museum ist im Untergeschoss der Diputación eingerichtet und enthält zum größten Teil Funde aus den Höhlen der kantabrischen Küste (vor allem aus El Castillo, El Pendo und El Valle). Gezeigt werden Überreste von Tieren aus dem Quartär, die heute ausgestorben sind. Das Ende der Altsteinzeit hat die meisten Zeugnisse hinterlassen: Knochen, in welche Tiersilhouetten eingeritzt sind, und vor allem die so genannten **Kommandostäbe★** (gefunden in El Pendo) aus fein verziertem Horn, deren eigentliche Zweckbestimmung ungeklärt ist. Der große Kessel aus Cabárceno und die Schwerter und Lanzenspitzen stammen aus der Bronzezeit.

Drei große, kreisförmige Grabstelen repräsentieren den Höhepunkt der kantabrischen Kultur (Bronzezeit). Eine Abteilung ist den Ausgrabungsfunden aus der römischen Zeit gewidmet, die größtenteils in Juliobriga (*s. unter AGUILAR DE*

Tipps und Adressen

Ausflüge
Bootsfahrten – Die *reginas* verbinden Santander das ganze Jahr über mit Somo und Pedreña (auf der anderen Seite der Bucht). Im Sommer werden Besuchern auch Fahrten durch die Bucht und auf dem Cubas angeboten. Anlegestelle: Palacete del Paseo de Pereda. ☎ 942 216 753.

Restaurants
• **Gut & preiswert**
Mesón Rampalay – *Daoíz y Velarde 9* – ☎ 942 31 33 67 – *Di geschl.* – *12/18 €.* Dieses *mesón* liegt in einer Parallelstraße des Paseo de Pereda, direkt neben Santa Lucía. Es hat eine große Bar und einige Tische. Geboten werden traditionelle *raciones*: *pimientos con ventresca* (Paprika mit Tunfisch), *salpicón de marisco* (Vorspeise mit Meeresfrüchten), *champiñón con bacalao* (Champignons mit Kabeljau) etc.

Bodega del Riojano – *Río de la Pila 5* – ☎ 942 21 67 50 – *So-abend und Mo außer im Sommer geschl.* – *16/24 €.* Ein hübsches, geschmackvolles Gasthaus im Stil eines *mesón*. Die vielen bemalten Fässer an der Bar am Eingang und im großen Speisesaal geben dem rustikalen Ambiente noch eine ganz besondere Note. Traditionelle regionale Küche.

Unterkunft
• **Gut & preiswert**
Residencia-Cafetería Los Castros – *Avenida Los Castros 32* – ☎ 942 28 18 24 – *8 Z.: 26/38 €.* Ein Hotel wie dieses ist in Santander nicht leicht zu finden. An einer Allee in El Sardinero, 100 m von den Jardines de Piquío und den Stränden entfernt, liegt dieses einfache, angenehme Hotel mit sehr günstigen Preisen. Eine gute Wahl.

• **Unsere Empfehlung**
Hotel Carlos III – *Avenida Reina Victoria 135* – ☎ 942 27 16 16 – *Nov.-17. März geschl.* – *20 Z.: 48/63 €* – ⌑ *2,50 €.* Das kleine Hotel in einem Palais aus dem frühen 20. Jh. besticht durch seine herrliche Lage beim Strand von El Sardinero und seine gemäßigten Preise.

Feste
Unter den Festlichkeiten ist neben den Internationalen Musik- und Tanzfestspielen, die im August im Palacio de Festivales (Saénz de Oiza, 1991) stattfinden, die *Fiesta de Santiago* mit bedeutenden Stierkämpfen zu erwähnen (Juli).

CAMPOO, *Ausflug*) und Castro Urdiales gemacht wurden. Es handelt sich um Münzen, Markteine, Bronzestatuetten und Keramik. Das Mittelalter ist vor allem mit einer Gürtelschnalle (mozarabische Arbeit aus Knochen, 10. Jh.) vertreten.

Catedral
Die auf einem Hügel gelegene Kathedrale hat einen wehrhaften Charakter *(Zugang beim restaurierten gotischen Kreuzgang)*. Nach dem Brand von 1941 wurde sie im gotischen Stil wieder aufgebaut. Der Altarraum wird von einem Barockretabel beherrscht. Rechts vom Chorumgang steht ein **Weihwasserbecken**, das ursprünglich den Muslimen als Becken für ihre rituellen Waschungen diente.

Iglesia del Cristo★ – Die **Krypta** aus dem 12. Jh. *(Zugang beim Südportal)* besteht aus drei niedrigen Kirchenschiffen, die von dicken, kreuzförmigen Pfeilern getrennt werden. Ausgrabungen im nördlichen Seitenschiff brachten Reste eines römischen Hauses zu Tage, in dem möglicherweise die Reliquien von San Emeterio und San Celedonio, den Schutzpatronen der Stadt, vergraben wurden. Die Reliquien werden in der linken Apsis gezeigt. Im Hochaltar ein Barockkruzifix der kastilischen Schule.

Museo de Bellas Artes
10-13 Uhr und 17-20 Uhr (Sa nur vormittags), 15. Juni-15. Sept. 10.30-13 Uhr und 17.30-20 Uhr (Sa nur vormittags). So und feiertags geschl. Eintritt frei. ☎ 942 23 94 85/ 7.
Im Museum hängen ein von **Goya** gemaltes Porträt König Ferdinands VII. und Radierungen aus den Bilderfolgen *Die Schrecken des Krieges*, *Stierkampf* und *Caprichos (Einfälle)* sowie einige flämische und italienische Gemälde aus dem 16. bis 18. Jh. Hauptteil der Sammlung sind Gemälde und Statuen aus dem 19. und 20. Jh., die vor allem von regionalen Künstlern stammen (Madrazo, Solana, Cossío, Riancho, Blanchard, Oteiza, Miró). Im Erdgeschoss finden wechselnde Ausstellungen statt.

Biblioteca Menéndez Pelayo
Führung (20 Min.) 9.30-11.30 Uhr (alle 30 Min.). Sa/So und feiertags geschl. ☎ 942 23 45 34.
Der große Gelehrte und Sprachwissenschaftler **Marcelino Menéndez y Pelayo** (1856-1912) war ein leidenschaftlicher Bücherfreund. Er hinterließ seiner Heimatstadt annähernd 43 000 Bände, darunter auch mehrere Manuskripte großer spanischer Dichter. Er vermachte Santander auch das Bibliotheksgebäude, mit der Auflage, dass an ihm keine Veränderungen vorgenommen werden dürften. Hinter der Bibliothek liegt das Wohnhaus des Gelehrten, das heute ein Museum ist und in dem in Kürze die Bibliothek eines weiteren großen spanischen Dichters aufgenommen wird: Gerardo Diego.

Santander

El Sardinero

DIE HALBINSEL LA MAGDALENA★★

Aufgrund ihrer wunderschönen Lage und der herrlichen Ausblicke ist die Halbinsel einer der großen Anziehungspunkte der Stadt. Dieser prächtige öffentliche Park lädt zum Flanieren ein. Im Bereich von El Sardinero befinden sich ein kleiner Zoo (Seehunde, Pinguine, Eisbären u. a.) und die Nachbauten der Galeonen, mit denen Francisco de Orellana den Amazonas erforschte.

Gegen Ende des 19. Jh.s brachte das spanische Königshaus den Badeort Santander in Mode. Die Stadt erbaute daher den Sommerpalast **Palacio de la Magdalena** und machte ihn Alfons XIII. zum Geschenk. Heute beherbergt das Gebäude Hörsäle der Internationalen Universität Menéndez Pelayo.

EL SARDINERO★★

El Sardinero ist nicht nur als Wohnviertel beliebt, sondern auch bei Sommerurlaubern, was nicht zuletzt an den herrlichen **Stränden** liegt: Zur Verfügung stehen die drei Strände von El Sardinero – die durch Felsvorsprünge und gepflegte Parks voneinander getrennt sind, bei Ebbe aber ein langes, goldgelbes Band bilden – sowie die Playa del Promontorio und die Playa de la Magdalena. Auf der Plaza de Italia, dem Zentrum von El Sardinero, befindet sich das Casino (1916), im Parque de Mataleñas der städtische Golfplatz.

Spaziergang zum Cabo Mayor★

Ca. 2 Std.; Hin- und Rückweg 4,5 km ab dem Ausgang von El Sardinero, wo die Calle Garcia Lago und die Calle Gregorio Marañón zusammentreffen. Mit dem Auto 7 km in nördlicher Richtung.

Im Verlauf dieses schönen Spaziergangs, der vom städtischen Golfplatz über das Cabo Menor bis zum Cabo Mayor führt, bieten sich herrliche Blicke auf Küste und Bucht.

Umgebung

Muriedas

7 km südlich auf der Straße nach Burgos. In dem restaurierten Haus von Pedro Velarde, einem Helden des Freiheitskriegs, befindet sich heute ein Völkerkundemuseum, das **Museo Etnográfico de Cantabria**. Ein großes Tor, wie man es häufig in dieser Gegend findet, führt in den Garten, wo ein *hórreo* aus der Gegend von Liébana sowie eine kantabrische Grabstele aufgestellt wurden. Das Wohnhaus (17. Jh.) ist mit regionaltypischen Möbeln, Haus- und Ackergeräten ausgestattet. Im 1. Stock enthalten das Zimmer Velardes und ein Saal persönliche Gegenstände und Erinnerungsstücke an den Freiheitshelden. *Führung (40 Min.) 10-13 Uhr und 16-18 Uhr (21. Juni-20. Sept. bis 19 Uhr), So und feiertags ganzjährig 11-14 Uhr. Letzter Einlass 30 Min. vor Schließung. Mo, 1. Jan., Karfreitag, 1. Mai und 25. Dez. geschl. Eintritt frei. ☎ 942 25 13 47.*

Parque de la Naturaleza de Cabárceno

15 km südlich. Tgl. 9.30-18 Uhr (im Sommer bis 19 Uhr). 9,50 €. ☎ 942 56 37 36. In diesem ehemaligen Bergwerk in der Sierra de Cabarga, das von römischer Zeit bis 1989 in Betrieb war, wird auf 750 ha ein Umweltschutzprogramm durchgeführt. Im Rahmen dieses Programms entstand ein schöner Zoo, in dem Tiere aus allen Kontinenten in Halbfreiheit leben.

Castañeda

24 km südwestlich über die N 623 und die N 634. Im freundlichen Pisueña-Tal erhebt sich die ehemalige Stiftskirche **(Antigua Colegiata)**, mit deren Bau Ende des 12. Jh.s begonnen wurde. Das sehr tiefe Portal ist durch konkave und konvexe Bogenläufe gestaffelt, was ihm eine große Eleganz verleiht. Im Inneren hat der Mittelteil seine ursprüngliche Gliederung (Mittelschiff mit Tonnengewölbe, Trompenkuppel) bewahrt. *Besichtigung nach Voranmeldung unter ☎ 942 59 21 57 (Señorita Ana Fernández Castanedo).*

Puente Viesgo★

26 km südwestlich über die N 623. Die vielen Funde aus den zahlreichen Höhlen (El Castillo, Las Chimeneas, Las Monedas, La Pasiega) der umliegenden Kalksteingebirge weisen darauf hin, dass hier schon in vorgeschichtlicher Zeit Menschen gelebt haben.

Cueva del Castillo★ – *Führung (45 Min.) Nov.-März 9.15-14 Uhr, Apr.-Okt. 9.30-12 Uhr und 15.15-18.15 Uhr. Mo, Di (Apr.-Okt.), 1. Jan., 1. Mai und 25. Dez. geschl. 1,80 €. ☎ 942 59 84 25.*

Gegen Ende der Altsteinzeit (Aurignacien und Magdalénien) entstanden die Ritzzeichnungen und Felsmalereien an den Wänden der Grotte. Die etwa 750 Darstellungen, oft unfertige einfache Silhouetten, sind stark verstreut und meist schwer zugänglich. Viele konnten bis heute nicht gedeutet werden. Die ockerfarbenen oder rot umrandeten Handabdrücke spielten wohl eine magische Rolle und symbolisierten die Überlegenheit des Menschen. Von den 50 entdeckten Abdrücken stammen nur drei von rechten Händen. Noch schwieriger ist die Deutung von Parallelen und Punktierungen; sie könnten Waffen oder Tierfallen darstellen.

Santiago de Compostela★★★

Als drittgrößter Wallfahrtsort der Welt nach Jerusalem und Rom hat Santiago de Compostela schon im Mittelalter Scharen von Pilgern aus ganz Europa angezogen. Santiago ist auch heute noch einer der bemerkenswertesten Orte Spaniens, da seine altertümlichen Stadtviertel und Gässchen etwas von der Mystik früherer Zeiten bewahrt haben. Die Stadt ist reich an Bars und Kneipen, Kunst und Musik, Tradition und Vergangenheit. Die Studenten der Universität von Santiago, die Besucher und die Einwohner tragen dazu bei, dass in den alten Straßen auch heute noch das Leben pulsiert. Entgegen allen Erwartungen ist hier nicht die Romanik vorherrschend, sondern es sind die barocken und klassizistischen Bauwerke, die der Stadt ihren feierlichen Anstrich geben, was besonders vom Paseo de la Herradura aus gut zu sehen ist.

Steckbrief
105 851 Einwohner. Michelin-Karte Nr. 571 – Galicien (A Coruña). Santiago liegt im Nordwesten der iberischen Halbinsel. Die Stadt war früher Ziel und Knotenpunkt bedeutender historischer Wege und hat noch heute eine gute Verkehrsanbindung. In Santiago treffen die A 9, die Vigo (84 km südlich) mit A Coruña (72 km nördlich) verbindet, die N 547 nach Lugo (107 km östlich) und die N 525 nach Ourense (111 km südöstlich) zusammen. Der Flughafen liegt bei Kilometer 11 der Straße von Santiago nach Lugo. ◘ *Vilar 43, 15705 Santiago de Compostela, ☎ 981 58 40 81; Praza de Galicia s/n, 15706 Santiago de Compostela, ☎ 981 57 39 90.*
Reiseziele in der weiteren Umgebung: A CORUÑA/La CORUÑA, PONTEVEDRA (57 km südlich), RÍAS ALTAS und RÍAS BAJAS.

Hintergrundinfos

Legende und Geschichte – Der Apostel **Jakobus d. Ä.** – wegen seines aufbrausenden Temperaments auch „Donnersohn" genannt – soll die Meere überquert haben, um Spanien zu christianisieren. Er strandete an der Mündung des Ulla und durchzog sieben Jahre lang die Halbinsel, ehe er ins Heilige Land zurückkehrte. Dort wurde er eines der ersten Opfer der Christenverfolgungen unter Herodes Agrippa. Seine Gemeinde musste Palästina verlassen und nahm die Gebeine des Märtyrers nach Spanien mit, wo sie nahe der Stelle bestattet wurden, an der Jakobus einige Jahre vorher gestrandet war. In der Zeit der Völkerwanderung geriet das Apostelgrab in Vergessenheit.
Die Legende berichtet, dass Anfang des 9. Jh.s ein Stern Hirten den Bestattungsort des Apostels zeigte. Diese Sage unterstützt die These, nach der der Name Compostela auf *campus stellae* („Sternenfeld") zurückzuführen sein soll. Gemäß einer These jüngeren Datums, die sich auf die Entdeckung eines Gräberfeldes unter der Kathedrale beruft, soll der Name vom vulgärlateinischen *compostela* („Friedhof") stammen. Zum Schutzpatron im Kampf gegen den Islam wurde der hl. Jakobus (span. Santiago) nach folgendem Ereignis: 844 kämpfte Ramiro I. bei **Clavijo** in der Gegend von Logroño an der Spitze einer Hand voll Spanier erbittert gegen die Mauren. Plötzlich tauchte ein Ritter auf einem Schimmel auf. Er trug eine weiße Fahne mit rotem Kreuz, mischt sich kühn unter die Kämpfenden und zersprengte das Heer des Feindes. Die christlichen Ritter erkannten in ihm Santiago und gaben ihm den Titel Matamoros („Maurentöter"). Damit hatte die Reconquista ihren Schutzheiligen gefunden. Um die Jakobsmuschel, das Zeichen der Wallfahrt, rankt sich folgende Sage: Der Ritter Pimentel musste bei einem Kampf gegen die Ungläubigen einen Meeresarm schwimmend durchqueren. Als er aus dem Wasser kam, war sein Körper ganz mit Jakobsmuscheln bedeckt. Seitdem ist jeder Pilger gehalten, sie als greifbares Zeugnis seiner Wallfahrt mit nach Hause zu nehmen. Nachdem die Reise ins Heilige Land zu gefährlich geworden war, bekam der Wallfahrtsort Compostela ab dem 11. Jh. immer größere Bedeutung, bis die Pilgerfahrt dorthin schließlich als genauso verdienstvoll galt wie der Besuch von Jerusalem oder Rom.
Die Äbte von Cluny, einst vom König von Navarra zur Klosterreform aufgerufen, übernahmen die Organisation und Förderung der Wallfahrt; sie wurden später von den Äbten von Citeaux abgelöst. 1175 bestätigte Papst Alexander III. die Statuten des Ritterordens von Santiago, der mit dem Schutz der Pilger betraut war. Die Jahre, in denen der Tag des hl. Jakobus (25. Juli) auf einen Sonntag fällt, gelten als Heilige Jahre, in denen die Pilger besonderer Gnaden teilhaftig werden. Heute noch sind die religiösen Zeremonien aus diesem Anlass ganz besonders feierlich.

Tipps und Adressen

Restaurants

• Gut & preiswert
O Dezaseis – Rúa de San Pedro 16 – ☎ 981 57 76 33 – Reserv. empf. – 15/21 €. In der Nähe der Porta do Camiño und des Museo do Pobo Galego. Das Restaurant hat sich in Santiago, trotz großer Konkurrenz, einen Namen gemacht. In dem gemütlichen Lokal (viel Stein und Holz) werden sehr leckere *tapas* und gute Weine angeboten. Auf der Terrasse kann man unter Weinranken *raciones* essen.

• Unsere Empfehlung
Casa Marcelo – Rúa Hortas 1 – ☎ 981 55 85 80 – So, Mo und 15. Jan.-15. Febr. geschl. - 24 €. Dieses besonders schöne Restaurant liegt ganz in der Nähe der Praza do Obradoiro und bietet in perfektem Rahmen eine innovative Küche. Es gibt nur ein Menü, das aber sehr ausgewogen und abwechslungsreich ist. Gute Weinkarte und sehr gutes Preis-Leistungs-Verhältnis.

San Clemente – San Clemente 6 – ☎ 981 58 08 82 – Mo und Weihnachten geschl. – 🍽 – 21/29 €. Trotz der Nähe zur Kathedrale liegt das Restaurant recht ruhig abseits der Touristenwege. Berühmt für seine Fischgerichte.

Tapas

Adega Abrigadorio – Carrera del Conde 5 – ☎ 981 56 31 63. Ein traditionsreiches Lokal ganz in der Nähe des Parque de la Alameda. Die Inneneinrichtung besteht aus Stein, Holzfässchen und einer kleinen Mühle – der ideale Rahmen, um die Weine und Wurstwaren zu probieren.

La Bodeguilla de San Roque – San Roque 13 – ☎ 981 56 43 79. Dieses einfache Lokal hat sich in der Stadt dank seiner *revueltos* (Rühreigerichte), Wurstwaren und Weine einen Namen gemacht. Wer mehr als nur eine Kleinigkeit essen möchte, kann dies im hübschen Restaurant im 1. Stock tun.

Rúa do Vilar

Unterkunft

• Gut & preiswert
Hostal Mapoula – Entremurallas 10, 3° – ☎ 981 58 01 24 – 12 Z.: 25/34 € ⛌. Das kleine, familiäre Hostal liegt in einer engen Altstadtgasse ganz in der Nähe der Praza do Toural. Es ist nicht besonders luxuriös, bietet aber einen guten Service, und die Zimmer sind sauber und haben ein Bad. Eine gute Adresse wegen der günstigen Lage und dem guten Preis-Leistungs-Verhältnis.

• Unsere Empfehlung
Hotel San Clemente – San Clemente 28 – ☎ 981 56 92 60 – pousadas@jet.es – 39 Z.: 55/64 €. Das Hotel wurde erst vor wenigen Jahren eröffnet und liegt besonders günstig in der Nähe der Praza do Obradoiro. Die hübschen Zimmer sind mit viel Stein und Holz eingerichtet. Empfehlenswert wegen seiner Lage und gemäßigten Preise.

Casa Grande de Cornide – Cornide – Teo-Casalonga – 11,5 km südwestlich von Santiago über die N 550 in Richtung Padrón – ☎ 981 80 55 99 – casagcornide@teleline.es - Jan. geschl. – 🅿 🏊 – 10 Z.: 61/79 € – ⛌ 6 €. Wer einen ruhigen Ort außerhalb von Santiago sucht, ist in diesem traditionellen galicischen Haus richtig. Im Sommer lockt der Pool im hübschen Garten. Bei der Inneneinrichtung wurden Klassik und Moderne kombiniert, die Zimmer sind sehr komfortabel.

• Fürstlich logieren
Parador Hotel Reyes Católicos – Praza do Obradoiro 1 – ☎ 981 58 22 00 – 🅿 – 130 Z.: 130/163 € – ⛌ 12 € – Rest. 22/26 €. Das 1499 von den Katholischen Königen gestiftete Pilgerhospiz wurde in einen luxuriösen Parador umgebaut. Besonders schön sind die Innenhöfe, die nach dem im 16. Jh. für Krankenhäuser üblichen Bauschema angelegt sind. Die Zimmer sind sehr elegant eingerichtet, einige mit Himmelbett.

Für zwischendurch

Cafetería Paradiso – Rúa do Vilar 29 – ☎ 981 58 33 94 – *Tgl. 8-2 Uhr*. Café im Stil des 19. Jh.s.

Café Derby Bar – Rúa das Orfas 29 – ☎ 981 58 59 04. Ein Café sozusagen fürs Leben. Der Schriftsteller Valle Inclán soll hier Stammgast gewesen sein.

Café Literario – Praza da Quintana. Besonders junge Leute kommen gern in dieses schön ausgestattete Café. Es liegt oben an den Treppen und bietet eine gute Aussicht auf den Domplatz.

Ausgehtipps

Vinatería Don Pinario – Plazuela de San Martín. Design und Wein sind hier besonders schön kombiniert.

Santiago de Compostela
Besondere Highlights

LA PLAZA DEL OBRADOIRO★★★
Durch seine Größe und die stattlichen Bauwerke ist dieser Platz ein würdiger Rahmen für die Kathedrale.

Catedral
Tgl. 7.30-21 Uhr. ☎ 981 58 11 55
Die Kathedrale wirkt zwar von außen wie ein Barockbau, stammt aber fast vollständig aus dem 11., 12. und 13. Jh. und ist die dritte Kirche über dem Apostelgrab. Die erste Basilika war nach der Entdeckung der Reliquien gebaut worden. Alfons III. ließ ein größeres Gotteshaus errichten, das 997 bei einem Kriegszug von Al Mansur zerstört wurde.

Kathedrale

Obradoiro-Fassade★★★ – Dieses barocke Meisterwerk des Architekten **Fernando Casas y Novoa** existiert seit 1750 (der Name bedeutet „Werk aus Gold"). Besonders harmonisch wirkt der in aufwärts strebenden Linien gestaltete, reich verzierte Mittelteil mit dem Hauptportal, der in einem hohen Dreiecksgiebel endet. Er wird von zwei leicht zurückgesetzten hohen Türmen flankiert, die mit ebenso reicher Verzierung die himmelstrebende Bewegung der Architektur fortsetzen.

Pórtico de la Gloria★★★ – Durch die barocke Fassade verborgen, öffnet sich im Narthex der herrliche Pórtico de la Gloria. Die Bildhauerkunst dieses dreibogigen „Tors der Herrlichkeit" besticht sowohl durch seine vollendete Harmonie als auch durch seinen bis ins Detail hervorragend gearbeiteten, überreichen farbigen Figurenschmuck, der sich zu einem überwältigenden Ganzen von großer Geschlossenheit und Ausdruckskraft fügt.

Er wurde erst Ende des 12. Jh.s von **Meister Mateo** ausgeführt und trägt schon einige Merkmale der gotischen Kunst. Meister Mateo, seines Zeichens Brückenbauer, stützte vorher die darunter liegende Krypta ab, damit sie das Gewicht des Pórtico tragen konnte. Der mittlere Bogen ist der christlichen Kirche gewidmet: Im Tympanon thront Christus der Erlöser, umgeben von den vier Evangelisten, an der Archivolte sieht man die 24 musizierenden Greise der Apokalypse. An den seitlichen Säulen Propheten- und Apostelfiguren, darunter der Prophet Daniel, dessen verhaltenes Lächeln den berühmten Engel von Reims ankündigt. Auf der Mittelsäule sieht man unterhalb der Sitzstatue des hl. Jakobus Vertiefungen wie Fingerabdrücke. Es ist in der Tat Brauch, dass die reisemüden Pilger hier ihre Hand auflegen zum Zeichen, dass sie am Ziel angelangt sind. Dahinter befindet sich die Statue des „Heiligen mit den Beulen", der dem Volksglauben nach jedem, der sich den Kopf daran schlägt, Verstand und Einsicht zu verleihen vermag.

Das linke Seitenportal ist den Juden, das rechte den Heiden gewidmet.

Kircheninneres – Die riesige romanische Kathedrale, in der sich die Pilger drängten, ist unversehrt erhalten geblieben. Man findet an ihr alle Merkmale einer Wallfahrtskirche: den kreuzförmigen Grundriss, Weiträumigkeit, einen Chorumgang und ein Triforium. Das Hauptschiff und das mehrschiffige Querhaus beeindrucken durch ihre majestätische Schlichtheit und die ausgewogene Funktionalität.

Die paarweise angeordneten Emporen sind von einem Entlastungsbogen überspannt. Kreuzgewölbe aus dem 13. Jh. schließen die Seitenschiffe ab. An hohen Feiertagen wird ein riesiges Weihrauchfass (**Botafumeiro**, *es kann in der Bibliothek besichtigt werden*) am Schlussstein der Vierungskuppel aufgehängt und durch ein System von Flaschenzügen von acht Männern hin und her geschwenkt. Das Allerheiligste ist für den romanischen Stil überraschend prunkvoll. Den **Hauptaltar** mit einer reich geschmückten Statue des hl. Jakobus (13. Jh.) überragt ein riesiger geschnitzter Baldachin. Hinter dem Altar liegt ein Treppchen, auf dem die Pilger zur Figur des Heiligen gelangen, um seinen Mantel zu küssen. Unter dem Altar befindet sich im Fundament der Grabkirche des 9. Jh.s die **Krypta** mit den Gräbern des Apostels und seiner Schüler, der Heiligen Theodor und Athanasius. Im Chorumgang ist das kunstvolle gotische Gewölbe der **Capilla Mondragón** (1521) sehenswert; die Capilla Corticela war im 9. Jh. von der Kathedrale getrennt.

Kunstwerke der Renaissance sind die **Sakristeitür** sowie die Tür zum Kreuzgang, beide im südlichen Querhaus.

Museo – *Nov.-Febr. 11-13 Uhr und 16-18 Uhr, März-Juni 10-13.30 Uhr und 16-18.30 Uhr, Juli-15. Sept. 10-13.30 Uhr und 16-19.30 Uhr, 16. Sept.-Okt. 10.30-12.30 Uhr und 16- 19 Uhr; So und feiertags nur vormittags. 3 €.* ✆ *981 56 05 27.*

Das Museum besteht aus drei verschiedenen Räumen. Vom Innenraum der Kathedrale aus betritt man den Kirchenschatz (**Tesoro**), der in einer gotischen Kapelle

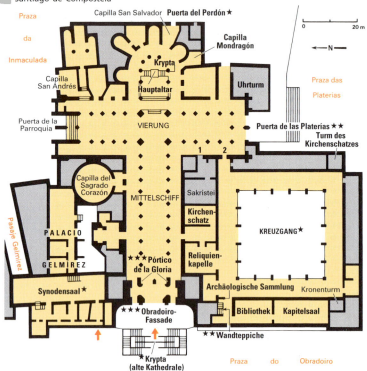

des rechten Seitenschiffs untergebracht ist und u. a. eine Monstranz aus Silber und Gold von Antonio de Arfe (1510-1566) enthält. Zur **Krypta★** kommt man von der Plaza del Obradoiro aus. Sie wurde bei der Fertigstellung des Hauptschiffs im 11. Jh. erbaut, um die Unebenheiten des Geländes auszugleichen und den Hauptportalbau (Pórtico de la Gloria) zu tragen. Ihr Zugang liegt etwas verborgen am Fuß der großen Freitreppe vor der Obradoiro-Fassade. Es handelt sich praktisch um eine kleine romanische Kirche auf kreuzförmigem Grundriss; schöne mit Steinmetzarbeit verzierte Säulen und Kapitelle sind ihr Schmuck. Der Eingang zu den Sälen mit den Ausgrabungsfunden, zur **Bibliothek** (Weihrauchfässer) und zum Kapitelsaal (**Sala Capitular**) liegt seitlich der Obradoiro-Fassade. Im Kapitelsaal, dessen Granitgewölbe ein technisches Meisterwerk ist, hängen flämische Wandteppiche des 16. Jh.s; in den an die Empore anschließenden Räumen werden **Wandteppiche★★** nach Entwürfen von Goya, Teniers und Bayeu bewahrt.

Claustro (Kreuzgang)★ – *Eingang vom Museum aus.* Der majestätische Kreuzgang mit seinen geräumigen Galerien wurde von Juan de Álava begonnen und ist seiner Struktur nach gotisch; Gil de Hontañón und Gaspar de Arce vollendeten ihn im Platereskstil.

Puerta de las Platerías (Portal der Goldschmiede)★★ – Einziges romanisches Portal der Kirche. Seine Skulpturen stammen allerdings zu einem großen Teil von einem anderen Portal (Puerta de la Azabachería). Die schönste Figur ist sicherlich an der linken Tür König David mit der Leier. Sehr bekannte Szenen sind auch die Vertreibung von Adam und Eva aus dem Paradies und, in der rechten Ecke des linken Tympanons, die Ehebrecherin. Rechts davon erhebt sich der **Uhrturm** (Ende 17. Jh.), links der auf einer muschelförmigen Trompe ruhende Torre del Tesoro. Die Fassade des Kapitelhauses (**Casa del Cabildo**) gegenüber dem „Pferdebrunnen" (Fuente de los Caballos) wurde im 18. Jh. errichtet.

Palacio Gelmírez
Karwoche-Sept. 10-13.30 Uhr und 16.30-19.30 Uhr, sonst nach Voranmeldung. Mo geschl. 1,20 €. ☎ 981 57 23 00.
Das links von der Kathedrale gelegene Palais ist Sitz des Erzbischofs. Man kann einige Säle des Palastes aus dem 12. Jh. und der Gotik besichtigen, darunter den mehr als 30 m langen Synodensaal (**Salón Sinodal★**) mit Kreuzrippengewölbe. An den skulptierten Konsolen ist das Festmahl anlässlich der Hochzeit von Alfons IX. von León abgebildet.

Hostal de los Reyes Católicos★
Es wurde von Ferdinand von Aragonien und Isabella von Kastilien, den Katholischen Königen, als Pilgerhospiz gegründet und ist heute ein Parador de Turismo. Ein herrliches platereskes Portal schmückt die imposante **Fassade★**. Der Grundriss

ist typisch für die Krankenhäuser der damaligen Zeit: Er hat die Form eines Kreuzes innerhalb eines Quadrats, das vier harmonische Innenhöfe im Platereskstil umfasst. Der älteste Teil des Gebäudekomplexes wurde nach Plänen von Enrique Egas errichtet, jedoch erst im 17. Jh. vollendet.

Ayuntamiento (Rathaus)
Gegenüber der Kathedrale erhebt sich der ehemalige Palacio de Raxoy, heute Rathaus und Amtssitz der Xunta de Galicia. Seine klassizistische Fassade (18. Jh.) ist ein Werk des Franzosen Charles Lemaur.

> **TIPP**
> Ein schöner Blick auf die Kathedrale ergibt sich, wenn man die Treppe der Avenida de Rajoy links vom Rathaus hinuntergeht.

Colegio de San Jerónimo
Das Gebäude (17. Jh.) auf der Südseite des Platzes hat ein schönes Portal aus dem 15. Jh., das an romanische Portale erinnert.

DIE ALTSTADT★★
Das heutige Santiago entstand, als man die mittelalterliche Stadtstruktur während der Renaissance und des Barock überbaute. Die Altstadt ist aber nach wie vor ein Geflecht aus engen Straßen, die sich plötzlich auf kleine Plätze öffnen (Fonseca, Platerías, Feijóo, San Martín oder San Roque).

Rúa do Franco
In dieser malerischen Straße stehen Seite an Seite ehemalige Schulen (Colegio Fonseca), typische Wirtshäuser und kleine Läden. Nach der Porta da Faxeiras erreicht man den Paseo de la Herradura. Der bewaldete Hügel ist ein beliebter Spazierweg mit schöner **Aussicht★** auf Kathedrale und Stadt.

Rúa do Vilar
Diese Straße führt zur Kathedrale zurück und ist – wie die sehr belebte Parallelstraße **Rúa Nova** – von alten Häusern gesäumt.

Plaza de la Quintana★★
Der berühmte, bei den Studenten sehr beliebte Platz liegt an der Ostseite der Kathedrale. An seinem unteren Ende wird er von der **Casa de la Canónica**, dem ehemaligen Kapitelhaus mit schlichten Arkaden, begrenzt; im östlichen Teil steht ein Kloster (Monasterio de San Payo de Antealtares, 17. Jh.), dessen strenge Mauern durch Fenster mit schönen alten Gittern aufgelockert sind.
Gegenüber, am Chorhaupt der Kathedrale, öffnet sich das Heilige Tor (Puerta Santa oder **Puerta del Perdón★**). Es wurde 1611 von Fernández Lechuga errichtet, der hierzu die von Meister Mateo geschaffenen Statuen der Propheten und Erzväter aus dem romanischen *coro* verwendete. Das Tor ist nur in Heiligen Jahren geöffnet. Die **Casa de la Parra** liegt an einer breiten Treppe und ist ein schöner Barockbau aus dem späten 17. Jh.

Museo de las Peregrinaciones
10-20 Uhr, Sa 10-13.30 Uhr und 17-20 Uhr, So 10.30-13.30 Uhr. Mo geschl. 2,40 €. ☎ 981 58 15 58.
Das Casa del Rey Don Pedro genannte Gebäude aus dem 15. Jh. wurde vollständig umgebaut und hat kaum noch mittelalterliche Elemente bewahrt. Hier ist heute ein Museum zur Geschichte der Wallfahrt nach Santiago untergebracht.

Monasterio de San Martín Pinario★
11.30-13.30 Uhr und 16.30-18.30 Uhr. Mo geschl. Eintritt frei. ☎ 981 58 40 81.
Die weitläufige Klosteranlage zeigt mehrere Stilrichtungen. Die am gleichnamigen Platz gelegene **Fassade** *(gegenüber der Nordseite der Kathedrale)* ist wie eine platereske Altarwand aufgebaut. Eine doppelläufige Freitreppe bildet den Aufgang zur Kirche. Das einschiffige

> **HEILIGES JAHR**
> In Santiago spricht man von einem Heiligen Jahr *(Año Santo Compostelano)*, wenn der Feiertag des Heiligen (25. Juli) auf einen Sonntag fällt. Der Tag des hl. Jakobus wird dann besonders feierlich begangen.

Innere überrascht durch seine Geräumigkeit. Das Tonnengewölbe hat eine Kassettendecke. Das **Retabel★** des Hochaltars wurde von dem großen Architekten Fernando Casas y Novoa (1730) in überschwänglichem churriguereskem Barock entworfen und gehört zu den eindrucksvollsten Werken dieses Stils in Galicien. Bemerkenswert sind des Weiteren die beiden barocken Kanzeln. Eine überkuppelte Treppe führt zu drei Kreuzgängen (16.-18. Jh.), darunter auch der majestätische Claustro de las Procesiones.
Den Ausgang zur Plaza de la Inmaculada benutzen. Diese Seite des Klosters ist durch die Kolossalordnung geprägt: Mächtige dorische Säulenpaare reichen bis zum Dach. Die Plaza de la Azabachería, gegenüber, ist nach den Juwelieren benannt, die den schwarzen Bernstein *azabache* bearbeiteten und hier ihre Geschäfte hatten.

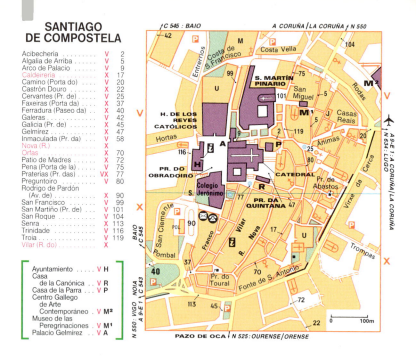

SANTIAGO DE COMPOSTELA

Acibechería	V	2
Algalia de Arriba	V	5
Arco de Palacio	V	9
Caldeirería	X	17
Camino (Porta do)	V	20
Castrón Douro	X	22
Cervantes (Pr. de)	V	25
Faxeiras (Porta da)	X	37
Ferradura (Paseo da)	X	40
Galeras	X	42
Galicia (Pr. de)	X	45
Gelmírez	V	47
Inmaculada (Pr. da)	V	58
Nova (R.)	X	
Orfas	X	70
Patio de Madres	X	72
Pena (Porta de la)	V	75
Praterías (Pr. das)	VX	77
Preguntoiro	V	80
Rodrigo de Pardón (Av. de)	X	90
San Francisco	V	99
San Martiño (Pr. de)	V	101
San Roque	V	104
Senra	X	113
Trinidade	V	116
Troia	V	119
Vilar (R. do)	X	

Ayuntamiento	V	H
Casa de la Canónica	V	R
Casa de la Parra	V	P
Centro Gallego de Arte Contemporáneo	V	M²
Museo de las Peregrinaciones	V	M¹
Palacio Gelmírez	V	A

Besichtigung

Museo do Pobo Galego
10-13 Uhr und 16-19 Uhr, Sa 16-19 Uhr, feiertags 11-14 Uhr. So geschl. Eintritt frei. ☎ 981 58 36 20.
Das Volkskundliche Museum ist im Kloster Santo Domingo de Bonaval aus dem 17. und 18. Jh. untergebracht. Die Sammlungen vermitteln nicht nur einen guten Überblick über die galicische Kultur und Kunst, sondern belegen auch deren erstaunliche Vielfalt. Große Bereiche sind dem Meer, den Berufen, den Musikinstrumenten und Möbeln gewidmet. Ein bewundernswertes Werk der Handwerkskunst ist die dreifache **Wendeltreppe★**. Dem Museo do Pobo Galego gegenüber befindet sich ein Zentrum für zeitgenössische Kunst, das vom Portugiesen Álvaro Siza entworfen wurde **(Centro Gallego de Arte Contemporáneo)**.

Colegiata de Santa María del Sar★
Über die Calle Castrón Douro. Eingang durch die Apsis. Besichtigung nach Voranmeldung 10-13 Uhr und 16-19 Uhr. Sa/So und feiertags geschl. 0,60 €. ☎ 981 56 28 91.
Diese Stiftskirche aus dem 12. Jh. bietet mit ihren im 18. Jh. angefügten mächtigen Strebepfeilern einen ungewöhnlichen Anblick. Diese erweisen sich jedoch als durchaus nicht überflüssig, da sich die romanische Kirche unter dem Gewicht des Gewölbes verschoben hat und die Pfeiler innen bedenklich schief stehen. Vom Kreuzgang ist nur noch der an die Kirche anschließende Flügel erhalten. Die mit Blumen und Blattwerk geschmückten **Arkaden★** aus Zwillingsbögen sind sehr elegant.

Umgebung

Pazo de Oca★
25 km südlich über die N 525. Tgl. 9 Uhr bis Einbruch der Dunkelheit (nur die Gärten können besichtigt werden). 3 €; Mo außer feiertags bis 12.30 Uhr Eintritt frei. ☎ 986 58 74 35.
Welche Überraschung, hinter dem zinnenbewehrten Turm und dem grauen Gemäuer des schlichten galicischen Gutshauses *(pazo)* einen terrassenförmig um mehrere Wasserbecken angeordneten wunderschönen **Park★★** vorzufinden *(s. auch S. 85)*. Rötliches Moos mildert die Strenge des Granits, Büsche und Sträucher spenden Schatten, und auf dem Wasser liegt ein steinerner Kahn – ob er wohl einer verzauberten Prinzessin gehörte?

Monasterio de Sobrado dos Monxes
56 km westlich. 10.30-13 Uhr und 16.15-18.15 Uhr, So und feiertags 12.15-13 Uhr. 0,60 €.
☎ *981 78 75 09.*

Sobrado ist ein zwischen Renaissance und Barock erbautes Kloster (Monasterio), das von der Zeit sehr mitgenommen wurde. Die Gebäude werden gegenwärtig von Zisterziensern restauriert.

Trotz ihrer Majestät wirkt die Kirchenfassade etwas schematisch. Das Kircheninnere überrascht hingegen mit mehreren eleganten **Kuppeln** über Vierung, Sakristei und Rosenkranzkapelle. Der Kreuzgang mit dem Medaillonschmuck (Claustro de los Medallones) erfreut durch harmonische Proportionen. Von den mittelalterlichen Klostergebäuden sind noch die Küche mit riesigem Rauchfang, die Capilla de la Magdalena und ein Kapitelsaal erhalten.

Santillana del Mar★★

Santillana del Mar hat seine mittelalterliche Atmosphäre bewahrt. Schöne wappengeschmückte Fassaden säumen die alten gepflasterten Straßen, und im Grunde würde es niemanden überraschen, wenn plötzlich Gil Blas aus einem der Herrschaftshäuser treten würde (Gil Blas ist der Held eines Schelmenromans von dem Franzosen Le Sage, der ihn in Santillana zur Welt kommen ließ).

Steckbrief
3 839 Einwohner. Michelin-Karte Nr. 573 – Siehe Costa de Cantabria – Kantabrien.
Santillana liegt umgeben von grünen Hügeln in einer Niederung zwischen Santander und Comillas (16 km westlich). 🛈 *Plaza Mayor, 39330 Cantabria,* ☎ *942 81 82 51.*
Reiseziele in der weiteren Umgebung: SANTANDER (26 km östlich) und COSTA DE CANTABRIA.

Geschichtliches
Das Städtchen entwickelte sich um ein Kloster, in dem die sterblichen Reste der hl. Juliana von Nikomedia (Kleinasien) bewahrt wurden. Daher kommt auch sein Name, eine Zusammenziehung von Santa Juliana. Das ganze Mittelalter hindurch erfreute sich der Wallfahrtsort bei den Granden Kastiliens großer Beliebtheit. Im 11. Jh. wurde Santillana einflussreiches Stift, und im 15. Jh. stieg es in den Rang einer Markgrafschaft auf, was viele Adlige dazu bewog, ihren Wohnsitz hierher zu verlegen und jene Häuser zu bauen, deren Anblick den Besucher noch heute erfreut. In der Calle del Cantón lebte in dem Palast, der seinen Namen trägt, Íñigo López de Mendoza, der **erste Marqués de Santillana** und Autor der *Serranillas*.

Auf Entdeckungstour

Der **Ort★★** besteht praktisch aus zwei durch kleinere Querstraßen verbundene Hauptstraßen, die zur Stiftskirche führen. Sie sind von Adelspalästen aus dem 15., 16. und 17. Jh. gesäumt, deren recht schlichte Fassaden aus Haustein schöne Wappen tragen – eine wahre Fundgrube für Liebhaber der Heraldik. Malerisch sind die Balkone und Loggien *(solanas)* mit hölzernen oder schmiedeeisernen Brüstungen.

Beginnen Sie den Spaziergang in der **Calle de Santo Domingo**. Dort steht links die Casa des Marqués de Benemejís (17. Jh.) und rechts die Casa de los Villa, die man leicht an den halbrunden Balkonen erkennt.

Bei der Abzweigung links in die Calle Juan Infante einbiegen.

Plaza de Ramón Pelayo
Der große dreieckige Platz, der einen ganz eigenen Zauber besitzt, wird von schönen Gebäuden begrenzt: rechts vom **Parador Gil Blas** und vom **Torre de Merino** (14. Jh., unter dem Dach sichtbare Zinnen), im Hintergrund vom **Torre Borja** (Ausstellungssaal) mit einem eleganten Spitzbogentor. Links davon steht das Rathaus (Ayuntamiento), ein Gebäude aus dem 18. Jh., sowie die Casa del Águila und die Casa de la Parra (Ausstellungssaal).

Unterkunft und Gastronomie

Hotel Colegiata – *Carretera Los Hornos 20 - 2 km nördlich von Santillana über die S 474 in Richtung Suances* - ☎ 942 84 02 16 - 🅿 🍴 - 27 Z.: 45/65 € - 🛏 3,50 € - Rest. 21/28 €. Das in einem Landhaus eingerichtete gemütliche Hotel blickt von einem Abhang außerhalb der Stadt auf Santillana herab. Komfortable Zimmer und ein beliebtes Restaurant. Wer dem touristischen Trubel in Santillana entgehen will, ist hier vor allem im Sommer gut aufgehoben.

Santillana del Mar

Die **Calle de las Lindas** beginnt am Ende des Platzes rechts. Sie führt an schlichten Fassaden entlang und stößt auf die Straßen **Calle del Cantón** und die **Calle del Río**, die zur Stiftskirche führen. An der Ecke sieht man das Wappen der Casa de Valdivieso (heute Hotel Altamira). In diesen Straßen findet man viele Hotels und Geschäfte, die regionale Produkte anbieten (sobaos, Butterbiskuits; quesadas, Käsekuchen; Schokolade, Kunsthandwerk u. a.). Es gibt auch einige Lokale mit schönen Terrassen.

Auf dem Weg zur Stiftskirche fallen rechts einige Adelspaläste besonders auf: der Palast des **Marqués de Santillana** mit gerahmten Fenstern und die **Casa de los Hombrones**, die ihren Namen den zwei Kriegern verdankt, die das Wappenschild der Familie Villa flankieren (ein von einem Pfeil getroffener Adler und die Devise „Ein edler Tod adelt das ganze Leben"); es folgen bei der Viehtränke die **Häuser** der Familien **Quevedo** und **Cossio**, desgleichen mit beeindruckenden Wappen geschmückt. Das Nachbarhaus der Casa de los Hombrones beherbergt ein kurioses Foltermuseum **(Museo de la Tortura)**. *Tgl. 10-20 Uhr (im Sommer bis 21 Uhr). 4 €.* ☎ *942 84 02 73.*

Linker Hand, kurz vor der Stiftskirche, kommt man am **Haus der Erzherzogin von Österreich** vorbei, das mit drei Wappen verziert ist. Gegenüber befindet sich ein Museum, das dem Bildhauer Jesús Otero gewidmet ist.

Colegiata★

10-14 Uhr und 16-18 Uhr (15. Juni-15. Sept. bis 20 Uhr). Mi (im Winter), Febr., 28. Juni und 16. Aug. geschl. 3 € (einschl. Diözesanmuseum). ☎ *942 81 80 04.*

Die Stiftskirche stammt aus dem 12. und 13. Jh. und hat ein schönes romanisches Chorhaupt. Wenn es auch ihrer Fassade ein wenig an architektonischer Einheitlichkeit mangelt, wird dies durch die harmonische Anordnung der Fenster und Türme sowie durch die goldgelbe Farbe des Steins wettgemacht. Über dem Portal *(über dem romanischen Christus)* thront in einer Barocknische die hl. Juliana.

Claustro (Kreuzgang)★ – Ende 12. Jh. Die gekuppelten Säulen und die herrlichen **Kapitelle★★** wurden von Meisterhand ausgeführt. Obwohl Laubwerk- und Pflanzendekor überwiegen, sind im **Südflügel** sehr ausdrucksvolle, häufig allegorische Figurenkapitelle zu entdecken. Besondere Erwähnung verdienen: Christus, von sechs Aposteln umgeben; die Taufe Christi und eine Priesterweihe; die Enthauptung

Die Stiftskirche

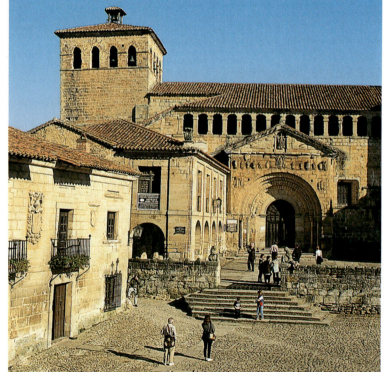

Johannes' des Täufers; Daniel in der Löwengrube; eine Kreuzabnahme; die Treue (allegorisch dargestellt in Gestalt des Hundes zwischen einem Ritter und seiner Dame); der Kampf zwischen Gut und Böse (dargestellt durch ein Pferd und ein weiteres Tier); der Kampf zwischen dem Guten und der Versuchung (eine Schlange) sowie der Gute Hirte.

Kircheninneres – Ende des 13. Jh.s wurden die Tonnengewölbe der Langhäuser in Kreuzrippengewölbe umgewandelt, während die Tonnen über den Apsiden und dem Querschiff in ihrer ursprünglichen Form erhalten blieben. Kleine Verschiebungen des Grundrisses sind beim Ansatz der Apsiden zu bemerken. Die beachtliche, fast ovale Vierungskuppel und die stilisierten Kapitele der Pfeiler sind hervorzuheben. Im Hauptschiff erinnert ein Sarkophag (15. Jh.) an die hl. Juliana. Im Chor sind der mexikanische **Altarvorsatz** in getriebenem Silber aus dem 17. Jh. und die vier strengen romanischen **Apostelfiguren**★ sehenswert. Der geschnitzte und bemalte **Altaraufsatz**★ von einem Künstler aus den spanischen Niederlanden (16. Jh.) ruht auf einer interessanten Predella. Darauf sind in bemalter Bildschnitzerei die Evangelisten im Profil wiedergegeben. In der hinteren Kapelle sieht man Christus und ein großes Taufbecken (11. Jh.), das mit Daniel und den Löwen verziert ist.

Gehen Sie außen um das Chorhaupt herum, um die romanischen Apsiden und den restaurierten **Palacio de los Velarde**, der sein Renaissancegepräge bewahrt hat, zu betrachten.

Convento de Regina Coeli
Zum Ausgangspunkt des Rundgangs zurückgehen. Das ehemalige Klarissinnenkloster (16. Jh.) beherbergt heute das **Diözesanmuseum**. Ausgestellt ist Kirchenkunst aus der Region, darunter schöne barocke Schnitzereien und Elfenbeinarbeiten. *10-14 Uhr und 16-18 Uhr (15. Juni-15. Sept. bis 20 Uhr). Mi (im Winter), Febr., 28. Juni und 16. Aug. geschl. 3,10 € (einschl. Colegiata).* ☎ 942 81 80 04.

Am Ende der Straße steht die **Casa de los Tagle** (18. Jh.) mit großem Wappen. Am Ortsausgang von Santillana *(über die Straße nach Puente San Miguel)* gibt es einen **Zoo**. *Tgl. 9.30 Uhr bis Einbruch der Dunkelheit. 8 €, Kinder 4 €.* ☎ 942 81 81 25.

Ein besonderes Highlight

MUSEO DE ALTAMIRA★★
2 km südwestlich. 9.30-17 Uhr, Juni-Sept. 9.30-19.30 Uhr (So und feiertags bis 17.30 Uhr). Am Eingang sind die Besuchszeiten der Neocueva (Replik der Originalhöhle) angegeben. 2,40 €; Sa-nachmittag und So Eintritt frei. ☎ 942 81 80 05.
Zum Schutz der Höhlenmalerei ist die Besucherzahl der Originalhöhle begrenzt. Zur Besichtigung muss man lange im Voraus (4-5 Jahre) per Fax unter Angabe des gewünschten Datums eine Genehmigung einholen bzw. sich anmelden. Auskunft unter ☎ 942 81 80 05.
Dieser große, der prähistorischen Welt gewidmete Komplex umfasst die Originalhöhle, ihre Replik und das Museum.

Cueva de Altamira★★
Die Höhlen von Altamira bestehen aus mehreren Gängen, in denen man schwarze Umrisse und sehr alte Ritzzeichnungen aus dem Solutréen (18 500 v. Chr.) bewundern kann. Die schönsten Felsmalereien befinden sich an der **Decke**★★★ eines 18 m langen und 5 m breiten Saals (Sala de los Polícromos), der daher als die „**Sixtinische Kapelle der Kunst des Quartärs**" bezeichnet wurde. Sie entstanden vor allem im Magdalénien (15 000-12 000 v. Chr.), wie die der Höhle von Lascaux in Frankreich. An der Decke sind schlafende, am Boden kauernde, sich streckende und galoppierende Bisons vielfarbig und mit erstaunlichem Realismus dargestellt. Dabei wurden die Unebenheiten der Wand künstlerisch genutzt, um die Anatomie der Tiere zu unterstreichen und die Illusion von Bewegung zu erwecken. Des Weiteren sind Wildpferde, Hirsche, Stiere und Zeichen zu erkennen.

Die Künstler mussten damals wohl hockend gemalt haben, denn der Boden wurde erst kürzlich gesenkt, damit man die Decke besser bewundern kann. Verwendet wurden natürliche Farbstoffe in Ocker, Rot, Braun, die zerstoßen und mit Tierfett vermischt wurden. Die Konturen wurden mit Kohle gezeichnet, was die Silhouette stärker hervortreten lässt.

> **1879: DAS JAHR DER ENTDECKUNG**
> In diesem Jahr fand **Marcelino Sanz de Sautuola** an der Decke einer Höhle Felsmalereien, deren Alter er nach eingehenden Untersuchungen als prähistorisch bestimmte. Da es sich um die erste Entdeckung dieser Art handelte und die Malereien zudem auch außerordentlich gut erhalten waren, stieß er in der Fachwelt überall auf Skepsis. Erst als etwa 20 Jahre später ähnliche Funde in der Dordogne gemacht wurden, erkannte man diese erstaunlich hoch entwickelte Kunstform als altsteinzeitlich an.

Santillana del Mar
Neocueva
Bei der spannenden halbstündigen Führung durch die Replik des Höhleneingangs und der Sala de los Polícromos kann auch das breite Publikum unter Einsatz neuester Technologien die Malereien von Altamira bestaunen.

Museo
Die Ausstellungen über Altamira führen auf interessante und spannende Weise (Videofilme, Trickfilme, Erläuterungstafeln u. a.) an das Leben in der Altsteinzeit und ihre Kunst heran.
Begonnen wird mit einer kleinen archäologischen Einführung und einer Darstellung der Entwicklung des Menschen bis zum Homo sapiens sapiens. Es folgt die Rekonstruktion des Alltagslebens in der Altsteinzeit, wie die eingesetzten Werkzeuge hergestellt wurden, zu welchem Kunstschaffen man damals schon fähig war und wie dieses ausgeführt wurde (Ritzzeichnungen, Farbgebung usw.). Außerdem werden viele Beispiele aus anderen Höhlen Kantabriens gezeigt.

Saragossa★★ siehe Zaragoza

Segovia★★★

Segovia ist eine wehrhafte Stadt in einer einzigartigen Lage. Das Zentrum liegt in 1 000 m Höhe auf einem spitz zulaufenden, dreieckigen Felsen, der sich am Zusammenfluss von Eresma und Clamores wie eine Insel aus der rauen kastilischen Hochebene erhebt. Hinter dicken Stadtmauern verbirgt sich ein Geflecht enger Straßen, in dem romanische Kirchen, kleine Paläste und Adelshöfe verstreut sind.

Steckbrief
57 617 Einwohner. Michelin-Karten Nr. 573, 576 und 121 – Kartenskizze Sierra de GUADARRAMA, S. 287 – Kastilien und León (Segovia). Eine gute Übersicht bietet sich, wenn man mit dem Wagen den Straßen Cuesta de los Hoyos und Paseo de Santo Domingo de Guzmán folgt. ❷ *Plaza Mayor 10, 40001 Segovia, ☎ 921 46 03 34; Plaza de Azoguejo, 1, 40001 Segovia, ☎ 921 46 29 06.*
Reiseziele in der weiteren Umgebung: PEDRAZA DE LA SIERRA (35 km nordöstlich), Sierra de GUADARRAMA, ÁVILA (67 km südwestlich) und MADRID (98 km südlich).

Hintergrundinfos

Diese ehrwürdige Stadt war Residenz Alfons' des Weisen und Heinrichs IV. und im Mittelalter ein bedeutendes wirtschaftliches und politisches Zentrum, das in der Geschichte Kastiliens eine entscheidende Rolle spielte. Im 15. Jh. erlebte Segovia seine Blütezeit und zählte mehr als 60 000 Einwohner.
Isabella die Katholische, Königin von Kastilien – Nach dem Tod Heinrichs IV. im Jahre 1474 erkannten viele kastilische Granden die Legitimität seiner Tochter Doña Juana nicht an und nannten sie in Anspielung auf den Günstling Beltrán de la Cueva **La Beltraneja**. In Segovia riefen sie Isabella, die Halbschwester des verstorbenen Königs und Gemahlin von Ferdinand von Aragonien, als Thronerbin und Königin von Kastilien aus. Die Beltraneja versuchte zwar, unterstützt von ihrem Gemahl Alfons V. von Portugal, ihr Thronrecht geltend zu machen, musste aber 1479 nach den Niederlagen bei Toro und Albuera endgültig darauf verzichten.
Los Comuneros – 1520, zu Beginn seiner Regierungszeit, war Karl V. (König von Kastilien und Aragonien und frisch gekürter Kaiser des Hl. Römischen Reiches Deutscher Nation) wegen seines Strebens nach der absoluten Herrschaft, der flämischen Höflinge und der Schaffung neuer Steuern (vor allem zur Finanzierung der neuen kaiserlichen Würde) beim spanischen Volk unbeliebt. Zahlreiche Städte *(comunidades)* erhoben sich unter Führung des Toledaners Juan de Padilla und des Segovianers Juan Bravo gegen die königliche Autorität, aber ihre Truppen, die *Comuneros*, wurden 1521 bei Villalar geschlagen und ihre Anführer in Segovia enthauptet.

Tipps und Adressen

RESTAURANTS

● **Gut & preiswert**
Narizotas – Plaza de Medina del Campo 1 – ☎ 921 46 26 79 – 12/24 €. In diesem traditionellen Restaurant hat man die Qual der Wahl zwischen dem klassischen *cochinillo asado* (Ferkelbraten) oder innovativeren Gerichten aus verschiedenen Spezialitäten (Wurstwaren, Lammfleisch u. a.). Im Sommer steht eine schöne Terrasse zur Verfügung.

● **Unsere Empfehlung**
La Taurina – Plaza Mayor 8 – ☎ 921 46 09 02 – 23,40 €. Das kleine traditionelle Restaurant liegt in den Lauben der Plaza Mayor. Die Wände sind mit sepiafarbenen *azulejos* verziert. Die *albóndigas* (Fleischklößchen) und *chorizo* in Wein sollten unbedingt probiert werden. Im Sommer kann man auf einer Terrasse mit Blick auf die Plaza Mayor sitzen.

UNTERKUNFT

● **Gut & preiswert**
Hotel Don Jaime – Ochoa Ondátegui 8 – ☎ 921 44 47 90 – 🅿 – 16 Z.: 22/38 € – ☐ 3 €. Ein gemütliches kastilisches Häuschen, das wunderschön am Fuß des Aquädukts liegt. Die Zimmer sind einfach, hell und ruhig.

● **Unsere Empfehlung**
Hotel Las Sirenas – Juan Bravo 30 – ☎ 921 46 26 63 – 🖃 – 39 Z.: 45/60 € ☐. Dieses mitten im historischen Zentrum der Stadt gelegene altertümliche Hotel fällt durch seine elegante Steinfassade auf. Die Zimmer sind komfortabel, aber nicht luxuriös. Schöne Treppe und ein alter Friseursalon, die an bessere Zeiten erinnern.

Besondere Highlights

DIE ALTSTADT★★ Besichtigung: 4 Std. Rundgang siehe Plan.

Acueducto romano★★★

Die schlichte Eleganz seiner Linien macht ihn zu einem der schönsten Aquädukte überhaupt und zeugt von der Kunstfertigkeit der römischen Ingenieure. Das Bauwerk besteht aus zwei Bogenreihen, ist 728 m lang, an seinem höchsten Punkt 28 m hoch und wurde in der Regierungszeit Trajans (1. Jh.) errichtet, um das Wasser aus dem Fluss Acebeda in der Sierra de Fuenfría in den oberen Teil der Stadt zu leiten.

> **SGRAFFITO-DEKORATION (KRATZPUTZ)**
> Die Sgraffito-Dekoration ist eines der Merkmale der Architektur Segovias. Der Name leitet sich vom italienischen *graffiare* („kratzen") ab. Die Technik besteht darin, in eine Schicht des Putzes ein bestimmtes Muster einzuritzen, wodurch die untere, andersfarbige Schicht, sichtbar wird. Die Motive reichen von einfachen geometrischen Mustern bis zu mythologischen und biblischen Szenen. In Segovia sieht man häufig schwarze Stellen an den Wänden, bei denen es sich um Eisenschlacke handelt, die eine rein dekorative Funktion hat.

Casa de los Picos (Diamantquaderhaus)
15. Jh. Der ungewöhnlichste Adelspalast Segovias hat eine Fassade, deren Quader so bearbeitet wurden, dass sie in der Form an geschliffene Diamanten erinnern.

Casa del Conde de Alpuente
Die Fassade dieses schönen gotischen Hauses (15. Jh.) ist mit zierlichem Kratzputz (Sgraffito) geschmückt.

Alhóndiga
Alter Getreidespeicher aus dem 15. Jh., der zum Ausstellungsraum umgebaut wurde.

Plaza de San Martín★
Dieser Platz bildet den Mittelpunkt des geschichtsträchtigen Teils von Segovia. Er liegt mitten im einstigen Adelsviertel und setzt sich aus zwei kleinen Plätzen zusammen, die durch ein paar Stufen miteinander verbunden sind. In der Mitte steht eine Statue des Juan Bravo. Die Casa del Siglo XV oder **Casa de Juan Bravo** ist an der unter dem Dach verlaufenden Galerie zu erkennen; man sieht noch den Turm der **Casa de los Lozoya** (16. Jh.), der ein beredtes Zeugnis von der Macht dieser Familie ablegt, sowie die platereske Fassade der **Casa de Solier**, auch Casa de Correos genannt, und mehrere reich verzierte Portale rund um den Platz. **San Martín★** (12. Jh.) ist auf drei Seiten von einem Säulengang umgeben, dessen Kapitele mit schönem Skulpturenschmuck aus Flechtwerk und Tierdarstellungen überzogen sind.

Museo Esteban Vicente
11-14 Uhr und 16-19 Uhr, So und feiertags 11-14 Uhr. Mo geschl. 2,40 €; Do Eintritt frei. ☎ 921 46 20 10.
Das Museum befindet sich im einstigen Palast König Heinrichs IV. (span. Enrique IV). Von diesem Bau ist nur die schöne Kapelle mit Mudéjar-Decke erhalten, die heute Vortragsraum ist. Den Fundus des Museums bildet die Stiftung von Esteban Vicente, dem einzigen spanischen Maler der Schule von New York; er umfasst Werke aus der Zeit von 1925 bis 1997.

Auffallend am ehemaligen Gefängnis (**Antigua Cárcel**, 17. Jh.) ist der barocke Frontgiebel.

Segovia
Plaza Mayor

Dieser von der hohen Silhouette der Kathedrale überragte Platz mit zahlreichen Terrassencafés unter den Lauben ist ein beliebter Treffpunkt der Bevölkerung von Segovia. Unter den Gebäuden, die ihn umgeben, befinden sich das Rathaus und das Juan-Bravo-Theater.

Catedral★★

Tgl. 9.30-19 Uhr. Während der Messen keine Besichtigung. ☎ 921 46 22 05.
Der goldgelbe Stein und das gestufte, mit Pinakeln und Balustern geschmückte Chorhaupt verleihen den massiven Formen der Kathedrale Eleganz. Nachdem der Vorgängerbau bei dem Aufstand der *Comuneros* 1521 zerstört worden war, wurde unter Karl V. das jetzige Gotteshaus errichtet, an dem erkennbar ist, wie der gotische Stil noch mitten in der Renaissance weiterleben konnte.
Der Innenraum ist hell und weit. Besonders bemerkenswert sind hier die Gitter und das Retabel der Grablegung Christi von Juan de Juni *(1. Kapelle rechts vom Eingang)*. Das Chorgestühl im spätgotischen Stil (Ende 15. Jh.) befand sich schon in der alten Kathedrale.

Claustro (Kreuzgang)★ – 15. Jh. Er gehörte ebenfalls zur alten Kathedrale, die nahe beim Alcázar stand, und wurde Stein für Stein abgetragen und hier wieder errichtet. Den Kapitelsaal schmücken sehr schöne Brüsseler **Wandteppiche**★ (17. Jh.), auf denen die Geschichte der Königin Zenobia dargestellt ist.

Alcázar★★

Tgl. 10-18 Uhr (Apr.-Sept. 10-19 Uhr). 1. und 6. Jan. sowie 25. und 31. Dez. geschl. 3 €; Di für EU-Bürger Eintritt frei. ☎ 921 46 07 59.
Die Burg wurde Anfang des 13. Jh.s über einer alten Festung auf einem das Tal beherrschenden Felsen gebaut und im 15. und 16. Jh. von Heinrich IV. und Philipp II. erweitert. 1764 richtete Karl III. hier eine Artillerieakademie ein. 1862

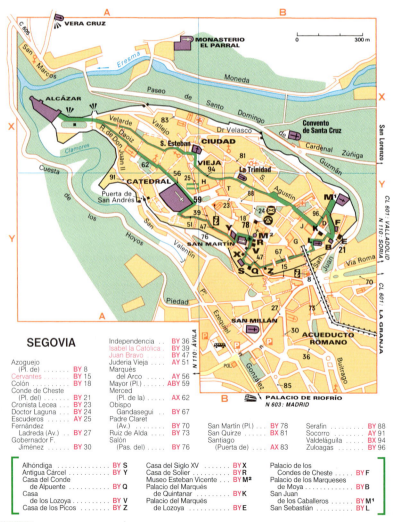

SEGOVIA

Azoguejo (Pl. de)	BY 8
Cervantes	BY 15
Colón	BY 18
Conde de Cheste (Pl. del)	BY 21
Cronista Lecea	BY 23
Doctor Laguna	BY 24
Escuderos	AY 25
Fernández Ladreda (Av.)	BY 27
Gobernador F. Jiménez	BY 30
Independencia	BY 36
Isabel la Católica	BY 39
Juan Bravo	BY 47
Judería Vieja	AY 51
Marqués del Arco	AY 56
Mayor (Pl.)	ABY 59
Merced (Pl. de la)	AX 62
Obispo Gandasegui	BY 67
Padre Claret (Av.)	BY 70
Ruiz de Alda	BY 73
Salón (Pas. del)	BY 76
San Martín (Pl.)	BY 78
San Quirze	BX 81
Santiago (Puerta de)	AX 83
Serafín	BY 88
Socorro	AY 91
Valdeláguila	BX 94
Zuloagas	BY 96

Alhóndiga	BY S
Antigua Cárcel	BY Y
Casa del Conde de Alpuente	BY Q
Casa de los Lozoya	BY V
Casa de los Picos	BY Z
Casa del Siglo XV	BY X
Casa de Solier	BY R
Museo Esteban Vicente	BY M²
Palacio del Marqués de Quintanar	BY K
Palacio del Marqués de Lozoya	BY E
Palacio de los Condes de Cheste	BY F
Palacio de los Marqueses de Moya	BY B
San Juan de los Caballeros	BY M¹
San Sebastián	BY L

Alcázar

wurde die Burg bei einem verheerenden Brand fast vollständig zerstört, außer der Bibliothek der Akademie konnte fast nichts gerettet werden. Ende des 19. Jh.s begann man unter Alfons XII. mit dem Wiederaufbau, zu dieser Zeit bekam die Burg auch ihre neugotische Erscheinung. Die Möbel und die prächtigen Artesonado-Decken im Mudéjar-Stil sind Originalstücke (zumeist aus dem 15. Jh.) und stammen aus verschiedenen kastilischen Orten. Den mächtigen Bergfried überragen kleine Ecktürme. Unter den Räumen fallen vor allem die Cámara Real und die Sala de los Reyes auf. Von der Sala del Cordón und von der Terrasse bietet sich ein faszinierendes **Panorama** auf das grüne Tal des Eresma mit dem Kloster El Parral und der Heiligkreuzkapelle (Capilla de la Vera Cruz). In der Ferne dehnt sich die kastilische Meseta aus.

Die Räume des **Real Colegio de Artillería** sind heute Museum. Dieses erinnert an die im 18. Jh. gegründete chemische Fabrik des Franzosen **Joseph Louis Proust**, der in Segovia das Gesetz der konstanten Proportionen formulierte und 1799 die Glukose entdeckte. Wer die insgesamt 152 Stufen des Bergfrieds erklimmt, kann einen **Rundblick** über Segovia und die Sierra de Guadarrama genießen.

San Esteban
Im Pfarrhaus (casa parroquial) um den Schlüssel bitten. Juli-Sept. 11-14 Uhr und 14.30-19 Uhr. ☏ *921 46 00 27.*
Eine der spätesten (13. Jh.) und schönsten romanischen Kirchen der Stadt. Die Säulengänge an der Süd- und der Westseite sind mit herrlich bearbeiteten Kapitellen verziert. Der luftige **Kirchturm**★ besteht aus fünf Stockwerken mit eleganten Öffnungen. Die Ecken werden durch zierliche Säulen betont. Der Innenraum ist im Renaissancestil gehalten. Ein bemerkenswerter Christus am Kreuz (Ende 13. Jh.) aus bemaltem Holz beherrscht den Altar des linken Querschiffs.

Iglesia de la Trinidad
Romanische Kirche mit schlichten Bauformen. Im Inneren bemerkt man besonders die Blendarkaden der Apsis und die Kapitelle, die Skulpturenschmuck aus Chimären und Pflanzenmotiven tragen.

San Juan de los Caballeros★
10-14 Uhr und 17-19 Uhr, So 10-14 Uhr. Mo und feiertags geschl. 1,20 €; Sa/So Eintritt frei. ☏ *921 46 33 48 oder 921 46 06 13.*
Bemerkenswert an dieser ältesten romanischen Kirche Segovias (11. Jh.) sind die mit Pflanzenmotiven, Tieren und Köpfen verzierten Konsolen unter dem Dach des Säulengangs, der von der Kirche San Nicolás stammt. Anfang des 20. Jh.s erwarb Daniel Zuloaga den halb verfallenen Bau, um ihn zu restaurieren und als Wohnung und Atelier zu benutzen. Inzwischen ist er **Museo Zuloaga** geworden und präsentiert Zeichnungen von Daniel Zuloaga und Gemälde von dessen bekannterem Neffen Ignacio Zuloaga.

> **DIE ROMANISCHEN KIRCHEN**
> Sie sind einer der Kunstschätze Segovias. Aus hellgelbem Stein gebaut, ähneln sie sich alle in der Anlage: betonte halbrunde Apsiden, häufig ein hoher viereckiger Glockenturm neben dem Chorhaupt sowie, an einer Wand, ein überdachter Säulengang, in dem die Versammlungen der Händler- und der Weberzunft stattfanden.

Segovia

Plaza del Conde de Cheste
Der vornehme Platz wird von folgenden Palästen umrahmt: **Palacio de los Marqueses de Moya, Palacio del Marqués de Lozoya, Palacio de los Condes de Cheste** und **Palacio del Marqués de Quintanar.**

San Sebastián
Kleine romanische Kirche an einem stillen Platz.

Besichtigung

SEHENSWÜRDIGKEITEN AUSSERHALB DER STADTMAUER

San Millán★
10-14 Uhr und 16.30-19.30 Uhr. Mo, So und feiertags geschl. ☎ 921 46 38 01.
Die Kirche erhebt sich in der Mitte eines großen Platzes und zeigt noch ihre reinen frühromanischen Formen vom Anfang des 12. Jh.s. Sie besitzt zwei Säulengänge mit schön behauenen Kapitellen und Steinkonsolen unter dem Dach. Im Inneren der dreischiffigen Kirche wechseln sich Säulen und Pfeiler nach dem Vorbild der Kathedrale von Jaca ab. Die Apsis wird durch Blendarkaden betont. Darüber zieht sich durch die ganze Kirche ein eleganter Fries. Die Gewölbeform des Querschiffs erinnert an die maurische Bauweise.

Monasterio de El Parral★
10-12.30 Uhr und 16-18.30 Uhr, So und feiertags 10-11.30 Uhr und 16.30-18.30 Uhr. Während der Messen keine Besichtigung. ☎ 921 43 12 98.
Das von Heinrich IV. im Jahre 1445 gegründete Kloster wurde später den Hieronymiten überlassen. Hinter einer nie fertig gestellten Fassade liegt ein gotisches **Kirchenschiff** mit herrlichen geschnitzten Türen. Weiter sieht man ein Retabel aus dem 16. Jh., ein Werk von Juan Rodriguez, und beidseitig des Chors die plateresk gestalteten Grabmäler des Marquis von Villena und seiner Gemahlin.

Capilla de la Vera Cruz★
10.30-13.30 Uhr und 15.30-18 Uhr (im Frühling und Sommer 15.30-19 Uhr). Mo und Nov. geschl. 1,20 €; für Spanier Di Eintritt frei. ☎ 921 43 14 75.
Der Bau der Heiligkreuzkapelle wird den Tempelrittern (13. Jh.) zugeschrieben. Sie hat einen vieleckigen Grundriss; ein kreisförmiger Gang verläuft um das kleine Gebäude, das aus zwei übereinander liegenden Sälen besteht. In der Lignum-Crucis-Kapelle steht ein reich verzierter gotischer Altar. Bei der Kapelle bietet sich ein reizvoller Blick auf Segovia.

Convento de Santa Cruz
Von der Straße aus sind vom Kloster die Pinakel und das schöne isabellinische Portal sichtbar, welches mit einer Kreuzigungsgruppe, einer Beweinung und den Wappen der Katholischen Könige geschmückt ist.

Iglesia de San Lorenzo
Die romanische Kirche mit dem Glockenturm aus Backstein steht an einem bezaubernden Platz, den Fachwerkhäuser mit vorkragenden Stockwerken umgeben.

Umgebung

La Granja de San Ildefonso★★ *(s. unter Sierra de GUADARRAMA, Ausflug)*

Riofrío★
11 km südlich über die N 603. 10-13.30 Uhr und 15-17 Uhr, So und feiertags 10-14 Uhr; Karwoche-Okt. 10-18 Uhr. Mo, 1., 6. und 23. Jan. sowie 25. und 31. Dez. geschl. 4,90 €; Mi für EU-Bürger Eintritt frei. ☎ 921 47 00 19.
Am Fuß des Mujer Muerta („Tote Frau") genannten Berges, eines Ausläufers der Sierra de Guadarrama, ragt der Real Palacio de Riofrío aus einem Eichenwald heraus, in dem viel Damwild in Freiheit lebt.
Palacio – Der Palast wurde 1752 von Isabella Farnese in Auftrag gegeben, als sie nach dem Tod ihres Gatten Philipp V. La Granja verlassen musste. Trotz seiner Weitläufigkeit (jeder Flügel hat 84 m Seitenlänge) diente der Palast nur als Jagdschloss. Er wurde damals nicht vollendet, und Isabella hat ihn nie bewohnt. Seine Einrichtung stammt aus der Zeit von Mitte bis Ende des 19. Jh.s, als der Gatte Isabellas II. und Alfons XII. hier mehrmals den Sommer verbrachten.
Der Palast umgibt einen großen Ehrenhof. Von dort führt eine majestätische Treppe zu den üppigst ausgestatteten Räumen. Im außergewöhnlichen Jagdmuseum **(Museo de Caza)** sind die Tiere anhand von Kunstwerken und Vitrinen in ihrer natürlichen Umgebung dargestellt, und es wird die Entwicklung der Jagd von der Frühgeschichte an gezeigt.

Castillo de Coca

Castillo de Coca★★
52 km nordwestlich über die C 605 und die SG 341. Führung (30-45 Min.) 10.30-13.30 Uhr und 16.30-18 Uhr (Apr.-Juni 16.30-19 Uhr, Juli-Sept. 16.30-20 Uhr). Letzte Führung 30 Min. vor Schließung. 1. Di im Monat geschl. 2,10 €. ☎ 921 57 35 54.

Die vor den Toren des Dorfes liegende Burg **(Castillo)** ist das schönste spanische Beispiel für den Burgenbau im Mudéjar-Stil. Sie wurde von maurischen Handwerkern Ende des 15. Jh.s für Alfonso de Fonseca, den Erzbischof von Sevilla, errichtet und besteht aus drei Wehrmauern mit polygonalen Ecktürmen und einem mächtigen Bergfried. Ein besonders reizvolles Bild bietet sich, wenn die Sonne den rosa Backstein aufleuchten lässt und auf den Mustern der Zinnen und Mauern spielt. Man kann den Wohnturm besichtigen; in der Kapelle sind schöne Holzschnitzarbeiten aus der Romanik erhalten. Von den Ringmauern bietet sich ein guter Überblick über das Verteidigungssystem.

Arévalo
60 km nordwestlich über die C 605. In der am Nordwestrand des Ortes gelegenen **Burg** aus dem 14. Jh. mit zinnengekröntem Bergfried verbrachte Isabella die Katholische ihre Kindheit. Es sind mehrere von Mudejaren errichtete romanische Kirchen aus Ziegelstein sowie alte Wohnhäuser erhalten.
Die **Plaza de la Villa**★, ehemals Plaza Mayor, ist einer der besterhaltenen Plätze Kastiliens. Er wird von Fachwerkhäusern mit einem weit vorspringenden, auf Säulen ruhenden oberen Stockwerk gesäumt und bietet mit dem blendbogengeschmückten Chorhaupt von Santa María einen harmonischen Anblick.

Sevilla★★★

Die Hauptstadt Andalusiens liegt in der Guadalquivir-Ebene und ist ein aktives Handels- und Industriezentrum, dessen Schönheit dem eiligen Besucher nur allzu leicht entgeht. Man muss sich Zeit nehmen, um den Reiz der alten Stadtviertel mit den engen Gässchen zu entdecken, wie beispielsweise das aristokratische Barrio de Santa Cruz, und um die Beschaulichkeit der Gärten und Parks zu genießen, in denen Pferdekutschen den Besucher gemächlich spazieren fahren.
Sevilla ist aber auch die Stadt der *sevillanas*, der *tablaos*, der *tapas* und der prickelnden Aufregung an Stierkampftagen in der berühmten Arena Plaza de Toros de la Maestranza (18. Jh.).

Steckbrief
701 927 Einwohner. Michelin-Karte Nr. 578 – Andalusien (Sevilla). Die Stadt, durch die der Guadalquivir fließt, ist über Autobahnen und Schnellstraßen gut mit weiteren andalusischen Städten verbunden: Im Westen liegt Huelva (92 km), im Südwesten liegen Jerez de la Frontera (90 km) und Cádiz (123 km), und im Nordosten befindet sich Córdoba (143 km). 🛈 *Avenida de la Constitución 21 B, 41001 Sevilla,* ☎ *954 22 14 04; Paseo de las Delicias 9, 41012 Sevilla,* ☎ *954 23 44 65.*
Reiseziele in der weiteren Umgebung: JEREZ DE LA FRONTERA, OSUNA, HUELVA, ARACENA *(93 km nordwestlich)* und COSTA DE LA LUZ.

Die berühmten Feste und Märkte
Die Feste Sevillas ziehen große Menschenmengen in die Stadt. Bei den Feierlichkeiten zur Karwoche **(Semana Santa)** zeigt sich die religiöse Inbrunst der Sevillaner. Täglich gibt es Umzüge der verschiedenen Bußbrüderschaften *(cofradías)*. Bei diesen Prozessionen werden über 100 Trageltäre *(pasos)* mitgeführt. Besonders berühmt ist der mit dem **Cachorro**, einem Christusbild, das Francisco Antonio Gijón nach dem Modell eines sterbenden Zigeuners schuf, so realistisch, dass ihn die Leute sofort wieder erkannten; die Figur befindet sich in der **Capilla del Patrocinio**, Calle Castilla. **La Macarena** ist das beliebteste Marienbild der Sevillaner; ihr Erscheinen wird immer mit begeisterten Hochrufen begrüßt; zu guter Letzt sei der **Cristo del Gran Poder** genannt, der ebenfalls sehr berühmt ist.
Beim Aprilmarkt **(Feria de Abril)** kommt eine andere Facette Sevillas zum Vorschein. Das Fest wurde um die Mitte des 19. Jh.s als Viehmarkt ins Leben gerufen, ist heute jedoch vor allem bekannt für seinen Korso geschmückter Pferdekutschen und stolzer Reiter, die eine Sevillanerin im Volantkleid hinter sich auf dem Pferd sitzen haben. In den Zelten *(casetas)* fließt der *Fino*, und es wird bis in die frühen Morgenstunden getanzt und gesungen – nicht zu Unrecht gelten die Sevillaner in ganz Spanien als Meister im Feiern.

Hintergrundinfos

Geschichtliches – Eine Inschrift auf dem heute nicht mehr erhaltenen Stadttor an der Straße nach Jerez fasste die Stadtgeschichte folgendermaßen zusammen: „Herkules gründete mich, Cäsar umgab mich mit Mauern und Türmen, und der Heilige König eroberte mich." Die Ibererstadt Hispalis war nach der Eroberung durch die Römer Hauptstadt der Provinz Baetica, dann eine Zeitlang Hauptstadt des Westgotenreichs; 712 wurde sie von den Mauren eingenommen. Als das Kalifat Córdoba im 11. Jh. fiel, blieb ein Taifa-Königreich in Sevilla bestehen, das im 12. Jh. eine Blütezeit erlebte: Unter der Herrschaft des Almohaden **Jacub al Mansur** (1184-1199) wurde die Stadt größer. Der Sieger von Alarcos (1195) ließ hier die zierliche Giralda errichten. Nicht lange danach eroberte Ferdinand III., der Heilige, Sevilla für die Christen zurück (1248). Die Entdeckung Amerikas und die Gründung der **Casa de Contratación**, einer Art Handelskammer, die den gesamten Warenaustausch mit der Neuen Welt kontrollierte (1503), bewirkten, dass Sevilla der bevorzugte Handelspartner der neuen Kolonien war. Hier wurde die Entdeckungsfahrt des Florentiners **Amerigo Vespucci** (1451-1512) vorbereitet; der Portugiese **Magellan** startete 1519 von Sevilla aus zur ersten Weltumsegelung. Bis 1717 war das lukrative Handelsmonopol in Kraft, dann musste es die Stadt an Cádiz abtreten, da der Hafen versandete.

Architektur und Kunst – Aus der Maurenzeit ist ein Rest der Stadtmauer im Norden von Sevilla erhalten; aus jener Epoche stammen außerdem die Umfassung des Alcázar sowie der **Torre del Oro** (13. Jh.), in dessen Gemäuer eine Kette zum Absperren des Hafens verankert war, und die berühmte Giralda, das Wahrzeichen Sevillas. Nachdem die Stadt christlich geworden war, blieb sie in der Architektur weiterhin der maurischen Tradition treu und eiferte den in Granada herrschenden Nasriden nach. Im Laufe der Zeit bildete sich der **Mudéjar-Stil** aus, eine Mischung aus maurischen und christlichen Elementen. Typische Sevillaner Mudéjar-Bauwerke sind Alcázar, Casa de Pilatos, **Palacio de las Dueñas** und der Turm von **San Marcos**. Im 16. und 17. Jh. waren in Sevilla viele ausgezeichnete Bildhauer tätig. Genannt seien **Martínez Montañes** (1568-1649), dessen Hauptwerke sich in Kirchen der Stadt befinden, und **Juan de Mesa** (1583-1627), der Schöpfer des **Cristo del Gran Poder**. In der ersten Hälfte des 17. Jh.s, des Goldenen Zeitalters, taten sich die Maler **Juan de Roelas, Francisco Pacheco, Francisco Herrera d. Ä.** und **Francisco Zurbarán** hervor, Letzterer als Maler des Klosterlebens. In der zweiten Hälfte des 17. Jh.s traten Bartolomé Esteban **Murillo** (1618-1682), Juan **Valdés Leal** (1622-1690) und Diego de Silva y Velázquez (1599-1660) besonders hervor. Murillo schuf Madonnen von strahlender Lieblichkeit und realistische Straßenszenen mit Bettlern, Kindern, Wasserträgern. Dramatisch sind die Werke von Valdés Leal; sie befinden sich großenteils im Hospital de la Caridad von Sevilla. **Velázquez** ist zwar gebürtiger Sevillaner und war bei Pacheco in die Lehre gegangen, als gefeierter Hofmaler lebte er jedoch ab 1623 in Madrid (s. dort, Besondere Highlights).

Sevilla heute – Die lebendige, reizvolle Stadt hat den einzigen Binnenhafen Spaniens. Auf der zwischen zwei Guadalquivir-Armen gelegenen **Isla de la Cartuja** fand 1992 die Weltausstellung statt. Dieses Ereignis hat in der Stadt viele Spuren hinterlassen. Ihre Infrastruktur wurde modernisiert und ausgebaut und im Zuge dieser Maßnahmen auch die Isla de la Cartuja ans Stadtgebiet angeschlossen. Dort wurde der Themenpark **Isla Mágica** geschaffen, im alten Kartäuserkloster ein Ausstellungszentrum für zeitgenössische Kunst **(Centro Andaluz de Arte Contemporáneo)** eingerichtet.

Besondere Highlights

Die beiden bekanntesten Bauwerke Sevillas, die Kathedrale und der Alcázar, aber auch Santa Cruz, das berühmte, charakteristischste Stadtviertel, liegen im Stadtzentrum nah beieinander.

GIRALDA UND KATHEDRALE★★★ Besichtigung: 1 1/2 Std.

Tgl. 11-17 Uhr, So 14-18 Uhr. 1. und 6. Jan., 30. Mai, Fronleichnam, 15. Aug. sowie 8. und 25. Dez. geschl. Di, Do und Karfreitag kürzere Öffnungszeiten. 4,20 €; So Eintritt frei. ☏ 954 56 33 21.

Giralda★★★

Die 96 m hohe Giralda ist das Minarett der einstigen Moschee (Mezquita) und stammt aus dem späten 12. Jh., abgesehen vom Glockenstuhl und der riesigen Wetterfahne in Gestalt der Fides (Allegorie des Glaubens), die im 16. Jh. von Hernán Ruiz aufgesetzt wurden. Sie ist ein Meisterwerk der almohadischen Baukunst. Die zarte Ornamentik entspricht der religiösen Strenge der Almohaden-Dynastie, die Prunk ablehnte, es in der Baukunst jedoch verstand, Schlichtheit und Größe harmonisch zu vereinen.

Ein vom Innenraum der Kathedrale zugänglicher Aufgang führt zur Plattform in 70 m Höhe, die einen weiten **Rundblick★★★** über die Stadt bietet.

Kathedrale★★★

„Wir wollen eine Kirche bauen, so groß, dass man uns für wahnsinnig hält." Das beschloss im Jahre 1401 das Domkapitel, als es darum ging, die Moschee abzureißen. Tatsächlich ist die Kathedrale von Sevilla einer der größten Dome der Christenheit. Als eine der letzten gotischen Kathedralen, die in Spanien gebaut wurden, kündigt sie bereits die Renaissance an.

Von außen gesehen wirkt das Gotteshaus ziemlich massiv, doch sind die Proportionen insgesamt harmonisch. Die Puerta de Naranjos, die Puerta de San Cristóbal und die Puerta de la Asunción wurden erst im 19. und 20. Jh. gebaut. Die Puerta de la Natividad und die Puerta del Bautismo sind dagegen alt und mit schönen Skulpturen von Mercadante de Bretaña (1460) verziert. Am Chorhaupt zu beiden

Sevilla

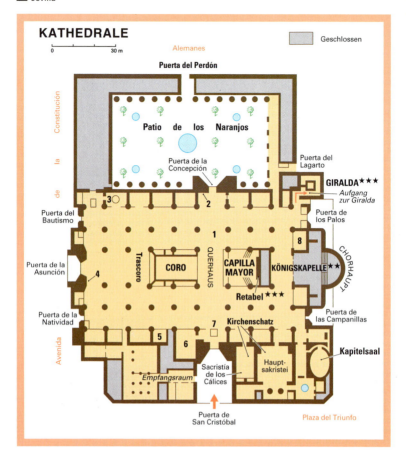

Seiten der abgerundeten Capilla Real (1575) öffnen sich zwei gotische Portale (Puerta de Palos und Puerta de las Campanillas). Die perspektivische Darstellung der von Miguel Perrin geschaffenen Tympanonreliefs verweist bereits in die Renaissance.

Eingang durch die Puerta de San Cristóbal.

Der **Innenraum** überwältigt durch seine Weite und Höhe. Er ist reich mit farbigen Glasfenstern und fein gearbeiteten Ziergittern ausgeschmückt. Schlanke, starke Säulen gliedern ihn. Das spätgotische Gewölbe im mittleren Bereich hat eine lichte Höhe von 56 m. Man kann dieses architektonische Kunstwerk in einem im Boden eingelassenen Spiegel **(1)** genau studieren.

Capilla mayor – Die prunkvolle Hauptkapelle ist von einem plateresken **Ziergitter**★★ abgeschlossen. Die vielen kunstvoll geschnitzten und bemalten Figuren des riesigen flämischen **Retabels**★★★ (1482-1525) stellen Szenen aus dem Leben Christi und Mariä dar.

Coro – Vor dem Altar und hinter dem von Francisco de Salamanca 1519 bis 1523 geschmiedeten Gitter befindet sich das schöne Chorgestühl, eine beeindruckende Schnitzarbeit aus dem 15. und 16. Jh. Der *trascoro* (Lettner, 16. Jh.) ist ein prächtiges Werk aus farbigem Marmor, Jaspis und Bronze.

Tesoro (Kirchenschatz) – Die **Sacristía de los Cálices** (16. Jh.) enthält eine Reihe interessanter Skulpturen und Gemälde, darunter *Die hl. Justa und die hl. Rufina*, ein Frühwerk Goyas, ein Bild von Zurbarán, einen Flügelaltar von Alejo Fernández sowie Gemälde von Valdés Leal und Murillo. Den Vorraum füllt der 7,80 m hohe, 15-armige **Tenebrario** aus, ein Leuchter im Platereskstil, der bei den Prozessionen der Karwoche mitgeführt wird.

In der wunderschönen **Sacristía Mayor** (16. Jh.) ist eine 3,90 m hohe und fast 475 kg schwere **Renaissancemonstranz** *(custodia)* von Juan de Arfe zu bewundern; man sieht hier auch das Bildnis der *Hl. Theresia von Ávila* von Zurbarán sowie *Das Martyrium des hl. Laurentius* von Lucas Jordán.

Sala Capitular (Kapitelsaal) – Eine Murillo-Madonna *(Inmaculada Concepción)* zieht hier den Blick auf sich. Mit der ovalen Kuppel ist der Raum ein vortreffliches Beispiel für die Renaissancearchitektur des 16. Jh.s.

Kapellen und Altäre

- **Altar de Nuestra Señora de Belén (2)**: Altar mit einem reizvollen Bild der Jungfrau Maria von Alonso Cano.
- **Capilla de San Antonio (3)**: Ölgemälde von Murillo und Valdés Leal.
- **Altar del Santo Ángel (4)**: Hier befindet sich Murillos Gemälde *Der Schutzengel*.
- **Capilla de San Hermenegildo (5)**: Alabastergrabmal des Kardinals Cervantes (15. Jh.).
- **Capilla de la Virgen de la Antigua (6)**: Diese Kapelle hat ein hohes Sterngewölbe und auf dem Altar ein schönes Madonnenbild (14. Jh.).
- **Monumento funerario de Cristóbal Colón (7)**: Romantisch, aber eindrucksvoll zeigt sich dieses Werk des 19. Jh.s. Die vier Sargträger symbolisieren die Königreiche Kastilien, León, Navarra und Aragonien.
- **Capilla de San Pedro (8)**: Ölgemälde von Zurbarán.

Capilla Real (Königliche Kapelle)★★ – *Keine Besichtigung.* Der monumentale Eingangsbogen ist wunderbar ornamentiert. Auf dem Hauptaltar steht die Holzfigur der **Virgen de los Reyes**, der sehr verehrten Schutzpatronin der Stadt. Vor dem Altar wurde die Silberurne mit den sterblichen Überresten Ferdinands III., des Heiligen, aufgestellt. An den Seiten befinden sich die Wandgräber von Alfons X. und seiner Mutter, Beatrix von Schwaben; abgeschlossen ist die Kapelle durch ein prächtiges Gitter von 1771.

Patio de los Naranjos – Dieser einzigartige rechteckige Innenhof, in dem Orangenbäume angepflanzt sind (span. *naranjos*), gehörte zur einstigen Moschee und diente rituellen Waschungen. Heute liegt er an der Nordseite der Kathedrale. Eingang durch die **Puerta del Perdón**; das majestätische Portal hat den almohadischen Bogen, ein Relief mit platerasken Verzierungen und zwei Figuren von Miguel Perrin bewahrt.

REAL ALCÁZAR★★★

Okt.-März 9.30-18 Uhr, So und feiertags 9.30-14.30 Uhr; Apr.-Sept. 9.30-20 Uhr, So und feiertags 9.30-18 Uhr. Letzter Einlass 1 Std. vor Schließung. Mo, 1. und 6. Jan., Karfreitag, 25. Dez. und bei offiziellen Zeremonien geschl. 4,20 € (Cuarto Alto 2,40 €). ☏ *954 50 23 23.*

Diese Palastanlage ist in mehreren Bauetappen entstanden und zeigt verschiedene Stile. Von der Almohaden-Burg aus dem 12. Jh. sind lediglich der **Patio del Yeso** und die befestigten Bögen zwischen dem Patio de la Montería und dem Patio del León übrig. Die anderen Bauteile stammen aus der christlichen Zeit. Im 13. Jh. ließ Alfons X., der Weise, auf maurischen Fundamenten die heute **Salones de Carlos V** genannten Räume errichten. Der größte Teil des Palastes stammt aus der Regierungszeit Peters des Grausamen (14. Jh.).

Cuarto del Almirante (Zimmer des Admirals) – *Rechts neben dem Patio de la Montería (Jagdhof).* Hier gründete Isabella von Kastilien 1503 die Casa de Contratación (Handelskammer). In der Sala de Audiencias (Audienzsaal) ist das

> **Cuarto Real Alto (Obere Königliche Wohnung)**
> Bei der *(fakultativen)* Führung *(30 Min.)* können Sie die derzeitige Residenz des spanischen Königspaares in Sevilla besichtigen. Stilmöbel und Uhren aus dem 19. Jh., französische Lampen und wundervolle Artesonado-Arbeiten bilden die kostbare Ausstattung. Besonders sehenswert sind die Kapelle der Katholischen Könige (**Capilla de los Reyes Católicos**) und der **Audienzsaal** im Mudéjar-Stil.

Retabel (1531-1536) mit der Schutzmantelmadonna der Seefahrer *(**Virgen de los Mareantes**★)* von Alejo Fernández zu bewundern.

Palacio de Pedro el Cruel (Palast Peters des Grausamen)★★★ – Die schmale Fassade erinnert mit ihrem auf geschnitzten und bemalten Balken ruhenden Holzvordach an den Innenhof des Cuarto Dorado der Alhambra in Granada. Von hier führt eine Passage zum **Patio de las Doncellas** („Hof der jungen Mädchen"), dessen wundervolle Harmonie durch die im 16. Jh. aufgesetzte Galerie gestört wurde. Mehrere im Mudéjar-Stil verzierte Räume öffnen sich zu diesem Hof. Rechts führt ein gestelzter Rundbogendurchgang in das **Dormitorio de los Reyes Moros** (Schlafgemach der maurischen Könige), zwei Räume, in denen blau getönte Stuckarbeiten und eine schöne Artesonado-Decke zu sehen sind. Nach Durchquerung eines kleinen Raums mit flacher Decke erreicht man den **Patio de las Muñecas** mit feiner Dekoration, die deutlich den Granadiner Einfluss zeigt. Die Galerie im letzten Stock stammt aus dem 19. Jh. Im Bogen der Nordseite links sind zwei kleine Köpfe eingearbeitet, denen der „Puppenhof" seinen Namen verdanken soll. Nach Durchquerung des Cuarto del Techo de los Reyes Católicos ist der **Salón del Techo** aus der Zeit Philipps II. erreicht; er ist mit einer prächtigen Zedernholz-Kassettendecke im Renaissancestil abgeschlossen. Der **Arco de los Pavones** verbindet den Raum mit dem **Salón de Embajadores** (Gesandtensaal), dem sicherlich prachtvollsten Raum des Alcázar. Er hat eine herrliche, mit verschlungenen Schriftzeichen verzierte halbkugelförmige **Zedernholzkuppel**★★★ (15. Jh.). Der Rundgang endet in der ehemaligen Palastkapelle (**Sala del Techo de Carlos V**), die eine schmucke Renaissancedecke besitzt.

Sevilla
Tipps und Adressen

Verkehrsmittel

Flughafen – Aeropuerto de San Pablo, 8 km östlich von Sevilla über die N IV in Richtung Madrid, ☎ 954 44 90 00. Für den Transfer vom Flughafen zum Stadtzentrum oder zum Bahnhof und umgekehrt stehen Pendelbusse zur Verfügung.

Eisenbahn (RENFE) – Estación de Santa Justa, ☎ 954 41 41 11. Hier hält der Hochgeschwindigkeitszug **AVE**, der Sevilla in 2 1/2 Std. mit Madrid verbindet. Die Strecke Sevilla–Córdoba wird in 45 Min. zurückgelegt. Reservierung unter ☎ 954 54 03 03, Auskunft der RENFE unter ☎ 95 454 02 02.

Busfernverkehr – Sevilla verfügt über zwei Busbahnhöfe. **Estación Plaza de Armas**: Von hier fahren Busse in die Umgebung von Sevilla, in die Provinz Huelva, in die übrigen Provinzen Spaniens, nach Portugal und in andere europäische Länder.
☎ 954 90 77 37 **Estación del Prado de San Sebastián**: Busverbindungen innerhalb Andalusiens. ☎ 954 41 71 11.

Taxis – ☎ 954 58 00 00 und 954 57 11 11.

Besichtigungen

Zeitungen und Broschüren – Die beiden kostenlosen Monatshefte für Touristen *Welcome Olé* und *The Tourist* erscheinen zweisprachig in Spanisch und Englisch. Man findet sie in einigen Hotels. Auch das Kulturdezernat von Sevilla **(NODO)** gibt monatlich ein Blättchen mit den kulturellen Veranstaltungen heraus. Für ganz Andalusien gibt es die Monatszeitschrift *El Giraldillo* mit Informationen über Jahrmärkte **(ferias)**, Ausstellungen **(exposiciones)**, Theaterveranstaltungen, Kinos, Adressen von Restaurants und Einkaufsmöglichkeiten. www.elgiraldillo.es

Pferdekutschen (Coches de Caballos) – Sie können Kutschen bei der Kathedrale, dem Torre del Oro und im Parque de María Luisa mieten. Eine Kutschfahrt ist eine angenehme Variante der Fortbewegung bei Ihrer Besichtigungstour.

Schifffahrten auf dem Guadalquivir – Der Anleger der Schiffe befindet sich beim Torre del Oro. Die Fahrt dauert am Tag 1 Std., abends 1 1/2 Std. Abfahrten halbstündlich. ☎ 954 56 16 92.

Restaurants

• **Gut & preiswert**

Bar Estrella – *Estrella 3* – ☎ 954 22 75 35 – 12/23 €. Das Restaurant hat mehr Atmosphäre als Platz. Bewohner des Viertels Santa Cruz, Studenten und Touristen essen eng beieinander in dem kleinen Speisesaal, der mit *azulejos* und alten Stadtansichten dekoriert ist.

• **Unsere Empfehlung**

Corral del Agua – *Callejón del Agua 6* – ☎ 954 22 48 41 – 18/24 €. Ein angenehm erfrischender Ort in einer ruhigen, typischen Straße des Viertels Santa Cruz. Die von dichtem Laub beschattete Terrasse und die andalusische Küche sind im Sommer ein Genuss!

Bodegón La Universal – *Betis 2 (Triana)* – ☎ 954 33 47 46 – So-abend geschl. – 17/31 €. Von der Terrasse am Ufer des Guadalquivir hat man einen schönen Blick auf Sevilla und die Stierkampfarena. Der Fluss spendet eine angenehme Frische, ideal, um vor oder nach einem Spaziergang durch das Viertel eines der typischen Gerichte zu genießen.

• **Spitzenkategorie**

Taberna del Alabardero – *Zaragoza 20* – ☎ 954 56 06 37 – Aug. geschl. – 35/47 €. In dem Palais aus dem 19. Jh. ist eines der besten Restaurants der Stadt untergebracht, das auch über ein Dutzend Zimmer der oberen Kategorie verfügt. Es gibt einen hübschen Teesalon, außerdem befindet sich hier die Hotelfachschule von Sevilla. Schon ein Besuch lohnt sich.

Tapas

Sol y Sombra – *Castilla 149-151* – ☎ 954 33 39 35 – Mo-Di-mittag und Aug. geschl. Eine der beliebtesten Stehbars der Stadt. Schinken, Käse und vergilbte Stierkampfplakate bilden den Raumschmuck.

In der Tapas-Bar

El Rinconcillo – *Gerona 40* – ☎ 954 22 31 83 – Mi geschl. Eine der ältesten Tavernen Sevillas. Dieses Lokal wurde schon 1670 gegründet, doch entsprechen der hübsche Fliesensockel, die Decke und der hölzerne Tresen dem Stil des 19. Jhs.

Bar Europa – *Siete Revueltas 35* – ☎ 954 22 13 54. Traditionelles Lokal, das sich seinen Belle-Époque-Stil bewahrt hat. Die Jugend Sevillas trifft sich hier gerne am Spätnachmittag bei *tapas* und beobachtet das Treiben auf der Straße hinter der Plaza del Salvador.

Casa Morales – *García Vinuesa 11* – ☎ 954 22 12 42. In dieser 1850 gegründeten *bodega* empfehlen die Kellner immer den richtigen Wein. Köstliche hausgemachte *tapas*.

Bodega San José – *Adriano 10* – ☎ 954 22 41 05. Da das Lokal direkt bei der Plaza de Toros liegt, treffen sich hier die Liebhaber des Stierkampfs und eines guten Glases *Fino*. Eine echte *bodega*, deren riesige Fässer zur urigen Atmosphäre beitragen.

Las Teresas – *Santa Teresa 2 (Santa Cruz)* – ☎ 954 21 30 69 – ✉. Diese kleine typische Sevillaner *taberna* in einer malerischen Gasse ist ein Klassiker im Viertel Santa Cruz. Hübsche Einrichtung aus dem frühen 19. Jh. und sehr leckere *raciones*. Wenn man nach dem Besuch die Straßenseite wechselt, kann man in der Casa Plácido kalte *tapas* kosten.

UNTERKUNFT

Vorsicht! Während der **Semana Santa** und der **Feria** können sich die Preise für eine Unterkunft mehr als verdoppeln. Wenn Sie vorhaben, zu dieser Zeit nach Sevilla zu reisen, sollten Sie sich, um unangenehmen Überraschungen vorzubeugen, nach den genauen Zimmerpreisen erkundigen.

● *Gut & preiswert*
Hostal Londres – *San Pedro Mártir 1* – ☎ 954 21 28 96 – 🛏 – *25 Z.: 46 €*. Zentral gelegenes Hotel nahe dem Museo de Bellas Artes mit einfachen, sauberen Zimmern, einige davon mit Balkon. Wählen Sie ein Zimmer auf der Straßenseite (ruhig), aber denken Sie daran, dass kein Fahrstuhl vorhanden ist.

Hotel Sevilla – *Daóiz 5* – ☎ 954 38 41 61 – *35 Z.: 29/49 € (inkl. MwSt.)* ☕. Sehr günstig an einem kleinen Platz in der Nähe des Palacio de la Condesa de Lebrija gelegen. Ideal, wenn man wenig Geld ausgeben möchte, ohne auf Komfort zu verzichten. Die Einrichtung ist ein wenig altertümlich, macht aber den Reiz des Hotels aus.

Hostal Nuevo Picasso – *San Gregorio 1* – ☎ 954 21 08 64 – hpicasso@arrakis.es – *20 Z.: 46/52 €*. Am Eingang des Viertels Santa Cruz liegt dieses elegante Sevillaner Haus, das sein altes Erscheinungsbild fast gänzlich bewahren konnte. Es hat eine Holztreppe und einen Innenhof mit unzähligen Pflanzen. Die Zimmer sind freundlich, aber einfach. Zum größten Teil jugendliche Gäste.

● *Unsere Empfehlung*
Hostal Van Gogh – *Miguel de Mañara 4* – ☎ 954 56 37 27 – 🛏 – *14 Z.: 52/58 € (inkl. MwSt.)*. Der Name täuscht: Das in der Nähe von Santa Cruz gelegene Hotel ist typisch für Sevilla. Über dem Eingang thront ein Stierkopf, die Wände sind in leuchtenden Farben gehalten, und auf den Balkonen blühen Geranien. Die Zimmer sind sauber und einfach.

Hotel Doña Blanca – *Plaza Jerónimo de Córdoba 14* – ☎ 954 50 13 73 – hdonablanca@inicia.es – 🛏 – *19 Z.: 45/62 €*. Ein hübsches Haus mit roter Fassade. Die Zimmer sind zu einem sehr vernünftigen Preis zu haben, vor allem angesichts der Größe, der Einrichtung und des gebotenen Komforts. Das Hotel liegt in einem sehr belebten Innenstadtviertel, in der Nähe des Convento de Santa Paula.

Hotel Simón – *García Vinuesa 19* – ☎ 954 22 66 60 – info@hotelsimonsevilla.com – 🛏 – *30 Z.: 49/79 €*. Das weiße Haus mit dem erfrischenden Innenhof, nur ein paar Schritte von der Kathedrale entfernt, scheint aus einer anderen Zeit zu stammen. Die Flure sind mit alten Möbeln und großen Spiegeln dekoriert. Die Zimmer sind komfortabel, am schönsten sind die mit einer *azulejos*-Dekoration.

Hotel Las Casas de la Judería – *Callejón Dos Hermanas 7* – ☎ 954 41 51 50 – 🅿 🛏 – *83 Z.: 94/118 €* – ☕ *10 €*. Eine angenehme Überraschung im alten Judenviertel ist dieser klassizistische Bau mit hellem, farbigem Ambiente. Das Gebäude war einst die Residenz des Herzogs von Béjar, und Eleganz und Tradition sind noch immer die Devise.

● *Fürstlich logieren*
Hotel Amadeus – *Farnesio 6* – ☎ 954 50 14 43 – www.hotelamadeussevilla.com – 🛏 – *14 Z.: 61/121 €* – ☕ *5,50 €*. Eine Musikerfamilie verwandelte dieses wunderschöne Haus im Herzen des Viertels Santa Cruz in ein bezauberndes Hotel. Die luxuriöse Einrichtung bringt die Schönheit der architektonischen Details zur Geltung.

Hotel Alfonso XIII – *San Fernando 2* – ☎ 954 22 28 50 – 🅿 🏊 🛏 – *127 Z.: 301/391 €* – ☕ *20 €* – *Rest. 40/56 €*. Das bekannteste und luxuriöseste Hotel von Sevilla. Es liegt den Gärten des Alcázar gegenüber und wurde 1928 im Stil des Neo-Mudéjar erbaut.

FÜR ZWISCHENDURCH

Café de la Prensa – *Betis 8* – ☎ 954 33 34 30 – *Tgl. 10-1 Uhr*. Dieses modern eingerichtete Café am Flussufer hat ein junges, intellektuelles Ambiente. Einige Tische sind draußen auf der Straße aufgestellt, von wo man einen wunderschönen Blick auf den Guadalquivir und das historische Zentrum Sevillas hat. Ideal für den späten Nachmittag oder den frühen Abend.

Horno San Buenaventura – *Avenida de la Constitución 16* – ☎ 954 45 87 11 – *Tgl. 8-22 Uhr*. Das Lokal gehört zu einer Reihe von Sevillaner Bäckerläden mit einer über 600 Jahre alten Tradition. Es liegt besonders günstig gegenüber der Kathedrale und hat im Obergeschoss einen großen Teesalon. Seine Konditorei ist zu Recht berühmt.

La Campana – *Plaza de la Campana 1* – ☎ 954 56 34 33 – *Tgl. 8-22 Uhr*. Ein Klassiker unter den Sevillaner Cafés. Die Rokokoeinrichtung sorgt für ein angenehmes Ambiente, in dem man vor allem die in der ganzen Stadt berühmten Konditorwaren genießen kann. Gemischtes Publikum, vom alteingesessenen Sevillaner bis zum Touristen.

CAFÉS, KNEIPEN UND BARS

Paseo de las Delicias – Hier gibt es vier Lokale (Chile, Líbano, Alfonso, Bilindo), die, obwohl sie das ganze Jahr über geöffnet haben, im Sommer am reizvollsten sind. An Winternachmittagen kann man hier im Parque de María Luisa ganz in Ruhe etwas zu sich nehmen, umgeben von den Gebäuden der Ibero-Amerikanischen

Ausstellung von 1929. Im Sommer wird hier bis in die frühen Morgenstunden im Freien gefeiert und getanzt. Das Publikum ist zwischen 25 und 40 Jahren alt.

El Tamboril – *Plaza de Santa Cruz – Tgl. 22-5 Uhr.* Das Lokal liegt in einer ruhigen Ecke von Santa Cruz und wird von seinen vielen Stammgästen besucht, die in einer fröhlichen Atmosphäre bis in die frühen Morgenstunden spontan *sevillanas* und *rumbas* anstimmen. Um Mitternacht wird stets das *Salve Rociera* gesungen.

Abades – *Abades 13 –* ☎ *954 22 56 22 – Tgl. 17 Uhr-frühe Morgenstunden.* Dieses palastartige Haus aus dem 18. Jh. liegt mitten im Viertel Santa Cruz. Es hat mehrere barocke Räume, die mit Antiquitäten eingerichtet sind. Die Gäste trinken ein Gläschen in entspannter, eleganter Atmosphäre und hören dabei klassische Musik.

La Carbonería – *Levies 18 –* ☎ *954 56 37 55 – Tgl. 20-4 Uhr.* In Sevilla eine Institution, aus dem alternativen Kulturleben der Stadt nicht mehr wegzudenken. Die Carbonería befindet sich in einem ehemaligen Kohlelager des alten Judenviertels. In den verschiedenen Bereichen kann man in gemütlicher Atmosphäre am Kamin einem Liedermacher lauschen oder echten, temperamentvollen *flamenco* erleben (jeden Abend Livemusik). Außerdem finden Bilder- und Fotoausstellungen statt. Ein absolutes Muss.

AUSGEHTIPPS

Teatro de la Maestranza – *Paseo de Cristobal Colón 22 –* ☎ *954 22 65 73 – www.maestranza.com.* Zum Repertoire des Teatro de la Maestranza gehören Opern, Konzerte und Tanz. Vor allem in den Operninszenierungen treten internationale Künstler ersten Ranges auf.

SHOPPING

Die meisten Modegeschäfte und Kaufhäuser befinden sich im Bereich der Straßen **Calle Sierpes**, Calle O'Donnell und Calle San Pablo. Hinter der Kirche San Salvador liegt ein preisgünstigeres Einkaufsviertel.

Die Calle Sierpes

Eine Fundgrube für Liebhaber von Antiquitäten sind die Altstadt und vor allem Santa Cruz.

Der **Jueves** ist ein interessanter Flohmarkt, der jeden Donnerstag *(jueves)* in der Calle Feria stattfindet. Sonntags kann man in der Alameda de Hércules einen ähnlichen Markt besuchen.

Kunsthandwerk – Sevilla hat eine große Handwerkstradition. Töpfereien liegen vor allem in den Vierteln Santa Cruz und **Triana**, wobei man in Triana sogar auf eine Straße stößt, die Alfarería (Töpferwerkstatt) heißt. Die Keramikfabrik La Cartuja setzt die römische und arabische Tradition fort. Damit nicht genug, rühmt sich Sevilla auch seiner Spitzen, Decken, Mantillen, Fächer, Schals, Flamenco-Kostüme, Kunstschmiedearbeiten, Lederwaren, Gitarren und Kastagnetten.

Zum Patio de la Montería hinausgehen und durch einen Bogen eine niedrige Galerie durchqueren.

Palacio Gótico oder Salones de Carlos V – In den Räumen, in denen die Hochzeit Karls V. mit Isabella von Portugal gefeiert wurde, sind heute **Wandteppiche**★★ zur Geschichte der Eroberung von Tunis (1535) ausgestellt; sie wurden im 18. Jh. in der königlichen Teppichmanufaktur Madrid gewirkt.

Jardines (Gärten)★ – In diesen Anlagen zeigten sich die Mauren als Meister der Gartenkunst. Nach Verlassen der Räume Karls' V. kommt man zunächst zum großen Merkur-Becken (Estanque de Mercurio) und dann zu der mit Fresken verzierten **Galería del Grutesco**★. Von dieser Arkadengalerie aus dem 17. Jh. bietet sich wohl der schönste Blick über die Terrassengärten und Brunnen. Besonders reizvolle Orte sind der so genannte **Cenador de Carlos V**, das Labyrinth und der Englische Garten.

Durch den barocken Apeadero, den Bau, bei dem die Reiter vom Pferd stiegen und die Kutschen ankamen, erreicht man den Patio de Banderas.

Patio de Banderas (Flaggenhof) – Der geschlossene Platz ist umrahmt von eleganten Fassaden, über denen die Silhouette der Giralda zu erkennen ist.

DAS VIERTEL SANTA CRUZ★★★

Das einstige Judenviertel *(judería)* mit seinen kühlen, schmalen Straßen, den geweißten Häusern mit einfachen oder kunstvollen schmiedeeisernen Fenstergittern ist heute das typischste und reizvollste Viertel von Sevilla. Dazu tragen auch die vielen Geranien bei, die in leuchtendem Rot und Rosa prangen, und die Blumen in den Patios, auf die man im Vorbeigehen durch eine offen stehende Tür einen

Galería del Grutesco und Merkurbecken

Blick werfen kann. Bars und Restaurants erwarten die Gäste am Rand der kleinen, mit Palmen oder Orangenbäumen bepflanzten Plätze. Die romantischsten sind die Plaza de Doña Elvira, die Plaza de los Venerables Sacerdotes, die Plaza de Alfaro, die Plaza de las Cruzes und die Plaza de Santa Cruz, nach der das ganze Viertel benannt ist.

Hospital de los Venerables★ – *Führung (25 Min.) 10-14 Uhr und 16-20 Uhr. 1. Jan., Karfreitag und 25. Dez. geschl. 3,70 €. ☎ 954 56 26 96.*
Das im 17. Jh. als Priesterheim errichtete Bauwerk gehört zu den schönsten Beispielen des Sevillaner Barocks. Es liegt an der stillen Plaza de los Venerables und ist heute Sitz der Kulturstiftung FOCUS. Die schöne **Kirche★** bewahrt Fresken, die von Valdés Leal und dessen Sohn Lucas Valdés ausgeführt wurden.

Besichtigung

Die auf dem Plan angegebenen Wege führen zu den Sehenswürdigkeiten.

NÖRDLICH DER KATHEDRALE

Museo de Bellas Artes★★★
9-20 Uhr, Di 15-20 Uhr, Mo, So und feiertags 9-14 Uhr. 1,50 €; für EU-Bürger Eintritt frei. ☎ 954 22 18 29/07 90.
Das Museum bietet einen guten Überblick über die spanische Malerei im Goldenen Zeitalter. Die Sammlung ist im ehemaligen Kloster der Beschuhten Barmherzigen Brüder untergebracht. Dieses wurde im 17. Jh. nach Plänen von Juan de Oviedo errichtet, das Barockportal kam erst ein Jahrhundert später dazu. Die verschiedenen Gebäude umrahmen schöne Innenhöfe.
Der Rundgang durch die 14 Museumsräume beginnt mit **Raum I**, in dem die Kunst des Mittelalters präsentiert wird. **Raum II** ist der Renaissance gewidmet. Man sieht hier insbesondere einen wunderschönen *Hl. Hieronymus* von Pietro Torrigiani, einem Zeitgenossen Michelangelos, eine *Verkündigung* von Alejo Fernández (flämische und italienische Einflüsse), das von El Greco gemalte Bildnis seines Sohns Jorge Manuel und einen Zweiflügelaltar mit der *Verkündigung* und der *Heimsuchung Mariä* von Marcellus Coffermans. In **Raum III** hängen wunderschöne Bildnisse einer Dame und eines Ritters von Pedro Pacheco. Die Kirche, **Raum V★★★**, ist eindeutig der Glanzpunkt des Museums. Sie wurde im 18. Jh. von Domingo Martínez mit Wandgemälden ausgeschmückt und bildet den Rahmen für eine herrliche Sammlung von Murillo-Werken und ein Hauptwerk Zurbaráns, *Die Apotheose des hl. Thomas von Aquin*. **Murillo** malte hauptsächlich religiöse Themen und Kinder. Seine Gestalten wirken sehr menschlich und verraten das Mitgefühl des Künstlers, der sie undramatisch in einer harmonischen Umgebung in Szene setzt. Seine Werke befinden sich im Querschiff und Chor, wo eine große *Inmaculada* in flatternden Gewändern den Blick auf sich zieht. Sie ist von schönen Heiligenbildern umgeben. Im rechten Querhaus sei auf die zarte *Virgen de la Servilleta* hingewiesen: Ihr Jesuskind scheint sich dem Betrachter zuzuneigen.

SEVILLA

Adriano	AX
Agua (Callejón del)	CY 4
Águilas	CX
Alcade Marqués de Contadero (Pas.)	AXY
Alemanes	BX 12
Alfarería	AX
Alfaro (Pl. de)	CXY 15
Alférez Provisional (Glorieta)	BZ 18
Alfonso XII	AV
Alianza (Pl. de la)	BX 19
Almirante Apodaca	CV 20
Almirante Lobo	BY 21
Altozano (Pl. del)	AXY
Álvarez Quintero	BX 22
Amador de los Ríos	CX 23
Amor de Dios	BV
Amparo	BV
Antillano Campos	AX 26
Antonia Díaz	AX
Aposentadores	BV 29
Arco de la Judería	BY 30
Arcos	AZ
Ardilla	AY
Argote de Molina	BX 31
Arjona	AX
Asunción	AZ
Bailén	AV
Banderas (Patio de)	BXY 35
Baños	AV
Betis	AY
Borbolla (Av. de)	CYZ
Bustos Tavera	CV
Cádiz (Av. de)	CY
Callao (Pl.)	AX
Canalejas	AX
Capitán Vigueras	CY 42
Cardenal Spínola	AV 47
Carlos V (Av. de)	CY
Castelar	AX 55
Castellar	BV
Castilla	AX
Cervantes	BV
Chapina (Puente)	AX 59
Cid (Av. del)	CY
Concordia (Pl. de la)	AV
Conde de Urbina (Av.)	CZ 65
Constitución (Av. de la)	BXY
Covadonga (Glorieta)	CZ 67
Cristo de Burgos (Pl.)	BV
Cristóbal Colón (Paseo de)	AXY
Cuba (Pl. de)	AY
Cuna	BV
Delicias (Paseo de las)	BYZ
Demetrio de los Ríos	CXY
Diego de Riaño	CY
Doctor Pedro Castro	CZ 90
Don Juan de Austria (Pl.)	CY
Doña Elvira (Pl. de)	BX 95
Doña Guiomar	AX 97
Doña María Coronel	BCV
Dos de Mayo	ABXY
Duque de la Victoria (Pl. del)	BV
Ejército Español (Pl.)	CZ 105
Encarnación (Pl. de la)	BV
Enladrillada	CV
Escuelas Pías	CV 112
España (Pl. de)	CZ
Evangelista	AY
Farmacéutico E. Murillo Herrera	AY 115
Febo	AY
Feria	BV 123
La Florida	CX
Francisco Carrión Mejías	CV 126
Francos	BX
Fray Ceferino González	BX 127
García de Vinuesa	BX 130
Gavidia (Pl. de la)	AV
General Polavierja	BX 135
Generalísimo (Puente del)	BZ
Gerona	BCV
Gloria	BXY 137
Goles	AV
Gonzalo Bilbao	CV 138
Hernán Cortés (Av.)	CZ 140
Imagen	BV
Imperial	CX
Isabel la Católica (Av. de)	CZ
Isabel II o de Triana (Puente)	AX
Jaúregui	CV
Jesús del Gran Poder	BV
Jesús de la Vera Cruz	AV 147
José María Martínez Sánchez Arjona	AY 150
Juan Ramón Jiménez	AZ
Juan Sebastián Elcano	BZ
Julio César	AX 152
Júpiter	CV 153
Laraña	BV
Leiria	AY
Luis Montoto	CX 160
Málaga (Av.)	CY
Marcelino Champagnat	AY 172
María Auxiliadora	CV
María Luisa (Av.)	BZ
Marineros Voluntarios (Glorieta)	BZ 180
Marqués de Paradas	AV 185
Martín Villa	BV 190
Matahacas	CV
Mateos Gago	BX 192

458

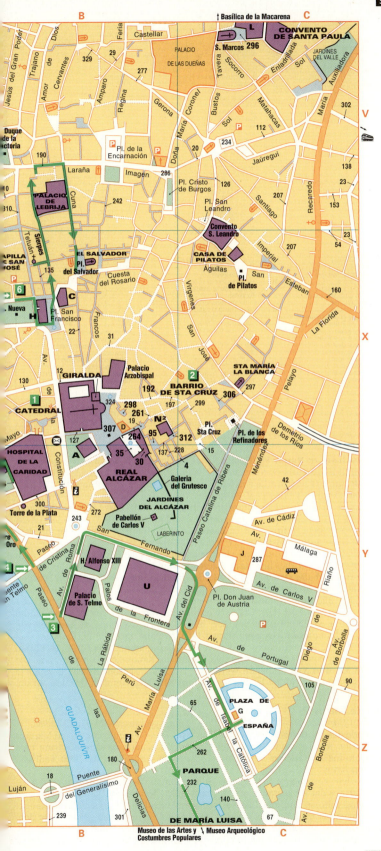

Sevilla

Méndez Núñez	AX
Menéndez Pelayo	CXY
Mesón del Moro	BX 197
Miño	AZ
Monsalves	AV
Monte Carmelo	AZ
Murillo	AV 202
Museo (Pl.)	AV 205
Navarros	CVX 207
Niebla	AZ
Nueva (Pl.)	BX
O'Donnell	BV 210
Padre Damián	AZ
Pagés del Corro	AY
Palos de la Frontera	AX
Pascual de Gayangos	AV 220
Pastor y Landero	AX 222
Pedro del Toro	AV 227
Perú	BZ
Pilatos (Pl. de)	CX
Pimienta y Susona	BCY 228
Pizarro (Av.)	CZ 232
Ponce de León (Pl.)	CV 234
Portugal (Av. de)	CYZ
Presidente Carrero Blanco	BZ 239
Puente y Pellón	BV 242
Puerta de Jerez	BY 243
Pureza	AY
La Rábida	BY
Recaredo	CV
Refinadores (Pl. de los)	CX
Regina	BV
República Argentina (Av.)	AYZ 255
Reyes Católicos	AX 260
Rodrigo Caro (Callejón de)	BX 261
Rodrigo de Triana	AY
Rodríguez Caso (Av.)	CZ 262
Roma (Av. de)	BY
Romero Morube	BX 264
Rosario (Cuesta del)	BX
Salado	AYZ
Salvador (Pl. de)	BX
San Eloy	AV
San Esteban	CX
San Fernando	BY
San Francisco (Pl.)	BX
San Gregorio	BY 272
San Jacinto	AY
San Jorge	AX
San José	CX
San Juan de la Palma	BV 279
San Leandro (Pl.)	CV
San Pablo	AX
San Pedro (Pl.)	BV 286
San Sebastián (Pl.)	CY 287
San Telmo (Puente de)	BY
San Vicente	AV
Sanjurjo (Av.)	BY
Santa Cruz (Pl.)	CX
Santa Fé	AZ
Santa Isabel (Pl. de)	CV 296
Santa María La Blanca	CX 297
Santa Marta (Pl. de)	BX 298
Santa Teresa	CX 299
Santander	BY 300
Santiago	CV
Santiago Montoto (Av.)	BZ 301
Saturno	CV 302
Sierpes	BVX
Socorro	CV
Sol	CV
Temprado	BY 304
Teodosio	AV
Tetúan	BX
Torneo	AV
Trabajo	AY
Trajano	BV
Tres Cruces (Pl. de las)	CX 306
Triunfo (Pl.)	BX 307
Troya	AY
Turia	AZ
Velázquez	BV 310
Venerables (Pl. de los)	BX 312
Virgen de África	AZ 314
Virgen del Águila	AZ 315
Virgen de Fátima	AZ 317
Virgen de Loreto	AZ 320
Virgen de Luján	ABZ
Virgen de los Reyes (Pl. de la)	BX 324
Virgen del Valle	AZ 325
Vírgenes	CX
Viriato	BV 329
Zaragoza	AX

Archivo General de Indias	BXY A
Alameda de Hercules	BU
Ayuntamiento	BX H
Barrio de Santa Cruz	BCX
Basílica de la Macarena	CV
Caja de Ahorros San Fernando	BX C
Capilla de los Marineros	AY
Capilla del Patrocinio	AX
Capilla de San José	BX
La Cartuja – Centro Andaluz de Arte Contemporáneo	AVX
Casa de Pilatos	CX
Catedral	BX
Convento de San Leandro	CVX
Convento de Santa Isabel	CV L
Convento de Santa Paula	CV
Giralda	BX
Hospital de la Caridad	BY
Hospital de los Venerables	BX N[2]
Iglesia de la Magdalena	AX
Iglesia del Salvador	BX
Iglesia de San Marcos	CV
Iglesia de Santa Maria la Blanca	CX
Isla Mágica	AV
Itálica	AVX
Jardines del Alcázar	BCY
La Maestranza (Plaza de Toros)	AX
Monumento a la Tolerancia	AX
Museo Arqueológico	CZ
Museo de Bellas Artes	AV
Museo de las Artes y Costumbres Populares	BCZ
Palacio Arzobispal	BX
Palacio de la Condesa de Lebrija	BV
Palacio de San Telmo	BY
Parque de María Luisa	CZ
Parroquia de Santa Ana	AY
Plaza de España	CZ
Real Alcázar	BXY
Teatro de la Maestranza	AY
Torre del Oro (Museo de la Marina)	BY
Torre de la Plata	BY
Triana	AY
Universidad	BY U

Sehenswert sind auch der Hl. Franziskus, den Gekreuzigten umarmend und die unter dem Namen La Niña bekannte Inmaculada. Im linken Querhaus sind u. a. der Hl. Antonius mit dem Jesuskind, die Mater Dolorosa und der Hl. Felix von Cantalicio mit dem Jesuskind zu bewundern.

Obergeschoss: In **Raum VI** (Galerie) sind Heiligenbilder von anonymen Malern aus dem Umkreis Zurbaráns versammelt. Allen gemeinsam sind prachtvoll gemalte Stoffe. **Raum VII** zeigt Werke von Murillo und seinen Schülern. **Raum VIII** ist ganz dem Barockmaler Valdés Leal gewidmet. Unter den Werken der europäischen Barockmalerei in **Raum IX** begeistern Riberas kraftvoller *Apostel Jakobus*, die Werke Brueghels, das wunderschöne *Bildnis einer Dame* von Cornelis de Vos und der *Apostel Jakobus* von Ribera. **Raum X**★★ ist **Zurbarán** (1598-1664) gewidmet. Der vor dem dunklen Hintergrund plastisch hervortretende *Christus am Kreuz* ist nur ein Beispiel für Zurbaráns Können. Gelegentlich scheint allerdings die Perspektive außer Acht gelassen zu sein, wie dies im sonst ausgezeichneten *Hl. Hugo im Refektorium* der Fall ist. Die meisterhafte Darstellung der Stoffe, die man schon auf anderen Zurbarán-Gemälden bewundern konnte, kennzeichnet auch das Gewand des *Hl. Ambrosius*. Neben den Bildern verschiedener Heiliger sind die *Virgen de las Cuevas* und der *Besuch des hl. Bruno bei Papst Urban II.* erwähnenswert. Unter den im selben Raum ausgestellten Skulpturen sei auf den büßenden *Hl. Domingo de Guzmán* von Martínez Montañés hingewiesen. Einen Blick wert ist auch die herrliche Artesonado-Arbeit im inneren Raum. In **Raum XI** (Galerie) kommt das 18. Jh. zu Ehren. Hier beachte man das von Goya gemalte Bildnis des Kanonikers *Don José Duato*. Die **Räume XII und XIII** enthalten Werke des 19. Jh.s, insbesondere ausgezeichnete Bildnisse von Esquivel. Im letzten Saal, **Raum XIV**, sind Gemälde aus dem 20. Jh. (Vázquez Díaz, Zuloaga) ausgestellt.

Casa de Pilatos★★

Tgl. 9-19 Uhr (22. Sept.-20. März 9-18 Uhr). 3 € pro Stockwerk. ☎ 954 22 52 98.
Der Ende des 15. Jh.s begonnene Bau wurde für Don Fadrique, den ersten Marquis von Tarifa, fertig gestellt. Nach dem Volksmund handelt es sich dabei um eine Nachahmung des Hauses von Pontius Pilatus in Jerusalem, das Don Fadrique gesehen hatte.
Neben den vorwiegend mudéjaren Stilelementen zeigt die Architektur auch Einflüsse aus der Renaissance und der Spätgotik. Zwei mit Stuckarbeiten verzierte Arkadengeschosse und metallisch schimmernde ***azulejos***★★ geben dem Innenhof das Flair eines maurischen Palastes. Die Statuen, einige antik, andere aus dem 16. Jh., stellen Büsten der römischen Kaiser und die Göttin Pallas Athene dar. Die den Innenhof umgebenden Räume sind mit *artesonados* ausgestattet, die Kapelle hat

Casa de Pilatos

Kreuzrippengewölbe und einen mit *azulejos* und Stuck verzierten Altar. Wunderschön ist das mit einer **Kuppel**★ aus Holz abgeschlossene **Treppenhaus**★★, in dem sich der Mudéjar-Stil harmonisch mit dem Platereskstil vereint. Auch die Gärten können besichtigt werden.
Die Räume im 1. Stock haben schöne bemalte Decken; eine davon stellt die Apotheose des Herkules (1603, Francisco Pacheco) dar.
Im nahen **San-Leandro-Kloster** werden die ausgezeichneten **Yemas de San Leandro** hergestellt, eine Spezialität, die Sie probieren sollten.

San Luis de los Franceses★
Die Barockkirche von Leonardo de Figueroa überrascht durch den üppig ausgestalteten **Innenraum**★★ mit Wandmalereien, prächtigen Retabeln und schönen *azulejos*.

Convento de Santa Paula★
10.30-12.30 Uhr und 15.30-18.30 Uhr. Mo und feiertags bei geistlichen Übungen geschl. ☎ *954 53 63 30.*
Dieses Ende des 15. Jh.s gestiftete Kloster gehört zu den schönsten und reichsten Sevillas. Die Kirche hat ein von Nicolà Pisano vollendetes wunderschönes **Portal**★ (1504) mit reichem Kachelschmuck. Trotz der unterschiedlichen Stilelemente – Ziegelornamentik im Mudéjar-Stil, gotische Bögen, Renaissancemedaillons und Maßwerkbrüstung – wirkt das Ganze harmonisch. Den einschiffigen **Innenraum**★ bedeckt ein *artesonado* aus dem 17. Jh.; das gotische Gewölbe im Altarraum ist mit farbenprächtigen Fresken bemalt. Mehrere interessante Figuren und Gemälde sind erhalten.
Museo★ – *Eingang durch Haus Nr. 11 am Platz.* Das Museum besitzt eine Reihe interessanter Werke von Ribera, Pedro de Mena, Alonso Cano u. a.

Capilla de San José★
Die verschwenderisch dekorierte Kapelle ist ein Meisterwerk des Sevillaner Barocks (1766). Der Schnitzaltar, die Orgel und die Lesepulte sind ihre besonders schönen Ausstattungsstücke.

Palacio de la Condesa de Lebrija★
Mo-Fr (auch feiertags) 11-13 Uhr und 17-19 Uhr (Apr.-Sept. 17-10 Uhr), Sa 10-13 Uhr. So geschl. 3,70 €. ☎ *954 22 78 02.*
Typisches Sevillaner Adelspalais mit Arkadenpatio und Garten. Es ist vor allem wegen seiner **römischen Mosaikfußböden**★ aus dem nahen Itálica *(s. unter „Umgebung")* interessant, hat aber auch kostbare Artesonado-Decken und *Azulejos*-Verkleidungen aus dem 16. und 17. Jh.

Iglesia del Salvador★
Die majestätische Kirche aus dem 17. und 18. Jh. erhebt sich am gleichnamigen Platz. Ihr monumentaler Innenraum enthält einige der eindrucksvollsten **Barockaltäre**★★ (18. Jh.) der Stadt.

Ayuntamiento (Rathaus)
Die platereske **Ostfassade**★ (1527-1534) ist ein prachtvolles Werk von Diego de Riaño.

Sevilla
UM DIE KATHEDRALE HERUM

Santa María la Blanca★
Die Kirche wurde als Synagoge errichtet, im 14. Jh. stark verändert und im 17. Jh. schließlich praktisch neu gebaut. Das **Dekor★** ist barock, die Gewölbe und die Vierungskuppel sind flächendeckend mit wunderbaren Stuckarbeiten verziert. Das viele Weiß und die schlanken Säulen lassen einen Eindruck von Schwerelosigkeit entstehen.

Hospital de la Caridad★
9-13.30 Uhr und 15.30-18.30 Uhr, So und feiertags 9-13 Uhr. 2,40 €. ☎ *954 22 32 32.*
Es wurde 1625 von Don Miguel de Mañara gegründet, der die größten zeitgenössischen Künstler aufrief, die **Kirche★★** mit einem Zyklus über Tod und Nächstenliebe auszuschmücken. In ergreifend düsterem Realismus illustrierte Valdés Leal das erste Thema. Murillo hat das Thema der Barmherzigkeit in den einander gegenüber hängenden Gemälden *Die wunderbare Brotvermehrung* und *Moses schlägt Wasser aus dem Fels* sowie in *Die hl. Elisabeth von Thüringen pflegt Aussätzige* und *Der hl. Johannes von Gott* behandelt. Die Skulpturengruppe der **Grablegung Christi★★** im Zentrum des Barockaltars ist ein Werk von Pedro Roldán.

Archivo General de Indias
10-13 Uhr (für Forschungen 8-15 Uhr). Sa/So und feiertags geschl. Eintritt frei. ☎ *954 50 05 28.*
Das klassizistische Gebäude, die ehemalige Handelsbörse, wurde in der Regierungszeit Philipps II. von Juan de Herrera, dem Architekten des Escorial, errichtet. Es bewahrt eine Sammlung sehr wertvoller Dokumente über Amerika zur Zeit seiner Entdeckung und Eroberung, darunter auch Originalhandschriften von Kolumbus, Magellan, Cortés und Pläne von befestigten spanischen Städten in der Neuen Welt.

SÜDLICH DER KATHEDRALE

Parque de María Luisa★★
Der im 19. Jh. angelegte romantische Park war ein Geschenk der Herzogin von Montpensier an die Stadt. Seine Vegetation ist prachtvoll und sehr artenreich; Brunnen und Teiche lockern das große Gelände auf. Anlässlich der Ibero-Amerikanischen Ausstellung (1929) wurden dort mehrere Gebäude errichtet, darunter die halbkreisförmige **Plaza de España★**. Diese ist von Bänken mit *Azulejos*-Dekor begrenzt, das in historischen Szenen die spanischen Provinzen darstellt. Auf dem Teich kann man Boot fahren *(Bootsverleih)*.

Plaza de España

Museo Arqueológico★
– *Di 15-20 Uhr, Mi-Sa 9-20 Uhr, So 9-14 Uhr. Mo und feiertags geschl. 1,50 €; für EU-Bürger Eintritt frei.* ☎ *954 23 24 01.*
Das Archäologische Museum befindet sich in einem Neorenaissancegebäude an der Plaza de América. Es enthält interessante Sammlungen prähistorischer, phönizischer, punischer und römischer Stücke. Zu den besonders beeindruckenden Funden gehören der **Goldschatz von Carambolo★** aus dem 7. bis 6. Jh. v. Chr., Goldschmuck aus Tartessos (12.-5. Jh. v. Chr.) und die kleine Bronzefigur der Göttin Astarte mit einer phönizischen Inschrift. Die **römische Sammlung★** stammt hauptsächlich aus Itálica *(s. unter „Umgebung")*. Gezeigt werden vor allem Skulpturen (Venus, Diana als Jägerin, Trajan, eine Büste Alexanders des Großen und ein wunderschöner Kopf der Hispania).

Palacio de San Telmo
Dieses Palais ist heute Sitz des Präsidenten der Junta de Andalucía. Es war als Marineschule gegründet worden und danach Priesterseminar. Das **Hauptportal★** (1722) ist ein Werk von Leonardo de Figueroa.

Universidad
Die Universität ist in der früheren Tabakmanufaktur untergebracht (18. Jh.), einem Werk von Van der Beer mit harmonischen Fassaden und eleganten Patios.

AUF DER ISLA DE LA CARTUJA
Isla Mágica★
Informieren Sie sich über die Öffnungszeiten. 21 €, Kinder 14 €. ☎ 902 16 17 16.
Man braucht nur die emblematische Puente de La Barqueta zu überqueren, und schon ist man in diesem 40 ha großen Themenpark, der zu einer abenteuerlichen Reise in das Jahrhundert der Entdeckungen einlädt. Folgende Reiseziele stehen zur Auswahl: **Sevilla, Puerto de Indias** („Von Sevilla in die Neue Welt"), **Puerta de América** („Das Tor zu Amerika"), **Amazonía**, **La Guarida de los Piratas** („Das Piratennest"), **La Fuente de la Juventud** („Der Jungbrunnen") und **El Dorado**. Bei den eindrucksvollen Attraktionen, wie **Anaconda**, einer Berg- und Talbahn, die durch Wasser fährt, und **El Jaguar**, den Wildwasserfahrten **(Los Rápidos del Orinoco)** oder der Reise in das Reich der Maya **(Quetzal, la Furia de los Dioses)** wird es einem bestimmt nicht langweilig. Daneben gibt es Souvenirläden und viele Bars und Restaurants, in denen Kräfte für neue Abenteuer gesammelt werden können.

La Cartuja–Centro Andaluz de Arte Contemporáneo
10-20 Uhr (Apr.-Sept. 10-21 Uhr), So 10-15 Uhr. Letzter Einlass 30 Min. vor Schließung. Mo und feiertags geschl. 1,80 €; Di für EU-Bürger Eintritt frei. ☎ 955 03 70 70.
In das ehemalige Kartäuserkloster, das im 19. Jh. eine Keramikfabrik war, von der noch alte Schornsteine und Brennöfen stehen, ist heute das Andalusische Zentrum für zeitgenössische Kunst eingezogen. Neben der interessanten, ständig ausgestellten Kollektion werden wechselnde Ausstellungen gezeigt.

▶▶ Barrio de Triana★; Iglesia de la Magdalena (Innenraum★); Kirche San Marcos (Turm im Mudéjar-Stil★).

Umgebung

Itálica★
9 km nordwestlich über die N 630. 9-17.30 Uhr, So 10-16 Uhr; Apr.-Sept. 8.30-20.30 Uhr, So 9-15 Uhr. Mo geschl. 1,50 €; für EU-Bürger Eintritt frei. ☎ 955 99 73 76/65 83.
Auf einem mit Zypressen bestandenen Hügel oberhalb der Guadalquivir-Niederung liegen die Reste dieser **römischen Stadt**, in der die späteren Kaiser Trajan (53-117) und Hadrian (76-138) und auch der Dichter Silius Italicus geboren wurden. Folgt man den Straßen, die den Hügel wie ein Gitter überziehen, kann man Mosaikfußböden mit Darstellungen von Vögeln, des Meeresgottes Neptun und anderer Gottheiten entdecken.

Anfiteatro – Dieses relativ gut erhaltene ovale Amphitheater konnte etwa 25 000 Zuschauer aufnehmen. Damit war es eines der größten des Römischen Kaiserreichs. Die Zuschauerränge und die unterirdischen Gänge der Arena sind erhalten.
Das Theater befindet sich im Gemeindegebiet von Santiponce.

Carmona★★
40 km westlich über die N IV-E V. Die Stadt erhebt sich auf einer Anhöhe über dem fruchtbaren Tal des Río Corbones. Im historischen Stadtkern sind bemerkenswerte Paläste, Adelshöfe und kirchliche Bauten erhalten.
Den Wagen im unteren Teil der Stadt in der Nähe der Puerta de Sevilla abstellen.
Altstadt★ – Vor Betreten der Altstadt durch die wehrhafte **Puerta de Sevilla★**, deren doppelter Hufeisenbogen auf maurische Baumeister verweist, ist der **Barockturm★** der **Iglesia de San Pedro** zu sehen, in der die prachtvolle Capilla del Sagrario sehenswert ist; etwas weiter dann das **Convento de la Concepción** mit schönem Kreuzgang und einer Kirche im Mudéjar-Stil.
Die Puerta de Sevilla durchqueren. In der im 17. und 18. Jh. neu aufgebauten **Iglesia de San Bartolomé** ist eine mit *azulejos* verzierte Kapelle aus der Renaissance erhalten. Mudéjar-Stil zeigt die Kirche **San Felipe★** am Ende der gleichnamigen Straße; die darin befindliche *capilla mayor* hat bunten Kachelschmuck (16. Jh.). Gebäude im Mudéjar-Stil und der Renaissance umgeben die **Plaza de San Fernando**. Im barocken Rathaus (**Ayuntamiento**, *Eingang in der Calle de El Salvador*) ist ein großes Mosaik aus der Römerzeit erhalten. In der Nähe erhebt sich die **Iglesia del Salvador** (17.-19. Jh.), die ein Retabel im Churriguera-Stil und mehrere schöne Gemälde sowie Goldschmiedearbeiten birgt. *11-14 Uhr, Mo, Do und Fr 17-19 Uhr. Di und Mi geschl. 1,20 €. ☎ 954 14 12 70.*

Sevilla

Santa María la Mayor★ ist ein gotischer Bau, der in der Renaissance und im Barock verändert wurde; der Hof ist der einer früheren Moschee. Innen überrascht der gewaltige **Altar**★ mit Szenen der Passion Christi; wie das wunderschöne Chorgitter ist er plateresk; der Kirchenschatz enthält wertvolle Goldschmiedearbeiten. Etwas weiter erreicht man dann das **Convento de las Descalzas**★ im typischen Sevillaner Barock (18. Jh.) und das **Convento de Santa Clara**, dessen Kirche (Mudéjar-Stil) Gemälde von Valdés Leal und Werke von einem Maler aus dem Umkreis Zurbaráns (Frauenbildnisse) enthält.

Am Ende der Straße erhebt sich die **Puerta de Córdoba** mit mächtigen Türmen römischen Ursprungs und einem im 17. Jh. eingepassten Tor.

Alcázar de Arriba – Schon die Römer hatten an dieser Stelle eine Festung errichtet; sie wurde von den Almoraviden vergrößert und diente Peter I. als Residenz. Heute befindet sich hier der **Parador de Turismo**. Aus der Höhe bieten sich wunderschöne **Ausblicke**★ ins Umland.

Necrópolis romana (Römische Gräberstadt)★ – *Anfahrtsweg ab der Straße nach Sevilla ausgeschildert. 9-17 Uhr, 16. Juni-16. Sept. 8.30-14 Uhr; Sa/So 10-14 Uhr. Mo und feiertags geschl. 1,50 €; für EU-Bürger Eintritt frei.* ☎ *954 14 08 11.*

Hier wurden über 300 Gräber (Mausoleen und Urnengräber) aus dem 1. Jh. unserer Zeitrechnung freigelegt. Es sind meistens überwölbte Grabkammern mit Nischen für die Urnen. Am bemerkenswertesten ist das „Elefantengrab" **(Tumba del Elefante)**, das aus drei Speisezimmern und einer Küche besteht; seinen Namen verdankt es der hier entdeckten Elefantenfigur. Das **Servilia-Grab** hat die Größe eines römischen Patrizierhauses. Im selben Bereich befinden sich auch die Ruinen eines Amphitheaters und ein kleines Museum.

Sigüenza★

Die Farbtöne Rosa und Ocker überwiegen im Ortsbild von Sigüenza, das sich an der Flanke eines Hügels ausbreitet und von den Silhouetten der imposanten Festungskathedrale und des Schlosses (Parador) beherrscht wird. In der von engen Straßen und Gassen durchzogenen Altstadt sind noch viele schöne Häuser erhalten.

Steckbrief

5 426 Einwohner. Michelin-Karte Nr. 576 – Kastilien-La Mancha (Guadalajara). Sigüenza liegt 22 km von der N II-E 90 entfernt, die Madrid mit Zaragoza verbindet.
🛈 *Paseo de la Alameda (Ermita del Humilladero), 19250 Guadalajara,* ☎ *949 34 70 07. Reiseziele in der weiteren Umgebung: Monasterio de SANTA MARÍA DE HUERTA (67 km nordöstlich), GUADALAJARA (73 km südwestlich) und SORIA (95 km nördlich).*

Besichtigung

An der bezaubernden **Plaza Mayor** *(an der rechten Domseite)* mit schönem Arkadengang steht auch das bemerkenswerte Rathaus (Ayuntamiento, 16. Jh.) im Renaissancestil.

Catedral★★

11-14 Uhr und 16.30-19 Uhr, So und feiertags 11-12 Uhr und 17.30-19 Uhr. 2,10 €; Mo Eintritt frei. ☎ *619 36 27 15.*

Das Hauptschiff der Kathedrale wurde im 12. Jh. in der Zisterzienserbauweise begonnen und erst 1495 im Stil der Spätgotik vollendet; Chorumgang und Kreuzgang sind etwas jünger. Nach den Bombardierungen im Jahre 1936 wurden Kuppel und Dach des Querschiffs wiederaufgebaut. Mit den zinnenbewehrten Türmen und dem mächtigen Strebewerk wirkt das Gotteshaus wie eine Festung, doch mildern die schöne Fensterrose und die romanischen Fenster mit ihrer alten Verglasung diese Strenge.

Kircheninneres – Durch die große Schlichtheit der Bauweise und die Höhe des von mächtigen Pfeilern getragenen Gewölbes vermittelt es den Eindruck von in sich ruhender Stärke.

Im **linken Seitenschiff** fügen sich beim **Portal**★ der Capilla de la Anunciación Renaissancewandpfeiler, Mudéjar-Arabesken und gotische Zackenbögen zu einer prachtvollen Dekoration. Daneben ein Flügelaltar (15. Jh.) der kastilischen Malerschule, der den Heiligen Markus und Katharina gewidmet ist.

Im linken **Querhaus** sind mehrere wunderschöne **Bildhauerarbeiten**★★ zu sehen, das so genannte Porphyrportal (**Puerta de Pórfido**, 16. Jh.) zum Kreuzgang (bunter Marmor), der **Altar der hl. Librada** (16. Jh., von Alonso de Covarrubias entworfen), dessen Mittelteil einen mit Gemälden gekrönten Aufsatz trägt (Thema der Bilder ist das Leben der Heiligen und ihrer acht Schwestern, die alle am selben Tag geboren sein sollen); das daneben liegende **Grabmal von Dom Fadrique von Portugal** (16. Jh.) im Platereskstil.

Die Wirkung der **Sakristei**, ebenfalls ein Werk von Covarrubias, ist überraschend aufgrund der Unmenge von Köpfen und Rosetten am **Deckengewölbe★**. Feines platereskes Schnitzwerk ziert Türen und Möbel. Die **Capilla de la Reliquias** aus dem 16. Jh. ist von einer schönen **Kuppel★** überspannt.
Das Allerheiligste **(Presbiterio)** ist mit einem schönen Gitter (17. Jh.) verschlossen; rechts und links davon zwei **Alabasterkanzeln★**, die eine gotisch, die andere im Stil der Renaissance. Retabel aus dem 17. Jh.
In einer Kapelle des **Chorumgangs** befindet sich ein geschnitzter **Christus am Kreuz★** (16. Jh.).
Die Capilla del Doncel im rechten Querhaus wurde von Isabella der Katholischen in Auftrag gegeben, um das **Grabmal ihres Pagen★★** aufzunehmen, der 1486 bei einer Belagerung ums Leben gekommen war. Die wirklichkeitsnah dargestellte liegende Figur liest, auf einen Arm gestützt, mit heiterer Gelassenheit in einem aufgeschlagenen Buch. Die Mitte der Kapelle nimmt das Grabmal der Eltern des Doncel ein.
Claustro (Kreuzgang) – Im 16. Jh. im gotischen Stil erbaut. Die ihn umgebenden Kapellen haben platereske Türen in der Art des Porphyrportals (16.-17. Jh.). Im Kapitelsaal **(Sala Capitular)** sind Bücher, Manuskripte und flämische Wandteppiche aus dem 17. Jh. ausgestellt.

Museo de Arte Antiguo (Museum für Alte Kunst)
Gegenüber der Kathedrale. 11-14 Uhr und 16-19 Uhr. Mo geschl. 1,80 €. ☎ 949 39 10 23.
Es ist mit Kunstwerken gut bestückt. Beachtung verdienen besonders eine Skulpturengruppe von Pompeo Leoni *(Saal C)*, eine *Pietà*, die Morales zugeschrieben wird, eine *Inmaculada* von Zurbarán *(Saal E)* und eine kraftvolle Statue des Propheten Elias, die von Salzillo stammen soll und im Saal N steht.

Umgebung

Atienza
31 km nordwestlich über die C 114. Atienza ist ein typisches kastilisches Dorf zu Füßen einer Burg, von der nur der trutzige Bergfried die Jahrhunderte überdauerte. Die von Säulengängen eingefaßte **Plaza del Trigo** („Weizenplatz") besticht durch ihr mittelalterliches Ambiente. Atienza war im Mittelalter ein wichtiger Handelsplatz. Die Stadt stand unter dem Schutz von Alfons VIII. Dieser war den Einwohnern zu Dank verpflichtet, da sie ihm im Jahre 1162 geholfen hatten, seinen Thron zu bewahren, dessen sich Ferdinand II. von León bemächtigen wollte. Am Pfingstsonntag wird beim Fest der **Caballada** dieses Ereignisses gedacht. Der Bürgerkrieg hat von den einst sieben Kirchen Atienzas wenig übrig gelassen. In der Pfarrkirche (**Iglesia parroquial**, *an der Plaza del Trigo*) steht ein im churriguereskem Stil geschaffener Altar; die **Trinidad** *(beim Friedhof)* besitzt noch eine Rokokokapelle.

Sitges★★

Sitges ist der bevorzugte Badeort der wohlhabenden katalanischen Familien, wie es die zahlreichen stattlichen Villen bezeugen, die dem Passeig Marítim *(3 km)* seine elegante Note geben. Die Stadt war eines der Zentren des Jugendstils in Katalonien und hat noch einige schöne Architekturbeispiele dieser Stilrichtung vorzuweisen.

Steckbrief
13 096 Einwohner. Michelin-Karte Nr. 574 – Katalonien (Barcelona). Sitges ist ein Küstenort zwischen Barcelona und Tarragona, zu denen es eine gute Autobahnverbindung hat. ▣ *Morera 1, 08870 Sitges, ☎ 938 94 05 84/42 51.*
Reiseziele in der weiteren Umgebung: BARCELONA (45 km nordöstlich), TARRAGONA (53 km südwestlich) und MONTBLANC (81 km westlich).

Besichtigung

DIE ALTSTADT★★ *Besichtigung: 1 1/2 Std.*
Auf dem La Punta genannten Felsvorsprung erhebt sich die rosafarbene Fassade der Kirche. Hinter ihr drängen sich die Straßen des alten Viertels, dessen Häuser durch die vielen Blumen an den Balkonen schöne Farbtupfer bekommen. **Rusiñol**, Miguel Utrillo (der Vater des Pariser Malers gleichen Namens) und andere Maler fanden hier Ende des 19. Jh.s ihre reizvollen Motive. Die zu Museen umgebauten neugotischen Paläste von Alt-Sitges enthalten viele Werke aus jener Zeit.

Museo del Cau Ferrat★★
10-13.30 Uhr und 16-18.30 Uhr, Sa 9.30-18 Uhr; 15. Juni-30. Sept. 10-14 Uhr und 17.30-21 Uhr; So und feiertags 9-14 Uhr. Mo, 1. Jan., 25. Aug. sowie 25. und 26. Dez. geschl. 3,10 €; 1. Mi im Monat Eintritt frei. Kombiticket: 5,50 €. ☎ 938 94 03 64.

Sitges
Tipps und Adressen

BESICHTIGUNGEN
Ein Kombiticket (erhältlich in den Museen) berechtigt zum Eintritt in das Museo del Cau Ferrat, das Museo Maricel del Mar und in die Casa Llopis-Museu Romàntic.

RESTAURANTS
- *Gut & preiswert*

La Oca – *Parellades 41* – ☎ *938 94 79 36 – 15/21 €*. Ein modern eingerichtetes Schnellrestaurant in sehr zentraler Lage. Die Spezialität sind auf Holzkohle gegrilltes Fleisch und *pollos a l'ast* (Hühnchen am Spieß). Günstiges Mittagsmenü.

- *Spitzenkategorie*

Maricel – *Passeig de la Ribera 6* – ☎ *938 94 20 54 – Di-abend, Mi und 15.-30. Nov. geschl. – 28/39 €*. Eine sorgsam zubereitete mediterrane Küche mit persönlicher Note. Große Auswahl, vor allem an Fisch und Meeresfrüchten. Der Weinkeller ist ebenfalls gut sortiert. Unser Lieblingsrestaurant.

UNTERKUNFT
- *Unsere Empfehlung*

Hotel Romàntic und La Renaixença – *Sant Isidre 33* – ☎ *938 94 83 75 – 15. März-Okt. geöffnet – romantic@arrakis.es – 69 Z.: 62/92 €*. Zwei Hotels in Gebäuden aus dem 19. Jh. Die gemeinsam genutzten Räume verströmen den leicht morbiden Charme vergangener Zeiten. Das Romàntic hat einen schönen Innenhof. Einfache Zimmer.

FESTE
Sitges ist berühmt für seine herrlichen Blütenteppiche am Sonntag nach dem Fronleichnamsfest und für das Festival des katalanischen Films *(Oktober)*. Außerdem findet hier ein internationales Theaterfestival statt *(Juni)*. Das wichtigste Fest, der Tag des hl. Bartholomäus am 24. August, wird mit Feuerwerk und dem traditionellen Umzug der Papiermaché-Riesen begangen.

Der Maler **Santiago Rusiñol** (1861-1931) baute zwei Fischerhäuser aus dem 16. Jh. um und fügte ihnen Elemente gotischer Architektur hinzu. Die von Rusiñol hinterlassenen Sammlungen umfassen Gemälde, Skulpturen und Werke aus Schmiedeeisen. Das Museum wurde 1933 eingeweiht.

Malerei – Gemälde von El Greco (*Büßende Magdalena, Die Tränen Petri*), sowie von Picasso, Casas, Limona, Nonell, Zuloaga und Rusiñol selbst (*Dichtkunst, Musik und Malerei*).

Schmiedeeisen – Diese Sammlung hat dem Museum seinen Namen gegeben. Sie umfasst Objekte aus verschiedenen Zeitepochen, unter denen besonders mehrere Türklinken aus dem 16. Jh. und ein Büstenreliquiar aus dem 17. Jh. auffallen.

Keramik – Die Keramik ist über alle Räume verteilt.

Museo Maricel del Mar★
10-13.30 Uhr und 16-18.30 Uhr, Sa 9.30-18 Uhr; 15. Juni-30. Sept. 10-14 Uhr und 17.30-21 Uhr; So und feiertags ganzjährig 9-14 Uhr. Mo, 1. Jan., 25. Aug. sowie 25. und 26. Dez. geschl. 3,10 €; 1. Mi im Monat Eintritt frei. Kombiticket: 5,50 €. ☎ *938 94 03 64.* Dieses Museum ist in einem einstigen Spital (14. Jh.) untergebracht, das von Miguel Utrillo umgebaut wurde. Das Palais ist durch einen Steg mit dem Palau Maricel de Terra verbunden. Die Sammlung umfasst Kunstobjekte des Mittelalters und des Barock.

Casa Llopis – Museu Romàntic★
10-13.30 Uhr und 16-18.30 Uhr (Sa 16-20 Uhr), 15. Juni-30. Sept. 10-14 Uhr und 17-21 Uhr. So und feiertags ganzjährig 9.30-14 Uhr. Führung (50 Min.) zu jeder vollen Stunde. 3,10 €; 1. Mi im Monat Eintritt frei (außer feiertags). Kombiticket: 5,50 €. ☎ *938 94 29 69.*

Sitges

Patrizierhaus vom Ende des 18. Jh.s. Die Fresken an den Wänden, die englischen Möbel, mehrere Automaten und Spieldosen sind ganz typisch für den Wohnstil jener Zeit. Im Zwischenstock befinden sich beleuchtete Schaukästen mit Szenen, die das damalige gesellschaftliche Leben, das Privatleben und das des einfachen Volkes veranschaulichen.

Die **Sammlung Lola Anglada** enthält Puppen aus ganz Europa; sie stammen aus dem 17., 18. und 19. Jh.

Umgebung

Vilanova i la Geltrú★

7 km südwestlich. Dieser Küstenort, an dessen sanft abfallendem Sandstrand das Meer nicht tief ist, liegt an einer kleinen Bucht und besitzt einen bedeutenden Fischerei- und Jachthafen.

Museu Romàntic Casa Papiol★ – *Führung (1 Std.) 9.30-13.15 Uhr und 16-17.15 Uhr, Sa 10-13 Uhr und 16-17 Uhr, So 10-13 Uhr (jede volle Stunde). Mo und feiertags geschl. 1,20 €; So Eintritt frei. ☎ 938 93 03 82.*

Diese zwischen 1780 und 1801 für die Familie Papiol erbaute Villa entspricht dem Lebensstil der durch die Industrie im 19. Jh. reich gewordenen Bourgeoisie. Gediegene Schlichtheit herrscht in der Bibliothek, die etwa 5 000 Bände aus dem 16. bis 19. Jh. umfasst, im Arbeitszimmer des Abgeordneten und in der Hauskapelle mit einer Reliquie der hl. Konstanze; die Empfangsräume sind mit Grisaille-Malerei zu Themen aus der Bibel geschmückt. Reichtum signalisieren die sehr schönen Möbel, der Ballsaal und das im Louis-seize-Stil eingerichtete Appartement, das der französische General Suchet bewohnte. Die bis unter die Decke gekachelte Küche wirkt heute noch wie neu. Im Erd- und im Zwischengeschoss lagen die Wirtschaftsräume (Backofen, Vorratsraum für Öl, Küche des Personals) und die Pferdeställe.

Biblioteca-Museu Balaguer★ – *10-13.30 Uhr und 16-18.30 Uhr, Juni-Sept. 10-13.30 Uhr und 16.30-19 Uhr; Do 18-20.30 Uhr; So und feiertags ganzjährig 10-13.30 Uhr. Mo, 1. Jan., Karwoche, 1. Mai, 5. Aug. sowie 25. und 26. Dez. geschl. 1,80 €; Do-nachmittag und 1. So im Monat Eintritt frei. ☎ 938 15 42 02.*

Die 40 000 Bände umfassende Bibliothek wurde von dem Dichter, Historiker und Politiker **Victor Balaguer** (1824-1901) zusammengetragen. Sie befindet sich in einem ägyptisch und griechisch inspirierten Gebäude, in dem man auch zwei interessante Gemäldesammlungen anschauen kann. Die **Sammlung moderner Kunst** enthält Werke katalonischer Künstler der 50er- und 60er-Jahre, während das **Legado 56** anhand kleinformatiger Gemälde die Entwicklung der Malerei vom 14. bis Anfang des 20. Jh.s illustriert. Besonders interessant ist eine **Sammlung von Gemälden** aus dem 16. und 17. Jh. (El Greco, Murillo, Carducho, Maino, Carreño u. a.); außerdem werden einige Werke ägyptischer und asiatischer Kunst gezeigt.

Museu del Ferrocarril★ – *1. Juni-10. Nov. 11.30-13.30 Uhr und 16.30-20 Uhr, sonst 10-14.30 Uhr; Sa 16-18 Uhr, So und feiertags 10.30-14.30 Uhr. Mo, 1. und 6. Jan. sowie 25. und 26. Dez. geschl. 3,70 €. ☎ 938 15 84 91.*

Eine der umfassendsten Lokomotivensammlungen Spaniens.

Solsona★★

Solsona ist eine beschauliche, herrschaftliche Stadt mit einem bedeutenden architektonischen Erbe und einer im Verlauf der Zeit erworbenen Eleganz. Die leicht abfallenden Straßen sind von prächtigen mittelalterlichen Patrizierhäusern gesäumt. Die Plätze (Sant Joan, La Ribera) haben einen unverwechselbaren altertümlichen Charakter bewahrt.

Steckbrief

6 601 Einwohner. Michelin-Karte Nr. 574 – 20 km von Cardona und 108 km von Lleida entfernt– Katalonien (Lleida). Solsona ist die Hauptstadt der Comarca del Solsonès und liegt an der C 1410, die Manresa mit der Pyrenäen-Straße C 1313 verbindet.

🛈 *Solsona: Carretera de Basella 1, 25280 Solsona,* ☎ *973 48 23 10; Cardona: Avinguda del Rastrillo s/n, 08261 Cardona,* ☎ *938 69 27 98.*

Reiseziele in der weiteren Umgebung: PIRINEOS CATALANES *und* VIC *(97 km östlich).*

> **FRONLEICHNAM**
>
> An Fronleichnam tragen die jungen Leute bei der Prozession altertümliche Kleidung, Salven werden abgefeuert und Papiermaché-Riesen ziehen zum Entzücken der Kinder durch die Straßen. Der *Bal de Bastons* ist ein traditioneller Kindertanz bei diesem Fest.

Solsona
Besichtigung

Museo Diocesano y Comarcal (Diözesan- und Regionalmuseum)★★
10-13 Uhr und 16-18 Uhr, 1. Mai-30. Sept. 10-13 Uhr und 16.30-19 Uhr; So und feiertags 10-14 Uhr. Mo (außer feiertags), 1. Jan. und 25. Dez. geschl. 1,80 €. ☎ 973 48 21 01.
Das einstige Bischofspalais, ein Barockbau (18. Jh.), hat hervorragende **Sammlungen romanischer und gotischer Malerei**★★ aufgenommen, darunter einige der typischsten Werke der katalanischen Kunst überhaupt.
Ein frühromanisches **Fresko**★★ des segnenden Gottvaters wurde unter der Farbschicht gotischer Übermalungen in der Kirche **Sant Quirze** von **Pedret** entdeckt und hierher gebracht. Der Kreis um Gott symbolisiert dabei den Himmel, darüber Phönix, der Vogel der Unsterblichkeit. Die rekonstruierte mozarabische Apsis derselben Kirche zeigt Themen der Apokalypse, wobei der Stil des Meisters von Pedret (12. Jh.) byzantinische Einflüsse erkennen lässt. Ganz anders wirken die zart konturierten **Fresken von Sant Pau de Caserres**★ aus dem 13. Jh. (besonders schön die **Engel**★★ des Jüngsten Gerichts) und die gotischen Fresken aus Cardona (14. Jh.).
Berühmt sind die bemalten **Altarvorsätze**, insbesondere der aus Sagars (12. Jh.), bei dem zugunsten der symbolischen Ausdruckskraft der dargestellten Szenen auf jede Zierde verzichtet wird. Ebenfalls bemerkenswert ist das *Abendmahl der hl. Konstanze*★ von Jaime Ferrer (15. Jh.), das den Gesichtsausdruck der Personen und die Gegenstände sehr realistisch wiedergibt.
Das im selben Gebäude untergebrachte **Museu de la Sal** (Salzmuseum) ist ein Kuriosum. Hier befindet sich ein Tisch mit Tellern und Speisen darauf, die alle in Steinsalz aus Cardona modelliert sind. In der Mitte des Tisches ein eigenartiger, mit Pinakeln gespickter Aufbau, auch er ganz aus einem Salzblock geschaffen.

Catedral★
8-13 Uhr und 16-20 Uhr, Juli-Aug. 8-13 Uhr und 17-21 Uhr. So und feiertags während der Messen keine Besichtigung. ☎ 973 48 01 23.
Von der romanischen Kirche sind nur der Turm und die Apsis erhalten. Die übrigen Teile sind gotisch mit Umbauten aus dem Barock, wie z. B. die Portale und die prachtvolle Marienkapelle (18. Jh.) im rechten Querschiff. Sie wurde speziell zur Aufnahme der wunderschönen Madonna vom Kreuzgang *(Mare de Déu del Claustre*★*)* konzipiert, einer romanischen Statue aus schwarzem Stein, bei der besonders der Faltenwurf des Kleides, die zarte Stickerei und die Bordüren vollendet gearbeitet sind.

▶▶ Museo del Ganivet; Rathaus (Ayuntamiento, 16. Jh.).

Umgebung

Cardona★
20 km südöstlich über die C 55. Der Ort mit einer schönen Altstadt liegt zu Füßen einer eindrucksvollen Burg.
Castillo de Cardona★ – Die beeindruckende Festung thront auf einer Anhöhe (589 m) und stammt mindestens aus dem 8. Jh. Von den Bauten des 11. Jh.s blieben die wunderschöne romanische Stiftskirche und ein zur Hälfte geschleifter Turm **(Torre de la Minyona)** erhalten. Um die Festung herum verlaufen Mauern und Bollwerke im Vauban-Stil, die zwischen dem 17. und dem 18. Jh. errichtet wurden. Die Burg ist heute ein Parador und bietet einen wunderschönen **Blick**★ auf das Salzbergwerk **(Montaña de la Sal**★★**)**, das seit der Römerzeit ausgebeutet wird und dessen Stollen teilweise über 1 000 m tief sind. *Führung (1 1/2 Std.) 10-15 Uhr, Sa/So und feiertags 10-17 Uhr (im Sommer 10-18.30 Uhr). 7,50 €. ☎ 938 69 24 75.*
Colegiata de Sant Vicenç★★ – *10-13.30 Uhr und 15-17.30 Uhr (Juni-Sept. 15-18.30 Uhr). Letzter Einlass 30 Min. vor Schließung. Mo, 1. Jan. und 25. Dez. geschl. 2,40 €; Di Eintritt frei. ☎ 938 68 41 69.*
Die 1040 errichtete Kirche ist ein Juwel der damals in Katalonien blühenden Romanik lombardischer Prägung. Großes handwerkliches und architektonisches Können spricht aus dem Vierungsturm, der Anwendung verschiedener Gewölbeformen und der Höhe des Hauptschiffs.
Das Kreuzgratgewölbe der **Krypta**★ stützt sich auf sechs schlanke Säulen. Vor der Kirche liegt ein reizvoller gotischer Kreuzgang aus dem 15. Jh.

Soria ★

Die beschauliche Provinzhauptstadt liegt am Ufer des Duero, der die Vegetation gedeihen lässt und Kühlung bringt. Die schwermütige kastilische Landschaft und die mittelalterliche Atmosphäre der Altstadt haben verschiedene Dichter bezaubert.

Steckbrief
35 540 Einwohner. Michelin-Karte Nr. 575 – Kastilien und León (Soria). Soria liegt in 1 050 m Höhe in den Weiten des Hochplateaus. ₴ *Plaza Ramón y Cajal, 42003 Soria,* ☏ *975 21 20 52.*

Reiseziele in der weiteren Umgebung: El BURGO DE OSMA (56 km südwestlich) und Monasterio de SANTA MARÍA DE HUERTA (85 km südöstlich).

Besichtigung

Iglesia de Santo Domingo★
Die Fassade dieser Kirche besticht durch ihre zwei Reihen Blendarkaden, das kunstvoll gearbeitete **Portal**★★ und die Fensterrose. Sie erinnert an die Kirchen im Poitou (Frankreich). Dies ist nicht verwunderlich, wenn man bedenkt, dass ihr Stifter, Alfons VIII., mit Eleonore von Aquitanien, der Thronerbin der Gascogne, vermählt war. Das Paar ist in den beiden Figuren rechts und links des Portals zu erkennen. Das klar gestaltete Tympanon kontrastiert mit den Bogenläufen, auf denen die Figuren dicht gedrängt sind. Auf den Kapitellen der Wandpfeiler werden die Anfänge der Schöpfungsgeschichte realistisch erzählt. Im Bogenlauf sieht man, von innen nach außen, die 24 Ältesten der Apokalypse, auf Saiteninstrumenten musizierend, den Kindermord zu Bethlehem, Szenen aus der Kindheit Christi, die Passion und den Kreuzestod.

> **"SORIA PURA, CABEZA DE EXTREMADURA"**
> Dieser Wahlspruch im Wappen der Stadt erinnert daran, dass Soria im 10. Jh. der Vorposten des Königreichs Kastilien gegen den südlich des Duero liegenden, von den Mauren besetzten Teil Spaniens war. Mit Burgen wie **Berlanga, Gormaz, Peñaranda, Peñafiel und Soria** wurde eine **Verteidigungslinie** längs des Duero gebildet, um einer Invasion widerstehen zu können.
> Im Mittelalter war die Stadt, u. a. auch dank der *Mesta*, sehr wohlhabend. Die *Mesta* war ein mächtiger Verband von Viehzüchtern, der sich darum kümmerte, die saisonbedingte Wanderung der Schafherden (Transhumanz) zwischen der Extremadura, Kastilien und den Weidegebieten weiter nördlich möglichst reibungs- und gefahrlos durchzuführen.

Palacio de los Condes de Gómara
Die lang gestreckte Fassade, zum Teil im Renaissancestil, zum Teil barock, der stolze Turm und der doppelstöckige Patio machen das Palais zum eindrucksvollen Zeugen vergangener Pracht (Ende 16. Jh.).

Iglesia de San Juan de Rabanera
Das romanische Portal stammt von einer verfallenen, dem hl. Nikolaus geweihten Kirche. Daher wird das Leben dieses Heiligen auf den Säulen rechter Hand und im Tympanon dargestellt. Das Chorhaupt ist interessant durch seine eigentümliche Mischung byzantinischer und gotischer Einflüsse. Im Kircheninneren kann man sich zwei Kruzifixe ansehen, ein romanisches über dem Hochaltar und ein barockes im nördlichen Querschiff.

Tipps und Adressen

RESTAURANT
● *Gut & preiswert*
Casa Augusto – *Plaza Mayor 5 –* ☏ *975 21 30 41 –* 🍽 *– 17/21 €.* Zentral gelegenes Restaurant direkt an der Plaza Mayor. Im gemütlichen Speisesaal mit Steinwänden kann man eine gute regionale Küche aus hochwertigen Produkten genießen. Es werden auch Tagesmenüs angeboten.

UNTERKUNFT
● *Gut & preiswert*
Solar de Tejada Hostería – *Claustrilla 1 –* ☏ *975 23 00 54 – solardetejada@wanadoo.es – 18 Z.: 39/48 €* 🛏. Bei diesem bezaubernden kleinen Hotel in der Innenstadt wurde besonders auf die Inneneinrichtung geachtet, die eine gelungene Mischung aus allerlei Materialien, Design, leuchtenden Farben und Möbeln ist. Ausgezeichnetes Preis-Leistungs-Verhältnis.

Soria

Museo Numantino (Numantia-Museum)

9-14 Uhr und 17-21 Uhr, Okt.-Mai 9-20.30 Uhr; So und feiertags 9-14 Uhr. Mo (außer Juli-Aug.), 1. Jan., Jueves La Saca und Domingo de Calderas (im Juni), 2. Okt. und 25. Dez geschl. 1,20 €; Sa/So Eintritt frei. ☎ 975 22 13 97.

Die Sammlungen dieses Museums zeichnen die geschichtliche Entwicklung von Soria nach, angefangen im Paläolithikum bis in die Neuzeit. Die Mehrzahl der ausgestellten Gegenstände wurde bei Ausgrabungen in der Provinz Soria entdeckt. Besonders bemerkenswert sind die Funde aus keltiberischen Totenstädten und die bunte Keramik von der Ausgrabungsstätte Numantia *(s. unter „Umgebung")*.

Catedral de San Pedro

10-14 Uhr und 16-17.30 Uhr, Juli-Aug. 10-13.30 Uhr und 16.30-19.30 Uhr; So und feiertags 10-13 Uhr. Mo geschl. 0,90 €. ☎ 975 24 01 79.

Ausmaße und Helligkeit dieser gotischen Kirche aus dem 16. Jh. sind beeindruckend. Vom romanischen **Kreuzgang**★ sind drei Flügel erhalten. Die sehr zart gearbeiteten Kapitelle im reinsten romanischen Stil erinnern an jene von Santo Domingo de Silos. Die Nischen in den Wänden enthalten Wandgräber der Mönche.

San Juan de Duero

Nov.-März 10-14 Uhr und 15.30-18 Uhr, Apr.-Mai und Sept.-Okt. 10-14 Uhr und 16-19 Uhr, Juni-Aug. 10-14 Uhr und 17-21 Uhr; So und feiertags 10-14 Uhr. Mo, 1. Jan., 22. Juni, 2. Okt. und 25. Dez. geschl. 0,60 €; Sa/So Eintritt frei. ☎ 975 22 13 97.

Diese Johannitergründung liegt reizvoll in ländlicher Umgebung am Ufer des Duero. Vom Kreuzgang (**Claustro**★, 12.-13. Jh.) sind lediglich die Arkaden erhalten, die einen großen Formenreichtum und maurischen Einfluss aufweisen. In der Kirche ist ein Museum mit antiken Steinmetzarbeiten untergebracht. Besonders auffällig sind am Eingang der Apsis die beiden kleinen Bauwerke in Ziborienform, die schön gearbeitete Kapitelle haben und an die orthodoxe Liturgie erinnern.

Parque del Castillo (Schlosspark)

Von hier aus überblickt man die Stadt und sieht die kahlen Hügel, die Pappelreihen längs des Flusses, die den Dichter **Antonio Machado** (1875-1939) zu seinen schönsten Versen inspirierten.

Ermita de San Saturio (Einsiedelei San Saturio)

1,3 km südlich der N 122. Ein schattiger Weg führt am Duero entlang zu der Felshöhle, die dem Eremiten Wohnstätte gewesen war. Die freskengeschmückte achteckige Kapelle wurde im 18. Jh. an den Felsen gebaut.

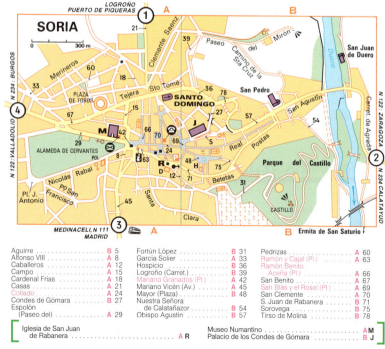

Aguirre . . . . B 5	Fortún López . . . . B 31	Pedrizas . . . . A 60
Alfonso VIII . . . . A 8	Garcia Solier . . . . A 33	Ramón y Cajal (Pl.) . . . . A 63
Caballeros . . . . A 12	Hospicio . . . . B 36	Ramón Benito
Campo . . . . A 15	Logroño (Carret.) . . . . B 39	Aceña (Pl.) . . . . A 66
Cardenal Frias . . . . A 18	Mariano Granados (Pl.) . . . . A 42	San Benito . . . . A 67
Casas . . . . A 21	Mariano Vicén (Av.) . . . . A 45	San Blás y el Rosel (Pl.) . . . . A 69
Collado . . . . A 24	Mayor (Plaza) . . . . B 48	San Clemente . . . . A 70
Condes de Gómara . . . . B 27	Nuestra Señora	S. Juan de Rabanera . . . . B 71
Espolón	de Calatañazor . . . . B 54	Sorovega . . . . B 75
(Paseo del) . . . . A 29	Obispo Agustín . . . . B 57	Tirso de Molina . . . . B 78

Iglesia de San Juan de Rabanera . . . . A R	Museo Numantino . . . . A M
	Palacio de los Condes de Gómara . . . . B J

San Juan de Duero: Kreuzgang

Umgebung

Numancia
7 km nordöstlich. Ausfahrt über ① des Plans. Okt.-Mai 9-20.30 Uhr, Juni-Sept. 10-14 Uhr und 17-21 Uhr. So und feiertags 10-14 Uhr. Mo geschl. 1,20 €; Sa/So Eintritt frei. ☎ 975 21 20 52.

Kaum etwas erinnert heute noch an die Tragödie, die diese keltiberische Stadt 133 v. Chr. erleben musste. Damals glaubten die römischen Legionen, die Unterwerfung Iberias vollendet zu haben, aber Numantia widerstand ihnen noch. Scipio Aemilianus, der Zerstörer Karthagos, kam persönlich, um die Belagerung von Numantia zu leiten. Nach acht Monaten blieb der Stadt nur die bedingungslose Übergabe, doch bevor es dazu kam, steckten die Unterlegenen Numantia selbst in Brand und suchten den Tod. Die heute sichtbaren Mauerreste (Ruinas) stammen von dem durch die Römer nach dem Brand wieder aufgebauten Ort.

SIERRA DE URBIÓN★★
Die Straßen können von November bis Mai eingeschneit und unbefahrbar sein. Dieser Teil des Iberischen Randgebirges ragt bis zu 2 228 m auf und wird von der Hochebene im Gebiet Sorias und von dem flachen, ockerfarbenen Ebrotal begrenzt. Die Sierra de Urbión überrascht und bezaubert durch ihre grünen Hügel und die zahlreichen Wasserläufe, die von Wiesen und Nadelwäldern gesäumt sind. Hier liegt eine der Quellen des Duero, der mit 910 km einer der längsten Flüsse Spaniens ist.

Laguna Negra de Urbión★★
53 km nordwestlich. Ausfahrt über ④ des Plans und weiter auf der N 234 – etwa 1 Std. In Cidones rechts in Richtung Vinuesa abbiegen und 18 km fahren. Dann 8 km in Richtung Montenegro de Cameros fahren und links abbiegen zur Lagune (9 km). Die **Strecke★★** folgt zuerst dem Ufer des Stausees Embalse de la Cuerda del Pozo, der rings von Hängen mit Geröll oder Steineichen umschlossen ist. Dann führt sie durch Kiefernwald. Die **Laguna Negra** (Schwarze Lagune, Höhe 1 700 m) ist ein kleiner Gletschersee. Er ist halbkreisförmig von einer senkrecht aufsteigenden Felswand umgeben, von der zwei Wasserfälle niederstürzen.

Laguna Negra de Neila★★
Ca. 86 km nordwestlich. Ausfahrt über ④ des Plans und weiter auf der N 234. In Abejar nach rechts in Richtung Molinos de Duero abbiegen, bis Quintanar de la Sierra fahren, wo man nochmals nach rechts abbiegt und 12 km in Richtung Neila fährt. Dann nach links in Richtung Huerta de Arriba abbiegen. 2 km weiter geht der Weg zur Laguna Negra ab. Die **Straße★★** bietet Ausblicke auf das Tal und die Sierra de la Demanda. Die reizvolle grüne Landschaft überrascht durch ihre sanften Linien und durch immer wieder neue Bilder. Der See liegt in 2 000 m Höhe.

Talavera de la Reina

Der Name dieser kastilischen Stadt ist untrennbar mit der Kachelsorte verbunden, durch die sie berühmt wurde. Talavera liegt am rechten Ufer des Tajo, über den eine Brücke aus dem 15. Jh. führt. Teile der mittelalterlichen Stadtmauer sind noch erhalten, auch gibt es viele interessante Kirchen, wie die Stiftskirche Santa María la Mayor oder Santiago el Nuevo, beide im Mudéjar-Stil.

Steckbrief
69 136 Einwohner. Michelin-Karte Nr. 576 – Kastilien-La Mancha (Toledo). Die Stadt liegt an der N V-E 90, die Madrid (120 km nordöstlich) mit Badajoz verbindet.
🛈 *Ronda del Cañillo (Torreón), 45600 Toledo,* ☎ *925 82 63 22.*
Reiseziele in der weiteren Umgebung: TOLEDO (80 km östlich), Monasterio de GUADALUPE (106 km südwestlich) und Sierra de GREDOS (nördlich).

Ein besonderes Highlight

KACHELN AUS TALAVERA

Wie die Ortsnamen Manises oder Paterna ist der Name Talavera seit dem 15. Jh. mit einer bestimmten Kachelsorte *(azulejos)* verbunden, die zur Sockelverkleidung der Wohnräume in den Adelspalästen sowie zur Ausschmückung der Kapellen diente. Die *azulejos* von Talavera waren vorwiegend blau und gelb gemustert.

Heute wird auch Geschirr (Teller, Krüge, Schüsseln) hergestellt. Grüntöne sind charakteristisch für die Keramik von **El Puente del Arzobispo**, einem Dorf *(34 km südwestlich)*, das heute serienweise Töpfe *(cacharros)* erzeugt.

Im **Museo Ruiz de Luna** wird eine interessante Sammlung mit Keramik vom 15. Jh. bis heute gezeigt. *Di-Sa 10-14 Uhr und 16-18 Uhr (auch feiertags), So 10-14 Uhr. Mo geschl. 0,60 €.* ☎ 925 80 01 49.

Basílica de la Virgen del Prado
Aus Richtung Madrid kommend am Ortseingang in einem Park gelegen. Diese Kirche könnte fast als *Azulejos*-Museum bezeichnet werden, denn hier kann man an vielen Beispielen die Entwicklung der Talavera-Kacheln verfolgen. In der Sakristei *(Eingang auf der linken Seite)* befinden sich die ältesten Kacheln in Gelbtönen mit geometrischen Motiven (14.-16. Jh.). Die Verkleidung der Innenwände und der Vorhalle zeigt hingegen figürliche Motive in Blau aus jüngerer Zeit (16.-20. Jh.).

Umgebung

Oropesa

32 km westlich. Der Ort wird von zwei Kirchen und einer stattlichen **Burg★** (1366) überragt. In den Anbauten von 1402 ist heute ein Parador eingerichtet. Im Treppenhaus erinnert eine Tafel an **Francisco de Toledo**, einen Grafen von Oropesa, der von 1569 bis 1581 Vizekönig von Peru war.

2 km westlich liegt das Dorf **Lagartera**, das seit mehreren Jahrhunderten für seine Stickereien berühmt ist. Die Stickerinnen arbeiten im Sommer vor dem Haus oder im Hof. Sie sticken bäuerliche Muster auf lange Röcke, fertigen Mützen in leuchtenden Farben oder Decken und Wandbehänge aus Seide mit zarten Streublumenmustern. Jedes Haus hat seine eigene Musterkollektion.

Tarragona★★

Die altehrwürdige, geschichtsträchtige Stadt ist reich an Zeugnissen aus der Antike und dem Mittelalter und gleichzeitig eine moderne Großstadt. Enge Gässchen und kleine Plätze wechseln sich mit schönen breiten Promenadenstraßen und belebten *Ramblas* ab. An der Meerseite erstreckt sich die Stadt terrassenförmig am steilen Hang und erfreut durch ihren reichen Blumenschmuck. Die Uferstraße verläuft an der Altstadt entlang, führt um den Palast des Augustus und folgt der Stadtmauer, hinter der man die Kathedrale wahrnimmt.

Steckbrief

112 801 Einwohner. Michelin-Karte Nr. 574 – Katalonien (Tarragona). Tarragona ist ein historischer Hafen und profitiert weiterhin von der Nähe zum Meer. Die Stadt ist heute einer der wichtigsten spanischen Häfen. Außerdem hat sie mehr als 15 km Küste und schöne Sandstrände zu bieten. *Fortuny 4, 43001 Tarragona, ☎ 977 23 34 15; Plaça Major 39, 43003 Tarragona, ☎ 977 24 52 03. Reiseziele in der weiteren Umgebung: BARCELONA (109 km), LLEIDA/LÉRIDA (97 km) und SITGES (53 km).*

Geschichtliches

Die antike iberische Stadt Cesse wurde 218 v. Chr. von den Römern unterworfen und erhielt den Namen Tarraco. Sie wurde die Hauptstadt des größten Teils der Iberischen Halbinsel und kam in kurzer Zeit zu Reichtum. Obwohl sie Rom nicht gleichgestellt war, genossen ihre Einwohner die gleichen Vorrechte wie die Bürger Roms. Augustus, Galba und Hadrian weilten hier. Die angeblich vom Apostel Paulus christianisierte Kaiserstadt war dann lange Zeit Sitz des Primas von Spanien. Nach den Zerstörungen durch die Germanen (im 5. Jh.) und die Mauren (im 8. Jh.) trat sie diese Ehre an den Bischof von Toledo ab.

Ein besonderes Highlight

DIE RÖMERSTADT★★
Passeig Arqueològic★
Okt.-März 10-13.30 Uhr und 15.30-17.30 Uhr, Apr.-Sept. 9-21 Uhr; So und feiertags 9-14 Uhr, Apr.-Sept. 9-15 Uhr. Mo, 1. und 6. Jan., 1. Mai, 11. Sept. sowie 24.-26. und 31. Dez. geschl. 1,20 €; in Verbindung mit einer Eintrittskarte von Port Aventura Eintritt frei. ☎ 977 24 57 96.

Tipps und Adressen

Ausflug
Port Aventura – Der Vergnügungspark liegt 10 km südlich von Tarragona. Erreichbar ist er über die A 7 (Ausfahrt 35) oder über die N 340.

Restaurants
● *Gut & preiswert*
Can Llesques – Nazaret 6 – ☎ 977 22 29 06 – Reserv. empf. – 17/25 €. Das Restaurant ist auf *coques* spezialisiert, die mit Schinken, geschmolzenem Käse und Spinat frisch zubereitet werden. Das einfach, aber hübsch eingerichtete kleine Lokal wird vor allem von Einheimischen gern besucht.

● *Spitzenkategorie*
Merlot – Cavallers 6 – ☎ 977 22 06 52 – So und Mo-mittag geschl. – 🍴 – 30/38 €. Die gewölbte Decke, indirektes Licht und ausgesuchtes rustikales Mobiliar sorgen für eine intime und edle Atmosphäre. Die Speisekarte nutzt alle Möglichkeiten der katalanischen Küche (Spezialität sind Reisgerichte und eine große Auswahl an hausgemachten Nachtischen).

Unterkunft
● *Unsere Empfehlung*
Hotel Lauria – Rambla Nova 20 – ☎ 977 23 67 12 – info@hlauria.es – 🅿 🛏 – 72 Z.: 37/64 € – 🍽 5,50 €. Das Schwimmbad und die hübsche Eingangstreppe aus Marmor lassen darauf schließen, dass dieses Hotel schon bessere Tage gesehen hat. Obwohl es viel von seinem Glanz eingebüßt hat, ist es immer noch ordentlich, bietet geräumige Zimmer und hat eine ausgesprochen günstige Lage an der Rambla Nova.

● *Fürstlich logieren*
Hotel Imperial Tarraco – Passeig de les Palmeres – ☎ 977 23 30 40 – imperial@tinet.fut.es – 🅿 🛏 🍴 – 155 Z.: 113/144 € 🍽 – Rest. 16 €. Ein relativ erschwingliches Luxushotel. Es befindet sich in einem modernen, halbmondförmigen Gebäude, das neben den römischen Ruinen steht und das Amphitheater überblickt. Von den international eingerichteten Zimmern hat man einen schönen Blick aufs Meer.

Für zwischendurch
Pla de la Seu – Der ideale Ort, um die leckeren *carquinyolis* (Mandelkekse) zu probieren.

Sumpta – Avinguda Prat de la Riba 34 – ☎ 977 22 61 58. Bekannte Vinothek mit einer großen Auswahl an katalanischen (nach dem Champagnerverfahren hergestellten) Schaumweinen und anderen alkoholischen Getränken. Hier kann man auch essen.

TARRAGONA

Àngels (Pl.)	DZ 2
Baixada de Misericòrdia	DZ 3
Baixada de Toro	DZ 5
Baixada Roser	DZ 8
Cavallers	DZ 9
Civaderia	DZ 10
Coques (Les)	DZ 12
Enginyer Cabestany	CZ 14
López Peláez	CZ 19
Mare de Déu del Claustre	DZ 22
Nova (Rambla)	CDZ
Pau Casals (Av.)	CZ 27
Pla de la Seu	DZ 29
Pla de Palau	DZ 32
Ponç d'Icart	DZ 33
Portalet	DZ 34
Ramón i Cajal (Av.)	CZ 40
Roser (Portal del)	DZ 43
Sant Agustí	DZ
Sant Antoni (Portal de)	DZ 46
Sant Hermenegild	DZ 49
Sant Joan (Pl.)	DZ 52
Unió	CZ
William J. Bryant	DZ 55
Antic Hospital	DZ E
Fòrum Provincial	DZ D
Fòrum Romà	CZ B
Museu Arqueològic	DZ M⁴
Museu d'Art Modern	DZ M²
Museu Casa Casterllarnau	DZ M³
Recinte Monumental del Pretori i del Circ Romà	DZ M¹

Gemäß den römischen Geschichtsschreibern Livius und Plinius errichteten die Scipionen im 3. Jh. v. Chr. die Stadtbefestigung auf dem Grundstock einer Zyklopenmauer (aus enormen Steinblöcken ohne Bindemittel gefügtes Mauerwerk) mit ein paar Toren. Diese Mauer war lange Zeit für viel älter als die Römerzeit erachtet worden. Die Anlage wurde im Mittelalter beachtlich erhöht und im 17. Jh. restauriert. Zu ihren Füßen zieht sich ein Promenadenweg durch hübsche Anlagen.

Museu Nacional Arqueològic de Tarragona★

Juni-Sept. 10-20 Uhr, Okt.-Mai 10-13.30 Uhr und 16-19 Uhr; So und feiertags 10-14 Uhr. 2,40 € (einschl. Museu i Necròpolis Paleocristianas). ☏ *977 23 62 09.*

Alle im Archäologischen Museum ausgestellten Stücke stammen aus Tarragona oder der unmittelbaren Umgebung und sind zum größten Teil aus römischer Zeit.

Römische Architektur – *(Raum II, Erdgeschoss)*. In diesem Bereich sind die Fragmente von den Kolossalbauten Tarracos zusammengetragen.

Römische Mosaiken★★ – Hier befinden sich die schönsten Mosaiken Kataloniens. Die Exponate in Raum III *(1. Stock)* und Raum VIII *(2. Stock)* führen besonders gut vor Augen, welche Meisterschaft die Römer in dieser Kunst erreicht hatten. Das eindrucksvollste Mosaik ist zweifelsohne das **Medusenhaupt★★** mit dem durchdringenden Blick.

Römische Skulptur★ – *(Räume VI-X, 2. Stock)*. Besonders schön und ausgezeichnet erhalten sind die Werke der Grabmalkunst *(Raum IX)*; bemerkenswert auch die **Büste des Lucius Verus★** aus dem 2. Jh. n. Chr. und die zwar kleine, aber wunderschön proportionierte Votivfigur der **Venus★**.

Recinte Monumental del Pretori i del Circ Romà (Römisches Prätorium und römischer Zirkus)★

10-13.30 Uhr und 16-18.30 Uhr, So und feiertags 10-14 Uhr; 1. Juni-30. Sept. 9-21 Uhr, So und feiertags 9-15 Uhr. Mo, 1. und 6. Jan., 1. Mai sowie 25. und 26. Dez. geschl. 1,80 €. ☏ *977 24 22 20.*

Die Ausgrabungsfunde befinden sich im einstigen Prätorium (Pretori), einem großen Turm, der seit seiner Errichtung im 1. Jh. v. Chr. mehrmals umgebaut wurde und verschiedenen Zwecken diente. Man besichtigt die überwölbten **Kellerräume**★; von der Plattform bietet sich ein schöner **Blick**★★ auf das Ruinenfeld und die Stadt.

Das bedeutendste hier ausgestellte Werk ist der 1948 im Mittelmeer entdeckte *Hippolyt-Sarkophag*★★. Sein lebendig gestalteter Skulpturenschmuck ist vielfältig und ausgezeichnet gearbeitet.

Römischer Zirkus – Von diesem einst 325 m × 115 m großen Bauwerk, das für Wagenrennen bestimmt war, sind ein paar Sitzstufen, die sie tragenden Gewölbe, Teile der Außenfassade und mehrere Türen erhalten.

Ruinen des Amphitheaters★★
Okt.-März 10-13.30 Uhr und 15.30-17.30 Uhr (Apr.-Mai 15.30-18.30 Uhr), Juni-Sept. 9-21 Uhr (So und feiertags 9-15 Uhr). Mo, 1. und 6. Jan., 1. Mai, 11. Sept. sowie 25., 26. und 31. Dez. geschl. 1,80 €. ☎ 977 24 25 79.

Das Amphitheater wurde in einer reizvollen **Lage**★ an der Küste gebaut, wobei sich die Baumeister das natürliche Gefälle des Geländes zu Nutze machten. Der Bischof Fructuosus und die Diakone Augurius und Eulogius starben 259 in der Arena den Märtyrertod. Zu ihrem Gedenken errichtete man an dieser Stelle eine Basilika, deren Spuren man in den Ruinen der darauf folgenden romanischen Kirche Santa Maria del Miracle fand (12. Jh.).

Forum Romà (Römisches Forum)
Okt.-März 10-13.30 Uhr und 15.30-17.30 Uhr (Apr.-Mai 15.30-18.30 Uhr), Juni-Sept. 9-21 Uhr (So und feiertags 9-15 Uhr). Mo, 1. und 6. Jan., 1. Mai, 11. Sept. sowie 25., 26. und 31. Dez. geschl. 1,80 €. ☎ 977 23 34 15.

Auf dem Forum spielte sich das öffentliche Leben ab. Erhalten sind Figurenreste, Teile von Friesen, ein Stück Straße u. a. m.

Museu i Necròpolis Paleocristianas
Juni-Sept. 10-20 Uhr, Okt.-Mai 10-13.30 Uhr und 16-19 Uhr; So und feiertags 10-14 Uhr. 2,40 € (einschl. Museu Arqueològic). ☎ 977 23 62 09 oder 977 25 15 15.

Zurzeit können wegen Umbauarbeiten nur ein paar Räume besichtigt werden.

Besichtigung

MITTELALTERLICHES TARRAGONA

Catedral★★
16. März-30. Juni 10-13 Uhr und 16-19 Uhr, 1. Juli-15. Okt. 10-19 Uhr, 16. Okt.-15. Nov. 10-12.30 Uhr und 15-18 Uhr, 16. Nov.-15. März 10-14 Uhr. So und feiertags geschl. 1,80 €. ☎ 977 23 86 85.

Die Kathedrale liegt im Zentrum des mittelalterlichen Tarragona. Sie wurde 1174 an der Stelle eines Jupitertempels begonnen und fällt in die Zeit des Übergangs von der Romanik zur Gotik; im Platereskstil und dann im Barockstil wurden die Seitenkapellen angebaut.

Retabel in der Kapelle der Hl. Jungfrau von Montserrat (Kathedrale)

Tarragona

Fassade★ – Sie erhebt sich an einem weiten Vorplatz. Der gotische Mittelteil wird von romanischen Seitenteilen umrahmt. Das mit ausdrucksvollen Skulpturen des Jüngsten Gerichts geschmückte **Hauptportal** ist auf den Archivolten von Figuren der Apostel und der Propheten umzogen; am Mittelpfosten eine romanische Madonna (13. Jh.). Die **Fensterrose** ist gotisch.

Innenraum★★ – Der Grundriss bildet ein lateinisches Kreuz aus drei Langschiffen und einem Querschiff. Die Apsis ist romanisch (Rundbögen). In den Schiffen überwiegt die Gotik. Die Fensterrosen der Querhausarme haben ihre Verglasung aus dem 14. Jh. bewahrt.

Die Kirche birgt viele Kunstwerke, unter denen das **Retabel der hl. Thekla★★★** in der Chorscheitelkapelle vor der Mittelapsis zweifellos das wertvollste ist. Man erreicht es durch die gotische Tür rechts oder links davon. Der Legende nach soll die hl. Thekla, die Schutzpatronin der Stadt, durch die Predigten des Apostels Paulus bekehrt worden sein. Die Heiden verfolgten sie, doch immer wurde sie durch göttliche Hilfe wunderbar vom Tod errettet. Pere Johan, der Schöpfer des Altars (1430), hatte sichtlich Freude am schmückenden Detail. Rechts vom Hauptaltar befindet sich das **Grabmal★★** des Erzbischofs Don Juan de Aragón, wahrscheinlich ein italienisches Werk aus dem 14. Jh.

In der **Kapelle der Hl. Jungfrau von Montserrat** *(2. Kapelle links)* steht ein schöner **Altaraufsatz★** von Lluis Borrassà (15. Jh.); auch die **Reliefs★** in der St.-Thekla-Kapelle *(3. Kapelle rechts)* sind sehenswert. Mit ihrem kunstvollen gotischen Sterngewölbe, dem Altaraufsatz und den Gemälden ist die **Capilla dels Sastres★★** (,,Schneiderkapelle"; *links der Chorscheitelkapelle*) eine der prachtvollsten der Kathedrale. Riesige Wandteppiche, zumeist mit allegorischen Darstellungen, vervollständigen die Ausstattung des Gotteshauses.

Claustro (Kreuzgang)★★ – Er verblüfft durch seine Größe (45 m Seitenlänge) und Originalität. Die aus dem 12. und 13. Jh. stammende Anlage ist in den Arkaden und geometrischen Verzierungen der Romanik verpflichtet, wohingegen das Gewölbe und die je drei Arkaden zusammenfassenden Entlastungsbögen gotisch sind. Der maurische Einfluss zeigt sich in den mit geometrischen Mustern durchbrochenen Platten, die in die runden Öffnungen unter den Bögen eingesetzt sind, dem Fächerbogenfries unter dem Dach sowie dem kleinen oktogonalen Aufbau (Laterne), den man von der Nordostecke aus sieht. Der eine Ecke einnehmende Glockenturm (13.-14. Jh.) ist 70 m hoch.

Über der **romanischen Verbindungstür★** zwischen Kreuzgang und Kathedrale befindet sich eine Majestas Domini, ein thronender Christus.

Museo Diocesano (Diözesanmuseum)★★ – *16. März-30. Juni 10-13 Uhr und 16-19 Uhr, 1. Juli-15. Okt. 10-19 Uhr, 16. Okt.-15. Nov. 10-12.30 Uhr und 15-18 Uhr, 16. Nov.-15. März 10-14 Uhr. So und feiertags geschl. 1,80 €.* ☎ *977 23 86 85.*

Die einst vom Domkapitel benutzten vier Räume enthalten heute liturgisches Gerät, Gemälde, Altäre und Skulpturen. Unter den ausgestellten Wandteppichen ist der mit dem Titel *Das gute Leben*, eine flämische **Arbeit★** des 15. Jh.s, das schönste Exemplar; in Raum II (Capilla del Corpus Christi) eine reich ornamentierte **Monstranz★** und ein bemaltes Alabasterrelief, das den hl. Hieronymus darstellt (16. Jh.).

Antic Hospital★

Der Bau aus dem 12. und 14. Jh. ist heute Sitz des Regionalrats. Die moderne Architektur wirkt zusammen mit dem romanischen Vorbau und der alten Fassade überraschend.

Museu-Casa Casterllarnau★

10-13.30 und 16-18.30 Uhr, So und feiertags 10-14 Uhr; Juni-Sept. 9-21 Uhr, So und feiertags 9-15 Uhr. Mo, 1. und 6. Jan., 1. Mai sowie 25. und 26. Dez. geschl. ☎ *977 24 22 20.*

Als Kaiser Karl V. die Stadt besuchte, wohnte er in diesem vornehmen Haus aus dem 14. und 15. Jh., das einen schönen gotischen Patio besitzt. Die Familie Casterllarnau erwarb es im 18. Jh. Heute ist es Museum und enthält eine große Sammlung von Stilmöbeln aller Art.

▶▶ El Serrallo★ (im 19. Jh. angelegtes Seemannsviertel, Fischversteigerung)

Umgebung

Acueducto de les Ferreres★★

Ausfahrt über die Rambla Nova. 4 km hinter Tarragona sieht man rechts den römischen Aquädukt, der den Beinamen „Teufelsbrücke" (Puente del Diablo) trägt. Die oberste Bogenreihe des sehr gut erhaltenen zweistöckigen Baus ist 217 m lang. Auf einem Fußweg kann man durch Kiefernwald bis zum Aquädukt gehen *(30 Min.)*.

Mausoleo de Centcelles★★

5 km nordwestlich. Ausfahrt aus Tarragona über die Avinguda Ramon i Cajal. In Richtung Reus fahren und nach der Brücke über den Francolí rechts abbiegen. In Constantí rechts in die Straße nach Centcelles einbiegen, dann auf einem unbefestigten Weg ungefähr 500 m fahren. Kurz vor dem Dorf Centcelles scharf links abbiegen. 10-13.30 Uhr und 15-17.30 Uhr, Juni-Sept. 10-13.30 Uhr und 16-19.30 Uhr. So und feiertags ganzjährig 10-14 Uhr. Mo, 1. und 6. Jan., 1. Mai, 11. Sept. sowie 25., 26. und 31. Dez. geschl. 1,80 €. ☎ *977 52 33 74.*

Zwei Bauten aus unregelmäßig kleinem Mauerwerk mit hellroten Ziegeldächern erheben ihre kompakten Silhouetten aus dem Grün der Reben. Das Mausoleum (4. Jh.) wurde für einen reichen Römer errichtet, der in der Nähe einen Landsitz mit eigenen Thermen besaß. Der erste Saal des Mausoleums ist mit einer Kuppel von 11 m Durchmesser überwölbt und mit schönen **Mosaiken★★** verziert, die frühchristliche Themen darstellen: Jagdszenen, Daniel in der Löwengrube usw. Der benachbarte quadratische Saal ist gleich groß und hat auf jeder Seite eine Apsis. Das Bauwerk ist in seiner Art außergewöhnlich und seine Symbolik noch ungeklärt.

Torre de los Escipiones★

Ausfahrt aus Tarragona über die Via Augusta; nach 5 km links abbiegen. Die Dekoration dieses schlichten quadratischen Turms aus dem 1. Jh. n. Chr. besteht aus drei Registern. Das mittlere zeigt Figuren, die man lange Zeit für die beiden Brüder Scipio hielt. Tatsächlich handelt es sich aber um eine den phrygischen Gott Attis betreffende Szene, die mit dem Totenkult in Verbindung steht.

Villa Romana de Els Munts★

12 km östlich über die N 340. Ausfahrt aus Tarragona über die Via Augusta. 10-13.30 Uhr und 15-17.30 Uhr, Juni-Sept. 10-13.30 Uhr und 16-19.30 Uhr; So und feiertags ganzjährig 10-14 Uhr. Letzter Einlass 20 Min. vor Schließung. Mo, 1. Jan. und 25. Dez. geschl. 1,80 €; Di Eintritt frei. ☎ *977 23 62 09.*

Dieses römische Gut hatte eine wunderschöne **Lage★★** auf einem sanft zum Meer abfallenden Hügel. Man besichtigt den langen, L-förmigen Portikus, an dem der Garten lag, und die **Thermen★**, deren komplexe Anlage auf einen reichen Besitzer schließen lassen.

Arco de Berà★

Im Gebiet der Gemeinde Roda de Berà, 20 km auf der N 340, Ausfahrt aus Tarragona über die Via Augusta. Durch dieses einbogige Triumphtor (1. Jh.) führte die Via Augusta. Acht kannelierte Pilaster mit korinthischen Kapitellen bilden seinen Schmuck.

Port Aventura★★

10 km südwestlich in Richtung Salou. Im Themenpark der Universal Studios kann man bei einem Ausflug in eine Welt der Abenteuer den Alltag vergessen. Der Park ist in die Themenbereiche *(países)* Mittelmeer, Polynesien, China, Mexiko und Wilder Westen eingeteilt.

Neben Vorführungen und Veranstaltungen unter Leitung von Animateuren gibt es in jedem Bereich Geschäfte und Restaurants, die typische Souvenirs und Speisen anbieten.

An den Schaltern sind Führer für den Besuch des Parks erhältlich.

Nur die interessantesten Attraktionen des Parks werden im Folgenden beschrieben.

Mediterrània – Eingangs- und Servicebereich (Geldwechsel, Verleih von Rollstühlen und Videokameras usw.). Ein kleiner Küstenort umfängt den Besucher mit der Kultur des Mittelmeerraums, seinem Flair und seinen

> **PRAKTISCHE INFOS**
> *Der Park ist vom 15. März-6. Jan. geöffnet.*
> *15. März-22. Juni und 17. Sept.-6. Jan. von 10-20 Uhr (Sa/So 10-22 Uhr),*
> *23. Juni-16. Sept. von 10-24 Uhr.*
> ☎ *902 20 22 20*
> *Die Eintrittskarten können über Servi-Caixa (1 Tag im Voraus) und an den Schaltern des Parks gekauft werden. Erwachsene (12-60 Jahre): 29 €/Tag (44 € für 2 aufeinander folgende Tage); Kinder (5-12 Jahre) und Erwachsene über 60 Jahre: 22 € (34 € für 2 aufeinander folgende Tage); Kinder unter 5 Jahren Eintritt frei. Parkgebühren: PKW 4,30 €, Motorräder 2,40 €/Tag; Caravan: 4,90 €.*

Düften. Man kann hier sogar etwas lernen, beispielsweise wie man Schifferknoten macht oder wann die Flut kommt und viele andere interessante Sachen mehr. Im Hafen in der kleinen Bucht haben Geschäfte Artikel mit Port-Aventura-Motiven im Angebot, darunter T-Shirts, Bleistifte, Badeanzüge.

Polynesia★ – Beim Nordbahnhof (Estació del Nord) beginnt der Weg in die Welt der Tropen mit ihren Schlingpflanzen, bunten Vögeln, kleinen Südsee-Inseln – wie man sie sich schon immer erträumte. Tänzer und Musiker bringen Pep in diese exotisch heiße Reise. Bei der **Makamanu Bird Show** auf der Freilichtbühne sind Kakadus und Papageien die Hauptdarsteller. Sie führen Kunststücke vor und geben spaßige Sachen von sich.

Tutuki Splash★★ – Auf einer polynesischen Barkasse fährt man in das Innere eines Vulkans und wird in den Strudel eines Katarakts gerissen, der mit einer Geschwindigkeit von über 55 km/h weiterstürzt.

China★★ – Geheimnis und Magie des fernen Ostens mit seiner tausendjährigen Kultur liegen hinter der chinesischen Mauer im Zentrum des Themenparks. Im **Jing-Chou-Tempel** von **Ximpang** läuft ein fantastisches Spektakel: Schatten verwandeln sich und nehmen plötzlich reelle Formen an, Schmetterlinge und Fische schillern in den schönsten Farben.

Dragon Khan★★★ – Diese Berg-und-Tal-Bahn ist die Hauptattraktion des Themenparks. Ihre Silhouette zeichnet Schleifen in die Luft, und nur ganz Mutige wagen dieses Abenteuer – es ist garantiert unvergesslich!

México★★ – Eine Reise durch die Jahrhunderte, von den mythischen Ruinen der Mayatempel bis zum Mexiko der Kolonialzeit, von den heißen Rhythmen der Mariachis zur scharf gewürzten Küche. Im **Gran Teatro Maya** in der mächtigen **Pyramide von Chichén Itzá** werden Tänze aus der Zeit vor der Entdeckung Amerikas aufgeführt.

Der **Tren del Diablo**★ ist ein höllisches Bähnchen; quietschend und schlingernd fährt es über Brücken, durch Tunnels und haarscharf an schwindelnden Abgründen vorbei.

Far West★★ – In **Penitence**, einem alten Ort im Wilden Westen, werden unglaubliche Dinge Wirklichkeit. Man kann beispielsweise in einem Wildwestfilm mitspielen, von hübschen Mädchen und harten Männern umgeben in einem Western-Saloon tanzen oder sich einfach von der alten **Lokomotive der Union Pacific** entführen lassen und bis in den Bereich Mediterrània fahren.

Stampida★ – Berg-und-Tal-Bahn mit zwei offenen Wagen, die sich gegenseitig überholen. Besonders spannend, wenn die Fahrzeuge sich in voller Geschwindigkeit kreuzen.

Grand Canyon Rapids★★ – Ein aufregendes Rafting im Grand Canyon in runden Booten.

Teruel★

Teruel liegt recht abgeschieden und hat sich den Reiz eines Ortes bewahrt, der der Zeit getrotzt hat. Passenderweise ist das beschauliche Städtchen die Hauptstadt der kleinsten spanischen Provinz. Beim Flanieren durch ihre Gassen fühlt man sich in längst vergangene, ruhmreiche Zeiten zurückversetzt. Die herrlichen Bauten im Mudéjar-Stil wurden 1986 zum Weltkulturerbe der Menschheit erklärt.

Steckbrief
31 068 Einwohner. Michelin-Karte Nr. 574 – 96 km von Daroca – Aragonien (Teruel).
Die Hauptstadt Nieder-Aragoniens liegt auf einer Anhöhe (916 m) und ist durch den breiten Graben des Turia-Tals von zentralspanischen Hochplateau getrennt. Zahlreiche ockerfarbene, von Schluchten zerrissene Hügel geben der **Landschaft**★ ein ganz eigenartiges Gepräge. *Tomás Nougués 1, 44001 Teruel,* ☎ *978 60 22 79. Reiseziele in der weiteren Umgebung: CUENCA (152 km südwestlich) und COSTA DEL AZAHAR.*

DIE STADT DER MUDÉJAR-TÜRME
In Teruel gibt es überraschend viele **Gebäude im Mudéjar-Stil**★, deren Türme die Stadt überragen. Dieser Kunststil konnte sich besonders schön entfalten, da die jüdischen, moslemischen und christlichen Gemeinschaften bis ins 15. Jh. in Eintracht lebten und so zu Gedeihen und Wohlstand der Stadt beitrugen. Erst 1502 wurde die letzte Moschee geschlossen. Die Stadt besitzt fünf Türme. Sie wurden zwischen dem 12. und dem 16. Jh. erbaut und bestehen aus drei gut zu unterscheidenden Zonen: Die erste Zone wird von einem Torbogen gebildet, durch den die Straße führt. Darüber erhebt sich der Hauptbaukörper, verziert mit einem maurisch beeinflussten lebhaften Dekor aus Ziegeln und Keramik; die schmalen romanischen Bogenfenster lassen nur wenig Licht hinein. Die dritte Zone, das Glockengeschoss, ist von Fensterarkaden durchbrochen, die unten in Zweiergruppen, oben in Vierergruppen angeordnet sind. Als schönste Beispiele illustrieren der **Torre de San Martín** und der **Torre del Salvador** (beide aus dem 13. Jh.) diese Bauweise.

Besichtigung

Die dreieckige **Plaza del Torico** („Platz des Jungstiers") im Herzen der Stadt ist von Rokoko-Häusern umgeben und traditioneller Treffpunkt von Jung und Alt. Sie verdankt ihren Namen der kleinen Statue, die in der Platzmitte auf der Brunnensäule steht.

Museo Provincial★

Tgl. 10-14 Uhr und 16-19 Uhr (auch feiertags), Sa/So 10-14 Uhr. Mo geschl. Eintritt frei. ☏ *978 60 01 50.* Das Gebäude besitzt eine elegante Renaissancefassade mit einer Galerie unter dem Dach. Es beherbergt eine völkerkundliche und eine archäologische Sammlung. Im ehemaligen Pferdestall im Untergeschoss sind Werkzeuge und Gebrauchsgegenstände aus der Region ausgestellt. Bemerkenswert sind die rekonstruierte Schmiede und ein gotischer Türklopfer (15. Jh.).

Der Keramik, die Teruel seit dem 13. Jh. weithin bekannt machte, ist ein ganzes Stockwerk gewidmet.

Torre de San Martín

Die ältesten Töpferwaren sind mit grünen und lilafarbenen Motiven geschmückt, die Töpferwaren jüngeren Datums (18. Jh.) sind in Blautönen gehalten (Töpfe der Apotheke von Alcalá). In den oberen Stockwerken sind die archäologischen Abteilungen untergebracht: Vorgeschichte (Schwert von Alcorisa; Eisenzeit), die iberische und römische Besiedlung (Letztere vertreten durch ein Katapult) und die maurische Kultur (silbernes Weihrauchgefäß aus dem 11. Jh.).

Catedral

Tgl. 11-14 Uhr und 16-20 Uhr. 1,80 €. ☏ *978 60 22 75.*
Mit dem aus goldgelbem Ziegelstein errichteten Glockenturm im Mudéjar-Stil begann man im 13. Jh. den Bau der damals noch Santa María de Mediavilla genannten Kirche, die im 16. Jh. zur Kathedrale erhoben und erweitert wurde. Ein Glockenturm mit Laternenkuppel und der Chorumgang (17. Jh.) kamen hinzu. Zur gleichen Zeit baute man auch ein Sterngewölbe ein, das die heute wieder freigelegte **Artesonado-Decke★** vom Ende des 13. Jh.s verbarg und schützte. Diese wunderschöne Decke stellt ein wertvolles Zeugnis der Mudéjar-Malerei dar, denn Kassetten, Balken und Konsolen sind mit geometrischen Mustern, Jagdszenen und Höflingen bemalt. Im linken Querschiff befindet sich ein **Retabel** aus dem 15. Jh. mit dem Thema der **Marienkrönung**. Die perspektivisch dargestellte Architektur im Hintergrund der Szenen des zweiten waagerechten Streifens weist auf flämischen Einfluss hin. Das **Retabel des Hochaltars** wurde im 16. Jh. von **Gabriel Joli** geschnitzt. Dieser Künstler zeichnet sich durch besonders ausdrucksvolle Gesichter aus und lässt durch leichte Krümmung der Körper den Eindruck von Bewegung entstehen.

San Pedro

Tgl. 10-14 Uhr und 17-19.30 Uhr. 0,30 €. ☏ *978 60 21 67.* Trotz der Veränderungen des 18. Jh.s hat das Gotteshaus an Chorhaupt und Turm seine ursprüngliche Mudéjar-Architektur bewahrt. An die Kirche grenzt die Grabkapelle mit den Glassärgen des Liebespaars von Teruel **(Mausoleo de los Amantes de Teruel)**. Die alabasternen Liegefiguren schuf Juan de Ávalos (20. Jh.).

DAS LIEBESPAAR VON TERUEL

Im 16. Jh. führte die Entdeckung eines gemeinsam begrabenen jungen Paares, das im 13. Jh. gelebt hatte, zur Bildung folgender Legende: **Diego de Marcilla** liebte **Isabel de Segura**, und seine Liebe wurde auch erwidert. Da Isabels Vater aber einem Bewerber aus einer reicheren Familie als zukünftigem Gatten für seine Tochter den Vorzug gab, zog Diego in die Fremde, um Reichtum und Ruhm zu erwerben. Als er nach fünf Jahren zurückkam, wurde gerade die Hochzeit Isabels mit dem Rivalen gefeiert. Diegos Kummer darüber war so groß, dass er vor den Augen der Geliebten starb, die ihrerseits am folgenden Tag verschied. Die tragische Geschichte des Liebespaars von Teruel ist sehr populär und inspirierte Dichter und Dramatiker, darunter auch **Tirso de Molina**.

Teruel
Umgebung

Albarracín★
38 km westlich über die N 234 und die A 1512. Dieses in der Sierra de Albarracín versteckte mittelalterliche Dorf mit seinen rosafarbenen Bauten überrascht durch seine beeindruckende **Hanglage**★ oberhalb des Guadalaviar. Die Befestigung an der Bergseite wurde von den Mauren im 10. Jh. errichtet und zum Großteil im 14. Jh. von den Christen wieder aufgebaut. In einigen Höhlen der Sierra sind **Ritzzeichnungen** aus der Altsteinzeit zu sehen (Höhle von Callejón del Pou und Cueva del Navaza, *5 km außerhalb des Ortes in Richtung Bezas und Valdecuenca)*.
Beim Spaziergang durch die engen gepflasterten Straßen, die so steil ansteigen, dass das Gehen manchmal mühsam wird, entdeckt man immer wieder neue, unerwartete Aspekte. Von der **Plaza Mayor** aus erreicht man ein Viertel, dessen Häuser sich alle gleichen: Das Erdgeschoss besteht aus behauenem Kalkstein, die vorspringenden oberen Stockwerke sind mit rötlicher Tonerde verputzt. Gedrechselte Balkongeländer, schmiedeeiserne Fenstergitter und hin und wieder ein Wappen zieren die Fassaden. Die offene Galerie unter dem Dach unterscheidet sich deutlich von denen, die man sonst in Aragonien sieht.

Catedral – *Tgl. 10.30-14 Uhr und 16-18 Uhr (Apr.-Sept. 16-20 Uhr). 1,80 € (Museo). ☏ 978 71 00 84.*
Die etwas abseits im Süden des Dorfes gelegene Kathedrale wird durch ihren Turm mit Laternenkuppel angezeigt. In einer der Seitenkapellen, die sich zum weiten Hauptschiff (16. Jh.) hin öffnen, sind auf einem Gabriel Joli zugeschriebenen Schnitzaltar Szenen aus dem Leben Petri dargestellt (1566). Bemerkenswert ist der im Kapitelsaal präsentierte Kirchenschatz mit Gold- und Silberschmiedearbeiten und mit sieben Brüsseler **Wandteppichen**★ aus dem 16. Jh. mit der Geschichte Gideons.

UNTERKUNFT

• Gut & Preiswert
Hotel Casa de Santiago – *Subida a las Torres 11 – Albarracín – ☏ 978 70 03 16 – 2 Wochen im Febr.und 13.-17. Sept. geschl. – 9 Z.: 36/52 € – ⌑ 4 € – Rest. 12 €.* Das familiäre Hotel befindet sich in einem Herrenhaus bei der Plaza Mayor, das einst den Santiago-Rittern gehört haben soll. Durch ein großes, von Steinen gerahmtes Tor gelangt man in dieses reizende Hotel. Es hat zwei hübsche Salons, die Zimmer sind gemütlich und nett eingerichtet.

• Unsere Empfehlung
La Casona del Ajimez – *San Juan 2 – Albarracín – ☏ 978 71 03 21 – 13.-19. Sept. geschl. – 6 Z.: 55/74 € – ⌑ 4,50 € – Rest. 25 €.* In einem alten Steinhaus mit Ziegeldach wurde dieses kleine Hotel eingerichtet. Die sehr geschmackvolle Inneneinrichtung ist rustikal und gleichzeitig modern. Die Zimmer sind alle unterschiedlich eingerichtet und sehr gemütlich. Im Sommer kann man den Garten nutzen.

Toledo★★★

In einer tiefen Schlucht strömt der grünliche Tajo in einem Halbkreis um den Granithöhenzug, auf dem Toledo erbaut ist. Wie eine Theaterkulisse hebt sich die Stadt vom kastilischen Himmel ab, der sehr häufig in einem leuchtenden Blau strahlt. Eine Vielzahl von Bau- und Kunstdenkmälern und ein verwirrendes Labyrinth von alten, gewundenen Straßen verbirgt sich hinter ihrer Stadtmauer. Alles in dieser Stadt beschwört die Vergangenheit herauf: Nicht nur, dass jeder Stein in Toledo Geschichte hat, auch die vielfältigen Kunstschätze spiegeln jene Verschmelzung wider, die im Mittelalter, ähnlich wie in Córdoba, die jüdische, maurische und christliche Kultur zu einer einzigartigen Mischung zusammenfließen ließ.

Steckbrief
63 561 Einwohner. Michelin-Karten Nr. 576 und 121 – Kastilien-La Mancha (Toledo). Die **Lage★★★** ist herrlich. Unvergleichlich schön ist der Blick auf die Stadt von der Umgehungsstraße *(carretera de circunvalación)* aus. Diese führt über 3,5 km zwischen den Brücken Puente de Alcántara und Puente de San Martín am anderen Flussufer entlang durch eine Hügellandschaft mit weiten Olivenhainen und locker gestreuten weißen Landhäusern in Gärten *(cigarrales)*. An der Straße wurden mehrere **Aussichtspunkte** angelegt; auch die Terrasse des **Paradors**, oberhalb der Umgehungsstraße, gewährt einen unvergesslichen Blick auf Toledo. In der Abenddämmerung und nachts ist der Anblick der sich zwischen dem Alcázar und dem Kloster ausbreitenden Stadt höchst faszinierend. ▯ *Puerta Bisagra, 45003 Toledo,* ☏ *925 22 08 43; Plaza del Ayuntamiento 1, 45001 Toledo,* ☏ *925 25 40 30.*
Reiseziele in der weiteren Umgebung: ARANJUEZ (47 km nordöstlich), MADRID (71 km nordöstlich) und TALAVERA DE LA REINA (80 km nordwestlich).

Hintergrundinfos

Die kaiserliche Stadt – In Anbetracht ihrer strategisch günstigen Lage im Zentrum der Halbinsel hatten die Römer Toletum befestigt. Danach ging die Stadt in die Hände der Sweben und Wandalen über und wurde Ende des 6. Jh.s Hauptstadt des Westgotenreichs. Nach der Niederlage am Guadalete (711) mussten die Westgoten die Stadt aufgeben. Sie fiel an die Mauren und blieb bis 1012, als sie Residenz eines unabhängigen Taifa-Fürstentums wurde, in Abhängigkeit vom Emirat Córdoba. Alfons VI. eroberte 1085 die Stadt zurück und wählte sie zwei Jahre später anstelle von León zur Hauptstadt. Alfons VII., der sich zum Kaiser krönen ließ, verdankt Toledo den Titel „kaiserliche Stadt". Ihre aus Mauren, Juden und Christen zusammengesetzte Bevölkerung begründete bald ihren Wohlstand. Die Katholischen Könige veranlassten den Bau des Klosters San Juan, und erst 1492 fand Toledo in dem wieder christlich gewordenen Granada eine an Reichtum und Kultur ebenbürtige Rivalin. In der Regierungszeit Karls V., der den Alcázar wieder aufbauen ließ, ging der Aufstand der *Comuneros (s. unter SEGOVIA, Hintergrundinfos)* von Toledo aus; ihr Anführer **Juan de Padilla** stammte von hier. Nach seinem Tod kämpfte Padillas Witwe an seiner Stelle weiter.
Der Aufstieg Toledos wurde 1561 unterbrochen, als Philipp II. Madrid zur Hauptstadt erhob. Von nun an hatte Toledo als Sitz des Primas von Spanien hauptsächlich religiöse Bedeutung.
Die Westgoten in Toledo – Toledo ist untrennbar mit diesem germanischen Volksstamm verbunden, der im 5. Jh. auf der Iberischen Halbinsel Fuß fasste. Ab 554 war es Hauptstadt des Westgotenreichs. Konzilien wurden dort schon seit dem Jahre 400 abgehalten. 589 war Toledo Tagungsort eines bedeutenden Konzils, das die Vorherrschaft der Westgoten anerkannte und das Spanien durch den Übertritt des Westgotenkönigs Reccared zum katholischen Glauben religiös einte. Allerdings waren die Westgoten durch Zwistigkeiten innerhalb ihrer Führungsschicht geschwächt und konnten dem Ansturm der Mauren nicht mehr widerstehen. So wurde Toledo 711 maurisch. Erst Pelayo und eine kleine Gruppe christlicher Ritter, die sich in die Berge Asturiens geflüchtet hatten, konnten der im Aussterben begriffenen westgotischen Dynastie wieder zu Land und Ansehen verhelfen.
Die Juden in Toledo – Es wird angenommen, dass Toledo auf der Iberischen Halbinsel die Stadt mit dem größten jüdischen Bevölkerungsanteil war. Im 12. Jh. lebten mehr als 12 000 Juden hier. Ihre Synagogen hatten keine eigenen Stilmerkmale, sondern inspirierten sich an der maurischen Kunst. Die zur Legende gewordene Liebesbeziehung zwischen der Jüdin Rachel und König Alfons VIII. im 12. Jh. hat Lope de Vega und in seiner Nachfolge Grillparzer zu dem Werk *Die Jüdin von Toledo* angeregt.

Toledo

Die Regierungszeit **Ferdinands III.** (1217-1252), eines toleranten Herrschers, der die Zusammenarbeit der verschiedenen Religionsgemeinschaften förderte, brachte eine Blütezeit der Wissenschaften. Diese erreichte ihren Höhepunkt unter **Alfons dem Weisen** (1252-1284), der jüdische Wissenschaftler und Gelehrte an seinen Hof zog und eine **Übersetzerschule** gründete. Dieser kastilische König steht durch seine Wahl zum deutschen Gegenkönig (1257) mit der deutschen Geschichte in Verbindung. 1355 war es mit der Toleranz vorbei. Es kam in Toledo zu einem Pogrom, das von Enrique Trastamara und seinen Anhängern gegen die jüdische Bevölkerung geschürt wurde. Der **hl. Vinzenz Ferrer**, ein Dominikaner und bedeutender Bußprediger, bekehrte zur gleichen Zeit viele Juden zum christlichen Glauben, wirkte durch seinen Rigorismus aber auch fanatisierend. 1492 erließen die Katholischen Könige das Dekret zur Vertreibung der Juden aus Spanien und trafen mit dieser Maßnahme Toledo schwer.

Mudéjar-Kunst in Toledo – Unter christlicher Herrschaft entfaltete sich in Toledo der Mudéjar-Stil. Er wurde gleichermaßen bei der Ausschmückung von Palästen (Taller del Moro), Synagogen (El Tránsito und Santa María la Blanca) und christlichen Gotteshäusern angewandt. So haben die meisten toledanischen Kirchen aus dem 13. und 14. Jh. das halbrunde romanische Chorhaupt beibehalten, wohingegen die Blendarkaden die verschiedensten Formen annehmen, der Naturstein durch Ziegel ersetzt wird und die Glockentürme – viereckig und verziert – an Minarette erinnern. Häufig sieht man drei durch Arkaden aus Hufeisenbögen getrennte Kirchenschiffe (westgotisches Erbe), eine dreigeteilte Apsis (aus der Romanik) und statt Gewölben geschnitzte Holzdecken im maurischen Stil.

Besondere Highlights

CATEDRAL★★★

10.30-18 Uhr (im Sommer 10.30-19 Uhr), So und feiertags 14-18 Uhr. Vormittags am 1. Jan., Palmsonntag, Karfreitag, So von Christi Himmelfahrt, Fronleichnam und 15. Aug., nachmittags an Gründonnerstag, Karfreitag sowie am 23., 25. und 31. Dez. geschl. 4,30 € (Museo); Mi-nachmittag für Spanier Eintritt frei. ☎ 925 22 22 41.

Die Kathedrale liegt mitten in der Altstadt an der **Plaza del Ayuntamiento**. Mit ihrem Bau wurde 1227 auf Anregung des Erzbischofs Rodrigo Jiménez de Rada in der Regierungszeit Ferdinands III., des Heiligen, begonnen. Im Unterschied zu den anderen Kirchen der Stadt ist sie von der französischen Gotik beeinflusst. Ihr Bau, der sich bis zum Ende des 15. Jh.s hinzog, weist alle Spielarten dieses Stils auf. Die ursprünglichen Linien sind heute an vielen Stellen durch spätere Anbauten verdeckt. So liegt denn das Hauptinteresse in der herrlichen Innenausstattung mit hervorragenden Werken der Schnitzkunst und Malerei, die die Kirche praktisch zu einem Museum sakraler Kunst werden lassen.

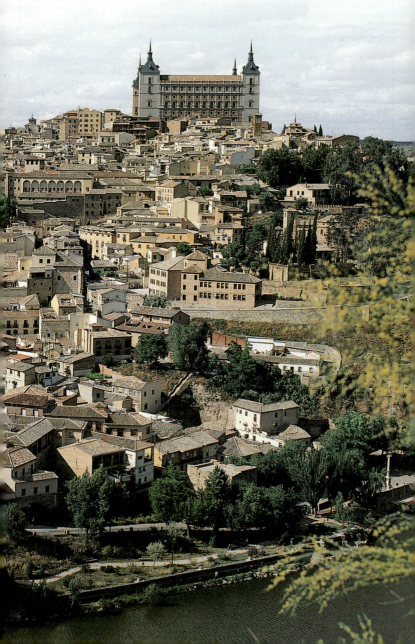

Toledo
Tipps und Adressen

Restaurants

● **Gut & preiswert**
La Abadía – Plaza de San Nicolás 3 – ☎ 925 25 11 40 – 🍴 – 13/24 €. Die Besitzer dieses Restaurants wussten die Kellerräume eines alten Palastes aus dem 16. Jh. gut zu nutzen. Die Beleuchtung und das moderne Mobiliar tragen zur Originalität bei. Kreative Küche. Nicht zu empfehlen, wenn man unter Platzangst leidet.

● **Unsere Empfehlung**
Casón de los López de Toledo – Sillería 3 – ☎ 925 25 47 74 – So-abend und 1.-15. Aug. geschl. – 🍴 – 26/39 €. Die Zeit scheint in diesem steinernen Herrenhaus, dessen hübscher Innenhof mit einem Brunnen geschmückt ist, stehen geblieben zu sein. Ein wunderschöner Rahmen, um die regionalen Spezialitäten (*perdiz estofada*, geschmortes Rebhuhn, *lomo de jabalí*, Wildschweinlende usw.) zu genießen. Im Erdgeschoss gibt es eine Tapas-Bar.

Unterkunft

● **Gut & preiswert**
Hotel La Almazara – 3,5 km südwestlich von Toledo über die Straße nach Cuerva - ☎ 925 22 38 66 – hotelalmazara@ribernet.es – März-10. Dez. geöffnet – 🅿 - Reserv. empf. – 28 Z.: 27/42 € – ⛶ 3 €. Das Hotel befindet sich in einem ehemaligen Landgut, an dessen Zufahrtsweg Olivenbäume gepflanzt sind. Die eindrucksvollen Backsteinmauern sind mit Efeu bedeckt. Die Zimmer sind geräumig und hell, einige mit Balkon zum herrlichen Garten.

● **Unsere Empfehlung**
Hostal del Cardenal – Paseo Recaredo 24 – ☎ 925 22 49 00 – www.cardenal.macom.es – 🍴 – 27 Z.: 56/90 € – ⛶ 6,50 € – Rest. 20/28 €. Das hübsche Hotel in der ehemaligen Residenz des Kardinals Lorenzana liegt versteckt in einem originellen Garten mit Brunnen, kleinen Mauern und Blumen. Die Zimmer hinter der prächtigen Steinfassade sind elegant mit Holzverkleidungen und alten Möbeln eingerichtet. Sehr gutes Restaurant.

Shopping

Toledo erlangte Weltruf für seine **Damaszener Einlegearbeiten**. Bei dieser Handwerkskunst werden Gold-, Silber- und Kupferfäden in gedunkelten Stahl eingearbeitet. Als kulinarische Spezialitäten gelten geschmortes Rebhuhn sowie Marzipan.

Feste

Die prächtigen Straßen von Toledo bilden den Rahmen für die berühmte Fronleichnamsprozession (*die zurzeit am Sonntag nach Fronleichnam stattfindet*).

Außenansicht

Die **Puerta del Reloj** (Uhrportal) auf der linken Seite ist das älteste Tor (13. Jh.), wurde aber im 19. Jh. umgestaltet.

In der **Hauptfassade** bilden drei stattliche Portale aus dem 15. Jh. (oberer Teil im 16. und 17. Jh. fertig gestellt) den Eingang zur Kirche. Am Mittelportal, der **Puerta del Perdón**, das reichen Skulpturenschmuck trägt, ist im Tympanon die Legende dargestellt, nach der sich die Jungfrau Maria an Mariä Himmelfahrt auf dem bischöflichen Stuhl niederließ und dem hl. Ildefons, der im 7. Jh. Bischof von Toledo war, als Zeichen ihrer Dankbarkeit für seine fromme Ergebenheit ein wundervoll besticktes Messgewand überreichte. Der harmonische Turm stammt aus dem 15. Jh. Die Kuppel, die an die Stelle des zweiten Turms getreten ist, wurde im 17. Jh. vom Sohn El Grecos geschaffen. Das Löwenportal **(Puerta de los Leones)** auf der Südseite schufen im 15. Jh. Hanequin de Bruselas und Juan Alemán (Hans der Deutsche). Um 1800 wurde das klassizistische Tor angefügt.

Eingang durch die Puerta del Mollete (links neben der Hauptfassade), die in den Kreuzgang führt.

Innenraum

Im Gegensatz zum Höhendrang anderer gotischer Kathedralen beeindruckt hier die Weite des Raums; Ruhe und Kraft strahlen auch die mächtigen Bündelpfeiler aus, die ihn in fünf unterschiedlich hohe Schiffe gliedern. Viele herrliche alte Glasfenster (1418-1561) sind erhalten. Der *coro* und die meisten Kapellen sind von prächtigen Gittern abgeschlossen. Als Blickfang wirken die über den Gräbern der Kardinäle, die auch Primas von Spanien waren, aufgehängten Kardinalshüte.

El Greco

Der 1541 in Kreta geborene Domenikos Theotokopulos gilt als einer der größten spanischen Maler. Nachdem „der Grieche" u. a. bei Tizian und Tintoretto in Venedig gearbeitet hatte, ging er 1577 nach Toledo und blieb dort bis zu seinem Tod im Jahre 1614. Zwar gelang es ihm nicht, Philipp II. für seine Kunst zu gewinnen, doch kam er in seiner Wahlheimatstadt zu großem Ansehen und Reichtum. In El Grecos eigenwilliger Kunst verbindet sich die Technik seiner italienischen Lehrmeister mit den Charakteristika byzantinischer Malerei, so die manieristische Längung der Proportionen, die zunehmend im Alterswerk zu beobachten ist. Kühne optische Verkürzungen, kontrastreiche flackernde Farben, bewegliche Figuren und die Verschleierung räumlicher Werte geben den Bildern religiösen Inhalts den Charakter ekstatischer Visionen. Häufig teilt El Greco die Bildfläche in eine himmlische und eine irdische Sphäre. Die Sichtbarmachung des Geistigen ist ein Anliegen, das sein ganzes Werk durchzieht. Auch die meisten Porträts strahlen eine außerordentliche Vergeistigung aus.

Capilla mayor – Sie ist der am aufwändigsten geschmückte Teil der Kathedrale und wurde von Kardinal Cisneros im 16. Jh. erweitert. Der riesige bemalte **Schnitzaltar★★** im spätgotischen Stil ist ein Meisterwerk. Das Leben Christi wird darauf in fünf Skulpturenreihen dargestellt. In der Predella thront eine silberne Statue der Jungfrau Maria (1418). Das schöne platereske Marmorgrabmal des Kardinals Mendoza auf der linken Seite stammt von Covarrubias, die Liegefigur von einem italienischen Künstler.

Coro – Reliefs aus dem 14. Jh., vergitterte Kapellen und ein elegantes Chorgitter von 1547 umfassen das Geviert des *coro*. Es birgt ein herrliches **Gestühl★★★** (15. und 16. Jh.), das im unteren Teil von dem Holzschnitzer Rodrigo Alemán mit viel Phantasie und Liebe zum Detail mit 54 Szenen aus der Eroberung der Provinz Granada ausgeschmückt wurde. Den oberen Teil aus Alabaster, mit Figuren aus dem Alten Testament, schufen im 16. Jh. Berruguete *(linke Seite)* und Felipe Vigarny *(rechte Seite)*. Das Relief der Verklärung Christi, im Mittelfeld, ist ebenfalls ein Werk von Berruguete, dem Hauptmeister der spanischen Renaissancebildnerei. Seine Gestalten wirken lebendig und ausdrucksvoll, während die Vigarnys steifer sind. Die Pfeifen einer Orgel überragen den *coro*, in dessen Mitte zwei Notenpulte aus Bronze sowie ein gotisches Lesepult in Form eines Adlers stehen. Die weiße Marmorstatue der Virgen Blanca (14. Jh.) ist eine beachtliche französische Arbeit.

Chorumgang – Ein elegantes Triforium aus Fächerbögen führt oben um den doppelten Chorumgang, der von sieben Apsidialkapellen und dazwischen liegenden kleinen quadratischen Kapellen umgeben ist. Er besitzt ein bemerkenswertes Gewölbe. Leider steht nur wenig Platz zur Verfügung, um das so genannte *Transparente★*, das anfechtbare, aber dennoch berühmte Werk von Narciso Tomé mit dem gebührenden räumlichen Abstand zu betrachten. Sein Barockstil stellt es in starken Kontrast zum übrigen gotischen Bau. Durch eine eigens angebrachte Öffnung fällt Licht auf das Tabernakel und beleuchtet die Jungfrau Maria inmitten der Engelscharen und Wolkenfelder und darüber das Abendmahl.

Die **Capilla de San Ildefonso** birgt mehrere schöne Grabmäler; besonders das des Kardinals Gil de Albornoz (14. Jh.; *in der Mitte*) verdient eine nähere Betrachtung.

Die **Capilla de Santiago** (15. Jh.) ist die Grabkapelle der Familie des Konnetabels von Kastilien, Don Alvaro de Luna.

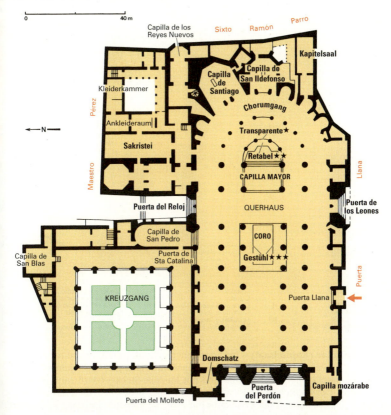

TOLEDO

Alcántara (Puente de)	CX
Alfileritos	BY
Alfonso VI (Pl. de)	BX
Alfonso X el Sabio	BY 2
Alfonso XII	BY 3
América (Av. de)	AX
Ángel	AY
Ave María	BZ
Ayuntamiento (Pl. del)	BY 4
Azarquiel (Puente de)	CX
Cabestreros (Paseo de)	CZ
Cadenas	BY 7
Campana (Travesía)	BY 8
Cardenal Lorenzana	BY 9
Cardenal Tavera	BX
Carlos III (Av. de)	AX
Carlos V (Cuesta de)	BY 13
Carmelitas	AY 14
Cava (Av. de la)	AX
Cervantes	CY
Circo Romano (Paseo del)	AX
Colegio de Doncellas	AY 17
Comercio	BY
Conde (Pl. del)	AY 18
Consistorio (Pl. del)	BY 19
Cordonerías	BY 20
Cruz Verde (Paseo de la)	BZ
Duques de Lerma (Av. de los)	BX
El Salvador	BY 22
Esteban Illán	BY 24
Gerardo Lobo	BX
Hombre de Palo	BY 27
Honda	BX 28
Juanelo (Ronda de)	CY
Mas del Ribero (Av. de)	AX
Matías Moreno	AY
Merced	BY
Nuncio Viejo	BY 29
Núñez de Arce	BX 32
Padilla (Pl. y Calle de)	ABY 33
Padre Mariana (Pl.)	BY 34
Pascuales (Cuesta de los)	CY 36
Plata	BY
Pozo Amargo	BZ
Real del Arrabal	BX
Recaredo (Paseo de)	AX
Reconquista (Av. de la)	ABX
Reyes Católicos	AY
Rosa (Paseo de la)	CX
San Cristóbal (Paseo)	BZ 38
San Juan de Dios	AY 40
San Justo (Cuesta)	CY
San Justo (Pl.)	BY 41
San Marcos	BY 42
San Martín (Puente)	AY
San Román	BY 44
San Sebastián (Carreras de)	BZ
San Torcuato	BZ
San Vicente (Pl. de)	BY 45
Santa Leocadia (Cuesta de)	AY
Santo Tomé	ABY
Sillería	BX
Sixto Ramón Parro	BY 46
Sola	BZ
Taller del Moro	BY 48
Toledo de Ohio	BY 49
Tornerías	BY 50
Tránsito (Paseo del)	AYZ 52
Trinidad	BY
Venancio González	CX 53
Zocodover (Pl. de)	CY

Alcázar	CY		
Audiencia	BY		
Ayuntamiento	BY H		
Casa y Museo de El Greco	AY M¹		
Castillo de San Servando	CXY		
Catedral	BY		
Claustro	BY		
Cristo de la Luz	BX		
Cristo de la Vega	AX		
Hospital de Tavera	BX		
Iglesia de San Ildefonso	BY		
Iglesia de San Pedro	BY		
Iglesia de San Román	BY		
Iglesia de San Vicente	BY		
Iglesia de Santiago del Arrabal	BX		
Iglesia de Santo Tomé	AY		

Sala Capitular (Kapitelsaal) – Im Vorzimmer sieht man eine schöne Artesonado-Decke und zwei im Platereskstil verzierte Nussbaumschränke. Bemerkenswert sind auch die prachtvollen geschnitzten und mit Mudéjar-Stuckverzierungen umrahmten Türen. Der Kapitelsaal selbst wird von einer herrlichen bemalten **Artesonado-Decke★** abgeschlossen; die Fresken schuf Juan de Borgoña. Darunter sieht man Bildnisse der Erzbischöfe von Toledo, zwei davon wurden von Goya gemalt (1804 und 1823).

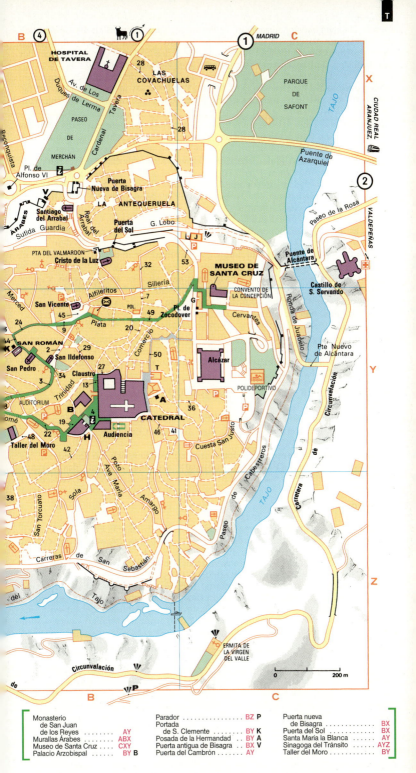

Monasterio de San Juan de los Reyes .... AY	Parador .... BZ P
Murallas Árabes .... ABX	Portada de S. Clemente .... BY K
Museo de Santa Cruz .... CXY	Posada de la Hermandad .. BY A
Palacio Arzobispal ...... BY B	Puerta antigua de Bisagra . BX V
	Puerta del Cambrón .... AY
Puerta nueva de Bisagra .... BX	
Puerta del Sol .... BX	
Santa María la Blanca .... AY	
Sinagoga del Tránsito .... AYZ	
Taller del Moro .... BY	

Sakristei – Der erste Raum mit einem Deckengemälde von Luca Giordano enthält eine bedeutende Sammlung von **Gemälden El Grecos**★, insbesondere die *Entkleidung Christi (El Expolio)*. Der Maler schuf das für seinen Stil recht typische Bild kurz nach seiner Ankunft in Spanien. Von El Greco stammen auch die ausdrucksvollen Bildnisse der 12 Apostel. Weitere große Meister sind hier vertreten, z. B. Tizian mit einem feinen Porträt des altersmüden Papstes Paul III., Van Dyck *(Hl. Familie)* und Morales mit einer *Mater Dolorosa*. Von Goya ist eine *Gefangennahme*

Toledo

Christi (El Prendimiento) ausgestellt, in der dieser ganz meisterlich die Gemeinheit des Pöbels zum Ausdruck bringt und die Szene durch Helldunkeleffekte dramatisch steigert. Hinter Glas steht die berühmte Skulptur des hl. Franz von Assisi, eines der bekanntesten und bezeichnendsten Werke von Pedro de Mena (17. Jh.).

Im Ankleideraum (Vestuario) verdienen die Bildnisse des Kardinals Borgia von Velázquez und des Papstes Innozenz XI. von Van Dyck sowie ein Ribera Beachtung. In der früheren Kleiderkammer sind die liturgischen Gewänder der Prälaten (vom 15. Jh. an) ausgestellt.

Von der Sakristei aus gelangt man in die neuen Säle des Dommuseums **(Nuevas Salas del Museo Catedralicio)**, die im Haus des Schatzmeisters eingerichtet sind. Es sind Gemälde von Caravaggio, El Greco, Bellini und Morales zu sehen.

Tesoro (Domschatz) – Plateresker Schmuck von Alonso de Covarrubias rahmt die Tür zur Kapelle unter dem Turm. Hier wandert der Blick zuerst zur schönen, in der Tradition Granadas gefertigten Artesonado-Decke, dann zum Kirchenschatz selbst, dessen kostbarstes Stück eine herrliche **Monstranz**★★ (16. Jh.) aus vergoldetem Silber von Enrique de Arfe ist. Die 180 kg schwere und 3 m hohe turmförmige Goldschmiedearbeit wird bei der Fronleichnamsprozession mitgeführt. Der Hostienbehälter in ihrem Inneren wurde aus dem Gold gefertigt, das Kolumbus aus Amerika mitgebracht hatte. Es wird auch eine Bibel aus dem 13. Jh. aufbewahrt, ein Geschenk des hl. Ludwig von Frankreich an den hl. Ferdinand von Spanien.

Capilla Mozárabe – Die unter der Domkuppel gelegene Mozarabische Kapelle wurde im Auftrag des Kardinals Cisneros im 16. Jh. erbaut. Sie diente der Zelebrierung von Gottesdiensten nach dem alten, auf die Westgotenzeit zurückgehenden Ritus, den Cisneros nach der Abschaffung im 11. Jh. wieder eingeführt hatte.

Claustro (Kreuzgang) – Die Schlichtheit der Architektur des unteren Kreuzgangs (14. Jh.) kontrastiert mit den lebhaften Farben der Fresken von Bayeu, mit denen die Wände zum Teil versehen sind. Sie stellen das Leben der toledanischen Heiligen Eugenia und Ildefons dar.

IM ZENTRUM DER ALTSTADT VON TOLEDO★★★ *Besichtigung: 1 Tag Rundgang siehe Plan.*

In diesem Labyrinth aus gefliesten oder mit unregelmäßigen Kieseln gepflasterten, gewundenen und engen Gassen stößt man auf Schritt und Tritt auf Kirchen und alte Paläste.

An der **Plaza del Ayuntamiento** (Rathausplatz) befinden sich die Kathedrale, das Erzbischöfliche Palais **(Palacio Arzobispal)** aus dem 18. Jh., das Rathaus **(Ayuntamiento**; 17. Jh.) mit klassizistischer Fassade und das Gericht **(Audiencia)** aus dem 14. Jh.

Santo Tomé

Tgl. 10-18 Uhr (im Sommer bis 19 Uhr). 1. Jan. und 25. Dez. geschl. 2 €. ☎ 925 25 12 32.
Schöner Mudéjar-Turm aus dem 14. Jh., der dem von San Román ähnelt. Im Inneren befindet sich das berühmte Gemälde von El Greco *Das Begräbnis des Grafen Orgaz*★★★, das 1586 für diese Kirche angefertigt wurde. Es zeigt das Wunder der Erscheinung der Heiligen Augustinus und Stephanus, die der Legende nach selbst den Grafen begraben haben sollen, und ist beispielhaft für den Stil El Grecos: überraschende Farbkontraste, Bewegung, Gliederung in zwei Zonen durch die Reihe dunkel gekleideter Männer, deren Gesichtsausdruck fein nuanciert ist.

Auch die Genauigkeit, mit der das priesterliche Ornat und die Rüstung des Verstorbenen wiedergegeben sind, und die Transparenz des weißen Übergewands bezeugen die Meisterhaftigkeit des Künstlers.

Casa y Museo de El Greco (El-Greco-Haus und -Museum)★

10-14 Uhr und 16-18 Uhr, So und feiertags 10-14 Uhr. Letzter Einlass 30 Min. vor Schließung. Mo, 1. Jan., 1. Mai sowie 24., 25. und 31. Dez. geschl. 1,20 €. ☎ 925 22 40 46.
1585 bezog El Greco einen Häuserkomplex, der dem Marquis von Villena gehörte. Anfang des 20. Jh.s beschloss der Marqués de Vega Inclán, eines dieser Häuser restaurieren zu lassen und daneben ein kleines, dem Maler gewidmetes Museum zu errichten. Das Haus ist ein schönes Beispiel für ein Wohnhaus im Toledo des 16. Jh.s. Im 1. Stock wurde das Atelier rekonstruiert. Hier kann man eine Replik des in der Kathedrale befindlichen Gemäldes *Die Tränen Petri* sehen, im Arbeitszimmer einen signierten *Hl. Franziskus und Bruder Leo*.

Museum – Im 1. Stock sind mehrere Werke des Meisters ausgestellt: eine *Stadtansicht mit Plan von Toledo*, auf der auch Jorge Manuel, der Sohn El Grecos, abgebildet ist, Porträts und vor allem die *Zwölf Apostel*, die den segnenden Christus umgeben. An der Malweise ist zu erkennen, dass diese Apostelserie später entstand als die der Kathedrale.

Schließlich sei noch das Altarbild mit dem hl. Bernhardin von Siena am Retabel der **Hauskapelle** im Erdgeschoss erwähnt, das von El Greco stammt. Die *Dornenkrönung* ist ein Werk der flämisch-spanischen Schule. Sehenswert ist auch die bemalte Decke im Mudéjar-Stil.

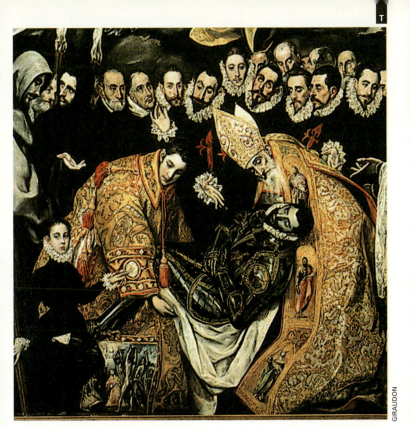

El Greco: Das Begräbnis des Grafen Orgaz *(Ausschnitt)*

Sinagoga del Tránsito★★
10-14 und 16-18 Uhr, So und feiertags 10-14 Uhr. Letzter Einlass 30 Min. vor Schließung. Mo, 1. Jan., 1. Mai sowie 24., 25. und 31. Dez. geschl. 2,40 €. ☎ 925 22 36 65.
Von den zehn Synagogen des Judenviertels *(judería)* der Stadt sind nur Santa María la Blanca und El Tránsito übriggeblieben. Letztere wurde im 14. Jh. von Samuel Ha-Levi, dem Schatzmeister Peters des Grausamen, gestiftet; sie wurde 1492 in ein christliches Gotteshaus umgewandelt und bald darauf der Himmelfahrt Mariä *(tránsito)* geweiht. Das Gebäude ist äußerlich recht unscheinbar, überrascht jedoch durch die herrliche **Mudéjar-Innendekoration★★** im Chorhaupt und am oberen Teil der Wände. Eine schöne Artesonado-Decke aus Zedernholz schließt den rechteckigen Saal ab. Eine Galerie aus 54 Fächerbögen, die mit wunderbar feinem steinernem Spitzenwerk verziert sind, umzieht unter der Decke den ganzen Saal. Darunter verläuft ein Fries, der im Chorhaupt aus *mozárabes* besteht. An den Seitenwänden ist der Fries mit dem Wappen Kastiliens und mit hebräischen Inschriften zum Lob Jahwes, Peters des Grausamen und Samuel Ha-Levis geschmückt. Herrliche Arabesken, in denen Pinienzapfen als Ornament erscheinen, krönen die drei mittleren Bögen im Zentrum der Ostwand. Die beiden Inschriften an den Seiten berichten über die Gründung der Synagoge. An der Südwand befindet sich der den Frauen vorbehaltene Balkon.
Die benachbarten, früher vom Calatrava-Orden belegten Räume sind heute Museum **(Museo Sefardí)** und enthalten schöne Gegenstände jüdischen Ursprungs, u. a. Grabdenkmäler, Gewänder und Bücher. Einige Museumsstücke wurden von Sephardim gestiftet, d. h. von Nachkommen der 1492 aus Spanien vertriebenen Juden.

Santa María la Blanca★
Tgl. 10-14 Uhr und 15.30-18 Uhr (im Sommer 15.30-19 Uhr). 1. Jan. und 25. Dez. geschl. 1,20 €. ☎ 925 22 72 57.
Die Ende des 12. Jh.s bedeutendste Synagoge Toledos wurde 1405 den Rittern von Calatrava geschenkt und in ein christliches Gotteshaus umgewandelt; sie erhielt damals ihren heutigen Namen. Ein Umbau im 16. Jh. veränderte das Chorhaupt, doch sonst behielt das Gebäude das Aussehen einer Moschee des 12. Jh.s. Fünf Schiffe unterschiedlicher Höhe sind durch weite Arkaden aus Hufeisenbögen getrennt, die auf 24 achteckigen Pfeilern ruhen. Die weißen Wände unterstreichen

die Wirkung der **Kapitelle★** mit elegantem Pinienzapfenmuster und Flechtwerk sowie die schöne Dekoration über den Bögen. Der bemalte Schnitzaltar stammt aus dem 16. Jh.

Monasterio de San Juan de los Reyes★
Tgl. 10.30-14 Uhr und 15.30-18 Uhr (im Sommer 15.30-19 Uhr). 1. Jan. und 25. Dez. geschl. 1,20 €. ☎ 925 22 38 02.

Das Kloster wurde den Franziskanern von den Katholischen Königen als Dank für den entscheidenden Sieg über die Portugiesen bei Toro gestiftet. Die Architektur ist typisch für den Isabellinischen Stil, in dem sich Spätgotik und Mudéjar verbinden; man findet auch Elemente der Renaissance, denn der Bau zog sich bis Anfang des 17. Jh.s hin. Trotz der Pinakeltürmchen und der steinernen Balustrade, die das Gebäude mit der reich verzierte achteckige Laternenkuppel abschließen, wirkt der Bau ziemlich schlicht. Das in der zweiten Bauperiode entstandene Nordportal wurde von Covarrubias gearbeitet. Es stellt Johannes den Täufer dar, umgeben von Heiligen des Franziskanerordens. Die Ketten an den Außenwänden stammen von aus maurischer Gefangenschaft in Andalusien befreiten Christen.

Claustro (Kreuzgang) – Mit spätgotischen Arkaden und einem platereken 1. Stock (1504), der von einer Balustrade und Pinakeln gekrönt wird, ist er trotz starker Restaurierung sehr eindrucksvoll. Im 1. Stockwerk sieht man eine Artesonado-Decke im Mudéjar-Stil.

Kirche – Das 1808 in Brand gesteckte, dann restaurierte Gotteshaus ist einschiffig und weit (wie bei isabellinischen Kirchen üblich) und an der Vierung mit einer Laternenkuppel überwölbt. Die prächtige **Innendekoration★** von Juan Guas besteht aus einem steinernen Spitzenwerk und im Querschiff zwei Emporen, die ursprünglich für die Katholischen Könige bestimmt waren. Die Wände des Querschiffs sind mit einem herrlichen Fries der königlichen Wappen bedeckt, die von einem Adler, dem Symbol des Johannes, getragen werden. Bemerkenswert sind auch die für den Mudéjar-Stil typischen *mozárabes* an den Konsolen des Querschiffs und die reizvollen skulptierten Köpfe an den Triumphbögen. Ein schönes platerekes Retabel aus dem 16. Jh. hat die ursprüngliche Altarwand ersetzt.

Unweit davon erheben sich ein westgotischer Bau und ein Tor, **Puerta del Cambrón** genannt. Dieses Tor gehörte zur westgotischen Stadtmauer, wurde im 16. Jh. wieder aufgebaut und heißt nach den Weißdornbüschen *(cambroneras)*, die es einst umgaben.

In der Calle de Santo Tomé links in die malerische Travesía de Campana einbiegen.

Man kommt zur kleinen, schattigen Plaza del Padre Mariana, an der sich die mächtige Barockfassade der Kirche **San Ildefonso** erhebt; etwas weiter oben steht die Kirche **San Pedro**.

San Román: Museo de los Concilios de Toledo y de la Cultura Visigoda★
10-14 Uhr und 16-18.30 Uhr, So und feiertags 10-14 Uhr. Mo, 1. Jan. und 25. Dez. geschl. 0,60 €; Sa-nachmittag und So Eintritt frei. ☎ 925 22 78 72.

Diese Mudéjar-Kirche aus dem 13. Jh. wurde auf dem höchsten Punkt der Stadt erbaut; ihr schöner Turm gleicht dem von Santo Tomé. Die drei Kirchenschiffe sind wie in Santa María la Blanca durch Hufeisenbögen getrennt. Die Wände tragen noch die Fresken aus dem 13. Jh., welche die Auferstehung der Toten, die Evangelisten und – auf der hinteren Wand – eines der Konzile von Toledo darstellen. Die Apsis wurde im 16. Jh. von Covarrubias mit einer Kuppel überbaut. Sehenswerter **Altar** aus dem 18. Jh.

Heute ist hier das Museum der westgotischen Kultur eingerichtet. Die Vitrinen enthalten schönen Bronzeschmuck und Kopien von Votivkronen in der Art der Weihekronen aus dem Schatz von Guarrazar *(Originale im Museo Arqueológico in Madrid)*.

An den Wänden stehen zahlreiche Grabstelen und Fragmente von Kapitellen, Chorschranken und Pilastern, die mit geometrischen Mustern oder Pflanzenornamentik bedeckt sind.

Gegenüber der Kirche ist das platereke **Portal** des Klosters San Clemente zu sehen.

Die Kirche **San Vicente** auf der Plaza de San Vicente hat ein interessantes Mudéjar-Chorhaupt.

Danach die Calle de la Plata hinaufgehen, in der die schöne Steinmetzarbeit zahlreicher Portale den Blick auf sich zieht.

Plaza de Zocodover
Dieser sehr belebte dreieckige Platz im Zentrum Toledos wurde nach dem Bürgerkrieg wieder aufgebaut, ebenso wie der Triumphbogen (Arco de la Sangre), der zur Calle de Cervantes führt.

Museo de Santa Cruz★★

10-18.30 Uhr; Mo 10-14 Uhr und 16-18.30 Uhr, So und feiertags 10-14 Uhr. 1. Jan. und 25. Dez. geschl. 1,20 €; Sa-nachmittag und So Eintritt frei. ☏ *925 22 10 36.*

Kardinal Pedro González de Mendoza, Erzbischof von Toledo, starb, bevor seine Stiftung für Kranke und Waisenkinder fertig gebaut war. Königin Isabella nahm sich daher des Unternehmens an und führte es zu Ende. An dem schönen platteresken Gebäude arbeitete zuerst Enrique Egas, dann Covarrubias, der die **Fassade★★** schuf. Im Tympanon des Portals erkennt man Kardinal Mendoza, der vor dem Kreuz kniet. Rechts und links von ihm sind die Heiligen Helena, Petrus und Paulus sowie zwei Pagen dargestellt. Auf den Bögen sind die Kardinaltugenden abgebildet. Darüber umrahmen zwei hübsche Fenster ein Relief mit den Heiligen Joachim und Anna.

Der Besuch des Museums lohnt sich wegen der Übersichtlichkeit und der großen Zahl und Qualität der ausgestellten Werke, besonders der **Gemäldesammlung★** des 16. und 17. Jh.s und der **18 Gemälde von El Greco★**.

Die Weite der in Form eines zweistöckigen griechischen Kreuzes angelegten Räume sowie die schönen Kassettendecken gestalten das Kircheninnere sehr eindrucksvoll.

Erdgeschoss – Der erste Teil des Kirchenschiffs enthält **Gemälde Alter Meister★**, flämische Wandteppiche aus dem 16. Jh. und den *Tapiz de los Astrolabios*, einen Wandteppich mit den Tierkreiszeichen. Er wurde um die Mitte des 15. Jh.s für die Kathedrale von Toledo gewebt und fasziniert durch seine besonders originelle Gestaltung und die modern wirkende Farbgebung.

Im rechten Querhaus sind vor allem die *Himmelfahrt* und die *Darstellung Mariä im Tempel* vom Meister von Sijena beachtenswert (16. Jh.).

Der zweite Teil des Kirchenschiffs wird von der Standarte von Lepanto beherrscht, die auf dem Schiff des siegreichen Don Juan de Austria flatterte. Unter der Fahne ein Christusbild (17. Jh.), ähnlich dem, das in der besagten Seeschlacht den Sieg herbeigeführt haben soll und sich jetzt in der Kathedrale von Barcelona befindet. Im linken Querhaus ein *Christus in Banden* von Morales.

1. Stock – Die Treppe führt in das linke Querhaus zu den **Gemälden von El Greco★**. Bewundernswert sanft sind die Gesichter der *Jungfrau Maria* und der *Hl. Veronika*. Die Replik des *Entkleidung Christi (El Expolio; Original in der Sakristei der Kathedrale)* ist jünger als das Gemälde in der Kathedrale. Das berühmteste Werk der Sammlung ist der **Mariä-Himmelfahrts-Altar★** von 1613. Seine außerordentlich kühne Farbgebung und die lang gestreckten Gestalten kennzeichnen es als ein Spätwerk. Im rechten Querschiff hängt das interessante Gemälde *Die Hl. Familie in Nazareth* von Ribera. Hier zeigt sich dieser für naturalistische Werke in kontrastreicher Helldunkelmalerei bekannte Künstler als ein Meister der nuancierten Lichtführung.

Im vorderen Teil des Kirchenschiffs hängen Brüsseler Wandteppiche (16. Jh.) mit Szenen aus dem Leben Alexanders des Großen; aus dem Umkreis des Pascual de Mena (17. Jh.) kann man eine Büste der Mater Dolorosa und einen *Ecce Homo* sehen.

Der im platteresken Stil gehaltene **Patio★** besticht durch seine eleganten Arkaden, das durchbrochene Geländer, die schönen Mudéjar-Decken und vor allem durch den von Covarrubias entworfenen **Treppenaufgang★**. Die angrenzenden Räume haben ein Museum mit archäologischen Sammlungen und Kunstgewerbe aufgenommen.

Besichtigung

INNERHALB DER STADTMAUER

Alcázar

9.30-14.30 Uhr. Mo, 1. Jan. und 25. Dez. geschl. 1,20 €. ☏ *925 22 16 73.*

Der viele Male zerstörte und immer wieder aufgebaute Alcázar erhebt sich massig und stolz auf einem der höchsten Punkte der Stadt. Karl V. beschloss, aus der ehemaligen Festung des 13. Jh.s, deren erster Herr El Cid gewesen war, seine Residenz zu machen, und betraute Covarrubias mit dem Umbau (1538-1551); diesem folgte Herrera, der die strenge Südfassade mit den vertikalen Linien entwarf.

Nach der Belagerung von 1936 blieben vom Alcázar nur noch Ruinen übrig. Zwischen dem 22. Juli und dem 27. September widerstanden hier die Infanteriekadetten unter dem Kommando von Oberst Moscardó den unaufhörlichen Angriffen der republikanischen Truppen, die bereits die Stadt beherrschten. Ihre Familien, ungefähr 600 Frauen und Kinder, hatten sich in die Kellerräume geflüchtet. Heute ist die Fassade des Alcázar nach den Plänen des 16. Jh.s wieder aufgebaut, davor steht ein von Juan de Ávalos geschaffenes Siegesdenkmal. Im Alcázar selbst kann man die Keller besichtigen, in denen die Familien der Kadetten lebten. Oben befindet sich das Büro von Oberst Moscardó, der telefonisch

aufgefordert worden war, sich zu ergeben, da sonst sein Sohn hingerichtet werde. Moscardó weigerte sich, auf die Erpressung einzugehen – und verlor seinen Sohn am 23. August.
Die den Patio umgebenden Räume sind heute zum Museum ausgebaut. Hier sind Uniformen und Waffen ausgestellt.

Posada de la Hermandad
Vergitterte Fenster erinnern daran, dass dieses Gebäude aus dem 15. Jh. ehemals ein Gefängnis war.

Puerta del Sol
Dieses Tor im zweiten Mauerring der Stadt ist ein schöner Mudéjar-Bau mit Hufeisenbogen; er wurde im 14. Jh. wieder aufgebaut. Das später angefügte Flachrelief zeigt die Jungfrau Maria, die dem hl. Ildefons das Messgewand überreicht. Oben ist zwischen den Blendarkaden aus Ziegeln ein Relief eingefügt, auf dem man zwei Mädchen erkennt. Sie tragen auf einer Platte ein abgeschlagenes Haupt, der Legende nach das des obersten Wasserrichters der Stadt, der sie vergewaltigt hatte und zum Tode verurteilt worden war.

Cristo de la Luz
Auf den Resten einer westgotischen Kirche errichteten die Mauren im Jahre 1000 eine Moschee, die im 12. Jh. zu einer Mudéjar-Kirche umgebaut wurde. Um den Namen des Gotteshauses rankt sich folgende Legende: Als Alfons VI. in Toledo einzog, blieb das Pferd des ihn begleitenden Cid hier plötzlich stehen und ließ sich vor der Wand des Gebäudes auf die Knie nieder. In der Wand entdeckte man daraufhin eine brennende westgotische Lampe vor einem Kruzifix. So wurde denn die Kirche dem Christus vom Licht geweiht. Drei verschieden gearbeitete Bögen, sich kreuzende Blendbögen, ein Durchbruchmuster und darüber ein Fries mit kufischen Schriftzügen bilden den Fassadenschmuck.
Im Inneren tragen zumeist westgotische Pfeiler die übereinander gestellten Arkaden, ähnlich der Moschee in Córdoba. Neun verschiedene Kuppeln wölben sich über den Grundquadraten.
Vom angrenzenden Garten aus gelangt man zum Aufgang zur Puerta del Sol, von wo sich ein schöner Blick über die Stadt bietet.

Santiago del Arrabal
Die schön restaurierte Kirche im Mudéjar-Stil enthält eine kunstvoll verzierte Kanzel (gotisch-mudéjar), von der der hl. Vinzenz Ferrer gepredigt haben soll. Interessantes Retabel aus dem 16. Jh.

Puerta Nueva de Bisagra
Covarrubias ist der Baumeister dieses 1550 errichteten und in der Regierungszeit Philipps II. vergrößerten Tores. Die Rundtürme an der Fassade zur Straße nach Madrid umrahmen ein riesiges kaiserliches Wappen.

Puerta Antigua de Bisagra
Durch dieses Tor der alten maurischen Stadtmauer zog 1085 Alfons VI. in die Stadt ein.

Puerta Nueva de Bisagra

Taller del Moro
10-14 Uhr und 16-18.30 Uhr, So und feiertags 10-14 Uhr. Mo, 1. Jan. und 25. Dez. geschl. 0,60 €; Sa-nachmittag So Eintritt frei. ☏ 925 22 45 00.

Diese so genannte „Werkstatt des Mauren", zeitweilig als Lager von Baumaterial für die Kathedrale genutzt, ist in Wirklichkeit ein ehemaliges Palais, wie die Mudéjar-Dekoration beweist. Die von kleinen Fenstern erhellten Räume gehen durch hufeisenförmige Bogenöffnungen ineinander über. Diese Durchgänge sind mit *Ataurique*-Stuckdekoration versehen, einer Schmuckform, die in der Almohaden-Zeit aufkam.

AUSSERHALB DER STADTMAUER
Hospital de Tavera★
Führung (30 Min.) 10.30-13.30 Uhr und 15.30-18 Uhr. Mo, 1. Jan. und 25. Dez geschl. 3,10 €. ☏ 925 22 04 51.

Das von Kardinal Tavera gestiftete Gebäude wurde 1541 von Bustamante begonnen und von González de Lara und den Vergaras fertig gestellt. Im 17. Jh. wurden dann Umbauten vorgenommen. Nach dem Bürgerkrieg ließ sich die Herzogin von Lerma schöne **Appartements★** im Stil des 17. Jh.s einrichten. Mehrere wertvolle Gemälde sind in den verschiedenen Räumen zu entdecken.

Die Bibliothek im **Erdgeschoss** enthält das Archiv des Krankenhauses, alte, von maurischen Handwerkern in Leder gebundene Bände. Von den ausgestellten Gemälden zieht besonders eine *Hl. Familie* von El Greco die Aufmerksamkeit auf sich. Das Bildnis der Maria ist vielleicht das schönste Frauenbildnis, das der Künstler je gemalt hat. Bemerkenswert sind auch die *Geburt des Messias* von Tintoretto, *Der Philosoph* von Ribera und, in einem angrenzenden Saal, sein erstaunliches Gemälde *Bärtige Frau*.

In den Empfangsräumen im **1. Stock** hängt ein weiteres Werk von El Greco, das nach der Totenmaske gemalte Porträt des Kardinals Tavera. Daneben sieht man Caravaggios *Samson und Dalila* und zwei Bildnisse der Marquis von las Navas von Anthonis Mor, einem Niederländer, der in Spanien Antonio Moro genannt wird.

Von der Mitte des vornehmen Patios führt eine Passage zur **Kirche**. Hier öffnet sich ein Portal aus Carrara-Marmor; es ist ein Werk von Alonso Berruguete, der auch das Grabmal des Kardinals Tavera schuf. Das Retabel des Hochaltars wurde von El Greco entworfen.

Hier befindet sich auch dessen letztes Werk, die bemerkenswerte **Taufe Christi★**, bei der die manieristische Streckung der Figuren und die unwirkliche Farbgebung aufs Höchste gesteigert sind.

Zum Patio öffnet sich die rekonstruierte alte **Apotheke** des Hospitals.

Puente de Alcántara
Eine Gedenktafel an der Stadtmauer bei der Brücke erinnert an die Flucht des hl. Johannes vom Kreuz, der in einem nahen Kloster gefangen saß und durch ein Fenster entkam. Am Westende der Brücke, die aus dem 13. Jh. stammt, erhebt sich ein Mudéjar-Turm, im Osten ein barocker Bogen. Man sieht auch die zinnenbewehrten Mauern der restaurierten Burg **(Castillo de San Servando)** aus dem 14. Jh.; dem Alcázar gegenüber gelegen, sicherte sie einst das Tal.

Puente de San Martín
Die nach einem Hochwasser im 14. Jh. wieder aufgebaute mittelalterliche St.-Martins-Brücke trägt am Südende einen schönen zinnengekrönten Turm mit achteckigem Grundriss. Das Nordtor stammt aus dem 16. Jh.

Cristo de la Vega
Die Kirche erhebt sich am Standort einer westgotischen Basilika des 7. Jh.s, die Tagungsort mehrerer katholischer Konzilien war. Hier soll die hl. Leocadia dem hl. Ildefons und dem König erschienen sein. Trotz großer baulicher Veränderungen im 18. Jh. ist eine schöne Mudéjar-Apsis erhalten geblieben.

Im Inneren *(die Aufsichtsperson öffnet)* hat eine moderne Christusfigur den alten *Cristo* abgelöst, um den sich viele Legenden rankten, u. a. die der verlassenen Braut, der er zum Trost den Arm reichte.

Umgebung

Guadamur
15 km südwestlich. Ausfahrt aus Toledo über ③ des Plans, dann links auf die CM 401 abbiegen. Das **Castillo** wurde im 15. Jh. erbaut und gegen Ende des 19. Jh.s umfassend restauriert. In seinen Mauern hielten sich Johanna die Wahnsinnige und ihr Sohn Karl V. eine Zeit lang auf. Die Gemächer sind mit schönen spanischen Möbeln jener Epoche ausgestattet. *Wird zurzeit restauriert.*

Tortosa★

Tortosa, auf beiden Seiten des Ebro gelegen, war lange die letzte Stadt vor dem Meer und musste die einzige Brücke der Gegend verteidigen. Von der einstigen Maurenfestung (Castillo de la Suda, heute ein Parador) hat man einen interessanten Blick auf die Stadt, den Ebro und das Tal. Tortosa hat ein reiches kulturelles Erbe bewahrt, das von der Gotik bis zum Modernismo reicht.

Steckbrief
29 717 Einwohner. Michelin-Karte Nr. 574 – 65 km von Peñíscola – Katalonien (Tarragona). Tortosa liegt am Ufer des Ebro (ganz in der Nähe seiner Mündung), 14 km von der Autopista del Mediterráneo entfernt, die die ganze Küste entlangführt. ฿ Plaça del Bimillenari s/n, 43500 Tortosa, ☎ 977 51 08 22.
Reiseziele in der weiteren Umgebung: TARRAGONA (83 km), ALCAÑIZ und die COSTA DEL AZAHAR.

Geschichtliches
Tortosa blickt auf eine lange Geschichte zurück. Nach den Römern und Westgoten eroberten 714 die Mauren die Stadt und errichteten die Festung. Ramón Berenguer IV. gewann Tortosa 1148 für die Christen zurück, doch blieben der maurische und der jüdische Bevölkerungsanteil noch mehrere Jahrhunderte hindurch bedeutend, was sich sehr vorteilhaft auf das Geistesleben und die Wirtschaft der Stadt auswirkte. In der Schlacht am Ebro (Juli 1938) fielen hier mehr als 150 000 Republikaner (s. auch S. 61).

Besichtigung

DIE ALTSTADT★ *3 Std.*

Catedral★★
Tgl. 8-13 Uhr und 17-20 Uhr. Während der Messen keine Besichtigung. ☎ 977 44 17 52.
Sie ist ein gotisches Bauwerk von schöner stilistischer Einheit, was bei einer 200 Jahre dauernden Bauzeit (1347-1547) erstaunlich ist. Die **Barockfassade★** (18. Jh.) ist mit prächtigen Blattkapitellen und kraftvollen Säulen mit leicht geschwelltem Schaft verziert.
Der **Innenraum★★** hat klare Linien, und die die Schiffe trennenden Säulen sind eindrucksvoll hoch. Um den Chor führt ein doppelter Umgang, dessen Kapellen nicht voneinander getrennt sind. Zwar sahen die Pläne kunstvoll gearbeitetes Maßwerk vor, ähnlich dem am linken Eingang zum Chorumgang; aber dieses allzu kostspielige Vorhaben wurde nicht ausgeführt. Das Retabel des Hauptaltars ist ein großes geschnitztes **Polyptychon★** (14. Jh.), dessen bemalte Flügel Szenen aus dem Marienleben und dem Leben Christi zeigen.

Blick von der Suda auf die Stadt

Ein interessantes Werk ist auch der Altar mit der Darstellung der Verklärung Christi (**Retablo de la Transfiguración**★), der wegen seiner zarten Figuren dem bedeutenden katalanischen Maler Jaime Huguet (1414-1492) zugeschrieben wird. Die beiden steinernen **Kanzeln**★ (15. Jh.) im Hauptschiff sind mit herrlichen Flachreliefs verziert. Links sind die vier Evangelisten mit ihren Symbolen und rechts die Kirchenlehrer (die Heiligen Gregor, Hieronymus, Ambrosius und Augustinus) zu erkennen.

Capilla de Nostra Senyora de la Cinta★ – *2. Kapelle rechts.* Der Gürtel der Jungfrau Maria wird als Reliquie in dieser reich ausgeschmückten Barockkapelle verwahrt. Die bei dem Bau (1642-1725) verwendeten Materialien Jaspis und Marmor stammen aus der Umgebung von Tortosa. In der ersten Septemberwoche wird der Reliquie eine besonders große Verehrung zuteil.

Taufbecken – *1. Kapelle rechts.* Von diesem steinernen Becken wird erzählt, dass es als Brunnen den Garten des Gegenpapstes Benedikt XIII., Pedro de Luna *(s. unter COSTA DEL AZAHAR, Ausflüge),* verschönt habe. Es trägt in der Tat auch sein Wappen.

Der neben dem rechten Seitenschiff liegende **Kreuzgang** (14. Jh.) enthält Grabmalkunst, darunter besonders viele Stelen.

Palacio Episcopal (Bischofspalais)★
10-14.30 Uhr. So und feiertags geschl. ☏ *977 44 07 00.*
13. und 14. Jh. Hier sieht man einen typischen katalanischen Patio aus dem 14. Jh. mit einer geraden Außentreppe und einer Galerie aus eleganten Arkaden mit schlanken Säulen. Die gotische **Hauskapelle**★ im 1. Stock öffnet sich zu einem schönen Empfangssaal und zeichnet sich durch ihr fein gearbeitetes Portal und das Sterngewölbe aus. Mit Figuren verzierte Konsolen tragen die Gewölberippen beiderseits der kunstvoll in Scheinarchitektur gestalteten Fenster.

Reales Colegios de Tortosa★
9-14 Uhr und 15.30-18 Uhr, 1. Juni-15. Sept. 8-15 Uhr. Sa/So und feiertags geschl. Eintritt frei. ☏ *977 44 15 25.*
1564 gründete Karl V. drei nach den Heiligen Sant Lluís, Sant Jordi und Sant Domingo benannte Schulen.

Das **Colegio de Sant Lluís**★, in dem vor allem die „neuen Christen" (zumeist getaufte Mauren) unterrichtet wurden, ist am Tor mit dem kaiserlichen Wappen und zwei Sphingen als Allegorien des Wissens erkenntlich; darüber die Heiligen Jakobus und Matthias, die Schutzpatrone der Schule. Im rechteckigen **Innenhof**★★ sollte man sich die Figuren der Reliefs näher ansehen. Sie sind in Ausdruck und Haltung individuell gestaltet und dadurch sehr originell.

An der Renaissance-Fassade des **Colegio de Sant Jordi y Sant Domingo** ist die lateinische Inschrift *Domus sapientiae* („Haus der Weisheit") zu lesen.

Sant Domingo
Die Kirche gehörte zu den Schulen und wurde ebenfalls im 16. Jh. erbaut. Ihre Fassade ist mit Renaissancemotiven verziert.

Llotja de Mar
Die ehemalige Seehandelsbörse, ein schöner gotischer Bau (14. Jh.), steht erst seit 1933 an dieser Stelle. Ihr Innenraum ist durch Rundbogenarkaden in zwei Schiffe geteilt.

Umgebung

Parque Natural del Delta del Ebro★★
25 km östlich. Fremdenverkehrsamt (Oficina de Información Turística) in Deltebre. **ℹ** *Centro de Información: Doctor Martín Buera 22, Deltebre.* ☏ *977 48 96 79. Bei einer Rundfahrt mit dem Boot kann man auf dem Ebro von Deltebre bis zur Mündung fahren (45 Min. hin und zurück). 10-14 Uhr und 15-18 Uhr, Sa 10-13 Uhr und 15.30-18 Uhr, So und feiertags 10-13 Uhr. 1. Jan. und 25. Dez. geschl. 1,20 €.*

Der Naturpark Ebro-Delta mit einer Fläche von 7 736 ha wurde 1983 geschaffen, um die Vogelwelt zu schützen und die wirtschaftliche Entwicklung des Deltas zu fördern. Bei diesem Delta handelt es sich um eine weite Sumpflandschaft, die von der Isla de Buda abgeschlossen wird. Ihr Schwemmland stammt aus dem Kantabrischen Gebirge, den Pyrenäen und aus Aragonien. Reis- und Gemüsebau nimmt drei Viertel der Fläche ein.

Trujillo★★

Die modernen Viertel von Trujillo lassen kaum den Zauber der Altstadt erahnen, die etwas weiter oben auf einer Felsterrasse liegt. Die Stadt, die von den Mauren im 13. Jh. in aller Eile befestigt worden war, wirkt leicht nordafrikanisch, trotz einiger stolzer Palais aus dem 16. und 17. Jh., die von zurückgekehrten Amerikafahrern erbaut wurden.

Steckbrief
8 919 Einwohner. Michelin-Karte Nr. 576 – Extremadura (Cáceres). Trujillo liegt an der N V-E 90, die Madrid mit Badajoz verbindet. 🛈 *Plaza Mayor, 10200 Cáceres, ☎ 927 32 26 77.*
Reiseziele in der weiteren Umgebung: CÁCERES (47 km westlich), PLASENCIA (80 km nördlich), Monasterio de GUADALUPE (82 km östlich) und MÉRIDA (89 km südwestlich).

Hintergrundinfos

Ein günstiges Klima für Eroberer – „20 amerikanische Staaten wurden in Trujillo gezeugt", sagt man hier, und tatsächlich kann man der Stadt die Vaterschaft einer erstaunlich großen Zahl von Abenteurern und Pionieren der Neuen Welt nicht absprechen. Von hier zog 1542 **Francisco de Orellana** aus, um das legendäre „Land der Amazonen" zu erforschen, sowie auch **Diego García de Paredes**, wegen seiner Bärenkräfte der „Samson der Extremadura" genannt. Der berühmteste von allen ist jedoch **Francisco Pizarro** (1475-1541), der Eroberer von Peru, der als Schweinehirt begann, eine Inkaprinzessin heiratete und als unermesslich reicher Mann starb. Pizarro wandte eine ähnliche List an wie Hernán Cortés in Mexiko, um den Inkakaiser Atahualpa gefangen zu nehmen. Dann ließ er ihn umbringen und bemächtigte sich zuerst seiner Schätze, dann der Hauptstadt Cuzco (1533).
Die Entdeckung der Silbervorkommen in Potosí rückten Peru bald ins Zentrum des Interesses des spanischen Weltreichs; allerdings konnte sich Pizarro dessen nicht erfreuen, denn eine unerbittliche Feindschaft war zwischen ihm und seinem Waffengefährten Almagro entstanden und ließ weder das eine noch das andere Lager zur Ruhe kommen. Komplotte und Mordversuche häuften sich. Almagro starb als Erster (1538), bald gefolgt von Pizarro, den man im eigenen Hause ermordet auffand.

Tipps und Adressen

RESTAURANT
• *Unsere Empfehlung*
Mesón La Cadena – *Plaza Mayor 8 – ☎ 927 32 14 63 – 🍽 – 21 €.* Der Speiseraum dieses gut besuchten familiären Restaurants liegt im 1. Stock und bietet einen Blick auf die Plaza Mayor. Traditionelle Küche der Extremadura. Im Erdgeschoss gibt es auch eine Bar. 8 Gästezimmer zu einem fairen Preis.

UNTERKUNFT
• *Unsere Empfehlung*
Hotel Victoria – *Plaza del Campillo 22 – ☎ 927 32 18 19 – 🅿 🛌 🍽 ♿ – 27 Z.: 58 € – ☕ 4,50 € – Rest. 10 €.* Das Hotel befindet sich in einem renovierten Gebäude mit geschlossenem Innenhof. Um ihn herum sind die Räume und die komfortablen Zimmer angeordnet.

Ein besonderes Highlight

DIE ALTSTADT
Die Plaza Mayor und überhaupt die ganze Altstadt von Trujillo wirken weitaus weniger nüchtern und streng als die Architektur in Cáceres. Die Fassaden der vornehmen Wohnhäuser, die im Allgemeinen jüngeren Entstehungsdatums sind (16.-17. Jh.), werden hier durch Lauben, Loggien und Eckfenster aufgelockert. Die häufig mit Kalk getünchten Häuser und die steilen Gassen geben diesem Viertel eine eigene Note. Wer im Frühling und Sommer nach Trujillo kommt, trifft hier viele Störche, die seit eh und je ihre Nester in diesem altertümlichen Ort bauen.

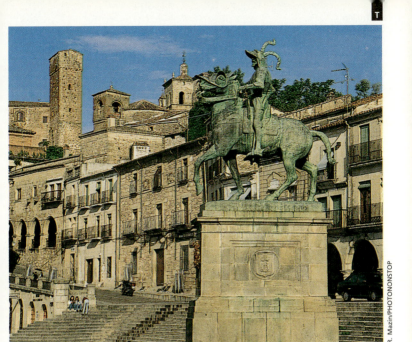

Plaza Mayor

Plaza Mayor★★
Die Plaza Mayor (einer der schönsten Plätze Spaniens) mit ihrem verwinkelten Grundriss, den unterschiedlichen Ebenen, die durch breite Treppen miteinander verbunden sind, und den verschiedenartigen Adelshäusern an ihrem Rand lässt vergangene Zeiten wiedererstehen und wirkt am Abend fast wie eine Theaterkulisse. Sie verdient es, genauer betrachtet zu werden.
Reiterstandbild Pizarros – Das Bronzestandbild wurde 1927 von dem amerikanischen Künstler Rumsey geschaffen.
San Martín – 16. Jh. Ihr südlicher Kirchplatz diente einst als Versammlungsort. Mächtige Mauern aus Quadern und Bruchstein umschließen das weiträumige Kirchenschiff, auf dessen Fußboden man zahlreiche Grabplatten entdeckt.
Palacio de los Duques de San Carlos★ – 17. Jh., heute Nonnenkloster. Die hohe Granitfassade ist in einem Übergangsstil von der Renaissance zum Barock erbaut. Über dem Eckfenster ein Wappen mit doppelköpfigem Adler. Man kann den **Patio** mit zweistöckigen Rundbogengalerien und einer sehr schönen Treppe besichtigen.
Palacio del Marqués de Piedras Albas – Dem gotischen Bau wurde eine Loggia im Renaissancestil angefügt.
Palacio del Marqués de la Conquista – Das Gebäude wurde von Hernando Pizarro, dem Bruder des Eroberers von Peru, erbaut und hat besonders zahlreiche Fenster, die alle mit Gittern versehen sind. Im 17. Jh. wurde die Fassade durch ein platereskes **Eckfenster★** etwas freundlicher gestaltet. Links davon erkennt man die Büsten Francisco Pizarros und seiner Gattin, rechts die Hernandos und seiner Nichte, die er zur Frau genommen hatte. Über dem Fenster das Familienwappen. Die Fassade wird von kleinen, die Monate darstellenden Statuen abgeschlossen.
Ayuntamiento Viejo (Altes Rathaus) – In diesem Gebäude aus dem 16. Jh. ist heute das Gericht untergebracht. Als Fassade wurden die dreistöckigen Renaissancearkaden eines nahen Patios verwendet, der am Verfallen war.
Casa de las Cadenas – Der Name „Haus der Ketten" soll entstanden sein, weil hier die aus maurischer Gefangenschaft befreiten Christen ihre Ketten niederlegten.
Torre del Alfiler – Von der Plaza Mayor aus blickt man auf diesen Mudéjar-Turm mit einer altertümlichen, aber durchaus reizvollen Silhouette. Seine Spitze scheint bei den Störchen ganz besonders beliebt zu sein.

Palacio de Orellana-Pizarro
16. Jh. Schöne Renaissancegalerie im 1. Stock.

Santiago
Der romanische Glockenturm aus dem 13. Jh. und der gegenüberliegende Adelspalast mit seinem wehrhaften Turm umrahmen den Arco de Santiago, einen Bogen, der ursprünglich eines der sieben Tore der Altstadt war; das Kirchenschiff wurde im 17. Jh. umgestaltet.

■ Trujillo
Santa María★
Tgl. 10.30-14 Uhr und 16.30-19 Uhr (21. März-21. Juni 16.30-20 Uhr), 21. Juni-21. Sept. 10-14 Uhr und 17-21 Uhr. 1,20 €. ☏ 927 32 26 77.

13. Jh. Das gotische Bauwerk, dessen Netzgewölbe im 15. Jh. erneuert wurde, ist die Grabstätte der berühmten Familien Trujillos. Im *coro alto*, der sein Licht von einer großen Fensterrose erhält, sind noch die beiden steinernen Sessel zu sehen, in denen die Katholischen Könige die Messe hörten, wenn sie in Trujillo weilten. Die 24 Gemälde des gotischen **Retabels★** am Hochaltar werden Fernando Gallego zugeschrieben. Vom Kirchturm hat man einen schönen Blick auf die braunen Dächer, die Plaza Mayor und die Festung.

Castillo
Die Festung hebt sich klar auf dem Gipfel des Bergmassivs ab, das den Granit für ihren Bau lieferte. Die zinnengekrönte Wehrmauer wird von dicken Vierecktürmen überragt. Oben auf dem Bergfried thront eine Statue der Schutzpatronin der Stadt, Nuestra Señora de la Victoria. Vom Wehrgang aus kann man die Stadt mit der Plaza Mayor überschauen.

Tudela★

Tudela war im 9. Jh. vom Kalifat Córdoba abhängig, und aus dieser Zeit stammt auch das ausgedehnte maurische Stadtviertel Morería, wo noch viele Wohnhäuser im Mudéjar-Stil erhalten sind. Nach der Rückeroberung der Stadt (12. Jh.) wurden viele interessante Kirchen errichtet.

Steckbrief
26 163 Einwohner. Michelin-Karte Nr. 573 – Navarra. Die Stadt liegt am rechten Ufer des Ebro im Herzen der fruchtbaren Ribera, die sich dank der Bewässerung zu einem bedeutenden Gemüseanbaugebiet entwickelt hat (Spargel, Bohnen, Artischocken, Paprika). 🛈 *Plaza Vieja, 31500 Navarra, ☏ 948 84 80 58.*

> **Feste**
> Das Fest der hl. Anna am 26. Juli ist alljährlich Anlass zu *encierros* in der Art derer von Pamplona (*s. dort*) und anschließenden Stierkämpfen. Die romantische **Plaza de los Fueros**, die im 18. Jh. als Stierkampfarena diente, bildet in der Karwoche den Rahmen für das „Niederschweben des Engels" *(Bajada del Ángel)*.

Reiseziele in der weiteren Umgebung: ZARAGOZA (81 km südöstlich), PAMPLONA/IRUÑA (84 km nördlich), SORIA (90 km südwestlich) und La RIOJA (nordwestlich).

Besichtigung

Catedral★
Wegen Renovierungsarbeiten geschl.

12.-13. Jh. Die Kathedrale ist ein ausgezeichnetes Beispiel für den Übergangsstil von der Romanik zur Gotik.

Das **Westportal★** trägt an den Archivolten eine 120 Figurengruppen umfassende Darstellung des Jüngsten Gerichts; leider fehlt zu ihrer Betrachtung der nötige Abstand.

Bis zum Gewölbeansatz ist das **Kircheninnere** romanisch, während die Hochfenster und das Gewölbe schon gotisch sind. Abgesehen vom *trascoro* und einigen barocken Seitenkapellen ist die Kirche reich an gotischen Kunstwerken. Erwähnung verdienen das Gestühl des *coro* (Anfang 16. Jh.) und das Retabel des Hauptaltars. Die an byzantinische Werke erinnernde Steinfigur der Virgen Blanca in der rechten Chorkapelle wird mit 1200 datiert. In der **Capilla de Nuestra Señora de la Esperanza★**, die sich gleich nebenan befindet, sind mehrere Meisterwerke des 15. Jh.s zu sehen, darunter das Grabmal eines Kanzlers von Navarra und das mittlere Retabel.

Der Kreuzgang (**Claustro★★**; 12.-13. Jh.) ist sehr ausgewogen. Die Rundbögen der romanischen Arkaden ruhen abwechselnd auf zwei oder drei Säulen, deren behauene Kapitelle in der Mehrzahl Geschichten aus dem Neuen Testament und das Leben von Heiligen veranschaulichen. Vom Stil her lehnen sie sich an die aragonische Tradition an. In einem Flügel des Kreuzgangs ist eine Tür der ehemaligen Moschee erhalten.

San Nicolás
Die Kirche liegt in der Calle Rua, im alten Stadtviertel. Als sie im 18. Jh. neu gebaut wurde, brachte man auf der Ziegelsteinfassade im Mudéjar-Stil wieder das ursprüngliche romanische Tympanon an; darauf ist Gottvater sitzend dargestellt, der seinen Sohn in den Armen hält und von den Symbolen der Evangelisten umgeben ist.

Umgebung

Tarazona
21 km südwestlich auf der N 121. Im Mittelalter war Tarazona einige Zeit lang Residenz der Könige von Aragonien. Im Zentrum der engen Altstadt am Ufer des Queiles steht noch das ehemalige königliche Schloss, heute **Bischofspalais**.
Catedral – *10-13 Uhr und 16-19 Uhr (im Sommer 16-20 Uhr), So und feiertags 10-13.30 Uhr. Mo geschl. 3,10 € (einschl. Museo Diocesano).* ☎ *948 40 21 61.*
Die Kathedrale stammt im Wesentlichen aus dem 15. und 16. Jh. Mehrere Stile können unterschieden werden: aragonischer Mudéjar-Stil, was Glockenturm und Vierungsturm betrifft, Renaissance am Portal und Gotik an den mit zarten Skulpturen geschmückten **Grabmälern** der Kardinäle Calvillo in der **zweiten Kapelle★** links im Chorumgang.
Der **Mudéjar-Kreuzgang** hat schönes maurisches Maßwerk aus Gips (16. Jh.).
Nahebei liegt die **Plaza de Toros Vieja**, ein kleiner, in sich abgeschlossener und von Wohnhäusern umgebener Platz aus dem 18. Jh., der als Stierkampfarena diente.

Monasterio de Veruela★★
39 km von Tudela und 17 km von Tarazona entfernt. Ab Tarazona die N 122 in Richtung Zaragoza fahren, dann rechts auf die Z 373 abbiegen. Okt.-März 10-13 Uhr und 15-18 Uhr, Apr.-Sept. 10-14 Uhr und 16-19 Uhr. 1,80 €. ☎ *976 64 90 25.*
Zisterziensermönche aus Frankreich gründeten Mitte des 12. Jh.s dieses Kloster, das sie mit einer starken Befestigungsmauer umgaben. Hier schrieb der Sevillaner **Gustavo Adolfo Bécquer** (1836-1870) seine *Briefe aus meiner Zelle*, eine Art Reiseführer, in dem er eine dichterische Beschreibung der Landschaft Aragoniens gibt.
Iglesia★★ – Die Kirche wurde in der Übergangszeit von der Romanik zur Gotik erbaut und hat eine sehr einfache, aber gefällige Fassade: ein Rundfenster, eine Reihe enger Blendarkaden, denen eigenartigerweise die Basis fehlt, und ein Portal, das mit Kugelfriesen und beachtlichen Kapitellen geschmückt ist.
Der von einem Kreuzrippengewölbe überspannte Innenraum überrascht durch seine Großräumigkeit. Die Gewölbegurte sind im Hauptschiff spitzbogig, in den Seitenschiffen und im Chorumgang hufeisenförmig. Im 16. Jh. wurde im linken Querhaus eine platereske Kapelle mit einer geschnitzten und bemalten Tür eingebaut. Die Tür zur Sakristei gegenüber ist schönstes Rokoko.
Claustro★ – Der Kreuzgang entspricht der Hochgotik. Die sehenswerten Konsolen im Erdgeschoss sind mit Skulpturen geschmückt, die Menschen- und Tierköpfe wiedergeben. Im 1. Stock sind nur noch drei Flügel im Plateresktil erhalten. Der Kapitelsaal (**Sala Capitular★**) entspricht in seiner Schlichtheit und Harmonie vollkommen den Regeln der Zisterzienserbauweise. Die ersten 15 Äbte des Klosters sind hier begraben.

Úbeda★★

Úbeda gehört zu den am besten erhaltenen historischen Städten Andalusiens. Im 16. Jh. erlebte die Stadt ihre Blütezeit. Damals wurden die herrlichen Renaissancegebäude errichtet, die heute noch zu bewundern sind. Für die Paläste, die Kirchen und die schönen Plätze sollte man sich Zeit nehmen.

Steckbrief
32 524 Einwohner. Michelin-Karte Nr. 578 – Andalusien (Jaén). Wie der Nachbarort Baeza liegt auch Úbeda inmitten von Olivenbäumen zwischen dem Guadalquivir und dem Guadalimar. **🛈** *Plaza Baja del Marqués 4 (Palacio de Contadero), 23400 Jaén,* ☎ *953 75 08 97.*
Reiseziele in der weiteren Umgebung: BAEZA (9 km westlich), JAÉN (57 km südwestlich) und Parque Natural de CAZORLA, SEGURA Y LAS VILLAS (östlich).

Auf Entdeckungstour

DIE ALTSTADT★★ *Besichtigung: 1 Tag*
Plaza Vázquez de Molina★★
Der von alten Häusern umgebene prächtige Platz ist das Herz der Stadt. Hier steht auch der **Palacio del Deán Ortega**, in dem heute ein Parador de Turismo eingerichtet ist.
Palacio de las Cadenas★ – Die heute noch den Hof umgrenzenden Ketten gaben diesem einstigen Palast, der inzwischen als Rathaus dient, seinen Namen. Das Palais wurde 1562 von Andrés de Vandelvira erbaut, der auch die Kathedrale von Jaén

Úbeda
Tipps und Adressen

UNTERKUNFT
● **Gut & preiswert**
Hotel Victoria – Alaminos 5 –
☎ 953 75 29 52 – 🛏 – 15 Z.: 18/31 €
🅿. Das kleine, familiäre Hotel besticht durch seine Sauberkeit und seinen Preis. Die Zimmer sind einfach, aber sehr komfortabel und gepflegt. Bei einer kleinen Reisekasse die beste Wahl.

● **Unsere Empfehlung**
Palacio de la Rambla – Plaza del Marqués 1 – 15. Juli-15. Aug. geschl. –
☎ 953 75 01 96 – rusticae@rusticae.es –
8 Z.: 72/93 € 🅿. Das Wohnhaus einer Adelsfamilie, ein hübscher Palast aus dem 16. Jh. In diesem eleganten, aber gemütlichen Ambiente fühlt man sich gleich wie zu Hause. Auffallend sind der herrliche Renaissancepatio und die lebensgroßen Krieger an der Fassade, die das Wappen tragen.

FESTE
Im Rahmen der Festbräuche zur Karwoche ist die Karfreitagsprozession durch die nächtlichen Straßen besonders eindrucksvoll.

---

errichtet hat. Fenster und Wandpfeiler wechseln sich auf der schlichten und doch beeindruckenden **Fassade★★** ab, die im oberen Teil mit Karyatiden und Atlanten geschmückt ist.

Der schöne Patio stammt aus der Renaissance. Im oberen Stock ist das Stadtgeschichtliche Archiv untergebracht (schöne Artesonado-Decke). Von dort oben bietet sich ein schöner Ausblick auf den Platz und die Umgebung. Die Räume des Untergeschosses enthalten ein Keramikmuseum **(Museo de la Alfarería)**. 10.30-14 Uhr und 16.30-19 Uhr. Mo geschl. 0,30 €. ☎ 953 75 04 40.

Santa María de los Alcázares★ – Die Kirche wurde im 13. Jh. an der Stelle einer Moschee errichtet. An der Fassade ist das Hauptportal aus dem 17. Jh. besonders schön; auch das linke Seitenportal vom Ende des 16. Jh.s und der Renaissancekreuzgang aus dem 16. Jh. sind sehenswert. Prachtvolle **Gitter★**, die in der Mehrzahl von Meister Bartolomé geschaffen wurden, schließen die mit zarten Rahmungen geschmückten schönen **Kapellen★** ab.

Capilla de El Salvador★★ – 10.30-14 Uhr und 16.30-18 Uhr. Mo geschl. 2,10 €. ☎ 953 75 08 97.

Diego de Siloé entwarf 1536 dieses schöne, einheitliche Bauwerk, dessen Fassade mit Schmuckmotiven der Renaissance verziert ist; es wurde von 1540 bis 1556 von Vandelvira errichtet.

Das einschiffige **Innere★★** ist von theatralischer Pracht. Der Chor hinter dem prachtvollen Gitter bildet eine Rotunde mit einem beeindruckend großen Retabel aus dem 16. Jh., das die Verklärung Christi darstellt; Alonso de Berruguete schnitzte die Figurengruppe, von der jedoch nur die Figur Christi erhalten ist.

Die von Vandelvira gestaltete **Sakristei★★** zeigt mit ihren Kassetten, Medaillons, Karyatiden und Atlanten den Stileinfluss der italienischen Renaissance.

Casa de los Salvajes
Zwei in Felle gekleidete und mit Binsen gegürtete „Wilde" (salvajes) tragen das Wappenschild des Bischofs, dem dieses Haus gehörte.

San Pablo★
Der gotische Stil des Westportals steht in harmonischem Einklang mit dem Isabelinischen Stil des **Südportals** (1511). Im Innern beachtliche **Kapellen★**. Besonders hervorzuheben sind die von Vandelvira entworfene Capilla de las Calaveras („Totenkopfkapelle") und die Las-Mercedes-Kapelle, ein typisches Beispiel für den Isabelinischen Stil, die mit einem wunderschönen **Gitter★★** abgeschlossen ist.

Auf der Plaza Primero de Mayo steht auch der Bau der **Alten Stadtverwaltung** (17. Jh.), der sichtlich von der Architektur Palladios beeinflusst ist.

Convento de San Miguel
Im ehemaligen St.-Michaels-Kloster befindet sich ein Museum, das dem hl. Johannes vom Kreuz gewidmet ist **(Museo de San Juan de la Cruz)**. Es erinnert an die letzten Tage, die der große Mystiker und Dichter in der Stadt verbrachte. 11-13 Uhr und 17-19 Uhr. Mo geschl. 1,20 €. ☎ 953 75 06 15.

Casa del Obispo Canastero
Zwei Soldaten halten die Wappenschilder des Bischofs Canastero, Besitzer dieses Palastes aus reliefierten Polsterquadern.

Palacio de la Calle Montiel
Eines der ersten Renaissancegebäude der Stadt. Schöne platereske Fassade.

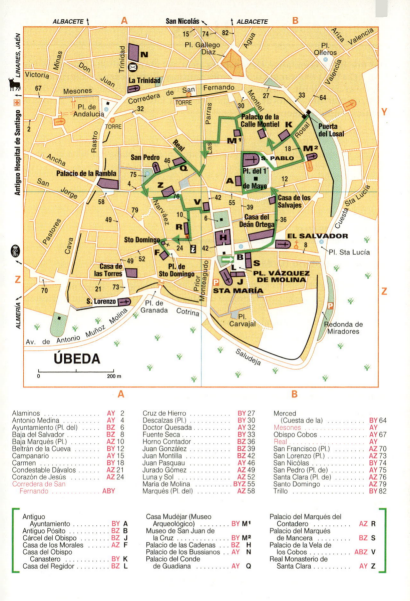

ÚBEDA

Alaminos	AY 2	Cruz de Hierro	BY 27	Merced	
Antonio Medina	AY 4	Descalzas (Pl.)	BY 30	(Cuesta de la)	BY 64
Ayuntamiento (Pl. del)	BZ 6	Doctor Quesada	AY 32	Mesones	AY
Baja del Salvador	BZ 8	Fuente Seca	BY 33	Obispo Cobos	AY 67
Baja Marqués (Pl.)	AZ 10	Horno Contador	BZ 36	Real	AY
Beltrán de la Cueva	BY 12	Juan González	BZ 39	San Francisco (Pl.)	AZ 70
Campanario	AY 15	Juan Montilla	BZ 42	San Lorenzo (Pl.)	AZ 73
Carmen	BY 18	Juan Pasquau	AY 46	San Nicolás	BY 74
Condestable Dávalos	AZ 21	Jurado Gómez	AZ 49	San Pedro (Pl. de)	AY 75
Corazón de Jesús	AZ 24	Luna y Sol	AZ 52	Santa Clara (Pl. de)	AZ 76
Corredera de San Fernando	ABY	Maria de Molina	BYZ 55	Santo Domingo	AZ 79
		Marqués (Pl. del)	AZ 58	Trillo	BY 82

Antiguo Ayuntamiento	BY A	Casa Mudéjar (Museo Arqueológico)	BY M¹	Palacio del Marqués del Contadero	AZ R
Antiguo Pósito	BZ B	Museo de San Juan de la Cruz	BY M²	Palacio del Marqués de Mancera	BZ S
Cárcel del Obispo	BZ J	Palacio de las Cadenas	BZ H	Palacio de la Vela de los Cobos	ABZ V
Casa de los Morales	AZ F	Palacio de los Bussianos	AY N	Real Monasterio de Santa Clara	AY Z
Casa del Obispo Canastero	BY K	Palacio del Conde de Guadiana	AY Q		
Casa del Regidor	BZ L				

Casa Mudéjar
Dieser frisch renovierte Mudéjar-Bau aus dem 14. Jh. beherbergt das **Museo Arqueológico**, in dem Fundstücke aus der Region ausgestellt sind. *9-20 Uhr, So 9-14 Uhr. Mo und Di-vormittag geschl. 1,50 €; für EU-Bürger Eintritt frei.* ☎ 953 75 37 02.

Palacio del Conde de Guadiana
Ein schöner **Turm★** mit Eckbalkonen kennzeichnet diesen Anfang des 17. Jh.s errichtet Bau.

Palacio de la Vela de los Cobos
Das Palais wurde um die Mitte des 16. Jh.s errichtet. Die harmonische Fassade ist mit einer gotischen Spitzbogengalerie bekrönt.

Palacio del Marqués del Contadero
Die mit einer Galerie bekrönte Fassade (Ende 18. Jh.) beweist, wie lange sich der Renaissancestil in Úbeda gehalten hat.

Santo Domingo
Das mit platersken Reliefs verzierte Südportal führt auf einen malerischen kleinen Platz, an dem das Haus der Familie Morales steht.

▶▶ Antiguo Hospital de Santiago (Museo de la Semana Santa/Museum zu den Osterbräuchen); Palacio de los Bussianos; Iglesia de la Trinidad; Palacio de la Rambla; Casa de las Torres; San Lorenzo.

Uclés

Die mächtige ehemalige Ordensburg liegt auf einer Anhöhe über dem Dorf. Von 1174 bis 1499 war sie der Sitz des Santiago-Ritterordens. Aufgrund seiner Lage war das kleine Dorf Schauplatz zahlreicher Schlachten, darunter die von 1108, in der die Almoraviden das Heer des kastilischen Königs Alfons VI. vernichtend schlugen.

Steckbrief
297 Einwohner. Michelin-Karte Nr. 576 – Kastilien-La Mancha (Cuenca). Uclés liegt günstig im südöstlichen Teil der Provinz Cuenca, in der Nähe der N III, die Madrid mit Valencia verbindet. 🖥 *www.ucles.org und www.monasteriodeucles.com*
Reiseziele in der weiteren Umgebung: CUENCA (70 km östlich) und ARANJUEZ (77 km westlich).

Besichtigung

Castillo-Monasterio (Ordensburg)
Tgl. 9-19 Uhr. 1,80 €. ☎ 969 13 50 58.
Das heutige Gebäude wurde zwar 1529 im Platereskstil begonnen, ist aber größtenteils das Werk von **Francisco de Mora** (1560-1610), dem Schüler Herreras, der hier versuchte, seinen Escorial zu errichten; man nennt das Gebäude übrigens auch den Kleinen Escorial. Als besonders ausgewogene Bauten verdienen der Brunnen im Hof und das Haupttor Erwähnung.
Bei einem Spaziergang um die Gebäude bieten sich weite Ausblicke.

Umgebung

Segóbriga (Römische Stadt)
In Saelices, 14 km südlich von Uclés. Die N III bei Ausfahrt 103/104 in Richtung Casas de Luján verlassen. Tgl. 9-14 Uhr und 16-18 Uhr. Eintritt frei. ☎ 696 67 05 14.
Die Besichtigung sollte man im Dorf **Saelices** beginnen, in dem es ein **Museum** gibt, das Segóbriga gewidmet ist. Die alte keltiberische Festung, deren Geschichte sich bis ins 5. Jh. v. Chr. verfolgen lässt, wurde in römischer Zeit zu einer strategisch wichtigen Stadt an einer bedeutenden Wegkreuzung. Ihre Blüte erlebte sie im 1. Jh. v. Chr. Damals entstanden das Theater und vor allem das eindrucksvolle, gut erhaltene **Amphitheater★**, das 5 000 Zuschauern Platz bot. Von der Stadtmauer und den Thermen sind ebenfalls noch Reste erhalten.

València★★

Die drittgrößte Stadt Spaniens hat ganz den Charakter und die Lebensart einer großen Stadt am Mittelmeer, die durch ihr ausgesprochen mildes und sonniges Klima jeden für sich einnimmt. Das alte Viertel mit seinen befestigten Stadttoren, Kirchen, engen Straßen, oft recht altmodisch wirkenden Auslagen in den Schaufenstern und gotischen Wohnhäusern, von denen man manchmal einen vornehmen Patio wahrnimmt, lädt zu einem gemütlichen Spaziergang ein. Auch an Valencia ging jedoch die Zeit nicht vorbei. Durch die Ciutat de les Arts i les Ciències (Stadt der Kunst und der Wissenschaft), die Brücke über dem alten Flussbett des Turia (beides Werke von Santiago Calatrava) und den Kongresspalast des Architekten Foster zählt die mittelalterliche Stadt auch zu den spanischen Höhepunkten moderner Architektur.

Steckbrief
777 427 Einwohner. Michelin-Karte Nr. 577 – Comunidad Valenciana. Das am Meer gelegene Valencia hat zwei herrliche Strände, **Las Arenas bzw. Levante** und **La Malvarrosa**, die vom Stadtzentrum aus mit Bussen und einer Trambahn erreichbar sind. In La Malvarrosa, das Künstler wie Sorolla inspirierte, befindet sich im ehemaligen Wohnhaus des Schriftstellers **Vicente Blasco Ibáñez** (1867-1928) ein ihm gewidmetes Museum. Seine Romane (*La barraca, Entre naranjos* u. a.), durch die die *huerta* von Valencia in die spanische Literatur einging, haben viel

Lokalkolorit. **B** *Plaza del Ayuntamiento 1, 46002 València,* ☏ *963 51 04 17; Poeta Querol, 46002 València,* ☏ *963 51 49 07; Avenida de Catalunya 5, 46010 València,* ☏ *963 69 79 32; Paz 48, 46003 València,* ☏ *963 98 64 22.*
Reiseziele in der weiteren Umgebung: COSTA DEL AZAHAR, COSTA BLANCA und ALACANT/ALICANTE (174 km südlich).

Hintergrundinfos

Eine 2 000-jährige Geschichte – Der von den Griechen gegründete Ort wurde im Jahr 138 v. Chr. römische Veteranenkolonie und ging nacheinander in die Hände der Westgoten und Mauren über. 1094 eroberte sie **El Cid** für die Christen und wurde aus diesem Anlass zum Herzog von Valencia ernannt; er konnte sich hier jedoch nur noch fünf Jahre seines Lebens freuen und starb 1099. Drei Jahre später wurde Valencia von den Mauren zurückerobert. 1238 gelang es Jaime dem Eroberer, sich ihrer neuerlich zu bemächtigen. Er machte Valencia zur Hauptstadt seines mit Aragonien vereinten Königreichs. Dieses florierte bis zum Ende des 15. Jh.s und erlebte dann eine Periode wirtschaftlichen Abstiegs, da nach der Entdeckung Amerikas der Handel über die andalusischen Häfen abgewickelt wurde. Dank der Seidenraupenzucht konnte die Stadt im 17. Jh. ihre Wirtschaft wieder kräftig beleben.
In den letzten beiden Jahrhunderten war Valencia an allen Aufständen in irgendeiner Form beteiligt. Im Erbfolgekrieg (1701-1714) stand die Stadt auf Seiten des Erzherzogs von Österreich und verlor in der Folge alle ihre Vorrechte. 1808 erhob sie sich gegen die französische Besatzung und wurde 1812 von General Suchet eingenommen. 1843 kam es zu einem Aufstand unter **General Narváez** zugunsten der Regentschaft María Cristinas. Schließlich war Valencia während des Bürgerkriegs nach dem Fall Kataloniens im März 1939 Zufluchtsort der republikanischen Truppen.
Valencianische Kunst – Wirtschaft und Kunst erlebten im 15. Jh. eine große Blütezeit. In der Altstadt sind noch zahlreiche Zeugnisse aus dieser Epoche erhalten, sowohl Profanbauten (Paläste, Stadttore, Börse) als auch Sakralbauten (Kathedrale). In der Malerei kamen damals mehrere Künstler zu großem Ansehen: **Luis Dalmau**, der die Malweise der altniederländischen Schule in Spanien einführte, **Jaime Baço**, genannt **Jacomart**, und sein Geselle **Juan Reixac**, bei denen sich der altniederländische mit dem italienischen Einfluss verbindet; strenger wirkt die Malerei von **Rodrigo Osona d. Ä.** und dessen Sohn, die altniederländischen Vorbildern folgten. Die valencianischen Künstler des 15. Jh.s stellten ihre Geschicklichkeit auch in den meisten Kunsthandwerken unter Beweis. Man findet hervorragende Kunstschmiedearbeiten in Gold, Silber und Eisen sowie schöne Stickereien. Überregionale Bedeutung hatte die Keramikherstellung mit Sitz in Paterna und Manises *(Museo Nacional de Cerámica, s. unter „Besichtigungen")*.
Die *huerta* von Valencia und die Albufera – Die Stadt liegt am Ufer des Turia im Herzen einer sehr fruchtbaren *huerta*. Dank eines ausgeklügelten Bewässerungssystems, das bereits von den Römern angelegt und von den Mauren zu größter Vollkommenheit weiterentwickelt wurde, wachsen hier Abertausende von Orangen- und Zitronenbäumen sowie Obst und Gemüse, das nach ganz Europa exportiert wird. Im Süden Valencias liegt der **Naturpark La Albufera** *(s. unter COSTA DEL AZAHAR, Ausflüge).*

DIE FALLAS

Der Brauch soll aus dem Mittelalter stammen, als die Zimmermannszunft am Josephstag die Holzabfälle in großen Feuern *(fallas,* von lat. *fax* = Fackel) verbrannte. *Fallas* wurde schließlich das Fest genannt, bei dem inzwischen auch andere Gegenstände öffentlich verbrannt werden, die man ausschließlich zu diesem Zweck herstellt – so z. B. die Konterfeis unbeliebter Mitbürger. Seit dem 17. Jh. stellt man Figuren *(ninots)* aus Pappmaché her, die inzwischen – da die Stadtviertel sich gegenseitig überbieten wollen – riesige Ausmaße angenommen haben. Eine Preisverleihung honoriert die künstlerische Darstellung oder den Witz dieser kurzlebigen Schöpfungen. Die Festwoche, in der zahlreiche andere Veranstaltungen (Umzüge, Stierkämpfe, Feuerwerk) auf dem Programm stehen, endet am Abend des 19. März mit der Verbrennung *(cremá)* der *Fallas.* Es gibt ein interessantes Museum **(Museo Fallero)** zum Thema *Fallas* mit *ninots* von 1934 bis heute. 9.15-14 Uhr und 16.30-20 Uhr, So und feiertags 9.15-14 Uhr. Juni-Okt., 1. und 6. Jan., 1. Mai und 25. Dez. geschl. 1,80 €. ☏ 963 52 54 78 (Durchwahl 4625)

Auf Entdeckungstour

DIE ALTSTADT★ *Besichtigung: 2 Std.*
Die Altstadt von Valencia ist eine der größten Spaniens. Sie zeugt von der Bedeutung der Stadt im 15. Jh. Den Rundgang sollte man mit dem Miguelete (an der Plaza de la Reina, bei der Kathedrale) beginnen.

València
Tipps und Adressen

RESTAURANTS
• Gut & preiswert
Casa Chimo – *Avenida Neptuno 40* – ☎ 963 71 20 48 - Mi geschl. - Reserv. empf. – 15/29 €. Eine Institution. Hier am Meeresufer essen die einheimischen Familien die traditionelle *paella*. Im Speisesaal innen mit der hohen Decke und den gekachelten Wänden ist es erfrischender als im übrigen Restaurant.

• Unsere Empfehlung
La Barbacoa del Carme – *Plaza del Carme 6* – ☎ 963 92 24 48 – Mittags außer So geschl. – 18/25 €. Zuerst kommt man wegen der hübschen, überdachten Terrasse. Dann entdeckt man die gute Speisekarte (auf Holzkohle grilltes Fleisch und viel Salat), und schließlich kann man noch den ruhigen Platz und den schönen Blick auf die Iglesia del Carmen genießen.

La Riuá – *Del Mar 27* – ☎ 963 91 71 72 – 🚭 – Reserv. empf. – 18/30 €. Durch eine schwere Holztür gelangt man in eines der bekanntesten Restaurants der Stadt. Der Gastraum erstreckt sich über mehrere Ebenen und ist mit *azulejos* ausgekleidet. Hier geht es ein wenig geräuschvoll zu. Das richtige Restaurant, um die lokale Küche kennen zu lernen.

TAPAS
Las Cuevas – *Samaniego 9* – ☎ 963 91 71 96 – 🚭. Eine höhlenartige Tapas-Bar mit winzigen Fenstern und Deckenbögen. Es gibt die traditionellen *tapas* der Stadt: Miesmuscheln *(mejillones)* und gefüllte Paprika *(pimientos rellenos)*, Sardinen *(sardinas)* usw. Am Wochenende junges, sehr fröhliches Ambiente.

Clot – *Plaza Redonda 1* – ☎ 963 91 81 23 – Tgl. 10-13 Uhr und 16-24 Uhr. Das Lokal mit drei Tischen unter den Arkaden der originellen Plaza Redonda bietet leckere *tapas*. Vor allem die Würstchen sollte man probieren.

Pilar – *Moro Zeit 13* – ☎ 963 91 04 97 – Tgl. außer Mi 12-24 Uhr. Die 1918 eröffnete Tapas-Bar gehört zu den besten Valencias. Spezialität sind *clochinas* aus Miesmuscheln. Fast direkt gegenüber liegt El Molino, eine weitere typische Tapas-Bar. Zwei gute Möglichkeiten, noch einmal einzukehren, bevor man sich ins valencianische Nachtleben stürzt.

UNTERKUNFT
• Gut & preiswert
Hostal Antigua Morellana – *En Bou 2* – ☎ 963 91 57 73 – www.inicia.es/de/hostalam – 🚭 🖃 – 18 Z.: 25/37 €. Das familiäre Hotel liegt in unmittelbarer Nähe von Warenbörse (Lonja) und Zentralmarkt. Sehr gutes Preis-Leistungs-Verhältnis. Die komfortablen und hellen Zimmer bieten den besten Blick auf die malerischen Straßen des Barrio del Carmen.

Hostal Londres – *Barcelonina 1* – ☎ 963 51 22 44 – 42 Z.: 31/52 € – 🍽 5 €. Das berühmte und oft ausgebuchte Hotel verströmt den Zauber vergangener Zeiten. Der Terrakottaboden und die hübschen Betten verleihen den Zimmern eine ganz besondere Note (die Zimmer zur Straße hin können am Wochenende allerdings sehr laut sein).

• Fürstlich logieren
Hotel Ad-Hoc – *Boix 4* – ☎ 963 91 91 40 – adhoc@nexo.net – 🖃 – 28 Z.: 105/131 € – 🍽 6,50 € – Rest. 19 €. Dieses Palais aus dem 19. Jh. liegt in einer ruhigen Straße und hat, etwa beim Mosaikboden und den Balken, noch Teile der Originalarchitektur bewahrt. Gut eingerichtete und komfortable Zimmer. Wenn möglich, sollte man die Zimmer im Obergeschoss nehmen, denn sie haben einen Balkon.

Hotel Reina Victoria – *Barcas 4* – ☎ 963 52 04 87 – hreinavictoriavalencia@husa.es – 🖃 – 94 Z.: 88/132 € – 🍽 9 € – Rest. 14 € Schon der Anblick der herrlichen weißen Barockfassade lohnt sich. Die Innenausstattung entspricht voll und ganz den Erwartungen: Das wunderschöne Foyer ist mit Marmor und Spiegeln ausgekleidet, die Einrichtung der Zimmer ist vom Rokoko inspiriert, wirkt aber nicht überladen.

FÜR ZWISCHENDURCH
Café del Negrito – *Plaza Negrito* – Tgl. 16-3 Uhr. Ein Künstlercafé an einem kleinen Platz der Altstadt. Hier trifft man sich mit Freunden, um das beste *Agua de Valencia* zu trinken (ein Getränk aus Sekt, Likör und Orangensaft) oder einen der berühmten Cocktails aus Orangensaft und Sekt. Gegenüber liegt das Ghecko, dessen Bar vollständig mit Muscheln bedeckt ist.

El Siglo – *Plaza Santa Catalina 11* – ☎ 963 91 84 66 - Tgl. 10-13 Uhr und 16-24 Uhr. Das 1836 gegründete, traditionsreiche El Siglo ist ein Schokoladengeschäft, eine Eisdiele und eine *horchatería* (hier wird *horchata*, eine Art Mandelmilch, ausgeschenkt). Alle Produkte sind hausgemacht. Man beachte die herrlichen *azulejos* aus Manises. Keine 10 m weiter liegt Santa Catalina, ebenfalls eine typische, wenn auch weniger gut besuchte Konditorei.

CAFÉS, KNEIPEN UND BARS
Calle Caballeros – Der Mittelpunkt des valencianischen Nachtlebens. Zwischen der Plaza de la Virgen mir ihren Terrassenlokalen und der Plaza Tossal, wo viele Tapas-Bars liegen, kommt man u. a. am schicken Fox Congo, an der Salsa-Bar Johnny Maracas und an der Modedisco Babal Hanax vorbei.

La Marxa – *Cocinas 5* – Do-Sa ab 23 Uhr. Hier, mitten im berühmten Barrio del Carmen, tobt das Nachtleben Valencias, zu dessen Ruhm vor allem diese Bar beigetragen hat.

AUSGEHTIPPS
Palau de la Música – *Paseo de la Alameda* – ☎ 963 37 50 20 – Bei Veranstaltungen geöffnet. Dieser der

klassischen Musik gewidmete Palast ist aus dem kulturellen Leben der Stadt nicht mehr wegzudenken.

Shopping
Lladró – *Poeta Querol 9* – ☎ *963 51 16 25 – Mo-Sa 10-13 Uhr und 16-20 Uhr*. Berühmte Porzellanfabrik, deren Produkte man weltweit kaufen kann. Die Stücke sind wahre Meisterwerke. Unterschiedliche Preise.

Mercadillo de la Plaza Redonda – *Tgl. 9-13 Uhr und 16-21 Uhr*. Ein Markt auf der Plaza Redonda, wo man Kleidung oder allerhand Krimskrams kaufen oder einfach einen Kaffee trinken kann. Am Sonntag Tiermarkt.

Feste
Jedes Jahr feiert Valencia in der Woche vor dem 19. März die *Fiestas de San José* mit den berühmten *Fallas (s. Infokasten)*.

El Miguelete oder Micalet★
Tgl. 10-13 Uhr und 17 Uhr bis Einbruch der Dunkelheit. 1,20 €. ☎ *963 91 81 27.*
Dieser achteckige Turm, der sich neben der Kirchenfassade erhebt, verdankt seinen Namen der großen, am Michaelstag des Jahres 1418 getauften Glocke. Von seiner Spitze aus bietet sich ein Blick über die Dächer der Kathedrale und der Stadt mit ihren vielen Kirchtürmen und Kuppeln.

Catedral★
Tgl. 10-13 Uhr und 17 Uhr bis Einbruch der Dunkelheit. 1,20 €. ☎ *963 91 81 27.*
In maurischer Zeit befand sich an ihrem Standort eine Moschee. Der Bau des christlichen Gotteshauses begann 1262, doch stammen die wesentlichen Bauteile aus dem 14. und 15. Jh. Durch die Ende des 18. Jh.s erfolgte Restaurierung wurde die gotische Fassade völlig überdeckt, doch hat man heute die ursprüngliche Konstruktion wieder freigelegt.

Außenansicht – Die Hauptfassade aus dem frühen 18. Jh. wurde nach den Entwürfen des deutschen Architekten Konrad Rudolf, eines Bernini-Schülers, begonnen und von Ignacio Vergara vollendet. Im Giebel der eleganten, wenn auch schmalen Fassade ist die Himmelfahrt Mariä dargestellt, ein Werk von Ignacio Vergara und Estève. Das Südportal (Puerta del Palau) ist romanisch. Das Apostelportal **(Portada de los Apóstoles)** an der Nordseite gehört zur gotischen Bauphase. Bedauerlicherweise haben die Skulpturen wegen der schlechten Qualität des Steins gelitten. Im Tympanon die Muttergottes mit Kind, die sich früher am Mittelpfeiler des Portals befand, umgeben von musizierenden Engeln.

Das Wassergericht
Seit dem Mittelalter gibt es in Valencia das Wassergericht *(Tribunal de las Aguas)*, das alle Angelegenheiten der Wasserverteilung in der *huerta* regelt. Jeden Donnerstag um 12 Uhr kommen die Wasserrichter, Vertreter der von den acht Kanälen bewässerten Zonen, und der *alguacil* (Gerichtsdiener) vor dem Apostelportal der Kathedrale zusammen. Die strittigen Punkte werden vorgetragen. Die Richter, die alle schwarz gekleidet sind, beraten, und der Älteste spricht sofort das Urteil (Geldstrafe oder Wasserentzug), das ohne schriftliche Formalitäten rechtskräftig ist; die Möglichkeit zur Berufung besteht nicht.

Plaza de la Reina

VALÈNCIA

Alameda (Pas. de la) .... **FXY**	Barcas .... **EY**	Conde de Altea .... **FZ**
Alfonso el Magnánimo (Pl.) .. **FY**	Barón de Cárcer (Av.) ...... **DY**	Conde Salvatierra de Alava . **FY**
Alicante .... **EZ**	Blanquerias .... **DX**	Conde Trenor .... **EX**
Almirante .... **EX** 3	Blasco Ibáñez (Av.) .... **FX**	Convento Jerusalén .... **DZ**
Almirante Cadarso .... **FZ**	Bolsería .... **DX** 8	Corona .... **DX**
Almudín .... **EX** 4	Burriana .... **FZ**	Cronista Rivelles .... **EX**
Alta .... **DX**	Caballeros .... **DEX**	Cuenca .... **DZ**
América (Pl.) .... **FY**	Calatrava (Puente) .... **FY**	Doctor Collado (Pl.) .... **EY** 18
Ángel Guimerá .... **DY** 7	Carda .... **DY**	Doctor Sanchis Bergón .... **DX** 19
Aragón	Carmen (Pl. del) .... **DX** 13	Don Juan de Austria .... **EFY**
(Puente de) .... **FYZ**	Carniceros .... **DY**	Embajador Vich .... **EY** 23
Ayuntamiento (Pl. del) ...... **EY**	Castellón .... **EF**	Esparto (Pl. del) .... **DX** 24
Bailén .... **DZ**	Cirilo Amorós .... **EFZ**	Félix Pizcueta .... **EZ**
Baja .... **DX**	Ciscar .... **FZ**	Fernando el Católico
	Ciudadela (Pas. de la) ...... **FY**	(Gran Via) .... **DY**
	Colón .... **EFYZ**	Fueros (Pl. de los) .... **EX**
	Comedias .... **EY**	Garrigues .... **DY** 30

Name	Grid
General Elio	FX
General Palanca	FY 35
General Sanmartín	EZ
Germanías (Gran Via)	EZ
Gobernador Viejo	FXY
Grabador Esteve	FY
Guillem de Castro	DXYZ
Guillem Sorolla	DY 41
Hernán Cortés	FZ
Hospital	DY
Isabel la Católica	FYZ
Jacinto Benavente (Av.)	FZ
Jesús	DZ
Joaquín Costa	FZ
Jorge Juan	FYZ
Lepanto	DY
Linterna	DY
Llano del Real	FX
Maestres	FX 48
Maestro Gozalbo	FZ
Maestro Palau	DY 49
Maldonado	DY
Mar	EFY
María Cristina (Av.)	EY 54
Marqués de Sotelo (Av.)	EZ
Marqués del Turia (Gran Vía)	EFZ
Mercado (Pl. del)	DEY
Micalet	EX 59
Micer Mascó	FX
Moratín	EY
Moro Zeit	DX 61
Murillo	DX
Músico Peydró	DY 64
Na Jordana	DX
Nápoles y Sicilia (Pl.)	EX 65
Navarro Reverter (Av.)	FY
Navellos	EX
Padre Huérfanos	EX 66
Palau	EX 67
Pascual y Genís	EYZ
Paz	EFY
Periodista Azzati	DY 70
Pie de la Cruz	DY 74
Pintor Benedito	DZ
Pintor López	EFX
Pintor Sorolla	EFY
Pizarro	FZ
Poeta Querol	EY
Poeta Quintana	FY 77
Pontó, el	FY
Porta de la Mar (Pl.)	FY
Quart	DX
Quevedo	DYZ
Ramón y Cajal (Gran Vía de)	DZ
Real (Puente del)	FX
Recaredo	DY
Redonda (Pl.)	EY
Regne de València (Av.)	FZ
Reina (Pl. de la)	EY
Reina Doña Germana	FZ
Ripalda	DX
Roger de Lauria	EZ
Roteros	EX
Ruzafa	EZ
Ruzafa (Pas.)	EZ
Salamanca	FZ
Salvá	EY
Salvador	EX
Salvador Giner	DX 81
San Francisco de Borja	DZ
San Pío V	FX
San Vicente Ferrer (Pl.)	EY 83
San Vicente Mártir	DEYZ
Santa Ana (Muro)	EX 87
Santa Teresa	DY 88
Santo Tomás	DX 89
Serranos	EX
Serranos (Puente)	EX
Sorni	FY
Temple (Pl. del)	FX
Tetuán (Pl. de)	FY
Transits	EY 93
Trinidad (Puente)	EX
Trinitarios	EX
Turia	DXY
Universidad	EY 94
Virgen (Pl. de la)	EX 95
Virgen de la Paz (Pl.)	EY 98
Xàtiva	DEZ

Name	Grid
Almudín	EX E
Catedral	EX
Centro de la Beneficencia, Museo de Prehistoria y Etnologia	DX M³
Centro del Carmen (IVAM)	DX
Centro Julio González (IVAM)	DX
Ciutat de les Arts i les Ciències	FZ
Colegio del Patriarca	EY N
Convento de Santo Domingo	FY
Estación del Norte	EZ
Iglesia de San Martín	EY
Iglesia de San Nicolás	DX
Iglesia de Santa Catalina	EY
Iglesia de los Santos Juanes	DY
Jardín Botánico	DX
Jardín de Montforte	FX
Jardines del Real	FX
Lonja	DY
Mercado Central	DY
El Miguelete	EX
Museo de Bellas Artes San Pío V	FX
Museo de Cerámica	EY M¹
Museo de la Ciudad	EX M²
Museo Valenciano de la Ilustración y la Modernidad	DY M⁴
Nuestra Señora de los Desamparados	EX B
Palau de la Generalitat	EX
Palau de Congressos	DY
Platja de Malva-Rosa	FYZ
Torres de Quart	DX
Torres de Serranos	EX
Universidad	EY U

València

Innenraum – Obwohl die gotischen Gewölbe nicht sehr hoch sind, ist der Raum doch voller Licht, das durch die Alabasterfenster der eleganten spätgotischen Vierungskuppel dringt.

Der Einfluss Leonardo da Vincis ist auf den Gemälden des Retabels unverkennbar. Diese stellen Szenen aus dem Leben Christi und Mariä dar und wurden Anfang des 16. Jh.s von Fernando de Llanos und Yáñez de la Almedina ausgeführt.

Im Chorumgang sieht man auf der Rückseite des Hauptaltars zunächst einen schönen Renaissancebogen, bemerkenswert ist jedoch auch das feine, durchsichtige Alabasterrelief der Auferstehung (1510), das von ihm fast verdeckt wird. Gegenüber steht die bemalte Alabasterstatue der Virgen del Coro aus dem 15. Jh., in einer Kapelle daneben der Cristo de la Buena Muerte.

Capilla del Santo Cáliz (Gralskapelle) oder Sala Capitular (Kapitelsaal)★ – *10-13 Uhr und 16.30-18 Uhr (Juni-Sept. 16.30-19 Uhr), Dez.-März 10-13 Uhr; feiertags 10-13 Uhr. So geschl. 1,20 €. ☎ 963 91 81 27.*

Im 14. Jh. diente der spätgotisch überwölbte Raum als Studierzimmer. Hinter dem Altar sind 12 Alabasterflachreliefs des florentinischen Bildhauers Poggibonsi (in Valencia Julián Florentino genannt) in einen gotischen Aufbau eingefügt, in dessen Mitte ein herrlicher purpurfarbener Achatkelch aus dem 1. Jh. n. Chr. steht. Von diesem wird gesagt, dass er der Hl. Gral sei (jener Kelch, dessen sich Jesus beim Abendmahl bediente und der einige Tropfen seines Bluts aufgefangen haben soll). Der Kelch soll im 3. Jh. nach Spanien in den Besitz des Klosters San Juan de la Peña *(s. unter JACA, ②)* gekommen und im 15. Jh. von den Königen von Aragonien der Kathedrale von Valencia anvertraut worden sein. Von der Capilla del Santo Cáliz gelangt man ins **Museum**, wo eine riesige, nach dem Bürgerkrieg geschaffene Monstranz aufbewahrt wird, aber auch zwei Gemälde von Goya, die den hl. Franz von Borja darstellen.

Die Kathedrale durch die Puerta del Palau verlassen (am rechten Kreuzarm) und zur Plaza del Arzobispo gehen.

Museo de la Ciudad
9-14 Uhr und 17-21 Uhr, So und feiertags 9-14 Uhr. Mo, 1. Jan., 1. Mai und 25. Dez. geschl. Eintritt frei. ☎ 963 52 54 78.

Die Städtische Gemäldesammlung und eine kleine Abteilung zur Stadtgeschichte von der Gründung bis in die christliche Zeit sind im ehemaligen Palais des Marquis de Campo, einem Bau aus dem 19. Jh., untergebracht.

Cripta Arqueológica de la Cárcel de San Vicente (Krypta des Gefängnisses des hl. Vinzenz)
9.30-14 Uhr und 17.30-20 Uhr, So 9.30-14 Uhr. Mo geschl. Eintritt frei. ☎ 963 94 14 17.

Es handelt sich um eine kleine westgotische Kapelle mit einem Grab, das von vier fein behauenen Chorschranken und zwei westgotischen Steinsärgen umgeben ist. Zur Besichtigung gehört auch ein Videofilm.

Almudín
In dem ehemaligen Kornspeicher (14.-16. Jh.) kann man volkstümliche Fresken und zwei Kachelaltäre (19. Jh.) bewundern. Heute werden hier wechselnde Ausstellungen gezeigt.

Zurück zur Plaza de la Virgen gehen.

Nuestra Señora de los Desamparados
Tgl. 7-14 Uhr und 16-21 Uhr. ☎ 963 91 92 14.

Die Kirche (2. Hälfte 17. Jh.) hat einen ovalen Grundriss und ist über einen Renaissancebogen mit der Kathedrale verbunden. Unter einer bemalten Kuppel befindet sich die Schutzpatronin der Stadt, die Virgen de los Desamparados, die sich aller Obdach-, Schutz- und Heimatlosen besonders annimmt.

Palau de la Generalitat★
Führung (35 Min.) nach Voranmeldung. Eintritt frei. ☎ 963 86 34 61.

In diesem schönen gotischen Palast (15. Jh.), dem im 17. Jh. ein erster und im 20. Jh. ein identischer zweiter Turm angefügt wurde, versammelte sich bis 1707 die valencianische Abgeordnetenkammer (Cortes), die mit der Einziehung der Steuern beauftragt war.

Man kommt in einen eleganten gotischen Patio, der mit einer Skulptur von Benlliure (*Dantes Inferno*, 1900) geschmückt ist. In einem Salon sieht man eine wundervolle vergoldete und bemalte **Artesonado-Decke★**; auf einem großen Gemälde ist das Wassergericht dargestellt. Im 1. Stock geht man vom Königssaal mit den Porträts der Könige von Valencia in die Betkapelle (Retabel des valencianischen Künstlers Juan de Sariñena aus dem 16. Jh.) und in den großen Sitzungssaal der Cortes, dessen Kassettendecke und Kachelfries aus dem 16. Jh. stammen. Mehrere Gemälde (16. Jh.) zeigen Mitglieder der Cortes.

Torres de Serranos★
Am Ende der Calle Serranos, rechts von der Plaza de Manises. Diese Türme gehörten zum nördlichen Stadttor von Valencia. Sie sind, obschon restauriert, ein schönes Beispiel für die Militärarchitektur des ausgehenden 14. Jh.s. Man beachte die geschwungenen Linien der Pechnasen auf der stadtauswärts gelegenen Seite der Türme und das feine Ornament über dem Tor.

Calle de Caballeros
Sie geht von der Plaza de Manises ab, wo man die Rückseite der Generalitat und das Gebäude der Diputación sieht. Die Straße führt in das traditionelle Barrio del Carmen und war zu früheren Zeiten die wichtigste Straße der Stadt. Viele ihrer Häuser haben noch einen typisch gotischen Innenhof (so die Häuser Nr. 22, 26, 33).
In die Straße gegenüber von Haus Nr. 26 einbiegen.

San Nicolás
Wird zurzeit restauriert. ☏ 963 91 33 17.
Eine der ältesten Kirchen der Stadt, deren Innenraum vollständig im churrigueresken Stil renoviert wurde. Unter den Gemälden aus dem 16. Jh. sind vor allem ein Altaraufsatz von Juan de Juanes in der Kapelle links vom Eingang und eine schöne Kreuzigungsgruppe von Osona d. Ä. in der Taufkapelle hervorzuheben.
Bis zur Plaza del Esparto weitergehen; dort in die Calle Quart einbiegen.

Torres de Quart
Die Türme aus dem 15. Jh. flankierten ein anderes Tor der Stadtmauer und stellen ein weiteres Beispiel der Militärarchitektur jener Zeit dar.
Zurück zur Plaza del Esparto gehen und dort in die Calle Bolsería einbiegen.

Lonja (Börse)★
9-14 Uhr und 17.15-21 Uhr, So und feiertags 9-13.30 Uhr. Mo, 1. Jan., 1. Mai und 25. Dez. geschl. ☏ 963 52 54 78.
Die Warenbörse wurde auf Ersuchen der valencianischen Seidenhändler im spätgotischen Stil errichtet und trat an die Stelle eines zu klein gewordenen Gebäudes, das wie in Barcelona und Palma dem Warenaustausch diente.
Die Lonja hat ein schönes gotisches Portal und einen zinnenbewehrten Dachfirst. Ein Turm trennt das Eingangstor vom linken Flügel, der mit einer Bogengalerie und einem Fries aus Medaillons geschmückt ist.
Man gelangt in den einstigen Börsensaal (**Sala de la Contratación★★**), der sich durch schöne Maßwerkfenster auszeichnet. Hier, unter dem hohen, von Schlangensäulen getragenen gotischen Sterngewölbe, wurde früher die Seide gehandelt.

Los Santos Juanes
Tgl. 8-13 Uhr (im Sommer 7.30-13 Uhr) und 18-20 Uhr. ☏ 963 91 63 54.
Die einschiffige gotische Kirche wurde im 17. und 18. Jh. im churrigueresken Stil mit überreichem barockem Stuck versehen. Von der Lonja aus ist der zierliche Turm auf der Barockfassade schön zu sehen.

Mercado Central (Zentralmarkt)
Die 1928 erbaute großzügige Markthalle aus Metall und Glas ist ein schönes Beispiel für den Modernismus *(s. unter BARCELONA)* in Valencia. Bei einem morgendlichen Besuch des bunten Markttreibens kann man sich am Anblick des Obst- und Gemüseangebots aus der *huerta* und der vielen schillernden Fischstände erfreuen.

Iglesia de Santa Catalina
Die Kirche hat einen schönen barocken Turm aus dem 17. Jh., den man besonders gut von der Plaza de Zaragoza aus sieht.

Plaza Redonda
Ein Durchgang führt zu diesem kleinen runden Platz, an dem Verkaufsstände für Spitzenwaren und Borten stehen und der wie eine Art öffentlicher Patio anmutet.

Iglesia de San Martín
Das Hauptportal ist mit einer gotischen Bronzegruppe der altniederländischen Schule (15. Jh.) geschmückt, die St. Martin zu Pferd darstellt, wie er seinen Mantel teilt.

Plaza del Ayuntamiento
Auf diesem sehr belebten Platz zu Füßen des Rathauses findet ein farbenprächtiger Blumenmarkt statt.

Estación del Norte
Der Nordbahnhof wurde zwischen 1909 und 1917 von einem Bewunderer des österreichischen Jugendstils gebaut und stellt ein interessantes Beispiel für die Bauweise und die Innenarchitektur zu Beginn des 20. Jh.s dar. Besonders bemerkenswert sind die Fahrkartenschalter aus Holz sowie die Kachelbilder mit Szenen aus der *huerta* und der Albufera *(im Bahnhofscafé).*

València
Besichtigung

Museo Nacional de Cerámica (Staatliches Keramikmuseum)★★
10-14 Uhr und 16-20 Uhr, So 10-14 Uhr. Mo geschl. 2,40 €; Sa-nachmittag und So Eintritt frei. ☎ 963 51 63 92.

Der ehemalige **Palacio del Marqués de Dos Aguas**★★ besitzt eine Fassade im überschwänglichen churrigueresken Barock. Am einst bemalten Alabasterportal, das von Ignacio Vergara im 18. Jh. nach Zeichnungen des Malers Hipólito Rovira ausgeführt wurde, sieht man zwei Wasser ausgießende Atlanten, die das Wappen des Marquis de Dos Aguas veranschaulichen; darüber eine Nische mit einer von Putten umgebenen Madonnenstatue. Rovira hatte auch die Fassade mit Wandmalereien bedeckt; diese wurden jedoch im 19. Jh. zerstört.

Das in diesem ungewöhnlichen Palast untergebrachte Museum besitzt eine herrliche Keramiksammlung mit mehr als 5 000 Ausstellungsstücken, deren bedeutendster Teil eine Schenkung des großen Sammlers González Martí ist. Sie reicht von der Epoche der iberischen Besiedlung bis in die heutige Zeit. Die Töpferwaren aus **Paterna** *(6 km nördlich von Valencia)* gehen auf das 13. Jh. zurück und sind die ältesten dieser Gegend. Sie sind grün und weiß (man erkennt noch braune Manganstreifen darauf) oder auch blau und weiß. Im 14. Jh. wurden sie durch die Keramik aus **Manises** *(8 km westlich)* verdrängt, deren metallisch glänzende Lasur damals eine besondere Wertschätzung erfuhr. Im 17. Jh. kam dann die Konkurrenz von Talavera *(s. unter TALAVERA DE LA REINA)* auf und verursachte den Niedergang von Manises. Die Gründung der Manufaktur von **Alcora** belebte im 18. Jh. die regionale Produktion neu. Heutzutage wird in Manises wieder in größerem Umfang Keramik hergestellt.

Fassade des Palacio del Marqués de Dos Aguas (Ausschnitt)

Im Erdgeschoss ist ein Saal ganz der Keramik aus Paterna gewidmet. Im 1. Stock befinden sich die Säle mit den Produkten aus Alcora; außerdem sind dort die metallisch reflektierenden Schalen aus Manises (17. und 18. Jh.), Porzellan aus China und Japan sowie die *socarrats* ausgestellt, d. h. Kacheln, mit denen man im 14. und 15. Jh. die Zwischenräume an den Balkendecken verkleidete. Im 2. Stock ist die Nachbildung einer **valencianischen Küche** zu besichtigen.

Colegio del Patriarca o del Corpus Christi★
Tgl. 11-13.30 Uhr. Karfreitag geschl. 1,20 €. ☎ 963 51 41 76.

Das ehemalige Seminar wurde von Juan de Ribera, Erzbischof von Valencia und zugleich Patriarch von Antiochien, gegründet; es geht auf das 16. Jh. zurück. Besonders harmonisch ist der mit Kachelfriesen verzierte Patio. In der Mitte des Hofes erhebt sich das Denkmal des selig gesprochenen Gründers, das von Benlliure gefertigt wurde. Die **Kirche** im Renaissancestil (der in Spanien eine Seltenheit ist) ist innen mit Fresken verziert. Vier flämische Wandteppiche aus dem 15. Jh. sind in der Capilla de la Purísima aufgehängt.

Das **Museum** enthält interessante Gemälde aus dem 15. bis 17. Jh. Vertreten sind u. a. Juan de Juanes sowie Dierick Bouts mit einem wertvollen **Passionstriptychon**★, Ribalta mit mehreren Werken, darunter ein Porträt des Erzbischofs Juan de Ribera; man sieht Gemälde von Morales und eine der zahlreichen Versionen der *Anbetung der Hirten* von El Greco. Beachtung verdient auch ein schönes **byzantinisches Kreuz** aus dem 14. Jh., das vom Berg Athos stammt.

Dem Colegio gegenüber gruppieren sich die Gebäude der **Universität** um einen weiten, im ionischen Stil gehaltenen Patio.

Museo de Bellas Artes San Pío V★
10-14.15 Uhr und 16-19.30 Uhr, So und feiertags 10-19.30 Uhr. Mo, 1. Jan., Karfreitag und 25. Dez. geschl. Eintritt frei. ☎ *963 93 47 81.*

Das Kunstmuseum liegt in der Nähe des Parks Jardines del Real. Es ist vor allem wegen seiner **Gemäldesammlung der frühen Valencianer Schule**★★ interessant. Zahlreiche Retabel zeugen von der hohen Blüte, die die Malerei der Gotik hier erreichte. Unter den vielen Namen sind besonders Jacomart, Reixac, Osona d. Ä. und Osona d. J. hervorzuheben. Auch weniger bekannte Meister haben herrliche Werke hinterlassen, wie z. B. Gonzalo Pérez den Martinsaltar, der von der altniederländischen Kunst geprägt ist, oder das Retabel des Fray Bonifacio Ferrer von einem unbekannten Meister. Bei dem Passionstriptychon aus der Werkstatt des Hieronymus Bosch zieht der Gesichtsausdruck der abgebildeten Personen die Aufmerksamkeit auf sich. Das Original des Mittelteils mit dem Titel *Los improperios* befindet sich im Escorial.

Kennzeichnend für die Renaissance sind Werke von Macip, Juan de Juanes, Yáñez de la Almedina und Fernando de Llanos, deren lebhafte Farben den Stil von Leonardo da Vinci widerspiegeln.

Anfang des 17. Jh.s führte Ribalta in Spanien die kontrastreiche Helldunkelmalerei ein; diese Schule ist mit Riberas Gemälde *Der hl. Sebastian* gut illustriert. Auch die großen Maler des spanischen Goldenen Zeitalters wie El Greco, Morales und Velázquez fehlen nicht. Goyas Meisterschaft als Porträtmaler spricht aus dem Bildnis des Francisco Bayeu.

Die valencianische Malerei des 19. und 20. Jh.s ist mit Werken von Joaquín Sorolla, Pinazo und Muñoz Degrain gut repräsentiert. Schließlich kann man sich noch Skulpturen von Mariano Benlliure anschauen.

Jardines del Real
Der größte Park der Stadt wird auch Los Viveros genannt. Nicht weit davon befindet sich der schöne **Jardín de Monforte**. Die Brücke **(Puente del Real)** über den **Jardín del Río Turia** stammt noch aus dem 16. Jh.

Convento de Santo Domingo
Das klassizistische Portal des Klosters mit seinen vielen Nischen, in denen Heiligenfiguren stehen, wurde von Philipp II. entworfen.

Ciutat de les Arts i les Ciències★
Eine bahnbrechend neue Architektur kennzeichnet dieses große Kultur- und Freizeitzentrum, das jedoch noch immer nicht fertig gestellt ist. Zu den beiden bestehenden Gebäuden sollen in Zukunft noch ein Haus der Kunst (Palacio de las Artes) und ein Ozeanographischer Park (Parque Oceanográfico) kommen.

L'Hemisfèric – *Auskunft über Programm und Eintrittspreise sowie Reservierung unter* ☎ *902 10 00 31.*

Das erste Gebäude des Kultur- und Freizeitzentrums wurde von **Santiago Calatrava** errichtet und hat die Form eines menschlichen Auges. Es enthält ein Kino-Planetarium, in dem Filme im Omnimax-Projektionsverfahren vorgeführt werden.

L'Hemisfèric (Ciutat de les Arts i les Ciències)

València
Museo de las Ciencias Príncipe Felipe – *10-20 Uhr, So und feiertags 10-21 Uhr. 6,50 € (9,50 € Kombiticket mit L'Hemisfèric).* ☎ *902 10 00 31.*
Ein naturwissenschaftliches Museum mit vielen interaktiven Hilfsmitteln ist in dem unlängst eingeweihten riesigen Bau (42 000 m² Fläche) von Santiago Calatrava untergebracht.

Instituto Valenciano de Arte Moderno (IVAM)
Centro Julio González 10-19 Uhr. Centro del Carmen 11-14.30 Uhr und 16-19.30 Uhr. Mo, 1. Jan., Karfreitag und 25. Dez. geschl. 2,10 €; So Eintritt frei. ☎ *963 86 30 00.*
Die beiden zum Valencianischen Institut für moderne Kunst gehörenden Gebäude liegen an verschiedenen Orten.
Das **Centro Julio González**, ein modernes großzügiges Gebäude, stellt ständig Werke des valencianischen Bildhauers Julio González aus. Daneben werden wechselnde Ausstellungen moderner Kunst gezeigt, bei denen der Besucher Gelegenheit hat, dem Institut gehörende Werke der Maler Tàpies, Saura, Millares, Chillida und der Gruppe Equipo Crónica zu besichtigen.
Das **Centro del Carmen**, ein ehemaliges Karmeliterkloster, vereinigt Gotik, Renaissance und Klassizismus in seiner Architektur und bietet zeitgenössischen Künstlern einen idealen Ausstellungsrahmen.

Centro de la Beneficiencia
Ein 1840 zu Wohltätigkeitszwecken umgebautes ehemaliges Augustinerkloster ist heute Kulturzentrum geworden und enthält zwei Museen und einen Saal für wechselnde Ausstellungen.
Museo de Prehistoria – *10-20 Uhr (letzter So im März bis letzter Sa im Sept. 10-21 Uhr). Mo nach Voranmeldung 10-14 Uhr. 1. Jan., 1. Mai und 25. Dez. geschl.* ☎ *963 88 35 65.*
Die vielen von der Altsteinzeit bis zur Römerzeit reichenden Funde aus der Gegend sind sehr gelungen angeordnet. Besonders wertvoll und interessant sind die Tafeln aus der Höhle Cova del Parpalló, die jungsteinzeitliche Keramik und die iberische Kunst (mehrere Räume).
Museu d'Etnologia – *10-20 Uhr (letzter So im März bis letzter Sa im Sept. 10-21 Uhr). Mo nach Voranmeldung 10-14 Uhr. 1. Jan., 1. Mai und 25. Dez. geschl.* ☎ *963 88 35 65.*
Das Museum ist speziell der Kultur und der Volkskunst der Comunidad Valenciana gewidmet.

Museo Valenciano de la Ilustración y la Modernidad
10-14 Uhr und 16-20 Uhr. So und feiertags 10-14 Uhr. ☎ *963 88 37 30.*
Sitz dieses neuen Museums ist ein eindrucksvolles Gebäude mit schlichten zickzackförmigen Flächen, das vom Sevillaner Architekten Vázquez Consuegra und seinem Team stammt. Die Dauerausstellung folgt den aktuellen Museumstendenzen und konzentriert sich vor allem auf verschiedene *Bühnen*, die der Besucher gleichsam als Zuschauer erlebt. Gezeigt werden die Marksteine des modernen Lebens (Buchdruck, Wissenschaft, die Stadt ...).

Jardín Botánico (Botanischer Garten)
10-18 Uhr (März-Okt. 10-19 Uhr, Apr.-Sept. 10-20 Uhr, Juni-Aug. 10-21 Uhr). Mo geschl. 0,30 €. ☎ *963 91 16 57.*
Valencia war eine der ersten Städte, die der im 16. Jh. in Italien entstandenen Mode folgte und einen botanischen Garten zu Lehrzwecken anlegte. Dieser hatte eine wechselhafte Geschichte und befindet sich seit 1802 an der heutigen Stelle. Er dient noch immer Forschungszwecken, eignet sich aber auch wunderschön zum Spazierengehen.

Umgebung

Puig
18 km nördlich über die N 340. 10-13 Uhr und 16-19.30 Uhr. Mo-nachmittag geschl. 1,80 €. ☎ *961 47 02 00.*
Das heute noch von Mönchen bewohnte **Monasterio de la Virgen del Puig** liegt auf dem Puig genannten Berg, der das Dorf überragt. Die Klostergründung geht auf das Jahr 1237 zurück. In diesem Jahr wurde ein in byzantinischem Stil gearbeitetes Marienbild aus Marmor (6. Jh.) entdeckt, das seit der Völkerwanderungszeit unter einer Glocke in der Erde versteckt gewesen war. Jaime der Eroberer wählte diese Jungfrau (Virgen del Puig) zur Schutzheiligen des Königreichs Valencia und stiftete das Kloster. Seit der im 18. Jh. angefügte Stuck entfernt ist, kann man wieder das schöne gotische Gewölbe der Klosterkirche bewundern; auf dem Hauptaltar thront das byzantinische Marienbild. Das derzeitige Kloster wurde zwischen dem 16. und dem 18. Jh. erbaut; der obere Kreuzgang stammt aus dem 18. Jh. und ist mit Gemälden valencianischer Künstler geschmückt.

Valladolid★

Die frühere Hauptstadt von Kastilien liegt inmitten von Weinstöcken und Kornfeldern. Die bedeutende Provinzhauptstadt bewahrt noch interessante architektonische Zeugnisse ihrer ruhmreichen Vergangenheit.

Steckbrief
345 891 Einwohner. Michelin-Karte Nr. 575 – Kastilien und León (Valladolid). Valladolid liegt am Zusammenfluss des Pisuerga und des Esgueva, im Zentrum der nördlichen Meseta. ▯ *Santiago 19 bis, 47001 Valladolid, ☎ 983 34 40 13.*
Reiseziele in der weiteren Umgebung: PALENCIA (47 km nordöstlich) und ZAMORA (98 km westlich).

Hintergrundinfos

Geschichtliches – Vom 12. Jh. an war Valladolid die bevorzugte Residenz der kastilischen Könige, und verschiedentlich wurden die Cortes hier zusammengerufen. Peter der Grausame heiratete im 14. Jh. in dieser Stadt, und 1469 vermählten sich hier die Katholischen Könige Ferdinand von Aragonien und Isabella von Kastilien. Unter Karl V. spielte Valladolid beim Aufstand der *Comuneros (s. unter SEGOVIA, Hintergrundinfos)* eine wichtige Rolle. Anna von Österreich, als Gattin Ludwigs XIV. später Königin von Frankreich, und ihr Bruder Philipp IV. wurden hier geboren.
Im **Castillo de Simancas** *(11 km südwestlich)* ließ Karl V. das Generalarchiv des Königreichs einrichten. Es birgt die Dokumente zur Politik und Verwaltung Spaniens zwischen dem 15. und dem 19. Jh.

Ein besonderes Highlight

DER ISABELLINISCHE STIL
Diese Stilrichtung, die am Ende des 15. Jh.s aufkam, ist eine Mischung aus Spätgotik und Mudéjar-Tradition und stellt bereits einen Vorboten des Platereskstils dar. Die üppige Verzierung der Portale fügt sich in eine große, rechteckige Fläche, die in der Art eines Tafelaltars aus mehreren Zonen besteht. Am deutlichsten wird dieser Stil in Valladolid am Colegio de San Gregorio und an der Fassade der Kirche San Pablo; interessant ist ein Vergleich mit der Fassade der Universität von Salamanca, deren fein gearbeiteter platereskter Schmuck bereits dem Geist der Renaissance entspricht.

Tipps und Adressen

RESTAURANTS
● **Gut & preiswert**
Covadonga – *Zapico 1* – ☎ 983 33 07 98 – 11/25 €. Der einfache Eindruck des Restaurants täuscht: Der Service ist ausgezeichnet, das Ambiente familiär, das Essen ist gesund und lecker. Die Spezialität des Hauses, *lechazo* (Milchlamm), sollte unbedingt probiert werden.

● **Unsere Empfehlung**
El Figón de Recoletos – *Acera de Recoletos 3* – ☎ 983 39 60 43 – So-abend und 20. Juli-10. Aug. geschl. – ▯ – 25/29 €. Das Restaurant wird von Geschäftsleuten, gut situierten Familien der Umgebung und Touristen besucht. Es ist typisch kastilisch eingerichtet mit dunklem Holz und robusten Stühlen. Die *pimientos asados* (gebratene Paprika), *falda de cordero* (Lammfleisch) und die *chuletitas a la brasa* (kleine, auf Holzkohle gegrillte Koteletts) erfüllen die Erwartungen der Gäste voll und ganz.

UNTERKUNFT
● **Unsere Empfehlung**
Hotel El Nogal – *Conde Ansúrez 10* – ☎ 983 34 03 33 – ▯ – 24 Z.: 39/57 € – ☐ 2,50 € – Rest. 12 €. Kleines, neu renoviertes Hotel im Dreieck Plaza Mayor/Catedral/Museo de Escultura. Faire Preise und international eingerichtete helle Zimmer. Nettes, gut besuchtes Restaurant.

Hotel Imperial – *Peso 4* – ☎ 983 33 03 00 – ▯ – 79 Z.: 57/75 € – ☐ 2 € – Rest. 14 €. In Valladolid eine echte Institution. Die Zimmer in diesem vom Barock inspirierten Gebäude lassen nach einer sorgfältigen Renovierung nichts zu wünschen übrig. Im Foyer aus grünem Marmor treffen sich die Damen zum Nachmittagstee.

FESTE
Die Karwoche *(Semana Santa)* wird hier mit besonders großer Festlichkeit begangen.

Valladolid
Colegio de San Gregorio

Das Colegio de San Gregorio wurde Ende des 15. Jh.s von Fray Alonso de Burgos, dem Beichtvater Isabellas der Katholischen, gegründet und ist das beste Beispiel des Isabellinischen Stils in Valladolid. Das Gil de Siloé und Simon von Köln zugeschriebene **Portal**★★ stellt eines der schönsten Werke der spanischen Kunst dar. Die Bildhauer ließen ihrer Phantasie freien Lauf, und dementsprechend ist der Skulpturenschmuck unglaublich vielfältig. Der Blick fällt zunächst auf das Portal, dann erst auf das darüber liegende wunderbare heraldische Motiv.

Das Colegio beherbergt das staatliche Skulpturenmuseum **Museo Nacional de Escultura**★★★ *(zurzeit wegen Umbauarbeiten geschlossen; ein Teil des Bestands wird im Palacio de Villena ausgestellt, s. unter „Besichtigung").*

San Pablo

Der untere Teil der **Fassade**★★ stammt von Simon von Köln; er wird von einem breiten, das Portal umfassenden Korbbogen abgeschlossen. Darüber befinden sich eine große Fensterrose und zwei von Engeln gehaltene Wappen. Der obere, etwas später im Plateresktil ausgeführte Teil ist etwas lockerer gestaltet als die untere Zone. Die verschiedenen Felder sind mit Statuen und Wappen geschmückt.

VALLADOLID

Straße	Kennung
Arco de Ladrillo (Paseo del)	BZ 2
Arzobispo Gandásegui	CY 3
Bailarin Vicente Escudero	CY 5
Bajada de la Libertad	BCY 6
Cadenas de San Gregorio	CX 8
Cánovas del Castillo	BCY 9
Cardenal Mendoza	CY 10
Chancilleria	CX 13
Claudio Moyano	BY 14
Doctrinos	BY 16
Duque de la Victoria	BY 17
España (Pl. de)	BY 18
Fuente Dorada (Pl. de)	BY 20
Gondomar	CX 21
Industrias	CY 23
Jorge Guillén	BXY 24
Maldonado	CY 25
Marqués del Duero	CXY 26
Miguel Iscar	BY 29
Pasión	BY 30
Portillo de Balboa	CX 32
San Ildefonso	BY 36
San Pablo (Pl. de)	BX 37
Santa Cruz (Pl. de)	CY 40
Santiago	BY 41
Santuario	CY 42
Sanz y Forés	CXY 45
Teresa Gil	BY
Zorrilla (Paseo de)	BZ 47

Casa de Cervantes	BY R
Iglesia de las Angustias	CY L
Museo Oriental	BZ M¹
Universidad	CY U

514

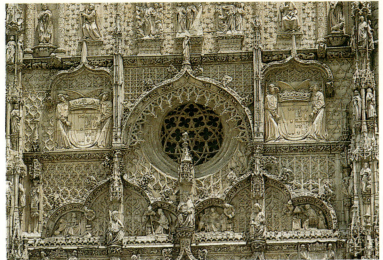
Fassadenschmuck von San Pablo

Besichtigung

Museo Nacional de Escultura (Staatliches Skulpturenmuseum)★★★
Zurzeit wegen Umbauarbeiten geschl. Ein Teil der Sammlung wird im nahe gelegenen Palacio de Villena ausgestellt.10-14 Uhr und 16-18 Uhr, So und feiertags 10-14 Uhr. Mo, 1. und 6. Jan., 1. Mai, 8. Sept. sowie 24., 25. und 31. Dez. geschl. 2,40 €; Sa-nachmittag und So Eintritt frei. ☎ *983 25 03 75.*
Vom 15. bis 17. Jh. war Valladolid eines der bedeutendsten Zentren spanischer Bildhauer- und Schnitzkunst, und das Museum illustriert dies auf wundervolle Weise mit seiner herrlichen Sammlung sakraler Skulpturen aus geschnitztem und farbig gefasstem Holz. Die Künstler bevorzugten diesen Werkstoff, da er ihnen am besten erlaubte, ihrer Vorliebe für Dramatik Ausdruck zu geben. Im Erdgeschoss fällt das bewundernswerte Retabel ins Auge, das Alonso Berruguete für San Benito in Valladolid schuf; es wurde auseinander gebaut und auf mehrere Säle verteilt. Das Museum enthält auch eines der Hauptwerke dieses Künstlers, *Das Martyrium des hl. Sebastian*. In einigen Sälen des 1. Stocks sind schöne Artesonado-Decken erhalten. Das prächtige Nussbaumgestühl der Kirche San Benito (1525-1529) entstand in Gemeinschaftsarbeit von Andrés de Nájera, Diego de Siloé, Felipe Vigarny und Juan de Valmaseda.
Eine Tür führt in den bemerkenswerten **Patio**★★, der mit seinen hohen, auf Schlangensäulen ruhenden Korbbögen sehr beeindruckend ist; die obere Galerie mit Zwillingsbögen unterstreicht ein außerordentlich schönes Geländer. Unter dem oberen Gesims zieht sich ein von Wappen unterbrochener Fries entlang. In den folgenden Sälen sieht man unter anderem eine *Grablegung Christi* von Juan de Juni, dessen Figuren etwas manieristisch anmuten, sowie Werke von Pompeo Leoni und Juan de Mena *(Büßende Maria Magdalena)*.
Über eine platereske Treppe gelangt man wieder ins Erdgeschoss. Herausragend sind hier eine von Gregorio Fernández geschaffene, sehr natürlich wirkende Liegefigur Christi **(Cristo Yacente)** sowie das Gemälde *Santa Faz* von Zurbarán, das Schweißtuch mit dem Antlitz Christi.
In der nach Plänen von Juan Guas erbauten **Kapelle**★ sind ein Retabel von Berruguete, ein Grabmal von Felipe Vigarny und schönes Gestühl zu sehen.

Catedral★
10-13.30 Uhr und 16.30-19 Uhr, Sa/So und feiertags 10-13.30 Uhr. Mo geschl.
☎ *983 30 43 62.*
Die Ausführung der Kathedrale, die um 1580 von Philipp II. bei Herrera in Auftrag gegeben worden war, zog sich über Jahrhunderte hin. Spätere Architekten haben vom 17. bis zum 19. Jh. dem Zeitgeschmack entsprechende Stiländerungen vorgenommen. So wurde z. B. die barocke Verzierung im oberen Teil der Fassade von Alberto Churriguera angefügt und das achteckige Turmgeschoss errichtet. Das **Kircheninnere** ist, obwohl unvollendet, eines der schönsten Werke des Architekten. Das Retabel von Juan de Juni (1551) in der Hauptapsis ist hinsichtlich der Perspektive und der räumlichen Abstufungen sehr kunstvoll; besonders bemerkenswert sind die Statuen, die wie ein Gespräch vertieft zu sein scheinen.

Valladolid

Museo – Das Dommuseum befindet sich in der gotischen Kirche Santa María la Mayor, die beim Chorhaupt der Kathedrale steht. Hier sind ein Retabel aus dem 15. Jh., zwei Gemälde aus der Werkstatt Riberas, zwei Velázquez zugeschriebene Porträts und eine kunstvolle Silbermonstranz von Juan de Arfe (16. Jh.) zu besichtigen.

Santa María la Antigua
Als einzige Reste der gotisch wieder aufgebauten romanischen Kirche sind der schlanke Turm in lombardischer Romanik und ein Säulengang an der Nordseite erhalten.

Iglesia de las Angustias
Diese Kirche wurde von einem Schüler Juan de Herreras erbaut und birgt im rechten Querhaus ein meisterhaftes Marienbild von Juan de Juni, die Jungfrau mit den sieben Dolchen *(Virgen de los Siete Cuchillos*)*.

Universidad
Die barocke Universitätsfassade ist das Werk von Narciso und Antonio Tomé.

Colegio de Santa Cruz
Ende 15. Jh. Eines der ersten Renaissancegebäude in Spanien. Der feine Skulpturenschmuck des Portals entspricht zwar noch dem Plateresktil, aber die Bossierung der Steine und die Fenstergestaltung sind von Italien inspiriert.

Iglesia de San Benito
15. Jh. Trotz der etwas herben Schlichtheit wirkt die Kirche sehr beeindruckend. Die massive und geräumige Vorhalle verleiht ihr einen wehrhaften Charakter. Der schöne Patio, der dem Stil Herreras nachempfunden ist, zeichnet sich durch wunderbar einfache Linien aus. Seit Oktober 2001 sind hier zwei große Statuen des spanischen Königspaars, ein Werk der Gebrüder López, zu sehen.

Museo Oriental
16-19 Uhr, So und feiertags 10-14 Uhr. 3 €. ☎ *983 30 68 00.*
Das Museum für Ostasiatische Kunst ist in einem klassizistischen Kollegsgebäude untergebracht, das von Ventura Rodríguez im 18. Jh. entworfen wurde. Es enthält eine Sammlung chinesischer Kunst (Bronzen, Porzellan, Lackarbeiten, Münzen, Seidenstickerei) und eine den Philippinen gewidmete Abteilung (prachtvolle Elfenbeinarbeiten und zahlreiche Erinnerungsstücke an die Herrschaft der Spanier auf diesen Inseln).

Casa de Cervantes (Cervantes-Haus)
9.30-15.30 Uhr, So und feiertags 10-15 Uhr. Mo, 1. und 6. Jan., 1. und 13. Mai, 8. Sept. sowie 24., 25. und 31. Dez. geschl. 2,40 €; So Eintritt frei. ☎ *983 30 88 10.*
Der Autor des *Don Quijote* verbrachte hier die letzten drei Jahre seines Lebens. Mit den geweißten Wänden und dem einfachen Mobiliar, das zum Teil im Besitz des Dichters war, ist es so geblieben wie im 17. Jh.

Umgebung

Peñafiel*
55 km östlich über die N 122. Peñafiel gehörte zu der in der Zeit der Reconquista geschaffenen Duero-Verteidigungslinie.

Castillo* – Die mächtige Silhouette der Burg aus dem 14. Jh. beherrscht das Städtchen, bei dem drei Täler zusammentreffen. Diese günstige strategische Lage erklärt die Ausmaße der Befestigungsanlage. Zwei Mauergürtel umziehen in einem Rechteck die Hügelkuppe. In der Mitte der zweiten, recht gut erhaltenen Stadtmauer erhebt sich ein mächtiger Bergfried; er ist im oberen Bereich durch kleine Türme verstärkt, die ihm die für die Burgen Kastiliens typische Silhouette verleihen.
Hier befindet sich das **Museo Provincial del Vino de Valladolid**, das einen Einblick in die faszinierende Welt des Weins gewährt. *Tgl. 11.30-14.30 Uhr und 16.30-19.30 Uhr (im Sommer 16.30-20.30 Uhr). 3,70 € (Burg und Museum).* ☎ *983 88 11 99.*

Iglesia de San Pablo – (1324) Bemerkenswert sind das Chorhaupt im Mudéjar-Stil und im Inneren das Renaissancegewölbe der Capilla del Infante (1536).

Plaza del Coso – Dieser große quadratische Platz ist typisch kastilisch. Er ist von Häusern mit Loggien gesäumt, in denen beim Stierkampf die Zuschauer sitzen.

Tordesillas
30 km südwestlich über die N 620-E 80. Die Stadt gab dem berühmten **Vertrag von Tordesillas** seinen Namen. Dieser Vertrag, der 1494 von den Königen Spaniens und Portugals unterschrieben wurde, legitimierte die Teilung der Neuen Welt zwischen diesen beiden Ländern. Alle damals bereits entdeckten und noch zu entdeckenden Gebiete westlich einer von Pol zu Pol verlaufenden Demarkationslinie, die bei 370

Meilen westlich der Kapverdischen Inseln festgelegt wurde, gingen an Spanien, die östlich davon liegenden an Portugal (entsprechend diesem Vertrag gehörte Brasilien zu Portugal).

Nach dem Tod ihres Mannes kam die schwermütig gewordene **Johanna die Wahnsinnige** 1506 in ein Kloster von Tordesillas und lebte hier noch 46 Jahre lang in Trauer und Verzweiflung bis zu ihrem Ende. Sie wurde zuerst im Kloster Santa Clara begraben, dann aber umgebettet und fand ihre endgültige Ruhestätte in Granada.

Convento de Santa Clara★ – *Führung (1 Std.) 10.30-13.15 Uhr und 16-17.15 Uhr, Apr.-Sept. 10-13.15 Uhr und 15.30-18.30 Uhr; So und feiertags 10.30-13.30 Uhr und 15.30-17.30 Uhr. Mo, 1. und 6. Jan., Gründonnerstag (nachmittags), Karfreitag, 1. Mai, Fronleichnam, an zwei beweglichen Feiertagen im September sowie 24., 25. und 31. Dez geschl. 2,90 €; Mi für EU-Bürger Eintritt frei. ☎ 983 77 00 71.*

Dieses ehemalige Palais war 1350 von Alfons XI. zum Gedenken an die Schlacht am Salado erbaut worden. Sein Sohn, Peter der Grausame, ließ es in ein Kloster umgestalten und gab es María de Padilla als Wohnsitz, die er heimlich geheiratet haben soll, obwohl er schon mit Blanche von Bourbon vermählt war. Für María, die sich nach ihrem heimatlichen maurischen Spanien sehnte, ließ er hier im Herzen Kastiliens die Schönheit der sevillanischen Architektur erstehen.

Der **Patio★** wurde mit Hufeisen- und Zackenbögen, mit zierlichen Arabesken und bunten Kacheln geschmückt. Die **Capilla Dorada**, die Goldene Kapelle, hat eine schöne Kuppel im Mudéjar-Stil. Verschiedenste alte Gegenstände sind ausgestellt: das Harmonium Johannas der Wahnsinnigen, das Spinett, auf dem Karl I. musizierte, und das Klavichord, das Philipp II. spielte; außerdem ein Antependium aus dem 13. Jh.

Die **Kirche** erhebt sich an der Stelle des einstigen Thronsaals; im Chor sieht man eine bemerkenswert gearbeitete **Artesonado-Decke★★**. In der gotischen **Capilla de los Saldaña** befinden sich die Grabmäler der Stifter und ein ursprünglich tragbares flämisches Retabel aus dem 15. Jh.

Medina del Campo

54 km südwestlich über die N 620-E 80 und die N VI. 24 km von Tordesillas. Diese Stadt war im Mittelalter für ihre Märkte berühmt. Heute hat sie einen großen Sonntagsmarkt (die Geschäfte schließen am Donnerstag und sind sonntags geöffnet). Im Jahre 1504 starb hier Isabella die Katholische.

Castillo de la Mota★ – Die Burg (13.-15. Jh.) auf einer Anhöhe neben der Stadt wird von einem wuchtigen Bergfried beherrscht und wirkt uneinnehmbar und stolz. Johanna die Wahnsinnige residierte oft hier; der verschlagene Cesare Borgia wurde zwei Jahre lang im Bergfried gefangen gehalten.

Medina de Rioseco

40 km nordwestlich über die N 601. Der Ort ist die Hauptstadt der so genannten Tierra de Campos, der Kornkammer Kastiliens. Die malerische schmale Hauptstraße (**Rúa**) ist von Häusern mit Holzlauben gesäumt.

Das Städtchen hat im 16. Jh. von der Blütezeit der kastilischen Bildhauerkunst profitiert; Meister der Schule von Valladolid (Juni, del Corral, Jordán) haben bei der Ausgestaltung seiner Kirchen mitgewirkt.

Santa María – *11-14 Uhr und 17-20 Uhr, im Winter 11-14 Uhr und 16-18 Uhr. Mo geschl. 1,80 € (einschl. Santiago). ☎ 983 72 50 26.*

15.-16. Jh. Neben dem Retabel von Esteban Jordán in der Mitte der Kirche sei die **Capilla de los Benavente★** (16. Jh.) links vom Hauptaltar erwähnt, in der sich ein Retabel von Juan de Juni (16. Jh.) befindet. Die von Jerónimo del Corral geschaffene Dekoration der Wände und der Kuppel zeigt Themen des Jüngsten Gerichts und des Paradieses. Im Kirchenschatz sind u. a. Kunstgegenstände aus Elfenbein sowie Goldschmiedearbeiten ausgestellt, darunter ein Tabernakel von Antonio de Arfe.

Iglesia de Santiago – *11-14 Uhr und 17-20 Uhr, im Winter 11-14 Uhr und 16-18 Uhr. Mo geschl. 1,80 € (einschl. Santa María). ☎ 983 70 03 27.*

16.-17. Jh. Die Retabel in den drei Apsiden sind ein grandioses Beispiel für churriguereske Bildhauerkunst.

Vic/Vich★★

Bereits im Altertum befand sich hier eine Siedlung. Heute ist Vic (span. Vich) ein bedeutendes Wirtschafts-und Industriezentrum (Leder- und Textilfabriken, Nahrungsmittelindustrie). Die Stadt ist reich an Baudenkmälern, die ihre historische Bedeutung bezeugen.

Steckbrief
29 113 Einwohner. Michelin-Karte Nr. 575 – Katalonien (Barcelona). Die Stadt liegt in der Ebene von Vic, wo die Flüsse Gurri und Mèder aufeinander treffen und sich die C 17, die C 25 und die C 25D kreuzen. Vic ist ein guter Ausgangspunkt, um Städte wie Barcelona oder Girona zu erkunden oder um landschaftlich überaus reizvolle Gegenden wie die Pyrenäen zu besuchen. *Ciutat 4, 08500 Barcelona, ☎ 938 86 20 91.*

> **WURSTWAREN**
> Eine Spezialität von Vic sind die hier hergestellten Würste *(botifarres)*.

Reiseziele in der weiteren Umgebung: BARCELONA (66 km südlich), GIRONA/GERONA (79 km nordöstlich) und PIRINEOS CATALANES.

Besichtigung

ALSTADT★
Die Altstadt von Vic wird von breiten Ramblas begrenzt, die dem Verlauf der alten Stadtmauer folgen. Von ihr sind nur noch wenige Abschnitte erhalten (Rambla del Bisbat).

Museu Episcopal (Bischöfliches Museum)★★★
10-13 Uhr, 15. Mai-14. Okt. 10-13 Uhr und 16-18 Uhr; So und feiertags 10-13 Uhr. 25. Dez. geschl. 1,80 €; 1. So im Monat Eintritt frei. ☎ 938 85 64 52. Wegen Umbauarbeiten geschl.
Dieses Museum besitzt Kunstwerke aus verschiedenen Kirchen der Gegend. Die zahlreichen gemalten Altarvorsätze aus romanischer Zeit und die gotischen Retabel verdeutlichen die Entwicklung der Kunst in Katalonien, so auch das Retablo de Santa Clara von **Lluis Borrassà**; dieser Künstler führte den so genannten Internationalen Stil und seine leuchtenden Farben in Spanien ein. Daneben sind der Altar der Kathedrale von La Seu d'Urgell **(Ramón de Mur)** und das Retablo de Verdú, ein erstaunliches Werk von Jaime Ferrer II., sehr sehenswert.

Catedral★
10-13 Uhr und 16-19 Uhr. Während der Messen keine Besichtigung. Mo geschl. 1,80 €. ☎ 938 86 44 49 oder 938 89 21 45.
Die Kathedrale wurde von 1781 bis 1803 im klassizistischen Stil errichtet. 1930 war der **Innenraum★** von dem katalanischen Künstler **Josep Maria Sert** mit Malereien ausgeschmückt worden, die jedoch sechs Jahre später, während des Bürgerkriegs, einem Brand zum Opfer fielen. Der Maler ging unbeirrt aufs Neue ans Werk, und bei seinem Tod 1945 waren sie wieder vollständig hergestellt. Die allegorischen **Malereien★** erinnern in ihrem Schwung und im kraftvollen Ausdruck an Michelangelo. Im Chor ist das Mysterium der Erlösung dargestellt, auf die die Menschen seit der Erbsünde *(Darstellung im Querschiff)* warten. Im Hauptschiff die Apostel, die durch ihr Martyrium das Wunder der Erlösung bezeugen. Auf der Rückseite des Eingangsportals wird in drei Szenen der Triumph menschlicher Ungerechtigkeit im Leben Christi und in der Geschichte Kataloniens illustriert: Vor der Silhouette der durch einen Brand zerstörten Kathedrale sieht man, wie Jesus die Händler aus dem Tempel vertreibt *(rechts)*, jedoch zum Tod am Kreuz verurteilt wird *(links)*, während sich Pilatus die Hände wäscht *(Bildmitte)* und die aufgebrachte Menge die Freigabe des Barrabas fordert. So wie das Helldunkel der Gold- und Brauntöne dieser Szenen gut mit den kannelierten Pfeilern harmoniert, entspricht auch der monumentale Charakter der Fresken der Weiträumigkeit des Kirchenschiffs.
In der Scheitelkapelle des Chorumgangs verdient das alabasterne **Retabel★★** des früheren Hauptaltars Aufmerksamkeit. Es stammt aus dem 15. Jh. und entging den Zerstörungen und den baulichen Veränderungen der Kathedrale. Zierleisten und Heiligenstatuen teilen es in zwölf Felder, auf denen Christus, der Jungfrau Maria und dem Apostel Petrus gehuldigt wird. In dem gotischen Grabmal gegenüber, das von demselben Bildhauer gestaltet wurde, ruht der Stifter des Altaraufsatzes.

Claustro (Kreuzgang) – Hoher Maßwerkschmuck aus dem 14. Jh. umgibt das Geviert mit dem mächtigen Grabdenkmal des in Vic geborenen bekannten Philosophen **Jaume Balmes** (1810-48). In einem Flügel liegt das Grab von Josep

Maria Sert, und darüber erhebt sich sein letztes Werk, eine unvollendete Kreuzigungsgruppe. Hierbei handelt es sich um einen Neuentwurf für die Kathedrale, da die erste Kreuzigungsgruppe ihn nicht zufrieden stellte.

Palau Episcopal (Bischofspalais)
Das Gebäude stammt ursprünglich aus dem 12. Jh., wurde aber stark verändert. Sehenswert sind der Innenhof und der Synodensaal (**Sala dels Sínodes**), der 1845 ausgestaltet wurde.

Plaça Major★
Schöne klassizistische Fassaden umgeben diesen Platz, in dessen Lauben Tische von Restaurants und Cafés stehen. Am Samstag findet hier ein großer Markt statt.
▶▶ Ayuntamiento (gotisches Rathaus, 16. Jh.)

Umgebung

Monasterio de Santa Maria de L'Estany★
24 km südwestlich. Ausfahrt aus Vic über die C 25 in Richtung Manresa. Bei Ausfahrt 164 rechts auf die BP 4313 abbiegen. Tgl. 10-13 Uhr und 16-19 Uhr (im Winter 16-18.30 Uhr). 1,20 €. ☎ 938 30 31 39.
Das Dörfchen **L'Estany**★ entstand rund um das mittelalterliche Augustinerkloster, von dem die romanische Kirche (12. Jh., Vierungsturm 15. Jh.) und der schöne **Kreuzgang**★ erhalten

Romanische Madonna (Bischöfliches Museum in Vich)

sind, dessen **Kapitelle**★★ überreich mit Bildhauerarbeit verziert sind. Der Nordflügel ist romanisch und in erzählerischer Form mit Szenen aus dem Neuen Testament geschmückt; der Westflügel zeigt mit Palmetten und Fabelwesen verzierte Kapitelle. Im Südflügel herrschen geometrische Muster und Flechtwerkornamentik vor, wobei jedoch die Ausführung und die heraldische Darstellung der Tiere auf eine spätere Entstehungszeit hinweisen. Der Ostflügel ist mit weltlichen Szenen geschmückt (Musikanten und Liebespaare), die der Keramiktradition von Paterna nachempfunden sind.

Ausflüge in die Serra de Montseny★

Im Herzen Zentralkataloniens liegt die Serra de Montseny, ein ausgedehntes Granitmassiv, das zu den Ausläufern der Pyrenäen gehört und dessen Landschaft von Korkeichen und Buchen geprägt wird. Das feuchte Klima und der undurchlässige Granituntergrund begünstigen die Entstehung von Quellen. Im Südwesten erstreckt sich der 17 372 ha große Naturpark **Parc Natural del Montseny** mit den höchsten Gipfeln des Gebirges, Matagalls (1 695 m) und Turó de l'Home (1 707 m).

Von Vic nach Sant Celoni (Nordstrecke)
73 km – Ausfahrt aus Vic über die C 17, bis Tona fahren; dort auf die BV 5303 abbiegen.
Nach Kiefern- und Buchenwäldern durchquert die Straße das hübsche Dorf **Viladrau** und bietet dann während der Abfahrt schöne Ausblicke nach rechts auf den gebirgigen Horizont. Etwas weiter führt die Straße am Steilhang entlang, und man hat eine freie Sicht auf die steilen Hänge des Montseny. Hinter dem sehr hübsch gelegenen Ort **Arbúcies** folgt die Straße eine Zeitlang dem steinigen Flussbett und führt dann über **Breda** (romanischer Turm) nach Sant Celoni.

Von Sant Celoni nach Santa Fé del Montseny★★
22 km – Ausfahrt aus Sant Celoni über die BV 5114.
Dies ist die interessanteste Strecke. Hinter Campins steigt die Straße in Serpentinen an und bietet freie **Ausblicke** auf die Küstenebene. In eindrucksvoller Fahrt geht es dann über 2 km auf einer **Höhenstraße** direkt am Steilhang entlang zum See von Santa Fe (in 1 130 m Höhe), in dem sich die nahen Gipfel spiegeln. Man kann bis zur Einsiedelei Sant Marçal weiterfahren *(7 km)*, die in 1 260 m Höhe an die steile Wand des Matagalls gebaut ist.

Von Sant Celoni über Montseny★ nach Vic
43 km – Ausfahrt aus Sant Celoni über die C 35 und rechts auf die BV 5301 abbiegen.
Diese **Fahrt** vermittelt einen guten Eindruck von der Sierra. Nach der vom Tordera durchflossenen, sorgfältig bestellten Ebene steigt die Straße hinter Montseny an und erreicht bald eine wildere Landschaft, bevor sie bergab nach Tona führt. Dabei kommt man an der romanischen Kirche von **El Brull** und am schönen Turm der Kirche **Santa María de Seva** vorbei.

Vitoria-Gasteiz★

Vitoria-Gasteiz ist die Hauptstadt der größten baskischen Provinz und Regierungssitz der Autonomen Gemeinschaft Baskenland. Die Stadt wurde im 12. Jh. auf einer Anhöhe gegründet und mit einer Stadtmauer umgeben. Das schöne, elegante Vitoria hat in seinem höchstgelegenen Teil bis heute eine eindrucksvolle Altstadt bewahrt.

Steckbrief
209 704 Einwohner. Michelin-Karte Nr. 573 – Baskenland (Álava). Die Stadt liegt in 500 m Höhe im Zentrum eines ausgedehnten Plateaus (Llanada de Álava), auf dem Getreidebau vorherrscht und das mehr an Kastilien erinnert als an die regenreichen Hügel der Kantabrischen Küste. ◘ *Parque de la Florida, 01008 Álava, ☎ 945 13 13 21. Reiseziele in der weiteren Umgebung: BILBO/BILBAO (64 km nördlich), PAMPLONA/IRUÑA (93 km östlich) und La RIOJA (südlich).*

Tipps und Adressen

Restaurant
• **Unsere Empfehlung**
Arkupe – *Mateo Moraza 13* – ☎ 945 23 00 80 – ▭ – 24/29 €. Das Restaurant liegt sehr zentral in der Nähe der Plaza del Machete und bietet eine traditionelle baskische Küche mit guten Fleisch- und Fischgerichten. Die beiden Speisesäle in dem alten Gebäude sind rustikal mit viel Holz und Stein eingerichtet.

Tapas
El Rincón de Luis Mari – *Rioja 14* – ☎ 945 25 01 27 – *Di und im Sept. geschl.* Eine einfache Tapas-Bar mit einer sehr guten Auswahl an *pinchos*, Kleinigkeiten und Schinken. Zentrale Lage in der Nähe der Altstadt.

Unterkunft
• **Gut & preiswert**
Hotel Achuri – *Rioja 11* – ☎ 945 25 58 00 – 40 Z.: 28/42 € – ⌑ 3 €. Mehr kann man von einem einfachen, familiären Hotel nicht verlangen: zentrale Lage, guter Service, ordentliche, sehr saubere Zimmer (alle mit Bad und Fernseher). Für ein Hotel dieser Kategorie sehr zu empfehlen.

• **Unsere Empfehlung**
Hotel Palacio de Elorriaga – *Elorriaga 15 – Elorriaga – 1,5 km von Vitoria über die Avenida de Santiago und die N 104 in Richtung Donostia/San Sebastián zu erreichen* – ☎ 945 26 36 16 – ▭ ▭ ⚒ – 21 Z.: 94/118 € – ⌑ 6,50 € – Rest. 37 €. Hinter den Steinmauern dieses komplett renovierten Gebäudes aus dem 16. und 17. Jh. verbirgt sich ein einladendes, stilvoll mit viel Holz und Antiquitäten eingerichtetes Hotel. Die Zimmer sind sehr gemütlich, die Bäder ausgesprochen komfortabel.

Sport und Freizeit
Nicht weit von Vitoria liegen die beliebten Stauseen Embalse de Urrunaga und Embalse de Ullívarri, die sich gut für den Angel- und Wassersport eignen.

Feste
Im August finden die malerischen Festlichkeiten zu Ehren der Virgen Blanca statt. Bei diesem Volksfest hat sich der merkwürdige Brauch erhalten, sich eine Zigarre anzuzünden, wenn die *Celedón*-Figur vom Kirchturm von San Miguel heruntergelassen wird.

Auf Entdeckungstour

DIE ALTSTADT
Besichtigung: 1 1/2 Std.
Die Altstadt wird aus den alten Straßen gebildet, die konzentrisch um die Kathedrale führen. Sie tragen die Namen der alten Zünfte und sind von vielen vornehmen Adelshäusern mit Wappenschmuck und Balkonen gesäumt. Belebter sind die Straßen links der Plaza de la Virgen Blanca. Hier gibt es viele reizvolle Boutiquen und andere Einkaufsmöglichkeiten. In diesem Bereich befindet sich die Kirche **San Pedro**, die eine interessante gotische Fassade hat.

Plaza de la Virgen Blanca
Der Platz ist die bekannteste Ansicht der Stadt und ihr verkehrsreiches Zentrum. Er ist umgeben von der Kirche San Miguel und Häusern mit verglasten Veranden, den so genannten *miradores*. In der Platzmitte erhebt sich ein gewichtiges Denkmal zur Erinnerung an den entscheidenden Sieg des englischen Generals Wellington (21. Juni 1813), der die Franzosen zwang, endgültig das Land zu verlassen. Daneben liegt die vornehme **Plaza de España**, auch **Plaza Nueva** genannt, deren Laubengänge für das 18. Jh. typisch sind.
In Gebäuden des 18. oder 19. Jh.s finden sich hier mehrere gepflegte Cafés (Café Marañón, Café Vitoria), geeignet für eine Ruhepause.

VITORIA-GASTEIZ

Angulema		BZ 2
Becerro de Bengoa		AZ 5
Cadena y Eleta		AZ 8
Dato		BZ
Diputación		AZ 12
Escuelas		BY 15
España (Pl. de)		BZ 18
Gasteiz (Av. de)		AYZ
Herrería		AY 24
Independencia		BZ 27
Machete (Pl. del)		BZ 30
Madre Vedruna		AZ 33
Nueva Fuera		BY 34
Ortiz de Zárate		BZ 36
Pascual de Andagoya (Pl. de)		AY 39
Portal del Rey		BZ 42
Postas		BZ
Prado		AZ 45
San Francisco		BZ 48
Santa María (Cantón de)		BY 51
Virgen Blanca (Pl. de la)		BZ 55

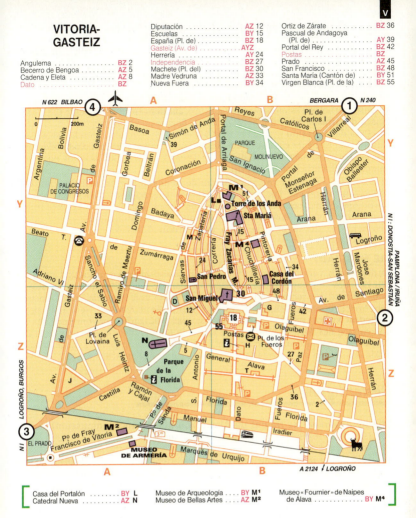

Casa del Portalón		BY L
Catedral Nueva		AZ N
Museo de Arqueología		BY M¹
Museo de Bellas Artes		AZ M²
Museo « Fournier » de Naipes de Álava		BY M⁴

San Miguel
In einer Nische aus Jaspis an der Außenseite der Kirchenvorhalle steht die bemalte spätgotische Figur der Virgen Blanca, der Schutzpatronin der Stadt. Man betritt die St. Michael geweihte Kirche durch ein Portal aus dem späten 14. Jh. und erblickt im Tympanon Szenen aus dem Leben dieses Heiligen. Das Retabel wurde von Gregorio Fernández (17. Jh.) geschaffen; rechts davon ein Grabmal im Platereskstil.

Plaza del Machete
Dieser ruhige Platz liegt hinter den so genannten **Arquillos**, den Laubenhäusern, die die Oberstadt mit der Unterstadt verbinden.
Der *machete*, ein kurzer Säbel, wurde in einer Nische am Chorhaupt von San Miguel aufbewahrt; er diente zur Vereidigung der Verwaltungsbeamten des Königs, die schwören mussten, die Sonderrechte der Stadt zu achten. Rechts erhebt sich der **Palacio de Villa Suso** (16. Jh.), heute ein Kulturzentrum.
Die Treppe neben dem Palacio de Villa Suso hinaufgehen.
Die **Calle Fray Zacarías Martínez** hat mehrere Fachwerkhäuser und Adelspalais bewahrt. Ein schönes Renaissanceportal schmückt auf der Nordseite den Palacio de los Escoriaza-Esquivel; dieser wurde auf einem Rest der Stadtmauer errichtet.

Catedral de Santa María
Tgl. 11-14 Uhr. ☎ 945 25 55 67.
14. Jh. Am Nordteil der Kathedrale ist ein wehrhafter Turm erhalten. Die Vorhalle des Hauptportals besitzt ein gotisches Gewölbe, dessen Grate fächerförmig über den zahlreichen großen Gewändefiguren aufsteigen. Den Mittelpfosten des zentralen Portals ziert eine bemalte Madonnenstatue. Die drei Bogenfelder der gotischen Portale (14. Jh.) veranschaulichen Szenen aus dem Leben der Heiligen Laurentius, Ildefons und Jakobus *(rechts)* sowie Nikolaus und Petrus *(links)*.
Im Kircheninneren sieht man in einer Kapelle des rechten Seitenschiffs eine eindrucksvolle realistische Darstellung des Martyriums des hl. Bartholomäus. Bemerkenswert ist auch das Kapitell mit einer Stierkampfszene an einem der Pfeiler

zwischen diesem Seitenschiff und dem Hauptschiff, ein Unikum in einer spanischen Kirche. Im rechten Querhaus befindet sich ein schöner, bemalter plateresker Schnitzaltar sowie eine *Inmaculada* von Carreño de Miranda (17. Jh.). Im linken Querhaus beachtliche Kreuzabnahme von Gaspar de Crayer (17. Jh.) und ein bemaltes steinernes Tympanon aus der Vorgängerkirche. Eine schöne platereske Grabplatte ist in der letzten Kapelle links erhalten.

An der Kathedrale vorbei gelangt man zur **Casa Godeo-Guevara-San Juan**, einem rekonstruierten Backsteinhaus mit Fachwerk aus dem 16. Jh., das heute das kleine Museo de Arqueología beherbergt *(s. unter „Besichtigung")*.

Die **Casa del Portalón** gegenüber dem Museum, ein typisches Geschäftshaus aus dem 15. Jh., ist heute ein bekanntes Restaurant. Der **Torre de los Anda** bildet mit den beiden vorgenannten Gebäuden ein Dreieck. Sein Sockel stammt noch von einem mittelalterlichen Wehrturm.

In der Calle Cuchillería liegt der **Palacio de Bendaña**, dessen schlichte, nur von einem Alfiz umrahmte Tür von einem Eckturm angezeigt wird. Hier befindet sich das originelle Spielkartenmuseum (Museo de Naipes, *s. unter „Besichtigung"*). Innen ist noch ein Teil von einem schönen **Renaissancepatio** erhalten.

Aus dem 16. Jh. stammt die **Casa del Cordón** *(Haus Nr. 24)*, in der kleine Wechselausstellungen gezeigt werden.

DIE NEUSTADT

Ab dem 18. Jh. vergrößerte sich Vitoria; die klassizistischen **Arquillos** und die **Plaza Nueva** wurden gebaut. Mit der Anlage des **Parque de la Florida** und in dessen Verlängerung der schönen Straßen Paseo de Senda und Paseo de Fray Francisco dehnte sich die Stadt nach Süden aus; 1907 wurde die neugotische Neue Kathedrale (**Catedral Nueva**) errichtet. Paläste und stattliche Bürgerhäuser vom Ende des 19. und Anfang des 20. Jh.s säumen den Paseo de Fray Francisco, darunter auch der Palacio de Ajuria Enea, heute Sitz der baskischen Landesregierung (Lehendakari) sowie das Museo de la Armería und das Museo de Bellas Artes.

Besichtigung

Museo „Fournier" de Naipes de Álava (Fournier-Spielkartenmuseum)★
10-14 Uhr und 16-18.30 Uhr; Sa 10-14 Uhr, So und feiertags 11-14 Uhr. Mo, 1. Jan., Karfreitag und 25. Dez. geschl. ☎ 945 18 19 20.

Seit 1868 gibt es in Vitoria die berühmte Spielkartenfabrik Heraclio Fournier. Félix Alfaro Fournier, der Neffe des Gründers, hatte eine sehr vielfältige Spielkartensammlung zusammengetragen, die 1986 von der Provinz Álava erworben wurde. Sie reicht vom 14. Jh. bis heute und umfasst inzwischen etwa 15 000 Kartenspiele aus verschiedenen Ländern, die Geschichte (Kriege, Schlachten, Revolutionen), Politik (häufig in Form karikaturistischer Darstellungen) und Brauchtum der Herkunftsländer widerspiegeln. Die verschiedenen Drucktechniken (auf Papier, Pergament, Blättern, Stoff, Metall) werden anhand von Anschauungsmaterial erläutert.

Museo de Armería (Museum für Waffen und Rüstungen)★
10-14 Uhr und 16-18.30 Uhr, Sa 10-14 Uhr (So und feiertags ab 11 Uhr) und 17-20 Uhr. Mo, 1. Jan., Karfreitag und 25. Dez. geschl. ☎ 945 18 19 25.

Museo Fournier de Naipes de Álava

Spanische Spielkarte von 1570

Die Basken waren früher für ihre Kunst des Waffenschmiedens bekannt. Die bemerkenswerte Sammlung reicht von der vorzeitlichen Axt bis zur Pistole vom Anfang des 20. Jh.s; außerdem sieht man **Ritterrüstungen** (15.-17. Jh.), **japanische Stahlharnische** des 17. Jh.s und ein Modell, das den Ablauf der Schlacht von Vitoria veranschaulicht.

Museo de Bellas Artes (Kunstmuseum)
10-14 Uhr und 16-18.30 Uhr, Sa 10-14 Uhr (So und feiertags ab 11 Uhr) und 17-20 Uhr. Mo, 1. Jan., Karfreitag und 25. Dez. geschl. ☎ 945 18 19 18.

Gemälde- und Skulpturensammlungen vom 14. Jh. bis heute sind im Palacio de Agustín untergebracht.

In der Diele im 1. Stock sind interessante Holzschnitzereien aus Erenchun und Gauna und mehrere flämische Flügelaltäre aus dem 16. Jh. zu sehen. In den Sälen linker Hand kann man u. a. eine Kreuzabnahme der flämischen Schule

bewundern sowie fünf Büstenreliquiare (16. Jh.), denen rheinischer Einfluss anzumerken ist. In den Räumen mit der Kunst des Barock sollte man die Gemälde von Ribera und Alonso Cano nicht versäumen.
Das Museum besitzt auch eine umfangreiche **Sammlung baskischer Malerei** (Iturrino, Regoyos, Zuloaga) und eine sehr gute Abteilung **zeitgenössischer spanischer Kunst★** ab 1960 (Miró, Tàpies, Millares, Serrano u. a.).

Museo de Arqueología (Archäologisches Museum)
10-14 Uhr und 16-18.30 Uhr, Sa 10-14 Uhr (So und feiertags ab 11 Uhr). Mo, 1. Jan., Karfreitag und 25. Dez. geschl. ☎ *945 18 19 18.*
Ausgestellt werden, chronologisch geordnet und didaktisch gut präsentiert, Ausgrabungsfunde aus der Provinz Álava, die vom Paläolithikum bis zum Mittelalter reichen. Besonders bemerkenswert sind die aus Dolmen stammenden Grabbeigaben und die römischen Grabstelen und Skulpturen, darunter die Reiterstele *(Estela del jinete)* aus Pamplona.

Umgebung

Santuario de Estíbaliz
10 km östlich. Ausfahrt aus Vitoria über ② des Plans, dann 4 km auf der A 132 fahren und links abbiegen. Tgl. 10-12 und 16-18 Uhr. Während der Messen keine Besichtigung. ☎ *945 29 30 88.*
Die spätromanische Kirche **(Santuario)** ist ein sehr beliebtes Wallfahrtsziel der Basken. Im Innern sieht man eine restaurierte romanische Muttergottes (12. Jh.). Die Südfassade ziert ein schöner Kirchturm.

Ausflüge

RUNDFAHRT ÖSTLICH VON VITORIA: MITTELALTERLICHE MALEREIEN
25 km
Ausfahrt aus Vitoria über ② des Plans und auf der Schnellstraße N I weiter bis zur Ausfahrt 375.
Gaceo – *Der Schlüssel ist in Haus Nr. 10 erhältlich.* ☎ *945 30 02 37.*
Den Chor der **Kirche** zieren herrliche **gotische Fresken★★** aus dem 14. Jh. Rechts sieht man die Hölle in Form eines gähnend weit geöffneten Walrachens, links das Marienleben und in der Mitte die Kreuzigung und das Jüngste Gericht; darüber die Dreifaltigkeit. Das Gewölbe ist mit Szenen aus dem Leben Christi ausgemalt.
Alaiza – *3 km auf der A 411; rechts abbiegen und nach einigen Metern nach links weiter. Besichtigung nach Voranmeldung; man kann sich auch den Schlüssel in Haus Nr. 26 geben lassen.* ☎ *945 90 16 70.*
1982 entdeckte man an den Wänden und im Chorgewölbe der **Kirche** rätselhafte rote **Malereien★**, auf denen sehr schematisch Krieger, Burgen, Kirchen und zahlreiche hoch gestellte Persönlichkeiten zu erkennen sind. Die Bedeutung dieser eigenartigen Figuren, die vermutlich aus der zweiten Hälfte des 14. Jh.s stammen, ist unbekannt.

RUNDFAHRT WESTLICH VON VITORIA *105 km*
Ausfahrt aus Vitoria über die Calle Beato Tomás de Zumárraga, dann links auf die A 3302 abbiegen.
Mendoza – Die mit vier Türmen bewehrte, zinnenlose Burg (Castillo) liegt mitten im Dorf und bietet mit ihren Schießscharten einen äußerst wehrhaften Anblick. Interessanter Ausblick auf die Hochebene. Die Burg war einst Residenz des Herzogs del Infantado und birgt heute das Museum für die Heraldik von Álava **(Museo de Heráldica Alavesa)**. Gezeigt wird eine Sammlung von Wappen der verschiedenen Adelsfamilien aus der Gegend. *11-15 Uhr, 1. Mai-17. Okt. 11-14 Uhr und 16-20 Uhr; Sa 11-15 Uhr, So und feiertags 10-14 Uhr. Mo, 1. Jan. und Karfreitag geschl. Eintritt frei.* ☎ *945 18 19 18.*
Nach Süden in Richtung N I zurückfahren und rechts auf die A 2622 in Richtung Pobes abbiegen.
Salinas de Añana – Die Salzterrassen nahe beim Dorf geben der Landschaft ein eigenartiges Gepräge. Das Wasser mehrerer Quellen wird hier aufgefangen und in Kanälen über die verschiedenen Ebenen geleitet. In der **Kirche** hängt eine Verkündigung aus flämischer Schule, deren Reiz in den zarten, ausdrucksvollen Gesichtern liegt.

Vitoria-Gasteiz

Zu Ostern findet die feierliche Prozession der Salzsieder statt, die in der traditionellen Verbrennung *(quema)* des Judas gipfelt.

Tuesta – Die **romanische Kirche** aus dem 13. Jh. wurde später umgebaut. Das spitzbogige Hauptportal ist mit skulptierten Bogenläufen und Figurenkapitellen geschmückt. Links die Darstellung eines Mannes, der ein Wildschwein erlegt. Über dem Portal sieht man die Hl. Drei Könige. Innen befinden sich *(an der linken Schiffswand)* eine archaische Holzfigur des Hl. Sebastian und eine Jungfrau Maria aus dem 14. Jh.

Die A 2625 nach Orduña fahren.

Nach dem Sattel **(Puerto de Orduña)** in 900 m Höhe eröffnet sich ein schöner **Rundblick★** auf das grüne Becken mit Orduña. In der Ferne zeichnen sich Amurrio und die baskischen Berge ab *(Aussichtspunkt)*. Auf einer Straße mit zahlreichen Haarnadelkurven fährt man in die Ebene hinunter.

In Orduña auf die A 2621 fahren und über Murguía nach Vitoria zurückkehren.

Zafra

Gleich am Eingang dieses weißen Städtchens, das zu den ältesten der Extremadura gehört, erhebt sich die mächtige zinnenbewehrte ehemalige Maurenfestung mit ihren neun Türmen, in der heute ein Parador untergebracht ist. Schmuckstücke der im 15. Jh. von den Herzögen von Feria ausgebauten Burg sind der Renaissancepatio aus weißem Marmor und der entzückende Goldene Salon im Mudéjar-Stil.

Steckbrief

14 065 Einwohner. Michelin-Karte Nr. 576 – Extremadura (Badajoz). Zafra liegt (schon recht nah an Andalusien) im Süden der Extremadura an der N 630, die die Iberische Halbinsel von Nord nach Süd durchläuft und dabei der Strecke der alten Silberstraße folgt. ◘ *Plaza de España 8, 06300 Badajoz, ☏ 924 55 10 36.*

Reiseziele in der weiteren Umgebung: MÉRIDA (58 km nördlich), BADAJOZ (76 km nordwestlich) und ARACENA (98 km südlich).

Auf Entdeckungstour

Plätze★

Die weitläufige **Plaza Grande** (18. Jh.) und die viel kleinere **Plaza Chica** (16. Jh.) sind miteinander verbunden und von schönen Häusern mit Säulengängen umgeben; sie bilden ein in sich geschlossenes, harmonisches Ganzes.

> **Märkte**
> Die Märkte von Zafra, insbesondere der Viehmarkt in der Woche des 5. Oktober *(Feria de San Miguel)*, sind in der Gegend sehr beliebt.

Iglesia de la Candelaria

Ein roter Ziegelsteinturm kündigt die Kirche schon von weitem an. Der Bau aus dem 16. Jh. zeigt einen Übergangsstil zwischen Gotik und Renaissance. Im rechten, nur wenig ausladenden Querhaus entdeckt man ein von Zurbarán 1644 gemaltes **Retabel**.

Umgebung

Llerena

42 km südöstlich über die N 432. Die **Plaza Mayor** dieses bescheidenen Landstädtchens gehört zu den größten in der Extremadura. An einer Seite erhebt sich die Kirche **Nuestra Señora de la Granada**, deren Fassade durch das Farbenspiel von Ziegelstein und Kalkverputz sehr ausgewogen wirkt. Der massige barocke Turm kontrastiert mit der zierlichen doppelten Arkadengalerie. Das Wappen im Bogenfeld des Hauptportals trägt einen Granatapfel.

Jerez de los Caballeros

42 km südwestlich über die EX 101 und die EX 112. Jerez ist der Geburtsort des Seefahrers **Vasco Núñez de Balboa** (1475-1517). Er war ausgefahren, um an der Landenge von Darién (heute Panama) Krieg zu führen, durchquerte diese und entdeckte 1513 die so genannte Südsee, die anschließend in Pazifik umgetauft wurde. Die auf einer Anhöhe errichtete Stadt bewahrt die Erinnerung an die Tempelritter, denen Alfons IX. von León die Burg schenkte, nachdem sie sie 1230 von den Mauren erobert hatten. Jerez besitzt mehrere schöne Kirchtürme, deren Obergeschoss in der Barockzeit neu gebaut wurde. Auf dem Hügel erhebt sich die Kirche San Bartolomé; ihre Fassade und der Glockenturm sind gänzlich mit bemaltem Stuck, Glassfluss und *azulejos* bedeckt.

Mit seinen schmalen, steil ansteigenden und von weißen Häusern gesäumten Straßen gibt Jerez de los Caballeros bereits einen Vorgeschmack auf Andalusien.

Zamora*

Das beschauliche Zamora liegt in einer weiten Ebene um Ufer des Duero. Im Mittelalter spielte die Stadt eine bedeutende Rolle. Zwischen dem 11. und dem 13. Jh. entstanden die Kathedrale und die zahlreichen romanischen Kirchen, die in der Altstadt erhalten sind.

Steckbrief

68 202 Einwohner. Michelin-Karte Nr. 575 – *Kastilien und León*. Die im höchsten Teil Zamoras gelegene Altstadt überblickt den Duero. ❷ *Plaza de España 8, 49015 Zamora,* ☎ *980 53 18 45.*
Reiseziele in der weiteren Umgebung: SALAMANCA *(62 km südlich)* und VALLADOLID *(95 km östlich).*

Hintergrundinfos

Geschichtliches – Nur noch spärliche Mauerreste sind von der Stadtbefestigung erhalten, die Zamora zur Zeit der Reconquista zur westlichsten Bastion der Verteidigungslinie längs des Duero machten. Später spielte dieser befestigte Platz eine Rolle bei den Zwistigkeiten um den kastilischen Thron, einmal im 11. Jh., als sich die Söhne Sanchos um das Erbe ihres Vaters stritten, und erneut im 15. Jh., als die Beltraneja (s. unter SEGOVIA, Hintergrundinfos) ihre Thronansprüche gegen Isabella verteidigte.

DIE SEMANA SANTA

Zamora ist für seine Festlichkeiten zur Karwoche weithin bekannt. Diese zeichnen sich durch eine besonders große Feierlichkeit und Schönheit der Prozessionen aus, bei denen sehr kunstvolle *pasos* mitgeführt werden. Sie beginnen am Palmsonntag mit einer Kinderprozession, die den *paso* des Einzugs Christi in Jerusalem begleitet. Am Abend des Gründonnerstags zieht bei Fackelschein und in völligem Schweigen ein Zug durch die Straßen, der die ergreifende Liegefigur des **Toten Christus** (ein Werk von Gregorio Fernández) mit sich führt. Die Skulptur wird von Büßern in weißen Gewändern durch einen Golgatha nachempfundenen Weg getragen.

Die meisten *pasos* sind im **Museo de la Semana Santa** ausgestellt. *10-14 Uhr und 16-19 Uhr, im Sommer 10-14 Uhr und 17-20 Uhr; So und feiertags 10-14 Uhr. 2,70 €.* ☎ *980 53 22 95 oder 980 53 60 72.*

Besichtigung

Catedral*

Tgl. 11-14 Uhr und 16-18 Uhr, Apr.-Sept. 11-14 Uhr und 17-20 Uhr. Das Museum ist Mo geschl. 1,80 €. ☎ *980 53 06 44 oder 980 53 18 02.*

Die zwischen 1151 und 1174 gebaute Kathedrale erfuhr im Laufe der Zeit zahlreiche Veränderungen. Ihre klassizistische Nordfassade steht in harmonischem Einklang mit dem davor liegenden Platz, wirkt aber etwas merkwürdig neben dem romanischen Glockenturm und der mit schuppenartigen Steinschindeln gedeckten Kuppel, die an den Vierungsturm der Alten Kathedrale von Salamanca erinnert. Die Südfassade, die als einzige in ihrer ursprünglichen Form erhalten blieb, ist durch Blendarkaden gegliedert. Die Bogenläufe des romanischen Portals tragen eine ungewöhnliche Verzierung.

Die Kirchenschiffe im Übergangsstil von der Romanik zur Gotik sind teils mit romanischen Tonnen, teils mit gotischen Kreuzrippengewölben überspannt. Herrlich ist der Blick von der Vierung aus in die lichtdurchflutete **Hängekuppel**★. Holzschnitzer und Kunstschmiede haben in der Spätgotik die Kathedrale ausgeschmückt. Besondere Beachtung verdienen das elegante **Chorgitter**, die beiden Mudéjar-Kanzeln (15. Jh.) und das kunstvolle **Chorgestühl**★★ (15., 16. Jh.), das auf den Rückenlehnen mit biblischen Gestalten, auf den Armstützen und den Miserikordien mit allegorischen oder derb-humorvollen Szenen verziert ist.

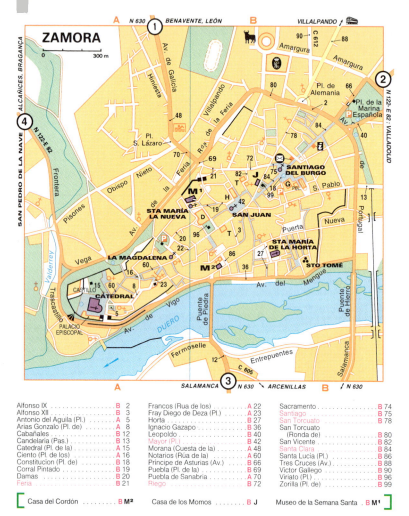

Alfonso IX . . . . B 2	Francos (Rua de los) . . . . A 22	Sacramento . . . . B 74
Alfonso XII . . . . B 3	Fray Diego de Deza (Pl.) . . . . . A 23	Santiago . . . . B 75
Antonio del Aguila (Pl.) . . . . . . A 5	Horta . . . . B 27	San Torcuato . . . . B 78
Arias Gonzalo (Pl. de) . . . . A 8	Ignacio Gazapo . . . . B 36	San Torcuato
Cabañales . . . . B 12	Leopoldo . . . . B 40	(Ronda de) . . . . B 80
Candelaria (Pas.) . . . . B 13	Mayor (Pl.) . . . . B 42	San Vicente . . . . B 82
Catedral (Pl. de la) . . . . A 15	Morana (Cuesta de la) . . . . . . A 48	Santa Clara . . . . B 84
Ciento (Pl. de los) . . . . A 16	Notarios (Rúa de la) . . . . A 60	Santa Lucia (Pl.) . . . . B 86
Constitucion (Pl. de) . . . . B 18	Príncipe de Asturias (Av.) . . . . B 66	Tres Cruces (Av.) . . . . B 88
Corral Pintado . . . . B 19	Puebla (Pl. de la) . . . . B 69	Victor Gallego . . . . B 90
Damas . . . . B 20	Puebla de Sanabria . . . . A 70	Viriato (Pl.) . . . . B 96
Feria . . . . B 21	Riego . . . . B 72	Zorilla (Pl. de) . . . . B 99

Casa del Cordón . . . . B M²	Casa de los Momos . . . . B J	Museo de la Semana Santa . B M¹

Museo Catedralicio – Man erreicht das Dommuseum durch den Kreuzgang im Stil Herreras. Es enthält eine Sammlung flämischer **Wandteppiche**★★ aus dem 15. Jh., die Ereignisse aus dem Leben des Tarquinius und den Trojanischen Krieg zum Thema haben. Auf anderen Wandteppichen aus dem 17. Jh. sind die Feldzüge Hannibals dargestellt.

Vom **Jardín del Castillo** hinter der Kathedrale bietet sich ein schöner Ausblick auf den Duero.

Romanische Kirchen★

Im 12. Jh. entstanden in der Gegend viele romanische Kirchen, die durch ungewöhnliche Portale gekennzeichnet sind. Diese Portale ohne Bogenfeld sind mit einem Fächerbogen umrahmt und weisen häufig einen reich skulptierten Bogenlauf auf. Ein weiteres Kennzeichen der relativ großen Kirchenbauten sind die Hängekuppeln über der Vierung. Die Kirchen **La Magdalena**, **Santa María la Nueva**, **San Juan**, **Santa María de la Horta**, **Santo Tomé** und **Santiago del Burgo** illustrieren in Zamora diesen Stil am besten.

Adelshöfe

Die **Casa del Cordón** und die **Casa de los Momos** besitzen elegante isabellinische Fenster.

Umgebung

San Pedro de la Nave★

19 km nordwestlich. Ausfahrt aus Zamora über ④ des Plans und die N 122; nach 12 km rechts abbiegen. Als der Bau der Esla-Talsperre die westgotische Kirche **San Pedro** bedrohte, trug man diese ab und baute sie in El Campillo wieder auf. Sie stammt aus dem späten 7. Jh. und hat große künstlerische Bedeutung. Besonders die **Kapitelle** der Vierung sind stilistisch vollendet (*Daniel in der Löwengrube, Abrahams*

Opfer). Der auf halber Höhe der Wand verlaufende Fries greift christliche Symbole auf: Taube, Weintraube usw. *Mo-Fr 16.30-18.30 Uhr. In der Bar des Ortes ist der Schlüssel erhältlich.* ☏ *980 55 57 09.*

Arcenillas
7 km südöstlich über die C 605. **15 Tafeln★** des großen gotischen Retabels der Kathedrale von Zamora schmücken nunmehr die **Kirche** von Arcenillas. **Fernando Gallego** malte sie gegen Ende des 15. Jh.s; sie geben Szenen aus dem Leben, dem Tod und der Auferstehung Christi wieder. Der Stil Gallegos erinnert an den Rogier van der Weydens, doch haben seine Personen weichere Gesichtszüge, die Farben sind gedämpfter und die Zeichnung ist weniger scharf. *Tgl. 9-14 Uhr und 16-18 Uhr.* ☏ *980 53 40 05.*

Benavente
66 km nördlich über die N 630. Diese im Mittelalter sehr wohlhabende Handelsstadt bewahrt aus der Vergangenheit noch einige sehenswerte Baudenkmäler. Das im Renaissancestil erbaute **Castillo de los Condes de Pimentel** (heute Parador) hat einen schönen Treppenturm (Torre del Caracol). Von seiner Dachterrasse bieten sich weite Ausblicke über das Tal.
Die im Übergangsstil von der Romanik zur Gotik errichtete Kirche **Santa María del Azogue** besitzt einen Staffelchor mit fünf Apsiden und zwei für die Gegend von Zamora charakteristische romanische Portale. In der Vierung sieht man eine schöne Verkündigung aus dem 13. Jh.
Am Südportal (13. Jh.) der Kirche **San Juan del Mercado** stellt eine Skulpturen-gruppe die Reise der Hl. Drei Könige dar.

San Cebrián de Mazote
57 km nordöstlich über die N 122-E 82 und ab Toro über die C 519. Die **Kirche** (10. Jh.) ist ein seltenes Zeugnis mozarabischer Baukunst. Sie hat einen kreuzförmigen Grundriss, und ihre drei Kirchenschiffe sind durch Hufeisenbögen getrennt. Während die Sparrenköpfe ganz der mozarabischen Kunst zuzurechnen sind, zeigen manche Kapitelle und Flachreliefs das Überleben des westgotischen Stils an. *Führung nach Voranmeldung.* ☏ *983 78 00 77.*

Toro
33 km östlich über die N 122-E 82. Toro liegt am Ufer des Duero. Seine romanischen Kirchen, Ziegelbauten mit interessantem Mudéjar-Schmuck, haben die Zeiten nur schwer beschädigt überdauert, während die Stiftskirche der Zeit gut widerstanden hat.
Colegiata★ – *10-13 Uhr und 17-20 Uhr, Okt.-Febr. 10-14 Uhr und 16-18.30 Uhr. Mo, Fr-vormittag (im Winter) und Jan. geschl. 0,60 €.* ☏ *980 10 81 07.*
Die Bauarbeiten begannen 1160 mit der schön überkuppelten Vierung und wurden im Jahre 1240 mit dem Westportal abgeschlossen.
Das romanische **Nordportal** trägt in seinem oberen Teil die Ältesten der Apokalypse und im unteren Teil Engel, die durch ein Band miteinander verbunden sind, das die Einheit des Glaubens symbolisiert. Das gotische **Westportal★★**, das im 18. Jh. neu bemalt wurde, ist das schönste Kunstwerk der Kirche. Es ist der Jungfrau Maria geweiht. Auf den Bogenläufen sieht man sehr ausdrucksvoll die himmlischen Heerscharen und auf dem äußersten Rundbogen eine beeindruckende Szene des Jüngsten Gerichts. Die Statuen am Mittelpfosten des Portals und im Tympanon wirken zwar etwas steif, haben aber sehr lebendige, junge Gesichter.
Man sollte unter der Vierung anhalten und einen Blick in die Höhe zur **Kuppel★** werfen, die durch zwei Fensterreihen viel Licht erhält. Es ist eine der ersten Kuppeln Spaniens. Die Gewölbezwickel sind mit den Evangelistensymbolen geschmückt. Bemalte Holzstatuen stehen auf Konsolen vor den Pfeilern im Kirchenschiff. Auf einer dieser Konsolen *(unter dem Engel)* ist auf recht amüsante Weise die Erschaffung Evas dargestellt. Das herrliche altniederländische Gemälde *Maria mit der Fliege* **(*La Virgen de la Mosca★*)** in der Sakristei wird entweder Gérard David oder Memling zugeschrieben.
San Lorenzo – *Wegen Restaurierung geschlossen.* ☏ *980 10 81 07.*
San Lorenzo ist die am besten erhaltene romanische Kirche in Toro. Am Chorhaupt zeigt sich der für Kastilien und León typische Mudéjar-Stil. Man beachte den steinernen Sockel, die Blendarkaden und den Sägezahnfries, der den oberen Abschluss bildet. Zu beiden Seiten des gotischen **Retabels**, das von Fernando Gallego gemalt wurde, befinden sich platereske Grabmäler.

Zangoza★ siehe Sangüesa

Zaragoza★★

Die Türme und Kuppeln der Basílica del Pilar, die das Stadtzentrum überragen, beherrschen die Silhouette von Zaragoza, das günstig am rechten Ufer des Ebro liegt.
Nach der Zerstörung im Krieg gegen Napoleon wurde die Stadt im 19. Jh. etwas konventionell wieder aufgebaut. In den Straßen herrscht immer rege Betriebsamkeit. Auch das religiöse Leben ist sehr ausgeprägt. Hier befindet sich die berühmte Virgen del Pilar, welche die gleichnamige Kirche zum bedeutendsten Ort der Marienverehrung in Spanien macht.

Steckbrief
622 371 Einwohner. Michelin-Karte Nr. 574 – Aragonien. Die Stadt in dem einst wegen seiner Trockenheit gefürchteten Ebrobecken liegt am Zusammenfluss von drei Wasserläufen und am Canal Imperial. Infolge dieser Bewässerungsmöglichkeiten ist das Umland heute sehr fruchtbar. ▯ *Glorieta Pio XII Torreón de la Zuda, 50003 Zaragoza;* ☎ *976 39 35 37.*
Reiseziele in der weiteren Umgebung: HUESCA (72 km nordöstlich) und TUDELA (82 km nordwestlich).

Hintergrundinfos

Caesaraugusta-Sarakusta – Die Siedlung Salduba am Zusammenfluss von Ebro, Gállego und Huerva wurde 25 v. Chr. römische Kolonie und nach Kaiser Augustus Caesaraugusta genannt. Der Legende nach hat sich am 2. Januar des Jahres 40 ein Marienwunder zugetragen: Die Gottesmutter soll an diesem Tage dem Apostel Jakobus d. Ä. (span. Santiago) erschienen sein und als Unterpfand eine Säule (Pilar) zurückgelassen haben. Um diese Säule erhebt sich heute die Basilika **Nuestra Señora del Pilar**. Im 3. Jh. n. Chr. kam es in der Regierungszeit des Diokletian zu Christenverfolgungen, und noch heute ehrt die Stadt das Gedenken an die zahllosen Märtyrer, die in der Krypta der Kirche **Santa Engracia** begraben sind.
Nach vier Jahrhunderten maurischer Herrschaft blieb der Stadt, damals in Sarakusta umgetauft, kaum mehr als die Erinnerung an das blühende Taifa-Königreich unter der Dynastie der Benihud (11. Jh.). Ein Teil des maurischen Palastes **Aljafería** ist erhalten geblieben und stellt ein wertvolles Zeugnis der maurisch geprägten spanischen Kunst dar.
Hauptstadt des Königreichs Aragonien – Nachdem die Mauren vertrieben waren, stieg Zaragoza zur Hauptstadt des Königreiches Aragonien auf. In der auf Autonomie bedachten Stadt wurden die demokratischsten *fueros* (Sonderrechte) von ganz Spanien gewählt. Eine gute Verwaltung ließ Handel und Gewerbe gedeihen, welche durch die Einrichtung einer **Börse** (Lonja) noch gefördert wurden. Die Stadt, von alters her tolerant, schützte ihre muslimischen Maurer, die wie sonst niemand den Ziegelstein zu bearbeiten verstanden. So kam es, dass der Mudéjar-Stil in den Kirchen von Zaragoza aufs Schönste vertreten ist. Als Beispiele seien die Apsis der **Kathedrale** und die Türme **San Pablo** und **Magdalena** genannt. Einige städtische Bauten und Patrizierhäuser in der Altstadt erinnern mit eleganten Innenhöfen und Artesonado-Decken an Macht und Wohlstand im Zaragoza des 16. Jh.s.
Zwei denkwürdige Belagerungen – 1808 und 1809 leistete die Stadt den napoleonischen Truppen erbittert Widerstand und stellte damit gleichzeitig den Freiheitswillen der Spanier und die Hartnäckigkeit der Aragonier unter Beweis. Im Juni 1808 wurde sie zum ersten Mal von den französischen Truppen angegriffen, diese zogen aber am 14. August ab. Die Bevölkerung frohlockte, doch zu früh: Am 21. Dezember kamen die Franzosen unter Marschall Lannes zurück und belagerten die Stadt bis zum 20. Februar, dem Tag der Kapitulation. Zaragoza verlor damals über 54 000 Menschen, d. h. mehr als die Hälfte seiner Einwohner. An der **Puerta del Carmen** sieht man noch die Kugeleinschläge dieser Belagerungen.

Tipps und Adressen

Restaurant
- **Unsere Empfehlung**

Casa Portolés – *Santa Cruz 21* – ☎ 976 39 06 65 – *So-abend und Mo geschl.* – 🍴 – *34 €*. An einem kleinen Platz nahe der Calle Espoz y Mina und der Plaza del Pilar gelegenes Restaurant im Stil eines *mesón*. An der Bar am Eingang gibt es *raciones* und *tapas*. Hübscher Speisesaal mit Bögen und Wänden mit Zierstein. Traditionelle Küche.

Tapas

Los Victorinos – *José de la Hera 6* – ☎ 976 39 42 13 – *15.-30. Nov. geschl.* – 🍴. Die kleine, gut besuchte Bar liegt in einer engen Straße bei der Plaza del Pilar und der Plaza de la Seo. Sie ist mit Stierkampfmotiven dekoriert und bietet ausgezeichnete, sorgsam zubereitete *raciones* und *tapas*, die man unbedingt probieren sollte.

Bodeguilla de la Santa Cruz – *Santa Cruz 3* – ☎ 976 20 00 18 – *So-abend und Mo geschl.* – 🍴. In dieser zentral gelegenen, netten Bar fühlt man sich in längst vergangene Zeiten versetzt. Das Lokal ist klein, die *tapas* isst man an der Theke.

Unterkunft
- **Gut & preiswert**

Hotel Las Torres – *Plaza del Pilar 11* – ☎ 976 39 42 50 – 🍴 – *54 Z.: 37/49 €* – ⚬ *3,50 €*. Ein schlichtes, nettes Hotel in guter Lage direkt an der Plaza del Pilar gegenüber der Basílica. Die Zimmer sind einfach, aber gepflegt.

- **Unsere Empfehlung**

Hotel Sauce – *Espoz y Mina 33* – ☎ 976 39 01 00 – *sauce@svalero.es* – 🅿 🍴 – *43 Z.: 55/79 €* – ⚬ *7,50 €*. Zentral gelegenes Hotel in unmittelbarer Nähe der Plaza del Pilar und der Plaza de la Seo. Die recht kleinen, aber freundlichen Zimmer sind alle unterschiedlich eingerichtet und sehr gepflegt. Durch die familiäre Atmosphäre ein besonders angenehmes Hotel.

Die Festlichkeiten am Tag der María del Pilar

In der Woche des 12. Oktober feiert die Stadt „ihre" Jungfrau in einem prachtvollen Fest. Am 13. Oktober findet gegen 19 Uhr im Schein von 350 auf Kutschen gefahrenen Laternen die Prozession **Rosario de Cristal** statt. Zu den Volksbelustigungen zählen die Umzüge der so genannten **Gigantes** und **Cabezudos**. Großer Beliebtheit erfreuen sich auch die *Jota*-Tanzturniere und die Stierkämpfe.

Besichtigung

An der Plaza de la Seo und der Plaza del Pilar stehen einige der bedeutendsten Gebäude der Stadt.

La Seo★★
10-14 Uhr (So 10-12 Uhr) und 17-19 Uhr. Mo geschl. Eintritt frei. ☎ 976 39 74 97
Die sehr groß angelegte Kathedrale vereint alle Dekorationsstile vom Mudéjar bis zum churriguereresken Barock, ist aber von der Architektur her im Wesentlichen gotisch. Im 17. Jh. wurde der hohe Glockenturm errichtet, der mit den nahen Türmen der Pilar-Kirche harmoniert. Die Barockfassade entstand im 18. Jh. Einige Schritte in die Calle del Sepulcro ermöglichen einen Blick auf das schöne **Chorhaupt** im Mudéjar-Stil.
Fünf gleich hohe Schiffe verleihen dem Inneren eine eindrucksvolle Raumwirkung. Am Hochaltar zieht der gotische **Aufsatz★** den Blick auf sich. Seine Predella stammt von dem Katalanen Pere Johan. Die Hauptfelder wurden von Juan de Suabia (d. h. Johannes aus Schwaben) geschaffen und stellen Christi Himmelfahrt, die Anbetung der Könige und die Verklärung Christi dar. Haltung, Gesichtsausdruck und Kleidung verraten den deutschen Einfluss.
Der *trascoro* und einige Seitenkapellen wurden im 16. Jh. mit kraftvollen Skulpturen geschmückt, die ein schönes Beispiel für die spanische Bildhauerkunst der Renaissance sind. Andere Kapellen wurden in der churriguereresken Stilepoche des 18. Jh.s mit Dekoration überladen. Eine schöne Ausnahme bildet die gotische **Capilla de la Parroquieta** mit herrlich bemalter **Kuppel★**, die im maurischen Stil getäfelt und mit Stalaktiten und Flechtwerk geschmückt ist (15. Jh.); hier beachte man ein Grabmonument aus dem 14. Jh., das burgundischen Einfluss aufweist.

Museo Capitular★ – *In der Sakristei.* Zu sehen sind im Museum des Domkapitels Gemälde, ein Triptychon in Emailarbeit, Messgewänder und zahlreiche Gold- und Silberschmiedearbeiten (silberne Büstenreliquiare, Kelche sowie eine aus 24 000 Teilen zusammengesetzte Silbermonstranz für Prozessionen).

Museo de Tapices★★ – Mit 60 Wandteppichen – von denen hier 16 ausgestellt sind – besitzt die Kathedrale eine herausragende Sammlung gotischer Arbeiten (*Schiffsteppich*, *Kreuzigungsteppich* und *Teppich der Passionsmysterien*). Sie stammen aus französischen und flämischen Werkstätten (Arras bzw. Brüssel).

ZARAGOZA

Alfonso I .... YZ	Capitán Portolés .... Z 13	Magdalena .... Z 42
Alfonso V .... Z 6	César Augusto (Av.) .... Z 15	Manifestación .... Y 43
Candalija .... Z 10	Cinco de Marzo .... Z 18	Sancho y Gil .... Z 58
	Conde de Aranda .... Z	San Pedro Nolasco (Pl. de) ... Z 63
	Coso .... Z	San Vicente de Paul .... YZ
	Don Jaime I .... YZ	Teniente Coronel
	Independencia (Pas.) .... Z	Valenzuela .... Z 67

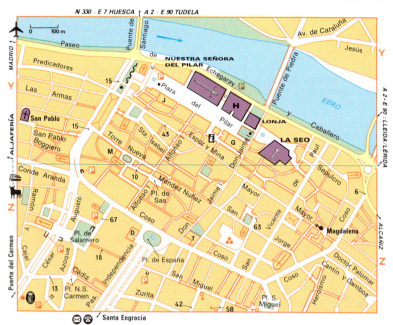

Lonja★

Hier werden wechselnde Ausstellungen gezeigt. *10-14 Uhr und 17-21 Uhr, So und feiertags 10-14 Uhr. Mo, 1. Jan., 24. Dez. (nachmittags), 25. Dez. und 31. Dez. (nachmittags) geschl.* ☎ 976 39 72 39.

Wie Valencia, Barcelona und Palma de Mallorca, die anderen großen Handelsstädte des Königreichs, hatte Zaragoza im 16. Jh. eine Warenbörse. Es ist ein Renaissancebau im Geist der levantinischen Gotik. Hohe Säulen teilen den weiträumigen Börsensaal in drei Schiffe und tragen ein herrliches Fächergewölbe. Der Schaft dieser Säulen ist eigenartigerweise mit einem Kranz aus Chimären geschmückt. Am Ansatzpunkt der **Gewölberippen** sieht man von Putten eingerahmte skulptierte Wappen.

Das Rathaus (**Ayuntamiento**) wurde in der traditionellen Bauweise Aragoniens mit großem Vordach wieder aufgebaut. Zwei moderne Bronzeplastiken flankieren den Eingang.

Basílica de Nuestra Señora del Pilar★

Tgl. 6-20 Uhr. ☎ 976 29 95 64.

Mehrere Kirchen lösten sich an diesem Platz zur Aufnahme der berühmten Säule des Marienwunders ab. Der heutige Bau wurde von Francisco Herrera d. J. um 1677 entworfen. Es handelt sich um eine rechteckige Anlage, die von Strebepfeilern abgestützt und durch eine zentrale Kuppel erhellt wird. Im 18. Jh. fügte Ventura Rodríguez Laternenkuppeln hinzu, deren glasierte Ziegel sich im Ebro spiegeln.
Der Innenraum ist durch robuste Kreuzpfeiler mit vorgelegten kannelierten Pilastern in drei Schiffe unterteilt. Die Kuppeln sind mit Fresken ausgemalt, darunter einige Jugendwerke Goyas.

Die **Capilla de la Virgen** von Ventura Rodríguez ist eine Miniaturkirche, die in einer Nische rechts die Säule und die gotische Holzstatue der Jungfrau Maria birgt. Diese Statue wird fast täglich mit einem anderen Mantel umhüllt – ausgenommen sind nur der 2. und der 12. Tag jeden Monats, der Gedenktag der Erscheinung (2. Januar) und der Tag der *Hispanidad* (12. Oktober, Entdeckung Amerikas). Die Säule ist den Pilgern von hinten zugänglich.

Schön ist das von Damián Forment geschnitzte **Retabel★** des **Hochaltars**; auch die Predella ist eine eingehende Betrachtung wert. Der *coro* hat platereskes Gestühl und ist durch ein hohes Gitter verschlossen.

Museo Pilarista★ – *Tgl. 9-14 Uhr und 16-18 Uhr. 1,20 €.* ☎ 976 29 95 64.

Hier sind die verschiedenen Entwürfe von Goya, González, Velázquez und Bayeu zur Ausmalung der Kuppeln der Basilika Nuestra Señora del Pilar ausgestellt. Außerdem sieht man ein Modell von Ventura Rodríguez sowie einen Teil der

Kleinodien, mit denen die Statue am Pilar-Fest geschmückt wird. Unter den sehr alten Kunstgegenständen aus Elfenbein sind besonders ein kleines Trinkhorn (11. Jh.) und ein maurisches Schmuckkästchen erwähnenswert.

Aljafería★
Anfahrt über die Calle Conde de Aranda. 10-14 Uhr und 16.30-18.30 Uhr (Apr.-Okt. 16.30-20 Uhr), So und feiertags 10-14 Uhr. 1,80 €; So Eintritt frei. ☎ 976 28 96 83/4.
Das riesige Gebäude verblüfft, da man so weit im Norden Spaniens nicht auf eine so getreue Nachahmung der maurischen Paläste Andalusiens gefasst ist. Der Palast wurde im 11. Jh. für die Familie Benihud gebaut. Später veränderten ihn die Könige von Aragonien, dann die Katholischen Könige, bevor die Inquisition darin ihren Sitz hatte. In der Folge diente er auch noch als Kaserne.
Der Palast ist um einen rechteckigen Patio angelegt, der von Säulengängen umgeben und mit feinem Flechtwerk und ziselierten Kapitellen geschmückt ist. Die **Musallah**, eine Art Privatmoschee der Emire, und die Gebetsnische *(mihrâb)* wurden restauriert und warten mit der ganzen Pracht und Phantasie der orientalischen Dekorationskunst auf. Der Stuck ist in lebhaften Farben bemalt. Treppenhaus und 1. Stockwerk versetzen uns vier Jahrhunderte weiter an den Hof der Katholischen Könige. Sie beeindrucken durch ihre spätgotische Ausgestaltung. Im Thronsaal ist eine prächtige **Kassettendecke★** erhalten, die mit geometrischem Flechtwerk und Pinienzapfen verziert ist. Von der Galerie aus konnten Zuschauer den offiziellen Zeremonien beiwohnen. In einem anderen Raum des Palastes (Artesonado-Decke) kam 1271 die **hl. Isabella**, die Tochter Peters III. von Aragonien, zur Welt, die später Königin von Portugal wurde.

Umgebung

Fuendetodos
45 km südwestlich. Zuerst 21 km auf der N 330, dann links auf die Z 100 abbiegen. In diesem alten Dorf kann das bescheidene Geburtshaus **(Casa-Museo de Goya)** des großen Malers **Francisco de Goya y Lucientes** (1746-1828) besichtigt werden. *11-14 Uhr und 16-19 Uhr. Mo (außer feiertags) geschl. 1,80 €. ☎ 976 14 38 30.*
Im **Museo de Grabados** ist eine Sammlung seiner Radierungen ausgestellt. *11-14 Uhr und 16-19 Uhr. Mo (außer feiertags) geschl. 1,80 €. ☎ 976 14 38 30.*

Sie beherrscht die Silhouette der Stadt: Ansicht der Basilika vom Flussufer aus

Mallorca, Playa de Portals Nous

Die Inseln

Balearen ★★★

Die Balearen sind eine Inselgruppe mit einer jahrtausendealten Vergangenheit. Ihren Namen verbindet man mit Sommer, Urlaub, zwischen Kiefern versteckten Buchten, kristallklarem Wasser usw. aber auch mit einem heißen und fröhlichen Nachtleben. Auf diesen Inseln ist alles möglich, und jeder kann hier sein kleines Stück vom Paradies finden.

Die Inseln gehören zu den wichtigsten Urlaubszielen für Sonnenhungrige weltweit. Man sollte aber nicht vergessen, dass sie trotz der touristischen Entwicklung eine so große landschaftliche Schönheit bewahrt haben, dass mehr als 40 % ihrer Fläche unter Naturschutz steht.

Steckbrief

825 000 Einwohner. 5 014 km^2 – Michelin-Karte Nr. 579. Die Inselgruppe der Balearen *(Islas Baleares)* liegt im westlichen Mittelmeer, gegenüber der Levante, und hat insgesamt 1 238 km Küste. Sie besteht aus drei großen Inseln – Mallorca, Menorca und Ibiza –, zwei kleineren Inseln – Formentera und Cabrera – sowie zahlreichen Inselchen. Die Autonome Gemeinschaft Balearen (Comunidad Autónoma Balear) gehört zu den 50 spanischen Provinzen und hat als Verwaltungssitz Palma. Die jährliche Durchschnittstemperatur beträgt 17,6 °C.

Gesprochen wird das Balear, ein vom Katalanischen abgeleiteter Dialekt, in dem jedoch die antiken Wurzeln wie auch die vom lateinischen Wort *ipse* kommenden Artikel Se, Sa und Ses erhalten sind. Die drei Hauptinseln sind in Landschaft, Geschichte und Lebensstil ihrer Bewohner sehr verschieden.

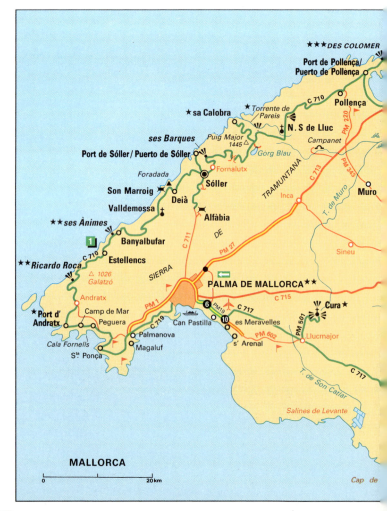

Mallorca ★★★

Die Schönheit der Küste – im Norden eher schroff und steil, im Süden hingegen lieblicher und flacher –, wunderschöne Buchten, weite Strände, kristallklares, smaragdgrün glitzerndes Wasser, malerische Dörfer im Hinterland, die herrschaftliche, geschichtsträchtige Hauptstadt und das milde Klima machen Mallorca zu einem traumhaften Ort und gleichzeitig zu einem der wichtigsten touristischen Ziele in Europa.

Steckbrief

659 000 Einwohner. 3 684 km^2 – Michelin-Karte Nr. 579 – Balearen. Mallorca ist die größte Baleareninsel. Der Flughafen liegt 11 km südwestlich von Palma de Mallorca.
Palma de Mallorca: Plaça de la Reina 2, 07012, ☏ 971 71 22 16.

Hintergrundinfos

Landschaften – Durch ihr Bodenrelief wird die Insel in drei Gebiete geteilt: Den Nordwesten der Insel nimmt das Kalkgebirge **Sierra de Tramuntana** ein, das parallel zur Küste verläuft und im **Puig Major** (1 445 m) seinen höchsten Punkt erreicht. Trotz dieser eher bescheidenen Höhe schirmt der steil zur Meeresküste abfallende Gebirgszug das Inselinnere ab.
An seinen Hängen wachsen Kiefern, Wacholder und Steineichen, die oft den knorrigen Olivenbäumen weichen, welche ein Charakteristikum der Landschaft Mallorcas darstellen. Die Dörfer liegen auf halber Höhe am Hang; ihre Bewohner bauen auf zum Teil waghalsig hoch gelegenen Terrassen Gemüse und Obst an.

Die **Sierras de Levante** im Osten der Insel wurden stark von der Erosion geformt, die herrliche Grotten und tief eingeschnittene Buchten mit geschützten Sandstränden schuf.
Im flachen Inselinneren, **El Pla** genannt, wachsen Feigen- und Mandelbäume; daneben wird Getreide angebaut. In der Nähe der großen Bauerndörfer, die so regelmäßig angelegt sind wie mittelalterliche Festungen, stehen Windräder, die das Wasser, von dem es nie genug gibt, in die Kanäle pumpen.

Das kurzlebige Königreich Mallorca (1262-1349) – König **Jakob I. von Aragonien** schiffte sich am 5. September 1229 im Hafen von Salou ein, um Mallorca den Mauren zu entreißen. Mallorca war aus zwei Gründen für ihn interessant: Einerseits spielte es eine wichtige Rolle als Handelsplatz im Mittelmeerraum, und andererseits hoffte er, sich die unzufriedenen Adligen durch die Verteilung neuer Ländereien gefügig zu machen.
Die entscheidende Schlacht fand noch in demselben Jahr am 31. Dezember in der Bucht von Palma statt. 30 Jahre später gründete Jakob das Königreich Mallorca mit den Balearen, dem Roussillon und Montpellier, das er seinem Sohn Jakob (Jaime) II. gab. Unter seiner Regierung und der seines Nachfolgers Sancho I. kam das Land zu großem Wohlstand; Städte und Burgen wurden gebaut, und katalanische Aussiedler ließen sich auf der Insel nieder. 1343 bemächtigte sich Pedro IV. von Aragonien der Balearen, gliederte sie in sein Königreich ein und tötete den Erbprinzen in Llucmajor (1349).

Balearen: Mallorca
Tipps und Adressen

RESTAURANTS
● **Gut & preiswert**
Ca's Cuiner – Plaça Cort 5 – Palma – ☎ 971 72 12 62 – So geschl. – ⌿ ▥ – 6/12 €. Ein Geschäft mit einem Restaurant, das sich zu einem kleinen Tempel der mallorquinischen Küche entwickelt hat. Einfache, aber köstliche Gerichte, wie *empanada de cordero* (Lammpastete), *tumbet* (Spezialität mit Auberginen und Kartoffeln) und *pan con sobrasada* (Brot mit Paprikawurst). Die meisten Gäste sind Einheimische.

● **Unsere Empfehlung**
Voramar – Avinguda Miramar 36 A – Sa Ràpita – ☎ 971 64 00 67 – Di geschl. – 19/30 €. Das Restaurant ist auf Fisch und Meeresfrüchte spezialisiert und bietet einen schönen Blick aufs Meer. Durch die hübsche Landschaft und die reizvolle Terrasse bleibt man nach dem Essen gern noch ein wenig sitzen. Leider ist die Küstenstraße relativ nah.

S'Assecados – Mar 11 – Porto Cristo – ☎ 971 82 08 26 – 19/31 €. Das gemütliche, mit alten *azulejos* dekorierte Restaurant befindet sich in einem Haus im Kolonialstil aus dem frühen 20. Jh. Es liegt an einem Platz, der den Jachthafen von Porto Cristo überblickt.

Cás Cosi – Baronia 1-3 – Banyalbufar – ☎ 971 61 82 45 – Di geschl. – ▥ – 19/36 €. Ein gehobenes Restaurant in Banyalbufar, einem hübschen, von Bergen eingerahmten Dörfchen. Gemütliche Atmosphäre, die Inneneinrichtung ist modern und traditionell zugleich, was auch auf die Küche zutrifft. Reichhaltige Gerichte.

Es Baluard – Plaça Porta de Santa Catalina 9 – Palma – ☎ 971 71 96 09 – So geschl. – ▥ – Reserv. empf. – 23/36 €. Das Restaurant liegt in unmittelbarer Hafennähe. Der Service ist ausgezeichnet, die Inneneinrichtung elegant (Scheibengardinen und Teakholzterrasse). Die Gäste wissen die Qualität der lokalen Spezialitäten und der erlesenen Weinkarte zu schätzen.

Dalt Murada – Sant Roc 1 – Palma – ☎ 971 71 44 64 – 22. Dez.-22. Jan. geschl. – 19/37 €. Ein Restaurant in einem Palais aus dem 15. Jh., nahe der Kathedrale. Die Tische sind auf den blumengeschmückten Innenhof und mehrere mallorquinisch eingerichteten Gasträume verteilt. Originelle Küche.

UNTERKUNFT
● **Gut & preiswert**
Santuari de Lluc – Depatx de cel.les – Lluc – ☎ 971 87 15 25 – info@lluc.net – ⌿ ▣ – 110 Z.: 23/28 € (inkl. MwSt.). Das älteste Kloster der Insel hat einige seiner Zellen in sehr schlichte Gästezimmer umgewandelt, die an einer steinernen Galerie liegen. Klösterliche Ruhe.

Hotel Rosamar – Avinguda Joan Miró 74 – Palma – ☎ 971 73 27 23 – rosamar@ocea.es - März und 1. Dez. geschl. – 40 Z.: 37/49 € (inkl. MwSt.). Im oberen Teil des Viertels El Terreno, an der Straße zum Castillo de Bellver, liegt dieses hübsche, aufs Meer ausgerichtete Gebäude. Es hat einen netten Garten, eine gut besuchte Bar und Zimmer mit großen Balkons. Der richtige Ort, um ein paar Tage auszuspannen.

● **Unsere Empfehlung**
Hotel Born – Sant Jaume 3 – Palma – ☎ 971 71 29 42 – hborn@bitel.es – ▥ – 25 Z.: 58/90 € ⌑. Günstige Lage im Zentrum von Palma. Das Hotel befindet sich in einem 18. Jh. umgebauten Palais aus dem 16. Jh. Schon beim Eintreten ist man bezaubert von seinem wunderschönen Patio im Stil der Balearen. Die Zimmer sind ruhig und sehr schön eingerichtet.

Hotel Mar i Vent – Major 49 – Banyalbufar – ☎ 971 61 80 00 – marivent@fehm.es – Dez.-Jan. geschl. – ▣ ⌇ – 23 Z.: 79/97 € ⌑ – Rest. 22 €. Das bezaubernde Hotel liegt herrlich zwischen den bewaldeten Bergen im Westen der Insel und dem Meer. Das alte steinerne Haus ist von innen genauso schön wie von außen.

● **Fürstlich logieren**
Hotel Son Trobat – Carretera Manacor-Sant Llorenç – Sant Llorenç des Cardassar – 4,8 km nordöstlich von Manacor über die C 715 – ☎ 971 56 96 74 – sontrobat@ctv.es – ⌇ ▥ – 25 Z.: ab 127 € (inkl. MwSt.) ⌑. Bei diesem großzügig angelegten, ländlichen Anwesen verbindet sich der rustikale Charme des alten Gebäudes perfekt mit dem luxuriösen Angebot (zwei Schwimmbäder, Whirlpool, türkisches Bad, Sauna etc.). Die Preise sind durchaus angemessen.

SHOPPING
Die köstliche **ensaimada**, ein mit Zucker bestreutes, lockeres Schmalzgebäck in Spiralform, ist eine Spezialität der Insel. Auch die **sobrasada**, eine würzige Schweinswurst, soll erwähnt werden.

Frühe mallorquinische Maler (14. und 15. Jh.) – Die durch liebliche Gesichtszüge gekennzeichnete mallorquinische Malerei der Gotik war stark vom Ausland beeinflusst. Der **Meister des Privilegienbuchs** malte z. B. noch im 14. Jh. im sienesischen Stil Miniaturen in warmen Farben. Nur wenig später inspirierte die katalanische Malerei **Joan Daurer** und den begabten **Meister des Bischofs Galiana**. Ende des 14. Jh.s fand **Francesc Comes** einen sehr persönlichen Stil, u. a. erkennbar an den fleischigen Lippen und dem geschlossenen Mund der dargestellten Personen.
Im 15. Jh. wurden in Valencia ausgebildete Künstler bekannt: **Gabriel Moger**, der sanfte **Miguel de Alcanyis** und **Martí Torner**. Den **Meister der Predellen** kennzeichnet eine genaue, detailfreudige Darstellungsweise und **Rafael Moger** Realismus. **Pere Nisart** und **Alonso de Sedano**, die nicht aus Mallorca stammten, führten den im 16. Jh. vorherrschenden Stil der Spanischen Niederlande ein *(Museo de Mallorca, s. unter „Besichtigung")*.

Bekannte Mallorquiner und illustre Gäste – **Raimundus Lullus** (Ramón Llull, 1235-1315) ist ein gutes Beispiel für den kosmopolitischen Geist, der im Mallorca des 13. Jh.s herrschte. Der große Mystiker, Gelehrte und Humanist sprach orientalische Sprachen und tat sich als Philosoph, Theologe und Alchimist hervor. Der nimmermüde Reisende wurde selig gesprochen. **Bruder (Fray) Junípero Serra** (1713-1784) zog aus, um in Kalifornien das Evangelium zu verkünden, und gründete dort zahlreiche Missionen, darunter San Francisco und San Diego. Er wurde 1988 selig gesprochen. Im 19. Jh. war Mallorca Aufenthaltsort von mehreren ausländischen Schriftstellern, Dichtern und Gelehrten. So verbrachten **Frédéric Chopin** und **George Sand**, die eine stürmische Liebe verband, den Winter 1838 im Kartäuserkloster von Valldemossa. Von 1860 bis 1913 lebte der österreichische Erzherzog **Ludwig Salvator** (1847-1915) die meiste Zeit auf seinem Landsitz an der Westküste der Insel und schrieb die bisher ausführlichste Abhandlung über die Balearen. Der französische Höhlenforscher Martel war 1896 Gast dieses Mäzens.

Wirtschaft – An erster Stelle steht heute der Tourismus. Die Schuhindustrie und die in Manacor erzeugten Kunstperlen finden im Ausland guten Absatz.

Die landwirtschaftliche Produktion wird zu Konserven verarbeitet (Obst) oder getrocknet (Feigen, Aprikosen); die Mandelernte ist im Wesentlichen für den Export bestimmt.

Besichtigung

PALMA★★
Siehe Kartenskizze S. 538

Für den Schiffsreisenden wird die Einfahrt in die weite Bucht von Palma zum Erlebnis. Die stolz aufragende Kathedrale wacht über die Seefahrerstadt, deren ruhmreiche Vergangenheit von zahlreichen alten Gebäuden bezeugt wird. Zu beiden Seiten des historischen Stadtkerns liegen die Wohngebiete (zahlreiche Hotels); auch an der von Palmen gesäumten Avinguda Gabriel Roca, die am Meer entlang zum Hafen führt, stehen Wohnhäuser und Hotels. Vor dem Passeig Sagrera liegt der alte Hafen, der von Fracht- und Passagierschiffen angelaufen wird. Eine neue Mole ganz im Süden des Terreno-Viertels ermöglicht das Anlegen größerer Passagierschiffe.

Die Bucht von Palma
Das ganze Jahr über herrschen hier milde Temperaturen, da die Bucht durch die Gebirgskette des Puig Major vor den Nord- und Westwinden geschützt ist. Hotels und Fremdenverkehrseinrichtungen ziehen sich über mehr als 20 km an der Küste entlang; in westlicher Richtung verteilen sie sich auf die zahlreichen Einbuchtungen der hier stark gegliederten Küste, die, abgesehen von den Stränden von **Palmanova** und **Magaluf**, nur wenig Sandstrand bietet. Die Badeorte **can Pastilla**, **ses Meravelles** und **s'Arenal** an der geraden, weniger geschützten Ostseite der Bucht sind unter der Bezeichnung „Playas de Palma" zusammengefasst und liegen an einem langen, feinsandigen Strand.

Die „Ciutat de Mallorca"
Unter diesem Namen erlebte die nach der Schlacht vom 31. Dezember 1229 befreite Stadt die Epoche ihres größten Wohlstands. Sie unterhielt ständige Handelsbeziehungen mit Barcelona, Valencia, einigen afrikanischen Ländern und selbst Nordeuropa.
Juden und Genuesen – Letztere errichteten ihre Sonderbörse in Palma – ließen sich hier nieder. Mit Jakob II. und seinen Nachfolgern setzte eine rege Bautätigkeit ein, die die schönsten gotischen Bauwerke hervorbrachte. Nach der Besetzung der Balearen durch Aragonien konnte der Handel bis nach Neapel und Sizilien ausgedehnt werden.

Die alten Palais von Palma
Die aus der gehobenen Kaufmannsschicht und der Aristokratie hervorgegangenen Patriziergeschlechter von Palma bevorzugten im 15. und 16. Jh. den italienischen Stil. Sie ließen elegante Häuser in Haustein erbauen, deren Fassaden von Renaissancefenstern belebt werden. Im 18. Jh. entwickelte sich das typisch mallorquinische Adelspalais mit einem Patio in der Mitte, dessen starke Marmorsäulen flach gespannte Bogen tragen; eine breite Treppe mit schmiedeeisernem Geländer oder einer steinernen Balustrade führt zur höher gelegenen Loggia. Für den Sommer hatten diese Familien luxuriöse Landsitze in den Bergen nördlich von Palma.

Palma heute
In Palma wohnt ein Großteil der mallorquinischen Bevölkerung; die Stadt erlebt auch einen der stärksten Besucherströme ganz Spaniens.
Die Touristenviertel liegen im Westen der Stadt in **Terreno** – und hier vor allem um die Plaça Gomila herum – und in **Cala Major**. Mittelpunkt des städtischen Lebens ist der Passeig des Born, landläufig **El Born** genannt. Diese breite Promenade verläuft im ehemaligen Flussbett des Riera, der im 16. Jh. wegen seiner

Balearen: Mallorca

verheerenden Überschwemmungen nach außerhalb der Stadtmauern umgeleitet wurde. Die Luxusgeschäfte (Perlen, Glaswaren, Leder, Bekleidung) und Artikel des lokalen Kunsthandwerks (Schmiedeeisen- und Filigranarbeiten, Stickereien) findet man östlich des Born in den Fußgängerzonen der Altstadt um die Plaça Major und in der Avinguda Jaume III.

Das Viertel um die Kathedrale★ *Besichtigung: 3 Std.*

Catedral★★

10-15 Uhr, Apr.-Okt. 10-18 Uhr; Sa 10-14 Uhr. So und feiertags geschl. 3 €. ☎ 971 72 31 30.

Der eigenwillige Bau der am Meer gelegenen Kathedrale wird durch die mit Pinakeln gekrönten Strebepfeiler rhythmisch gegliedert. Der verwendete schöne Kalkstein aus Santanyí leuchtet, je nach Sonneneinfall, ocker-, gold- oder rosafarben.

Anfang des 14. Jh.s begann man an der Stelle der früheren Moschee mit der Errichtung des jetzigen Gebäudes, das zu den wichtigsten Bauwerken der Spätgotik zählt. Die Westfassade wurde nach einem Erdbeben im 19. Jh. neugotisch wiederaufgebaut, wobei jedoch das Renaissanceportal (16. Jh.) erhalten blieb. Die dem Meer zu nach Süden gelegene **Portada del Mirador** zeigt unter einer Vorhalle einen fein gearbeiteten gotischen Skulpturenschmuck aus dem 15. Jh.: Im Tympanon ist das Abendmahl dargestellt; die Statuen der Apostel Petrus und Paulus zu beiden Seiten der Tür stammen von Sagrera, dem Architekten der Lonja, der hier auch seine Kunstfertigkeit als Bildhauer unter Beweis stellte.

Das **Kircheninnere** überrascht durch Helligkeit und Größe. Es ist 121 m lang, 55 m breit und im Mittelschiff 44 m hoch. Das Hauptschiff wird durch 14 außerordentlich schlanke, achteckige Pfeiler von den Seitenschiffen getrennt. Durch den fast völligen Verzicht auf eine Ausschmückung des Innenraums wird der Eindruck von

PALMA DE MALLORCA

Almoina (Pl.)	GZ 6
Antoni Maura (Av.)	GZ 12
Antoni Planas i Franch	HZ 13
Apuntadors	FZ 15
Ballester (Travessia)	HY 25
Born (Passeig des)	GY
Bosseria	HY 34
Cadena	GZ 36
Calatrava	HZ 37
Can Pueyo	GY 40
Can Savellà	HZ 42
Can Serra	HZ 43
Conquistador	GZ 50
Constitució	GY 51
Convent de Sant Francesc	HZ 54
Corderia	HY 57
Drassana (Pl.)	FZ 58
Ducs de Palma de Mallorca (Rambla dels)	GXY 60
Forn de la Gloria	FZ 69
Jaume II	GY 85
Jaume III (Av.)	FY
Josep Maria Quadrado (Pl.)	HZ 94
Monti-Sion	HZ 108
Palau Reial	GZ 109
Portella	GZ 114
Ramón Llull	HZ 118
Rei Joan Carle I (Pl.)	GY 119
Reina (Pl.)	GZ 120
Riera	GY 121
Sant Bartomeu	GY 130
Sant Francesc (Pl.)	HZ 132
Sant Pere Nolasc	GZ 133
Santa Clara	HZ 135
Sastre Roig	GY 136
Temple	HZ 141
Tous i Maroto	GY 144
Weyler (Pl.)	GY 148

Antiguo Consulado del Mar	FZ C
Ayuntamiento	GZ H
Casa Berga	GY J
Museo Diocesano	GZ M²
Museo del Mallorca	GZ M¹
Palau Solleric	GY Z

538

Palma: Jachthafen und Kathedrale

Leichtigkeit und Weiträumigkeit noch verstärkt. Die *capilla mayor* oder Capilla Real, die die Ausmaße einer Kirche besitzt, birgt in ihrer Mitte einen riesigen schmiedeeisernen Baldachin, ein Werk Gaudís (1912). Das Chorgestühl zu beiden Seiten ist im Renaissancestil gehalten. In den Grabmälern der Dreifaltigkeitskapelle ruhen die mallorquinischen Könige Jaume II. und Jaume III.

Museo-Tesoro (Museum und Kirchenschatz) – Im gotischen Kapitelsaal kann man das St.-Eulalia-Retabel bewundern, das vom Privilegienmeister stammt (1335). Der ellipsenförmige barocke Kapitelsaal bewahrt viele Reliquien, darunter das mit Edelsteinen verzierte Reliquiar mit einem Splitter vom Kreuz Christi, sowie zwei barocke Kerzenleuchter aus getriebenem Silber von Joan Matons (18. Jh.).

L'Almudaina
10-14 Uhr und 16-18 Uhr, Apr.-Sept. 10-18.30 Uhr; Sa und feiertags 10-14 Uhr. So geschl. 3,20 €; Mi für EU-Bürger Eintritt frei. ☎ 971 21 41 34.
Die frühere Burg der Maurenherrscher wurde im 14. und 15. Jh. von den mallorquinischen Königen zu ihrer Residenz umgebaut. Mehrere Säle sind in jüngster Vergangenheit restauriert und mit flämischen Wandteppichen, Möbeln, Gemälden usw. neu ausgestattet worden, da der Palast eine der offiziellen Residenzen des spanischen Königs ist.
Im Hof sind die schönen, mit Schnitzerei verzierten Vordächer gut zu sehen, ebenso eines der seltenen Beispiele romanischer Kunst auf den Balearen, das Portal von Santa Ana. Das Retabel dieser Kapelle stammt aus dem 15. Jh.

Ayuntamiento (Rathaus)
Ein geschnitztes Vordach schützt die Fassade aus dem 17. Jh.

Santa Eulàlia
13.-14. Jh. Überraschend wirkt die Höhe des sehr schlichten gotischen Hauptschiffs. Das Retabel in der ersten Kapelle rechts wurde im 15. Jh. geschaffen.
Schmuck des Patios des *Can Vivot* (18. Jh.), das zwischen den Kirchen Santa Eulalia und San Francesc in der Carrer Savellà Nr. 2 liegt, sind schöne Marmorsäulen.

Sant Francesc
9.30-12.30 Uhr und 15-18 Uhr, So und feiertags 9-13 Uhr. 1. Jan., Karfreitag sowie 24. und 25. Dez. geschl. 0,60 €. ☎ 971 71 26 95.
13. und 14. Jh. Die Ende des 17. Jh.s neu errichtete Fassade ist mit einer großen platteresken Fensterrose und einem Barockportal geschmückt, dessen herrliches Tympanon ein Werk von Francisco Herrera ist.
In der einschiffigen Kirche befindet sich in der ersten Apsis links das Grabmal des Raimundus Lullus. Die Liegefigur ruht auf einem Sockel aus sieben gotischen Nischen, geschmückt mit einem Fries aus Fabeltieren.
Der 1286 angelegte und im 14. Jh. fertig gestellte **Kreuzgang**★ besticht durch seine Eleganz. Die Arkaden sind, mit Ausnahme eines Flügels mit Kleeblattbögen, als überaus fein gearbeitete Fächerbögen gestaltet. Sie liegen auf zierlichen Bündelpfeilern auf, deren unterschiedliche Durchmesser wie auch die unterschiedliche Ausführung der Kapitelle der Anlage einen ganz eigenen Charakter geben. Alle vier Flügel des Kreuzgangs haben bemalte Decken.

Balearen: Mallorca

Casa Marqués del Palmer

An der vornehmen Carrer del Sol erhebt das 1556 erbaute Palais seine im Lauf der Jahrhunderte nachgedunkelte Fassade; die Renaissanceverzierung der Fenster im 1. Stock lockert die gotische Strenge des Baus auf. Die von dem traditionellen, geschnitzten Vordach geschützte Galerie im letzten Stock ist von der Lonja übernommen.

Im alten Judenviertel **(La Portella)** nahe bei der Stadtmauer findet man schmale, stille Gässchen, die hier und da von einem Bogen überspannt werden.

Baños Árabes

Tgl. 9.30-19.30 Uhr (Dez.-März 9.30-19 Uhr). 1,20 €. ☎ 971 72 15 49.

Die Maurischen Bäder sind das einzige erhaltene Bauwerk aus der Zeit der Mauren. Die typisch maurische Kuppel wird von Rundfenstern erhellt und ruht auf acht Säulen mit sehr einfachen Kapitellen. Nach der Reconquista machten Juden und Christen von den Bädern Gebrauch.

Museo de Mallorca

10-14 Uhr und 16-18 Uhr, Apr.-Sept. 10-14 Uhr und 17-19 Uhr; So und feiertags 10-14 Uhr. Mo geschl. 1,80 €. ☎ 971 71 75 40

Seine drei Abteilungen betreffen die Themenkreise Archäologie, Malerei und Völkerkunde (letztere befindet sich in Muro, s. unter 1).

Islamische Baukunst – Unter maurischer Herrschaft (8. Jh.-1229) trug Palma den Namen Madina Mayurga und gehörte im 12. Jh. zu den bedeutendsten Städten von Al-Andalus. Aus dieser Zeit blieben lediglich die Almudaina, die Maurischen Bäder und der Bogen der Almudaina erhalten. Im Erdgeschoss sind Kapitelle, Artesonado-Decken und Keramik aus jener Epoche ausgestellt.

Malerei★ – *Zu den mallorquinischen Malern s. „Hintergrundinfos".* Das Museum präsentiert eine hervorragende Auswahl der gotischen Malerei auf Mallorca im 14. und 15. Jh. Die Werke aus der ersten Hälfte des 14. Jh.s zeigen ganz deutlich italienischen Einfluss, wie z. B. das Retabel der hl. Quitteria vom Privilegienmeister. Nach 1349, also nach der Vereinnahmung Mallorcas durch Aragonien, breitete sich der katalanische Kunststil aus. Ein gutes Beispiel dafür ist die durch ihre Gliederung und den Ausdruck der Gesichter sehr interessante Kreuzigungsgruppe von Ramón Destorrents, die später mehrere Maler beeinflusste. In Saal 2 sind eine Verkündigungsgruppe und die Heiligen Lucia und Magdalena vom Meister des Bischofs Galiana (Ende 14. Jh.) zu sehen. Francesc Comes, einer der bekanntesten Maler vom Anfang des 15. Jh.s, ist durch einen **Hl. Georg★** *(Raum 3)* vertreten, der durch die Raumtiefe und Ausführung der Landschaft großen Eindruck macht. Im selben Saal befindet sich das Retabel des hl. Onofrius, geschaffen vom Meister der Predellen (15. Jh.).

In den Sälen zur Kunst des 16., 17. und 18. Jh.s sind die *Heiligen Michael* und *Johannes* von Juan de Juanes besonders sehenswert.

Museo Diocesano (Diözesanmuseum)

Am Platz hinter der Kathedrale. 10-13 Uhr und 15-18 Uhr (im Sommer 15-20 Uhr), Sa/So und feiertags 10-13.30 Uhr. 1,80 €. ☎ 971 71 28 27.

Unter den zahlreichen gotischen Werken ist ein **Hl. Georg★** von Pere Nisart (1568) hervorzuheben; er ist vor dem Hintergrund der Stadt Palma dargestellt, wie sie sich im 16. Jh. darbot.

Westlich des Born *Besichtigung: 1 Std.*

Llotja★

Nur bei Ausstellungen geöffnet: 11-14 Uhr und 17-21 Uhr, So und feiertags 11-14 Uhr. Mo geschl. Eintritt frei. ☎ 971 71 17 05.

Die Warenbörse wurde im 15. Jh. nach den Plänen von **Guillermo Sagrera**, einem berühmten mallorquinischen Architekten, erbaut. Der wehrhafte Charakter des Gebäudes trügt, denn die Zinnen und die schlanken Türme dienen nur zur Dekoration, nämlich zur Verdeckung der Strebepfeiler; auch die fein gearbeiteten gotischen Maßwerkfenster mildern die strenge Schlichtheit der Wände. Der Börsensaal ist außerordentlich vornehm gehalten. Die betonten Rippen des Palmengewölbes fächern sich aus sechs schönen, gewundenen Säulen auf.

Antiguo Consulado del Mar (Ehemaliges Handelsgericht)

Der mit einer Renaissanceloggia geschmückte Bau stammt aus dem frühen 17. Jh. Hier tagte früher das Gericht, das für den Seehandel zuständig war. Heute ist das Gebäude Sitz des Präsidiums der Autonomen Gemeinschaft Balearen.

Den Passeig des Born hinaufgehen.

Palacio Solleric

10.30-13.45 Uhr und 17.30-21 Uhr, So und feiertags 10-13.45 Uhr. Mo geschl. ☎ 971 72 20 92

Die dem Born zugewandte Fassade des Palastes trägt eine elegante Loggia. Durch eine enge Passage und einen Bogen geht man um das Gebäude herum und entdeckt den schönsten **Patio★** von Palma. Besonders harmonische Proportionen hat die doppelläufige Treppe mit feinem schmiedeeisernem Geländer. Einige Räume des Palastes wurden zur Aufnahme von Ausstellungen ausgebaut.

Ausserhalb des Stadtzentrums
Casa Berga
In diesem aus dem Jahre 1712 stammenden Gebäude ist heute das Gericht untergebracht. Die Fassade wirkt durch die zwei Steinbalkone rechts und links des Eingangsportals zwar etwas massiv, doch zeigt der weite Innenhof die typische Anordnung der mallorquinischen Patios.

Pueblo Español (Spanisches Dorf)★
Dem Passeig de Sagrera über den Rand des Stadtplans hinaus folgen. Tgl. 9-19 Uhr. 4,90 €.
☎ *971 73 70 75.*
Das Spanische Dorf von Palma zeigt wie das in Barcelona Nachbildungen der für jede Landschaft typischen Häuser. Außerdem sind hier zusätzlich einige berühmte Gebäude getreu wiedergegeben, wie z. B. der Myrtenhof in Granada, das El-Greco-Haus in Toledo, die Plaza Mayor von Salamanca usw. Folkloristische Darbietungen und Handwerker, denen man bei ihrer Arbeit zusehen kann, bringen Leben in die Gassen.
Der riesige **Kongresspalast** dem Dorf gegenüber, vereint in sich die Merkmale der bekanntesten römischen Bauwerke auf spanischem Boden.

Castillo de Bellver★
Dem Passeig de Sagrera über den Rand des Stadtplans hinaus folgen. 8-20 Uhr (Apr.-Sept. 8-21.15 Uhr), So und feiertags 10-17 Uhr (Apr.-Sept. 10-19 Uhr). Letzter Einlass 45 Min. vor Schließung. 1. Jan. und 25. Dez. geschl. 1,70 €. ☎ *971 73 06 57.*
Die Burg wurde im 14. Jh. als Sommerresidenz der mallorquinischen Könige errichtet und diente bis 1915 als Gefängnis. Unter den berühmten Häftlingen, die hier einsaßen, ist der Schriftsteller **Jovellanos** zu erwähnen, dessen rascher politischer Aufstieg das Missfallen des einflussreichen Premierministers Manuel Godoy erregt hatte. 1808 wurde er aus dem Gefängnis entlassen; seinen Platz nahmen dann kurz darauf die bei Bailén gefangen genommenen französischen Offiziere ein.
Ungewöhnlich ist die ringförmige Anlage der Burg. Der vom Hauptbau abgesetzte Bergfried beherrscht das Areal. Unter den Arkaden des Innenhofs sind schöne römische Statuen aus der Stiftung des Kardinals Despuig aufgestellt. Die italienischen Sammlungen des Kardinals sowie Ausgrabungsfunde aus dem antiken *Pollentia (s. S. 544)* befinden sich im Städtischen Museum für Geschichte (**Museo Municipal de Historia**).
Von der Terrasse aus kann man einen wunderschönen, sehr weiten **Blick**★★ auf die Bucht von Palma genießen.

Fundació Pilar i Joan Miró
Dem Passeig de Sagrera über den Stadtplan hinaus folgen. 10-18 Uhr, 16. Mai-15. Sept. 10-19 Uhr; So und feiertags ganzjährig 10-15 Uhr. Mo, 1. Jan. und 25. Dez. geschl. 4,20 €. ☎ *971 70 14 20.*
Mit dieser Stiftung wollte das Ehepaar Miró der Stadt Palma zu einem lebendigen Kunst- und Kulturzentrum verhelfen. Das von Rafael Moneo Vallès errichtete Gebäude (von Moneo stammen auch das Museo Nacional de Arte Romano in Mérida und das Museo Thyssen-Bornemisza in Madrid) liegt im Schatten von Son Abrines, dem Domizil des Künstlerehepaars ab 1956. Ausstellungen im Espacio Estrela präsentieren die der Stadt geschenkten Werke turnusmäßig. Beim Rundgang kann man in die Welt von Joan Miró (1893-1983) eintauchen, der einer der universalsten und originellsten Künstler unserer Zeit war. Man sieht das von seinem Freund Josep Lluis Sert entworfene große Atelier und das Atelier Son Boter.

Ausflüge

DIE FELSENKÜSTE (Costa Rocosa)★★★ 1
Von Palma nach Alcúdia, 264 km – ca. 2 Tage. Siehe Kartenskizze S. 534-535.
Die Westküste Mallorcas wird von der Sierra de la Tramuntana beherrscht, deren höchster Gipfel, der Puig Major, 1 445 m erreicht. Der wilde, unwirtliche Charakter dieses Gebirgszugs aus Kalkstein wird lediglich durch die zartgrünen Kiefernwälder etwas gemildert; der Westhang fällt steil zum blau und türkis schimmernden Meer ab, das hier sehr tief ist. Im südlichen Teil wurden bei den Dörfern Estellencs und Banyalbufar Terrassenfelder angelegt, die so genannten *marjades*, auf denen Oliven- und Mandelbäume wachsen und Wein angebaut wird. Vom 17. bis zum 19. Jh. entstanden in den fruchtbaren Tälern hinter der Küste große Güter *(fincas)* mit eleganten herrschaftlichen Häusern, wie z. B. La Granja und Alfabia.
Ausfahrt aus Palma über den Passeig Sagrera.
Der Küstenabschnitt zwischen Palma und Port d'Andratx ist von vielen Einschnitten und Buchten mit schönen Sandstränden unterbrochen. Zahlreiche Badeorte entstanden hier dicht aneinander gereiht: **Palmanova**, **Santa Ponça** (hier legte 1229 Jaime I. von Aragonien an – *Gedenkkreuz*), **Peguera**, **Cala Fornells**, **es Camp de Mar**.

Balearen: Mallorca
Port d'Andratx★
Der Fischereihafen, der auch als Jachthafen dient, liegt am Ende einer engen Bucht. Das von Mandelbaumpflanzungen umgebene Städtchen hebt sich kaum vom dahinter liegenden grauen Gebirge ab, dessen höchster Punkt der Pic Galatzó ist (1 026 m).

Von Andratx nach Sóller führt die C 710 als Höhenstraße (**Cornisa★★★**) kurvenreich und meist dicht an der nordwestlichen Steilküste entlang und bietet eindrucksvolle Ausblicke. Sie verläuft größtenteils unter Schatten spendenden Kiefern.

Mirador Ricardo Roca★★
Von diesem Aussichtspunkt sieht man die tief unten liegenden kleinen Einschnitte mit glasklarem Wasser.

Estellencs
Das Dorf ist von Terrassen mit Mandel- und Aprikosenbäumen umgeben.

Banyalbufar
Das hübsche Dorf mit hohen Steinhäusern auf den Terrassen liegt inmitten von Tomatenpflanzungen und Weinbergen.

Mirador de Ses Ànimes★★
Von diesem einstigen Wachtturm bietet sich ein **Blick** auf die Küste der Insel Dragonera im Süden bis Port de Sóller.

Cartuja de Valldemossa
März-Okt. 9.30-18 Uhr, Nov.-Febr. 9.30-16 Uhr; So 10-13 Uhr. 1. Jan. und 25. Dez. geschl. 6,70 €. ☏ 971 61 21 06.

Das mitten im gleichnamigen Dorf gelegene Kartäuserkloster wurde durch den Aufenthalt von George Sand und Chopin im Winter 1838/39 berühmt. Das schlechte Wetter und die feindselige Haltung der Dorfbewohner diesem ungewöhnlichen Paar gegenüber enttäuschten George Sand sehr. Die landschaftliche Schönheit der Insel inspirierte sie jedoch zu einer begeisterten Schilderung in *Ein Winter auf Mallorca*, und auch Chopin fand trotz der bedrückenden Umgebung Anregung für seine Kompositionen.

Die **Apotheke** aus dem 18. Jh. liegt in einem Flügel des Kreuzgangs und zeigt eine schöne Sammlung von Gefäßen und Schachteln. Die von George Sand und Chopin bewohnten Klosterzellen bieten einen reizvollen **Ausblick** auf die Johannisbrotpflanzungen und die Mandel- und Olivenbäume rund um das Dorf. In einem kleinen **Museum** ist eine Sammlung geschnitzter Druckstöcke für Holzschnitte ausgestellt. Nach Valldemossa verläuft die Höhenstraße in mehr als 400 m Höhe über dem Meer.

Son Marroig
9.30-17.30 Uhr, Apr.-Sept. 9.30-19.30 Uhr. So, 1. Jan. und 25. Dez. geschl. 2,40 €. ☏ 971 63 91 58.

Das Haus mit Meerblick gehörte dem österreichischen Erzherzog Ludwig Salvator. Heute sind hier seine Sammlungen (Grabungsfunde, mallorquinische Möbel) sowie seine Werke über die Balearen ausgestellt. Von einem kleinen Marmortempel im Garten bietet sich ein schöner Blick auf die **Foradada** („durchlöcherter Felsen").

Deià
Zahlreiche Schriftsteller und Maler erwählten dieses reizvoll gelegene Dorf zum Wohnsitz. Seine rötlichen Häuser sind an einen mit Oliven- und Mandelbäumen bedeckten Hang gebaut, in einer Landschaft, deren Kiefern- und Steineichenbestand an das Hochgebirge erinnert. Ein angenehmer Fußweg führt vom Dorf bis hinunter zur Bucht von Deià.

Sóller
Die Stadt liegt in einem weiten Becken, in dem Gemüse, Apfelsinen und Oliven angebaut werden. Zahlreiche gebürtige Solleraner, die früher im Ausland im Obst- und Gemüsehandel erfolgreich waren, kamen in die Heimat zurück, um hier ihren Lebensabend zu verbringen.

Port de Sóller
Ganz hinten in der kleinen, fast kreisrunden Bucht gibt es im Hafen auch eine gut geschützte Anlegestelle für Segelboote. Dank des schönen gebirgigen Hinterlands und des Sandstrands entwickelte sich der Hafenort zu einem der wichtigsten Seebäder an der Westküste. Ein Bähnchen verbindet Port de Sóller mit Sóller. Im Hafen beginnen auch Schiffsausflüge an der Küste entlang.

Von Sóller fährt man die C 711 nach Alfàbia.

Die Straße führt in vielen engen Kehren relativ steil nach oben und bietet Aussichten auf Sóller, den Hafen und das Meer, bevor sie über den Südhang der Sierra wieder in die Ebene hinunter führt.

Port de Sóller

Jardines de Alfàbia
9.30-17.30 Uhr, Mai-Sept. 9.30-18.30 Uhr; Sa 9.30-13 Uhr. Im Winter So und feiertags geschl. 4,30 €. ☎ 971 61 31 23.
Im 14. Jh. befand sich das Gut Alfàbia im Besitz eines Mauren; aus dieser Zeit blieb die Artesonado-Decke der Vorhalle erhalten.
Ein mit Pfeilen markierter Rundweg führt den Besucher durch den Park mit lauschigen Wegen und Gartenlauben, vorbei an schönen Brunnen und exotischen Pflanzen (Palmen, Bougainvilleen und Bambus).
In der **Bibliothek** und im Großen Salon fühlt man sich in die Zeit der reichen Adelsfamilien zurückversetzt.
Rückfahrt nach Sóller.
Von Sóller aus fährt man die schmale Straße hinauf zu den malerischen Bergdörfern Biniaraix und Fornalutx, in denen schöne ockerfarbene Steinhäuser mit grünen Fensterläden stehen.
Auf die C 710 fahren.

Mirador de Ses Barques
Von diesem Aussichtspunkt aus bietet sich ein interessanter **Blick** auf Port de Sóller. Die Straße entfernt sich von der Küste und führt durch Gebirgslandschaften. Nach einem langen Tunnel folgt man dem Oberlauf des Wildbachs Pareis. Westlich beherrscht der eindrucksvolle **Puig Major** das Bild (militärische Anlagen).
Nach einer Fahrt am Stausee Gorg Blau entlang fährt man die Straße nach Sa Calobra.

Carretera de Sa Calobra★★★
Die ungewöhnlich kühn angelegte Straße führt steil zum Mittelmeer hinunter und überwindet auf 14 km einen Höhenunterschied von 900 m. Die Strecke zieht sich durch eine wilde Felsenlandschaft, hinter der der Puig Major aufragt.
Sa Calobra★ – Die nur aus ein paar Häusern bestehende Siedlung liegt an der Felsenküste; im Hafen legen die Ausflugsschiffe aus Port de Sóller an. Die Mündung des **Wildbachs Pareis★** neben dem Ort wird von einem Badeplatz mit runden, weißen Kieseln in herrlich klarem Wasser begrenzt. Auf einem ca. 200 m langen Weg, der durch zwei Tunnels führt, gelangt man zum Bachbett des Pareis und kann ihm 2 bis 3 km weit folgen.
Auf die C 170 zurückkehren.
1 km nach der Abzweigung ist von einem kleinen **Aussichtspunkt★** in 664 m Höhe noch einmal die Schlucht des Pareis zu sehen. Anschließend kommt man durch einen schönen Steineichenwald.

Monasterio de Nuestra Señora de Lluc
Tgl. 6-23 Uhr. ☎ 971 87 15 25.
Das Kloster soll auf das 13. Jh. zurückgehen, als ein junger Hirte an diesem Ort eine Marienstatue fand und zu ihren Ehren eine Kirche errichtet wurde.
Von den heute bestehenden Gebäuden stammen die Kirche aus dem 17. Jh. und das Gästehaus von Anfang des 20. Jh.s. Die gotische Marienstatue aus dunklem Stein, La Moreneta genannt, ist die Schutzpatronin von Mallorca und wird heute noch von vielen Pilgern verehrt.
Vom 5 km nördlich von Lluc gelegenen Pass bietet sich ein Ausblick auf die Bucht von Pollença.

Balearen: Mallorca

Pollença

Die Stadt breitet sich zwischen zwei Hügeln aus. Im Osten liegt der Puig (333 m) und im Westen ein Berg mit einem Bildstock *(calvario)*, zu dem man über eine lange, von Zypressen gesäumte Treppe gelangt. Das Städtchen wirkt sehr malerisch. Die niedrigen, ockerfarbenen Steinhäuser besitzen an der Straßenseite Rundbogentore.

Port de Pollença

Der bedeutende Badeort genießt eine herrliche **Lage**★ an einer gut geschützten Bucht. Zwischen dem Cap de Formentor im Norden und dem Cap del Pinar im Süden bietet diese weite Wasserfläche ideale Bedingungen für Wasserski und Segeln. Der Hafen ist zum Jachthafen ausgebaut. Ein angenehmer Spazierweg führt am Strand entlang.

Straße zum Cap de Formentor★

Die schmale und kurvenreiche Strecke verläuft – oft auch als Höhenstraße – auf einem langen Grat und bietet atemberaubend schöne Ausblicke. Der **Mirador des Colomer**★★★ *(zu erreichen über einen von Treppen unterbrochenen Weg)* liegt auf einem beeindruckenden Felsvorsprung hoch über der mallorquinischen „Costa Brava". Schöner Blick auf die steil ins Meer abfallenden Vorgebirge.

Der gut geschützte Strand **Platja de Formentor** an der Bucht von Pollença liegt wunderschön und wird von den Blumenterrassen des Luxushotels Formentor farblich belebt. Das 1928 errichtete Hotel wurde durch sein Kasino und die sehr gut betuchten Gäste berühmt.

Folgt man nun der Straße weiter zum Kap, verschwindet die Cala Figuera im Norden für einen Augenblick aus dem Gesichtsfeld, während man durch einen Tunnel fährt; die Landschaft erscheint nachher herber, die Abhänge wirken eindrucksvoller. Man gelangt zum **Cap de Formentor**★ an der äußersten Nordspitze der Insel, das in mehr als 200 m hohen Klippen zum Meer abfällt. Ein Leuchtturm signalisiert das Kap.

Nach Port de Pollença zurückfahren und die an der Bucht verlaufende Straße bis Alcúdia nehmen.

Alcúdia

Das Städtchen liegt auf einer Halbinsel zwischen den Buchten von Pollença und Alcúdia und ist noch von seiner Mauer (14. Jh.) umgeben. Die **Puerta del Muelle** oder **Xara** an der Straße zum Hafen und, auf der anderen Seite des Ortes, die **Puerta de San Sebastián** oder **Puerta de Mallorca** sind die einzigen, stark veränderten Reste von einer früheren Befestigung. Im Schutz dieses Gürtels blieben altertümliche Gassen erhalten; manche Häuser sind an den Fenstern mit Renaissancemotiven verziert.

1,5 km südlich lag die im 2. Jh. v. Chr. gegründete große römische Stadt **Pollentia**; an sie erinnern noch die Ruinen des Theaters.

Museo Monográfico de Pollentia (Pollentia-Museum) – *10-13.30 Uhr und 15.30-17.30 Uhr. Sa/So 10.30-13 Uhr. Mo und feiertags geschl. 1,20 €. ☏ 971 54 70 04.* In einer Kapelle in der Altstadt Alcúdias kann man Statuen, Öllampen, Bronzegegenstände und Schmuckstücke besichtigen, die bei den Ausgrabungen in Pollentia gefunden wurden.

In der Umgebung von Alcúdia gibt es viele sehenswerte Ziele.

Port d'Alcúdia – *2 km östlich.* Der Hafen von Alcúdia liegt an einer weiten Bucht, deren Uferstreifen dicht mit Hotels und Wohntürmen bebaut ist. Ein langer Strand zieht sich bis zum Badeort Can Picafort hin. Das sumpfige Hinterland La Albufera wurde zum Naturschutzpark erklärt.

Cuevas de Campanet – *17 km auf der C 713 und einer schmalen, ausgeschilderten Straße.* Die Höhlen wurden 1947 entdeckt. Ein großer Teil des 1 300 m langen unterirdischen Gangs ist heute völlig trocken und enthält zahlreiche große Tropfsteine, während in den Teilen der Höhle, in die das Wasser noch einsickert, feine, geradlinige Stalaktiten vorherrschen. *Führung (45 Min.) 10-18 Uhr, 26. Apr.- 25. Okt. 10-19 Uhr. 1. Jan. und 25. Dez. geschl. 8 €. ☏ 971 51 61 30.*

Muro – *11 km auf der C 713 und dann über Sa Pobla weitere 7 km.* Die Straße führt durch eine mit Windrädern gespickte Landschaft. Die völkerkundliche Abteilung des Museums von Mallorca **(Sección etnológica del Museo de Mallorca)** ist in einem Adelspalais aus dem 17. Jh. untergebracht und enthält Sammlungen von Möbeln, Kleidung und landwirtschaftlichen Gerätschaften. Des weiteren sieht man eine alte Apotheke und einige für die Insel typische Keramikinstrumente, u. a. die entfernt an eine Trillerpfeife erinnernden *xiurells*. In einem Nebengebäude wird auf die verschiedenen Handwerksberufe wie Schmied, Tischler, Vergolder, Graveur, Schweißer, Goldschmied oder Schuster näher eingegangen. *10-13 Uhr und 16-18 Uhr, im Sommer 10-14 Uhr und 16-19 Uhr; So ganzjährig 10-14 Uhr. Mo und feiertags geschl. 1,80 €. ☏ 971 71 75 40.*

OSTKÜSTE UND GROTTEN** ②
Von Artà nach Palma, 165 km – etwa 1 Tag. Siehe Kartenskizze S. 534-535.
Artà
Eine Felskuppe mit der Kirche Sant Salvador und einer Burgruine zeigt das Städtchen schon von weitem an.
Die Gegend um Artà ist reich an **prähistorischen Zeugnissen**, vor allem *talayots*, die man hier und da hinter den Feldsteinmäuerchen erblickt.
Die C 715 nehmen.
Capdepera
Man erreicht die Burg zu Fuß über Treppen, im Auto auf engen Straßen. Die zinnenbewehrte Umfassungsmauer und die viereckigen Türme der weitläufigen Burg aus dem 14. Jh. heben sich vom Himmel ab. Innerhalb des Mauerrings blieb nur die **Burgkapelle** erhalten. Vom Wehrgang aus bieten sich in Höhe der Zinnen schöne **Blicke★** auf das Meer und die Buchten *(calas)* der Umgebung.
Cala Rajada
In einer engen Bucht gelegener Fischerei- und Jachthafen, der sich zu einem bedeutenden Fremdenverkehrszentrum entwickelt hat.
Casa March – *Führung (2 Std.) nach Voranmeldung. 3,10 €. ☎ 971 56 30 33.*
Gegenüber dem Hafen liegt auf einem Hügel ein weitläufiges Anwesen. Man besichtigt die Gärten, die durchaus mit einem Museum für moderne Bildhauerei wetteifern können. Über 40 Skulpturen von so berühmten Künstlern wie Henry Moore, Sempere, Otero Besteiro, Berrocal, Barbara Hepworth, Eduardo Chillida und Arman sind in die Landschaft eingefügt.
Wenn man den Kiefernwald in Richtung Leuchtturm durchquert, kann man kleine, unberührte Buchten entdecken, während 2 km nördlich davon der Sandstrand von **Cala Agulla** liegt.
Nach Capdepera zurückkehren und der Ausschilderung zu den Grotten von Artà folgen.
Coves d'Artà★★★
Führung (30 Min.) 10-17 Uhr, Mai-Okt. 10-18 Uhr, Juli-Sept. 10-19 Uhr. Letzter Einlass 30 Min. vor Schließung. 1. Jan. und 25. Dez. geschl. 7,50 €. ☎ 971 84 12 93.
Die größtenteils vom Meer geschaffenen Grotten befinden sich im Vorgebirge, das die Bucht von Canyamel abschließt. Sie sind herrlich gelegen und auf einer Höhenstraße zugänglich; ihr monumentaler Eingang befindet sich 35 m über dem Meer.
Die Höhlen sind für ihre große Höhe und die Vielfalt und Größe der Stalaktiten berühmt. Leider sind die Wände des **Vorraums** durch den Gebrauch von Fackeln im vorigen Jahrhundert geschwärzt. Im folgenden Saal erhebt sich die so genannte **Säulenkönigin** (22 m). Eine effektvolle Beleuchtung unterstreicht die gespenstische Wirkung des unteren so genannten **Höllensaals**, während im 45 m hohen **Flaggensaal** die Tropfsteinbildungen höchst dekorativ sind.
Zur PM 404 zurück, die man nach links weiterfährt. In Portocristo die Straße in Richtung Manacor fahren, von der der Weg zu den Coves dels Hams abzweigt.
Coves dels Hams
Führung (10-15 Min.) 10.30-17 Uhr, 1. Apr.-15. Okt. 10.30-18 Uhr. 25. Dez. geschl. 9,50 €. ☎ 971 82 09 88.
Die Höhle wurde von einem unterirdischen Flusslauf gebildet; ihre klaren Seen stehen mit dem Meer in Verbindung, wodurch sich ihr Wasserspiegel mit den Gezeiten hebt und senkt. Sehenswert ist die Grotte wegen der zarten, vielfach schneeweißen Tropfsteinbildungen, besonders im „Saal der Angelhaken" (**Sala de los Anzuelos★**).
Nach Portocristo zurückfahren und dort nach rechts weiter.
Coves del Drach★★★
Führung (1 Std.) 10.45, 12, 14 und 15.30 Uhr, Apr.-Okt. 10, 11, 12, 13, 14, 15, 16 und 17 Uhr. 1. Jan. und 25. Dez. geschl. 7,50 €. ☎ 971 82 16 17.
Auf einer Gesamtlänge von nahezu 2 km befinden sich vier Tropfsteinhöhlen mit großartigen Stalagmiten- und Stalaktitenbildungen und mehreren glasklaren Seen. Trotz der außergewöhnlichen Ausmaße der Höhlen kann man davon ausgehen, dass sie vom Meerwasser geschaffen wurden.
Laut dem französischen Höhlenforscher **Edouard Martel**, der sie 1896 erforschte, drang Wasser in das sich senkende und berstende Kalkgestein ein und grub die Höhlen; einige Seen sind leicht salzhaltig. Das Regenwasser löste seinerseits den weichen Miozän-Kalkstein und bildete unzählige steinerne Kaskaden, Orgelpfeifen, Spitzenvorhänge, glitzernde Gehänge an allen Wänden und Decken, soweit das Auge reicht. Besonders erstaunlich sind die **Gewölbe**, die wie mit einem Raureif aus nadelspitzen Gebilden überzogen sind. Am Ende des Besuchs gelangt man zu dem weiten Saal, in dem der wunderbar klare See **Lago Martel** liegt. Dieser Saal wurde als Amphitheater hergerichtet und dient als Rahmen für ein zauberhaftes Konzert.
Auf der Straße nach Santanyí weiterfahren, dann rechts in die PM 401 einbiegen.

Balearen: Mallorca
Monasterio de Sant Salvador★
Tgl. 8-18 Uhr (im Sommer 8-21 Uhr). Eintritt frei. ☎ *971 82 72 82.*
Das Kloster liegt auf einem Hügel *(enge Kehren)* 500 m hoch über der Ebene und bietet einen weiten **Blick**★★ über den Ostteil der Insel. Es wurde im 14. Jh. gegründet. Die **Kirche** und die den Pilgern vorbehaltenen Gebäude wurden im 18. Jh. neu errichtet. Hinter dem barocken Hauptaltar birgt die Kirche eine sehr verehrte **Madonna** und in den rechten Seitenkapellen drei Dioramen mit **Krippen**. Bemerkenswert ist auch das **Retabel** (14. Jh.) mit den Passionsszenen (bemaltes Flachrelief aus Stein).

Auf die Straße nach Santanyí zurückfahren.

Die Straße führt zu den Seebädern **Cala d'Or**★, heute gut für den Fremdenverkehr ausgerüstet, **Cala Figuera**★, das den Zauber eines kleinen Fischerhafens bewahrt hat, und **Cala Santanyí**★.

In Santanyí die C 717 in Richtung Palma fahren. In Llucmajor rechts auf die PM 501 weiter.

Santuario de Cura★
Tgl. 10-13.30 Uhr und 16-18 Uhr. ☎ *971 66 09 94.*
In engen Kurven geht es von Randa hinauf zum Kloster, das restauriert und modernisiert wurde und seit 1913 von Franziskanern bewohnt wird. Man kann die **Kirche** (17. Jh.), den „Grammatiksaal" und ein kleines **Museum** besichtigen.
Von der Aussichtsterrasse westlich des Klosters eröffnet sich ein **Rundblick**★★ auf die Bucht von Palma und den Puig Major. In nordöstlicher Richtung reicht der Blick bis zum Cap de Formentor.

Über Llucmajor und auf der C 717 nach Palma zurückfahren.

Menorca★★

Dieser Insel ist es gelungen, außerhalb der großen Touristenströme zu bleiben und ihre herrliche Küste mit kleinen Buchten und malerischen Dörfern weitgehend vor zu starken Eingriffen zu schützen. Den Urlaubsfreuden sind hier keine Grenzen gesetzt: Menorca bietet nicht nur Natur, Sonne und Wassersportmöglichkeiten, sondern ist auch gut mit Hotels ausgestattet und hat ein ausgezeichnetes gastronomisches Angebot.

Steckbrief
70 000 Einwohner. 669 km² – Michelin-Karte Nr. 579. Menorca ist die zweitgrößte Insel der Balearen und am weitesten vom spanischen Festland entfernt. 🛈 *Ciutadella: Plaça de la Catedral 5, 07760,* ☎ *971 38 26 93; Maó: Plaça Explanada 40, 07703,* ☎ *971 36 37 90.*

Hintergrundinfos

Landschaften – Geologisch und morphologisch kann Menorca in zwei verschiedene Zonen gegliedert werden: Im Norden liegt die Tramuntana genannte Schieferzone aus der Urzeit und dem Erdaltertum, deren Reliefs weit verzweigte *rías* und die Ränder tiefer Buchten gebildet haben (der mit 358 m höchste Berg der Insel, der Monte Toro, gehört zu dieser Gesteinsformation). Im Süden einer gedachten Linie zwischen Maó und Ciutadella das Kalksteinplateau Migjorn mit hellen, schön geformten Felsen, das in einer von kleinen Einbuchtungen unterbrochenen Steilküste zum Meer abfällt.
Die Vegetation ist typisch für den Mittelmeerraum: Kiefernwälder und wilde Olivenbäume, deren knorrige, drehwüchsige Stämme auf heftigen Nordwind hinweisen, Mastixsträucher, Rosmarin, Thymian, Kamille und Heidekraut.
Zahllose Feldsteinmauern, unterbrochen von Barrieren aus dem krummen Holz der Olivenbäume, kennzeichnen das Landschaftsbild der Insel.
Geschichtliches – Nach der prähistorischen Besiedelung, von der auf Menorca noch zahlreiche Spuren zu finden sind, ging die Insel in die Hände der Römer über, bevor sie im Jahre 427 von den Wandalen eingenommen wurde, um schließlich unter maurische Herrschaft zu fallen. Im 13. Jh. nahm Alfons III. von Aragonien Menorca in Besitz und siedelte hier Katalanen und Aragonier an. Die damalige Hauptstadt Ciutadella wurde, wie auch die Stadt Maó, im 16. Jh. von nordafrikanischen Seeräubern überfallen und praktisch dem Erdboden gleichgemacht.
Die durch den Seehandel Ende des 17. Jh.s reich gewordene Insel kam im Vertrag von Utrecht 1713 an England. In der Folgezeit wurde Maó zum wichtigsten Handelsplatz Englands im Mittelmeer. Abgesehen von einem kurzen französischen Zwischenspiel (1756-1763) dauerte die englische Herrschaft noch das ganze 18. Jh.

an. Damals wurden zahlreiche Gebäude errichtet, und ein schon mit dem Gedankengut der Aufklärung vertrauter Gouverneur ließ die erste Straße der Insel zwischen Maó und Ciutadella bauen (diese Straße nördlich der C 721 gibt es noch heute unter dem Namen Camino Kane). Anfang des 19. Jh.s kam Menorca an Spanien.

Es entwickelten sich Lederindustrie und Schmuckherstellung, während sich die Landwirtschaft auf Rinderzucht und Milch verarbeitende Industrie (Käse und sonstige Milchprodukte) spezialisierte.

Die Megalithen – Am Ende der Bronzezeit (2. Jahrtausend v. Chr.) waren die Balearen wie auch Sardinien besiedelt. Die vielen Höhlen von Menorca boten natürlichen Schutz und Unterkunft oder dienten als Begräbnisstätten. In einigen Höhlen, wie z. B. in der **Calascoves**, sieht man noch Ritzzeichnungen aus jener frühen Zeit. Parallel dazu entwickelte sich die so genannte *Talayot*-Kultur. Bei den mehr als 200 **talayots** handelt es sich um kegelförmige Steinbauten, die eine Begräbnisstätte enthalten konnten und vermutlich als Unterbau für ein Holzhaus dienten. Andere typische Bauten dieser Kultur sind die **taulas**, die aus zwei T-förmig angeordneten großen Steinplatten bestanden und wahrscheinlich die Funktion eines Altars hatten. Auch die vereinzelt anzutreffenden **navetas**, umgestürzten Schiffen nicht unähnliche Monumente mit einer Grabkammer, sind typisch für diese Epoche.

Wer sich mit dem Thema näher befassen möchte, kann auf der Insel die Karte „Mapa arqueológico de Menorca" von J. Mascaró Pasarius erwerben.

Architektur auf Menorca – Als Erstes fallen die bis zu den Dachziegeln und sogar auf der Oberseite der Umfassungsmäuerchen blendend weiß gekalkten Häuser ins Auge. Die Dachziegel werden auch für den Bau von Kaminen und Regenrinnen verwendet. Weite Arkaden öffnen sich auf der nach Süden ausgerichteten Hauptfassade, wohingegen die nach Norden gehende, der Tramontana ausgesetzte Seite nur ganz kleine Öffnungen aufweist. In der städtischen Architektur macht sich der englische Einfluss in den Schiebefenstern bemerkbar, aber auch an manchen im Stil Palladios gehaltenen, weitläufigen herrschaftlichen Häusern, wie sie bei den Briten im 18. Jh. beliebt waren.

In der Gegend von Ciutadella sieht man über die Felder verstreute kuriose Steinbauten, deren Form an die abgestuften Tempeltürme (Zikkurats) der alten Babylonier erinnert. Es handelt sich dabei um so genannte **barracas**, deren mit einem falschen Gewölbe versehener Innenraum den Hirten als Unterschlupf diente.

Besichtigung

CIUTADELLA/CIUDADELA★

Ciutadella, die „Zitadelle", war im Mittelalter Hauptstadt von Menorca und als solche von Verteidigungsanlagen umgeben, die jedoch 1873 geschleift wurden. Man kann ihrem einstigen Verlauf auf dem Straßengürtel folgen, der die Altstadt umgibt. Wenn man die Stadt vom Hafen aus entdeckt, ist der Festungscharakter noch sehr gut wahrnehmbar.

Balearen: Menorca
Tipps und Adressen

Restaurants

• **Gut & preiswert**

Itake – Moll de Llevant 317 (Hafen) – Maó – ☎ 971 35 45 70 – So-abend, Mo und 23. Dez.-2. Jan. geschl. – 🍽 – Reserv. empf. – 17/30 €. Ein kleines und gemütliches Restaurant, dessen Inneneinrichtung wohl wegen der Hafennähe vom Meer beeinflusst ist. Einfache, aber originelle Gerichte wie mit Paprikawurst gefüllte Kartoffeln *(patatas rellenas de sobrasada)*.

• **Unsere Empfehlung**

Binisues – 10 km westlich von Mercadal, 2 km von Ferreries auf der Straße nach Ciutadella. Camino de Ets Alocs – ☎ 971 37 37 28 – 🍽 – 19/35 €. In der schönen Burg mit der gelben Fassade werden Antiquitäten ausgestellt (eintrittspflichtig). Außerdem befindet sich hier ein ausgezeichnetes Restaurant, das auf edle Meeresfrüchte spezialisiert ist (Langusten, Garnelen usw.). Von der Terrasse aus hat man einen sehr schönen Ausblick auf die Umgebung.

Jardí Marivent – Moll de Llevant 314 (Hafen) – Maó – ☎ 971 36 98 01 – So und 23. Dez.-15. Febr. geschl. – 🍽 – 24/35 €. Hinter der weißen Mauer, die das Restaurant umgibt, liegt eine idyllische Terrasse mit viel Pflanzenschmuck. In diesem romantischen und eleganten Ambiente kann man Fisch und Meeresfrüchte genießen. Sehr günstige Lage am Hafen.

Unterkunft

• **Unsere Empfehlung**

Hotel Del Almirante – El Fonduco (Hafen) – es Castell – ☎ 971 36 27 00 – 🍽 **P** ⟗ – 39 Z.: 49/82 € ⚏. Das alte Haus hat eine ganz besondere Atmosphäre, was zurückzuführen ist auf die alten Möbel, die Bilder an den Wänden und die Gäste, die *very British* sind. Angeblich spukt hier noch der Geist von Admiral Collingwood. Sehr gutes Preis-Leistungs-Verhältnis.

Son Triay Nou – Carretera de Cala Galdana – Ferreries – 3 km von Ferreries in Richtung Cala Galdana – ☎ 971 15 50 78 – *www.menorcaautos21.com/finca.html* – **P** ⟗ – 6 Z. (nur DZ): 85 €. Dieses kleine italienische Palais mit der rosafarbenen Fassade liegt nah am Meer, umgeben von einer romantischen Vegetation. Die Zimmer sind komfortabel und sehr hübsch, nur die Bäder sind ein wenig klein.

• **Fürstlich logieren**

Hotel Biniali – Carretera S'Ullastrar-Binibèquer 50 – Sant Lluís – 1,5 km südwestlich – ☎ 971 15 17 24 – Dez.-Karwoche geschl. – **P** ⟗ – 9 Z.: 106/125 € – ⚏ 7,50 €. Das Hotel im typischen Stil der Insel war früher einmal ein Bauernhof und ist von einem kleinen Park umgeben. Die sehr komfortablen Zimmer sind alle verschieden eingerichtet; einige haben Balkone, die schöne Ausblicke auf die Umgebung bieten.

Ciutadella wurde im 16. Jh.s von türkischen Seeräubern angegriffen und Ende des 17. und im 18. Jh. zum Teil wieder aufgebaut. Die Ruhe, die reine Luft und die in den engen Straßen der Altstadt und im Hafen herrschende Atmosphäre verleihen dem Ort einen unbeschreiblichen Reiz.

Der **Johannistag** wird jedes Jahr mit großem Aufwand begangen. Der Tradition gemäß zieht am Sonntag vor dem Fest des Heiligen ein in Felle gekleideter Mann ein Lamm tragend durch die Stadt und Umgebung. Begleitet wird dieser Zug von Musikanten mit *fabiols* und Tamburinen. Mehr als 100 Reiter nehmen am 24. und 25. Juni an den Pferderennen und Turnieren teil.

Altstadt

An der **Plaça del Born**, dem einstigen Exerzierplatz, stehen das **Rathaus** mit einer Fassade aus dem 19. Jh. und der **Palacio de Torre-Saura** vom Anfang des 19. Jh.s, der an seinen beiden seitlichen Loggien erkennbar ist. In der Mitte des Platzes erinnert ein Obelisk an den heldenhaften Widerstand der Stadt gegen die Türken.

Catedral – *Tgl. 9.30-13 Uhr und 17-20 Uhr, im Sommer 9-13 Uhr und 18.30-21 Uhr.* ☎ 971 38 26 93.

Die Ende des 14. Jh.s fertig gestellte Wehrkirche bewahrte einen Teil des Minaretts der an dieser Stelle gelegenen Moschee. Das einschiffige Kircheninnere ist gotisch geprägt und wird von einer fünfeckigen Apsis abgeschlossen.

Die Kirche in der Calle del Rosario, der Kathedrale gegenüber, hat ein barockes Portal. Die am Ende der Calle del Rosario links beginnende Calle del Santísimo ist beiderseits von zwei schönen Palästen vom Ende des 17. Jh.s gesäumt, dem **Palacio Saura** mit einer von einem Gesims gekrönten Barockfassade und dem schlichter gehaltenen **Palacio Martorell**.

Auf der Calle del Obispo Vila (bemerkenswert sind hier der Claustro del Socors und die Santo-Cristo-Kapelle) kommt man zur Hauptstraße zurück, die zur **Plaça de España** führt und zu den Säulengängen der **Carrer de Ses Voltes.**

Hafen

Der Zugang erfolgt über ein ehemaliges Befestigungswerk. Er liegt sehr geschützt und dient vor allem als Jachthafen. In den Häusern rundherum befinden sich Restaurants und Cafés. Auf der Pla de Sant Joan, die von in den Felsen gehauenen Bootshäusern gesäumt ist, finden die Festlichkeiten der Johannisnacht statt. Das Viertel ist vor allem nachts sehr belebt.

Im Hafen von Ciutadella

Umgebung

Naveta des Tudons
5 km östlich von Ciutadella. Wegen der Ausmaße der Mauersteine und vor allem der großen Steinplatten, die den Innenraum abdecken, wirkt diese Begräbnisstätte in Form eines umgekippten Schiffs sehr eindrucksvoll.

Cala Santandria
3 km südlich. Bucht mit kleinem Strand.

Cala Torre-Saura, Cala Turqueta, Cala Macarella
Vor Ort nach dem Zugang fragen. Drei von Kiefernwäldern umgebene Strände in kleinen, unberührten Buchten.

MAÓ/MAHÓN

Die Stadt taucht auf einer Steilküste am Ende der 5 km langen, tiefen Bucht auf; ihre eindrucksvolle **Lage**★ entdeckt man am besten vom Schiff aus.
In der Zeit der englischen Besatzung von 1713 bis 1782 kam Maó bzw. Mahón zu seinen typischen hohen Häusern mit Schiebefenstern, zum Gin und zur Berühmtheit durch die „Sauce Mahonnaise", die Mayonnaise.
Die **Plaça del Ejército**, das belebte Stadtzentrum mit Cafés und Restaurants, ist durch mehrere Geschäftsstraßen mit der ruhigen **Plaça de España** verbunden, an der sich die beiden Kirchen **Santa María** (schöne Barockorgel) und **Iglesia del Carmen** erheben; im Kreuzgang der letzteren sind jetzt Marktstände untergebracht.

Museo de Menorca
9.30-14 Uhr, Apr.-Sept. 10-14 Uhr und 17-20 Uhr; So und feiertags 10-14 Uhr. Mo geschl. 1,80 €; Sa-nachmittag und So Eintritt frei. ☎ 971 35 09 55.
Die Museumsräume umgeben den Kreuzgang (18. Jh.) des einstigen Franziskanerklosters. Die ausgestellten Objekte betreffen mehrere frühgeschichtliche Perioden und die Geschichte der Insel. Besonders interessant ist der den *talayots* gewidmete Raum.

Hafen
Geht man die von einer imposanten Treppe unterbrochene steile Carrer de Ses Voltes hinunter und folgt dann dem Kai bis zum Nordufer der Bucht, bietet sich die typischste Ansicht der weißen Stadt auf der Felswand, an deren Fuß sich bunte Fischerhäuser, Restaurants, kleine Geschäfte und Ausflugslokale aneinander drängen.

Umgebung

Die Bucht★
An der Südseite folgen Dörfer und Buchten dicht aufeinander. Nach Cala Figuera mit einem Fischereihafen und Restaurants kommt **es Castell**, das von den Engländern unter dem Namen Georgetown als Garnisonsstadt erbaut wurde. Das Zentrum des schachbrettartigen Straßennetzes bildet die Plaza de Armas. Von höher gelegenen Aussichtspunkten entdeckt man in der Bucht die Insel Lazareto und daneben die Insel Cuarentena, auf die die Seeleute zur Quarantäne gebracht wurden.

Balearen: Menorca

Folgt man dem Nordufer bis zum Leuchtturm Faro de la Mola, bietet die Straße noch einige Ausblicke auf Maó.

Talayot von Trepucó
1 km südlich von Maó. Hier ist eine 4,80 m hohe *taula* zu sehen.

Sant Lluís
4 km südlich. Der Marktflecken mit engen Gassen wurde vom Grafen Lannion während der französischen Herrschaft über die Insel gegründet.

Nicht weit davon entstanden zwei kleine Badeorte: **Alcalfar**, dessen Villen in einiger Entfernung von der Küste und längs einer Bucht zwischen zwei felsigen Landzungen liegen, und **Binibèquer**, ein ganz neues Dorf, das aber den Charme eines alten, gewachsenen Fischerdorfes besitzt.

Es Grau
8 km nördlich. Neben diesem weißen Dorf mit dem langen Strand dehnt sich über 2 km Länge und 400 m Breite die weite Lagune **Albufera des Grau.** Es ist ein idealer Ort zum Beobachten der verschiedenen Zugvögel (Enten, Reiher, Rallen), die hier Zwischenstation machen.

Cala en Porter
12 km westlich. Der Sandstrand liegt in einer engen Flussmündung im Schutz zweier hoher Felsen und gegenüber einer schmalen Bucht. Die Siedlung erstreckt sich links am Hang. Oben auf dem Felsplateau öffnen sich zum Meer hin die **Coves d'en Xoroi**, frühere Höhlenwohnungen. In einer davon ist ein Café eingerichtet.

ES MERCADAL
Die kleine Stadt liegt auf halbem Weg zwischen Maó und Ciutadella und bezaubert durch ihre Häuser in reinstem Weiß. Sie ist ein wichtiger Verkehrsknotenpunkt der Straßen zur Nord- und zur Südküste.

Umgebung

Monte Toro
Anfahrt auf einer schmalen, 3,5 km langen Straße. Auf dem Gipfel steht in 358 m Höhe eine Kirche. Der **Blick**★★ umfasst bei klarem Wetter die ganze Insel. Im Norden erkennt man gut die tief ins Land eindringende Bucht von Fornells, im Süden die Kalkfelsen, die das Ufer wie mit dem Lineal gezogen wirken lassen, und im Südosten Maó.

Fornells
8,5 km nördlich über die C 723. Weiße Häuser mit grünen Fensterläden schmücken diesen Fischereihafen. Er liegt am Eingang einer tiefen Bucht, die von Heideland umgeben ist. Das Dorf lebt vom Langustenfang; die Fischerboote sind relativ klein und haben nur ein Segel. Die *caldereta*, eine Langustensuppe, ist eine bei Feinschmeckern beliebte Spezialität.

Cap de Cavalleria
12 km nördlich über die PM 722. Zu diesem nördlichsten Punkt der Insel fährt man durch windgepeitschtes Heideland; dass es sich bei der Tramontana um einen Nordwind handelt, erkennt man an der Ausrichtung der kargen Vegetation. Behäbige, weiß gekalkte Anwesen, wie z. B. die Finca Santa Teresa, stehen am Wegesrand. Der **Blick** vom Leuchtturm umfasst die felsige Küste und die Buchten, wobei die Landschaft mehr an Galicien oder die Bretagne als an das Mittelmeer erinnert.

Cala Santa Galdana
16 km südwestlich über Ferreries. Leider wurde diese herrliche, von hohen Felsen umgebene Bucht mit glasklarem Wasser durch den Bau von großen Hotelkomplexen verunstaltet.

Man kann auch zu Fuß durch die Schlucht **Barranc d'Algendar** zu ihr gelangen *(der Fußweg beginnt am Ortsausgang von Ferreries links, wenn man in Richtung Ciutadella geht).* Der Weg *(3 Std. hin und zurück)* führt auf dem Boden der Schlucht am Wildbach entlang, der stellenweise von 50 m hohen Felswänden eingeschlossen ist.

Eivissa/Ibiza★

Die kosmopolitische, quirlige „Weiße Insel" Ibiza ist im Sommer eines der belebtesten internationalen Urlaubszentren. Trotz einiger Bausünden der Vergangenheit im Zuge des Tourismusbooms bleibt Ibiza ein Naturparadies mit wunderschönen Stränden und zwischen Dünen und Bäumen verborgenen Buchten. Die hübschen Dörfer mit ihren schneeweißen Häusern und winkligen Straßen und die Dorfkirchen verleihen dieser Baleareninsel einen einzigartigen Charakter.

Steckbrief

88 000 Einwohner. 572 km² – Michelin-Karte Nr. 579 – Balearen. Ibiza liegt 52 Meilen vom spanischen Festland entfernt. Die „Pinieninsel", wie die Griechen sie einst nannten, hat 210 km Küste. ▯ *Eivissa: Plaça d'Antoni Riquer 2, 07800,* ☎ *971 30 19 00.*

Hintergrundinfos

Geschichtliches – Die Geschichte Ibizas beginnt zu dem Zeitpunkt, als der Handel im Mittelmeer einsetzte. Im 10. Jh. v. Chr. machten die Phönizier, die Metalle aus der Iberischen Halbinsel einführten, die Insel zu einer Zwischenstation auf dem Handelsweg zwischen Spanien und Afrika. Im 7. Jh. v. Chr. gründeten die Karthager die Stadt Ibiza, zweifellos eine große Siedlung, nach dem Umfang der auf dem Puig des Molins entdeckten Nekropole zu urteilen.
In den 60er- und 70er-Jahren entdeckten die Hippies Ibiza für sich.

Landschaften – Ibiza ist eine felsige Insel mit zwei Höhenzügen aus Kalkstein und dazwischen einer relativ kleinen fruchtbaren Niederung. Kiefern und Wacholder bedecken die Hänge, an denen einzeln stehende, würfelförmige Häuser und viele kleine Orte angesiedelt sind. Die vielerorts stark zerklüftete, wilde Küste fällt steil zum Meer ab. Einzelne Felsen, wie der eindrucksvolle **Vedrà**★, ein annähernd 400 m hohes Kalksteinmassiv, sind der Insel vorgelagert.

Traditionelle Architektur – Während sie im Inselinnern noch relativ unbeschadet erhalten blieb, hat sie an der Küste nicht selten durch missbräuchliche Umbaumaßnahmen gelitten. Beim **casament** genannten Bauernhaus sind mehrere kubische weiße Bauten, von denen jeder nur einen Raum mit wenigen Fenstern enthält, um einen großen Zentralraum gruppiert. Die auf Arkaden ruhende Vorhalle dient als Scheune für die Ernte. Die gleiche schlichte Bauweise zeigen die **Dorfkirchen**. Sie sind außen blendend weiß gestrichen, innen dunkel. Mit ihrer von einem schmalen Glockengiebel gekrönten rechteckigen Fassade und der großen

Tipps und Adressen

RESTAURANTS
• **Gut & preiswert**
Sa Caleta – Playa Es Bol Nou (Sa Caleta) – Sant Josep – ☎ 971 18 70 95 – Nur mittags geöffnet – 12/29 €. Sehr schön in einer unberührten Bucht am Meer gelegenes Restaurant. Die vielen Stammgäste wissen, dass nur frische Produkte auf den Tisch kommen (Meeresfrüchte aus eigener Zucht).

• **Unsere Empfehlung**
El Chiringuito es Cavallet Playa – Playa Es Cavallet – Ibiza – ☎ 971 39 53 55 – Im Sommer nur mittags geöffnet – 19/29 €. Das nur auf den ersten Blick einfach wirkende Lokal wird gern von Prominenten besucht. Die riesige Terrasse beim Strand ist seit Jahren ein beliebter Treffpunkt. Die Küche entspricht voll und ganz einem Restaurant dieser Kategorie.

C'an Pujol – Carretera Vieja a Port des Torrent (Bucht von Sant Antoni) – Sant Antoni de Portmany – ☎ 971 34 14 07 – Mi und Dez. geschl. – Reserv. empf. – 19/31 €. Das familiäre Restaurant liegt versteckt zwischen den Betonbauten von Sant Antoni. Man sollte telefonisch die Spezialität des Hauses vorbestellen: *bullit de peix*, gekochter Fisch und Reis, der mit der Fischbrühe zubereitet wurde. Ein echter Genuss.

Villa Mercedes – Passeig del Mar – Sant Antoni de Portmany – ☎ 971 34 85 43 – ▣ – 19/41 €. Ausgezeichnetes Restaurant in einem modernistischen Haus. Vom verglasten Speisesaal aus hat man vor allem abends einen herrlichen Blick auf den Hafen. Originelle Karte, die selbst den anspruchsvollsten Gaumen zufrieden stellt.

UNTERKUNFT
• **Gut & preiswert**
Sa Pensió – Carrer de Sa Cala 11 – Sant Joan – ☎ 971 33 30 12 – sapensioch@hotmail.com – ⌿ ▣ – 12 Z.: 31 € (inkl. MwSt.). Ein schlichtes Haus im Norden der Insel. Die einfachen, sehr gepflegten Zimmer sind funktional eingerichtet, einige haben einen kleinen Balkon. In der hübschen Laube kann man bis tief in die Nacht plaudern.

• **Unsere Empfehlung**
Hostal Parque – Plaça del Parque 4 – Ibiza – ☎ 971 30 13 58 – ▣ – 18 Z.: 37/73 € (inkl. MwSt.). Die Zimmer dieses Hotels sind klein, aber sehr hübsch. Die ausgezeichnete Schalldämmung verhindert, dass die Geräusche von der Plaça del Parque, einem traditionellen Treffpunkt der Jugendlichen, nach innen dringen.

La Colina – 5,5 km südwestlich von Santa Eulària del Río – ☎ 971 33 27 67 – ▣ ⚲ – 16 Z.: 67/88 € ⌑ – Rest. 25 €. Dieses ruhige, familiäre Hotel befindet sich auf einer Anhöhe in einem traditionellen Landhaus im Stil der Insel. Nette Außenanlage mit Schwimmbad.

Can Jondal – Sant Josep – Straße von Sant Josep nach Ibiza – ☎ 971 18 72 70 – beashab@teleline.es – ⌿ ⚲ – 6 Z.: 82/94 € (inkl. MwSt.) ⌑. Ein hübsches traditionelles Haus mit getünchten Wänden und Balkons. Sehr geschmackvolle Zimmer und familiäre Atmosphäre. Eine Oase der Ruhe mitten in der Natur.

Hotel Montesol – Passeig Vara de Rei 2 – Ibiza – ☎ 971 31 01 61 – h.montesol@ctv.es – ⌿ ▣ – 55 Z.: 53/98 € – ⌑ 4,50 €. Eines der bekanntesten und typischsten Hotels von Ibiza mit sehr beliebter Cafetería und Terrasse. Die komfortablen Zimmer in diesem Gebäude aus dem frühen 20. Jh. gehen auf die Straßen der Altstadt hinaus.

• **Fürstlich logieren**
Hotel Rural Es Cucons – Santa Agnès de Corona – ☎ 971 80 55 01 – escucons@retemail.es – ⚲ ▣ – 12 Z. (nur DZ): ab 193 € (inkl. MwSt.) ⌑. Die jungen Eigentümer haben diesen ehemaligen Bauernhof in ein architektonisches Juwel mit einer wunderschönen traditionellen Inneneinrichtung verwandelt. Unaufdringlicher Luxus mitten in einem Tal mit Mandelbäumen.

Vorhalle wirken sie ausgesprochen reizvoll. Die Wehrkirchen der Dörfer Sant Carles, Sant Joan, Sant Jordi, Sant Miquel und Puig de Missa dienten bei Piratenüberfällen als Zufluchtsstätten.

Folklore und Brauchtum – Das Brauchtum auf Ibiza ist noch lebendig und authentisch. Die Frauen tragen einen langen Faltenrock und ein dunkles Schultertuch. Zur Festtracht werden feine **Goldketten** *(emprendades)* umgelegt. Tanzgruppen, begleitet von Flöten, Tamburins und Kastagnetten, führen die alten Tänze auf, bei denen die Kunst darin besteht, den Rhythmus allmählich zu beschleunigen.

Wirtschaft – Der Fremdenverkehr ist die wichtigste Einnahmequelle der Insel, hat allerdings bedauerlicherweise manche Orte zu Schaden kommen lassen.
In den **Salzgärten** *(salinas)* im Süden der Insel wurde schon zu Zeiten der Karthager Salz gewonnen. Heute beläuft sich die Jahresproduktion auf nahezu 50 000 t Salz.

Besichtigung

EIVISSA/IBIZA★

Das reizvolle **Bild**★★ der hellen, weithin sichtbar aufgetürmten Stadt sollte man vom Meer aus entdecken. Ansonsten besteht auch die Möglichkeit, auf der Straße nach **Talamanca** *(3 km nordöstlich)* ein Stück hinauszufahren, um von dort den Anblick zu genießen. Der Ort breitet sich auf einem Hügel aus und umfasst die von

Bastionen umgebene Altstadt sowie das immer belebte Hafenviertel La Marina; rundherum liegen die Wohn- und Geschäftsviertel, die großen Hotels sind an der Küste zu finden.

Dalt Vila (Oberstadt)★ *Besichtigung: 1 1/2 Std.*
Der alte Stadtkern, der im 16. Jh. unter Karl V. mit einer Befestigung umgeben wurde, hat eine recht urtümliche mittelalterliche Atmosphäre bewahrt; häufig trifft man hier noch auf vornehme Herrenhäuser mit großzügig angelegten Patios und gotischen Fenstern.
Man betritt die Oberstadt durch die **Porta de Taules**, die mit dem Wappen Philipps II. gekrönt ist. Über einen steilen Zugang kann man von hier direkt den Platz vor der Kathedrale erreichen, es ist jedoch empfehlenswert, sich ganz einfach treiben zu lassen und auf gut Glück durch die verträumten und winkligen Gassen mit Boutiquen und Kunstgalerien zur Kathedrale zu gehen.

Catedral
Tgl. 10-13 Uhr. ☎ 971 31 27 73.
Mit ihrem Glockenturm aus dem 13. Jh., der so massiv wirkt wie ein Bergfried, beherrscht die Kathedrale die ganze Stadt. Das Kirchenschiff wurde im 17. Jh. neu errichtet. Vor dem Chorhaupt ist eine Bastei der alten Befestigungsanlage zum Aussichtspunkt umgestaltet worden. Schöner **Blick**★ über Stadt und Hafen.

Museo Arqueológico de Ibiza y Formentera★
10-13 Uhr und 16-18 Uhr, im Sommer 10-14 Uhr und 17-19 Uhr; So 10-14 Uhr. Mo und feiertags geschl. 1,80 €; Sa-nachmittag und So Eintritt frei. ☎ 971 30 12 31.
Das äußerst interessante Archäologische Museum macht insbesondere mit der wenig bekannten karthagischen bzw. punischen Kultur vertraut, die kaum Spuren hinterlassen hat. Sie umfasst den Zeitraum vom 7. Jh. v. Chr. bis zum 3. Jh. n. Chr. Alle Exponate wurden auf Ibiza und Formentera gefunden; die meisten stammen aus den Ausgrabungen von Illa Plana und aus der Es-Cuiram-Höhle. Die Höhle war vielleicht ein Heiligtum, in dem vom 5. bis zum 2. Jh. v. Chr. der Göttin Tanit gehuldigt wurde. Besonders schön sind auch die bunten Gläser aus Glasfluss und die punische, römische und maurische Keramik.

Die Unterstadt

Museu Monogràfic de Puig des Molins★
10-13 Uhr und 16-19 Uhr, So ganzjährig 11-14 Uhr. Mo und feiertags geschl. 1,80 €. ☎ 971 30 17 71.
Die Nekropole von Puig des Molins diente den Phöniziern ab dem 7. Jh. v. Chr., dann den Römern bis ins 1. Jh. n. Chr. als Grabstätte. Im Hügel wurden mehr als 3 000 Gruften (Hypogäen) gezählt, zu denen man über einen Schacht gelangte. Die Grabbeigaben sind Gegenstände des täglichen Lebens (Öllampen, Teller, iberische Keramik) und Ritualobjekte, die die Auferstehung symbolisieren.
Die bemerkenswerte **Büste der Göttin Tanit**★ (5. Jh. v. Chr.), die der phönizischen Göttin Astarte entsprach, weist noch Reste von Bemalung auf und entspricht dem griechischen Schönheitsideal. Eine andere Büste zeigt deutlich karthagischen Einfluss.

La Marina
Die betriebsamen Straßen beim Hafen und beim Marktplatz stehen mit ihren vielen Restaurants, Bars und Geschäften in starkem Gegensatz zu den stillen Gassen der Oberstadt.

Sa Penya★
Das alte Fischerviertel, das auf einem sehr schmalen, felsigen Kap entstand

Büste der Göttin Tanit

und sich zum Mittelpunkt des Nachtlebens entwickelt hat, besitzt eine ganz außerordentliche Lage. Wegen des Platzmangels stehen hier die weißen Häuserwürfel dicht zusammengedrängt und scheinen wie übereinander getürmt in einem malerischen Gewirr von Sackgassen und in den Felsen gehauenen Treppen zu liegen.

SANT ANTONI DE PORTMANY/SAN ANTONIO ABAD
Der Ferienort liegt an einer weit geschwungenen Bucht und wurde besonders umfangreich auf die Bedürfnisse des Tourismus abgestimmt. Die modernen Bauten verbergen die Altstadt, welche um die im 16. Jh. neu errichtete Wehrkirche gruppiert ist. Der Jachthafen kann viele Schiffe aufnehmen. Von Sant Antoni aus sind mehrere Buchten und Badeplätze zu erreichen.

Balearen: Ibiza
Umgebung

Cala Gració
2 km nördlich. Leicht zugängliche, hübsche und geschützte Badebucht.

Cala Salada
5 km nördlich. Die Straße führt durch einen Kiefernwald hinunter zum Strand, der gut geschützt in einer Bucht liegt.

Port des Torrent und Cala Bassa
5 km südwestlich. Die Küste von Port des Torrent ist sehr felsig, Cala Bassa dagegen ist eine Bucht mit weitem Strand und Kiefernwald. Dieser Küstenstreifen eignet sich hervorragend für Unterwassersport, da die nicht sehr hohen Felsen stark zerklüftet sind und dicht unter dem Wasserspiegel liegen.

Cala Vedella
15 km südlich. Die Küstenstraße verläuft durch einen Kiefernwald und verbindet die Strände Cala Tarida (ziemlich bebaut), es Molí (noch unberührt) und Cala Vedella (in einer tief eingeschnittenen Bucht). Man kann auf einer Gebirgsstraße (bis Sant Josep Höhenstraße am Steilhang entlang) nach Sant Antoni zurückkehren.

SANTA EULÀRIA DES RIU/SANTA EULALIA DEL RÍO

Santa Eulària liegt in einer fruchtbaren Schwemmlandebene, die vom einzigen Fluss Ibizas bewässert wird. In den letzten Jahren entwickelte sich die Stadt zu einem bedeutenden Badeort. Besonders das 4 km entfernte Strandbad **es Canar** wurde für den Fremdenverkehr erschlossen und ist ein Ortsteil mit vielen modernen Gebäuden.

Puig de Missa★

Am Ortsausgang in Richtung Eivissa biegt man 50 m hinter der Tankstelle, die sich auf der linken Straßenseite befindet, rechts ab. Die kleine befestigte Siedlung auf dem Hügel ist ein sehenswertes Konzentrat der traditionellen Architektur auf Ibiza. Es handelt sich hierbei um ein Überbleibsel jener leicht zu verteidigenden „Messehügel" *(cerros de la misa)*, deren Wehrkirche (hier aus dem 16. Jh.) als Zufluchtsstätte diente.

Umgebung

Portinatx★

27 km über die PM 810, die PM 811 und die C 733. Die Strecke führt durch das Dorf **Sant Carles** (hübsche Kirche), das Ausgangspunkt für Fahrten zu noch wenig besuchten Stränden ist. Danach geht es bergab zur weiten **Cala de Sant Vicent**, deren schöner Sandstrand dem Felsen Tagomago gegenüber liegt, und weiter durch waldbedeckte Gebiete, die fast wie Gebirgslandschaften anmuten. Gegen Ende der Fahrt schlängelt sich die Straße durch Eichen- und Mandelwälder, bevor man vom Steilhang auf die **Cala Xarraca** hinunterblicken kann. Mehrere Buchten mit Sandstrand, niedrigen Felsen und Schatten spendenden Kiefernwäldern machen die **Cala de Portinatx** zu einem der angenehmsten Strände der Insel.

Portinatx

Formentera

Die Insel Formentera, die Weizeninsel der Römer (lat. *frumentum*), ist die kleinste Baleareninsel. Wer Ruhe sucht und in einer wunderschönen Landschaft herrliche Strände mit kristallklarem Wasser genießen möchte, ist hier genau richtig.

Steckbrief
6 000 Einwohner. 84 km^2 – Michelin-Karte Nr. 579. Eine Entfernung von knapp 7 km trennt die Insel von Ibiza. Von Ost nach West misst sie 14 km, wobei sie tatsächlich aber aus zwei hintereinander liegenden Inseln besteht, mit einer flachen sandigen Landenge dazwischen. Auf der Westinsel befinden sich der Hauptort Sant Francesc de Formentera, der Hafen La Savina, die Salzgärten und das Kap Barbaría. Sie ist eine trockene Ebene, auf der Getreide, Feigenbäume (manche mit abenteuerlichen Formen), Mandelbäume und auch etwas Wein angebaut werden. Auf der Ostinsel gilt das 192 m hohe und von Zwergkiefern bewachsene Felskap (Promontorio) **La Mola** als Gebirge. Klippen und mit Sträuchern bedeckte Sanddünen wechseln einander an der Küste ab.

Formentera ist nur mit dem Schiff zu erreichen. Das beste Fortbewegungsmittel auf der Insel ist das Fahrrad.

🛈 *Port de Sabina, 07870 Formentera,* ☎ *971 32 20 57.*

Besondere Highlights

Die Strände
Mit ihrem weißen Sand und dem herrlich klaren Wasser stellen sie die Hauptattraktion der Insel dar. Sie erstrecken sich beiderseits der Landenge; im Norden liegt der felsige Platja Tramuntana, im Süden der sandige, windgeschützte Platja Migjorn. Der übrige Küstenstreifen ist von kleinen Stränden gesäumt, darunter Es Pujols (am stärksten bebaut), Illetas, Cala Saona u. a.

> **GESCHICHTLICHES**
> Die Bevölkerung ist die Nachkommenschaft der Siedler, die Ende des 17. Jh.s hier Fuß fassten, nachdem das Eiland wegen der Invasionen und Seeräuberüberfälle im Mittelalter verlassen worden war; sie lebt vom Fischfang oder Ackerbau. Nach Ibiza werden Feigen und Fisch, nach Barcelona wird Salz verkauft.

Cala Savina
Diese Bucht ist der erste Berührungspunkt mit der Insel. Zwischen zwei Brackwasserseen liegen hier einige Häuser. Links glitzern in der Ferne die Salzgärten.

Sant Francesc
Hauptort und einzige größere Gemeinde der Insel. Die Häuser scharen sich um die Wehrkirche aus dem 18. Jh.

El Pilar de la Mola
Der kleine Ort liegt auf dem Vorgebirge La Mola. Die schlichte Dorfkirche ist eine jüngere Schwester der Kirchen auf Ibiza.

Faro de la Mola
Der Leuchtturm steht nah bei einem eindrucksvollen Steilabfall. Eine Gedenktafel für Jules Verne erinnert daran, dass der Schriftsteller eine Episode seines Romans *Reise durch das Sonnensystem* an dieser Stelle spielen ließ.

Islas Canarias/Kanarische Inseln★★★

Inseln des Feuers und der Lava, üppige Vegetation und wüstenartige Gebiete, steile Felsen und endlose Strände, ruhende Vulkane, malerische Dörfer und belebte Urlaubsorte – bei den Kanarischen Inseln, von denen jede ihre ganz eigenen Merkmale besitzt, hat sich die Natur wirklich von ihrer großzügigsten Seite gezeigt.

Ihre vielen Reize und das einmalige Klima machen die „Glücklichen Inseln" zu einem Reiseziel allererstan Ranges, vor allem während der Monate, in denen die Kälte Europa fest im Griff hat.

Steckbrief
1 600 000 Einwohner. 7 273 km². Die Inselgruppe liegt im Atlantik, näher an der Küste Afrikas (115 km) als an der von Spanien (1 150 km), etwas nördlich vom Wendekreis des Krebses, am 28. Grad nördlicher Breite.

Die sieben großen und sechs kleinen Inseln bilden zwei Provinzen: im Osten **Las Palmas** mit den Inseln Gran Canaria, Fuerteventura und Lanzarote; im Westen **Santa Cruz de Tenerife**, mit den vier Inseln Teneriffa, La Palma, La Gomera und El Hierro. Die Kanarischen Inseln bilden eine zu Spanien gehörende Autonome Gemeinschaft, deren Hauptstädte Santa Cruz de Tenerife und Las Palmas de Gran Canaria sind. Jede Insel hat jedoch im *Cabildo Insular* ihr Selbstverwaltungsorgan.

Der Teide auf Teneriffa

Hintergrundinfos

Geographisches – Die Kanarischen Inseln sollen noch vor dem Tertiär durch Vulkantätigkeit entstanden sein. Gran Canaria und La Gomera haben die Form eines riesigen Vulkans, und alle Inseln – außer Fuerteventura und Lanzarote – besitzen schwer zugängliche, felsige Küsten und ein gebirgiges Landesinneres. Der Atlantik hat um die Inseln eine Tiefe von 3 000 m, während die höchste Erhebung auf den Inseln, der Pico del Teide, 3 718 m erreicht. Erosion und Vulkanausbrüche haben die Oberfläche der Kanaren gestaltet. So findet man erstarrte Lavaströme und Felder mit poröser Lava, die mit Tuff durchsetzt sind. Vulkanasche hat das ***malpais*** gebildet und besonders auf Lanzarote die typischen kegelförmigen Berge entstehen lassen.

Die Gärten der Hesperiden – Jedes Jahr kommen rund 10 Millionen Touristen auf die Inseln, um sich in dieser herrlichen Landschaft mit dem angenehmen Klima zu erholen. Tatsächlich erfreuen sich die Küstengebiete eines äußerst milden Klimas mit einer Jahresdurchschnittstemperatur, die selten unter 18 °C liegt. In größeren Höhen fällt Schnee, der sich auf dem Pico del Teide monatelang halten kann. Die Erklärung für die gemäßigten Temperaturen sind die stetigen Nordost-Passate und kühle Meeresströmungen. Die Niederschläge sind gering; auf Fuerteventura und Lanzarote gibt es sogar Jahre, in denen gar kein Regen fällt. Auf allen Inseln, besonders aber an den niederschlagsarmen und dem Wind abgekehrten Südküsten *(sotavento)*, sind die Dickblattgewächse (Hauswurz, Agave, Aloe, Kandelaber-Wolfsmilch = *cardón*) und der **Feigenkaktus** *(tunera, chumbera* oder ***nopal***) am stärksten verbreitet. Der Feigenkaktus wurde lange Zeit zur Zucht einer Schildlaus angebaut, die karminroten Farbstoff für Lippenstifte lieferte. In starkem Gegensatz zur Sukkulentensteppe steht die den feuchten Nordost-Passaten *(barlovento)* ausgesetzte Nordküste mit ihrem üppigen Vegetationsmantel (Baumheide, Myrtengewächse, Lorbeerwald, Kanarische Kiefer). Der vulkanische Boden ist äußerst fruchtbar, jedoch hängt der Anbau von Kulturpflanzen (hier insbesondere Bananen und Tomaten) von einem wohlorganisierten Bewässerungssystem ab. Durch Kanäle wird das Wasser in große Zisternen und von dort auf die Bananenfelder geleitet, die die nördlichen Küstenstreifen von Gran Canaria und Teneriffa bedecken, während an der Südküste Tomaten gedeihen.

Eine Besonderheit der Pflanzenwelt aus dem Tertiär ist der **Drachenbaum** *(drago)*. Von diesen Liliengewächsen gibt es noch einige jahrtausendealte Exemplare. Schon die Guanchen, die Urbevölkerung der Kanaren, nutzten den Saft zu medizinischen Zwecken.

Früher war die Landwirtschaft die Haupterwerbsquelle der Bewohner. Inzwischen sind in diesem Bereich nicht einmal mehr 8 % der Bevölkerung tätig. Produziert werden Bananen, Orangen, Tomaten und Tabak, die für den Export bestimmt sind. Man kann sagen, dass die Inseln heute ausschließlich vom Tourismus leben. Dieser hat zum Wachstum des Dienstleistungssektors geführt, in dem 60 % der Erwerbstätigen beschäftigt sind.

Die Eroberung – In der Antike als „Gärten der Hesperiden" bezeichnet, von Plutarch erwähnt und von Plinius d. Ä. als *islae fortunatae* („Glückliche Inseln") beschrieben, wurden die Inseln vergessen und erst im 14. Jh. „wieder entdeckt". Im Zeitalter der Entdeckungsfahrten landeten Seefahrer, wie der Genuese **Lancelloti Malocello**, auf den Inseln; doch die Inbesitznahme begann erst 100 Jahre später, nämlich 1402. Die Normannen **Jean de Béthencourt** und **Gadifer de la Salle** unternahmen im Auftrag des spanischen Königs Erkundungsfahrten und Eroberungsversuche. Die Inselbewohner jedoch leisteten jahrelang zähen Widerstand, sodass nur Lanzarote, Fuerteventura, La Gomera und El Hierro besetzt werden konnten. Mit der Unterwerfung von Gran Canaria (1483) durch **Pedro de Vera** und von La Palma (1492) und Teneriffa (1496) durch **Alonso Fernández de Lugo** fiel der Archipel ganz in den Besitz der Spanier.

Die Guanchen – Bei ihrer Ankunft auf den Inseln fanden die Eroberer im 15. Jh. eine Bevölkerung vor, die sich noch auf einer der Jungsteinzeit ähnlichen Kulturstufe befand. Die Guanchen lebten von Viehzucht und Hackbau; als Wohnung dienten ihnen die von der Lava gebildeten Höhlen. Ihre Kleidung fertigten sie aus

Tipps und Adressen

ANREISE
MIT DEM FLUGZEUG
Alle Inseln haben einen Flughafen, Teneriffa sogar zwei. Viele Linienflüge gibt es von den größten spanischen und europäischen Flughäfen aus nach Teneriffa und Gran Canaria. Von dort kann man auf die anderen Inseln weiterfliegen. Direktflüge aus nicht-spanischen Ländern zu den anderen Inseln sind selten.

Iberia: ☎ 902 400 500, www.iberia.com
Binter Canarias: Nur Flugverbindungen zwischen den Inseln, Information und Flugtickets bei Iberia.
Spanair: ☎ 902 13 14 15, www.spanair.com (Flüge nach Gran Canaria, Teneriffa und Lanzarote)
Air Europa: ☎ 902 40 15 01, www.aireuropa.com (Flüge nach Gran Canaria, Teneriffa und Lanzarote)

MIT DEM SCHIFF
Ab Cádiz braucht man zwei Tage und kommt in Santa Cruz de Tenerife oder Las Palmas de Gran Canaria an. Zwischen den Inseln gibt es auch schnelle Fährverbindungen, „ferry", „jet-foil" und „hidrofoil" genannt.

Trasmediterránea: ☎ 902 45 46 45. www.trasmediterranea.es

DIE UHRZEIT
Auf den Kanarischen Inseln gilt die westeuropäische Zeit. Wenn man aus Mitteleuropa kommt, muss man seine Uhr um eine Stunde zurückstellen.

UNTERKUNFT
Siehe unter „Tipps und Adressen" der jeweiligen Inseln.
In den Touristenzentren gibt es viele große Hotels der bekannten Hotelketten. Allerdings erweist es sich in der **Hochsaison** (1. November-30. April) oft als recht schwierig, selbst ein Zimmer zu reservieren, da die Hotels von Reisegesellschaften ausgebucht sind. Es gibt fünf staatlich geleitete Luxushotels (Paradores), die besonders schön gelegen sind und einen ausgezeichneten Service bieten.
Auf den größten, sehr touristischen Inseln ist die Südküste wegen der ausgedehnten Strände und der vielen Sonnentage zu empfehlen. La Palma, El Hierro und La Gomera bieten dagegen himmlische Ruhe.

Ziegenfellen und -häuten. Die Nahrung bestand größtenteils aus Ziegen- und Schafskäse und einem Brei aus geröstetem Getreide, dem *gofio*. Die Keramik war vielgestaltig, aber wenig verziert, ebenso die Geräte aus Stein, Holz und Bein. Einzig ihr Totenkult zeugt von einer gewissen „Verfeinerung". Die Mumien wurden in Ziegenhäute eingenäht und in Höhlen begraben. Über die Herkunft der Guanchen ist wenig bekannt. Aus Knochenfunden schließt man, dass sie dem Cro-Magnon-Typus angehörten. Eroberung, Hungersnöte, Seuchen und Vulkanausbrüche haben die Guanchen dezimiert, sodass es heute nur noch wenige Nachfahren gibt.

Was essen? – Die kanarische Küche ist für die *papas arrugadas* bekannt, wörtlich übersetzt „faltig gewordene Kartoffeln". Dabei handelt es sich um kleine Pellkartoffeln, die mit Salz in sehr wenig Wasser gekocht werden und nach Verdunsten des Wassers mit einer Salzkruste überzogen sind. *Mojos* sind Soßen auf Olivenölbasis, mit Paprika *(mojo rojo)* oder Koriander *(mojo verde)* abgeschmeckt. Es wird auch viel Fisch gegessen, der auf verschiedene Arten zubereitet wird. Als typischste Gerichte sind die kanarische Suppe und der Eintopf *(sancocho)* zu nennen. Dank des tropischen Klimas findet man exotisches Obst, wie Mangos, Papayas u. a.

Tenerife★★★

Der Name der Insel bedeutete in der Sprache der Guanchen „schneebedeckter Berg". Wie ein Rückgrat durchzieht ein Gebirgszug die Insel; den Schwerpunkt bildet der riesige Vulkankegel des Pico del Teide, der mit 3 718 m der höchste Berg Spaniens ist. Die Vulkantätigkeit ist überall erkennbar, und der riesige Krater (Cráter de Las Cañadas) am Teide ist außerordentlich eindrucksvoll. Auf Teneriffa findet man die unterschiedlichsten Landschaften, was zusammen mit dem herrlichen Klima den großen Reiz der Insel ausmacht. Nicht nur Strandurlauber, sondern auch Wanderer kommen hier voll auf ihre Kosten.

Steckbrief
685 583 Einwohner. 2 036 km^2 – Teneriffa ist die größte der kanarischen Inseln. Auch hier, wie auf Gran Canaria, ist die Südküste heiß und wüstenhaft, während der von hohen Felsen begrenzte Norden landwirtschaftlich genutzt wird. Dort befindet sich auch das bedeutendste Tourismuszentrum der Insel, El Puerto de la Cruz. ■ *Santa Cruz de Tenerife: Plaza de España, 38003, ☏ 922 23 98 97; Playa de las Américas: Avenida Rafael Puig Llubina 1, 38660, ☏ 922 75 06 33; Puerto de la Cruz: Plaza de Europa, 38400, ☏ 922 38 60 00.*

Besondere Highlights

PICO DEL TEIDE★★★
Der eindrucksvolle Vulkankegel erhebt sich in der Mitte der Insel. Verschiedene Zufahrtswege führen zu ihm. Oft versinkt er im Wolkenmeer, wodurch man von den Aussichtspunkten häufig keine Ausblicke genießen kann. *Zu empfehlen sind bequemes Schuhwerk und warme Kleidung, da die Temperaturen aufgrund der Höhe drastisch fallen.*

Zufahrt über La Esperanza★
Die Carretera dorsal genannte Straße führt auf dem Berggrat entlang und bietet abwechselnd Blicke auf die Süd- und die Nordküste.

Pinar de La Esperanza★ – Man fährt mehrere Kilometer durch einen großen Kiefernwald. Bei **Las Raíces** steht ein Obelisk, der daran erinnert, dass General Franco hier 1936 die unter seinem Befehl stehenden Offiziere versammelte und sie zur Erhebung gegen die Republik aufrief. Franco war damals Militärgouverneur auf den Kanarischen Inseln.

Miradores (Aussichtspunkte)★★ – An der Strecke liegen die Aussichtspunkte Montaña Grande, Pico de las Flores, Ortuño und Chipeque. Wenn sich das Wolkenmeer um den Teide lichtet, genießt man weite Ausblicke in die Landschaft, und man sieht gut den Kontrast zwischen dem üppig bewachsenen Kulturland im Norden und dem steppenartigen Valle de Güimar im Süden.

Nachdem man an La Crucita vorbeigefahren ist, dringt die Straße in eine Hochgebirgslandschaft ein, und die Sternwarte von Izaña erscheint links im Blickfeld.

El Portillo – 2 030 m. Dieser Pass bildet die Pforte zur phantastischen Welt der Cañadas; hier stößt man auf die TF 21 nach La Orotava.

Der Teide

Parque Nacional del Teide (Teide-Nationalpark)★★★ – *Am Parkeingang befindet sich das Centro de Visitantes El Portillo (Ausstellung zum Vulkanismus, Information über die Wege im Nationalpark). Das Besucherzentrum Cañada Blanca liegt beim Parador. Beide sind von 9.15-16.30 Uhr geöffnet. Geführte Wanderungen (2 1/2 Std.) auf vorherige Anfrage unter ☎ 922 29 01 29.*

Der Las-Cañadas-Kessel ist ein auf 2 000 m Höhe abgetragener Vulkankegel, an dessen Nordrand der Pico del Teide (3 718 m) aufragt. Im Zentrum des Parks, gegenüber dem Parador, erheben sich **Los Roques** wie eine Trennlinie aus verwitterten Lavafelsen. Die **Los Azulejos** genannten Felsen sind durch Kupfer grünlich-blau gefärbt, während das Rot am Teidekegel vom Eisengehalt herrührt.

Pico del Teide★★★ – *Auffahrt mit der Seilbahn ab La Rambleta (2 356 m). Die Seilbahn (Teleférico) ist für Personen mit Atem- oder Herzbeschwerden ungeeignet, denn sie überwindet in 8 Min. 1 199 Höhenmeter. Sie ist bei gutem Wetter von 9-16 Uhr in Betrieb. 1. Jan. und 25. Dez. geschl. Berg- und Talfahrt 19 €. ☎ 922 53 37 20.*

Von der Endstation (3 555 m) führt ein Weg zum Gipfel *(1/2 Std. Fußwanderung steil bergauf über rutschiges Lavagestein).* Hier oben öffnet sich das fast 25 m tiefe, schweflige Kraterloch mit einem Durchmesser von nahezu 50 m *(zurzeit ist der Weg zum Gipfel gesperrt).* Bei klarem Wetter umfasst der Blick von hier oben die gesamte Inselgruppe.

Zufahrt über La Orotava★
Die Vegetation des Teide-Nordhangs macht den Reiz dieser Strecke aus: Zuerst sind es Bananenstauden, Obstbäume, Mais und Reben; in Aguamansa beginnt dann der Kiefernwald. Hinter dem Dorf steht eine riesige **Basalt-„Margerite"** am Straßenrand, die von der Natur geschaffen wurde.

Canarias: Tenerife

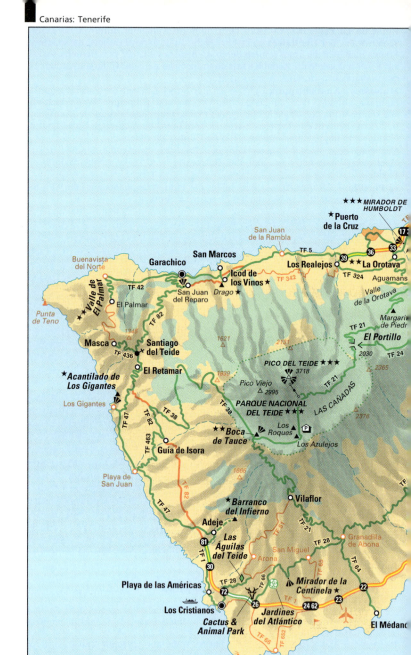

Zufahrt über Guía

Die Straße durchquert die Lavaflüsse des 1798 ausgebrochenen Pico Viejo, die so genannten „Nasenlöcher" (Narices del Teide), und die Lavaströme des Vulkans Chinyero. Letztere sind jünger (1909) und bilden einen stärkeren Kontrast zur Vegetation.

Zufahrt über Vilaflor

Vilaflor ist der höchstgelegene Ort von Teneriffa (1 466 m). Die Straße führt durch Kiefernwald; später erblickt man im Einschnitt der **Boca de Tauce**★★ (2 055 m) die Cañadas und den Teide.

Besichtigung

LA LAGUNA★

Die ehemalige Hauptstadt der Insel, Sitz der Universität, wurde 1496 von Lugo mit einem schachbrettartigen Straßensystem am Ufer einer heute verschwundenen Lagune angelegt. Zu Fronleichnam werden die Straßen mit Blütenteppichen bedeckt. Bei der Wallfahrt zum Schutzpatron Santísimo Cristo (14. September) findet ein Volksfest statt.

Canarias: Tenerife
Tipps und Adressen

RESTAURANTS

• Unsere Empfehlung

Casa del Vino – Finca La Baranda, El Sauzal – 21 km von Santa Cruz de Tenerife über die Autopista del Norte – ☎ 922 56 38 86 - 22 €. Das hübsche Restaurant befindet sich in einem alten Landhaus mit rustikaler Inneneinrichtung. Gute regionale Küche. Im selben Gebäudekomplex ist auch ein Weinmuseum untergebracht.

El Bacalao de la Cazuela – General Goded 11 – Santa Cruz de Tenerife – ☎ 922 29 32 49 – So geschl. – 🍴 – 22/30 €. Ein gemütliches Lokal in der Nähe der Stierkampfarena. Überschaubare Speisekarte, die Gerichte sind aber ausgezeichnet, und es gibt gute Tagesempfehlungen. Ausgewogene Küche (Fisch und Fleisch), die Tradition mit modernen Ideen kombiniert. Guter Weinkeller.

UNTERKUNFT

• Gut & preiswert

Hotel Aguere – Obispo Rey Redondo 57 – La Laguna – ☎ 922 25 94 90 – 21 Z.: 41/50 € – ☐ 4 €. Das Hotel, ein schönes altes Herrenhaus, konnte den Charme vergangener Zeiten bewahren. Man betritt es durch eine Holztür und gelangt in eine Art Patio, um den herum die riesigen Zimmer liegen. Sie haben Holzböden und sind mit alten Möbeln eingerichtet. Stilvolle große Bäder. Sehr empfehlenswert.

• Unsere Empfehlung

Monopol Hotel – Quintana, 15 – Puerto de la Cruz – ☎ 922 38 46 11 – monopol@interbook.net – 🛏 – 94 Z.: 39/78 € ☐ – Rest. 10 €. Das Hotel liegt in einem belebten Geschäftsviertel in der Fußgängerzone, in unmittelbarer Nähe der Strandpromenade. Es ist in einem getünchten Gebäude mit Holzbalkonen untergebracht. Die komfortablen Zimmer liegen um einen Patio im Stil der Kanarischen Inseln.

• Fürstlich logieren

San Roque Hotel – Esteban de Ponte 32 – Garachico – ☎ 922 13 34 35 – info@hotelsanroque.com – 🛏 🍴 – 20 Z.: 151/230 € ☐ – Rest. 21 €. Höchster Luxus im Zentrum von Garachico. Schon der hübsche Eingangspatio weist auf den Stil des Hauses hin: eine perfekte Kombination aus Alt und Neu, aus modernstem Design und Tradition. Auch die großen, sehr komfortablen Zimmer enttäuschen nicht. Manche gehen über zwei Ebenen.

Plaza del Adelantado
Dieser große, von Bäumen beschattete Platz ist das Zentrum der Stadt. Hier stehen einige interessante Gebäude wie das ehemalige Convento de Santa Catalina mit Holzbalkonen, wie sie früher viele Häuser der Inseln besaßen, der Palacio de Nava, dessen Fassade (17. Jh.) an die des Bischofspalasts erinnert, sowie das für den kanarischen Stil typische Rathaus (**Ayuntamiento**) mit klassizistischer Fassade, das aus mehreren Gebäuden besteht *(Besichtigung möglich)*. Die schönen Eingangsportale *(Calle Obispo Rey Redondo)* stammen aus dem 16. und 18. Jh. *Führung (45 Min.) 9-14 Uhr nach Voranmeldung. Sa/So und feiertags geschl.* ☎ *922 60 11 06/7.*
Durch die von schönen Häusern gesäumte Calle Obispo Rey Redondo gehen.

Catedral
Tgl. 10-13 Uhr und 17.30-19 Uhr. ☎ *922 25 89 39.* Die Kathedrale hat eine elegante klassizistische Fassade (1819). Die drei Schiffe (1905) sind neugotisch. Im rechten Querhaus (Capilla de los Remedios) bemerkenswertes Retabel mit einer Madonna (16. Jh.), die von mehreren flämischen Gemälden (17. Jh.) umgeben ist. Der Kirchenschatz umfasst wertvolle liturgische Gegenstände.

Iglesia de la Concepción★
Tgl. 11-13 Uhr. Während der Messen keine Besichtigung. 0,60 €. ☎ *922 25 91 30.*
Der mächtige Kirchturm aus grauem Stein (17. Jh.) zeigt die Kirche (frühes 16. Jh.) an. Diese wurde später umgebaut, sie ist jedoch eines der besten Beispiele für den Kirchenbau auf den Kanarischen Inseln nach der spanischen Eroberung. Die Innenausstattung im Mudéjar- und im portugiesischen Stil ist sehr kunstvoll. Sie umfasst barockes Chorgestühl und eine ebenfalls barocke Kanzel und im Allerheiligsten einen Altar aus getriebenem Silber.
Durch die Calle Belén gehen und auf die Calle San Agustín abbiegen.

Palacio Episcopal oder Antigua Casa de Salazar
Der Bischofspalast ist ein Barockbau (1681) mit hübschem Patio.

Museo de Historia de Tenerife
9-20.30 Uhr. Mo, 1. und 6. Jan., Faschingsdienstag sowie 24., 25. und 31. Dez. geschl. 2,40 €; So Eintritt frei. ☎ *922 82 59 49.* Die aus dem späten 16. Jh. stammende **Casa Lercano** mit schönem **Patio** hat ein interessantes Museum aufgenommen. Die Sammlungen vermitteln einen umfassenden Überblick über die Geschichte der Insel vom 15. Jh. an bis heute. Die verschiedenen Bereiche Wirtschaft, Gesellschaft, Religion und Verwaltung sind gut dargestellt.

Santuario del Cristo
Am Ende der Calle Nava Grimón. Die Klosterkirche bewahrt das viel verehrte Bild des Santísimo Cristo de la Laguna (15. Jh.), das die Mitte des aus Silber getriebenen Altaraufsatzes einnimmt.

SANTA CRUZ DE TENERIFE★

Die heute international bekannte Hauptstadt der Insel war früher nur der Hafen von La Laguna und hat sich erst im 19. Jh. wesentlich entwickelt. Santa Cruz de Tenerife ist gemeinsam mit dem Puerto de la Luz von Las Palmas de Gran Canaria ein wichtiges Bindeglied im Atlantikverkehr. Der Handel wird durch den Freihafen begünstigt, der seit 1852 besteht. Eine Erdölraffinerie und Tabakfabriken u. a. tragen zum Wohlstand der Stadt bei. Von der langen Hafenmole bietet sich ein interessanter **Blick**★ auf die Stadt, deren hohe Häuser im Halbkreis direkt aus dem Meer zu steigen scheinen, während der Hintergrund vom Anaga-Massiv und dem Teide eingenommen wird.

Kulturell hat die Stadt immerhin ein Theater (Teatro Guimerá), einen Konzert- und Veranstaltungssaal (Auditorio) und viele Ausstellungsräume zu bieten.

Beim **Karneval**, der zu den berühmtesten und buntesten Veranstaltungen dieser Art in ganz Spanien gehört, verwandelt sich die sonst ruhige Provinzstadt vollkommen. Alt und Jung ist verkleidet und nimmt am großen Umzug *(gran cabalgata)* teil.

Iglesia de la Concepción

Von der Altstadt ist wenig erhalten. Nur ein paar Häuser in der Nähe der Kirche (16.-18. Jh.) haben noch einen Balkon. Die Kirche besitzt einen hohen Turm und Holzbalkone; innen stehen mehrere Schnitzaltäre aus der Barockzeit.

SANTA CRUZ DE TENERIFE

Alférez Provisional (Plaza)	CY	3
Bethencourt Alfonso	CY	5
Bravo Murillo (Av. de)	DY	6
Candelaria (Pl. de la)	DY	8
Castillo	CY	
Costa y Grijalba	BY	10
Doctor Guigou	CX	12
Doctor José Naveiras	CX	13
Domínguez Alfonso	CY	15
General Galcerán (Puente)	BY	19
General Gutiérrez	DY	20
General O'Donnell	BX	23
General Serrador (Puente)	CY	24
General Weyler (Pl. del)	BY	26
Iglesia (Pl. de la)	DY	30
Imeldo Seris	CY	31
José Murphy	CY	34
Numancia	BX	39
Pérez Galdós	CY	43
Saludo	DX	46
San Francisco (Pl.)	DY	49
San Isidro	DX	50
Santo Domingo (Pl.)	CY	51
Valentín Sanz	CY	53

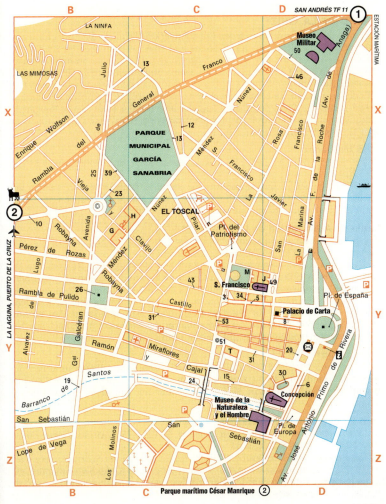

Canarias: Tenerife

Museo de la Naturaleza y el Hombre (Museum der Natur und des Menschen)★
9-20.30 Uhr. Mo, 1. Jan. und 25. Dez. geschl. 2,40 €; So Eintritt frei. ☎ 922 20 93 20.
Ein großer klassizistischer Bau, das ehemalige Hospital Civil, enthält zwei wunderschön präsentierte Sammlungen, die eine zur Archäologie, die andere zur Naturgeschichte.

Palacio de Carta
Dieses Palais aus dem 18. Jh. ist heute Firmensitz einer Bank. Es liegt an der Plaza de la Candelaria, unweit der monumentalen Plaza de España. Besonders der Patio mit seinen Bogengängen aus Holz ist reizvoll.

San Francisco
Diese Kirche wurde im 17. und 18. Jh. gebaut und hat die für den Kirchenbau auf den Kanarischen Inseln typischen Holzgewölbe und Rundpfeiler. Im Allerheiligsten steht ein Barockretabel.

Parque Municipal García Sanabria★
Schöner Park mit prächtiger subtropischer Flora. Er liegt nahe bei der Rambla, einer der großen Verkehrsadern der Stadt.

Museo Militar (Heeresmuseum)
Im Juli 1797 griff der englische Admiral Nelson die Stadt an; er verlor damals nicht nur die Schlacht, sondern auch einen Arm. In diesem Museum kann man unter anderen Kanonen auch *El Tigre* sehen, die Kanone, die ihn verletzte.

Parque marítimo César Manrique★
Ausfahrt über ② des Plans. Tgl. 10-19 Uhr. Letzter Einlass um 18 Uhr. 2,30 €. ☎ 922 20 29 95.
Großer Freizeitpark am Meer mit Schwimmbädern, Restaurants und Imbissbars. Er wurde nach Plänen von César Manrique gestaltet und ist eine glückliche Symbiose von Wasser, Vegetation und Vulkangestein.

PUERTO DE LA CRUZ★
Puerto de la Cruz hat sich durch den Fremdenverkehr schnell vom Fischerdorf zum internationalen Badeort entwickelt. Sonne und Teide wachen über der Stadt, deren Häuser wie eine Kette der felsigen Küste folgen. Die belebte Strandpromenade **(Paseo marítimo★)** mit Terrassencafés, Läden und durch Blumen schön in Szene gesetzten Aussichtspunkten ist eine der Hauptattraktionen dieses Luxusbades. Hier befindet sich die kleine Einsiedelei (Ermita) des hl. Telmo. Zwischen der Plaza de la Iglesia und der Plaza del Charco liegt der alte Teil der Stadt (heute Fußgängerzone). Hier sind noch Häuser mit den alten kanarischen Balkonen und Kirchen aus dem 17. und 18. Jh. erhalten.

Lago Martiánez★
Tgl. 9.30-17 Uhr (Juli-Dez. 10-17 Uhr). Mai geschl. 2,10 €. ☎ 922 38 59 55 oder 922 37 13 21.
Große Anlage mit Schwimmbädern, die in eine Umgebung von Felsen und Vegetation eingebettet sind. Auch hier ist es César Manrique gelungen, Muße mit Natur und stilvoller Architektur zu verbinden.

Jardín de Aclimatación de La Orotava★★
Der Ausschilderung „Jardín Botánico" folgen. Tgl. 9-18 Uhr (Apr.-Sept. 9-19 Uhr). 1. Jan., Karfreitag und 25. Dez. geschl. 0,60 €. ☎ 922 38 35 72.
Der botanische Garten wurde im 18. Jh. auf Veranlassung Karls III. vom Marquis von Villanueva del Prado angelegt. Auf einer nicht ganz 2 ha großen Fläche finden sich hier Blumen, Sträucher und Pflanzen in paradiesischer Fülle. Sie bieten einen interessanten Überblick über die Flora der Kanarischen Inseln, aber auch anderer Erdteile. Der Garten ist für besonders viele Palmenarten bekannt. Am erstaunlichsten ist der fast 200 Jahre alte **Gummibaum**, dessen Wurzeln ihn hoch aus dem Erdreich heben, sodass er wie auf Stelzen steht.

Playa Jardín★
Im Westen des Ortes; der Ausschilderung folgen. Gepflegte Anlagen umgeben den schönen Strand aus schwarzem Sand. Am Ostende erhebt sich der einstige Wachtturm **Castillo de San Felipe**, der heute für kulturelle Veranstaltungen benutzt wird.

Loro Parque (Papageienpark)
Im Westen der Playa Jardín; gut ausgeschildert. Tgl. 8.45-18.45 Uhr. Letzter Einlass um 17 Uhr. 18 €. ☎ 922 37 38 41.
In diesem über 50 000 m² großen Garten mit Gewächsen der Subtropen leben alle Arten von Papageien sowie Gorillas, kleinere Affen und Krokodile. Außerdem gibt es ein Delphinarium, in dem Dressurvorführungen veranstaltet werden. Auch die Papageien müssen ihre Künste zeigen.

La Orotava, im Vordergrund ein Drachenbaum

LA OROTAVA**

Die schöne alte Stadt ist terrassenartig an den Hang des Gebirges gebaut. Sie beherrscht das fruchtbare Tal gleichen Namens. In der **Altstadt** sind aus verschiedenen Epochen Patrizierhäuser mit kunstvoll geschnitzten Balkonen erhalten. Einige davon gehören zu den schönsten der Kanarischen Inseln.

Am Donnerstag nach Fronleichnam werden die Straßen mit Blütenteppichen ausgelegt, und auf dem Platz vor dem Rathaus wird ein Bild aus verschiedenfarbiger Erde geschaffen. Am 2. Sonntag nach Fronleichnam findet zu Ehren des Schutzpatrons die *Romería de San Isidro* statt, die die Bauern zu einem höchst farbenprächtigen Volksfest vereint, dem die Ochsengespanne eine besondere Note geben.

Den Wagen auf der Plaza de la Constitución parken, um die Stadtbesichtigung zu Fuß zu machen.

Plaza de la Constitución

Dieser Platz, an dem die Barockkirche San Agustín (17. Jh.) und das Kulturzentrum Liceo Taoro stehen, bildet einen interessanten Aussichtspunkt.

Man geht durch die Calle Carrera und auf einer abwärts führenden Straße nach rechts weiter.

Iglesia de la Concepción

9-13 Uhr und 16-20 Uhr, So und feiertags 10-13 Uhr. Mi-nachmittag geschl. ☎ 922 33 01 87.

Das im 18. Jh. auf den Fundamenten einer früheren Kirche errichtete Gotteshaus hat eine wunderhübsche Rokokofassade, die von zwei Türmen eingerahmt ist. Der Kirchenschatz (Tesoro) kann besichtigt werden.

Zur Calle Carrera zurückkehren.

Calle Carrera

Die Straße führt an der **Plaza del Ayuntamiento** vorbei, wo sich der klassizistische Bau des Rathauses (Palacio Municipal) erhebt. Dahinter liegt ein schattiger Park, der **Hijuela del Jardín Botánico**. Er ist eine Schöpfung des 19. Jh.s und lieferte zu seiner Zeit Ableger für den Botanischen Garten von El Puerto de la Cruz. *8-14 Uhr. Sa/So und feiertags geschl. Eintritt frei. ☎ 922 38 35 72.*

Haus Nr. 17 in der Calle Carrera stammt noch aus dem 16. Jh. und enthält das Guanchenmuseum **(Museo Etnográfico Guanche)**. *10-22 Uhr. So geschl. 1,80 €. ☎ 922 32 27 25.*

Calle de San Francisco*

Hier befinden sich die schönsten Holzbalkone der Stadt.

Casa de los Balcones – Nr. 3 und 5. Das Gebäude besteht aus zwei Häusern aus dem 17. Jh. und hat herrliche Balkone und reizvolle Innenhöfe. Im Erdgeschoss des Hauses Nr. 3 befindet sich ein Geschäft, das Kunsthandwerk verkauft. Das Obergeschoss ist ein kleines Museum **(Museo)**, in dem die Einrichtung einer traditionellen bürgerlichen Wohnung besichtigt werden kann. *8.30-18.30 Uhr (Sa und feiertags 8.30-17 Uhr, So 8.30-13 Uhr). 1,50 € (Museo). ☎ 922 33 06 29.*

Canarias: Tenerife

Casa Molina – Renaissancegebäude (16.-17. Jh.), in dem ebenfalls ein Kunsthandwerksgeschäft untergebracht ist. Von der Dachterrasse *(terraza)* bietet sich ein reizvoller Blick.

Zur Calle Carrera zurückkehren und nach links in die Calle Tomás Zerolo einbiegen.

Museo de Artesanía Iberoamericana (Museum für lateinamerikanisches Kunsthandwerk)

9-18 Uhr, Sa 9-14 Uhr; So und feiertags nach Voranmeldung. 2,10 €. ☎ 922 32 33 76. Im ehemaligen Kloster Santo Domingo (17. Jh.) präsentiert dieses Museum reiche Sammlungen von spanischem und lateinamerikanischem Kunsthandwerk, darunter Musikinstrumente, Keramik, Textilkunst u. a.

Ausflüge

MONTE DE LAS MERCEDES★★ *Rundfahrt von 49 km ab La Laguna – etwa 3 Std.* Der Anaga-Gebirgszug wirkt als Sperre für die Wolken, die von Norden kommen und sich hier abregnen. Durch die Feuchtigkeit begünstigt, überzieht ein dichter Wald aus Lorbeer, Baumheide und *fayas* (kanarische Myrtenart) die Berge. Die kurvenreichen Straßen in dieser Gegend bieten viele schöne Ausblicke.

Mirador de Cruz del Carmen★

Schöner Blick auf das Tal um La Laguna. Im Besucherzentrum (Centro de Visitantes) wird eine Ausstellung über den Landschaftspark (Parque Rural de Anaga) gezeigt, in dem der Aussichtspunkt liegt. *Tgl. 9.30-15 Uhr (im Winter 9.30-16 Uhr).* ☎ 922 63 35 76.

Mirador del Pico del Inglés★★

Die beste Aussicht hat man dicht bei dem Berg in 1 024 m Höhe: Blick über die gesamte Halbinsel; in der Ferne ist der Teide zu erkennen.

El Bailadero★

Die über den Pass führende Straße eröffnet nach beiden Seiten hin schöne Ausblicke.

Taganana★

Bei der Fahrt zum Ort hinab öffnet sich der **Blick**★★ auf die Ostküste und das zwischen zwei Schluchten gelegene Dorf. In der Kirche **(Iglesia Parroquial de Nuestra Señora de Las Nieves)** ist ein interessantes spanisch-flämisches Retabel aufgestellt. *Besichtigung nach Voranmeldung.* ☎ 922 59 00 75.

Almáciga

Von der Einsiedelei bietet sich ein Ausblick auf die Küste und die Felsen des Anaga-Gebirges.

San Andrés

Fischerdorf; in der Nähe der goldgelbe Strand von Las Teresitas.

Bei der Rückfahrt nach Santa Cruz kommt man an der neuen Hafenanlage vorbei.

Im Anaga-Gebirgszug

RUNDFAHRT UM DIE INSEL 310 km – etwa 3 Tage

Die Rundfahrt besteht aus drei Strecken: Die erste führt die Nordküste entlang, von La Laguna nach Garachico (100 km); die zweite verläuft an der Westküste von Garachico nach Los Cristianos (77 km), die dritte Strecke durchläuft den Süden und Westen und endet in Santa Cruz de Tenerife (133 km).

Bajamar
Großer Badeort an der malerischen, felsigen Küste, an der es brandungsfreie Meerwasserbecken gibt.

Casa de Carta
10-20 Uhr. So, Mo, 1. und 6. Jan., Faschingsdienstag sowie 24., 25. und 31. Dez. geschl. 3 €. ☏ 922 54 63 00/7.
In dem typisch kanarischen Gehöft mit einem Bauernhaus aus dem 18. Jh. ist das **Museo de Antropología de Tenerife** eingerichtet.

Tacoronte
Hier ist der Teide sichtbar. Die Kirche (**Santa Catalina**) hat eine sehenswerte Holzdecke im Mudéjar-Stil. *Besichtigung nach Voranmeldung unter ☏ 922 56 06 91.* Tacoronte besitzt auch ein wunderschönes uraltes Exemplar eines Drachenbaums.

La Matanza de Acentejo
Der Spanier Fernández de Lugo und seine Soldaten erlitten hier eine schwere Niederlage gegen die Guanchen, doch wenig später siegten sie bei La Victoria de Acentejo.

Mirador de Humboldt★★★
Hier erblickt man zum ersten Mal das herrliche **Valle de La Orotava**. Humboldt, der 1799 auf der Insel weilte, war überwältigt von der Landschaft. Dieses weite Tal erstreckt sich vom Fuß des Vulkankegels bis zum Meer. Es sieht aus wie ein Teppich aus Bananenstauden, der übersät ist mit den glitzernden Punkten der Teiche und den weißen Häusern von La Orotava und Puerto de la Cruz.

La Orotava★★ *(s. unter „Besichtigung")*

Puerto de la Cruz★ *(s. unter „Besichtigung")*

Los Realejos
Von der Terrasse des Rathauses von Realejo Alto blickt man auf die Dörfer und die Küste herab. Auf dem Friedhof des Dorfes, der auf einem Felsen angelegt ist, steht noch ein uralter Drachenbaum. **Santiago Apóstol**, die Kirche neben dem Rathaus, besitzt interessante Holzdecken. *18-21 Uhr, So und feiertags 9-13 Uhr. Sonst Besichtigung nach Voranmeldung unter ☏ 922 34 02 61.*

Icod de los Vinos★
Die Stadt, die zu Beginn der Kolonisierung entstand, ist Mittelpunkt eines Weinbaugebiets. Außerdem besitzt sie den größten **Drachenbaum★** der Inseln. Diesen schätzt man auf mehrere tausend Jahre. *Im Dorf der Beschilderung „drago" folgen.* Die Kirche **San Marcos** ist sehenswert; sie erhebt sich an einem hübschen begrünten Platz, an dem auch Häuser mit typischen Balkonen stehen.

San Marcos
Durch Bananenplantagen erreicht man das schön gelegene Seebad, dessen Bucht von schwarzen Klippen umgeben ist.

Garachico
1716 begrub ein Vulkanausbruch weite Teile der Stadt unter Lava. Aus früherer Zeit sind ein idyllisches Viertel und das **Castillo de San Miguel** erhalten. In der Nähe wurde eine Promenade angelegt.

Tal von El Palmar★★
Die TF 42 westlich von Garachico fahren. Im oberen Talabschnitt, nach El Palmar, sieht man ein Dorf, das auf einem Vulkanschlot erbaut und von Terrassenkulturen umgeben ist.
Nach Garachico zurückfahren.
Weiter geht es nach **San Juan del Reparo**, von wo aus sich ein **Blick★** auf Garachico, das auf einem Lavastrom liegt, bietet.

Santiago del Teide
Moscheeartige Kirche mit Kuppel.

Masca
Hübsches, abgeschiedenes Dorf in eindrucksvoller **Landschaft★**.

El Retamar
Von diesem Dorf aus geht die Fahrt durch Lavafelder, die 1909 beim Ausbruch des Chinyero entstanden sind.

Acantilado de los Gigantes★
Das Bergmassiv von Teno endet hier in einer fast 400 m hohen, steil abfallenden schwarzen Felswand, die den Namen Los Gigantes („Die Riesen") trägt.

Canarias: Tenerife

Adeje
Der Ort *(abseits der Straße)* ist Ausgangspunkt für eine Wanderung *(2 km)* durch die „Höllenschlucht" **(Barranco del Infierno★)**, auf deren Grund ein kleiner Wasserlauf fließt; ein eigentümlicher Ort in großartiger Umgebung.

Playa de las Américas
Bekanntes großes Seebad an der Küste mit vielen Hotels, Appartementhäusern, Restaurants, Terrassencafés, Diskotheken usw. und Stränden mit schwarzem Sand.

Los Cristianos
Unübersichtlicher Touristenort. Mitten im Zentrum liegt der Strand Playa de las Vistas, den eine schöne Promenade umgibt.

Parque Ecológico de Las Águilas del Teide
Bei Kilometer 3 der Straße Los Cristianos–Arona. Tgl. 10-18 Uhr. 14 €. ☎ 922 72 90 10.
Der mit üppiger Vegetation bedeckte Park ist 75 000 m² groß. Viele Vögel der Tropen sind hier zu sehen, außerdem gibt es Dressurvorführungen mit Papageien und Raubvögeln.

Cactus & Animal Park
Autobahnausfahrt 26 (Guaza); links dem Schild „desvío" folgen. Tgl. 10-18 Uhr (im Sommer 10-19 Uhr). 10 €. ☎ 922 79 54 24
Der Kakteengarten liegt in einer wüstenhaften Landschaft; außer Kakteen gibt es hier ein Terrarium mit Reptilien und einen kleinen Bereich mit anderen Tieren.

Jardínes del Atlántico
Kilometer 3,750 der Straße Guaza–Valle de San Lorenzo, Abzweigung rechts angezeigt. Tgl. 9-18 Uhr. Wir empfehlen, an einer Führung teilzunehmen. Führung 10, 11.30, 13, 15.30 und 16.15 Uhr. 1. Jan. und 25. Dez. geschl. 9,50 €. ☎ 922 72 04 03.
Der auf diesem Gut angelegte Lehrpfad macht mit den traditionellen Kultur- und Wildpflanzen der Insel bekannt (Bananen, Tomaten, Papayas, Avocados u. a.). Ausstellung von landwirtschaftlichem Gerät und Haushaltsgegenständen.
In Valle de San Lorenzo auf die TF 82 fahren. Die durch das Landesinnere führende, kurvenreiche Strecke ist zwar viel länger als die Autobahn, dafür aber malerischer und von vielen Aussichtspunkten gesäumt.

Mirador de la Centinela★
Dieser Aussichtspunkt steht wie ein Wachtposten auf einem Felskap der Küste. Von hier aus überschaut man die kraterbedeckte Ebene.

El Médano
Der von einem Vulkankegel beherrschte Strand ist einer der günstigsten Orte zum Surfen; ein schöner Fußweg säumt den Strand.
Auf die TF 82 zurückfahren.

Mirador de Don Martín★
Von diesem Aussichtspunkt aus überblickt man das Valle de Güimar, an dessen Hängen vor allem Südfrüchte angebaut werden. Zwischen Güimar und dem Meer erhebt sich der mächtige Vulkan Güimar.

Güimar
Bedeutendes Städtchen im Südosten Teneriffas. Besonders sehenswert sind die *Pirámides de Güimar*.

Candelaria
Die am Meer gelegene Stadt ist ein bekannter Wallfahrtsort. Der Legende nach wurde eine Statue der Jungfrau Maria 1390 am Strand angeschwemmt und von Guanchen gefunden, die sie in einer Grotte aufstellten. Beim Hochwasser von 1826 ging sie dann wieder verloren. In der Kirche **Nuestra Señora de la Candelaria** (1958) wird die neue Statue der Schutzpatronin des Archipels bewahrt. Die Bewohner der Kanarischen Inseln kommen am 14. und 15. August hierher, um die Madonna zu verehren. Die eindrucksvollen Statuen auf dem Kirchplatz stellen Häuptlinge der Guanchen, die *menceyes*, dar.

Gran Canaria★★

Auf Gran Canaria gibt es so viele verschiedene Landschaften, dass es heißt, die Insel sei ein Kontinent in Miniaturformat. In ihrer Mitte erhebt sich ein großes Massiv mit dem Pozo de las Nieves (1 980 m) als Spitze. Von diesem gehen in großer Regelmäßigkeit Trockenschluchten *(barrancos)* aus, die senkrecht zur Küste verlaufen. Das Gebirgsrelief hält die Wolken auf und trennt die Insel in zwei Teile: Die Landschaft im Zentrum und im feuchteren Norden bildet einen starken Kontrast zu den wüstenartigen Ausdehnungen des Südens. Die Nordküste und besonders die Westküste fallen in steilen Klippen zum Meer ab. Die Südküste dagegen ist sanfter und leicht zugänglich und erhält mit ihren weiten Sandstränden den stärksten touristischen Zulauf.

Steckbrief
715 994 Einwohner. 1 560 km² – Gran Canaria hat die Form einer Muschel und ist zwischen Teneriffa und Fuerteventura gelegen. Hier, auf der zweitgrößten Kanarischen Insel, liegt die größte Stadt der Inselgruppe, Las Palmas de Gran Canaria. Der Flughafen (ca. 20 km von der Hauptstadt entfernt) und der Hafen Puerto de la Luz verbinden Gran Canaria mit dem spanischen Festland, den übrigen Inseln und dem Ausland. 🛈 *Las Palmas de Gran Canaria: Parque Santa Catalina, 35007,* ☎ *928 22 09 47.*

Besichtigung

LAS PALMAS DE GRAN CANARIA★
Die Provinzhauptstadt Las Palmas de Gran Canaria wurde 1478 von Juan Rejón in einem Palmenhain gegründet. Sie ist einer der wichtigsten Häfen Spaniens. Der Ort nimmt einen schmalen, etwa 10 km langen Küstenstreifen ein, der im Süden von der Trockenschlucht Barranco de Guiniguada und im Norden von der Halbinsel La Isleta begrenzt wird. Letztere liegt schützend vor dem Hafen.

Las Palmas de Gran Canaria ist aus zwei Orten entstanden: aus der Altstadt **Vegueta**, die bis in die Zeit der spanischen Eroberung zurückgeht, und aus **Puerto de la Luz**, dem heutigen Fremdenverkehrsviertel, das vom Hafen und der Playa de Alcaravaneras einerseits und der Playa de las Canteras andererseits begrenzt wird. Diese beiden Städte sind durch das Villenviertel **Ciudad Jardín** miteinander verbunden. Bergrücken begrenzen im Westen die Stadt, während sich auf der anderen Seite einfache Wohnviertel ausdehnen, die stetig wachsen. Der 25 km südlich der Stadt gelegene Flughafen und der große Hafen, in dem die meisten Schiffe nach Amerika anlegen, lassen den Touristenstrom nicht abreißen.

Tipps und Adressen

Restaurants
• **Unsere Empfehlung**
Mesón de la Montaña – *Arucas* – ☎ *928 60 14 75* – 🍽 – *21 €*. Günstig gelegenes, einfaches Restaurant mit schönem Blick auf Arucas. Gutes Preis-Leistungs-Verhältnis. Besonders empfehlenswert sind die lokalen Spezialitäten und die Fleischgerichte.

Casa de Galicia – *Salvador Cuyás 8 – Las Palmas de Gran Canaria* – ☎ *928 27 98 55* – 🍽 – *24/28 €*. Ausgezeichnete galicische Küche aus frischen Produkten. Günstige Lage zwischen der Playa de las Canteras und dem Parque de Santa Catalina. Nebenan liegt das Restaurant El Anexo (derselbe Eigentümer).

Unterkunft
• **Gut & preiswert**
Hotel Santa Ana – *Calvo Sotelo 15 (Vegueta) – Las Palmas de Gran Canaria* – ☎ *928 33 71 99* – 15 Z.: *51 €* 🛏. Das einfache Hotel (es gibt weder eine Cafetería noch ein Restaurant) liegt in der Altstadt von Vegueta, in unmittelbarer Nähe der Casa de Colón und der Kathedrale. Die Zimmer sind modern und komfortabel.

• **Unsere Empfehlung**
Hotel Rural El Refugio – *Cruz de Tejeda s/n – Cruz de Tejeda* – ☎ *928 66 65 13* – *tesve@mira-studio.com* – 🅿 🛏 – 10 Z.: *44/64 €* – 🛏 *4,50 €* – Rest. *12 €*. Das kleine Landhotel ist zwar schwer zu erreichen, entschädigt aber durch seine außergewöhnliche Lage, umgeben von einer großartigen Vegetation. Der Roque Nublo und der Roque Bentayga liegen ganz in der Nähe. Guter Ausgangspunkt, um das Zentrum der Insel zu erkunden. Die Zimmer haben Holzböden und sind mit hübschen Möbeln eingerichtet.

Hotel Rural Casa de Los Camellos – *Progreso 12 (esq. Retama) – Agüimes* – ☎ *928 78 50 03* – *hrcamellos@hecansa.org* – 11 Z.: *50/68 €* – 🛏 *4 €* – Rest. *17/24 €*. Kleines Hotel in der Altstadt. Das Gebäude wurde nach einer Renovierung rustikal und gemütlich eingerichtet. Schöne, komfortable Zimmer. Es gibt zwei Patios und ein Restaurant.

Christoph Kolumbus

Ob die oft gehörte Behauptung stimmt, Kolumbus (1451-1506) hätte Amerika nie ohne die Kanarischen Inseln entdeckt, sei dahingestellt; eine historische Tatsache ist jedoch die Beharrlichkeit dieses aus Genua stammenden Seefahrers, der von der Existenz eines westlichen Seewegs nach Indien überzeugt war und bei den Königen von Portugal, England und Frankreich vorstellig wurde, um die Mittel für sein Unternehmen aufzubringen. Schließlich gaben ihm die Katholischen Könige die materiellen Voraussetzungen, um die Schiffe Niña, Pinta und Santa Maria auszurüsten. Im August 1492 schiffte er sich in Palos ein, sah sich aber bald darauf gezwungen, La Gomera und Gran Canaria anzulaufen, um die Pinta reparieren zu lassen. Am 12. Oktober 1492 betrat er zum ersten Mal amerikanischen Boden, und zwar die Watlinginsel der Bahamas, damals San Salvador genannt. Auf den drei nachfolgenden Reisen machte er jeweils auf Gran Canaria und La Gomera Zwischenstation, bevor er den Atlantik überquerte und die Kleinen Antillen (1493), das Delta des Orinoco (1498) und die Küste von Honduras (1502) entdeckte.

Vegueta – Triana★ *Besichtigung: 2 Std.*

Siehe Plan S. 20.

Die Viertel Vegueta und Triana bilden den historischen Kern der Stadt. Bis zum Bau des Hafens im 19. Jh. hat Las Palmas diese Grenzen nicht wesentlich überschritten.

Plaza de Santa Ana

Dieser hübsche rechteckige Platz ist von Palmen umgeben. An einem Ende steht das Rathaus mit klassizistisch inspirierter Fassade (1842), am anderen die Kathedrale. Die bronzenen Hunde erinnern an die vermeintliche Herkunft des Namens der Inseln vom lateinischen Wort *canis*, Hund. An einer Platzseite stehen das Bischofspalais, zu erkennen an dem vom Mudéjarstil beeinflussten Portal mit *alfiz*, und das Renaissancegebäude, in dem der Regent wohnte.

Zu Fronleichnam bedecken Blumenteppiche den Platz und die nahen Straßen.

Catedral – 10-16.30 Uhr, Sa 9-13.30 Uhr. So geschl. 1,20 €. ☎ 928 31 49 89.

Im frühen 16. Jh. begann man mit dem Bau der Kirche, die jedoch erst im 19. Jh. vollendet wurde. Die Fassade ist klassizistisch, während das Innere der Gotik verpflichtet ist. Der Innenraum gliedert sich in drei luftige Schiffe mit Seitenkapellen, die mit Sterngewölben abgeschlossen sind. Im Querschiff sieht man Statuen des kanarischen Bildhauers **José Luján Pérez** (1756-1815), rechts den Hl. Josef und eine Mater Dolorosa, links Maria mit dem Kind.

Museo Diocesano de Arte Sacro (Diözesanmuseum)

Eingang Calle Espíritu Santo. 10-14.30 Uhr, Sa 10-13.30 Uhr. So und feiertags geschl. 2,40 €. ☎ 928 31 49 89.

Zur Kathedrale gehörende Räume am Patio de los Naranjos (Orangenhof, 16. Jh.) haben Skulpturen (16.-19. Jh.) und Goldschmiedearbeiten aufgenommen. Besonders sehenswert ist im Kapitelsaal ein Mosaik aus Manises bei Valencia.

Casa de Colón (Kolumbushaus)★

Eingang Calle Colón. 9-19 Uhr, Sa 9-15 Uhr. So und feiertags geschl. ☎ 928 31 23 84.

Das ehemalige Palais der Statthalter der Insel ist mit den hoch liegenden Holzbalkonen und der Türeinfassung typisch für den kanarischen Baustil. Kolumbus hielt sich 1502 in dem Haus auf; heute enthält es ein Museum mit Sammlungen aus jener Epoche, insbesondere Karten und Navigationsinstrumente. Die Räume haben schöne Artesonado-Decken. Im oberen Stock ist eine vom 16. bis ins 19. Jh. reichende Gemäldesammlung ausgestellt.

Nahe beim Palais steht die barock ausgestattete **Ermita de San Antonio Abad**. An demselben Platz stand früher die Kapelle, in der Kolumbus vor seiner ersten Amerikafahrt gebetet hat. *Besichtigung nach Voranmeldung unter ☎ 928 31 42 00.*

Centro Atlántico de Arte Moderno

10-21 Uhr, So 10-14 Uhr. Mo und feiertags geschl. ☎ 902 31 18 24.

Das 1989 eröffnete Zentrum befindet sich in der **Calle de los Balcones** in einem der Häuser mit schönen Portalen. Mit der Renovierung und dem Umbau des Gebäudes aus dem 18. Jh. war Sáenz de Oíza betraut. Durch wechselnde Ausstellungen soll eine Brücke geschlagen werden zwischen den europäischen, afrikanischen und amerikanischen Kunstformen. Der Fundus besteht aus Werken kanarischer und europäischer Künstler des 20. Jh.s und wird demnächst im Nebengebäude zu sehen sein.

Museo Canario (Kanarisches Museum)★

10-20 Uhr, Sa/So 10-14 Uhr. Feiertags geschl. 3,10 €. ☎ 928 33 68 00.

Die isolierte Lage der Inseln war der Grund dafür, dass sich die frühgeschichtliche Kulturstufe hier bis etwa Mitte des 15. Jh.s erhielt. Das interessante Museum zur Anthropologie zeigt eine Sammlung archäologischer Funde aus den verschiedenen Kulturen, die sich vor der spanischen Zeit auf der Insel abgelöst haben: Mumien, Götterbilder, Häute, Keramik u. a. Besonders interessant sind die *pintaderas*, Siegel aus Ton und Holz, die man nur auf Gran Canaria gefunden hat und deren Gebrauch zum Tätowieren oder als Stempel zur Kennzeichnung der Ernte noch nicht geklärt ist, sowie die Nachbildung der Cueva Pintada von Gáldar (*s. unter „Ausflüge"*).

LAS PALMAS DE GRAN CANARIA

Alfonso XII	AU 2
Ansite (Av.)	AT 4
Cornisa (Paseo)	AT 12
Doctor Marañón	AU 14
Don Benito (Plaza de)	AU 17
Fernando Guanarteme	AS 20
Ingeniero Léon y Castillo (Pl.)	AU 28
Juan Rejón	AS 36
Juan XXIII (Av.)	AT 37
La Naval	AS
León y Castillo	AT 40
Lugo (Paseo de)	AT 44
Luis Correa Medina	AU 46
M. González Martin	AT 49
Marítima del Sur (Av.)	AU 52
Mata (Carret. de)	AU 53
Ortiz de Zárate	AT 59
Pérez Muñoz	AS 63
Pino Apolinario	AU 65
Pío XII	AT 66
San José (Paseo)	AU 76
Secretario Padilla	AT 80
Simancas	AT 81
Tecen	AS 83
Tomás Morales (Paseo)	ATU 85
Zaragoza	AU 90

Die **Plaza del Espíritu Santo** und die **Plaza de Santo Domingo** sind sehr malerische kleine Plätze.

Casa-Museo de Pérez Galdós
Führung (30-45 Min.) 9-21 Uhr, Sa 10-18 Uhr, So 11-15 Uhr. Feiertags geschl. Eintritt frei. ☎ 928 37 37 45.
Im Geburtshaus des Schriftstellers Benito Pérez Galdós (1843-1920) können Manuskripte, Fotografien, Zeichnungen und Erinnerungsstücke besichtigt werden.

Parque de San Telmo
Bei diesem schönen Park endet die Calle Mayor de Triana, die betriebsame Einkaufsstraße der Altstadt. Die in einer Ecke befindliche kleine **Parroquia de San Bernardo** enthält wunderschöne Barockaltäre und ist im Chor mit Wandmalerei verziert; in einer anderen Ecke steht ein sehenswerter Jugendstil-Kiosk.

Canarias: Gran Canaria

Die Neustadt *Besichtigung: 2 Std.*

Siehe Plan S. 571, 573.

Die Avenida Marítima del Norte entlangfahren. Sie ist auf dem Meer abgewonnenem Neuland angelegt.

Parque Doramas
In diesem Park liegen das **Luxushotel Santa Catalina** mit dem Spielkasino und das **Pueblo Canario**, eine Schöpfung des Malers **Néstor de la Torre** (1888-1938). *Tgl. 10-13 Uhr und 16.30-20.30 Uhr. So 11-13.30 Uhr. Sa und an Feiertagen geschl.* ☎ *928 24 39 11.*

Das Kanarische Dorf besteht aus typischen Häusern, die Geschäfte mit Kunsthandwerk enthalten oder als Rahmen für Ausstellungen und Veranstaltungen zu folkloristischen Themen dienen. Hier befindet sich auch das **Museo de Nestor**. *10-20 Uhr, So und feiertags 11-14 Uhr. Mo geschl. 0,90 €.* ☎ *928 24 51 35.*

Parque Santa Catalina
Er bildet den Mittelpunkt des Touristenviertels **Puerto de la Luz** und gehört zu dem, was man „gesehen haben muss".

In den Straßen reihen sich Cafés, Bars, Restaurants jeder Preisklasse, Geschäfte und Souvenirläden aneinander. Hier trifft man sich und schaut, im Freien sitzend, dem Treiben zu. Zahlreich sind die meist von Indern geführten „Basare", in denen man gut einkaufen kann, da für Las Palmas spezielle Zollbestimmungen gelten. Besonders preisgünstig sind Foto- und Radioapparate, Musik-und Videokassetten.

> **EL PUERTO DE LA LUZ**
>
> Der Hafen von Las Palmas de Gran Canaria, dem die Stadt ihre Entwicklung verdankt, ist einer der bedeutendsten spanischen Häfen. Durch seine privilegierte Lage auf der Atlantikroute zwischen Europa, Afrika und Amerika ist er ein bedeutender internationaler Handelsplatz mit einem großen Warenumschlag und Passagierverkehr geworden. Da er nahe bei den großen afrikanischen Fischfanggebieten liegt, ist er auch der bedeutendste Fischereihafen dieser Zone und der Haupthandelsplatz für die Produkte der Kanarischen Inseln. Außerdem gibt es große Werften, die hauptsächlich Reparaturen ausführen, und große Hafenanlagen für die schnelle Versorgung der Schiffe, die hier Zwischenstation machen.

Playa de las Canteras★
Der wunderschöne, sanft abfallende Sandstrand liegt an einer weiten Bucht; er ist durch eine Klippenbarriere vor der Brandung geschützt. An der über 3,5 km langen Promenade gibt es viele Cafés und Restaurants.

Das 1998 eingeweihte **Auditorio Alfredo Kraus** am Südwestende der Straße wurde von Oscar Tusquets konzipiert und dient in der Saison als Raum für Musikveranstaltungen (Opern und Konzerte).

Castillo de la Luz
Nur bei Ausstellungen geöffnet. ☎ *928 44 66 02.*
In der einstigen Seefestung, die Ende des 15. Jh.s zum Schutz vor Piratenüberfällen gebaut wurde, werden heute Wechselausstellungen gezeigt.

Paseo Cornisa
Den Abschluss der Stadtbesichtigung bildet die im modernen Wohnviertel Escaleritas am Hang entlangführende Straße. Der **Ausblick★** umschließt La Isleta und Puerto de la Luz.

Ausflüge

DER ÜPPIGE NORDEN DER INSEL
Von Las Palmas nach San Nicolás de Tolentino, 128 km – etwa 1 Tag.

Ausfahrt aus Las Palmas über ④ des Plans, GC 2. Die Autobahn bei Ausfahrt 8 verlassen und in Richtung Arucas fahren.

Arucas
Nach Las Palmas und Telde der drittgrößte Ort der Insel. Eine schmale Straße links der Kirche führt auf den Hausberg, **Montaña de Arucas**. Vom Aussichtspunkt auf dem Gipfel bietet sich ein weiter **Blick★**, der im Osten bis Las Palmas de Gran Canaria reicht. Am Fuß des Berges liegen die weißen Häuser von Arucas, von denen sich die dunkle Kirche deutlich abhebt.

Auf der C 813 weiter und 6 km hinter Arucas (in Buenlugar) links abbiegen.

Firgas
Der Ort liefert ein kohlensäurehaltiges Mineralwasser, das auf dem gesamten Archipel getrunken wird. In der Nähe der Plaza de San Roque, wo sich die Kirche und das Rathaus befinden, verläuft der Paseo de Gran Canaria, der wie eine malerische Hommage an die Gemeinden der Insel gestaltet ist.

Zur Landstraße zurückfahren.

Los Tilos de Moya

Die Straße verläuft kurvenreich am Berghang entlang. Hinter dem Ort Moya *(nach 2 km links)* erreicht sie den unter Naturschutz stehenden Lorbeerwald Los Tilos.

In Höhe von Guía rechts auf die C 810 abbiegen; nach ein paar Metern in Richtung Las Palmas fährt man die Abzweigung (desvío) nach Cenobio de Valerón weiter.

Cenobio de Valerón★

10-17 Uhr. Mo, Di, 24. und 31. Dez. geschl. ☎ 928 21 94 21.

Der Ort besteht aus Höhlen, die hoch über einer Schlucht in das Vulkangestein gegraben sind. Früher hielt man sie für Zellen eines Klosters *(cenobio)* für gottgeweihte Jungfrauen. Tatsächlich handelt es sich jedoch um einen Gemeindespeicher. Der Gipfel des Berges war Versammlungsort des Ältestenrats *(tagoror)*.

Zur C 810 zurück und in Richtung Gáldar weiterfahren.

Gáldar

In dieser Stadt am Fuß des gleichnamigen Berges, der dem Teide sehr ähnlich sieht, sind Reste der noch immer wenig bekannten Guanchenkultur erhalten. Hier befand sich früher der Hof der Guanchenkönige *(Guanarteme)*. 1881 wurde die mit geometrischen **Motiven**★ verzierte **Cueva Pintada** entdeckt, die man besichtigen kann, außerdem sind verschiedene Gegenstände der Guanchen ausgestellt. *Wegen Umbauarbeiten geschl.* ☎ 928 55 10 90.

Necrópolis de la Guancha

2 km nördlich von Gáldar, an der Küste. Auskunft zur Besichtigung erhält man im Rathaus unter ☎ 928 88 00 50.

VEGUETA, TRIANA

Balcones (de los) . . . . CZ 5	Las Palmas (Muelle de) . . . . . CY 38	San Antonio (Paseo) . . . . BY 73
Cano . . . . CY 8	López Botas . . . . CZ 41	San Pedro . . . . CZ 78
Doctor Chil . . . . CZ 13	Luis Millares . . . . CZ 47	T. Massieu . . . . CZ 84
Domingo J. Navarro . . . . BY 16	Malteses . . . . CZ 50	Viera y Clavijo . . . . BY 88
General Bravo . . . . BY 23	Mayor de Triana . . . . CY	
General Mola . . . . CZ 24	Ntra Sra del Pino (Pl.) . . . . . . BY 56	Centro Atlántico de Arte
Juan de Quesada . . . . CZ 31	Obispo Codina . . . . CZ 57	Moderno (CAAM) . . CZ E
Juan E. Doreste . . . . CZ 33	Pelota . . . . CZ 60	Museo Diocesano
	Pérez Galdós . . . . BY 62	de Arte Sacro . . . . . CZ M¹
	Ramón y Cajal . . . . BZ 69	

Canarias: Gran Canaria

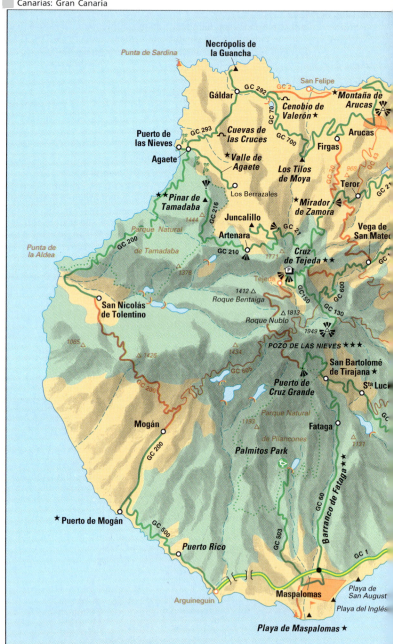

Grabungen haben ein Dorf und eine Totenstadt der Guanchen zu Tage gefördert. Sie besteht aus einem großen Tumulus und mehreren kreisförmigen Bauten aus großen Lavablöcken, die innen in einzelne Räume aufgeteilt sind.

Nach Gáldar zurückkehren und die C 810 in südlicher Richtung fahren.

Cuevas de las Cruces
Auf halber Strecke zwischen Gáldar und Agaete sieht man am Straßenrand malerische natürliche Höhlen im Vulkantuff.

Agaete
Hübsches weißes Dorf mitten in einer fruchtbaren Gegend. Am 4. August wird hier die **Fiesta de la Rama** („Zweigfest") gefeiert, eines der volkstümlichsten Feste der Insel.

Straße nach Los Berrazales★
Südöstlich von Agaete. Die Straße verläuft parallel zum gut geschützten, engen **Tal von Agaete**★, das durch seine Vegetation bezaubert.

Puerto de las Nieves

Westlich von Agaete. Kleiner Fischerort. Früher, als die Straßen nach Las Palmas de Gran Canaria noch nicht gut ausgebaut waren, war er ein bedeutender Ausfuhrhafen für Bananen. Von den Kais aus erblickt man im Meer die Felsnadel **Dedo de Dios**, die wegen ihrer seltsamen Form „Finger Gottes" genannt wird.

Die Einsiedelei (**Ermita**) birgt interessante Gemälde flämischer Meister des 16 Jh. s. *Besichtigung nach Voranmeldung unter ☏ 928 89 82 62.*

San Nicolás de Tolentino

Man fährt an der eindrucksvollen Steilküste entlang, die von *barrancos* durchschnitten ist. Das Dorf San Nicolás liegt in einem weiten Becken, in dem Zuckerrohr und Tomaten angebaut werden.

DAS ZENTRUM DER INSEL: ZWISCHEN KRATERN UND FELSEN

Von Las Palmas de Gran Canaria nach Cruz de Tejeda, 156 km – etwa 1 Tag.

Ausfahrt aus Las Palmas de Gran Canaria über ② des Plans, die C 811.

Tafira

Villenort der Bewohner von Las Palmas. In Tafira befindet sich auch die Universität.

Jardín Canario★

Tgl. 8-18 Uhr. 1. Jan. und 25. Dez. geschl. ☏ 928 21 95 80.

Der herrliche Terrassengarten am Hang gibt einen guten Überblick über die kanarische Flora.

In Monte Lentiscal links abbiegen.

Mirador de Bandama★★

Eine Straße führt zum Gipfel (569 m) des erloschenen Vulkans, der eine wunderschöne **Aussicht** bietet. Im Norden erkennt man Tafira, die Montaña de Arucas und Las Palmas, im Süden den Krater *(caldera)* – sein Boden ist stellenweise bebaut – und den Golfplatz von Las Palmas, im Westen das Gebirge des Inselinneren.

Zur C 811 zurückkehren.

Santa Brígida

Gepflegter Ort unweit einer mit Palmen bedeckten Schlucht. Am Wochenende findet hier ein farbenfroher Gemüse-, Obst- und Blumenmarkt statt.

Vega de San Mateo

Zentrum eines fruchtbaren Landbaugebiets (samstags und sonntags großer Markt). In zwei traditionellen Gebäuden aus dem 17. Jh. ist ein Heimatmuseum eingerichtet. Dieses **Casa-Museo Cho Zacarias** enthält eine komplette volkskundliche Sammlung mit Töpferwaren, Möbeln, Textilien und Zeugnissen vom Brauchtum der Insel. *10-14 Uhr. So und feiertags 11-16 Uhr. 1. Jan. und 25. Dez. geschl. 3,10 €. ☏ 928 66 17 77.*

Weiter auf der C 811; nach etwa 6 km nach links abbiegen.

Pozo de las Nieves★★★

Von diesem Gipfel (1 980 m), der manchmal verschneit ist, bietet sich ein herrliches **Panorama★★★**, das weiteste der Insel. Im Süden sieht man unterhalb San Bartolomé de Tirajana und in der Ferne die Dünen von Maspalomas. Im Westen hebt sich links die eigenartige Silhouette des **Roque Nublo** ab, rechts die des **Roque Bentayga**; bei klarer Sicht kann man den Pico del Teide auf Teneriffa am Horizont erkennen.

Cruz de Tejeda★★

Nordwestlich des Pozo de las Nieves. Unweit des Paradors, der in 1 450 m Höhe angelegt ist, entdeckt man in einem Kraterboden den Ort **Tejeda**. Die Bergwelt, die Unamuno als „versteinertes Unwetter" bezeichnete, zeigt unglaublich zerrissene

Canarias: Gran Canaria

Tejeda und der Roque Nublo

und bizarre Formen. Vulkanschlote und Basaltfelsen, wie der Roque Bentayga und der Roque Nublo, der bei den Ureinwohnern als heiliger Fels galt, verleihen der Landschaft ihre Eigenart.

Die GC 110 in Richtung Artenara fahren.

Auf der Strecke bietet sich mehrmals eine schöne **Aussicht**★ auf das reizvolle Höhlendorf **Juncalillo**. Die Wohnhöhlen im Tuffstein haben oft eine Fassade.

Artenara
Das freundliche Dorf am Steilhang ist das höchstgelegene der Insel (1 270 m). Die malerische **Ermita de la Cuevita** birgt ein Madonnenbild. Vom Mesón de la Silla, in einer Höhle am Ortsausgang, hat man einen interessanten **Blick**★ auf den Roque Bentaiga.

Pinar de Tamadaba★★
Steil zur Küste abfallende Hochfläche mit herrlichem Wald aus Kanarischen Kiefern. *Nach einer Linkskurve einen geteerten Weg nehmen und der Beschilderung zum Campingplatz folgen. Noch 200 m zu Fuß zum Rand des Steilhangs gehen.* Vom senkrecht abfallenden Felsen bietet sich ein atemberaubender **Blick**★★ auf Agaete, Gáldar und die weiß umbrandete Küste im Norden, auf Teneriffa und den Pico del Teide im Westen.

Zurückgehen und links auf der GC 110 in Richtung Valleseco fahren.

Mirador de Zamora★
Kurz nach Valleseco bezaubernde **Aussicht**★ auf den in einem von sanften Hügeln umgebenen weiten Tal gelegenen Ort Teror.

Teror
In dieses aristokratische Dorf, in dem noch viele alte Häuser mit verzierten Holzbalkonen erhalten sind, passt die majestätische Wallfahrtskirche **Nuestra Señora del Pino** (18. Jh.) wunderschön. Hier befindet sich auf dem Altar das Bild der Schutzpatronin der Insel, die 1481 in den Zweigen einer Kiefer erschienen sein soll. Im *camarín* kann man ihre prächtigen bestickten Mäntel sowie andere wertvolle Gaben bewundern. *9-12 Uhr und 14-20 Uhr. So und feiertags 11-14 Uhr und 15.30-18 Uhr. 0,60 € (Camarín).* ☎ 928 63 01 18.

Das beliebte Fest der Schutzpatronin wird am 8. September mit viel Lokalkolorit gefeiert.

Jeden Sonntag wird in Teror Markt gehalten, zu dem viele Leute ins Dorf kommen.

ZU DEN WÜSTENARTIGEN GEBIETEN DES SÜDENS
Von Las Palmas de Gran Canaria nach Maspalomas, 59 km – etwa 2 Std.

Ausfahrt aus Las Palmas de Gran Canaria über ① des Plans auf der GC 1. Die Autobahn bei Ausfahrt 8 (Telde) verlassen.

Telde
Die Stadt war wie Gáldar eine Guanchensiedlung. Die Kirche **San Juan Bautista** (15. Jh., im 17. und 18. Jh. neu errichtet) bewahrt einen flämischen Schnitzaltar aus dem 16. Jh. Die Christusfigur, eine wertvolle mexikanische Arbeit, ist aus einer sehr leichten Masse aus Schilfrohr und Papier modelliert.

Vom Kirchplatz aus in die Calle Inés Chemida fahren.

In den engen, gepflasterten Straßen des altertümlichen Viertels **San Francisco** herrscht eine friedliche Atmosphäre. Hier lebten früher Handwerker und ärmere Leute.
Auf der C 813 in Richtung Ingenio fahren. Hinter der Kreuzung mit der C 816 biegt man in Höhe einer kleinen Häusergruppe links in einen Weg (in schlechtem Zustand) ein; von dort noch etwa 250 m zu Fuß.

Cuatro Puertas★
In der leicht zugänglichen Grotte, die vier Öffnungen *(puertas)* aufweist, tagte der Ältestenrat *(tagoror)* der Ureinwohner. Die Höhlen am Osthang dienten ihnen als Bestattungsort für ihre einbalsamierten Toten. Schöner Blick auf den Atlantik. Auf dem Gipfel *(im Osten)* befindet sich ein Heiligtum.

Ingenio
Zentrum der kanarischen Stickerei.

Maspalomas
Im klimatisch sehr angenehmen Süden der Insel, wo die flache Küste von Sandstränden gesäumt ist, sind die großen Fremdenverkehrsorte **Maspalomas**, **Playa del Inglés** und **San Agustín** entstanden. Hier gibt es alles, was man für den Urlaub braucht: Hotels, Ferienappartements, Pavillons, Einkaufszentren, Restaurants, Diskotheken, Terrassencafés, Freizeitanlagen und Unterhaltungsangebote aller Art.
Maspalomas ist rund um seinen wunderschönen **Strand★** angelegt, dessen 400 ha großer Dünenrand unter Naturschutz steht. Weitere Anziehungspunkte sind der Palmenhain und der See (La Charca).

Ausflüge ab Maspalomas
Palmitos Park
13 km nördlich. Tgl. 9-18 Uhr. 14 € (Kinder von 4-12 Jahren 8 €). ☎ 928 14 02 76.
In einer öden Trockenschlucht liegt diese grüne Oase, in der australische und südamerikanische Vogelarten in Feiheit leben. Es gibt hier auch ein interessantes Aquarium, einen Kakteengarten und ein Gewächshaus mit Schmetterlingen.

Mogán
38 km nordwestlich. Die Straße führt an der sehr steilen und dicht besiedelten Küste entlang. Die Appartementhäuser des Fremdenverkehrsorts **Puerto Rico** sind an den Hang einer Trockenschlucht gebaut; der hübsche Fischer- und Fremdenverkehrsort **Puerto de Mogán★** umgibt den Hafen. Die Straße nach Mogán führt durch die Trockenschlucht gleichen Namens.

San Bartolomé de Tirajana★
48 km nördlich auf der GC 520. Die Fahrt durch die canyonartige Trockenschlucht **Barranco de Fataga★★** ist überaus eindrucksvoll. Man kommt nah am oasenhaften Ort Arteara vorüber und durchquert **Fataga**, das von Obstbaumplantagen umgeben ist. **San Bartolomé** hat eine herrliche Hanglage in einem grünen Bergkessel. Die hohen Felsen, die den Ort umgeben, sind wohl Reste vom Kraterrand.
Puerto de Cruz Grande – Schöner Blick auf die Vorberge des Roque Nublo.
Nach San Bartolomé zurückkehren und die C 815 fahren.
Santa Lucía – Hier befindet sich im Castillo de la Fortaleza ein kleines Guanchenmuseum **(Museo Castillo de la Fortaleza)**. Die Funde stammen von dem wie eine natürliche Festung aussehenden Felsen weiter östlich. *Tgl. 9-18 Uhr. 1,80 €.* ☎ 928 77 30 80.

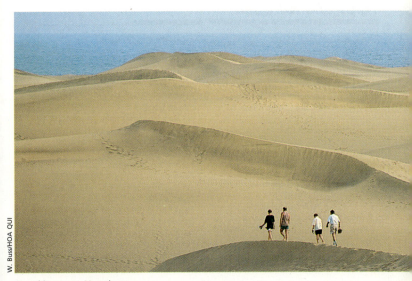

Stranddünen von Maspalomas

Lanzarote★★★

Die unter Naturschutz stehende Insel Lanzarote ist die eigentümlichste Insel der Kanaren. Ihre faszinierende, im Blau des Atlantiks eingebettete Vulkanlandschaft mit den oasengleichen, bebauten Tälern überrascht durch einzigartige Kontraste und Farbabstufungen. Obwohl unweit der hübschen Sandstrände zum Teil Feriensiedlungen errichtet wurden, konnte man die Natur doch insgesamt vor zu großen Eingriffen im Zuge des Tourismusbooms schützen. Die unwirtlichen Bedingungen, denen der Mensch hier unterworfen ist, haben die Bauern auf Lanzarote geprägt.

Steckbrief

88 849 Einwohner. 846 km^2 – Die Insel ist flach, und selbst ihr höchster Punkt erreicht nicht mehr als 66 m. Lanzarote liegt nur etwa 100 km von der afrikanischen Küste entfernt. Der in der Nähe der Hauptstadt gelegene Flughafen und der Hafen von Arrecife verbinden Lanzarote mit den übrigen Inseln. In Playa Blanca legen die Schiffe zur Nachbarinsel Fuerteventura ab. ▧ *Arrecife: Parque José Ramírez Cerdá s/n; 35500,* ☎ *928 80 15 17.*

Hintergrundinfos

Vom 14. Jh. bis heute – Der im 14. Jh. auf der Insel gelandete Genuese **Lancelloti Malocello** gab dem Eiland seinen Namen. Eine Besetzung erfolgte erst 1402 durch die beiden Normannen **Jean de Béthencourt** und **Gadifer de la Salle**, die Lanzarote als Stützpunkt für Eroberungszüge zu den anderen Inseln benutzten. Nachdem die größeren Inseln erobert waren, wurde Lanzarote vernachlässigt, denn die Küsten waren nicht steil genug und die Berge zu niedrig, um die Bevölkerung vor Piratenüberfällen und Sklavenhändlern zu schützen. Lanzarote erhielt sein heutiges Aussehen weitgehend im Jahre 1730. Wie ein Chronist berichtet, erschütterte damals ein gewaltiger Erdstoß die Insel, die Erde barst, und ein enormer Berg entstand in der Nähe von Timanfaya. Tagelang quoll der Lavastrom aus dem Vulkan und bedeckte ein Drittel der Insel; sechs Jahre lang folgten weitere Ausbrüche, weshalb die Vulkangruppe **Montañas de Fuego** („Feuerberge") genannt wird. 1824 erfolgte erneute Vulkantätigkeit weiter nördlich. Der neu entstandene Vulkan Tinguatón verwüstete mit seinem Lavastrom den Südwesten der Insel, wobei er Dörfer und Kulturland begrub. Breite Lavaströme, Aschefelder und Lavasand (*malpaís* = schlechtes Land), durch Erzzusätze unterschiedlich gefärbt, zeugen noch heute von der Tätigkeit der Vulkane. Es ist erstaunlich, wie sich die Bewohner der Insel, auf der es fast nie regnet und es auch an Grundwasser fehlt, gegen die Natur behaupten konnten. Es stellte sich heraus, dass das „Lapilli" (auf den Inseln *picón*) genannte runde, kleine Auswurfgestein die Luftfeuchtigkeit speichert und an die Pflanzen abgibt. Überall sieht man eine dicke *Picón*-Schicht über die Felder gebreitet,

Tipps und Adressen

Restaurant
● *Unsere Empfehlung*
Casa'l Cura – *Nueva 1 – Haría* – ☎ *928 83 55 56* – Nur mittags geöffnet – ⌥ – 25 €. Das Restaurant liegt im Tal von Haría, im weniger dürren Teil der Insel. Es befindet sich in einem schönen alten Haus mit hübschem Patio. Kanarische Küche zu einem angemessenen Preis. Im 1. Stock gibt es auch ein Büffet.

Unterkunft
● *Gut & preiswert*
El Hotelito del Golfo – *Golfo 10 – Yaiza* – ☎ *928 17 32 72* – ⌥ ⚊ – 9 Z. (nur DZ) 55 € ⚌. Das schlichte Hotel mit Garten und Schwimmbad hat eine ganz besondere Lage an einer Vulkanwand. Die Zimmer sind sehr einfach, aber funktional. Der richtige Ort zum Ausspannen.

● *Unsere Empfehlung*
Hotel Miramar – *Coll 2 – Arrecife* – ☎ *928 80 15 22* – ♿ – 90 Z.: 49/64 € – ⚌ 5 € – Rest. 9 €. Das Hotel befindet sich mitten im Zentrum von Arrecife (am Meer, gegenüber dem Castillo de San Gabriel) in einem reizlosen Gebäude aus den 80er-Jahren. Die Zimmer sind einfach, die Möbel ein wenig antiquiert, von den Balkons hat man aber einen sehr schönen Blick aufs Meer.

● *Fürstlich logieren*
Finca de las Salinas – *La Cuesta 17 – Yaiza* – ☎ *928 83 03 25* – 🅿 ⚊ ⚍ – 17 Z.: 114/169 € – ⚌ – Rest. (nur für Gäste) 17 €. Das stilvolle Landhotel ist eine Oase im trockensten und eindrucksvollsten Teil der Insel. Es liegt ganz in der Nähe des Parque de Timanfaya, die Zimmer (Terrazo-Böden und helle Wände) sind komfortabel und wirken erfrischend.

unter deren schützender Decke Früchte und Gemüse gedeihen. In **La Geria** reift an den Hängen ein sehr guter Weißwein. Damit der starke Nordost-Passat den Boden nicht austrocknet, werden um die in tiefen Trichtern wachsenden Reben und Bäume Steinwälle als Windschutz errichtet. Nicht mehr fortzudenken aus der Landschaft ist das Dromedar, das als Reit-, Last- und Arbeitstier dient.

Besichtigung

Arrecife
Die Hauptstadt der Insel erhielt ihren Namen von den Klippen *(arrecifes)* an der Küste. Dem alten Hafen vorgelagert ist das **Castillo de San Gabriel** (16. Jh.), ein Fort, das über zwei Brücken zu erreichen ist; eine der beiden, die Puente de Bolas, ist noch eine Zugbrücke. Es beherbergt heute ein kleines volkskundliches Museum mit einer Abteilung für Archäologie **(Museo Arqueológico y Etnográfico)**. *10-13 Uhr und 17-20 Uhr, im Sommer 10-15 Uhr und 16-19 Uhr, Sa 10-13 Uhr. So, Mo und feiertags geschl. 1,80 €. ☎ 928 80 28 84.*

In Arrecife gibt es einen schönen Strand und eine malerische Lagune, die Charca de San Ginés, in der die Fischer ihre Boote festmachen. Auf einem Hügel im Norden erhebt sich am Ende der Küstenstraße das von César Manrique restaurierte **Castillo de San José** (18. Jh.), heute Museum für zeitgenössische Kunst **(Museo Internacional de Arte Contemporáneo)**. *Tgl. 11-21 Uhr. Eintritt frei. ☎ 928 81 23 21.*

Vom Museumsrestaurant aus bietet sich ein schöner Ausblick nach rechts auf den Hafen (Puerto de Naos) und die Stadt, links auf die Mole (Muelle de Los Mármoles).

Ausflüge

Die drei folgenden Rundfahrten beginnen in Arrecife.

MUSEEN UND WEIN
Rundfahrt von 62 km durch das Zentrum der Insel.

Fundación César Manrique★
In Taro de Tahíche. 10-18 Uhr, So 10-15 Uhr;. Juli-Okt. 10-19 Uhr. 1. Jan. geschl. 6 €. ☎ 928 84 31 38.

Die Stiftung ist im einstigen Wohnhaus des einfallsreichen Architekten und Künstlers César Manrique untergebracht. Manrique errichtete es 1968 auf fünf Lavablasen, die bei den Vulkanausbrüchen von 1730 und 1736 entstanden waren.

Canarias: Lanzarote

> ### César Manrique (1920-1992)
> Der auf Lanzarote geborene Architekt César Manrique ist eng mit seiner Heimat verbunden und hat sich mit viel Tatkraft und Talent für den harmonischen Ausbau seiner Insel für den Fremdenverkehr eingesetzt. Er konnte eine Norm für Wohn- und Ferienanlagen durchsetzen und verhindern, dass dort hässliche Wohnsilos entstanden.
> Jeder, der auf die Insel kommt, ist ihm dafür dankbar. Auf Lanzarote verwirklichte er in den **Zentren für Kunst, Kultur und Tourismus** sowie in seiner **Stiftung** seine Leitideen, dass Kunst und Natur ineinander übergehen sollten. Alle Bauten zeugen von der Liebe des Architekten zu seiner Heimat.
> Es gibt auf Lanzarote sieben Werke von César Manrique: das Museo de Arte Contemporáneo Castillo San José, das Restaurant El Diablo im Nationalpark Timanfaya, das Casa-Museo und das Denkmal für die Bauern von Lanzarote, die Cueva de Los Verdes, Jameos del Agua, den Mirador del Río und den Jardín de Cactus (Beschreibungen im Text der Rundfahrten).

Auch hier machte er durch die Standortwahl eines seiner Anliegen deutlich, nämlich eine Verschmelzung von Kunst und Natur. Neben den Werken Manriques ist auch seine Sammlung zeitgenössischer Kunst ausgestellt (Werke von Miró, Tàpies, Mompó, Guerrero, Chirino u. a.).

Monumento al Campesino
Das Denkmal für die Bauern von Lanzarote steht im Zentrum der Insel bei Mozaga. Das daneben liegende Casa-Museo del Campesino ist ein Beispiel für die Häuser der einfachen Leute auf dem Land.

Museo Agrícola El Patio★
In Tiagua. 10-17 Uhr (auch feiertags), Sa 10-14.30 Uhr. So geschl. 3,70 € (einschl. Weinprobe und Tapa). ☎ 928 52 91 34.
In den Nebengebäuden eines alten Bauernhofs ist ein Heimatmuseum eingerichtet, das speziell das Leben der Bauern zum Thema hat. Malvasierwein steht zum Probieren bereit.

Museo del Vino El Grifo
Tgl. 10.30-18 Uhr. Eintritt frei. ☎ 928 52 05 00.
El Grifo, dessen Gründung ins 18. Jh. zurückgeht, war das älteste Weingut der Insel. Es wurde zum Museum umgebaut, das die traditionellen Methoden des Weinbaus zum Thema hat.

La Geria★★
Der Landstrich zwischen Mozaga und Yaiza wirkt durch den schwarzen Lavagrus ungastlich. Einzigartig sind hier jedoch die halbrunden Feldsteinmäuerchen, die in mühsamer Arbeit als Windschutz für die Rebstöcke errichtet werden. Das Weinlaub hebt sich frisch vom Untergrund ab, auf den die halbmondförmig errichteten Mäuerchen und ihre Schatten ein regelmäßiges Muster zeichnen.

FEUER UND SAND
Rundfahrt von 124 km ab Arrecife durch den Süden der Insel – etwa 1 Tag.

Parque Nacional de Timanfaya★★★ (Nationalpark)
Busfahrten durch den Park: 9-17.45 Uhr (letzte Abfahrt 17 Uhr). 6,70 € (einschl. Fahrt durch die Vulkanlandschaft). ☎ 928 84 00 57 oder 928 80 15 00.
Das Massiv, dessen Kern die **Montañas de Fuego** sind, entstand 1730 und 1736. Es ist der größte Anziehungspunkt der Insel und zeigt viele Farben, die von Schwarz bis Rostbraun, von Graugrün zu einem lichten Blauton wechseln.
5 km nördlich von Yaiza stehen am Straßenrand Dromedare bereit, auf denen man einen Ritt zu den Feuerbergen machen kann. Von dort bieten sich Blicke auf den nächsten Krater.
Obwohl seit 1736 keine Ausbrüche mehr stattgefunden haben, glüht hier im Innern überall das Feuer fort. Bei **Islote de Hilario** herrschen dicht unter der Oberfläche hohe Temperaturen (in 10 cm Tiefe 140 °C, in 6 m mehr als 400 °C); Reisig, das man in weniger als 1,50 m tiefe Löcher steckt, flammt augenblicklich auf, und Wasser, das man in eingegrabene Röhren gießt, zischt in wenigen Sekunden als Wasserdampf heraus. Von dem von César Manrique konzipierten Restaurant, dessen Küche die Erdwärme nutzt, bieten sich Ausblicke in die spektakuläre Umgebung.
Ab Islote de Hilario fahren Busse auf der **Ruta de los Volcanes**, einer 14 km langen Straße, die speziell zur Besichtigung der Lavafelder gebaut wurde. Die Fahrt vermittelt ein Gesamtbild von dieser Landschaft. Von natürlichen Aussichtspunkten schweift der Blick über riesige Lavafelder und Vulkane bis hin zum Meer. Anschließend durchquert man das mit Vulkanasche bedeckte Valle de la Tranquilidad, das Tal der Ruhe. Flechten sind die einzigen Pflanzen, die in dieser öden Wüsteneinsamkeit gedeihen können.

Los Hervideros
An der Klippenküste sieht man das eindrucksvolle Schauspiel des schäumenden, brodelnden Meeres (*hervir* = kochen), das in durch Lavafluss entstandene Höhlen, Löcher und Spalten eindringt.

Lanzarote – El Golfo

El Golfo★★
Diese Lagune mit tiefgrünem Wasser ist ein wunderschönes Naturdenkmal. Sie nimmt einen früheren Krater ein und wird durch eine Sandbank begrenzt. Phantastisch wirkt darüber die mächtige schwarze Tuffwand, die durch die Erosion in schräge Falten zersägt ist.

Salinas de Janubio★
Die Salzgärten füllen hier einen Krater aus. Es ist ein Bild voller Kontraste und Farbabstufungen: das Weiß des Salzes und die, je nach Verdunstung des Wassers, verschiedenen Blautöne in den Becken, die ein geometrisches Muster in das Halbrund der Lagune zeichnen.

Playa Blanca de Yaiza
Von diesem reizvollen Küstenort aus kann man die Insel Fuerteventura erkennen. Eine Seepromenade *(Fußgängerzone)* wurde zwischen dem Küstensaum und den alten Fischerhäusern angelegt; außerdem gibt es im Osten einen schönen Strand mit hellgelbem Sand und regelmäßige Schiffsverbindungen mit Fuerteventura.

Punta del Papagayo★
In der Gegend **Rubicón** an der Südspitze etablierte sich Jean de Béthencourt. Heute erinnert an jene Zeit nur noch das Castillo de las Coloradas, der Wachtturm am Felsrand. An der Spitze *(Zugang auf einem Weg ab Playa Blanca de Yaiza, über den man das Naturschutzgebiet Espacio Protegido de los Ajaches erreicht)* paradiesische, menschenleere Badeplätze; schöner **Blick**★ auf die Playa Blanca und Fuerteventura. *Tgl. 9-21 Uhr. 3,10 € (Autogebühr). ☏ 928 17 34 52.*
Auf der LZ-2 nach Arrecife zurückfahren.

GÄRTEN, HÖHLEN UND AUSSICHTSPUNKTE
Rundfahrt von 77 km ab Arrecife durch den Norden der Insel – etwa 1/2 Tag.

Jardín de Cactus★
In Guatiza. Tgl. 10-17.45 Uhr. 3,10 €. ☏ 928 80 15 00.
Ein stillgelegter Steinbruch bot sich als Terrain für einen künstlerisch gestalteten Kakteengarten an. Auf den Terrassen gedeihen neben vielen kanarischen Arten auch amerikanische und madagassische Gewächse. Eine alte Mühle ist ebenfalls zu sehen. In der Umgebung des Gartens wachsen überall Feigenkakteen. Sie werden hier angebaut, weil sie die Wirtspflanze der Schildläuse (span. *cochinillas*) sind, die einen natürlichen roten Farbstoff liefern, der in der Kosmetikindustrie Verwendung findet. In der Vergangenheit, als es noch keine chemischen Färbemittel gab, war dieses Rot sehr wertvoll.

Cueva de los Verdes★★★
Führung (1 Std.) 10-17.45 Uhr. 6,70 €. ☏ 928 17 32 20 oder 928 80 15 00.
Am Fuß des Vulkans Corona bilden Gänge und Höhlen ein Labyrinth, das den Guanchen als Zufluchtsort bei Piratenüberfällen diente. Die 2 km lange Höhle ist durch wiederholten Lavafluss entstanden, bei dem die Oberfläche erstarrte, das flüssige Magma darunter aber noch weiterfloss und so Schicht um Schicht verschieden hoch liegende Gänge schuf. Eine effektvolle Beleuchtung unterstreicht die Wirkung der Wände in ihrem Farben- und Formenreichtum. Eine der größten Höhlen dient als Konzertsaal.

Canarias: Lanzarote

Jameos del Agua★

Tgl. 9.30-18.45 Uhr. Di, Fr und Sa 19-3 Uhr nachts mit Folkloreveranstaltung um 23 Uhr. 6,70 € tagsüber, 7,50 € nachts. ☎ *928 84 80 20.*

Schön ausgestattete Lavahöhle, die als Restaurant, Bar, Tanz- und Konzertsaal dient. *Jameo* nennt man einen Lavaschlot, dessen Decke eingebrochen ist. In dem von der Natur geschaffenen Teich der Höhle leben winzige weiße Krebse, die aus der Vorzeit stammen und blind sind.

Im oberen Teil der Höhle wurde die **Casa de los Volcanes** eingerichtet, ein Informationszentrum für Fragen des Vulkanismus.

Mirador del Río★★

Tgl. 10-17.45 Uhr. 2,70 €. ☎ *928 17 35 36.*

Dieser Aussichtspunkt liegt im Norden der Insel auf der **Riscos de Famara** genannten Klippe. Er wurde von Manrique wunderschön in die Umgebung eingepasst. Der **Blick**★★ vom Felsen über die tiefblaue Meerenge **(El Río)** zur Insel La Graciosa und den kleineren Eilanden Alegranza, Montaña Clara, Roque del Oeste und Roque del Este ist wunderschön; unten glitzern die Salzteiche. Von **Orzola** fährt regelmäßig ein **Fahrgastschiff** *(barco de pasajeros)* nach La Graciosa. *Dauer der Fahrt von Orzola nach La Graciosa 15 Min. Abfahrt 10, 12 und 17 Uhr (im Sommer auch 18.30 Uhr). Von La Graciosa nach Orzola Abfahrt 8, 11 und 16 Uhr (im Sommer auch 18 Uhr). 12,50 € Hin- und Rückfahrt.* ☎ *928 84 20 70/ 55.*

Tropical Park

Tgl. 10-17 Uhr. 9,50 €. ☎ *928 83 55 00.*

In diesem 45 000 m² großen, sehr gepflegten Park leben Vögel der Tropen. Abgerichtete Papageien führen zum Vergnügen von Groß und Klein ihre Kunststückchen vor.

Haría

Wie überall auf dem Archipel ist der Norden der weniger trockene Teil der Insel. 5 km südlich des Dorfes wurde ein Aussichtspunkt angelegt. Der **Blick**★ schweift über das Tal von Haría mit seinen Palmen; im Hintergrund der Vulkan Corona.

Teguise

Die einstige Hauptstadt von Lanzarote gilt als Heimat der *timple*, der kleinen kanarischen Gitarre, die hier noch heute hergestellt wird. Dicht beim Ort erhebt sich der Vulkan Guanapay mit der Burg **Castillo de Santa Bárbara** (16. Jh.). Diese wurde zum Auswanderer-Museum **(Museo del Emigrante)** ausgebaut und enthält Erinnerungen an die Auswanderung nach Amerika. *Tgl. 10-17 Uhr. 1,80 €.* ☎ *928 84 50 01.*

Vom Gipfel hat man eine weite **Aussicht**★ auf Teguise im Vordergrund und am Horizont die Insel La Graciosa.

Fuerteventura

Für Fuerteventura spricht die Herbheit der Landschaft, die farblich sehr reizvoll ist. Außerdem besitzt die „ruhige Insel" die breitesten Strände des Archipels, deren weißer Sand wunderschön mit dem türkisfarbenen Wasser kontrastiert. Das milde Klima, die stetigen Brisen und das Meer sind ideale Voraussetzungen zum Segeln, Fischen und Surfen. Jedes Jahr im Juli/August findet hier die Weltmeisterschaft im Windsurfing statt.

Steckbrief

49 542 Einwohner. 1 731 km² – Die lang gestreckte Insel ist die zweitgrößte des Archipels, aber nach El Hierro die am dünnsten besiedelte (28 Einwohner/km²). Im Gegensatz zur restlichen Insel ist die Küste flach und hat lange Strände.
🛈 *Puerto del Rosario: Avenida de la Constitución 5, 35600,* ☎ *928 53 08 44.*

Tipps und Adressen

RESTAURANT

• *Unsere Empfehlung*

Casa Santa María – *Plaza Santa María – Betancuria* – ☎ *928 87 82 82 – 28 €.* Das Restaurant befindet sich in einem alten Haus aus dem 16. Jh. mit weißen Wänden und Ziegeldach. Der Besuch lohnt sich wegen der vielen Pflanzen, der gepflegten (manchmal übertrieben) typischen Einrichtung und der schönen Ausblicke. Beste kanarische Küche.

UNTERKUNFT

• *Unsere Empfehlung*

Hotel Fuerteventura – *Puerto del Rosario (Playa Blanca) – 3,5 km südlich von Puerto del Rosario –* ☎ *928 85 11 50 –* 🅿 –
50 Z.: 56/70 € – 🖃 *7,50 € – Rest. 21 €.*
Das Hotel ist zwar ein wenig antiquiert, die Zimmer sind aber schön (einige wurden kürzlich renoviert), haben Holzböden und hübsche Möbel. Vor allem die Lage am Meer besticht. Gemäßigte Preise.

Hintergrundinfos

Sand, Wind und Sonne – Die Insel wirkt mit ihrem steppenartigen Charakter wie eine Vorhut Afrikas. „Keine Insel, sondern nur ihr Gerippe", sagte Miguel de Unamuno, der hier 1924 in Verbannung lebte. Es gibt nur wenige landwirtschaftlich nutzbare Täler, in denen Tomaten und Getreide angebaut werden. Auf den kahlen Hügeln, die meist ehemalige Vulkane sind, weiden Ziegen. Die Dörfer liegen in den Ebenen oder in engen Tälern und sind an den Windrädern, die das unentbehrliche Wasser heraufpumpen, und einigen Palmen zu erkennen.

Mit dem nahen Afrika hat Fuerteventura das Klima gemeinsam; Wüstenwinde tragen Sand herüber, der im Laufe der Jahrhunderte die beiden Inseln Jandía und Maxorata durch die Landzunge El Jable miteinander verband.

Die Hochseefischerei wird im besonders fischreichen Meer zwischen Fuerteventura und Afrika betrieben.

Ausflüge

Im Hauptort **Puerto del Rosario** sowie am Flughafen gibt es Taxis und Mietwagen. Südlich der Stadt liegt der lange Strand **Playa Blanca**.

CORRALEJO★

39 km nördlich von Puerto del Rosario auf der FV 10; weiter auf der FV 101.

La Oliva

Den Weg neben der Kirche nehmen. Das frühere Haus der Gouverneure **(Casa de los Coroneles)** aus dem 18. Jh. hat zwei Türme mit Zinnenkränzen und schöne Holzbalkone. In der Nähe liegt rechts das von einem Mauerring geschützte kleine Kaplanshaus **(Casa del Capellán)**; es hat zwei Dächer, und Tür und Fenster sind mit ähnlichen Motiven umrahmt wie das Portal der Kirche von Pájara.

Corralejo★

Das kleine, von *malpaís* umgebene Fischerdorf an der Nordspitze der Insel ist ein beliebtes Ferienzentrum geworden. Herrlich klares Wasser sowie weite weiße

Canarias: Fuerteventura

Sandstrände und Dünengebiete finden sich im Naturpark Dunas de Corralejo e Isla de Lobos (*lobo marino* = Robbe). Man kann zur Insel hinüberfahren, einem Paradies für den Unterwassersport.

Am Horizont ist die Insel Lanzarote sichtbar.

GRAN TARAJAL *67 km südlich*

Ausfahrt aus Puerto del Rosario auf der FV 20. Hinter Casillas del Ángel rechts auf die FV 30 abbiegen.

Hinter Valle de Santa Inés bieten sich schöne Blicke auf Betancuria.

Betancuria★

In einem fruchtbaren Tal liegt das 1404 von Jean de Béthencourt gegründete Dorf, das die Hauptstadt des Archipels werden sollte und in dem die erste Kathedrale errichtet wurde.

An die Zeit der Entdeckung erinnern die Ruinen des Franziskanerklosters und die ehemalige **Kathedrale** mit seitlichem Holzbalkon; sie ist heute unter dem Namen Santa Maria la Antigua bekannt. Im dreischiffigen Inneren ist in der Taufkapelle eine Christusstatue sehenswert; die Sakristei besitzt eine schöne Artesonado-Holzdecke.

Das kleine **Museo Arqueológico** am südlichen Ortsausgang enthält Funde aus der Zeit der Guanchen. *10-17 Uhr (im Sommer 10-16.30 Uhr), So 11-14 Uhr. Mo und feiertags geschl. 1,20 €. ☎ 928 87 82 41.*

Auf der Weiterfahrt in südlicher Richtung bietet die Ansicht der Siedlung Vega de Río Palmas, die wie eine Oase vor den rötlichen Bergen erscheint, malerische Kontraste.

Nicht weit davon entfernt befindet sich die **Ermita de la Virgen de la Peña**. Die dortige Madonna ist die Schutzpatronin der Insel. Sie wird jedes Jahr am 3. Samstag im September durch eine große Wallfahrt geehrt.

Pájara

Die Kirchentür ist mit Tiermotiven verziert, die unverkennbar aztekischen Stileinfluss zeigen (Puma, Schlangen, Sonnen, Köpfe mit Federschmuck).

In Pájara auf der FV 20 weiterfahren.

Gran Tarajal

Der zweitgrößte Ort der Insel ist von Tamarisken *(tarajes)* umgeben. Der Hafen ist für die Tomatenausfuhr bekannt.

PENÍNSULA DE JANDÍA

Morro del Jable: 54 km südwestlich von Gran Tarajal. Die Halbinsel wurde zum Naturpark erklärt und ist bekannt für ihre paradiesischen Strände, die nahezu die Hälfte der gesamten Strandfläche der Insel ausmachen. Auf der klippengesäumten Seite überwiegen unberührte Strände, während sich auf der anderen Seite breite und ebene Strandflächen am Meeresufer hinziehen.

LAND UND LEUTE KENNEN LERNEN

Geöffnet 10-18 Uhr. ☎ 928 87 80 49

Die **Centros de Turismo y Ocio** befinden sich in Gebäuden im Stil der für die Insel typischen Architektur. Sie bringen den Besuchern traditionelle Lebensformen, Kultur und Gastronomie von Fuerteventura nahe.

La Oliva (La Cilla): Museo del Grano – Alter Getreidespeicher mit Gegenständen zum Thema der traditionellen Landwirtschaft.

Betancuria: Mirador de Morro Velosa – Herrlicher Rundblick über das Inselinnere. Im Restaurant werden typische kanarische Gerichte serviert.

Antigua: Centro de Artesanía Molino de Antigua – Das Informationszentrum mit einer Boutique ist in einer Mühle untergebracht, die in einem Kakteen- und Palmengarten steht.

Tiscamanita: Centro de Interpretación de los Molinos – Die Geschichte der Mühlen von Fuerteventura ist Thema der Ausstellung, die in einem traditionellen Wohnhaus gezeigt wird.

Playa de Sotavento

La Palma★

Von ihren Proportionen her gesehen ist La Palma die höchste Insel der Welt: Sie ist nur 728 km² groß, doch ihr höchster Punkt erreicht 2 426 m. Hier gibt es mehr Niederschläge, Bäche und Quellen als auf den übrigen Inseln des Archipels. Aufgrund der üppigen Vegetation (vor allem Lorbeer- und Kiefernwälder sowie Bananenstauden) wird La Palma auch „Schöne Insel" bzw. „Grüne Insel" genannt. Wer Natur und Ruhe liebt, ist hier genau richtig, denn die Insel konnte sich abseits der großen Touristenströme halten.

Steckbrief
78 198 Einwohner. 728 km² – Die Insel liegt im äußersten Nordwesten des Archipels. Im Mittelpunkt des Gebiets öffnet sich der Riesenkrater **Caldera de Taburiente** mit einem Durchmesser von über 10 km und einer Tiefe von 1 500 m. Südlich schließt sich eine Bergkette an. Die Berghänge sind vom Wasser stark angegriffen; viele Schluchten zerschneiden die Insel, sodass sich an der Küste eine Bucht an die andere reiht. La Palma ist eine der reichsten und am dichtesten bevölkerten Inseln der Kanaren. *Santa Cruz de la Palma: O'Daly 22 (Casa Salazar),* ☎ *922 41 21 06.*

> **TRADITIONELLE PRODUKTE DER INSEL**
> **Zigarren** – Einwanderer aus Kuba führten den Tabakanbau in La Palma ein. Die Zigarren werden von Hand gefertigt und gelten bei Kennern als sehr gut.
> **Seide** – Seit dem 17. Jh. stellt man in La Palma Stoffe her, und noch heute gibt es mehrere Handwerker, die mit Naturseide arbeiten.
> **Käse** – Weißer, aromatischer Ziegenkäse ist eine Spezialität der Insel, auf der es über 30 000 Ziegen gibt.

Tipps und Adressen

> **UNTERKUNFT**
> ● **Gut & preiswert**
> **Hotel Edén** – *Plaza de España – Los Llanos de Aridane* – ☎ *922 46 01 04 – 19 Z.: 21/31 € – ☐ 4 €.* Das kleine Hotel liegt in der zweitgrößten Stadt der Insel, umgeben von Bananenplantagen. Die Rezeption befindet sich im 1. Stock. Die Zimmer sind klein, aber komfortabel. Ein einfaches Hotel zu günstigen Preisen.
>
> ● **Unsere Empfehlung**
> **Hotel Marítimo** – *Avenida Marítima 75 – Santa Cruz de La Palma* – ☎ *922 42 02 22 – info@maritimo.chi.es –* ♿ *– 96 Z.: 47/79 € – ☐ 4,50 € – Rest. 9 €.* Nördlich der Hauptstadt gelegenes, kleines modernes Hotel mit funktionellen Zimmern. Günstig, wenn man die Hauptstadt besuchen will.
> **Hotel-Restaurante La Palma Romántica** – *Las Llanadas – Barlovento – 1 km südwestlich von Barlovento –* ☎ *922 18 62 21 – palmarom@lix.intercom.es – P ☐ – 41 Z.: 109 € ☐ – Rest. 14 €.* Das Landhotel liegt im Norden der Insel, 600 m über dem Meeresspiegel. Schöner Blick auf die Küste. Ein ruhiger Ort, an dem man die Natur genießen kann. Die Zimmer sind sehr geräumig, das Mobiliar einfach. Angenehme Atmosphäre, nettes Restaurant.

Besichtigung

SANTA CRUZ DE LA PALMA
Die 1493 von Alonso Fernández de Lugo gegründete Hauptstadt steigt am steilen Caldereta-Krater hinauf, der ganz nah ans Meer herantritt. Im 16. Jh. war Santa Cruz einer der wichtigsten Häfen Spaniens, verfügte über Schiffswerften und war Umschlagplatz für Zuckerrohr. Heute ist es eine eher geruhsame Stadt. Modern ist die Strandpromenade, die von Häusern mit mehrstöckigen Holzbalkons gesäumt wird.

Plaza de España
Der Platz ist gesäumt von Renaissancebauten. Die Kirche **El Salvador** (16. Jh.) besitzt herrliche **Artesonado-Decken**★ und in der Sakristei ein gotisches Gewölbe. An das gegenüberliegende Rathaus (16. Jh.) reihen sich Häuser im Kolonialstil. An der malerischen, höher gelegenen **Plaza de Santo Domingo** besichtigt man eine ehemalige Klosterkapelle **(Capilla del Antiguo Convento de Santo Domingo)** mit schönen Barockaltären. Sie liegt neben einer Schule. *Besichtigung auf Anfrage in der Kirche von El Salvador.* ☎ *922 41 32 50.*

Canarias: La Palma

Ausflüge

Die folgenden Ausflüge beginnen in Santa Cruz de la Palma.

IM NORDEN DER INSEL

Roque de Los Muchachos★★★
36 km nordwestlich. Aufstieg: etwa 1 3/4 Std. Die Straße führt durch Kiefern- und Lorbeerwälder. In 2 423 m Höhe befindet sich eines der bedeutendsten **Observatorien** für Astrophysik. *Besichtigung nach Voranmeldung 9-13.30 Uhr. Eintritt frei.* ☎ 922 40 55 00.
Vom Roque de los Muchachos bietet sich ein herrliches **Panorama★★★**, das im Süden bis La Caldera, Los Llanos de Aridane und zur Insel El Hierro reicht, im Osten bis zum Teide und zur Insel La Gomera.

Punta Cumplida
36 km nördlich.
Die Straße folgt der Küstenlinie *(vom Steilhang weite Ausblicke)*. Man kreuzt enge *barrancos*, deren Grund von dichter Vegetation überwuchert ist und die zum Naturschutzgebiet Los Tiles gehören. Krater erinnern an die ehemalige Vulkantätigkeit.
La Galga – Nach dem Tunnel nördlich des Dorfs durchfährt man eine eindrucksvolle **Schlucht★**, deren senkrecht aufragende Wände üppig bewachsen sind.
San Andrés – Die Kirche besitzt im Chor eine Holzdecke im Mudéjar-Stil.
Charco Azul – Meerwasserschwimmbäder.

Espíndola – Kleiner Fischereihafen mit Kieselstrand; die Boote liegen geschützt in einer Einbuchtung der Klippe.

Punta Cumplida – Beim Gang um den Leuchtturm erblickt man unterhalb das schäumende Meer, das die Basaltfelsen umspült. Im Norden liegen die malerischen Meerwasserschwimmbäder von Fajana.

Los Sauces – Das von großen Bananenplantagen umgebene Städtchen ist Mittelpunkt der fruchtbaren Gegend im Norden der Insel.

Los Tilos★ – Durch das Trockental Barranco del Agua fährt man hinauf zum prächtigen Lindenwald, der die Hänge des Engtals mit dichtem Grün bedeckt. In Los Tilos befindet sich das Forschungszentrum des gleichnamigen Naturschutzgebiets **(Centro de Investigación e Interpretación de la Reserva de la Biosfera de Los Tilos)**; es hat Schautafeln mit Informationen zur Pflanzenwelt aufstellen lassen. *Tgl. 8.30-17 Uhr (im Sommer 8.30-18.30 Uhr). 1. Jan. sowie 24., 25. und 31. Dez. geschl. Eintritt frei.* ☎ 922 45 12 46.

RUNDFAHRT DURCH DAS ZENTRUM DER INSEL UND DEN SÜDEN
Über Los Llanos und Fuencaliente – 190 km.

Ausfahrt aus Santa Cruz de la Palma in nördlicher Richtung. Nach dem Barranco de Santa Cruz in die erste Straße links einbiegen.

Bald erblickt man das „Schiff der Jungfrau" **(El Barco de la Virgen)**, ein nach dem Modell der *Santa María* des Kolumbus gefertigtes Schiff aus Beton, in dem ein kleines Museum eingerichtet ist. *9.30-14 Uhr und 16-19 Uhr, Juli-Sept. 9.30-14.30 Uhr. Sa, So und feiertags geschl. 0,90 €.* ☎ 922 41 65 50.

Später kommt man am Fuerte de la Virgen vorbei, einer Befestigungsanlage aus dem 16. Jh.

Las Nieves
Malerisch liegt die Wallfahrtskirche **Santuario de Nuestra Señora de las Nieves** am Fuß des Pico de las Nieves. Die Madonna ist Schutzpatronin der Insel. Alle fünf Jahre wird sie in einer Prozession zu dem ihr geweihten Barco de la Virgen getragen, dann geht es am Fuerte de la Virgen vorbei weiter bis nach Santa Cruz zur Iglesia de El Salvador.

Mirador de La Concepción★
Vom Gipfel des Caldereta-Kraters hat man einen herrlichen **Blick**★ hinab auf Santa Cruz, den Hafen und die Berge.

Die Straße TF 812 in westlicher Richtung fahren.

Parque Nacional de la Caldera de Taburiente★★★
4 km nach der Tunnelausfahrt befindet sich rechts das Besucherzentrum **(Centro de visitantes)**. *Hier erhält man Auskunft über die ausgeschilderten Wanderwege (Schwierigkeitsgrade, Wegzeit) u. a. Tgl. 9-14 Uhr und 16-18.30 Uhr.* ☎ 922 49 72 77.

Etwas weiter biegt man nach rechts auf einen Weg in Richtung La Cumbrecita.

Vom Pass **La Cumbrecita** (1 833 m), aber besonders vom **Lomo de las Chozas**, 1 km weiter, bieten sich die besten **Blicke**★★★ über den ungeheuren Kessel. Kiefernwald überzieht den Kraterboden und die unteren Hänge, aus denen rötliche Felswände aufragen *(gegenüber des Roque de los Muchachos)*. Im Mittelpunkt eine Basaltsäule, der Roque de Idafe, der für die Guanchen ein heiliger Stein war.

Los Llanos de Aridane
Das zweitgrößte Städtchen der Insel liegt in einer weiten Ebene, in der Bananen und Avocados reiche Erträge bringen.

La Cumbrecita

Canarias: La Palma

El Time★★
Vom Felsen El Time gleitet der **Blick**★★ über das Aridane-Tal, die endlosen Bananenplantagen und darüber hinweg zum Barranco de las Augustias, einem Erosionstal und einzigem Abfluss des Wassers des Caldera de Taburiente.

Puntagorda
Die Schönheit der Landschaft und der Vegetation lohnen die Fahrt.
Nach El Time zurückfahren.

Puerto de Tazacorte
In dem kleinen Hafen landete 1492 Lugo, der Eroberer der Insel. Der Strand ist das sonntägliche Ausflugsziel der Bewohner von La Palma.

Puerto Naos
Die reizvolle Fahrt zum Ort hinunter führt zuerst durch Lavafelder vom Ausbruch von 1949, dann durch Bananenplantagen. Puerto Naos mit seinem endlos scheinenden Strand ist im Begriff, eines der wichtigsten Seebäder der Insel zu werden.

San Nicolás
Bei dem Ausbruch des Nambroque 1949 begrub ein Lavastrom einen Teil des Dorfes; noch heute bietet er einen düsteren Anblick in der Landschaft.

Fuencaliente★
Kurz vor der Ortseinfahrt bietet sich vom Aussichtspunkt Las Indias ein **Blick**★ zurück auf die Küste. Bis 1677 gab es hier Thermalquellen, doch wurden sie durch den Ausbruch des Vulkans **San Antonio**★ verschüttet. Umgeht man den Krater, so entdeckt man die Krater des Vulkans **Teneguía**★, der erst 1971 entstanden ist. Die Lava floss bis zum Meer und trennte den Leuchtturm vom Dorf. Das Land um Fuencaliente ist von Vulkanasche bedeckt und ein wichtiges Landbaugebiet. Treibhäuser wurden am Fuß des neuen Vulkans errichtet.

Cueva de Belmaco
5 km von der Abzweigung des Flugplatzzubringers entfernt. In der von überhängenden Felsen gebildeten Höhle entdeckte man mehrere Steine mit spiralartigen Schriftzeichen der Guanchen (bis heute nicht gedeutet).

La Gomera★

La Gomera ist ein idealer Ort, um sich zu erholen und die Natur zu erleben. Die fast kreisrunde Insel ist eine in einer Hochebene endende Gebirgsmasse, die im Alto de Garajonay 1 487 m erreicht. Er ist von tiefen Schluchten *(barrancos)* durchschnitten, deren Ausgang an der Küste kleinen Häfen Schutz bietet. Die Vulkantätigkeit hat wenig sichtbare Spuren hinterlassen außer den riesigen, *roques* genannten Lavafelsen und -schloten und den Basaltorgeln (Los Órganos), die nur vom Meer aus zu sehen sind. Die Inselbewohner bebauen die Hänge, die steilsten in Terrassenkulturen.

Steckbrief
16 790 Einwohner. 378 km² – La Gomera ist nach El Hierro die kleinste der Kanarischen Inseln. Durch den kürzlich in Betrieb genommenen Flughafen gibt es bessere Verbindungen von und zur Insel, die bisher nur mit dem Schiff erreichbar war. 🛈 *San Sebastián de la Gomera: Real 4, 38800,* ☎ *922 14 15 12.*

Besichtigung

San Sebastián de la Gomera
Kolumbus landete hier zum letzten Mal vor der ersten Amerikafahrt 1492. Auf seinen Spuren kann man den Hauptort der Insel erkunden. Den Brunnen, dessen Wasser er zur Überfahrt mitnahm, kann man sich im Hof des Eckhauses

der Hauptstraße zeigen lassen; neben dem Postamt findet man das einstöckige weiße Haus, in dem er gewohnt haben soll, und die Kirche **La Asunción** am schattigen Hauptplatz, wo er der Messe beigewohnt hat. Das älteste Bauwerk der Stadt ist der **Torre del Conde de Gomera**. Beatriz de Bobadilla hatte in diesem Turm 1488 Zuflucht gefunden vor den angreifenden Guanchen, die ihren Gatten wegen seiner Grausamkeit und der Verführung eines Guanchenmädchens getötet hatten. Die Ankunft der spanischen Truppen unter Pedro de Vera rettete Doña Beatriz.

> **EINE BESONDERE SPRACHE**
> Die Unzugänglichkeit des Landes ist der Grund dafür, dass sich die Hirten bis heute über weite Entfernungen in einer von den Guanchen erfundenen Pfeifsprache *(silbo)* verständigen.

Parque Nacional de Garajonay★★
15 km. Ausfahrt aus San Sebastián de la Gomera auf der TF 711. Gleich nach dem ersten Tunnel öffnet sich das mit Palmen bestandene **Valle de Hermigua★★** mit weißen Häusern am Fuß steiler Berge.

Agulo★ – Der malerische Ort liegt im Norden der Insel, am Meer. Am Horizont ist Teneriffa zu sehen.

Parque Nacional de Garajonay★★ – *Informieren Sie sich vor dem Besuch des Nationalparks beim Centro de Visitantes Juego de Bolas. 9.30-16.30 Uhr. Mi und Sa geführte Wanderungen nach Voranmeldung. Mo, 1. Jan. und 25. Dez. geschl. ☎ 922 80 09 93.*

Der 1981 geschaffene Nationalpark ist mit dichtem **Lorbeerwald** (Rest aus dem Tertiär) und Baumheide überzogen, in deren Mitte große Felsen aufragen. Wegen des Passatwindes ist es fast immer etwas nebelig.

> **UNTERKUNFT**
> **Hotel Garajonay** – *Ruiz de Padrón 17 – San Sebastián de la Gomera –* ☎ *922 87 05 50 – 29 Z.: 31/39 € –* 🍽 *4 €.* Günstig gegenüber dem Torre del Conde de la Gomera gelegenes, einfaches Hotel, dessen Zimmer etwas antiquiert, aber sehr sauber und gepflegt sind. Empfehlenswert, wenn man nicht viel Geld ausgeben möchte.

Valle Gran Rey★★
55 km ab San Sebastián de la Gomera auf der TF 713. Die Straße führt durch die weniger steilen Hügel im Süden der Insel bergauf und erreicht die Hochebene, den Nationalpark Garajonay.

Chipude – Das Dorf hat eine schöne Lage; es wird von Korbflechtern, die Alfagras verarbeiten, bewohnt.

Arure – Von der Betonbrücke schöne **Aussicht★** auf das Dorf Taguluche.

Valle Gran Rey★★ – Die Schlucht zählt zu den eindrucksvollsten der Insel.

El Hierro

Auf dieser kleinen Insel ist die Natur noch intakt. Hier gibt es fruchtbare Gebiete und beeindruckende Steilklippen, die 700 m über dem Meer aufragen, Vulkankegel und Lavafelder, dichte Lorbeerwälder und einen einzigartigen Meeresgrund, der ein wahres Paradies für Taucher ist.

Steckbrief
6 995 Einwohner. 278 km². – Die Insel liegt im äußersten Südwesten des Archipels und zeigt die Form eines gegen Norden geöffneten Halbkraters. Der Flughafen ist nicht weit von der Hauptstadt entfernt, genau wie der Hafen von La Estaca, wo die Schiffe zur Insel anlegen. *Valverde: Dr. Quintero Magdaleno 4, 38900 Valverde,* ☎ *922 55 03 02.*

Ausflüge

Die folgenden Ausflüge beginnen in **Valverde**, dem in 571 m Höhe gelegenen Hauptort der Insel.

Tamaduste
8 km nordöstlich. Kleiner Ort mit schönem Badestrand.

El Golfo★★
8 km westlich. Vom **Mirador de la Peña** bietet sich ein herrlicher **Blick★★** über den Golf, der durch Einbruch eines Kraters entstanden sein soll. Im Flachland gedeihen Wein, Bananen, Zuckerrohr, während die Gipfel einen Wald aus Lorbeer und Baumheide tragen. Die Felsen **(Roques de Salmor)** im Nordosten des Golfs sind berühmt, denn in der nahebei liegenden Fuga de Gorreta leben vorzeitliche Echsen.

Rundfahrt durch La Dehesa
105 km. Ausfahrt aus Valverde in südlicher Richtung auf der TF 912.

Tiñor – Nordwestlich von Tiñor stand der heilige Baum *Garoé.* Er gehörte zu einer geheimnisvollen Art, die in ihren Blättern Wasser speichern konnte und wo die Eingeborenen sogar Wasser holten. 1610 wurde er durch einen Blitz zerstört.

Sabinosa – In diesem Thermalbad gibt es ein Kurhotel, in dem Haut- und Darmkrankheiten behandelt werden.

La Dehesa – 3 km hinter dem Ort beginnt der Weg durch das steppenartige Gebiet von La Dehesa, von dem aus sich der beste **Überblick★** über die von wiederholten Vulkanausbrüchen gezeichnete Landschaft ergibt. Das spiegelglatte Meer trägt hier seinen Namen Mar de las Calmas zu Recht.

Punta de Orchilla – Sie war im 17. Jh., lange vor Greenwich, als 0°-Meridian bestimmt worden. Im Wald weiter nördlich trifft man auf eine für El Hierro typische Art von Nadelbäumen *(sabinas)* mit stark gewundenen Stämmen.

Ermita de Nuestra Señora de los Reyes – In dieser Einsiedelei werden Statuen der Hl. Drei Könige und der Virgen de los Reyes, der Schutzpatronin der Insel, bewahrt. Die Marienfigur wird alle vier Jahre anlässlich einer Prozession nach Valverde getragen. Tänzer aus jedem Dorf, durch das der Zug kommt, wechseln sich beim Tragen der Statue ab.

El Pinar – Hier dehnt sich ein schattiger **Kiefernwald★** aus.

Register

MADRID *Madrid* .... Ort, Sehenswürdigkeit, Reisegebiet und dazugehörige Provinz.
Abd ar-Rahman I .... Historische Persönlichkeit, Begriff aus Kunst oder Geschichte, ortsübliche Bezeichnung, die im Text beschrieben bzw. näher erklärt werden.
Catedral .... Interessante Sehenswürdigkeit

Außerhalb der Ortschaft gelegene Sehenswürdigkeiten (Schlösser, Klöster, Berge, Seen, Inseln, Höhlen, Täler usw.) sind unter ihrem Eigennamen aufgeführt.

Abd ar-Rahman I. 54, 193
Abd ar-Rahman III. 54, 116, 193
Abén Humeya 280
Acero (Vicente) 80
Acinipo (Ruinen von) *Málaga* 418
Adeje *Santa Cruz de Tenerife* 568
Agaete (Valle) *Las Palmas* 574
Agua Amarga *Almería* 117
Aguadulce *Almería* 230
Agüero *Huesca* 291
Águila (Cuevas) *Ávila* 282
AGUILAR DE CAMPOO *Palencia* 100
Agulo *Santa Cruz de Tenerife* 589
Aigua Blava *Girona* 213
Aiguafreda *Girona* 213
Aigüestortes y Estany de Sant Maurici
 (Parque Nacional) *Lleida* 27
Aigüestortes *Lleida* 102
Ainsa *Huesca* 387
Al Mansur (Der Sieger) 193
ALACANT *Alicante* 102
Alaiza *Álava* 523
Alarcón *Cuenca* 108
Alarcón (Pedro Antonio de) 88
Alba de Tormes *Salamanca* 427
ALBACETE *Albacete* 107
Albarracín *Teruel* 480
Albéniz (Isaac) 91
LA ALBERCA *Salamanca* 109
Alberes, Montes (Küste) *Girona* 208
Alberti (Rafael) 88
Albufera (Parque Natural de) 224, 503
La Albufereta *Alicante* 102
ALCALÁ DE HENARES *Madrid* 111
Alcalá del Júcar *Albacete* 108
Alcalfar *Balearen* 550
Alcántara *Cáceres* 176
Alcántara (Ritterorden) 176
Alcantarilla *Murcia* 360
Alcaraz *Albacete* 108
Alcázar de San Juan *Ciudad Real* 32
ALCAÑIZ *Teruel* 112
Alcora *Valencia* 510
Alcornocales (Parque Natural) *Cádiz* 419
Alcoy *Alicante* 106
La Alcudia *Alicante* 105
Alcúdia *Balearen* 544
Aleixandre (Vicente) 88
Alenza (Leonardo) 82
Alfábia (Jardines) *Balearen* 543
Alfaro (Andreu) 83
Alfons III. von Aragonien (König) 546
Alfons VIII. (König) 169
Alfons X., der Weise (König) 86, 91, 482
Alfons XII. 60

Alfons XIII. 60
Algeciras *Cádiz* 261
Algorta *Vizcaya* 161
Alhama de Granada *Granada* 279
ALICANTE *Alicante* 102
Alicatados 274
Almáciga *Santa Cruz de Tenerife* 566
Almagro (Diego de) 56, 113
ALMAGRO *Ciudad Real* 113
Almansa *Albacete* 108
ALMERÍA *Almería* 116
Almodóvar del Río (Castillo) *Córdoba* 201
Almodóvar (Pedro) 90
Almohaden 54
Almoraviden 54
Almuñécar *Granada* 229
Alonso (Dámaso) 88
Las Alpujarras *Granada* 280
Alquézar *Huesca* 134
Alsina (Marti) 82
Altamira (Museo de) *Cantabria* 443
Altea *Alacant* 206
Amandi *Asturien* 237
Los Amantes de Teruel 479
Las Américas (Playa)
 Santa Cruz de Tenerife 568
Amontillado (Wein) 298
Ampurias *Girona* 212
Anaya, Diego de (Erzbischof) 426
Anciles *Huesca* 387
Andía (Sierra) 258
Andorra la Vella *(Principat d'Andorra)* 118
ANDORRA (Principat d') 118
Andújar *Jaén* 201
Aneto (Pico de) *Huesca* 385
Àneu (Valle) *Lleida* 396
Anna von Österreich 513
Ansó (Valle) *Huesca* 295
Ansó *Navarra* 295
ANTEQUERA *Málaga* 119
La Antilla *Huelva* 216
ARACENA *Huelva* 121
Aracena y Picos de Aroche
 (Parque Natural de la Sierra) *Huelva* ... 122
Aragonien (Königreich) 528
Arán (Valle) *Lleida* 396
Aranjuez (Revolte) 123
ARANJUEZ *Madrid* 58, 123
Arantza *Navarra* 378
Arantzazu (Santuario) 363
Arapiles (Engtal) 422
Arbayún (Hoz) *Navarra* 308
Arbón (Embalse) *Asturien* 240
Arbúcies *Girona* 519
Arcenillas *Zamora* 527

591

Entry	Page
Arcos de la Frontera *Cádiz*	419
Los Arcos *Navarra*	185
Arenas de Cabrales *Asturien*	384
Arenas de San Pedro *Ávila*	281
Ares (Coll)	389
Arévalo (Luis de)	80
Arévalo Ávila	449
Arfe (Enrique de)	488
Arfe (Künstlerfamilie)	78
Argentera (Roca) Lleida	395
Arianischer Streit	193
Arminza *Guipúzcoa*	235
Arrabal (Fernando)	89
Arrecife *Las Palmas*	579
Arroyo de la Luz *Cáceres*	176
Artá (Coves) *Balearen*	545
Artà *Balearen*	545
Artenara *Las Palmas*	576
Arties *Lleida*	396
Arucas *Las Palmas*	572
Astorga *León*	185
Atapuerca (Sierra)	172
Atienza *Guadalajara*	465
Ávalos (Juan de)	256, 480
Averroës	193
ÁVILA *Ávila*	126
Ajaches (Espacio protegido) *Las Palmas*	581
Ayamonte *Huelva*	216
Aznar (José María)	61
Azorín (José Martín Ruiz)	88
Azulejos	472
Añisclo (Cañón de)	365
BADAJOZ *Badajoz*	129
Baelo Claudia (Ruinas) *Cádiz*	220
BAEZA *Jaén*	131
El Bailadero *Santa Cruz de Tenerife*	566
Baiona/Bayona *Pontevedra*	409
Bajamar *Santa Cruz de Tenerife*	567
Balaguer (Victor)	467
Balboa, Vasco Nuñez de	524
Balcón de Vizcaya	234
BALEAREN (Inseln)	534
Balmes (Jaume)	518
Bandama (Mirador) *Las Palmas*	575
Banyalbufar *Baleraren*	542
Banyoles *Girona*	266
Baqueirat Beret (Estación de esquí) *Lleida*	396
Baracaldo *Vizcaya*	161
BARBASTRO *Huesca*	133
BARCELONA *Barcelona*	136, 148
Anella Olímpica	156
Antic Hospital de la Santa Creu	151
Aquàrium	154
Auditori	157
Avinguda Diagonal	142
Barceloneta, La	154
Barri Gòtic	143
Basílica de la Mercè	154
Capella de Santa Águeda	152
Carrer del Bisbe	149
Carrer Paradis	145
Casa Amatller	142
Casa Batlló	142
Casa de les Punxes	142
Casa Lleó i Morera	142
Casa-Museu Gaudí	143
Casa Quadras (Museo de la Música)	142
Casa Terrades	142
Casa Milà	142
Cases dels Canonges	149
Castell dels Tres Dragons	154
Catedral	144
Centre de Cultura Contemporània de Barcelona	151
Cine IMAX	154
Colegi d'Arquitectes	144
Drassanes	153
Església de Betlem	151
Església de Sant Pau del Camp	157
Església de Santa María del Mar	153
Estació de França	154
Estadi olímpic	156
Fachada Marítima	153
Font Magica	155
Fuente de Mercurio	156
Fundació Antoni Tàpies	143
Fundació Miró	156
Galeria Olímpica	156
Hospital de Sant Pau	141
Liceu, Gran Teatre del	151
Llotja, La	154
Manzana de la discordia	142
Maremàgnum	154
Mirador del Rei Martí	152
Moll de la Fusta	154
Monestir de Pedralbes	157
Carrer de Montcada	153
Montjuïc	155
Monument Colom	152
Museu Barbier-Mueller d'art precolombí	153
Museu d'Art Contemporani de Barcelona (MACBA)	152
Museu d'Arqueològia de Catalunya	157
Museu d'Art Modern	154
Museu d'Art Contemporàni de Barcelona	151
Museu d'Història de la Ciutat	152
Museu d'Història de Catalunya	145, 155
Museu de Artes, Industrias i Tradiciones Populares	156
Museu de Cera	152
Museu de la Ceràmica	157
Museu de la Ciència	157
Museu de la Música	142
Museu de les Artes Decoratives	157
Museu de Zoología	154
Museu del Calçat	148, 149
Museu Egipci de Barcelona	142
Museu Frederic Marès	145, 152
Museu Marítim	153
Museu Nacional d'Art de Catalunya	155
Museu Picasso	153
Museu Sentimental	153
Palau de la Generalitat	149
Palau de la Mùsica Catalana	143
Palau de la Virreina	151
Palau de Lloctinent	145
Palau de Pedralbes	157
Palau Güell	151
Palau Reial Major	152
Palau Sant Jordi	156
Parc de la Ciutadella	154
Parc Zoològic	154
Park Güell	142
Passeig de Gràcia	142
Pavelló de recepció	155
Pla de la Boquería	151
Plaça de Espanya	155
Plaça del Rei	145
Plaça Reial	152
Plaça Nova	143
Plaça Ramón Berenguer el Gran	145
Plaça Sant Felip Neri	149
Poble Espanyol	156
Port Vell	154
Rambla de Santa Monica	152
La Rambla	151
Römerstadt, Ruinen der	152
Sagrada Familia	141
Saló del Tinell	152
Santa Maria del Pí	151
Teatre Grec	156
Teatre Nacional de Catalunya	157
Torre de Comunicaciones	157
Vila Olímpica	155
Bardem (Antonio)	90
Bareyo *Cantabria*	215
Barlovento	557
Baroja (Pío)	88
Barro	237
Bassá (Ferrer)	76
Las Batuecas *(Straße nach)*	109

Bautista (Francisco) 79
Bayeu (Francisco) 82
Baztán (Valle) 378
Baños de Cerrato Palencia 374
Baños de Montemayor Cáceres 110
Beatus von Liébana 74, 165, 264, 393
Becerra (Gaspar) 185
Bécquer (Gustavo Adolfo) 88, 499
Beget Girona 389
Begur Girona 213
Béjar Salamanca 111
Béjar (Sierra) Salamanca 110
Bellver de Cerdanya Lleida 393
Belmaco (Cueva) Santa Cruz de Tenerife . 588
BELMONTE *Cuenca* 160
La Beltraneja 427, 444
Benalmádena Málaga 229
Benasque (Valle) Huesca 387
Benavente Zamora 527
Benavente (Jacinto) 88
Benedikt XIII. (Papst) 222
Benet (Juan) 89
Benicarló Castellón 222
Benicàssim Castellón 223
Benidorm Alacant 207
Berà (Arco) Tarragona 477
Bera Navarra 378
Berceo (Gonzalo de) 86
Berlanga del Duero Soria 166
Berlanga (Luis García) 90
Bermejo (Bartolomé) 76
Bermeo Guipúzcoa 234
Bernardo del Carpio 378
Berruguete (Alonso) 78
Berruguete (Pedro) 78, 129
Besalú Girona 266
Betancuria Las Palmas 584
Betanzos La Coruña 405
Beteta (Hoz) 247
Béthencourt (Jean de) 557, 578
Betrén Lleida 396
Beyos (Desfiladero) 383
Bidasoa (Valle) 378
Bielsa Huesca 387
Bierzo (Landschaft) 186
Biescas Huesca 387
Bigarny/Vigarny (Felipe) 78, 167
BILBO/BILBAO *Vizcaya* 161
Binibèquer Balearen 550
Biniés (Hoz) Huesca 295
Blanes Girona 214
Blasco Ibáñez (Vicente) 88, 224, 502
Bocairent Valencia 106
Bofill (Ricardo) 83
Boí-Taüll (Wintersportort) Lleida 398
Boí (Valle) Lleida 397
Boixòls (Carretera del collado) Lleida 394
Bolea Huesca 292
Boltaña Huesca 387
La Bonaigua (Port) 396
Borgia (Adelsgeschlecht) 224
Borgoña (Juan de) 78
Bornos Cádiz 419
Borrassà, Lluis 76, 518
Bort (Jaime) 80
Bossòst Lleida 397
Bourbonen 81
Bravo (Juan) 444
Breda Girona 519
Broto Huesca 387
El Brull Barcelona 519
Bruselas (Hanequin de) 76
Bubión Granada 280
Buen Amor (Castillo) 427
Buñuel (Luis) 90
Bürgerkrieg 60
EL BURGO DE OSMA *Soria* 165

BURGOS *Burgos* 166
  Arco de Santa María 171
  Cartuja de Miraflores 171
  Casa del Cordón 172, 167
  La Dolina 172
  Hospital del Rey 172
  Iglesia de San Gil 172
  Iglesia de San Nicolás 172
  Museo de Burgos 171
  Museo de Telas medievales 170
  Museo Marceliano Santa María 172
  Plaza Mayor 172
  Real Monasterio de las Huelgas 169
  San Esteban (Museo del Retablo) 172
  Sima de los Huesos 172
Burgui Navarra 295
Bustamante (Bartolomé) 77, 111
Butrón (Castillo) 235
Buxu (Cueva) Asturien 112, 384

Cabárceno (Parque de la Naturaleza)
  Cantabria 432
CABAÑEROS (PARQUE NACIONAL) 27
Cabdella Lleida 395
Cabezudos 529
Cabo de Gata-Níjar (Parque Natural) 117
La Cabrera (Parque Nacional) 27
CÁCERES *Cáceres* 173
Cactus (Jardín) Las Palmas 581
Cadaqués Girona 210
Cadí (Túnel) 392
CÁDIZ *Cádiz* 176
  Hospital de Mujeres 180
  Iglesia de Santa Cruz 179
  Kathedrale 180
  Oratorio de San Felipe Neri 181
  Plaza de Mina 180
  Torre Tavira 181
Cala Gració Balearen 554
Cala Macarella Balearen 549
Cala Rajada Balearen 545
Cala Salada Balearen 554
Cala Santandria Balearen 549
Cala Savina Balearen 555
Cala Torre-saura Balearen 549
Cala Turqueta Balearen 549
Cala Vedella Balearen 554
Calahonda Granada 230
La Calahorra Granada 290
Calatañazor Soria 166
Calatrava la Nueva (Ordensburg)
  Ciudad Real 115
Calatrava (Ritterorden) 115
La Caldera de Taburiente (Parque Nacional)
  Santa Cruz de Tenerife 27, 587
Calderón de la Barca (Pedro) 88
Caldes de Boí Lleida 398
Calella de Palafrugell Girona 213
Los Callejones Cuenca 246
Camarín 79
Camariñas La Coruña 405
Cambados Pontevedra 408
Cambre La Coruña 205
CAMINO DE SANTIAGO 182
Camino Francés (Pilgerstraße) 184
Campaña (Pedro de) 78
Campanet (Cuevas) Balearen 544
Campo de Criptana Ciudad Real 32
Campoamor Alicante 102
Camprodon Girona 389
Camus (Mario) 90
Canalobre (Cuevas de) 106
CANARIAS (ISLAS) 556
Candanchú Huesca 388
Candelaria Santa Cruz de Tenerife 568
Candelario Salamanca 110
Canfranc (Estación) Huesca 388
Cangas de Narcea Asturien 239

Cangas de Onís *Asturien*	383
Canillo *Principat d'Andorra*	119
Cano (Alonso)	80, 269
Canogar (Rafael)	83
Cante jondo	299
Calp/Calpe	206
Cap Creus (Parque Natural)	211
Capdepera *Balearen*	545
Capileira *Granada*	280
Caravaca de la Cruz *Murcia*	360
Cardona *Barcelona*	468
Cardós (Valle) *Lleida*	396
Carducho (Vicente)	80
Cares (Gargantas)	384
Cares (Gargantas)	384
Carmona *Sevilla*	463
Carrasqueta (Puerto de la)	106
Carreño de Miranda (Maler)	80
Carrión de los Condes *Palencia*	185
Carta (Casa) *Santa Cruz de Tenerife*	567
Cartagena *Murcia*	359
Casa (Pas de la) *Principat d'Andorra*	119
Casado del Alisal (José)	82
Casals (Pablo)	91
Casament	551
Cäsar	308
Casares *Málaga*	227
Casas y Novoa *(Fernando)*	79, 310, 437
Casas (Bartolomé de las)	87
Casas (Ramón)	82
Casòs *Lleida*	397
Castañeda *Cantabria*	433
Castellar de la Frontera *Cádiz*	419
Castell de Ferro *Granada*	230
Castellfollit de la Roca *Girona*	267
Castelló d'Empúries *Girona*	211
Castelló de Tor *Lleida*	397
Castellón de la Plana *Castellón*	223
Castro (Rosalía de)	407
Castro Urdiales *Cantabria*	214
Castro (Guillén de)	88
Castropol *Asturien*	240
Cavallería (Cap) *Balearen*	550
Cazorla *Jaén*	188
CAZORLA (Sierra)	187
Cañas (Abadía) *La Rioja*	413
Cebreiro *Lugo*	187
Cedeira (Ría)	404
Cedeira *La Coruña*	404
Cela (Camilo José)	89
Celanova *Orense*	368
Celaya (Gabriel)	88
Celorio	237
Cenobio de Valerón *Las Palmas*	573
Centcelles (Mausoleo) *Tarragona*	477
La Centinela (Mirador) *Santa Cruz de Tenerife*	568
Cerdà (Ildefonso)	81, 140
Cernuda (Luis)	88
Cervantes (Miguel de)	87, 112, 516
Cervatos *Cantabria*	100
CEUTA	190
Chacón (Antonio)	299
Chiclana de la Frontera *Cádiz*	33
Chillida (Eduardo)	83
Chinchón *Madrid*	125
Chinin	125
Chipiona *Cádiz*	219
Chirino (Martín)	83
Chopin (Frédéric)	537
Churriguera *(José, Joaquín und Alberto)*	79, 425
El Cid	54, 86, 166, 167, 503
Cíes (Islas) *Pontevedra*	409
Cinco Villas Städtebund	378
Cirauqui *Navarra*	185
Cisneros (Kardinal)	488

Ciudad Encantada *Cuenca*	246
CIUDAD RODRIGO *Salamanca*	191
Ciutadella/Ciudadella *Balearen*	547
Clavijo (Schlacht)	434
Coaña *Asturien*	240
Coca (Castillo) *Segovia*	449
Coello (Claudio)	80
Collado del Almendral, Parque cinegético *Jaén*	188
Collegats (Desfiladero) *Lleida*	395
Combarro *Pontevedra*	408
Comillas *Cantabria*	216
Comuneros	56, 444
La Concepción (Mirador) *Santa Cruz de Tenerife*	587
Concepción (Finca) *Málaga*	347
Concha de Artedo *Asturien*	239
Conil de la Frontera *Cádiz*	220
Consuegra *Ciudad Real*	32
Corcubión *La Coruña*	405
CÓRDOBA *Córdoba*	193
Córdoba (Fernando de)	280
Coria *Cáceres*	399
Corias *Asturien*	239
Coronado (Francisco)	56
Corralejo *Las Palmas*	583
Cortés (Hernán)	56
A CORUÑA/LA CORUÑA *La Coruña*	202
COSTA BLANCA *Comunidad Valenciana*	205
COSTA BRAVA *Girona*	208
COSTA DE CANTABRIA	214
COSTA DE LA LUZ	216
Costa de la Muerte	405
COSTA DEL AZAHAR	221
COSTA DEL SOL	225
COSTA VASCA	230
COSTA VERDE	236
Costumbrismo	82
Coto Redondo (Mirador)	401
Los Cotos (Puerto)	287
Covadonga *Asturien*	384
Covarrubias (Alonso de)	77
COVARRUBIAS *Burgos*	240
Cremat	213
Creszenzi (Giovan Battista)	79
Los Cristianos *Santa Cruz de Tenerife*	568
Cruz de Tejeda *Las Palmas*	575
Cruz del Carmen (Mirador) *Santa Cruz de Tenerife*	566
Las Cruzes (Cuevas) *Las Palmas*	574
Cuacos de Yuste *Cáceres*	399
Cuatro Puertas *Las Palmas*	577
Cudillero *Asturien*	239
Cuéllar *Segovia*	30
Cuenca (Serranía)	246
CUENCA *Cuenca*	243
Cuervo-Quelle	247
Cuervo (Nacimiento)	247
Cueva de la Vieja *Albacete*	108
Cueva Pintada *Las Palmas*	573
Cuevas del Mar	237
Cuevita (Ermita) *Las Palmas*	576
Cullera *Valencia*	224
Cura (Santuario) *Balearen*	546
Curota (Mirador) *La Coruña*	407
Dalí *(Salvador)*	83, 210, 258, 259
Dalmau (Luis)	76, 503
DAROCA *Zaragoza*	247
Dau al Set (Künstlergruppe)	83
Deba *Guipúzcoa*	233
La Dehesa *Santa Cruz de Tenerife*	590
Deià *Balearen*	542
Delibes (Miguel)	89
Delta del Ebro (Parc Natural)	495

Denia *Alacant* 205
Des Colomer (Mirador) *Balearen* 544
Destorrents (Ramón) 76
Deusto *Vizcaya* 161
Devolutionskrieg 57
Devotas (Desfiladero de las) *Huesca* 387
Diego (Gerardo) 88
Doiras (Embalse) 240
Domènech i Montaner (Lluis) 82, 142
Domingo (Heiliger) 413
Domingo (Luis) 80
Don Carlos 283
Don Martín (Mirador)
 Santa Cruz de Tenerife 568
Don Quijote 112
DONOSTIA-SAN SEBASTIÁN *Guipúzcoa* . 248
Doñana (Parque Nacional) 27, 218
El Drach (Coves) *Balearen* 545
Drachenbaum 557
Dreißigjähriger Krieg 57
Duero-Verteidigungslinie 469
Dulce (Wein) 298
Duratón (Hoces) *Segovia* 380

E

*E*a *Guipúzcoa* 233
Eboli (Prinzessin) 283
Ebro *(Fuente)* 101
Ebro (Delta) *Tarragona* 494
Ebro (Schlacht am) 61, 494
Écija *Sevilla* 366
Egas (Enrique) 77
Eiffel (Gustave) 410
Eivissa/Ibiza *Balearen* 552
El Bosque *Cádiz* 420
El Greco 79, 487
El Rocío 219
Elantxobe *Guipúzcoa* 233
Elcano (Juan Sebastián) 56, 232
Elche *Alicante* 105
El Equipo 57 83
Elizondo *Navarra* 378
Elorrio *Vizcaya* 363
El Saler *Valencia* 224
Elx *Alicante* 105
Empordà (Ebene) 211
Empuriabrava *Girona* 211
Empúries *Girona* 212
En Porter (Cala) *Balearen* 550
En Xoroi (Coves) 550
Encierro 375
Encina (Juan del) 91
Engolasters (Estany) *Principat d'Andorra* . 119
Enol (Lago) 384
Envalira (Port d') *Principat d'Andorra* 119
Equipo Crónica 83
Erbfolgekrieg (Spanischer) 58
Ercina (Lago) 384
Erice (Victor) 90
Las Ermitas *Córdoba* 201
Escabas (Desfiladero del río) 247
L'Escala *Girona* 211
Escalar (Garganta) *Huesca* 388
Escipiones (Torre) *Tarragona* 477
EL ESCORIAL (Monasterio) 252
Escrivá de Balaguer, José María 134
Escunhau *Lleida* 396
Espera *Cádiz* 419
Espíndola *Santa Cruz de Tenerife* 587
Espíritu Santo (Ermita) 239
Espot *Lleida* 396
Espui *Lleida* 395
Esquivel (Vicente) 82
Estany Gran *Lleida* 102
Estany Negre *Lleida* 102
L'Estany *Barcelona* 519
ESTELLA *Navarra* 256

Estellencs *Balearen* 542
Estepa *Sevilla* 33
Estíbaliz (Santuario) 523
Etxalar *Navarra* 378
Eulogio (San) 295
Eunate *Navarra* 184
Exerzitien 232
Ezcaray *La Rioja* 413

F

*F*alange 60
Falla (Manuel de) 91
Fallas 503
Fataga (Barranco) *Las Palmas* 577
Fataga *Las Palmas* 577
Feijóo (Pater) 88
Feito (Luis) 83
Ferdinand III. von Kastilien,
 der Heilige (König) 482
Ferdinand VII. (König) 58
Fernández de Moratín (Leandro) 88
Fernández (Alejo) 78
Ferrant (Angel) 83
Ferrol (Ría) 404
Ferrol *La Coruña* 404
Figueras *Asturien* 240
FIGUERES *Girona* 258
Figueroa (Leonardo de) 80
Finisterre (Cabo) 405
Fino (Wein) 298
Firgas *Las Palmas* 572
Fisac (Miguel) 83
Fiscal *Huesca* 387
Fito (Mirador) 237
Flandes (Juan de) 77, 422
Floridablanca, Graf von 357
Forment (Damián) 78, 291
FORMENTERA *Balearen* 555
Formentor (Cap) 544
El Formigal (Estación de esquí) *Huesca* ... 388
Fornells *Balearen* 550
Fortuny (Mariano) 82
Fosca (Valle) *Lleida* 395
Foz (Ría) 404
Franco, Francisco
 (General) 60, 256, 343, 559
Franz von Borgia (Heiliger) 224
Franz Xaver (Heiliger) 428
Frómista *Palencia* 374
Fuentcaliente *Santa Cruz de Tenerife* 588
Fuendetodos *Zaragoza* 531
Fuengirola *Málaga* 228
Fuensanta (Santuario) 359
Fuente Dé *Cantabria* 382
Fuenterrabía *Guipúzcoa* 230
FUERTEVENTURA (Insel) *Las Palmas* 582

G

*G*aceo *Álava* 523
Gaitanes (Desfiladero de) *Málaga* 121
Gala Dalí (Castell) *Girona* 266
Gáldar *Las Palmas* 573
Gallego (Fernando) 76, 422, 425, 527
Gandía *Valencia* 224
Ganivet (Ángel) 88
Garachico *Santa Cruz de Tenerife* 567
Garajonay (Parque Nacional) 27, 589
Garci (José Luis) 91
García Lorca (Federico) 269
Garcilaso de la Vega 87, 88
A Garda *Pontevedra* 410
Gargallo (Pau) 82
La Garrotxa (Parque natural
 de la zona volcánica) *Girona* 267
Garrovillas *Cáceres* 176
Gaudí (Antoni) 82, 141, 142,
 151, 154, 186, 302

Gehry (Frank O.) 162
Genovés (Juan) 83
La Geria *Las Palmas* 579
La Geria 580
Germanías (Aufstand der) 56
Gernika *Guipúzcoa* 233
Gernika (Ría) 233
GERONA/GIRONA *Girona* 262
Getaria *Guipúzcoa* 232
Getxo *Guipúzcoa* 235
GIBRALTAR (Estrecho) 261
Los Gigantes (Acantilados/Klippen)
    Santa Cruz de Tenerife 567
Gigantes 529
Gijón *Asturien* 238
Gil Blas 441
GIRONA/GERONA *Girona* 262
Gistaín (Valle) 387
Gistaín *Huesca* 387
Godoy (Manuel) 123, 130, 131
Gofio 558
El Golfo *Las Palmas* 581
El Golfo *Santa Cruz de Tenerife* 590
LA GOMERA (Insel) 588
Gómez de Mora (Juan) 79
Góngora (Luis de) 87, 193
González (Felipe) 61
González (Fernán) 240
González (Julio) 83, 512
Gonzalo Fernández de Córdoba 193
Gorliz *Guipúzcoa* 235
Gormaz (Castillo) 166
Goya (Francisco de) 82, 531
Goytisolo (Juan) 89
GRAN CANARIA (Insel) 569
Gran Capitán 193
Gran Rey (Valle) 589
Gran Taraja *Santa Cruz de Tenerife* 584
GRANADA *Granada* 268, 269, 278
    Albaicín 278
    Alcaicería 277
    Alhambra 272, 274
    Antiguo Ayuntamiento 277
    Baños árabes 278
    Capilla Real 277
    Carmen de los Mártires 279
    Cartuja 277, 278
    Corral del Carbón 277
    Generalife 276
    Gran Via de Colón 269
    Hospital Real 279
    Huerta de San Vicente 269
    Monasterio de San Jerónimo 278
    Museo Arqueológico 279
    Parque de las Ciencias 279
    Plaza Nueva 269
    Sacromonte 279
    San Juan de Dios 278
Granados (Enrique) 91
Grandas de Salime *Asturien* 240
La Granja de San Ildefonso (Palacio)
    Segovia 288, 448
Es Grau *Balearen* 550
Graus *Huesca* 135
Grazalema *Cádiz* 420
El Greco 484, 488
GREDOS (Sierra) *Ávila* 281
Gris (Juan) 83
O Grove *Pontevedra* 408
GUADALAJARA *Guadalajara* 282
Guadalest *Alacant* 207
Guadalete (Schlacht am) 54
GUADALUPE *Cáceres* 283
Guadamur *Toledo* 493
GUADARRAMA (Sierra) 286
GUADIX *Granada* 289
Guanchen 557

Guardamar del Segura *Alicante* 102
Guas (Juan) 77
Guatiza *Las Palmas* 581
Güell, (Eusebi) 142
Guía *Santa Cruz de Tenerife* 560
Guillén (Jorge) 88
Güimar *Santa Cruz de Tenerife* 568
Guisando (Toros de) 281
Guixart (Modest) 83
Gutiérrez Aragón (Manuel) 90
Gutiérrez Solana (José) 83

H
acho (Monte) *Ceuta* 190
Haes (Carlos de) 82
Els Hams (Coves) *Balearen* 545
Hannibal 224, 421
Hans von Köln 167
Haría *Las Palmas* 582
Haro *La Rioja* 412
Hecho (Valle de) *Huesca* 295
Hecho *Huesca* 295
Hernández (Gregorio) 80
Hernández (Miguel) 88
Herrera d. Ä. (Francisco) 451
Herrera d. J. (Francisco) 79
Herrera (Juan de) 78, 253, 491
Hervás *Cáceres* 110
Los Hervideros *Las Palmas* 580
Hicham II. 193
HIERRO (Insel) 590
Higuer (Cabo) 231
Hilario (Islote) *Las Palmas* 580
Hío *Pontevedra* 409
Hispanidad 284
Hita (Erzpriester Juan Ruiz de) 86
Hoces 246
Hondarribia *Guipúzcoa* 230
Hontañon (Rodrigo Gil de) 77
Hornos *Jaén* 189
Hosius (Bischof) 193
Huécar (Hoz) 246
Huelva *Huelva* 216
Huerta 360, 503
HUESCA *Huesca* 290
Huguet (Jaume) 76, 152, 158
Humboldt (Mirador) 567
Las Hurdes *Cáceres* 109
Hurtado (Francisco) 80

I
BIZA (Insel) *Balearen* 551
Iciar *Guipúzcoa* 233
Icod de los Vinos
    Santa Cruz de Tenerefe 567
Igantzi *Navarra* 378
Loyola, Ignatius von (Heiliger) 232
Infantas (Fernando de las) 91
Ingenio *Las Palmas* 577
Inquisition 55
Internationaler Stil 155
Iregua (Valle) 415
La Iruela *Jaén* 188
Irún *Guipúzcoa* 231
IRUNA *Navarra* 374
Isaba/Izaba *Navarra* 295
Isabella die Katholische 444
Isabella von Portugal 171
Isla Canela *Huelva* 216
Isla Cristina *Huelva* 216
Itálica *Sevilla* 463

J
ACA *Huesca* 292
Jacomart 503
JAÉN *Jaén* 296
    Iglesia de la Magdalena 297

Iglesia de San Ildefonso	297
Museo Provincial	297
Real Monasterio de Santo Domingo	297
Jaizkibel (Gipfel)	231
Jakob I. von Aragonien (König)	535
Jakobsweg	182, 256, 302, 428
Jakobus d. Ä.	434
Jameos del Agua *Las Palmas*	582
Jandía (Península)	
Santa Cruz de Tenerife	584
Janubio (Salinas) *Las Palmas*	581
Jarandilla de la Vera *Cáceres*	399
Jardin Botànic del Cap Roig *Girona*	213
Jardín botánico de Marimurtra *Girona*	214
Jardín Canario *Las Palmas*	575
Játiva *Valencia*	225
Jávea/Xàbia *Alacant*	205
Javier (Castillo)	428
JEREZ DE LA FRONTERA *Cádiz*	298
Jerez de los Caballeros *Badajoz*	524
Jesuitenorden	428
Jijona *Alicante*	106
Jimena de la Frontera *Cádiz*	419
Jiménez (Juan Ramón)	88, 218
Johanna die Wahnsinnige	517
Johannes vom Kreuz (Hl.)	87
Johannes von Gott (Heiliger)	190, 278
Joli (Gabriel)	479
Jovellanos (Gaspar Melchor de)	88, 238
Juan II. (König)	171
Juan Carlos I.	61
Juan de Austria (Don)	280, 399
Juan Manuel (Don)	106, 108
Juanes (Juan de)	78, 106, 223
Júcar (Hoz)	246
Júcar (Garganta)	246
Juden	262, 481
Jujol (Josep Maria)	82
Julian von Cuenca (Heiliger)	245
Julióbriga (Ruinas) *Cantabria*	100
Juni (Juan de)	78
Juviles *Granada*	281
KANARISCHE INSELN	556
Kane (engl. Gouverneur)	547
Karl I. von Spanien	
und V. von Deutschland	56
Karl II.	57
Karl III.	58
Karl IV.	58, 123
Karl V.	399
Karlistenkrieg, Erster	58, 362
Karneval von Teneriffa	563
Karthager	359, 552
Katalonische Pyrenäen	389
Katharina von Aragón	111
Katholische Könige	55, 172, 269, 277, 513,
Keramik	510
Köln (Hans von)	76
Köln (Simon von)	77
Kolumbus (Christoph)	56, 217, 409, 570
Kelten	400
Kristallglas	288
La Isla *Asturien*	237
La Salle (Gadifer de)	557, 578
Lagartera *Toledo*	472
Laguardia *Álava*	412
Laguna Grande *Ávila*	282
La Laguna *Santa Cruz de Tenerife*	561
Laguna Negra de Urbión *Soria*	471
Laguna Negra de Neila *Burgos*	471

Lagunas de Ruidera *(Parque Natural)*	115
La Herradura *Granada*	229
Laida (Playa) *Vizcaya*	233
Lanjarón *Granada*	280
LANZAROTE (Insel)	578
Laredo *Cantabria*	214
Larra (Mariano José de)	88
Larrés *Huesca*	293
Lastres *Asturien*	237
Lekeitio *Guipúzcoa*	233
LEÓN *León*	302
Lepanto (Schlacht von)	57
Lerma (Herzog)	242
Lerma *Burgos*	242
Lesaka *Navarra*	378
Leyre (Monasterio) *Navarra*	184
LEYRE (Monasterio) *Navarra*	306
Limpias *Cantabria*	214
Lizarraga (Puerto)	258
LIZARRA *Navarra*	256
Llánaves de la Reina *León*	382
Llanes *Asturien*	237
Los Llanos de Aridane	
Santa Cruz de Tenerife	587
Llanos (Fernando de)	78
Llavorsí *Lleida*	396
Llerena *Bajadoz*	524
Llesba (Mirador)	382
Llesui (Valle) *Lleida*	396
Llívia *Girona*	393
Lloret de Mar *Girona*	214
Loarre (Castillo) *Huesca*	292
Lobeira (Mirador)	408
Logroño *La Rioja*	411
López (Antonio)	83
Lorca *Murcia*	360
Luanco *Asturien*	238
Luarca *Asturien*	239
Lucanus (Marcus)	86, 193
Lucas (Eugenio)	82
Ludwig Salvator (Erzherzog)	537
Lugo (Alonso Fernández de)	557
LUGO *Lugo*	310
Luis de Granada (Fray)	87
Luis de León (Fray)	87, 160, 422
Luján Pérez (José)	570
Lullus (Raimundus)	537
Lumbier (Hoz)	308
Machado (Antonio)	88, 470
Machichaco (Faro)	235
Macho (Victorio)	83
Machuca (Pedro)	77
Macip (Juan Vicente)	78, 223
Madrazo (Federico de)	82
MADRID *Madrid*	312
Alonso Martínez	314
Arco de Cuchilleros	330
Auditorio Nacional	317
Ayuntamiento (Rathaus)	331
Barrio de Oriente	335
Bus	314
Campo del Moro	335
Casa de Campo	339
Casa de Cisneros	331
Casa de la Panadería	330
Casón del Buen Retiro	327
Chueca	314
Ciudad Universitaria	339
Edificio España	339
Eisenbahn (RENFE)	313
Faro de la Moncloa	340
Flughafen	313
Huertas	314
Iglesia Arzobispal Castrense	332
Iglesia de San Francisco el Grande	332
Iglesia de San Isidro	333

Entry	Page
Iglesia de San Pedro	332
Iglesia Pontificia de San Miguel	330
Imax	317
Jardín Botánico	334
Jardines de las Vistillas	332
Jardines de Sabatini	335
Lavapies	314
Malasaña	314
Monasterio de las Descalzas Reales	338
Museo Arqueológico Nacional	340
Museo Cerralbo	339
Museo de América	339
Museo de la Ciudad	342
Museo del Ejército	341
Museo del Ferrocarril	342
Museo del Prado	317, 334
Museo Lázaro Galdiano	341
Museo Municipal	342
Museo Nacional Centro de Arte Reina Sofía	329, 334
Museo Nacional de Artes Decorativas	341
Museo Nacional de Ciencia y Tecnología	342
Museo Naval	341
Museo Romántico	342
Museo Sorolla	342
Museo Thyssen-Bornemisza	327, 333
Nuestra Señora de la Almudena	335
Palacio de Buenavista	312
Palacio de Liria	312
Palacio de Santa Cruz	333
Palacio Real	335
Parque Biológico de Madrid	343
Parque de Atracciones	339
Parque del Buen Retiro	334
Parque del Oeste	339
Paseo del Prado	332, 333
Plaza de Cibeles	333
Plaza de Colón	341
Plaza de España	339
Plaza de la Paja	332
Plaza de la Villa	331
Plaza de Oriente	335, 338, 330
Plaza Monumental de las Ventas	312, 342
Plazuela del Cordón	332
Puerta de Alcalá	334
Puerta del Sol	333
Rastro	333
Real Academia de Bellas Artes de San Fernando	341
Real Monasterio de la Encarnación	338
Salamanca	314
San Antonio de la Florida	342
Taxis	314
Teatro de la Zarzuela	317
Teatro Real	317, 338
Templo de Debod	339
Torre de los Lujanes	331
Torre de Madrid	339
U-Bahn	314
Viejo Madrid	330
Zona AZCA	317
Zoo	339
Madroa (Mirador)	409
El Maestrazgo	356
Magellan	450
Maimonides	193
MÁLAGA *Málaga*	344
Mallorca (Königreich)	535
Mallorca (Malerschule)	536
MALLORCA (Insel)	535
Mallos *Huesca*	292
Malocello (Lanceloti)	557
Malpartida de Cáceres *Cáceres*	175
Malpica de Bargantiños *La Coruña*	405
La Manga del Mar Menor *Murcia*	360
Manises *Valencia*	510
Manrique (César)	190, 579, 580
Manrique (Jorge)	86
Manzanares el Real *Madrid*	287
Maó/Mahón *Balearen*	549
Mar Menor *Murcia*	359
MARAGATOS	186
Maravillas (Gruta de las) *Huelva*	121
Marbella *Málaga*	228
Marcilla (Diego de)	479
Marías (Javier)	89
Marienwunder	528
Marín *Pontevedra*	409
Son Marroig *Balearen*	542
Martel (Edouard)	545
Martínez Montañéz (Juan)	80, 451
Martorell (Bernardo)	155
Martorell (Bernat)	76
Martorell (José María)	83
Masca *Santa Cruz de Tenerife*	567
Maspalomas *Las Palmas*	577
Matamoros	434
Matanza de Acentejo *Santa Cruz de Tenerife*	567
Mateo, Meister	437
Mayor (Cabo) *Cantabria*	432
Mazagón *Huelva*	218
Mecina Bombarón *Granada*	281
El Médano *Santa Cruz de Tenerife*	568
Medes (Islas)	212
Medina Azahara *Córdoba*	200
Medina de Rioseco *Valladolid*	517
Medina del Campo *Valladolid*	517
Medina Sidonia *Cádiz*	182
Medina Sidonia (Herzog)	348
Las Médulas *León*	187
Megalithen	547
Meister Bartolomé de Jaén	297
Meister von La Seu d'Urgell	155
MELILLA	348
Mena (Pedro de)	80, 269
Mendez (Diego)	256
Mendoza (Adelsgeschlecht)	282
Mendoza (Eduardo)	89
Mendoza, Pedro González de (Kardinal)	282
Mendoza (Castillo) *Álava*	523
Menéndez Pidal (Ramón)	88
Menéndez y Pelayo (Marcelino)	431
Menga (Dolmen) *Málaga*	120
Mengs (Anton Raphael)	82
MENORCA (Insel)	546
Mercadal *Balearen*	550
Las Mercedes (Monte) *Santa Cruz de Tenerife*	566
MÉRIDA *Bajadoz*	348
Meritxell (Santuari de) *Principat d'Andorra*	119
Mesa (Juan de)	451
La Mesta	469
Meyer (Richard)	151
Mies van der Rohe (Ludwig)	155
Mijas *Málaga*	228
Millares (Manuel)	83
Minas de Riotinto *Huelva*	122, 123
Mini-Hollywood *Almería*	118
Miraflores de la Sierra *Madrid*	287
Mirambel *Teruel*	356
Miranda del Castañar *Salamanca*	111
Miró (Joan)	83, 329
Mocárabes	272
Modernismo	82, 137
Mogán *Las Palmas*	577
Mogarraz *Salamanca*	111
Moguer *Huelva*	218
Mojácar *Almería*	118
La Mola (Faro)	555
Molina (Tirso de)	479
La Molina (Estación de esquí)	392
Molló *Girona*	389
Mombeltrán *Ávila*	282

Mondoñedo *Lugo* 404
Monfragüe (Parque Natural)
    Cáceres 399
Montaña de la Sal *Barcelona* 468
Montañas del Fuego (Parque Nacional)
    Lanzarote 580
MONTBLANC *Tarragona* 351
Monte Aragón (Monasterio) 291
Monte Perdido *Huesca* 387
Montijo, Eugenia de 269
Montilla-Moriles 195
Montseny (Sierra) 519
Montseny (Parc natural) 519
Montserrat (Sierra) *Barcelona* 159
Montserrat (Monestir) 159
Monturiol (Narcís) 258
Mora (Francisco de) 502
Morales (Luis de) 79, 176
Morales (Cristobal de) 91
Morcuera (Puerto) 287
MORELLA *Castellón* 356
Morisken 280
Moro (Antonio, Anthonis Mor) 79
Motril *Granada* 230
Moya *Las Palmas* 573
Los Muchachos (Roque)
    Santa Cruz de Tenerife 586
Mudéjarstil 451, 482
Mulhacén (Pico) 281
Mundo (Quelle des Río) 109
Muntadas (Juan Federico) 385
Els Munts (Villa romana) *Tarragona* 477
Mur (Ramón de) 155, 518
MURCIA *Murcia* 357
Muriedas *Cantabria* 432
Murillo (Bartolomé Esteban) 80, 181, 451
Muro *Balearen* 544
Muros *La Coruña* 406
Mutriku *Guipúzcoa* 233

Nájera *La Rioja* 414
La Nao (Cap) 206
Napoleon 58, 123
Naranjo de Bulnes 384
Nargó (Coll) 394
Narváez (General) 503
Nasriden 268
Navacerrada (Puerto) 287
Navarra (Königreich) 414
Navas de Tolosa (Schlacht bei) 55
Navetas 547
Navia (Valle) *Asturien* 240
Necrópolis de la Guancha *Las Palmas* 573
Nerja (Cueva) 229
Nerja *Málaga* 229
Nevada (Sierra) 279
Las Nieves (Santuario)
    Santa Cruz de Tenerife 587
Nieves (Pozo) *Las Palmas* 575
Nijar *Almería* 118
Nimwegen (Frieden von) 57
Noia *La Coruña* 406
Nonell (Isidro) 82
Nopal 557
Nuestra Señora de la Bien
    Aparecida (Santuario) 215
Nuestra Señora de Lebeña *Cantabria* 380
Nuestra Señora de Lluc (Monasterio)
    Balearen 543
Nuestra Señora de los Reyes (Ermita)
    Santa Cruz de Tenerife 590
Nuestra Señora del Rocío 219
Nuévalos *Zaragoza* 385
Numancia (Ruinas) *Soria* 471
Nuria (Valle) *Girona* 392
Núñez de Balboa (Vasco) 56

Oca (Pazo) *La Coruña* 440
Oia *Pontevedra* 409
Oliana (Embalse) *Lleida* 394
OLIBA (ABAD) 392
OLITE *Navarra* 360
La Oliva *Las Palmas* 583
Oliva (Monasterio) 362
Olivenza *Badajoz* 130
Oller (Narciso) 82
Oloroso (Wein) 298
Olot *Girona* 267
Olvera *Cádiz* 419
Oma (Bosque) 233
Omaijaden 193
Ondarroa *Guipúzcoa* 233
Opus Dei 134
Orangenkrieg 131
Orcera *Jaén* 189
Orchilla (Punta) 590
Ordesa y Monte Perdido
    (Parque Nacional) 27
ORDESA Y MONTE PERDIDO
    (Parque Nacional) 363
Ordino *Principat d'Andorra* 119
Ordoñez (Bartolomé) 78
Orduña (Puerto) 524
Orellana (Francisco de) 496
ORENSE *Orense* 367
Orihuela *Alicante* 358
Oriol Bohigas (José) 83
Oropesa *Toledo* 472
La Orotava *Santa Cruz*
    de Tenerife 559, 565
La Orotava (Valle) *Las Palmas* 567
Ortega y Gasset (José) 88
Orteiza (Jorge) 83
Ortigueira *La Coruña* 404
Oseira (Monasterio de Santa María
    la Real de) *Orense* 368
Oseja de Sajambre (Mirador) 383
Osona d. Ä. (Rodrigo) 503
OSUNA *Sevilla* 365
OURENSE *Orense* 367
OVIEDO *Asturien* 369
Oza (Selva de) *Huesca* 295
OÑATI *Guipúzcoa* 362

Pacheco (Francisco) 451
Padilla (Juan de) 444, 481
Padrón *La Coruña* 407
Pájara *Las Palmas* 584
PALENCIA *Palencia* 373
Palencia (Benjamin) 83
Palma de Mallorca *Balearen* 537
LA PALMA (Insel)
    Santa Cruz de Tenerife 585
El Palmar (Valle) *Santa Cruz*
    de Tenerife 567
El Palmar *Valencia* 224
Las Palmas de Gran Canaria *Las Palmas* . 569
Palmitos Park *Las Palmas* 577
Palos de la Frontera *Huelva* 218
Pals *Girona* 212
Pampaneira *Granada* 280
PAMPLONA *Navarra* 374
Panderruedas (Puerto) 382
Pandetrave (Puerto) 382
Panes 380
Panticosa (Balneario) *Huesca* 388
Pantoja de la Cruz 79
Panxón *Pontevedra* 409
Papagayo (Punta) *Las Palmas* 581
El Pardo *Madrid* 343
Paredes (Diego García de) 496
Parsifal 159

Pasai Antxo *Guipúzcoa*	232
Pasai Donibane *Guipúzcoa*	232
Pasai San Pedro *Guipúzcoa*	232
Pasaia/Pasajes *Guipúzcoa*	232
Pasos	80, 358, 525
Pastor Díaz, Nicomedes	404
Pastrana *Guadalajara*	283
Paterna *Valencia*	510
El Paular *Madrid*	287
PEDRAZA DE LA SIERRA *Segovia*	379
Pedrell (Felipe)	91
La Pedrera	142
Pedriza (Sierra)	287
Don Pelayo	384
Peña Cabarga	215
Peñalba de Santiago *León*	186
Peñas (Cabo)	238
Penyal d'Ifac/Peñón de Ifach *Alacant*	206
Pere Johan	476
Pereda (José María de)	88
Pérez Galdós (Benito)	88, 571
Pérez (Juan)	217
Peter der Grausame (König)	517
Peter I. von Aragonien	290
Peña de Francia (Sierra)	109
Peñafiel *Valladolid*	516
Peñaranda de Duero *Burgos*	165
Peñíscola *Castellón*	222
Philipp II.	56, 252, 280, 312
Philipp III.	57, 312, 343
Philipp IV.	57, 513
Philipp V.	58, 280, 288
Phokäer	212
Picasso (Pablo)	82, 233
Pico (Puerto) *Ávila*	282
Pico del Inglés (Mirador) *Santa Cruz de Tenerife*	566
Pico del Teide (Parque Nacional) *Santa Cruz de Tenerife*	559
Picón	578
PICOS DE EUROPA (Parque Nacional)	380
PIEDRA (Monasterio)	385
Piedrafitas (Mirador)	382
El Pilar de la Mola *Balearen*	555
Pileta (Cueva)	418
Pinazo (Ignacio)	82
Pineta (Valle de) *Huesca*	387
Pinsapos	419
Pintaderas	570
Pinzón (Martín Alonso)	218, 409
PIRINEOS ARAGONESES	385
PIRINEOS CATALANES	389
Pizarro (Francisco)	56, 496
Plan *Huesca*	387
PLASENCIA *Cáceres*	398
Playa América *Pontevedra*	409
Playa Blanca de Yaiza *Las Palmas*	581
Playa de los Genoveses (Almería)	117
Playa de Monsul (Almería)	117
Playa del Inglés *Las Palmas*	577
Plentzia *Guipúzcoa*	235
Pobla de Segur *Lleida*	395
Poblet (Monasterio) *Tarragona*	352
Pollença *Balearen*	544
Polop *Alacant*	207
Pompejus	308
Ponferrada *León*	186
El Pont de Suert *Lleida*	397
PONTEVEDRA *Pontevedra*	399
Pontón (Puerto)	383
Porqueres *Girona*	266
Port Aventura *Tarragona*	477
Port d'Alcúdia *Balearen*	544
Port d'Andratx *Balearen*	542
El Port de la Selva *Girona*	208
El Port de Llançà *Girona*	208
Port de Pollença *Balearen*	544

Port de Sóller *Balearen*	542
Port des Torrent *Balearen*	554
Portalet (Pico) *Huesca*	388
Portarró d'Espot *Lleida*	102
El Portillo	559
Portinatx *Balearen*	554
Portlligat *Girona*	210
Portomarín *Lugo*	187
Portugalete *Vizcaya*	161
El Postiguet *Alicante*	102
Potes *Cantabria*	380
PRIEGO DE CÓRDOBA *Córdoba*	402
Priesca *Asturien*	237
Primo de Rivera (José Antonio)	60
Primo de Rivera (Miguel)	60
Proust (Joseph Louis)	447
Púbol *Girona*	266
PUEBLA DE SANABRIA *Zamora*	402
Pueblos Blancos	419
El Puente del Arzobispo *Toledo*	472
Puente la Reina *Navarra*	184
Puente Viesgo *Cantabria*	433
Puerto Banús *Málaga*	228
Puerto de Cruz Grande *Las Palmas*	577
Puerto de la Cruz *Santa Cruz de Tenerife*	564
Puerto de las Nieves *Las Palmas*	575
Puerto de Mogán *Las Palmas*	577
El Puerto de Santa María *Cádiz*	219
Puerto de Tazacorte *Santa Cruz de Tenerife*	588
Puerto del Rosario *Las Palmas*	583
Puerto Naos *Santa Cruz de Tenerife*	588
Puerto Rico *Las Palmas*	577
Puig de Missa *Balearen*	554
Puig de Molins *Balearen*	553
Puig i Cadafalch (Josep)	142
Puig Major *Balearen*	535
Puig *Valencia*	512
Puigcerdà *Girona*	393
Punta Cumplida *La Palma*	586, 587
Punta Umbria *Huelva*	216
Purullena *Granada*	289
Pyrenäenfrieden	57

Quesada *Jaén*	188
Quevedo (Francisco de)	87
Quintanilla de las Viñas *Burgos*	243

La **R**ábida *Huelva*	217
Las Raíces *Santa Cruz de Tenerife*	559
Ramiro I.	434
Ramiro II.	290
Los Realejos *Santa Cruz de Tenerife*	567
Regoyos (Dario)	82
Reina (Mirador)	384
Reinosa *Cantabria*	100
Reixac (Juan)	503
Republik (1.)	60
Republik (2.)	60
El Retamar *Santa Cruz de Tenerife*	567
Retortillo *Cantabria*	100
RÍAS ALTAS	403
RÍAS BAJAS	406
Rías	50, 230, 237, 546
Ribadeo (Ría)	404
Ribadeo *Lugo*	404
Ribadesella *Asturien*	237
Ribagorza (Grafschaft) *Huesca*	134
Ribalta (Francisco)	80, 511
Ribas de Sil (Monasterio de San Estevo) *Orense*	369
Ribeira *La Coruña*	406
Ribera (José)	80, 225, 365
Ribera (Landschaft)	498

Ribera (Pedro de) 79
Ribes de Freser *Girona* 392
Ricardo Roca (Mirador) *Balearen* 542
Riglos *Huesca* 292
Río Lobos (Cañón) 165
El Río (Mirador) *Las Palmas* 582
Riofrío (Palacio) *Segovia* 448
LA RIOJA 410
Rioja (Balcón) 412
Ripoll *Girona* 391
Roda de Isábena *Huesca* 135
Rodrigo (Joaquín) 91
Roelas (Juan de) 451
Rojas (Fernando de) 87
Rolandslied 262, 378
Römer 193, 349, 473, 481
El Romeral (Dolmen) *Málaga* 120
Romero (Francisco) 416
Romero (Pedro) 416
Romero de Torres (Julio) 200
Roncal (Valle) *Navarra* 295
Roncal *Navarra* 295
Roncesvalles *Navarra* 378
Ronda (Schule des Stierkampfs) 416
RONDA *Málaga* 415
Rosales (Eduardo) 82
Roses/Rosas *Girona* 211
Rota *Cádiz* 219
Rubicón *Las Palmas* 581
Rueda (Lope de) 87
Rusiñol (Santiago) 82, 465, 466
Ryswick (Frieden von) 58

Sa Calobra *Balearen* 543
Sabatini (Francisco) 82
Sabinosa *Santa Cruz de Tenerife* 590
Sabiñánigo *Huesca* 293
Saelices *Cuenca* 502
Sáenz de Oíza (Francisco Javier) 83
Safari Madrid 281
S'Agaró *Girona* 213
Sagunto *Valencia* 224
SALAMANCA *Salamanca* 421
  Barrio de San Benito 422
  Casa de las Conchas 423
  Casa de las Muertes 422
  Catedral Nueva 425
  Catedral Vieja 426
  Clerecía 423
  Colegio de Anaya 425
  Convento de las Dueñas 427
  Convento de las Úrsulas 422
  Convento de San Esteban 426
  Escuelas Menores 425
  Hospital del Estudio 425
  Iglesia de la Purísima Concepción 422
  Iglesia de San Martín 427
  Museo de Art Nouveau y Art Déco 426
  Museo Unamuno 424
  Palacio de Fonseca 427
  Palacio de Monterrey 422
  Patio de las Escuelas 422, 424
  Torre del Clavero 427
Salardú *Lleida* 396
Salime (Embalse) 240
Salinas de Añana *Álava* 523
Salinas *Asturien* 239
Salinas (Francisco de) 91
Sallent de Gállego *Huesca* 388
Salobreña *Granada* 230
Salvatierra (Castillo) *Ciudad Real* 115
Salzillo (Francisco) 80, 357
San Andrés *Santa Cruz de Tenerife* 566
San Antonio Abad *Balearen* 553
San Augustín *Las Palmas* 577
San Bartolomé de Tirajana *Las Palmas* ... 577
San Bartolomé *Las Palmas* 577
San Baudelio de Berlanga *Soria* 166

San Carlos del Valle *Ciudad Real* 115
San Cebrián de Mazote *Valladolid* 527
San Fernando *Cádiz* 181
San Glorio (Puerto) 382
San Ignacio de Loyola (Santuario)
  Guipúzcoa 232
San Javier *Murcia* 360
San José *Almería* 117
San José (Grutas) 223
San Juan *Alicante* 102
San Juan (Pantano) 281
San Juan de Busa (iglesia) *Huesca* 293
San Juan de Gaztelugache (Peñón)
  Vizcaya 235
San Juan de la Peña (Monasterio)
  Huesca 184, 294
San Marcial (Ermita) 231
San Marcos *Santa Cruz de Tenerife* 567
San Martín de Castañeda *Zamora* 403
San Martín de Mondoñedo (Iglesia) 404
San Martín de Valdeiglesias *Madrid* 281
San Martín del Castañar *Salamanca* 111
San Mateo (Vega) *Las Palmas* 575
San Miguel de Aralar (Santuario)
  Navarra 377
San Miguel de Escalada *León* 306
San Miguel de Lillo *Asturien* 372
San Millán de la Cogolla *La Rioja* 414
San Nicolás de Tolentino *Las Palmas* 575
San Nicolás *Santa Cruz de Tenerife* 588
San Pedro de Alcántara *Málaga* 227
San Pedro de Cardeña *Burgos* 167
San Pedro de la Nave *Zamora* 526
San Pedro de Lárrede (Iglesia) *Huesca* ... 293
San Sebastián de la Gomera
  Santa Cruz de Tenerife 588
SAN SEBASTIÁN-DONOSTIA *Guipúzcoa* . 248
San Vicente de la Barquera *Cantabria* 216
San Vicente (Puerto) 286
Sanabria (Lago) *Zamora* 403
Sanabria (Valle) *Zamora* 403
Sánchez Coello (Alonso) 79
Sánchez (Alberto) 83
Sand (George) 537, 542
Sangüesa *Navarra* 184
SANGÜESA *Navarra* 427
Sanlúcar de Barrameda *Cádiz* 219
Sant Antoni (Cap) 205
Sant Antoni de Portmany *Balearen* 553
Sant Antoni (Pantá) 395
Sant Carles *Balearen* 554
Sant Cugat del Vallès (Monasterio)
  Barcelona 157
Sant Feliu de Guíxols *Girona* 213
Sant Francesc *Balearen* 555
Sant Joan d'Isil *Lleida* 396
Sant Joan de Caselles
  Principat d'Andorra 119
Sant Joan de les Abadesses *Girona* 391
Sant Lluís *Balearen* 550
Sant Maurici (Estany/Lago) *Lleida* 102
Sant Pere de Rodes (Kloster) *Girona* 208
Sant Salvador (Monasterio) *Balearen* 546
Sant Sebastià (Far) 213
Santa Brígida *Las Palmas* 575
Santa Catalina (Castillo) 297
Santa Comba de Bande *Orense* 368
Santa Cristina de Lena (Iglesia) 372
Santa Cruz de la Palma
  Santa Cruz de Tenerife 585
Santa Cruz de la Serós *Huesca* 184, 294
Santa Cruz de Tenerife
  Santa Cruz de Tenerife 563
Santa Eulalia de Bóveda *Lugo* 311
Santa Eulalia del Río *Balearen* 554
Santa Galdana (Cala) *Balearen* 550

Entry	Page
Santa Lucía *Las Palmas*	577
SANTA MARÍA DE HUERTA (Monasterio) *Soria*	429
Santa María de Iranzu (Monasterio)	258
Santa María del Naranco *Asturien*	372
Santa Pau *Girona*	267
Santa Pola *Alicante*	102
Santa Tecla (Monte)	410
Santa María de Obarra (Monasterio)	135
SANTANDER *Cantabria*	430
Santes Creus (Monasterio) *Tarragona*	354
SANTIAGO DE COMPOSTELA *La Coruña*	434
Santiago de la Ribera *Murcia*	360
Santiago del Teide *Santa Cruz de Tenerife*	567
Santiago-Pontones *Jaén*	189
Santiago (Ritterorden)	502
SANTILLANA DEL MAR *Cantabria*	441
Santillana (Marquis von)	86, 282, 440
Santimamiñe (Cuevas)	233
Santo Domingo de la Calzada *La Rioja*	413
Santo Domingo de Silos *Burgos*	241
Santo Toribio de Liébana (Monasterio)	381
Santoña *Cantabria*	215
Santos (Luis Martín)	89
Santurtzi *Vizcaya*	161
Sanxenxo *Pontevedra*	408
Sanz de Sautuola (Marcelino de)	443
El Sardinero *Cantabria*	432
Sarmiento (Piedro)	400
Sarzol *Asturien*	240
Los Sauces *Santa Cruz de Tenerife*	587
Saura (Antonio)	83
Saura (Carlos)	90
Scipio Africanus	224
Segóbriga *Cuenca*	502
Segorbe *Castellón*	223
SEGOVIA *Segovia*	444
Acueducto Romano	445
Alcázar	446
Alhóndiga	445
Capilla de la Vera Cruz	448
Casa de los Picos	445
Casa del Conde Alpuente	445, 446
Convento de Santa Cruz	448
Iglesia de la Trinidad	447
Iglesia de San Esteban	447
Iglesia de San Juan de los Caballeros	447
Iglesia de San Lorenzo	448
Iglesia de San Millán	448
Iglesia de San Sebastián	448
Monasterio de El Parral	448
Museo Esteban Vicente	445
Museo Zuloaga	447
Palacio de los Condes de Cheste	448
Palacio de Lozoya	448
Palacio del Marqués de Quintanar	448
Palacios de los Marqueses de Moya	448
Plaza de los Condes de Cheste	448
Plaza de San Martín	445, 446
Segovia (Andrés)	91
Segura de la Sierra *Jaén*	189
Segura (Isabel de)	479
Seneca d. Ältere	86, 193
Seneca (Philosoph)	86, 193
Seo de Urgel *Lleida*	393
Sephardim	200
Sepúlveda *Segovia*	379
Serra, Junípero (Fray)	537
Serrablo *Huesca*	293
Serra (Jaume)	76
Serra (Pere)	76, 393
Sert (Josep Maria)	251
Ses Ànimes (Mirador) *Balearen*	542
Ses Barques (Mirador) *Balearen*	543
Sestao *Vizcaya*	161
Setenil *Cádiz*	419
La Seu d'Urgell *Lleida*	393
Seva *Barcelona*	519
SEVILLA *Sevilla*	450
Archivo General de Indias	462
Ayuntamiento	461
Barrio de Santa Cruz	456
Capilla de San José	461
Capilla del Patrocinio	450
Casa de Pilatos	451, 460
Centro Andaluz de Arte Contemporáneo	463
Convento de Santa Paula	461
La Giralda	451
Hospital de la Caridad	462
Hospital de los Venerables	457
Iglesia de San Marcos	451
Iglesia de Santa María la Blanca	462
Iglesia del Salvador	461
Isla de la Cartuja	451
Isla Mágica	451, 462, 463
Museo de Bellas Artes	457
Parque de María Luisa	462
Palacio de la Condesa de Lebrija	461
Palacio de las Dueñas	451
Palacio de San Telmo	463
Patio de Banderas	456, 462
Real Alcázar	453
Torre del Oro	450
Universidad	463
Sherry (Wein)	298
Sierra Nevada	27, 279
SIGÜENZA *Guadalajara*	464
Sil (Gargantas) *Orense*	369
Silbo	589
Siles *Jaén*	189
Siloé (Diego de)	77, 167, 277, 278, 289, 500
Siloé (Gil de)	167, 171, 514
Simancas (Castillo)	513
SITGES *Barcelona*	465
Skulptur	515
Sobrado dos Monxes (Monasterio) *La Coruña*	441
Societas Jesu	232
Solana	441
Soler (Antonio)	91
Sóller *Balearen*	542
Sollube (Alto)	235
SOLSONA *Lleida*	467
Somorrostro *Vizcaya*	161
Somport (Puerto)	388
Sorbas *Almería*	118
Soria (Arturo)	81, 312
SORIA *Soria*	469
Sorolla (Joaquín)	82
Sort *Lleida*	395
Sos del Rey Católico *Zaragoza*	429
Sota (Alejandro de la)	83
Soto (Hernando de)	56
Lo Spagnoletto	225
Spanischer Bürgerkrieg	256, 491, 494
Spanischer Freiheitskrieg	422, 528
Suárez (Adolfo)	61
Summers (Manuel)	90
Suso (Monasterio) *La Rioja*	415
Suspiro del Moro (Puerto) *Granada*	269
Tablas de Daimiel *(Parque Nacional)*	114
Tablas de Daimiel (Parque Nacional)	27
Tafira *Las Palmas*	575
Taganana *Santa Cruz de Tenerife*	566
Tagoror	577
Taifa	130, 193
Taifas (Fürstentümer)	54
TALAVERA DE LA REINA *Toledo*	472
Talayots	547
Tamadaba (Pinar) *Las Palmas*	576
Tamaduste *Santa Cruz de Tenerife*	590
Tamariu *Girona*	213
Tàpies (Antoni)	83, 143
Taraconte *Santa Cruz de Tenerife*	567

Tarazona *Zaragoza*	499
Tarifa *Cádiz*	220, 261
TARRAGONA *Tarragona*	473
Tarrasa *Barcelona*	158
Taüll *Lleida*	398
Tazones *Asturien*	238
Teguise *Las Palmas*	582
Teide (Pico)	556
Teide (Parque Nacional)	27
Teide (Pico) *Santa Cruz de Tenerife*	558
Telde *Las Palmas*	576
Telmo (Heiliger)	410
Tembleque *Toledo*	126
Templerorden	186
Tena (Valle de) *Huesca*	388
TENERIFFA (Insel)	558
Teror *Las Palmas*	576
Terra Mítica	207
Terrassa *Barcelona*	158
TERUEL *Teruel*	478
Teverga *Asturien*	373
Theresia von Ávila (Heilige)	87, 126, 427
Tierra de Campos	517
Los Tilos *Las Palmas*	573
Los Tilos *Santa Cruz de Tenerife*	587
Timanfaya (Parque Nacional)	580
Timple	582
Tineo *Asturien*	239
Tiñor *Santa Cruz de Tenerife*	590
Tirso de Molina	88
Tíscar *Jaén*	188
Tito Bustillo (Cuevas)	237
Toledo (Francisco de)	472
TOLEDO *Toledo*	481, 491
Audiencia	488
Casa y Museo de El Greco	488
Castillo de San Servando	483, 493
Cristo de la Luz	492
Cristo de la Vega	493
Hospital de Tavera	490, 493
Iglesia de Santiago del Arrabal	492
Iglesia de Santo Tomé	488
Monasterio de San Juan de los Reyes	490
Museo de los Concilios de Toledo y- de la Cultura Visigoda	490
Museo de Santa Cruz	491
Museo Sefardí	489
Palacio Arzobispal	488
Plaza de Zocodover	490
Posada de la Hermandad	492
Puente de Alcántara	493
Puente de San Martín	493
Puerta antigua de Bisagra	492
Puerta nueva de Bisagra	492
San Vicente	490
Santa María la Blanca	489
Sinagoga del Tránsito	489
Taller del Moro	493
Tomé (Narciso)	79, 485
El Torcal (Parque Natural) *Málaga*	121
Las Torcas	246
Tordesillas (Vertrag von)	516
Tordesillas *Valladolid*	56, 516
Torla *Huesca*	388
Toro *Zamora*	527
Toro (Monte)	550
Toroella de Montgri *Girona*	212
Torre de Cabdella *Lleida*	395
Torre del Vinagre (Centro de interpretación)	188
Torre (Néstor de la)	572
Torreciudad (Santuario) *Huesca*	134
Torremolinos *Málaga*	229
Torrente Ballester (Gonzalo)	89
Torres del Río *Navarra*	185
Torres (Manuel)	299
Torrevieja *Alicante*	102
TORTOSA *Tarragona*	494
Tossa de Mar *Girona*	214

A Toxa *Pontevedra*	408
Trafalgar (Schlacht von)	181
Trafalgar (Schlacht von)	58
Trajan (röm. Kaiser)	176
Tramuntana (Sierra) *Balearen*	535
Tranco de Beas (Stausee) *Jaén*	189
Transhumanz	469
Tremp *Lleida*	395
Tren de la Fresa	123
Trepucó (Talayot)	550
Tres Mares (Pico)	101
Tresponts (Garganta) *Lleida*	393
Trevélez *Granada*	280
Tricio *La Rioja*	414
Tropical Park *Las Palmas*	582
Trueba (Fernando)	91
TRUJILLO *Cáceres*	496
TUDELA *Navarra*	498
Tudons (Naveta des) *Balearen*	549
Tuesta *Álava*	524
Tui *Pontevedra*	410
Tunera	557
Turina (Joaquín)	91
Tuy *Pontevedra*	410
Taulas	547

U

UBEDA *Jaén*	499
Ubrique *Cádiz*	420
UCLÉS *Cuenca*	502
Ujué *Navarra*	361
Ulía (Monte)	251
Unamuno (Miguel de)	88, 161, 422, 583
Unbesiegbare Armada	57, 202
Uncastillo *Zaragoza*	429
Urbasa (Puerto)	258
Urbasa (Sierra)	258
Urbión (Sierra)	471
Utrecht (Vertrag von)	58, 546
Utrillo (Miguel)	466
Uña (Mirador) *Cuenca*	246

V

Valdediós *Asturien*	237
Valdepeñas *Ciudad Real*	115
Valdés Leal (Juan)	80, 451, 460, 462
Valdivia (Pedro de)	56
Valencia (Malerschule)	511
VALENCIA *Valencia*	502
Almudín	508
Calle de Caballeros	509
Calatrava (puente)	502, 505
Centro del Carmen	512
Centro de la Beneficiencia	512
Ciutat de les Arts i les Ciències	511
Colegio del Patriarca o del Corpus Christi	510
Convento de Santo Domingo	511
Cripta Arqueológica de la Cárcel de San Vicente	508
Estación del Norte	509
Iglesia de los Santos Juanes	509
Iglesia de Santa Catalina	509
Instituto Valenciano de Arte Moderno (IVAM)	512
Jardines del Real	511, 512
L'Hemisfèric	511
Lonja	509
Mercado Central	509
El Miguelete	505
Museo de Bellas Artes San Pío V	511
Museo de Cerámica	508, 510
Museo de las Ciencias Príncipe Felipe	512
Museo de Prehistoria	512
Museo Fallero	503
Museo Valenciano de la Ilustración y la Modernidad	512
Museu d'Etnologia	512
Nuestra Señora de los Desamparados	508
Palacio de Congresos	502
Palacio de la Generalitat	508
Palacio del Marqués de Dos Aguas	510

Plaza del Ayuntamiento 509
Plaza Redonda 509
Torres de Quart 509
Torres de Serrano 509
VALLADOLID *Valladolid* 513
Vallbona de les Monges
  (Monasterio) *Lérida* 354
Valldemossa (Cartuja) *Balearen* 542
Valle de los Caídos *Madrid* 256
Valle Inclán (Ramón María) 88
Valporquero (Cuevas) 306
Valvanera (Monasterio) *La Rioja* 415
Valverde *Santa Cruz de Tenerife* 590
Vandelvira (Andrés de) 77, 296
Vásquez Díaz (Daniel) 83
Vázquez Montalbán (Manuel) 89
Vega (Lope de) 87
Vejer de la Frontera *Cádiz* 220
Velázquez (Diego de) 80, 324, 451
Veleta (Pico) 279
Vélez Blanco *Almería* 34
Ventamillo (Congosto) 387
Ventano del Diablo *Cuenca* 246
Ventura Rodríguez (Architekt) 81
Vera (Pedro de) 557
La Vera (Valle) 399
Los Verdes (Cueva) *Las Palmas* 581
Vergara (Ignacio) 80
Vergara (Vertrag von) 362
Verín *Orense* 368
Vero (Schlucht des Río) Huesca 134
Veruela (Monasterio) 499
Vespucci (Amerigo) 450
VIC/VICH *Barcelona* 518
Victoria (Tomás Luis) 91
Vidio (Cabo) 239
Vielha *Lleida* 396
Viera (Dolmen) *Málaga* 120
Vigarny/Bigarny (Felipe) 78, 167
Vigo *Pontevedra* 409
Viladrau *Girona* 519
Vilaflor *Santa Cruz de Tenerife* 560
Vilaller *Lleida* 387, 397
Vilanova i la Geltrú *Barcelona* 467
Vilar de Donas *Lugo* 187
Villaescusa de Haro *Cuenca* 161
Villafamés *Castellón* 223
Villagarcía de Arousa *Pontevedra* 407
Villalcázar de Sirga *Palencia* 185
Villaluenga del Rosario *Cádiz* 420

Villanueva de Cameros *La Rioja* 415
Villanueva de los Infantes *Ciudad Real* 32
Villanueva (Juan de) 81, 255
Villanueva *Asturien* 384
Villaviciosa *Asturien* 237
Villena *Alicante* 106
Vinaròs *Castellón* 222
Vinzenz Ferrer (Heiliger) 482
Viola (Manuel) 83
Virgen de la Cabeza *Jaén* 201
Virgen de la Montaña *Cáceres* 175
Virgen de la Peña (Ermita) 584
Las Virtudes *Ciudad Real* 115
VITORIA-GASTEIZ *Álava* 520
Viveiro (Ría) 404
Viveiro *Lugo* 404
Vostell Malpartida (Museo) *Cáceres* 175
Vostell (Wolf) 175

Wandteppiche 288
Westfälischer Frieden 57
Westgoten 481

Xàbia/Jávea *Alacant* 205
Xàtiva *Valencia* 225
Xixona *Alicante* 106

Yáñez de la Almedina (Fernando) 78
La Yecla (Garganta) 242
Yegen *Granada* 281
Yepes (Narciso) 91
Yesa (Embalse) 386
Yuso (Gargantas) 382
Yuso (Monasterio) *La Rioja* 415
Yuste (Monasterio) 399

Zabaleta *(Rafael)* 83
Zacarias (Cho) 575
ZAFRA *Bajadoz* 524
Zahara de la Sierra *Cádiz* 419
Zamora (Mirador) *Las Palmas* 576
ZAMORA *Zamora* 525
ZANGOZA *Navarra* 427
ZARAGOZA *Zaragoza* 528
Zarautz *Guipúzcoa* 232
Zarzuela 91
Zuloaga (Ignacio) 82, 232, 379
Zumaia *Guipúzcoa* 232
Zurbarán (Francisco) 80, 285, 324, 451

Notizen

Reise-Verlag

Michelin Reifenwerke KGaA
Reise-Verlag
Redaktion Der Grüne Reiseführer
Postfach 21 09 51
D-76159 Karlsruhe
www.ViaMichelin.de
DerGrueneReisefuehrer@de.michelin.com

Manufacture française des pneumatiques Michelin
Société en commandite par actions au capital de 304 000 000 EUR
Place des Carmes-Déchaux – 63 Clermont-Ferrand (France)
R.C.S. Clermont-Fd B 855 200 507

Jede Reproduktion, gleich welcher Art, welchen Umfangs und mit welchen Mitteln,
ist nur mit vorheriger Genehmigung des Verlages gestattet.

© Michelin et Cie, Propriétaires-éditeurs, 2003
Dépôt légal Janvier 2004 – ISBN 2-06-101095-4 – ISSN 0763.1375
Printed in France 06-03/4.1

Photosatz: MAURY Imprimeur, Malesherbes
Druck und Broschur: AUBIN, Ligugé

Grafische Gestaltung: Christiane Beylier, F – 75012 Paris
Umschlaggestaltung: Carré Noir, F – 75017 Paris